A Jacques Goddet,
Gabriel Hanot,
Jacques de Ryswick
et Jacques Ferran,
inventeurs de la Coupe
des clubs champions
européens.
Aux journalistes
et photographes
de *L'Équipe* qui, depuis
un demi-siècle,
racontent l'histoire
des compétitions
européennes.

DEMAIN, DANS L'ÉQUIPE
CAMPING-VACANCES
DES CONSEILS, DES NOUVEAUTÉS, DES IDÉES TOURISTIQUES, ETC. LA PÊCHE

L'ÉQUIPE
LE QUOTIDIEN DU SPORT ET DE l'Automobile
10, Fg MONTMARTRE, PARIS (9e) TAITBOUT 70-80
JEUDI 4 JUIN 1959 14e ANNÉE

35

EN PAGE 11 :
JEAN BOBET
renonce à la compétition
et entre à la rédaction
de L'ÉQUIPE

2-0 : LE REAL S'IDENTIFIE A LA COUPE D'EUROPE

Finale décevante dominée par la classe des Espagnols malgré la blessure de Kopa

- Un but heureux au début de chaque mi-temps (Mateos et Di Stefano)
- *Le second coupa bras et jambes aux Rémois, qui ont laissé passer leur chance dans les 20 dernières minutes de la première mi-temps*
- Colonna avait pourtant arrêté un penalty
- *Un seul avant valable chez les Français : Piantoni. Avec lui un seul joueur à citer : Penverne*
- Gento anime une fin de match terne et sans relief
- *Le Real s'est qualifié pour sa 5e Coupe d'Europe après avoir joué sa plus mauvaise finale*
- Meilleurs joueurs espagnols : Di Stefano Gento, Mateos, Santamaria et Dominguez

(Détails pages 6, 7 et 8 ; reportage photographique en page 12)

LE COUP DE THÉATRE DE LA PREMIÈRE MINUTE
STUTTGART. — La pendule du stade indique « 18 heures ». Le match vient de commencer depuis une minute. Le ballon, perdu par les Rémois, est récupéré par le malin Mateos qui profite d'une hésitation de Penverne. L'intérieur droit du Real s'échappe (notre document). Il va tirer et ouvrir le score, après que le ballon aura heurté un poteau. Ce but donnera confiance aux Madrilènes et leur ouvrira les portes de la victoire. De gauche à droite : Just Fontaine, Penverne, Mateos et Rial.

AVANT LES ÉTAPES ALPESTRES DU GIRO

JACQUES ANQUETIL *peut avoir, ce soir* PRÈS DE 5 MINUTES D'AVANCE *grâce à l'étape contre la montre (51 km.)*

GIRO
- Favero gagne, à Turin, une étape sans importance.
- *Anquetil aura Gaul en point de mire (1' 30") et doit le rejoindre.*
- Baldini et Nencini en perdition.

DAUPHINÉ
- *Mastrotto sème la panique, mais Anglade conserve son maillot.*
- Quebeille, vainqueur à Gap, principal bénéficiaire, avec Dotto, d'une échappée de 100 kilomètres.
- Rivière, endormi, perd encore 4'. Forestier craque ainsi qu'Adriaenssens.

TOUR
- Géminiani, malade, craint de ne pas pouvoir courir le Tour.

(Lire les détails pages 5 et 6)

LE TRIO MAJEUR DU GIRO

Pas de fumée sans feu... par Denis LALANNE
FILIPPI ANNONCE :
« Pour ses débuts, Marcel Cerdan fera mieux que les "pros" ! »

LA JOURNÉE EN QUELQUES PHRASES
Maspes arbitre du nouveau match Rousseau-Gaignard

50 ANS DE COUPES D'EUROPE

Un ouvrage réalisé
par Pierre-Marie Descamps
et Jacques Hennaux (Direction artistique),
avec Yann Hildwein
et Yannick Le Bourg (maquette),
sous la direction de Gérard Ejnès

Textes :
Didier Braun, Jean-Marc Butterlin, Vincent Duluc, Christian Jaurena,
Olivier Margot, Alain Pécheral, Franck Ramella, Jean-Pierre Rivais, Jérôme Touboul,
Patrick Urbini, Jean-Jacques Vierne.

Avec la contribution exceptionnelle
de Jacques Ferran

Iconographie :
Gilles Montgermont
et
Christian Naitslimane
sous la direction de Dominique Danne

L'EQUIPE

L'ÉQUIPE

JEUDI 27 MAI 1993 — LE QUOTIDIEN DU SPORT ET DE L'AUTOMOBILE — 48e ANNÉE — N° 14 635 — **4,90 F**

LE JOUR DE GLOIRE

L'Olympique de Marseille, victorieux du Milan AC (1-0), hier soir à Munich, offre à la France sa première Coupe d'Europe de football. Un succès historique. (Pages 2 à 8)

MUNICH. — Un but pour l'histoire. A la 44e minute, Basile Boli, monté au côté de Rudi Völler, marque de la tête, malgré l'opposition de Frank Rijkaard et Franco Baresi. (Photo André LECOQ)

25 mai 2005, à Istanbul, finale de la Ligue des champions Liverpool-Milan.
Cinquante ans après avoir participé à la création de la compétition, Jacques Ferran (à gauche), serre la main de Francisco Gento, premier vainqueur de la Coupe des clubs champions européens, et recordman des victoires avec le Real Madrid.

LA BELLE IDÉE

Nous n'avons pas souvent l'occasion de remercier nos grands anciens. L'avant-propos de ce magnifique ouvrage, qui retrace un demi-siècle d'histoire des Coupes d'Europe de football, nous l'offre. Projetez-vous vite quelques pages plus loin, découvrez, dévorez le fabuleux récit de l'un d'entre eux, Jacques Ferran. Il détaille, avec verve et minutie, comment lui et ses amis de la rubrique Football de *L'Équipe* ont, à l'hiver 1954-55, imaginé l'une des plus belles épreuves de l'histoire du sport, le feuilleton le plus passionnant de chacune de nos saisons en ballon.

Qu'hommage leur soit ici rendu. Oui, merci à Jacques Ferran, rédacteur du tout premier règlement en 1955 et du « regard du créateur » qui éclaire ces pages en 2005. Merci à Gabriel Hanot, celui qui eut l'inspiration, en rédigeant le compte rendu d'un Wolverhampton – Honved « amical », dont nos amis anglais avaient issu des « champions du monde », d'écrire : « L'idée mériterait d'être lancée. Nous nous y hasardons. » Merci à Jacques de Ryswick qui prit le relais dès *L'Équipe* du lendemain, proposant un « Championnat d'Europe interclubs ». Merci à Jacques Goddet, leur maître à tous, qui les a encouragés à mettre en œuvre le formidable projet, tant il apporterait au football (et à son journal)...

Oui, merci à ceux-là, et aux autres qui les accompagnaient. Nous leur devons la passion des Verts et la haine des poteaux carrés de Glasgow, l'éblouissement Ajax et l'immense respect pour le Real Madrid, la volée de Zidane contre Leverkusen et une tête de Boli à Munich, des finales d'intense lumière sacrant Milan, Manchester ou Liverpool, des « huitièmes » au couteau dans les brouillards de l'hiver. Nous leur devons la légende et nos bonheurs de milieu de semaine, plus quelques leçons de géographie : Kiev, Split, Lodz, La Corogne, Leeds, points sur la carte désormais associés à des visages.

Voici un peu plus de vingt ans, il y eut le Heysel bien sûr, ses trente-neuf morts, ces centaines de vie brisées. Jamais nos grands anciens n'auraient pu l'imaginer. Mais derrière cette tache indélébile, qui renvoie aux pires exactions de l'homme, nous sommes fiers que *L'Équipe* ait été à l'origine des Coupes d'Europe de football. En ce début de XXIe siècle, l'Europe politique et sociétale se cherche encore. Ces compétitions, et les hommes qui en ont eu l'idée, en décembre 1954, ont néanmoins aidé, à leur façon, à sa construction.

Oui, un immense « merci », Messieurs.

CLAUDE **DROUSSENT**
Directeur des Rédactions de *L'Équipe*

Le premier trophée (ci-dessus), unique et remis en jeu chaque saison, a été offert par *L'Équipe* en 1956. Le second (à dr.) est refabriqué chaque année depuis 1967.

upe des clubs champions européens
1955-1991
Ligue des champions
1991-2005
C1

La Coupe d'Europe a été imaginée et créée par *L'Équipe* en 1955, puis organisée par l'UEFA (Union européenne de football association), qui l'a valorisée et transformée à partir de 1991. Cinquante ans et cinquante vainqueurs plus tard, voici l'histoire épique et souvent légendaire, joyeuse et parfois dramatique, spectaculaire et tellement surprenante de la plus prestigieuse des compétitions de clubs.

1955-56	Real Madrid (ESP)
1956-57	Real Madrid (ESP)
1957-58	Real Madrid (ESP)
1958-59	Real Madrid (ESP)
1959-60	Real Madrid (ESP)
1960-61	Benfica (POR)
1961-62	Benfica (POR)
1962-63	Milan AC (ITA)
1963-64	Inter Milan (ITA)
1964-65	Inter Milan (ITA)
1965-66	Real Madrid (ESP)
1966-67	Celtic Glasgow (ECO)
1967-68	Manchester United (ANG)
1968-69	Milan AC (ITA)
1969-70	Feyenoord Rotterdam (HOL)
1970-71	Ajax Amsterdam (HOL)
1971-72	Ajax Amsterdam (HOL)
1972-73	Ajax Amsterdam (HOL)
1973-74	Bayern Munich (RFA)
1974-75	Bayern Munich (RFA)
1975-76	Bayern Munich (RFA)
1976-77	Liverpool (ANG)
1977-78	Liverpool (ANG)
1978-79	Nottingham Forest (ANG)
1979-80	Nottingham Forest (ANG)
1980-81	Liverpool (ANG)
1981-82	Aston Villa (ANG)
1982-83	Hambourg SV (RFA)
1983-84	Liverpool (ANG)
1984-85	Juventus Turin (ITA)
1985-86	Steaua Bucarest (ROU)
1986-87	FC Porto (POR)
1987-88	PSV Eindhoven (HOL)
1988-89	Milan AC (ITA)
1989-90	Milan AC (ITA)
1990-91	Étoile Rouge Belgrade (YOU)
1991-92	FC Barcelone (ESP)
1992-93	Olympique Marseille (FRA)
1993-94	Milan AC (ITA)
1994-95	Ajax Amsterdam (HOL)
1995-96	Juventus Turin (ITA)
1996-97	Borussia Dortmund (ALL)
1997-98	Real Madrid (ESP)
1998-99	Manchester United (ANG)
1999-2000	Real Madrid (ESP)
2000-01	Bayern Munich (ALL)
2001-02	Real Madrid (ESP)
2002-03	Milan AC (ITA)
2003-04	FC Porto (POR)
2004-05	Liverpool (ANG)

« COMMENT *L'ÉQUIPE* A CRÉÉ LA COUPE D'EUROPE IL Y A CINQUANTE ANS... »

PAR **JACQUES FERRAN**

Il a suffi de neuf petits mois – entre l'article fondateur signé Gabriel Hanot, le 15 décembre 1954, et le premier match disputé à Lisbonne, le 4 septembre 1955 – pour que quelques journalistes éclairés du quotidien français *L'Équipe* conçoivent et mettent au monde la plus prestigieuse des compétitions de football entre clubs de la planète. L'un deux, Jacques Ferran, qui avait 34 ans à l'époque, se souvient dans les moindres détails de cette exaltante aventure professionnelle et humaine.

1954/55

Reporter numéro un du football à *L'Équipe*, Gabriel Hanot est un inlassable globe-trotter de 65 ans et un journaliste influent quand il lance son idée, à la fin de 1954.

D'autres relateront peut-être encore, dans les années à venir, la naissance peu banale de la Coupe d'Europe des clubs. Mais, lorsque j'aurai moi-même disparu, on ne pourra la raconter qu'à la manière dont les historiens d'aujourd'hui décrivent la Révolution de 1789 ou la guerre de 1914-18 : sans y avoir assisté. Tandis que ce témoignage, ici, est direct. Et c'est le dernier.

Je n'avais que trente-quatre ans en 1954. J'étais entré à *L'Équipe* six ans plus tôt, venant de Montpellier, par le plus grand des hasards. Et je ne le regrettais pas. Le journal, héritier de *L'Auto,* n'avait pas, et de très loin, la diffusion ni les moyens dont il dispose de nos jours. Mais il assumait sans faiblir son rôle d'unique quotidien du sport, sous la direction clairvoyante et énergique de Jacques Goddet. Ses journalistes – moins d'une centaine – étaient, comme ceux d'aujourd'hui, répartis par rubriques : le cyclisme, l'athlétisme, la boxe, le football... Ses bureaux se trouvaient en plein Paris, au 10, rue du Faubourg-Montmartre, dans le quartier de la Bourse et des Grands Boulevards, où résidaient la plupart des quotidiens de la capitale : *France-Soir, le Monde, le Parisien libéré, l'Humanité.* Ils s'étageaient au fond d'une cour assez sinistre. Ceux de la rédaction occupaient le deuxième étage, au-dessus de la direction et au-dessous des ateliers de photogravure et de composition. Tout se passait là, entre nous. Et c'était bien.

COMMENT PASSER L'HIVER 1954-55 ?

La rubrique football, forte de six ou sept rédacteurs, parmi lesquels Max Urbini et Jean-Philippe Réthacker, disparus récemment, et qui étaient également chargés de la rédaction de *France Football*, demeurait au fond d'un couloir, dans trois petits bureaux très mal éclairés. Le chef de cette rubrique était Jacques de Ryswick, alors en plein épanouissement et qui, fort de son expérience et de son autorité, menait de front une carrière de journaliste de presse écrite et de radio-reporter à RTL. Mais il devait compter avec l'immense prestige d'un homme dont chacun reconnaissait la compétence et la rigueur : Gabriel Hanot. Celui qui, rédacteur en chef du *Miroir des Sports* avant la guerre, avait, avec Emmanuel Gambardella et Maurice Pefferkorn (trois journalistes !), instauré le professionnalisme et, de 1945 à 1949, cosélectionné l'équipe de France, assurait encore, à la tête de la direction technique nationale, la formation des entraîneurs français.

Hanot, à 65 ans, était notre « leader ». Il n'était naturellement astreint à aucune de nos obligations rédaction-

1954/55

La façade du bâtiment qui abrite les locaux de *L'Équipe*, en 1955, au 10, rue du Faubourg-Montmartre, à Paris. Elle n'existe plus depuis le déménagement du journal en 1987.

nelles. Mais il venait chaque jour nous remettre son article et débattre avec Ryswick des problèmes importants. Il entrait dans notre bureau, très grand, très droit, souriant, et s'écriait, en prenant l'accent méridional : « Je vous apporte un "bom" papier ! » Assis au même bureau que moi, il me demandait quelquefois de l'aider à déjouer les pièges que contenait la version latine de sa fille.

Nous nous trouvions donc aux portes de l'hiver 1954-55. Et notre problème le plus difficile était de savoir comment, les jours de semaine, et faute d'actualité suffisante, meubler notre rubrique. Nous revenions bien, autant que nous le pouvions, à l'aide de ce que nous appelions élégamment des « resucées », sur les matches disputés le dimanche précédent ; et nous préparions déjà, à l'aide d'interviews et de reportages, les rencontres à venir. Mais cela n'empêchait pas les journaux du mercredi et du jeudi de sentir le creux. La Coupe du monde qui, l'été précédent, s'était déroulée en Suisse et avait vu les athlètes allemands accabler les artistes hongrois, était déjà loin. L'équipe de France, assez misérable au cours de ce Mondial 1954, était, elle, en train de renaître. Elle avait, le 16 octobre à Hanovre, brillamment triomphé des champions du monde (3-1), dont la moitié des titulaires, victime d'une curieuse épidémie de jaunisse, était indisponible. Et l'on avait, avec émotion, célébré l'ultime sélection d'un magicien noir nommé Larbi Ben Barek. Mais il n'y aurait plus, pour la France, de rencontre internationale avant avril 1955.

Ce grand vide du football d'élite, notre journal n'était pas seul à le ressentir. Les principaux clubs européens souffraient de ne tirer l'essentiel de leurs ressources que de leurs compétitions nationales. Les équipes de l'Est, notamment, que l'hiver forçait à interrompre leur Championnat, avaient pris l'habitude de parcourir l'Europe occidentale à la recherche de chaleur et de recettes. C'est ainsi que le Dynamo de Moscou avait, au cours d'une tournée fameuse, révélé la valeur ascendante du football soviétique.

HANOT AVAIT DÉJÀ PROPOSÉ L'IDÉE

D'autres équipes, hongroises, tchécoslovaques, yougoslaves, jouaient en Grande-Bretagne, en Italie, en France, grâce à l'intervention d'astucieux matchmakers, tels que le prolixe et intelligent Julius Ukrainczik. Et nos journalistes profitaient de ces rencontres pour se familiariser avec ce qui était, à nos yeux, la cellule de base du football européen : le club professionnel. C'est ainsi que Gabriel Hanot choisit, dans la semaine du 13 au 20 décembre 1954, d'aller ▶

1954/55

❶ Lundi 13 décembre 1954 Le match Wolverhampton-Honved (3-2)

C'est un match amical important, comme en atteste son « programme officiel » dont voici la couverture et la double page centrale.

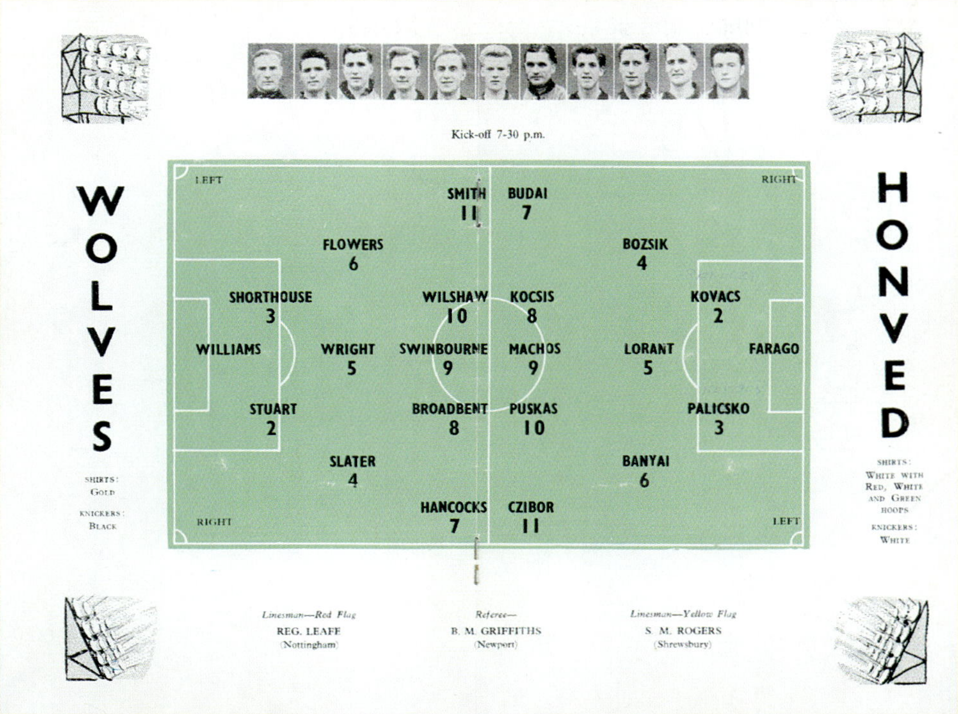

❷ Mardi 14 décembre 1954 L'article du *Daily Mail*

En guise de compte rendu, un journaliste du quotidien londonien annonce que Wolverhampton est « désormais champion du monde ».

England's Masters win in the mud

Hail, Wolves 'Champions of the world' now

By DAVID WYNNE-MORGAN

SALUTE the wonderful Wolves this morning for giving Britain her greatest football victory since the war. Last night under the Molineux floodlights they beat Honved, the magical Magyars, by 3—2 after being 2—0 down at half-time.

England has never had more worthy champions.

Immediately after the match, as Billy Wright led his team of mud-covered heroes into the dressing-room, Stanley Cullis, their manager, said: "There they are, the champions of the world."

They turned almost certain defeat into a glorious victory and the legend of Hungarian invincibility perished for ever in this Molineux quagmire.

Les Maîtres d'Angleterre gagnent dans la boue

Chapeau, Wolves, désormais « Champions du monde »

Par **DAVID WYNNE-MORGAN**

Saluons les merveilleux Wolves ce matin d'avoir donné à la Grande-Bretagne sa plus grande victoire en football depuis la guerre. Hier soir, sous les projecteurs du stade Molineux, ils ont battu Honved, les Magyars magiques, par 3-2 après avoir été menés 2-0 à la mi-temps.

L'Angleterre n'a jamais eu de champions aussi valeureux.

Immédiatement après le match, alors que Billy Wright menait aux vestiaires son équipe de héros couverts de boue, Stanley Cullis, leur manager, dit : « Les voilà, les champions du monde. »

Ils ont transformé une défaite presque certaine en une glorieuse victoire et la légende de l'invincibilité hongroise a péri à jamais dans ce bourbier de Molineux.

► assister en Angleterre aux matches qui opposaient Wolverhampton et Chelsea aux deux clubs phares de Hongrie, Honved et Voros Lobogo.

Les « Wolves », le lundi, arrachèrent, devant 55 000 spectateurs, la victoire à Honved (3-2), où brillaient notamment Puskas, Boszik et Kocsis. Et comme ils avaient déjà, peu de temps auparavant, étrillé le Spartak de Moscou (4-0), une autre excellente formation européenne, cela suffit à un rédacteur du Daily Mail pour qu'il affirmât que « Wolverhampton [était] le champion du monde des clubs ».

Gabriel Hanot, dans l'article qu'il téléphona à *L'Équipe* le lendemain du match, et qui parut le 15 décembre, commença par décrire, avec sa verve habituelle, la manière dont s'y étaient pris les footballeurs britanniques pour reprendre deux buts aux vedettes magyares et, finalement, l'emporter. « Ils pratiquèrent, écrivit-il, ce jeu viril et généreux, tête haute, poitrine en avant, perpendiculaire à l'axe des buts, qui représentait autrefois et qui, je crois, représentera bientôt de nouveau la qualité essentielle et originelle du football insulaire. »

Puis, ayant achevé son compte rendu, aussi minutieux et imagé qu'à l'ordinaire, Hanot se souvint de la fanfaronnade de son confrère britannique et ajouta à ses cent vingt lignes deux paragraphes qui devaient provoquer l'étincelle et, de fil en aiguille, embraser l'Europe entière *(lire page de droite)*. Deux paragraphes qui se concluaient sur cette phrase : « L'idée d'un Championnat du monde, ou tout au moins d'Europe des clubs (…) mériterait d'être lancée. Nous nous y hasardons. »

Tout était dit, et l'on ne reviendrait pas en arrière. De sa chambre d'hôtel londonienne, Hanot, en quelques mots, venait, sans en être tout à fait conscient, de concevoir l'événement sportif peut-être le plus important du globe. Et nous n'avions plus qu'à le mettre au monde.

Avant de dire ce qui se passa au journal dans les heures, les jours et les semaines qui suivirent, il est bon de rappeler que ce projet esquissé en quelques lignes par Hanot, ce n'était pas la première fois qu'il était suggéré.

Vingt ans plus tôt, presque jour pour jour – en décembre 1934 –, un hebdomadaire sportif, le *Miroir des Sports*, ►

3 Mercredi 15 décembre 1954 La réaction de *L'Équipe*

Irrité par l'article du *Daily Mail* qu'il juge péremptoire, Gabriel Hanot, l'envoyé spécial de *L'Équipe* à Birmingham, répond en (re)lançant « l'idée d'un Championnat d'Europe des clubs », dans le titre de son compte rendu, mais surtout dans deux derniers paragraphes fondateurs et visionnaires, intitulés « Ne pas s'emballer ».

MALGRE SES VICTOIRES SUR SPARTAK DE MOSCOU (4-0) ET HONVED (3-2)

Non, WOLVERHAMPTON n'est pas encore le "champion du monde des clubs" !

Mais L'ÉQUIPE lance l'idée d'un Championnat d'Europe des clubs

...dont la réalisation serait plus neuve et plus sensationnelle que celle d'un Championnat d'Europe des équipes nationales

(De notre envoyé spéc. G. HANOT)

WOLVERHAMPTON. — Dans cette capitale de la quincaillerie de 130.000 habitants, située à la limite de la formidable agglomération industrielle de Birmingham, le football est une diversion, une réjouissance et presque un hymne de délivrance, surtout quand une atmosphère de pluie et de fumée s'abat sur la ville et la noie, comme avant-hier lundi.

Les Wolves parurent si pénétrés de leur mission sociale et humanitaire que leurs extraordinaires « engagements » en nocturne, sous un éclairage bien supérieur à tout ce qui existe en France sur les stades, ne pouvaient pas ne pas déchaîner l'enthousiasme des 55.000 spectateurs arrachés à leur ambiance terrestre. Il aurait fallu être un partisan fanatique de Honved pour demeurer indifférent à la communion sportive de la foule.

Les Anglais, footballeurs verticaux

Les champions d'Angleterre déployèrent, pendant 90 minutes, autant d'énergie que les Ecossais, le mercredi précédent, durant leur match contre la Hongrie (2-4) : mais ils furent moins horizontaux ; ils n'eurent pas recours à de si nombreux tacles glissés et leur football vertical leur assura un meilleur jeu de tête, ainsi que beaucoup plus de ballons utilisables.

Les équipes de Honved et de Voros Lobogo quitteront Londres jeudi matin. Après un court transit à Paris, elles regagneront, grâce à l'Arlberg Express, la Hongrie où elles doivent jouer, dimanche, un match de Championnat.

D'autre part, ils pratiquèrent ce jeu viril et généreux, tête haute, poitrine en avant, perpendiculaire à l'axe des buts qui représentait autrefois, et qui, je crois, représentera bientôt de nouveau la qualité essentielle et originelle du football insulaire.

Au surplus, Wolverhampton abandonna la défense traditionnelle de zone pour un marquage plus intelligent, plus serré, d'homme à homme, comme l'Allemagne à Berne, et ainsi que les Français ont pour habitude de le pratiquer. Wright suivit Mahos dans ses replis et il tira ainsi au but ; toutefois, quand la retraite de l'avant centre adverse était trop profonde, le capitaine anglais permutait rapidement avec l'un de ses demis. Ses arrières latéraux, Stuart et Shorthouse, fidèles à la même consigne, changèrent respectivement de poste, devinrent même à tour de rôle arrière central quand le jeu des permutations des ailiers hongrois Budaï et Czibor l'exigeait.

Les danseurs magyars

Devant ces hommes solidement équilibrés sur les deux pieds, les Hongrois, plus rapides en action, plus vifs, plus légers, plus à l'aise sur un pied, plus danseurs, plus prestidigitateurs, prirent un prompt avantage, selon leur habitude, et comme ils le firent en finale des Championnats du monde à Berne où ils menèrent aussi par 2-0.

Des virtuoses tels que Boszik et Puskas (bien qu'ils soient hors de forme) trompèrent leurs adversaires et le public en accomplissant une action imprévue, et non le geste logique, attendu, tel que le commandaient leurs attitudes ou leur position.

Mais les Anglais demeurèrent étrangers au découragement. Sans parvenir avant la reprise à diminuer leur handicap, ils défendirent et attaquèrent comme si le salut de leur patrie avait été en jeu. C'est pourquoi on eut l'impression que, malgré l'avance des Magyars, une fatalité inéluctable, un destin inexorable pesaient de plus en plus lourd sur les épaules de Honved.

Un arbitre qui se laisse prendre au jeu

Il n'est pas juste que l'arbitre anglais, M. Leafe, ait sifflé, à la 50e minute, un penalty imaginaire contre l'arrière Kovacs (on avait l'impression que le directeur de jeu cherchait l'occasion depuis un moment). Sans le but de Hancokx obtenu sous ce faux prétexte, Wolverhampton eût aussi bien gagné. Il n'avait nullement besoin d'une faveur. Les assauts inlassables des avants anglais, constamment alimentés par les arrières frappant fort de la tête et du pied, à l'exemple de Wright, distendirent, disjoignirent, disloquèrent en deuxième mi-temps la défense du club de Budapest aux abois. Les deux buts de l'avant centre Swinbourne (77e, 80e) ne trouvèrent plus d'opposition chez les deux suprêmes défenseurs magyars, l'arrière central Lorant et le gardien Farago, et c'est pour se venger de son impuissance que Lorant abattit très irrégulièrement son vainqueur à la 83e minute sans que l'arbitre, qui manifestement jouait lui aussi le résultat, prît la sanction du penalty qui, cette fois, s'imposait sans discussion.

Ne pas s'emballer

De là à écrire, comme le Daily Mail, *que* « Wolverhampton est le champion du monde des clubs », *il y a un grand pas à franchir et nous ne nous sentons pas capables d'une telle enjambée. Car, après tout, Wolverhampton a battu Spartak (4-0) et Honved (3-2) chez lui, exactement au summum de sa saison (21 matches joués sur 42) ; il ne s'est pas encore rendu sur les terrains adverses, ni même pour une confrontation sur un terrain neutre. Il ne faut pas lui briser l'encensoir sur le nez : ses prouesses sont admirables et elles se suffisent à elles-mêmes.* Nous verrons aujourd'hui mercredi, à Londres, si Chelsea, cinquième du classement, et considéré comme l'outsider du Championnat, réussit une performance aussi éclatante devant le deuxième du classement hongrois : Voros Lobogo.

Mais attendons pour proclamer l'invincibilité de Wolverhampton qu'il soit allé à Moscou et à Budapest. Ce ne sera pas pour cette saison. Et puis il y a d'autres clubs de valeur internationale, Milan et le Real Madrid pour ne citer que ceux-là. L'idée d'un Championnat du monde, ou tout au moins d'Europe des clubs, plus vaste, plus expressif, moins épisodique que la route de l'Europe centrale, et plus original qu'un Championnat d'Europe des équipes nationales, mériterait d'être lancée. Nous nous y hasardons.

1954/55

...

Ne pas s'emballer

De là à écrire, comme le *Daily Mail*, que « Wolverhampton est le champion du monde des clubs », il y a un grand pas à franchir et nous ne nous sentons pas capables d'une telle enjambée. Car, après tout, Wolverhampton a battu Spartak (4-0) et Honved (3-2) chez lui, exactement au summum de sa saison (21 matches joués sur 42) ; il ne s'est pas encore rendu sur les terrains adverses, ni même pour une confrontation sur un terrain neutre. Il ne faut pas lui briser l'encensoir sur le nez : ses prouesses sont admirables et elles se suffisent à elles-mêmes. Nous verrons aujourd'hui mercredi, à Londres, si Chelsea, cinquième du classement, et considéré comme l'outsider du Championnat, réussit une performance aussi éclatante devant le deuxième du classement hongrois : Voros Lobogo.

Mais attendons pour proclamer l'invincibilité de Wolverhampton qu'il soit allé à Moscou et à Budapest. Ce ne sera pas pour cette saison. Et puis il y a d'autres clubs de valeur internationale, Milan et le Real Madrid, pour ne citer que ceux-là. L'idée d'un Championnat du monde, ou tout au moins d'Europe des clubs, plus vaste, plus expressif, moins épisodique que la route de l'Europe centrale, et plus original qu'un Championnat d'Europe des équipes nationales, mériterait d'être lancée. Nous nous y hasardons.

4 Jeudi 16 décembre 1954 Le projet de *L'Équipe*

Dès le lendemain de la proposition lancée par Gabriel Hanot, son chef de rubrique, Jacques de Ryswick, présente un véritable projet de compétition.

LE FOOTBALL... AVEC SON TEMPS

L'ÉQUIPE présente son projet d'un Championnat d'Europe interclubs

Un représentant par Fédération. - Matches aller et retour en milieu de semaine et en nocturne. - Patronage éventuel de la Télévision internationale

par Jacques de RYSWICK

1954/55

En cette fin 1954, le rayonnement du football, prestigieux et universel, est incomparable. Alors que, naguère, l'opinion sportive de chaque pays se passionnait presque exclusivement pour le déroulement de ses propres compétitions nationales, elle s'intéresse aujourd'hui à toutes les grandes confrontations extérieures (...).

De par cet engouement de plus en plus considérable qu'il suscite (...), le football est en train de faire éclater les cadres dans lesquels il était jusqu'alors demeuré. À brève échéance, les compétitions nationales – dont il n'est d'ailleurs pas question de discuter l'existence, la raison d'être et l'utilité – seront dépassées. Les confrontations internationales, qu'aucun lien, aucun système de continuité ne rattache jusqu'alors entre elles (hormis la très imparfaite Coupe du monde qui a lieu tous les quatre ans), vont désormais requérir d'elles-mêmes plus de signification et, partant, un ordonnancement plus rationnel, plus « officiel ». L'évolution constante des techniques et des tactiques de jeu va exiger de plus larges et plus fréquentes oppositions de styles, de tendances. Des matches comme Wolverhampton-Honved et Chelsea-Drapeau Rouge (*) répondent, aujourd'hui, à un besoin, et leurs résultats revêtent déjà un caractère autre que purement officieux. À bref délai, de telles rencontres exigeront d'être sanctionnées par un classement : AUTREMENT DIT PAR L'ÉTABLISSEMENT D'UNE HIÉRARCHIE CONSTANTE DU FOOTBALL MONDIAL, À L'ÉCHELON DES GRANDES ÉQUIPES DE CLUB COMME À CELUI DES SÉLECTIONS NATIONALES.

(...) Sous la plume de Gabriel Hanot, et à propos du récent match Wolves-Honved, *L'Équipe* reprenait, hier, l'idée d'un Championnat du monde, ou tout au moins d'Europe, interclubs, suggestion lancée à plusieurs reprises dans ces colonnes. Plus expressive, plus moderne qu'un Championnat d'équipes nationales, cette super compétition serait appelée à un retentissement considérable. Elle verra le jour tôt ou tard, par la force des choses. Alors pourquoi pas dès la saison prochaine ?

Comment en verrions-nous l'organisation ?

Épreuve européenne – pour commencer – jouée par matches aller-retour, en milieu de semaine, pour ne pas priver les différents Championnats nationaux de leurs équipes vedettes. Matches se disputant en soirée, dans des stades éclairés a giorno (**), tribunes chauffées aux infrarouges. Patronage de la télévision internationale. Au début, douze équipes (quatorze au maximum), soit 22 (ou 26) rencontres à répartir entre septembre et juillet. Une équipe par fédération et désignée par cette dernière comme étant la plus représentative : on cite (par exemple, car on ne voudrait pas faire de jaloux !), Dynamo de Moscou, Honved, Wolverhampton, Milan, Rapid, Partizan de Belgrade, Real Madrid, Kaiserslautern, Grasshopper, Anderlecht, Malmoe, Hibernians, Sporting (Lisbonne), Reims.

Leur part des recettes dans cette super compétition permettrait, à ces équipes phares, de disposer d'un effectif suffisant pour mener à bien Championnat national et compétition européenne. Il va sans dire que chacune d'elles aurait la latitude de recevoir ses adversaires sur un terrain autre que le sien propre : les « Wolves » pourraient, par exemple, jouer leurs matches à Londres, et Reims, les siens... à Paris. Il va sans dire, également, que le lot des concurrents pourrait, pour chaque pays, varier d'une saison à l'autre.

Pareil projet suscitera, certes, des objections et posera maints problèmes. MAIS L'IDÉE EST LANCÉE UNE FOIS POUR TOUTES. IL RESTE MAINTENANT À EN DISCUTER. SI CHACUN Y MET DU SIEN, ON EST PERSUADÉ, ICI, QUE SA RÉALISATION PEUT ÊTRE RONDEMENT MENÉE. NOUS PROMETTONS À SES PROMOTEURS UN SUCCÈS CONSIDÉRABLE ET AU FOOTBALL... UN EXTRAORDINAIRE SURCROÎT DE RAYONNEMENT.

Par la force des choses, la vie du football international ne saurait demeurer plus longtemps ce qu'elle était au début de ce siècle. Elle exige d'être adaptée sans tarder au rythme de cette époque et à ses progrès. Comme toutes les grandes activités humaines, le football doit marcher avec son temps. ■

(*) Nom français du club hongrois de Voros Lobogo, ancêtre de l'actuel MTK Budapest.

(**) Locution italienne qui signifie : « Aussi brillamment que par la lumière du jour ».

▶ avait, par la plume de son rédacteur en chef, Gabriel Hanot, proposé, afin de développer les échanges internationaux, d'inclure deux équipes étrangères dans le Championnat national d'un pays.

Cette suggestion, révolutionnaire, fut examinée par les dirigeants et les journalistes les plus connus de l'époque. C'est ainsi que le président du Racing Club de Paris, Jean-Bernard Lévy, répondit à l'enquête de Hanot par ces lignes extraordinairement prémonitoires : « La formule proposée, très bonne en théorie, est à mon avis inapplicable. Ce système opérerait un trop grand bouleversement dans la vie quotidienne du club obligé de s'expatrier. Aucun ne voudrait lâcher la proie pour l'ombre... Mais on peut prévoir, dès maintenant, la création d'un Championnat d'Europe avec sa division européenne et sa division internationale, selon le modus vivendi actuellement utilisé pour notre Championnat de France. Voici quel en serait le mécanisme : un club serait désigné par chacune des seize nations intéressées (...). La grosse difficulté serait évidemment la participation des équipes anglaises : elle n'est pas insurmontable ! Cette épreuve aurait un succès sportif et financier considérable. La finale pourrait avoir lieu à Paris. Aussi, le Racing se met-il à la disposition du *Miroir des Sports* pour l'organiser cette saison même. »

OUVRIR LES FENÊTRES DU FOOTBALL EUROPÉEN

Hélas ! la saison 1934-35 s'écoula, et d'autres encore, sans que fut réalisé un projet sans doute beaucoup trop en avance sur son temps. Une guerre survint, dont Jean-Bernard Lévy fut la victime. Gabriel Hanot se souvenait-il ? Obscurément sans doute, ainsi qu'il me l'a confié. Disons que ce concept, enfoui au fond de sa mémoire, il saisit l'occasion de le ressusciter, de le jeter en pâture. Comme s'il tombait du ciel.

Ce qui est sûr, c'est qu'à la lecture de *L'Équipe*, ce 15 décembre au matin, Jacques de Ryswick et ses rubricards perçurent instantanément le profit qu'il y avait à tirer, et pour le football et pour le journal, de la passe que venait de leur adresser leur envoyé spécial. Après avoir consulté Jacques Goddet, dont l'acceptation fut immédiate, Ryswick rédigea le jour même un article intitulé : « L'Équipe présente son projet d'un Championnat d'Europe interclubs », qui fut publié dès le lendemain *(lire ci-contre)*.

Ryswick y décrivait la formule possible, matches aller et retour en milieu de semaine, nocturnes, patronage de la télévision internationale, engagement de douze à quatorze équipes à raison d'une par pays. Et concluait de la manière suivante : « L'idée est lancée une fois pour toutes... »

Il n'aurait pas été possible de faire plus vite ni mieux. Tout était déjà contenu dans ce papier. Et déjà notre détermination était sans faille. Comme si, en quelques heures, l'idée de Gabriel Hanot était devenue la nôtre, celle du journal tout entier ; et qu'elle était aveuglante.

Sans doute, parmi les motivations qui nous poussaient à agir, pouvait-on en distinguer de plus ou moins avouables. Notre but premier, à nous, journalistes, était d'aider le football européen à sortir de son enfance. Alors qu'en Amérique du Sud, par exemple, il existait, depuis 1916, une confédération, basée à Buenos Aires, qui organisait notamment une Coupe annuelle, ouverte à ses sélections nationales, l'Europe, elle, était juste en train de créer sa propre structure continentale, l'UEFA, dont le premier congrès devait se tenir en mars 1955, à Vienne. Mais nous savions

Quand germe l'idée d'une Coupe d'Europe des clubs, deux ou trois compétitions internationales existent déjà, parmi lesquelles la très sérieuse Coupe latine créée en 1948. Sa finale 1955 propose d'ailleurs un prémonitoire Real Madrid-Reims, avec les capitaines Miguel Munoz (à dr.) et Robert Jonquet.

1954/55

que le seul projet de la nouvelle instance, celui d'une compétition entre nations, était encore très vague et très controversé. En ce qui concernait les équipes de club, elles n'avaient à se mettre sous la dent, en dehors des matches conclus de gré à gré, que la vieille « Coupe de l'Europe centrale » (Mitropa Cup) et la Coupe latine, beaucoup trop localisées dans l'espace et dans le temps.

Ouvrir les fenêtres d'un football européen trop confiné et trop anarchique, telle était donc notre préoccupation fondamentale : le faire bouger et vibrer, le faire s'organiser et resplendir, tout en offrant aux informateurs que nous étions l'occasion de bouger, nous aussi, afin de mieux connaître et de mieux éclairer l'évolution d'un sport qui ne demandait qu'à recevoir cet appel d'air. L'impulsion ainsi donnée au football, nous en profiterions nous-mêmes ; et notre rubrique, en semaine, s'enrichirait ainsi de mille éclats nouveaux.

Mais si c'était bien la rédaction elle-même qui, fait remarquable, conçut le projet et le modula jusqu'à son achèvement, elle serait demeurée impuissante sans l'accord enthousiaste de la direction de *L'Équipe* et de ses deux principaux animateurs, Jacques Goddet et Robert Thominet. L'un et l'autre y virent immédiatement l'occasion rêvée de mieux diffuser en semaine un quotidien sportif qui, plus qu'aujourd'hui, souffrait d'un déséquilibre grave entre ses ventes du week-end et celles du milieu de semaine. Une compétition de cet acabit, dont nous percevions, alors qu'elle n'existait que dans nos têtes, la passion qu'elle allait soulever, c'était pain bénit pour nous tous, journalistes et éditeurs réunis.

« UN TOURNOI PAR K.-O. FRAPPERAIT LES IMAGINATIONS »

Commença dès lors une période qu'on pourrait dire d'investigation et de mûrissement, qui nous permit d'établir que notre beau projet était en train de devenir celui de toute l'Europe. Période cruciale évidemment, puisque, du refus des clubs et des fédérations, ou même de leurs réticences, ne pouvait découler que l'abandon du projet.

Un premier temps (fin décembre 1954 et janvier 1955) fut consacré à la publication par *L'Équipe* des premières réactions que suscitèrent un peu partout plusieurs articles rédigés par Ryswick. Toutes, ou presque toutes, nous étaient favorables, certaines pleines d'emballement, d'autres plus réservées, mais aucune franchement hostile. « Belle idée !, nous disaient par exemple les Allemands, mais comment trouver des dates suffisantes et comment exiger de nos joueurs, qui ne sont pas des professionnels à part entière, des efforts supplémentaires ? De plus, notre pays ne possède pas assez d'installations électriques dans ses stades, et cet équipement serait ruineux. » C'est ainsi que les Allemands percevaient d'emblée à quel bouleversement des mœurs, des matériels et des structures allait conduire la nouvelle compétition.

De Vienne et de Bruxelles arrivèrent deux réactions capitales. « Excellente idée, nous dit le directeur sportif du Rapid, Rudolf Schick, mais une formule de Coupe, éliminatoire, me semble préférable à une formule de Championnat. » Ce que nous confirmait Albert Roosens, le tout jeune président d'Anderlecht : « L'idée d'un Championnat d'Europe nous séduit d'autant plus que nous avions lancé, il y a quelques années, un projet similaire. J'ai lu attentivement le projet de *L'Équipe*. J'y souscris. Mais je ne crois pas à sa réalisation pratique, sinon avant dix ou quinze ans, et encore ! » Cependant, citant la suggestion du journaliste anglais Desmond Hackett, dans le *Daily Express*, d'un tournoi réservé à 8 ou 16 équipes et disputé par élimination, Roosens s'y ralliait : « Je pense que le public se passionnerait davantage encore pour ce tournoi par K.-O., parce qu'il serait plus clair et frapperait les imaginations. »

Déclaration à laquelle répliquait *L'Équipe* par cette note significative : « S'il faut commencer par une Coupe d'Europe, commençons par là. Le Championnat européen suivra de près, certainement. »

En Suisse, les avis étaient partagés. Si un club comme Grasshopper de Zurich approuvait notre initiative, le journal *Sport*, issu de cette même ville, estimait qu'elle risquait d'encombrer les calendriers et d'accentuer une tendance, selon lui néfaste, au professionnalisme.

En Espagne aussi, les opinions étaient contrastées. Barcelone émettait surtout des réserves, par la voix d'Agustin Pujol, président de la Fédération catalane, de Francisco Miro Sans, président du Barça, et par celle du *Mundo Deportivo*. « Seul un Championnat d'été, concluaient-ils, serait possible. » À Madrid, en revanche, on s'enthousiasmait sans réticence. C'est ainsi que le président de la Fédération espagnole, Juan Touzon, déclarait le 15 janvier dans *L'Équipe* : « Ce projet me plaît énormément, ainsi qu'à mon ami Santiago Bernabeu, président du Real Madrid, avec qui

« Commençons par une Coupe, le Championnat européen suivra certainement »

je m'en suis entretenu. L'Espagne est prête à recevoir, dans ses stades de 100 000 places, les équipes de tous les pays d'Europe, y compris celles qui se trouvent au-delà du Rideau de fer. »

De ces points de vue, et de tous les autres, patiemment accumulés et analysés, de ces engagements, de ces critiques, de ces suggestions, qu'allions-nous faire pour progresser aussi vite que possible ? Deux choses : un projet de règlement mis noir sur blanc, pour servir d'assise à la future épreuve ; et la proposition, risquée par notre journal, d'organiser lui-même, si c'était nécessaire, la compétition. ▶

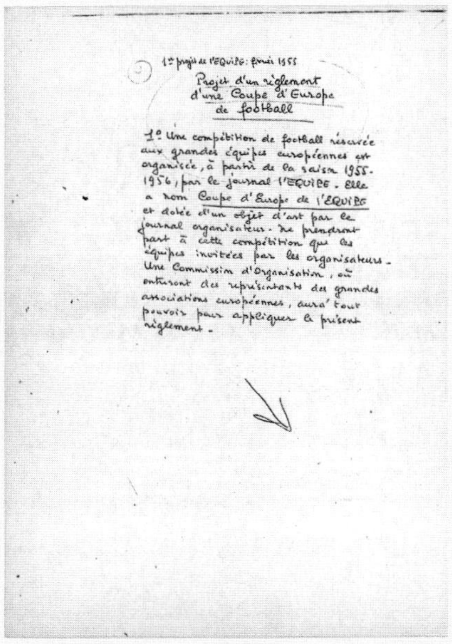
1er projet de l'ÉQUIPE : février 1955

Projet d'un règlement
d'une Coupe d'Europe
de football

1° Une compétition de football réservée aux grandes équipes européennes est organisée, à partir de la saison 1955-1956, par le journal l'ÉQUIPE. Elle a nom Coupe d'Europe de l'ÉQUIPE et dotée d'un objet d'art par le journal organisateur. Ne prendront part à cette compétition que les équipes invitées par les organisateurs. Une Commission d'Organisation, où entreront des représentants des grandes associations européennes, aura tout pouvoir pour appliquer le présent règlement.

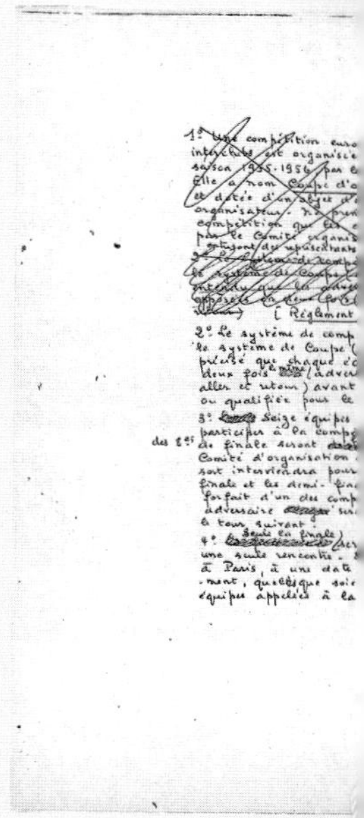

J'ai conservé jusqu'à aujourd'hui les six feuillets jaunis remplis de ma large écriture et qui contiennent l'embryon de la grande compétition à naître. Car c'est au jeune rédacteur que j'étais qu'avait été confié le soin de mettre sur le papier un projet mis au point collectivement et qui nous semblait acceptable par tout le monde. Je n'avais eu, pour rédiger ce projet, qu'à me servir des petites rames de papier mises à la disposition de tous les journalistes de *L'Équipe* et qu'on allait chercher derrière la cage de verre située au deuxième étage, à l'entrée de la rédaction.

UN RÈGLEMENT SIMPLEMENT RÉALISTE

« Février 1955. Projet d'un règlement d'une Coupe d'Europe de football ».

Tel était le titre.

« 1. – Une compétition de football réservée aux grandes équipes européennes est organisée, à partir de la saison 1955-1956, par le journal *L'Équipe*. Elle a pour nom "Coupe d'Europe de L'Équipe" et est dotée d'un objet d'art par le journal organisateur. Ne prendront part à cette compétition que les équipes invitées par les organisateurs. Une commission d'organisation, où entreront les représentants des grandes associations européennes, aura tout pouvoir pour appliquer le présent règlement. »

Tel était l'article premier.

Suivaient douze autres articles, dont on peut résumer ainsi le contenu :

1. Seize clubs européens (un par pays) seraient invités à participer à l'épreuve.

2. Le système de compétition serait l'élimination directe avec des huitièmes de finale décidés par les organisateurs, suivis par des quarts et des demies fixés par tirage au sort et une finale disputée à Paris.

3. Chaque équipe rencontrerait deux fois son adversaire (aller et retour), avec intervention éventuelle du goal-average et d'un match d'appui.

4. Tous les matches auraient lieu entre le 1er août 1955 et le 30 juin 1956, seraient joués en semaine et, de préférence, en nocturne.

5. La recette nette serait ainsi répartie : 5 % à la fédération du club recevant, 5 % au comité organisateur, 60 % au club recevant, 30 % à une caisse commune, qui verserait, en fin d'exercice, les sommes bloquées aux clubs ayant participé à l'épreuve, au prorata des matches qu'ils auront joués.

Ce projet de règlement, exposé par Jacques de Ryswick dans *L'Équipe* du 3 février 1955 et aussitôt expédié dans toutes les directions, avait, dans son extrême simplicité, pour mérite essentiel d'être réaliste.

On notera d'abord qu'avait été abandonnée, à la suggestion de nombreux clubs, l'idée d'un Championnat d'Europe. Seule une Coupe expéditive et directe avait des chances de voir le jour rapidement. Et l'histoire de la Coupe des clubs champions européens, relayée bien plus tard par une Ligue des champions encore hésitante, est là pour prouver que nous avions vu juste et que le plus fondamental, pour cette nouvelle épreuve, était qu'elle n'entre pas en conflit avec les compétitions nationales, mais que, loin de les alourdir ou de les perturber, elle s'harmonise avec elles en les enrichissant et en les couronnant.

« Ce système, écrivais-je un mois plus tard dans *L'Équipe*, a l'avantage de ne pas surcharger le calendrier des clubs. Grâce à lui, huit équipes ne joueront que deux matches, quatre en joueront quatre, deux en joueront six, deux en joueront sept. C'est là un point d'importance capitale qui doit donner tout apaisement aux clubs les plus soucieux de ménager leurs joueurs (en Suisse et au Portugal par exemple). Toutes les équipes européennes pressenties ont l'habitude de disputer, dans une saison, un nombre bien plus important de matches amicaux. Elles préféreront sans doute remplacer quelques-uns de ces matches-là par des rencontres plus payantes puisque placées sous le signe d'une compétition. »

Quant au fait de disputer les matches en semaine, il était également destiné à apaiser les fédérations inquiètes du déroulement régulier de leur Championnat interne.

L'ORGANISER SOI-MÊME ? QUELLE IDÉE...

Mais quelle mouche nous avait piqués pour que nous ayons pu prétendre un seul instant jouer le rôle d'organisateur et prendre en charge nous-mêmes la future épreuve ? Alors qu'en cyclisme, où l'organisation des courses sur route par des journaux a, vers la fin du XIXe siècle, précédé la création des fédérations, *L'Équipe* et plusieurs autres quotidiens continuaient à gérer la plupart des compétitions, il n'en était pas de même en football où le pouvoir sportif, très susceptible, régnait en maître. Cela, nous le savions. Et même, nous l'approuvions. Mais il fallait faire vite et même faire semblant. Si nous voulions que notre Coupe d'Europe démarre dès la saison suivante, il était indispensable que quelqu'un se jette à l'eau et mette la main à la pâte.

Jacques Ferran (à g.), jeune reporter à *L'Équipe*, tout comme Robert Vergne (à dr.), va montrer la voie à suivre en rédigeant le premier règlement de la Coupe d'Europe.

1954/55

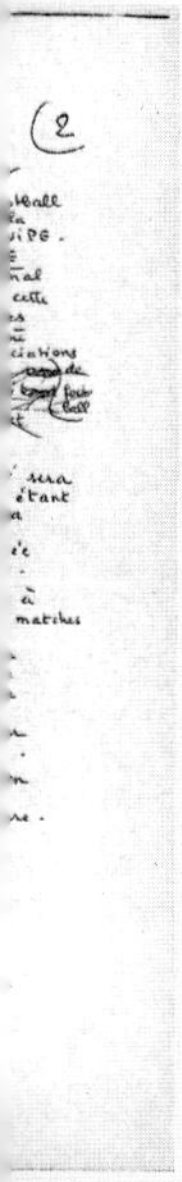

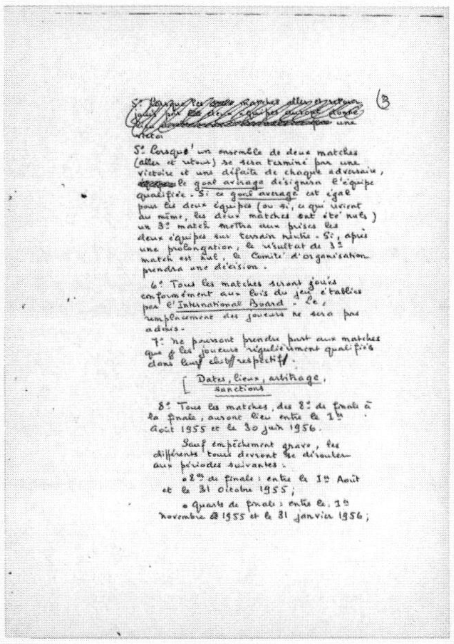

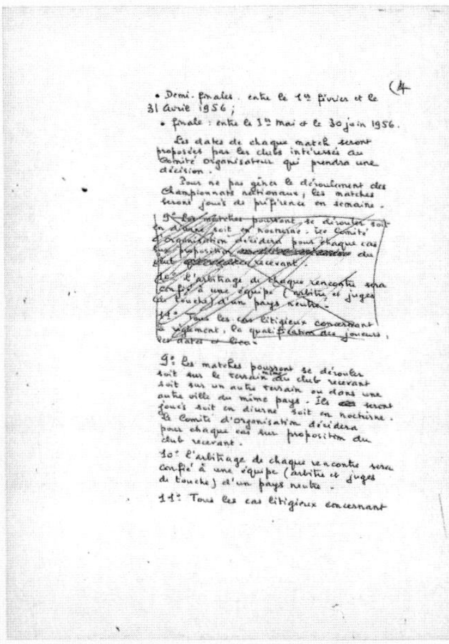

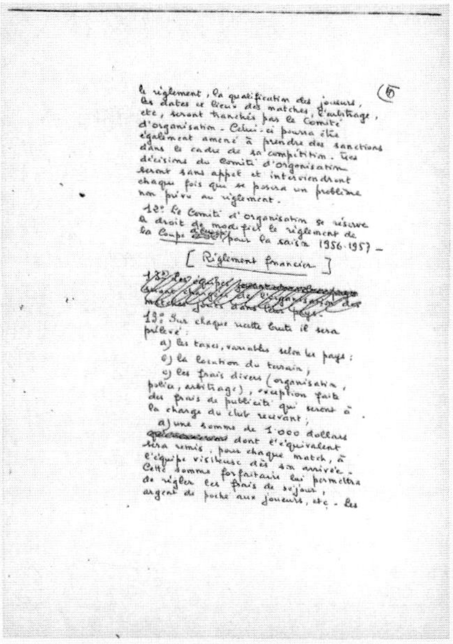

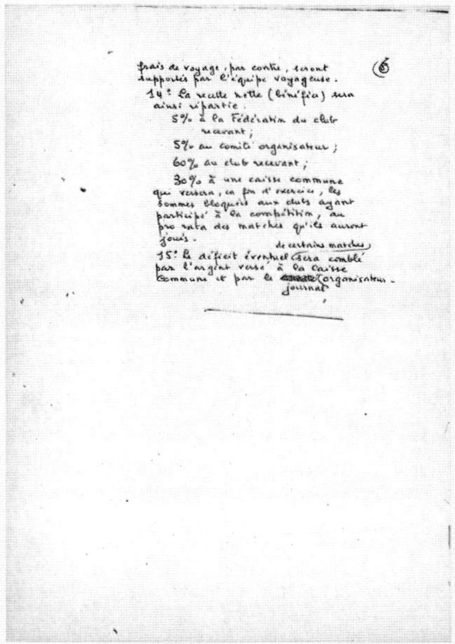

Ces six feuillets manuscrits, conservés par leur auteur Jacques Ferran, fixent, dès février 1955, les grandes lignes de la « Coupe d'Europe de *L'Équipe* ». Un premier règlement qui sera, à peu de choses près, bientôt adopté et pendant plus de trente-cinq ans appliqué par l'UEFA.

Voici du reste comment je commentais (*L'Équipe* du 9 mars) cette revendication : « Il n'y avait naturellement dans cette décision ni soif d'honneurs ou de lucre, ni désir de nous substituer à un organisme officiel. Nous prîmes garde d'indiquer, dans notre projet de règlement, que, tout en acceptant les risques financiers de l'épreuve, les organisateurs se refusaient à en tirer le moindre bénéfice, les clubs se partageant l'intégralité des recettes. Nous demandâmes également à nos confrères sportifs européens – *les Sports* de Bruxelles, *la Gazzetta dello Sport* de Milan, *Idrottsbladet* de Stockholm, *Marca* et le *Mundo Deportivo* d'Espagne, *A Bola* de Lisbonne, etc. – de s'associer à *L'Équipe*, afin que l'on ne nous accusât pas de vouloir tirer la couverture à nous. Enfin, nous insistâmes auprès des clubs et des fédérations pour qu'ils se chargent eux-mêmes, s'ils le désiraient, de cette organisation. Notre but n'était pas – et il n'est pas – d'organiser à tout prix une compétition de football. Il était – et il est toujours – que cette compétition, qui répond aux désirs unanimes, fût organisée. C'est seulement parce que, sans notre initiative, l'affaire eût désespérément traîné en longueur, que nous avons décidé de prendre le taureau par les cornes. »

L'ÉQUIPE SÉLECTIONNE DIX-HUIT CLUBS

A-t-on remarqué autre chose dans notre projet de règlement ? C'est qu'il n'avait pour objectif que de lancer la compétition, un peu comme on jette une bouteille à la mer. Ce qu'il mettait en place, c'était la saison 1955-56, la première. Pour la suite, on verrait bien.

La preuve, c'est que, sans attendre la fin de la saison en cours (1954-55), nous décidâmes de pressentir, dès le mois de janvier, les clubs susceptibles de participer à ce premier tournoi. Nous nous sommes réunis pour en sélectionner soigneusement non pas seize, mais dix-huit, arbitrairement sans doute, puisqu'ils n'étaient pas tous en tête de leurs Championnats respectifs, mais qui nous paraissaient « les plus représentatifs du football de leur pays sur les trois ou quatre dernières années ».

Ces dix-huit clubs pressentis, auxquels Jacques Goddet adressa, séance tenante, une lettre leur demandant s'ils consentiraient à participer à un tournoi se déroulant la saison suivante, étaient, par ordre alphabétique : Anderlecht (Belgique), Chelsea (Angleterre), Copenhague (Danemark), Dynamo de Moscou (URSS), Hibernian (Écosse), Holland Sport (Pays-Bas), Honved (Hongrie), Malmö (Suède), AC Milan (Italie), Partizan de Belgrade (Yougoslavie), Rapid de Vienne (Autriche), Real Madrid (Espagne), Stade de Reims (France), Rot-Weiss Essen (RF d'Allemagne), FC Sarrebruck (Sarre), Servette de Genève (Suisse), Spartak de Prague (Tchécoslovaquie), Sporting du Portugal (Portugal).

Ce choix de notre rédaction ne souleva en Europe, me semble-t-il, aucune critique, sauf en ce qui concernait Malmö, que l'opinion publique suédoise jugea trop inférieur à des clubs comme AIK Stockholm ou Djurgarden, ce dernier ayant d'ailleurs remporté avec aisance le Championnat 1954 qui venait de s'achever. Mais c'étaient bien ces équipes que nous voulions. Championnes ou non, peu importait. Capables en tout cas de donner tout le lustre qu'elle méritait à la première version de notre tournoi.

Que pourrait-il bien se passer les saisons suivantes ? Désignerions-nous automatiquement le champion de chaque pays ou continuerions-nous à tenir compte d'autres éléments (prestige, terrain, population, etc.) ? À cette question, que je posais en ces termes, je répondis simplement par ces mots (*L'Équipe* du 9 mars) : « C'est là un problème fort débattu qui sera résolu en son temps. »

LES CLUBS FLATTÉS

Deux préoccupations fondamentales, et en apparence contradictoires, nous agitèrent dès lors : rechercher âprement, de tout côté, des instances dirigeantes qui veuillent bien organiser la future compétition et faire comme si rien ne pouvait s'opposer à ce que nous nous en chargions nous-mêmes !

Ce qui, par-dessus tout, nous combla d'aise et nous renforça dans l'idée que nous ne nous trompions pas, ce fut l'accueil presque unanimement enthousiaste que réservèrent à l'invitation de *L'Équipe* les clubs pressentis.

Dès le 4 février, notre envoyé spécial Fernand Albaret, qui s'était rendu à Budapest et à Vienne pour rendre compte des exploits sur la glace du patineur français numéro un, Alain Giletti, nous adressa la plus précieuse des adhésions, celle de Gusztav Sebes, le célèbre entraîneur de l'équipe de Hongrie, également vice-ministre des Sports de son pays et personnalité éminente d'une UEFA en train de se mettre en place. « Cette compétition, nous déclara Sebes, nous intéresse beaucoup. La Fédération hongroise en a accepté le principe. A priori, une aussi vaste confrontation présente beaucoup plus d'attrait et doit nous attirer davantage que la Coupe d'Europe centrale. »

Quant aux dix-huit clubs sollicités, tous, à l'exception de Milan (qui traversait une crise grave), Hibernian (qui préférait attendre) et Dynamo de Moscou (qui ne pouvait agir sans l'aval de sa fédération), répondirent « présent », flattés d'avoir été choisis et avides du retentissement que leur conférerait l'honneur d'inaugurer cette compétition.

L'illustre et amical Henri Germain, président du grand Stade de Reims et producteur de champagne, bondit le premier sur sa plume pour donner son complet accord à tous

▶ suite page 20

Les pères fondateurs

Gabriel HANOT

De l'intelligence à la passion

« Leader » de la rubrique football de *L'Équipe*, journaliste de terrain internationalement respecté, Gabriel Hanot est celui qui lança, au bon moment, l'idée d'une compétition européenne de clubs. Il avait 65 ans.

« Ce que nous avons de meilleur en nous est signé Gabriel Hanot », écrivait en août 1968 son « disciple » Jacques Ferran, en conclusion de son éditorial de *France Football*. Hanot venait d'être emporté par une ultime attaque de la maladie artérielle qui, depuis six ans, l'affaiblissait considérablement. Il s'éteignit à l'âge de 80 ans, à Wangenbourg, en Alsace, où il passait l'été. Gabriel Hanot était un personnage exceptionnel, qui cachait soigneusement, sous des apparences de froideur et d'ironie parfois cinglante, des trésors d'intelligence et de sensibilité.

Né à Arras le 6 novembre 1889 et, dès ses années de lycée, saisi par le football, il était devenu, comme arrière ou comme ailier, un des plus célèbres joueurs de son époque, à l'US Tourquennoise essentiellement, puis à l'AS Française. International dès l'âge de 19 ans, en 1908, il marqua les deux buts du dernier et douzième match qu'il disputa avec l'équipe de France, en 1919, à Bruxelles (2-2). Un accident de l'avion qu'il pilotait le priva d'une carrière sportive beaucoup plus riche.

Passionné d'aviation, c'est dans l'armée de l'air qu'il avait fait la guerre de 1914-18. Abattu et fait prisonnier, il s'était évadé en traversant une partie de l'Allemagne avec un tuyau de poêle sur l'épaule. Les pilotes de ligne les plus illustres étaient ses amis. C'est ainsi qu'il avait vainement conseillé à Antoine de Saint-Exupéry d'appeler *Nuit sans rivage* son roman, plutôt que *Vol de nuit* !

Plus tard, Hanot parvint à concilier merveilleusement ses deux passions principales, le journalisme et le football, avec une double maîtrise de plume et d'action.

Journaliste et sélectionneur en même temps !

Journaliste connu dans le monde entier, il dirigea avant la Seconde Guerre mondiale *le Miroir des Sports*, collabora à *L'Auto*, à *l'Illustration*, à *Football* puis, à partir de 1946, à *L'Équipe* et à *France Football*. Homme d'action, il fut à l'origine du professionnalisme et de la formation du corps d'entraîneurs français. Son enseignement a laissé une trace profonde dans l'esprit de tous les entraîneurs français et étrangers formés dans les années d'après-guerre. Conseiller technique de l'équipe de France, il en fut jusqu'en 1949 son véritable sélectionneur... Mais au lendemain d'une cruelle défaite à domicile contre l'Espagne (1-5), qui concluait une triste saison, le journaliste Hanot demanda la tête du sélectionneur Hanot, dans un article au vitriol – non signé – publié par *L'Équipe*. Et le sélectionneur Hanot démissionna dans la foulée !

Sa vie, sa culture, son intelligence furent ainsi consacrées au football, sans le moindre regret. Qu'un Hanot ait tout donné au sport, cela ne rabaissa pas l'homme, cela releva le sport.

C'est à cet esprit perpétuellement en éveil et toujours à l'affût d'une idée nouvelle – c'est lui qui remit à l'Anglais Stanley Matthews le premier Ballon d'Or de *France Football* – que nous devons la Coupe d'Europe des clubs. Il en décrivit les commencements avec passion, et sans jamais désavouer son enfant, jusqu'à son départ à la retraite en 1961 et jusqu'à sa mort en 1968. C'est pourquoi il serait juste que cette compétition portât en sous-titre le nom oublié de Gabriel Hanot. ■

Jacques GODDET
Journaliste et financier

Directeur tout-puissant de *L'Équipe* et du Tour de France, Jacques Goddet a immédiatement compris l'effet bénéfique que l'initiative de Gabriel Hanot pourrait avoir sur la notoriété et les ventes de son journal. Il avait 50 ans.

Journaliste d'abord, tel est le titre que Jacques Marchand a donné à l'ouvrage remarquable qu'il a consacré à Jacques Goddet (éditions Atlantica).

Journaliste plus encore que patron? On en discuterait sans fin. L'essentiel est sans doute qu'il a su jusqu'au bout demeurer l'un et l'autre, comme si, à ses yeux, l'un n'allait pas sans l'autre. Et comme si être soi-même journaliste jusqu'au bout des ongles et en connaître toutes les ficelles, toutes les émotions et toutes les contraintes, non seulement ne contrariaient en rien les intérêts de son journal, mais contribuaient même à sa survie et à son prestige.

Le rôle qu'a joué Jacques Goddet, directeur de *L'Équipe*, dans la naissance de la Coupe d'Europe illustre parfaitement ce constat. Dès que l'idée de cette compétition naquit, sous la plume de Gabriel Hanot, le « patron » la revendiqua pleinement et plaça toutes les forces vives de son journal à son service. « Le 15 décembre 1954, raconte-t-il dans son livre autobiographique (*l'Équipée belle*, Robert Laffont-Stock), Hanot lança dans nos colonnes l'idée (...) Je m'en saisis sur-le-champ et nous montâmes aussitôt, tous nos efforts réunis, Robert Thominet, féru de foot, nos leaders, Jacques Ferran, Jacques de Ryswick, dont l'influence dans le monde du ballon rond était aussi grande que leur compétence, une opération réaliste pour tenter de donner corps à l'idée géniale émise par notre cher Gabriel Hanot. »

Après avoir décrit par le menu l'action de *L'Équipe* pour parvenir à ses fins, Jacques Goddet conclut d'abord avec fierté : « La Coupe d'Europe existe donc! Elle s'installe aussitôt triomphalement. Sa carrière propre va prendre une ampleur énorme, tant il est vrai que la marche permanente du ballon rond trouve son propre épanouissement dans la vie ardente de ses plus grands clubs. Au-delà de la compétition même, ce sont les Championnats nationaux qui ont été régénérés par la formidable motivation que suscite le désir d'accès à l'épreuve européenne. Nous gardons, à *L'Équipe*, la fierté d'avoir tout fait : l'idée a été donnée par Hanot, l'ensemencement, la conception, la réalisation sont dus à notre initiative, tout à nos frais... »

« Plusieurs milliards sans doute »

Puis cette pointe d'amertume : « Je n'ai réclamé nul droit d'auteur! Je n'en ai guère été remercié. Même le nom de *L'Équipe* a été rapidement escamoté, la coupe que nous offrions ayant été tôt remplacée... Qui établira le calcul des sommes versées aux guichets depuis la création de l'épreuve, plus, depuis, les recettes publicitaires et la redevance télé? La valeur de plusieurs milliards de francs, sans doute. J'aurais pu sûrement prétendre, à l'origine, obtenir pour *L'Équipe* un petit courtage sur le total des encaissements, non? Ou tout au moins ces invitations pour la finale que le seul Santiago Bernabeu, qui m'installa toujours à côté de lui et de son épouse, une forte et noble personne, dans sa loge d'honneur, m'ait jamais offertes... »

Décédé quelques jours avant la fin du siècle dernier, à 95 ans, Jacques Goddet aurait eu 100 ans en 2005. ■

Jacques de RYSWICK
Conteur et visionnaire

Chef autoritaire de la rubrique football de *L'Équipe*, Jacques de Ryswick découvrit dans ses propres colonnes le papier fondateur de Gabriel Hanot. Dès le lendemain, il s'employa à concrétiser la « passe décisive » de son illustre coéquipier. Il avait 50 ans.

C'est avec une avidité un peu jalouse que Jacques de Ryswick s'empara du concept lumineux d'une compétition européenne interclubs, jeté dans *L'Équipe* par Gabriel Hanot comme un pavé dans la mare, l'admiration qu'il portait à Hanot n'étant pas exempte de quelque soupçon de rivalité. Désormais, la Coupe d'Europe à inventer, ce fut son affaire. Il en saisit instantanément l'importance et l'avenir. L'article qu'il lui consacra dès le lendemain, 16 décembre 1954, est celui d'un visionnaire.

Né en 1904 et nordiste comme Hanot, Jacques de Ryswick fut, dès son plus jeune âge, plongé dans la marmite du football par son père, alors secrétaire général de l'Olympique Lillois. Footballeur à Lille, puis au PUC, mais voué par sa petite taille à un rôle secondaire, il se rattrapa en devenant, à *Paris Midi*, à *Paris Soir* et, à partir de 1930, à *L'Auto* puis, après la guerre, à *L'Équipe*, un des chroniqueurs de football les plus en vue. Nommé en 1946 responsable de la rubrique football, il fut de tous les coups et de tous les événements, en France comme dans le monde, ainsi qu'en témoigne le plus attachant sans doute de tous les ouvrages consacrés à la balle ronde, riche d'une écriture ensoleillée et d'innombrables anecdotes significatives : *100 000 heures de football*, publié en 1962 à La Table Ronde.

« Il a fallu mettre le paquet »

À propos de la création de la Coupe d'Europe, il souligne dans ce livre que « son enfantement avait été passablement laborieux », avant d'ajouter : « Il a fallu, à tous égards, "mettre le paquet" pour remuer ces lourdes machines que sont les organismes officiels (...) et je vous garantis, sans entrer dans le détail, que l'adoption de ce projet constitua un juste encouragement à cette vertu majeure de notre époque qu'on appelle le réalisme ou... la suite dans les idées. »

Aussi volubile radio-reporter que brillant homme de plume, et personnage trop oublié aujourd'hui, Jacques de Ryswick disparut en 1996, à l'âge de 92 ans. ■

Jacques FERRAN
Idéaliste et boulimique

Jeune reporter à *L'Équipe* et « fils intellectuel » de Gabriel Hanot, Jacques Ferran a contribué à la création de la Coupe d'Europe en écrivant nombre d'articles et en rédigeant le premier règlement. Il avait 34 ans.

Rien ne prédestinait Jacques Ferran, né le 30 mars 1920 à Montpellier et fils de magistrat, à devenir journaliste de sport à Paris ; et l'un des plus brillants de son époque. Il avait bien, dans les années 1930, fréquenté assidûment les terrains des Métairies et du Pont-Juvénal, où se distinguaient les Koranyi, Franqués, Beck, Zavadski ou Gabrillargues ; mais c'est vers l'agrégation de lettres que semblaient plutôt l'orienter, à l'entrée de la guerre, ses études universitaires. Interrompu dans son cursus, et déjà chargé de famille, il vit, à la Libération, le journalisme comme la seule réponse à son besoin de grand air. Et c'est Jacques Goddet qui, en 1948, par le plus grand des hasards, lui ouvrit le premier la porte du journalisme parisien. Il ne devait la refermer qu'au moment de sa retraite, en 1985. « Je n'ai à aucun moment regretté ce choix », a-t-il coutume de répondre à tous ceux qui l'auraient mieux imaginé au *Monde* ou au *Nouvel Observateur*. « Je n'ai jamais considéré le sport et ses mille aspects, passionnels, sociaux, économiques ou politiques, comme une matière de second ordre. Dans quelle autre spécialité et dans quelles autres publications aurais-je bénéficié d'autant de liberté, de contacts humains et de reconnaissance? Où aurais-je pu mieux assouvir et ma soif de responsabilité et mon goût de l'aventure? »

1 500 éditoriaux en trente ans

Rédacteur en chef de *L'Équipe* et de *France Football*, infatigable globe-trotter et près de 1 500 fois éditorialiste de *France Football* entre 1955 à 1985 (« Je ne crois pas en avoir manqué un seul, en dehors des vacances »), Jacques Ferran affirme avoir par ailleurs vécu plusieurs vies, consacrées notamment au syndicalisme de presse et à la défense de sa profession (fondateur de l'USJSF, Union syndicale des journalistes sportifs de France), à la promotion de l'éthique sportive (responsable de plusieurs associations nationales et internationales), au langage (président de la commission ministérielle de terminologie sportive), aux relations entre sport et télévision (fondateur et organisateur du Sportel de Monaco). Et qui vous dit qu'il ne songe pas, à 85 ans, à la publication d'autres créations littéraires, pour le moment encore enfouies dans ses tiroirs? ■

suite de la page 17 ▶ les points de notre règlement et, par le même courrier, adressa à Paul Nicolas, président du Groupement professionnel (qui deviendra, après de multiples avatars, la Ligue du football professionnel), une lettre par laquelle Reims demandait « l'autorisation de participer à cette compétition, étant entendu qu'elle ne gênerait en rien le déroulement du Championnat de France ou de la Coupe, puisque ses matches auraient lieu en semaine ».

Anderlecht, porte-drapeau du football belge, nous adressa, par la voix de son secrétaire général, Eugène Steppé, une lettre dans laquelle il se disait « flatté » de prendre part à une épreuve « qui aura, nous en sommes persuadés, un retentissement considérable », et ajoutait qu'ayant pris contact avec l'Union royale belge celle-ci « ne voyait aucun empêchement à lui délivrer, le cas échéant, les autorisations nécessaires ».

Même acceptation de Chelsea (Angleterre), « sous réserve d'avoir l'accord de la FIFA et de la Football Association » ; du Rot-Weiss Essen (Allemagne), « enthousiasmé par cette initiative », à laquelle la presse allemande et les agences internationales donnèrent un large écho ; du Rapid de Vienne (Autriche), inquiet de n'apparaître sur notre liste qu'en 17e position et que nous rassurâmes aussitôt ; du Sporting du Portugal, sauf refus de sa fédération ; du Spartak de Prague (Tchécoslovaquie), heureux que notre projet « coïncide avec ses intentions de multiplier les contacts avec toutes les nations européennes » ; du Partizan de Belgrade (Yougoslavie), par télégramme, confirmé à Paris par le lieutenant-colonel Schwartz, secrétaire international du club yougoslave ; du FC Sarrebruck, représentant d'un pays, la Sarre, qui ne serait bientôt plus indépendant (rattaché à l'Allemagne fédérale en 1957 à la suite d'un référendum) et dont le président, Hermann Neuberger, devait jouer plus tard, en tant que président de la Fédération allemande, un rôle capital à la FIFA ; du Real Madrid enfin, dont la belle lettre, signée Santiago Bernabeu de Yeste, disait ceci : « Ce sera pour nous un grand honneur de pouvoir accepter votre invitation de participer à la compétition européenne que vous êtes en train d'organiser. C'est avec plaisir que nous participerons aux réunions prévues pour l'organisation de cette épreuve… »

Comment un tournoi ainsi plébiscité par ceux-là mêmes qui allaient le disputer aurait-il pu ne pas avoir lieu ? Mais comment ne pas observer que l'ensemble des clubs pressentis subordonnaient leur accord définitif à une autorisation des fédérations ?

1954/55

Les grands clubs sont séduits par l'idée de créer une Coupe d'Europe car cela donne un cadre et une cohérence aux multiples matches amicaux organisés à l'époque, comme ici entre le Racing de Roger Marche (à dr.) et le FC Barcelone (3-5), le 8 juin 1955 au Parc des Princes.

LA FIFA SE DÉCLARE… INCOMPÉTENTE !

C'est donc incontestablement du côté des pouvoirs officiels que nous devions multiplier les contacts. Notre bébé, nous le savions, était décidé à venir au monde. Il serait magnifique et plein de vie. Mais qui pourrait bien se décider à l'adopter ? La FIFA, d'abord, naturellement. Elle était l'instance suprême et gouvernait, depuis un demi-siècle, un empire sur lequel, avait écrit son ex-président Jules Rimet, « le soleil, pas plus que sur l'empire de Charles Quint, ne se couche jamais ».

Rimet ayant, au bout de trente ans de règne, passé la main après la Coupe du monde 1954, c'est à son successeur, le Belge Rodolphe William Seeldrayers, que nous nous sommes adressés. Sa réponse fut à la fois encourageante et négative. Oui, votre idée est intéressante. Persévérez. Non, la FIFA ne peut rien organiser de pareil.

Voici les termes exacts de cette réponse.

« J'ai reçu votre aimable lettre au sujet de la Coupe d'Europe interclubs suggérée par *L'Équipe*. Comme vous le dites, l'organisation d'un pareil tournoi n'est pas subordonnée à l'autorisation préalable de la FIFA dont les statuts (art. 38) ne visent que les compétitions entre équipes représentatives d'associations nationales. Je suis très touché de l'amabilité que vous avez de me communiquer votre projet d'un tournoi qui rappelle, en le mettant à l'échelle continentale, celui qui, avant la guerre, opposait les équipes championnes des associations de l'Europe centrale. Je ne doute pas que, s'il est possible de concilier les matches de ce tournoi avec le calendrier déjà très chargé des Championnats des associations nationales, ainsi que des rencontres internationales proprement dites, cette épreuve sera extrêmement intéressante et aura un grand succès.
P.S. : J'apprécie tout spécialement l'interdiction de remplacement des joueurs, sauf le goalkeeper *(NDLR : gardien de but)*. »

L'ÉQUIPÉE DE VIENNE

Cette déclaration d'incompétence de la Fédération Internationale nous fut confirmée par Jules Rimet lui-même qui, malade (il devait décéder quelques mois plus tard), voulut bien nous recevoir et nous déclara : « La FIFA ne peut s'opposer à un projet si passionnant. Mais ce sont les clubs eux-mêmes qui doivent organiser leur compétition ! » Quant au Suisse Kurt Gussmann, le vieux secrétaire général de la FIFA, son regard pétillait de malice quand, l'ayant rencontré à Vienne, au début de mars, il nous affirma que le projet d'une compétition interclubs serait bien plus facile à réaliser que celui d'un Championnat d'Europe des nations…

Or, si précisément nous nous trouvions à Vienne, à cette date, Gabriel Hanot et moi, c'est parce que la jeune Union européenne de football, sur qui reposaient nos derniers espoirs, y tenait sa première assemblée générale et que l'occasion nous avait semblé idéale d'aller lui présenter notre enfant.

La naissance de l'UEFA, en cette période décidément cruciale d'un football européen en pleine rénovation, était en elle-même une assez belle histoire. Elle avait eu pour géniteurs principaux trois hommes à forte personnalité et dont on ne retrouve guère, hélas, l'équivalent parmi les dirigeants du football d'aujourd'hui : le Dr Ottorino Barassi, président de la Fédération italienne, dont le sens de l'humour et le formidable appétit étaient aussi célèbres que l'intransigeance ; le Belge José Crahay, secrétaire général de sa fédération, lucide, affable, intelligent, au dévouement exemplaire ; et le Français Henri Delaunay, secrétaire général de la FFF, connu dans le monde du football pour son autorité, sa rigueur, sa clairvoyance et le rôle fondamental qu'il avait joué, vingt-six ans plus tôt, lors de la création de la Coupe du monde. Ces trois hommes travaillèrent main dans la main à l'instauration de l'entité européenne du football à partir de 1952 et, s'étant fait des alliés dans toute l'Europe, réussirent à rassembler la presque totalité des fédérations le 15 juin 1954 à Berne. Un comité fut désigné, à la tête duquel fut choisi le Danois Ebbe Schwartz, qui était bien avec tout le monde, et dont Henri Delaunay devint secrétaire général. Et c'est à Vienne, ce 2 mars 1955, que fut fixée la première assemblée générale de ce qui fut baptisée en français « Union des associations européennes de football » et en anglais « Union of European Football Associations », avec comme initiales UEFA.

Il neigeait ; et je me souviens parfaitement de l'interminable voyage que nous avons fait, Gabriel Hanot et moi, de Paris à la capitale autrichienne, dans un train très mal chauffé. Nous allions à Vienne moins avec le souci réel de convaincre les dirigeants européens que par acquit de conscience et pour ne rien avoir à regretter. Nous savions déjà que nous n'aurions aucun soutien à attendre des dirigeants français, étant donné que la seule préoccupation de notre fédération, influencée par la conviction de son secrétaire général, était la création d'un Championnat d'Europe entre nations et non celle d'une compétition interclubs.

Car même si Henri Delaunay, que nous étions allés consulter, nous avait affirmé qu'il trouvait notre idée excellente et même si – ce que nous ignorions alors, mais ce qu'a révélé Jacques Goddet dans son livre de souvenirs, *L'Équipée belle* – le même Delaunay percevait, pour services rendus, une petite mensualité de *L'Équipe*, sa fierté était trop forte pour faire la moindre concession. Nous avions d'ailleurs, juste avant notre départ, reçu la lettre suivante que nous avait adressée, au nom de la FFF, le président Pierre Pochonet : « Le bureau, ayant donné son approbation à l'organisation d'une Coupe européenne entre associations nationales, regrette de ne pouvoir prendre en considération la demande présentée par le journal *L'Équipe*. Toutefois, j'ajoute que notre Fédération ne fera pas obstacle à votre projet, si cette idée vient en discussion lors des réunions de Vienne. »

L'ATTITUDE NÉGATIVE DE STANLEY ROUS

Peut-être, face à Henri Delaunay lui-même, dont l'amitié avec Gabriel Hanot était très ancienne et très solide, aurions-nous pu ébranler sa conviction. Mais, déjà très affaibli par la maladie qui allait l'emporter rapidement, celui que l'on appelait, pour son flegme britannique, « Sir Henri », avait délégué, à Vienne, pour le représenter, son fils, Pierre Delaunay, alors secrétaire général du Groupement, tandis que l'avocat Marcel Lafarge représentait la Fédération. Tenus tous deux par la position fédérale, ils ne nous apportèrent donc aucun soutien, pas plus d'ailleurs qu'ils n'intervinrent en faveur d'une épreuve entre nations.

Vienne, mars 1955. Dès notre arrivée, nous avions cru de bonne guerre de rendre visite à celui que nous avions surnommé le Talleyrand de ce moderne « Congrès de Vienne », Stanley Rous, secrétaire général de la Fédération anglaise, intelligent, roublard, aimable ou brutal selon les cas, marié à une Française, mais ne parlant pas un mot de notre langue, et dont on devinait la redoutable ambition au

« L'UEFA n'est pas faite pour organiser des compétitions, mais pour défendre certains intérêts communs »

double horizon de l'UEFA, qu'il avait largement contribué à dessiner, et de la FIFA, dont il prendrait quelques années plus tard la présidence.

Il nous reçut, avec la plus extrême courtoisie, dans ses appartements du Park Hotel de Schönbrunn, appartements qui communiquaient directement – ce qui était tout un programme – avec ceux du président Ebbe Schwartz. Bien calé dans son large fauteuil rouge, souriant, massif, Stanley Rous conclut notre entretien par ces mots définitifs, après lesquels nous aurions pu quitter Vienne : « L'UEFA n'est pas faite pour organiser des compétitions, mais pour défendre certains intérêts communs. »

Pourquoi cette attitude négative, en apparence si contraire aux intérêts profonds et même à la raison d'être de la toute neuve UEFA ? D'abord, parce que Stanley Rous, dans le conflit déjà latent qui ne manquerait pas d'opposer la vieille FIFA, jusque-là dépositaire unique des intérêts du football européen, et la jeune UEFA, qui ambitionnait d'en prendre la relève, se rangeait du côté de l'instance mondiale dont il rêvait de devenir le maître. Rien, pensait-il, de ce qui risque de concurrencer la Coupe du monde ne saurait être toléré. Et surtout pas ce Championnat d'Europe des nations que son « ami » Henri Delaunay ne cessait de brandir comme une menace.

En second lieu, nous n'ignorions pas, Hanot et moi, que Stanley Rous faisait partie, avec l'Italien Barassi et le Suisse Ernst Thommen, d'un trio de hauts dirigeants qui venaient de mettre sur pied le projet, mi-sportif mi-commercial, d'une compétition appelée « Tournoi des Villes de foire » qui, étalé sur deux années (1955-56 et 1956-57), opposerait douze grandes cités européennes, à raison d'une ou de deux par pays. Chaque ville choisie serait représentée par une sélection de ses principaux clubs. Des groupes géographiques seraient constitués qui qualifieraient les vainqueurs pour la phase finale. ▶

Le Hongrois Gusztav Sebes est membre du premier comité exécutif de l'UEFA qui, à Vienne, reçoit les deux émissaires de *L'Équipe*.

1954/55

▶ Ce projet, assez attachant et révolutionnaire – et évidemment concurrent du nôtre – se heurtait, à nos yeux, à un inconvénient majeur : celui de faire intervenir des sélections. Alors que la cellule du club existe fortement en tant que telle, la ville, elle, ne représente rien. « C'est ainsi, disions-nous, que notre Racing Club de Paris, alors en haut de l'échelle nationale, est largement supérieur à n'importe quelle entente parisienne. »

Nous savions que beaucoup de dirigeants européens partageaient ce point de vue. De là à prendre parti pour nous plutôt qu'en faveur de dirigeants aussi influents que Rous et Barassi, c'était une autre affaire. Mais comment aurions-nous pu nous douter, à ce moment, que la saison 1955-56 verrait l'éclosion simultanée et de notre Coupe européenne et de cette Coupe des Villes de foire, qui se disputerait jusqu'en 1971, avant de se transformer en la Coupe de l'UEFA, toujours vivante ?

Le bilan négatif que nous avions tiré de notre visite à Stanley Rous ne nous empêcha pas, le lendemain, de défendre, du mieux que nous le pouvions, face au comité exécutif de l'Union européenne de football, notre beau projet.

En nous rendant à l'ultra-moderne Maison du football de Vienne, située dans la grande avenue dénommée Mariahilfestrasse, je me souviens que la grande préoccupation de Gabriel Hanot, qui parlait l'allemand presque aussi bien que l'anglais, était de trouver la meilleure traduction possible de « Mariahilfe ». Il eut l'idée de « Notre-Dame-du-Bon-Secours » et en était très fier. Notre décontraction était sans doute aussi grande que notre détermination.

C'était le 1er mars dans l'après-midi. Autour d'une table claire, dans une pièce aux murs nus simplement décorée par la photo du Dr Geroe, célèbre président de la Fédération autrichienne qui venait de mourir, étaient rassemblés les cinq membres du comité : Ebbe Schwartz, le président, aux traits fins, réservé et affable ; Pierre Delaunay, qui représentait son père ; José Crahay, le Belge francophile, qui ne cessa de nous adresser des mimiques encourageantes ; le Hongrois Gusztav Sebes, qui ne prononça pas deux paroles ; et l'Écossais sir George Graham, rougeaud et presque absent, lui aussi.

Gabriel Hanot s'exprima le premier, en anglais, puis en français. Il rappela combien l'idée d'une compétition interclubs avait fait du chemin ces derniers mois dans toute l'Europe et résuma notre projet en soulignant l'enthousiasme qu'il avait soulevé auprès des clubs.

J'insistai de mon côté sur notre désintéressement. Nous ne prétendions pas organiser, mais seulement patronner, avec d'autres journaux européens, la compétition à venir. Notre seul objectif était qu'elle existât. Nous étions à Vienne pour connaître l'opinion de l'UEFA sur ce projet, et pour qu'elle nous éclaire sur la meilleure manière de le faire prospérer.

LA NEUTRALITÉ BIENVEILLANTE DE L'UEFA

Le président Schwartz, en réponse, souleva quelques objections de détail. N'allait-on pas faire preuve de favoritisme en désignant tel club plutôt que tel autre ? Et qu'arriverait-il si l'équipe invitée pour son éclat rétrogradait au moment de se lancer dans l'aventure européenne ? Je répondis qu'il s'agissait de points importants, certes, mais que les organisateurs se chargeraient de régler ultérieurement. L'essentiel, à nos yeux, était de connaître la position de principe de l'Union européenne.

Sebes acquiesça sans mot dire. Crahay déclara partager notre sentiment : il s'agissait de détails et, pour lui, la création de ce tournoi ne présentait pas d'inconvénient. L'Écossais demanda simplement ce que nous entendions par « grandes équipes européennes ». Nous lui répondîmes qu'« il [s'agissait], par exemple, des équipes de Glasgow et d'Édimbourg », ce qui dérida tout le monde. Pierre Delaunay se tut.

En conclusion, Ebbe Schwartz nous assura que « l'idée lui semblait très heureuse pour les clubs et également pour ce qui concernait le règlement, mais qu'il ne pouvait pas prévoir l'accueil des fédérations ». En somme, la réponse de l'UEFA ressemblait à s'y méprendre à celle de la FIFA : une neutralité bienveillante. D'ailleurs, lorsque, le lendemain, Ebbe Schwartz rendit compte, devant le congrès de l'UEFA, de notre démarche auprès du comité exécutif, il usa à peu près des mêmes termes qu'avait utilisés dans sa lettre le président de la FIFA – et que Stanley Rous avait lui-même avalisés : « L'Union européenne n'a pas à prendre position. Il appartient aux fédérations d'autoriser leurs clubs à participer à une pareille épreuve. »

LE CHAMPIONNAT DES NATIONS MORT-NÉ

Le congrès lui-même se déroula sans la moindre surprise. Lorsque le dévoué José Crahay, chargé avec Pierre Delaunay et George Graham, de proposer un projet de Championnat d'Europe des nations, se dirigea vers le micro de l'immense salle des fêtes de la Maison du football, où était rassemblé pour la première fois l'ensemble du football européen, il savait déjà à coup sûr que la partie était perdue. Ils avaient mis six mois, ces trois courageux, pour peaufiner un projet crédible. Il fut balayé en un quart d'heure.

Tous les orateurs qui lui succédèrent : l'Italien Barassi, l'Anglais Mears, le Yougoslave Andrejevic et l'Allemand Bauwen, critiquèrent non seulement le contenu du projet proposé par le dirigeant belge, mais le principe même d'une compétition opposant des sélections nationales.

Et lorsque l'irréductible Crahay, devant l'échec de son règlement, proposa que l'on étendît à cinq ou six le nombre des dirigeants chargés du projet, afin d'augmenter les chances de succès, on lui fit clairement entendre que là n'était pas la question. « Mais non, s'écria de sa place l'ingénieur Barassi, mais non, restez à vous trois, on vous fait confiance ! Mais rédigez-nous un projet plus raisonnable et moins lourd pour les clubs ! » Et l'on passa à l'ordre du jour.

Stanley Rous, que l'on n'avait pas entendu – sauf à s'en prendre de manière désobligeante à Henri Delaunay, absent, en demandant « s'il était membre ou seulement secrétaire du comité exécutif » – restait, dans l'ombre, maître du terrain. Il n'y aurait pas, avant longtemps, de compétition entre nations ; et lorsqu'elle naîtrait, timidement, en 1960, grâce à l'acharnement d'hommes tels que Crahay et Pierre Delaunay, elle devrait, lors de sa vacillante apparition, se passer de pays tels que l'Angleterre, l'Italie et l'Allemagne. Devenue, grâce à l'ambition ultérieure de l'UEFA, notre triomphant Euro, elle porterait néanmoins, et elle porte toujours, en hommage à son inspirateur numéro un, le titre de « Championnat d'Europe – Coupe Henri-Delaunay ».

Il était 16 heures, en ce 2 mars 1955, et nous n'avions plus rien à faire à Vienne. Nous sommes donc revenus à Paris bredouilles et frigorifiés, mais pas mécontents de savoir deux choses : le Championnat des nations, étant mort-né, ne ferait pas obstacle à notre projet ; et personne,

Dimanche 3 avril 1955 : seize dirigeants européens, invités par *L'Équipe* à se réunir dans le « salon des Gobelins » de l'hôtel *Ambassador* à Paris, portent sur les fonts baptismaux « la Coupe d'Europe des clubs ». De g. à dr., on reconnaît Sebes (Hongrie), Bédrignans (France), Bernabeu et Saporta (Espagne).

parmi les nombreux dirigeants européens que nous avions rencontrés, ne s'opposerait vraiment à lui.

C'est pourquoi la conclusion que je me permis de donner à la série de cinq longs articles qui parurent dans L'Équipe, du 8 au 13 mars, sous le titre « Une Coupe européenne de football interclubs : rêve et réalité », n'était nullement pessimiste, mais plutôt prémonitoire :

« Les clubs pressentis ont dit oui. Les fédérations vont sans doute suivre le mouvement. Il va désormais appartenir aux seuls intéressés d'organiser une épreuve dont on se demandera probablement, après quelques années d'existence, pourquoi on ne l'avait pas créée plus tôt. Et peut-être, alors, cette jeune et timide Union européenne qui, pour le moment, se contente d'une attitude observatrice, pourrait-elle prendre en charge une compétition qui lui conférerait, en retour, sa raison d'être. »

Restait à frapper un dernier grand coup. Nous avons pris, me semble-t-il, très vite et unanimement, la seule décision susceptible de faire bouger les choses : inviter à Paris les clubs dont nous avions obtenu l'accord et placer entre leurs mains l'avènement du tournoi. Elles nous l'avaient assez seriné, les instances fédérales, qu'une compétition interclubs était d'abord l'affaire des clubs ! Pourquoi ne pas les prendre au mot ?

LE COUP DE POKER DE L'HÔTEL *AMBASSADOR*

Dix-sept invitations sont donc parties de Paris entre le 15 et le 20 mars, à destination de Milan, Madrid, Londres, Bruxelles, Belgrade, etc. Elles étaient signées Jacques Goddet, directeur de *L'Équipe*, et conviaient les clubs déjà pressentis à venir participer à des réunions qui se tiendraient, ▶

Le titre de *L'Équipe* du lundi 4 avril 1955, qui entérine les travaux de l'hôtel *Ambassador*.

FOOTBALL

LA COUPE D'EUROPE DES CLUBS est née dans l'allégresse

SON PRÉSIDENT EST LE FRANÇAIS M. ERNEST BÉDRIGNANS vice-président du Groupement

L'adversaire de Reims aux 8es de finale sera probablement l'équipe danoise

La Coupe d'Europe des clubs a vu le jour, samedi et dimanche, dans les salons d'un grand hôtel du boulevard Haussmann. Les délégues de seize clubs au nom prestigieux ont adopté, dans une sorte de joyeuse fièvre créatrice un règlement pour la saison 1955-1956, qui ne diffère presque pas de celui que nous avions proposé.

Et, pour terminer, ils ont confié la présidence de la Commission exécutive chargée de l'organisation même de l'épreuve à un Français, M. Ernest Bédrignans, vice-président du Groupement des clubs au-

matches du premier tour seront seuls « amenagés » par la commission exécutive. Par la suite, le tirage au sort sera seul utilisé.

LES PARRAINS DE LA COUPE D'EUROPE

Voici la liste des représentants des clubs européens qui ont participé aux travaux de la première assemblée plé-

La finale aura lieu, en mai ou juin 1956, à Paris.

La compétition s'étalera pendant toute la saison 1955-56, d'août à mai ou juin. Les matches auront lieu en semaine et, autant que possible, en nocturne. Chaque club recevant conservera

L'objet d'art remis pour un an au club vainqueur de la Coupe européenne sera offert par L'EQUIPE, à qui revient l'initiative du projet. Une réplique sera attribuée, chaque saison, à titre définitif, au vainqueur.

AU PREMIER TOUR DE LA COUPE D'EUROPE

Reims-Copenhague Honved-Anderlecht...

proposés par la Commission exécutive

Voici la liste des 1/8 de finale établie par la Commission exécutive et qu'elle proposera aux clubs participants :
Chelsea (Angleterre)-champion de Suède ;
Real Madrid-Servette de Genève ;
Milan-FC Sarrebruck ;
Rot Weiss Essen (Allemagne)-Hibernian (Ecosse) ;
Honved (1) (Hongrie)-Anderlecht (Belgique) ;
Reims-Bold Klub de Copenhague (Danemark) ;
Rapid de Vienne-Holland Sport (Pays-Bas) ;
Partizan de Belgrade-Sporting du Portugal.

Il semble que cet arrangement conviendra à tous les clubs. Déjà, la plupart des dirigeants de clubs opposés au premier tour, ont pris des contacts afin de s'entendre sur

sireux, malgré tout, de participer dès la première année à l'épreuve Si leur accord parvenait dans les délais à la Commission organisatrice, celle-ci s'emploierait à les in-

Paul Nicolas, président du Groupement, donne à la réunion de l'hôtel *Ambassador* une légitimité indispensable.

1954/55

▶ les 2 et 3 avril, à l'hôtel *Ambassador*, 16, boulevard Haussmann à Paris, réunions et séjour dont le journal avait décidé d'assumer tous les frais.

Pourquoi l'hôtel *Ambassador*? Parce qu'il n'était qu'à dix minutes à pied de *L'Équipe* et parce qu'une salle de réunion, confortable et tranquille, y était mise à notre disposition. Il s'agissait du « salon des Gobelins »

Pourquoi cette date ? Parce qu'il fallait faire vite et parce qu'un match France-Suède, fixé au dimanche 3 avril à Colombes, clorait parfaitement nos débats.

Une chose pourtant nous tarabustait : l'absence, lors de ces réunions, de tout organisme officiel et permanent du football, capable d'assurer à la compétition naissante la stabilité dont elle avait besoin. Les dirigeants de club qui allaient la mettre au monde n'auraient plus, dès qu'elle grandirait, de compétence. Quant à notre journal, s'il n'avait pas hésité, par souci d'efficacité, à se mettre en avant, il savait qu'il n'aurait pas la possibilité d'assumer une organisation aussi complexe. Et que, s'il s'obstinait, il risquait de heurter les pouvoirs en place et de faire avorter le projet.

PAUL NICOLAS APPORTE CRÉDIT ET CONFIANCE

C'est pourquoi, puisque notre fédération nous refusait son concours, nous nous sommes tournés vers le Groupement des clubs autorisés (c'est-à-dire autorisés à utiliser des joueurs professionnels), alors présidé par un des dirigeants les plus dynamiques et les plus droits qu'ait connus le sport français, l'ancien avant-centre de l'équipe de France, Paul Nicolas. Il voyait juste et grand, cet homme, et nous savions qu'il ne lui déplairait pas de donner à la Fédération une leçon de réalisme et d'initiative. Robert Thominet, administrateur de *L'Équipe*, et Marcel Oger, son directeur de la rédaction, reçurent de Paul Nicolas un accueil qui nous rendit entière confiance. La décision d'envoyer à nos réunions une délégation composée de MM. Bédrignans, Delisle, Dehaye et Junqua, dirigeants de premier plan de notre football professionnel d'élite, a sans doute joué un rôle crucial dans le succès obtenu.

Les clubs invités accoururent tous à Paris, tous sauf deux : Hibernian, l'écossais, qui nous donna son accord par télégramme, mais ne nous délégua aucun représentant ; et le Dynamo de Moscou, dont l'abstention nous fut expliquée par le plus connu des dirigeants soviétiques, Valentin Granatkine : « La section de football de l'URSS, écrivit-il à Jacques Goddet, a le regret de vous informer qu'en raison de l'impossibilité d'organiser des rencontres internationales sur le sol russe durant l'hiver et en raison du calendrier estival surchargé, il est impossible à une équipe soviétique de participer à la Coupe d'Europe des clubs. »

Cette attitude de l'URSS se maintint longtemps puisque c'est seulement en 1967, alors que la compétition européenne entrait dans sa treizième édition, qu'une équipe soviétique, le Dynamo de Kiev, se joignit aux autres concurrents.

BERNABEU MET DANS LA BALANCE LE POIDS DU GRAND REAL

17 - 1 = 16. Le chiffre idéal. Tous les hommes qui avaient répondu à notre appel, et que nous avons traités aussi bien que possible, à *L'Équipe*, à l'hôtel, au cabaret le *Lido*, au restaurant ou à Colombes, étaient non seulement ravis d'être là, mais conscients de participer à un évènement historique : la création ex nihilo d'une des compétitions sportives les plus importantes du siècle.

Les mots que j'ai utilisés à l'époque pour qualifier l'atmosphère qui présida à ces travaux furent « cordialité, compréhension et même allégresse ». Aucune note discordante ne troubla la volonté de ces dirigeants déterminés à s'entendre, coûte que coûte, et entre lesquels n'existait plus aucune frontière. Sebes le Hongrois et Bernabeu l'Espagnol se découvraient des souvenirs communs. L'Anglais Battersby plaisantait sur la pingrerie de son collègue écossais, qui l'avait privé de ce voyage. Jacques Goddet ouvrit, le samedi matin 2 avril, la première séance de travail, puis, pour ne pas donner l'impression de tirer la couverture à lui, « installa » (selon sa propre expression) à la présidence Ernest Bédrignans, vice-président du Groupement. Celui-ci dirigea nos travaux (auxquels participèrent, pour *L'Équipe*, outre Jacques Goddet, Robert Thominet, Jacques de Ryswick et moi-même), avec le mélange de rigueur et d'humour qui convenait.

Le président du Real Madrid, Santiago Bernabeu, accompagné par son jeune et trépidant trésorier, Raimundo Saporta, fut pour beaucoup dans le succès de ces réunions. Son français parfois précaire était largement suffisant pour que tout le monde comprît qu'il fallait aller de l'avant. Sa bonhomie et sa politesse cachaient une détermination et une autorité extrêmement précieuses. Sa personnalité et le poids de son grand club, qu'il jetait dans la balance, furent des atouts absolument décisifs dans le succès de l'entreprise.

Tous les autres dirigeants présents à Paris, et qu'on peut considérer comme les pionniers ou les parrains de la Coupe d'Europe, méritent cependant de ne pas être oubliés. Il s'agit de MM. Jansen (Rot-Weiss Essen), Battersby (Chelsea), Sarg et Schick (Rapid de Vienne), Steppé (Anderlecht), Lyngsaa (K.B. Copenhague), Morel (Reims), Blaumhoff (Holland Sport), Sebes et Krajesovits (Hongrie), Gianotti (Milan), De Albuquerque Calheiros (Sporting du Portugal), Keller et Diehl (Sarrebruck), Wolf Lyberg (Djurgarden), Piannalunga et Rappan (Servette de Genève), Gianovic (Partizan de Belgrade).

Et c'est finalement à l'unanimité que fut adopté un règlement presque en tout point semblable à celui que nous avions concocté quelques mois auparavant : 16 clubs, élimination directe, matches aller et retour, en semaine et, autant que possible, en nocturne, finale à Paris, chaque club conservant sa recette et réglant tous les frais d'organisation.

UN PREMIER TOUR « ARRANGÉ »

Pour appliquer ce règlement et veiller au bon déroulement de l'épreuve, une commission exécutive d'organisation fut désignée parmi les dirigeants présents. Elle avait la composition suivante. Président : le Français Bédrignans. Vice-présidents : l'Espagnol Bernabeu (représentant l'Espagne, l'Italie et le Portugal) et le Hongrois Sebes (au nom de la Hongrie, de l'URSS, de l'Autriche, de la Yougoslavie et de la Tchécoslovaquie). Membres : l'Anglais Battersby (pour l'Angleterre, l'Écosse, la Suède et le Danemark), le Sarrois Keller (Sarre, Belgique, Hollande), le Suisse Piannalunga (Suisse, France) et l'Allemand Jansen, représentant son propre pays. Quant au Suédois Wolf Lyberg, très proche de notre journal, il accepta un rôle de suppléant. *L'Équipe* s'était abstenu de toute immixtion dans l'organisation, se

Après avoir créé la Coupe d'Europe, les « parrains » de l'hôtel *Ambassador* assistent, à Colombes, au match amical France-Suède (2-0) et à un but de Léon Glovacki (à dr.).

contentant de s'engager à offrir le trophée destiné à récompenser le vainqueur.

Cette commission, désignée dès la fin du premier jour, tint le dimanche matin sa première réunion. Elle décida de demander aux seize participants de lui adresser, avant le 15 avril, leur engagement définitif. Puis, à la demande des clubs eux-mêmes, elle établit le programme « provisoire » des rencontres du premier tour, le tirage au sort ne devant intervenir qu'à partir des quarts de finale. Cet arrangement se fit sans anicroche, chacun comprenant que l'intérêt de la compétition n'était pas que, dès leur entrée en lice, le Real éliminât Chelsea et Milan vînt à bout à Reims. On aurait donc, pour la première et dernière fois dans l'histoire de cette compétition, affaire à un tour de Coupe d'Europe désigné arbitrairement, sans intervention du hasard. Ces huit rencontres « arrangées » étaient les suivantes :

Chelsea (ANG) - Djurgarden (SUE)
Real Madrid (ESP) - Servette de Genève (SUI)
Milan AC (ITA) - FC Sarrebruck (Sarre)
R.-W. Essen (RFA) - Hibernian (ECO)
Honved ou Voros Lobogo (HON) - Anderlecht (BEL)
Reims (FRA) - K.B. Copenhague (DAN)
Rapid de Vienne (AUT) - Holland Sport (HOL)
Partizan de Belgrade (YOU) - Sporting Portugal (POR)

« Il est rare, comme le souligna Jacques Goddet dans son allocution de clôture, qu'une compétition aussi importante et engageant des pays aussi nombreux soit élaborée aussi rapidement et dans un pareil esprit de compréhension. »

En applaudissant, l'après-midi du dimanche, au stade de Colombes, une équipe de France victorieuse de la Suède (2-0, buts inscrits par Célestin Oliver et Léon Glovacki), nos amis, les dirigeants de clubs européens, devaient eux aussi se dire qu'ils avaient bien œuvré pour le football.

Que se serait-il passé si, dans les semaines et les mois suivants, les pouvoirs officiels du football n'avaient pas réagi ou, pire encore, avaient boycotté la compétition ? Comment ses organisateurs improvisés, étant juges et parties, à l'exception du Groupement français, lui-même assez mal à l'aise, auraient-ils pu assurer la gestion et la pérennité d'une épreuve aussi lourde, s'acquitter notamment des questions d'arbitrage et de discipline et avoir l'œil à tout ? Et n'était-ce pas finalement un cadeau empoisonné que nous venions de faire à des clubs pleins d'enthousiasme, mais sans doute vite dépassés par l'enjeu ?

C'est vrai qu'emportés par notre élan, nous avions joué avec le feu ou, pour nous servir d'une image alors souvent utilisée, nous nous étions comportés en joueurs de poker qui, n'ayant pas toutes les bonnes cartes en main, ne peuvent que recourir au bluff. Mais, en fait, si notre démarche n'était pas démunie d'une certaine dose d'inconscience, c'est que, par ailleurs, nous avions la quasi-certitude que les pouvoirs officiels du football, justement imbus de leur autorité, ne supporteraient pas le risque de voir les grands clubs européens organiser une compétition de ce calibre. Quelle pagaille en cas d'échec ! Et, en cas de réussite, quel camouflet ! Nous les avons donc, en quelque sorte, placés au pied du mur, ces pouvoirs sportifs, et littéralement contraints à adopter l'enfant qu'ils avaient froidement renié quelques semaines plus tôt. Et, sur ce point-là non plus, nous n'avons pas commis d'erreur.

7 MAI 1955 : LA FIFA DONNE SON FEU VERT

Un mois à peine après les réunions de l'Ambassador, la FIFA, la première, réagit, n'hésitant pas à prendre le contrepied de ses affirmations antérieures. Réuni à Londres le 7 mai, son comité d'urgence décida d'autoriser la compétition à condition que :

1. les clubs engagés reçoivent l'aval de leur fédération nationale ;

2. l'épreuve soit organisée sous l'autorité et la responsabilité de l'Union européenne ;

3. le nom « Europe » soit réservé aux épreuves ouvertes aux sélections nationales.

N'était-ce pas exactement ce que nous souhaitions ? Si, naturellement. Et c'est pourquoi mon commentaire, dans *L'Équipe* du 9 mai, ressemblait, sous son apparente modestie, à un chant de triomphe : « La condition n° 2 émise par la FIFA, constitue l'officialisation et la victoire définitive d'une compétition à laquelle nous sommes heureux d'avoir donné le premier élan. L'Union européenne est en effet particulièrement qualifiée pour assurer à cette épreuve toute la régularité et toute la continuité nécessaires, et nous avons souhaité, dès le début, lui voir jouer ce rôle. Qu'on songe qu'une compétition de cette importance qui, voici quatre ►

Les autres compétitions créées par L'ÉQUIPE

BASKET :
en **1957**, la Coupe d'Europe des clubs.
VOLLEY-BALL :
en **1960**, la Coupe d'Europe des clubs.
CYCLISME :
en **1961**, le Tour de l'Avenir ;
en **1984**, le Tour de France féminin.
ATHLÉTISME :
en **1965**, la Coupe d'Europe des nations.
SKI ALPIN :
en **1966**, les Coupes du monde (hommes et femmes).
HANDBALL :
en **1966**, la Coupe d'Europe des clubs.
VOILE :
en **1978**, le Tour de France et la Route du Rhum.
SKI NORDIQUE :
en **1980**, l'Équipée blanche.

4 septembre 1955 : le stade Nacional de Lisbonne accueille le premier match de la Coupe des clubs champions européens. L'histoire commence...

▶ mois, n'était qu'une ébauche dans notre journal, est maintenant non seulement reconnue, mais prise en charge par le plus grand organisme européen du football. C'est là un succès peut-être sans précédent dans l'histoire des compétitions sportives, succès qui revient en grande partie au Groupement des clubs autorisés français, et aussi à la FFF, qui a eu le mérite de ne pas s'obstiner dans une attitude négative. »

21 MAI 1955 : L'UEFA OFFICIALISE LA « COUPE DES CLUBS CHAMPIONS EUROPÉENS »

Deux semaines plus tard, le 21 mai, six des huit membres du nouveau comité exécutif de l'UEFA, élu à Vienne, se réunissaient à Paris pour s'emparer de ce qu'ils avaient repoussé deux mois et demi plus tôt.

Le président Schwartz (Danemark), le vice-président Sebes (Hongrie), le secrétaire général Delaunay (France), ainsi que MM. Graham (Écosse), Bauwens (Allemagne) et Constantaras (Grèce), au cours d'une réunion qui dura cinq heures, décidèrent que l'épreuve s'appellerait « Coupe des clubs champions européens » et qu'elle aurait lieu dès la saison suivante. Toutes les nations d'Europe pourraient théoriquement participer à l'épreuve, « par l'entremise de leur club classé premier en Championnat ». Mais, pour l'édition 1955-56, l'UEFA eut l'intelligence de retenir les clubs invités par notre journal et même de conserver le programme du premier tour établi à Paris. Le système de l'épreuve serait celui que nous avions élaboré. Le comité chargé de l'organisation serait le comité exécutif de l'UEFA réduit à cinq membres (Schwartz, Sebes, P. Delaunay, Graham, Bauwens) – ceux-là mêmes qui nous avaient si mollement accueillis à Vienne –, tandis qu'un comité d'appel, formé de MM. Lotsy, Barassi et Lafarge (titulaires) et Andrejevic (suppléant), réglerait les problèmes de qualification et de discipline.

Diplomatiquement, au cours de cette même réunion, le comité de l'UEFA reçut Ernest Bédrignans, président déchu, lui fit part de sa décision et lui demanda de demeurer en relation avec lui afin de ne pas rompre tout contact.

Sans doute, dans un premier temps, les membres du comité d'organisation intronisés à Paris, remerciés de cette façon un peu cavalière, manifestèrent-ils quelque mauvaise humeur. Ils avaient commandé un beau papier à lettres en tête duquel se dessinait l'Europe sous un liseré rouge et s'étaient mis bravement au travail. Réunis à Madrid le 18 mai, à l'occasion d'un Espagne-Angleterre, ils avaient, dans un geste ultime de conciliation, proposé de baptiser l'épreuve Coupe Rodolphe-William-Seeldrayers... Et voici qu'ils n'existaient plus en tant qu'organisateurs. Mais l'épreuve existait et c'était là ce qui comptait. L'un d'entre eux d'ailleurs, Gusztav Sebes, siégeait, dans le même rôle de vice-président, au comité exécutif officiel. Ils firent donc la grimace, ces dirigeants de bonne volonté, puis se félicitèrent. Comment les clubs pourraient-ils organiser leur propre compétition sans l'aide d'une instance supérieure ? Cette question étant, un demi-siècle plus tard, redevenue brûlante à travers la contestation du « G 14 », il n'est pas sans intérêt de se souvenir qu'ils s'y sont essayés, au tout début, et que c'est de leur spontanéité et de leur enthousiasme que tout est sorti.

La Coupe d'Europe qui a démarré le 4 septembre suivant à Lisbonne a donc été parfaitement fidèle à la représentation que nous nous en étions fait. Quelques modifications étaient cependant intervenues durant l'été. Ainsi, fidèle à ses traditions d'attentisme, la Ligue anglaise « conseilla » à Chelsea de renoncer, pour ne pas « concurrencer le Championnat national ». Le champion anglais fut remplacé par un club polonais, Gwardia Varsovie. À noter que Chelsea a dû patienter presque un demi-siècle pour accoster enfin le rivage de l'élite européenne. D'autre part, Holland Sport (HOL) laissa sa place au PSV Eindhoven et K.B. Copenhague (DAN) à Aarhus GF.

Le 5 septembre 1955, un peu moins de neuf mois après son article décisif, paraissait dans *L'Équipe*, sous la signature de Gabriel Hanot, le compte rendu du match Sporting Portugal-Partizan de Belgrade, qui ouvrait la compétition. « 30 000 spectateurs, titrait-il, ont assisté au premier match de la Coupe d'Europe des clubs. Partizan et Sporting n'ont pu se départager (3-3), à l'issue d'un match qui faillit se transformer en bagarre générale. »

N'était-ce pas le plus significatif des commencements ? ■

L'Équipe **du lundi 5 septembre 1955**

30.000 SPECTATEURS ONT ASSISTE AU PREMIER MATCH DE LA COUPE D'EUROPE DES CLUBS

PARTIZAN ET SPORTING n'ont pu se départager (3-3)

à l'issue d'un match qui faillit se transformer en bagarre générale

(De notre envoyé spécial Gabriel HANOT)

LISBONNE. — Quitter l'aérodrome d'Orly à midi pour aller voir un match commençant à 17 heures à Lisbonne (1.500 kilomètres) peut sembler extraordinaire si l'on songe que, pour se rendre avec le même objectif à Reims (160 kilomètres), il faut quitter Paris, gare de l'Est, à 8 h. 20 du matin, ce qui laisse croire que le bon vieux train est parfois

que, chez les Portugais, *Travassos* fut à la fois l'animateur de son équipe et le centre de convergence des balles. Il fut bien secondé par le gardien *Gomès* qui fournit un match de première valeur ainsi que par l'avant centre *Martins* et le petit ailier gauche *Quim*.

(De notre envoyé spécial Gabriel HANOT)

LISBONNE. – Quitter l'aérodrome d'Orly à midi pour aller voir un match commençant à 17 heures à Lisbonne (1 500 km) peut sembler extraordinaire si l'on songe que, pour se rendre avec le même objectif à Reims (160 km), il faut quitter Paris, gare de l'Est, à 8 h 20 du matin, ce qui laisse croire que le bon vieux train est parfois une survivance de la diligence.

Mais l'avion a d'autres mérites que celui de faciliter la tâche d'un journaliste. Nous devons aussi lui être reconnaissant de faciliter l'organisation d'une compétition telle que la Coupe d'Europe des clubs.

Déjà, l'infrastructure du Vieux Continent rend ce genre d'épreuves aussi commode que, sur le plan national, la Coupe de France ou le Championnat de France. Nous pensons, et nous développerons prochainement notre suggestion, que le Groupement serait bien avisé en instituant, en plus du Championnat de France diurne, un Championnat de France interdivisions en nocturne. Car il ne faut pas que les épreuves nationales soient sacrifiées à l'européanisation du football.

À l'extrême sud du continent

Bref, la première rencontre de la Coupe des clubs a confronté, hier, dans l'extrême sud du continent, deux équipes séparées d'ordinaire par la langue, le climat, le style de jeu et des milliers de kilomètres, puisque, pour aller de Belgrade à Lisbonne, Partizan a dû passer par Paris, faute de relations diplomatiques entre le Portugal et la Yougoslavie.

QUE LA COUPE D'EUROPE DES CLUBS SOIT PRISE AU SERIEUX, NOUS EN AVONS EU LA DÉMONSTRATION HIER À LISBONNE, OU, À UN MOMENT DONNÉ, LES PASSIONS FURENT SI GRANDES QU'UN DÉBUT DE BATAILLE GÉNÉRALE SE DÉROULA SUR LE TERRAIN ET, EN FIN DE COMPTE, LE GRAND FAVORI, PARTIZAN, DUT SE CONTENTER D'UN MATCH NUL (3-3) AVEC UN SPORTING CLUB DU PORTUGAL QUI A REPRIS L'ENTRAINEMENT IL Y A QUINZE JOURS, MAIS QUI JOUA CONTRE LES YOUGOSLAVES LE MATCH DE SA VIE.

Partizan supérieur

En première mi-temps, devant 30 000 spectateurs, impressionnés au début par la réputation du club de Belgrade, mais qui, petit à petit, prirent confiance dans leur représentant national et l'encouragèrent avec beaucoup de fougue, Partizan montra une plus grande habitude des matches internationaux et une classe plus certaine. Malgré le violent vent debout et surtout la blessure de son arrière central Zebek, touché à la 14e minute et qui, par la suite, ne tint plus qu'un rôle de figurant, Partizan, s'il encaissa un but à la 14e minute, juste au moment de la blessure de Zebek, n'en égalisa pas moins juste avant la mi-temps, et il obtint, pendant ces quarante-cinq premières minutes, un avantage de sept corners à un.

En seconde mi-temps, les Yougoslaves ayant à leur tour l'avantage du vent, on ne donnait pas cher de la peau du S.C. Portugal et, en effet, à la 50e minute, le jeune avant-centre Milutinovitch, qui avait marqué le but égalisateur quelques secondes avant le repos, réussit un deuxième but à la faveur d'une erreur de l'arrière central adverse, Passos, et d'une belle course de l'ailier droit, Valok.

C'est alors que le jeu devint brutal, malgré les efforts de pacification de l'arbitre français, M. Harzic, que secondèrent très bien MM. Schwinte et Le Men.

Commencement de bagarre

Travassos, le meilleur joueur du Portugal, et aussi l'idole sportive de son pays, ayant été deux fois fauché par le demi adverse, Borozan, quitta le terrain un instant et revint juste pour abattre à son tour Bobek, qui fut également, comme lui, le meilleur joueur de son équipe. Un commencement de bagarre générale s'ensuivit, que M. Harzic eut toutes les peines du monde à réprimer. Enfin, le jeu reprit après quelques menaces, d'une part, et quelques serrements de main, de l'autre. Sans doute pour rendre au public l'objectivité, l'ailier gauche portugais Quim égalisa pour le S.C. Portugal, à la 65e minute.

Les Yougoslaves, qui tenaient absolument à rentrer chez eux nantis d'une victoire, repartirent de plus belle à l'attaque, et Bobek, après une course de soixante mètres, marqua un troisième but pour Partizan, à la 73e minute.

Les jeux n'étaient pas encore faits pourtant puisque, à la 78e minute, sur passe de Quim, l'avant-centre Martins égalisa une fois encore pour le S.C. Portugal et la marque de 3 à 3 ne changea plus jusqu'à la fin de la rencontre, bien qu'à la 82e minute le demi yougoslave, Borozan, ait déclenché un tir sur le montant gauche du but portugais.

Partizan se qualifiera sans doute

TOUT EN SE RÉJOUISSANT D'AVOIR FAIT MATCH NUL, LE S.C. PORTUGAL PENSE QUE LE MATCH RETOUR QU'IL AURA À JOUER À BELGRADE LE 12 OCTOBRE PRÉSENTERA POUR LUI DE TRÈS GRANDES DIFFICULTÉS. ET IL N'EST PAS VAIN DE PRONOSTIQUER QUE LE PARTIZAN SE QUALIFIERA POUR LES QUARTS DE FINALE DE LA PREMIÈRE COUPE D'EUROPE DES CLUBS.

Dans l'équipe yougoslave, Zebek, avant sa blessure, Milutinovitch et surtout Bobek furent les meilleurs joueurs de leur formation, tandis que, chez les Portugais, Travassos fut à la fois l'animateur de son équipe et le centre de convergence des balles. Il fut bien secondé par le gardien Gomès, qui fournit un match de première valeur, ainsi que par l'avant-centre Martins et le petit ailier gauche Quim. ■

S.C. PORTUGAL : Gomès – Caldeira, Passos, Galaz – Barros, Juca – Hugo, Vasquès, Martins, Travassos, Quim.

PARTIZAN : Stojanovitch – Belin, Zebek, Lazarevitch – Borozan, Pajevitch – Valok, Bobek, Milutinovitch, Mihailovitch, Herzeg.

CHAPITRE PREMIER

1955/1966

Les années latines

Pendant les dix premières années de son existence, la Coupe des clubs champions européens est essentiellement une affaire latine, preuve que les grandes équipes des pays du Sud sont les premières à s'enthousiasmer pour la jeune épreuve et à percevoir son formidable potentiel de développement.

La Grande-Bretagne, elle, commence par observer. Aux yeux des grands clubs de la Ligue anglaise et de leurs supporters, rien ne semble d'abord pouvoir remplacer la grandeur de leur vénérable institution nationale. En République fédérale allemande, la Bundesliga n'est pas encore née. Ailleurs, l'hiver des pays du Nord et de l'Est se révèle un handicap durable pour cette compétition courant de septembre à juin.

De 1956 à 1966, donc, les Latins règnent en maîtres sur l'Europe, remportant onze victoires sur onze possibles, grâce à quatre clubs et trois pays seulement : six pour le seul Real Madrid, deux pour les Portugais de Benfica, trois pour les deux clubs de Milan. Dans la même période, seuls les Allemands de l'Ouest de l'Eintracht Francfort se frayent une place en finale, parmi une écrasante majorité de finalistes venus du Sud : d'Espagne (neuf), d'Italie (cinq), du Portugal (quatre), de France (deux) et de Yougoslavie (un).

Le Real Madrid de Di Stefano, qui marque ici lors de la finale 1960, symbolise les onze saisons d'écrasante domination des clubs latins. Même quand il faut jouer à Glasgow. Même la seule fois où l'adversaire est anglo-saxon, l'Eintracht Francfort étant laminé 7-3…

LE REAL MONTE SUR LE TRÔNE

Grâce à un jeu flamboyant et à un Di Stefano déjà grand, le Real Madrid devient le premier roi de l'Europe, en écartant sur deux matches Partizan Belgrade (4-3), Milan AC (5-4) et, en finale, Reims (4-3).

1955/56

La première finale subjugue le Parc des Princes, où 40 000 spectateurs et des dizaines de photographes assistent au premier triomphe des Madrilènes, qui renversent les Rémois, 4-3.

Le match inaugural de la Coupe des clubs champions européens, disputé le 4 septembre 1955 au stade Nacional de Lisbonne, va donner le ton à l'ensemble de la première édition. Sporting Portugal - Partizan Belgrade se caractérise par une grande dureté dans le jeu, un excès de violence et de passion, beaucoup de buts (3-3) et un stade plein (30 000 spectateurs). Dans la foulée, les 29 matches de cette première saison attireront 28 000 personnes en moyenne et seront « marqués » par 127 buts, soit 4,38 buts par rencontre. Ce taux record ne sera jamais plus approché par la suite.

Le match retour, à Belgrade, confirme le fort calibre du Partizan (vainqueur 5-2) et de Milos Milutinovic, futur meilleur buteur de cette édition, qui réalise le premier exploit personnel de l'histoire de l'épreuve : il marque quatre buts.

En quarts de finale, les Yougoslaves affrontent le favori de l'épreuve, le Real Madrid, qui s'est aisément débarrassé des Suisses du Servette de Genève (2-0, 5-0) au premier tour. L'événement est d'abord politique, dans cette période de guerre froide où l'Espagne franquiste et la Yougoslavie titiste n'entretiennent pas de relations diplomatiques. La France sert d'intermédiaire aux deux pays pour faciliter le voyage des joueurs du Partizan à Madrid.

Le jour de Noël, dans un stade Chamartin envahi par 100 000 curieux, le Real ne fait pas de cadeau : en marquant trois buts, il règle l'affaire dès la première période, avant qu'Alfredo Di Stefano n'ajoute un quatrième but. À 4-0, le Real se croit à l'abri.

Sauvé par la neige de Belgrade

Le match retour, dans la capitale yougoslave transie de froid ce 29 janvier 1956, ne sera pourtant pas une formalité. C'est le premier grand choc de l'histoire de la Coupe d'Europe, furieux combat au cours duquel Di Stefano se révèle un extraordinaire équipier, capable de préserver son but comme le plus féroce des défenseurs. Trois fois, Partizan réussit à marquer – deux buts de Milutinovic, un de Mihajlovic. Le Real chancelle, mais s'accroche à son petit but d'avance sur l'ensemble des deux matches. Dans l'acharnement final, Milutinovic propulse le ballon vers la ligne. Mais la neige le fige à moins d'un mètre du but. Les joueurs du Real, exténués, sont bombardés de boules de neige par la foule, alors qu'ils regagnent le vestiaire. Il faut que Bobek et ses coéquipiers les raccompagnent en les protégeant. Ce jour-là, la Coupe d'Europe gagne le match de l'émotion.

La toute première surprise manque de venir d'un pays qui ne participera qu'une fois à la Coupe d'Europe : la Sarre. Ce territoire, séparé de l'Allemagne en 1945, opte pour le rattachement à la République fédérale en octobre 1955, quelques jours avant que son représentant footballistique, le FC Sarrebruck, dispute son premier match européen. Il réalise l'exploit d'aller surprendre, sur son terrain, le grand Milan AC (4-3), trop sûr de lui après avoir mené 3-1. À Sarrebruck, les Milanais lavent pourtant l'affront (4-1), et la Sarre disparaît définitivement de la carte de l'Europe du football.

Après cette frayeur, le Milan de Nordahl et de Schiaffino s'impose en quarts de finale face aux Autrichiens du Rapid Vienne (1-1, 7-2), avant d'affronter le Real Madrid pour une sorte de finale avant la lettre. Dans son article fondateur de la compétition, plus d'un an auparavant, Gabriel Hanot avait écrit que, parmi les clubs qui pouvaient prétendre au titre de meilleur club du monde, figuraient le Real et Milan. Les voici face à face. Le Real va moins trembler face aux « Rossoneri » que lors de son fameux quart de finale de Belgrade. À Madrid, Milan rend d'abord coup pour coup, 1-1 puis 2-2. Mais le jeune Argentin Olsen Fontana, juste avant la mi-temps, puis Di Stefano, à l'heure de jeu, assurent deux buts d'avance aux Espagnols (4-2). À San Siro, devant seulement dix mille spectateurs, Joseito donne un nouvel avantage aux Madrilènes, qui lèvent le pied ensuite et subissent une défaite sans conséquence (1-2). Les voilà en route pour la finale parisienne.

Le panache rémois

Le football français a découvert joyeusement la toute jeune épreuve. Son champion, le Stade de Reims, débute tranquillement chez les Danois d'Aarhus, où il s'impose grâce à deux buts de Léon Glovacki (2-0). Au retour, devant seulement 6 000 personnes au stade Delaune, il s'envole (2-0 à l'heure de jeu), s'endort et se fait remonter à 2-2. En quarts de finale, c'est

Les capitaines, Robert Jonquet (à g.) et Miguel Muñoz, avant le coup d'envoi de la finale, arbitrée par l'Anglais M.Ellis.

1955/56

Un trophée offert par *L'Équipe*

Le 21 juin 1955, lorsque l'Union européenne de football association (UEFA) décide enfin de prendre en charge l'organisation de la Coupe d'Europe, sous le nom officiel de « Coupe des clubs champions européens », elle demande en même temps au journal *L'Équipe*, qui a lancé l'idée de cette compétition, de fournir le trophée qui sera remis aux vainqueurs successifs. À l'initiative de Pierre Skawinski, secrétaire général du quotidien sportif et ancien champion d'athlétisme, l'orfèvre Léon Maeght cisèle une coupe originale, qui sera remise en jeu chaque année, et aussi ses répliques, qui demeureront définitivement la propriété de chaque club vainqueur. Lorsque le Real Madrid remportera sa sixième victoire, en 1966, l'UEFA, arguant du fait qu'elle ne sait plus trop laquelle de toutes ces coupes est l'originale, créera alors le trophée « aux grandes oreilles », selon l'expression inventée par Bernard Tapie quand il était président de l'OM, qui récompense encore aujourd'hui le champion d'Europe. ■

le Parc des Princes de Paris, lieu légendaire des arrivées du Tour de France, qui accueille Reims, pour la venue de Voros Lobogo, riche de plusieurs joueurs de la mythique équipe de Hongrie, récente finaliste de la Coupe du monde 1954 : Lantos, Sandor, Palotas, Zakarias et le sublime Hidegkuti, l'avant-centre à la mode magyare.

La première période est une pure merveille. Emmenés par un éblouissant Raymond Kopa, les Rémois mènent 3-1 à la mi-temps, puis 4-1 avant l'heure de jeu. Mais, à l'amorce du dernier quart d'heure, les Hongrois réduisent la marque sur un penalty réussi par Lantos. Deux buts d'avance, ce n'est pas la même musique que trois, avant de se rendre en terre hongroise.

Albert Batteux, l'entraîneur français, réussit alors un magistral coup de poker. Les Hongrois pensent que Reims va s'arcbouter en défense ? Ils partent à l'attaque avec panache ! Glovacki marque dès la 6e minute et, à la pause, Reims mène 3-1 ; puis 4-1 (52e). Cinq buts sont maintenant nécessaires à Voros Lobogo, en quarante minutes, pour se qualifier. Il n'en inscrit « que » trois (4-4).

En demi-finales, Reims confirme la qualité de son jeu, symbolisée par le talent de son duo d'attaquants d'origine polonaise, Kopa-Glovacki, face au Hibernian d'Edimbourg (2-0, 1-0). Les Rémois atteignent ainsi la finale sans avoir perdu un seul de leurs six premiers matches européens. Même le Real n'y est pas parvenu.

Le mercredi 13 juin 1956, la France vit la finale comme un événement national. Les marchands de téléviseurs sont invités à laisser leurs récepteurs allumés dans les vitrines ! Les demandes de billets sont si nombreuses qu'on aurait pu emplir le Maracana de Rio. Mais le Parc des Princes ne dispose que de 40 000 places.

Les envolées du gardien espagnol Alonso, ici devant le Rémois Jean Templin (à dr.), éclairent cette finale en tous points lumineuse.

Kopa entre deux chaises

Les Rémois savent que le Real défend en masse dans l'axe, autour du solide Marquitos et du très dur Zarraga. Aussi Batteux mise-t-il sur la vivacité de ses ailiers, Michel Hidalgo et Jean Templin, afin de permettre à Kopa, au centre de l'attaque, d'avoir un peu d'air. La finale tourne autour de la petite vedette française, qui vient de signer pour le Real et a même déjà marqué deux buts lors d'un premier match sous les blanches couleurs des « Merengue », contre les Brésiliens de Vasco de Gama.

Le choix de Batteux s'avère payant dans un premier temps. Sous la poussée vibrante de son public, Reims oblige le Real à un repli massif devant son but. À la 6e minute, sur un corner de Kopa, Michel Leblond reprend victorieusement de la tête. Quatre minutes plus tard, un nouvel assaut rapide, mené par ce même Leblond et René Bliard, est conclu victorieusement par Jean Templin. Dans la foulée, Bliard manque d'un rien d'inscrire un troisième but. « C'est à cet instant, regrettera-t-il, que le Real a gagné la finale. »

En effet, les Rémois peinent, désormais, face à la rudesse de la défense madrilène. Peut-être à cause du contexte particulier de cette rencontre, sur le plan personnel, mais aussi d'une blessure à la cheville, Kopa paraît contracté. Il subit l'ascendant du maître à jouer du Real, Di Stefano. À la 14e minute, l'Argentin inscrit un but extraordinaire de vitesse et de force. Il éclabousse alors la finale de sa classe et de son intelligence. Dans son article de *L'Équipe*,

Dans le vestiaire madrilène, parmi les bouteilles et les fleurs, une coupe toute neuve…

Gabriel Hanot affirmera qu'il vient de voir le joueur le plus complet de tous les temps.

À la demi-heure de jeu, l'autre Argentin, Hector Rial, égalise. Juste avant la mi-temps, un tir terrible de Gento percute l'arête du but de René Jacquet. Reims résiste encore et reprend même l'avantage, par Hidalgo sur un coup franc de Kopa (3-2, 62e). Mais l'emprise du Real et de Di Stefano sur le jeu est telle que les Madrilènes, tous à l'attaque, renversent la situation sans surprise. C'est même le défenseur Marquitos qui égalise (67e), puis Rial inscrit le but décisif (4-3, 79e).

Les mouchoirs blancs des supporters espagnols s'agitent dans la nuit parisienne, pendant que Miguel Munoz reçoit la première Coupe d'Europe. Il ignore que c'est la première d'une longue collection. Les Rémois, abasourdis par tant de classe, acceptent la suprématie du premier roi d'Europe. Et Kopa se demande si le Real a vraiment besoin de lui ! ■ D. B.

FINALE DE LA C1 L'Équipe du 14 juin 1956 Real Madrid - Reims : 4-3

JEUX EQUESTRES : LE SUEDOIS KASTENMAN EN TÊTE DU CONCOURS COMPLET

L'ÉQUIPE

A TROIS REPRISES L'ESPOIR CHANGEA DE CAMP, LE COMBAT CHANGEA D'AME, DANS UN "PARC" ARCHICOMBLE ET DÉLIRANT

DI STEFANO A CONDUIT L'ATTAQUE

madrilène à la victoire (4-3)

malgré un début fulgurant des Rémois qui menaient 2-0 après dix minutes de jeu

Sachez aussi que...

PARC DES PRINCES – Notre Stade de Reims a subi, hier soir, sa première défaite en Coupe d'Europe : la seule, d'ailleurs, qu'il ne lui eût point fallu concéder, puisque, cette fois, il n'y aura pas de match retour. Et le valeureux Real emmène ainsi vers Madrid le magnifique trophée offert par *L'Équipe*.

Tel fut l'épilogue de cette première compétition européenne interclubs, dont l'apothéose a tenu en haleine, une heure et demie durant, des millions d'auditeurs, de téléspectateurs et surtout les quarante mille privilégiés qui avaient trouvé place au Parc des Princes.

Car cette finale demeura jusqu'au bout extrêmement vivante, extrêmement colorée et son caractère émotionnel, son côté dramatique compensèrent ainsi les lacunes purement techniques qu'elle comporta en assez grand nombre. On attendait, en exergue du duel de ces deux grandes équipes, celui de deux illustres footballeurs, Di Stefano et Kopa. Dire que la « Flèche rouge » argentine gagna haut la main son combat singulier contre le feu follet rémois ne fait qu'illustrer imparfaitement la souveraineté dont fit preuve l'avant-centre du Real. ■

Jacques de Ryswick

LE REGARD DU CRÉATEUR JACQUES FERRAN

« J'ai fait le premier tirage au sort »

Le premier tirage au sort de la Coupe d'Europe eut lieu le 4 novembre 1955, à Bruxelles, dans la grande salle de l'Union royale belge, décorée de palmiers comme un jardin d'hiver. Il s'agissait de déterminer les confrontations du deuxième tour (quarts de finale), celles du premier ayant été « arrangées » par les dirigeants concernés.

C'est le secrétaire général de la Fédération belge, le charmant José Crahay, qui, se tournant vers l'envoyé spécial de *L'Équipe* que j'étais, lui demanda son concours en ajoutant : « Vous êtes tout indiqué pour cela. Car quoi de plus innocent qu'un journaliste ? Je l'ai été moi-même, je le sais bien. »

La suite devait lui donner raison. C'est en effet le plus innocemment du monde que, sans l'ombre d'une hésitation, j'ai extrait de l'urne les deux bulletins qu'une main moins innocente eût soigneusement dissociés : Real Madrid contre Partizan de Belgrade… Soit les représentants de deux pays qui, pour des raisons politiques, s'ignoraient depuis vingt ans !

Un voyage de trois jours et quatre nuits

C'était, pour la compétition européenne en train de naître, une mise en question immédiate. Mais c'était en même temps, en cas de réussite, la preuve absolue, éclatante, qu'elle était capable de franchir tous les obstacles. Ce Real-Partizan fut son baptême du feu et, comme pour un chevalier du Moyen âge, son adoubement.

100 000 tickets vendus pour le premier grand choc européen : Real Madrid - Partizan Belgrade, en pleine guerre froide…

Tout ne fut pas facile, diplomatiquement. Les Yougoslaves, pour se rendre de Belgrade à Madrid, durent voyager en zigzag à travers toute l'Europe, pendant trois jours et quatre nuits. Faute de relations officielles et en l'absence de visas normaux, les autorités des deux pays préférèrent fermer les yeux sur ces espèces de voyageurs clandestins.

Mais la volonté d'aboutir, l'enthousiasme réciproque et la dynamique de l'épreuve étaient tels que non seulement les deux rencontres eurent lieu, mais qu'elles furent exceptionnelles d'intensité, d'acharnement et de lumière. Et qu'elles résument en quelque sorte à elles seules tout le panache et toute la magie de la compétition à venir. Peut-être suffirait-il de les relater, riches de leurs millions de détails – comme on l'a fait pour une bataille napoléonienne ou une journée révolutionnaire – pour tout connaître de la Coupe d'Europe, du football, du sport moderne et même de l'homme !

Le sens de l'hospitalité

Les Espagnols reçurent et choyèrent leurs invités yougoslaves le jour de Noël. Comme s'ils voulaient conjuguer tradition, ambition, spiritualité et sens de l'hospitalité. Et c'est dans un stade de Chamartin archicomble (il ne s'appelait pas encore Bernabeu et pouvait contenir 120 000 spectateurs) que le Real de Di Stefano, Gento et Munoz anéantit de toute sa détermination et de toute sa fulgurance le Partizan de Zebec, Bobek et Milutinovic (4-0). Formidable mise à mort, se disait-on, exécutée dans le plus parfait état d'esprit réciproque, comme une fête sans pareille.

Comment aurait-on pu supposer que le match retour, disputé à Belgrade un mois plus tard, s'élèverait encore bien plus haut ? « Le miracle, écrivit Robert Vergne en commençant son compte rendu dans *L'Équipe*, ne s'est pas réalisé ; mais le véritable miracle, c'est qu'il ne se soit pas produit ! » La neige, accumulée ou durcie par le froid, exacerba cette rencontre et lui conféra quelque chose d'infernal. « Les joueurs, écrivit encore Vergne, déployaient des prodiges pour conserver leur équilibre. Ils s'écroulaient parfois à deux, enlacés comme des amants, et ressortaient de la neige blancs comme des spectres. C'était hallucinant. »

La virtuosité des Yougoslaves, capables, cette fois, de s'exprimer pleinement, leur permit de prendre très vite un total ascendant sur une équipe espagnole stupéfaite et acculée. Trois buts et quatre tirs sur les poteaux traduisirent insuffisamment l'écrasante domination d'une équipe qui faillit bien, ce jour-là, scier à la racine la féroce ambition des Madrilènes (3-0). Il s'en fallut d'un rien pour que toute l'histoire de l'épreuve européenne fût changée. Mais l'essentiel n'était-il pas qu'elle ait pris son élan d'un seul jet et que son commencement ait eu d'emblée quelque chose de somptueux ? ■

Di Stefano, ici en finale face au Rémois Jacquet, a eu très chaud à Belgrade : 0-3 !

1955/56

Attaquant hispano-argentin
1926 Naissance à Buenos Aires (le 4 juillet)
1953-64 Joueur du Real Madrid (8 Ligas, 5 Coupes d'Europe)
1957, 59 Double Ballon d'Or de *France Football*
1947 International argentin (6 sélections, 6 buts)
1957-61 International espagnol (31 sélections, 23 buts)
Signe particulier : n'a jamais disputé une phase finale de Coupe du monde.

Alfredo Di Stefano

Une tactique à lui tout seul

Né surdoué à Buenos Aires, jeune loup de River Plate, artiste oublié en Colombie, Alfredo Di Stefano devient sur le tard l'emblématique buteur du Real Madrid et la star de l'équipe d'Espagne. Le « divin chauve » fait partie des cinq ou six meilleurs footballeurs de tous les temps.

Lorsqu'il accède à la reconnaissance internationale, à Paris en juin 1956, Alfredo Di Stefano a déjà 30 ans. La première partie de sa carrière a en effet été troublée par les crises du football de son pays natal. Pendant la Deuxième Guerre mondiale, l'Argentine produit une pléiade de grands attaquants, et spécialement le club de River Plate avec sa redoutable « Maquina » formée de Muñoz, Labruna, Pedernera, Loustau, Moreno.

Di Stefano rejoint cette usine à marquer des buts en 1942, à 16 ans. Comme tous les Argentins, il a appris le football dans la rue, dans le barrio de Barracas. Mais, à la différence de tant d'artistes de Buenos Aires, il va plus vite. Cette vitesse, ajoutée à une intelligence du jeu hors du commun, en fera un joueur unique.

À Bogota, la belle vie

Il réalise son premier exploit, à River, en prenant la place d'avant-centre à son maître, l'idole argentine Adolfo Pedernera. À 21 ans, il devient simultanément champion d'Argentine, meilleur buteur du Championnat et international. Les portes de la gloire lui semblent grandes ouvertes. Mais, en 1948, un long conflit oppose joueurs et dirigeants. Six mois de grève à l'issue desquels Di Stefano décide d'émigrer en Colombie, dans un club de folie, le bien nommé Millonarios de Bogota, composé de joueurs venus de toute l'Amérique du Sud.

À Bogota, la vie est belle, l'argent coule à flots et les artistes des Millonarios ravissent tout le continent. Mais, sportivement, l'eldorado s'avère une impasse. La Colombie n'est pas affiliée à la FIFA et les « fuyards » argentins sont suspendus par leur fédération. Cependant, lors des tournées de son club en Europe, Di Stefano séduit L'Espagne. Le FC Barcelone et le Real veulent l'engager. Le Real traite avec les Millonarios, le Barça avec River Plate, dont le joueur est toujours officiellement la propriété. Après un imbroglio qui durera plusieurs mois – les deux rivaux espagnols envisageront même de se partager les services de l'Argentin ! – Di Stefano signe enfin au Real. Et, pour son premier match, il marque quatre des cinq buts madrilènes contre… Barcelone. C'est le début d'une extraordinaire aventure sportive de dix années, celle du Real de Santiago Bernabeu, roi d'Europe, et de Di Stefano, roi absolu des « Merengue ».

À Madrid, il révolutionne le jeu de l'avant-centre

De 1955 à 1960, il s'impose comme le génial meneur du Real et révolutionne le jeu de l'avant-centre, lui donnant une ampleur nouvelle. Di Stefano est un buteur (454 buts en 684 matches sous le maillot blanc), mais il n'est pas que cela. Gabriel Hanot résumera son jeu en peu de mots : « Di Stefano est une tactique à lui tout seul. » D.B.

Roi de l'Europe en 1956, félicité par le président madrilène Santiago Bernabeu (à dr.), il n'est pas encore « le divin chauve » mais déjà un fabuleux buteur.

LE REAL MAÎTRE AUSSI CHEZ LUI

Deuxième sacre pour les Espagnols, qui ont la chance d'éviter l'épouvantail Honved, la force de repousser la jeunesse de Manchester United et, en finale chez eux à Madrid, la patience de dominer la Fiorentina (2-0).

1956/57

70e minute de cette deuxième finale, que le Real dispute « à domicile » : Di Stefano trompe le gardien italien Sarti sur penalty et s'affirme comme l'homme providentiel de Madrid.

Dès sa deuxième édition, la Coupe d'Europe prend une nouvelle dimension. Des représentants de vingt-deux nouveaux pays s'engagent, parmi lesquels, enfin, le champion d'Angleterre, Manchester United. La jeune équipe bâtie par l'ancien mineur écossais Matt Busby semble partie pour dominer le football anglais. Duncan Edwards est le plus prometteur de ces « Busby Babes ». À 18 ans, il a déjà fait ses débuts en équipe d'Angleterre. Tommy Taylor, Bobby Charlton, Dennis Viollet et Liam Whelan sont ses compagnons. United a remporté le titre anglais en 1956, et le voici parti pour le conserver un an plus tard. Ses débuts en Coupe d'Europe sont tonitruants face aux Belges d'Anderlecht : 2-0, puis 10-0 avec trois buts de Taylor et quatre de Viollet ! Par la suite, Manchester évince les coriaces Allemands de Dortmund (3-2, 0-0) et Bilbao, champion d'Espagne (3-5, 3-0), au terme de furieux combats.

L'exil des Hongrois

L'autre arrivée très attendue dans le concert européen est celle des Hongrois de Honved. Ces dernières années, la classe romantique de la formation de Budapest et de la grande équipe de Hongrie se sont confondues. L'une comme l'autre sont animées par Ferenc Puskas, Sandor Kocsis (meilleur buteur de la Coupe du monde 1954), Jozsef Bozsik, Zoltan Csibor, ces héros de l'historique victoire de la Hongrie à Wembley contre l'Angleterre en 1953 (6-3) et de l'épopée hongroise achevée dans l'accablement inouï d'une finale de Coupe du monde perdue contre l'Allemagne (2-3) en 1954. Honved paraît capable de menacer la jeune suprématie européenne du Real. Mais c'est compter sans la politique. Le 4 novembre, pour mater la révolte qui est sur le point de renverser le régime communiste hongrois, les chars soviétiques entrent à Budapest. Le 14, l'insurrection est écrasée. Les arrestations sont nombreuses. On parle de 2 500 à 13 000 morts. La nouvelle se propage que, parmi les victimes, se trouve Ferenc Puskas, capitaine de la grande équipe hongroise. Fausse rumeur. Honved étant en tournée à l'Ouest, l'ambiance est lourde au sein de l'équipe. Les joueurs se demandent s'il faut rentrer au pays. Puskas apprend que sa femme et sa fille se sont réfugiées à Vienne. Il décide de ne pas regagner la Hongrie. L'heure n'est donc pas au football. Pourtant, il faut bien jouer à Bilbao, pour le compte des huitièmes de finale. Après une première période difficile durant laquelle les Basques prennent un avantage de deux buts, Honved résiste du mieux qu'il peut et s'en tire avec une défaite minimale (2-3).

Le retour doit avoir lieu un mois plus tard. La Fédération hongroise exige que la troupe rentre, mais l'équipe reste à l'Ouest et commence une vie de nomade. Elle multiplie les matches amicaux et de soutien, devant des foules énormes, à Madrid (5-5 contre le Real !), Barcelone, Milan, Rome. Enfin, c'est à Bruxelles que se déroule le match retour contre Bilbao. Comble de malchance, le gardien Istvan Farago se blesse. Csibor le remplace dans le but. Menés 3-1, les Hongrois luttent avec une énergie désespérée, mais ne peuvent revenir qu'à 3-3, dans les dernières minutes, par Puskas et Kocsis. Honved, éliminé, vient de disputer son dernier match officiel. L'équipe, mise à l'index par la FIFA, partira plusieurs mois en Amérique du Sud. En février, de retour en Europe, Puskas, Kocsis, Csibor annoncent leur décision de ne pas rentrer en Hongrie. L'exil commence pour eux. Ils n'imaginent pas qu'ils vivront encore de grands moments de Coupe d'Europe, à Madrid avec le Real pour le premier, à Barcelone pour les deux autres. En attendant, le Real – qui peut aligner le Français Raymond Kopa grâce à la naturalisation de son Argentin Alfredo Di Stefano – défend son bien. Avec difficulté d'abord, notamment en huitièmes de finale contre le Rapid de Vienne, qui en est également à sa deuxième participation. À Madrid, Di Stefano marque deux fois dans les vingt premières minutes, mais les Autrichiens ne succombent que 4-2. À Vienne, dans le froid, le tenant de la Coupe n'est pas loin de passer à la trappe. Trois buts avant la mi-temps, signés par le superbe Ernst Happel, annoncent un exploit retentissant. Le président madrilène Santiago Bernabeu racontera plus tard : « La première mi-temps de ce match fut la plus dramatique et la plus pénible que j'aie vécue. »

À Bruxelles, la déception des attaquants de Honved, Machos (à g.) et Puskas.

Di Stefano le sauveur

Di Stefano tient encore une fois le rôle de sauveur. Son but de la 60e minute permet au Real, battu 1-3, de disputer un match d'appui. Le Rapid accepte de le jouer à Madrid. Grâce notamment au premier but européen de Kopa sous le maillot blanc, les Espagnols s'en sortent cette fois rapidement (2-0).

En quarts de finale, le Français retrouve des compatriotes. Nice, le champion de France à l'accent sud-américain (Alberto Muro, Ruben Bravo et Pancho Gonzales sont argentins), s'est qualifié également après un match d'appui, à Paris, face aux Glasgow Rangers (3-1). Mais les Madrilènes sont plus forts et s'imposent deux fois (3-0, 3-2). L'heure est venue d'une demi-finale extraordinaire entre le Real et Manchester. L'aller, dans un stade Bernabeu plein à ras bord, voit la victoire des Espagnols 3-1, après une résistance anglaise de plus d'une heure. La presse anglaise chauffe alors à blanc son opinion, accusant la défense ibérique d'avoir maltraité les jeunes de MU. La

En demi-finale aller à Madrid, Tommy Taylor, bras levés au centre, marque (82e) le but de l'espoir pour Manchester, battu 1-3.

Irrésistible déboulé sur l'aile gauche de Gento, qui sera le meilleur joueur de la finale contre la Fiorentina (2-0) et l'auteur du second but madrilène (76e), celui du K.-O. ...

réception du Real à Old Trafford, dans une ambiance assourdissante et détestable, est terrible. Mais, comme à Belgrade, l'année précédente, le Real démontre une force de caractère égale à sa qualité technique. Et c'est lui qui éteint les feux de l'enfer, par deux buts de Kopa et de Rial autour de la première demi-heure. Les jeunes de Busby ne désarment pas, et l'intensité est à son comble quand Taylor réduit la marque (52e). Bobby Charlton égalise (87e, 2-2), mais il est trop tard. On se dit que Manchester a tout l'avenir devant lui…

Leçon de réalisme pour les Italiens

Le Real va pouvoir défendre sa Coupe en finale, sur ses propres terres. Car c'est à Madrid qu'il reçoit la Fiorentina, discret champion d'Italie, qui a successivement éliminé Norrköping, Grasshopper de Zurich et surtout l'Étoile Rouge de Belgrade en demi-finales. Dans cette équipe de la Fiorentina, la défense est solide, souvent renforcée par le repli d'un milieu de terrain, et les attaquants jouent essentiellement le contre, misant sur la virtuosité du Brésilien Julinho. À 11 contre 125 000, les Italiens offrent une remarquable résistance à ce Real dont les artistes, peu à peu, se crispent face à une aussi belle opposition. Seul Gento joue à son niveau habituel. Mais c'est Kopa – lequel redoutait de perdre une seconde fois en finale – qui va débloquer la situation (70e), en délivrant une ouverture qui permet à Mateos de foncer vers le but, avant d'être fauché par l'arrière droit Ardico Magnini. L'arbitre néerlandais accorde un penalty, mais les Italiens sont furieux car le juge de touche a signalé un hors-jeu de Mateos. M. Horn ne transige pas. Di Stefano non plus, qui marque là son onzième but en Coupe d'Europe.

Sept minutes plus tard, Kopa lance une nouvelle fois Gento. Le meilleur joueur de la finale, et probablement le meilleur ailier gauche du monde à l'époque, mystifie toute la défense italienne et donne un avantage décisif au Real (2-0). Malgré une sérénité tardivement retrouvée, le Real donne ainsi une leçon de réalisme au champion d'Italie. Un comble. ■ D.B.

Soirée « chaude » pour les 125 000 spectateurs de la finale, et pour les secouristes madrilènes…

1956/57

FINALE DE LA C1 L'Équipe du 31 mai 1957 Real Madrid - Fiorentina : 2-0

GIRO : BOBET REPREND LE MAILLOT ROSE… SANS DISTANCER GAUL (A 55")

ÉCONOMIE Vespa 2,5 L/100

L'ÉQUIPE
LE QUOTIDIEN DU SPORT
l'Automobile

SÉCURITÉ D'ABORD

MATCH DE CLASSE AU COURS DUQUEL LA FIORENTINA RÉSISTE INTELLIGEMMENT PENDANT 70'

LE REAL MADRID CONSERVE "SA" COUPE D'EUROPE

grâce à un penalty (DI STEFANO) et aussi à un but magnifique (KOPA-GENTO)

GENTO MEILLEUR JOUEUR DE CETTE FINALE

(D'un de nos envoyés spéciaux Jacques FERRAN)

PREMIER BUT : LE PENALTY D'ALFREDO DI STEFANO

JEAN GRACZYK vainqueur définitif DU TOUR DES PROVINCES DU SUD-EST

FOOTBALL — CELESTIN OLIVER QUITTERAIT SEDAN

ATHLÉTISME — ROBERT GRAS : 4 m. 20 A LA PERCHE

BOXE — HAMIA - LOI ? ON EN PARLE A MILAN

BONNES PERFORMANCES AUX CHAMPIONNATS DE L'O.S.S.U.

RUGBY A XIII — LES CATALANS BATTENT MARSEILLE

LA PLUIE TOMBE SUR LE GIRO, OU DEFILIPPIS, POBLET, GÉMINIANI ET ROLLAND ONT RÉTROGRADÉ

ERCOLE BALDINI VAINQUEUR

De notre envoyé spécial Jacques FERRAN

MADRID – Le général Franco, tout d'abord, n'applaudit pas. Quand le Real Madrid marqua sur penalty son premier but après une heure dix de jeu, le chef de l'État espagnol, installé au premier rang de la tribune officielle, tête nue, dans un complet gris très strict, se tourna simplement vers son voisin et fit une moue qui signifiait : « Sans doute est-ce un but et sans doute est-ce la victoire, mais une victoire bien longue à se mettre en marche et qui ne me satisfait pas pleinement. »

Mais la foule espagnole n'eut pas le même scrupule, et, dans les quatre étages du stade Bernabeu absolument comble, ce fut un spectacle prodigieux que ces 125 000 spectateurs debout, enfin libérés de leur angoisse, qui hurlaient de joie et agitaient des mouchoirs.

Le Caudillo avait pourtant raison. La deuxième victoire du Real Madrid en Coupe d'Europe, dont on pensait qu'elle serait acquise largement et construite dès la première mi-temps du match, est restée longtemps incertaine entre les genoux des dieux.

En revanche, lorsque Madrid eut marqué ce premier but, ses joueurs apparurent, eux aussi, libérés, et en marquèrent, très vite, grâce à Gento, un deuxième, qui transforma une pénible victoire en un succès extrêmement net. Et, cette fois, Franco applaudit. ■

1957/58

6 FÉVRIER 1958, 15 H 04, LE DRAME...

À l'escale de Munich, de retour de Belgrade où ils viennent de se qualifier pour les demi-finales (3-3), huit des si prometteurs « Busby babes » de Manchester United perdent la vie dans le crash de leur avion.

Belgrade, une vingtaine d'heures avant le crash : (de g. à dr.) D. Edwards, E. Colman, M. Jones, K. Morgans, B. Charlton, D. Viollet, T. Taylor, B. Foulkes, H. Gregg, A. Scanlon, R. Byrne.

La neige et la nuit tombent sur la carcasse de l'Elizabethan, dont le crash vient de briser le destin de huit footballeurs mancuniens.

La veille de la catastrophe, l'équipe championne d'Angleterre, juvénile et talentueuse, fait une nouvelle démonstration de sa grande valeur émergeante. Donner ainsi la leçon à l'Etoile Rouge de Belgrade de Mitic, Sekularac, Beara, jusqu'à mener 3-0 à la mi-temps (un but de Dennis Viollet, deux de Bobby Charlton), c'est le signe que les gamins dirigés par l'ancien mineur écossais Matt Busby, font partie des grands. Ce sont aussi de fiers combattants, qui possèdent un gardien de but de première force, Harry Gregg, lequel mérite d'avoir été le plus grand transfert de l'époque : 23 500 livres pour passer de Doncaster à Manchester United.

Ils doivent pourtant subir ensuite un assaut en règle et la frénétique rébellion des Yougoslaves, qui reviennent à 3-3… Mais MU campe sur son but d'avance obtenu au match aller (2-1) et se qualifie pour les demi-finales. L'Europe se dit que, décidément, s'il y a une menace pour le double vainqueur madrilène de la Coupe des clubs champions, c'est du côté d'Old Trafford qu'il faut la chercher.

Le lendemain, toute l'équipe, quelques accompagnateurs et journalistes, embarquent à bord de l'Elizabethan Class G-ALZU AS 57, bimoteur de la BEA qui doit les ramener, eux et leurs espoirs, vers l'Angleterre. A l'escale de Munich, la tempête de neige est intense. Malgré tout, les pilotes, les capitaines James Thain et Kenneth Rayment, tentent deux fois de décoller. En vain. La troisième fois, l'avion se crashe en bout de piste, et dévaste une maison. Il est 15h04, heure locale, ce 6 février 1958.

Duncan Edwards parmi les victimes

Sur les 43 passagers, 23 meurent sur le coup, dont sept joueurs de M. U. : Geoff Bent (25 ans), Roger Byrne (29 ans, 33 sélections), Eddie Colman (21 ans), Mark Jones (24 ans), David Pegg (22 ans, une sélection), Tommy Taylor (26 ans, 19 sélections), Liam Whelan (22 ans, 4 sélections irlandaises). Autre victime de marque, Frank Swift, qui avait été, après la Guerre, le premier gardien de but capitaine de l'équipe d'Angleterre, devenu journaliste.

Un huitième joueur, Duncan Edwards (21 ans, 18 sélections), lutte quant à lui contre la mort. C'est le plus doué de la bande, un formidable demi gauche d'attaque, qui a débuté en équipe professionnelle à l'âge de seize ans et a été le plus jeune international de l'histoire en Angleterre. Après deux semaines de combat, il succombera à son tour, le 21 février.

Dans le brasier de Munich, Harry Gregg, le gardien nord-irlandais, indemne, secoure une petite fille, puis erre sur le tarmac enneigé, en compagnie de Dennis Viollet, également rescapé. Bobby Charlton, lui aussi, s'en sort après un séjour à l'hôpital. Quant à Matt Busby, le manager, il s'en tire grâce au chirurgien Georg Maurer, lequel recevra quelques semaines plus tard l'ovation d'Old Trafford quand « le patron » retrouvera son public.

Du bimoteur où avaient pris place 43 passagers, on extrait 23 personnes mortes sur le coup, auxquelles s'ajoutera le surdoué Duncan Edwards, décédé quinze jours plus tard.

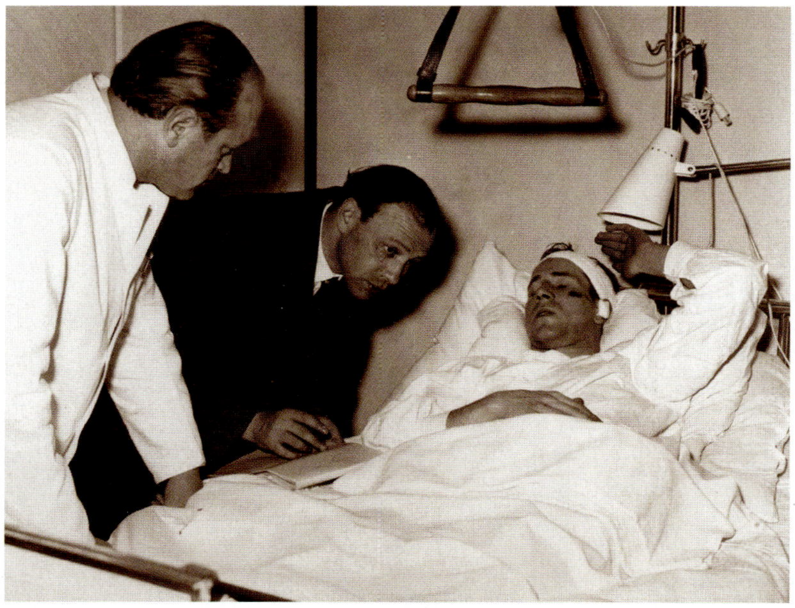

Bobby Charlton, 20 ans, est admis à l'hôpital de Munich. Il s'en tirera avec quelques égratignures et un profond désir de vivre la carrière dont rêvaient ses copains disparus...

C'est avec le sourire et pas mal de soulagement que le manager écossais Matt Busby, sauvé par le Dr Maurer, quitte, en compagnie de son épouse, l'hôpital de Munich.

L'accablement est total en Europe, comme à Manchester, où il n'est toutefois pas question que le football s'arrête. Pas question non plus de figer la pendule d'Old Trafford, qui orne la façade du stade et porte mention de la date et du lieu fatidiques.

Le premier match qui suit ce drame, pour le compte de la Cup, a lieu dès le 19 février. À peine deux semaines plus tard. Jimmy Murphy assure l'interim de Busby, son ami des temps de guerre. Deux joueurs, Ernie Taylor, de Blackpool, et Stan Crowther, d'Aston Villa, ont été engagés. Dans une ambiance mélangeant recueillement et hystérie, mais aussi le noir du deuil et le rouge et blanc des écharpes, Manchester bat Sheffield Wednesday 3-0. La vie et le football reprennent leurs cours.

Bien que décimée, l'équipe de United ira jusqu'à la finale de Wembley, mais perdra face à Bolton (0-2). Jamais vainqueur ne reçut une aussi petite ovation pour un aussi grand match...

Quelques jours après cette défaite en finale de la Cup, Manchester rêve de victoire en demi-finales de Coupe d'Europe, sur le terrain de Milan. A l'aller, MU s'est imposé dans les dernières minutes (2-1), sur un penalty rudement contesté par les Italiens, la faute de Cesare Maldini sur Viollet n'étant vraiment pas évidente. A San Siro, devant 80 000 spectateurs, Schiaffino (deux fois), Liedholm et Danova, mettent un terme à l'aventure extraordinaire et dramatique des Busby babes (4-1).

Le gardien Harry Gregg et ses défenseurs, aussi déterminés qu'insouciants à Belgrade, la veille du tragique accident.

Huit ans pour reconstruire une équipe européenne

United va mettre de nombreuses années à se reconstruire. Au printemps suivant, pourtant, l'UEFA lui offre une place en Coupe des champions pour la saison 1958-59. La League et la Fédération anglaises font pression pour que MU refuse, avec succès. Si bien que l'Europe devra attendre 1965 pour revoir Gregg, Foulkes, Charlton et bien sûr Busby. Ils iront, cette année-là, jusqu'en demi-finales, avant d'être éliminés à... Belgrade. ■ D. B.

La pendule qui orne la façade d'Old Trafford, égrène le temps qui passe. Mais elle porte le souvenir d'une date et d'un lieu à jamais figés dans les mémoires.

Le plus difficile des sacres du Real

Avant de coiffer sa troisième couronne européenne consécutive, l'équipe de Gento passe par des situations critiques, jusqu'à sa pénible finale contre les Italiens du Milan AC (3-2, a.p.).

Malgré la beauté du cadre, au pied de l'Atomium de Bruxelles, et le talent des acteurs, comme ici Di Stefano face au gardien milanais Soldan, cette finale sera très âpre.

1957/58

Les palmarès disent une vérité. Ils peuvent être aussi un peu trompeurs. À lire, longtemps après, celui du Real Madrid en l'an 1958, on peut croire à un océan de félicité : un titre de champion d'Espagne, le deuxième consécutivement, le quatrième en cinq ans, le tout sans perdre une seule fois chez lui ; une victoire en Coupe des clubs champions européens, la troisième en trois saisons d'existence, avec vingt-sept buts marqués en sept matches. Impressionnant.

Et pourtant, le somptueux navire madrilène aura tangué deux fois. La première au cœur de l'hiver, fin janvier 1958, sous la neige de Madrid, en quarts de finale aller de la Coupe d'Europe. La crise couve et la presse sportive, enfiévrée, souffle sur les braises. La raison est simple jusqu'à l'excès : le Real n'est pas premier. Pire, le Real est précédé par ses deux ennemis de toujours, les voisins de l'Atletico et les rivaux catalans du Barça.

Kopa montré du doigt

Les partenaires d'Alfredo Di Stefano viennent de perdre deux fois à l'extérieur, à Pampelune contre Osasuna (0-1) puis à Séville (2-3). Inadmissible pour le peuple « madridiste ». Dans le journal ABC, les stars sont fustigées, plus précisément le Français Raymond Kopa qui, depuis son arrivée en 1956, n'a pas que des partisans. Le quotidien l'accuse de ne pas avoir le désir de lutte qu'il faut pour aller gagner des matches à l'extérieur : « Avec les Rial, Di Stefano, Munoz, Zarraga, Lesmes de l'année dernière, on gagnait les matches sur terrain adverse. Aujourd'hui, avec onze Kopa, on n'arrive pas à obtenir un point sur ces terrains de tous les dieux. »

La presse laisse également entendre que, à l'entraînement, deux des Argentins du groupe ont eu plus que des mots ; ils en seraient venus aux mains. L'un est Di Stefano, qui a les nerfs à fleurs de peau depuis que le public de Chamartin l'a pris en grippe. L'autre est Luis Carniglia, l'élégant entraîneur, arrivé en début de saison en provenance de l'OGC Nice.

Le Real a donc besoin de réaffirmer sa suprématie et la Coupe d'Europe tombe à pic. Même si son adversaire est… espagnol, le FC Séville ayant bénéficié de la deuxième victoire européenne du Real, la saison précédente, pour accéder avec lui à la Coupe d'Europe. Or, les Andalous viennent d'infliger au Real sa cinquième défaite dans la Liga…

En quarts de finale, Di Stefano inscrit 4 des 8 buts madrilènes contre le FC Séville (8-0).

Séville atomisé

L'heure est grave à Madrid. Oubliée la promenade de santé des huitièmes de finale – le tenant du titre était exempté du premier tour – face aux coriaces champions belges de l'Antwerp (2-1, 6-1). La veille du choc hispano-hispanique se produit un fait rarissime : Santiago Bernabeu en personne se déplace à l'hôtel Philippe II pour voir ses joueurs. Dans une ambiance pesante, il leur dit : « Tous les supporters mondiaux ont les yeux fixés sur vous. Vous pouvez effacer d'un seul coup toutes les critiques et toutes les déceptions. Et maintenant, je voudrais vous demander de sourire. »

Le lendemain, devant 80 000 spectateurs frigorifiés, le FC Séville découvre l'enfer. Le Real, déchaîné, mène 2-0 à la mi-temps. Les Sévillans s'arc-boutent et durcissent le jeu. Les Madrilènes répondent par une dureté plus grande encore. On voit même Kopa le pacifique menacer Valero

C'est la première fois qu'une finale se joue en prolongation et le Real l'emporte sur le fil grâce à cette frappe au ras du poteau de l'ange blanc Francisco Gento (à g.).

1957/58

du poing. L'arbitre belge n'en revient pas. Ballotté dans la bataille, il expulse l'Andalou Campanal et le « merengue » Marsal. Ambiance de corrida. Et mise à mort… 4-0 avant l'heure de jeu ; 6-0 à dix minutes de la fin ; Di Stefano, qui a reçu le Ballon d'Or de *France Football* avant le match et a déjà inscrit deux buts, ajoute un doublé dans les derniers instants (8-0). Comme un assouvissement.

Ce triomphe est un coup de baguette magique. Le Real redevient grand, ne perd plus aucun match de Championnat de la saison, et écarte en demi-finales de la Coupe d'Europe les redoutables Hongrois du Vasas (4-0, avec trois nouveaux buts de Di Stefano, et 0-2). Les Madrilènes sont donc au rendez-vous de la troisième finale, qui se déroule au pied de l'Atomium de Bruxelles, dans le cadre de l'Exposition universelle, face au Milan AC.

Milan, c'est résistant

Le public du Nord est surpris par le spectacle et la philosophie très prudente de cet affrontement hyper latin. La partie d'échecs dure depuis une heure quand un instant d'inattention, un seul, débloque l'affaire. Le grand défenseur uruguayen du Real, Santamaria, oublie son compatriote, le fin, l'élégant Schiaffino, qui peut ainsi reprendre en ciseau un centre de Danova (0-1, 60e).

Le Heysel croit à la fin du règne blanc quand Cucchiaroni frappe sur le montant (70e). La chance milanaise est passée. Seul parmi les défenseurs adverses, Di Stefano contrôle le ballon, jongle d'un pied sur l'autre et marque d'un tir extraordinairement violent (1-1, 74e). Les deux équipes se rendent alors coup pour coup, Grillo (78e) puis Rial (79e) portant le score à 2-2.

Loin de l'ennui initial, la fin est haletante et, pour la première fois, le dénouement d'une finale européenne se joue en prolongation. Aux deux grands hommes du match qu'ont été jusque-là les stratèges Di Stefano (Real) et Liedholm (Milan), succède le petit Francisco Gento. Sa vitesse et sa puissance de frappe se heurtent d'abord au montant (95e). Mais, sur une longue transversale de Santisteban, quand Di Stefano et Maldini se neutralisent dans les airs, Gento en profite pour tirer instantanément et marquer le but de la victoire (3-2, 107e).

Soulagement et joie

Les mouchoirs blancs du camp madrilène s'agitent autant en signe de soulagement que de joie. Le Real est triple vainqueur, mais le Real a souffert. Alors l'Europe s'interroge : cette équipe a-t-elle atteint son sommet ? Est-elle sur le versant descendant ? ■ D. B.

FINALE DE LA C1 L'Équipe du 29 mai 1958 Real Madrid - Milan AC : 3-2 a.p.

BORDEAUX-PARIS (Trophée "Le Soleil" et "L'Aigle") : DUPONT ADOPTE LA MÉTHODE de préparation DE B. GAUTHIER

L'ÉQUIPE
LE QUOTIDIEN DU SPORT ET DE L'Automobile

UN SEUL CLASSEMENT LE CLASSEUR A TIROIRS BASCULANTS "BUROCLASS"

EXTRAORDINAIRE COURSE-POURSUITE : 0-0 A LA MI-TEMPS, 0-1, 1-1, 1-2, 2-2, 3-2 EN FINALE DE LA IIIe COUPE D'EUROPE A BRUXELLES

LA PLUS DIFFICILE DES VICTOIRES DU REAL
acquise grâce à un final sensationnel de Gento

Prédominance sud-américaine : autres buts par Di Stefano Rial (Madrid) Schiaffino, Grillo (Milan)

(D'un de nos env. spéc. Gabriel HANOT)

LA JOURNÉE EN QUELQUES PHRASES

MOLS-VIDAL A WAGRAM

8 ÉQUIPAGES FRANÇAIS A AMSTERDAM

NETTO INCERTAIN CONTRE L'ANGLETERRE

RECORD DU MONDE A TOKYO

LE BUT DE SCHIAFFINO : ESPOIR POUR MILAN

VERS UNE FINALE CENT POUR CENT AUSTRALIENNE à Roland-Garros

LA DERNIERE SORTIE DE DUPONT

Pas de fumée sans feu... par Jacques MARCHAND

EN SE CROISANT A LA GARE DES INVALIDES
Marcel BIDOT et Alex THÉPOT ont échangé leurs soucis... de sélectionneurs

LOUISON BOBET : ACCORD DE PRINCIPE pour l'équipe de France du Tour

D'un de nos envoyés spéciaux Gabriel HANOT

BRUXELLES – C'était, certes, la Coupe d'Europe entre deux équipes européennes, mais on aurait pu se croire transporté en Amérique du Sud, tellement l'illusion du football américain fut grande.

L'illusion et même la réalité, car nous n'avons jamais vu, dans le vieux monde, une rencontre si marquée par l'obédience, la cadence et le style argentins.

Aussi le public fut-il longtemps surpris et désorienté, alors qu'il s'apprêtait à se passionner pour l'épreuve, tant le rythme du jeu le contraria. En effet, les deux équipes, pendant longtemps, semblèrent jouer avec prudence. En fait, elles recherchaient le meilleur jeu à utiliser ; elles calculaient toutes leurs actions ; elles avaient l'une et l'autre une crainte très grande de perdre la balle. Par conséquent, la sensation de lenteur fut très considérable et il y eut même quelques spectateurs qui sifflèrent pour montrer qu'ils s'ennuyaient. Heureusement, la deuxième partie de la seconde mi-temps, sous le piment des buts, créa l'ambiance désirée par le public.

Ce n'est pas seulement dans son ensemble que le jeu fut argentin ; il le fut aussi dans le détail, en ce sens que, dans chaque équipe, figuraient trois footballeurs sud-américains, qui furent tous les six en vedette dans leur formation respective. D'un côté, Di Stefano, Rial et Santamaria ; de l'autre, Schiaffino, Grillo et Cucchiaroni. L'empreinte de ces six joueurs fut telle que les quatre buts réussis en seconde mi-temps, deux pour chaque camp, furent l'œuvre de Sud-Américains : chez les Espagnols, Di Stefano et Rial ; chez les Milanais, Schiaffino et Grillo. ■

PLUS ROYAL QUE JAMAIS

Avant de ne faire qu'une bouchée de Reims en finale (2-0), les Madrilènes se montrent de nouveau implacables, notamment face à leurs voisins de l'Atletico, et toujours grâce à un Di Stefano époustouflant.

1958/59

La tornade blanche de Stuttgart fête son quatrième triomphe. De g. à dr., parmi les pitres de service : le gardien Dominguez, Di Stefano, Zarraga, Ruiz, Gento et Santisteban (n°4).

Après trois ans de domination européenne sans partage, la suprématie du grand club madrilène commence à lasser et à attiser les convoitises. Y compris en Espagne. A Madrid, l'Atletico rêve de devenir roi à la place du Real. Il a empoché le titre 1957-58, commencé à construire un grand stade sur les rives du Manzanares et recruté le champion du monde brésilien Vava pour renforcer une attaque où brillent déjà Collar et Peiro. Le Real, lui, a enrôlé le grand Hongrois Ferenc Puskas, que l'on dit vieillissant et bedonnant. Ses étoiles Kopa-Rial-Di Stefano-Puskas-Gento formeront-ils une attaque efficace ?

L'appétit ne manque pas non plus aux Anglais de Wolverhampton, avec leur vieux Billy Wright, mais ils tombent en huitièmes de finale sur plus physiques qu'eux, les Allemands de Schalke 04 (2-2, 1-2). Les Italiens de la Juventus croient tenir en l'Argentin Omar Sivori et le Gallois John Charles les futurs rois de l'Europe, mais dès le premier tour, et malgré trois buts de Sivori à l'aller (3-1), ils font naufrage à Vienne devant les Autrichiens du Wiener (0-7) et leur immense buteur Hammerl, auteur de quatre réalisations. Retentissant.

La passion envahissante fait aussi pousser les mauvaises herbes de la violence. A Madrid, le Real domine les Turcs de Besiktas (2-0), mais une bagarre générale éclate ; deux Turcs et Di Stefano sont expulsés. A

Quel engouement pour cette finale ! En tribune Puskas trépigne. En coulisse, l'ancêtre du synthétiseur donne le score à la mi-temps. Et dans les rues de Paris, on scrute les télés...

Superbe coup de tête de René Bliard, sous les yeux de ses partenaires rémois, Roger Piantoni (à g.) et Jean Vincent (n°11). Mais c'est le Real qui va s'envoler vers la victoire...

Encore décisif en finale, l'incontournable Alfredo Di Stefano échappe ici à la défense rémoise pour frapper au but des dix-huit mètres.

Genève, dans un match d'appui opposant l'Atletico Madrid aux Bulgares du CDNA Sofia, l'arbitre suisse, M. Mellet, se sort comme il peut d'une bataille rangée, expulse le Madrilène Rafa, siffle deux penalties et réussit à mener le match jusqu'au bout de la prolongation, à l'issue de laquelle l'Atletico se qualifie (3-1).

Le Real doit donc en découdre avec son voisin, en demi-finales. Les deux clubs ont éliminé les deux héros du premier tour, Schalke 04 pour l'Atletico, le Wiener pour le Real, ce dernier vainqueur 7-1 à Madrid avec quatre buts de Di Stefano. Le double derby madrilène sera de haute tenue, serré, impitoyable. Chacun gagne d'un but son match à domicile (2-1, 0-1). En match d'appui, à Saragosse, malgré la blessure de Lesmes qui réduit le Real à dix, Di Stefano et Puskas ouvrent au tenant (2-1) le chemin d'une quatrième finale.

Il y retrouve un adversaire bien connu. Reims, champion et club préféré des Français, doit supporter la pression née de son doublé domestique en 1958 et de la troisième place de plusieurs de ses joueurs lors de la Coupe du monde en Suède. Avant la finale, les Rémois ont renversé deux situations difficiles. En quarts de finale retour, il leur faut remonter les deux buts de l'aller face au Standard de Liège (0-2). Au Parc des Princes, l'ambiance est survoltée, le combat rude, le suspense intense. Un doublé de Fontaine et un but de Piantoni, inscrits dans les vingt dernières minutes (3-0), ouvrent la porte des demi-finales. Là, ce sont les Young Boys de Berne qui se déplacent à Paris avec un but d'avance (1-0). Mais Reims est cette fois plus prompt à s'en sortir, sur le même score (3-0).

Le remake de la finale 1956 se déroule à Stuttgart. Raymond Kopa a changé de camp. Dès la 2e minute, Mateos ouvre la marque d'un tir anodin, prélude à un premier quart d'heure cauchemardesque pour les Rémois. En seconde mi-temps, alors que Kopa, blessé a un genou dans un choc avec Vincent, doit laisser le Real jouer à dix, Di Stefano inscrit tranquillement un second but qui éteint toute ambition rémoise. Le capitaine Robert Jonquet reconnaît : *« Nous avons joué comme si nous livrions un match amical. »* Di Stefano assure que c'est la plus facile et la plus médiocre finale du Real, une fois de plus survolée par le grand Alfredo. ■ D. B.

Le président du Real Madrid, Santiago Bernabeu (à g.), est tout sourire quand le président de l'UEFA, Ebbe Schwartz, récompense José Maria Zarraga (n°3). À droite, les yeux en l'air, on aperçoit Henri Germain, le président du Stade de Reims.

1958/59

FINALE DE LA C1 L'Équipe du 4 juin 1959 Real Madrid - Reims : 2-0

DEMAIN, DANS L'ÉQUIPE
CAMPING-VACANCES
DES CONSEILS, DES NOUVEAUTÉS, DES IDÉES TOURISTIQUES, ETC. LA PÊCHE

L'ÉQUIPE
LE QUOTIDIEN DU SPORT
l'Automobile
JEUDI 4 JUIN 1959
35

EN PAGE 11 :
JEAN BOBET
renonce à la compétition et entre à la rédaction de L'ÉQUIPE

2-0 : LE REAL S'IDENTIFIE A LA COUPE D'EUROPE

Finale décevante dominée par la classe des Espagnols malgré la blessure de Kopa

- Un but heureux au début de chaque mi-temps (Mateos et Di Stefano)
- *Le second coupa bras et jambes aux Rémois, qui ont laissé passer leur chance dans les 20 dernières minutes de la première mi-temps*
- Colonna avait pourtant arrêté un penalty
- *Un seul avant valable chez les Français : Piantoni. Avec lui un seul joueur à citer : Penverne*
- Gento anime une fin de match terne et sans relief
- *Le Real s'est qualifié pour sa 5e Coupe d'Europe après avoir joué sa plus mauvaise finale*
- Meilleurs joueurs espagnols : Di Stefano Gento, Mateos, Santamaria et Dominguez

AVANT LES ÉTAPES ALPESTRES DU GIRO
JACQUES ANQUETIL peut avoir, ce soir

LE COUP DE THÉATRE DE LA PREMIÈRE MINUTE
STUTTGART. — La pendule du stade indique « 18 heures ». Le match vient de commencer depuis une minute. Le ballon, perdu par les Rémois, est récupéré par le malin Mateos qui profite d'une hésitation de Penverne. L'intérieur droit du Real s'échappe (notre document). Il va tirer et ouvrir le score, après que le ballon aura heurté un poteau. Ce but donnera

LA JOURNÉE EN QUELQUES PHRASES
Maspes arbitre du nouveau

De notre envoyé spécial Jacques FERRAN

STUTTGART – « Le Real Madrid vient de remporter sa quatrième victoire en Coupe d'Europe. Il a réussi du même coup à se qualifier encore une fois pour cette compétition, qu'il disputera donc la saison prochaine et qu'il est bien capable de gagner encore. Il vient surtout de réaliser son vœu le plus cher. Car cette victoire était pour ses dirigeants d'une importance presque vitale. Et cependant, maintenant qu'ils ont ce qu'ils voulaient, la joie des joueurs du Real n'est pas exubérante. Le coup de sifflet final de M. Dusch n'a libéré aucun souffle d'enthousiasme parmi les joueurs en blanc, qui se contentent d'échanger quelques accolades et d'aller gentiment consoler leurs adversaires rémois. J'ai dans les yeux, en ce moment, les extraordinaires manifestations d'allégresse qui suivirent le troisième succès du Real acquis la saison dernière au Heysel de Bruxelles, aux dépens de Milan : 3-2.

Harassés mais triomphants, les joueurs espagnols et leurs frénétiques supporters avaient, ce jour-là, hurlé jusqu'au ciel leur joie d'être champions. Et l'année précédente, à Chamartin, souvenez-vous ! Ces dizaines de milliers de mouchoirs jetés dans l'immense arène et ces clameurs sans fin de tout un peuple !

Mais hier, dans l'ovale très pur du Neckarstadion, les éternels vainqueurs ont à peine souri de leur victoire. » ■

1959/**60**

LE CHEF-D'ŒUVRE DU REAL MADRID

Cette cinquième victoire d'affilée est un triomphe. Et la cinquième finale, survolée malgré la qualité de Francfort (7-3), une apothéose. Grâce à ses deux monstres, Di Stefano et Puskas, le Real est irrésistible.

Les 127 621 spectateurs de Glasgow s'entassent jusque sur la pelouse pour vivre l'une des plus belles finales de l'histoire et admirer l'éblouissant Real d'Enrique Pachin (à dr.).

Qui donc pourrait inquiéter le roi Real, quatre fois couronné, en cette cinquième année de Coupe d'Europe? Pas les Luxembourgeois de la Jeunesse d'Esch, naturellement, lilliputiens face aux géants, hachés menu à Madrid (0-7), mais qui ont la fierté de mener deux fois au retour, avant de perdre 2-5.
Non plus l'OGC Nice en quarts de finale, malgré une alerte lors du match en France où, privés du maître Alfredo Di Stefano, les Madrilènes perdent 2-3 sur un hat-trick du Luxembourgeois Vic Nuremberg. Tir vite rectifié à Madrid avec quatre buts marqués dans la première heure (4-0). Forcément pas Milan, le finaliste de 1958, ni les Loups de Wolverhampton, tous deux successivement balayés par celui qui revendique d'être le rival le plus sérieux du Real, en deçà et au-delà des Pyrénées : le FC Barcelone, ennemi éternel, qu'entraîne le très imaginatif Helenio Herrera. « HH » dispose d'une attaque de feu, aux accents d'Amérique du Sud (le Brésilien Evaristo, l'Uruguay Villaverde, le Paraguayen Martinez) et de Hongrie (Kocsis, Kubala, Czibor), avec à la baguette le magnifique Luis Suarez. Ce Barça champion d'Espagne a découvert l'Europe dans la toute jeune Coupe des Villes de foire, qu'il s'apprête à gagner une deuxième fois en 1960. Depuis l'automne, « l'ouragan catalan » souffle sur la Coupe des champions, passant six buts aux rudes Bulgares du CDNA Sofia (6-2), donnant une leçon de vitesse à Milan, à San Siro (2-0), en remettant une couche au Nou Camp (5-1, avec trois buts de Kubala !), martyrisant deux fois Wolverhampton (4-0, 5-2). En Angleterre, dans le cloaque de Molineux, Kocsis, par quatre fois, fait trembler les filets rouges.

Le 21 avril 1960, voici les deux colosses aux prises, en demi-finales aller, dans un stade Chamartin plus passionné que jamais. Le Barça, toro voulant impressionner le matador, met de la bravoure dans l'entame. Mais voici Ferenc Puskas qui monte sur le côté gauche. Son centre trouve la tête de Di Stefano. Ramallets est battu.

Le Barça d'Herrera coule deux fois 3-1

Le coup est terrible pour les Catalans, qui vont en subir un deuxième, par Puskas. Ambiance surchauffée. Martinez réduit l'écart à la 35e minute. Le jeu s'équilibre. Madrid s'inquiète depuis que Santamaria, sa tour de défense, est blessé. Les coups pleuvent. Le Real implore son sauveur. Alors Di Stefano arrive et marque, une fois encore, de la tête (3-1).

Six jours séparent l'aller du retour. Ils étaient 125 000 à Madrid, ils sont 100 000

Demi-finale aller : 125 000 Madrilènes et Di Stefano (n°9) renversent le Barça (3-1).

1959/60

Demi-finale retour : 100 000 Catalans et l'attaque de feu des Barcelonnais butent sur le gardien Dominguez et la défense du Real, encore vainqueur (3-1).

à Barcelone, plus tout un peuple catalan sûr d'assister à la mise à mort du champion d'Europe. Mais, surprise, le Real, d'abord prudent, s'enhardit. Barcelone, qui a étalé sa classe au début, est décontenancé. Et Puskas, musardant à la pointe de l'attaque, glisse le ballon dans le but de Ramallets. Barcelone est stupéfié, désemparé. L'élan n'y est plus.

Madrid a désormais un fort capital confiance. En six minutes, aux 68e et 74e, Gento puis Puskas donnent une ampleur à l'avance madrilène (3-0) qui cloue dans le silence l'immense vaisseau barcelonais. Kocsis, à l'ultime minute, sauve l'honneur. Mais, pour la Catalogne, l'honneur n'est pas sauf quand le symbole du pouvoir central de Madrid impose ainsi sa loi. Helenio Herrera n'entraînera plus le Barça.

Pour le Real, le plus dur semble fait. Il faut parachever l'œuvre. Glasgow, les 127 000 spectateurs d'Hampden Park et toute l'Europe attendent cela. Face aux géants blancs, une surprise : l'Eintracht Francfort, champion d'un pays, l'Allemagne, qui ne possède pas de Championnat proprement dit : la Bundesliga ne sera créée qu'en 1963. En attendant, sont désignés champions d'Allemagne les vainqueurs d'une compétition, d'abord régionale, conclue par une épreuve à élimination directe. Le football germanique est reconnu pour la puissance de son équipe nationale, championne du monde en 1954 et quatrième en 1958. En revanche, en Coupe d'Europe, aucun club allemand n'a fait mieux que Dortmund et Schalke 04, quart-finalistes en 1958 et 1959.

Si le Real a cheminé vers la finale par des voies latines, Francfort a d'abord franchi des obstacles germanophones, les Suisses des Young Boys et les Autrichiens du Wiener. En demi-finales, il a écrasé les Glasgow Rangers en leur marquant deux fois six buts (6-1, 6-3). L'équipe entraînée par Oswald est la plus offensive d'Allemagne. Ses meneurs d'attaque, Kress et Pfaff, dépassent la trentaine. Ils font par-

1959/60

En trompant d'une frappe à bout portant le gardien allemand Loy, Di Stefano marque son deuxième but de la finale et propulse le Real, qui mène 2-1, vers une formidable victoire.

FINALE DE LA C1 L'Équipe du 19 mai 1960 Real Madrid - Francfort : 7-3

Le Giro 60 à la mesure de Jacques Anquetil

DEMAIN... LES VACANCES !
...UN ÉLÉMENT DE SÉCURITÉ
...TOURISME EN CHARENTE
...RÉSULTAT DU JEU DE LA LÉGENDE DES DUVETS P.D.C., LA COURNEUVE

L'ÉQUIPE
LE QUOTIDIEN DU SPORT
l'Automobile

avec 4 étapes contre la montre
Les Italiens espèrent en RONCHINI et VENTURELLI

Inouï : cinquième victoire consécutive en Coupe d'Europe

7-3 : INVINCIBLE CE REAL
Puskas 4 buts, Di Stefano 3

- 135.000 spectateurs et des millions de téléspectateurs ont été éblouis par la classe et l'aisance du Real qui, en fin de match, fit penser aux « Harlem » du basket.
- Les Allemands avaient pourtant marqué les premiers par Kress (20'), mais ils ne surent tenir plus d'une demi-heure.
- Ce match a battu tous les records de recette : 800.000 NF ; part de chaque équipe : 300.000 NF.
- Puskas, qui s'était emparé du ballon du match, l'a remis à l'Allemand Weilbacher.
- Voici le Real qualifié pour la première Coupe du monde des clubs, qui doit – en principe – avoir lieu en juillet.
- Finale de Coupe d'Europe à la fois la meilleure et la plus riche (10 buts).

(Lire les articles de nos envoyés spéciaux en page 6)

ALFREDO L'INCOMPARABLE !

UN SOUVENIR QUI N'EST PAS... ROSE !

Un Français sur le pavois aux Internationaux de tennis

Georges RONSSE dirigera l'équipe

(D'un de nos envoyés spéciaux Gabriel HANOT)
GLASGOW – La classe a parlé, ou plutôt la super-classe a parlé, dès la première mi-temps et tout autant après la reprise ; non pas parce que toute l'équipe du Real a fait figure remarquable, mais en raison du jeu fourni par les trois grandes vedettes internationales : Di Stefano, Puskas, Gento, et surtout des deux premiers, qui se sont répartis tous les buts de la rencontre. (...) Jamais on n'a vu une telle profusion de buts pour une finale de Coupe d'Europe, mais jamais non plus de joueurs qui aient autant brillé de mille feux que Di Stefano et Puskas.
(...) Ainsi le Real Madrid, après avoir, au début du match, été tenu en échec par le champion d'Allemagne, réussit à enlever, pour la cinquième année, cette finale de la Coupe d'Europe dans un style extrêmement brillant (...) Cette cinquième Coupe d'Europe peut être décrite comme ayant été la meilleure de toutes celles qui se sont jouées jusqu'à présent. Le public écossais, pourtant difficile, réagit à chaque exploit accompli par les deux équipes. Il se montra très sévère contre l'arbitre, protesta contre le penalty accordé à la légère au Real, et, en fin de match, ne se décida pas à quitter le terrain tant il voulait manifester son admiration et sa reconnaissance pour le match auquel il avait assisté. ■

Equilibré et puissant, Ferenc Puskas marque quatre buts en finale contre Francfort.

tie de la sélection nationale, comme Lutz, Lindner et Wellbächer. L'ensemble est solide et n'a pas grand-chose à perdre face au Real. C'est un atout.

La plus magistrale démonstration que l'on ait jamais vue

Francfort joue crânement sa chance, en exploitant les permutations entre Stein et Kress, l'avant-centre et l'ailier droit. L'Eintracht ouvre ainsi le score par Kress (10e). Ce but déclenche l'éveil du Real. Emmenée par le duo Di Stefano-Puskas, admirablement secondé par Gento, l'équipe espagnole va alors réaliser la plus étincelante de ses performances européennes. Entre la 27e et la 73e minutes, elle inscrit sept buts, tous signés des deux géants : quatre pour Puskas, qui vient d'avoir 33 ans, trois pour Di Stefano, qui va en avoir 34. Submergé, mais jamais ridicule, Francfort réussit à placer deux buts au cours de quatre minutes de folie (quatre buts entre les 70e et 74e), pour se montrer à la hauteur de la plus magistrale démonstration que l'on ait jamais vue. Glasgow et l'Europe sont en extase. ■ D. B.

UNE FINALE À RECORDS

Real Madrid – Francfort (7-3) est une finale marquée par trois records qui, après cinquante finales disputées, tiennent toujours :
Record de buts : 10 buts (7 + 3) ;
Record de buts pour un joueur : 4 buts (Ferenc Puskas) ;
Record d'affluence : 127 621 spectateurs (Hampden Park, Glasgow).

C'est l'apothéose du Real forgé par Santiago Bernabeu, hilare quintuple vainqueur.

PORTRAIT

Ferenc Puskas

Inter gauche hispano-hongrois

1927	Naissance à Budapest (le 2 avril)
1943-56	Joue à Kispest (Honved) (4 Championnats, 2 matches et 1 but en C1)
1945-56	International hongrois (84 sélections, 83 buts, champion olympique 1952, finaliste du Mondial 1954)
1958-67	Joue au Real Madrid (3 Coupes d'Europe, 5 Ligas, 259 matches, 236 buts)
1962	International espagnol (4 sélections, 0 but)

Signe particulier : meilleur buteur de l'histoire en Championnats de première Division, avec 511 buts en 533 matches.

Le ressuscité

L'un des meilleurs gauchers de tous les temps, redoutable buteur et inspirateur de la grande équipe de Hongrie, va connaître une seconde carrière éblouissante avec le Real.

À l'issue de la plus phénoménale des finales de la Coupe d'Europe, Don Santiago Bernabeu s'approche de Ferenc Puskas dans le vestiaire d'Hampden Park. Au quadruple buteur du match à peine achevé, il donne l'accolade et lui dit : « J'ai toujours cru en toi, Pancho. Ta force, vois-tu, elle est là. » Et il pointe le doigt sur son cœur.

La finale de Glasgow, l'énorme exploit du Real contre Francfort, la prouesse personnelle du fameux gaucher hongrois, marquent la réussite exceptionnelle d'un des plus étonnants come-back de l'histoire du football mondial.

Il grossit de 20 kilos

Octobre 1956. Les chars soviétiques sont entrés dans Budapest. Pas question de laisser un soupçon d'ouverture politique à l'est du Rideau de fer. Le pays est cadenassé. On compte les morts. La grande équipe de Honved, en tournée à l'Ouest, se trouve soudain exilée. De nombreux joueurs qui ont composé la fabuleuse sélection de Hongrie, admirée par le monde entier depuis près d'une décennie, choisissent de s'expatrier. Parmi eux, le plus symbolique de ses attaquants, le capitaine, le buteur, Ferenc Puskas. Il a été de toutes les campagnes, de tous les triomphes. Il a gagné les Jeux Olympiques de 1952. Il a conduit l'équipe qui a anéanti le mythe de l'inviolabilité de Wembley en y écrasant (6-3) l'Angleterre en novembre 1953. Il a été au cœur du drame de la Coupe du monde 1954, quand la Hongrie dominatrice a rendu les armes le jour de la finale de Berne, face à l'Allemagne (2-3). Les amoureux du football hongrois étaient tristes au printemps 54. Ils ont pris le deuil à l'automne 56. Puskas allait avoir 30 ans. Lui et ses amis devenaient des bannis, des exclus. On croyait ne plus les revoir.

À l'été 1958, le grand Real engage ce trentenaire inactif depuis deux ans. On redoute une simple bonne action envers ce réfugié, qui vit des mandats que lui envoie son ami Ladislao Kubala. Empâté, alourdi – il a grossi de 20 kilos –, Puskas n'est plus « le Major galopant » magnifique. Est-il fait pour le football espagnol, rapide, vif, violent ? Il s'évertue à vaincre les doutes, mépriser les méchancetés, combattre l'embonpoint, se faire accepter par Di Stefano. Et ça marche !

Joueur du Real jusqu'à 39 ans !

Le voici en route pour neuf ans sous le maillot blanc, qu'il retirera pour la dernière fois à l'âge de 39 ans ! L'infernal gaucher, quadruple buteur de la finale 1960, meilleur buteur des Coupes d'Europe 1960, 1962 et 1964, sera cinq fois champion d'Espagne.

Naturalisé espagnol, il participe à la Coupe du monde 1962 au Chili. En 1965, à 38 ans, il marque encore quatre buts face à Feyenoord. Son pied gauche et son cœur sont donc plus forts que tous les murs. Don Santiago avait raison. D. B.

BENFICA COULE L'ARMADA BARÇA

Méconnue, l'équipe lisboète crée la surprise en terrassant l'épouvantail barcelonais en finale (3-2). Une injustice pour les tombeurs du Real, un rêve pour des Portugais que l'on imagine – à tort – de passage au sommet.

1960/61

Coupable sur deux buts en finale à Berne, le gardien barcelonais Antonio Ramallets, qui devance ici Aguas (n°9) sous les yeux de José Augusto (à g.), « offre » le titre à Benfica.

Le 23 novembre 1960. Un jour historique. Ce que l'on avait fini par croire impossible se produit : l'invincible Real Madrid, quintuple vainqueur de la Coupe des clubs champions européens, est éliminé de la compétition. C'est son rival national le plus détesté, ce FC Barcelone auquel il avait chipé quelques années plus tôt Alfredo Di Stefano, qui réussit l'exploit. Les Catalans, qui ont partagé les points quinze jours plus tôt à Chamartin (2-2), s'imposent au retour (2-1) face à des tenants du titre que l'arbitrage de l'Anglais M. Leafe n'avantage pas. Lors de la réception qui suit le match, Don Alfredo n'hésite pas à dire son fait au directeur de jeu, mais le mal est fait : il n'y aura pas de sixième titre pour le Real cette saison.

Barcelone sur la voie royale

La Juve ayant été sortie d'entrée par les Bulgares du CDNA Sofia (qui deviendra CSKA en 1964) et Reims ayant trébuché contre Burnley, un boulevard semble s'ouvrir sous les pas du Barça. Mais le scalp du grand Real ne suffit pas à éviter une énième crise au sein du club catalan. En janvier 1961, l'entraîneur Ljubisa Brocic est limogé, remplacé par son adjoint Enrique Oriozola, et le président, Fransesc Miro-Sans, démissionne. Deux mois plus tard, juste avant le quart de finale contre les Tchèques de Kralove, on apprend que le stratège de l'équipe, Luis Suarez, sera transféré l'été suivant à l'Inter de Milan.

Barcelone n'en atteint pas moins la finale en écartant Hambourg en demi-finales, grâce à Sandor Kocsis qui sauve son équipe à l'ultime minute du match retour, alors que les Allemands, battus 0-1 au Nou Camp, mènent 2-0 chez eux et semblent tenir la qualification. Un match d'appui a lieu à Bruxelles, que les Espagnols gagnent 1-0, but inscrit par leur avant-centre brésilien Evaristo.

Guttmann, le « sorcier » de Lisbonne

Le plus dur paraît accompli puisque, en finale, le Barça doit affronter à Berne le champion du Portugal, Benfica, dont on ne sait à peu près rien. Les Lisboètes ont successivement éliminé les Ecossais de Heart of Midlothian (2-1, 3-0), les Hongrois d'Ujpest (6-2, 1-2), les Danois d'Aarhus (3-1, 4-1) et les Autrichiens du Rapid de Vienne (3-0, 1-1), ce qui était plus difficile à l'époque que de nos jours. Leur entraîneur est un Hongrois qui a roulé sa bosse aux quatre coins de l'Europe et jusqu'au Brésil, nommé Bela Guttmann. À Lisbonne on le surnomme « le sorcier ».

Le Barça prend un bon départ et ouvre la marque par Kocsis. Mais son gardien, l'international Antonio Ramallets, n'est pas dans un bon jour. Après avoir concédé l'égalisation à Aguas (30e), il boxe dans son propre but une balle qui ne devait pas y retomber (32e). Et ce n'est pas fini : en seconde période, gêné par le soleil déclinant, il ne voit ni partir ni arriver un tir lobé de 40 mètres de l'inter Coluna (3-1, 55e).

La malédiction du Wankdorf

Il reste vingt-cinq minutes aux Catalans pour renverser le cours du match, et ils se lancent bravement à l'assaut. Dans l'étrange lumière du couchant bernois, leurs attaquants dansent un ballet infernal autour du but portugais. Zoltan Czibor réduit la marque (75e), mais l'équipe portugaise, qui ne dispose pas encore d'Eusebio, se défend avec un cœur formidable. Le gardien Costa Pereira est en état de grâce et, quand il ne parvient pas à stopper le ballon, ce sont ses poteaux qui, à trois reprises, s'en chargent.

Déjà tombeur du Real en huitièmes, le Barça de Kocsis (à g.) et Suarez vient ici d'éliminer Hambourg en demi-finales, à l'issu d'un match d'appui disputé à Bruxelles (1-0).

Finalement, plus rien ne passe, et Benfica succède au Real. Les grands attaquants hongrois Kocsis et Czibor, injustement battus au même endroit, sept ans plus tôt par l'Allemagne en finale du Mondial, succombent de nouveau à la malédiction du Wankdorf. Barcelone méritait la victoire pour son extraordinaire fin de match, et aussi pour sa performance contre le Real. Il devra attendre trente ans avant d'inscrire son nom sur le socle du trophée, mais beaucoup moins pour savoir qu'il n'a pas été battu par un champion au rabais. Car on va vite reparler de Benfica... ■ J.-J. V.

Mené 0-1 en finale par Barcelone, Benfica égalise grâce à Aguas (n°9), que salue Santana (à g.). Le miracle est en marche.

1960/61

FINALE DE LA C1 L'Équipe du 1er juin 1961 Benfica - Barcelone : 3-2

L'ÉQUIPE
SEPROSY
GIRO. - Face à une vaste offensive italienne
Le règne espagnol en Coupe d'Europe interrompu
JACQUES ANQUETIL doit concéder trois minutes
A MASSIGNAN ET PAMBIANCO mais conserve le maillot rose
LA JOURNÉE EN QUELQUES PHRASES
DAUPHINÉ : ROBINSON SUCCÈDE A WOLFSHOHL...
BENFICA (VITESSE, CONDITION, RÉUSSITE) DONNE AU PORTUGAL SON JOUR DE GLOIRE (3-2)
Barcelone malchanceux, mais deux buts splendides de Kocsis et Czibor et trois shots sur la barre
LYON VIRTUELLEMENT SAUVÉ : IL A BATTU LE STADE (2-1)
JACK SOLOMONS ANNONCE : Revanche Caldwell-Halimi le 21 octobre à Londres

(D'un de nos envoyés spéciaux, Jean-Philippe RETHACKER)

BERNE – L'Espagne a perdu sa Coupe d'Europe. Au Real Madrid l'invincible, n'a pu succéder Barcelone. Après la finale la plus extraordinaire qu'on puisse imaginer sur le plan de la passion, du suspense et du drame.

La victoire de Benfica, hier, ce fut (...) un peu comme un conte de fées merveilleux qui finit par sourire au Petit Poucet. Deux mille supporters envahirent la pelouse, rompirent les cordons d'une police rapidement dépassée par des événements qu'elle n'a pas l'habitude de voir, prirent leurs héros à bras le corps, arrachèrent les maillots pour les conserver en guise de trophées, envahirent les vestiaires même, hurlèrent leur joie hystérique pendant qu'un haut-parleur déversait, dans le stade, les flots d'une musique brésilienne !

Pour moi qui ai assisté en 1958 au retour des Brésiliens, champions du monde, à Rio, le rapprochement est trop tentant ; de Lisbonne à Rio il n'y a que l'espace d'une civilisation et d'un océan. Mais la passion pour le football, le délire collectif des foules, après les victoires, sont exactement les mêmes, tout autant que le sont le style et les qualités naturelles de footballeurs des Portugais et des Brésiliens. Une finale de Coupe d'Europe sans le Real, c'est déjà quelque chose d'extraordinaire. C'est un événement qu'on n'a pas l'habitude de voir. Hier soir, à Berne, rien ne fut conventionnel, ni normal. Ni la foule, peu nombreuse pour un tel événement, bien moins nombreuse par exemple qu'à Glasgow, qu'à Stuttgart, qu'à Madrid... Il était ainsi démontré que la Suisse n'était pas faite pour cette finale.

Sur le plan du climat moral non plus. Car nos amis helvétiques ne sont pas habitués à ces manifestations d'enthousiasme et à ces spectacles débordants. Autant mettre du feu sur un iceberg ! ■

1961/62 BENFICA MATE LE MAÎTRE

Le tenant portugais conserve son titre et confirme sa valeur en dominant le grand Real Madrid, au bout d'une finale marquée par la classe d'Eusebio et de Puskas, et par un festival offensif : huit buts (5-3).

Dans l'intimité du vestiaire portugais d'Amsterdam, deux perles du Mozambique posent pour la postérité : Eusebio (à g.) et Coluna entourent l'entraîneur Bela Guttmann.

Avant la demi-finale à Tottenham, Guttmann (à dr.) dirige un entraînement... débridé.

Il n'y a pas grand monde, au début de la saison 1961-62, pour croire que Benfica peut confirmer son extraordinaire réussite de l'exercice précédent. D'autant que le champion d'Europe perd la Coupe intercontinentale (1-0, 1-2 et 0-5 en match d'appui) face au Penarol de Montevideo, lequel avait été atomisé (0-0, 1-5) par le Real lors de la première édition, un an auparavant. Pourtant, les Portugais se frayent à nouveau un chemin jusqu'à la finale, où leur adversaire sera justement le Real Madrid, pour lequel la défaite face aux Catalans en 1960-61 n'a pas marqué la fin d'un cycle, puisque Di Stefano et Puskas sont toujours à la tête de l'équipe cinq fois sacrée.

Première défaite du Real à domicile

Pour en arriver là, l'un et l'autre ont connu des parcours relativement aisés, mais avec pour chacun une bataille homérique. Benfica a maté en demi-finales l'ambitieux Tottenham, d'abord pris de vitesse à Lisbonne (3-1), puis contenu à White Hart Lane (1-2). Le Real est venu à bout de la Juventus en quarts de finale mais, vainqueur à Turin (1-0) grâce à un but du grand Alfredo, il a subi au retour la première défaite à domicile de son histoire européenne (0-1), à la suite du tir d'un autre génial stratège argentin, le petit Omar Sivori. Le match d'appui, disputé à Paris dans un Parc des Princes comble, a fini par tourner en faveur des Espagnols (3-1), pourtant malmenés et dominés durant une heure, mais dont l'expérience reste un atout décisif dans ce genre de rencontre.

D'ailleurs, le 2 mai 1962 à Amsterdam, pour la grande finale, le Real craignant la vitesse et le punch supérieurs des Portugais, choisit de miser sur ce vécu exceptionnel afin d'attirer les Portugais dans son camp et de les surprendre en contre. Pour cela, l'entraîneur Muñoz place Di Stefano en relayeur et Puskas seul en pointe, malgré ses 35 ans, avec Gento à l'aile pour l'alimenter. Et ça marche. « Pancho », comme on surnomme le Hongrois en Espagne, marque un premier but en partant de son propre camp (17e), puis un second d'un tir de 20 mètres sec et précis comme un coup de trique (23e). Avec deux buts d'avance et sa défense de vieux briscards, le Real paraît avoir fait le plus dur.

Ferenc Puskas dans un soir de grâce

Mais Benfica refait le terrain perdu presque aussi vite qu'il l'a cédé. L'avant-centre Aguas reprend d'abord un tir de Simoes repoussé par un poteau (25e), puis le demi Cavem, qui opérait à l'aile gauche lors de la précédente finale, place une mine de 25 mètres qui trompe le gardien basque du Real, Araquistain (34e). Cependant, Puskas est dans un soir de grâce et, servi par Di Stefano, il arme son gauche de 20 mètres et trouve la lucarne de Costa Pereira, qui n'a pas vu partir le coup de canon (38e). Grâce à leur génial hongrois, les Madrilènes rentrent au vestiaire avec un but d'avance (3-2).

Les Portugais, après avoir été cueillis à froid, ont vraiment appuyé sur l'accélérateur et la majorité des observateurs estime qu'ils vont payer leur débauche d'énergie, dont Puskas a empêché qu'elle soit totalement récompensée. C'est mal connaître le champion sortant, qui n'est jamais perméable au doute. À peine le match a-t-il repris (51e) que c'est au tour de Coluna de faire admirer la qualité de sa frappe de balle en égalisant de plus de 25 mètres.

Eusebio favorisé, Di Stefano pénalisé

Il appartient alors à la nouvelle perle de Benfica, cet Eusebio débarqué du Mozambique l'été précédent, et bien maîtrisé durant une heure par la défense du Real, de parachever le travail. Ce qu'il va accomplir en l'espace de trois minutes. Il obtient d'abord un penalty (65e), qu'il transforme lui-même, puis assure la victoire portugaise d'un nouveau tir en force sur coup franc (68e). Un peu plus tard, un autre penalty est alors refusé à Di Stefano, revenu d'urgence en attaque, par l'arbitre néerlandais M. Horn, ce qui provoque une réaction d'autant plus amère du divin chauve que le ralenti de la TV montrera que la sanction suprême accordée un peu plus tôt à Eusebio ne s'imposait pas.

Mais si la victoire de Benfica en 1961 avait été heureuse, voire miraculeuse, celle-ci ne se discute pas et prouve l'exceptionnelle valeur de l'équipe portugaise. Décoré, en même temps que ses joueurs, par le président de la République, le « sorcier » Bela Guttmann estime qu'il ne peut pas espérer plus, et part pour Montevideo où le Penarol lui fait un pont d'or. Le Chilien Fernando Riera lui succèdera à la tête du double champion d'Europe... ■ J.-J. V.

La générosité des Portugais entame l'efficacité des Madrilènes, ici Tejada (à g.).

FINALE DE LA C1 L'Équipe du 3 mai 1962 Benfica - Real Madrid : 5-3

GRACZYK sprinte avec panache et bat DEFILIPPIS ET... STABLINSKI

L'ÉQUIPE
LE QUOTIDIEN DU SPORT
l'Automobile

Elliott reste leader de la Vuelta et Altig maillot vert

2-0, 3-2, 3-5 : Amsterdam marque la fin du grand Real

BENFICA CONSERVE SA COUPE D'EUROPE
après une deuxième mi-temps de grande classe internationale

La blessure de Cassado, un penalty et un coup franc dont Eusebio sut tirer le meilleur parti, ont aidé les Portugais

Le grand homme du Real : PUSKAS, 3 buts

Nos envoyés spéciaux : Jacques FERRAN, Jean CORNU, Max URBINI (page 6)

• L'ÉQUIPE DE FRANCE, QUI NE DÉSESPÈRE PAS DE SE RACHETER, PART CET APRÈS-MIDI POUR FLORENCE.
• LES ITALIENS ALIGNERONT UNE TRIPLETTE CENTRALE D'ORIUNDI : MASCHIO - ALTAFINI - SIVORI.
• STADE-NIMES ET LES DEUX AUTRES RENCONTRES QUI DÉSIGNERONT LE CHAMPION 62 POSSIBLES LE 20 MAI EN FIN D'APRÈS-MIDI.
• MONACO, STRASBOURG ET STADE — CELUI-CI SANS ESCHMANN NI POTTIER — DÉCIDÉS A JOUER LE JEU.

• Course de la Paix
Victoire du Soviétique Tcherepovitch devant le Belge Hellemans • Le Français Pailler, septième, dans le groupe des échappés
(Envoyé spécial : Michel THIERRY)

LA JOURNÉE DE GRACZYK

AVANT LE GRAND TOURNOI DE CHARLÉTY
Domenech

DOCUMENT
LES 4 M. 48 DE BALASTRE

(De notre envoyé spécial, Jacques FERRAN)

AMSTERDAM – **Dans le stade Olympique d'Amsterdam et la froide nuit hollandaise, soixante-dix mille spectateurs abasourdis ont assisté, hier soir, à la fin d'un grand règne. Le Real Madrid, pour la première fois depuis la création de la Coupe d'Europe, a dû s'incliner sur un seul match, d'une manière qui ne laisse aucune place à la contestation.**

Le Real a mené 2-0 et a marqué le match de sa classe et de sa maîtrise, tant que ses ressources physiques lui ont permis de jouer d'égal à égal. Rejoint à la marque, il a su avoir encore le sursaut nécessaire pour reprendre l'avantage. Mais la deuxième mi-temps lui a été fatale.

Sans doute pourra-t-il avancer l'excuse de la blessure de Cassado, son arrière droit, qui a bouleversé son système défensif et a aggravé définitivement son infériorité physique. Mais cette explication ne suffit pas, de même que l'éclairage très pâle du stade Olympique d'Amsterdam, indigne d'une finale de Coupe d'Europe, n'a pas pu gêner davantage le gardien espagnol qu'il a gêné le portugais.

L'incapacité du Real à remonter le courant en fin de match, la résignation qui s'abattit sur toute l'équipe madrilène et le spectacle d'un Di Stefano qui paraissait subir son sort sont la preuve que, pour la première fois, le Real Madrid a trouvé son maître. On a eu nettement l'impression qu'il s'agissait, hier, d'un côté, d'une équipe qui terminait son règne, qui devait absolument se renouveler, et, d'autre part, d'une formation pleine de vie, pleine d'allant et surtout pleine d'avenir. Ce que la Juventus de Turin avait failli réussir au Parc des Princes, le Benfica de Lisbonne l'a fait hier. ■

Ferreira da Silva **Eusebio**

Avant-centre
Mozambico-Portugais

1942 Naissance à Lourenço Marques (Maputo) (le 25 janvier)

1961-75 Joueur de Benfica (1 victoire en C1 + 3 finales, 10 titres et 5 Coupes du Portugal, 291 matches et 313 buts en Championnat)

1961-73 International portugais (64 sélections, 41 buts)

1965 Ballon d'Or de *France Football*

Signe particulier : blessé au genou à 32 ans, il poursuit sa carrière en Amérique du Nord jusqu'à 36 ans !

Comme un dieu vivant

La « Perle du Mozambique », débarquée en 1961 de son Afrique natale, éclate dès la finale 1962, en marquant deux buts au Real. Alter ego de Pelé, il fera de Benfica le club majeur de la décennie.

D'abord la chance. À 19 ans, la réputation de Ferreira da Silva, dit Eusebio, ne dépasse pas les dernières maisons de Lourenço Marques, la capitale du Mozambique, alors colonie portugaise, où il a vu le jour. Un ancien international lusitanien, Serafino Baptista, établi là-bas, signale à Benfica, le club de son cœur, l'existence de ce prometteur talent.

Après une violente querelle entre le Sporting et Benfica à son sujet, qui l'oblige un temps à se cacher dans un village de pêcheurs, le petit Africain signe en faveur de l'équipe championne d'Europe et, en quelques semaines, y gagne sa place de titulaire. En fin de saison 1961-62, il contribue à la conservation du titre européen, auteur des deux derniers buts en finale face au grand Real Madrid (5-3).

La vitesse, la puissance, le tir fracassant du jeune Portugais font qu'il est très vite comparé à Pelé, sensiblement du même âge mais déjà champion du monde et grande vedette internationale.

Eusebio est pourtant physiquement différent de Pelé. Plus grand et plus râblé, il possède les mêmes qualités de puissance et de félinité que son alter ego brésilien, ce qui le rend très difficile à arrêter et à déséquilibrer, même par des moyens illégaux. Mais il est moins complet, bien sûr, que le joueur le plus complet de tous les temps. Eusebio émarge à la catégorie des buteurs exclusifs, du genre Gerd Müller ou Carlos Bianchi. C'est le finisseur pur, uniquement attiré par le but, davantage que l'homme de la dernière passe.

Devenu un véritable dieu vivant au Portugal, cet homme d'une extrême simplicité et d'une inaltérable gentillesse ne connaîtra pas une grande réussite dans les grandes finales européennes. Il gagne certes la première, en 1962 contre le Real, mais perdra les trois autres : en 1963 contre Milan (1-2, un but), en 1965 contre l'Inter (0-1) et en 1968 contre Manchester United (1-4, a.p.).

Gentillesse et fair play

Le sommet de sa carrière sera le Mondial 1966 en Angleterre, dont il est le meilleur buteur (9 buts) et où il conquiert, avec la sélection portugaise, la troisième place aux dépens de l'URSS (2-1), après avoir écarté le Brésil (3-1) et renversé la Corée du Nord (5-3, quatre buts).

Trop doux, il ne sera jamais un véritable leader, mais toujours un exemple de sportivité. Il mérite bien la statue qui trône devant le stade de la Luz à Lisbonne et aura été l'un des trois ou quatre grands joueurs d'une génération très riche, celle du roi Pelé. J.-J.V.

Eusebio, ici à White Hart Lane en demi-finales en 1962 contre Tottenham (1-2), est un avant-centre obnubilé par le but.

MILAN LANCE LE CALCIO

1962/63

Benfica cède son titre au Milan AC, après une troisième finale d'affilée bien malheureuse (1-2). Le réalisme des Italiens, derrière leur stratège Rivera et leur buteur Altafini, annonce les futurs triomphes du catenaccio.

Triomphale « descente des marches » à Wembley pour Cesare Maldini, capitaine milanais, qui vient – pour la première fois – d'arracher le trophée européen aux clubs ibériques.

Les premiers tours de la saison 1962-63 sont marqués par l'échec du Real Madrid d'entrée face à Anderlecht et sa fameuse défense en ligne (3-3, 1-0), et de Reims, éliminé en quarts par les Néerlandais de Feyenoord (0-1, 1-1), pourtant pas encore au premier plan européen. En revanche ni le Milan AC ni Benfica, qui doivent se retrouver en finale à Wembley, n'ont été véritablement menacés jusque-là. Le champion d'Italie a écarté Union Luxembourg (8-0, 6-0), Ipswich (3-0, 1-2), Galatasaray (3-1, 5-0) et le FC Dundee (5-1, 0-1), soit 21 buts inscrits en quatre rencontres à San Siro. Quant au double champion d'Europe en titre, surclassé par le Santos d'un irrésistible Pelé en Coupe intercontinentale (2-3 au Brésil et surtout 2-5 dans son antre de la Luz), il a successivement dominé, après avoir été exempté du pre-

La neutralisation du buteur Eusebio (à g.) en seconde mi-temps, par le défenseur milanais Giovanni Trapattoni (à dr.) est une des clés de la finale. Au fond, Gianni Rivera.

1962/63

mier tour, Norköpping (1-1, 5-1), Dukla Prague (2-1, 0-0) et Feyenoord (0-0, 3-1). Plutôt tranquillement.

Malgré ses deux derniers succès, en 1961 et 1962, Benfica n'est toujours pas favori. Avec son buteur José Altafini, qui a retrouvé en Italie le nom de ses ancêtres après s'être fait connaître sous celui de Mazzola au sein de la sélection brésilienne (titulaire au début du Mondial 1958, il avait été supplanté par un gamin de 17 ans nommé Pelé), avec son jeune et brillant meneur de jeu Gianni Rivera, avec son élégant libero Cesare Maldini, avec son rugueux défenseur Giovanni Trapattoni, avec enfin son gardien kamikaze Giorgio Ghezzi, la belle phalange rouge et noir ne manque pas d'atouts. Elle est entraînée par un technicien bourru mais malin comme un singe, Nereo Rocco, dit « le boucher de Trieste », non pas en raison d'un inavouable passé de joueur, mais parce que son métier d'origine était bien de… débiter la viande.

Benfica, lui, a changé d'entraîneur, Guttmann ayant été remplacé par Fernando Riera, le Chilien, qui a emmené son pays à la troisième place du Mondial l'été précédent. Il compte sur Eusebio, et il n'a pas tort puisque ce dernier ouvre le score (19e) en appelant sur l'aile droite un ballon de Torres et en décochant un de ces boulets de canon dont il a le secret.

Pivatelli cisaille Coluna par-derrière…

Chargé de contrarier la perle du Mozambique, Raphaël Benitez (le futur entraîneur du FC Valence) souffre le martyre. Sur la suggestion du capitaine Maldini, Rocco décide à la mi-temps de faire permuter l'Espagnol avec Trapattoni, autre futur grand entraîneur, présentement grand spécialiste de l'éteignoir et jusque-là chargé de Torres, l'autre avant-centre. Milan équilibre les débats et Altafini en profite pour égaliser (58e).

Un incident de jeu précipite la perte du champion en titre. Le milieu Mario Esteves Coluna, issu du Mozambique comme Eusebio, intercepte une attaque milanaise et, pris en chasse par Gino Pivatelli, se fait sèchement cisailler par-derrière, sans que l'arbitre anglais, M. Holland, juge bon d'intervenir. Blessé, Coluna ne peut plus courir, mais reste sur le terrain, les remplacements n'étant pas encore autorisés. Virtuellement à dix contre onze, Benfica cède sur une passe en profondeur de Rivera pour Altafini, qui marque en deux temps après une belle sortie de Costa Pereira (70e). Il ne reste plus aux Italiens qu'à gérer leur avance, ce qu'ils savent faire, surtout en supériorité numérique.

La belle coupe aux ailes d'or est à Milan. Elle va y rester trois ans, mais pas tout à fait comme les Rossoneri l'espèrent en cette fin mai 1963… ■ J.-J. V.

José Altafini fête son doublé en finale.

FINALE DE LA C1 L'Équipe du 23 mai 1963 Milan - Benfica : 2-1

Le Major Thompson s'attaque à Bordeaux-Paris

DU-MANOIR ET CHAMPIONNAT
Mont-de-Marsan (au complet) jouera le jeu, mais…
(Lire les détails en dernière page)

L'ÉQUIPE
LE QUOTIDIEN DU SPORT
l'Automobile

FR. 0,35

TROPHÉE RUSTINES
(Organisation L'ÉQUIPE)
DIMANCHE 26 MAI

Heureux Parisiens ! Deux événements consécutifs, à 500 m. de distance : Darmon-Santana… et la Coupe

MONACO INQUIET, LYON ENHARDI
Le doublé va-t-il échapper aux Monégasques et la Coupe prendre le chemin de Lyon ?

LA COUPE D'EUROPE DEVENUE MILANAISE

MÉMORIAL SYROVATSKI A MANTES
PLUS DE 4 M. 70

SIMPSON S'ENTRAINE : LES ANGLAIS N'ONT PAS CACHE LE DERBY DEPUIS… 67 ANS

D'un de nos envoyés spéciaux, Jacques FERRAN

LONDRES – Une équipe italienne a, pour la première fois, remporté la Coupe d'Europe et, pour la première fois, le trophée offert par *L'Équipe* va quitter la péninsule ibérique. Mais il demeurera en Europe latine, puisque c'est Milan, après le Real Madrid et Benfica, qui devient le troisième lauréat de la grande compétition européenne.

Ainsi, le football italien, qui commence à faire reparler de lui sur le plan des équipes nationales, confirme ses ambitions grandissantes et multiplie les signes de son renouveau. Et on peut affirmer que la Coupe d'Europe sera, la saison prochaine, défendue avec passion par ces nouveaux concurrents italiens, puisque deux clubs de la péninsule, deux clubs de la même ville, Milan et l'Internazionale, participeront à la grande épreuve européenne.

Cette victoire, Milan l'a méritée, mais Benfica n'a pas, en l'abandonnant, perdu une once de son prestige. Ce fut au total un grand et beau match, plein de ce que tout le football moderne peut nous offrir. Wembley, certes, n'était qu'à demi rempli et il est dommage que les spectateurs anglais, qui ont tant à apprendre de ce football continental, de ce football latin, ont boudé cette finale. Heureusement que le soleil brillait, que le « temple de Wembley » formait un écrin superbe et digne de la Coupe d'Europe et que 50 000 spectateurs, dont une grande partie étaient italiens et portugais, assuraient à cet événement une présence sonore et passionnelle indispensable. ■

LA POIGNE DE L'INTER

1963/64

Dans le ciel viennois émerge l'implacable Inter Milan, symbolisé ici par son capitaine Armando Picchi, que le gardien Giuliano Sarti (de dos) aide à porter en triomphe.

Mise au point par Helenio Herrera, la terrible machine intériste succède à son voisin milanais, mettant symboliquement un terme, en finale, aux derniers rêves des glorieux vétérans du Real, Di Stefano et Puskas (3-1).

Le système de jeu que fait triompher en 1964 l'Inter de Milan, entraîné par le Franco-Argentin Helenio Herrera, et qui marquera, quelle que soit l'opinion qu'on puisse en avoir, un tournant décisif dans l'histoire tactique du jeu de football, n'est pas fondamentalement différent de celui qui a fait gagner le voisin et rival du Milan AC, la saison précédente. Mais « HH » élève ce catenaccio à un très haut degré de perfection.

L'ancien défenseur du Red Star, qui a dirigé Barcelone jusqu'en 1960, bâtit patiemment – en trois ans – son équipe intériste en fonction de ce système. Ainsi, il fait acheter à prix d'or par ses dirigeants le meneur de jeu de son ancien club, Luis Suarez, dont le pied de velours, le triple poumon et le regard d'aigle lui semblent l'idéal pour orienter les contre-attaques qui sont l'argument essentiel de son Inter. Il aligne quatre défenseurs intransigeants au marquage individuel des attaquants adver-

Le Real sort le Milan AC en quarts, malgré une défaite (0-2) à San Siro et ce but que Lodetti marque au gardien Vicente.

En finale, Mazzola ouvre le score d'un tir puissant (photo de gauche), pendant que les défenseurs intéristes Picchi-Tagnin-Burgnich (de g. à dr.) « tirent le rideau » face aux Madrilènes Zoco, qui reprend de la tête, et Felo (photo de droite).

1963/64

ses, Tarcisio Burgnich, Armando Picchi, Aristide Guarneri et Giacinto Facchetti, ce dernier formidable joueur de contre, avec sa majestueuse foulée jadis travaillée sur les pistes d'athlétisme. Au milieu, l'inlassable Italo-Argentin Mario Corso, au pied gauche de sorcier, est au soutien de Suarez. Un autre produit du club, l'élégant Sandro Mazzola – fils du fameux Valentino, disparu avec son équipe du Torino dans la catastrophe aérienne de Superga en 1949 – lance ou appuie les deux attaquants les plus en pointe, la flèche brésilienne Jair, et son tir de mule à droite, et le costaud Aurelio Milani pour peser dans l'axe, tandis que le côté gauche est réservé aux incursions de Facchetti, Mazzola ou Corso.

Deux écoles et deux époques

En cette saison 1963-64, la recette va se révéler infaillible. Discipliné comme un commando d'élite, ne sacrifiant jamais rien à la facilité ni au spectacle, l'Inter épingle – sans trembler – à son tableau de chasse Everton, Monaco, le Partizan Belgrade et Dortmund, concédant en tout et pour tout un match nul aux champions d'Allemagne, chez eux en demi-finales aller (2-2).

En finale, l'Inter Milan affronte le Real, l'inoxydable Real, toujours emmené par Di Stefano (38 ans) et Puskas (37 ans). Les

Crépuscule pour le dieu Ferenc Puskas, 37 ans, stoppé ici par le solide défenseur central Armando Picchi, 29 ans.

FINALE DE LA C1 L'Équipe du 28 mai 1964 Inter Milan - Real Madrid : 3-1

Le Tour : 12 équipes retenues et 14 pour l'Avenir

EN DERNIÈRE PAGE
Le sport entre dans la vie courante des élèves H.E.C.

L'ÉQUIPE
LE QUOTIDIEN DU SPORT
l'Automobile

Daems : Bruxelles-Paris avant Bordeaux-Paris (TROPHÉE BUSTINES)

La Coupe d'Europe restera à Milan : l'ère italienne succède à l'ère ibérique

L'INTER ARRACHE LE FLAMBEAU DES MAINS D'UN REAL USÉ (3-1)

L'équipe italienne, plus jeune, plus ambitieuse, plus équilibrée a trouvé sa récompense

Après l'étape des Abruzzes, au Giro
ZILIOLI DEVIENT L'ADVERSAIRE DIRECT D'ANQUETIL

LE JEUNE ITALIEN A REPRIS 7" AU LEADER FRANÇAIS ET LE SUIT DONC A 1' 54" AU CLASSEMENT GÉNÉRAL

PACHIN IMPUISSANT, COMME LE REAL

Santana - Pietrangeli... après Real-Inter ?

24 HEURES LES GRANDES ILLUSIONS

D'un de nos envoyés spéciaux, Robert VERGNE

VIENNE – La péninsule ibérique s'est une fois de plus inclinée face aux représentants italiens. Après Milan AC, vainqueur de Benfica (l'année dernière), l'Inter de Milan a triomphé du Real Madrid à l'issue d'un match où, comme on pouvait le prévoir, la plus grande imagination des Espagnols s'est brisée sur cette formidable machine de guerre qu'est l'Inter de Milan. On savait également que la plus grande jeunesse des Italiens serait un atout d'importance sur le plan des ressources physiques, et il en fallait pour soutenir l'impitoyable combat qui nous fut offert.

Mais ce qu'on ne savait pas, c'est que le Real Madrid, déjà assez malchanceux, aggraverait encore ce coefficient d'incertitude inhérent au football par deux fautes défensives, dont l'une, la dernière, fut monumentale et définitive. Cela dit, il n'est pas question de minimiser la victoire de l'Inter, logique, voire implacable, comme son jeu.

Les Italiens ont certes introduit des mœurs et des styles nouveaux dans le football, qu'on est libre de ne pas apprécier, mais ils gagnent. C'est un fait. Et leur manière de triompher est, en quelque sorte, une preuve par l'absurde : en effet, ils ne donnent pas l'impression de pouvoir perdre ! Ce n'est pas une lapalissade, mais une constatation que les Espagnols ont faite hier encore à leurs dépens malgré leur métier, leur sang-froid et aussi leur valeur.

Il est déjà arrivé au Real d'être battu en finale, mais, cette fois, on a vraiment eu l'impression qu'une page du football était tournée. ■

LE REGARD DU CRÉATEUR JACQUES FERRAN

« Helenio Herrera, ce mage méconnu »

Lorsque s'acheva le règne du Real, prolongé par celui de Benfica, on trouva naturel qu'à l'Espagne et au Portugal succède l'Italie. Le Calcio, orgueilleux, avait assez souffert de vivre dans l'ombre. Son heure avait sonné.

Mais, en traversant la Méditerranée, la compétition européenne franchit un espace infiniment plus vaste dans l'image qu'elle donnait d'elle-même. Car à l'improvisation géniale et généreuse des grands attaquants ibériques symbolisés par Di Stefano et Eusebio, fit place la volonté systématique de vaincre rigoureusement ; et au pouvoir des footballeurs celui des entraîneurs.

Les buts furent de plus en plus rares et l'habitude se généralisa de l'emporter à domicile par le plus petit écart, tout en se contentant, en déplacement, de « limiter les dégâts ». En donnant la priorité au renforcement défensif (grâce au libero) et à la contre-attaque (*contropiede*), l'ensemble du football italien marqua de son ascendant l'Europe entière.

L'homme dont le nom, généralement honni, reste attaché à cette période et à cette méthode n'était pourtant pas italien…

Helenio Herrera, né argentin le 17 avril 1916 à Buenos Aires, et naturalisé français quand il émigra au Maroc durant sa jeunesse, avant d'accomplir une carrière honnête de défenseur en Métropole (notamment au CASG Paris, au Stade Français, au FCO Charleville, à l'Excelsior Roubaix et au Red Star), était un entraîneur déjà universellement connu lorsque, à un peu plus de quarante ans, il passa d'Espagne en Italie et du FC Barcelone à l'Inter. Il n'inventa pas le catenaccio (le verrou suisse de Karl Rappan l'avait anticipé), mais il lui conféra une inflexibilité sans précédent. Et, pendant deux ans, personne ne put résister à une formation aussi intraitable par son épaisseur défensive, sa sérénité médiane et son perçant offensif autour de Mazzola.

Helenio Herrera a bien mérité la coupe 1964… servie par son stratège Luis Suarez !

Séduisant et déconcertant

Notons cependant que, en 1963-64, avant de venir à bout du Real Madrid au terme d'une somptueuse finale (3-1), l'impitoyable machine de guerre forgée par « HH » avait su marquer le nombre de buts qu'il fallait (quatre à chaque fois) pour éliminer tour à tour Monaco (1-0, 3-1), Partizan (2-0, 2-1) et Borussia Dortmund (2-2, 2-0). On se tromperait donc sans doute lourdement si l'on considérait celui que les Italiens appelaient respectueusement le « Mage » comme un technicien aux idées étroites, seulement préoccupé de vaincre par n'importe quel moyen. C'était au contraire un homme ouvert, intelligent, curieux de la vie sous toutes ses formes et, dans son domaine, le football, capable de toutes les initiatives. J'ai raconté un jour comment je l'avais vu, dans le vestiaire du Barça, avant un match décisif de Coupe d'Europe, porter à incandescence ses joueurs, grâce à un échauffement d'une intensité presque infernale, suivi d'échanges verbaux haletants, frénétiques, et d'un serment collectif sur le ballon. « Sans doute, concluais-je mon reportage, habités par une force intérieure nouvelle, au-delà de la fatigue et de la conscience, les voici subitement livrés aux projecteurs et à quatre-vingt-dix mille spectateurs, minuscules sur la pelouse verte, comme onze toreros en habit de lumière. Ils viennent de prêter le serment de la victoire. »

Herrera est mort le 9 novembre 1997 à Venise, à l'âge de 81 ans, après avoir jusqu'au bout contribué à la gloire du Calcio. Et quand on feuillette les carnets publiés juste après sa mort par sa femme, Fiora Ganashfi Herrera, on est saisi par la richesse et l'universalité de son message. « HH » n'a cessé de noter en français tout ce qu'il pensait de la vie, des hommes, des climats, des attitudes, des mœurs, qu'il rapportait naturellement au football. Fidèle en cela à l'école de Gabriel Hanot, qu'il considéra toute sa vie comme son maître à penser.

Il n'était pas l'antéchrist du football

« Le vrai secret de la concentration » ; « Le pouvoir du silence » ; « Comment rendre notre corps conscient » ; « En l'air et en mouvement » ; « Alimentation et méditation » ; « Le pouvoir de l'esprit » ; « Prescriptions pour les peines du cœur »… Telles sont quelques-unes des têtes de chapitre couvrant des pages et des pages d'observations et de maximes qui n'en finissent pas de séduire et de déconcerter.

C'est pourquoi, avant de se joindre au chœur de tous ceux qui considèrent Helenio Herrera comme l'antéchrist de la religion du football, mieux vaudrait parler de lui aux Italiens qui le connaissent vraiment, et notamment à Giacinto Facchetti. Ils vous diraient ce que fut réellement « il Magio » ■

1963/64

Madrilènes n'ont perdu pour leur part qu'un match, en quarts de finale contre le Milan AC, qui les a rudement bousculés à San Siro (0-2) après une victoire (4-1) à Chamartin. Mais le reste de leur parcours (Glasgow Rangers, Dinamo Bucarest, FC Zurich) était quand même moins délicat.

Cette finale, dont le cadre est le Prater de Vienne, passionne toute l'Europe, parce que c'est la lutte de deux écoles et de deux époques, le combat entre l'empirisme et la méthode, entre le romantisme et la modernité. Herrera, devenu pour les tifosi de l'Inter « il Magio », explique avant le match pourquoi son équipe va gagner : « Je redoute l'habitude qu'a le Real de ces matches exceptionnels, le métier et la classe des vieux renards Puskas et Di Stefano, la classe de l'ailier Amancio, et aussi la jeunesse de quelques-uns de mes joueurs. Mais je crois que nous finirons par nous imposer grâce à notre plus grande valeur athlétique et à notre rythme de jeu supérieur. »

En effet, l'Inter va construire implacablement sa victoire en étouffant son adversaire et en attendant son heure. La finale est longtemps bloquée, car le Real n'ignore rien des contres de l'Inter et ne s'y offre pas la fleur au fusil. Mais, alors que la pause va être atteinte sur un score vierge et sans qu'il ne se soit passé grand-chose, Mazzola trouve l'ouverture (43e).

Les Espagnols, dans les rangs desquels Di Stefano et Puskas ne jouent guère ensemble, se battent avec courage. Le Hongrois tire même sur le poteau (48e). Mais, juste après l'heure de jeu, un second contre milanais, lancé par Mazzola et terminé par Milani (61e), terrasse le Real. Felo redonne un instant l'espoir au quintuple champion (70e), mais il n'y a rien à faire. Le Real n'aura pas commis beaucoup d'erreurs au cours de cette finale, il aura simplement payé chacune d'elles « cash » face au terrible réalisme de l'Inter : une grosse erreur de passe de l'arrière central uruguayen Santamaria, le troisième vétéran de l'équipe madrilène, qui n'est pourtant pas coutumier du fait, est immédiatement exploitée par Mazzola, qui file marquer d'un poteau rentrant le but du K.-O (3-1, 76e).

Cette fois, c'est bien fini pour Di Stefano et Puskas. Et on se dit que le Real n'est pas près d'écrire une sixième fois son nom sur le socle du trophée. On ne sait pas encore que les grandes équipes ne meurent jamais… ■ J.-J.V.

Reprise de volée acrobatique de Felo, auteur du seul but madrilène, malgré Corso (n°10) et Guarneri.

L'INTER MILAN RESTE DE BOUE

Le tenant italien conserve son bien, à l'issue d'une finale disputée sur sa propre pelouse, gorgée d'eau. Il bat de justesse Benfica (1-0), encore plus malchanceux que lors de sa défaite de 1963.

1964/65

Sur le terrain impraticable de San Siro, la générosité du Benfica d'Eusebio est étouffée par le catenaccio pratiqué par l'Inter Milan de Burgnich, Peiro et Picchi (de g. à dr.).

Comme en 1957, quand le Real avait remporté sa deuxième victoire à domicile, l'histoire va se renouveler. Huit ans après, c'est encore le tenant qui bénéficie de cet avantage, puisque la finale de la dixième édition oppose, à San Siro, l'Inter d'Helenio Herrera, vainqueur en 1964, à l'un de ses récents prédécesseurs, Benfica, désormais entraîné par Elek Schwartz.

En demi-finale à Liverpool, l'Inter encaisse un troisième but, signé Saint-John (2-3).

Pour en arriver là, l'Inter Milan a rencontré un peu les mêmes adversaires que la saison précédente (Dinamo Bucarest et Glasgow Rangers, plus Liverpool), alors que Benfica a écarté en quarts un Real Madrid dans lequel ne figure plus Di Stefano et où Puskas n'est titularisé qu'au match retour à Chamartin, après une cruelle déroute au stade de la Luz (1-5).

À l'exception de Tagnin et Milani, remplacés par Bedin et l'Espagnol Peiro, l'Inter aligne pour cette finale 1965 la même équipe que la saison précédente. Benfica, pour sa part, a conservé l'ossature de ses deux saisons victorieuses (1961 et 1962), avec Costa Pereira, Cruz, Cavem, Coluna, Augusto, Torres, Simoes et, bien entendu, Eusebio.

Devant l'austère défense de l'Inter Milan brillent deux joyaux : Sandro Mazzola (photo de gauche) et Luis Suarez (photo de droite).

Les malheurs de Costa Pereira

Malheureusement, c'est un déluge qui s'abat sur Milan dans la journée précédant le match, à tel point que de nombreux observateurs estiment qu'il ne devrait pas être disputé. Il est vrai qu'une multitude de flaques parsèment la pelouse de San Siro, et que les conditions de jeu sont limite. L'arbitre suisse, M. Dienst, décide cependant de jouer.

Après un démarrage virulent des Italiens, Benfica, qui ne s'était pas affolé, parvient à équilibrer le jeu, évitant toutefois de se lancer aveuglément à l'attaque pour ne pas favoriser les contres de l'Inter. Exactement à la même minute que l'année précédente face au Real (43e), les Italiens trouvent la faille, alors que rien ne le laisse présager : décalé sur son côté droit par une action du duo Mazzola-Peiro, le Brésilien Jair tire du pied droit en plein sur le gardien Costa Pereira. Mais celui-ci ne peut maîtriser ce ballon mouillé, qu'il laisse passer entre ses jambes et, malgré un plongeon désespéré, ne parvient pas à l'empêcher de filer doucement dans son but. Les malheurs du pauvre gardien portugais ne s'arrêtèrent pas là puisque, blessé au nerf sciatique, il doit laisser ses coéquipiers à dix, peu après l'heure de jeu. Le remarquable arrière central barbu, Germano, meilleur homme sur le terrain jusque-là, prend alors son maillot de gardien et se montre très brillant, ce qui ne veut pas dire que l'Inter presse sur le but adverse. Au contraire, dans le dernier quart d'heure, malgré sa supériorité numérique, l'équipe milanaise se replie pour défendre son maigre avantage, sous les yeux angoissés d'un public soudain silencieux.

La guigne du gardien portugais : une sortie sur blessure, après un but entre les jambes…

La vaillance des Portugais

Malgré son courage et sa volonté, Benfica ne peut égaliser, le gardien italien Sarti réussissant plusieurs arrêts déterminants. Mais, avant même le coup de sifflet final, les spectateurs italiens applaudissent la vaillance des visiteurs, « plus grands dans la défaite de Milan que quatre ans plus tôt dans la victoire de Berne », selon un chroniqueur de Lisbonne. En attendant, l'Inter d'Herrera, également champion d'Italie, atteint le sommet de sa parabole. ■ J.-J.V.

1964/65

FINALE DE LA C1 L'Équipe du 28 mai 1965 Inter Milan - Benfica : 1-0

EN DERNIÈRE PAGE : adidas PRÉSENTE LES FINALISTES DE LA COUPE DE FRANCE

L'ÉQUIPE
LE QUOTIDIEN DU SPORT
l'Automobile

MAY LE CHEWING GUM DES SPORTIFS

Pour la première fois depuis sa création (en 1917) la Coupe ira en Bretagne

RENNES A DU DOMPTER SES NERFS AVANT DE S'IMPOSER A SEDAN

L'arbitre a (d'abord) rendu aux Ardennais (20e) le penalty dont il les avait frustrés dimanche

COUPE D'EUROPE : FINALE SUR UN LAC

BENFICA NE S'EST PAS LAISSÉ ENVOUTER, MAIS…

A LA MI-TEMPS, L'INTER MENAIT 1-0

HONNEUR A LA BRETAGNE

Effroyable journée pour les coureurs du Dauphiné

OTANO, IRRÉDUCTIBLE A SURPASSÉ LETORT

et Kunde a surpris Raymond Poulidor

VAINQUEUR D'EMERSON HIER A ROLAND-GARROS

TONY ROCHE a prolongé pour longtemps l'hégémonie

Trop de vent… pas d'exploit à Mantes

BARAN, EN PROGRÈS A LACHÉ LUROT

Pas de fumée sans feu…

D'un de nos envoyés spéciaux, Jacques FERRAN

MILAN. – Tout s'est passé exactement comme prévu. Le terrain gorgé d'eau a modifié complètement la physionomie apparente du match mais n'a rien changé à son déroulement ni à son sens profond. La petite victoire de l'Inter représente exactement, selon nous, l'avantage du terrain.

Par son comportement, par ce qu'elle a montré du début à la fin de la rencontre, l'équipe portugaise de Benfica a prouvé qu'elle devait être au moins l'égale du champion italien et que cette finale, comme nous le redoutions, avait été faussée au départ par la fâcheuse décision de l'Union européenne.

Un but à zéro, c'est la victoire minimale de cette équipe italienne au terrible réalisme et pour qui la seule chose qui compte est de vaincre.

L'Inter a réussi à remporter sa deuxième Coupe d'Europe consécutive de la manière dont il obtient presque tous ses succès. Sans rien sacrifier au panache, ni à l'offensive. Et il n'est vraiment pas à l'honneur de l'équipe milanaise que, dans le dernier quart d'heure, elle ait subi l'emprise de sa rivale alors que celle-ci était, depuis la 57e minute, réduite à dix joueurs. Peu à son honneur qu'elle n'ait pas, en 33 minutes, adressé un seul tir digne de ce nom au gardien d'infortune Germano.

Le spectateur neutre en venait alors à souhaiter que, par un coup de chance, un tir de Simoes ou de Torres aboutisse au fond du but italien et que le match puisse se rejouer mercredi prochain à Bruxelles.

Quand M. Wiederkehr, président de l'Union européenne, remit au capitaine italien Picchi le trophée offert par notre journal, nous pensions qu'il dut ressentir un certain malaise et réaliser sans doute alors la portée de la décision de l'UEFA.

Souhaitons qu'il ait fait en lui-même, à ce moment-là, le serment de ne plus jamais recommencer. ■

UN REAL MADRID NOUVELLE VAGUE

1965/66

Huitième finale et sixième titre pour l'incontournable Real Madrid, qui s'appuie désormais, en dehors de l'inusable Gento, sur une nouvelle génération. Et un jeu beaucoup plus « engagé »...

Au pied de l'Atomium de Bruxelles, les spectateurs du Heysel découvrent le nouveau visage du Real Madrid façonné par Muñoz, bien plus défensif autour de son gardien Araquistain.

Sur la ligne de départ, les favoris sont nombreux. Voici trois anciens vainqueurs, qui totalisent neuf des dix premières Coupes : Real Madrid, Benfica et Inter Milan, le tenant. Voici Manchester United, sept ans après la catastrophe de Munich, avec ses rescapés : Matt Busby, Bobby Charlton, Harry Gregg, Bill Foulkes. Voici Anderlecht, champion belge, qui rêve d'imposer à l'Europe bétonnante sa défense en ligne.

Au stade des quarts de finale, tous sont encore là, accompagnés de trois équipes de l'Est. À San Siro, l'Inter domine amplement les Hongrois de Ferencvaros (4-0), avant d'aller neutraliser le champion magyar et ses 80 000 supporters du Nepstadion, en obtenant le match nul (1-1) prédit par son entraîneur Helenio Herrera. À Prague, le Sparta déborde le Partizan

Amancio, qui déborde ici le Yougoslave Rasovic (à g.), sous le regard du jeune Velazquez, signera l'égalisation à la 70e minute et le renouveau du Real dans cette finale.

FINALE DE LA C1 L'Équipe du 12 mai 1966 Real Madrid - Partizan Belgrade : 2-1

POSSIBLE : Quatre Spanghero dimanche à Tarbes, contre Lourdes

L'EQUIPE
LE QUOTIDIEN DU SPORT
l'Automobile

0,40

MAY DES SPORTIFS

UN REAL INDOMPTABLE
S'OUVRE UNE ÈRE NOUVELLE

Les Madrilènes ont enlevé (2-1) leur 6e Coupe

A 1-0, Partizan paraissait avoir le match en main

LA VALSE DES ENTRAINEURS A COMMENCÉ :

DOMERGUE A L'O.M. LANGRAND AU L.O.S.C.

SOSKIC A RUDE ÉPREUVE

Madubost (2 m 14) contre Lehérissé (2 m 11) et Vallaeys (2 m 11) dimanche à Tourcoing

BERNARD GUYOT :
NOUVEL EXPLOIT CONTRE LA MONTRE

Le Tricolore reprend, en 17 kilomètres, 1' 3" au leader, Guerra, et ne compte plus que 9" de retard au classement de la Course de la Paix

DANCELLI (1er) ET AIMAR (2e) déclassés de la Flèche Wallonne

PIETRANGELI BATTU

QUATRE JOURS

EN VENTE PARTOUT

De notre envoyé spécial
Jean-Philippe RETHACKER

BRUXELLES – L'exploit individuel est venu à bout, en fin de compte, du jeu collectif, hier soir au stade du Heysel. En effet, la victoire du Real fut obtenue en seconde mi-temps, sur deux actions individuelles de ses attaquants Serena et Amancio, alors que Partizan, pendant la première mi-temps surtout, avait fait l'essentiel du jeu et avait conservé le plus souvent le ballon.

Cette première mi-temps avait été marquée par la grande prudence des deux équipes. Le Real comme Partizan, cependant, ne recoururent pas au béton défensif. Mais tous les deux se soucièrent surtout de faire la loi au milieu de terrain.

Dans l'équipe madrilène, qui jouait avec quatre arrières (Zoco surveillant Galic et De Felipe prenant en charge Hasanagic), ce sont Pirri, Grosso et Velasquez qui se chargeaient de la liaison avec les trois attaquants. De même Partizan évoluait avec quatre arrières, Vasovic et Rasovic constituant la défense centrale, et le milieu du terrain étant occupé par Kovacevic et Becejac, soutenus par l'ailier gauche en retrait Pirmaier.

Mais il fallut que l'équipe yougoslave prenne l'avantage d'un but, au début de la seconde mi-temps, pour que le match tactique change d'allure. En effet, à ce moment-là, on vit Zoco prendre beaucoup plus de risques offensifs et venir soutenir ses coéquipiers de l'attaque. Du même coup, le Real allait pouvoir redresser l'équilibre numérique et mettre ses avants en bonne position de tir. ■

1965/66

LE REGARD DU CRÉATEUR JACQUES FERRAN

« Dans l'intimité de Bernabeu et Saporta »

Le président Santiago Bernabeu (à g.) et son conseiller Raimundo Saporta, en 1958.

Qu'est-ce qu'un grand club ? Beau sujet de thèse. Qu'il m'est arrivé souvent d'aborder, à l'abri de l'actualité. Trois ingrédients me semblent indispensables : une tradition, la puissance économique et l'âme de ses dirigeants. En Europe, le Real Madrid a été un grand club, très au-dessus des autres, surtout pendant cinq années de 1955 à 1960.

Grâce essentiellement à deux hommes : Santiago Bernabeu et Raimundo Saporta. L'un n'allant pas sans l'autre. Et tout le reste en découlant.

Je les revois clairement. L'un massif, affable, débonnaire en apparence, s'exprimant dans un français difficile, rocailleux, dont il s'excusait sans cesse, mais qu'il sertissait de mille trouvailles, mêlant l'humour à la profondeur et la crudité à la politesse. Paysan de Madrid, matois, susceptible, humble et intransigeant, Santiago Bernabeu avait été avocat. Devenu président du Real après y avoir joué et en avoir gravi tous les échelons, il était désormais le Real, ce qui le rendait invincible ; il habitait avec sa femme dans un appartement minuscule et conduisait lui-même sa voiture, tout aussi minuscule. Il ne coûtait rien au Real, mais il était le Real. Et quand le chef de l'État, Franco, pour un match d'importance, exigeait d'occuper le fauteuil présidentiel dans la large tribune d'honneur d'un stade qu'on n'appelait pas encore Bernabeu, il la lui abandonnait, mais ne se rendait pas ce jour-là au stade, pour ne pas y être le second. On le savait royaliste, très proche du futur roi d'Espagne et de sa famille, auxquels il rendait fréquemment visite dans leur exil, en Suisse. Un jour que je lui avais présenté Artemio Franchi, alors président de l'UEFA, il fut pris d'une gaîté gargantuesque en déclarant, après avoir longuement parlé avec lui : « Me voici franquiste, maintenant ! »

Confident de chaque joueur

Raimundo Saporta, de vingt ans plus jeune, l'œil vif, l'esprit ouvert, solide, rassurant, était comme le fils de Bernabeu, et comme son ombre. Même s'il préférait le basket au football. Trésorier, conseiller et ami, il était stupéfiant d'intelligence, de savoir-faire et de dévouement. Tout ce qu'il savait – et il savait tout –, il le mettait à la disposition du Real et de Bernabeu. Il était l'homme-chiffre, mais aussi le confident de chaque joueur, dont il connaissait les faiblesses autant que les passions. Il avait avec Alfredo Di Stefano des relations particulièrement étroites, l'ayant arraché par ruse à Barcelone et sachant ce que le Real devait à son maître à jouer.

Des discours pleins de fantaisie, d'émotion et de tendresse

Comme nous avions ensemble acheminé la Coupe d'Europe, Bernabeu et Saporta nous en avaient gardé une reconnaissance sans limite. Et lorsque nous nous rendions à Madrid, les uns ou les autres envoyés spéciaux de *L'Équipe*, pour couvrir une rencontre du Real, notre travail était facilité comme jamais il ne le fut. Sans jamais interférer dans nos jugements ni porter d'appréciation sur nos critiques éventuelles, le Real tout simplement s'ouvrait à nous, se montrait tel qu'il était.

Étonnant état de grâce, miraculeuse complicité ! Comme si la confiance était plus utile que le secret et la transparence plus raisonnable que la discrétion. C'est pourquoi, bien qu'un demi-siècle m'en sépare, je revois, comme si c'était hier, mes atterrissages à Barajas, attendu par le fidèle Saporta et par ses inaltérables confidences ; mes visites à l'hôtel *Philippe-II*, à l'Escorial, là où, la veille des grandes rencontres, Bernabeu s'adressait à ses joueurs avec un mélange inimitable de fantaisie, d'émotion et de tendresse ; et ces matches fabuleux dans l'immense arène madrilène, que des dizaines de milliers de mouchoirs blancs coloraient d'une passion souveraine.

Un jour cependant, beaucoup plus tard, Saporta – qui allait organiser la Coupe du monde 1982 avant de perdre conscience et de mourir tristement – m'a confié : « Vous avez tout su du Real 1955-66, car nous tenions à ne rien vous cacher, sauf une chose : notre inquiétude. En nous levant chaque matin, Don Santiago et moi, nous nous interrogions sur l'état de nos finances. Car nous investissions énormément en transferts, en travaux, en salaires. Aujourd'hui, nous ne gagnons plus la Coupe d'Europe, mais nous dormons paisiblement. »

C'est vrai. Lorsqu'en 1966 le Real Madrid remporta sa sixième Coupe d'Europe, on crut un moment qu'ayant fait entièrement peau neuve (seul Gento demeurait des anciens conquérants), il serait capable de reprendre sa marche en avant. On se trompait. Bernabeu et Saporta étaient encore là, mais démunis de ce qu'on pourrait appeler leur jeunesse, leur panache, leur ambition et peut-être bien leur inconscience. ■

En quarts, Charlton virevolte à Old Trafford et MU abat Benfica avec fracas (3-2 et 5-1).

Belgrade (4-1). Personne, en Coupe des champions, n'a jamais remonté un retard de trois buts. Pour le match retour, l'entraîneur de Partizan, Abdullah Gegic, prévoit un plan de route lumineux de simplicité : atteindre la mi-temps en ayant inversé la tendance. Ses joueurs réussissent au-delà de ses espérances puisque, grâce à deux buts de Kovacevic, un but de Vasovic et un quatrième de Hasanagic, ils mènent 4-0 au bout de 35 minutes ! Ils en ajouteront un cinquième par la suite. Ces talents yougoslaves, qui avaient auparavant éliminé les champions de France (Nantes) et de RFA (Brême), sont capables de tout.

Exploit de Manchester à Lisbonne

À l'issue de son premier match contre Manchester, Benfica croit aussi avoir bien avancé vers la qualification. Il a résisté à la tonitruante ambiance d'Old Trafford et n'a qu'un but de retard (2-3). Mais, au stade de la Luz, à la surprise générale, MU réussit le K.-O. L'irrésistible George Best marque deux buts dans les dix premières minutes, David Herd en ajoute un troisième à la fin du premier quart d'heure. Benfica est anéanti. Manchester frappera encore deux fois en fin de match (5-1). Son exploit retentit dans toute l'Europe.

Dans le dernier quart de finale, la maturité d'Anderlecht paraît supérieure à celle du nouveau Real Madrid, où l'entraîneur Miguel Muñoz a fait la révolution cette saison : Puskas et Santamaria écartés à l'automne, l'équipe est désormais à 100 % espagnole, avec seulement Gento, et à un degré moindre Pachin, pour rappeler le temps jadis. Sur la nouvelle vague blanche surfent Serena (24 ans), Velasquez et De Felipe (22 ans), Pirri (19 ans), Sanchis

En demies, Pirri (à terre) trompe Sarti (n°1), malgré Picchi (n°6) et Facchetti (n°3).

Les socios du Real envahissent le Heysel, persuadés que le renouveau est durable...

(25 ans) et Grosso (21 ans) qui a repris le numéro 9 de Di Stefano. À Madrid, où déferle comme partout la musique anglo-saxonne, on les appelle les « yéyés ». Mais ce ne sont pas des romantiques. Le but inscrit par Van Himst, dès la 2e minute à Bruxelles, ne les impressionne pas. Le jeu se durcit, le score se fige. Ce goût âcre augmente sensiblement au retour : dans une furieuse ambiance, les Madrilènes placent le débat sur le plan du physique et de l'intimidation, Van Himst est systématiquement matraqué par De Felipe, les agressions et les incidents se multiplient, le défenseur belge Cornelis se fait expulser, pendant que les Espagnols prennent le large au score : 2-0 à la mi-temps, puis 4-0, avant qu'en deux minutes, trop tardivement, Anderlecht revienne à 4-2.

L'obstacle suivant, pour le Real, s'appelle l'Inter. Le seul but de Pirri, à Chamartin, paraît insuffisant quand on connaît les capacités réalistes des Italiens. Mais les Madrilènes en possèdent tout autant. À San Siro, ils prennent les maîtres du contre à leur propre jeu. Amancio marque (20e) et les Intéristes, qui doivent faire le jeu, ne parviennent qu'à égaliser. Le Real des temps modernes est en finale. Sa huitième.

Flamme et vigueur

On s'attend à ce que son ultime adversaire soit Manchester. Ce sera Partizan. Victorieux à Belgrade 2-0, les Yougoslaves subissent un bombardement en règle à Old Trafford mais leur gardien, Soskic, fait des miracles. Il n'encaisse qu'un but (0-1). Pour la troisième fois de son histoire, Manchester échoue juste avant la finale.

Celle-ci, à Bruxelles, est d'abord dominée par le Partizan, dans les rangs duquel le soldat Galic a été autorisé par les autorités – exceptionnellement – à participer à la rencontre. Si la crainte et la nervosité sont présentes dans les deux camps, la technique plus classique des Yougoslaves paraît être un argument décisif en leur faveur. Vasovic marque d'ailleurs en début de seconde période. Mais ces jeunes Espagnols ont décidément de la flamme et de la vigueur. Dans la dernière demi-heure, ils s'imposent par leur vitesse et deux exploits personnels d'Amancio et de Serena (2-1). Francisco Gento peut brandir sa sixième coupe ! ■ D.B.

Francisco Gento

À 32 ans, Gento triomphe pour la sixième fois, entouré (de g. à dr.) de l'entraîneur Muñoz, de l'attaquant Pirri et du président Bernabeu.

Ailier gauche
Espagnol

- **1933** Naissance à Guarnizo (ESP) (le 21 octobre)
- **1953-71** Joueur du Real Madrid (6 Coupes d'Europe, 12 Ligas, 2 Coupes d'Espagne, 1 Coupe intercontinentale, 761 matches, 253 buts)
- **1956-69** International espagnol (43 sélections, 5 buts)

Signe particulier : recordman des victoires en C1 (6) et plus beau palmarès pour un joueur en club.

L'ailier supersonique

Sprinter de l'aile gauche et buteur si souvent décisif du Real Madrid pendant dix-huit saisons, Francisco Gento est le seul « survivant » des années glorieuses 1956-60 quand, en 1966, il conduit la jeune phalange madrilène au succès et établit son incroyable record : six victoires en Coupe des clubs champions !

Il est d'abord l'inconnu parmi les vedettes. Quand, au début des années 1950, le Real enrichit son effectif de l'immense Di Stefano, du subtil Rial ou du solide Santamaria, Francisco Gento, de Cantabrique, fait figure de modeste.

Né à Guarnizo le 21 octobre 1933, il commence par alterner football et athlétisme dans le petit club de Nueva Montana, où il apprend la technique de course et améliore sa prodigieuse vélocité, puis avec sa nouvelle équipe, Astillero, sous le maillot de laquelle, un jour, il marque neuf buts dans le même match. Son nom commence à être connu dans la région, il signe au Rayo Cantabria, ensuite au Racing Santander. Il n'a pas 20 ans. Le vice-président du Real Madrid, don Alvaro Bustamante, originaire de la même région, signale alors à ses collègues l'existence de ce jeune ailier très prometteur, qui signe bientôt un contrat de cinq ans, en 1953.

10"9 au cent mètres... balle au pied !

Ses premiers temps ne sont franchement pas terribles. Gento va vite, c'est vrai, mais oublie trop souvent le ballon en route. Cependant, le gamin travaille dur la technique, sans pour autant rien perdre de sa vitesse : il sera un jour chronométré sur 100 mètres en 10"9 avec le ballon au pied !

Hector Rial canalise sa fougue

Ce qui change la destinée de Gento, c'est l'arrivée au Real d'Hector Rial. Ce remarquable inter réussit à canaliser la fougue de son ailier gauche et surtout à exploiter tactiquement sa formidable pointe de vitesse par des ouvertures en profondeur au millimètre. Avec cette rampe de lancement hors pair, Gento devint l'ailier gauche le plus spectaculaire de son époque.

Dès la première victoire européenne du Real, en 1956, Gento est l'incontestable titulaire à l'aile gauche. Il vient même de faire ses débuts en équipe d'Espagne, contre le Portugal (1-3), à ce poste où la sélection cherchait depuis plusieurs années un successeur durable au formidable ailier basque Gainza.

En 1957, Gento marque le second but qui assure la deuxième victoire du Real, contre la Fiorentina (2-0). En 1958, il sauve les siens contre Milan, en inscrivant le but de la troisième apothéose durant la prolongation (3-2, a.p.). Encore vainqueur en 1959 et 1960, Gento perd deux autres finales en 1962 et 1964, mais il est toujours là en 1966, dernier « survivant » des années de gloire, pour le sixième succès continental du Real, sur la pelouse du Heysel où il avait brillé huit ans plus tôt. Six victoires en Coupe des clubs champions ! C'est le fleuron du plus extraordinaire palmarès d'un joueur en club.

Douze fois champion d'Espagne !

Il continuera à briller sous le maillot blanc, dont il devient le symbole, jusqu'en 1971. Cette année-là, à près de 38 ans, il est le capitaine du Real battu en finale de la Coupe des Coupes par Chelsea (1-1, puis 1-2) ! Quelques jours après ces deux finales d'Athènes, alors que la bourrasque cantabrique ne souffle plus aussi fort, il met un terme à son immense carrière : 761 matches officiels avec le Real, 253 buts marqués dont 128 en Liga, 12 titres de champion d'Espagne, 43 sélections et 5 buts. Gento est un monument pour l'éternité dont le Real Madrid n'a jamais perdu le souvenir. D.B.

CHAPITRE DEUXIÈME

1966/1985

Les années anglo-saxonnes

La Coupe des clubs champions européens quitte brutalement ses quartiers latins. En 1967, après onze années de domination sans partage des clubs ibériques et italiens, elle s'installe dans les contrées parfois austères mais toujours ferventes du Nord de l'Europe. Les inventeurs du jeu – les Anglais – ont pris le train en marche, en 1957, avant de subir l'onde de choc du crash de Munich en 1958, qui a décimé Manchester United. Mais le retour au premier plan des « Red Devils », vainqueurs en 1968, annonce l'émergence du grand Liverpool et du flamboyant Nottingham Forest, puis du généreux Aston Villa. Le premier club britannique à se hisser sur le toit de l'Europe est, cependant, écossais : la victoire éclatante du Celtic de Glasgow sur l'Inter de Milan, en 1967, donne le coup d'envoi de ces « années anglo-saxonnes ». L'Ecosse, l'Angleterre mais aussi l'Allemagne et les Pays-Bas vont régner jusqu'en 1985 et l'exclusion des clubs anglais, à la suite du terrible drame du Heysel. Pendant près de vingt ans, les clubs latins n'effectuent qu'un seul tour d'honneur, comme une parenthèse ouverte par le Milan AC en 1969 qui parvient à repousser les prémices du football total de l'Ajax (4-1).
Ce magnifique règne anglo-saxon est marqué par les inoubliables épopées de ses trois plus glorieux représentants : Liverpool et son quadruplé, l'Ajax d'Amsterdam et le Bayern de Munich avec leurs mémorables triplés.

7 mars 1973, à Amsterdam. Cet échange de fanions entre Johan Cruyff (à dr.) et Franz Beckenbauer, sous les yeux de l'arbitre suisse M.Scheurer, ressemble à une passation de pouvoir entre l'Ajax et le Bayern, deux géants des années anglo-saxonnes.

REFEREE

1966/67 UNE TORNADE NOMMÉE CELTIC

Première équipe britannique en finale de la C1, le Celtic Glasgow de l'esthète Jock Stein étouffe l'Inter Milan (2-1) et déclenche une véritable hystérie. Ces Écossais sont à jamais « les Lions de Lisbonne ».

La fougue de Tommy Gemmel (n°3), surnommé « Big Tam » et buteur en finale contre l'Inter, au stade Nacional de Lisbonne, symbolise la générosité des Écossais.

1966/67

Jusqu'en ce printemps de 1967, la Coupe d'Europe est un quartier latin et aucune équipe britannique ne s'est jamais hissée en finale. Le Celtic Glasgow va ouvrir cette voie. Un an après la victoire de l'Angleterre en finale de la Coupe du monde 1966 face à l'Allemagne (4-2, a.p.), le Nord de l'Europe modifie les équilibres du football continental, et l'Écosse est éclatante, plaçant le Celtic en finale de la Coupe des champions, les Rangers en finale de la C2 (battus par le Bayern, 0-1 a.p.) et Kilmarnock en demi-finales de la C3 (éliminé par Leeds, 2-4 et 0-0).

Pour parvenir à se plonger dans la lumière blanche de Lisbonne en mai, les joueurs du Celtic ont souffert, parfois. En quarts de finale, contre les Yougloslaves de Vojvodina Novi Sad, la tête de Billy McNeill les a qualifiés à la dernière minute du match retour (0-1, 2-0). Ils ont laissé les loups entre eux et l'Inter Milan éliminer le Real Madrid (1-0, 2-0), le tenant, également en quarts de finale.

L'Inter, l'autre finaliste de Lisbonne, connaît tout de ces moments-là. Mais si le club milanais a l'expérience d'un grand d'Europe, il n'en a plus les jambes. Helenio Herrera, son entraîneur, le pressent : « Notre équipe est fatiguée. Depuis un mois, nous n'avons pas gagné un match de Championnat. » Et il n'a ni Suarez, ni Jaïr.

Les « Lions de Lisbonne » débarquent en force (de g. à dr.) : Johnstone, Lennox, Auld, Clark, McNeil, Wallace.

Le manager du Celtic, Jock Stein, a peu de tendresse pour le *catenaccio*. À la veille de la finale, il lance : « Les tactiques défensives détruisent le visage du football. Ce jeu n'a pas été inventé pour ne pas perdre et pour empêcher de jouer, mais justement pour jouer et gagner. »

« Gemmel est une ordure ! »

Jock Stein est un destin. Ancien mineur, il est l'entraîneur protestant d'une équipe catholique, en ces années 1960 durant lesquelles la division religieuse et sportive de Glasgow est profonde. Il est protestant, comme Tommy Gemmel, surnommé « Big Tam », ce qui doit être le bruit que fait sa frappe de balle. Gemmel avait un laitier protestant, supporter des Rangers, qui, tous les matins, en posant le lait sur son palier, entamait le chant du traître : « Gemmel est une ordure ! »

Stein, arrivé au Celtic en 1965, n'est que le quatrième manager du club en 80 ans d'histoire. Il a construit une équipe pour conquérir l'Europe, avec une caractéristique unique : le Celtic ne compte que des joueurs nés à moins de 50 kilomètres de Glasgow. Et, avant cette finale de Lisbonne, Jock Stein dit encore : « On ne veut pas seulement gagner cette Coupe. On veut la gagner en jouant bien, en rendant les gens heureux de s'en souvenir, plus tard. »

Le stade Nacional, à Lisbonne, est perché sur les hauteurs de la ville. Il n'a que trois tribunes, pour offrir aux spectateurs l'horizon du vallon. Ce soir-là, à la sortie du vestiaire, il se dessine une scène de cinéma que Jimmy Johnstone, incroyable ailier dribbleur de 1,55 m, racontera, bien plus tard : « Dans le couloir, les joueurs de l'Inter étaient beaux, bronzés, les cheveux gominés et peignés en arrière, le sourire Colgate. Nous, on n'avait pas de dents ! Quand ils nous ont souri, on leur a souri aussi. Ils ont dû croire qu'on sortait d'un cirque. »

49 tirs du Celtic, dont 15 cadrés

Ils ont dû croire, pour commencer, qu'ils n'avaient pas de raison d'avoir peur. Car l'Inter mène très vite 1-0, sur un penalty de Sandro Mazzola. C'est tout ce qu'aiment les Italiens. Ils aimeront moins la suite. Car une véritable tornade vert et blanc les attend. Le Cinquantenaire ramène à la surface les statistiques ahurissantes de cette finale : 49 tirs pour le Celtic, dont 2 buts, 2 tirs sur la barre, 15 tirs cadrés, 17 contrés ou déviés. L'Inter, lui, ne bénéficie que d'un seul corner.

L'arrière Facchetti décrira ainsi son impuissance : « J'ai essayé dix fois de monter. Mais le ballon ne me revenait jamais. Nous avons joué à cinq contre onze. »

Les quatre défenseurs intéristes protègent un Sarti en état de grâce, qui comptabilisera treize arrêts décisifs. Mais le gardien milanais ne peut rien sur une frappe de Gemmel (63e), rien, non plus, sur le but de Chalmers (85e), issue logique d'une si grande domination.

En quarts à Madrid, Suarez (à g.) sauve devant Sarti, et l'Inter sort le tenant (2-0).

La C1 prend des couleurs avec le triomphe du Celtic de Steve Chalmers, auteur du but victorieux en finale, logique mais tardif (85e), contre l'Inter de Picchi (à g.).

Au coup de sifflet final, les 10 000 supporters écossais envahissent la pelouse. Le gardien Ronnie Simpson, 36 ans, qui avait disputé les Jeux de Londres en 1948 avec la Grande-Bretagne, mais qui aura attendu 1967 pour connaître sa première sélection avec l'Écosse, sprinte alors vers son but. L'anecdote sera rapportée par Billy McNeill aux obsèques de son gardien, disparu en avril 2004 d'une crise cardiaque : « Il a fallu qu'il fonce vers son but pour récupérer sa casquette. À l'intérieur, il y avait les fausses dents ! Les siennes, et certaines de ses coéquipiers… »

Cinq titres la même saison

Finalement, ils ont tous pu sourire pour la photo. Billy McNeill racontera : « Tout était parfait. On devait sortir du vestiaire pour aller chercher la coupe, mais la foule nous a séparés. Il a fallu que j'y aille tout seul. C'était une émotion absolue. Mais c'est la seule chose, si longtemps après, que j'aurais aimé changer : j'aurais voulu qu'on aille chercher la coupe tous ensemble. »

Ensemble, les joueurs du Cetic auront vécu une saison à cinq titres : la grande Coupe d'Europe, le Championnat, la Coupe de la Ligue et la Coupe d'Ecosse, enfin la Coupe de Glasgow, qui n'était pas la plus facile.

Ils sont restés célèbres, ensemble. Ils n'ont jamais été anoblis, même pas Jock Stein, mort sur scène, victime d'un arrêt cardiaque pendant qu'il dirigeait l'équipe d'Écosse au pays de Galles, à Cardiff, à l'automne 1985. Mais ils sont les « Lions de Lisbonne » pour toujours, avec une belle veste verte pour s'en souvenir, les soirs de cérémonie et de retrouvailles. ■ V.D.

« Plus que cinq minutes ! », annonce Jock Stein, le cerveau de l'épopée du Celtic, après le but du 2-1 signé Chalmers.

FINALE DE LA C1 L'Équipe du 26 mai 1967 Celtic Glasgow - Inter Milan : 2-1

LE VIEIL HOMME ET LA MER

L'ÉQUIPE

LE QUOTIDIEN DU SPORT

l'Automobile

0,40

Toute la Belgique croit en Foré pour Bordeaux-Paris (TROPHÉE HUSTINES)

Un événement : première victoire britannique en Coupe d'Europe

SARTI NE FAIT QUE RECULER L'INÉVITABLE DÉFAITE (2-1) DE L'INTER DEVANT UN CELTIC ADMIRABLE D'ÉNERGIE

GEMMEL ET CHALMERS ONT ETE LES BUTEURS ECOSSAIS, MAZZOLA AVAIT OUVERT LE SCORE SUR PENALTY

● Les Tricolores A et B connus aujourd'hui. Fontaine n'innovera pas. Lavaud, toujours blessé, est forfait

● Saint-Étienne annonce : Revelli et Beretta contre Reims.

● Deux divisions attendues : Stade-Groupe Pétrolier le 12 juin. Fusion Red Star-Toulouse le 7.

Bernard Thébault victime d'une angine

Son Championnat de France avec Roux reporté

LA COUPE EST ÉCOSSAISE

RUDI ALTIG RÉAGIT ET GAGNE A PALERME

Anquetil rétablit en dix kilomètres une situation compromise par une chute et une crevaison

● Dancelli toujours leader avant l'étape de l'Etna.

COURSE DE LA PAIX. – Le Belge Mees succède à Bernard Guyot au palmarès. Le Hollandais H. Tesselaer vainqueur de la dernière étape à Prague.

COUP DUR POUR MONTAUBAN

Daynes et Delcros blessés hier à l'entrainement

BEGLES RECUPERE BESSON, MAIS RISQUE DE PERDRE MILANI

NOS RUBRIQUES

NOS NAGEUSES SE DISTINGUENT A MOURENX

De notre envoyé spécial Jean CORNU

LISBONNE – Jamais un terrain de finale de Coupe d'Europe n'avait connu un tel débordement. Les joueurs du Celtic furent happés, déshabillés, noyés par 10 000 supporters en folie.

Jamais non plus une victoire en finale ne fut aussi méritée, ni aussi difficile à obtenir.

Replié, bousculé, dépassé, l'Inter ne put rien réussir, sinon le penalty transformé par Mazzola (8e), qui pesa d'un poids énorme.

Après avoir eu le tort de procéder par longs ballons aériens, les Écossais eurent, en deuxième mi-temps, l'intelligence de varier leur jeu.

Sarti, le gardien milanais, fit de merveilleux arrêts qui ne purent que retarder l'heure de l'échéance : celle de la défaite inévitable de l'Inter. Les deux buts écossais vinrent de l'arrière, par un tir extraordinaire de Gemmel (63e), et un tir du demi droit Murdoch, dévié par Chalmers (85e).

La victoire du Celtic est la première d'une équipe britannique dans cette Coupe d'Europe, dix mois après la victoire de l'Angleterre en finale de la Coupe du monde. ■

DIX ANS APRÈS, M.U. AUX LARMES

Rarement victoire, contre Benfica en finale (4-1, a.p.) aura été plus émouvante que celle de ce Manchester United, emmené par les mythiques Matt Busby et Bobby Charlton, tous deux survivants du crash de 1958...

1967/ 68

Grimace de fatigue et de joie pour Bobby Charlton, après l'exploit de Manchester à Madrid. Le plus célèbre survivant de l'accident d'avion de 1958 atteint enfin la finale de la C1.

C'est à Wembley, pas tout à fait à la maison, mais tout de même sur le palier, que Manchester United a rendez-vous avec une histoire sans pareille ; cruelle et belle, tragique et romantique. On ne parle pas ici des évènements de Mai 68, qui secouent l'Europe, ni des tensions nées du Printemps de Prague *(lire page 73 « Le regard du créateur », par Jacques Ferran)*, mais de l'équipe avec laquelle Matt Busby entendait conquérir l'Europe et que le destin a fauchée, en 1958, dans la catastrophe de Munich, au retour d'un match européen à Belgrade *(lire page 38)*.

Menés 3-0 par le Real, ils reviennent à 3-3 !

À l'aube de cette finale 1968, Matt Busby est toujours à la tête de MU. Dix ans plus tôt, alors qu'il était entre la vie et la mort sur un lit d'hôpital, un prêtre était venu deux fois lui adresser l'extrême-onction. Il y a deux autres survivants de la catastrophe de Munich dans l'équipe finaliste, deux anciens « Busby Babes » de 1958 ; le capitaine, Bill Foulkes, et le champion du monde, Bobby Charlton.

Pour s'ouvrir la route de Wembley, Manchester sort le Real Madrid au prix d'une demi-finale retour fantastique à Bernabeu (3-3), en se relevant de trois buts encaissés en douze minutes, en première période. Vainqueur 1-0 à l'aller, MU serait d'ailleurs qualifié à 2-3 : la saison 1967-68 marque en effet l'instauration de la

À Madrid en demi-finales, Brian Kidd (à g.) et les Mancuniens encaissent trois buts en douze minutes, avant d'égaliser par Zoco (41e csc), Sadler (72e) et Foulkes (78e).

nouvelle règle établissant que les buts inscrits à l'extérieur comptent double en cas d'égalité.

À Wembley, MU retrouve Benfica, qui a perdu son entraîneur en cours de saison, Fernando Riera ayant été remplacé par Otto Gloria. Le grand club de Lisbonne est en finale pour la cinquième fois en huit ans. Mais il a tourné le dos aux élans, au panache et à la grâce qui avaient entouré son triomphe en 1962 face au Real (5-3). C'est sa défense qui l'a fait voyager jusqu'à Londres : Benfica n'a encaissé que deux buts en huit matches européens. Mais les Portugais ont frôlé l'élimination au premier tour face aux modestes Irlandais de Glentoran (1-1, 0-0). Benfica, c'est aussi le souvenir du plus grand match de George Best, peut-être, deux ans plus tôt en quarts de finale (victoire 5-1 à Lisbonne).

Trois Ballons d'Or en attaque : Law, Charlton, Best

Cette finale est d'abord le rendez-vous d'un club avec son destin. Ce n'est pas une revanche. Juste le prolongement d'une histoire douloureuse et émouvante. Lorsque Matt Busby était revenu à Old Trafford pour la première fois, dix ans plus tôt, sortant de l'hôpital qui l'avait ramené à la vie, on dit que le public avait applaudi doucement pour ne pas réveiller les morts. En ce mois de mai 1968, Matt Busby a

À Wembley en finale, Nobby Stiles, l'édenté, Bobby Charlton et Bill Foulkes les survivants (de g. à dr.), fêtent la première victoire en C1 de Manchester United.

59 ans. Il est le manager du club depuis sa démobilisation, en octobre 1945. Bobby Charlton explique : « Il dit "bonjour Madame" à la femme de ménage avec autant de déférence qu'il dit "voici la situation du club" au conseil d'administration. » Matt Busby, surtout, aime le jeu. Il est le père d'une attaque à trois Ballons d'Or – Law, Charlton, Best –, qui fera dire au plus insaisissable d'entre eux, George Best : « Nous étions audacieux, flamboyants, dangereux et imprévisibles. »

L'invraissemblable occasion d'Eusebio

Dix ans après le drame de Munich, la victoire de Manchester United semble écrite. Mais le scénario tressaute. Car si Bobby Charlton ouvre le score de la tête (53e), Jaime Graça égalise à un quart d'heure de la fin, et Wembley, dans la ferveur de son amour et de son souvenir, n'est plus si certain d'assister à l'épilogue exaltant d'une histoire plus forte que la tragédie et la mort. Eusebio, le meilleur buteur de la Coupe du monde 1966 (9 buts), auteur de 44 buts en Championnat du Portugal cette saison-là, manque la balle du 2-1, à trois minutes de la fin, face à Alex Stepney, un gardien qui s'est, un jour, décroché la mâchoire en hurlant contre ses défenseurs.

Bobby Charlton sent le souffle du destin : « Il y a cette invraisemblable occasion d'Eusebio. Et, sur mon but de la tête, je suis sûr que le ballon serait passé au-dessus si j'avais eu plus de cheveux… »

Alors Wembley s'enfonce dans la prolongation, et dans une nuit claire qui va

LE REGARD DU CRÉATEUR JACQUES FERRAN

« Le Printemps et le football »

Août 1968. Les chars soviétiques et les troupes expédiées de Pologne, Hongrie, Bulgarie, Allemagne de l'Est, envahissent les principales villes de Tchécoslovaquie et sa capitale. C'en est fini du Printemps de Prague et de son étincelante parure de liberté.

Un mois plus tôt, comme d'habitude, a eu lieu à Zurich le tirage au sort de la Coupe d'Europe à venir, saison 1968-69. Trente-deux équipes y sont inscrites parmi lesquelles Dynamo Kiev, le champion d'un pays, l'URSS, qui vient enfin de rejoindre la compétition européenne. Les autres clubs de l'Est sont là au grand complet, certains d'entre eux d'ailleurs y jouant un rôle non négligeable, tels que les Hongrois de Ferencvaros (vainqueur de la C3 en 1965 et finaliste en 1968) ou du MTK Budapest (finaliste de la C2 en 1964) et les Yougoslaves du Partizan Belgrade (finaliste de la C1 en 1966) ou du Dynamo Zagreb (vainqueurs de la C3 en 1967).

Mais, lorsque éclate le coup de force soviétique, les trois clubs occidentaux Milan AC, Glasgow Rangers et FC Zurich déclarent que, en manière de protestation, ils ne rencontreront pas les adversaires qui leur ont été opposés : Ferencvaros (Hongrie), Levski Sofia (Bulgarie) et Dynamo Kiev (URSS). Sans tergiverser et sans peut-être bien mesurer la portée ni le danger de sa résolution, l'UEFA réunit à Zurich son comité d'urgence, qui annule son premier programme et procède, après avoir séparé les équipes de part et d'autre du rideau de fer, à un second tirage au sort. C'est ainsi que Milan et Saint-Etienne, qui devaient affronter Ferencvaros et Ruch Chorzow, se voient attribuer Malmö et le Celtic Glasgow. Tandis que les huit clubs des pays membres du « Pacte de Varsovie » auront à se disputer entre eux.

Cette décision, énergique, mais discriminatoire, ne peut que heurter la susceptibilité de l'URSS et de ses satellites, qui soulignent que, par surcroît, elle a été prise par un comité dont les cinq membres (MM. Wiederkehr, Bangerter, Franchi, Crahay et Prawer) sont issus de l'Europe occidentale.

Cinq clubs de l'Est décident de plier bagage

On n'est donc pas surpris d'apprendre que cinq clubs de l'Est (Kiev, Chorzow, Sofia, Ferencvaros et Iéna) décident de plier bagage. En revanche, les champions de Roumanie (Steaua Bucarest) et de Tchécoslovaquie (Spartak Trnava), désireux de manifester également dans ce domaine quelque indépendance, désobéissent au mot d'ordre soviétique et se rencontrent lors du premier tour, dont sortent vainqueurs les Tchèques (1-3, 4-0). L'Etoile Rouge de Belgrade, de son côté, accepte le forfait du représentant de la RDA et sa propre qualification.

La Coupe d'Europe l'a échappé belle

L'incident, qui a le mérite de mettre en évidence des fissures dans le camp soviétique, n'a donc pas de conséquence grave. Mais la Coupe d'Europe l'a échappé belle. Et pas seulement la Coupe des champions. La Coupe des vainqueurs de Coupe est également marquée, pour les mêmes raisons, par le forfait de la majorité des clubs de l'Est. Le plus paradoxal de l'affaire est que, pour la première fois de son histoire, cette C2 va être, cette saison-là, remportée par une équipe de l'Est, tchécoslovaque au surplus, le Slovan Bratislava, que les malheurs de son pays ont sans doute transcendée. Le Slovan, qui possède alors une équipe solide et brillante, forte de joueurs tels que Horvath, Capkovic et Jokl, se permet de prendre, en finale, le meilleur sur le Barcelone du gardien Sadurni et des attaquants Zaldua et Reixach, alors entraîné par le Français Salvador Artigas.

Quant à la C3, encore dénommée Coupe des Villes de foire et qui vient d'obtenir de l'UEFA le droit d'accueillir 64 participants, elle ne souffre pas, de cet accroc diplomatique. Peut-être parce que l'URSS ne la dispute pas, ou peut-être parce que son organisation reste à moitié privée.

Toujours est-il que son premier tour voit se dérouler des matches tels que Slavia Sofia-Aberdeen (0-0, 0-2) ou Trakia Plovdiv-Saragosse (3-1, 0-2), inconcevables en d'autres lieux.

Plus fort que les antagonismes officiels

Ce fut, en cinquante années, la seule véritable occasion donnée aux conflits historiques de poser leurs griffes sur la compétition européenne. Celle-ci s'en tira pour le mieux, en démontrant que les peuples tenaient à elle, quels que soient leurs désaccords. Comme si le besoin de se rencontrer et les intérêts mis en jeu par ces rencontres parlaient plus fort que les antagonismes officiels.

L'URSS eut le mérite de ne pas s'entêter dans sa mauvaise humeur et l'UEFA de reconnaître qu'elle s'était un peu précipitée. L'ensemble du grand cirque européen reprit son cours la saison suivante, comme si, à Prague et à Moscou, il ne s'était rien passé.

Fallait-il, à propos de cette Coupe d'Europe indestructible, parler d'un acte de résistance ? Ou d'un acte de soumission ? Chacun est libre d'en juger. ■

chasser les fantômes. George Best, l'idole des jeunes, marque en solo (93e), Brian Kidd fête ses dix-neuf ans en marquant à son tour, une minute plus tard, avant d'offrir le quatrième but à Bobby Charlton (99e), comme un trait d'union entre Munich et Wembley (4-1, a.p.). Le terrible Nobby Stiles s'agenouille alors vers le public, deux ans après avoir dansé la gigue devant la reine, au soir du triomphe de l'Angleterre en Coupe du monde. Il est violent, dur et myope. Tout est lié, peut-être. Wembley chante « Happy Birthday » pour Brian Kidd. Matt Busby, surtout, pénètre lentement sur la pelouse de Wembley. George Best racontera : « Ce match, on y avait pensé toute la saison. C'était notre dernière chance de faire ça pour sir Matt. J'ai toujours mon but en tête. Et le visage de sir Matt, à la fin du match. Il ne pleurait pas, les larmes sont venues après, mais il avait l'air d'avoir un halo autour de lui, comme les saints sur les tableaux. »

« Quand Charlton a soulevé cette coupe, je me suis senti lavé, soulagé de mon sentiment de culpabilité », dira Matt Busby.

Le soulagement de Matt Busby

Les sentiments se mêlaient, trop forts. Matt Busby saura les décrire : « Quand Bobby Charlton a soulevé cette coupe d'Europe, je me suis senti lavé, soulagé de mon sentiment de culpabilité d'avoir voulu emmener l'équipe en Coupe d'Europe *[à Belgrade en 1958, quand s'est produit l'accident]*. J'avais trouvé la justification. »

Bobby Charlton, ce soir-là, va se coucher tôt. La fête au Great Russel, un hôtel du centre de Londres, se déroule sans lui. Il a eu trop chaud, il se sent mal, épuisé : « La route avait été tellement longue. Et, dix ans après Munich, l'émotion était énorme… » Elle est partagée par l'Europe entière. ■ V.D.

Bobby Charlton peut enfin la brandir cette coupe d'Europe, admirée par Stepney et applaudie par Foulkes. C'est jour de gloire à Wembley pour les survivants de 1958.

L'Équipe n'a publié aucun compte rendu de la finale de Wembley, disputée le 29 mai 1968, car le quotidien du sport était en grève, comme tous ses confrères français, pendant les évènements de Mai 68.

L'insaisissable ailier des « Red Devils » face au gardien de Benfica Henrique. Best est le meilleur.

Attaquant nord-irlandais

1946	Naissance à Belfast (le 22 mai)
1961-74	Joueur de Manchester Utd. (1 victoire en C1, 2 titres anglais, 466 matches et 179 buts)
1964-77	International irlandais (37 sélections, 9 buts)
1968	Ballon d'Or de *France Football*

Signe particulier : après 13 saisons à MU, il va porter 13 maillots en 10 ans, en Angleterre, en Espagne, aux États-Unis, en Écosse, en Irlande du Nord et du Sud…

Le cinquième Beatle

C'est son sidérant début de carrière, sous le maillot de Manchester United, et son incomparable élégance qui propulsent dans la légende cet attaquant irlandais déroutant, idole de toute une génération.

Cheveux longs, et nuits courtes. A son apogée, George Best reçoit deux mille lettres par semaine et… boit quatre verres de vin avant le petit déjeuner. Il affirmera un jour avoir connu mille femmes, ce qui est le signe qu'il en a beaucoup oublié.

Il est le premier footballeur du monde élevé au rang de pop star. Devenu « le cinquième Beatle », son surnom à l'époque, il brûle son talent et sa vie dans des pubs sans issue et des conquêtes sans lendemain. « Cela a raccourci ma carrière, peut-être ma vie, avouera-t-il un jour, mais je mentirais si je disais que je regrette tout ça. »

En montrant autant de goût pour l'autodérision que pour l'autodestruction, il lâche, à la fin des années 80, alors que son crépuscule s'étire dans des clubs improbables qui croient encore que le génie l'emportera sur l'alcool : « En cinq ou six ans, je suis passé de "El Beatle" à "El Vino"… » Sa carrière, au fond, durera le temps d'un instant de grâce.

« J'ai trouvé un génie »

Le début est fulgurant. Le gamin de Belfast, buteur de Gregagh, pousse un recruteur du coin à envoyer le télégramme suivant à Matt Busby, le manager de Manchester United : « Je pense que j'ai trouvé un génie. » Busby sera à jamais son père spirituel, le seul à lui montrer le chemin, et à l'empêcher à peu près d'en sortir.
Avec MU, qu'il rejoint en 1963, l'Irlandais se révèle un dribbleur extraordinaire, à l'élégance magnétique. Et il court dans tous les sens, y compris les après-midi où il est menacé d'être tiré comme un lapin, par l'IRA ou par un mari trompé…

Wembley, en 1968, l'année de son Ballon d'Or attribué par *France Football*, figure l'apothéose de sa carrière mancunienne, le sommet, à la suite duquel il va commencer à redescendre, alors qu'il n'a que 22 ans. Mais il ne fera jamais mieux, sans doute, que ce soir de printemps 1966, à Lisbonne, en quarts de finale, face à Benfica (5-1). Busby avait demandé à ses joueurs, vainqueurs à Old Trafford (3-2), de ne pas bouger une oreille dans le premier quart d'heure ; après douze minutes, Best avait déjà marqué deux fois !

Il y a, aussi, ce jour de 1967, en Écosse, avec la sélection de l'Irlande du Nord, où le public se lève comme un seul homme à chaque fois qu'il touche le ballon, électrisé par tant de talent et d'inventivité.

Souvent expulsé, ivre ou absent…

De plus en plus souvent expulsé, ivre ou absent de l'entraînement, il quitte MU en janvier 1974, après 179 buts marqués en 466 matches. Il n'a que 27 ans et la plus belle partie de l'histoire est terminée.
Il ne reste que les nuits courtes, l'alcool, des poches vides, une greffe du foie. Et beaucoup d'humour, heureusement. Un jour qu'Alex Ferguson lui demande ce que serait le score d'un match entre MU 1968 et MU 1999, Best répond : « 1-0 pour nous. » Ferguson demande alors : « Pourquoi seulement 1-0 ? » Best sourit : « Eh bien, il y en a un qui est mort, et les autres ont largement plus de cinquante ans, maintenant… » V.D.

LA PARENTHÈSE MILANAISE

En pleine hégémonie nordiste, le Milan AC de Rivera et Prati se débarrasse au forceps du Celtic puis de Manchester, avant de cueillir en finale une prometteuse mais encore très tendre équipe de l'Ajax (4-1).

1968/69

Immense joie pour les buteurs milanais de la finale, Angelo Sormani (au centre), qui signe le troisième but, et surtout le héros Pierino Prati (à dr.), auteur d'un extraordinaire triplé.

En 1969, année héroïque, le fond de l'ère est anglo-saxon et le football européen est dominé par le nord du continent, mais il y a encore de la place pour une dernière « latinerie » avant longtemps. Le succès en finale du Milan AC, à Madrid, face à l'Ajax (4-1), ressemble encore à une alternance, mais ce sont les derniers feux du *catenaccio*. L'équipe milanaise de Nereo Rocco est cependant plus équilibrée, moins cynique qu'à l'accoutumée.

Les *Rossoneri* ont sorti les deux précédents vainqueurs, le Celtic (0-0 à Milan, 1-0 à Glasgow) et Manchester United (2-0, 0-1). Il y a toujours du marquage individuel et un libero, Malatrasi. Mais aussi une réelle volonté offensive, dans le sillage de Gianni Rivera et de sa grâce.

Johan Cruyff survole déjà...

La présence en finale de l'Ajax est une surprise. Personne ne pressent la révolution à venir, tissée patiemment par Rinus Michels à Amsterdam. Pourtant, l'Ajax éblouit l'Europe en éliminant Benfica en quarts de finale, dans des circonstances rares. Les Portugais s'imposent en effet 3-1 à Amsterdam, mais le jeune Johan Cruyff survole le retour à Lisbonne (3-1), puis le match d'appui (3-0, a.p.), disputé à Paris dans un stade de Colombes pris d'assaut par 63 000 spectateurs. Michels dira que la défense lisboète « est composée de quatre unijambistes ». Si elle avait fait aussi mal à toute l'Europe depuis des années, c'était à cause de ses jambes de bois ?

Nereo Rocco avait quitté le Milan AC en 1963, justement après la victoire sur Benfica (2-1). Il y est revenu. On l'appelle toujours « le boucher de Trieste » en référence à son premier métier, et non à ses manières, mais on pourrait le surnommer « le bouffon de Trieste » pour son humour. En arrivant au stade, à Madrid, il lance : « Que ceux qui ont peur restent assis dans le car ! » Et il se rassied immédiatement, provoquant l'hilarité générale.

Il a observé l'Ajax. Son espion s'appelle Cesare Maldini, ancien capitaine, futur sélectionneur. « Il m'a dit le plus grand bien d'une équipe toujours prête à exploser, par Johan Cruyff notamment », révèle Rocco.

Le Milan est plus joueur. « On ne doit pas tout sacrifier à la protection de son but et oublier le jeu d'attaque lorsque l'on a Rivera ou Prati », affirme Rocco. Mais il reste un fonds du *catenaccio*, son essence, peut-être, dans cette déclaration d'avant-finale : « Nous ne sommes jamais aussi à l'aise que lorsque notre adversaire domine et attaque. »

Fabio Cudicini préserve, à Manchester (0-1), la qualification milanaise pour la finale.

L'assassin, le génie et le diable

C'est le jour de Pierino Prati, dit « la Peste ». Il a inscrit vingt buts en Championnat cette saison. Il a marqué le seul but des quarts de finale, face au Celtic, à Glasgow. Cette finale est la sienne. Officiellement, l'avant-centre est Angelo Sormani, Prati étant plutôt ailier gauche. Mais c'est pour mieux se cacher. Et surgir au bon moment. En fait, il ne se cache guère : il tire sur le poteau dès la première minute et claque trois buts (7e, 40e, 75e). À cause de lui, un journaliste français, Jean Eskenazi, écrit le lendemain avoir eu « l'impression de lire un roman policier dont la première page aurait révélé le nom de l'assassin : Prati ».

Rocco avoue : « Il est irrésistible parce qu'il trompe son monde. On le croit lent et maladroit, mais il sait accélérer et résister à toutes les charges. » Rivera est l'autre héros de la finale, avec une talonnade géniale sur le deuxième but de Prati. De Gianni Rivera, Rocco dit : « Si j'avais de l'argent, je l'achèterais pour le voir jouer dans mon jardin, juste pour le plaisir. » Il y a encore le Suédois Kurt Hamrin, sur l'aile gauche, que son dribble déroutant et une déformation du pied gauche font surnommer « le Diable boiteux ».

Rivera : « Cette finale a été notre match le plus facile »

Gianni Rivera le dira ensuite : « Cette finale a été notre match le plus facile. La Coupe d'Europe, nous l'avons gagnée en éliminant Manchester et le Celtic. »

La révolution Ajax attendra. Personne ne pressent vraiment qu'une école émerge et que le football total vient de signer son acte de naissance, même un soir de défaite. Rinus Michels promet : « Le Milan AC est une formidable machine. Nous, nous en sommes au stade de l'apprentissage. Mais nous allons retenir la leçon. » Et Michels aime tenir ses promesses. ■ V.D.

Nereo Rocco, « le boucher de Triestre », doit sa coupe au triple buteur Pierino Prati (ci-contre), qui marque ici de la tête sous les yeux de Swart et Pronk.

1968/69

FINALE DE LA C1 L'Équipe du 29 mai 1969 Milan AC - Ajax Amsterdam : 4-1

LE BOURGET 1969 : un tournant dans le transport aérien

(PAGES 10 ET 11)

0,60

L'ÉQUIPE

LE QUOTIDIEN DU SPORT ET DE l'Automobile

LA PLEINE FORME ! avec chambourcy

Schweppes INDIAN TONIC

MILAN ET PRATI A L'ECHELLE MONDIALE

LE COURAGE D'AJAX N'A PAS SUFFI (1-4)

Bien aidé par Sormani et Rivera Prati, le superbe, a marqué 3 buts

● Saint-Etienne se méfie quand même de son match de dimanche contre les Girondins

● Bordeaux a tiré un trait sur sa saison 68-69

24 HEURES DE SPORT

La voie étroite

THEILLIÈRE RENAIT BRACKE RÉSISTE

De notre envoyé spécial Robert VERGNE

MADRID. – Il n'y a pas eu de surprise, hier soir, au stade Bernabeu. Il ne fallut pas très longtemps pour que la supériorité supposée du Milan AC soit confirmée par les faits. Dans son style habituel, le club italien a laissé venir son adversaire et a placé des contres fulgurants qui lui assurèrent le gain du match.

On était presque tenté de regretter la rapidité avec laquelle les Italiens avaient ouvert le score (7e), car il semblait que cet avantage initial les encouragea dans une attitude ultra-défensive qui privait le spectacle de son intérêt.

Un mini-suspens fut seulement entretenu lorsque Ajax remonta à 2-1 à la suite d'un penalty de Vasovic (60e). Mais Milan était trop fort pour de courageux Hollandais, qui n'ont rien à regretter.

Le match dura curieusement deux fois sept minutes. Les sept premières, jusqu'au premier des trois buts de Prati. Et les sept minutes qui séparèrent le but hollandais du troisième but de Milan.

Deux fois sept minutes, cela fait à peine un quart d'heure, ce qui est évidemment assez peu pour une finale de Coupe d'Europe, mais, enfin, on ne choisit pas… ■

FEYENOORD TÊTE DE PONT

Le club de Rotterdam donne son premier titre aux Pays-Bas, qui annonce le triplé à venir de l'Ajax. Ni Milan ni les Écossais du Celtic, qui, en finale, cèdent dans la prolongation (1-2), ne peuvent abattre Feyenoord.

1969/70

C'était mal parti, en finale à Milan, pour le vieux gardien néerlandais Eddy Pieters-Graafland (36 ans), qui encaisse le premier but sur ce coup franc de l'Ecossais Tommy Gemmel...

En 1970, les Pays-Bas ne font pas encore partie des nations majeures du football européen. L'Ajax a disputé la précédente finale, mais l'équipe nationale hollandaise ne s'est pas qualifiée pour la Coupe du monde au Mexique... L'émergence de Feyenoord va préciser l'entrée en force du football néerlandais dans le gotha.

L'équipe de Rotterdam est dirigée par Ernst Happel, un ancien international autrichien. Sa philosophie ? « En tant qu'ancien Viennois, je déplore la disparition du beau jeu à prédominance technique. Mais il faut vivre avec son temps. À Feyenoord, j'ai essayé de trouver un équilibre entre le football athlétique et le jeu intelligent. »

Feyenoord est un club tiré vers le haut par sa forte assise populaire – sa moyenne de spectateurs à domicile est de 45 000 –, par son système de formation naissant, à l'instar de ce qui se met alors en place aux Pays-Bas, et par sa rivalité avec l'Ajax Amsterdam. Sur le chemin de la finale de San Siro, il a déjà visité les lieux en huitièmes, éliminant le tenant, le Milan AC, grâce à un grand match au retour dans le vacarme de son stade De Kuip (0-1, 2-0).

Le Celtic s'offre Leeds

Son adversaire en finale, le Celtic, est là par tirage au sort. Car si les Ecossais n'éprouvent pas de difficulté pour écarter Bâle (0-0, 2-0) et la Fiorentina (3-0, 0-1),

Ernst Happel, l'entraîneur autrichien de Feyenoord, prône un jeu résolument moderne.

c'est bien le tirage au sort qui les qualifie après leur huitième de finale retour à Benfica (3-0, 0-3). Les tirs au but n'existant pas encore, c'est une pièce de monnaie qui désigne les Écossais.

En demi-finales, le Celtic s'impose à Leeds (1-0), mais il lui faut encore tenir, à Glasgow, devant les 134 000 spectateurs d'Hampden Park où il décide de déménager pour l'occasion, nouveau record d'affluence pour un match de Coupe d'Europe. Puisqu'il s'agit d'éliminer des Anglais, on voit même des écharpes bleues des Rangers, le club protestant de Glasgow, venir à la rescousse du voisin catholique, dans une fusion des confessions sans précédent. Au lendemain de cette rencontre maîtrisée (2-1), le *Scottish Daily Express* écrira : « Nos confrères anglais avaient une tête qui faisait plaisir à voir. » C'était le 61e match de Leeds dans la saison. C'était trop.

Coup de canon d'Öve Kindvall, dont le lob victorieux va délivrer Feyenoord à la 117e minute de la prolongation.

Première finale anglo-saxonne

Le 6 mai 1970, l'aéroport de Milan n'a jamais vu semblable ballet aérien. 25 000 Néerlandais et 25 000 Écossais envahissent la ville de pacifique manière. Dans le stade de San Siro, l'ambiance est extraordinaire et assourdissante. Après Madrid (8 fois), Milan est la ville qui a été le plus souvent représentée en finale depuis la création de l'épreuve (6 fois). Et c'est elle qui accueille la première finale 100 % anglo-saxonne. Mais on ne peut plus envisager ce symbole sous un jour manichéen : la générosité n'est pas nordique, pas plus que le calcul est latin – ou seulement italien. Car cette finale voit Feyenoord et le Celtic dresser chacun deux rideaux devant leur but, dans une volonté de préservation plutôt que de conquête.

Au dernier moment, Happel a écarté son gardien titulaire, Treytel, au profit du vieux Pieters-Graafland, 36 ans. Le vétéran ne peut rien sur une frappe extraordinaire de Tommy Gemmel, le défenseur du Celtic, qui ouvre la marque sur coup franc (29e). Il avait scoré, déjà, lors de la finale victorieuse de 1967. Dans ce duel plutôt fermé, voilà un avantage qui devrait être essentiel. Mais Israël égalise pour Feyenoord, deux minutes plus tard, ce qui rend la finale à son équilibre et à ses prudences. Second symbole : les deux buteurs sont deux défenseurs. Et, pour la neuvième fois, l'équipe qui marque en premier en finale va perdre. À la fin du temps réglementaire, le Celtic et Feyenoord en sont toujours là. C'est finalement à la 117e minute que le petit attaquant suédois Öve Kindvall fait la différence, en lobant Williams, trois minutes avant d'être porté en triomphe.

Aux Pays-Bas, l'ambiance est incroyable. La nuit est blanche et, le lendemain, les milliers de supporters de Feyenoord, qui ont envahi l'aéroport de Rotterdam, obligent l'avion des nouveaux champions d'Europe à se dérouter pour atterrir à Amsterdam. Une ville qui peut ainsi roder ses installations aériennes pour les trois années à venir… ■ V.D.

Coup d'adrénaline pour les Néerlandais, qui portent en triomphe Öve Kindvall.

Coup de sifflet final douloureux pour les partenaires écossais du gardien Evan Williams.

FINALE DE LA C1 L'Équipe du 7 mai 1970 Feyenoord - Celtic : 2-1 a.p.

Le football a fait sa révolution

L'ÉQUIPE

Division I à 20 clubs
Plus de Division II
CHAMPIONNAT NATIONAL DE TROIS GROUPES DE 16

Feyenoord confirme la montée hollandaise

IL TERRASSE LE CELTIC (2-1) DURANT LA PROLONGATION

Gemmel et Israel avaient marqué coup sur coup (29e et 31e)

Les Espoirs français à Saint-Sébastien

ALLECHANTE REPETITION

De notre envoyé spécial
Jean-Philippe RÉTHACKER

MILAN. – Cette finale aura bénéficié de toutes les circonstances favorables pour être une inoubliable et merveilleuse fête du football, offerte par la santé des Anglo-Saxons.

Santé morale que cet extraordinaire mouvement de foules aura démontré plus sérieusement encore.

Santé sportive que les acteurs de ce Celtic-Feyenoord laissèrent éclater pendant deux heures, jusqu'aux dernières secondes d'une prolongation qui avait été pourtant épuisante.

L'ambiance aura été indescriptible et inégalable, donc : le Real Madrid ou l'Inter de Milan n'en avaient jamais provoqué avec autant de ferveur ou de frénésie.

Le jeu fut moderne, animé, vivant, beau dans son âpreté et sa loyauté, où la majorité des joueurs formés à l'école d'un football de force et d'engagement ne parvinrent jamais à éteindre la flamme de quelques virtuoses techniques, comme Jimmy Johnstone, Coen Moulijn et Willem Van Hanegem.

Le drame fut passionnant, enfin, qui vit le petit Suédois de Feyenoord, Öve Kindvall, attendre la 117e minute pour porter l'estocade, à la manière d'un matador souverain. ■

LA RÉVOLUTION AJAX AMSTERDAM

« Tout le monde attaque et tout le monde défend ». Ce principe de jeu, simple mais tellement nouveau, propulse au sommet une horde de jeunes chevelus, dirigés par Rinus Michels et un certain Johan Cruyff.

1970/71

Johan Cruyff, roi du crochet intérieur et du contre-pied dévastateur, remporte à Wembley, en finale contre Panathinaïkos (2-0), la première levée de son triplé européen.

Maillot blanc, large rayure rouge, cheveux longs, les pattes qui rongent les joues. Dans le fond de l'air du football européen passe un parfum nouveau. L'Ajax semble né pour lancer les années 1970. Mais c'est à la révolution du jeu que Rinus Michels travaille depuis cinq ans. Tout le monde attaque, tout le monde défend, mais certains mieux que d'autres : pendant que l'influence de Piet Keizer et le génie de Johan Cruyff tirent l'Ajax vers l'avant, la défense joue le système du hors-jeu mis au point par Rinus Michels avec Velibor Vasovic, son libero. Et l'Ajax, comme en 1969, est en finale de la Coupe d'Europe, à Wembley, face aux Grecs du Panathinaïkos. C'est le dernier match de Rinus Michels avant son départ pour le FC Barcelone.

Une énorme prime pour l'entraîneur Puskas

Pour en arriver là, l'Ajax a torpillé à domicile tous ses adversaires, en gagnant soit 3-0 (FC Bâle, Celtic Glasgow, Atletico Madrid), soit 2-0 (Nentori Tirana). Son voisin et rival, Feyenoord, le tenant, a quant à lui été éliminé dès le premier tour par les Roumains d'Arad (1-1, 0-0).

C'est la première Coupe des clubs champions européens sans le Real Madrid. Le sextuple vainqueur ne s'est pas qualifié pour disputer l'épreuve, mais son ancienne gloire, Ferenc Puskas, est en finale : le Hongrois a eu son diplôme d'entraîneur un an plus tôt et, dans la foulée, a accepté la première proposition qu'on lui a faite. Le voilà au Panathinaïkos d'Athènes. Lors des premières discussions avec les dirigeants grecs, Puskas demande, en guise de boutade, combien il toucherait en cas de présence en finale de Coupe d'Europe ; du coup, on ajoute un alinéa à son contrat, qui lui promet une prime énorme !

Le miracle du Panathinaïkos

Celui qui était le « Major galopant » n'en a plus guère le profil. Mais l'entraîneur Ferenc Puskas, lorsqu'il participe à une séance de frappes, fait encore trembler ses gardiens : il peut placer le ballon là où il le désire. Wembley ? Puskas connaît. Avec

Dick Van Dijk, fameux joueur de tête et buteur dès la 5e minute, est l'homme clé de la victoire de l'Ajax en finale (2-0) contre le Panathinaïkos.

la Hongrie, il y a mis fin à l'invincibilité à domicile de l'Angleterre (6-3), en 1953…

Pour en arriver là, le Panathinaïkos a accompli un quasi-miracle en demi-finales, remontant un retard de trois buts face à l'Étoile Rouge de Belgrade (1-4, 3-0). Il faut dire que Dragan Dzajic, le génial gaucher yougoslave, était suspendu pour quatre matches, accusé d'avoir craché sur l'arbitre, M. Carpenter, en quarts à Iéna, ce qu'il niera en vain. Mais, au match aller, dans le Maracana de Belgrade empli de ses 100 000 spectateurs, le « Pana » se noie au point que Puskas remplace son gardien titulaire, Oeconomopoulos, à vingt minutes de la fin, pour tenter de sauver les meubles avec le remplaçant, Constantinos. Au retour, dans la boue d'Athènes, Antoniadis et Karamas envoient le club grec en finale. Karamas est défenseur… et avocat : il s'entraîne après son travail.

Une belle tête de Van Dijk

Trois ans seulement après le sacre de Manchester United, la finale de la Coupe d'Europe s'installe donc de nouveau à Wembley. L'Ajax est fatigué. Il vient de perdre le titre face à Feyenoord, et lorsqu'il a le bonheur de marquer très vite par la tête de Dick Van Dijk (5e), il s'accroche à cet avantage. Mais les Néerlandais manquent tellement d'occasions en première période que Michels sent la nécessité d'un second souffle ; il fait entrer deux joueurs à la mi-temps, Arie Haan et Horst Blankenburg, coaching plutôt rare pour un entraîneur menant au score.

Rinus Michels (1928–2005), le génial inventeur du football total. Un entraîneur de légende.

Pour ses débuts d'entraîneur, Ferenc Puskas emmène Panathinaïkos en finale de C1.

Malgré ce sang frais, le challenger Panathinaïkos s'enhardit. Malheureusement pour lui, Antoniadis n'est pas dans un bon jour. Et, au bout de la seconde période, Kapsis inscrit contre son camp le but du sacre de l'Ajax (87e). Puskas regrette : « Le Panathinaïkos a joué 70 minutes d'un football brillant, mais ne s'est pas remis d'un départ catastrophique. »

L'Ajax n'a pas montré le meilleur de lui-même et de cette révolution qui bouleverse le football européen. Mais ce sacre récompense l'ensemble de son œuvre ainsi que celle de Rinus Michels. ■ V.D.

FINALE DE LA C1 L'Équipe du 3 juin 1971 Ajax - Panathinaïkos : 2-0

EDDY MERCKX : NOUVEAU PARI DANS LE "MIDI LIBRE"

GIRO : Boifava devance Ritter, Gimondi et Pettersson contre la montre

PROISY s'attaque au tenant, KODES en 1/4 de finale - Surprise : Ashe battu

L'ÉQUIPE 0,60

LE QUOTIDIEN DU SPORT ET DE L'AUTOMOBILE

Schweppes Indian Tonic

AJAX : couronnement sans éclat

Ces deux gardiens qui ont éliminé l'OM et Sochaux

PANATHINAIKOS A VENDU CHÈREMENT SA PEAU (2-0)

Les Hollandais ont fait un remarquable début de match

Ils ont obtenu un très joli but par Van Dijk (cinquième minute)

Leurs accélérations par Cruyff ont « paniqué » la défense grecque

Mais, en seconde mi-temps, Ajax replié a subi la loi adverse

Les Grecs exercèrent une pression illusoire et encaissèrent un deuxième but

Cruyff, Hulshoff, Domazos et Elefterakis dominèrent cette finale

ATHLÉTISME

WADOUX abandonne Tijou 28'41"8 au 10000

AUTOMOBILE

Trois types de Porsche 917 aux 24 H. du Mans

De notre envoyé spécial Jacques ÉTIENNE

LONDRES. – Ce fut un match à deux visages, si ce ne fut pas une grande finale. Chaque équipe, en effet, eut sa mi-temps, mais la chance de l'Ajax fut évidemment de réussir, peu de temps après le début du match, un but très pur qui fut décisif. Un but lumineux : Wim Suurbier, avancé, adressa une longue balle sur la gauche à Piet Keizer, ce dernier centra et Dick Van Dijk, d'une superbe reprise de la tête, trompa Oeconomopoulos.

Compte tenu de la valeur respective des deux adversaires, on serait tenté pourtant de dire qu'Ajax a quelque peu déçu, à cause de sa deuxième mi-temps assez mièvre, au cours de laquelle l'équipe hollandaise chercha avant tout à conserver une avance pourtant minime. Panathinaïkos a joué à merveille et avec crânerie son rôle de challenger, même si, en première période, Ajax n'a pas été payé de sa supériorité.

Johan Cruyff fut éblouissant par ses appels de balle, ses démarquages fulgurants et ses contre-pieds.

Le combat devait changer d'âme en seconde mi-temps, contre toute attente. On se demandait si les Grecs allaient être récompensés de leurs louables efforts. Leur ultime forcing fut émouvant. Mais, à trois minutes de la fin, un tir d'Arie Haan fut malencontreusement dévié par Kapsis. Les Grecs venaient de vendre chèrement leur peau. ■

LE TRIOMPHE DU FOOTBALL TOTAL

L'Ajax Amsterdam, désormais aux mains de Stefan Kovacs, poursuit son règne grâce à un jeu ébouriffant et à un Johan Cruyff impressionnant. Même la défense de l'Inter Milan succombe en finale, logiquement (2-0).

1971 / 72

Cet envol du défenseur de l'Ajax Horst Blankenburg, devant le gardien de Benfica en demi-finales aller (1-0), symbolise l'engagement total et permanent des joueurs de l'Ajax.

À l'automne de 1971, l'Ajax refuse de disputer la Coupe intercontinentale. Il s'agit pour le club néerlandais d'échapper au coupe-gorge qui devenait l'ordinaire des champions d'Europe en visite en Amérique du Sud. Une violence qui avait fait dire en 1968 à Jock Stein, l'entraîneur du Celtic, après une expédition désastreuse : « Si le football doit devenir cela, j'espère qu'il va mourir. »

Mais l'Europe ne montre pas toujours l'exemple. Elle a même du mal à balayer devant sa porte. Un soir de tempête, à Mönchengladbach, alors que le Borussia fait passer l'Inter Milan pour une équipe de petits garçons (7-1), l'attaquant italien Roberto Boninsegna s'écroule en fin de partie, se plaignant d'avoir reçu une bouteille sur la tête. Il l'a reçue, en fait, dans le cou. Elle a été lancée par un chauffeur de 22 ans, dénoncé ensuite par l'international allemand Erwin Kremers, qui était assis juste derrière lui en tribune.

L'évacuation de Boninsegna sur une civière est la seule chance qui reste à l'Inter, ridiculisé sur le terrain, de s'en sortir.

M'Gladbach et Vogts (à dr.) écrasent l'Inter de Mazzola 7-1...

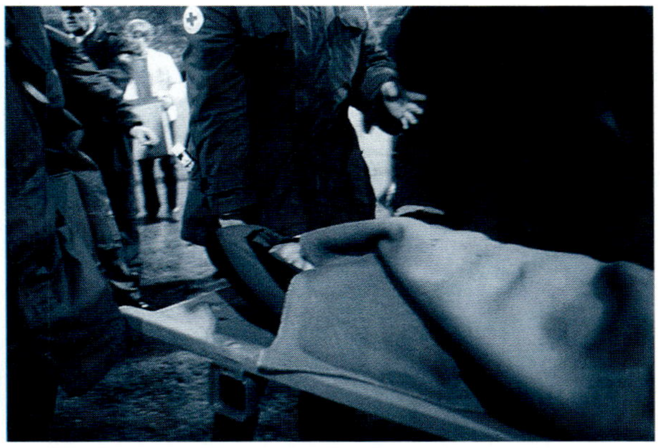

...mais la civière qui évacue Boninsegna ruine le rêve allemand.

L'UEFA, tantôt accusée de prendre le parti des grands clubs européens, tantôt tancée pour son manque de fermeté en matière de jeu dur, décide de faire rejouer ce match sur terrain neutre. Pour la première fois, un match aller de Coupe d'Europe se déroulera donc après le match retour, que l'Inter remporte (4-2), grâce à une erreur de Klaus-Dieter Sieloff sur la fin.

Mönchengladbach « victime » de l'Inter

Sieloff, encore, manque un penalty lors du « faux retour », disputé à Berlin, un match irrespirable auquel survit l'Inter (0-0). Pour tous les observateurs, Mönchengladbach est la meilleure équipe européenne du moment avec l'Ajax. Mais leurs routes se séparent. Celle de l'Inter continue, dans une veine aussi défensive que réaliste, qu'égaye parfois le talent de Sandro Mazzola, son meneur de jeu.

En quatre matches de demi-finales, un seul but est marqué : un coup franc de Piet Keizer, pour l'Ajax, contre Benfica (1-0, 0-0), tandis que l'Inter sort le Celtic Glasgow aux tirs au but. L'équipe d'Amsterdam a souffert. Lors du match retour à Lisbonne, Johan Cruyff a une angine. Mais le nouvel entraîneur, le Roumain Stefan Kovacs, qui a succédé à Rinus Michels, sait qu'il va monopoliser un joueur de Benfica et décide donc de le faire jouer quand même, sur l'aile gauche. Pendant que Benfica s'aligne sans cesse sur la position de l'attaquant néerlandais, qui n'est que l'ombre de lui-même, Keizer est laissé beaucoup plus libre de ses mouvements...

L'avènement de Johan Ier

Inter contre Ajax, en finale, Mazzola contre Cruyff, c'est un peu le duel des anciens et des modernes. Aux yeux de l'Europe non italienne, c'est le match entre les héros d'aujourd'hui et une équipe de l'Inter rendue impopulaire par ses calculs. Ironie de l'histoire, la finale a lieu à Rotterdam, c'est à dire aux Pays-Bas, mais sur la pelouse du grand rival de l'Ajax, Feyenoord.

La cible des Intéristes est encore Johan Cruyff. Le jeu du numéro 14 de l'Ajax a évolué, sous l'impulsion de Kovacs, qui a convaincu son joueur majeur d'être plus qu'un avant-centre. Et Johan Ier, qui a signé un nouveau contrat de sept ans, semble encore plus grand dans ce costume fait pour lui.

En ce 31 mai, l'Inter place le jeune Gabriele Oriali, 19 ans, à ses basques. Pendant une mi-temps, le plan fonctionne, le maître à jouer de l'Ajax n'exerce aucune influence sur son équipe. Mais la seconde période ramène à la surface le talent de Cruyff, qui marque deux fois (47e et 78e) pour renvoyer l'Inter à ses calculs et à sa frustration (2-0).

De Rotterdam, les dizaines de milliers de supporters de l'Ajax rallient joyeusement Amsterdam dans la nuit. Ils se coucheront tard : pour la première fois dans l'histoire de la ville, les bars resteront ouverts jusqu'à l'aube. ■ V.D.

En finale à Rotterdam, Johan Cruyff (à dr.) affole les défenseurs de l'Inter Milan et marque les deux buts de l'Ajax (2-0).

1971/72

FINALE DE LA C1 L'Équipe du 1er juin 1972 Ajax - Inter Milan : 2-0

SUCCÈS TROP FACILE DU XV DE FRANCE

PROISY A PRIS UN SET A KODES

L'ÉQUIPE 0,80

CRUYFF DYNAMITE L'INTER

Pas de Ferrari au Mans

Confiance partagée

PINGEON ressuscité EN TÊTE !

De notre envoyé spécial Jean CORNU

ROTTERDAM. – Ajax Amsterdam conserve sa Coupe d'Europe, et c'est justice : l'Inter Milan ne la lui a sans doute pas suffisamment contestée pour la lui arracher.

La pression d'Ajax fut presque constante en première mi-temps, mais les Hollandais se heurtèrent à la défense groupée de l'Inter, tandis que Sandro Mazzola cherchait à alerter Jair et Roberto Boninsegna. Et Rudi Krol envoya une frappe terrible sur le poteau (23e).

À la reprise, toute l'équipe d'Ajax se porta à l'attaque. Gabriele Oriali manqua son interception sur un centre de Wim Suurbier, et Johan Cruyff n'eut aucun mal à prendre Ivano Bordon à contre-pied (47e). Menant 1-0, emporté par son tempérament, Ajax continua à attaquer joliment.

Ce devait être la journée de Johan Cruyff, le meilleur joueur européen, le meilleur joueur d'Ajax toute la saison : sur un corner de Piet Keizer (78e), il marquait de la tête après avoir inscrit son premier but du pied, montrant qu'il était un joueur absolument complet. En sautant de joie, il se donna une légère entorse qui, heureusement, n'eut aucune influence sur la fin de partie.

La Coupe d'Europe était donc remise, cette année encore, à Piet Keizer, le capitaine d'Ajax. Elle est entre de bonnes mains. ■

1972/ 73

L'AJAX AU TRIPLE GALOP

Vainqueur flamboyant du prometteur Bayern Munich en quarts, dans une sorte de passation de pouvoir à l'envers, l'Ajax triple sa mise en battant une Juve inexpérimentée en finale (1-0). Mais le chant des sirènes espagnoles perturbe déjà Johan Cruyff et les siens...

À Belgrade, le nouveau président de l'UEFA, Artemio Franchi (à g.), récompense les vainqueurs : J. Cruyff qui se retourne, G. Mühren, S. Kovacs, H.Blankenburg, J.Rep, B.Hulshoff (de g. à dr.).

D'un empire à l'autre, le match phare d'une saison européenne n'est pas toujours sa finale. Les grands bouleversements se cachent parfois dans ses tours précédents.

Ainsi, en ce printemps 1973, l'Ajax affronte le Bayern Munich en quarts de finale, et le club néerlandais n'est pas encore prêt à passer le témoin à son successeur. Au match aller, le 7 mars 1973 à Amsterdam, les Néerlandais balayent l'équipe bavaroise (4-0), dont le gardien, Sepp Maier, est coupable sur deux buts. C'est l'un des plus beaux et des plus intenses combats en cinquante ans d'histoire.

L'Ajax gère le match retour (1-2), mais cette échéance, curieusement, annonce son déclin, que l'on peut imaginer, après-coup, inséparable du règne à venir du Bayern. Car Johan Cruyff ne dispute pas cette rencontre à Munich et son président, Jaap Van Praag, l'accepte mal.

Cruyff affirme qu'il a de l'eau dans le genou. Le médecin du club lui fait passer une radio, qui ne décèle rien. Mais le joueur vedette, avec le soutien de son médecin personnel, annonce qu'il ne montera pas dans l'avion pour aller à Munich. « Sur les six derniers matches, je n'ai pu en terminer que trois, parfois grâce à des piqûres. La plaisanterie a assez duré. Je m'arrête. »

Les racines du futur divorce sont déjà là. Car l'Espagne vient d'ouvrir ses frontières aux joueurs étrangers, et cette nouveauté donne forcément des idées aux joueurs qui dominent le football européen. En refusant de se déplacer à Munich, Johan Cruyff prépare le terrain du bras de fer à venir.

« Après la finale, on ira tous en Espagne... »

En demi-finales, l'Ajax sort le Real (2-1, 1-0). Le match retour remplit le stade madrilène et fait dire à sir Stanley Rous, alors président de la FIFA : « Après ce que je viens de vivre, je peux affirmer que la mort du football n'est pas pour demain. »

Le choc des quarts : l'Ajax de Cruyff et Blankenburg reçoit le Bayern de Beckenbauer.

La finale sera moins accomplie. À Belgrade, l'Ajax trouve sur son chemin la Juventus de Turin, pour qui c'est une grande première. Venu en Europe pour la première fois en 1958 avec l'équipe du Brésil pour disputer la Coupe du monde suédoise, José Altafini en est à sa deuxième finale de C1, avec deux clubs différents, dix ans après celle disputée en 1963 sous les couleurs du Milan AC. Il a 35 ans mais, paradoxalement, la Juve est l'équipe du dernier rendez-vous qui présente la moyenne d'âge la moins élevée.

Les Turinois sont des finalistes tranquilles, l'Ajax un tenant très agité. La veille de la finale et le jour même, les imprésarios sont dans le hall de l'hôtel, parfois dans les chambres. Stefan Kovacs, l'entraîneur, racontera : « Les joueurs ont fait le calcul qu'en trois ans de football espagnol ils gagneraient autant d'argent qu'en dix ans en Hollande. J'ai eu toutes les

Ça plane pour le célèbre numéro 14 du capitaine Johan Cruyff, qui survole l'équipe bavaroise du malheureux Sepp Maier.

LE REGARD DU CRÉATEUR JACQUES FERRAN

« Stefan Kovacs, un entraîneur top niveau »

Il nous aura laissé pas mal de choses, Stefan Kovacs, l'entraîneur roumain. Et d'abord une expression, « top niveau », reprise aujourd'hui par tous les dictionnaires, et qu'il forgea un jour, spontanément, avec de l'anglais et du français.

Kovacs cachait beaucoup de savoir, de profondeur et même d'érudition sous des tonnes de gaîté et d'imagination. Son français était comme lui, plein de trouvailles et de pittoresque. Il nous a laissé le souvenir d'un des entraîneurs les plus féconds et les plus éloquents de la fin du siècle.

Formé à la discipline rigoureuse des instituts de l'Est européen, mais très vite curieux de tout ce qui s'enseignait en France, en Italie, en Allemagne, ce Touche-à-tout roumain venait, lorsqu'il débarqua en France en 1973, de remporter deux fois la Coupe d'Europe, à la tête de l'Ajax Amsterdam. Il arrivait en plein désert ; et c'est le grand président fédéral Fernand Sastre qui eut l'idée, pour secouer notre football et provoquer nos entraîneurs, de faire appel, pour la première et la dernière fois de notre histoire, à un étranger.

Gouaille, anxiété et expérience

Kovacs arriva avec sa gouaille, son anxiété et son expérience. S'il ne remporta pas que des triomphes, il travailla sans relâche, visita notre football de la cave au grenier et fit de Michel Hidalgo

Deux saisons à l'Ajax pour Stefan Kovacs. Et deux victoires en C1 !

son héritier. Sans en avoir véritablement conscience, le sport français lui doit donc énormément. Car c'est bien à partir de son séjour, de ses examens et de ses ordonnances que notre sélection nationale est devenue d'abord crédible, puis redoutable, et enfin victorieuse.

Mais cette « consultation », que le bon Dr Kovacs vint donner de 1973 à 1975, Sastre ne l'aurait pas imaginée si le petit Roumain à l'éternelle cigarette n'avait pas bénéficié de l'immense notoriété que venait de lui conférer son triomphal passage aux Pays-Bas. C'est en juin 1971, alors qu'il n'était jamais sorti de son pays (où il entraînait Steaua Bucarest), que Kovacs débarqua à Amsterdam. Les dirigeants de l'Ajax, qui venaient de perdre le célèbre Rinus Michels, enlevé par Barcelone, le choisirent parmi plusieurs candidats. Mais Kovacs, atterrissant parmi ces athlètes à la très forte personnalité, habitués à l'inflexible baguette de Michels, eut besoin d'infiniment de souplesse, de savoir-faire et d'abnégation pour se faire accepter et séduire tout ce monde. Ajax venait, sous Michels, de remporter une Coupe d'Europe. Kovacs, lui, lui en rapporta deux.

« J'ai été marié avec l'Ajax »

Il faut lire dans l'ouvrage autobiographique que publia Kovacs à Paris en 1975 (*Stefan Kovacs, football total*, Calmann-Lévy) le récit de ces deux saisons au cours desquelles l'invincible Ajax de Cruyff, Keizer, Neeskens, Haan, Hulshoff, mais aussi de Stefan Kovacs, accumula les prouesses : Championnat, Coupe d'Europe, Coupe intercontinentale. On y découvre de quels ressorts subtils, constitués de labeur, de réflexion, de psychologie et de science, est fait l'armement d'un entraîneur d'élite, voué, par contrat et par fierté, à la tâche de vaincre et encore de vaincre, jusqu'à l'épuisement. « Je crois avoir montré, concluait-il, que, pendant deux ans j'ai été marié avec l'Ajax auquel j'ai consacré toutes mes pensées et toutes mes forces… »

Kovacs énumère alors ce qu'il imagine avoir apporté à sa formation : une ambiance d'équipe, sans compromis, mais de haut niveau ; un élargissement de son registre et de son efficacité en plaçant chaque joueur devant ses responsabilités ; la mobilité et l'impact de la ligne médiane ; un meilleur jaillissement offensif ; une confiance accrue en ses moyens.

Qu'a-t-il appris à l'Ajax Amsterdam, lui, de son côté ? La simplicité et l'efficacité de l'organisation du club, le respect des programmes et de l'exactitude, le goût de l'effort et la volonté de dépassement, l'esprit de tolérance et le respect d'autrui.

Tout ce que dit Kovacs dans le dernier chapitre intitulé « Ce que je crois », et qui porte notamment sur l'AS Saint-Etienne, sur le mystère de la réussite, sur la quantité d'entraînement et sur son intensité, sur la combativité, sur la formation, et sur la notion de vitesse, n'a pas vieilli.

« Le football total est une formule irréversible »

Il insiste également beaucoup sur une forme de jeu déjà mise en place à l'Ajax par son prédécesseur Rinus Michels et connue sous le nom de « football total ». « Cette idée de participation offensive et défensive, et par conséquent de polyvalence, je l'avais déjà à Steaua en Roumanie. Mais elle a trouvé avec l'Ajax un terrain exceptionnellement favorable. Cette formule, maintenant, je pense qu'elle est irréversible… », dit-il encore. Qu'en penserait aujourd'hui Stefan Kovacs ? A-t-on bien compris et assimilé ses leçons ? Lui avons-nous, à sa mort, rendu l'hommage qu'il méritait ? ■

1972/73

peines du monde, le jour du match, à les barricader au huitième étage de l'hôtel et à les concentrer sur la finale. » Il termine même sa causerie par cette boutade : « Après la victoire, si vous voulez, on ira tous en Espagne… » Stefan Kovacs ne restera pas à Amsterdam. Officiellement, les autorités roumaines le rappelleront au pays.

« La Juve semblait satisfaite de perdre 1-0 »

La finale est placée sous le signe de la prudence italienne et du faux rythme. Même le but du jeune Johnny Rep, cheveux longs et gueule d'ange, venu très tôt (5e) pour concrétiser une erreur du gardien Dino Zoff, ne donne pas d'élan à cette rencontre. L'entraîneur tchèque de la Juve, Cestmir Vycpalek, avouera : « C'est un but stupide, comme je n'en avais jamais vu depuis que j'entraîne la Juve. » Pendant toute la saison, Zoff avait été extraordinaire.

Mais il n'y a pas que ça : « Nous avons fait un mauvais match », reconnaît lucide-

Puissant et technique, Johan Neeskens (à dr.) est complet. N'est-ce pas Santillana ?

Moins de cinq minutes de jeu à Belgrade et Johnny Rep (au centre) fait basculer la finale en trompant, de la tête, le gardien de la Juventus, Dino Zoff.

ment le président Giampiero Boniperti. Beaucoup plus tard, Johnny Rep reviendra ainsi sur ce jour de gloire : « La Juve était si frileuse ! On était surpris. C'était une bonne équipe, mais elle ne faisait rien. Elle semblait satisfaite de perdre 1-0. On les attendait ; ils ne sont jamais venus. Pour le public, j'ai peur que cela n'ait pas été un grand match. »

Même Cruyff sait toutefois que la séduction par le bilan existe : « On oubliera que nous n'avons pas attaqué et on se souviendra de nos trois victoires successives. » Sans doute l'Ajax a-t-il trop de marge pour aller puiser dans ses ressources un soir de couronnement.

D'autres chiffres viennent établir la richesse et le panache de la dynastie : en trois saisons de conquête, l'Ajax aura remporté ses quatorze matches à domicile, soit dans son petit stade De Meer, soit au stade Olympique d'Amsterdam, avec une différence de buts éclatante : 34 buts marqués, 3 encaissés ! Le constat accompagne parfaitement la fameuse philosophie, presque une ritournelle : tout le monde attaque, tout le monde défend.

Le roi Johan Cruyff fait sa dernière révérence, devant des Turinois inoffensifs.

Cruyff s'en va, tout s'en va...

Puisque l'Espagne a ouvert ses frontières, Johan Cruyff va partir à Barcelone, et la dynastie va s'éteindre. Au soir de ce triplé historique, même Kovacs n'est plus vraiment l'entraîneur de l'Ajax : lorsqu'il quitte le stade de Belgrade, tout le monde est déjà... parti. Le Roumain arrivera au banquet avec une heure de retard, n'ayant trouvé, en désespoir de cause, qu'un car de police pour rejoindre son équipe. L'empire a éclaté. ■ V.D.

FINALE DE LA C1 L'Équipe du 31 mai 1973 Ajax - Juventus : 1-0

Barrau à Agen

Le demi de mêlée de l'équipe de France a choisi : il jouera à Agen l'an prochain (si le Stade Toulousain accorde l'avis favorable). Il y rejoindra son frère Michel. Pierre et André, de leur côté, retourneront à Beaumont. (Page 5)

L'ÉQUIPE 0,80

LE QUOTIDIEN DU SPORT ET DE L'AUTOMOBILE

MAY ... DES SPORTIFS

AJAX POUR LA TROISIEME FOIS MAIS SANS ECLAT

Ajax a marqué dès la quatrième minute par le jeune Repp reprenant de la tête un admirable centre de Blankenburg. Ce but pesa sur tout le match : il mit l'équipe hollandaise en confiance et obligea la Juventus à se livrer, ce qu'elle ne fit que petit à petit.

Pourtant, Ajax parut jouer tout le match à sa main, ne plaçant que quelques accélérations, toujours dangereuses d'ailleurs, Haan manquant un but d'apparence facile vers la demi-heure de la rencontre.

C'est à partir de ce moment que les Italiens se réveillèrent complètement et vinrent inquiéter parfois sérieusement les Hollandais, surtout après la rentrée de Haller, la dernière cartouche italienne.

Ajax a enlevé sa troisième Coupe d'Europe consécutivement, mais sans briller d'un éclat particulier.

(Pages 3 à 5)

NANTES A FÊTÉ SES CHAMPIONS

Les Nantais avaient entrepris un tour d'honneur — réclamé par le public de Saint-Ouen — après leur victoire sur le Red Star. Hier, ils ont été accueillis en triomphateurs à leur arrivée dans leur bonne ville ; mais ils ne perdirent pas leur temps en agapes ou réceptions. A 16 h 30, ils étaient à l'entraînement sur le stade, car ils entendent ne pas s'arrêter en si bon chemin et préparer le « doublé ». Hier, eut lieu une entrevue entre Louis Fonteneau d'une part, Michel et Osman d'autre part. Michel a réservé sa réponse. Osman a signé pour trois ans.

GUIMARD ATTAQUE LE GALIBIER DEVANT ZOETEMELK ET OCANA !

De notre envoyé spécial Robert VERGNE

BELGRADE. – Cette seizième finale de Coupe d'Europe a pleinement tenu ses promesses, tant sur le plan athlétique que par le contraste du jeu des deux finalistes.

L'Ajax d'Amsterdam entama cette finale en champion, à la Eddy Merckx, en frappant un grand coup dès la quatrième minute, lorsque Johnny Rep reprit de la tête un centre de Horst Blankenburg.

Mais, après une première demi-heure dominée par les champions d'Europe en titre, la Juve trouva à la fois sa puissance et des raisons d'espérer, en se montrant obligée d'attaquer, ce qui n'est pas dans ses habitudes. Le temps passant, la rage des Italiens ne fut pas précédée de manœuvres d'approche suffisantes. Ils se heurtèrent à une véritable forteresse, et un second but aurait mieux traduit la supériorité de l'équipe de Stefan Kovacs.

En définitive, cette finale, qui fut extrêmement intéressante, l'aurait été plus encore si les Hollandais n'avaient pas marqué d'entrée de jeu. C'est peut-être dommage par rapport au spectacle que l'on pouvait espérer de ces deux très bonnes équipes, mais, en football, si on choisit ses acteurs, on n'est jamais maître du scénario... ■

Attaquant Néerlandais

- 1947 Naissance à Amsterdam (le 25 avril)
- 1957-73 Joueur de l'Ajax (3 victoires en C1 + 1 finale 9 titres, 5 Coupes des Pays-Bas 307 matches et 215 buts en Championnat)
- 1973-78 Joueur de Barcelone (1 titre et 1 Coupe d'Espagne 140 matches et 48 buts en Championnat)
- 1966-77 International néerlandais (Finaliste du Mondial 1974 48 sélections, 33 buts)
- 1971,73,74 Ballon d'Or de *France Football*

Signe particulier : sacré deux fois meilleur joueur des États-Unis, (1979, 80).

Johan Cruyff

Footballeur total

Symbole de la grande équipe de l'Ajax, d'un jeu révolutionnaire et d'une génération éprise de liberté, Johan Cruyff est peut-être le meilleur joueur européen de tous les temps. Et sûrement le plus charismatique.

Avant lui, les footballeurs jouaient avec des numéros qui allaient de un à onze, et restaient dans les cases. Mais Johan Cruyff a toujours préféré les nouveaux territoires à conquérir. Son numéro 14 était un accident de l'histoire : avant-centre de l'Ajax, il avait débuté avec le numéro 9, comme tout le monde. Mais au retour d'une longue absence pour blessure, il laissa le 9 à Gerald Muhren, qui l'avait porté dans l'intervalle, réclamant le numéro 14 qui allait faire sa légende, et être porté par plusieurs générations d'héritiers admiratifs et nostalgiques.

Sa légende est d'abord un destin. Johan Cruyff grandit à deux pas du stade de Meer, la vieille enceinte de l'Ajax. Orphelin à douze ans d'un père maraîcher, il voit sa mère effectuer des ménages pour nourrir sa famille, y compris dans les locaux et le stade de l'Ajax ; logiquement, c'est dans ce club, pour jouer avec les équipes de jeunes, qu'elle inscrit son petit Johan…

À seize ans, en 1963, l'adolescent précoce et doué signe un premier contrat pour le club d'Amsterdam. Le 15 novembre 1964, il débute en professionnels, et marque un but. Deux ans plus tard, il est international et, dès sa deuxième sélection, il devient le premier international néerlandais expulsé. En football, le caractère n'est jamais loin du génie.

« La star, c'est moi »

Cruyff symbolise l'élégance, l'arrogance, l'efficacité, l'harmonie et les instants de grâce du football total imaginé par Rinus Michels. Avec lui, l'Ajax remporte trois Coupes d'Europe des champions (1971, 72 et 73). Puis, alors que s'ouvrent les frontières espagnoles, il quitte Amsterdam dans un bruit de vaisselle cassée et de serments brisés. Idole de Barcelone, il offre au club catalan, dès 1974, un titre de champion d'Espagne que le Barça attend depuis quatorze ans.

Plus qu'un capitaine, Johan Cruyff ne supporte pas la dilution de son autorité. En 1976, à son entraîneur Hennes Weisweiler qui l'attaque sur le thème « ras le bol de Cruyff », il rétorque, acide et sincère : « Weisweiler croit qu'il est une vedette mais, la star, c'est moi. »

Il fume comme un pompier, ce qui lui vaudra un arrêt cardiaque et une opération à cœur ouvert, en 1991, mais « El Flaco », le mince, ainsi surnommé par les médias espagnols, est un athlète hors du commun : il s'arrête de jouer en 1978, à 31 ans, mais, rattrapé par le fisc, part aux Etats-Unis faire un peu de rab, puis revient carrément à l'Ajax comme meneur de jeu, avant de finir sur un étonnant doublé avec Feyenoord, en 1984. Il a 37 ans !

Un entraîneur d'exception, aussi

Il est mûr, alors, pour devenir un entraîneur d'exception, fidèle à son image, avec l'Ajax, puis le Barça, les deux clubs de sa vie. Il est l'un de ceux qui ont remporté la C1 comme joueur, puis comme entraîneur, en 1992 à Wembley avec le club catalan. Seule ombre à son magnifique tableau, la finale de la Coupe du monde 1974, quand, après avoir ouvert le score sur penalty, il recula beaucoup trop sur le terrain pour échapper au marquage de l'Allemand Berti Vogts. La seule fois de sa carrière où Johan Cruyff a reculé, sans doute. V.D.

Johan Cruyff a fait grimacer bien des adversaires, dont le Bavarois Roth en mars 1973.

LE BAYERN SURVIT PUIS TRIOMPHE

La seule finale rejouée de l'histoire marque l'émergence de l'équipe munichoise, après un parcours cahoteux et une incroyable égalisation, à la 120e minute du premier match contre l'Atletico Madrid (1-1, puis 4-0).

973/74

La plus longue finale de tous les temps, 210 minutes étalées sur deux jours, consacre le Bayern Munich de Gerd Müller (à g.) et Uli Hoeness, auteurs des quatre buts du second match. Quel bonheur !

L'arrivée du Bayern Munich au sommet du football européen est l'aboutissement d'un cheminement logique. La base des vainqueurs de la Coupe des Coupes 1967 est toujours là. Elle est même devenue championne d'Europe des nations avec l'Allemagne de l'Ouest en 1972. Sepp Maier, Gerd Müller, Franz Beckenbauer, Hans-Georg Schwarzenbeck, Paul Breitner sont issus des équipes de jeunes du Bayern, ou de la région. Ils ont grandi ensemble. Ils vont conquérir l'Europe ensemble.

L'Atletico Madrid au bord de l'exclusion

Le Bayern se hisse en finale dans la douleur, tant face aux Suédois d'Aatvidaberg (3-1, 1-3, 4-3 aux t.a.b.) que contre les voisins de Dresde (4-3, 3-3). Mais en demi-finales, il passe en douceur (1-1, 3-0) contre les Hongrois d'Ujpest Dosza, quand l'Atletico Madrid se qualifie dans la fureur et le scandale. Le match aller des Madrilènes, à Glasgow, face au Celtic (0-0), restera comme l'un des plus violents de l'histoire : l'arbitre turc, M. Babacan, expulse trois joueurs espagnols – Ayala, Diaz et Quique – et l'équipe de l'Atletico montre un tel visage que l'UEFA envisage de la mettre hors compétition. Elle hésite, n'ose pas. Sa chance d'être exemplaire est passée, celle du Celtic aussi, battu 2-0 au

L'un tire dans toutes les positions, l'autre rend fous les défenseurs espagnols ; Gerd Müller (à g.) et Uli Hoeness marquent chacun deux buts lors de la finale à rejouer (4-0)...

1973/74

retour, dignement, sans esprit de revanche.

Mais au fait, de quelle finale parle-t-on ? Pour la première et seule fois de l'histoire de la C1, le Bayern et l'Atletico en disputent deux, dans le même stade du Heysel, à Bruxelles, à deux jours de distance. Le club espagnol, cette fois irréprochable, mais privé des trois joueurs expulsés en demi-finales, gagne presque la première finale. Il perdra nettement la seconde.

Schwarzenbeck, sauveur inattendu

Le 15 mai d'abord, au bout d'un match serré et intéressant, marqué par un but refusé à Müller (71e), Luis inscrit à la 114e minute un coup franc qui doit envoyer l'Atletico au paradis.

Mais le paradis sera pour un humble, Hans-Georg Schwarzenbeck, stoppeur de l'ombre, soustrait à la lumière par la présence à ses côtés de Beckenbauer, au Bayern comme en équipe d'Allemagne. Vingt-cinq ans plus tard, quand tous ses glorieux coéquipiers auront intégré le staff du Bayern ou son équipe dirigeante, Schwarzenbeck tiendra un café et se rendra au stade Olympique... pour livrer du matériel de bureau. Mais ce soir-là, à Bruxelles, il est un héros. À la 120e minute, il égalise d'une frappe extraordinaire de trente mètres (1-1). Beckenbauer joint ses deux mains et lève les yeux au ciel. Udo Lattek, l'entraîneur, ne fait pas le fier : « C'est un miracle et chacun en est conscient. Le but de Schwarzenbeck nous a redonné vie. Il a sûrement mis K.-O. les Madrilènes. J'espère qu'ils n'auront pas totalement récupéré. »

Udo Lattek, porté en triomphe par ses joueurs, laisse éclater sa joie : le Bayern est le premier club allemand vainqueur de la C1, dix-neuf ans après la création de l'épreuve.

Gerd Müller se réveille

Les deux équipes se retrouvent donc le 17 mai. L'entraîneur de l'Atletico, Juan Carlos Lorenzo, emmène ses joueurs au cinéma, fait venir des guitaristes, met sur un magnétophone des chansons du pays pendant le dîner. L'Atletico récupère de ses fatigues de la saison, et son défenseur Heredia affirme : « Avec Eusebio, nous avons pris la mesure de Gerd Müller. » L'avant-centre allemand a été transparent lors de la première finale. Mais il plane, avec Uli Hoeness, sur la deuxième, que le Bayern aborde avec un appétit de survivant et une légèreté de rescapé. Müller et Hoeness inscrivent deux buts chacun, dans cette rencontre à sens unique (4-0).

Le Bayern revient de loin, et c'est comme si cela lui donnait de l'élan. Et puis, entre les années Ajax et les années Bayern, la finale de la Coupe du monde 1974 (RFA - Pays-Bas, 2-1), l'été venu, va faire le lien. ■ V.D.

FINALES DE LA C1 L'Équipe des 16 et 18 mai 1974 Bayern - Atletico : 1-1 (a.p.), puis 4-0

3e chance pour Bouttier ?

TOUR MOTO : GOUGY CONFIRME

Les réponses de Mitterrand et de Giscard

L'ÉQUIPE

BAYERN-ATLETICO (1-1) SERA REJOUÉ DEMAIN

UN DE MOINS

MERCKX ENIGME

LE RETOUR DES TROIS FRÈRES

LE BAYERN SANS DISCUSSION CETTE FOIS (4-0)

CONCOURS FOOT Pour le Concours 31 la dernière journée de Championnat sur votre grille

L'ÉQUIPE

MOTO GUZZI

De notre envoyé spécial Robert VERGNE

BRUXELLES. – Le Bayern Munich succède donc à Ajax, à l'issue d'une empoignade de 210 minutes entrecoupée par une mi-temps de deux jours. Circonstances exceptionnelles qui ajouteront à la légende de la Coupe d'Europe.

Mais sans vouloir diminuer la victoire des Allemands, qui étaient les plus complets, il convient de préciser que les Espagnols succombèrent sur un score qui ne correspond absolument pas à la vérité du match.

Sans réussite dans le cours du jeu, l'Atletico fut victime d'une erreur d'arbitrage de M. Delcourt, lui refusant un penalty évident alors que le Bayern menait 2-0, grâce à des buts d'Uli Hoeness et de Gerd Müller. Puis Müller s'en alla inscrire le troisième but alors qu'il était en position de hors-jeu manifeste (71e).

La Coupe d'Europe trouvait ainsi un épilogue qui n'était assurément pas à la hauteur de ce que nous avions vécu pendant plus de trois heures.

Le quatrième but d'Uli Hoeness (83e) était en quelque sorte le coup de pied de l'âne pour l'Atletico, qui ne méritait pas ça, même si le Bayern s'était affirmé en grande équipe pour justifier son titre de nouveau champion d'Europe. ■

FINALE INFERNALE POUR LE BAYERN

Nouveau succès plein d'amertume pour le Bayern, lors d'une finale contre Leeds (2-0) gâchée par des erreurs d'arbitrage et par la violence. Le Parc des Princes et l'Europe découvrent le sale visage du hooliganisme.

974/75

Dix ans avant le Heysel, le Parc des Princes souffre de la folie des hooligans anglais, venus en nombre de Leeds. La fête du vingtième anniversaire de la création de la C1 est gâchée.

C'est un anniversaire. La Coupe d'Europe, créée par *L'Équipe* en 1955, a vingt ans. L'âge de repousser ses limites, mais aussi celui de se souvenir. Le Bayern et Leeds se sont invités à la fête. Pour le grand club allemand, tenant du titre, c'est une manière de miracle. Mais, dans son histoire européenne, c'est presque un état permanent.

Pourtant, le Bayern a entamé la saison 1974-75 avec cinq champions du monde : Sepp Maier, Franz Beckenbauer, Hans-Georg Schwarzenbeck, Uli Hoeness et Gerd Müller. Il a perdu le sixième, Paul Breitner, parti au Real Madrid. Le club bavarois semble surtout, et pendant un long moment, avoir perdu l'envie. À la sortie de l'hiver, il est encore treizième de la Bundesliga et, pour décrire sa chute, un journaliste a ce mot terrible et drôle : « La seule différence entre le Bayern et le *Titanic*, c'est que le *Titanic* avait un orchestre. »

Au cœur du naufrage, à la fin de l'année 1974, l'entraîneur Udo Lattek est

En demi-finales retour à Barcelone, Peter Lorimer marque d'entrée (7e) le but qui expédie Leeds au Parc des Princes (1-1).

1974/75

LE REGARD DU CRÉATEUR JACQUES FERRAN

« La commémoration massacrée »

Il y eut un jour où la Coupe d'Europe eut vingt ans. Pour célébrer cet anniversaire, l'UEFA consentit à ce que sa vingtième finale eût lieu, comme la première, au Parc des Princes, à Paris. On espéra même, pendant quelque temps, qu'elle serait, comme la première, franco-espagnole. C'est ainsi que Saint-Étienne et Barcelone s'en approchèrent jusqu'à la toucher. Mais ils en furent écartés au dernier obstacle, l'un par le Bayern Munich, l'autre par Leeds United. On se consola en se disant que cette finale anglo-saxonne n'en serait pas moins grandiose. Et digne d'une commémoration.

L'Équipe, par ailleurs, avait bien fait les choses. Désireuse de rappeler au monde le rôle décisif que, vingt ans plus tôt, elle avait joué dans l'avènement de l'épreuve, elle avait invité, aux côtés des plus importants dirigeants du monde, tous ceux qui, de Santiago Bernabeu à Gusztav Sebes, avaient participé au baptême de la compétition. Ainsi que les footballeurs dont le nom était associé aux grandes heures du tournoi : Di Stefano, Puskas, Kopa, Eusebio, Busby, Keizer, Cruyff… Le matin de la finale, une cérémonie du souvenir s'était déroulée dans les salons de l'hôtel *Ambassador*, là où, vingt ans plus tôt, la compétition avait pris son envol. Une plaque rappelant cet évènement (dont il ne subsiste malheureusement aucune trace) avait été inaugurée, donnant l'occasion à Artemio Franchi, alors président de l'Union européenne, et à Jacques Goddet, le patron de *L'Équipe*, de dire tout ce qu'ils attendaient d'exceptionnel et de mirifique de leur enfant devenu majeur.

« La Coupe d'Europe, écrivais-je pour ma part dans *L'Équipe* de ce 28 mai 1975, en vingt ans, a métamorphosé le football davantage sans doute qu'il n'avait évolué depuis sa naissance. Dans ses structures, dans son style, dans ses mœurs. Tous ceux qui se sont tenus à l'écart de la compétition européenne ont été dépassés, oubliés. Tous ceux qui s'y sont mêlés ont touché au paradis ou à l'enfer. »

La plaque posée à l'hôtel *Ambassador* pour commémorer les 20 ans de la C1.

Le sport peut mourir de sa démesure

J'ajoutais même, mû par je ne sais quel pressentiment : « Le sport, on l'apprend chaque jour, peut mourir de sa démesure. Une Coupe d'Europe trop forte engendre les fanatismes et la surenchère. C'est à la maintenir dans des proportions raisonnables, en harmonie avec les compétitions nationales et la vie des sélections, que devront travailler les pouvoirs du football… »

Cette 20e finale, hélas, fit écho bien davantage aux appréhensions manifestées dans ces lignes qu'à l'enthousiasme qu'elle avait soulevé à Paris et dans la France entière. Le Parc aurait dû décupler sa contenance pour répondre à toutes les demandes ; et l'on accourut ce soir-là vers la Porte d'Auteuil comme vers la fête éclatante du football. Mais la rencontre, loin d'être l'apothéose espérée, sombra rapidement dans l'extravagance. Par la faute de milliers de hooligans anglais, venus saccager, autour et à l'intérieur du stade, tout ce qui était à leur portée ; par la faute de deux équipes rivales qui se précipitèrent dans leur affrontement comme dans une guerre et ne produisirent que des figures embryonnaires et caricaturales du jeu de football ; et par la faute de l'arbitre français, M. Kitabdjian, totalement dépassé par l'ampleur et la sauvagerie de ce combat.

Signal d'alarme

« Comment sauver le football ? interrogions-nous le lendemain dans *L'Équipe*. La finale de Coupe d'Europe a servi de révélateur et a peut-être déclenché un signal d'alarme dont le football de haute compétition va devoir tenir compte. *L'Équipe* pose aujourd'hui le problème de l'avenir du football sur les quatre points essentiels qu'il faut rénover : l'arbitrage trop faible et démuni, les lois du jeu qu'il est nécessaire de moderniser, le style et les conceptions des équipes et des joueurs qui doivent être moins défensifs, l'environnement du public et des supporters enfin, qu'il convient de purifier. Tous les pouvoirs fédéraux ont pour mission de prendre d'urgence les mesures qui s'imposent. »

On était en 1975. La C1 avait vingt ans. Quand elle en eut trente, on décida que sa finale se déroulerait à Bruxelles, au Heysel… ■

D'anciens vainqueurs posent pour le vingtième anniversaire (de g. à dr.) : M.Marquitos, M.Busby, M.Muñoz, P.Keizer, F.Gento, R.Kopa, J.Augusto, A.Di Stefano, F.Puskas.

limogé. D'un trait humoristique et amer, il souhaite à son successeur de « savoir nager ». Dettmar Cramer arrive en janvier et le président Neudecker promet que les montants des contrats seront divisés par deux si le Bayern est éliminé de la C 1.

Face à cette pression maximale, le Bayern se retrouve. En huitièmes de finale, Gerd Müller inscrit les cinq buts de son équipe contre Magdebourg (3-2, 2-1) ; « *Der Bomber* » en est alors à 45 matches européens et 45 buts. Ararat Erevan (2-0, 0-1) et Saint-Étienne (0-0, 2-0) ne freinent pas la course des Munichois vers Paris.

Bremner se masse au whisky

L'exploit de l'année est signé Saint-Étienne en huitièmes de finale, battu 4-1 à Split et victorieux 5-1 au retour, après un but de Triantafilos au bout de la prolongation. L'ombre de l'année, et même le malaise, vient de Barcelone, à qui Aatvidaberg vend ses chances, en acceptant de jouer les deux manches de son quart de finale au Nou Camp pour une garantie de 75 000 dollars. L'UEFA ne lève même pas un sourcil, donnant son agrément au prétexte que les deux clubs sont d'accord. Ainsi peut-on, alors, acheter une partie de sa qualification. Car le Barça ne risque pas de trembler dans ces conditions (2-0, 3-0).

Mais les Catalans s'arrêtent en demi-finales. Et l'autre finaliste du Parc des Princes est anglais, inédit et furieux. Leeds est une terrible équipe de combat. Façonnée par Don Revie, devenu sélectionneur anglais six mois plus tôt, entraînée par Jimmy Armfield, elle est menée par le rou-

Les Bavarois Beckenbauer, Dürnberger, Schwarzenbeck et Maier (de g. à dr.) encerclent le buteur de Leeds, Joe Jordan (en blanc).

quin écossais Billy Bremner, dont on dit qu'il se masse les chevilles au whisky.

Alors qu'il a dû jouer quatre fois contre Ipswich en Cup, Leeds sort le Barça de Johan Cruyff en demi-finales (2-1, 1-1) ; pendant que Yorath reste impuni de tous ses excès d'engagement, McQueen est expulsé pour avoir giflé Clares. Sur le talent de Cruyff, Bremner remarque : « C'est un terrible danger pour une équipe de tout miser sur un seul homme. »

Il y a plus grand danger que cela pour le football. Le Parc des Princes doit fêter le vingtième anniversaire de la Coupe d'Europe, mais les bougies sont remplacées par des pétards, et les cadeaux par la haine ordinaire. Ce sont des morceaux de plastique jaune et orange, vestiges des sièges arrachés par les supporters de Leeds, qui vont colorer le décor.

Une terre de désolation

Les supporters anglais se conduisent comme des voyous. Ils n'ont pas d'excuse, mais il y a une explication. L'arbitre français de la finale, M. Kitabdjian, a détroussé Leeds d'une victoire possible. Il commence par refuser un but valable à Lorimer, pour un hors-jeu de position que son juge de touche avait signalé dans un premier temps, avant de renoncer et de courir vers le milieu de terrain pour valider le but. M. Kitabdjian, surtout, refuse un penalty flagrant pour une faute de Beckenbauer sur Clarke en première période. Contre l'évidence des images, Michel Kitabdjian assurera, après la finale : « J'étais à trois mètres de l'action. Il n'y avait pas faute. »

Malgré les blessures d'Andersson et de Hoeness, tous deux sortis en première période, la patience et la puissance d'un Bayern réaliste font la différence en seconde période, avec deux buts de Franz Roth (71e) et de Gerd Müller (81e). Les supporters de Leeds quittent alors le Parc des Princes, et ce n'est pas pour aller se coucher. Le voisinage du stade parisien est une terre de désolation. Et la fête est gâchée, bien sûr. Des milliers de supporters anglais, de l'alcool à bon marché et des bars ouverts tard le soir : c'était trop.

Beckenbauer : « L'adversaire le plus méchant que j'aie jamais rencontré »

Le Bayern ne gagne pas en popularité pour tant de calculs et de froid réalisme, mais Leeds, indépendamment du comportement de ses supporters, n'est pas un chevalier blanc. L'engagement de ses joueurs a été furieux. Yorath a notamment blessé Andersson dès la 4e minute, et M. Kitabdjian s'est également trompé dans ce sens : il aurait dû expulser le défenseur de Leeds et laisser l'équipe anglaise jouer toute sa finale à dix. Avec un peu de recul, Franz Beckenbauer dira : « C'est l'adversaire le plus méchant que j'aie jamais rencontré dans toute ma carrière. Certains joueurs de Leeds cherchaient à faire mal de manière délibérée. » Lorsqu'il s'en va recevoir la coupe d'Europe, sur le balcon du Parc, un virage est vide et dévasté. Drôle d'anniversaire, vraiment. ■ V.D.

L'arbitre Kitabdjian, complètement dépassé.

1974/75

FINALE DE LA C1 L'Équipe du 29 mai 1975 Bayern Munich - Leeds : 2-0

C'était le jour du Bayern...

...mais Leeds et le football méritaient mieux

L'ÉQUIPE

Violence et antijeu appellent des réformes

LEEDS K.-O.

SACRÉ MULLER !

PARIS. – Le Bayern n'avait pas à conquérir la Coupe d'Europe. Il la possédait déjà. Il la défendit bec et ongles, hier soir, mais il la défendit seulement. Cette équipe si brillante autrefois ne nous a montré qu'un visage fermé.
Elle n'a procédé que par contres et deux d'entre eux lui ont souri.
Elle possédait heureusement un joueur de grande classe, Franz Beckenbauer, qui rétablit nombre de situations par son coup d'œil et la finesse de sa touche de balle.
Cette finale laisse un goût amer, car Leeds avait mérité de marquer le premier, mais se vit injustement refuser le but de Lorimer (67e), tandis que M. Kitabdjian avait déjà fermé les yeux sur une faute de Beckenbauer sur Clarke (36e). Quatre minutes après ce but refusé, Roth marquait d'un tir splendide pour donner l'avantage au Bayern, un Bayern que l'on n'avait pas vu.
Toute la tribune des supporters de Leeds fit pleuvoir sur le terrain des bouteilles et des sièges arrachés, et les CRS durent intervenir, alors que, sur une excellente montée de Kapellmann, Gerd Müller marquait le deuxième but du Bayern (81e).
Leeds était battu, après avoir été l'équipe qui avait le plus attaqué et montré le plus de volonté.
Mais la chance a, une fois de plus, couronné le Bayern, ce Bayern qui avait dû disputer deux finales l'an dernier pour conquérir cette Coupe d'Europe qu'il conserve aujourd'hui. ■

Jean CORNU

LE BAYERN, C'EST CARRÉ

1975/ 76

La fièvre verte n'a pas emporté le Bayern Munich, de nouveau sacré en finale (1-0) face à une équipe de Saint-Étienne qui se demande encore ce qui serait arrivé si les poteaux de Glasgow avaient été ronds.

Le coup franc victorieux du Bavarois Franz Roth (à dr.) prend à revers le mur stéphanois constitué de P. Revelli, J.-M. Larqué, D. Bathenay, J. Santini et C. Lopez (de g. à dr.).

Pour partir à la poursuite d'une troisième couronne européenne d'affilée et entrer dans l'histoire du jeu, le Bayern sort le Real Madrid en demi-finales (1-1, 2-0). Il élimine du même coup deux autres joueurs allemands, Günther Netzer et Paul Breitner, dans un décor tendu : à l'aller, à Madrid (1-1), un spectateur est descendu sur le terrain agresser l'arbitre, M. Linmaier, avant de frapper finalement Gerd Müller qui passait par là.

« Le meilleur match que j'aie vu »

Lors du match retour, dominé par le Bayern (2-0), Amancio est expulsé (90e) de son dernier match européen, à 37 ans… Les Madrilènes ne sont pas récompensés d'avoir fait le ménage dans la compétition, en « renversant » le champion d'Angleterre, Derby County (1-4, 5-1) et son fantasque Charlie George, auteur de quatre buts en deux manches, mais aussi en éliminant Mönchengladbach (2-2, 1-1). Le match

retour Real-Derby (5-1), fantastique par sa qualité et son scénario, fait dire à Paul Breitner, le milieu de terrain allemand du Real : « De toute ma vie, c'est le meilleur match que j'aie vu de la part d'une équipe de club. »

Mais c'est le Bayern qui est donc de nouveau en finale. À Glasgow, il attend Saint-Étienne, poussé par une véritable fièvre verte. Le champion de France a sorti Kiev (0-2, 3-0 a.p.) en un quart de finale héroïque au cours duquel une gourmandise d'Oleg Blokhine est punie par une marée sans pareille. Et, en demi-finales, les Verts préservent à Eindhoven (0-0) l'avantage obtenu à l'aller sur un coup franc de Jean-Michel Larqué (1-0).

Mais, à huit jours de la finale de Glasgow, Saint-Étienne tombe dans un piège, en Championnat. Les joueurs de Nîmes blessent Patrick Farison et Christian Synaeghel tandis que Dominique Rocheteau, touché à la cuisse, est presque forfait. Le romantisme du perdant magnifique, très français, se construit dès ces événements-là. Le capitaine, Jean-Michel Larqué, affirme de son côté : « Nous perdrons peut-être la finale, mais nous ne la raterons pas. »

Savait-il, Larqué, avant de découvrir Hampden Park, à la veille de la finale, que ses poteaux étaient carrés ? Car ils sont carrés, et c'est l'une des dernières fois que le football en propose. Dorénavant, ils seront ronds. Universellement. Mais ce sera trop tard pour Saint-Étienne.

Bathenay puis Santini sur la barre

Dans cette finale que les Verts dominent, surtout en première période, il y a d'abord une frappe lointaine de Dominique Bathenay sur la transversale, qu'Hervé Revelli reprend… dans les gants de Sepp Maier. Il y a encore, sur un centre de Christian Sarramagna, le meilleur Stéphanois, une tête de Jacques Santini, sur la barre à nouveau. Pendant des années, des générations d'étudiants et de scientifiques calculeront que, si les poteaux de Glasgow avaient été ronds, Saint-Étienne aurait inscrit ces deux buts.

Puis, au cœur de la seconde période, Oswaldo Piazza est sanctionné à la suite d'un contact avec Gerd Müller. Une vraie faute ? L'Argentin niera longtemps. Franz Beckenbauer s'avance et, malin, pendant que l'arbitre fait reculer le mur, glisse le ballon à Franz Roth, dont la frappe transperce la nuit et la vigilance du gardien Ivan Curkovic.

Le milieu de terrain est encore le héros bavarois. Surnommé « Bulle » pour sa rondeur, Roth avait déjà inscrit le but vainqueur en finale de la Coupe des Coupes 1967, face aux Rangers (1-0), et marqué encore en finale de la Coupe d'Europe 1975 face à Leeds (2-0).

Müller buteur au match retour contre le Real (2-0), fêté par Hoeness et Beckenbauer.

Müller agressé à l'aller à Madrid (1-1) par un spectateur venu frapper l'arbitre.

Le baroud d'honneur stéphanois, c'est l'entrée de Rocheteau, l'ange vert de cette saison-là. Il reste huit minutes, il part dans ses dribbles chaloupés, mais il est trop tard. L'entraîneur Robert Herbin justifie : « Fallait-il faire entrer Dominique Rocheteau plus tôt ? Il fallait se rappeler qu'il pouvait craquer à tout moment, et qu'il y aurait peut-être une prolongation. » Il n'y aura qu'un nouveau tour d'honneur du Bayern.

Beckenbauer : « Les Stéphanois étaient supérieurs au Real »

La presse européenne, le lendemain, choisit son camp. Ce Bayern-là n'est pas l'équipe la plus populaire de l'histoire. Les observateurs sont réticents à accorder à

Müller à l'affût, face au Stéphanois Curkovic et devant Piazza, en finale (1-0). Il obtiendra le coup franc fatidique transformé par Roth.

Dans l'enfer de Glasgow, l'engagement est total entre les Verts de Christian Sarramagna (au centre) et les Blancs d'Udo Horsmann, sous les yeux de Hans-Georg Schwarzenbeck.

1975/76

la formation allemande la même gloire qu'au Real et à l'Ajax, les deux seules autres équipes également sacrées trois fois consécutivement.

En Espagne, *Marca* écrit : « Ce n'est pas le meilleur qui a gagné. » *As* titre : « Bayern, le faux champion. » La presse écossaise est plus acerbe encore. Le *Daily Mail* évoque « un larcin », et le *Sun*, tout en nuance, affirme : « Le Bayern vole la Coupe aux Français. »

Mais les Allemands sont fondés à faire remarquer qu'un but de Gerd Müller a été refusé pour un hors-jeu douteux et que Curkovic s'y est repris à trois fois pour stopper un tir d'Uli Hoeness qui avait failli franchir la ligne. « La malchance a été partagée », affirme ainsi Hoeness. Qui ajoute : « Ce qui reste pour moi, c'est la victoire du Bayern. »

La coupe dans les bras, l'entraîneur allemand, Dettmar Cramer, résume une philosophie, presque une marque de fabrique : « Il y a des moments où les lois du foot sont celles de la rentabilité et non celles de la qualité. Avant de convaincre, il faut vaincre. »

Mais s'il faut accorder les honneurs à son adversaire, Franz Beckenbauer y consent volontiers : « Des trois finalistes que nous avons battus, c'est Saint-Étienne qui nous a causé le plus de problèmes. Les Stéphanois étaient également supérieurs au Real Madrid, que nous avons éliminé en demi-finales. »

Les perdants défilent sur les Champs-Élysées

Le Bayern Munich entre dans l'histoire, mais sans faire de bruit. Le lendemain, aucune fête n'est organisée en Bavière. Il y aura seulement un dîner, le samedi suivant, après un match de Championnat. La marque des grands, au fond, est de montrer que la victoire est un état ordinaire.

Le football français, qui sort d'une longue nuit, depuis les années rémoises et sa troisième place à la Coupe du monde 1958, n'a pas cette culture. Il a encore celle des perdants magnifiques. Le lendemain de leur défaite à Glasgow, les joueurs de l'AS Saint-Étienne descendent les Champs-Élysées, à Paris, où cent mille Parisiens les escortent, pendant une heure, de la place de l'Étoile jusqu'au palais de la présidence de la République. Comme des vainqueurs. ■ V.D.

FINALE DE LA C1 L'Équipe du 13 mai 1976 Bayern Munich - Saint-Étienne : 1-0

0-1 L'ÉQUIPE

SPORTIFS ! DÉLASSEZ-VOUS ! L'institut ANNE ROULLIER

ILS ONT TOUT TENTÉ !...

Sarramagna le Magnifique

De notre envoyé spécial Jacques FERRAN

GLASGOW. – Le Bayern, considéré comme le favori, ne se conduisit pas en équipe déterminée à prouver clairement sa supériorité. On aurait dit qu'il redoutait Saint-Étienne au moins autant que Saint-Étienne le redoutait. Il se contentait de tisser sa toile tandis que les Stéphanois s'engageaient davantage.

Cette impression d'un pouvoir offensif supérieur fut largement confirmée avant la mi-temps par les deux essais de Dominique Bathenay et de Jacques Santini qui échouèrent sur la barre transversale du gardien Sepp Maier.

Deux coups fulgurants et magistraux portés à la majesté du Bayern, et que ne compensait pas tout à fait le tir d'Uli Hoeness relâché par Ivan Curkovic.

Les Stéphanois ont pu, alors, éprouver le sentiment que le Bayern était bon à prendre. Mais le Bayern est comme une grosse bête qui n'est jamais aussi redoutable que lorsqu'elle est assoupie. L'ours munichois est resté impassible et un seul de ses coups de griffe a suffi, sur le coup franc fatidique transformé par Roth et obtenu par Gerd Müller sur une astuce de vieux professionnel.

Ce but a lézardé le mur de confiance des Français. Et le Bayern est apparu soudainement plus grand, plus redoutable, comme ces vieux boxeurs privés de punch, mais qui savent encore et encore une seule chose : gagner. ■

Défenseur ouest-allemand
1945 Naissance à Munich (le 11 septembre)
1958-77 Joue au Bayern Munich (3 victoires en C1 + 1 C2, 5 titres et 4 Coupes de RFA, 424 m. et 44 b. en D1)
1977-80 Joue au Cosmos New York (3 titres NASL, 105 matches et 20 buts)
1965-77 International allemand (1 Mondial + 1 finale, 1 Euro + 1 finale, 104 sélections et 14 buts)
1972, 76 Ballon d'Or de *France Football*
Signe particulier : il n'a entraîné qu'une équipe étrangère, celle de Marseille.

Franz Beckenbauer

La classe du « Kaiser »

Défenseur plus élégant et racé que bien des attaquants, personnalité charismatique et com d'exception, Franz Beckenbauer a marqué de son empreinte le jeu de football.

Il semble né pour rester droit, à peine raide, et voir de plus haut, plus loin que les autres. Joueur, entraîneur, sélectionneur, dirigeant : toutes les lumières, toutes les gloires ont convergé vers Franz Beckenbauer. Le « Kaiser » était un surnom sur mesure, hérité d'une photo prise en 1968, un jour de match amical du Bayern, devant le buste de l'empereur Guillaume II. Le Bayern serait son écrin. Ce n'était pas un hasard, car le destin des grands hommes ne lui laisse guère de place.

Le héros de Mexico

Mais c'est une étonnante histoire : à l'âge de douze ans, alors qu'il devait quitter le SC Munich 1906 pour Munich 1860, club de Première Division, une gifle reçue de l'homme qui l'avait recruté, au cours d'un derby, lui fit prendre la direction du Bayern.

Deux trajectoires parallèles vont traverser l'Europe du football. Comme le Bayern, Franz Beckenbauer passe de la D2 aux sommets de l'Europe du football. La Coupe du monde 1966 accompagne la révélation de sa grâce et de l'élégance subtile et tranchante d'un milieu de terrain défensif. Puis il recule d'un cran. Il est plus qu'un défenseur central, un pionnier, contre-attaquant d'exception. La Coupe du monde 1970 au Mexique en fait un héros, demi-finaliste battu, le bras en écharpe, au bout d'une prolongation de légende contre l'Italie (3-4). La Coupe du monde 1974 en fait un vainqueur, à Munich, presque sur le pas de sa porte. Il a imposé, au passage, la mise à l'écart de Günther Netzer, domptant l'influence de Mönchengladbach par une préférence munichoise. Helmut Schoen est le sélectionneur, Franz Beckenbauer est le patron.

Un parcours sans faute

Trois fois victorieux de la C1 avec le Bayern, il est celui qui contrebalance, par sa classe, l'économie des sentiments qui s'attache aux triomphes bavarois. Il lui reste à vivre trois saisons new-yorkaises sous le maillot du Cosmos, qui le rendront au bonheur simple de jouer. Il lui reste à remporter u du monde comme sélectionneur, en Italie. À glaner quelques titr entraîneur du Bayern, où lui seu l'ordre au sein de ce « FC Holly remporter la course à l'organisa Coupe du monde 2006, attribu magne autant qu'à lui-même. À en devenir président de l'UEFA. Il fa se méfier des dilettantes surdoue nés pour diriger.

Otto Rehhagel, ancien entr Brême, Kaiserslautern et du Bay tionneur de la Grèce à l'Euro 200 ainsi l'aura du Kaiser : « Si dem raconte que le ballon est carré s'exclameront : "Enfin, quelqu'u courage de dire la vérité !"… » V.

Troisième sacre d'affilée pour l Beckenbauer, à Glasgow en 19 Saint-Étienne (1-0). « Kaiser Fra compétiteur assoiffé de victoire

1976/77 ON SE LÈVE TOUS POUR LIVERPOOL

L'inexorable montée en puissance des Reds de Kevin Keegan devait fatalement les déposer sur le toit de l'Europe. C'est chose faite au bout d'une finale maîtrisée contre les Allemands de Mönchengladbach (3-1).

Liverpool plane sur la C1, porté par un duo de feu en attaque, associant Kevin Keegan à Jimmy Case, ici en plein envol au cours de la demi-finale aller contre le FC Zurich (3-1).

Bill Shankly, l'homme qui a façonné le grand Liverpool et lui a donné son âme, a passé le relais à Bob Paisley depuis maintenant deux saisons. Mais il sait qu'avec son vieux complice et long serviteur du club, l'équipe est entre de bonnes mains, qu'elle va bientôt arriver à maturité et que son jeu collectif – basé sur la qualité de passe, le mouvement et la possession de balle – doit lui permettre, désormais, de conquérir et de dominer durablement l'Europe.

Les Reds, qui viennent de remporter leur seconde Coupe de l'UEFA au printemps précédent, face au FC Bruges (3-2, 1-1), n'ont fait ainsi qu'une bouchée des Irlandais du Nord de Crusaders (2-0, 5-0) et des Turcs de Trabzonspor (0-1, 3-0), lorsque le tirage au sort leur offre, en quarts de finale, l'AS Saint-Étienne, finaliste malheureux en 1976. Battu à Geoffroy-Guichard lors de la première manche (0-1) et tenu en échec au retour jusqu'en début de seconde mi-temps (1-1), Liverpool livre néanmoins une formidable bataille à Anfield et, par cette soirée poignante et mémorable, finit par emporter le morceau sur le fil (3-1) au prix d'un ultime raid de David « Supersub » Fairclough, son joker favori, entré en jeu un quart d'heure plus tôt à la place de John Toshack.

La ferveur de leurs supporters donne des ailes aux Reds tout au long de leur parcours.

Pas de latin au programme

Tandis que le Bayern Munich, tenant du titre depuis 1974, vient de succomber au tourbillon du Dynamo Kiev (1-0, 0-2), et qu'il ne reste plus un seul club latin en vue, l'horizon paraît suffisamment dégagé pour que les Anglais réussissent enfin à forcer leur destin. S'ils balayent aisément le FC Zurich (3-1, 3-0) en demies, ils ne partent pourtant pas favoris de leur première finale contre les Allemands du Borussia Mönchengladbach. Udo Lattek, dont l'équipe a éliminé Kiev un mois auparavant (1-2, 2-0) et récupéré, juste à temps, Jupp Heynckes en attaque, possède d'ailleurs une foi inébranlable dans son bloc, dans son jeu de contre, et prétend par exemple : « Les Anglais combattent. Nous, nous jouons au football. » Berti Vogts, nostalgique de l'époque Hennes Weisweiler, quand « Gladbach » était un régal à voir jouer, se permet toutefois cette remarque : « Nous ne savons pas jouer autrement qu'en attaquant. Nous devons donc revenir à un jeu plus rythmé et moins attentiste. » Il ne sait pas encore que son équipe va passer complètement à côté de l'événement.

Liverpool, de son côté, semble usé par une longue saison et, en dépit d'un dixième de titre de champion, sa défaite en finale de la Cup à Wembley contre Manchester United (1-2), quatre jours avant la finale de Rome, ne le rassure sans doute pas sur ses ressources physiques. Paisley souligne : « Dix-sept matches en quatre semaines, ça fait beaucoup. » Emlyn Hughes, son capitaine, confesse encore : « Je n'ai jamais été aussi cuit de ma vie. »

En l'absence en attaque de John Toshack, qui souffre toujours d'une cheville, et en défense de Phil Thompson, blessé depuis déjà de longues semaines, Paisley laisse dire les observateurs et reste fidèle au 4-4-2 qu'il réserve aux soirées européennes. « Notre stratégie a bien marché jusqu'ici, dit-il, en fin tacticien. Je ne vois donc pas pourquoi elle ne marcherait pas à nouveau, ni pourquoi nos deux attaquants ne parviendraient pas à se libérer du marquage adverse et à créer des espaces pour

En quarts aller, l'Anglais Phil Neal devance Patrick Revelli. L'avantage pris par Saint-Étienne dans son Chaudron (1-0) ne suffira pas.

Kevin Keegan

Attaquant anglais
1951 Naissance à Doncaster (le 14 février)
1971-77 Joue à Liverpool (1 victoire en C1, 2 victoires en C3, 3 titres et 1 Cup)
1977-80 Joue à Hambourg (1 finale de C1, 1 Championnat de RFA)
1972-82 International anglais (63 sélections, 21 buts)
1978, 79 Ballon d'Or de *France Football*
Signe particulier : « King Kevin » a terminé sa carrière à Southampton (1980-82) et Newcastle United (1982-84).

La trouvaille de Bill Shankly

Recruté pour 50 livres par semaine, l'attaquant de poche (1,68 m) devient le maître à jouer du grand Liverpool, qu'il amène au sommet avant d'aller chercher fortune en Allemagne.

C'est en partant pour Hambourg en 1977 et en osant le pari de l'étranger que Kevin Keegan prendra une dimension supplémentaire, remportera deux Ballons d'Or successifs (1978 et 79) et arrondira son compte en banque. Mais c'est avec Liverpool qu'il naît au football et qu'il construit sa légende.

Au moment de débarquer chez les Reds, un jour de mai 1971, il ne gagne que 30 livres par semaine à Scunthorpe, un petit club de Quatrième Division, et en demande poliment « vingt de plus » à Bill Shankly. Celui-ci accepte volontiers. « Son père, Joe, était un ancien mineur comme moi, racontera le mythique boss de Liverpool. Nous nous sommes donc entendus très vite. Et puis au prix ridicule où on l'avait payé… À 20 ans, Kevin débordait d'énergie et d'enthousiasme. C'était un gagneur-né. » Un vrai compétiteur doublé d'un féroce combattant, et rarement blessé, comme les aime Anfield. « Je suis fait pour la compétition comme d'autres sont faits pour les affaires ou la politique », dit-il lui-même.

Cent buts pour Liverpool

Recruté dans l'idée de remplacer au milieu Ian Callaghan, vieillissant, lequel jouera pourtant encore sept ans, Keegan impose d'entrée son petit gabarit, sa vivacité, sa détente, ses dribbles, son adresse et ses qualités de buteur à la pointe de l'attaque, aux côtés du géant gallois John Toshack. Mais surtout, son intelligence de jeu, son génie et l'originalité que lui offrent dans le football anglais son sens de l'improvisation et sa technique quasi latine, collent parfaitement avec ce que Shankly veut faire de son équipe. Trois fois champion d'Angleterre (1973, 1976, 1977), vainqueur de la Cup (1974) et de deux Coupes de l'UEFA (1973, 1976), quatre fois meilleur buteur du club (100 buts, pile, au total) et idole du Kop, élu joueur de l'année en Angleterre (1976) et devenu capitaine de son équipe nationale, « King Kevin » ne peut donc pas s'en aller autrement que sur une victoire historique à Rome, en Coupe des champions, contre Mönchengladbach. Et sur une performance de grande classe.

Les félicitations de Berti Vogts

« Je ne placerai pourtant pas ce match parmi les dix meilleurs que j'ai joués pour Liverpool, confiera-t-il à l'heure des adieux. Contrairement à ce que beaucoup pensent, je ne dirais pas non plus que mon duel avec Berti Vogts a été la clé de cette finale. Je me souviendrai plutôt de la victoire et surtout des félicitations que Vogts est venu m'adresser à ma table, à la réception d'après-match. Voilà un geste dont j'aurais été bien incapable… »

Sa conquête européenne terminée, Keegan s'en ira donc en Allemagne, à la grande colère de nombreux supporters des Reds qui s'estiment trahis et le lui font savoir. À tous ceux-là, King Kevin répond : « J'ai donné six années de ma vie à Liverpool et, pendant ce temps-là, j'ai probablement été son meilleur joueur. »

On ne saurait lui donner tort. P.U.

que nos milieux de terrain puissent percuter et marquer. »

Le cadeau d'adieu de Keegan

Pour son dernier match avec les Reds, avant son départ vers Hambourg, Kevin Keegan s'est juré de ne pas manquer ses adieux, de ne pas décevoir son entraîneur et, donc, de sortir vainqueur de son duel avec Berti Vogts. « Le style de Vogts me convient, assure-t-il. J'aime les défenseurs qui m'attaquent. On les élimine plus facilement… » En dépit de la féroce surveillance dont il est l'objet, Keegan est bien le roi du terrain et, s'il ne marque pas, il finit par provoquer un penalty à la 82e minute, transformé par Phil Neal, qui scelle définitivement le sort du match. Avant cela, Liverpool domine largement son affaire, il fait toujours la course en tête, d'abord grâce à une frappe de Terry McDermott (27e), puis sur un corner de Steve Heighway et une tête de Tommy Smith (64e). Il paraît invulnérable et Bob Paisley n'est donc pas peu fier de cette victoire. « C'est la plus grande nuit dans l'histoire du Liverpool Football Club », confesse-t-il.

Son attaquant, Steve Heighway, avoue : « Quand je suis sorti du tunnel et que j'ai entendu chanter nos 27 000 supporters, mes cheveux se sont dressés sur ma tête et mon corps entier a été saisi de picotements. J'ai su alors que nous allions gagner. »

Le règne de Liverpool ne fait que commencer. ■ P.U.

En finale, Kevin Keegan (au c.) se joue de M'Gladbach, malgré les tacles de Berti Vogts.

FINALE DE LA C1 **L'Équipe du 26 mai 1977** **Liverpool - Mönchengladbach : 3-1**

L'ÉQUIPE

LA "ROUTE DU RHUM" : TRANSAT A LA FRANÇAISE

EUROPE 77 CAPITALE LIVERPOOL

JAUNES - VERTS : la Coupe explose !

Moser en rose | Les Catalans sont mûrs

De notre envoyé spécial Jacques FERRAN

ROME. – Et ce fut Liverpool. Sans l'ombre d'un doute. Ce fut Liverpool contre toute attente. Un Liverpool qui a empoigné cette finale d'entrée et ne l'a pas lâchée.

Un Liverpool qui n'a laissé aux champions d'Allemagne, pourtant favoris, que les miettes du banquet romain. Un Liverpool superbe, increvable, à la fois généreux et lucide, à la fois plein de bravoure et de sang-froid.

Un Liverpool qui a sans doute commencé dans son tour d'honneur à offrir sa belle coupe d'argent à ses milliers de supporters enthousiastes, mais qui a recueilli ensuite, dans la chaude nuit romaine, les applaudissements d'une foule unanimement conquise. Ils avaient paru émoussés, samedi, en finale de la Cup. Ils sont ressuscités dans le stade Olympique. Quant aux Allemands de Mönchengladbach, ils ont sans cesse couru derrière un adversaire intouchable, frappés de stupeur devant tant d'aisance et de solidité. Ce n'était donc pas leur soir.

Et l'on s'interrogera sans doute longtemps pour savoir les raisons d'une défaillance aussi complète.

Mais si cette finale ne laissera pas un souvenir aussi plein que les autres, c'est à la supériorité trop complète des champions d'Angleterre qu'elle le doit. ■

LES REDS COMME CHEZ EUX

L'étroitesse du score indique mal à quel point, dans le temple de Wembley, Liverpool s'est promené pour remporter face aux Belges du FC Bruges (1-0) une seconde victoire d'affilée et le premier doublé d'un club anglais.

1977/78

Pas de sourire forcé chez Emlyn Hughes, le capitaine de Liverpool, au soir de sa seconde victoire d'affilée en C1 sur le pas de sa porte, à Wembley près de Londres.

Sans Kevin Keegan, parti pour Hambourg durant l'été 1977, Liverpool ne paraît nullement désemparé à l'heure de défendre son nouveau trophée. Avec l'Ecossais Kenny Dalglish, attaquant complet et redoutable finisseur, Bob Paisley lui a d'ailleurs trouvé mieux qu'un remplaçant. Le manager n'hésite pas à dire : « En quarante-cinq années, c'est le meilleur joueur que j'ai vu à Liverpool. Il possède un talent individuel exceptionnel, mais aussi ce don rare de rendre bons tous ceux qui l'entourent. » Tant qu'il y était, et puisque l'Ecosse regorge encore à cette époque de bons produits, Paisley est aussi allé y chercher un jeune défenseur central très prometteur, Alan Hansen, appelé à succéder à Tommy Smith. Enfin, il fait signer, en janvier 1978, Graeme Souness, milieu de terrain à la fois féroce, clairvoyant et parfaitement taillé pour le jeu qu'il fait pratiquer à son équipe.

La bête noire de Mönchengladbach

Chahuté en Angleterre par Nottingham Forest, auquel il doit abandonner le titre et la Coupe de la League, Liverpool fait néanmoins confiance à son savoir-faire en

Coupe d'Europe et trace sa route, imperturbable. Exempt du premier tour, il retourne comme des crêpes les Allemands de l'Est du Dynamo Dresde en huitièmes (5-1, 1-2) puis les Portugais de Benfica en quarts (2-1, 4-1), avant de retrouver Mönchengladbach en demi-finales.

La première manche, remportée 2-1 par les Allemands, laisse tout de même Paisley perplexe. « Le Borussia a été bien meilleur qu'à Rome lors de la finale de l'an dernier et nous bien, bien plus mauvais. Qu'à cela ne tienne, ça fera un superbe match retour. »

À Anfield, ses joueurs lui donnent une nouvelle fois raison. Ceux-ci ne laissent aucune chance à leurs adversaires et règlent l'affaire (3-0) en moins d'une heure grâce à des buts de Ray Kennedy, Kenny Dalglish et Jimmy Case. Avec une finale programmée cette année à Wembley, une deuxième victoire leur semble promise.

Le FC Bruges, dont il connaît déjà le profil et les qualités pour l'avoir battu en finale de la Coupe de l'UEFA, deux ans auparavant (3-2, 1-1), ne semble pas de taille, en effet, à lui contester sa suprématie sur ses terres. L'invité surprise de ce printemps peut cependant se vanter d'avoir fait tomber quelques têtes prestigieuses pour en arriver là, par exemple l'Atletico Madrid en quarts (2-0, 2-3) et, surtout, la Juventus (0-1, 2-0 a.p.). Il a aussi pour entraîneur Ernst Happel, lequel a déjà conduit Feyenoord Rotterdam à la victoire en 1970. Mais l'Autrichien se doute bien que l'absence de ses deux meilleurs joueurs, Paul Courant au milieu et Raoul Lambert en pointe, risque de peser lourd dans la bataille.

Une victoire signée Dalglish

Comme d'habitude, Liverpool ne se préoccupe que de son jeu et fait confiance à sa force collective, à sa défense Neal-Thompson-Hansen-Hughes, à son milieu Case-McDermott-Souness-Kennedy et à l'instinct de buteur de Kenny Dalglish dans les seize mètres. Servi par son compatriote Souness, « King Kenny », la nouvelle idole du Kop, offre logiquement aux Reds, à la 64e minute, une victoire qu'ils ont su patiemment construire (1-0) et que Bruges essaye jusqu'au bout de leur contester avec ses moyens du moment. Au soir de cette finale décevante et à sens unique, Paisley confesse : « Désolé, mais pour danser le tango il faut être deux. » Et Emlyn Hughes, capitaine comblé au crépuscule de sa carrière, constate : « Les équipes continentales se font une montagne de nous et n'osent pas aller de l'avant, de peur de se faire détruire. Tant mieux pour nous et tant pis pour elles… » Seule une autre équipe anglaise serait-elle donc capable de percer le mystère ? ■ P.U.

Kenny Dalglish, le buteur de la finale, et le grand orchestre rouge imposent une drôle de danse aux joueurs brugeois.

Le charismatique entraîneur Bob Paisley (à dr.) en compagnie du défenseur Emlyn Hughes, dans le vestiaire d'Anfield, après la demi-finale contre Mönchengladbach (3-0).

Alan Hansen, Kenny Dalglish, Graeme Souness (de g. à dr.), vainqueurs déchaînés.

FINALE DE LA C1 L'Équipe du 11 mai 1978 Liverpool - FC Bruges : 1-0

De notre envoyé spécial Gérard ERNAULT

WEMBLEY. – À Rome, l'an passé, Emlyn Hughes, le capitaine de Liverpool, avait déjà reçu des mains de M. Artemio Franchi, président de l'UEFA, le trophée allant au vainqueur de la Coupe d'Europe des clubs champions puisque le Liverpool FC avait étouffé Mönchengladbach.

Recevant la récompense, Emlyn avait dit : « Aucun club anglais n'a réussi le doublé en Coupe d'Europe, alors, l'an prochain, il faudra bien que l'on gagne encore. »

Le Liverpool FC est donc devenu, hier soir, le premier club de la vieille Angleterre à remettre ça en Coupe d'Europe, au terme d'une finale pas toujours emballante, contre un FC Bruges qui n'a pas à rougir de tout ce qui s'est passé.

L'équipe anglaise avait trop d'arguments en sa faveur, Wembley pour commencer, acquis à sa cause, et Bruges connut trop de malheurs pour en arriver là.

La victoire de Liverpool est cependant de celles qui n'insultent pas le jeu. Elle met les Rouges sur le tremplin d'un cycle important dans l'histoire de la compétition européenne. Elle adoucit aussi l'amertume de tout le pays du football, qui regardera le mois prochain le monde entier disputer sans lui un Mundial dont il était pourtant digne. ■

NOTTINGHAM SORT DU BOIS

Après avoir exécuté d'entrée Liverpool, double détenteur, les hommes du rubicond Brian Clough prolongent le règne anglais sur l'Europe au bout d'un parcours sans faute et d'une finale maîtrisée contre Malmö (1-0).

1978/79

Coup de tête pour un sacre : Trevor Francis (à g.) trompe le gardien suédois Möller, sous le regard de Gary Birtles (au c.), et marque le but de la finale Nottingham-Malmö (1-0).

Le 13 septembre 1978, Liverpool est cueilli d'entrée par Nottingham Forest, le nouveau champion d'Angleterre, que le tirage au sort lui a aussitôt glissé entre les pattes. Surpris par deux buts de Gary Birtles et Colin Barrett, il met un genou à terre au City Ground (0-2).

Son expérience présumée supérieure et la magie d'Anfield n'y font rien deux semaines plus tard (0-0). « Au fond, reconnaît Emlyn Hughes, le capitaine des Reds, notre erreur aura été de traiter cette partie comme un match de Championnat et non comme un match de Coupe d'Europe. »

Brian Clough, le patron de Nottingham Forest, est un bâtisseur éclairé et un entraîneur aussi malin qu'ambitieux.

L'incroyable tableau des quarts

Il s'agit d'un coup de maître de la part des joueurs de Brian Clough, qui participent pour la première fois à la C1 et se découvrent brusquement une ambition et un destin européens. On n'a pourtant encore rien vu et, comme le suggère d'ailleurs Clough lui-même, « peut-être va-t-on enfin reconnaître nos mérites, admettre que nous possédons une très bonne équipe et cesser de s'étonner de tout ? »

Liverpool n'est du reste pas le seul favori à disparaître de bonne heure, puisque ni la Juventus Turin ni le Real Madrid ne réussissent à passer l'hiver, si bien que la Coupe des clubs champions offre pour les quarts de finale un tableau inédit et incroyable à la fois, sans un seul club latin, une première dans l'histoire de la compétition : Nottingham Forest-Grasshopper Zurich, FC Cologne-Glasgow Rangers, Wisla Cracovie-Malmö et Austria Vienne-Dynamo Dresde.

Les Anglais, qui ont dévoré l'AEK Athènes en huitièmes (2-1, 5-1), passent maintenant à la moulinette les Suisses du Grasshopper (4-1, 1-1), avant de s'attaquer au FC Cologne en demies. Dans la boue de Nottingham, fatale à son gardien Peter Shilton, Forest semble, cette fois, laisser échapper ses chances lors du match aller (3-3), mais Clough, parlant d'Hennes Weisweiler, l'entraîneur allemand, jure toutefois : « Je n'aimerais pas être à sa place avant ce deuxième match. »

Le match retour ne lui donne pas tort, et, à force de bombarder la défense de Cologne par son jeu aérien, Nottingham finit par s'ouvrir les portes de la finale sur une tête de Ian Bowyer (1-0).

Malmö, invité surprise

Si l'équipe anglaise n'était pas attendue à Munich, les Suédois de Malmö ne l'étaient pas plus. Mais ils n'ont rien volé en route. Leur piège du hors-jeu fonctionne parfaitement, et leur parcours témoigne de leur étonnante solidité et de leur régularité contre Monaco (1-0, 0-0), le Dynamo Kiev (0-0, 2-0), le Wisla Cracovie (1-2, 4-1), puis l'Austria Vienne (0-0, 1-0).

À la veille de la finale, Bob Houghton, leur entraîneur anglais, à qui l'on reproche sa tactique ultra-défensive, répète ainsi : « C'est notre jeu et notre système. Nous n'empêchons personne d'en faire autant. » Qu'on se le dise.

Clough, dont l'équipe était encore en Deuxième Division deux ans plus tôt, sait pourtant de quoi elle est capable. Elle n'a pas connu la moindre défaite jusqu'ici, elle possède une âme, de valeureux guerriers et quelques vrais talents individuels,

Au premier tour, Nottingham et Peter Shilton (à g.) sortent vainqueurs du duel fratricide contre l'autre représentant anglais : le Liverpool de Kenny Dalglish.

comme Tony Woodcock ou John Robertson. Et si son manager n'a pas jugé Archie Gemmill et Martin O'Neill suffisamment rétablis pour l'occasion, c'est qu'il a aussi une nouvelle arme en magasin : Trevor Francis.

Francis rembourse son million

Acheté en février pour un million de livres à Birmingham (transfert record en Angleterre), le jeune attaquant est enfin qualifié. Il peut donc disputer la finale et ne se gêne pas pour en faire sa soirée. Un centre de Robertson et une tête de Francis en fin de première mi-temps suffisent en effet à faire plier Malmö pour de bon (1-0), à sortir ce match de son faux rythme et à garder la Coupe d'Europe en Angleterre. « C'était notre soixante-seizième match de la saison, dit alors Clough. Il est grand temps d'aller célébrer ça et de partir en vacances… » ■ P.U.

Trevor Francis (à g.), buteur et héros de la finale, brandit la coupe avec Peter Shilton, le gardien emblématique de Forest.

FINALE DE LA C1 L'Équipe du 31 mai 1979 Nottingham Forest - Malmö : 1-0

ZOETEMELK : REPOS

JUNIORS : BILLET POUR LA FINALE ?

Platini en vert : officiel vendredi ?

L'ÉQUIPE

Trevor Francis sacre Nottingham

STRASBOURG CHAMPION : SEPT CHANCES SUR DIX

UN COUP DE TÊTE POUR UN TITRE

KERSAUSON ATTAQUE | ET SI BORG NE L EUR

De notre envoyé spécial Gérard ERNAULT

MUNICH. – C'est alors que le temps réglementaire venait d'être dépassé de deux minutes que Nottingham Forest, après avoir cru ne jamais y parvenir, réussit enfin à prendre l'avantage sur le Malmö FF, hier soir à Munich, au terme de la première période de la vingt-quatrième finale de la Coupe d'Europe.

Un centre de Robertson et une tête de Trevor Francis mettaient ainsi fin à quarante-cinq minutes de domination à peu près générale et rendaient ainsi, à leur façon, la justice.

Ce coup de théâtre relançait la finale vers une destination imprévue une seconde auparavant, quand les Suédois paraissaient encore capables de tenir longtemps.

Qu'importe alors si Nottingham s'attacha surtout ensuite à préserver son avantage, vu que rien n'indiquait une amélioration possible du potentiel suédois et rien ne paraissait plus préoccuper les Anglais que de voir venir. Nottingham, qui succède à Liverpool, vainqueur en 1977 et 1978, prolonge en tout cas, par ce succès, le règne du football d'Angleterre. ■

FOREST DANS L'AIR DU TEMPS

Sensationnel vainqueur du Real (5-1) en demi-finales, le Hambourg de Kevin Keegan se fait cueillir en finale (1-0) par une terne équipe de Nottingham Forest, beaucoup plus préoccupée par l'enjeu que par le jeu.

1979/80

Pour sa seconde finale consécutive, Peter Shilton est en état de grâce. Le gardien de Nottingham jaillit ici devant le Hambourgeois Caspar Memering, sous la protection de Larry Lloyd.

L'effet de surprise passé, Nottingham Forest doit maintenant trouver autre chose, croit-on, pour conserver sa Coupe d'Europe et repousser les assauts de ses nombreux rivaux. Mais son équipe a si peu changé, le tirage a été si clément et son parcours si tranquille, ou presque, jusqu'aux demi-finales contre Öster Växjö (2-0, 1-1), Arges Pitesti (2-0, 2-1), et le Dynamo Berlin (0-1, 3-1), que rien ne lui semble insurmontable. Avec à l'affiche Nottingham Forest-Ajax Amsterdam et Real Madrid-Hambourg en demi-finales, tout le monde rêve pourtant déjà d'une finale flamboyante Ajax-Real, qui mettrait fin, à coup sûr, à trois années de domination anglaise, et rajeunirait la Coupe d'Europe de quelques années.

Brian Clough, on l'imagine, a d'autres idées en tête. Son flair tactique est d'ailleurs intact, sa gestion des hommes aussi, et l'Ajax, malgré la présence rassurante de Ruud Krol au cœur de sa défense, n'est plus tout à fait ce qu'il était. Krol l'admet volontiers : « Vous restez tous sur le souvenir du grand Ajax, mais celui-ci n'existe plus et n'existera plus jamais. Notre équipe est une bonne équipe, sans plus. »

Keegan en face

Les Hollandais s'inclinent donc, à leur tour, au City Ground (0-2) et si un corner et une tête de Sören Lerby leur redonnent un bref espoir à vingt minutes de la fin à Amsterdam, la machine fabriquée de toute pièces

par Clough a de la resssource et tient là sa seconde finale d'affilée.

Hambourg, son adversaire au stade Santiago-Bernabeu de Madrid, possède toutefois d'autres références que Malmö la saison précédente et surtout d'autres possibilités offensives. Il compte dans ses rangs Kevin Keegan, double Ballon d'Or de *France Football* en 1978 et 1979, Horst Hrubesch, un monstre dans le jeu aérien, Manfred Kaltz, un défenseur centreur d'exception, et Felix Magath, un leader hors pair. Il vient de sortir le Real au terme d'un match retour époustouflant réussi chez lui (5-1), qui fait dire à Branko Zebec, son entraîneur : « Après avoir éliminé le Real, nous ne pouvons pas faire autrement que de réaliser un grand match ici à Madrid, ne serait-ce que par respect pour son public. »

Shilton invincible

Pour cette vingt-cinquième finale de C1, Clough est privé de Trevor Francis, blessé au tendon d'Achille, tandis que Zebec doit se passer de Jimmy Hartwig au milieu et laisser sur le banc Hrubesch (entorse à la cheville), lequel, plus personne ne l'ignore désormais, conditionne beaucoup de choses dans son animation offensive.

Keegan et son gardien Kargus fêtent l'exploit de Hambourg contre le Real (5-1).

Brian Clough, qui vient juste de resigner un contrat de trois ans, sait pourtant où il va et ce que les vertus collectives de ses joueurs lui inspirent : « Nous sommes détenteurs du titre et nous entendons bien le demeurer. Le challenger, c'est Hambourg, pas nous. D'ailleurs, nous n'avons aucune raison d'être impressionnés par cette équipe. Et si elle compte uniquement sur Keegan, croyez-moi, elle a déjà perdu. » Peter Taylor, son fidèle adjoint, ajoute du reste : « Si je devais parier, je miserais volontiers de l'argent sur une victoire 1-0 de Forest. »

Taylor a vu juste. Shilton est en état de grâce ce soir-là. Robertson, d'une frappe du droit à l'entrée de la surface, trouve vite l'ouverture (21e). Forest défend de toute sa force son précieux avantage, avec sa vigueur traditionnelle, et Hambourg, malgré l'entrée en jeu de Hrubesch en seconde période, se retrouve soudainement à court d'arguments face à une pareille forteresse. Zebec a beau dire : « Les Anglais ne méritaient pas le titre, car ils n'ont rien fait pour gagner », c'est donc à Clough que revient, une nouvelle fois, le dernier mot. « Bien défendre, dit-il, est aussi estimable que bien construire. »

Une certitude ? Forest est bien une équipe de son temps. ■ P.U.

La puissance allemande est annihilée par la solide défense anglaise de Larry Lloyd qui tacle tout ce qui bouge.

1979/80

FINALE DE LA C1 L'Équipe du 29 mai 1980 Nottingham Forest - Hambourg : 1-0

CAUJOLLE DU CIEL EN ENFER
NOAH EN POSITION D'ATTENTE

L'ÉQUIPE

NOTTINGHAM SAUVE SA COURONNE

Paschek 8,36 m en longueur
Panzo et Rega bien placés

J.-P. Soisson : « Le CNOSF dans

Bertin et Van Calster: deux sprints pour rien

De notre envoyé spécial Gérard ERNAULT

MADRID. – En dominant, hier soir, Hambourg (1-0) au stade Santiago-Bernabeu de Madrid, en finale de la vingt-cinquième Coupe d'Europe des clubs champions, Nottingham Forest a d'abord rempli la tâche élémentaire qu'il s'était assignée : conserver le trophée acquis l'an dernier, à Munich, devant Malmö.

De ce fait, l'équipe anglaise se hisse dans le lot des équipes ayant réussi dans la plus probante des épreuves européennes et qui ont nom : l'Inter de Milan, Benfica Lisbonne, Milan AC et Liverpool. Elle se lance maintenant à la poursuite d'Ajax Amsterdam et du Bayern Munich, trois victoires chacun, mais elle regarde encore de très loin le légendaire Real Madrid, six victoires.

Mais, tout autant que cette satisfaction, qui est loin d'être platonique, l'ensemble de l'impayable Brian Clough a conquis par son étonnante performance les lettres de noblesse qui lui avaient été refusées en 1979, au terme d'une finale ayant laissé tous les observateurs sur un sentiment plus que mitigé.

Tel ne fut pas le cas cette fois-ci, où l'équipe anglaise démontra, devant un rival peut-être plus puissant, sa solidité, son astuce et une somme de mérites exemplaires qui lui permirent de s'imposer au bout d'une confrontation excitante, dont on gardera le souvenir. Ainsi, la Coupe d'Europe des clubs, pour la quatrième année consécutive (Liverpool, 1977 et 1978, Nottingham 1979 et 1980) prend-elle le chemin de l'éternelle Angleterre. ■

LE COME-BACK DE LIVERPOOL

De retour à Paris, un quart de siècle après son premier succès, le Real Madrid espère bien reprendre le flambeau européen. C'est compter sans l'opiniâtreté des Anglais de Liverpool, champions pour la troisième fois en cinq saisons (1-0).

1980/81

« Yeees ! », semble hurler le gardien de Liverpool, Ray Clemence, au terme de la finale gagnée à Paris contre le Real Madrid (1-0). Les Reds sont bel et bien de retour !

L'élimination dès les seizièmes de finale du tenant, Nottingham Forest, par les Bulgares du CSKA Sofia (0-1, 0-1), fait grand bruit. Elle marque à la fois la fin d'une équipe et d'une belle aventure collective. Mais si certains se frottent déjà les mains, Liverpool, qui a repris sa domination en Championnat, est toujours là pour porter bien haut le flambeau du football anglais et rappeler à l'Europe quelques vérités qu'elle n'aime guère entendre.

Le péché d'orgueil du Bayern

Bob Paisley a désormais tiré les leçons des deux dernières campagnes (échecs dès le premier tour contre Nottingham à l'automne 1978, puis contre le Dynamo Tbilissi en 1979), mais son équipe n'a guère changé depuis la finale de Wembley en 1978 contre le FC Bruges (1-0) : seuls l'arrière gauche Alan Kennedy et le petit rouquin du milieu, Sammy Lee, s'y sont fait une place. Et surtout elle obéit toujours aux mêmes principes. Il n'est donc pas surprenant de la retrouver en demi-finales contre le Bayern Munich, après l'avoir vu tailler en pièces, successivement, les Finlandais d'Oulu (1-1, 10-1), les Écossais d'Aberdeen (1-0, 4-0) et le tombeur de

Forest, le CSKA Sofia, (5-1, 1-0). Autant dire que, lorsque Paul Breitner déclare, au soir de la première manche à Anfield (0-0) : « Je suis optimiste car, au-delà du résultat, j'ai eu la confirmation que le jeu des Anglais manque d'intelligence », il perd sans doute là une belle occasion de se taire.

Au retour, à Munich, Liverpool garde son sang-froid, prend son temps, étouffe son rival et marque à sept minutes de la fin, grâce à David Johnson, le but qui le libère. L'égalisation de Karl-Heinz Rummenigge (88e) est trop tardive. Ce 1-1 qualifie les Anglais pour leur troisième finale et le buteur bavarois peut bien l'avouer : « Le Bayern a commis un incroyable péché d'orgueil. »

Après Mönchengladbach et Bruges, deux innocents aux mains pleines, Liverpool retrouve cette fois le Real Madrid, un vieil habitué des finales. Le Real, qui n'a plus connu pareil bonheur depuis 1966 – quinze ans ! – , ne possède pas sous la main une génération aussi brillante et flamboyante qu'à l'époque de ses premiers succès. Mais la manière dont il vient d'éliminer en demi-finales l'Inter Milan (2-0, 1-1), son plus sérieux rival jusqu'ici, la qualité de son organisation défensive, incarnée par l'Allemand Uli Stielike, sa jeunesse, sa fraîcheur supposée supérieure, ses contres empoisonnés et l'instinct de chasseur de Carlos Santillana, son capitaine, lui donnent plutôt les faveurs des pronostics au Parc des Princes, le stade où le Real fut sacré pour la première fois en 1956.

Cette frappe chirurgicale de Graeme Souness, milieu de Liverpool, laisse en suspension le Madrilène José Antonio Camacho.

Le Real en pleine euphorie

Le déficit de fraîcheur des Reds vient de leur saison plus éprouvante encore que les précédentes. Le calendrier surchargé a laissé des traces. Liverpool n'a terminé que cinquième en Championnat, son plus mauvais classement depuis une éternité, et, la veille de la finale, Bob Paisley a encore refait ses comptes : « Je n'ai pas l'habitude de me plaindre des blessures, mais tout de même… Fairclough a été absent 149 jours cette saison, Thompson 107, Johnson 73, Dalglish 66, Hansen 65, Alan Kennedy 56 et Souness 33. Ça fait beaucoup. Heureusement, pour ce dernier rendez-vous de la saison, je peux enfin compter sur tout le monde. »

Son équipe de départ, dans laquelle le gardien Ray Clemence figure pour la dernière fois, est donc la meilleure possible : Clemence – Neal, Thompson, Hansen, A. Kennedy – Lee, McDermott, Souness, R. Kennedy – Dalglish, Johnson.

Pendant ce temps-là, Vujadin Boskov, le technicien serbe du Real, clame haut et fort : « Nous sommes prêts physiquement, techniquement et moralement. C'est la même équipe qui joue ensemble depuis trois mois et traverse une période euphorique. Et les joueurs connaissent parfaitement Liverpool, son jeu et ses individualités. » Mais Boskov dit aussi : « Maintenant, le vainqueur sera celui qui ratera le moins d'occasions. »

La folle joie d'Alan Kennedy, buteur tellement inattendu de la finale.

Alan Kennedy, l'improbable héros

En dépit de son équilibre apparent et de la belle bataille tactique livrée au milieu, la finale ne vole pourtant pas très haut. Alfredo Di Stefano, Ferenc Puskas et Raymond Kopa, présents dans la tribune du Parc, ne se reconnaissent pas vraiment dans leurs successeurs.

Mais la moins nerveuse, la plus patiente et la plus efficace des deux équipes est encore celle de Liverpool, délivrée à la 81e minute par une erreur de rafael Cortes et une frappe d'Alan Kennedy, le plus improbable des héros.

Paisley, qui devient désormais le plus titré des managers anglais, s'en contente : « On a déjà fait de meilleurs matches mais, à ce stade de l'épreuve et de la saison, et face à un adversaire qui pratique un marquage individuel très serré, il est dur de produire un match spectaculaire. L'important était donc de gagner… »

Pas de doute : Liverpool, qui remporte son troisième trophée sans perdre un match, est de retour. ■ P.U.

FINALE DE LA C1 L'Équipe du 28 mai 1981 Liverpool - Real Madrid : 1-0

L'ÉQUIPE

BASKET : L'ESPOIR RENAIT

LIVERPOOL REPREND SON SCEPTRE

YCAZA SORT GERULAITIS

PARIS. – La troisième Coupe d'Europe des clubs champions conquise par Liverpool, hier soir, au Parc des Princes, aux dépens du Real Madrid (1-0), après celles de 1977 et 1978, aura été la plus malaisée de cette trilogie, c'est l'évidence même.

Les Anglais, qui ont de l'humour, paraît-il, et peut-être de la reconnaissance, ne manqueront sans doute pas de dresser une statue au défenseur latéral espagnol Cortes, qui se prêta si gentiment à la réalisation de leurs desseins en leur offrant, comme un bon copain, le but inscrit par Alan Kennedy à la 81e minute de jeu.

Car rien, jusqu'à ce moment, n'avait justifié que la victoire se rendît dans le camp de Liverpool plutôt que dans celui du Real Madrid, et nous affirmerons même qu'un verdict aux points, semblable à celui qui se pratique en boxe, eût fait émerger l'équipe madrilène de peu, de préférence à sa rivale.

Tel est le premier sentiment qui nous habite au terme d'une finale indécise jusqu'au bout, non dépourvue d'intérêt, mais pas emballante non plus. Bref, une finale tout à fait conforme à ses devancières, valorisée cependant par son suspense.

La vieille Angleterre est aux anges, dites-vous ? On le serait à moins. ■

Gérard ERNAULT

Attaquant écossais

- 1951 Naissance à Dalmarnock (le 4 mars)
- 1967-77 Joueur du Celtic Glasgow (4 titres, 4 Coupes et 1 Coupe de la League écossaise)
- 1977-88 Joueur du Liverpool FC (3 C1 et 1 finale, 6 titres, 1 Cup et 4 Coupes de la League anglaise)
- 1972-87 International écossais (102 sélections, 30 buts)

Signe particulier : bien plus titré comme joueur que comme entraîneur.

Kenny Dalglish

Le nouveau roi du Kop

Arrivé du Celtic Glasgow à l'âge de 26 ans pour remplacer Kevin Keegan, ce formidable technicien et buteur s'impose immédiatement à Liverpool, qui lui doit une partie de son imposant palmarès.

Avant que Bob Paisley ne le fasse venir à Liverpool à l'été 1977, pour 440 000 livres de l'époque (l'équivalent de 600 000 euros), Kenny Dalglish a déjà vécu une première vie avec la sélection d'Écosse et le Celtic Glasgow, où il a été le capitaine et le relais privilégié du légendaire Jock Stein. Autrement dit, à 26 ans, il est déjà un attaquant accompli, reconnu, titré, excellent en tout, mais aussi très différent par son registre et ses qualités de Kevin Keegan, à qui il succède. Moins explosif que ce dernier, sans doute un peu moins buteur et moins bon joueur de tête aussi, Dalglish trouve pourtant très vite ses marques dans sa nouvelle équipe, ce qui ne lui est pas difficile puisqu'il joue toujours juste.

« Le rêve vivant de tout entraîneur »

« Dès le premier jour à l'entraînement, avouera-t-il plus tard, je fus accepté. Et dès mon arrivée à Liverpool, je me suis senti ici, comme chez moi à Glasgow. Même genre de ville, même rivalité entre deux grands clubs, même camaraderie au sein de l'équipe. » Sa disponibilité dans le jeu, sa qualité de passe, son habileté à bien protéger les ballons, sa lucidité et son efficacité dans le dernier geste, mais aussi ses qualités athlétiques et mentales exceptionnelles, sa rigueur et son sens de la discipline lui permettent donc de se fondre à merveille dans le collectif et la mécanique de Liverpool. Stein avait d'ailleurs prévenu Paisley : « Kenny est le rêve vivant de tout entraîneur. Il ne boit pas, ne fume pas, ne sort pas quand vient la nuit. Du mois d'août au mois de mai suivant, il consacre sa vie au football. »

Joueur-manager

Emlyn Hughes, le capitaine des Reds, put également le vérifier sans tarder : « Que ce soit à l'entraînement ou en match, Kenny était continuellement en mouvement, toujours placé pour appelé et recevoir le ballon, poussé par on ne sait quelles forces physiques ». Prince de Parkhead en Écosse, Dalglish devient alors le nouveau roi du Kop de Liverpool et, dès sa première saison, offre aux Reds leur deuxième C1, contre Bruges (1-0), « l'un des meilleurs moments de ma carrière », confesse-t-il.

Trois ans plus tard, il en gagne une autre à Paris, contre le Real Madrid (1-0). Puis, au lendemain du drame du Heysel en 1985, il acceptera de prendre le poste de manager laissé soudainement vacant par Joe Fagan, tout en continuant de donner de temps en temps un coup de main sur le terrain. Il apporte ainsi trois nouveaux titres de champion d'Angleterre (1986, 1988 et 1990), plus quelques autres trophées, et jure fidélité à Liverpool jusqu'en février 1991, avant de démissionner pour des problèmes de santé et de laisser derrière lui le souvenir de 172 buts marqués.

Une certitude ? Il reste, sans conteste à ce jour, le plus grand joueur que le club anglais ait jamais connu. « La meilleure affaire aussi », affirmera Paisley. P.U.

L'insaisissable « King Kenny » (n° 7), ici en finale 1981 devant le Madrilène Cortes.

VILLA PROLONGE LE RÈGNE

Après la défaillance de Liverpool en quarts, l'inattendu club de Birmingham prend le relais en terrassant le Bayern en finale (1-0) et remporte une sixième Coupe d'Europe d'affilée pour les sujets de Sa Très Gracieuse Majesté. L'hégémonie insulaire est bien établie.

1981/82

Une foule immense fête le retour à Birmingham de Tony Barton, l'entraîneur d'Aston Villa (à g.), de son capitaine Dennis Mortimer et surtout de ce beau bébé qui ne les quitte pas.

Le football anglais n'est décidément jamais à court de munitions. Lorsque Liverpool dérape en prolongation, un soir de printemps à Sofia (0-2) en quarts de finale contre le CSKA, c'est alors Aston Villa, surprenant champion d'Angleterre quelques mois plus tôt, qui prend aussitôt le relais, comme l'avait fait avant lui Nottingham Forest, et qui se met à défier l'Europe entière.

La saison du club de Birmingham n'est pourtant pas de tout repos. Ses comptes sont dans le rouge, ses résultats en Championnat, indignes de la saison précédente, poussent Ron Saunders, son manager, à remettre sa démission au cœur de l'hiver, et sa carrière en Coupe des clubs champions manque de s'arrêter dès les huitièmes contre le Dynamo Berlin. Vainqueur plutôt heureux à Berlin-Est (2-1), à l'aller, grâce à un doublé de Tony Morley, Villa se fait une belle frayeur chez lui au retour lorsque Frank Terletzki marque dans le pre-

67e minute. Peter Withe, qui vient d'ouvrir le score, croule sous l'étreinte de ses partenaires. La Coupe d'Europe leur tend les bras.

Hans Weiner ne peut empêcher Tony Morley (à dr.) de délivrer le centre décisif pour Withe.

mier quart d'heure pour le champion de RDA et laisse planer le doute jusqu'au bout sur la qualification anglaise (0-1). Béni soit donc l'inventeur des buts à l'extérieur qui comptent double…

Quinze blessés à Anderlecht en demi-finales

Dirigé à présent par Tony Barton, assistant de Saunders depuis sept ans, mais dont les méthodes semblent néanmoins plus souples et mieux acceptées, Villa retrouve du jour au lendemain son équilibre collectif, sa solidité défensive, sa discipline et son ambition. Autrement dit, juste à temps pour affronter le Dynamo Kiev en quarts. Les Anglais rapportent un bon 0-0 de Simféropol, où se déroule la première manche et où Valeri Lobanovski, le grand maître du jeu ukrainien les trouve « plus ingénieux » que ses propres joueurs. Ils remportent la seconde (2-0) sur une pelouse gorgée d'eau et ils remettent ça en demi-finales, en éliminant le RSC Anderlecht de Tomislav Ivic, pourtant sûr de sa tactique et de ses vertus ultradéfensives : 1-0 à Villa Park (but de Morley), 0-0 lors du retour au Parc Astrid, entaché de gros incidents (quinze blessés parmi les policiers belges et les supporters anglais) et interrompu pendant sept minutes. Et voilà comment Aston Villa, dixième de son Championnat, se retrouve en finale de C1.

Comme d'habitude depuis quelques années, les équipes latines ne sont pas à la fête : élimination de la Real Sociedad au premier tour face au CSKA Sofia (0-1, 0-0), puis, en huitièmes, de la Juventus contre Anderlecht (1-3, 1-1) et de Benfica devant le Bayern Munich (0-0, 1-4).

Karl-Heinz Rummenigge (à g.) et Paul Breitner vont se casser les dents sur le mur anglais, quatre-vingt-dix minutes durant.

1981/82

Et, comme souvent, le Bayern réussit à déjouer tous les pièges qu'on lui tend. Il sort notamment le champion du Portugal, donc, l'Universitatea Craiova (2-0, 1-1) et le CSKA Sofia (3-4, 4-0) pour en arriver là. Mais lorsqu'il débarque à Rotterdam, Pal Csernai, son entraîneur, se montre beaucoup plus prudent que son entourage. « J'ai été voir jouer Aston Villa et j'ai regardé ses deux demi-finales sur cassette vidéo. Il s'agit d'une excellente équipe, très bien organisée et extrêmement difficile à manœuvrer. Nous ne nous considérons pas du tout comme les favoris et ce sera donc du 50-50. »

Le gardien de Villa remplacé après neuf minutes

S'il perd d'entrée son gardien Jimmy Rimmer, remplacé par un jeune inconnu, Nigel Spink (9e), Aston Villa ne perd pas pour autant le fil de sa finale et s'amuse à faire déjouer son rival. Sa charnière centrale, Allan Evans-Ken McNaught, tient bon face aux courses et aux dribbles de Karl-Heinz Rummenigge. Son milieu de terrain, Des Bremner-Gordon Cowans-Dennis Mortimer, ne laisse guère d'espaces aux Bavarois, et son attaque, Gary Shaw-Peter Withe-Tony Morley, finit par passer une fois (67e), la bonne. Centre de Morley côté gauche, reprise de Withe, seul au second poteau (1-0).

Et pas un incident à signaler : le triomphe de Villa est total. Son équipe ne dansera qu'un seul été, mais Tony Barton a bien raison de mettre en avant son courage, sa combativité, ses qualités techniques, et de dire alors : « Comment pourrions-nous ne pas être heureux un jour pareil ? » ■ P. U.

FINALE DE LA C1 L'Équipe du 27 mai 1982 Aston Villa - Bayern Munich : 1-0

LE GRAND COMBAT DE COURTEAU

TV Sur TF 1. En direct à 11 heures et 14 heures. Résumé à 23 heures.

L'ÉQUIPE
LE QUOTIDIEN DU SPORT ET DE L'AUTOMOBILE
3,50
JEUDI 27 MAI 1982

ASTON VILLA ENTRE DANS LA LEGENDE !

● ATHLÉTISME
BERTIMON AUX ABRIS

● JEUX OLYMPIQUES
NICE RELANCE SA CANDIDATURE 92

● TOUS SPORTS
LES BASES DE LA NOUVELLE LOI

De notre envoyé spécial Gérard ERNAULT

ROTTERDAM. – Et la fête continue. L'Angleterre, qui a bien des choses à dire au monde en ce moment, peut célébrer, aujourd'hui, Aston Villa comme l'armada de son cœur. L'équipe de Birmingham vient de ramener pour la septième fois de l'histoire et pour la sixième fois d'affilée la Coupe d'Europe au pays.

La victoire acquise, hier soir aux Pays-Bas, par Aston Villa, aux dépens du Bayern Munich, s'inscrit en effet dans une étonnante série inaugurée par Liverpool en 1977 et 1978, reprise à son compte par Nottingham en 1979 et 1980 et poursuivie en 1981 par Liverpool, de telle sorte que l'on n'en voit pas la fin à l'heure qu'il est.

Cette permanence anglaise à la crête de l'Europe sanctionne la formidable vitalité du football insulaire, souvent donné à l'article de la mort, ce qui n'était pas loin d'être le cas de Villa la veille de la finale, et, à coup sûr, au cœur de l'hiver. Et, entre parenthèses, elle donne à réfléchir à propos d'un certain France - Angleterre programmé lors du prochain Mundial espagnol.

La réussite de Villa découle, à la fois, de l'effet de surprise provoqué par ses représentants, que l'on croyait surtout armés derrière, mais qui l'étaient aussi en attaque, et de la très grande déception rencontrée du côté du Bayern Munich, l'équipe allemande jouant pratiquement toute sa mise sur le duo Dieter Hoeness-Karl-Heinz Rummenigge, comme si elle n'avait pas mieux à faire. ■

L'INTERMÈDE HAMBOURG

Les clubs anglais ont disparu dès les quarts de finale, mais ce n'est pas encore l'heure de la Juventus ni de Michel Platini, étouffés en finale (1-0) par le bloc hambourgeois et l'opiniâtreté de Wolfgang Rolff, implacable ange gardien du meneur des Bleus.

1982/83

Sous le regard de Claudio Gentile (n°2) et de Lars Bastrup (n°11), Ditmar Jakobs s'élève au-dessus des Juventini Gaetano Scirea, Roberto Bettega et Zbigniew Boniek (de g. à d.).

Au soir du 16 mars 1983 et des quarts de finale retour de la C1, il ne reste plus un seul club anglais en piste. Aston Villa a perdu sa Coupe face à la Juventus (1-2, 1-3), Liverpool n'a pu retourner la situation à Anfield contre le Widzew Lodz (0-2, 3-2) et, pour la première fois depuis sept ans, la voie est libre désormais pour le reste de l'Europe. La Juve, qui n'a encore jamais été couronnée, a donc de bonnes raisons de penser que c'est enfin son année.

Elle compte dans ses rangs six champions du monde (Dino Zoff, Gaetano Scirea, Claudio Gentile, Antonio Cabrini, Marco Tardelli et Paolo Rossi), mais aussi le Français Michel Platini et le Polonais Zbigniew Boniek, arrivés à Turin à l'été 1982. Elle possède, avec Giovanni Trapattoni, l'un des meilleurs techniciens du circuit. Enfin, elle n'a pas subi le moindre dommage, la plus petite turbulence, sur le chemin qui mène à la finale, même si sa demi-finale retour en Pologne a été plus que musclée. L'équipe piémontaise ayant éliminé, tour à tour, les Danois de Hvidovre (4-1, 3-3), les Belges

Maître tacticien, Ernst Happel aura parfaitement réussi à décontenancer la Juve.

du Standard de Liège (1-1, 2-0), les Anglais d'Aston Villa (2-1, 3-1) et les Polonais du Widzew Lodz (2-0, 2-2), l'ancien club de Boniek, on voit mal alors qui peut l'empêcher cette fois-ci d'aller au bout.

Ernst Happel avait un plan

Elle sait pourtant que les favoris ont la vie dure depuis quelque temps, qu'une sorte de malédiction plane sur les équipes latines depuis quinze ans et que Hambourg, son adversaire du jour à Athènes, ne manque pas non plus d'atouts. Tout comme elle, en effet, le club allemand n'a pas perdu un seul match jusqu'à la finale. Et, s'il ne s'est pas fait que des amis avec son style plutôt hermétique, s'il lui a fallu également un but du jeune Thomas Von Heesen entaché d'un hors-jeu pour le sortir du piège basque en demi-finales, contre la Real Sociedad (1-1, 2-1), Ernst Happel, son entraîneur, a déjà son plan en tête pour contrer la Juve, exploiter ses éventuelles faiblesses et ruiner ses ambitions. En clair, celui qui a déjà disputé deux finales, l'une gagnée avec Feyenoord, en 1970 (2-1 a.p.) face au Celtic Glasgow, l'autre perdue avec Bruges, en 1978 (0-1) contre Liverpool, est loin de s'avouer vaincu.

Le « Trap » ne sous-estime pas Hambourg, même privé de Jimmy Hartwig, l'homme qui stabilise son milieu de terrain mais qui, ce soir-là, est suspendu. Il redoute sa détermination, son organisation collective, ses qualités de combattant et sa présence dans les duels : il sait également que Happel est, lui aussi, un fin tacticien doublé d'un remarquable joueur de poker. À la veille du match, Platini reste pourtant optimiste : « Nous avons une meilleure équipe que Hambourg, sur le papier et en potentialités. Tactiquement, la Juve est très au point. Et notre seul véritable problème, en fait, sera d'annihiler Horst Hrubesch. Mais ça, le "Mister" (*Trapattoni*) s'en occupe… »

Platini : « Les Allemands nous ont mangés »

Menés dès la huitième minute (1-0) sur une frappe du gauche de Felix Magath, « le plus précis et le plus inventif des créateurs de jeu allemands », rappelait encore Stefan Kovacs, l'ancien entraîneur de l'Ajax et de l'équipe de France, mais aussi déboussolés par l'équipe de départ que Happel a alignée, les Italiens se retrouvent vite, néanmoins, confrontés à un problème insoluble et à un bloc incontournable. Wolfgang Rolff ne lâche pas Platini d'une semelle, la défense Manfred Kaltz-Ditmar Jakobs-Holger Hieronymus-Bernd Wehmeyer joue à merveille la zone et le piège du hors-jeu, le milieu Jürgen Groh-Wolfgang Rolff-Felix Magath-Jürgen Milewski étouffe son rival, l'arbitre roumain, M. Rainea, oublie sans doute de siffler un penalty pour une faute du gardien allemand, Uli Stein, sur Platini (73e) et Hambourg tient donc bon jusqu'au bout.

Le « Trap » reconnaît : « C'est toute mon équipe qui a mis à côté de la plaque. » Platini admet : « Les Allemands nous ont mangés. » Et le mot de la fin revient ainsi à Happel : « La partie s'est jouée dès le départ. J'avais parlé à mes joueurs clés le matin du match pour élaborer une tactique précise. Et voilà. » Pour l'heure, les Anglo-Saxons ont toujours raison. ■ P. U.

Hrubesch, Magath et Kaltz (de g. à dr.).

Les yeux dans le vide, Michel Platini en est conscient : arrivée si confiante, son équipe est passée à côté de la finale.

1982/83

FINALE DE LA C1 L'Équipe du 26 mai 1983 Hambourg - Juventus : 1-0

La France à l'heure de l'euro-basket

L'ÉQUIPE

LE QUOTIDIEN DU SPORT ET DE L'AUTOMOBILE

LEMOULT CONTRE LES BELGES

HAMBOURG NOUVEAU ROI D'EUROPE

MAGATH : MERCI L'ARTISTE

De notre envoyé spécial Gérard ERNAULT

ATHÈNES. – Par la victoire de Hambourg aux dépens de la Juventus de Turin, la Coupe d'Europe des champions vient d'en reprendre pour une année de plus avec le règne anglo-saxon. C'est la quatorzième fois d'affilée depuis 1970 qu'un représentant soit néerlandais, soit britannique, soit allemand s'en repart en effet le trophée en main. Quatorze sur quatorze, on ne fait pas mieux.

On ne voit guère de raisons qu'il en aille autrement d'ici l'an 2000, dès lors que la Juventus semblait être la formation la plus à même de faire enfin la peau aux Anglo-Saxons. Or, il s'est trouvé que l'équipe italienne est complètement passée au travers d'une finale promise à ses individualités, à ses inventions, à sa fortune, et trop grande en fin de compte pour ses possibilités. Pauvre Juve, incapable de se mettre dans la peau d'un champion d'Europe, et de répandre sur le merveilleux stade Olympique d'Athènes, complètement et gaiement à sa botte, assez d'idées claires et assez de *jump*. Car la défaite de l'équipe italienne a été doublement celle des méninges et des jambes en panne.

Elles ne valaient pas, en tout cas, les unes et les autres, les méninges et les jambes allemandes, même si, par un penalty refusé à Platini en fin de match, la Juventus aurait pu répondre au but initial de Magath et se transporter en prolongation. ■

LIVERPOOL ROI DE ROME

Sur son propre terrain, la belle cohorte de l'AS Rome ne parvient pas à empêcher le retour de la C1 en Angleterre. Au bout de la première finale décidée aux tirs au but (1-1, 4 tab 2), le fantasque gardien Bruce Grobbelaar offre aux Reds leur quatrième Coupe des champions.

1983/84

Jambes flageolantes, Bruce Grobbelaar exécute un numéro de cirque magistral lors des tirs au but de la finale à Rome. Et ce sont les Romains qui en perdront la tête.

Hambourg, le tenant du titre, ne fait pas de vieux os, cette fois. Le club a laissé partir son avant-centre Horst Hrubesch au Standard de Liège. Il se croit pourtant à l'abri du besoin, mais la sanction tombe aussitôt : éliminés en huitièmes par le Dinamo Bucarest (0-3, 3-2), les Allemands laissent le champ libre à leurs successeurs.

Sachant que la finale aura lieu chez elle, au stadio Olimpico et qu'elle peut en tirer un avantage appréciable, la Roma, championne d'Italie devant la Juve quelques mois plus tôt, se sent légitimement pousser des ailes. Elle pratique, grâce à Niels Liedholm, un jeu beaucoup plus spectaculaire que la moyenne en Italie.

Elle possède de grands attaquants, comme Bruno Conti, Francesco Graziani et Roberto Pruzzo, mais aussi un milieu très complet avec ses deux Brésiliens Cerezo et Falcao et son capitaine Agostino Di Bartolomei. Enfin, son tableau de marche à domicile contre l'IFK Göteborg (3-0), le CSKA Sofia (1-0), le Dynamo Berlin (3-0) et Dundee United (3-0) fait toute la différence durant cette campagne et laisse à penser qu'elle est intouchable sur ses terres.

Joe Fagan, digne héritier

Après deux saisons à la diète, Liverpool refait surface. Joe Fagan, un autre ancien de la maison, vient de prendre le relais de Bob Paisley, comme ce dernier avait assumé l'héritage de Bill Shankly. L'équipe présente aussi quelques têtes nouvelles sur le terrain (le Zimbabwéen Bruce Grobbelaar dans le but, Mark Lawrenson en défense centrale, Ron Whelan au milieu et Ian Rush en attaque).

Mais les Reds restent fidèles à leurs principes de jeu, ils ne se préoccupent guère de leurs adversaires et ils continuent de pratiquer ce qu'ils savent si bien faire depuis des années. À ce train-là, personne ne leur résiste, ni Odense (1-0, 5-0), ni l'Athletic Bilbao (0-0, 1-0), ni Benfica (1-0, 4-1), ni le Dinamo Bucarest (1-0, 2-1), ultime obstacle dressé sur la route d'une quatrième finale, qui abdique, chez lui, après deux nouveaux buts de Rush. Sept victoires et un nul au total, quinze buts pour et deux contre, la Roma a tout à craindre d'une pareille armada, quoi qu'elle en dise. L'UEFA ne semble pas ravie à l'idée que l'un des deux finalistes joue à la maison, tant d'un point de vue sportif que pratique (distribution des billets, sécurité), mais les Reds en ont vu d'autres, ils sont allés se préparer tranquillement sous le soleil d'Israël, sans trop abuser de la bière ni des femmes. Joe Fagan leur a glissé à l'oreille : « Oubliez que Graeme Souness n'est plus là, on a un travail à terminer », et il tient le discours qu'on attend de lui une veille de finale : « Nous respectons toujours beaucoup nos adversaires, mais aucune équipe au monde n'est capable de nous battre si nous jouons comme nous le savons. »

En demi-finales à Bucarest, ni les parapluies, ni les écrans de fumée n'empêchent les Reds de poursuivre leur marche.

1983/84

En prenant l'avantage dans le premier quart d'heure grâce à un extérieur du droit de Phil Neal (15e), dernier rescapé de l'équipe vainqueur à Rome, déjà, en 1977 (contre Mönchengladbach, 3-1), Liverpool pense avoir fait le plus dur. Mais, pour une fois, il est parti trop vite et a présumé de ses forces, à l'image de Kenny Dalglish. La Roma égalise par une tête de Pruzzo (43e). Elle lui mène la vie dure, le prive de sa maîtrise habituelle et l'emmène jusqu'aux tirs au but, une première dans l'histoire de la Coupe des champions.

Liedholm : « Les premiers à perdre une Coupe d'Europe sur notre terrain... »

C'est alors que Grobbelaar entre en piste et fait son numéro. Conti et Graziani échouent dans leur tentative, Liverpool l'emporte 4-2, la Coupe d'Europe rentre en Angleterre après une année d'infidélité et Fagan, qui a déjà remporté le Championnat et la Coupe de la League cette saison, a ce mot : « Garder son sang-froid après cent vingt minutes de jeu, c'est déjà une belle performance. »

À l'inverse, Liedholm, dont c'était le dernier match à la Roma, quitte la scène un peu amer : « L'histoire retiendra que nous avons été les premiers à perdre une Coupe d'Europe sur notre terrain. » ■ P.U.

Fringant contre les Roumains (à g.), Kenny Dalglish souffrira beaucoup en finale, avant de triompher (à dr.) au côté de Graeme Souness.

FINALE DE LA C1 L'Équipe du 31 mai 1984 Liverpool - AS Rome : 1-1 (4 tab 2)

Liverpool : le sacre au bout de la nuit

Pour la première fois de l'histoire, la Coupe des clubs champions s'est jouée lors de l'épreuve des coups de pied au but, après que Liverpool et la Roma eurent lutté cent vingt minutes sans se départager (1-1). Finalement, les Rouges l'emportèrent quatre penalties à deux, après un numéro de leur gardien Grobbelaar.

JEUDI 31 MAI 1984
4 F
L'ÉQUIPE
LE QUOTIDIEN DU SPORT ET DE L'AUTOMOBILE

Noah : ballottage favorable ?

Deux têtes de série ont disparu : Lewis, sans surprise, mais, surtout, Vilas, sorti par Gunthardt en quatre sets. Yannick Noah a causé quelques frayeurs. Souvent ballotté, il

BRAVO CONTRE L'ÉCOSSE ?

LES RENAULT EN SOUPLESSE À MONACO

UN SACRÉ GALLOPIN !

De notre envoyé spécial Gérard ERNAULT

ROME. – Le FC Liverpool a réussi hier soir au stade Olympique de Rome, dans un environnement complètement contraire, un tour de force qui marquera l'histoire de la Coupe d'Europe des champions. L'équipe anglaise s'est en effet imposée sur le terrain de sa rivale après avoir soutenu l'épreuve de la prolongation et des tirs au but. C'était la première fois que la Coupe d'Europe allait aussi loin dans l'insoutenable, les coups de pied au but étant inscrits à son règlement depuis deux ans seulement.

Avec quatre succès dans la musette en C1 (1977, 1978, 1981 et 1984), Liverpool se lance maintenant seul à la poursuite du Real Madrid, recordman de l'épreuve avec six victoires (1956, 1957, 1958, 1959, 1960 et 1966). L'équipe anglaise, par son organisation et son talent, ses nerfs également, a confirmé, en tout cas, qu'elle était bien la meilleure de son époque. Mille fois chapeau Liverpool ! ■

1984/85 UNE SOIRÉE EN ENFER

Le 29 mai 1985 à Bruxelles, pour ses trente ans, la Coupe d'Europe invite le diable en personne. Dans un stade du Heysel décrépi, une heure avant le coup d'envoi de la finale Juventus-Liverpool, les charges sauvages des hooligans tuent trente-neuf innocents. Et le match se jouera. Et la Juve gagnera.

29 mai 1985, 19 h 45. L'horreur du Heysel en un seul cliché, impudique, dérangeant. Ces supporters italiens, venus voir jouer à la balle, se retrouvent écrasés dans un coin du bloc Z...

La vétusté du Heysel profite même aux supporters italiens, assoiffés de vengeance...

Bruxelles se réveille sous le soleil. Juventus-Liverpool ressemble encore à la finale idéale et il n'est alors question que de jeu et de fête. Si tout s'est passé dans le calme à Rotterdam, deux semaines plus tôt, lors de la finale de la Coupe des vainqueurs de Coupes, Everton-Rapid Vienne (3-1), et si l'UEFA assure faire confiance aux organisateurs, les autorités belges, avec qui la police britannique a largement collaboré, sont tout de même sur le pied de guerre.

Dès la veille, les supporters anglais sont arrivés en masse, par charters, par la route ou par les ferries débarquant à Ostende. Dans la journée, tandis que les terrasses du centre-ville assurent leur chiffre d'affaires du mois et que des milliers de litres de bière sont engloutis, beaucoup d'incidents divers (débuts de bagarres, vols avec effraction de bijouteries sur la Grand-Place...) sont déjà signalés, ici et là.

300 policiers au lieu des 2 000 prévus...

Le cahier des charges imposé par l'UEFA est pourtant loin d'avoir été respecté. Seuls 300 policiers, au lieu des 2 000 prévus, sont de service autour du stade du Heysel et à l'intérieur. Aucun cordon de sécurité n'a été mis en place pour séparer la tribune Y, réservée aux fans de Liverpool, de la Z, censée être une « zone neutre », mais où se trouvent des centaines de supporters de la Juve ayant acheté ou fait acheter leurs billets en Belgique. Enfin, le stade du Heysel, lui-même, dont le béton s'effrite par endroits et dont les grillages, pour la plupart vétustes, sont totalement inefficaces, ne répond pas vraiment aux normes en vigueur pour un pareil événement.

« Ce sont des images de guerre »

Une heure avant l'horaire programmé du coup d'envoi, un brusque mouvement de foule agite l'un des deux virages. Les hooligans anglais fondent une première fois sur les Italiens présents dans les travées du secteur Z, puis chargent à nouveau et les mitraillent avec tout ce qui leur passe sous la main, briques, bouteilles de bière ou simples pierres.

Sous leur pression, les grillages cèdent et un premier mur s'écroule. Le commandant François Boileau, responsable sur place des secours, témoigne alors : « Ce sont des images de guerre que nous voyions. »

La terrible bousculade n'a duré que trois minutes, quand la police belge comprend enfin l'ampleur du drame et appelle des renforts. Les pompiers de Bruxelles déclenchent le « plan catastrophe », un escadron de gendarmes à cheval arrive au galop sur la piste, des centaines de gardes mobiles ceinturent désormais les gradins. Les premiers hélicoptères ne tardent pas à tournoyer dans le ciel pour évacuer les blessés les plus graves. La confusion la plus complète règne au Heysel où la situation est loin d'être sous contrôle.

Il est maintenant 20 heures. Les premières rumeurs font déjà état d'une dizaine, d'une vingtaine puis d'une trentaine de morts, et les joueurs de la Juve, d'abord alertés par un dirigeant de l'UEFA et une agitation inhabituelle proche de leur vestiaire, sortent du tunnel pour venir aux nouvelles et écouter ce que leur disent leurs supporters. Ceux-ci les implorent : « Ne jouez pas ! » Mais l'UEFA et son président, le Français Jacques Georges, font pression. Ancien président de la Ligue de Lorraine, Jacques Georges connaît depuis qu'il est gamin Michel Platini, aujourd'hui star de la Juve. Il expliquera le lendemain : « Michel ne tenait pas à jouer, sachant ce qui s'était passé. Mais je lui ai donné les mêmes arguments qu'à ses dirigeants et il s'est incliné. Si le match n'avait pas eu lieu, ça n'est pas quarante morts qu'on aurait eu à déplorer, mais quatre cents ! » L'arbitre de la partie, le Suisse André Daina, donne un raccourci plus saisissant encore de la situation : « Le retour au calme a primé sur le respect des morts. »

Pas de tour d'honneur

Les deux capitaines, Gaetano Scirea et Phil Neal, viennent s'adresser à la foule au micro pour apaiser les esprits, tandis que l'on continue de transporter des corps inertes, des blessés ou des personnes toujours sous le choc, et que, dehors, les morts sont allongés le long du mur de la tribune centrale, tout près des tentes de la Croix-Rouge dressées à la hâte.

Il est 21 h 37 lorsque le coup d'envoi est donné. Plus tard, Phil Neal avouera : « Les trente premières minutes ont été très difficiles pour trouver notre concentration. Chaque fois que l'on attaquait, en première mi-temps, on avait en face des yeux cette tribune où tout était arrivé. Comment pouvait-on ne pas y penser ? » La Juve finit par l'emporter 1-0, sans joie démonstrative ni tour d'honneur.

L'Europe du football est en deuil. La Fédération anglaise décide aussitôt de ne pas inscrire ses représentants pour la saison suivante, mais l'UEFA, déterminée à frapper fort, suspend les clubs anglais de Coupe d'Europe pour cinq ans. Le règne anglais est terminé, et Liverpool, qui incarnait cette formidable hégémonie, ne retrouvera la C1, devenue entre-temps la Ligue des champions, qu'à l'été 2001. ■ P.U.

Débordés par les événements, la police et les secours belges relèveront trente-neuf corps dans cette tribune de la désolation.

C'est un article d'une terrible violence qu'écrit en direct, le soir du drame du Heysel, Jacques Thibert, l'un des envoyés spéciaux de *L'Équipe*. Un papier qui fera débat et entrera dans la légende également pour ses excès. Mais ce soir-là, Jacques Thibert, témoin de l'horreur, n'est-il pas tout simplement la voix de tous ceux qui aiment le foot pour le foot et le jeu pour le jeu. Les yeux de tous ceux qui pleurent. La bouche de tous ceux qui, comme lui, ont envie de vomir.

L'Équipe du 30 mai 1985

La horde de la mort

De notre envoyé spécial Jacques THIBERT

BRUXELLES. – Si le football devient cela, qu'il crève. Et si le peuple anglais accepte qu'une horde de dégénérés salissent son nom, son drapeau et sa tradition, honte à lui ! Honte aussi à la police belge et honte à l'Union belge, incapables l'une et l'autre, malgré les exemples et les avertissements, de prévoir et de contrôler un événement que l'on qualifie dérisoirement de fête du football.

Que faut-il leur dire, à toutes ces bonnes âmes qui prêchent la compréhension et la tolérance, pour qu'elles tirent les enseignements de Bradford, du Heysel et de tous les désastres qui jalonnent le parcours des hordes britanniques ? Faut-il se contenter de dire que c'est regrettable et d'envoyer des fleurs sur les tombes ? Comment peut-on même poser ces questions ?

Hier soir, nous avions envie de vomir et peu le goût à écrire. Nous eussions aimé nous trouver ailleurs ou alors en tenue de combat avec un lance-flammes à la main pour exterminer cette ambiance, ces pourritures d'êtres humains qui sèment la mort en jouant aux faux durs.

Tout commença vers 19 h 10-19 h 15, c'est-à-dire une heure avant le coup d'envoi. De la tribune centrale où nous nous trouvions, nous vîmes soudain un déplacement de spectateurs dans le virage opposé à l'Atomium. Des supporters de Liverpool – comment peut-on appeler ces animaux des supporters ? – avançaient inexorablement vers d'autres spectateurs en les mitraillant de pierres, de boîtes de bière et d'objets de récupération. Venus au contact, ils frappaient à coups de hampes de drapeaux, à coups de pied, rompus apparemment à ce genre de pratique. Il s'ensuivit un large mouvement de panique, les spectateurs agressés fuyant en désordre, poursuivis comme des bêtes durant les chasses à courre. « C'est affreux, indigne, vint hurler près de nous un jeune Italien de Belgique. Mais où est donc la police ? »

LES CORPS S'ALLONGEAIENT SUR LA PISTE

La police n'était nulle part, hormis quelques fonctionnaires tranquilles en chemisette. Elle n'avait pas prévu, la police. Elle ne savait pas, la police. Alors les pourchassés se retrouvèrent au bas de leur virage, suppliant un préposé de leur ouvrir le portillon qui débouche sur la piste en tartan. L'homme refusa. Les corps s'empilèrent et la pression fit exploser la barrière en béton dans un désordre indescriptible. On ne savait pas encore. On était écœuré, mais on ne savait pas.

Il fallut attendre près d'un quart d'heure pour voir déboucher dans le secteur une dizaine de policiers casqués, armés de matraques et de boucliers. Ils étaient si peu qu'ils furent aussitôt pris en chasse eux aussi, coincés dans les coins, agressés.

Pendant ce temps-là, les corps s'allongeaient sur la piste et sur la pelouse. De jeunes femmes marchaient à petits pas en pleurant, soutenues par leurs compagnons. On évacuait les paralytiques et leurs fauteuils vers un endroit plus clément. Des gens hébétés marchaient sans chaussures. Ignorant, le tableau lumineux multipliait ses appels aux spectateurs. Il prêchait l'amitié des peuples, la compréhension « afin que la fête soit grandiose ».

Le calme ne revenait pas dans le virage concerné. Sur les gradins jonchés de vêtements, d'écharpes et de chaussures, trente policiers maintenant repoussaient à la matraque les assaillants. Cinq policiers à cheval entraient sur le terrain pour apporter leur aide.

Révoltés, pleins de rage et de haine soudaine, de jeunes Italiens envahissaient la tribune d'honneur, entouraient Jacques Georges, le président de l'UEFA, et hurlaient : « Pourquoi n'avez-vous rien fait ? Pourquoi nous avez-vous laissés seuls contre ces monstres ? » Un autre s'en prenait aux journalistes anglais : « Vous êtes de la merde, un peuple de merde… »

LA RONDE DES BRANCARDS

Un escadron de gendarmes à cheval arrive enfin, sifflé, conspué, un supporter de la Juve jette son écharpe sous les sabots pour la faire piétiner. Honte à vous, flics de Belgique ! Les nouvelles commencent à circuler. On parle d'un mort, puis de deux. De jeunes Italiens veulent aller se venger et assaillir le virage des Anglais. Alors, on les pourchasse eux aussi, les policiers y mettent de la retenue, conscients qu'ils n'ont pas allumé les mèches.

Il a fallu une demi-heure pour mettre en place un dispositif de sécurité qui se tienne à peu près. On voit des équipes médicales qui arrivent avec des valises de réanimation. Les brancards font la ronde. Là-bas, dans le virage des salopards, pend un linge odieux : la Crazy Red Brigade (la brigade rouge des dingues) affiche sa nature profonde.

À 20 heures, le bruit court que les victimes sont nombreuses. On parle de dix-sept morts. De la bouche du bourgmestre. Alors, les autorités belges mettent le paquet. On entend les hélicoptères qui tournoient. Le haut-parleur égrène des noms italiens avec une voix sépulcrale. On parle maintenant de trente-cinq morts, puis de quarante-deux.

Le football, nous nous en moquons. Le soleil s'en va et un morceau de nous-même avec. Tout le monde doit penser pareil puisque le coup d'envoi s'éloigne. Soudain, des joueurs de la Juventus viennent vers le virage opposé à celui du malheur. Ils écoutent, ils parlent, ils consolent. Et puis ils repartent, dans un grand silence. On dit qu'ils ne joueront pas. Car on sait maintenant que tous les morts ou presque sont des Italiens de Belgique. Pourquoi, grands Dieux, ne pas les avoir séparés des autres par un cordon policier ?

Le temps passe, la nuit approche. Il est 21 h 25. La Juve voudrait ne pas jouer. Le bourgmestre voudrait que le match ait lieu pour désamorcer la violence ajoutée des hordes. Oui, ça y est, on va jouer.

Mais le jeu de football dans tout ça ? C'est le temps des assassins. Il y a de quoi pleurer. C'est pourquoi nous pleurons. ■

Chaos dans les gradins de la tribune Z : à droite, la horde débridée ; à gauche, le peuple comprimé…

LE REGARD DU CRÉATEUR JACQUES FERRAN

« Comme une plaie ouverte »

1984/85

La date du 29 mai 1985 est, après celle du 2 avril 1955, la plus marquante de l'histoire de la Coupe d'Europe. En 1955, elle était née. En 1985, elle a failli mourir.

Elle avait donc juste trente ans, mais rien n'avait été prévu qui permît de célébrer cet anniversaire. « Pourquoi, m'étais-je demandé, alors que va se dérouler, dans la couleur et la frénésie coutumière, la trentième finale, personne, officiellement, n'a l'air de se souvenir ? Pourquoi la France, si fière de ses inventions, même contestées, n'affirme-t-elle pas ses droits indubitables sur celles-ci ? Et pourquoi l'UEFA n'a-t-elle pas, de manière plus éclatante, marqué cet anniversaire ? » Était-ce par négligence, ou bien parce que pesaient depuis quelque temps sur la compétition des menaces qu'elle ne parvenait pas à exorciser ?

À Bruxelles déjà, en 1982, la demi-finale retour opposant Anderlecht à Aston Villa avait provoqué des violences dont étaient responsables les hooligans anglais. Le match avait été longuement interrompu et vingt-sept personnes conduites à l'hôpital. La simple amende infligée au club anglais avait paru dérisoire.

La crainte de voir se produire des faits encore plus dramatiques obsédait tellement les autorités européennes qu'en mai 1984, lors de la 29e finale disputée à Rome entre Liverpool et la Roma, l'UEFA avait préféré se priver de vingt mille places plutôt que de voir la foule italienne mêlée aux hordes accourues de Liverpool.

L'inconscience des autorités belges

Lorsque j'évoque les heures qui précédèrent le drame du Heysel, c'est précisément une impression de malaise qui ressurgit. Le déjeuner offert traditionnellement par l'UEFA aux dirigeants des équipes finalistes et aux autorités de la ville s'était déroulé dans un restaurant appelé « Le Cygne », qui donnait sur la célèbre Grand-Place de Bruxelles et ses vieilles maisons. Dans son allocution, le Français Jacques Georges, président de l'UEFA, n'avait pas caché l'inquiétude qui le tenaillait : « On jette une allumette à Bradford, avait-il conclu (il faisait allusion à l'effroyable bousculade qui, deux semaines plus tôt, en Angleterre, s'était achevée en hécatombe), et cela fait soixante victimes. Il faut absolument que, pour le football, le match de ce soir se déroule de manière exemplaire. » Comme s'il s'efforçait de vaincre un maléfice.

En parfait contraste avec ce pressentiment, le brave bourgmestre de Bruxelles, Hervé Brouhon, m'avait confié, en me montrant de la fenêtre les milliers de supporters anglais vêtus de rouge et déjà imbibés de bière : « Vous voyez ici et là, ces hommes en bleu de travail. Ce sont nos policiers et ils veillent au grain. Nous avons préféré qu'ils passent inaperçus, soyez donc sans inquiétude. »

C'est sans doute parce que les responsables belges, dans leur ensemble, étaient sans inquiétude, qu'ils laissèrent s'entasser des milliers de supporters anglais derrière un des buts du stade, dans deux petites tribunes dénommées X et Y, collées à une autre tribune, la fameuse tribune Z, où se serraient des Italiens venus pour soutenir la Juventus. Il ne s'agissait pas d'Italiens vivant en Belgique, comme on l'a soutenu longtemps, mais bien de gens venus de la Péninsule et qui avaient pu se procurer des billets grâce à des amis vivant à Bruxelles ou à un trafic de marché noir particulièrement intense.

La crainte du pire l'emporta

Ce sont ces spectateurs-là qui, une bonne heure avant le match, se virent agressés, comprimés, bousculés, écrasés, piétinés par la horde surgie de la tribune voisine, sans qu'on ait jamais su pourquoi. Les deux enclos n'étaient séparés que par un simple grillage facile à arracher. Des Anglais ont prétendu que plusieurs de leurs compatriotes, malmenés dans la tribune Z3, étaient venus les appeler à l'aide. Mais sans doute, dans l'état d'ébriété et d'excitation où ils se trouvaient, n'avaient-ils eu besoin d'aucune provocation. Ils se ruèrent donc férocement, accablant et tuant trente-neuf personnes parmi lesquels trente-deux Italiens, quatre Belges, deux Français et un Irlandais. Ils avaient payé très cher le droit de participer à la fête de la balle ronde. Ils moururent tous, ainsi que le révélèrent les autopsies, d'enfoncement du larynx ou de la cage thoracique. Sans avoir vu, pour la plupart, leurs agresseurs.

Nous avons, pour notre part, mis un certain temps à nous rendre compte, de la tribune centrale où nous nous trouvions, de ce qui se passait à cent mètres de là. Et c'est seulement lorsque des témoins horrifiés s'approchèrent de nous, en hurlant leur épouvante, que la réalité nous apparut. Très vite alors, nous avons su qu'il ne serait plus question, ce soir-là, de football, mais de tragédie. Et sur les six envoyés spéciaux de *L'Équipe* que nous étions, quatre se chargèrent de décrire et de décrypter l'horrible fait divers. J'ai, en ce qui me concerne, passé la soirée à faire la navette entre la tribune et les vestiaires, où les dirigeants européens et belges tenaient, l'air hagard, une espèce de conseil de guerre. Chaque dix minutes surgissaient des hommes bouleversés, les larmes aux yeux, qui, messagers de la mort, venaient poursuivre leur atroce litanie : sept victimes, douze, dix-huit, vingt-cinq…

Jusqu'à 21 heures cependant, le doute subsista : fallait-il laisser se dérouler la rencontre ? Elle était naturellement devenue dérisoire et presque obscène. Mais les dirigeants de Liverpool affirmaient : « Si l'on annonce à la foule de nos supporters qu'il n'y aura pas de match, ils mettront le feu au stade. » Et Jacques Georges : « Lâcher cinquante mille fanatiques ennemis dans Bruxelles, c'est faire courir à la ville un risque mortel. » C'est donc la crainte du pire qui l'emporta. Et l'on décida de lancer un appel aux casernes de Bruxelles et des environs, pour qu'elles envoient plus de cinq mille hommes en armes, capables de faire régner l'ordre pendant qu'on jouerait à la balle.

Correspondants de guerre

Le match eut donc lieu comme à la sauvette. La Juventus l'emporta au plus juste (1-0) et Jacques Georges remit le trophée à Michel Platini discrètement. Distraitement. Les joueurs savaient-ils ce qui s'était passé ? Dans les grandes lignes seulement. Ils jouèrent parce qu'ils étaient venus pour ça ; ceux qui avaient gagné sautèrent de joie ; et nul ne peut le leur reprocher. Mais Platini a toujours dit que quelque chose en lui, ce soir-là, s'était brisé. Définitivement. Jacques Georges a également, jusqu'à sa mort en 2004, à l'âge de 87 ans, porté le deuil du Heysel, comme une plaie ouverte.

Nous n'avons pas eu honte, quant à nous, de la manière dont les journalistes de sport que nous étions s'étaient mués, pour quelques heures, en correspondants de guerre. « Si le football devient cela, qu'il crève ! » Ainsi débutait le remarquable article de Jacques Thibert, qui était un cri plutôt qu'un compte rendu *(lire page 121)*. « Maintenant, insistais-je de mon côté, avoir inventé la Coupe d'Europe n'est plus quelque chose dont on ait envie de se vanter. »

« En se vendant au plus offrant, le sport se prête aux coups qu'il reçoit. »

Football assassiné ou football assassin ?

Certains, même au sein de notre rédaction, ont fait reproche à *L'Équipe* de son titre de page une, improvisé dans la nuit : « Le football assassiné ! » *(voir page 123)*. Car ils trouvaient indécent de ramener ce crime au football alors qu'il s'agissait d'êtres humains. C'est vrai, mais cela, je l'espère, allait de soi. Ce qui était mort au Heysel, c'étaient ces trente-neuf innocents, victimes de la folie humaine, mais n'était-ce pas aussi le sport lui-même, et particulièrement le football ?

En châtiment de la barbarie de ses supporters, c'est le football anglais, privé pendant cinq ans de toute compétition européenne, qui fut puni. Quant au procès monstre qui eut lieu à Bruxelles, en première instance (octobre 1988 - avril 1989), en appel (mars à juin 1990) et en cassation (octobre 1991), il panacha équitablement les condamnations : prison ferme pour treize hooligans, prison avec sursis et amende pour les secrétaires généraux de l'UEFA et de l'Union Royale Belge ainsi que pour le capitaine de gendarmerie chargé du Heysel.

Alors est-ce de football assassiné qu'il convient de parler ou de football assassin ? Les tenants de la première thèse ne manquèrent pas d'affirmer – comme Nelson Paillou, président du Comité olympique français – que le sport était en la circonstance « victime de la violence, mais qu'il ne la générait pas ; et que de tels drames pendaient au nez d'autres pays en proie au chômage et à la crise économique ».

En face, ceux qui considèrent le sport et ses « meutes » sauvages comme des meurtriers en puissance, ajoutèrent le Heysel à la liste des crimes inéluctables qu'engendre la haute compétition.

J'écrivis pour ma part que le sport ne « pouvait plus prétendre continuer à jouer les innocents dans ce monde sans pitié ; réclamer les foules en passion, le succès, l'argent, la télévision et échapper aux menaces. En attisant la violence, en ne mettant l'accent et le profit que sur la victoire, en transformant ses champions en demi-dieux, en se vendant au plus offrant, il se prête aux coups qu'il reçoit, il pactise avec ses bourreaux et ne se distingue plus tout à fait de ses assassins. »

Écrit en 1985 ou aujourd'hui ? ■

La Juventus gagne dans un cimetière

Après la charge meurtrière des hooligans du Heysel, un simulacre de finale a lieu. Dans une atmosphère de tristesse et d'écœurement, la Juventus remporte sa première Coupe des champions en battant Liverpool, grâce à un penalty (imaginaire) de Michel Platini (1-0).

58e minute de la finale du Heysel : Michel Platini, qui vient de marquer le penalty victorieux pour la Juve (1-0), laisse éclater une joie de simple footballeur.

La Juventus a déjà perdu deux finales de C1, en 1973 et en 1983, mais elle vient de gagner la Coupe des Coupes, en 1984 contre le FC Porto (2-1). Elle surfe à nouveau sur le haut de la vague, même si Vérone lui chipe le titre de champion, et elle ne rencontre aucune difficulte réelle pour obtenir le droit de revenir en finale. Elle écarte successivement les Finlandais de Tampere (4-0, 2-1), les Suisses du Grasshopper Zurich (2-0, 4-2) et les Tchèques du Sparta Prague (3-0, 0-1) avant d'avoir la peau de Bordeaux en demi-finales (3-0, 0-2). Si Jean Tigana a bien une balle de 3-0 au retour, et si l'entraîneur girondin, Aimé Jacquet, se félicite « d'avoir réussi à déboussoler totalement une équipe de ce calibre », Giovanni Trapattoni, son homologue turinois, confesse : « La Juve n'a jamais été aussi forte dans son approche des grands événements, parce qu'elle dispose de joueurs capables de s'adapter à toutes les circonstances. »

Premier triplé C1-C2-C3

Liverpool, lui, est fidèle au rendez-vous et à ses habitudes. Et, si la Juve l'a déjà battu 2-0, en janvier, lors de la finale de la Supercoupe à Turin, grâce à un doublé de Zbigniew Boniek, si Graeme Souness, parti à la Sampdoria, n'est plus là pour donner le même tempo ni le même équilibre, il fait néanmoins confiance à son pressing et à ses remontées de balle rapides pour ajouter une cinquième Coupe européenne à son palmarès, et empêcher la Juve de devenir le premier club à réussir le triplé C1-C2-C3.

Michel Platini, à qui l'on rappelle que Raymond Kopa reste le seul joueur français vainqueur de la C 1, se dit confiant et mise sur « notre vivacité et notre vitesse d'exécution devant ». Ce qu'il ignore encore, c'est que cette finale va se jouer dans un stade où trente-neuf personnes viennent de mourir… Giovanni Trapattoni racontera plus tard : « Ni nous ni Liverpool ne voulions disputer cette finale. Mais l'UEFA nous y a obligés, pour ne pas risquer une tragédie plus grande encore. Nous avions le cœur lourd et beaucoup de rage à l'intérieur de nous-mêmes au moment d'entrer sur le terrain. À défaut de pouvoir leur rendre la vie, peut-être que la meilleure façon de rendre hommage aux victimes, c'était de jouer et de gagner. »

Un faux penalty bienvenu

Liverpool perd d'entrée Mark Lawrenson, son défenseur central, mais le jeu reste équilibré et les Anglais ne se laissent pas piéger par les contres et les frappes de loin de la Juve. Il faut donc, comme le dira Platini, « un coup écrit d'avance : passe longue à Boniek, lancé », et un penalty inexistant – la faute de Phil Neal sur Zbigniew Boniek est commise en dehors de la surface –, enfin un contre-pied victorieux de Platini (58e) pour faire basculer cette finale maudite, briser la résistance du champion en titre, privé, lui, d'un penalty évident, et offrir à la Juve son premier sacre en C1.

Son numéro 10 français, qui se faisait une joie à l'idée de pouvoir combler un vide majeur dans son palmarès, n'a pourtant pas le cœur à sourire dans la nuit bruxelloise : « Ce soir, j'ai pris un terrible coup de vieux. Et le football aussi. Encore heureux qu'on ait gagné, sinon qu'est-ce qui se serait passé ? » ■ P.U.

FINALE DE LA C1 L'Équipe du 30 mai 1985 Juventus - Liverpool : 1-0

HINAULT, MAITRE DU GIRO

Au Giro, le Breton a remis les pendules à l'heure dans le contre-la-montre entre Capoue et Maddaloni : il a réalisé un véritable exploit en prenant 53'' à Moser et surtout 1'42'' à Visentini, qu'il a par conséquent dépossédé de son maillot rose, et qu'il devance maintenant de 1'14''. Le triomphe de l'équipe La Vie Claire a été complété par Kim Andersen, nouveau leader du Dauphiné libéré.

JEUDI 30 MAI 1985

4,20 F

L'ÉQUIPE

LE QUOTIDIEN DU SPORT ET DE L'AUTOMOBILE

LE FOOTBALL ASSASSINÉ

Révoltant

Bien sûr, la Juventus a remporté la trentième Coupe des Clubs champions, pour la première fois de son histoire, et Platini, buteur de la finale, est devenu le deuxième Français vainqueur de la C1 après Kopa.

Mais quelle importance après…

BECKER RECALÉ À MATS-SUP

TIOZZO : DÉJÀ UNE MÉDAILLE !

LOTO SPORTIF

CINQ GAGNANTS SUR LE RUGBY

De notre envoyé spécial Gérard ERNAULT

BRUXELLES. – Avait-on décidé, en fin de compte, de donner le match à la foule pour empêcher l'émeute par une sorte de calcul dans lequel on ne savait si le cynisme (l'insulte faite aux victimes) l'emportait sur l'habileté (éviter que le drame ne s'agrandisse), à moins que ce ne soit l'inverse.

Dans le cirque macabre qu'était devenu le Heysel, on venait donc de jeter un match comme en d'autres temps on aurait lancé des esclaves et des lions.

Étrangement, les événements n'avaient pas déteint sur le début de la finale, comme si on en avait caché l'ampleur aux vingt-deux acteurs. Ce n'était pourtant pas le cas, on le savait bien, Gaetano Scirea étant intervenu en personne au micro du stade pour ordonner le retour au calme.

Mais le cœur n'y était plus vraiment, les deux équipes firent comme si et, finalement, les Italiens s'imposèrent, remportant ainsi pour la première fois de leur histoire la Coupe des champions grâce au plus généreux et au plus inexistant des penalties, il convient de le dire, transformé par Michel Platini. ■

CHAPITRE TROISIÈME

1985/1997

Les années tourmentées

Après l'hégémonie latine et la domination anglo-saxonne, les années post-Heysel débouchent sur une hiérarchie bousculée. La suspension des clubs anglais aiguise les appétits. À l'exception notable du Milan AC de Van Basten-Gullit-Rijkaard-Baresi, qui imprègne son style au tournant des années 90, aucun club ni aucun pays ne parviennent à imposer leur loi.
Le prestigieux trophée traverse ainsi l'Europe de part en part. Il file en Roumanie, salue le Portugal, monte aux Pays-Bas, se repose donc un peu en Italie, s'en va en Yougoslavie – seconde victoire d'une équipe de l'Est ! – et visite même la France. Son berceau. Enfin.
Drôles de vainqueurs, mais finales pas très drôles. Hormis les éditions 1987 (talonnade de Madjer) et 1989 (Milan-Steaua : 4-0), les ultimes rendez-vous se règlent sur un petit but, ou aux tirs au but…
Regrettant des trames plus logiques, l'UEFA lance alors les poules. En 1991-92 naît la « Ligue des champions », d'abord une simple évolution de la formule, et une volonté de « formater » les rencontres pour augmenter les ressources. Bien sûr, les grands de ce monde en profitent immédiatement : Barcelone, Milan, Ajax, Juve, Dortmund… Mais la vraie révolution est à venir, avec les conséquences de l'arrêt Bosman (décembre 1995) et surtout, en 1997, l'entrée en lice des clubs non champions de leur pays.

La C1 s'ouvre à d'autres prétendants dès 1986, avec le succès inattendu du Steaua Bucarest qui s'impose en finale grâce à son gardien zébulon Ducadam et à son libero Belodedici (à dr.), face au Barça du capitaine Alesanco, de Migueli et de Marcos.

LE SOLEIL SE LÈVE À BUCAREST

Grâce à son gardien, Helmut Ducadam, héros météorique mais invincible tout au long des 120 minutes de la finale contre Barcelone (0-0), y compris lors des tirs au but, le Steaua est le premier club de l'Est couronné.

1985/86

Stade Sanchez-Pizjuan de Séville, 7 mai 1986. L'artiste roumain Helmut Ducadam, de la troupe du Steaua, entre en scène pour la danse du scalp barcelonais. Unique représentation.

Helmut Ducadam disparaîtra très rapidement de la scène après s'être blessé à l'épaule avec une tronçonneuse. Longtemps inconnu, trop tôt inopérant, le gardien roumain aura juste eu le temps, dans sa vingt-septième année, de laisser une trace fugace et incroyable durant les quelques minutes à suspense d'une séance de tirs au but unique dans les annales. Car Ducadam arrête en enfilade les quatre premiers coups de pieds arrêtés qui se présentent, exempté du cinquième après un tel exploit.

Un premier plongeon à droite, un deuxième encore à droite, un troisième toujours à droite parce qu'il sait que le tireur pense qu'il va changer de côté, et un dernier bond à gauche, parce qu'il a désormais la tête dans les esprits adverses.

Ducadam : « J'ai eu de la chance »

« J'ai eu de la chance de partir du bon côté sur le premier tir, confessera-t-il. Ensuite, c'est la psychologie qui a fait le reste. N'importe quel gardien aurait pensé et agi pareil... » Il est pourtant le seul à l'avoir fait en finale de C1, invincible sans gloire durant 120 minutes monotones (0-0) et héroïquement lors du rab de haute voltige (2-0 au terme de la séance).

Ainsi, perpétuant ce sentiment de malédiction qu'il traîne encore dans la compétition, son adversaire de la finale, le prestigieux FC Barcelone n'aura pas réussi à marquer un simple but, même à bout portant. Le mauvais œil troublerait-il les Catalans ? Tout semble réuni, pourtant, pour qu'enfin le Barça rentre cette fois-ci dans la cour des grands. En cette première saison de désordre européen après la tragédie du Heysel et la mise au ban des clubs anglais, trois équipes semblent devoir se disputer le royaume abandonné. Le Bayern, qui chute incroyablement face à Anderlecht en quarts de finale (2-1, 0-2) malgré une domination étouffante lors de l'aller à Munich ; la Juventus, que ce même Barça élimine en quarts de manière heureuse (0-1, 1-1) ; et l'armada catalane, donc. En demi-finales, les Espagnols, fantomatiques à l'aller (0-3), remontent cliniquement la pente au Camp Nou face à Göteborg sur trois opportunités de Pichi Alonso (3-0). Leur gardien Javier Urruticoechea

Très au point, la jeune troupe roumaine d'Emerich Jenei (au c.) aura parfaitement maîtrisé les 120 minutes de la finale.

Le soutien coloré de l'enceinte andalouse ne suffira pas à faire vaincre le Barça.

égalise à 4-4 dans la série de tirs au but et arrête le cinquième tir suédois, accréditant l'idée que ce Barça-là, heureux et dantesque, semble pouvoir s'adapter à tous les scénarios. Et surtout à celui de la scène finale, puisqu'il reçoit à Séville - quasiment à domicile - un saugrenu représentant de l'école de l'Est, surgi sans autre référence que celle d'avoir facilement dompté Anderlecht en demi-finales (0-1, 3-0), après trois tours de chauffe face à Vejle (1-1, 4-1), Honved (0-1, 4-1) et Kuusysi Lahti (0-0, 1-0).

Les surdoués venus de l'Est

Mais cette année-là, le bloc socialiste s'est armé de surdoués. En C2, le Dynamo Kiev donne un récital, couronné d'un triomphe (3-0) face à l'Atletico Madrid en finale. Dans celle de la C1, le Steaua Bucarest, guère impressionné par les excentricités du grand capital (on pense à l'Allemand Bernd Schuster), exécute une partition collective et agile suffisante pour atteindre les tirs au but. Préparé spécialement depuis deux ans, priorité d'État en Roumanie, supervisé physiquement par un professeur de karaté, le Steaua d'Emerich Jenei couve des jeunes techniquement doués comme Miodrag Belodedici, Gavrila Balint, Marius Lacatus ou Victor Piturca, qui s'en sortent sans peine face au pressing aveugle des Catalans. On apprécie la qualité de régulateur de Laszlo Bölöni, sans s'apesantir sur l'absence du stratège Tudorel Stoica.

Premiers joueurs de l'Est vainqueurs de la C1, les Roumains touchent une prime de victoire garantissant sept années de salaire d'un très haut fonctionnaire. Ducadam aurait sans doute mérité plus. ■ F.R.

1985/86

FINALE DE LA C1 L'Équipe du 8 mai 1986 Steaua Bucarest - FC Barcelone : 0-0 a.p. (2 tab 0)

Régis Simon échappe aux filets d'Hinault
Leader des Quatre Jours de Dunkerque après le prologue, Hinault a jugé qu'il n'appartenait pas à ses équipiers de pourchasser l'échappée qui a permis au cadet des Simon de le remplacer.

XV : L'ENTREMETS FRANCO-RUSSE
Solidement charpentée autour de Janeczek et de Didier Camberabero, l'équipe de France A' restera fidèle à sa ligne de conduite offensive face à une jeune formation soviétique.

Thierry Tulasne s'est mis en huit
Le Français a passé deux tours au tournoi de Forest Hills sur terre battue, aux dépens de l'Allemand de l'Ouest Westphal et du Chilien Acuna. En huitièmes de finale, il rencontrera Arias ou Srejber.

JEUDI 8 MAI 1986
4,50 F

L'ÉQUIPE
LE QUOTIDIEN DU SPORT ET DE L'AUTOMOBILE

DU 5 AU 10 MAI
Gagnez 10000 F par jour et une SUPERCINQ diesel en fin d'opération.

STEAUA ENTRE DANS L'HISTOIRE

Le club de Bucarest est le premier d'Europe de l'Est à inscrire son nom au palmarès de la Coupe d'Europe des clubs champions. Un exploit réussi au terme d'une finale de médiocre qualité qui ne bascula que lors des tirs au but (0-0). Après le triomphe de Kiev en Coupe des Coupes, il s'agit d'une nouvelle distribution des cartes européennes en l'absence des Anglais.

De notre envoyé spécial Gérard ERNAULT

SÉVILLE. – Comme en 1984 (AS Rome-Liverpool, 1-1, 2-4 aux t.a.b.), il a fallu recourir à la séance de tirs au but pour attribuer la C1. Et comme Liverpool il y a deux ans au stade Olympique de Rome, le club visiteur (comment intituler autrement le Steaua Bucarest dans un stade de Séville complètement « barcelonisé ») l'a emporté grâce à la fantastique performance de son gardien, Ducadam, lequel s'est offert le luxe d'arrêter les quatre tirs catalans (Alexanco, Pedraza, Pichi Alonso, Marcos).

Même si c'est au terme d'une épreuve extrêmement discutable dans son principe, mais très spectaculaire et d'une grande intensité émotionnelle, la victoire du Steaua est tout ce qu'il y a de logique. Elle est le fruit du sang-froid, de l'organisation, de la volonté et surtout d'un jeu beaucoup plus propre que celui de Barcelone, qui fut d'une pauvreté rarissime à cet étage de la compétition.

Cette finale d'un niveau médiocre dans son ensemble marque une date historique dans le cours des compétitions européennes. C'est en effet la première fois depuis sa création en 1956 que la C1 prend le chemin d'un pays de l'Est. Une grande première dont l'absence des clubs anglais, suspendus, peut être en partie la cause. Le football européen vit probablement en ce moment un tournant très important de son existence. ■

UN DOIGT DE FOLIE DANS LE PORTO

Monstre de puissance, le Bayern Munich maîtrise le scénario de toute la compétition. Jusqu'au dernier quart d'heure de la finale, qu'une talonnade de génie fait basculer en faveur de Porto (2-1). Pour l'éternité, ce sera « une Madjer », du nom de son auteur.

1986/87

Jean-Marie Pfaff, le gardien munichois (en orange, masqué), vient de dévier le centre de Juary, quand Rabah Madjer réussit cette incroyable talonnade qui le propulse dans la légende.

Diplômé de l'école des entraîneurs de Leipzig, Artur Jorge écrit aussi des livres de poésie. C'est dire si la palette est large chez ce coach portugais se revendiquant scientifique et intuitif. Son doctorat d'allemand ne l'empêche nullement de maîtriser bien plus que les fondamentaux de psychologie. En foot, l'entraîneur méconnu de Porto aime principalement « conserver la capacité de surprendre ». Il compte parmi les premiers à faire confiance à ce qui s'appellera plus tard le turn-over, et qu'il a baptisé « l'équilibreur de tension », fidèle à un principe de rotation à 26 pros dans l'équipe. Il n'est pas loin non plus d'être le précurseur de la rationalisation du football par les stats, qu'il confie au professeur Neto, désosseur de chiffres mis au service des schémas tactiques.

Ce sont avec ces idées, ce souffle nouveau, son éclectisme et son sourire moustachu qu'Artur Jorge impose à l'Europe sans Anglais une nouvelle surprise de taille. « Allons dans cette direction qui contrebalance les méthodes dominantes », dit-il.

Et ses hommes le suivent dans ce sillon d'un jeu court, vif et inspiré, réhabilitant ces séquences rares où la vivacité le dispute à la technicité. Dignes successeurs, donc, des surprenants Latins de l'école danubienne du Steaua Bucarest qui, la saison passée, ont ouvert l'ère des révolutions. Très vite éliminés par Anderlecht en huitièmes de finale (0-3, 1-0), les Roumains laissent Porto orphelin dans la case des outsiders.

Dans le dernier carré, les Portugais font face au nouveau monstre venu d'Ukraine, le Dynamo Kiev, ainsi qu'aux éternels cadors que sont le Bayern et le Real, ce dernier sorti des griffes de la Juventus grâce aux tirs au but en huitièmes de finale (1-0, 0-1, 3 tab 1), puis très mal embarqué en quarts face à l'Étoile Rouge : mené 3-0 après 39 minutes de jeu en Yougoslavie, l'équipe madrilène maîtrise tout juste l'addition (2-4) et riposte rationnellement chez elle sur deux piques de Juanito et Santillana (2-0). Mais, à force de hoqueter, le Real déraille en demi-finales devant un Bayern rénové, qui ne perdra qu'une fois cette saison en Championnat.

L'irrésistible ascension du Bayern

Sous la férule du tourmenté Udo Lattek, Klaus Augenthaler, Andreas Brehme ou Lothar Matthäus imposent un football de percussion difficilement résistible. Les Allemands passent cinq buts à Anderlecht en quarts de finale au Stade Olympique (5-0, 2-2). Et encore quatre au Real au tour suivant, celui-ci étant trop heureux de limiter la casse à Munich, à neuf contre onze, face à ce Bayern presque décontenancé devant tant de facilité (4-1).

Au retour à Madrid, dans une atmosphère d'émeute et de provocation, un bon Jean-Marie Pfaff, le gardien belge du Bayern, suffit à préserver cette large avance, finalement réduite d'une seule unité (0-1).

Dans l'autre demi-finale, le grand favori, le Dynamo Kiev d'Oleg Blokhine qui jette ses dernières forces, s'efface donc face au FC Porto, vainqueur à l'aller au Portugal (2-1). Maîtrisant mieux, au retour, les vicissitudes d'un terrain bosselé, les Portugais bissent (2-1) grâce à deux buts empressés, et rompent brutalement le charme de l'armada ukrainienne. Ils ne semblent – à raison – plus douter de rien.

Jorge : « Pourquoi n'osez-vous pas ? »

Pourtant, le Bayern domine nettement la première mi-temps d'une excellente finale. Sa pression athlétique et son pressing permanent sur toute la largeur du terrain étouffent les Portugais, qui plient sur une tête plongeante de Ludwig Kögl, l'habituel remplaçant (24e). À la mi-temps, Artur Jorge demande à ses joueurs : « Pourquoi n'osez-vous pas ? » Il réclame du jaillissement et de l'accélération.

À ce stade, il faut se souvenir des concepts quasi-libertaires de l'entraîneur portugais pour comprendre ce qui va suivre. Car la partie bascule, avant de connaître un dénouement irrationnel. Joao Pinto, Antonio Sousa, Rabah Madjer, Paulo Futre et Juary confisquent le ballon et le font vivre.

Une mosaïque de talents et trois minutes de transe

Un but comme on n'en a encore jamais vu lance trois minutes de transe qui changent la donne. 77e minute : Juary, l'ancien Brésilien du Calcio, entré à la mi-temps, centre un ballon que Pfaff touche sans l'écarter vraiment. Dos au but, l'Algérien Madjer dépose son brevet d'un geste alors insensé, se laissant dépasser par la balle derrière lui, pour la frapper victorieusement de l'intérieur du talon. 80e minute : au bord de la touche, ce même Madjer, victime d'un mollet tétanisé, fait des signes à l'arbitre pour revenir sur le terrain. Il rentre, récupère aussitôt le ballon, déboule, centre et trouve Juary qui reprend victorieusement de volée (2-1).

En un clin d'œil, une mosaïque de talents venus d'Algérie et du Brésil terrasse la rationalité teutonne.

« Il est important que le foot puisse démontrer que l'on peut gagner avec des qualités différentes », sourira Artur Jorge après la victoire. ■ F.R.

Le moustachu Artur Jorge (en haut à dr.), mais aussi Inacio, Madjer et le capitaine Joao Pinto (autour de la coupe) font la fête.

1986/87

FINALE DE LA C1 L'Équipe du 28 mai 1987 FC Porto - Bayern Munich : 2-1

VRAIMENT UN PORTO-FLIP !

L'EQUIPE

LE QUOTIDIEN DU SPORT ET DE L'AUTOMOBILE

4,70 F

BRAVO LES P'TITS FRANÇAIS !

Le tennis français a prouvé hier qu'il ne se limitait pas à Leconte et à Noah. Tarik Benhabiles, en sortant Pernfors le finaliste de l'an passé, et Eric Winogradsky, en éliminant Stefan Edberg, avaient montré la voie. Et, pour ne pas être en reste, Nathalie Herreman s'est offert le luxe de battre Hana Mandlikova. Malgré le ciel gris, un jour tout bleu.

LES BLACKS EN QUARTS

LEONARD SE RETIRE

LA FILLE DE LA 205 TURBO 16

ET AUSSI...

De notre envoyé spécial
Jean-Philippe RÉTHACKER

VIENNE. – Il est heureux que cette finale de Coupe des clubs champions européens ait réhabilité tout à la fois le jeu offensif, la prise de risque, et qu'elle ait offert un spectacle de grande qualité à un moment où le football paraît engagé sur une voie quelque peu dangereuse, en raison de l'importance grandissante des enjeux qui entraînent des prises de risque de moins en moins fréquentes.

Oui, la finale 1987 laissera un beau souvenir aux techniciens comme aux spectateurs, et cela grâce à deux équipes qui pratiquèrent pendant quatre-vingt-dix minutes un jeu extrêmement riche et complet. Un jeu d'une grande intensité, où l'engagement permanent de tous les joueurs n'exclut jamais la maîtrise technique et la recherche constructive. Au style plus classique, plus posé, du Bayern Munich qui, pendant la première période, parut dominer son sujet, plaçant souvent des changements de rythme collectifs irrésistibles, le FC Porto opposa, après le repos, un football plus audacieux qu'auparavant, ce qui lui valut de renverser la situation dans des circonstances assez extraordinaires (...).

Il convient de vanter plus particulièrement les mérites de Rabah Madjer, faux ailier droit abattant un travail énorme en première période et qui, après le repos, se transforma carrément en meneur de jeu finisseur. ■

Rabah Madjer

Attaquant algérien

- 1958 Naissance à Alger (le 15 février)
- 1985-91 Joueur du FC Porto (1 victoire en C1, 1 Coupe intercontinentale, 2 Championnats portugais)
- 1978-92 International algérien (1 Coupe d'Afrique, 87 sélections, 40 buts)
- 1987 Ballon d'Or africain

Signe particulier : homme des grandes occasions, il marque en finale de la C1 et en Coupe Intercontinentale.

Un talon fou

Un seul geste, inédit en 1987, aura suffi à faire entrer l'excellent joueur algérien du FC Porto dans l'histoire de la Coupe des clubs champions. La talonnade victorieuse qu'il réussit en finale porte toujours son nom.

Rabah Madjer aura choisi les Allemands comme victimes expiatoires de son talent délié. Durant la Coupe du monde 1982, un coup de tonnerre résonne dans l'establishment : l'Algérie terrasse la RFA au 1er tour (2-1), et c'est Madjer qui, d'un but, participe à la sensation planétaire. Cinq ans après, revoilà l'Algérien, formé au NA Hussein-Dey, face aux Germains du FC Bayern, en finale de la C1. Il porte les couleurs du FC Porto « presque par hasard ». « J'ignorais tout de ce club avant d'y débarquer », sourit-il à l'évocation de son drôle de destin.

Jusqu'alors, son exploit mondialiste lui avait simplement permis d'obtenir un bon de sortie à titre exceptionnel, plus tôt que les 28 ans requis en Algérie. Le sésame lui avait ouvert les portes d'une aventure inaboutie avec le Racing de Paris, qui voulait devenir le club phare de la capitale française mais qui doit se contenter d'une ascension en Division 1, en 1984.

Blessé longtemps puis anonymement transféré au FC Valence pour un court intermède, Madjer revient à Porto grâce à la perspicacité de son coach, Artur Jorge, qui n'a d'yeux que pour lui.

« Il faut être fou pour se séparer d'un tel joueur », déclame l'entraîneur moustachu. La finale de C1 arrachée au Bayern lui donne raison, car elle survit encore dans l'imaginaire collectif grâce au « truc » d'un Madjer inspiré par les Allemands : LA talonnade.

Jorge : « Tu es fou d'avoir tenté une chose pareille »

« Je n'ai pas tout de suite réalisé ce que j'avais fait. J'ai juste entendu Artur Jorge me dire à la fin du match : "Tu es fou d'avoir tenté une chose pareille." Ma seule réflexion au moment du geste, c'était : il faut mettre le ballon au fond des filets. Si j'ai choisi la talonnade, c'est parce que ça me paraissait être le meilleur moyen d'y parvenir… »

Près de vingt ans après, la photo géante du but le plus malicieux inscrit en finale de C1 ornera le stade du Dragon à Porto, conférant à Madjer le statut d'inoubliable.

Un palmarès planétaire

Débridé par cette réussite insolente, l'Algérien inscrit le but de la victoire des Portugais en Coupe intercontinentale devant le Penarol Montevideo (2-1 a.p.). Ballon d'Or africain au terme de l'année folle (1987), il survole l'édition de la Coupe d'Afrique des Nations organisée dans son pays en 1990, pour parfaire son palmarès planétaire.

Il ne lui manque que la reconnaissance dans la caste des sélectionneurs. Revenu trois fois aux affaires à la tête de l'équipe d'Algérie, mais trois fois démis, le « talonneur » inspiré reste toujours en quête d'un coup de génie d'un de ses compatriotes. F.R.

Comme le Camerounais Roger Milla (à dr.) en 1976 et 1990, Rabah Madjer sera récompensé, au terme de sa folle année 1987, par le Ballon d'Or africain de *France Football*.

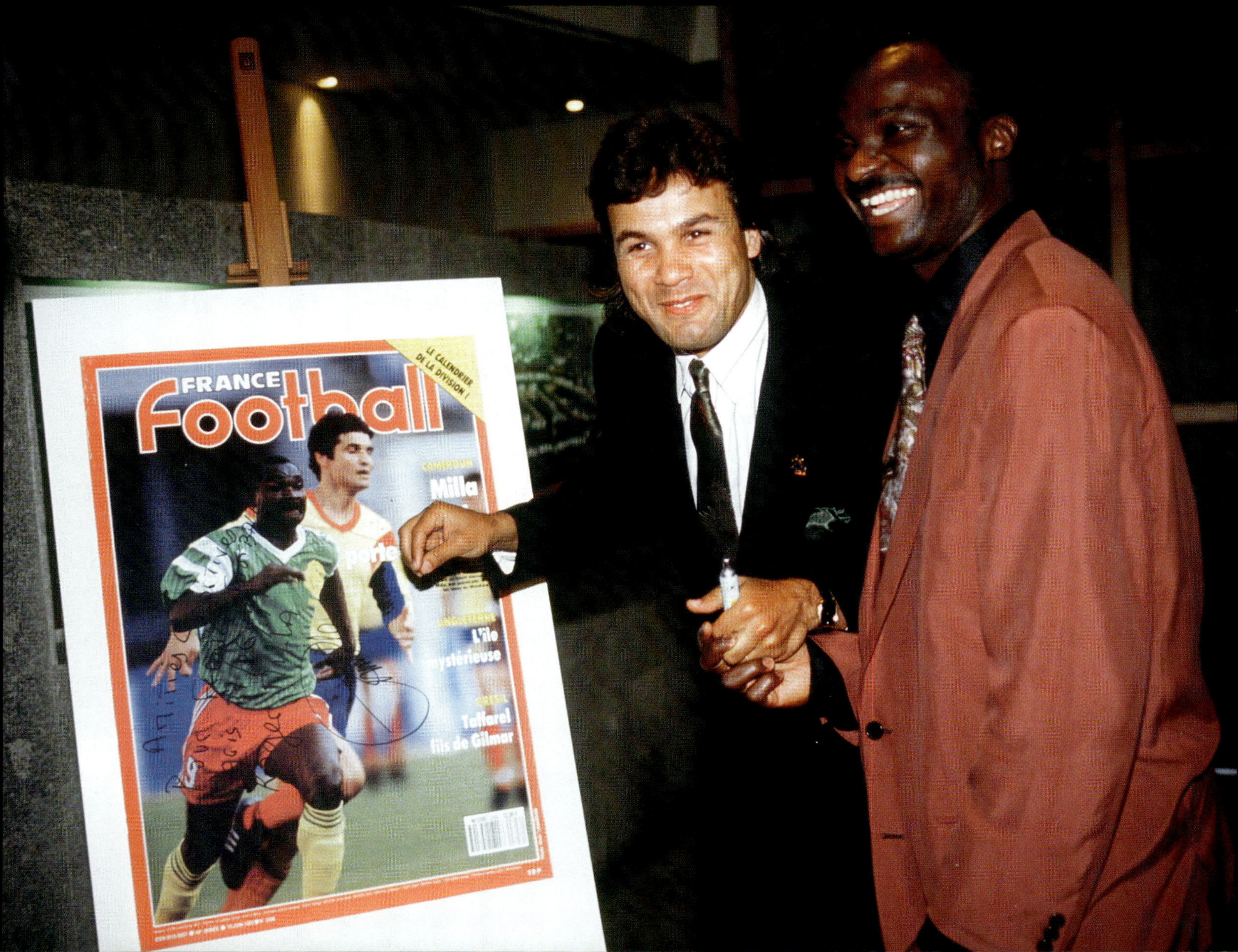

PSV CHAMPION DES NULS

La machine néerlandaise réalise le triplé Coupe d'Europe-Championnat-Coupe des Pays-Bas. Mais son succès en C1, acquis sans la moindre victoire à partir des quarts - cinq matches nuls, dont la finale contre Benfica (0-0, 6 tab 5), restera l'un des moins emballants de l'histoire.

1987/88

Anton Janssen inscrit face à Silvino le sixième tir au but du PSV. Dans un instant, Antonio Veloso échouera sur Hans Van Breukelen, laissant Eindhoven remporter cette triste finale.

Quinze ans après l'ouragan Ajax, et précédant tout juste le succès néerlandais à l'Euro 1988, l'Union Sportive Philips d'Eindhoven entre à son tour dans le gotha européen. Mais loin des références échevelées du football total, et sans commune mesure avec les arabesques de la paire Van Basten-Gullit, qui enchanteront l'été à venir, ces Hollandais-là du PSV offrent une image bien moins romantique du pays des polders.

Dans un contexte robotisé où la rationalisation des tâches fait merveille, l'entraîneur Guus Hiddink, alors méconnu mais déjà fin tacticien, a construit un effectif d'une monstrueuse efficacité et d'une froide beauté. Son PSV au coeur d'acier s'impose au final sans la moindre victoire, et en n'inscrivant que deux buts, à partir des quarts de finale ; c'est dire à quel point prime son sens aigu du réalisme.

Koeman : « Ce coup mortel, c'était la classe ! »

En quarts, les Girondins de Bordeaux sont les premiers à faire les frais (1-1, 0-0) d'une

1987/88

bande ne sacrifiant rien à l'esthétisme. Et quand Hans Gillhaus tacle salement, en le blessant, le Français Jean Tigana, qu'il savait amoindri, il trouve un grand soutien avec Ronald Koeman, phénomène de la saison en tant que défenseur-buteur (21 buts !) et douteux moraliste.

« Ce coup mortel, c'était la classe ! Il faut prendre l'adversaire par ses faiblesses », avouera tout de go le stoppeur sans vergogne, probablement surpris d'être suspendu par l'UEFA pour un match, en demies.

Malgré cette absence de poids chez son adversaire, le Real Madrid se fait piéger à l'identique par Éric Gerets, Jan Heintze, Sören Lerby, Gerald Vanenburg et compagnie. Les Hollandais encaissent sans paniquer, en Espagne, un rapide penalty de Hugo Sanchez, égalisent par Edward Linskens (1-1), puis exploitent au retour, en apothicaires musclés, les lacunes physiques d'Espagnols éreintés (0-0).

Grand poète des terrains, Ronald Koeman (à g.) symbolise le PSV dévastateur mis au point par Guus Hiddink. En finale, le Benfica de Mats Magnusson (à dr.) ne parviendra pas plus que ses prédécesseurs à déstabiliser le bloc néerlandais.

Le Real était épuisé

En seizièmes de finale, le Real avait reçu Naples à huis-clos. « Un seul spectateur : Maradona », avait raillé la presse après la mièvre prestation de la vedette argentine du Napoli, précédant son élimination précoce (1-1, 0-2). Rompu aux combats difficiles, le Real avait enchaîné avec le tenant du titre (Porto, dominé deux fois 2-1), puis le Bayern, éliminé dans une ambiance exécrable en Espagne après avoir pourtant mené 3-0 à Munich à l'aller à cinq minutes de la fin (2-3, 2-0). On comprend mieux pourquoi les Madrilènes n'en peuvent plus en demi-finale face aux rigides Bataves du PSV. « Nous n'avons pas su comment les prendre », dira le capitaine espagnol, Michel.

Sören Lerby n'a pas fait honneur au football, cela ne l'empêche pas de triompher.

Le spectacle, grand absent de la finale

Tout en rigueur contrôlée, voilà donc le PSV Eindhoven mûr pour affronter en finale les Portugais de Benfica, alliage agréable entre la technicité brésilienne (Diamantino, Chiquinho) et la robustesse elle aussi importée *do Brasil*, avec Carlos Mozer. Sans forcer, n'encaissant qu'un but durant son parcours, le Benfica dompte aisément Tirana (battu 0-4 à l'aller puis exclu par l'UEFA), Aarhus (0-0, 1-0) et Anderlecht (2-0, 0-1). En demi-finales, Rui Aguas, ancien vendeur de machines à laver et champion national de volley, s'offre un doublé qui fait valser les Roumains du Steaua Bucarest (0-0, 2-0). Et l'on attend de cette formation portugaise qu'elle puisse troubler, en finale, les fondamentaux si bien réglés du PSV.

Las… Privé de son attaquant vedette Diamantino, Benfica joue la manche sans se libérer. Comme souvent, le PSV ne fait en face guère plus que le minimum cartésien pour engluer l'adversité. Et la finale de Stuttgart se révèle donc être d'une insigne pauvreté, justement présente dans les annales pour cette absence quasi-totale de spectacle.

Après cent vingt minutes sans but, et un jeu tendu, touffu, tronqué, on retiendra le bras d'honneur de Lerby envers l'arbitre Luigi Agnolin et le sixième tir au but manqué par Antonio Veloso face à Hans Van Breukelen. Finalement symboliques d'une édition aux faits marquants si peu footballistiques. ■ F.R.

FINALE DE LA C1 L'Équipe du 26 mai 1988 PSV Eindhoven - Benfica : 0-0 a.p. (6 tab 5)

Eindhoven au bout de l'ennui

Le club néerlandais a remporté la Coupe d'Europe des champions à l'issue de la séance de tirs au but (0-0, 6 tirs à 5). Conclusion d'une finale contre Benfica d'une médiocrité quasi constante. (Page 7)

L'ÉQUIPE

JEUDI 26 MAI 1988 — LE QUOTIDIEN DU SPORT ET DE L'AUTOMOBILE — 42e ANNÉE — N° 13 079 — 4,90 F

NOAH À L'ARRACHÉ

Le Français a dû appuyer sur l'accélérateur pour lâcher Mattar. Deux têtes sont tombées. Celles de Mayotte et de Gomez, écarté par Agenor. (Pages 2 à 6)

Les Espoirs sont sortis de l'enfer

Les jeunes Bleus ont confirmé leurs qualités mentales exceptionnelles. (Page 8)

Daniel Dubroca :

De nos envoyés spéciaux Victor SINET et Jean-Philippe RÉTHACKER

STUTTGART. – PSV Eindhoven a remporté la C1 à l'issue de la fatidique séance de tirs au but (6-5) face au Benfica. Sanction que l'on avait pressentie dès les premières secondes d'un match qui ne s'anima un peu que dans les dernières minutes du temps réglementaire avant, la fatigue aidant, de retomber dans l'à-peu-près et la médiocrité durant la prolongation. L'ensemble du football pratiqué fut d'une rare indigence d'inspiration et de technique. L'opposition de style ne déboucha sur rien de concret et on a beaucoup regretté hier soir les absences du Bayern Munich et surtout du Real Madrid, ce dernier éliminé par un PSV autrement plus convaincant au tour précédent. L'édition 1987-88, en tout cas, est à oublier au plus vite (…).

Il est tout à fait normal que le résultat ait tardé, jusqu'à l'ultime instant de cette finale, à se manifester. Car comme on pouvait s'y attendre, l'organisation tactique très minutieusement établie des adversaires équilibra les forces jusqu'à la fin : d'un côté avec un PSV jouant, selon ce qui était prévisible, avec deux stoppeurs, Van Aerle et Nielsen, pour surveiller les deux avant-centres portugais ; d'un autre côté avec un Benfica qui se contenta souvent d'assauts aériens et qui tarda sans doute trop longtemps à sortir de sa coquille. Dans cette opposition, c'est le PSV qui contrôla le plus souvent le ballon mais qui ne parvint jamais à trouver une faille. ■

MILAN TOUCHÉ PAR LA GRÂCE

En explosant en finale le Steaua Bucarest (4-0), après avoir atomisé le Real Madrid en demi-finales (1-1, 5-0), le Milan AC de Gullit, Rijkaard, Van Basten et Baresi illumine l'Europe.

1988/**89**

Avec un doublé chacun, Ruud Gullit (à g.) et Marco Van Basten ont réalisé un show époustouflant en finale contre le Steaua Bucarest. De quoi s'offrir un triomphe de rock-stars.

S'il se pose alors en homme d'affaires plutôt prolifique, reconnu pour ses succès dans l'immobilier et la construction, Silvio Berlusconi est, en 1986, un parfait novice du Calcio. Mais « *Sua Emittenza* » a des idées, de l'entregent, des relais télévisés, du flair, de l'argent et l'aptitude à combiner tous ces atouts avec culot et célérité. Trois ans plus tard, nouveau capitaine de l'industrie du ballon rond, il a déjà bâti une formation « pré-galactique » qui insuffle subitement du tonus à une compétition européenne perturbée par l'enfilade récente de vainqueurs insolites, au terme d'épopées souvent sans bravoure.

Son Milan AC, qu'il vient de racheter, fait flotter dans son sillage une telle ivresse qu'on en oublierait presque qu'il est issu du pays du *catenaccio*. Pour le boss, bien décidé à faire voler en éclats les idées reçues, le foot est une fête. « Il faut jouer pour plaire », martèle-t-il, convaincu qu'un pressing savamment exercé, afin de nourrir en ballons des artistes au top de leur talent, ne peut qu'aboutir au succès d'image et à la victoire sportive.

Rijkaard, Gullit, Van Basten, trio magique

Dans cette opération, son coup de bluff le plus méritoire est de faire venir à lui Arrigo Sacchi, un entraîneur qui arpentait incognito les terrains de Serie B avec Parme, jusqu'à ce qu'une rencontre fortuite fasse apparaître de solides atomes crochus. Entre

Frank Rijkaard (n° 8) et Marco Van Basten exultent. En demi-finale retour contre le Real, le Milan et ses Hollandais réalisent un chef-d'œuvre de réalisme et de fluidité : 5-0 !

le patron innovant et le coach missionné pour combattre les tabous du Calcio, le coup de foudre est immédiat et débouche en 1988 sur un titre de champion d'Italie, après neuf années de disette. « Je savais qu'il partageait mes idées sur le jeu », explique simplement Berlusconi.

Se remémorant sans doute les performances du fameux trio d'attaque suédois du Milan des années 1950, baptisé GreNoLi (Gren, Nordahl, Liedholm), le président du Milan refait aussi le coup du brelan aux connexions rodées, piochant dans ce qui se fait de mieux aux Pays-Bas. En 1987, il engage les stars montantes Marco Van Basten et Ruud Gullit, chargées des inventions offensives. Et, pour la vigilance, il leur adjoint Frank Rijkaard, la saison suivante. Encadrés en défense par Franco Baresi et Paolo Maldini, qui ne sont qu'à l'orée d'une immense carrière, soutenus par de purs produits locaux comme Carlo Ancelotti et Roberto Donadoni, les Bataves conjuguent en italien ce « football total » inventé par leurs aînés de l'Ajax. Génies et gregarii s'unissent pour une belle et bonne cause. *« Calcio a tutto campo »,* s'émerveillent ceux qui décryptent ce jeu de technique en mouvement, fait de flux et de reflux, où la polyvalence s'inscrit en vertu première.

L'une des pires débâcles du Real Madrid

Bien sûr, des ombres ternissent ce tableau presque idyllique. Parfois, les stars hollandaises ne semblent pas en phase avec leur entraîneur. Sans Gullit, blessé, Van Basten se plaint de manquer de soutien devant. Rijkaard, lui, souhaite, parfois vertement, être plus souvent utilisé dans son poste de prédilection, au milieu, plutôt qu'en défense centrale. Parfois, aussi, des chausse-trappes se présentent face à cette armada de grosses têtes. En huitièmes de finale, le Milan AC ne fait que match nul chez lui, à l'aller, face à l'Étoile Rouge (1-1). Et le voilà mené d'un but en Yougoslavie, affaibli de surcroît par l'expulsion de Pietro Paolo Virdis… Mais, fort opportunément, le brouillard s'abat sur Belgrade, interrompant le cours d'un match mal embouché, comme si le ciel voulait gracier des Milanais tout heureux de s'en

En 1988, Van Basten (au c.) remporte le premier de ses trois Ballons d'Or, devant… ses coéquipiers Gullit (à dr.) et Rijkaard.

Clef de voûte de la défense du Milan AC, Franco Baresi impose le respect, par son élégance et sa solidité, à des Roumains dépassés.

sortir, le lendemain, aux tirs au but (4-2). Cette fois-ci, l'ouragan rossonero est lancé. En quarts de finale à Brême, l'arbitre Rosa dos Santos réussit l'exploit de refuser trois buts valables en 26 secondes, dont deux au Milan AC, qui glane finalement le nul vierge, avant de se contenter au retour, malgré une pléthore d'occasions, d'un penalty de Van Basten (1-0).

La demi-finale face au Real Madrid – sorti indemne de son choc (1-1, 2-1 a.p.) avec le PSV Eindhoven de Romario, implacable face à Porto en début d'édition (5-0, 0-2) – marque l'acte fondateur de l'ère milanaise. Lors de l'aller au stade Santiago-Bernabeu, dans une ambiance détestable, les deux formations se neutralisent (1-1), même si l'équipe italienne semble déjà plus mûre et plus organisée. « Ne pas savoir forcer la décision au moment opportun est l'une de nos plus graves lacunes ; c'est très étrange », fulmine Rijkaard. A-t-il été entendu ?

Le Steaua laminé en 47 minutes

À San Siro, Milan, ultra-réaliste, initie des mouvements de toute beauté, empreints de force et de fluidité, offrant l'un des plus beaux spectacles qu'il ait été donné de voir en Coupe d'Europe. Le Real de Bernd Schuster subit l'une des pires débâcles de son histoire : 5-0 ! Ancelotti, Rijkaard, Gullit, Van Basten et Donadoni graduent le score à une hauteur implacable. Et logique, tant le Milan AC, lucide et inspiré, additionnant la virtuosité latine au tranchant hollandais, survolant les airs et maître au sol, donne une illustration de ce qu'est un moment de grâce.

Dans le même tempo impitoyable, l'irrésistible armada italienne lamine en finale le Steaua Bucarest en 47 minutes, le temps de marquer quatre fois sur deux doublés de Van Basten et Gullit. Opéré du ménisque en avril, ce dernier survole le match aux ailes et au centre, génial dans son altruisme et ses accélérations.

En face, un nouveau créateur, court sur pattes, Gheorghe Hagi, tient les baguettes de ce Steaua qui campe ferme sur ses principes de solidité défensive et d'élan offensif. Lors des huit rencontres précédant la finale, les Roumains ont inscrit 22 buts, châtiant, à Bucarest, le Sparta Prague (5-1), Göteborg (5-1), Galatasaray (4-0) et le Spartak Moscou (3-0). Loin de leurs certitudes, en ce soir de mai, les joueurs de Bucarest deviennent les premiers spectateurs d'une symphonie fantastique en rouge et noir. ■ F.R.

FINALE DE LA C1 L'Équipe du 25 mai 1989 Milan AC - Steaua Bucarest : 4-0

PHENOMENAL MILAN !

L'équipe italienne a pulvérisé le Steaua Bucarest (4-0) dans une des plus belles finales de Coupe d'Europe des clubs champions de l'histoire. (Pages 3 et 4)

L'ÉQUIPE

JEUDI 25 MAI 1989 — LE QUOTIDIEN DU SPORT ET DE L'AUTOMOBILE — 44e ANNÉE — N° 13 390 — 4,90 F

OM - Auxerre on se retrouve

Cinq jours après avoir conquis le titre de champion de France face à Auxerre, les Marseillais rencontrent à nouveau les hommes de Guy Roux en demi-finale aller de la Coupe. Le remake s'annonce passionnant. (Page 5)

(Photo Patrick BOUTROUX)

Toulon prêt à l'abordage

Manuel Diaz est un capitaine déterminé. Avec des jeunes comme le deuxième ligne Ivan Roux (à gauche), Toulon peut partir à l'assaut de Toulouse. (Page 9)

De notre envoyé spécial Victor SINET

BARCELONE. – Le Milan de Sacchi, vainqueur de la Coupe d'Europe des clubs champions – sa troisième – vingt ans après le légendaire Milan de Rocco, cela est arrivé hier soir à Barcelone, dans une ambiance indescriptible, fabuleuse et pour tout dire typiquement italienne.

Superbe et admirable victoire. Celle d'abord de ces trois « monstres » hollandais qui avaient coiffé onze mois auparavant une autre couronne européenne, avec la sélection orange, mais aussi celle de tout un groupe qui, depuis un an, a donné une autre dimension au Calcio. S'il n'y a pas eu de finale au Nou Camp, du moins dans le sens où on l'entend habituellement, c'est bien parce que Milan était le plus fort sur tous les chapitres, au point d'avoir tué tout de suite le suspense par sa force peu commune, comme par son efficacité vraiment exceptionnelle.

Quand on voit avancer l'armada rouge et noir, portée par le géant noir Gullit, on pense aux Huns d'Attila qui ne laissaient rien, qui renversaient tout sur leur passage. Impossible de résister à cette horde féroce qui vous piétine et lamine sans pitié sous les vociférations de tout un peuple assoiffé de conquête. Un peuple lui aussi exceptionnel puisqu'il est capable de voyager à plus de quatre-vingt mille pour soutenir ses héros. Dans l'enfer brûlant d'un Nou Camp submergé par l'immense vague rossonera, les champions de Roumanie ne pouvaient absolument rien contre ce Milan d'un autre monde. ■

MILAN COMME AU BON VIEUX TEMPS

Une équipe milanaise à bout de souffle, et utilisant les bonnes vieilles recettes du Calcio, conserve son titre contre un vaillant Benfica (1-0), qui perd sa cinquième finale consécutive.

1989/90

Le Benfica de Ricardo (n° 5) a beau faire mieux que se défendre en finale face à un Milan épuisé, il n'empêchera pas les partenaires de Carlo Ancelotti (à dr.) de conserver leur titre.

Qui d'autre que Milan peut succéder à Milan, après l'époustouflante démonstration faite un an plus tôt ? L'équipe italienne est si forte, si harmonieuse, si conquérante que rien ni personne ne semble pouvoir l'empêcher de conquérir une nouvelle fois l'Europe. Mais s'ils réussissent finalement dans l'entreprise ardue du doublé, les Milanais ont perdu de cette grâce qui les rendait littéralement invincibles.

L'euphorie se dilue-t-elle dans les âpres combats d'arrière-garde du Calcio, qui couronnent le Naples de Maradona en Championnat, offrent la Coupe à la Juventus et rendent presque impérieuse la victoire en C1 de la bande réunie par l'ambitieux boss Silvio Berlusconi ? Le surmenage bloque-t-il les ardeurs d'une formation qui s'en ira, au gré des tours, perdre ses forces vives, jusqu'au bord de l'épuisement ? Ou ses adversaires finissent-ils par percevoir que le mythe de l'invulnérabilité du Milan AC peut être écorné ?

La main de Vata punit l'OM

Parmi les nouveaux trublions de l'Europe, un club français, l'Olympique de Marseille, décide effrontément de marcher dans les traces de l'équipe italienne. Son président, Bernard Tapie – tour à tour chanteur, repreneur d'entreprises, animateur de télévision, ministre –, joue à merveille la partition du « Berlusconi français ». Strass, culot, stars, beau jeu et faconde façonnent un environnement digne de ce que l'on peut vivre à Milanello. « La France va voir avec l'OM une équipe comme elle n'en a jamais vue », décrète Tapie, associant à grands frais, dans sa formation cosmopolite, des éléments comme le Brésilien Carlos Mozer, l'Allemand Karlheinz Förster, l'Uruguayen Enzo Francescoli ou l'Anglais Chris Waddle, à des Français reconnus comme Manuel Amoros, Jean Tigana ou Jean-Pierre Papin.

Ainsi ficelé, le nouvel OM élimine sans sourciller Bröndby (3-0, 1-1), l'AEK Athènes (2-0, 1-1) et le CSKA Sofia (1-0, 3-1), avant de défier en demi-finales les Portugais de Benfica. Une deuxième mi-temps ébouriffante au Stade-Vélodrome lui permet de mener 2-1 au terme de la première manche, et de rêver à la finale jusqu'à la 84e minute du match retour. C'est à ce moment-là qu'une main de l'Angolais de Benfica, Vata, opportunément placée pour détourner le ballon dans le but après un corner, vient saccager les efforts de Marseillais repliés (1-0). Ils crieront longtemps leur ressentiment envers l'arbitre belge, Marcel Van Langenhove, coupable de n'avoir pas vu cette « mimine » s'immiscer dans leur destin programmé. Qu'importe que les images aient prouvé que l'homme en noir, placé comme il l'était, ne pouvait deviner la supercherie. Bernard Tapie, qui ne fera pas mystère d'instrumentaliser cet incident afin de s'attirer les bonnes grâces futures du corps arbitral, persistera dans son accusation de corruption.

En attendant, ce n'est pas son OM débridé et colérique qui va cette fois-ci défier le si fourbu Milan AC. Cahin-caha, les Transalpins se fraient au forceps un passage jusqu'à la finale. Redevenus « Italiens », ils jouent à ce jeu de gagne-petit qui sourit si bien aux plus réalistes. Comme la saison précédente, ils sortent le Real Madrid, cette fois-ci de manière bien moins impressionnante (2-0, 0-1). En quarts de finale, deux 0-0, au terme du temps réglementaire, viennent prouver que même les très étonnants Belges du FC Malines peuvent faire trembler la colonie hollando-italienne. « De ma vie, je n'ai jamais vu un adversaire aussi "scorbutique" (*sic*), aussi bien disposé tactiquement », avoue l'entraîneur Arrigo Sacchi, soulagé par une prolongation prolifique, ponctuée par des buts des deux Marco, Van Basten et Simone.

En demi-finales, le Milan AC, opposé au Bayern Munich, doit encore se contenter de peu. En l'occurrence d'une victoire étriquée à l'aller, grâce à un penalty transformé par Van Basten à douze minutes de la fin (1-0). Puis d'une courte défaite, magnifiée par un but salvateur de Stefano Borgonovo, encore acquis durant la prolongation en Bavière (1-2).

Les tifosi milanais auront souffert en finale avant de savourer le but de la délivrance.

Le panachage brésilo-suédois de Benfica

En finale, voilà donc les Italiens opposés au Benfica de Vata, coaché par un Sven-Göran Eriksson fin connaisseur des arcanes du Calcio. Panachage brésilo-suédois, l'équipe portugaise, au sein de laquelle Valdo, Aldaïr et Ricardo cohabitent avec Jonas Thern et Mats Magnusson, s'est dépêtrée de Derry (2-1, 4-0), Honved (2-0, 7-0) et Dniepr (1-0, 3-0), avant de faire « causer » la Canebière marseillaise.

Elle doit donc, après cette brochette d'outsiders, terrasser le monstre du moment, pour briser l'effroyable litanie des quatre finales précédemment perdues qui fait vraiment tache dans son palmarès. Mais comme d'habitude, sur ce terrain de Vienne qui avait souri à son rival éternel de Porto en 1987, Benfica trébuche sur la dernière marche au bout d'une confrontation globalement frustrante. Si prolifique en Championnat (33 buts), son avant-centre suédois Magnusson est victime du *catenaccio* nouveau du Milan AC. Et même si Valdo donne le tournis à l'arrière-garde milanaise, même si Marco Van Basten reproche ouvertement à Frank Rijkaard son manque de précision dans la passe pendant le match, même si Benfica semble dompter des Milanais fébriles et imprécis, la sanction tombe brutalement, peu après l'heure de jeu.

Un sauveur nommé Rijkaard

Privés des services de Roberto Donadoni, Daniele Massaro et Filippo Galli, les Milanais s'en sortent par une pirouette hollandaise : le passeur se mue en buteur, et vice-versa. Bloqué par Ricardo, Van Basten ouvre sur Rijkaard qui scelle le sort d'un match avare en occasions.

« Ma joie est plus grande que la saison précédente, car on a souffert davantage, pérore Silvio Berlusconi. Ce qui compte, c'est que nous ayons changé les mentalités dans le Calcio, car les autres commencent à nous imiter en se faisant à l'idée que l'on peut réussir au plus haut niveau international en imposant son propre style. »

Effet Milan AC ou pas, le foot italien surclasse l'Europe. Avec la C1 pour Milan, la C2 pour la Sampdoria Gênes et la C3 à la Juventus (qui bat en finale… la Fiorentina), les clubs du Calcio réussissent un sacré grand chelem, unique en son genre. ■ F.R.

1989/90

Silvio Berlusconi a le triomphe souriant

Habitué au rôle de passeur, Frank Rijkaard endosse cette fois le costume du héros.

FINALE DE LA C1 L'Équipe du 24 mai 1990 Milan AC - Benfica : 1-0

MILAN RESTE LE ROI

Au terme d'une finale décevante, le Milan AC, en disposant de Benfica (1-0), a conservé son titre de champion d'Europe. Un succès qui permet à l'Italie de réaliser un triplé historique en compétition européenne. (Pages 3 et 4)

L'EQUIPE

JEUDI 24 MAI 1990 — LE QUOTIDIEN DU SPORT ET DE L'AUTOMOBILE — 45e ANNÉE — N° 13 700 — 4,90 F

EXCLUSIF ! Avant les essais du Grand Prix de Monaco, le champion brésilien a ouvert la porte de sa résidence monégasque à *L'Equipe*. Il a aussi ouvert largement son cœur. Senna voit grand ! (Page 13)

Senna chez lui

De notre envoyé spécial Victor SINET

VIENNE. – C'était Milan-panache, Milan-générosité, Milan-extra-terrestre que le monde pouvait envier à L'Italie. C'est à présent Milan gagne-petit, Milan redescendu sur terre, comme on le savait depuis ses récentes désillusions en Championnat. En un mot, Milan pour ainsi dire redevenu italien.

Pensez, en effet, que ces Rossoneri, méconnaissables par rapport à ce qu'ils avaient réalisé l'an dernier, furent bousculés et parfois même « baladés » par des Portugais que l'on n'aurait jamais imaginés aussi vifs, aussi créatifs, aussi incisifs, aussi bien organisés. Hélas ! la chance qui avait aidé Benfica lors de sa demi-finale à la Luz contre l'OM l'a abandonné, hier soir, au plus mauvais moment à Vienne.

En sorte que, là où Porto réussit il y a trois ans, l'équipe de Lisbonne a malheureusement perdu contre le cours du jeu et faute d'attaquants de classe. Il a finalement suffi d'un petit but de Frank Rijkaard – but cependant superbe –, au moment où 35 000 tifosi commençaient à grogner contre leur équipe, pour délivrer le champion sortant du gros boulet qu'il traînait derrière lui, à l'image de Gullit-le-revenant.

Et voici du même coup le Calcio réalisant son tiercé européen historique, le grand chelem espéré du nord au sud de la péninsule. Vous avez dit « Forza Italia » ? ■

Ruud Gullit

Attaquant néerlandais

1962	Naissance à Amsterdam (le 1er septembre)
1982-85	Joueur de Feyenoord (1 titre, 1 Coupe des Pays-Bas)
1985-87	Joueur du PSV Eindhoven (2 titres)
1987-94	Joueur du Milan AC (2 victoires en C1, 3 titres)
1981-94	International néerlandais (1 Euro, 61 sélections, 17 buts)
1987	Ballon d'Or de *France Football*

Signe particulier : il dédie son Ballon d'Or à Nelson Mandela.

Le Hollandais volant

Footballeur le plus cher de son époque, ce véritable athlète du jeu est l'homme de base des triomphes du Milan AC comme de ceux de l'équipe des Pays-Bas.

Adolescent, Ruud Gullit dépense son argent de poche à s'acheter des haltères. Il se confectionne un bric-à-brac d'appareils de torture destinés à dessiner un corps d'athlète. Un peu plus tard, il se laisse pousser les cheveux, nattés comme ceux du tennisman français Yannick Noah (vainqueur à Roland-Garros en 1983) et des chanteurs reggae dont il apprécie les chants rastas contestataires.

Ainsi naît le colosse tressé, bondissant aux quatre coins du terrain, doté d'une finesse s'accordant drôlement avec une robustesse légendaire. L'Italie, qui l'adopte très vite, le surnomme aussitôt « *il Ciclone* », parce qu'il a la capacité de souffler le chaud et l'effroi, dévastateur distingué de défenses aux abois. En migrant dans le Calcio en 1987, du PSV Eindhoven au Milan AC, il devient momentanément le footballeur le plus cher de l'histoire, acheté l'équivalent de 8,5 millions d'euros par un Silvio Berlusconi hypnotisé par ce futur Ballon d'Or, subtilement monstrueux.

« Je suis une prostituée ! »

Auparavant, ce métis surinamien, passé de Haarlem à Feyenoord, a sans doute peur de s'arrêter sur la case Ajax pour y intégrer une classe biberon éminemment concurrentielle. Mais il sait ce qu'il veut : recruté ensuite par le PSV, il n'hésite pas à crier sa frustration dans les médias pour se débarrasser d'un entraîneur (Hans Kraay) qui le paye sans tenir compte de ses envies. « Je suis une prostituée ! », s'exclame-t-il, et le cri du cœur a l'effet escompté.

Au Milan AC, sa carrière connaît un ébouriffant tournant. « C'est comme si j'étais monté dans un train en marche, se souvient-il. Tout défilait à toute vitesse, c'était comme dans un rêve… »

Champion d'Italie pour sa première année d'immersion dans le Calcio avec un club qui n'attend que ça depuis neuf ans, double vainqueur consécutivement de la C1, champion d'Europe avec la sélection néerlandaise en 1988, le colosse cumule, imperturbablement rieur et débonnaire, ce qui ne gâte rien. Parfois blessé, il s'arrange aussi pour réaliser des exploits au rayon infirmerie, comme en témoigne la rapidité de sa remise sur pied avant la finale de 1989, qu'il survole : un mois a suffi pour qu'il récupère d'une lésion méniscale au pied.

Équipier solidaire

Et s'il truste les titres avant une fin de carrière à ternes rebondissements et une expérience de coach toujours sans consistance, ses meilleurs souvenirs feront la part belle au labeur collectif. « Ce qui me restera, dit-il un jour, c'est notamment tout le mal qu'on s'était donné pour atteindre la finale en 1989. À Belgrade, on avait joué dans un brouillard incroyable qui s'était posé comme un tapis volant, et le match avait été reporté. Blessé la veille, j'étais rentré en cours de jeu. On avait marqué un but rentré d'un mètre dans la cage, mais refusé par l'arbitre… Le même gag s'était reproduit ensuite contre Brême. La joie finale était à la hauteur du mal qu'on s'était donné. »

Car même s'il planait, le Hollandais volant aimait surtout les combats terre à terre d'équipiers solidaires. F.R.

Comme ici en finale de la C1 1990 face à Benfica, Ruud Gullit plane sur le football européen de son époque.

L'ÉTOILE FEND LE CŒUR DE L'OM

Quand enfin la France croit pouvoir décrocher son premier titre, Marseille rate sa finale (0-0, 3 tab 5) contre un autre novice à ce niveau, l'Étoile Rouge de Belgrade, tout heureux de récupérer la mise.

1990/**91**

L'Étoile Rouge a attendu 120 minutes pour placer ses banderilles en finale contre Marseille. Au cinquième tir au but de son équipe, le matador Darko Pancev porte l'estocade.

Avec Franz Beckenbauer comme entraîneur, l'Olympique de Marseille croit connaître l'apothéose. Le champion de France élimine Tirana (5-1, 0-0) et Lech Poznan (2-3, 6-1), mais le Kaiser se lasse de l'omnipotence de son président, Bernard Tapie ; c'est donc avec un filou belge, le « papet » Raymond Goethals, que les Français continuent une aventure qui leur propose le Milan AC en quarts de finale, pour un symbole rocambolesque de passation de pouvoir.

Milan nul en galéjade

À San Siro, l'OM, avec son trident offensif PaPeWa (Papin, Abedi Pelé, Waddle), récite sa gamme tactique et obtient un nul mérité (1-1). Au retour, abattus par un but de Chris Waddle, les Italiens succombent à la *commedia dell'arte*, profitant en toute fin de match de la panne d'un projecteur pour quitter l'aire de jeu et tenter de reprendre la donne sur tapis vert. La galéjade, bien mal maîtrisée en ce lieu où l'on connaît la question, leur coûtera une suspension d'une année en Coupe d'Europe.

En quarts de finale, Chris Waddle et l'OM, la tête dans les étoiles, terrassent le Milan AC de Paolo Maldini, double tenant.

En demi-finales, l'OM hérite de la surprenante équipe du Spartak Moscou, redoutable pour avoir éliminé en huitièmes, aux tirs au but, le Napoli de Maradona (0-0, 0-0, 5 tab 3), décidément inadapté à la C1, puis le Real, surpris 3-1 à Madrid. Mais, victimes de leur interminable trêve hivernale et de l'invincibilité marseillaise qui s'étire depuis quatre mois, les Russes succombent par deux fois (3-1, 2-1) devant cet OM prêt à mettre fin à la frustration d'une nation en quête de son premier trophée et égrenant ses participations en finale avec une nostalgie parfois pathétique.

Trente-deux ans après Reims, quinze ans après la verte épopée de Saint-Étienne, l'enjeu est d'importance pour un pays qui, le jour de la finale, voit son chef d'État avancer le dîner du sommet franco-allemand pour pouvoir assister au match capital. Hélas pour lui, le spectacle de cette centième finale européenne est très indigeste. Face à leur ultime adversaire, l'Étoile Rouge de Belgrade, également issu d'un pays vierge de tout trophée, les Français dominent maladroitement. Ils se font coincer dans un système verrouillé par des Yougoslaves formatés pour attendre la séance de tirs au but. Étouffée et étouffante, la finale ne vaut que par l'art consommé des deux équipes à maîtriser les talents offensifs adverses. Bruno Germain bride Dejan Savicevic, et Jean-Pierre Papin, sevré de bons coups, manque de peu la cible lors d'une des rares occasions qui se présentent à lui. C'est donc à un bal d'artistes fébriles que l'on assiste à Bari. Il se prolonge trente minutes au ralenti, entre des Yougoslaves exténués et des Français engoncés et frustrés.

Amoros rate son tir au but

Manuel Amoros, qui frappe dans les bras du gardien Stevan Stojanovic, rate le premier tir au but. Darko Pancev, lui, marque le dernier d'une séance sans impair pour l'Étoile Rouge. Presque à l'improviste, le vainqueur de l'édition déboule donc de Belgrade, association pluri-culturelle d'orfèvres venus de Serbie, de Macédoine, du Monténégro ou de Croatie. Et qui, cette fois-ci, s'entendent à merveille pour renforcer l'indolence slave d'un sens profond de la gagne. Robert Prosinecki, Pancev et Savicevic forment un trio offensif d'enfer, épaulé derrière par Miodrag Belodedic, jadis nommé Belodedici, avant qu'il n'ait fui illicitement la Roumanie en 1988, deux ans après son (déjà singulier) succès en C1 avec le Steaua Bucarest.

Rigoureuse et culottée, la bande à Ljubomir Petrovic, vainqueur en demi-finales du Bayern à Munich (2-1), a rebondi sur un but contre son camp du gardien Raimond Aumann à la dernière minute du match retour (2-2) pour croire à son destin. Avant d'étouffer Marseille, qui doit remettre à plus tard ses rêves de grandeur. ■ F.R.

Futur Ballon d'Or, Jean-Pierre Papin vit à Bari l'un des rares moments difficiles de sa formidable année 1991.

Toute la France pleure avec Basile Boli, qui voit s'échapper, après une finale frustrante, un trophée auquel il croyait tant.

1990/91

FINALE DE LA C1 L'Équipe du 30 mai 1991 Étoile Rouge - Marseille : 0-0 (5 tab 3)

L'EQUIPE

LE RÊVE BRISÉ

Après une finale qu'ils ont pourtant nettement dominée sans pouvoir marquer, les Marseillais ont perdu la C 1 aux tirs au but face à l'Étoile Rouge. Vraiment de quoi pleurer...

(Pages 2 à 14)

De notre envoyé spécial Victor SINET

BARI. – Toujours pas de Coupe d'Europe des champions pour la France ! Trente-deux ans après Reims et quinze ans après Saint-Étienne, l'Olympique de Marseille a échoué hier sur le fil à Bari.

Sur le fil, c'est le cas de le dire, puisque les champions de France ont vu s'envoler l'espoir qu'ils caressaient depuis tant de mois à la toute dernière seconde, quand l'avant-centre yougoslave Pancev transforma, comme ses quatre compagnons qui l'avaient précédé, le cinquième penalty. Le penalty qui faisait de l'Étoile Rouge de Belgrade le dix-huitième club de l'histoire, et de la Yougoslavie le neuvième pays, à avoir gagné le plus convoité des challenges continentaux.

Comme en 1984 avec Liverpool-Roma et en 1988 avec PSV-Benfica, la Coupe qu'avait inspirée notre cher confrère Gabriel Hanot s'était donc jouée à l'épreuve des tirs au but. Rageant et pas très sportif, on l'a assez dit dans ces colonnes – et notamment lors du Mondial sur ce même sol italien – mais ainsi va de nos jours le football.

Et l'OM, à cause du premier tir au but manqué par Amoros, est de la sorte passé tout à côté de l'Histoire. Dommage, car il méritait pour le moins autant que l'Étoile Rouge cette 36e Coupe d'une longue et légendaire série. Bari, en somme, ne restera pas dans les mémoires européennes et encore moins françaises. Parce qu'indépendamment du résultat, ce fut en outre une petite finale. ■

1991/ 92

BARCELONE SUR L'OLYMPE

Un mois avant d'accueillir les Jeux Olympiques, la cité catalane s'offre le seul trophée qui lui manque, en dominant la Sampdoria de Gênes en finale (1-0) à Wembley. Le Barça devient le premier vainqueur de la « Ligue des champions », nouvelle formule imaginée par l'UEFA pour satisfaire les exigences financières des grands clubs.

Autour de Hristo Stoïchkov, qui tient le trophée, et, du buteur du jour, le blond Ronald Koeman, les Barcelonais fêtent à Wembley la première Coupe des champions du club catalan.

Fait étrange, un entraîneur flamboyant associe son nom et son style (inimitable) à une victoire d'une cuvée très particulière. Johan Cruyff, despote éclairé et génie échevelé, était-il fait pour remporter avec Barcelone une C1 initialement rebâtie au nom d'un processus d'essence mercantile? Cette saison-là, sous la pression de quelques grands clubs convaincus du bien-fondé de recettes assurées, l'UEFA rebaptise la compétition, qui devient la Ligue des champions, et, surtout, repatine sa formule historique des matches aller-retour à tous les tours.

Après deux rounds d'écrémage, il est décidé que les huit derniers qualifiés soient répartis en deux poules de quatre et que les deux vainqueurs de ces mini-Championnats s'affrontent en finale. Le but de ce reformatage, assurant plus de retransmissions télévisées et trois recettes à domicile, quoi qu'il arrive, pour les huit derniers qualifiés, est évidemment de garantir des fonds aux puissants plus ou moins assurés – pensent-ils – de franchir les caps préliminaires.

Parmi les riches, le Milan AC, le Real Madrid ou le PSV n'ont pas lésiné sur les moyens de pression pour faire adopter leur point de vue par les instances européennes. N'ont-ils pas brandi la menace du schisme, et l'éventuelle création par les dissidents d'un super-Championnat d'Europe privé? L'argument porte: Lennart Johansson, le président de l'UEFA, ne veut surtout pas entendre parler d'une quelconque scission. « Il ne faut pas que la famille se disloque, argumente-t-il. Les petits doivent encore se mesurer aux grands, mais il faut aussi comprendre la situation des plus grands. »

Après ses trois C1 gagnées comme joueur avec l'Ajax, Cruyff est sacré en tant qu'entraîneur.

Hoeness : « J'ai peur que l'on tue le suspense »

Face à ces gages donnés aux réformateurs aux palmarès conséquents, désireux de minimiser les risques d'approche vers les marches ultimes des trophées, la polémique se répand au sein de la « famille ». Les plus nostalgiques regrettent aussitôt les moments d'anthologie que propageaient les manches retour débridées, et se demandent jusqu'où iront les desiderata des libéraux après les concessions de cette première expérience.

Même certains membres de la confrérie aisée regardent l'évolution d'un œil critique. « Que nous apportera un troisième match à la maison ?, se demande Uli Hoeness, le manager général du Bayern. Je ne suis pas emballé. J'ai peur que l'on tue le suspense. Berlusconi, Tapie et Cie ne recherchent que la sécurité totale. » N'y a-t-il pas de menaces de matches sans enjeu (et sans spectateurs) en fin de cycle dans les poules ? Des arrangements ne peuvent-ils pas se nouer dans de telles circonstances ? Quid des risques de falsification et de suspicion nés de tels scénarios ?

Gerhard Aigner, le secrétaire général de l'UEFA, n'hésite pas non plus à afficher ses craintes. « Mais c'est un projet intéressant, tranchent les plus convaincus comme Michel Platini, alors sélectionneur de l'équipe de France. La réforme est bonne, car elle est plus représentative. Elle est plus respectueuse des valeurs établies. Je suis élitiste, je ne boude pas mon plaisir. On devrait assister à des matches plus spectaculaires. »

OM et PSV éliminés

Alors, le bilan ? Ce sera un bon cru, à la moyenne de buts conforme (2,33 buts par match) et à la morale sauve. Les grands imprudents, qui croyaient que le tapis rouge de la nouvelle formule allait se dérouler automatiquement en terre promise, avaient peut-être oublié que la qualification passait déjà par l'obtention d'un titre national. Et tout comme le Milan AC (suspendu) ni le Bayern, dauphin de Kaiserslautern, ni le Real, derrière Barcelone, n'ont pu obtenir le sésame initial.

Quant à certains autres puissants supposés, présumant de leur force, ils échouent avant les poules aux œufs d'or, malmenés dans des guêpiers d'antan en deux man-

Mancini est sens dessus dessous, mais Ferrer et le Barça mettront longtemps avant de renverser la Sampdoria en finale (1-0, a.p.).

LE REGARD DU CRÉATEUR JACQUES FERRAN

« Comment la Coupe est devenue Ligue »

La Coupe, telle qu'elle avait été conçue et mise au monde, était restée, pendant plus de trente-cinq ans, fidèle à elle-même. Elle se nommait officiellement Coupe des clubs champions européens et n'accueillait par conséquent que des formations ayant remporté leur compétition nationale. Plus le champion d'Europe sortant. Rien que des champions donc, et tous les champions. Qui s'affrontaient, du début jusqu'aux demi-finales, par matches aller et retour directement éliminatoires. Seule entorse à cette règle de fer : des têtes de série étaient désignées, depuis 1969-70, afin d'augmenter les chances des grosses écuries de survivre à leur premier engagement.

Cette formule, sportivement parlant, ne présentait guère que des avantages. Comme il fallait, à chaque tour, vaincre ou mourir, l'engagement de chacun était total et le spectacle assuré. Et comme seul le champion de chaque pays disputait l'épreuve, le titre national était immensément valorisé. Réduite à l'essentiel, la Coupe d'Europe n'était pour ses compétiteurs qu'un luxe prestigieux, un supplément de ressources et de notoriété, mais rien de vital, si bien qu'ils n'avaient pas besoin comme aujourd'hui de multiplier sans fin le nombre de leurs salariés. Enfin, comme la C1 se contentait de prélever une seule équipe par pays, elle permettait à ses deux sœurs cadettes de disposer de richesses abondantes et de bénéficier d'un retentissement presque équivalent à celui de leur aînée.

Haro sur la formule « Coupe »

Ce qui, à partir des années 1990, modifia ces données, ce fut, chez certains des clubs européens les plus huppés (mais souvent aux prises avec de graves difficultés économiques), le sentiment qu'ils ne tiraient pas de cette épreuve-phare un profit suffisant ; et que c'était pour ses exploitants de tout poil un vrai gâchis que de voir certaines équipes prestigieuses ne disputer qu'un tour ou deux, puis disparaître. C'est donc à la formule de Coupe qu'ils s'en prirent tout d'abord. Et c'est le Real Madrid lui-même, créateur et triomphateur principal de la compétition, qui, par la bouche de son président d'alors, Ramon Mendoza, présenta, au début de 1991, au président de l'UEFA, Lennart Johansson, nouvellement élu, un projet de remaniement révolutionnaire qui transformait d'un seul coup la Coupe européenne en un véritable Championnat se déroulant en deux tours successifs suivis d'une finale. « C'est que, comme l'expliquait le gérant du club madrilène, Manuel Fernandez Trigo, il ne nous est plus possible de souffrir d'un système à la fois injuste sur le plan sportif et, économiquement parlant, très pénalisant. »

Mais déjà se faisaient jour, notamment en Angleterre et en Italie, d'autres menaces. Pourquoi les grands clubs, si l'UEFA n'acceptait pas leurs revendications, ne créeraient-ils pas leur propre compétition, une « Superligue » européenne, comparable à celle que le basket allait inventer (l'Euroligue) ?

L'UEFA, qui aurait pu braver cette fronde et accepter le risque (minime à nos yeux) de voir quelques grands clubs déserter leur Championnat et leur fédération, préféra transiger. Chacun, de l'ex-président Jacques Georges aux dirigeants en place (Lennart Johansson, Gerhard Aigner, Freddy Rumo), admit que le moment était venu de permettre aux grandes sociétés de « mieux rentabiliser leurs investissements », tout en évitant que « la famille du football, regroupée au sein de l'UEFA, ne se disloque ».

« L'UEFA accepte le processus mercantile »

Rarissimes furent donc les opposants à une réforme jugée naturelle et qui consista, dans un premier temps, et à partir de la saison 1991-92, à remplacer les quarts et les demi-finales par deux poules de quatre équipes d'où émergeaient les deux finalistes. Pour une compétition qui, abandonnant son nom de baptême, s'appellerait désormais *Champions League*, ce qui était tout un programme. « En concédant aux superpuissants cette nouvelle formule, écrivit alors Jacques Thibert dans *France Football*, l'UEFA maintient son autorité et contrôle le mouvement moderniste. Mais elle accepte le processus mercantile, lequel ne repose sur aucun argument recevable. »

L'UEFA, c'est vrai, avait mis le doigt dans l'engrenage. Et les années qui suivirent allaient n'être, comme on le verra, qu'un incessant et parfois pénible bras de fer entre une Confédération européenne désireuse de maintenir, même au prix de redoutables concessions, son pouvoir, et des clubs de plus en plus gourmands et de plus en plus remuants. ■

1991/92

Puissant, équilibré et déterminé, tel est le buteur emblématique du FC Barcelone, le Bulgare Hristo Stoïchkov, qui frappe ici malgré un défenseur de Kiev.

ches : le PSV disparaît lors du derby du Benelux face à Anderlecht (0-0, 0-2) et Marseille ne parvient pas à capitaliser sur une heure de jeu de rêve face au Sparta Prague, lui octroyant trois buts d'avance, avant un fléchissement fatal (3-2, 1-2). Même Barcelone, le futur vainqueur, se fait un sang d'encre en huitièmes de finale malgré ses deux buts d'avance acquis à l'aller face à Kaiserslautern (2-0). À l'ultime minute du match retour, José Maria Bakero sauve la Catalogne en réduisant un écart qui avait pris des proportions abyssales (1-3)…

Cruyff : « Je ne veux pas m'ennuyer sur mon banc »

Mais pour les huit derniers qualifiés, la formule tient la route, malgré une moyenne de spectateurs à la baisse (36 700 par match). Les 0-0 sont rares (quatre) et, même étalé sur six mois, le suspense est garanti jusqu'au bout. Surtout, le système débouche sur la meilleure affiche possible en finale. La Sampdoria de Gênes, vainqueur de la Coupe des Coupes deux années auparavant face à Anderlecht (2-0, a.p.) et finaliste malheureux de cette même C2 en 1989, contre Barcelone déjà (0-2), vit sa troisième finale européenne en quatre ans. Sous l'impulsion de son entraîneur, Vujadin Boskov – un obsédé de la défense –, et de son duo Roberto Mancini-Gianluca Vialli, l'équipe fait vivre à la ville de Gênes une heureuse parenthèse parmi les grands du Calcio.

Le Barça, qui fantasme sur l'unique trophée – mais le plus essentiel – qui manque à sa galerie, a fait appel à un mythe néerlando-catalan pour briser la malédiction. Débarqué en 1988, Johan Cruyff est bien le chaînon manquant. Grand manitou d'un

Charismatique et efficace, tel est le buteur de la Samp', Gianluca Vialli, ici en finale.

3-4-3 sans calcul, le coach a réuni autour de son concept des valeurs sûres telles que Ronald Koeman, Michael Laudrup et Hristo Stoïchkov, qu'il a orientées vers un unique objectif: « La prise de risque maximale. » « Le foot est trop frileux, argumente Cruyff. On ne prend plus beaucoup de risques. Moi, je ne veux pas m'ennuyer sur mon banc. » Pour pimenter l'affaire, il multiplie les zones de friction et les séances de remise en cause pour affirmer son leadership. Car il est le seul maître à bord, quoi qu'il en coûte à l'aura du président Josep Nunes et à l'égocentrisme du bouillant buteur bulgare, Hristo Stoïchkov.

Le missile de Koeman

Malgré tout cela, son équipe électrique doit se contenter à Wembley d'une victoire sur le score minimal, arrachée en prolongation sur un coup de pied arrêté. Longtemps, Attilio Lombardo, le chauve du milieu de la Samp', occupe le devant de la scène de la finale, orphelin d'un Vialli hors du coup. Puis le Barça, tout en montrant ses limites défensives, retrouve un fil directeur dans ce match languissant. Stoïchkov trouve le poteau. Et Ronald Koeman, de manière presque inespérée, offre aux Catalans le trophée qui s'était refusé à eux en 1961 au profit de Benfica (2-3) et en 1986 devant le Steaua Bucarest (0-0, 5 tab 6). Toute la rancœur cristallisée depuis des décennies se solde à la 112ᵉ minute, lorsque l'arbitre sanctionne d'un coup franc à 25 mètres une faute vénielle de Giovanni Invernizzi (jeu à terre). Koeman prend son élan et transperce le mur d'une frappe terrible (1-0).

Intraitable défenseur, rampe de lancement et canonnier, le rugueux blondinet avait déjà marqué 105 buts dans le Championnat néerlandais. Mais ce missile-là valait bien tous les autres réunis.

« Moi, je suis plus connu que le Barça lui-même sur toute la planète », avait fanfaronné un jour Johan Cruyff. À ce moment-là, après un tel accomplissement, il n'a peut-être pas tort. ■ F.R.

Ronald Koeman (à g.) exulte. D'un coup franc surpuissant, son arme favorite, il vient de libérer Barcelone à la 112ᵉ minute.

FINALE DE LA C1 21 mai 1992 Barcelone - Sampdoria : 1-0 a.p.

Courier intraitable

Vainqueur à Roland-Garros l'année dernière, Courier revient à Paris invaincu sur terre battue. (Page 9)

Forget mate Edberg (Page 10)

L'ÉQUIPE

JEUDI 21 MAI 1992 — LE QUOTIDIEN DU SPORT ET DE L'AUTOMOBILE — 47ᵉ ANNÉE — Nº 14 319 — 4,90 F

BARCELONE GRAND D'EUROPE

C1 Le Barça a battu la Sampdoria de Gênes (1-0 après prolongation) hier soir à Wembley. Il remporte ainsi la première C 1 de son histoire. (Pages 3 et 4)

Bernard : non au Giro

Le Français va mieux mais sa douleur (sciatalgie) lui commande la prudence.

De nos envoyés spéciaux Michel NAÏT-CHALLAL et Jean-Philippe RÉTHACKER

WEMBLEY. – Ce sera l'année Barcelone. À un peu plus d'un mois des Jeux Olympiques qu'elle organise, la grande cité catalane aura l'immense fierté de voir son équipe de football prendre date dans l'histoire de ce sport. Barcelone a enfin obtenu le seul trophée qui lui manquait. Celui le plus envié : la Coupe d'Europe des clubs champions. Un exploit que toute l'Espagne attendait depuis 1966, date du dernier triomphe madrilène dans cette compétition. Pour atteindre ce but, il lui aura fallu patienter trente-sept ans et cent vingt minutes d'une partie acharnée et longtemps indécise. Une frappe de mule de Koeman aura permis l'exploit.

La Sampdoria ayant tout fait pour casser encore l'illusion, mais Vialli ratant totalement son match, Barcelone a donc été à Wembley le 37ᵉ champion d'Europe de l'histoire. Le premier de la nouvelle formule. (...) Dans un débat de ce niveau entre deux équipes ayant impérativement besoin de remporter la couronne pour sauver leur saison, on ne peut qu'avoir droit à un match tactique, souvent languissant pendant près d'une heure, n'atteignant que rarement le niveau d'une véritable finale de Coupe d'Europe.

Le match fut donc dominé pendant cent vingt minutes par des duels acharnés pour la possession de la balle, par l'importance du jeu de tête et des coups francs, comme cela allait être démontré huit minutes avant la fin de la prolongation sur l'un des coups de canon du spécialiste barcelonais, Ronald Koeman. ■

1992/93 LE GRAND SOIR DE MARSEILLE

Face au Milan AC, l'Olympique de Marseille remporte l'unique victoire d'un club français en cinquante ans de C1. Le but inscrit par Basile Boli en finale (1-0) appartient au patrimoine sportif de l'Hexagone.

Le soir de la finale, le peuple marseillais hurle son allégresse dans les rues de la ville. Mais c'est toute la France que l'« Ohème » met en joie en lui donnant sa première C1.

Trois heures du matin, à Rottach-Egern, non loin de Munich. Dans le night-club de l'hôtel *Bachmair am See*, le chanteur des Tropics vient d'être mis au chômage technique par Basile Boli, Ivoirien de la Canebière. Il va demeurer le roi de la fête jusqu'au bout de la nuit.

« Base », l'homme en pleurs de Bari dans un autre espace-temps, Boli, cette forte tête qui vient d'offrir au football français sa première Coupe d'Europe, s'empare d'une main du micro, de l'autre d'un cigare. Oublié le groupe philippin, avantageusement remplacé par Franck Sauzée, Jean-Christophe Thomas, les inséparables Didier Deschamps et Marcel Desailly, et un sombrero sous lequel on entrevoit Jean-Jacques Eydelie. Dans la salle à manger, ils sont encore quelques-uns à grignoter ce qui reste d'un gâteau géant sur lequel figurait en lettres de chocolat : OM 1 - Milan 0.

Raymond Goethals savoure. À soixante-douze ans, « le Belge » se retire, après trente mois de folie douce et furieuse, après deux finales européennes, soit un torrent de larmes et un océan de bonheur. Un peu plus tôt, il a lancé à Bernard Tapie : « Avec qui vous allez vous engueuler, maintenant ? » Et, une fois de plus, il refait la finale : « Quand ça t'arrive contre la meilleure équipe du monde, c'est encore plus beau. »

Son éternelle cigarette au bec, Raymond Goethals mène l'OM au sommet.

Raymond Goethals, l'éternel retour

Tout commence à la fin de l'été précédent. Jean Fernandez est entraîneur. L'OM dévore Glentoran (5-0, 3-0), puis peine face au Dinamo Bucarest (0-0, 2-0) en huitièmes de finale. Deux buts d'Alen Boksic, qui vient de prendre son envol. Raymond Goethals, cigarette Belga aux lèvres et imper immuable, sans doute son maillot à lui, revient alors aux affaires. Pas pareil.

Longtemps, la France se souviendra du 25 novembre 1992, premier match de la poule finale, à Glasgow, contre les Rangers. Titre de *L'Équipe* du lendemain : « C'était sauvage et beau ». Avis de tempête sur Ibrox Park, en effet. Sale temps d'abord pour les Rangers, submergés par le pressing marseillais. Alen Boksic (30e) et Rudi Völler (57e) paraissent avoir plié l'affaire. Un rien de fatigue, de déconcentration, peut-être de condescendance, et, dans le dernier quart d'heure, le jeune gardien Fabien Barthez, vingt ans, se fait rudement secouer. 2-2 au final, ce serait à hurler si l'on n'avait vu, dans l'ordre du cœur, de la technique, de la générosité, tout ce qui fait une équipe.

Les coups d'éclat de Boksic

Peu après, le FC Bruges est laminé (3-0) en vingt-six minutes, trois coups d'éclat de Boksic, très pressé ce soir-là. Une demi-heure, c'est à peu près le temps que consent à jouer un OM décevant, à Berlin, contre le CSKA Moscou. Devant plusieurs milliers de soldats de l'armée Rouge, le but d'Abedi Pelé (28e), après une percée merveilleuse de Boksic, ne suffit pas. Car Vladimir Faïzouline égalise, mystifiant Marcel Desailly, Bernard Casoni et Fabien Barthez, c'est beaucoup (1-1).

Au retour, la vengeance est rude : 6-0, dont un triplé de Franck Sauzée, qui ouvre le score sur penalty dès la 5e minute. Une précieuse habitude des Marseillais, cette année-là. Un coup de moins bien face à l'orgueil et à la solidité des Rangers (1-1, premier nul après quatorze victoires européennes d'affilée au Stade-Vélodrome) et l'on est déjà à Bruges, le 21 avril. C'est simple : un succès et l'Olympique de Marseille jouera la finale, contre l'immense Milan AC, fort de ses dix victoires en dix matches. Le suspense dure deux minutes

1992/93

En poules, les Glasgow Rangers offrent une sévère résistance à l'OM de Rudi Völler, qui concède deux matches nuls.

Capitaine de 24 ans, Didier Deschamps soulève sa première coupe. Il aura souvent l'occasion de retravailler le geste.

et treize secondes. Le temps pour Alen Boksic d'inscrire son sixième but en C1 (1-0). Plus tard, le Croate passe tout près d'un triplé retentissant, deux de ses têtes heurtant les poteaux (52e et 67e).

Berlusconi : « L'OM, bête noire de Milan »

Munich, 26 mai 1993, le jour de gloire est arrivé, face au Milan de Paolo Maldini, Franco Baresi, Frank Rijkaard, Marco Van Basten et... Jean-Pierre Papin. Marseillaise ! Silvio Berlusconi expliquera : « Je n'accepte pas la défaite, mais je l'admets. Milan est la bête noire des équipes italiennes, mais l'OM est vraiment la bête noire de Milan. »

La « bête noire » en question porte un nom. Basile Boli, à la 44e minute, d'un coup de tête définitif sur un corner obtenu

Jean-Pierre Papin (au c.) est maudit. Battu en finale avec l'OM deux ans plus tôt, le voilà privé du trophée par ses ex-partenaires.

et tiré par Abedi Pelé, propulse l'OM au paradis et fait chavirer la France. Hymne national, hymne à la joie. Le reste, Fabien Barthez s'en occupe en champion, avec ce goût si particulier des grands arrêts lors des grands matches. Trois duels gagnés face à Van Basten (à deux reprises) et à Massaro, c'est énorme.

Il est 22 h 10 au stade Olympique lorsque Didier Deschamps brandit « la coupe aux grandes oreilles », appellation contrôlée par Bernard Tapie, qui pleure. Raymond Goethals, lui, sculpte sa propre statue : « Qui a joué quatre fois Milan en deux ans et qui n'a jamais perdu contre lui, en n'encaissant qu'un seul but, un but que l'on donne ? » C'est l'OM de Raymond. Et il allume une cigarette. ■ O.M.

Oubliées, les larmes de Bari ! Son coup de tête décisif fait de Basile Boli un homme heureux et un héros à vie.

Encerclé par l'armée rossonera (Baresi, Albertini, Tassotti et Costacurta, de g. à dr.), Alen Boksic garde le contrôle du ballon. Marseille maîtrisera le scénario de la finale.

1992/93

FINALE DE LA C1 L'Équipe du 27 mai 1993 Marseille - Milan AC : 1-0

L'ÉQUIPE

JEUDI 27 MAI 1993 — LE QUOTIDIEN DU SPORT ET DE L'AUTOMOBILE — 48e ANNÉE — N° 14 835 — 4,90 F

LE JOUR DE GLOIRE

L'Olympique de Marseille, victorieux du Milan AC (1-0), hier soir à Munich, offre à la France sa première Coupe d'Europe de football. Un succès historique. (Pages 2 à 8)

De notre envoyé spécial Patrick URBINI

MUNICH. – Il est 22 h 10 dans la chaleur moite du stade Olympique de Munich, et on ne rêve pas : c'est bien Didier Deschamps, et non Franco Baresi, qui monte le premier les marches du podium installé à la hâte sur la pelouse et vient chercher cette coupe des champions que le football français attend depuis 37 ans. L'OM, vainqueur à la régulière du Milan AC, 1-0 grâce à une tête de Basile Boli en fin de première mi-temps, peut maintenant faire son tour d'honneur, tandis que la sono crache *« We are the champions »* et que les Milanais – Jean-Pierre Papin le premier – baissent la tête.

Son approche de la finale, contrairement à il y a deux ans contre l'Étoile Rouge, a été parfaite, sa gestion du match exemplaire et son plan de route respecté jusqu'au bout. Il voulait n'avoir cette fois aucun regret. Il ne se faisait surtout pas une montagne de Milan : autant dire qu'il n'a pas raté son coup et que tout a fonctionné comme prévu.

Une fois mis en confiance par la réussite de Fabien Barthez et la maladresse de Daniele Massaro, puis par ce but tombé à pic, Marseille aura ainsi réussi à étouffer progressivement un rival trahi par ses stars et à lui clouer le bec pour de bon. À l'arrivée, sa fraîcheur physique et sa formidable détermination étaient simplement supérieures.

En attendant maintenant que son triomphe fasse des petits, l'OM est devenu hier soir un grand d'Europe. Même avec Milan en face, on n'avait vraiment jamais douté de lui. ■

LE PLUS BEAU RÉCITAL DE MILAN

1993/**94**

Tout le monde attend la « Dream Team » barcelonaise de Johan Cruyff, mais c'est le Milan AC de Fabio Capello qui exécute une prestation collective magistrale, en finale contre les Catalans (4-0), pour couronner un parcours sans faute et empocher sa cinquième C1.

Johan Cruyff se moquait de Fabio Capello, qui basait son jeu sur Marcel Desailly. Mais Milan inflige au Barça une leçon de football en finale, avec un quatrième but signé... Desailly.

Pour la première fois dans l'histoire de la compétition, le tenant n'est pas le bienvenu sur la ligne de départ. Suspendu un an par l'UEFA à la fin de l'été, à la suite de l'affaire de corruption Valenciennes-OM en Championnat de France, Marseille ne peut défendre son titre. Le Paris-SG, son dauphin, refusant ce cadeau qu'il dit empoisonné, c'est Monaco, qualifié pour la Coupe de l'UEFA, qui remplace au pied levé le vainqueur de 1993.

Arsène Wenger, l'entraîneur monégasque, accueille la nouvelle sans grand enthousiasme. « Je ne suis pas sûr qu'il fallait trouver impérativement un remplaçant à l'OM. Et puis, sur le plan sportif, cette décision nous pénalise, car on devait jouer Tenerife avec match retour chez nous. Là, on devra se déplacer. Et pas n'importe où... À Athènes, contre l'AEK. »

Son équipe relèvera pourtant ce premier défi (1-0, 1-1), elle réussira ensuite un parcours très brillant, son plus beau jusque-

Face à Galatasaray, Cantona perd son sang-froid et MU disparaît.

Le beau parcours de Youri Djorkaeff et Monaco s'arrête en demies.

là en C1, et elle ne tombera qu'à San Siro, contre Milan (0-3), au stade des demi-finales, disputées cette année sur un seul match. Comme quoi…

Desailly : « Milan ne craint que lui-même »

S'il a tiré un trait désormais sur Marco Van Basten, terrassé par une grave blessure à la cheville, Milan, lui, n'attend pas le printemps pour dévoiler ses intentions. Tandis que les deux premiers tours ne font qu'une seule victime de choix, Manchester United, sorti en huitièmes par Galatasaray (3-3, 0-0) et trahi jusqu'au bout par son manque de sang-froid (expulsion d'Éric Cantona à Istanbul dans les arrêts de jeu), le champion d'Italie trace tranquillement sa route vers une nouvelle finale. Selon son habitude, il monte en puissance à son rythme, commence par éliminer les Suisses d'Aarau (1-0, 0-0), puis les Danois du FC Copenhague (6-0, 1-0), avant de maîtriser ses six matches de poule contre Anderlecht (0-0, 0-0), le FC Porto (3-0, 0-0) et le Werder Brême (2-1, 1-1), terminant, selon toute logique, en tête.

La solidité de sa défense Mauro Tassotti-Alessandro Costacurta-Franco Baresi-Paolo Maldini et la protection que lui offre sa garde rapprochée Marcel Desailly-Demetrio Albertini font de lui une forteresse imprenable, son pressing et son jeu de contre restent les plus redoutables sur le circuit, sa science tactique et son expérience lui offrent une marge de manoeuvre appréciable sur la concurrence, de sorte que Marcel Desailly n'a pas tort de dire avant d'affronter les Monégasques en demies : « Milan ne craint que lui-même. » À dix contre onze pendant plus d'une mi-temps (expulsion de Costacurta à la 40e minute), Milan ne fait qu'une bouchée de son rival français, grâce à trois buts de Marcel Desailly, Demetrio Albertini et Daniele Massaro. Et, lorsqu'on lui dit que son équipe est moins flamboyante qu'avant, Fabio Capello répond : « C'est vrai que nous ne sommes peut-être plus un rouleau compresseur et que nous avons dû apprendre à être plus patients. Mais Milan n'est pas une équipe défensive. C'est une équipe qui sait bien défendre. Nuance. » La « Dream Team » de Johan Cruyff, qui possède un pouvoir offensif d'une richesse incroyable et un style de jeu résolument tourné vers l'attaque, est l'adversaire rêvé pour éprouver, en finale, la résistance et la tenue de route des Milanais. Le FC Barcelone s'est bien fait une grosse frayeur à l'automne, en seizièmes contre le Dynamo Kiev (1-3, 4-1), simple retard à l'allumage car l'équipe catalane met ensuite le turbo et renverse tout sur son passage (25 buts en 11 matches), y compris le FC Porto en demi-finales, balayé lui aussi au Camp Nou (3-0).

Cruyff plus sûr de lui que jamais

Dans l'euphorie d'un titre de champion, bien arrosé le week-end précédent, Cruyff débarque à Athènes, pour la finale, plus sûr de lui que jamais. « Le vrai Milan AC, c'était celui de Sacchi, celui du trio néerlandais Gullit-Rijkaard-Van Basten. Capello, lui, a préféré fonder son jeu sur Desailly… » Il dit encore : « On ne peut que s'inquiéter de la mauvaise influence qu'un succès du Milan aurait sur l'avenir du jeu. »

Les Milanais laissent dire et s'amusent de voir que le Barça a les faveurs du pronostic. Ils savent qu'ils ont plus de jus et de fraîcheur que leur rival en cette fin de saison, font confiance à leur mental et à leur défense de fer (aucune défaite et deux buts encaissés jusqu'à la finale), ne comp-

Décalé au poste de libero pour suppléer Franco Baresi, suspendu, Paolo Maldini (à terre) réussit une finale énorme. Romario, le fabuleux Brésilien du Barça, ne passera pas.

Avec Dejan Savicevic (n° 10), Christian Panucci tient bien fort un objet beaucoup plus précieux que son short. Mauro Tassotti (à dr.) a gagné une casquette, le Milan une couronne.

1993/94

tent pas non plus renier leurs principes et se concentrent donc sur ce qu'ils savent faire à merveille : gagner. Capello a étudié le jeu du Barça sous toutes les coutures et en a repéré les failles. Il trouve aussi une solution de rechange pour pallier l'absence de sa charnière centrale Costacurta-Baresi, suspendue, et surmonter un pareil handicap. « Ce sera Filippo Galli-Paolo Maldini », tranche-t-il. Son plan de bataille, qui prévoit notamment d'étouffer les trois rampes de lancement Ronald Koeman, Josep Guardiola et Jose Maria Bakero, de priver de munitions Romario et Hristo Stoïchkov, d'aller chercher très haut l'adversaire et de l'obliger à défendre, fonctionne au-delà de ses espérances. En une mi-temps, Milan asphyxie Barcelone par sa puissance et marque deux buts par Daniele Massaro, posant une main sur la coupe. Dejan Savicevic, l'homme de cette finale, en ajoute alors un troisième, somptueux, et Marcel Desailly parachève ce chef d'œuvre collectif.

Capello : « Nous avons atteint la perfection »

Capello, qui jure que le Français est « le plus grand milieu de terrain du monde », exulte : « Le résultat a donné raison à la meilleure équipe et celle qui a fait preuve de la plus grande intelligence tactique. Je pense que nous avons atteint ce soir la perfection. » Savicevic avoue qu'il s'agit là « du plus beau match [qu'il ait] jamais joué ». Et Desailly, qui, lui, a conservé son titre acquis avec Marseille en 1993, souligne : « Je crois que les Barcelonais nous ont un peu sous-estimés. »

Cruyff, amer, a tout de même l'élégance de reconnaître : « Les Milanais ont gagné tous les duels et nous n'avons pas pu développer notre jeu habituel. » C'est aussi la limite du genre. ■ P.U.

FINALE DE LA C1 L'Équipe du 19 mai 1994 Milan AC - Barcelone : 4-0

Courier espère encore

Vainqueur en 1991 et 1992 à Roland-Garros, l'Américain vient de vivre une année noire. Il a retrouvé le sourire, mais la victoire le fuit toujours. (Page 7)

L'ÉQUIPE

JEUDI 19 MAI 1994 — 49e ANNÉE — N° 14 941 — 4,90 F

MILANISSIMO !

Fabuleuse démonstration du Milan AC qui a dominé Barcelone (4-0) hier soir en finale de la Coupe d'Europe des clubs champions à Athènes. (Pages 3 et 4)

De notre envoyé spécial Victor SINET

ATHÈNES. – Fantastique et fabuleux Milan ! Il ne partait pourtant pas favori dans cette finale idéale, et dans un Stade Olympique d'Athènes que 60 000 supporters venus d'Espagne et d'Italie avaient particulièrement « latinisé » en cette soirée lourde de l'été hellénique, en avance sur le nôtre. Et voilà que, prenant d'entrée le match à son compte, cette équipe de Capello, que l'on pensait incapable d'élever le débat en matière de football pur, s'offre le luxe de tailler en pièces un Barça que l'on croyait au contraire irrésistible, un Barcelone dont on ne cessait de vanter la verve offensive à la manière de Cruyff.

4-0, comme en 1989 à Barcelone au détriment du Steaua ! Jamais, peut-être, le Milan de Berlusconi, qui occupe le devant de la scène internationale depuis maintenant six ans, n'était monté aussi haut. Balayés et emportés comme des débutants, les Stoïchkov, Romario et autres Koeman... Ajoutons que ce magnifique résultat porte à cinq le nombre de victoires de Milan en Coupe des champions. Il dépasse, de ce fait, Liverpool et se classe juste derrière le grand Real aux six victoires des années 50-60. Parallèlement, c'est la première fois que la ville de Milan, qui compte tant de trophées, gagne la même année deux Coupes d'Europe (l'Inter s'étant approprié la Coupe UEFA). On peut vraiment dire, aujourd'hui, que Milan est la capitale européenne du football. ■

994/95

LA RENAISSANCE DE L'AJAX

Au bout d'un formidable parcours, l'Ajax Amsterdam détrône le puissant Milan AC en finale (1-0), grâce au coup de génie d'un gamin de 18 ans, Patrick Kluivert. Vingt-deux ans après son dernier titre, le grand club néerlandais domine de nouveau l'Europe avec une génération exceptionnelle.

Il vient d'avoir dix-huit ans, il est beau comme un enfant et c'est le héros du jour. Buteur à la 85e minute, Patrick Kluivert fait tomber le grand Milan et donne la C1 à l'Ajax.

1994/95

À 32 ans, Frank Rijkaard (à g.) fait un joli pied de nez à son successeur sous le maillot du Milan, Marcel Desailly.

En ce printemps 1995, c'est d'Amsterdam que souffle un vent nouveau. Milan reste toujours l'équipe à battre, « la » référence du moment et, pour beaucoup, « le » favori objectif de la compétition. Mais un quart de siècle après avoir révolutionné le jeu en Europe, l'Ajax, emmené cette fois par Louis Van Gaal, rassemble une autre génération d'exception (Edgar Davids, Clarence Seedorf, Patrick Kluivert, Nwankwo Kanu, Michael Reiziger), qui lui permet de monter peu à peu en régime et de réaffirmer son ambition. Profondément attaché à ses valeurs traditionnelles, le club hollandais est porteur d'une tradition, celle d'un jeu à la fois généreux, offensif, athlétique et technique. Mais il réunit aussi à présent beaucoup d'atouts (jeunesse, vitesse, maîtrise du ballon), il compte de vrais leaders sur le terrain (les frères De Boer, Marc Overmars) et il s'appuie sur l'expérience inestimable que lui offre sa colonne vertébrale Danny Blind, Frank Rijkaard et Jari Litmanen.

La manière dont il construit son parcours pour arriver en finale (six victoires et quatre nuls), ses deux succès en poule sur Milan (2-0 à Amsterdam et 2-0 à Trieste) et ses deux démonstrations à domicile en quarts contre Hajduk Split (3-0) puis en demi-finales face au Bayern Munich (5-2), frappent les esprits.

Capello : « Mes joueurs sont de vieux marins »

À la différence de Johan Cruyff, un an plus tôt à Athènes contre Milan (0-4), un Cruyff dont la « dream team » barcelonaise est cette fois éliminée dès les quarts de finale par le Paris-SG (1-1, 1-2), Louis Van Gaal a cependant l'intelligence de tenir un discours plus mesuré et de se glisser sagement dans la peau d'un outsider.

Il connaît les points forts de son équipe, il insiste dessus. Il ne doute pas non plus de ses joueurs ni de son jeu, mais avant de s'envoler pour Vienne et de disputer la 40e finale de C1, il déclare : « Milan a bien plus l'habitude des finales que nous. Et peu importe que les Italiens aient davantage la pression : ils adorent ça. Elle les transcende... »

Du reste, Fabio Capello, l'entraîneur rossonero, ne le cache pas : « Les Néerlandais ne connaissent pas le vrai Milan. Celui qu'ils ont battu à l'automne dernier n'existe plus. Ensuite, mes joueurs sont très expérimentés. Ce sont de vieux marins qui savent exactement ce qu'il faut faire. » Ni les deux points de pénalité que l'UEFA leur a infligés après les incidents de septembre contre l'Austria Salzbourg (3-0), ni la suspension de leur terrain pour deux matches de poule, ni Benfica en quarts (2-0, 0-0), pas plus que le Paris-SG en demi-finales (1-0, 2-0) n'ont, en tout cas, entravé leur marche en avant. Deux choses, toutefois, inquiètent Capello à l'heure de retrouver l'Ajax : l'absence de Dejan Savicevic,

Louis Van Gaal (à g.) peut jubiler. En éjectant de son piédestal le Milan de Fabio Capello (à dr.), il fait plus fort que le maître Johan Cruyff, l'an passé, avec le Barça.

Libero italien

1960 Naissance à Travagliato (le 8 mai)
1977-97 Joueur du Milan AC (3 victoires en C1 + 2 finales, 2 Coupes Intercontinentales, 3 Supercoupes d'Europe, 6 Championnats d'Italie, 716 matches, 33 buts)
1982-94 International italien (1 finale de Mondial, 81 sélections, 1 but)

Signe particulier : grièvement blessé et opéré du genou lors de la Coupe du monde 1994, il revient juste à temps pour disputer la finale contre le Brésil.

Franco Baresi

Le seigneur de Milan

Libero de charme, défenseur rapide, relanceur clairvoyant et incomparable patron tactique, Franco Baresi est pendant près de vingt ans (1978-97) l'inspirateur et l'emblématique arrière central du Milan AC, son club de toujours. Son palmarès, forcément, est pléthorique !

Nul autre que Franco Baresi n'aura mieux incarné l'esprit du Milan d'Arrigo Sacchi et de Fabio Capello, son savoir-faire, sa culture de la victoire, sa constance aussi et son style, fait à la fois de rigueur, de puissance, d'élégance et d'efficacité.

Desailly : « C'est lui qui dirige toute l'équipe »

À l'heure où il dispute, à Vienne contre l'Ajax Amsterdam, ce qui sera sa dernière finale de Ligue des champions, Franco Baresi vient d'avoir 35 ans. Sa carrière est bientôt derrière lui, mais le défenseur central milanais demeure l'âme de l'équipe. Son rayonnement, sa lecture du jeu et la qualité de ses passes sont intacts et, aux yeux de tous, il reste un capitaine admiré, un chef de bande respecté et un relais essentiel.

Marcel Desailly, qui le côtoie alors depuis deux saisons, mesure vite son importance et apprécie son charisme : « C'est lui qui dirige toute l'équipe sur le terrain et corrige toutes les positions. C'est aussi lui qui maîtrise à la perfection tout l'art de la zone, du pressing et du hors-jeu, un art qu'il a appris ici et sur lequel repose toute la stratégie collective. D'un geste, d'un cri, Franco déclenche la manœuvre. Quand l'équipe a perdu le ballon, la défense décroche brutalement, attire l'adversaire dans l'espace créé avec le milieu et remonte aussi sec sur dix mètres pour le piéger et le mettre hors jeu. Son positionnement est remarquable, son sens tactique extraordinaire et son influence indispensable. Franco est un génie, et quand il n'est pas là, c'est 30 ou 40 % de confiance en moins. » Bel hommage, d'autant qu'il est formulé par un spécialiste du genre.

Suspendu en 1994

Lancé à moins de 18 ans en équipe première par Niels Liedholm, un dimanche du printemps 1978 à Vérone, Franco Baresi va tout connaître avec Milan, les honneurs et les victoires, comme les heures sombres du « totonero » (le scandale des paris clandestins de la fin des années 1970) et la relégation en Serie B en 1980. Avec son club de toujours, il remporte trois Coupes des champions (1989, 90, 94), même si, suspendu, il ne peut disputer la troisième finale, à Athènes contre Barcelone (4-0), mais aussi trois Supercoupes d'Europe et six titres de champion d'Italie. Son statut de défenseur et la concurrence de quelques très grands joueurs lors de ses meilleures années, jusque dans sa propre équipe (Ruud Gullit et Marco Van Basten), le priveront injustement du Ballon d'Or de *France Football*.

Ni force ni jambes

Avec l'équipe d'Italie, il participe aussi à trois Coupes du monde : en 1982 comme doublure de Gaetano Scirea, une demi-finale en 1990 et une finale perdue aux tirs au but contre le Brésil en 1994 (0-0, 2 tab 3). Mais si, de son propre aveu, Marcel Desailly prolonge sa durée de vie de quelques années grâce à son formidable travail au milieu du terrain, en cette douce soirée viennoise du 24 mai 1995, Baresi n'a plus la force ni les jambes pour revenir sur Patrick Kluivert, un gamin qui pourrait être son fils ; à la 85e minute, le jeune attaquant néerlandais transperce ainsi l'axe de la défense rossonera et déjoue, pour une fois, le piège du hors-jeu des Milanais.

Après avoir perdu la finale de 1993 contre Marseille (0-1), Franco Baresi s'incline une seconde fois, en seigneur. Cette fois, il peut néanmoins dire adieu pour toujours à la Coupe des champions. P.U.

insuffisamment remis d'une blessure à la cuisse gauche, et la qualité de son adversaire. « L'Ajax n'a pas de point faible, dit-il, et j'ai comme l'impression que tous les bons footballeurs qui sortent actuellement sont nés aux Pays-Bas. »

Kanu et Kluivert, enfants-rois

Comme souvent, l'Ajax affiche une maîtrise du ballon supérieure, mais ses quarante-cinq premières minutes déplaisent à son entraîneur, car Milan n'est pas réellement inquiété : « À la mi-temps, expliquera Van Gaal, j'ai dit aux joueurs qu'être à 0-0 après avoir aussi mal joué était le signe que nous allions gagner. J'ai alors rectifié la position de Rijkaard en le faisant reculer pour obliger Zvonimir Boban à le suivre et ouvrir les espaces au milieu. Ensuite, j'ai fait rentrer tour à tour Kanu et Kluivert, deux joueurs de 18 ans, et ce sont eux qui ont fait basculer le match. »

Van Gaal venge Cruyff

À cinq minutes de la fin, en effet, Milan fatigue et plie sur une passe providentielle de Rijkaard reprise du gauche par Kluivert. L'Ajax est de nouveau au sommet de l'Europe, et Capello, encore sous le choc de ce coup du sort, confesse : « Nous ne méritions vraiment pas de perdre. » Mais Cruyff, qui a suivi la partie du haut de la tribune et que son ancien club vient en quelque sorte de venger, ne dissimule pas sa joie : « C'est comme ça que le football devrait être. »

Le Français de Milan, Marcel Desailly, beau joueur, avoue même : « Ils sont forts, jeunes et rapides, ils ont tout l'avenir devant eux. » Oui, mais sous d'autres cieux. ■ P.U.

FINALE DE LA C1 L'Équipe du 25 mai 1995 Ajax - Milan AC : 1-0

C'est aujourd'hui que commence en Afrique du Sud la troisième Coupe du monde de rugby. Par un somptueux choc entre les Australiens de David Campese (au premier plan sur notre photo) et les Springboks (15 h 30, sur TF 1).

Un mois de grand rugby

(Pages 8 à 11)

L'ÉQUIPE

JEUDI 25 MAI 1995 — 50e ANNÉE — N° 15 257 — 4,90 F

GÉNÉRATION AJAX

La toute jeune équipe néerlandaise de l'Ajax d'Amsterdam a emporté hier soir à Vienne la 40e finale de la C 1 en battant le Milan AC (1-0) grâce à un but de Kluivert. Une victoire qui ouvre une nouvelle ère pour le football européen. (Pages 2 et 3)

De notre envoyé spécial Patrick URBINI

VIENNE. – Vingt-deux ans après sa victoire contre la Juventus à Belgrade (1-0), l'Ajax Amsterdam a reconquis hier soir la Coupe des champions en battant un autre club italien, Milan, sur le même score.

Des quatre succès qu'il a remportés en C1, il s'agit du plus difficile et du plus tiré par les cheveux, car Milan, à qui l'absence de Dejan Savicevic a fait mal, ne méritait sans doute pas de perdre sa couronne au regard de la maîtrise qu'il a affichée pendant les trois quarts de la partie.

Mais par une curieuse ironie de l'histoire, c'est en se faisant prendre à son propre piège et en se montrant moins réaliste qu'une équipe de vingt-cinq ans de moyenne d'âge à peine que Baresi et compagnie ont dû baisser les bras.

La victoire de l'Ajax, symbolisée par le but de son gamin Patrick Kluivert, ne lui ressemble pas trop, car elle n'est pas le fruit d'un match mené avec autorité et panache comme les précédents.

Elle récompense cependant une certaine idée du jeu, donc une tradition, la jeunesse, l'esprit de conquête, l'ambition, mais également le parcours exemplaire d'un club qui n'a pas subi le moindre revers cette saison. ■

1995/ 96

LA JUVE FORTISSIMO

Si le score de la finale contre l'Ajax Amsterdam est étriqué (1-1, 4 tab 2), le premier succès européen de la Vieille Dame depuis le sinistre Heysel est totalement mérité, au terme d'une saison lumineuse et d'un dernier acte emballant.

La joyeuse étreinte de Fabrizio Ravanelli (à g.) et Didier Deschamps est à la mesure de la beauté de leur parcours et de la difficulté de leur finale contre l'Ajax.

Paulo Sousa, Moreno Torricelli, Michele Padovano (de g. à dr.) : des cheveux longs et de belles idées de jeu qui ont mené la Juve au triomphe.

1995/96

Absente de la C1 depuis un soir de novembre 1986, alors éliminée aux tirs au but dès les huitièmes de finale par le Real Madrid, la Juventus retrouve la Ligue des Champions avec l'âme d'un débutant, l'appétit d'un carnassier et l'étoffe d'un prétendant. Elle n'hésite pas, du reste, à annoncer clairement qu'elle en a fait son objectif numéro 1.

Elle se prépare comme à son habitude dans la quiétude du Val d'Aoste, pour frapper d'entrée un grand coup et remporter son premier match de poule à Dortmund (3-1). Elle domine ensuite largement un groupe qui laisse sur le carreau le Steaua Bucarest, auquel elle prend quatre points (3-0, 0-0), et les Glasgow Rangers, balayés deux fois (4-1, 4-0). Autant dire que, lorsqu'arrivent le printemps et les quarts de finale, elle attend avec impatience ses retrouvailles avec le Real.

Entre-temps, la première phase a coûté la vie à quelques solides prétendants : le champion d'Angleterre, Blackburn, inexistant face au Spartak Moscou, au Legia Varsovie et à Rosenborg ; le Dynamo Kiev également, exclu de la compétition pour avoir tenté de corrompre l'Espagnol Lopez Nieto, arbitre de son match contre Panathinaïkos (1-0), lors de la première journée.

Le Real et Nantes au tapis

Real-Juve est donc, sans conteste, l'affiche des quarts. La Vieille Dame a retenu la leçon et ne tombe pas dans le piège. Elle s'incline, certes, à Madrid (0-1), sur un but de Raul, après avoir été en grande difficulté en première mi-temps. Mais, dans son vieux Stadio Comunale, malgré l'absence de son attaquant Fabrizio Ravanelli, suspendu, elle ne trahit ni ses supporters ni sa réputation. Face à un adversaire organisé avant tout pour ne pas perdre, elle retourne la situation par Alessandro Del Piero et Michele Padovano en début de seconde période et l'emporte 2-0.

Marcello Lippi, l'homme qui lui a redonné une mentalité de vainqueur et a changé son style, confesse alors, soulagé : « Dans les moments importants, la Juve est toujours là. »

Que ce soit Davids devant Deschamps (à g.), Kluivert contre Ferrara (au c.) ou Bogarde face à Vialli (à dr.), l'Ajax impose à la Juve un combat de tous les instants.

Gianluca Vialli avait raté sa finale en 1992 avec la Sampdoria. Cette fois, malgré Blind, Litmanen et Silooy (de g. à dr.), il s'impose en patron.

1995/96

Au tour suivant, Nantes, troisième club français en trois ans à atteindre les demi-finales, n'est pas de taille non plus pour rivaliser avec son métier et son efficacité (2-0, 2-3), et donc lui barrer le chemin de la finale, sa première depuis celle, maudite, de 1985 au Heysel. Il est vrai aussi que l'arbitrage de l'Anglais Dermot Gallagher, lors du match aller à Turin, n'est pas vraiment défavorable aux Italiens...

À l'heure d'affronter, à Rome, l'Ajax Amsterdam, tenant du titre et tombeur de Milan la saison précédente, les Piémontais ne crient pourtant pas victoire. Ils connaissent leurs points forts – pressing, mental, qualités physiques, vitesse, recherche systématique d'une solution rapide vers l'avant et le trio d'attaque Ravanelli-Vialli-Del Piero –, ils marchent en rangs serrés derrière Gianluca Vialli, l'indiscutable leader de l'équipe, ils ont rechargé leurs batteries depuis trois semaines, mais ils savent aussi à qui ils ont affaire.

L'Ajax décimé

Didier Deschamps, à qui rien de ce qui est tactique n'échappe, a parfaitement cerné les clés du match : « L'Ajax a une confiance extraordinaire dans son jeu et dans son 3-4-3. Collectivement, ils maîtrisent. Techniquement, ils sont plus forts que nous. Maintenant, si nous jouons notre jeu, autrement dit si nous pressons très haut, si nous jouons sur le rythme le plus élevé possible pour les priver de ballons, les obliger à défendre et vite porter le danger devant, si nous neutralisons aussi Blind et Litmanen, il y aura sûrement un match... »

L'Ajax de 1996 n'est plus tout à fait celui de 1995. Il reste fidèle à sa philosophie de jeu. Il a survolé une fois encore son sujet durant la première phase et frôlé le sans-faute contre le Real (1-0, 2-0), Ferencvaros (5-1, 4-0) et Grasshopper Zurich (3-0, 0-0), avant de sortir le Borussia Dortmund (2-0, 1-0) en quarts de finale puis le Panathinaïkos (0-1, 3-0) en demi-finales, non sans s'être fait une frayeur chez lui à l'aller.

Mais il a perdu Frank Rijkaard (retraite) et Clarence Seedorf (transféré à la Sampdoria), il est handicapé le jour J par les absences de Michael Reiziger (suspendu) et de Marc Overmars (blessé), il a tout juste récupéré Frank De Boer, indisponible depuis près de quatre semaines, et Louis Van Gaal doit également laisser sur le banc Patrick Kluivert, le héros de Vienne en 1995, touché lui aussi. L'entraîneur hollandais, certain que la Juve n'osera pas aligner trois attaquants, prétend néanmoins : « Même si la Juve est physique derrière, bien organisée au milieu et plus intuitive que rationnelle devant, nous restons sûrs de nous. »

Sur le terrain, c'est une autre histoire. La Juve fait le match qu'elle s'est promis de faire. Elle marque très vite, à la suite d'une mésentente entre Frank De Boer et son gardien Edwin Van der Sar et à un coup de patte de Ravanelli (13e). Si l'Ajax revient dans la partie juste avant la mi-temps (44e) grâce à Jari Litmanen, son meilleur buteur, et la fait souffrir une dizaine de minutes, elle a suffisamment de jambes, de caractère, de souplesse tactique et de solutions de rechange (Jugovic, Di Livio et Padovano remplacent successivement Conte, Paulo Sousa et Ravanelli), mais aussi de sang-froid, pour dominer son adversaire, l'emmener en prolongation et l'achever ensuite aux tirs au but. Edgar Davids et Sonny Silooy manquent, tous deux, leur tentative. Les quatre premiers Turinois désignés (Ferrara, Pessotto, Padovano et Jugovic) ne tremblent pas. La Juve jubile.

Deschamps : « Je suis souvent dans les bons coups »

Lippi parle d'un « chef d'œuvre collectif », fruit de deux années de travail. Vialli, dont c'est le dernier match en noir et blanc, se dit « submergé par une joie immense ». Michel Platini, supporter-spectateur, avoue : « J'ai rarement vu un pressing comme celui-là. » Et Deschamps, l'un des grands artisans de cette victoire, fait remarquer malicieusement : « Je suis souvent dans les bons coups... » Pour lui, le meilleur est à venir, avec la tunique bleue. ■ P.U.

Après Michel Platini (au c.) en 1985, la Juventus est sacrée avec Didier Deschamps.

FINALE DE LA C1 L'Équipe du 23 mai 1996 Juventus - Ajax : 1-1 (4 tab 2)

« Jaja » prophète en son pays

ROLAND-GARROS
Becker casse Seles parle

BASKET
Villeurbanne doit réagir

L'ÉQUIPE

JEUDI 23 MAI 1996 — 51e ANNÉE — N° 15 566 — 4,90 F

LA JUVE NE L'A PAS VOLÉ

Même s'il a été acquis à l'issue de la séance des tirs au but (1-1, 4-2), le succès de la Juventus de Turin sur l'Ajax d'Amsterdam, tenant du titre, est mérité. Onze ans après la victoire au goût amer du Heysel, le club piémontais entre par la grande porte au palmarès de la C 1. (Pages 2 et 3)

De notre envoyé spécial Patrick URBINI

ROME. – Si elle a dû attendre les tirs au but et deux arrêts réflexes d'Angelo Peruzzi pour déposséder l'Ajax Amsterdam de sa couronne, la victoire à l'usure de la Juventus, sa première en Coupe des champions depuis celle maudite du Heysel en 1985, la deuxième aussi, au passage, de Didier Deschamps en quatre ans, n'est pas de celles qui se discutent tant elle a bousculé son rival, tant elle a été belle et généreuse, comme on va le voir, et tant elle s'est créé d'occasions. Et puisqu'elle a triomphé en jouant son jeu et en respectant à la lettre son programme, autrement dit, imposer un rythme élevé que l'Ajax aura du mal à suivre, presser le plus haut possible son adversaire et surtout ne pas reculer, utiliser la force de ses trois attaquants de pointe et porter le danger au plus vite devant pour obliger les Néerlandais à faire ce qu'ils savent moins bien faire, c'est-à-dire défendre, puisqu'elle savait, donc, par où passait son salut, sa joie aujourd'hui ne doit être encore que plus grande. ■

DORTMUND SURGIT EN OUTSIDER

La Juventus de Zidane et Deschamps semble partie pour un joli doublé. Mais en finale, à Munich, trois directs au menton décochés par le Borussia Dortmund (3-1) la font redescendre brutalement sur le gazon.

996/97

Leader emblématique du Borussia Dortmund, Matthias Sammer célèbre contre la Juve un triomphe collectif et personnel qui justifie *a posteriori* son Ballon d'Or 1996.

Cela fait, à présent, quatorze ans qu'une équipe allemande n'a plus gagné la compétition (Hambourg, en 1983) et même dix ans qu'un club de la Bundesliga n'est plus arrivé en finale (Bayern Munich, en 1987). Si c'est en Bavière que le lauréat 1997 sera connu, le Borussia Dortmund ne fait pourtant pas figure de favori en début de saison. On a tort de sous-estimer l'équipe qu'Ottmar Hitzfeld a construite petit à petit et qu'il a déjà emmenée jusqu'aux quarts de finale, une année plus tôt. Elle possède un redoutable collectif organisé en 5-3-2, une solide assise défensive dans l'axe (Matthias Sammer-Jürgen Kohler-Paulo Sousa-Andreas Möller), des attaquants efficaces et chevronnés (Karlheinz Riedle, Stéphane Chapuisat) et beaucoup d'internationaux habitués aux matches de haut niveau. En somme, elle n'a pas le profil du premier venu.

Après l'écrémage des matches de poule, disputés à l'automne, Dortmund est logiquement toujours en course. Il termine sans trop de soucis deuxième de son groupe derrière l'Atletico Madrid et, lorsque le tirage au sort des quarts est effectué, seul, parmi les huit têtes de série engagées sur la ligne de départ, le Milan AC manque à l'appel. En dépit du retour aux commandes d'Arrigo Sacchi, quarante-huit heures avant leur match décisif contre les Norvégiens de Rosenborg, les Milanais perdent à San Siro le match qu'il ne faut pas (1-2), alors qu'un but égalisateur de Christophe Dugarry leur offrait le point nécessaire et suffisant. La Juventus, tenante du titre, se frotte les mains de voir disparaître de si bonne heure pareil rival.

Éric Cantona échoue et arrête

Inspirée dorénavant par Zinédine Zidane, plus constante et plus solide défensivement, la Juve semble bien partie pour conserver

Cinq minutes après avoir ouvert le score en finale, Karlheinz Riedle (n°13) creuse l'écart sur une action très similaire.

son trophée, ce qu'aucune équipe n'est parvenue à faire depuis le Milan de Sacchi, justement, en 1990.

Prévenus du danger, les Turinois ne prennent pas Rosenborg à la légère en quarts de finale (1-1, 2-0). Ils réussissent ensuite une formidable démonstration de puissance et de jeu contre l'Ajax, en demi-finales (2-1, 4-1). S'il n'y avait cette malédiction qui plane désormais sur les tenants (Ajax battu lors de la finale 1996, comme Milan en 1995), on leur donnerait le Bon Dieu sans confession.

Dortmund, de son côté, ne dégage pas la même impression de facilité dans le dernier virage. Il lui faut d'abord un petit coup de main de l'arbitre espagnol, M. Garcia Aranda, annulant un retourné valable de Lilian Laslandes, pour prendre un avantage confortable lors de son quart de finale aller contre Auxerre (3-1) et assurer au retour sa qualification grâce à une frappe de 25 mètres de Lars Ricken (1-0). Il bénéficie ensuite d'une chance incroyable, en demi-finales, pour venir à bout de Manchester United (1-0, 1-0). Les Anglais sont supérieurs en tout, sur les deux manches, sauf en efficacité offensive, trahis notamment par le manque de lucidité dans le dernier geste de leur capitaine Éric Cantona. Alex Ferguson, le manager mancunien, confessera : « C'est au lendemain matin de cette élimination cruelle et injuste qu'Éric m'a annoncé sa décision de mettre un terme à sa carrière, en fin de saison. »

Sur un match sec, néanmoins, a fortiori à Munich, Dortmund sait maintenant que ses chances ne sont pas négligeables, même contre une Juve qui, sur le papier, paraît mieux armée, plus talentueuse et plus expérimentée. À défaut de bien jouer, le Borussia reste sur une dynamique de cinq victoires consécutives en Ligue des champions et n'encaisse pas beaucoup de buts depuis quelques semaines. Il n'oublie pas non plus que la dernière finale italo-allemande, en 1983, promise déjà à la Juve, a tourné à l'avantage de Hambourg (1-0).

L'avertissement de Didier Deschamps

Marcello Lippi, dont les joueurs viennent pourtant de remporter un nouveau titre de champion, cinq jours plus tôt, a donc de bonnes raisons de se méfier : « Mon équipe a toujours faim, elle est faite de grands compétiteurs, elle sait toujours se concentrer, mais je sais que Dortmund est capable de se hisser au niveau d'un tel match. »

Didier Deschamps, qui dispute là sa troisième finale, ajoute : « Il faudra une grande Juve pour battre Dortmund, lequel a le potentiel pour nous contrer physiquement et résister à notre pressing. Or, notre équipe me paraît moins fraîche que l'an dernier à pareille époque… »

Hitzfeld, lui, a de bonnes sensations et rappelle que « les footballeurs allemands sont toujours là quand il le faut ». Son onze de départ (Klos – Reuter, Kohler, Sammer, Kree, Heinrich – Lambert, Möller, Paulo Sousa – Chapuisat, Riedle) contient tant bien que mal les premiers assauts de la Juve, neutralise Zidane et, surtout, assomme son adversaire en cinq minutes sur deux corners de la gauche d'Andy Möller, deux buts de Riedle et deux fautes de

Après le Mondial 1990, la coupe de l'UEFA 1993 (avec la... Juventus) et l'Euro 1996, une coupe de plus pour Jürgen Kohler.

Serré de près et malchanceux, Zidane perd sa deuxième finale européenne en un an.

Zinédine Zidane et Didier Deschamps baissent la tête. La Juve n'est pas parvenue à vaincre la malédiction des tenants du titre.

la charnière centrale Ferrara-Montero (29e et 34e). La Juve, comme le redoutait Deschamps, n'est pas dans son assiette physiquement et elle n'est pas trop vernie non plus (deux tirs sur le poteau de Zidane et Vieri, un but refusé à Vieri pour une main involontaire).

Si le changement tactique de Lippi à la mi-temps redonne aux Italiens de l'énergie et de la maîtrise (entrée en jeu de Del Piero et passage en 4-3-3) et s'ils reviennent à 1-2 grâce à Alessandro Del Piero (64e), ils se montrent aussi trop impatients.

Lars Ricken marque en 17 secondes

Dortmund réplique aussitôt et finit par plier l'affaire avec un lob du jeune Lars Ricken, lancé sur la pelouse dix-sept secondes plus tôt et servi en profondeur par Möller (71e).

Au soir de cette première victoire, Hitzfeld exulte : « Après vingt minutes difficiles, durant lesquelles nous avons eu du mal à trouver notre rythme et de la chance de ne pas encaisser de but, nous avons disputé une partie de classe mondiale, avec un super Riedle. » Son équipe, en tout cas, a été un modèle de réalisme : trois tirs cadrés, trois buts. « Pas mieux », doit se résoudre la Juve… ■ P.U.

FINALE DE LA C1 L'Équipe du 29 mai 1997 Dortmund - Juventus : 3-1

TENNIS Tranquille, ce 2e tour
Sous un ciel toujours aussi clément, la troisième journée de Roland-Garros a été marquée par l'impressionnante victoire de Pete Sampras et les belles qualifications de nombreux Français, à l'instar de Pioline. (Pages 8 à 12)

HANDBALL Et maintenant les demis ? (Page 16)

L'ÉQUIPE

JEUDI 29 MAI 1997 — LE QUOTIDIEN DU SPORT ET DE L'AUTOMOBILE — 4,90 F

COMME DANS UN RÊVE

Après quatorze ans d'abstinence, l'Allemagne récupère la C 1 grâce au Borussia Dortmund, somptueux vainqueur de la Juventus (3-1) au bout d'une finale de très haute volée. Dortmund, Barcelone, Schalke : le palmarès européen de l'année sonne comme un cruel échec pour le Calcio. (Pages 2 et 3)

De notre envoyé spécial Vincent DULUC

MUNICH. – Le Borussia Dortmund est devenu champion d'Europe pour la première fois de son histoire, hier soir à Munich. Un triomphe célébré dans les chants et la bière par la moitié jaune et noir du stade Olympique.

Un triomphe porté par l'expérience des stars du Borussia, de Sammer à Möller en passant par Riedle, l'homme qui a fait la différence. Dans une finale de bon niveau, rendue attrayante par les occasions – la Juve a tiré deux fois sur la barre – et la course-poursuite que le tenant a été contraint de livrer très tôt dans le match, le réalisme allemand a fait passer la Vieille Dame pour une gamine romantique. Alors que la Juve, très vite à court de carburant pour déployer son pressing, n'a jamais été dominée dans le jeu, ce sont ainsi deux coups de pied arrêtés qui ont brisé, en cinq minutes, ses espoirs d'une deuxième C1 en suivant.

Le Borussia, qui a remporté ses cinq rendez-vous du printemps en Ligue des champions, fait un très beau roi d'Europe. Son sacre a au moins deux conséquences : pour la seconde fois seulement depuis 1988, l'Italie n'a pas remporté la moindre Coupe d'Europe cette saison ; pour la première fois, un pays, l'Allemagne en l'occurrence, aura trois représentants la saison prochaine en Ligue des champions avec Dortmund, tenant de la C1, le Bayern Munich, champion d'Allemagne, et Leverkusen, son dauphin. ■

CHAPITRE QUATRIÈME

1997/2005

Les années business

Parmi les multiples « liftings » infligés, à partir de 1991, au visage originel de la C1, le plus marquant, et, pour tout dire, le plus défigurant, n'est ni son changement de nom – anecdotique – ni même l'introduction du système Championnat – sportivement équitable. Non, le changement de plus important est bel et bien l'initiative prise en 1997 de qualifier, pour cette compétition par définition réservée aux champions, des équipes ayant terminé deuxième ou troisième de leur classement national la saison précédente.

Si elle réjouit les puissants, lesquels profitent dans le même temps de l'arrêt Bosman, qui instaure la libre circulation des footballeurs européens, cette ouverture aux dauphins – certains ne voient en eux que des vaincus – choque les puristes et démobilise les champions des « petites nations » du football européen, premières victimes de cette redistribution.

La victoire du grand Real Madrid en 1998 aide la pilule à passer. Mais sur les huit champions d'Europe sacrés de 1998 à 2005, quatre ne sont ni champions sortants de leur pays ni tenants de la C1 : Manchester United (1999), Real Madrid (2000), Milan AC (2003) et Liverpool (2005). Mais ce sont tous de gros calibres, dotés d'une carte de crédit au potentiel quasi illimité…

En 2002, avec un Zinédine Zidane au sommet de son art, symbole de la coûteuse politique de stars de son président Florentino Pérez, le Real décroche, face aux Allemands de Leverkusen et au milieu Zoltan Sebescen (à terre), sa neuvième couronne (2-1).

14

1997/98

LE REAL CRÉE LA SURPRISE !

Presque à la surprise générale, notamment en finale face à une équipe de la Juventus particulièrement expérimentée (1-0), les Madrilènes remontent sur un trône qu'ils avaient quitté depuis trente-deux ans. Mais rien à voir avec la nouvelle formule de la C1...

Les longues jambes du capitaine madrilène, Fernando Hierro, mettent en échec le poumon de la Juve, Didier Deschamps. Pour la deuxième année de suite, les Turinois échouent en finale.

Pour cette première édition « remodelée », les organisateurs ont de la chance : le vainqueur – comme le finaliste d'ailleurs – est bien le champion sortant de son pays ! L'ouverture aux deuxièmes et troisièmes des « grands » Championnats entraîne, quoi qu'il en soit, de profonds remaniements dans le déroulement de l'épreuve. Non seulement il y a deux tours préliminaires et non plus un seul, mais la phase de poules réunit 24 clubs, au lieu de 16, répartis en six groupes de quatre. Sont ensuite qualifiés pour les quarts de finale les six vainqueurs de poules, en compagnie des deux meilleurs deuxièmes.

Cette formule ne s'embarrasse pas de gros écarts pour désigner les heureux élus. Ainsi, c'est à la différence de buts que le Paris-SG est devancé par le Bayern Munich et la Juventus pour le strapontin de meilleur deuxième ! Il est vrai que le club parisien ne doit lui-même sa place dans la compétition qu'à un petit miracle puisque, lors du 2e tour préliminaire, une incroyable erreur l'amène à aligner à Bucarest un joueur suspendu, Laurent Fournier, ce qui lui vaut un inévitable 0-3 sur tapis vert. Et ce n'est que grâce à un sidérant 5-0 infligé au Parc des Princes que les Français rattrapent leur boulette.

Dortmund et Manchester brillants

En même temps que le Bayern et la Juve, le Bayer Leverkusen (autre meilleur deuxième), le Dynamo Kiev, le Real Madrid et l'AS Monaco sont qualifiés pour les quarts de finale, de même que Dormund, le tenant, et Manchester United, les deux plus brillants durant la phase de poules (5 victoires, 1 défaite). Trois clubs allemands participent donc aux quarts de finale et cette inédite accumulation fait dire à certains que l'épreuve est dénaturée.

Un « petit » a pourtant bien failli, cette année encore, passer entre les mailles du filet : quart-finalistes l'année précédente au détriment du grand Milan AC, les Norvégiens de Rosenborg Trondheim sont tout près de renouveler leur exploit, se classant deuxièmes de leur groupe après avoir notamment battu l'Olympiakos (5-1), le FC Porto (2-0) et le Real Madrid (2-0).

Les quarts de finale sont marqués par une performance de marque, celle de l'AS Monaco, qui écarte l'un des grands favoris de l'épreuve, Manchester United (0-0, 1-1) grâce à un but spectaculaire de David Trezeguet à Old Trafford. Mais en demi-finales, la tradition est respectée : jamais un club français n'a pu éliminer la Juventus dans une compétition européenne ! Cette fois encore, l'équipe de Jean Tigana doit baisser pavillon (1-4, 3-2)...

Même un but cassé n'empêchera pas le Real de battre Dortmund en demies (2-0, 0-0).

En demi-finales, le Turinois Didier Deschamps élimine Monaco et son copain des Bleus Fabien Barthez (à dr.). Pas de quoi se fâcher.

Jupp Heynckes menacé

Dans l'autre demi-finale, le Real, déjà vainqueur du Bayer Leverkusen en quarts, élimine Dormund, lui-même tombeur du Bayern Munich (0-0, 1-0). Dominateurs à Madrid (2-0), les *Merengue* résistent au Westfalenstadion (0-0) au Borussia, à la tête duquel Ottmar Hitzfeld, l'entraîneur champion d'Europe en titre, a été remplacé par l'Italien Nevio Scala.

Un changement qui est dans l'air du temps au Real aussi, le départ du coach allemand Jupp Heynckes étant annoncé à demi-mot avant la finale.

C'est à l'ArenA d'Amsterdam, inauguré deux ans plus tôt et dont le toit futuriste peut être installé ou replié en vingt minutes, qu'a lieu cette finale. Elle est

1997/98

L'excellent match de Zidane en finale n'y change rien : la C1 se refuse toujours à Zizou, mais sourit à Christian Karembeu (à dr.).

LE REGARD DU CRÉATEUR JACQUES FERRAN

« Être champion sans être champion »

La Coupe d'Europe des clubs, inchangée pendant trente-six ans, est entrée, on l'a vu, à partir de 1991-92, dans l'ère des bouleversements ininterrompus.

Le déclic fut provoqué par les clubs eux-mêmes, mécontents d'une formule (élimination directe) qui ne leur assurait pas une rentabilité suffisante. L'UEFA, craignant que ce mécontentement ne dégénérât en révolte, voire en sécession – et qui ne pouvait que tirer elle-même avantage d'un surcroît de recettes –, décida donc qu'une partie de la compétition se déroulerait par poules. Et qu'il ne serait plus désormais question de Coupe, mais de Ligue.

Le virage le plus décisif

Cette première refonte, conforme à une logique plus commerciale que sportive, inaugura toute une série de remaniements, dont on n'aperçoit pas aujourd'hui le terme. Comme si, ayant mis le doigt dans l'engrenage, et toujours en quête d'une formule idéale, introuvable par définition, l'UEFA, de retouche en correction, avançait moins par conviction que par politique. C'est ainsi que, de 1991 à 1996, elle intervint à trois reprises dans le règlement de son épreuve.

Mais c'est en 1997 qu'eut lieu le deuxième grand virage de la compétition européenne, le plus décisif sans doute depuis sa création. En décidant que certains grands pays de la balle ronde auraient droit à un second qualifié, l'autorité européenne modifiait radicalement l'essence même de son épreuve-reine. Il ne s'agirait plus désormais d'un simple adjuvant des compétitions nationales – un succédané de luxe somptueux, mais non indispensable –, mais d'une compétition majeure, exhaustive, et dont nul, s'il voulait tenir son rang, ne pourrait plus se passer. Et dont la première conséquence fut de porter un coup terrible à sa descendance : la C2, qui disparaîtra deux ans plus tard, et la C3, qui se survivra tant bien que mal.

Le projet, ébauché au printemps 1996 et élaboré dans la douleur, était d'une extrême complexité. Accueillant le vice-champion des huit pays classés au sommet du football européen et réintégrant les champions des pays de dernier rang, soit cinquante-six participants, il commençait par se débarrasser des trente-deux plus fragiles à travers deux tours préliminaires (en juillet et août). Débutait alors, dans toute sa lumière, le véritable Championnat d'Europe à vingt-quatre, avec six groupes de quatre équipes, suivis de quarts, demi-finales et finale.

Cette réforme, dans un premier temps, combla d'aise les grands clubs, mais aussi les télévisions et les agents commerciaux de l'UEFA (Team), chargés du renouvellement des droits.

Effondrement des audiences télévisuelles

Les dirigeants européens n'étaient-ils pas gênés de voir leur Ligue des champions accueillir des clubs qui ne l'étaient pas et que le deuxième dans son village puisse être le premier à Rome ? « Non, répondait le président de l'UEFA, Lennart Johansson, dans *L'Équipe*, car il s'agit d'un compromis. » Ajoutant ce commentaire sans ambiguïté : « Mais vous avez raison, notre démarche est financière. L'UEFA n'est pas une banque, elle a besoin de trouver de l'argent, de plus en plus d'argent. Ce serait tellement facile pour nous de revenir à l'ancienne formule, celle de l'élimination directe. Mais nous devons vivre avec notre temps, c'est-à-dire concilier les intérêts sportifs et économiques. Nous donnons donc aujourd'hui une réponse à mi-chemin qui semble adaptée aux besoins de chacun. »

Mais pas à l'appétit des plus voraces. Et comme les ressources engendrées par l'épreuve semblaient proportionnelles au nombre des rencontres, c'est, aussitôt après, l'ensemble de la compétition majeure (ouverte non plus à 24, mais à 32 équipes) qui fut disputée par poules, tandis que ses recettes passaient de 1,2 à 4,3 milliards de francs.

On s'aperçut alors avec effroi que cette médaille avait son revers et que, comme l'explique le directeur de l'institut de sondages Médiamétrie, « l'abondance des matches devenait pour la télévision un véritable problème ». Alors qu'en 1997-98 16,2 % des Français avaient suivi la Ligue des champions, ils n'étaient plus que 11,8 % en 2001-02. Et partout, l'effondrement était le même, face à une compétition trop diluée et dont trop d'épisodes étaient sans enjeu crucial.

Retour courageux à une seule phase de poules

L'UEFA, qui s'était pourtant engagée à ne pas toucher à sa formule avant 2006, prit alors, dès 2002, et dans l'urgence, la décision assez courageuse de revenir, pour la seconde partie de son épreuve, à des matches par K.-O. Obéissant ainsi davantage aux requêtes des télévisions qu'à la pression des grands clubs, pourtant rassemblés, à partir de l'an 2000, en un groupement d'intérêt dénommé G14.

C'est à cette énième formule qu'a été soumise la cinquantième Coupe d'Europe. Sans que nul n'ose affirmer qu'elle prévaudra longtemps. ■

1997/98

inédite, en dépit du prestigieux passé des deux clubs, qui se sont déjà affrontés sept fois en Coupe d'Europe mais jamais au-delà des quarts de finale.

C'est la quatrième finale européenne de suite de la Juve, et la troisième d'affilée en C1, après ses victoires en C3 (1995) et en C1 (1996), puis sa défaite à Munich contre Dortmund (1-3) en C1 (1997). Une performance qui permet à son entraîneur, Marcello Lippi, de rejoindre le Milanais Fabio Capello…

Sanchis, 32 ans après son père

Zinédine Zidane, Didier Deschamps, Alessandro Del Piero, Filippo Inzaghi et Edgar Davids sont les chefs de file turinois. Mais tous ou presque, à l'exception de Zidane, vont rater cet ultime rendez-vous, pour le plus grand bonheur des supporters madridistes, dont certains, les plus anciens, attendent ce moment depuis trente-deux ans. La sixième et dernière victoire de la Maison Blanche en C1 remonte en effet à 1966 et à cette équipe de « yé-yé » dont faisait partie un certain Manolo Sanchis, père du capitaine actuel du Real, également prénommé Manolo, et âgé… de 32 ans.

À ses côtés, une autre brochette de stars, avec Bodo Illgner, le gardien allemand, Christian Panucci, venu du Milan AC, Fernando Hierro, Roberto Carlos, Fernando Morientes, un prodige de 20 ans nommé Raul, Clarence Seedorf, ex-équipier d'Edgar Davids à l'Ajax Amsterdam et Christian Karembeu, qui, au risque de ne pas jouer la Coupe du monde 98 – qu'il gagnera avec la France –, a entrepris, pour signer au Real, un inflexible bras de fer avec la Sampdoria Gênes. Le président du club italien, Enrico Mantovani, préférant le transférer à Barcelone, le Kanak est donc resté sur la touche à Gênes de juin à décembre 1997, avant de débarquer à Madrid en janvier, d'inscrire trois buts en quarts et en demi-finales, et par conséquent de contribuer largement à propulser le Real en finale.

L'heure de gloire de Mijatovic

Mais le grand homme de la soirée s'appelle Predrag Mijatovic. Une frappe excentrée de Roberto Carlos, contrée, atterrit dans les pieds du Monténégrin, alors qu'il est dos au but, sur la ligne des 5,50 m.

D'un dribble large, il efface le gardien et capitaine italien Angelo Peruzzi pour inscrire le seul but du match (67e). Madrid est aux anges et « Pedja » un héros !

Né à Podgorica voilà vingt-neuf ans, passé par Buducnost et par le Partizan Belgrade, puis par le FC Valence (de 1993 à 96), où il a été élu meilleur joueur de la Liga, l'homme aux cheveux gominés (« *el pelo engominado* ») est un artiste, qui éclaire cette finale un peu coincée de ses somptueux gestes techniques.

Onze ans plus tôt au Chili, il a été sacré champion du monde juniors, avec Prosinecki, Boban, Suker, Mihajlovic, Savicevic, autres surdoués yougoslaves…

La contribution de Mijatovic à la conquête du 27e titre de champion d'Espagne s'est avérée si grande qu'il s'est classé 2e du Ballon d'Or 1997, derrière Ronaldo et devant Zidane, dont nul ne sait encore qu'ils seront tous deux un jour madrilènes, quand lui – parti un an plus tard pour la Fiorentina – ne le sera plus.

Pour l'heure, c'est tout Madrid, où 500 000 aficionados envahissent en pleine nuit la Plaza de Cibeles, que la « Septima » expédie au septième ciel. ■ A.P.

En marquant le seul but de la finale, Predrag Mijatovic vient d'offrir la C1 au Real. Ses partenaires le lui rendent bien.

De g. à dr., en haut : Mijatovic, Hierro, Suker, Redondo, Amavisca, Canizares, Savio, Illgner, Jaime. En bas : Raul, Karembeu, Sanchis, Morientes, Panucci, Seedorf, Victor.

FINALE DE LA C1 L'Équipe du 21 mai 1998 Real Madrid – Juventus : 1-0

L'ÉQUIPE

METTEZ-VOUS AU PARFUM PAGES RUGBY

JEUDI 21 MAI 1998 — LE QUOTIDIEN DU SPORT ET DE L'AUTOMOBILE — 53e ANNÉE — N° 16 184 — 4,90 F

AU SEPTIÈME CIEL

Trente-deux ans après son dernier succès, le Real Madrid a remporté hier sa septième C 1 en battant la Juventus de Turin (1-0), un but du Yougoslave Mijatovic. Il s'agit de la seconde défaite de suite de la Juve en finale. Et pour Christian Karembeu, d'un immense bonheur au bout d'une saison difficile. (Pages 2 et 3)

De notre envoyé spécial Vincent DULUC

AMSTERDAM. – Dans la grande salle des trophées du Real Madrid, il y aura enfin une coupe des champions sans la moindre trace de poussière. Trente-deux ans après son dernier triomphe dans l'épreuve créée par *L'Équipe*, le grand club espagnol a renoué, hier soir à Amsterdam, avec un sacre qui récompense sa formidable addition de talents, mais pas seulement, tant son triomphe doit à la remarquable compacité de son organisation défensive.

Dans une finale de très haut niveau, et qui n'a dû ses faiblesses techniques ponctuelles qu'à son rythme très élevé, le but de Mijatovic a condamné la Juve à voir passer devant elle une deuxième Ligue des champions à la suite, et le pauvre Zinédine Zidane à une troisième finale européenne perdue, ce qui fait tout de même beaucoup pour un seul homme. Comme Deschamps et Karembeu, Zidane est ce matin sur ses deux jambes, mais il aura bien besoin des quatre jours de repos à venir pour soigner cette autre blessure.

Paradoxalement, c'est au moment où la Juve semblait redevenir maîtresse du jeu que Predrag Mijatovic, le grand joueur de la soirée, a fait basculer le destin du Real et offert à un bon Karembeu sa première victoire en Coupe d'Europe. C'est la septième victoire du Real dans l'épreuve (1956, 57, 58, 59, 60, 66, 98).

Les Italiens, eux, pouvaient difficilement survivre à la discrétion de Del Piero et à la maladresse d'Inzaghi. Il est assez logique, dans ces conditions, que la soirée d'Amsterdam ait sacré à la fois un club légendaire et quelques talents individuels fascinants. ■

1998/99 DIEU EST ANGLAIS, M.U. EN PROFITE !

Alors que le Bayern mène 1-0 dans une finale qu'il a outrageusement dominée (deux tirs sur les poteaux), Manchester United marque deux buts dans les arrêts de jeu et remporte (2-1) la seconde C1 de son histoire, assortie d'un rare triplé avec la Cup et la Premier League.

Malgré les protestations de Kahn (au c.), Sheringham (à g.) vient d'égaliser pour MU à la 90e + 1 minute de la finale. Solskjaer (à dr.) va bientôt porter le coup de grâce au Bayern.

« Incredible but true ! » C'est le titre d'une célèbre émission télévisée anglo-saxonne. C'est aussi le sous-titre qui colle le mieux à l'incroyable dénouement de cette invraisemblable finale. Car, vrai de vrai, on n'avait jamais vu ça ! On joue les arrêts de jeu, ce 26 mai 1999 au Camp Nou de Barcelone, et déjà les préposés au service d'ordre ont pris place au bord du terrain, de part et d'autre de la ligne médiane, afin que la cérémonie protocolaire puisse se dérouler sans débordement.

On joue les arrêts de jeu et Ottmar Hitzfeld réajuste sa cravate. Dans quelques instants, il va toucher à nouveau cette « coupe aux grandes oreilles » qu'il a enlevée deux ans plus tôt, avec le Borussia Dortmund. L'exploit est rarissime. Un seul entraîneur a réussi à gagner l'épreuve avec deux clubs différents : l'Autrichien Ernst Happel, en 1970 avec Feyenoord et en 1983 avec Hambourg.

Hitzfeld n'a pas été un très grand joueur, contrairement à Happel. Il a accompli presque toute sa carrière de footballeur en Suisse, où il a également fait ses premières armes de coach, à Aarau (1984-88) puis au Grasshopper Zurich (1988-91). Et c'est dans cette seconde carrière, en fait, qu'il a entrepris de se bâtir un palmarès : deux Championnats et trois Coupes de Suisse, puis trois titres en Bundesliga et cette C1 enlevée deux ans plus tôt avec Sammer, Riedle et Chapuisat.

Oui, décidément, plus rien ne peut arrêter le cours de l'histoire et empêcher le Bayern d'être champion d'Europe pour la quatrième fois, vingt-trois ans après sa dernière victoire !

Les Allemands, qui mènent 1-0 depuis la 6e minute, grâce à un coup franc de Mario Basler, dominent copieusement cette finale, tirent deux fois sur les poteaux alors qu'Oliver Kahn, leur gardien, doit attendre la 82e minute pour effectuer son premier véritable arrêt.

Réduit, par la faute d'une blessure, au rôle de spectateur en costume, Bixente Lizarazu partage la peine de ses partenaires du Bayern après ce cruel dénouement.

Matthäus, un seul titre lui manque...

Histoire de leur ménager une *standing ovation,* Hitzfeld fait d'ailleurs sortir, en fin de rencontre, Mario Basler le buteur, et Lothar Matthäus le « monument »... Lothar Matthäus a l'un des plus beaux palmarès du football européen : il a tout gagné avec l'équipe d'Allemagne, l'Euro 80 et le Mondial 90, disputé cinq phases finales de Coupe du monde (record du Mexicain Carbajal égalé) et joué 25 rencontres de Coupe du monde, ce que personne n'a jamais fait. Enfin, il compte 135 sélections à ce jour (150 à la fin de sa carrière). En clubs, Matthäus détient deux Coupes de l'UEFA, six titres de champion et deux Coupes d'Allemagne, un Scudetto italien avec l'Inter. Il a été Ballon d'Or en 1990, deux fois meilleur joueur du monde FIFA. Il a 38 ans, soit dix-huit de plus que son équipier Sammy Kuffour, et il est encore sacré, en cette année 1999, meilleur joueur de la Bundesliga...

Oui, il a tout gagné... sauf cette Ligue des champions, dont il a perdu une finale, en 1987 face au FC Porto de Rabah Madjer (1-2), avec un étonnant renversement de situation, puisque les Portugais avaient inscrit deux buts dans les douze dernières minutes. Une mésaventure qui, à quelques poignées de secondes de la fin du match de Barcelone, ne peut plus se répéter...

1998/99

Lothar Matthäus (n° 10), David Beckham (au c.) et l'arbitre Pierluigi Collina : les stars du moment se retrouvent pour une finale à couper le souffle.

Hitzfeld n'avait jamais perdu contre Manchester

Le football n'est-il pas « ce jeu qui se joue à onze contre onze et, à la fin, ce sont les Allemands qui gagnent », comme l'a dit un jour le buteur anglais Gary Lineker ? Les superstitieux n'en finiraient pas d'aligner les éléments démontrant que tout est joué : Hitzfeld, par exemple, n'a jamais perdu contre Manchester United. Et Alex Ferguson, lui, n'a jamais gagné une séance de tirs au but en tant que manager ! À quoi cela servirait-il donc que MU égalise ?

Et puis ce n'est pas tout : depuis 1987 et le renversement de situation accompli par Porto, le club qui a ouvert le score en finale a toujours enlevé le trophée. D'ailleurs, sur les vingt dernières finales, douze ont pris fin sur le score de 1-0, et quatre se sont jouées aux tirs au but...

Dans l'affaire, on en oublierait presque le vieil adage issu de l'athlétisme qui veut qu'un Anglais n'est jamais battu dans la dernière ligne droite...

Il y a près de soixante secondes déjà que l'on est entré dans les trois minutes de temps additionnel, annoncées par l'arbitre italien, le célèbre Pierluigi Collina. Un corner, là-bas sur la droite, est tiré par David Beckham. « Le corner de la dernière chance », annoncent dans leur micro les commentateurs du monde entier en voyant Peter Schmeichel (dont c'est le dernier

Les Munichois Sami Kuffour (à g.) et Carsten Jancker (à dr.) imposent un défi physique de haut vol aux Red Devils. Mais Teddy Sheringham (à g.) a de la ressource.

match pour les Red Devils et qui a été promu capitaine en l'absence de Roy Keane, suspendu) abandonner son but pour aller disputer ce ballon. Un ballon qui, précisément, est mal dégagé par Thorsten Fink, le remplaçant de Matthaüs…

Sheringham, leur meilleur vieux

Ryan Giggs, le gaucher gallois, saute sur l'aubaine mais rate à moitié sa frappe du droit, qui n'est pas cadrée et va sortir. C'est alors que surgit le « vieux » Teddy Sheringham, que ses 33 ans confinent souvent sur le banc mais dont les entrées en jeu sont déterminantes depuis quelque temps. Ainsi, quelques jours plus tôt, en finale de la Cup, face à Newcastle (2-0), il a fait basculer le match en inscrivant le premier but et en offrant le second à Scholes (suspendu lui aussi pour la finale du Camp Nou). Esseulé à proximité du poteau gauche, « Super Remplaçant » ne rate ni ce ballon perdu ni la cible. Incroyable mais vrai ! Les Allemands sont abasourdis, anéantis face à la prolongation qui s'annonce. S'ils savaient…

Solskjaer, un ange passe

Quatre-vingt-dix-neuf secondes après cette égalisation, M. Collina siffle un ultime corner, en regardant son chronomètre. Et l'invraisemblable se produit à nouveau ! Centré par Beckham encore, remisé de la tête par Sheringham, le ballon est expédié à bout portant dans le but de Kahn par le petit Norvégien Ole-Gunnar Solskjaer, qui a remplacé Andy Cole à la 81e minute ! Solskjaer et sa frimousse d'angelot bouclé, l'autre « *Super-Substitute* » mancunien, éternel remplaçant qui marque lors de toutes ses apparitions ou presque…

Trente et un ans après, Manchester United est champion d'Europe au terme d'un final sans précédent, auquel seul pourra être comparé plus tard le France-Angleterre de l'Euro 2004 (2-1). Un champion d'Europe dont la particularité est de n'avoir pas été champion de son pays l'année

Plus personne ne croyait vraiment à un retour de Manchester après la 90e minute. Pour le capitaine Oliver Kahn et sa troupe vaincue, le coup de massue est terrible.

Coupe en main, Alex Ferguson peut triompher face à ses supporters. En faisant entrer en jeu Sheringham (n° 10) et Solskjaer, il a permis l'invraisemblable exploit.

précédente mais qui l'a été cinq fois en sept ans et reste, depuis le mois de décembre, sur une série de 33 matches sans défaite.

C'est le treizième trophée enlevé en neuf ans avec Manchester par le manager Alex Ferguson (ex-joueur des Rangers, ex-coach d'Aberdeen et de la sélection écossaise), qui, arrivé au club en 1986, a pourtant dû attendre quatre ans avant d'enlever sa première Cup et sept pour devenir champion. Alex Ferguson qui va être anobli par la reine.

Après le Celtic Glasgow en 1967, l'Ajax Amsterdam en 1972 et le PSV Eindhoven en 1988, Manchester United, déjà lauréat de la Coupe et du Championnat dans son pays, devient le quatrième club de l'histoire à accomplir un triplé souvent tenté mais rarement réussi… Surtout, il est le premier à le faire dans un Championnat « majeur ».

Chevtchenko surprend le Real

Et, face à l'histoire, l'effet magique de cette finale hors du commun est tel que tous les autres faits marquants de cette 44ᵉ édition se trouvent relégués au second plan. Qu'il s'agisse de l'échec en poules de Barcelone, du PSV Eindhoven et de l'Ajax, de la qualification inattendue d'Olympiakos, du Croatia Zagreb et de Rosenborg, ou encore de l'élimination du tenant, le Real Madrid, surpris en quarts de finale par Kiev et son étoile montante, Andreï Chevtchenko (1-1, 0-2). La magie de deux minutes folles a tout recouvert… ■ A.P.

FINALE DE LA C1 L'Équipe du 27 mai 1999 Manchester – Bayern : 2-1

Hingis en patronne

Amelie Mauresmo n'est pas véritablement entrée dans son match comme la Suissesse (notre photo), qui s'est normalement imposée. Clément a bien résisté à Agassi. Kafelnikov sorti. Aujourd'hui Pierce, Halard, [illegible] reviennent, alors que Sampras sera en danger. (Pages 10 à 15)

L'EQUIPE

JEUDI 27 MAI 1999 — LE QUOTIDIEN DU SPORT ET DE L'AUTOMOBILE — ★ 53ᵉ ANNÉE – N° 16 501 – 4,90 F

RENVERSANT !

Manchester United a réussi un incroyable exploit en remportant la C 1, marquant deux buts dans les arrêts de jeu, alors que les Anglais étaient menés 1-0 par le Bayern Munich depuis la 6ᵉ minute ! Grandiose Manchester, qui a gagné son Championnat, la Coupe d'Angleterre et la Ligue des champions ! (Pages 2 et 3)

De notre envoyé spécial Vincent DULUC

BARCELONE. – Il faudrait pouvoir expliquer rationnellement que, dominé le plus souvent, et sauvé du 2-0 par un poteau puis une barre, Manchester United a fini par remporter hier soir, face au Bayern Munich (2-1), la deuxième C1 de son histoire après trois minutes d'arrêts de jeu qui entreront dans la légende du football. Mais il n'y a rien de rationnel. Il y a juste de la magie, ou de la malédiction. Et un peu de tradition anglaise sur deux corners magnifiques de Beckham.

Mais quelle étoile diabolique a donc veillé sur MU ? Pendant quatre-vingt-dix minutes, le Bayern avait largement étalé sa force et sa maîtrise, et les changements de fin de match de Hitzfeld sentaient l'hommage aux héros d'un triomphe parfait (Matthäus, Basler). Mais le remplaçant de Matthäus, Fink, a manqué son dégagement sur l'égalisation de Sheringham, et MU a réussi le plus invraisemblable renversement de situation jamais vu en finale des champions.

Dieu est anglais, et il a peut-être même un peu de sang écossais, car ce sont les deux remplaçants de Ferguson, Sheringham et Solskjaer, qui ont fait basculer cette finale perdue en triomphe historique : Championnat, Cup et Ligue des champions, MU est le premier club anglais à réussir ce triplé historique. Le Bayern a perdu sa troisième finale de C1 d'affilée (1982, 87, 99) après en avoir gagné trois de suite (1974, 75, 76). Il n'existe pas la moindre chance qu'il s'en console un jour. ■

INDÉMODABLE REAL MADRID

1999/ 2000

La finale 100 % espagnole Real-Valence, une première dans l'histoire de la C1, sourit aux Madrilènes Fernando Morientes, Ivan Helguera, Raul et Michel Salgado (de g. à dr.).

L'introduction d'une seconde phase de poules, qui augmente le nombre de matches tout en diluant leur intérêt, permet à l'Espagne de placer trois clubs en demi-finales, puis deux en finale, la dernière du siècle, survolée par un étourdissant Real Madrid contre un triste FC Valence (3-0).

Encore ? Eh oui ! Deux ans à peine après avoir été profondément remaniée dans la forme et dans l'esprit, la Ligue des champions, décidément de moins en moins Coupe et de plus en plus Championnat, subit une nouvelle refonte. Cette fois, il y aura deux phases de poules au lieu d'une. Une multiplication des rencontres et, a priori, des recettes qui, à l'usage, n'aura pas l'effet escompté : le public boudera plus d'une fois des oppositions manquant souvent de sel, à travers un enjeu pas vraiment évident, voire inexistant.

Pour la première fois en Ligue des champions, on verra donc des stades inégalement remplis, même dans des hauts lieux du football…

Milan n'en profite pas

Cette formule favorisant les calculs et bien évidemment les plus grands clubs, en principe à l'abri d'une élimination prématurée, demeurera en vigueur durant quatre ans, contre l'avis du plus grand nombre. Pour que la morale soit sauve, elle ne constitue tout de même pas une assurance tous risques : en cette saison 1999-2000, Milan, le grand Milan, cinq fois vainqueur de l'épreuve, se prend les pieds dans le tapis, dès la première phase, en terminant quatrième et dernier de la poule H, derrière Chelsea, le Hertha Berlin et Galatasaray. Le géant italien n'accroche même pas la Coupe de l'UEFA, pour laquelle il faut terminer troisième, laquelle C3 brasse très large désormais puisque la Coupe des Coupes vient de disparaître. Le public, d'ailleurs, a bien du mal à comprendre pourquoi ces 96 rencontres du premier tour (douze matches dans chacune des huit poules de quatre équipes) ne servent qu'à éliminer huit clubs des Coupes d'Europe…

Si Milan dit adieu à l'Europe, Arsenal (devancé par le Barça et la Fiorentina) et Dortmund (troisième derrière Rosenborg et Feyenoord) doivent se contenter quant à eux de la Coupe de l'UEFA, de même que Galatasaray, qui va enlever l'épreuve.

Lors d'un quart de finale aller de très haut niveau à Santiago-Bernabeu, Jaap Stam (à dr.) et Manchester United tiennent en échec le Real Madrid de Raul (0-0).

Real-MU aurait fait une superbe finale

Bordeaux, le champion de France, et Marseille, son dauphin, franchissent pour leur part le premier obstacle mais pas le second. L'OM accomplit tout de même au passage deux jolis exploits en battant sur le même score (1-0) le tenant du titre, Manchester United, puis Chelsea.

Les quarts de finale, atteints après la bagatelle de 39 matches préliminaires et 144 rencontres de poules (!), ont grande allure et passionnent le public. Ils mettent aux prises Chelsea et Barcelone, Valence et la Lazio Rome, Porto et le Bayern Munich, et enfin le Real Madrid et Manchester United. Soit trois clubs espagnols, qui tous les trois vont se qualifier : le champion (Barcelone), son dauphin (le Real) et le quatrième de la Liga 1998-99 (Valence) !

Le Real élimine Manchester United (0-0, 3-2) au terme d'une passation de pouvoir prématurée qui aurait pu constituer une superbe finale… Sur sa lancée, le club madrilène élimine en demi-finales l'autre finaliste sortant, le Bayern Munich (2-0, 1-2), grâce à deux buts inscrits à Bernabeu par Nicolas Anelka, tout juste rentré en grâce après avoir présenté des excuses publiques à ses équipiers et à ses dirigeants.

En effet, le moins que l'on puisse écrire est que la saison des *Merengue* est agitée… Pour la première fois de son histoire, à l'automne, le Real flirte avec les places de relégable en Liga ! D'où le renvoi, en novembre, de l'entraîneur gallois John Toshack, remplacé par le placide Vicente Del Bosque, qui connaît la Maison Blanche comme sa poche, pour y avoir été joueur et même finaliste de la C1 en 1981, contre Liverpool à Paris (0-1).

Sous sa direction, le vestiaire retrouve sa sérénité. Il calme les stars, écarte des monuments vieillissants, comme Manuel Sanchis et Fernando Hierro, titularise un gardien de 18 ans, Iker Casillas, pur produit maison. Et le Real reprend sa marche en avant. Mais Del Bosque ne peut pas grand-chose face à l'imbroglio Anelka, qui plombe le climat au sein et autour de l'équipe madrilène du début à la fin de cette saison des extrêmes.

Anelka capricieux et précieux

Acheté à prix d'or par le président Lorenzo Sanz (220 millions de francs de transfert, 2 millions net de salaire mensuel), jamais un club espagnol n'ayant déboursé autant d'argent pour un joueur, le Français, qui n'a que 21 ans, est en conflit quasi permanent avec son nouveau club, multipliant les insolences et les attitudes provocatrices.

1999/2000

Les Madrilènes reprennent la main dans e quart retour à Manchester. Malgré la détermination de Mikaël Silvestre (n° 27), le Real sort le tenant du titre (3-2).

Souvent sur le banc, Nicolas Anelka (à dr.) est en conflit permanent avec le Real.

Il justifie son transfert en demies, en marquant deux fois contre le Bayern de Jeremies.

Dès sa présentation officielle, par exemple, il retourne ostensiblement la chasuble d'entraînement du club, qu'on vient de lui remettre, parce qu'elle est siglée Adidas alors que lui est sous contrat avec une autre marque.

Un mois plus tard, il déclare : « L'équipe devrait changer son système de jeu, afin que je puisse m'y adapter. » Puis il refuse de jouer sur le côté droit, répétant avec l'obstination d'un enfant buté : « Tout le monde sait que je joue avant-centre et on m'utilise sur le côté droit. Je ne changerai pas mon jeu même si je n'inscris aucun but de la saison. » Il marquera pour la première fois en Championnat le 26 février…

Mais ce n'est pas tout : non content de critiquer les choix tactiques de Del Bosque, Anelka refuse carrément de s'entraîner, confirmant des propos tenus précédemment, dans lesquels il affirmait vouloir « arrêter le foot puisqu'il n'y prend plus de plaisir… » Cette fois, la coupe est pleine. Et la sanction tombe, exemplaire : le 13 mars, le club suspend pour 45 jours son joueur, interdit de matches, d'entraînement et privé de salaire. Il faudra la médiation de Julio Senn, directeur général du club, et un communiqué d'excuse – ânonné en 78 secondes chrono – pour que le rebelle rentre en grâce et justifie enfin sa présence en inscrivant ces deux buts qui contribuent à hisser le Real en finale.

Celle-ci est cent pour cent espagnole car, dans l'autre demi-finale, le FC Valence écarte le FC Barcelone (4-1, 1-2). C'est évi-

Face au vétéran de Valence Jocelyn Angloma (à g.), Fernando Morientes fait admirer son élégance balle au pied. Le Madrilène inscrira le premier but de la finale.

76e minute de la finale : Raul efface son ex-coéquipier Santiago Canizares pour aller inscrire le troisième but du Real et réduire à néant les derniers espoirs valencians.

demment la première fois dans l'histoire que deux clubs appartenant à une même nation se trouvent face à face en finale.

48 000 Espagnols au Stade de France

C'est aussi la seconde fois, après la saison précédente, qu'ils présentent la particularité de ne pas avoir été champions de leur pays. Pis, si le Real était presque relégable six mois plus tôt, Valence, pour sa part, était carrément dernier de la Liga après deux mois de compétition ! Pour les Valencians, la route du majestueux Stade de France, inauguré deux ans plus tôt, est longue et tortueuse. Sortis indemnes du tour préliminaire, ils finissent premiers du groupe F devant le Bayern, les Glasgow Rangers et le PSV Eindhoven, puis deuxièmes du groupe B derrière Manchester United mais devant la Fiorentina et Bordeaux. En quarts de finale, leur facile qualification aux dépens de la Lazio (5-2, 0-1) est une forme de revanche pour leur entraîneur, le rigoureux Argentin Hector Cuper, qui avait perdu contre les Romains, la saison précédente, la toute dernière finale de la Coupe des Coupes (1-2), alors qu'il entraînait Majorque.

Valence dans un mauvais jour

Mais cette fois encore, le dernier acte lui est fatal… Devant 48 000 supporters espagnols des deux camps, c'est avec facilité que les Madrilènes (qui jouent tout en noir alors que leurs adversaires opèrent en orange) s'imposent sur le score sans équivoque de 3-0, grâce à des buts de Fernando Morientes (39e), Steve McManaman (67e) et Raul (76e). Valence, à l'image de ses deux Argentins, Kily Gonzalez et Claudio Lopez, qui ont tant influé sur son brillant parcours, passe à côté de sa finale…

Le Real, avec seulement cinq titulaires de l'équipe couronnée deux ans plus tôt – Redondo, Hierro, Roberto Carlos, Raul et Morientes –, savoure, dans la nuit parisienne, sa huitième victoire en C1. ■ A.P.

FINALE DE LA C1 L'Équipe du 25 mai 2000 Real Madrid – Valence : 3-0

DOPAGE
Sommet autour de l'EPO
Lemerre jusqu'en 2002
Plus que 7 jours pour gagner des billets de l'EURO 2000 : sportal.fr
L'ÉQUIPE
JEUDI 25 MAI 2000 — LE QUOTIDIEN DU SPORT ET DE L'AUTOMOBILE — 4,90 F
LE REAL EST ÉTERNEL
Indestructible Real Madrid, mal en point toute la saison mais qui a corrigé le FC Valence (3-0), hier soir au Stade de France, en finale de la Ligue des champions. C'est la huitième victoire du club recordman dans la compétition. (Pages 3 à 5)

STADE DE FRANCE. – Par son ampleur, sa netteté, l'intelligence et l'autorité avec lesquelles elle a été construite, mais aussi la qualité technique sur laquelle elle s'est appuyée, la huitième victoire du Real en Coupe des clubs champions est sans doute l'une des plus belles remportées par le club madrilène, au cours d'une histoire pourtant déjà longue et riche. Si l'on excepte, en effet, le premier quart d'heure, où Valence fit illusion et laissa croire qu'il avait sa chance dans ce duel inédit et 100 % espagnol, le Real aura réussi une éclatante performance collective.

Un match complet, gagné à la fois derrière, au milieu et devant, tout à fait dans la lignée de ceux réussis en quarts de finale contre Manchester United, le vainqueur de l'an dernier (0-0, 3-2), puis en demies face au Bayern, le finaliste 1999 (2-0, 1-2), autrement dit un chef-d'œuvre de plus qui le met désormais pour un bon moment hors de portée du Milan AC, son poursuivant immédiat au palmarès. Il n'y a donc pas eu photo et, même avant que McManaman et Raul ne donnent à ce succès des proportions inattendues en seconde période, rarement une finale aura basculé aussi vite et aussi soudainement. Maintenant, si Valence a perdu pied, s'il n'a pas montré son vrai visage et s'il ne gardera pas un grand souvenir de cette soirée, tout le mérite en revient au Real. À l'indémodable Real. ■

Vincent DULUC

LE FESTIVAL DE KAHN SACRE LE BAYERN

2000/01

En arrêtant le tir au but de Mauricio Pellegrino, son troisième de la séance, Oliver Kahn met un point final à une série qui s'éternisait. Le Bayern peut oublier le cauchemar de 1999.

Au bout d'une superbe saison européenne et d'une finale interminable remportée, grâce à son gardien Oliver Kahn, contre Valence aux tirs au but (1-1, 5 tab 4), le club allemand retrouve - enfin - le sceptre qu'il avait enlevé trois fois dans les années 1970.

Un quart de siècle ! Cela fait vingt-cinq ans que Munich attend ça… Depuis le fameux triplé (1974, 75, 76) accompli par la légendaire équipe emmenée par Franz Beckenbauer, Sepp Maier et Gerd Müller, le Bayern est parvenu trois fois en finale de la C1 (1982, 87, 99). Et par trois fois, il a échoué…

La dernière tentative, deux ans plus tôt face à Manchester United, s'est même achevée dans des circonstances rocambolesques et… renversantes *(lire page 168)*.

Dès lors, le succès du club bavarois à San Siro, bien que difficilement acquis aux tirs au but, déclenche un enthousiasme indescriptible à Munich, où une foule estimée à un million de personnes acclame les héros à leur retour.

Manchester et le Real au tableau de chasse

Le président Franz Beckenbauer, qui a pourtant connu tous les honneurs dans sa carrière de joueur, affirme qu'il n'a jamais vu ça, et parle de « l'un des plus beaux jours de sa vie » !

En attendant, le déroulement de l'épreuve est plutôt contrasté. D'abord languissant durant la phase de poules, qui laisse tout de même sur le carreau le Bayer Leverkusen, les Glasgow Rangers, Monaco, Hambourg, la Juventus Turin, le PSV Eindhoven, le Dynamo Kiev et Barcelone (!)... Puis infiniment palpitant, à partir des matches éliminatoires, au cours desquels le Bayern bat deux fois, et de manière identique (1-0, 2-1), Manchester United puis le Real Madrid, ce dernier trahi par son jeune gardien Iker Casillas. Les Allemands légitiment ainsi, par avance et avec brio, leur difficile sacre de San Siro...

Cette fois, la demie Real-Bayern tourne en faveur de Lizarazu (à g.) et non de Guti.

Trois penalties et 14 tirs au but

Car cette finale contre les Espagnols du FC Valence, qui échouent au port pour la deuxième fois d'affilée, après être encore passés par le tour qualificatif, n'est pas très belle. Chacune des deux équipes choisit de laisser délibérément l'initiative du jeu à l'autre. Tout se joue en fait sur le point de réparation... Les trois penalties sifflés durant les cent vingt minutes de jeu, dont l'un manqué par Mehmet Scholl, laissent les deux adversaires face à face (1-1). Il s'ensuit une séance de... 14 tirs au but !

Oliver Kahn, l'immense portier bavarois, en arrête trois et offre enfin au Bayern le trophée tant désiré. Si souvent malheureux dans les derniers rendez-vous, le club allemand, cette fois, peut se vanter d'avoir la « BaraKahn ».

Ottmar Hitzfeld, vainqueur en 1997 avec Dortmund, réussit là où il avait échoué deux ans plus tôt et égale le record d'Ernst Happel, seul entraîneur jusqu'ici à avoir enlevé le trophée avec deux clubs différents.

Pour le coach valencian, Hector Cuper, bientôt recruté par l'Inter Milan, il s'agit en revanche d'un troisième revers de suite en finale européenne (une C2 avec Majorque, puis deux C1 avec Valence), ce qui constitue une première. Mais c'est aussi sa septième finale en cinq ans, toutes compétitions confondues : une avec le club argentin de Lanus, quatre avec Majorque et deux avec Valence !

Deschamps privé de sortie

Didier Deschamps, lui, aurait pu devenir le premier joueur de l'histoire à disputer trois finales de C1 sous trois maillots différents, après celles de 1993 avec l'OM et de 1996 avec la Juve. Mais son inflexible entraîneur ne lui octroie pas cette minute de bonheur, le laissant jusqu'au bout sur le banc valencian. Ce record, c'est le Néerlandais Clarence Seedorf qui l'établira deux ans plus tard, avec trois victoires sous les maillots de l'Ajax Amsterdam (1995), du Real Madrid (1998) et du Milan AC (2003). ■ A.P.

Un quart de siècle après son illustre prédécesseur Franz Beckenbauer, le capitaine Stefan Effenberg brandit la coupe.

2000/01

FINALE DE LA C1 L'Équipe du 24 mai 2001 Bayern - FC Valence : 1-1 (5 tab 4)

L'ÉQUIPE

JEUDI 24 MAI 2001 — LE QUOTIDIEN DU SPORT ET DE L'AUTOMOBILE

TENNIS
Un « Roland » sans Mary
(Page 9)

LE BAYERN L'A BIEN MÉRITÉE

Bien que mené 0-1 dès la 3e minute, le Bayern Munich a inexorablement imposé sa puissance et fini par remporter la Ligue des champions hier soir à Milan, à l'issue d'une extraordinaire séance de tirs au but (1-1 ; 5 t.a.b. à 4).
(Pages 2 à 4)

De notre envoyé spécial Vincent DULUC

MILAN. – Le Bayern a perdu il y a deux ans une finale de Ligue des champions qu'il pensait avoir gagnée, et il en a remporté une hier soir qu'il n'aurait pas mérité de perdre, tout au bout d'une nuit milanaise qui est tombée sur les illusions valencianes après la séance des tirs au but. Ce n'est pas que l'équipe allemande ait été brillante, mais son triomphe, le premier en C1 depuis le triptyque 74-75-76, récompense indiscutablement le finaliste qui a affiché le plus grand désir de jeu. Son héros s'appelle Oliver Kahn, qui a arrêté trois tirs au but, et le plus important, le quatorzième de la série, face à Pellegrino.

Car ce fut aussi la finale des penalties (trois pendant le temps réglementaire), et donc des tirs au but pour finir, terrible séance au cours de laquelle Paulo Sergio trouva les nuages et Andersson Canizares, avant que les échecs de Zahovic et Carboni ne permettent à Effenberg, cinquième tireur, de faire passer le Bayern en tête pour la première fois. Il ne restait plus à Oliver Kahn qu'à exhiber sa main de marbre, du marbre dont on fait les statues, et à Bixente Lizarazu qu'à partir dans un tour d'honneur dont les Munichois rêvaient depuis deux ans.

Valence a donc perdu, et il a même perdu sur toute la ligne, puisque la seule justification d'une attitude aussi défensive est de gagner. Et c'est le Bayern qui l'a fait. ■

COUP DE ZIZOU POUR LE REAL

Alors que le club madrilène fête son centenaire, les « Galactiques » sauvent leur saison en conquérant une neuvième couronne, grâce à un but inouï de Zidane en finale face à Leverkusen (2-1). Les Allemands sont condamnés aux deuxièmes places en ce printemps.

2001/02

Sur ce ballon contré, en cloche, et de son « mauvais » pied, Zinédine Zidane réussit l'un des plus beaux buts de l'histoire de la Coupe d'Europe. Celui qui donne au Real sa neuvième C1.

Cette fois, on parvient au bout du bout du paradoxe extrême : non seulement le Bayer Leverkusen, qui peut devenir champion d'Europe ce 15 mai 2002 à Glasgow, ne détient pas le titre dans son pays, mais il n'a même jamais été champion d'Allemagne ! Petit club devenu rival des grands sous l'impulsion des laboratoires pharmaceutiques dont il porte le nom, le Bayer a un palmarès qui tient en deux lignes : vainqueur de la Coupe d'Allemagne en 1993, vainqueur de la Coupe de l'UEFA en 1988.

Ce dernier succès, il est vrai, constitue un record face à la postérité. En un temps où la finale de la Coupe de l'UEFA se joue encore par matches aller-retour, Leverkusen, sèchement battu par l'Espanyol de Barcelone (0-3), a renversé la vapeur (3-0) dans son petit stade Ulrich-Haberland de 20 000 places pour s'imposer aux tirs au but (3 tab 2), sous la direction du Coréen Cha Bum-kun et du coach allemand Erich Ribbeck, qui seront par la suite sélectionneurs de leur pays respectifs, tout comme l'Espagnol Javier Clemente d'ailleurs, entraîneur de l'Espanyol. L'exploit est mémorable, mais il date de quatorze ans déjà !

Leverkusen, si près du triplé

Le Bayer d'aujourd'hui, dirigé par Klaus Toppmöller, accomplit une saison magnifique. Mais il la termine sur les rotules et, tel le Leeds de 1975, va voir s'effondrer un à un ses espoirs d'accomplir le rarissime triplé Coupe-Championnat-C1, que seuls ont réalisé le Celtic Glasgow en 1967, l'Ajax Amsterdam en 1972, le PSV Eindhoven en 1988 et Manchester United en 1999.

Zinédine Zidane

Meneur de jeu français

1972	Naissance à Marseille (le 23 juin)
1992-96	Joueur de Bordeaux (1 finale de C3)
1996-01	Joueur de la Juventus (2 finales de C1, 2 Championnats d'Italie)
2001-?	Joueur du Real Madrid (1 victoire en C1, 1 Championnat d'Espagne)
1994-04	International français (1 Mondial, 1 Euro, 93 sélections et 26 buts)
1998	Ballon d'Or de *France Football*

Signe particulier : également trois fois élu « joueur FIFA de l'année », en 1998, 2000 et 2003.

« Une volée du gauche excentrée comme celle-là, je n'en avais jamais tentée… J'ai fait ça à l'instinct », avouera Zinédine Zidane. Seul celui d'un génie pouvait en faire une telle merveille de beauté et d'efficacité.

En Bundesliga, nantis de cinq points d'avance à trois journées de la fin, les Rouge et Noir finissent deuxièmes, à une longueur du Borussia Dortmund. En finale de la Coupe d'Allemagne, le samedi précédant celle de la C1, ils baissent pavillon, en seconde période, face à Schalke 04 (2-4)… Deux grosses désillusions qui réveillent le souvenir d'un autre titre de champion abandonné, deux ans plus tôt, au Bayern Munich, lors de la dernière journée…

Un Bayer explosif

Même s'il est privé pour cette finale de son inspirateur, le Brésilien Zé Roberto, et de son capitaine, Jens Nowotny (tous deux suspendus), le Bayer ne manque pas d'arguments, avec ses chefs de file Oliver Neuville et Michael Ballack, et son spectaculaire jeu offensif : 124 buts inscrits dans la saison en 58 rencontres officielles (moyenne : 2,14 réalisations par match) !

Le formidable parcours européen qu'il réussit pour arriver à cet ultime rendez-vous l'amène à éliminer le champion d'Angleterre (Arsenal), le champion d'Italie (Juventus) et le champion de France (Lyon), mais aussi à battre l'Étoile Rouge, Barcelone, La Corogne, Liverpool et Manchester United ! Et les stats démontrent que, face à tous ces prestigieux adversaires, il a toujours eu une possession de balle supérieure à 50 %.

La griffe du maître

Doué d'une technique divine, Zinédine Zidane sait marquer de sa classe les plus grands rendez-vous. Quatre ans après ses deux buts en finale du Mondial 98, sa reprise de volée magique du pied gauche en finale 2002 de C1 conforte sa légende, décidément en marche.

« La légende continue avec le N°5 : Dieu… ! » *Marca*, le quotidien sportif espagnol, ne fait pas dans la nuance au lendemain du neuvième sacre madrilène et de ce but de « Zizou », qui fait le tour de la planète. Vu, revu, commenté, disséqué, ce *golazzo* (boulet de canon) fait l'objet de tous les commentaires.

Le principal intéressé, toujours modeste, évite soigneusement de se mettre en avant : « Une volée du gauche excentrée comme celle-là, je n'en avais jamais tentée… J'ai fait ça à l'instinct. » Roberto Carlos, pourtant, n'oublie pas de rendre au génie de Zidane tout ce qui lui revient… « J'ai voulu lui faire une passe basse et, quand j'ai vu le ballon monter, j'ai pensé que mon centre était manqué. Heureusement, c'était Zidane… »

À Clairefontaine, où ils préparent France-Belgique (1-2), dernière répétition européenne avant leur départ pour le Mondial, les Bleus de France ne tarissent pas d'éloges sur leur équipier qui, au passage, devient le troisième joueur, après Ferenc Puskas et Gerd Müller, à avoir marqué en finale d'une Coupe du monde et d'une Coupe des champions.

Lebœuf : « Un but qui fait rêver »

« C'est pourtant un ballon pourri qui lui parvient, dit Frank Lebœuf. Il arrive haut et sans force. Mais, dans son geste, il y a tout : la technique, la prise d'information et le courage de tenter ça dans un tel contexte ! C'est un but qui fait rêver… »

Et Thierry Henry d'ajouter : « D'autres à sa place auraient à coup sûr tenté un ciseau. Mais Zizou a une telle souplesse de la hanche et de la cheville qu'il a pu aller chercher le ballon très haut tout en gardant ses appuis. Ensuite, c'est une question de technique, et tout le monde sait que la sienne est exceptionnelle… »

Élu homme du match et meilleur étranger de la Liga, Zinédine Zidane, comme les très grands, possède la particularité rare de marquer de sa patte les événements d'importance : deux buts pour sa première sélection, France-République tchèque en 1994 (2-2), deux buts en finale de la Coupe du monde 1998 contre le Brésil (3-0), le seul but du match inaugural au Stade de France face à l'Espagne début 1998 (1-0), et maintenant cette nouvelle perle qui efface le souvenir douloureux de trois finales européennes perdues (C3 1996 avec Bordeaux, C1 1997 et 1998 avec la Juve) et justifie à lui seul la magnificence de son transfert au pays des Merengue.

Plus dure sera la chute

En ce mois de mai 2002, il est au sommet de son art et au comble du bonheur : juste après cette finale, Véronique, son épouse, met au monde un petit Théo, troisième garçon de la famille, après Enzo et Luca. Nul ne peut imaginer alors qu'après avoir été accueilli en Asie comme un chef d'État, il va se blesser à la cuisse lors du dernier match de préparation contre la Corée du Sud (3-2), laissant les Bleus jouer – piteusement – sans lui les deux premières rencontres d'une compétition qui va tourner au désastre pour les champions du monde sortants… A.P.

2001/02

Flavio Conceiçao, Zidane, Hierro (de g. à dr.) : les Madrilènes décrochent la lune.

Le tenant du trophée, le Bayern Munich, lui, est tombé en quarts de finale face… au Real Madrid (2-1, 0-2). C'est la troisième année d'affilée que les deux clubs sont opposés (les deux fois précédentes, c'était en demi-finales) et, en ces trois circonstances, le vainqueur de ce match a été ou sera le lauréat de l'épreuve !

Le Real n'a plus que la C1

Le Real, précisément, fête son centenaire en cette année 2002. Mais il n'a encore rien accroché à son palmarès, ni la Coupe du Roi ni la Liga, dont il est troisième. Depuis son arrivée à la tête du club, en juillet 2000, le président Florentino Pérez n'a gagné qu'un Championnat, en 2001. C'est maigre, compte tenu des énormes investissements consentis : 73 millions d'euros en début de saison pour Zinédine Zidane, 61 millions l'année précédente pour Luis Figo…

On est loin, en vérité, de la moisson de lauriers que l'on disait promise aux « Galactiques ». Mais leur trajectoire dans cette Ligue des champions, objectif numéro un du club, est sans anicroche. Si nombre de clubs en vue sombrent dans l'anonymat de la première phase de poules (Dortmund, Kiev, Majorque, Schalke 04, PSV Eindhoven, Lazio, Celtic, Rosenborg, Lyon, Lille, Feyenoord, Olympiakos, Fenerbahçe), si l'AS Rome, Porto, Arsenal, Nantes et la Juventus disparaissent lors de la seconde phase, les Madrilènes, eux, terminent deux fois en tête de leur groupe, ne concédant qu'une défaite en douze matches (0-2 à Moscou, face au Lokomotiv).

Cent millions de « Madridistes » !

Et comme, après le Bayern, ils ont le bonheur d'éliminer leurs meilleurs ennemis, ceux du Barça (2-0, 1-1), rien ni personne ne semble devoir venir entraver leur marche vers la neuvième couronne réclamée par l'immense peuple des sympathisants madridistes, qu'un récent sondage vient d'estimer à 100 millions de personnes dans le monde !

À Hampden Park, où leurs glorieux aînés Di Stefano et Puskas avaient enlevé la plus belle et la plus tonitruante de toutes leurs victoires, face à d'autres Allemands, ceux de l'Eintracht Francfort (7-3) en 1960 (*lire page 46*), leur succès sera pourtant beaucoup moins large que celui enlevé contre Valence deux ans plus tôt (3-0).

2-1, score acquis à la pause, avec deux passes décisives de Roberto Carlos pas vraiment orthodoxes : la première est une touche dans le dos de la défense qui permet à Raul d'ouvrir le score, d'une pichenette (8e), puis, après l'égalisation de Lucio (14e), il y a, juste avant la pause, cette passe contrée du Brésilien en direction de Zinédine Zidane, démarqué à l'extérieur de la surface. Une passe à la trajectoire tourmentée, qui prend de l'effet, monte haut et dont le commun des footballeurs aurait bien du mal à tirer quelque chose.

Zidane, un but tombé du ciel

Mais voilà : c'est Zidane. D'une volée du gauche parfaite, il expédie ce ballon anonyme dans la lucarne de Hans-Jörg Butt, le gardien tireur de penalties. Un but inouï qui fait se dresser le stade et des millions de téléspectateurs médusés. Un but qui entre, directement, dans la légende de l'épreuve… Les Galactiques de Del Bosque n'ont plus, ensuite, qu'à enfiler un bleu de chauffe par-dessus leur habit de lumière. La seconde période sera parfois chaude pour eux, et plus encore les dernières minutes, mais Iker Casillas, entré en jeu à la place de César, blessé (68e), est, cette fois, décisif dans le but.

Les « Galactiques » du Real remportent enfin un titre justifiant la politique flamboyante du président Florentino Pérez.

Et le Real inscrit pour la neuvième fois son nom au palmarès ! Fernando Hierro, redevenu titulaire, lui qui était brièvement entré en jeu deux ans plus tôt, enlève là l'épreuve pour la troisième fois en cinq éditions (1998, 2000, 2002), comme Roberto Carlos, Raul et Morientes…

Les Allemands, eux, ont tout perdu : Coupe, Championnat et Ligue des champions. Et, pour quatre d'entre eux, la série n'est pas finie : Michael Ballack, Oliver Neuville, Bernd Schneider et Carsten Ramelow, dans la foulée, vont récolter une deuxième place de plus (la quatrième de la saison !) lors de la Coupe du monde 2002, enlevée par le Brésil devant l'Allemagne (2-0)… ■ A.P.

Michael Ballack (n° 13) et Leverkusen montent très haut cette saison. Leur triple échec n'en sera que plus douloureux.

2001/02

FINALE DE LA C1 L'Équipe du 16 mai 2002 Real Madrid - Leverkusen : 2-1

L'ÉQUIPE

Jeudi 16 mai 2002 — LE QUOTIDIEN DU SPORT ET DE L'AUTOMOBILE — 0,80 €

FOOTBALL
DES BLEUETS CONQUÉRANTS
(Page 8)

LE REAL BÉNIT ZIDANE

Grâce notamment à un but somptueux de Zinédine Zidane, le Real Madrid a remporté hier la Ligue des champions en battant (2-1) le Bayer Leverkusen. Le club madrilène s'est ainsi adjugé la neuvième C 1 de sa carrière. (Pages 3, 4 et 18)

De notre envoyé spécial Patrick URBINI

GLASGOW. – La victoire du Real Madrid hier soir, sa neuvième en Coupe des champions en un peu moins d'un demi-siècle et sa troisième en cinq ans, n'est pas volée, même si elle lui a été rudement contestée par instants et si elle s'est dessinée au plus fort de la domination allemande. Elle s'inscrit, en tout cas, dans une parfaite logique sportive et économique, ce qui ne nous étonne pas.

Les Madrilènes, s'appuyant sur un effectif à la fois plus riche, plus complet, plus talentueux et plus expérimenté, partaient largement favoris : dignes de leur légende et sublimés par l'événement, ils n'ont pas failli à leur réputation. Ils ont donc tenu leur rang et construit leur succès avec patience et malice, ils ont su retourner la situation en leur faveur au moment même où leur jeu nous inquiétait beaucoup. Et, surtout, leurs stars, Raul et Zidane en tête, ne les ont pas trahis, si bien que le Bayer Leverkusen, révélation du tournoi 2001-02, ne leur a vraiment contesté leur supériorité que pendant une mi-temps.

Tandis que les Allemands, aux portes d'un fabuleux triplé il y a encore trois semaines, terminent à présent la saison les mains vides, usés, le moral dans les chaussettes, et qu'ils se demandent s'ils retrouveront un jour une pareille chance, le Real, troisième de son Championnat derrière Valence et La Corogne, mais sacré à Hampden Park meilleure équipe européenne de la saison, a donc sauvé sa campagne et atteint son objectif majeur. (...) Pour Zidane, déjà battu par deux fois en finale avec la Juventus, en 1997 et en 1998, il s'agit là aussi d'une belle revanche personnelle sur le destin. ■

2002/03 MILAN ET L'ÉTERNITÉ

La victoire du Milan AC, face à la Juventus au terme d'une finale plutôt terne (0-0, 3 tab 2), symbolise la renaissance des équipes transalpines sur la scène européenne et offre une sixième couronne au club lombard, la quatrième de son défenseur Paolo Maldini.

En plus de ses beaux yeux, de sa classe naturelle et de ses immenses qualités de footballeur, Paolo Maldini a de grandes oreilles. Face à la Juve, il s'en offre une quatrième paire.

En quarts contre l'Ajax de Zlatan Ibrahimovic (à g.) comme en poules face au Bayern de Roque Santa Cruz (à dr.), avec l'appui de Martin Laursen, Alessandro Nesta impose sa puissance au sein de la défense milanaise, en digne successeur de Franco Baresi.

2002/03

Neuf ans après le triomphe éblouissant d'Athènes, face à Barcelone (4-0), le succès du Milan AC contre la Juve consacre la rédemption du football italien, éclipsé depuis quelques années par la puissance des représentants de la Liga.

Mais la sixième victoire du Milan AC en C1 n'est pas la plus étincelante. À Old Trafford, Little Italy d'un soir, l'équipe de Carlo Ancelotti remporte son « derby » contre la Juventus sans marquer, et aux tirs aux buts. À l'italienne en somme.

Cette tendance transalpine s'esquisse dès la première phase. Au grand chelem ibérique (le Real, Barcelone, Valence et La Corogne se qualifient pour la seconde phase) répond celui des ambassadeurs de la Serie A (Milan AC, Juventus, Inter Milan et AS Rome). Le Milan assure son avenir par quatre victoires lors des quatre premières journées, dont un éclatant 4-0 à La Corogne. Puis un solide 2-1 à Munich, face au Bayern, éliminé dès le premier tour…

Liverpool déjà renversant

Dans ce bal des géants, le Barça aussi frappe fort : six victoires en six journées. En cet automne 2002, la lueur vient de Suisse, du FC Bâle, protagoniste d'un match fou contre Liverpool, lors de la sixième et dernière journée : Bâle mène 3-0, les Anglais rappliquent à 3-3, dans une sorte d'échauffement à leur finale 2005 renversante ; les Suisses respirent, il leur fallait un nul pour accéder à la phase suivante…

Lors de cette deuxième phase, la dernière de l'histoire, le Milan AC récidive. Quatre victoires d'entrée le propulsent en quarts de finale. Derrière les Italiens, le Real passe à l'arraché, lors de l'ultime match, sur le terrain du Lokomotiv Moscou (1-0). Les Madrilènes devancent le Borussia Dortmund. Pour la première fois depuis dix-neuf ans, aucun club allemand n'atteint les quarts de finale de la C1.

Un énorme Real-Manchester

Autre temps forts de ce deuxième tour, le fantastique succès du Barça contre l'Inter Milan (3-0), le onzième d'affilée des Catalans dans la compétition. Un record qui tient toujours en 2005. Ou cette victoire foudroyante de Manchester United, le 25 février 2003, sur la pelouse de la Juve (3-0).

En quarts de finale, les Red Devils se

La finale Juventus-Milan vaut surtout par ses gestes défensifs, tel celui d'Alessandro Nesta sur Zalayeta, sous les yeux de Del Piero.

La Coupe d'Europe s'envole pour David Trezeguet. Auteurs d'un seul tir cadré en 120 minutes de jeu, les Turinois perdent leur troisième finale en six ans.

2002/03

frottent au Real Madrid. À Santiago Bernabeu, les Espagnols l'emportent (3-1), ouvrant la voie à un match retour somptueux. À Manchester, le Real étale un jeu rapide et maîtrisé. Ronaldo inscrit un triplé. MU y fait face, marquant quatre buts, dont deux par David Beckham : 4-3, la victoire est prestigieuse, mais pas fructueuse.

C'est en quarts, face à l'Ajax Amsterdam, que le Milan AC éprouve le plus grand vertige. Accroché à l'ArenA (0-0), l'Ajax tient tête aux Rossoneri, à San Siro : 2-2 à la 90e minute… Mais, au bout du bout du match, Jon Dahl Tomasson, l'attaquant danois du Milan, prolonge dans le but de l'Ajax un lob de Filippo Inzaghi. On joue le temps additionnel ! C'est aussi à cet instant que le Milan conquiert son titre continental…

Derby milanais en demi-finales

En demi-finales, le Milan retrouve son meilleur ennemi, l'Inter, vainqueur de Valence (1-0, 1-2). Le Real, lui, voit débarquer la Juve, qui vient de briser, au Camp Nou (2-1 a.p.), les illusions d'un FC Barcelone jusqu'alors invaincu en 16 rencontres. À Madrid, à l'aller, les Merengue gagnent. Mais la marge est étroite (2-1). Trop étroite pour résister, une fois à Turin, à la maîtrise lumineuse et étouffante de la Juve, qui s'impose avec force (3-1). Et amertume, puisque, pour un carton jaune de trop, elle perd son meneur de jeu tchèque, Pavel Nedved, qui sera privé de finale.

L'autre demi-finale est plus portée par le poids du passé que par le présent du jeu. Pour la première fois depuis 1959 et un derby madrilène entre le Real et l'Atletico, deux équipes d'une même ville se défient pour une place en finale de la C1 : entre le Milan et l'Inter, l'affrontement est celui de deux blocs coriaces. L'Inter croit avoir pris une option à l'aller, « chez » le Milan (0-0). Mais, au retour, « chez lui », juste avant la pause, le gardien intériste Francesco Toldo est lobé par Andreï Chevtchenko. À la 83e minute, l'Inter égalise (1-1). Trop tard. Le Milan AC ne cèdera pas si près de sa neuvième finale de C1. Et des finales européennes, l'histoire murmure déjà que les Rossoneri en ont perdu beaucoup moins que les Bianconeri de Turin. Avant le choc, Marcello Lippi lance : « Sur la qualité du jeu, je ne peux rien promettre. » Visionnaire, au fond, l'entraîneur de la Juve. Son équipe, qui perd à Manchester sa troisième finale de Ligue des champions en six ans, ne cadre qu'un tir en cent vingt minutes de jeu… Le Milan fait cinq fois mieux, mais sans jamais dompter son rival.

Dida arrête trois tirs au but

Dans ses derniers souffles, le match se trouve une star inattendue : Dida, le gardien brésilien du Milan AC, arrête trois tirs au but. La veille du match, une douleur au pouce gauche le rendait incertain…

Pour les joueurs, il n'y a pas de sacre étriqué. Il n'y a que des sacres. ■ J.T.

Ce n'est pas la finale des attaquants, mais pour un gagneur comme Andreï Chevtchenko (à g., devant le Turinois Alessio Tacchinardi), le sacre aura la même saveur.

FINALE DE LA C1 L'Équipe du 30 mai 2003 Milan AC – Juventus : 0-0 (3 tab 2)

LE GROS CŒUR D'AGASSI

FOOTBALL MONACO EN LIGUE 2 !

L'ÉQUIPE

MILAN, SIXIÈME EVEREST

Le Milan AC a remporté, hier soir à Manchester, sa sixième finale de la Ligue des champions, en battant la Juventus Turin au bout de la séance des tirs au but (0-0, 3 t.a.b. à 2). (Pages 2 et 3)

De notre envoyé spécial Christian JAURENA

MANCHESTER. – La coupe a quitté Old Trafford dans les mains de Cristian Brocchi et Gennaro Gattuso, chacun d'eux lui tenant une oreille. Un symbole : Brocchi, qui n'est pas entré en jeu, Gattuso, le seul qui a donné l'impression que plus le match durait et plus il avait envie de se dégourdir les jambes. Brocchi et Gattuso, les « vilains » dans ce Milan AC dédié au beau, ont unanimement conquis le droit d'ouvrir le bal avec la coupe.

Énorme petit homme, Gattuso a cette réflexion, qui en dit long sur sa frustration personnelle et celle de tout un club, revenu au plus haut niveau pour conquérir sa sixième C 1, neuf ans après son dernier triomphe. « Finalement, il y aura aussi ma photo à Milanello en train de soulever la coupe. »

Comme les Maldini (père et fils), les Rivera, Gullit, Van Basten, Baresi et tant d'autres grands champions, Gattuso va prendre place dans la lignée prestigieuse, sans craindre de la dépareiller. Il y aura aussi Andreï Chevtchenko, le prince de la soirée, qui raconte inlassablement son tir au but décisif : « J'avais demandé à tirer le dernier et j'ai vu Buffon arrêter deux tirs. Mais j'étais calme quand je marchais vers le ballon depuis le rond central. Je me suis même demandé pourquoi j'étais aussi calme. J'avais déjà décidé depuis longtemps où j'allais tirer. C'est le seul moyen de battre Buffon. Et quand j'ai vu la balle dedans… Mon Dieu, je suis fatigué, fatigué. Mais heureux, tellement heureux. Ce soir (*hier soir*), j'ai atteint mon maximum, c'est comme si j'avais gagné la Coupe du monde et l'Euro en même temps, parce qu'avec ma sélection ukrainienne je ne pourrai jamais rien gagner. »

(…) Carlo Ancelotti, lui, ne tire pas de gloire personnelle : « Nous avons réalisé ce rêve, cette promesse que nous nous étions faite l'été dernier quand nous nous sommes retrouvés. Nous voulions gagner cette Ligue des champions en montrant à l'Europe un jeu agréable… » C'est fait. ■

Paolo Maldini

L'insatiable

Avec sept finales de C1 et quatre succès à son compteur personnel, l'intraitable et indestructible défenseur du Milan AC, arrière gauche puis central, n'en finit plus de se construire un fabuleux palmarès européen.

Défenseur italien

1968 Naissance à Milan (le 26 juin)
1984-? Joueur du Milan AC (4 victoires en C1 + 3 finales, 2 Coupes intercontinentales, 4 Supercoupes d'Europe, 7 titres et 1 Coupe d'Italie)
1988-2002 International italien (1 finale de Mondial, 1 finale d'Euro, 126 sélections et 7 buts)

Signe particulier : recordman italien du nombre de sélections.

L'élégance, c'est aussi le refus de la lassitude. Lorsque Paolo Maldini célèbre, à Manchester, en 2003, sa quatrième victoire en C1, la première en tant que capitaine du Milan AC, aucun signe d'usure ne se lit sur son visage, au seuil de ses 35 ans. Sans doute songe-t-il alors à son père, Cesare, qui, brassard rouge et noir autour du bras, lui aussi, avait soulevé ce trophée quarante ans plus tôt, en 1963. C'était en Angleterre, également, à Wembley, contre Benfica (2-1). C'était la première Coupe des champions remportée par le club lombard. Cinq ans avant la naissance de Paolo, à Milan.

« Van Basten est le meilleur joueur avec lequel j'ai évolué »

De 1989 à 2003, l'arrière gauche des Rossoneri remporte quatre autres C1 qui viennent étoffer le palmarès du Milan AC. Au fil de cette trame tissée dans la gloire, Paolo Maldini, qui est aussi l'Italien le plus capé de l'histoire (126 sélections), devient le joueur ayant disputé le plus grand nombre de rencontres européennes. La finale 2005, perdue à Istanbul contre Liverpool (3-3, 2 tab 3), deux ans après le sacre face à la Juventus, est son 148ᵉ match de Coupe d'Europe, et le 87ᵉ de Ligue des champions.

Neuf ans d'attente

Exemplaire de régularité et d'implication, Paolo Maldini a la chance d'être entouré, à ses débuts, par une génération étincelante. Celle qui remporte un fabuleux triplé international – Coupe des champions, Supercoupe d'Europe, Coupe intercontinentale – deux années de suite, en 1989 et en 1990.

Ses compagnons des premières conquêtes s'appellent Baresi, Tassotti, Costacurta ou Ancelotti, lequel deviendra son entraîneur à partir de l'été 2001. Ils se nomment aussi Rijkaard, Gullit et Van Basten. De ce dernier, Paolo dit : « Il est le meilleur joueur avec lequel j'ai évolué. » Mais c'est avec des talents slaves, les Zvonimir Boban et autre Dejan Savicevic, qu'il remporte, en 1994, à Athènes contre le FC Barcelone (4-0), ce qui demeure le plus époustouflant succès du Milan AC en finale de C1. Paolo Maldini doit ensuite attendre neuf ans, jusqu'à la soirée d'Old Trafford, pour renouer avec le succès suprême. Une récompense méritée pour cet homme admiré autant en raison de sa loyauté à son club, dont il porte le maillot depuis l'âge de 16 ans, que pour l'intelligence et la classe de son jeu.

Avant la finale d'Istanbul contre Liverpool, Maldini emploie des mots simples quand on lui demande d'expliquer sa prestigieuse longévité : « Le talent, la volonté, l'amour pour mon sport et la chance que j'ai eue de l'assouvir dans un club ambitieux. Je suis fier de moi, fier d'avoir réussi dans mon métier. J'ai dédié ma vie au football. Je sais que jouer me manquera sans doute quand j'arrêterai… » Il manquera à tout le monde. J.T.

À près de 35 ans au moment de la finale 2003, Paolo Maldini (à g.) est toujours l'un des plus grands défenseurs du monde. Et même Alessandro Del Piero, autre monstre sacré du Calcio, est loin d'égaler son gigantesque palmarès.

2003/04

CE PORTO EST COSTAUD

Aucune équipe ne trouve la solution pour barrer le chemin de la gloire au diabolique FC Porto de José Mourinho. Même Monaco, pourtant auteur d'un parcours jalonné de coups d'éclat, boit la tasse en finale (3-0).

Un joueur de Porto, ici Carlos Alberto (au c.), vaut deux Monégasques, en l'occurrence les défenseurs Gaël Givet (à g.) et Andreas Zikos, durant la finale à sens unique de Gelsenkirchen.

Ce n'est pas le nom le plus ronflant qui se greffe, le 26 mai 2004, à Gelsenkirchen, au prestigieux palmarès de la Ligue des champions. Mais la victoire du FC Porto, déjà vainqueur de la Coupe de l'UEFA l'année précédente, ne souffre aucune contestation. Ni même une simple réticence, tant les « Dragons » brûlent tous leurs adversaires, jusqu'à l'AS Monaco, rival surprise en finale.

L'équation est lumineuse : maîtrise du ballon, des espaces, des nerfs, constance dans les duels, efficacité dans les zones clés. Talent dans toutes les lignes, de Ricardo Carvalho à McCarthy, en passant par Maniche et Deco, les deux joyaux du milieu. Talent, également, sur le banc, avec José Mourinho, entraîneur aussi brillant qu'arrogant.

Cet épilogue entre Porto et Monaco est un peu le fruit d'une nouvelle réforme de la Ligue des champions : la suppression de la deuxième phase et le retour à des huitièmes de finale par élimination directe. Sous la pression des télévisions, l'UEFA rafraîchit ainsi le rythme d'une épreuve qui perdait de l'audience et dont le poids du calendrier favorisait surtout les clubs aux effectifs (et aux budgets) très riches.

Avec quatre buts contre La Corogne, Dado Prso égale le record de Van Basten et Inzaghi.

Monaco explose La Corogne 8-3

Avant cette conclusion lusitanienne, c'est bel et bien l'AS Monaco qui fait l'admiration du continent. Notamment le 5 novembre 2003, contre La Corogne, au stade Louis-II. Au bout de trente minutes, l'ASM mène 4-0 ! La défense du Deportivo n'est plus que ruines quand Diego Tristan (39e) puis Lionel Scaloni (43e) redonnent espoir aux Galiciens. Mais Dado Prso s'empresse d'enrayer le renouveau adverse (5-2, 45e). À la mi-temps, l'entraîneur du Depor, Javier Irureta, change de gardien. Une initiative rare… et sans effet. Monaco poursuit son festin pour finir sur le score historique de 8-3. Avec un quadruplé de Prso, l'attaquant croate de l'ASM, record de la C1 égalé.

En France, Monaco n'a pas le monopole des soirées gigantesques. Ce même 5 novembre, Lyon l'emporte à Munich, sur la pelouse du Bayern (2-1). Avant de se qualifier au bout d'un match à frissons, à Gerland, face au Celtic Glasgow (3-2). Ce sursaut des clubs français – Marseille, bien qu'éliminé dans le groupe du Real Madrid et de Porto, sera reversé en C3 et en atteindra la finale – s'inscrit dans un rééquilibrage des forces : quatre équipes espagnoles, trois anglaises, deux italiennes et deux allemandes se retrouvent également en huitièmes de finale, en compagnie du Lokomotiv Moscou, du Sparta Prague et du… FC Porto.

Parmi ces qualifiés, quelques équipes marquent les esprits. La Juve, qui bat l'Olympiakos 7-0, plus gros écart depuis la réforme de la C1, en 1991. Arsenal, qui efface une entame désastreuse par trois victoires d'affilée, dont une, fracassante, sur le terrain de l'Inter Milan (5-1, doublé de Thierry Henry). Sans oublier Manchester, meilleure attaque de la première phase.

En huitièmes de finale, les Red Devils sont d'ailleurs les seuls à vraiment confronter Porto au vertige d'une élimination. La survie du futur champion découle d'un but à la dernière minute de son milieu défensif, Costinha, lors du retour à Old Trafford (2-1, 1-1)…

Le Real heurte un rocher

Porto est moins torturé par Lyon, au tour suivant, creusant à l'aller (2-0), dans son stade du Dragon, un écart fatal aux Français (2-2 au retour). Les plus grandes vibrations escortent les autres quarts. Chelsea élimine Arsenal en marquant à trois minutes de la fin du match retour, à Highbury (1-1, 2-1)…

Battu par le Real (2-4) à Madrid, Monaco ne renonce pas. Au retour, son stade Louis-II, d'ordinaire si sage, entre en éruption. Déséquilibré dans son organisation, troublé par l'intensité des élans monégasques, l'équipe de Zinédine Zidane vole en éclats en seconde période. Fernando Morientes, prêté à Monaco par… le Real, marque de la tête (48e) et Giuly d'une talonnade (66e). 3-1 pour les Monégasques. Didier Deschamps se délecte : « C'est exceptionnel ! »

À La Corogne, Javier Irureta, lui aussi, tutoie les anges : « On savait que c'était possible et nous l'avons fait. » Son Deportivo, pourtant ravagé au match aller à Milan (1-4), vient de démolir le tenant du titre dans son stade Riazor (4-0).

Chelsea y a cru

Ce que le Deportivo pense également possible et qu'il ne réussit pourtant pas, en demi-finales, c'est éliminer Porto. Les deux matches, serrés, fermés, confirment la solidité et le sang-froid de l'équipe de Mourinho. Lors du match retour, en Espagne, un penalty de Derlei envoie Porto disputer sa première finale de C1 depuis la victoire des partenaires de Rabah Madjer, en 1987.

Les Portugais y retrouvent Monaco, sorti victorieux de l'autre demi-finale, beaucoup plus électrique. Face au vice et à l'engagement de Chelsea, l'ASM flirte avec la rupture après l'expulsion houleuse d'Andreas Zikos (52e), son milieu défensif grec. Mais l'équipe de Didier Des-

Trois temps forts de la saison de Monaco : l'élimination du gigantesque Real de Zidane (à g.) ; l'expulsion de Zikos contre le Chelsea de Makelele et Desailly (au c.) ; l'égalisation de Morientes, poursuivi par Giuly, au retour à Londres (à dr.).

2003/04

Derlei met le feu à la défense monégasque en finale, face à Roma, Rodriguez et Givet (à g.) et malgré Zikos (à dr.).

Jorge Costa, Costinha, P. Emanuel, Vitor Baïa, Derlei, Nuno Valente et Aleinitchev (de g. à dr.) portent la coupe et Carlos Alberto.

champs étire encore un scénario fou, prenant le dessus sur l'équipe anglaise (3-1), grâce à deux buts inscrits dans les vingt dernières minutes par Fernando Morientes et Shabani Nonda…

Une semaine plus tard, à Stamford Bridge, les Blues mènent 2-0 après quarante-quatre minutes. Ils sont virtuellement qualifiés, mais Monaco ne s'affole pas. Et revoit le jour sur un but marqué… du bras par son défenseur argentin Hugo Ibarra. Dans le sillage de Jérôme Rothen, son milieu gauche déchaîné, l'ASM éteint tout suspense lorsque Morientes, meilleur buteur de la C1 cette saison (9 buts), égalise à l'heure de jeu (2-2). La présence des Monégasques en finale de la Ligue des champions est un rêve pour le football français, qui n'avait plus connu pareil événement depuis le sacre de Marseille, en 1993.

Mais les rêves, surtout du football français, le FC Porto maîtrise l'art de les contrarier, lui qui a déjà écarté Marseille et Lyon depuis septembre dernier.

Mourinho tout en haut

Contrairement à Monaco, l'équipe portugaise ne dévaste pas tout sur son passage. Mais rien ne l'ébranle. Et elle profite de toutes les faiblesses de l'adversaire. Après la finale, Mourinho pointera le tournant de la soirée : « La sortie de Ludovic Giuly a modifié la physionomie du match. » Il évoque cette 24e minute, quand l'international français se blesse aux adducteurs et déleste les Portugais d'une crainte : la vitesse de ses contres. Du coup, Porto peut jouer plus haut, cadrer trois frappes… et marquer trois fois. L'affaire est sans doute pliée dès le premier but, signé Carlos Alberto (39e). Machine compacte et appliquée, l'équipe portugaise dilapide rarement un avantage si précieux. Deco (71e) et Alenitchev (75e) tordent le cou au suspense.

Porto a trouvé fortune. José Mourinho peut aller chercher la sienne ailleurs, en l'occurrence à Chelsea. ■ J.T.

FINALE DE LA C1 L'Équipe du 27 mai 2004 FC Porto - Monaco : 3-0

MUTIS ÉCŒURE RODDICK

Folle journée à Roland-Garros : le Français Olivier Mutis (notre photo) a sorti le numéro 2 mondial tandis que Fabrice Santoro remportait un deuxième match marathon, face au Géorgien Irakli Labadze. La tenante du titre, Justine Henin, a été éliminée par l'Italienne Tathiana Garbin. Amélie Mauresmo, elle, a gagné dans la douleur. (Pages 12 à 16)

CYCLISME

LES PISTARDS SE COUVRENT D'OR

(Page 17)

L'ÉQUIPE

Jeudi 27 mai 2004 — LE QUOTIDIEN DU SPORT ET DE L'AUTOMOBILE — 0,80 €

ENVIE D'UNE DOSE DE PLAISIR ?

C'EST TROP DUR

3-0 : Monaco a subi une sévère défaite, hier soir, en finale de la Ligue des champions, face au FC Porto, qui a remporté à Gelsenkirchen le trophée pour la deuxième fois, après 1987. (Pages 2 à 5)

AU REVOIR, ET MERCI

De notre envoyé spécial Jean-Pierre RIVAIS

GELSENKIRCHEN. – Terrible fin de parcours pour Monaco en Ligue des champions. Sans rater vraiment leur finale, les hommes de Didier Deschamps n'ont rien pu faire face à une équipe de Porto qui excelle quand elle mène au score.

L'ASM a subi une lourde défaite dont l'ampleur est sans doute imméritée. Une semaine après l'Olympique de Marseille (en Coupe de l'UEFA), Monaco a donc échoué, à son tour, en finale de Coupe d'Europe. De manière lourde, trop lourde, compte tenu de son parcours européen et même de sa tenue lors de cette finale de Gelsenkirchen.

La victoire du FC Porto, qui ramène la plus prestigieuse des Coupes d'Europe vers les bords du Douro – dix-sept ans tout juste après l'exploit de Madjer et des siens, vainqueurs du Bayern Munich (2-1) à Vienne en 1987 – n'est certes pas à remettre en cause.

Avec quelques joueurs lumineux, dont Deco, élu homme du match, et un bloc d'une solidité à toute épreuve, l'équipe portugaise n'a surtout rien volé et s'est imposée avec une certaine logique et un froid réalisme. Mais l'ASM, qui a, elle, vécu son deuxième échec en finale (après la Coupe des Coupes, en 1992, face au Werder Brème, 0-2) a le droit de trouver la pilule très amère.

Privée très vite, trop vite, de son capitaine Ludovic Giuly, apparemment très en forme et capable de mettre le feu dans la défense adverse, elle n'est jamais parvenue à se mettre en position de conclure. La chance qui l'avait souvent accompagnée jusque-là n'a jamais été de son côté, et elle l'a payé au prix le plus fort. ■

2004/05 LIVERPOOL À LA FOLIE

Menés 0-3 à la mi-temps de la 50e finale de la C1 par un impressionnant Milan AC, les Reds reviennent de nulle part (3-3, 3 tab 2) et reprennent le pouvoir sur le continent, à la surprise générale. C'est leur cinquième titre de champion d'Europe et le premier depuis vingt et un ans.

Dida repousse le penalty de Xabi Alonso (à genoux), mais l'Espagnol reprend victorieusement. L'inimaginable retour de Liverpool en finale est consommé en sept minutes.

Paolo Maldini, 36 ans, poursuit sa chevauchée vers une septième finale de C1, en dépit de la rude opposition, en demi-finales, du PSV de Jan Vennegoor of Hesselink.

En huitièmes, l'époustouflant Chelsea de Claude Makelele, John Terry et Tiago, (de g. à dr.) écarte Barcelone malgré les coups de génie de l'artiste Ronaldinho (à dr.).

2004/05

L'Histoire ne peut guère être plus flattée. Cette cinquantième finale de la C1, entre Liverpool et le Milan AC à Istanbul, est un étourdissant brassage de frissons, où se mêlent l'ivresse, le feu, le désarroi, l'extase, la folie… Une finale de légende dont les Reds restent comme des vainqueurs imprévisibles, tant cette édition semblait promise à une hyperpuissance de ce début de siècle. À Barcelone ou à Chelsea. À la Juventus ou au Milan AC…

Personne n'attend vraiment Liverpool au départ et personne ne l'attend plus du tout, ce 25 mai 2005, à la mi-temps de la finale, quand Milan mène 3-0.

Premier miracle contre l'Olympiakos

De bout en bout, Liverpool impressionne par son refus de l'échec. Il y a ce tour préliminaire, remporté difficilement contre Graz AK (2-0 en Autriche, 0-1 à Anfield). Il y a ce dernier match du groupe A, lors de la première phase : pour survivre, Liverpool doit battre l'Olympiakos par deux buts d'écart, à Anfield. Rivaldo ouvre le score pour les Grecs (27e) et, à la mi-temps, ce sont déjà trois buts que les Reds doivent inscrire pour s'en sortir… Florent Sinama-Pongolle en marque un rapidement (47e), mais, à dix minutes de la fin, le score est toujours de 1-1. Surgissent alors Neil Mellor (80e) et surtout le capitaine emblématique Steven Gerrard, qui déclenche une frappe extraordinaire de vingt-cinq mètres (86e). 3-1 ! Premier miracle.

Plus tard, les Anglais croisent la Juventus, sortie victorieuse d'un choc haletant avec le Real Madrid (0-1, 2-0 a.p.). Menée 0-2 à la mi-temps, la Juve entrevoit la qualification quand Fabio Cannavaro réduit le score à Anfield, à l'heure de jeu. Mais, lors du match retour en Italie, Liverpool se transforme en bloc intraitable (0-0), devenant l'invité surprise du dernier carré… avec le PSV Eindhoven.

L'Intériste Marco Materazzi et le Milaniste Rui Costa, unis dans la désolation devant les incidents du derby lombard en quarts.

Le PSV si près du but

En demi-finales, le PSV est même à deux doigts de terrasser le Milan AC. Les Italiens s'imposent (2-0), à San Siro, Jon Dahl Tomasson marquant à l'ultime minute. Au match retour, deux buts du Sud-Coréen Park Ji-sung et Philip Cocu comblent le retard des Néerlandais en soixante-cinq minutes ! L'exploit affleure, jusqu'à ce que Massimo Ambrosini inscrive le but qui

Les Reds Xabi Alonso (n° 14) et Dietmar Hamann (n° 16) sont parfois tombés si bas cette saison qu'ils peuvent bien avoir des ailes après un tel exploit en finale.

sauve Milan... à la dernière minute du temps réglementaire ! Supérieur ce soir-là, Eindhoven l'emporte finalement 3-1. Mais c'est Milan qui s'envole vers Istanbul.

Dans l'autre demi-finale, les Reds frustrent Chelsea, l'immense favori, champion d'Angleterre quelques semaines plus tard avec… 37 points d'avance sur Liverpool. Avec le FC Barcelone, l'équipe de José Mourinho pense peut-être avoir abattu un rival plus effrayant, en huitièmes de finale. Défaits au Camp Nou (1-2), les Blues s'imposent au retour (4-2), après un match acharné – 28 tirs, dont 17 cadrés ! – qui confirme aussi bien le génie de Ronaldinho que la force de frappe de Chelsea, dont les quatre buts ont quatre auteurs différents : Eidur Gudjohnsen, Frank Lampard, Damien Duff et John Terry. Mais aucun d'entre eux ne marque face aux Reds, en demi-finales. Ni à l'aller (0-0), à Stamford Bridge, ni au retour, dans l'ébouriffante atmosphère d'Anfield.

Chez lui, Liverpool y parvient dès la 4e minute, emportant à jamais un mystère : le tir victorieux de Luis Garcia, que William Gallas repousse désespérément, a-t-il franchi la ligne ? À la fin du match, Mourinho dit surtout que « la meilleure équipe a perdu »… Il prend soin de ne pas trop s'épancher sur l'arbitrage, lui qui a été suspendu par l'UEFA pour avoir mis en cause l'intégrité d'Anders Frisk après le match aller Barcelone-Chelsea (2-1)… Menacé de mort par la suite, l'arbitre suédois décidera de mettre un terme à sa carrière.

Les démons du Calcio

Mais si M. Frisk dit stop, c'est aussi en souvenir du 15 septembre 2004 : à la mi-temps d'un match de la première phase, entre l'AS Rome et le Dynamo Kiev, il rentre au vestiaire, le visage en sang, touché par un objet lancé des tribunes… L'UEFA sanctionne le club romain de deux matches à domicile à disputer à huis clos. La double peine (quatre matches ferme à huis clos) est infligée, au printemps, à l'Inter Milan après son quart de finale retour contre le Milan AC. À la 73e minute, alors que les Rossoneri mènent 1-0, les tifosi de l'Inter, furieux contre l'arbitrage, jettent une nuée de fumigènes sur le terrain. L'un d'entre eux atteint le cou de Dida, le gardien du Milan… Le match est définitivement interrompu.

Enfant de Liverpool, capitaine rassembleur, Steven Gerrard s'est une fois de plus mué en héros pour remporter cette sublime finale.

Les admirables supporters des Reds ont eux aussi mérité cette victoire inespérée.

Assombrie par ces incidents, la Ligue des champions 2005 se referme heureusement sur un épilogue lumineux. Dans le jeu. Et dans la ferveur qui l'entoure à Istanbul.

Paolo Maldini, le capitaine du Milan AC, bientôt 37 ans, ouvre le score dès la première minute, d'une volée du pied droit. Hernan Crespo, par un doublé, creuse les contours d'un triomphe italien.

À la mi-temps, il est 22 h 30, heure locale, le vestiaire milanais bruisse déjà des éclats de joie des vainqueurs. Dans celui de Liverpool, Rafael Benitez, le manager espagnol, remodèle son équipe : au 4-5-1 initial succède un 3-5-2 dans lequel Steven Gerrard monte soutenir Milan Baros en attaque. « Vous pouvez le faire ! » lance l'Espagnol.

Gerrard sonne la révolte

Pendant que Benitez ranime son équipe, un hymne monumental bouscule le silence du stade Atatürk, rougi par 40 000 Anglais. *« You'll never walk alone »*… Après le match, Samy Hyypiä, le défenseur finlandais de Liverpool, racontera : « On a entendu leur chant dans le vestiaire. On a eu envie d'y répondre en marquant au moins un but pour commencer. »

Et, à la 54e minute, tout recommence : Gerrard, le phare des Reds, marque de la

Grièvement blessé, Djibril Cissé revient à temps pour triompher en demies et en finale.

Déjà décisif devant Andreï Chevtchenko pendant la prolongation, Jerzy Dudek reste un mur face au tir au but du Ballon d'Or 2004. Liverpool est champion.

2004/05

tête. D'un tir lointain, Vladimir Smicer l'imite peu après (3-2, 56ᵉ) et c'est comme si, soudain, l'incroyable devenait inexorable. Accroché par Gennaro Gattuso, Steven Gerrard tombe dans la surface. Penalty. Dida repousse la frappe de Xabi Alonso… qui jaillit sur le ballon pour une stupéfiante égalisation (61ᵉ). 3-3 !

En sept minutes, Liverpool bascule de la détresse à l'allégresse, s'ouvrant les portes de la prolongation. Mais la gloire des Rouges ne tient qu'à un fil. À la 118ᵉ minute, Jerzy Dudek, le gardien polonais de Liverpool, sort deux arrêts somptueux face à Andreï Chevtchenko. Épuisé nerveusement, Milan s'effondre lors des tirs au but. Serginho envoie sa frappe au-dessus du cadre. Puis Andrea Pirlo et Andreï Chevtchenko butent sur l'héroïque Dudek. Ahurissant scénario… Liverpool, qu'on pensait en miettes à la mi-temps, est champion d'Europe !

Le mythe est ravivé et la rédemption symbolique, quatre jours avant le vingtième anniversaire de la tragédie du Heysel, dont l'ombre morbide a déjà plané sur les retrouvailles entre Liverpool et la Juventus, en quarts de finale. En quittant le stade Atatürk, Jamie Carragher, le défenseur de Liverpool, s'exclame : « Cela doit être la plus grande finale de tous les temps ! » Et si c'était vrai ? ■ J.T.

FINALE DE LA C1 L'Équipe du 26 mai 2005 Liverpool – Milan AC : 3-3 (3 tab 2)

RUGBY PELOUS, OPÉRATION ET TROIS MOIS D'ARRÊT

TENNIS GASQUET-NADAL, C'EST POUR DEMAIN

CYCLISME LE MÉVEL, UN FRANÇAIS À L'HONNEUR SUR LE GIRO

BASKET ET DE DEUX POUR SAN ANTONIO

L'ÉQUIPE

LIVERPOOL EST ÉTERNEL

De notre envoyé spécial Vincent DULUC

ISTANBUL.- Il faudra attendre pour trouver les mots qui décriront une soirée comme l'Europe n'en avait jamais connue en finale : menés 0-3 à la mi-temps par des Milanais irrésistibles, les Reds de Liverpool ont marqué trois buts en sept minutes, avant de remporter la séance des tirs au but. C'est le cinquième sacre européen de Liverpool, après 1977, 1978, 1981 et 1984. La renaissance de Liverpool n'avait donc pas de limite.

Venus du tour préliminaire, pour finir par estoquer la Juve, Chelsea et Milan, les Reds ont offert à l'Europe du football, hier soir à Istanbul, une finale bouleversante, achevée par les larmes de joie du peuple rouge. Une finale renversante, plus encore, peut-être, que le retour de Manchester United face au Bayern (2-1), dans les dernières minutes de la finale 1999.

Quatre ans après la finale de la Coupe de l'UEFA 2001 gagnée face à Alavés (5-4, but en or), Liverpool est redevenu roi d'Europe. Et son entraîneur, Rafael Benitez, comme José Mourinho avant lui avec Porto, a enchaîné Coupe de l'UEFA avec Valence et Ligue des champions avec Liverpool, en deux saisons. Premier capitaine anglais à soulever la C1 depuis Dennis Mortimer (Aston Villa), en 1982, Steven Gerrard aura été le magnifique leader mental et technique d'une équipe revenue de si loin.

L'Europe n'est pas près d'oublier ce bouleversement des sens qui hantera les nuits milanaises pendant longtemps. Cette cinquantième finale a ressuscité une folie d'un autre temps : le perdant d'une finale de C1 n'avait plus marqué davantage qu'un but depuis 1962 et le fameux Benfica-Real Madrid (5-3). ■

Évolutions et révolutions de la C1

1955-2005 C1

Élimination directe, confrontations par matches aller et retour jusqu'à la finale, rencontres programmées en semaine ; si la « Coupe des clubs champions européens » s'impose d'emblée, à partir de 1955, elle le doit à la simplicité et à la stabilité de sa formule, gages de pérennité. En 1991, avec le virage de la Ligue des champions, et plus encore en 1994, avec la mise à l'écart des « petits champions », ou en 1997, avec l'intégration des « grands deuxièmes », elle subit de véritables révolutions. Voici un rappel des petites et grandes modifications du règlement et de la formule de la C1 entre 1955 et 2005.

MODIFICATIONS DU RÈGLEMENT

1955-56 Les participants sont tous des **clubs invités** – un par pays – à l'initiative du journal *L'Équipe*, sur le critère de la notoriété.
Système de l'élimination directe (jusqu'en 1991) à partir des huitièmes de finale. Confrontations par matches aller et retour – sauf la finale sur un seul match – avec intervention de la différence de buts. En cas d'égalité, **match de barrage** ou d'appui sur terrain neutre (jusqu'en 1969), qui peut se terminer par une prolongation et, *in fine*, un **tirage au sort** (jusqu'en 1970). La finale est à rejouer (jusqu'en 1974).
La date des rencontres est fixée de gré à gré entre les clubs, dans la limite des périodes suivantes : les huitièmes de finale entre le 1er août et le 31 octobre ; les quarts entre le 1er novembre et le 31 janvier ; les demies entre le 1er février et le 31 avril ; la finale entre le 1er mai et le 30 juin.

1956-57 Les participants sont tous des **clubs champions nationaux**, plus **le champion d'Europe**, qui est « qualifié d'office » pour les huitièmes de finale. Si le champion d'Europe est aussi champion de son pays, le vice-champion national est qualifié.

1957-58 Pour le tirage au sort du premier tour, on définit trois zones géographiques, de façon à éviter les longs déplacements.

1958-59 L'UEFA repêche Manchester United, en raison de la catastrophe de Munich, en plus du champion d'Angleterre, Wolverhampton. Mais la Ligue anglaise refuse d'inscrire MU.

1962-63 Pour le tirage au sort du premier tour, on constitue deux groupes de 14 équipes : l'un, côté Ouest, avec tirage au sort intégral ; l'autre, côté Est, avec tirage légèrement dirigé, de façon à ce que Vorwärts Francfort-sur-l'Oder (RDA) ne rencontre pas le champion d'un pays de l'OTAN et que le champion albanais (Partizani Tirana) évite le champion grec (Panathinaïkos).

1963-64 Pour le tirage au sort du premier tour, on constitue deux groupes « équilibrés ».

1965-66 Retour à un tirage au sort intégral.

1966-67 **Apparition du tour préliminaire.**

1967-68 Le champion d'Europe en titre n'est plus « qualifié d'office » pour les huitièmes mais passe par le premier tour.

1968-69 Les dates deviennent fixes pour le premier tour et les huitièmes, puis choisies de gré à gré par les clubs à partir des quarts.

1969-70 **Suppression du match de barrage** ou d'appui. Instauration du principe : **les buts à l'extérieur comptent double**. En cas d'égalité à l'issue des deux rencontres, *« l'équipe qui a marqué le plus de buts à l'extérieur est qualifiée pour le tour suivant »*. Si l'égalité est parfaite, *« le match retour est prolongé de deux périodes de 15 minutes chacune. Si les deux équipes marquent le même nombre de buts pendant cette prolongation, les buts marqués à l'extérieur comptent double »*. Si aucun but n'est marqué pendant la prolongation, on procède à un tirage au sort.
Les dates deviennent fixes pour l'ensemble de la compétition.

1970-71 **Suppression du tirage au sort**, remplacé par les **tirs au but**. En cas d'égalité parfaite à l'issue des deux rencontres, *« des tirs au but, du point de réparation, déterminent quel club se qualifie pour le tour suivant »*.

1974-75 **Suppression de la finale à rejouer.** En cas d'égalité après la prolongation, la décision se fait, comme lors des tours précédents, aux tirs au but.

1979-80 Apparition de **l'indice UEFA** des pays (dans un premier temps, seulement utilisé pour l'attribution des places en C3).

1983-84 Quand le champion d'Europe est également champion de son pays, il n'est plus remplacé par le vice-champion national.

1990-91 Instauration des têtes de série (à partir de l'indice UEFA) jusqu'en quarts de finale.

1991-92 Lancement de la **Ligue des champions à 8 clubs**, mise à l'essai pour un an. À l'issue des huitièmes de finale, instauration d'une phase de poules, régie par la formule « championnat », avec deux groupes de 4 équipes (soit 6 matches pour chacune d'elles), qui remplacent les quarts et les demi-finales (soit 2 ou 4 matches auparavant). La victoire vaut 2 points. Le premier de chaque groupe est qualifié directement pour la finale.

1992-93 La Ligue des champions est définitivement entérinée.

1993-94 **Instauration des demi-finales**, sur un match, opposant le vainqueur de chaque poule, sur son terrain, au deuxième de l'autre poule.

1994-95 **Éviction des « petits » champions**, ceux des pays classés au-delà de la 23e place à l'indice UEFA, qui sont versés directement en C3.
Élargissement de la **Ligue des champions à 16 clubs**, la phase de poules passant de deux à quatre groupes de 4 équipes. Ensuite, retour à la formule de l'élimination directe, avec **instauration des quarts de finale** puis des demi-finales par matches aller et retour.

1995-96 En phase de poules, la victoire vaut désormais 3 points.

1997-98 Instauration de deux tours préliminaires, qui rassemblent à nouveau **tous les « petits » champions**, et **ouverture aux clubs vice-champions** des pays les mieux classés à l'indice UEFA (qui entrent au deuxième tour préliminaire).
Élargissement de la **Ligue des champions à 24 clubs**, la phase de poules passant de quatre à six groupes de 4 équipes. Puis reprise du processus à partir des quarts de finale.

1999-2000 Instauration de trois tours préliminaires et **ouverture aux clubs troisièmes** des pays les mieux classés à l'indice UEFA (qui entrent au troisième tour préliminaire).
Élargissement de la **Ligue des champions à 32 clubs et à deux phases de poules**. La première phase rassemble huit groupes de 4 équipes, la seconde quatre groupes de 4 équipes. Les équipes classées troisièmes lors de la première phase sont reversées en Coupe de l'UEFA. Les équipes classées premières et deuxièmes lors de la seconde phase sont qualifiées pour les quarts de finale. Puis reprise du processus.
Les rencontres ont lieu désormais sur deux jours, les **mardis et mercredis** soir, à 20 h 45.

2002-03 **Instauration du « but en argent » pour la finale.** *« En cas d'égalité à l'issue du temps réglementaire, on applique le principe du but en argent : si l'une des deux équipes prend l'avantage pendant les 15 premières minutes de la prolongation, elle aura remporté la partie ; sinon, on dispute la seconde mi-temps normalement. Et, éventuellement, on a recours aux tirs au but. »*

2003-04 **Suppression de la seconde phase de poules**, remplacée par des **huitièmes de finale**. Le tenant du titre n'est plus qualifié d'office.

2004-05 **Suppression du « but en argent » pour la finale**, désormais interdit par l'International Board. Repêchage (exceptionnel) du champion d'Europe (en l'occurrence Liverpool en 2005) au 1er tour préliminaire de la compétition suivante.

ÉVOLUTION DE LA FORMULE

1955-56 16 participants. Pour cette première saison, les huitièmes de finale sont « arrangés » par le comité d'organisation mais, à partir des quarts, on procède à un tirage au sort intégral.

1956-57 22 clubs. Un premier tour rassemble 12 équipes. Les 6 vainqueurs rejoignent les 10 clubs « qualifiés d'office » en huitièmes de finale.

1957-58 24 clubs. Un premier tour rassemble 16 équipes. Les 8 vainqueurs rejoignent les 8 clubs « qualifiés d'office » en huitièmes de finale.

1958-59 26 clubs. Un premier tour rassemble 20 équipes. Les 10 vainqueurs rejoignent les 6 clubs « qualifiés d'office » en huitièmes de finale.

1961-62 29 clubs. Un premier tour rassemble 26 équipes. Les 13 vainqueurs rejoignent les 3 clubs « qualifiés d'office » en huitièmes de finale.

1962-63 30 clubs. Un premier tour rassemble 28 équipes. Les 14 vainqueurs rejoignent les 2 clubs « qualifiés d'office » en huitièmes de finale.

1963-64 31 clubs. Un premier tour rassemble 30 équipes. Les 15 vainqueurs rejoignent en huitièmes de finale le champion d'Europe en titre, seul « qualifié d'office ».

1966-67 33 clubs. Un tour préliminaire rassemble 4 équipes. Les 2 vainqueurs rejoignent 28 équipes au premier tour. Les 15 vainqueurs rejoignent en 8es le champion d'Europe, seul « qualifié d'office ».

1967-68 32 clubs. Un premier tour rassemble les 32 équipes. Les 16 vainqueurs disputent les 8es.

1968-69 28 clubs (à la suite des forfaits de la RDA, la Bulgarie, la Hongrie et la Pologne). Le premier tour rassemble les 28 équipes. Sur les 14 vainqueurs, 12 disputent les huitièmes de finale, 2 en sont exempts. Les 6 vainqueurs et les 2 exempts disputent les quarts.

1969-70 33 clubs. Un tour préliminaire oppose 2 équipes. Le vainqueur rejoint au premier tour les 31 autres équipes.

1972-73 30 clubs. Le premier tour rassemble 28 équipes. Les 14 vainqueurs rejoignent en huitièmes de finale les 2 exempts (à la suite de deux forfaits).

1978-79 33 clubs. Un tour préliminaire oppose 2 équipes. Le vainqueur rejoint les 31 autres équipes au premier tour.

1983-84 31 clubs. Un premier tour rassemble 30 équipes. Les 15 vainqueurs rejoignent en huitièmes de finale l'unique exempt (à la suite d'un forfait).

1991-92 32 clubs. Un premier tour rassemble les 32 équipes. Les 16 vainqueurs disputent les huitièmes de finale. Les 8 vainqueurs sont répartis en **deux groupes de 4 équipes**, lesquelles se rencontrent à domicile et à l'extérieur. Le premier de chaque groupe est qualifié directement pour la finale.

1992-93 36 équipes. Un tour préliminaire rassemble 8 équipes. Les 4 vainqueurs rejoignent au premier tour les 28 champions des pays les mieux classés à l'indice UEFA. Les 16 vainqueurs disputent les huitièmes de finale. Puis reprise du processus à partir de la « phase de poules ».

1993-94 42 clubs. Un tour préliminaire rassemble 20 équipes. Les 10 vainqueurs rejoignent au premier tour les 21 champions des pays les mieux classés à l'indice UEFA et le champion d'Europe sortant. Les 16 vainqueurs se qualifient pour les 8es. Les 8 vainqueurs disputent la « phase de poules ». Les deux premiers de chaque groupe se qualifient pour les demies sur un match. Puis finale.

1994-95 24 clubs. Un tour préliminaire rassemble les 16 champions classés de la 8e à la 23e place à l'indice UEFA. Les 8 vainqueurs rejoignent les 8 équipes directement qualifiées pour la phase de poules, soit les 7 **têtes de série** (champions des pays classés de la 1re à la 7e place à l'indice UEFA) et le champion d'Europe sortant. Les deux premiers des **quatre groupes de 4 équipes** se qualifient pour les quarts de finale (les premiers sont opposés aux deuxièmes). Puis demi-finales par aller et retour. Et finale.

1997-98 55 équipes. Un premier tour préliminaire rassemble 30 équipes. Les 15 vainqueurs rejoignent au deuxième tour préliminaire 17 autres équipes. Les 8 vainqueurs rejoignent les 16 têtes de série directement qualifiées pour la phase de poules. Le premier et les deux « meilleurs deuxièmes » des **six groupes de 4 équipes** se qualifient pour les quarts de finale. Puis reprise du processus.

1999-2000 71 équipes. Un premier tour préliminaire rassemble 18 équipes. Les 9 vainqueurs rejoignent 19 équipes au deuxième tour préliminaire. Les 14 vainqueurs rejoignent 18 équipes (dont des vice-champions et des troisièmes) au troisième tour préliminaire. Les 16 vainqueurs rejoignent les 16 têtes de série directement qualifiées pour la première phase de poules. Les deux premiers de chaque groupe (16 équipes) sont qualifiés pour la seconde phase, et répartis en quatre groupes de 4 équipes. Les deux premiers de chaque groupe sont qualifiés pour les quarts. Puis reprise du processus.

2003-04 73 équipes. Un premier tour préliminaire rassemble 20 équipes. Les 10 vainqueurs rejoignent 18 équipes au deuxième tour préliminaire. Les 14 vainqueurs rejoignent 18 équipes au troisième tour préliminaire. Les 16 vainqueurs rejoignent les 16 têtes de série directement qualifiées pour la phase unique de poules. Les deux premiers de chacune des huit poules de 4 équipes (16 équipes) sont qualifiés pour les huitièmes de finale, par aller et retour. Puis reprise du processus.

LE REGARD DU CRÉATEUR JACQUES FERRAN

« Cinquante ans, mon bilan »

De la Coupe d'Europe inventée par nos soins, on pourrait dire qu'elle est née toute armée, comme Athéna du crâne de Zeus. Elle a, dès qu'elle est apparue, rassemblé des passions et des foules considérables, comme si l'Europe n'attendait qu'elle. Et dès lors, elle n'a cessé de grandir dans tout ce qui constitue les critères de réussite d'une activité humaine : de plus en plus de pays, de clients, de communication, d'argent.

Sans doute a-t-elle bénéficié du plus long demi-siècle de paix et de prospérité de l'histoire de l'Europe. Et la construction simultanée de l'Union Européenne n'a pas manqué de jouer son rôle dans ce développement sans anicroche. Mais même lorsque l'Europe politique était coupée en deux et lorsque le fracas des chars et des bombes faisait plus de bruit que les chants des supporters, la compétition sportive n'a pas vacillé. En proclamant sien la totalité de son territoire, en n'hésitant pas à annexer même la Turquie, même Israël, l'Europe du football a soit montré la voie à l'Europe des Nations, soit souri de ses balbutiements et de ses avatars.

Il faut une autorité sans faille

Ce qui finalement a pu jeter un certain trouble dans son évolution, ce sont ses propres problèmes et, ici et là, ses propres excès. En augmentant sans frein les recettes tirées notamment des droits de télévision et de la publicité, l'UEFA a, en quelque sorte, acquiescé à l'appétit dévorant et à l'esprit de conquête des clubs les plus puissants. Et l'on a vu l'épreuve continentale cesser peu à peu de n'être qu'un complément, un additif, un prolongement, vivant en harmonie avec les autres épreuves, pour devenir un phare, un soleil. Brûlant par moments de gommer jusqu'aux Championnats nationaux et d'être au football européen ce que la NBA est au basket américain, une compétition absolue.

On a tout dit de son élargissement incessant et du processus qui l'a transformée d'un simple tournoi par K.-O. en une épreuve complexe, ouverte à des compétiteurs de plus en plus nombreux et mêlant le système de poules au système de Coupe. Sans que nul ne puisse affirmer qu'elle a trouvé, dans la formule hybride du moment, sa vérité.

On a eu également raison de souligner sans répit les dangers multiples que lui ont fait courir, à maintes reprises, la violence, le dopage, la corruption ou l'arrangement. Dont elle a failli périr, avant de resurgir, plus forte, dès qu'une autorité sans faille s'est exprimée.

Lorsqu'on regarde son palmarès, on est évidemment frappé par l'écrasante domination que les clubs occidentaux n'ont cessé d'exercer sur leurs rivaux du Centre et de l'Est. On l'a crue un moment explicable par l'ascendant des professionnels, fortement structurés, sur les amateurs d'État. Mais depuis que les lois du marché règnent sur tout le continent, rien n'a changé. Et il est significatif qu'en 50 épisodes, 30 se soient achevés par le triomphe de seulement trois pays : l'Angleterre, l'Italie et l'Espagne (10 victoires chacun), suivies de l'Allemagne (6), des Pays-Bas (6) et du Portugal (4). Ces six nations ont donc remporté 46 des 50 C1, ne laissant que des poussières (1 succès) à l'Écosse, la Roumanie, la Yougoslavie et la France.

Une Europe à deux vitesses

L'intervention répétitive de l'Union européenne qui, à la suite de l'affaire Bosman, a choisi de considérer le sport de haut niveau comme une activité essentiellement capitaliste et refusé la moindre restriction à la libre circulation des joueurs, a encore aggravé cette fracture et accentué l'existence d'une Europe du football à deux niveaux : l'Europe d'en haut et l'Europe d'en bas.

La France, elle, a beau appartenir à la zone des privilégiés, elle n'a pu jusqu'ici, sauf rares exceptions, jouer dans la même cour que les pays qui l'environnent, contrainte qu'elle est, pour des raisons structurelles et économiques, de voir les footballeurs qu'elle a formés lui échapper.

Trop belle, la Coupe d'Europe ? Trop élitiste, trop envahissante, trop boulimique ? Peut-être. Qui songerait pourtant à nier que nous lui devons des émotions incomparables et qu'à travers elle, par elle, c'est un immense demi-siècle de football qui nous contemple ! Comme si l'on ne pouvait médire d'elle qu'à la condition de la juger irremplaçable.

Ceux qui, du reste, ont assisté en 2005, dans le stade improbable d'Istanbul, à sa 50e finale et à l'inoubliable coup de théâtre qui vit, face à Milan déjà vainqueur à la mi-temps (3-0), Liverpool resurgir du néant (3-3, 3 tab 2), n'ont pas pu ne pas pardonner à la Coupe d'Europe ses dérives, ses forfaitures et ses débordements, et se dire qu'elle ne courrait aucun risque majeur tant qu'elle resterait ainsi fidèle au football. ■

C2

Coupe des vainqueurs de Coupes
1960-1999

- 1960-61 Fiorentina (ITA)
- 1961-62 Atletico Madrid (ESP)
- 1962-63 Tottenham Hotspur (ANG)
- 1963-64 Sporting Portugal (POR)
- 1964-65 West Ham United (ANG)
- 1965-66 Borussia Dortmund (RFA)
- 1966-67 Bayern Munich (RFA)
- 1967-68 Milan AC (ITA)
- 1968-69 Slovan Bratislava (TCH)
- 1969-70 Manchester City (ANG)
- 1970-71 Chelsea (ANG)
- 1971-72 Glasgow Rangers (ECO)
- 1972-73 Milan AC (ITA)
- 1973-74 FC Magdebourg (RDA)
- 1974-75 Dynamo Kiev (URS)
- 1975-76 RSC Anderlecht (BEL)
- 1976-77 Hambourg SV (RFA)
- 1977-78 RSC Anderlecht (BEL)
- 1978-79 FC Barcelone (ESP)
- 1979-80 FC Valence (ESP)
- 1980-81 Dynamo Tbilissi (URS)
- 1981-82 FC Barcelone (ESP)
- 1982-83 Aberdeen (ECO)
- 1983-84 Juventus Turin (ITA)
- 1984-85 Everton (ANG)
- 1985-86 Dynamo Kiev (URS)
- 1986-87 Ajax Amsterdam (HOL)
- 1987-88 FC Malines (BEL)
- 1988-89 FC Barcelone (ESP)
- 1989-90 Sampdoria Gênes (ITA)
- 1990-91 Manchester United (ANG)
- 1991-92 Werder Brême (ALL)
- 1992-93 Parme AC (ITA)
- 1993-94 Arsenal (ANG)
- 1994-95 Real Saragosse (ESP)
- 1995-96 Paris Saint-Germain (FRA)
- 1996-97 FC Barcelone (ESP)
- 1997-98 Chelsea (ANG)
- 1998-99 Lazio Rome (ITA)

Coupe des villes de Foire 1955-1971
Coupe de l'UEFA 1971-2005
C3

1955-58 FC Barcelone (ESP)
1958-60 FC Barcelone (ESP)
1960-61 AS Rome (ITA)
1961-62 FC Valence (ESP)
1962-63 FC Valence (ESP)
1963-64 Real Saragosse (ESP)
1964-65 Ferencvaros (HON)
1965-66 FC Barcelone (ESP)
1966-67 Dynamo Zagreb (YOU)
1967-68 Leeds United (ANG)
1968-69 Newcastle United (ANG)
1969-70 Arsenal (ANG)
1970-71 Leeds United (ANG)

1971-72 Tottenham Hotspur (ANG)
1972-73 Liverpool (ANG)
1973-74 Feyenoord Rotterdam (HOL)
1974-75 Bor. Mönchengladbach (ALL)
1975-76 Liverpool (ANG)
1976-77 Juventus Turin (ITA)
1977-78 PSV Eindhoven (HOL)
1978-79 Bor. Mönchengladbach (ALL)
1979-80 Eintracht Francfort (ALL)
1980-81 Ipswich Town (ANG)
1981-82 IFK Göteborg (SUE)
1982-83 RSC Anderlecht (BEL)
1983-84 Tottenham Hotspur (ANG)
1984-85 Real Madrid (ESP)
1985-86 Real Madrid (ESP)
1986-87 IFK Göteborg (SUE)
1987-88 Bayer Leverkusen (ALL)
1988-89 SSC Naples (ITA)
1989-90 Juventus Turin (ITA)
1990-91 Inter Milan (ITA)
1991-92 Ajax Amsterdam (HOL)
1992-93 Juventus Turin (ITA)
1993-94 Inter Milan (ITA)
1994-95 Parme AC (ITA)
1995-96 Bayern Munich (ALL)
1996-97 Schalke 04 (ALL)
1997-98 Inter Milan (ITA)
1998-99 Parme AC (ITA)
1999-2000 Galatasaray (TUR)
2000-01 Liverpool (ANG)
2001-02 Feyenoord Rotterdam (HOL)
2002-03 FC Porto (POR)
2003-04 FC Valence (ESP)
2004-05 CSKA Moscou (RUS)

La coupe des Coupes (page de gauche), la coupe des villes de Foire (ci-dessus) et la coupe de l'UEFA (à dr.).

L'AUTRE EUROPE DE TOUTES SES FORCES

Dans le sillage de la très vite incontournable Coupe des clubs champions (C1), d'autres compétitions font leur nid – avec plus ou moins de bonheur –, à partir de 1955. Ouvertes à toutes les ambitions, la défunte Coupe des vainqueurs de Coupes (C2) et la Coupe de l'UEFA (C3), ex-Coupe des villes de foire, annoncent souvent la montée en puissance de futurs cracks.

C2
C3

Le 17 mai 1961, les Glasgow Rangers d'Eric Caldow (à dr.) reçoivent Alberto Orzan et la Fiorentina en finale aller de la toute première Coupe des Coupes, remportée par les Italiens (2-0, 2-1).

Depuis une dizaine d'années, la Coupe des champions, devenue Ligue des champions, occupe une position archidominante sur le football européen, à tel point que le paysage des compétitions internationales de clubs s'en est trouvé bouleversé : la Coupe des vainqueurs de Coupes a disparu en 1999 et la Coupe de l'UEFA ne cesse d'adapter sa formule pour tenter de survivre.

Pourtant, sur un plan sportif, il convient de rendre hommage à ces deux épreuves qui ont, pendant près de quarante ans, très bien complété la Coupe des champions.

Au début des années 1980, la prise en compte d'un indice de performance par nation (coefficient UEFA), pour désigner le nombre d'équipes participantes de chaque pays, a encore amélioré la précision de cette photographie.

TOUT COMMENCE AUSSI PAR UNE RAZZIA LATINE

Jusqu'au bouleversement de la dernière décennie, l'ensemble des trois compétitions aura donc proposé une carte de l'Europe fidèle aux différents courants continentaux, avec des périodes très contrastées.

Au départ, les pays latins vont dominer les deux compétitions, la Coupe des villes de foire créée en 1955 et la Coupe des vainqueurs de Coupes lancée en 1960 *(lire page 200),* comme ils ont submergé la Coupe des champions, et cela malgré des caractéristiques très différentes.

Cinq des six premières Coupes des villes de foire sont remportées par des clubs espagnols (Barcelone, Valence, Saragosse), la sixième par un club italien (AS Rome). Le constat est le même dans les deux premières années de la Coupe des Coupes : hors de l'Italie (Fiorentina) et de l'Espagne (Atletico Madrid), pas de vainqueurs.

Ce n'est sans doute pas un hasard si le FC Barcelone est omniprésent dans les premières éditions de la Coupe des villes de foire. Le Barça y trouve le moyen d'exister au plan international, alors que son rival espagnol, le Real Madrid, domine largement la Coupe des champions. Ainsi, tandis ►

Quini soulève la coupe des Coupes 1982, la deuxième du Barça qui, avec également trois C3, va collectionner les « petites » Coupes d'Europe en attendant la grande.

LE REGARD DU CRÉATEUR JACQUES FERRAN

« La Coupe d'Europe et ses enfants »

Si Rome ne s'est pas faite en un jour, les Coupes d'Europe non plus. Pour parvenir aux formats sportif et économique actuels, il a fallu aux dirigeants de l'UEFA beaucoup d'imagination et quelques abandons.

La Coupe des clubs champions européens ne doit pas son rayonnement qu'à sa propre histoire. Elle le doit tout autant à sa descendance et à sa propagation. L'ensemble des sports s'en est inspiré, créant tour à tour des épreuves baptisées uniformément « Coupes d'Europe » et bénéficiant de l'expérience et du prestige de leur modèle.

Mais le football lui-même a très vite compris que la seule C1 ne lui suffisait pas. N'oublions d'ailleurs pas qu'en même temps que la Coupe des champions démarra, en 1955-56, une compétition baptisée « Coupe des foires internationales », puis « Coupe des villes de foire », dont l'inventeur était le dirigeant suisse Ernst Thommen, alors président de sa fédération et récent organisateur sans faille de la Coupe du monde 1954.

En 1955, Ernst Thommen (à dr.) crée la Coupe des villes de foire, avec le soutien d'Ottorino Barassi (à g.) et Stanley Rous (au c.).

C'est lui qui, avec le soutien de l'Anglais Stanley Rous et de l'Italien Ottorino Barassi, eut l'idée d'organiser une compétition dont les participants ne seraient pas des clubs, mais des villes économiquement fortes. Il pensait que le monde du football professionnel et celui des affaires avaient intérêt à s'épauler. Il invita donc les comités de douze foires internationales, parmi lesquelles Londres, Barcelone, Bruxelles, Milan, à s'engager avec lui dans un projet à résonance commerciale autant que sportive.

C2 C3

Sur ces douze villes, dix répondirent à son invitation. Et, comme le coup d'envoi de la première rencontre eut lieu à Bâle le 4 juin 1955, on peut dire de cette compétition qu'elle est la doyenne des épreuves paneuropéennes, la Coupe des champions n'ayant débuté, elle, que trois mois plus tard.

Seize ans pour fermer les foires

Très vite cependant, il apparut que cette compétition hybride, qui mettait aux prises ici des sélections, là des clubs, et dont la durée était incertaine (sa première édition, remportée par Barcelone, ne s'acheva qu'en 1958, soit au bout de trois ans), ne ferait pas le poids face à la simplicité rayonnante de la Coupe des champions.

Peu à peu d'ailleurs, face à la concurrence de la C1, mais aussi, à partir de 1960, de la C2, elle se régularisa, devint annuelle, ne fit plus appel qu'à des clubs et se mit tellement à ressembler aux deux autres que l'UEFA, qui se contentait de la superviser, se décida à la récupérer. C'est ainsi que s'acheva, le 3 juin 1971 à Leeds, une compétition originale qui avait bien rempli son office. N'avait-elle pas rassemblé 18 millions de spectateurs et apporté au football européen une contribution financière de premier ordre, ainsi que s'en félicita sir Stanley Rous, son protecteur ? « Je souhaite, écrivit-il, que la Coupe de l'UEFA, son héritière, poursuive le même chemin. »

L'UEFA n'a eu qu'à harmoniser la Coupe des villes de foire

La Coupe de l'UEFA n'eut en effet rien de fondamental à modifier au règlement de sa devancière. Cette aînée n'était-elle pas, en seize ans d'existence, passée de 10 participants à 16, à 32 et enfin à 64 ? N'avait-elle pas fini, sous la simple dénomination de « Coupe des foires », par substituer à son régime d'invitation arbitraire le mode de désignation souhaité par chaque fédération ? L'UEFA n'eut qu'à harmoniser et à équilibrer, afin que chaque pays eût droit à ce qu'il méritait dans chacune de ces trois épreuves. Ce dont la maison-mère du football européen venait d'hériter était en effet non pas son deuxième enfant, mais le troisième, du coup généralement dénommé « C3 », ou Coupe d'Europe numéro 3. Puisqu'elle avait, dès 1960, décidé de donner à la Coupe des champions une sœur cadette, tout aussi affriolante qu'elle, la Coupe des vainqueurs de Coupes.

Reportons-nous à la fin des années 1950. La Coupe des champions a explosé en un tournemain. Elle inonde les médias, comble les stades, allume les passions, précipite les changements. Mais, comme son nom l'indique, elle est réservée aux seules équipes ayant remporté leur Championnat national, auxquelles s'ajoute le vainqueur de la Coupe d'Europe précédente. Pourquoi, se disent à partir de 1958 certains dirigeants, ne pas offrir aux clubs et aux publics une seconde compétition qui « doublerait » la première, comme, dans beaucoup de pays, la Coupe double le Championnat ?

Dix équipes pour la première Coupe des Coupes

Devait-on doter la nouvelle épreuve de règles originales ? C'est ainsi que Gabriel Hanot, le père spirituel de la Coupe d'Europe, proposa que les clubs opposés dans la Coupe des Coupes ne se rencontrent qu'une fois, sur le terrain du premier nommé, comme cela se passe dans la vieille et célèbre Cup anglaise.

Mais l'UEFA, forte de l'expérience de la Coupe des champions et animée par d'évidents motifs économiques, refusa d'innover et calqua le règlement de sa seconde compétition sur celui de la première. C'est ainsi que démarra, en 1960, une compétition qui ne rassembla, l'année de sa naissance, que 10 compétiteurs. Même en France, où pourtant la Coupe tient une place considérable, on préféra attendre et voir. C'est ainsi que l'AS Monaco, qui avait en juin 1960 remporté une magnifique finale face à l'AS Saint-Étienne (4-2), rata l'occasion d'être la première équipe française à participer à cette « C2 », ou Coupe d'Europe numéro 2. Privilège qui incomba, dès la saison suivante, à Sedan.

Car, bien vite, l'attrait de la compétition européenne l'emporta sur les réticences nationales. Et l'on assista à ce phénomène passionnant de voir cette seconde mobilisation continentale renflouer et revaloriser les Coupes nationales. Là où elles n'existaient pas, on les créa ; là où elles végétaient, un souffle nouveau les anima. Rejoignant ainsi l'opinion fondamentale des créateurs de la Coupe d'Europe, selon laquelle la compétition européenne et les épreuves nationales, loin d'être rivales ou concurrentes, étaient faites pour s'enrichir mutuellement.

De 10 participants la première année, la C2 passa immédiatement à 23, pour parvenir à 34 en 1970-71, c'est-à-dire à l'Europe entière, y compris le pays de Galles qui, ayant une Coupe à défaut d'un Championnat, ne pouvait disputer que la seconde compétition. On la surnomma « Coupe des Coupes » en français, « Recopa » en espagnol ; et elle devint presque aussi populaire et aussi rentable que son aînée.

La C2 sacrifiée sur l'autel de la C1

Lorsque, par conséquent, à partir de 1971, trois imposantes compétitions internationales entre clubs chargèrent les bagages de l'UEFA, ce furent environ 130 équipes, accourues de tous les horizons européens (l'Europe ne se composait alors que d'une trentaine de pays indépendants), qui, à des dates fixes, s'affrontèrent superbement sous les yeux de supporters exaltés et de téléspectateurs en nombre toujours croissant.

Le champion en C1 ; le vainqueur de la Coupe en C2 ; le vice-champion et éventuellement le 3e et le 4e du Championnat en C3 ; c'était à nos yeux la formule idéale, respectant à la fois la hiérarchie des trois épreuves continentales et celle des compétitions nationales. Ce qui détruisit, on le verra plus tard, ce bel édifice, ce fut la volonté des clubs éminents, dictée par ces motifs économiques et approuvée par l'UEFA, de mettre tous leurs œufs dans le seul panier de la C1. La C2 n'y survécut pas. Et la C3 s'interroge.

Copa Libertadores et Coupe intercontinentale

Mais la Coupe d'Europe n'essaima pas qu'en Europe. Très rapidement, les autres continents s'en inspirèrent et créèrent, sur son modèle, une compétition similaire. C'est ainsi qu'à l'instigation, une fois encore, de *L'Équipe,* qui avait envoyé au Brésil une délégation composée de Robert Thominet et de Marcel Hansenne, l'Amérique du Sud créa, dès 1958, la « Copa Libertadores » dont le vainqueur trouva tout naturel d'être opposé au champion européen.

Ainsi naquit dès 1960 ce qu'on appela d'abord pompeusement « Championnat du monde des clubs » – son objectif étant de rassembler l'ensemble des clubs champions de leur continent –, mais qui n'a consisté jusqu'à aujourd'hui qu'en une confrontation entre représentants européen et sud-américain. D'abord, et jusqu'en 1980, par matches aller-retour. Puis, face à la difficulté, souvent insurmontable, de motiver les équipes européennes (qui ou bien s'abstenaient ou bien se faisaient remplacer), face à des affrontements de plus en plus violents (qui, à deux reprises, empêchèrent le déroulement de la compétition), ce que l'on nommait simplement « Coupe européenne / sud-américaine » se transforma en une finale unique, disputée au Japon, et rebaptisée « Coupe intercontinentale Toyota », du nom de son sponsor.

Une Supercoupe d'Europe à Monaco depuis 1998

Le problème majeur soulevé par cette épreuve était que la FIFA ne se décidait ni à l'abandonner ni à lui accorder sa totale bénédiction. La Fédération internationale ayant enfin pris ses responsabilités, il semble qu'une véritable Coupe du monde des clubs soit sur les rails, ainsi que nous l'avions souhaité dès le début.

Sans doute faudrait-il, pour être complet, dire un mot de l'épreuve qui, chaque saison, met aux prises deux champions européens : ceux de C1 et de C2 d'abord, à partir de 1972, à l'initiative du quotidien néerlandais *De Telegraaf,* puis ceux de C1 et de Coupe de l'UEFA depuis la disparition de la C2. On l'appelle « Supercoupe de l'UEFA » et, après avoir été disputée par matches aller-retour, elle donne lieu, depuis 1998, à une rencontre unique disputée fin août à Monaco. ■

▶ que Londres, par exemple, a, au départ, joué le jeu des représentations urbaines en alignant des sélections hétéroclites de joueurs des différents clubs londoniens (Arsenal, Chelsea, Tottenham, Fulham, Brentford et West Ham pour l'équipe londonienne qui accède à la finale de 1958), c'est le Barça, sans aucune aide de joueurs de l'Espanyol, qui remporte cette première édition étalée sur trois ans (1955-58).

DÈS 1962, L'ESPAGNE FIGURE AU PALMARÈS DES TROIS COUPES !

Le 1er mai 1958, 70 000 spectateurs emplissent le Nou Camp, pour voir l'équipe de Domingo Balmanya étriller Londres (6-0 ; aller : 2-2), avec deux buts de Suarez, deux d'Evaristo, un de Martinez, un autre de Verges. Deux ans plus tard, une foule tout aussi impressionnante acclame le Barça d'Helenio Herrera, qui conserve son trophée en passant quatre buts (deux de Czibor, un de Martinez et un de Coll) à une autre formation anglaise, une équipe de club cette fois, les Bleus de Birmingham City (0-0, 4-1). La Roma de Carniglia et le Valence de Scopelli maintiennent ensuite le cap au sud, quand le FC Barcelone croit pouvoir devenir roi d'Europe. Il espère même devenir le premier club à remporter deux Coupes différentes, en 1961, mais il échoue contre Benfica, on s'en souvient, dans une finale de Coupe des champions qui paraissait lui tendre les bras (2-3).

Au même moment, la Fiorentina – seule équipe d'un pays latin engagée – inscrit son nom au palmarès de la première Coupe des vainqueurs de Coupes, sous la conduite de l'ancien avant-centre de la grande Hongrie de 1954, Nandor Hidegkuti. Lui succède – en battant ces mêmes Florentins en finale, après un match d'appui, une première pour désigner un vainqueur européen (1-1, 3-0) – l'Atletico Madrid, troisième club espagnol vainqueur d'une Coupe européenne. Dès 1962, l'Espagne est donc déjà présente au palmarès des trois compétitions continentales.

Dans les rangs de l'Atletico se trouvent deux Argentins, un Brésilien, un Guinéen, un Angolais. Cela préfigure une future mondialisation des clubs, qui n'est pas encore dans l'air du temps. La même saison, Valence gagne la Coupe des villes de foire, avec deux Brésiliens et un Uruguayen.

TOTTENHAM PREMIER DE LA CORDÉE ANGLO-SAXONNE

Ces premières années démontrent l'attractivité des grands clubs du Sud. À une époque où les frontières sont plutôt fermées, cette ouverture et la facilité avec laquelle sont trou- ▶

C2 C3

Au terme de trois ans de compétition (1955-58), le Barça d'Eulogio Martinez (au c.) s'impose en finale de la première Coupe des villes de foire (2-2, 6-0), malgré la résistance héroïque du gardien de la sélection de Londres, le Gallois Jack Kelsey.

Les joueurs de Tottenham, White, Brown, Jones, Henry et Dyson (de g. à dr.), paradent dans Londres avec la coupe des Coupes 1963. Ils sont les premiers Anglo-Saxons à remporter une compétition européenne.

vées des ascendances locales aux joueurs sud-américains (en Espagne et en Italie notamment) expliquent aussi cette supériorité latine. En 1963, pour la première fois, un club non latin va s'imposer dans une Coupe européenne, en l'occurrence la C2 (alors qu'il faudra attendre 1967 en C1). Il s'agit de Tottenham, dirigé par Billy Nicholson, une équipe qui rassemble toutes les « nations » britanniques, avec des internationaux anglais, comme Jimmy Greaves, écossais comme Dave MacKay, gallois comme Cliff Jones ou Terence Medwin, nord-irlandais comme le capitaine Danny Blanchflower. Les Spurs, grand club historique de Londres, n'émergent pas du néant. Un an plus tôt, ils ont atteint les demi-finales de la Coupe des champions et ne se sont inclinés que devant le tenant et futur vainqueur, Benfica (1-3, 2-1). La manière avec laquelle Tottenham s'impose dans les grandes largeurs à des équipes renommées, comme les Glasgow Rangers (5-2, 3-2), le Slovan Bratislava (0-2, 6-0) et pour finir l'Atletico Madrid (5-1), démontre la volonté des clubs anglais de s'imposer en Europe, une scène qu'ils avaient boudée dans un premier temps. Cette première victoire, que suivra deux ans plus tard celle d'un autre club londonien, le West Ham de Bobby Moore, Martin Peters et Geoff Hurst, annonce l'arrivée de la déferlante du football anglais dans la décennie suivante. Elle marque aussi la fin de l'hégémonie du football hispano-italien, et un rééquilibrage à venir en faveur des autres parties de l'Europe.

Le palmarès des deux Coupes européennes bascule vers le nord et l'est du continent, juste avant que l'historique Coupe des champions connaisse le même phénomène. 1964, avec la victoire du Sporting du Portugal sur le MTK Budapest (3-3, 1-0) en C2 et de Saragosse contre Valence (2-1) en Coupe des villes de foire, marque définitivement la fin de la première époque. L'année suivante, pendant que des Anglais (West Ham) battent des Allemands de l'Ouest (Munich 1860) en finale de la Coupe des Coupes (2-0), l'Europe de l'Est réussit sa percée, grâce à l'élégante équipe hongroise de Ferencvaros. L'exploit réalisé par Florian Albert, Maté Feny-

En finale retour de la C3 1970, John Radford (à l'ext. g.) jubile pendant que Jean Trappeniers, le gardien d'Anderlecht, ramasse le ballon dans son but. Arsenal perpétue la domination anglaise.

C2
C3

Kevin Keegan marque le penalty de la victoire de Liverpool (3-2) sur le FC Bruges et son gardien Birger Jensen en finale aller de la Coupe de l'UEFA 1976. Les Reds vont empocher leur deuxième C3 en trois ans, prélude à leur long règne sur la Coupe des champions.

vesi, Sandor Matrai et Zoltan Varga n'est pas mince. Ils éliminent successivement la Roma (2-1, 1-0), Bilbao (1-0, 1-2, 3-0), Manchester United (2-3, 1-0, 2-1) et finissent par aller brandir la coupe à Turin, sur le terrain même de la Juventus, vaincue grâce à un but de Fenyvesi (1-0).

Une décennie s'ouvre pendant laquelle les pays de l'Est vont se mêler aux joutes européennes. De 1965 à 1975, dix équipes des pays socialistes disputent des finales de C2 et de C3 (contre une seule en C1, Partizan Belgrade, en 1966). Zagreb (1967) remporte la Coupe des villes de foire. Bratislava (1969), Magdebourg (1974) et Kiev (1975) s'imposent en Coupe des Coupes…

UNE HÉGÉMONIE ANGLO-GERMANO-NÉERLANDAISE

Ces clubs de l'Est occupent une place laissée libre par les maîtres d'antan, les clubs du Sud. Ceux-ci, entre 1966 (finale hispanique en Coupe des villes de foire avec Barcelone-Saragosse, 0-1) et 1977 (première victoire européenne de la Juventus en Coupe UEFA), n'empochent qu'une seule C2 ou C3, en l'occurrence la Coupe des Coupes 1973 grâce au Milan AC, signe d'un déclin notable (et identique en C1). Pendant cette période, les Anglais raflent presque tout : six C3 de suite pour cinq clubs différents (Leeds deux fois, Newcastle, Arsenal, Tottenham et Liverpool) ; deux C2 pour deux autres clubs (Manchester City et Chelsea). Cette richesse des clubs anglais se retrouvera quelques années plus tard, quand Liverpool, Nottingham Forest et Aston Villa feront la loi chez les champions.

Ce sont les clubs d'Allemagne et du Benelux qui résistent le mieux à cette mainmise très *British* sur l'Europe : dans la foulée du football total de l'Ajax et du rouleau compresseur du Bayern en C1 s'imposent Feyenoord, le PSV Eindhoven, Anderlecht (lui-même fortement coloré d'Orange avec Rensenbrink, Haan et l'entraîneur Croon), Mönchengladbach, Hambourg, Francfort, ce dernier vainqueur d'une incroyable édition de l'UEFA en 1980, dont les quatre demi-finalistes sont… allemands.

LES ANNÉES CHARNIÈRES

Cette écrasante hégémonie anglo-germano-néerlandaise va se poursuivre dans les années 1980. Ce sont malgré tout des années charnières, avec quelques événements de portée inégale mais qui vont participer au passage d'une époque à l'autre.

1. Les dernières victoires des équipes de l'Est. Ce sont deux équipes soviétiques qui les obtiennent. L'empire rouge n'est pas encore éclaté, mais il est dit que les victoires soviétiques dans le football de clubs ne seront jamais des succès russes (le compteur de la Russie ne s'ouvrira ▶

qu'en 2005 !). Six ans après les Ukrainiens de Kiev, les Géorgiens de Tbilissi, avec Chengelia, Kipiani et Darasselia, remportent la Coupe des Coupes aux dépens les Allemands de l'Est d'Iéna (2-1). Ils précèdent de cinq ans la deuxième vague du Kiev de Valeri Lobanovski, remarquable d'allant et de technique en 1986, surnommée « l'équipe de l'an 2000 ». Un an plus tard, les Allemands de l'Est de Leipzig sont les derniers représentants du bloc socialiste à atteindre une finale, perdue face à l'Ajax (0-1). Ensuite, rideau.

2. Le réveil des grands clubs du Sud. Barcelone collectionne deux nouveaux trophées, la Coupe des Coupes en 1979 et en 1982, dans une des finales les plus violentes de toute l'histoire des Coupes européennes, face au Standard de Liège (2-1), mais s'impatiente de ne pas décrocher la Coupe des champions (laquelle ne séjournera en Catalogne qu'en 1992). La Juventus de Giovanni Trapattoni et de Michel Platini gagne la C2 en 1984, après avoir remporté la C3 en 1977 et avant d'empocher enfin la C1 en 1985. Le Real Madrid se remet à gagner (doublé en Coupe de l'UEFA, 1985 et 1986). Ces victoires annoncent le retour des grandes années des géants du foot-business.

Michel Platini émerveillé par la coupe des Coupes 1984, remportée par la Juve devant Porto (2-1). D'ici trois ans, les deux équipes seront également sacrées championnes d'Europe.

Vainqueur (1-0) de la C2 1988 face à l'Ajax d'Aron Winter, qui frappe ici de la tête, Malines est l'un des derniers « petits » à remporter une Coupe d'Europe.

3. Les victoires de petits clubs au jeu bien sympathique. À cinq années d'intervalle, l'équipe suédoise de Göteborg remporte deux fois la Coupe UEFA, en 1982 et en 1987. En 1983, c'est l'équipe écossaise d'Aberdeen qui gagne la Coupe des Coupes. En 1988, voici les Belges de Malines, en C2. Cela ressemble au dernier sursaut de la classe moyenne, avant le déferlement d'un football européen sans frontières qui fera le bonheur des clubs les plus riches.

4. Le drame du Heysel, en 1985, qui entraîne le bannissement des clubs anglais de toutes les compétitions continentales pendant cinq ans, va changer le paysage européen jusqu'en 1991, lorsque Manchester United fêtera la fin de l'exil en remportant la Coupe des Coupes.

LA C2 SUCCOMBE EN 1999

Avec l'arrivée de la dernière décennie du XXe siècle, les Coupes d'Europe vont entrer dans l'époque du spectacle, du football mondialisé et de la politique d'un continent que

La Lazio de Christian Vieri (à dr.), qui bat Majorque en finale (2-1), remporte en 1999 l'ultime édition de la Coupe des Coupes.

ne coupe certes plus le mur de Berlin, mais que divise le « mur de l'argent ». L'impact de la Coupe des clubs champions est tel que, sous l'influence des forces économiques qui dirigent le sport professionnel, l'UEFA est amenée à transformer l'ordonnancement de ses compétitions. La C1 n'est plus tout à fait une Coupe et ne rassemble plus seulement des champions (à partir de 1997).

Une évolution qui provoque une déperdition du niveau de la Coupe de l'UEFA et de la Coupe des Coupes. Celle-ci n'y survivra pas. Bien que ses onze derniers vainqueurs soient tous issus des cinq principaux Championnats occidentaux, la C2 succombe en 1999. Les futurs vainqueurs des Coupes nationales se retrouveront dans un pot commun, la nouvelle Coupe de l'UEFA, où ils croiseront des champions expulsés de la première phase de la Ligue des champions, des champions de pays n'ayant pas accès à la nouvelle reine des épreuves, des dauphins de champions, des vainqueurs de Coupes de la Ligue issus de pays où cette épreuve existe.

La clarté et la simplicité ne font plus partie des qualités des deux compétitions restantes, qui donnent le très net sentiment de l'existence d'une Europe des clubs à plusieurs vitesses. Les finales de la nouvelle Coupe UEFA sont, presque autant que celles de la Ligue des champions, des domaines à peu près réservés aux puissants de l'Europe.

Quand des clubs d'autres pays réussissent à se faire une place au soleil, c'est qu'ils ont un vécu européen – ils ont pour la plupart déjà remporté la C1 –, un poids économique, sportif, populaire incontestables : Galatasaray, premier vainqueur turc, en 2000, Feyenoord en 2002, Porto, vainqueur, et le Celtic de Glasgow, finaliste, en 2003.

LE CSKA MOSCOU COMME UN SYMBOLE

Tout aussi important et symbolique est le triomphe du CSKA Moscou en 2005, sur le terrain même du Sporting Portugal (3-1). Derrière la première levée continentale d'un club russe se dissimule à peine l'ombre de Roman Abramovitch, parrain du CSKA, magnat du pétrole et également patron de Chelsea. Argent et équipes de l'Est aux effectifs très cosmopolites font désormais bon ménage.

Malgré cette transformation radicale de la hiérarchie, malgré également une récente modification, très ambiguë, de sa formule (système hybride de poules sans matches aller-retour et qui ne sert que de tour d'écrémage), la seconde ►

Premier club turc à remporter une Coupe d'Europe, le Galatasaray de Bülent Kormaz (à g.) et Hakan Sükür, qui embrassent le trophée, sera aussi, en 2000, le premier vainqueur de la Coupe de l'UEFA issu de... la Ligue des champions.

C2
C3

En 2003, Deco (n° 10) et le FC Porto désespèrent les Écossais du Celtic Glasgow en finale de la C3 (3-2, a.p.). Ils enchaîneront en remportant la C1 dès l'année suivante.

Coupe continue de tenir un rôle intéressant, essentiellement dans sa phase finale. Elle révèle encore les forces du jour et du lendemain. Quand Porto remporte, en 2003, une brillante finale (3-2 a.p.) aux dépens du Celtic, ce sont Derlei, Deco, Maniche ou Ricardo Carvalho qui prennent date au plus haut niveau, ainsi qu'un entraîneur, José Mourinho, qui s'apprête à décoiffer toute l'Europe du football. L'année d'après, en 2004, le même Porto gagne la C1, Deco devient l'un des tout meilleurs joueurs de l'année et Mourinho part pour Chelsea, où il emmène Ricardo Carvalho.

RÉVÉLATIONS ET PRÉMONITIONS

Ce n'est pas un phénomène récent. Des équipes, des joueurs, des entraîneurs se sont toujours révélés dans ces Coupes. Des vainqueurs ont marqué leur temps, annonçant – mais pas tous – un accès proche aux victoires les plus prestigieuses. Ainsi, le Bayern Munich s'est d'abord fait un nom grâce à la Coupe des Coupes, qu'il gagne en 1967, face aux Glasgow Rangers, à Nuremberg (1-0, après prolongation, but de Roth, le même qui marquera neuf ans plus tard en finale de la C1 contre Saint-Étienne). Il est alors entraîné par le Yougoslave Zlatko Tchaikowski, lequel amène au plus haut niveau des joueurs de moins de 25 ans. Si Franz Beckenbauer (21 ans) avait été révélé mondialement par la Coupe du monde 1966, c'est bien lors de cette campagne en C2 que l'Europe découvre Sepp Maier (23 ans), Franz Roth (21 ans), Dieter Brenninger (23 ans) ou Gerd Müller (21 ans). Ce dernier commence à faire des ravages dans les surfaces de réparation : il marque huit buts en neuf matches, dont trois en demi-finales, contre le Standard de Liège (2-0, 3-1). Le futur grand d'Europe naît donc bien cette année-là.

MÖNCHENGLADBACH MARQUE SON ÉPOQUE

De la même manière, le Liverpool de Bob Paisley – vainqueur quatre fois de la C1 entre 1977 et 1984 – a percé sous le Liverpool de l'immense Bill Shankly. Avec sa formidable attaque Callaghan-Hunt-St John-Thompson, quatre garçons dans le vent d'Anfield, Liverpool apparaît dans une première finale en 1966, celle de la Coupe des Coupes, perdue après prolongation (1-2) devant Dortmund. Sept ans plus tard, les mêmes Reds de Shankly, avec désormais Keegan, Hughes, Heighway, Toshack et Clemence, triomphent en Coupe de l'UEFA de Mönchengladbach (3-0, 0-2), sans se douter que les deux équipes se retrouveront en 1977 pour la finale des champions. En 1976, une autre équipe des Reds, chez qui le plus gros changement est le passage de témoin entre Shankly et Paisley, gagne une deuxième fois la Coupe de l'UEFA, contre Bruges (3-2). Cette fois encore s'annonce une autre finale de Coupe des champions, celle de 1978, ►

Avant de dominer l'Europe des années 1970, les jeunes Sepp Maier, Gerd Müller et Franz Beckenbauer (de g. à dr.) affûtent leurs armes avec le Bayern en s'offrant en 1967 la Coupe des Coupes face aux Glasgow Rangers (1-0, a.p.).

Valeri Lobanovski

Entraîneur ukrainien

1939 Naissance à Kiev (le 6 janvier)
1958-64 Joueur du Dynamo Kiev (1 titre, 1 Coupe d'URSS, International, 2 sél.)
1974-90 et 1996-2002 Entraîneur du Dynamo Kiev (2 Coupes des Coupes, 8 titres et 5 Coupes d'URSS, 4 titres et 2 Coupes d'Ukraine)
2002 Décès à Zaporojié (UKR) (le 13 mai)

Signe particulier : forme trois Ballons d'Or, Blokhine, Belanov et Chevtchenko.

Éliminé par Saint-Étienne de la C1 1976, Valeri Lobanovski (au c.) sera toujours à la tête du Dynamo Kiev vingt-cinq ans plus tard, quand Robert Herbin (à g.) et le recruteur Pierre Garonnaire (à dr.) auront tiré leur révérence depuis longtemps.

Le révolutionnaire ukrainien

Comme un soleil dans la grisaille du football soviétique, cet entraîneur fou du foot associe durant près de trente ans, la lettre et l'esprit, la rigueur et l'inventivité. Il façonne notamment l'éblouissant Dynamo Kiev de 1986, qui marque l'histoire de la Coupe des Coupes.

Le jour du mariage de sa fille unique ? Il passe en coup de vent à la mairie. Le Dynamo Kiev a un match à préparer. Sa mort ? En mai 2002, à 63 ans, des suites d'un malaise survenu en plein match, dans le stade de Zaporojié. L'Ukraine lui fera des obsèques nationales. Toute la vie de Valeri Lobanovski aura tourné autour du football.

Il surgit dans le paysage européen au milieu des années 1970. Joueur de Kiev, international à deux reprises en 1960, ce chercheur forcené obtient ses premiers succès d'entraîneur avec Dniepr, qu'il fait monter en Première Division. En 1974, en compagnie de son complice Oleg Basilevitch, il devient entraîneur du Dynamo Kiev. Aussitôt, l'Europe découvre la qualité d'une équipe qui mise sur la vitesse et l'engagement.

On croirait une version communiste du football total de l'Ajax, initié par Rinus Michels. Un quart de siècle plus tard, Lobanovski affirmera d'ailleurs que « 1974, c'est l'année de la dernière révolution du football ». À la discipline collective s'ajoute le talent de Mountian, Veremeev, Kolotov, Burjak et Blokhine – qui va devenir en 1975 le premier des trois Ballons d'Or issus de la capitale ukrainienne. Le parcours du Dynamo en Coupe des Coupes est tonitruant. Kiev gagne tous ses matches jusqu'aux demi-finales. Il y rencontre le PSV Eindhoven, favori de l'épreuve après avoir battu Benfica chez lui en quarts (0-0, 2-1). À Kiev, le Dynamo réalise une performance magistrale, l'emporte 3-0 grâce à Kolotov, Onitchenko et Blokhine. En finale, il fait subir le même sort à Ferencvaros, avec deux buts d'Onitchenko et un de Blokhine. Trois mois plus tard, les joueurs de Lobanovski s'imposent comme la meilleure équipe européenne de l'année, en remportant la Supercoupe aux dépens du grand Bayern Munich (1-0, 2-0).

Radié à vie des sélections

Le coup d'arrêt est brutal. Lobanovski paye cher l'élimination surprise en Coupe des champions 1976, face à Saint-Étienne (2-0, 0-3). Et surtout, en tant que sélectionneur olympique de l'URSS, la troisième place aux Jeux de Montréal, jugée insuffisante par les maîtres du Kremlin. Il est radié « à vie » des sélections soviétiques.

Pourtant, dix ans plus tard, avec une autre génération aussi talentueuse, Lobanovski revient au premier plan international. Lors d'une des plus belles finales de la Coupe des Coupes, à Lyon, le Kiev de Belanov – Ballon d'Or 1986 – Rats, Zavarov, Demianenko et toujours Blokhine inflige à l'Atletico Madrid un spectaculaire 3-0. L'URSS prend soudain place parmi les favoris du Mundial, avec comme nouveau sélectionneur… Lobanovski, le banni de 1976.

Au Mexique, elle est éliminée en huitièmes de finale par la Belgique (3-4) mais laisse le souvenir d'une équipe pleine de panache. En 1988, elle atteindra la finale de l'Euro, seulement battue (0-2) par les Pays-Bas de Rinus Michels qu'elle avait dominés deux semaines plus tôt en poules (1-0). Il était fatal qu'un jour les deux « révolutionnaires » de 1974 se retrouvent face à face.

« L'URSS a disparu, le Dynamo existe toujours »

Dix ans passent, et Lobanovski, après un exil au Moyen-Orient, revient à la tête d'une troisième génération. L'Ukraine est indépendante et, selon le maître ukrainien, « le Lobanovski version 1975 est évidemment très différent du Lobanovski 1996. La vie a changé, la société est différente, le football n'est plus le même. » Avec ses deux jeunes vedettes, Chevtchenko – futur Ballon d'Or, en 2004 – et Rebrov, Kiev ne parvient pas aussi haut qu'en 1975 et en 1986, mais fait trembler la Juventus et le Bayern en Ligue des champions. Se retournant sur le passé, Lobanovski pourra dire : « L'Union soviétique et tout l'ancien système ont disparu en créant certains troubles, tandis que le Dynamo Kiev existe toujours. Peut-être que, finalement, il était mieux organisé que le reste. » D.B.

Valeri Lobanovski, en 1998.

C2
C3

Le Danois Allan Simonsen, ici contre Twente en finale de la C3 1975, incarne le brillant Mönchengladbach vainqueur de la Coupe de l'UEFA en 1975 et 1979.

Sacré en 1981, l'Ipswich de Bobby Robson (à g.) et de son adjoint Bobby Ferguson est, quoique éphémère, l'un des remarquables vainqueurs de la C3.

et l'entrée du football européen dans ses années « Rouges ».

Parmi les autres équipes qui marquent les techniciens de leur temps, citons Mönchengladbach, construite par un des entraîneurs les plus inventifs de son époque, Hennes Weisweiler. Rivale principale du grand Bayern, elle comprend de nombreux internationaux allemands qui ont participé au doublé Euro 72 - Coupe du monde 74 : Berti Vogts, son capitaine, mais aussi Rainer Bonhof, Jupp Heynckes, Günther Netzer, Herbert Wimmer… Quand Ulrich Stielike et surtout le Danois Allan Simonsen rejoindront ses rangs, elle deviendra une des plus belles équipes de clubs en Europe. Large vainqueur de la Coupe de l'UEFA en 1975 aux dépens des Néerlandais du FC Twente (0-0, 5-1), elle s'imposera une deuxième fois en 1979, sous la conduite d'Udo Lattek, contre l'Étoile Rouge Belgrade (1-1, 1-0).

À la même époque, le Dynamo Kiev est un autre militant du football qu'avaient révolutionné l'Ajax et le Bayern. Son entraîneur, Valeri Lobanovski *(lire son portrait page 207)*, a beaucoup observé ce qui se passe à l'Ouest – cela lui a même été reproché. En 1975, Kiev devient le premier vainqueur de l'URSS dans une Coupe européenne : la Coupe des Coupes, face à Ferencvaros (3-0). Son étoile, cependant, ne brille que l'espace d'une saison.

IPSWICH, ÉQUILIBRÉ ET BRILLANT

Une autre équipe remarquable, mais dont l'éclat ne dure guère plus, est le brillant Ipswich coaché par Bobby Robson. À l'orée de la saison 1980-81, le club au maillot bleu paraît dans l'ombre des géants anglais de l'époque, Liverpool, Nottingham Forest ou Aston Villa. Mais ce football anglais est d'une richesse incroyable. Ipswich possède un effectif très bien équilibré, avec les solides Mills et Butcher en défense, le duo néerlandais Thyssen-Arnold Mühren au milieu, les deux Écossais Wark et Brazil comme inspirateurs d'attaque, enfin l'avant-centre de l'équipe d'Angleterre Paul Mariner. Son parcours en C3, pourtant piégeux, a été superbe. Wark lance l'affaire en marquant quatre buts pour la venue de l'Aris Salonique à Portman Road (5-1). C'est ensuite au tour des Bohemians de Prague (3-0) et de Lodz (5-0) de voler en éclats en terre anglaise. En quarts de finale, Saint-Étienne ne pèse pas lourd : le 4-1 du match aller, au cours duquel John Wark inscrit le dixième de ses quatorze buts européens de la saison (!), résonnera longtemps et douloureusement dans la mémoire des supporters du stade Geoffroy-Guichard. En demies, Ipswich gagne deux fois 1-0 face à Cologne, avant d'enlever l'affaire superbement en finale contre AZ' 67, l'écart creusé à l'aller s'avérant irrémédiable pour les Néerlandais (3-0, 2-4).

Robson va ensuite poursuivre une longue et brillante carrière internationale, à Eindhoven, puis au Sporting Portugal, à Porto, Barcelone, Newcastle. Et en occupant le poste à risque de sélectionneur de l'équipe d'Angleterre. D'autres de ses collègues se révèlent, à la même époque, au plan européen. En 1982, Göteborg, le surprenant vainqueur de la C3, est dirigé par Sven-Göran Eriksson, qui a tout juste 34 ans. Lui aussi sera un grand coach voyageur (Benfica, AS Rome, Fiorentina, Sampdoria, Lazio, avant de prendre en main, lui également, l'équipe d'Angleterre).

L'année suivante, le manager qui conduit le club écossais d'Aberdeen à la victoire en Coupe des Coupes s'appelle Alex Ferguson. Il n'est pas encore sir Alex, maître de Manchester. Ses années de gloire sont à venir. D'autres grands entraîneurs, depuis Helenio Herrera (dont le premier titre européen fut la Coupe des villes de foire, avec Barcelone en 1960) jusqu'à José Mourinho, ont commencé par goûter à la victoire dans les « petites » Coupes avant de triompher dans la plus grande : Bob Paisley, Giovanni Trapattoni, Johan Cruyff, Louis Van Gaal, Ottmar Hitzfeld. Excusez du peu !

Vainqueur de la C3 en 1982 avec Göteborg, le Suédois Sven-Göran Eriksson est l'un des techniciens révélés par la Coupe de l'UEFA.

LE RENAISSANCE DU REAL MADRID

Dans les années 1980 et 1990, les deux Coupes vont encore témoigner de la grande richesse du football ouest-européen. En 1985, l'année du Heysel, les Bleus d'Everton – voisins du grand Liverpool – sont les derniers vainqueurs anglais, avant la suspension de cinq années, d'une Coupe d'Europe. Cette équipe, entraînée par Howard Kendall, compte dans ses rangs de remarquables joueurs, Peter Reid, Kevin Sheedy, Graeme Sharp ou Andy Gray. Après n'avoir laissé aucune chance au Bayern Munich en demi-finales de la C2 (0-0, 3-1), elle s'impose joliment face au Rapid Vienne (3-1) à Rotterdam, avec un esprit d'entreprise très intéressant.

La même année, le Real Madrid réapparaît. C'est la ►

En 1986, face au FC Cologne de Harald Schumacher (à g.) et Paul Steiner (à terre), Hugo Sanchez (à dr.) offre sa deuxième C3 de suite au Real Madrid, de retour au sommet vingt ans après.

► « Quinta del Buitre », la génération Butragueno, lancée dans l'arène de la Liga quand Alfredo Di Stefano entraîne le Real, en 1983, qui redonne le moral au public de Bernabeu. Hugo Sanchez, Valdano, Martin Vazquez, Michel, Sanchis, Camacho réalisent le premier doublé (1985, 1986) depuis la transformation de la Coupe des villes de foire en Coupe de l'UEFA, en 1971. Lors de la superbe démonstration de la finale aller 1986 (5-1 contre Cologne, après que les Madrilènes ont déjà marqué cinq buts à l'Inter Milan, trois à Neuchâtel, cinq à Mönchengladbach et à l'AEK Athènes !), les 85 000 supporters de l'immense stade Bernabeu croient qu'un nouveau règne du Real sur l'Europe approche. Ils devront attendre plus de dix ans avant que la « blanche » se remette en route et remporte enfin de nouveau sa chère Coupe des champions (1998).

L'AJAX DE RIJKAARD ET VAN BASTEN

Un autre grand d'Europe repasse par les cases de la Coupe des Coupes et de l'UEFA pour renaître à la gloire. C'est l'Ajax d'Amsterdam, vainqueur de la Coupe des Coupes en 1987. Le grand Johan Cruyff dirige une nouvelle génération au talent fou. Mis à part Arnold Mühren – le milieu d'Ipswich, six ans plus tôt – qui va sur ses 35 ans, c'est à une joyeuse bande de gamins que Johan Ier transmet les principes du football « ajaxien ». En défense centrale, Frank Rijkaard (25 ans) fait la paire avec Frank Verlaat (19 ans). Au milieu, Mühren et Jan Wouters (26 ans) parrainent Aron Winter et Rob Witschge (20 ans). Devant, un grand jeune homme élégant marque sept buts – dont celui de la finale contre Leipzig – en neuf rencontres. Il a 22 ans et se nomme Marco Van Basten. En finale, un gamin de 18 ans entre en jeu : Dennis Bergkamp. Pas de doute, l'avenir leur appartient. Mais, quand, en 1996, le célèbre club d'Amsterdam gagne la Ligue des champions, il ne reste, de l'équipe de 1987, que Jan Silooy.

Car, à la fin des années 1980, le Calcio redevient l'eldorado du football mondial. Van Basten, Rijkaard, comme Gullit, l'autre prodige orange, se rassemblent au Milan AC. Ils remporteront la Coupe des champions en 1989 et en 1990, années de triomphe des clubs italiens. Ceux du Nord, naturellement, avec Milan, la Juventus Turin et la Sampdoria de Gênes, qui enlèvent simultanément C2 et C3 en 1989-90 (saison d'un grand chelem transalpin dans les trois compétitions). Mais aussi l'Italie du Sud qui, grâce au tonitruant club de Naples, met un terme à des années de frustration du Mezzogiorno.

Il faut dire que la star mondiale de l'époque, Diego Maradona, en est devenue le dieu vivant. L'Argentin a déjà posé un premier Scudetto au pied du Vésuve, en 1987. Et, s'il a échoué en Coupe des champions en 1988 – victime du Real Madrid –, le champion du monde va faire souffler un brûlant vent du sud sur la Coupe de l'UEFA en 1989, à la tête d'une équipe super-latine, dans laquelle, à de fortes personnalités italiennes (Carnevale, De Napoli, Ferrara ou Francini)

Ultimes finalistes européens issus du bloc socialiste, les Jaunes du Lokomotiv Leipzig, vaincus par l'Ajax renaissant en finale de la C2 1987 (0-1), ne seront pas les derniers à être dépassés par le talent de Marco Van Basten.

Dieu vivant à Naples, Diego Maradona ne remportera jamais la C1, mais la C3 en 1989.

s'ajoutent deux grands joueurs brésiliens : Alemao et Careca.

Les Napolitains, avant la finale, éliminent deux solides équipes de l'époque, les Français de Bordeaux (1-0, 0-0) et les Allemands du Bayern (2-0, 2-2). Surtout, en quarts de finale, ils écartent un de leurs ennemis préférés du Nord, la Juventus. Battu 0-2 à Turin, Naples retourne la situation au stade San Paolo, en l'emportant après prolongation (3-0), sur un but de dernière minute d'Alessandro Renica. En finale, malgré une très forte opposition du Stuttgart entraîné par Arie Haan, Naples, difficile vainqueur chez lui (2-1), ira résister magnifiquement au Neckarstadion (3-3). Les Napolitains ne feront jamais mieux, ni leur idole Maradona non plus, dans les compétitions de clubs.

LES TROIS GLORIEUSES DE PARME

À l'opposé de cette démesure, Parme la sage va réussir à collectionner trois belles victoires, une en Coupe des Coupes (1993), deux en Coupe de l'UEFA (1995 et 1999). Sous la conduite de Nevio Scala puis d'Alberto Malesani, il se joue au stade Ennio Tardini un football très attachant, où se font apprécier Bennarivo, Di Chiara, Brolin, puis Sensini, Dino Baggio, Zola, avant les arrivées éclatantes de Buffon, Thuram, Fuser, Veron, Crespo et Chiesa. Mais les Parmesans perdront en 1994 (face à Arsenal, 0-1) la finale de C2, validant ainsi une règle intangible : aucun club n'est jamais parvenu à conserver la Coupe des Coupes.

En mai 1999, tandis que Parme domine la finale de C3 face à Marseille (3-0), la Lazio Rome, vainqueur de Majorque (2-1), appose son nom à la dernière ligne de la Coupe des vainqueurs de Coupes. Les maîtres de l'UEFA ont décidé que, dans le football ouvert à tous les vents du nouveau siècle, elle n'avait plus sa place à l'ombre de l'omniprésente Ligue des champions. Pourtant, cette Lazio magnifique, conduite par le Suédois Sven-Göran Eriksson, illustre parfaitement le football d'aujourd'hui, avec ses vedettes de tous pays : Vieri, Mancini ou Nesta les Italiens, Stankovic et Mihajlovic les Serbes, Nedved le Tchèque, Sergio Conceiçao et Fernando Couto les Portugais, Salas le Chilien et Almeyda l'Argentin.

Il était dit, sans doute, que l'histoire de la Coupe des Coupes se terminerait dans la terre latine qui avait vu naître les premières grandes forces de l'Europe. ■ D.B.

Vainqueur de la C2 en 1993 puis de la C3 en 1995 et, ici, en 1999 (Alain Boghossian, à g., et Lilian Thuram), Parme aura marqué les années 1990.

C1

Vainqueur	Marseille (1993)
Finalistes	Reims (1956, 1959) Saint-Étienne (1976) Marseille (1991) Monaco (2004)
Demi-finalistes	Saint-Étienne (1975) Bordeaux (1985) Marseille (1990) Monaco (1994, 1998) Paris-SG (1995) Nantes (1996)

C2

Vainqueur	Paris-SG (1996)
Finalistes	Monaco (1992) Paris-SG (1997)
Demi-finalistes	Lyon (1964) Nantes (1980) Bordeaux (1987) Marseille (1988) Monaco (1990) Paris-SG (1994)

C3

Vainqueur	Néant
Finalistes	Bastia (1978) Bordeaux (1996) Marseille (1999, 2004)
Demi-finalistes	Sochaux (1981) Auxerre (1993) Paris-SG (1993) Monaco (1997) Lens (2000)

1955-2005 Les 35 clubs français en Coupes d'Europe

La France est le pays qui, en cinquante ans, a envoyé le plus grand nombre de représentants sur la scène européenne : trente-cinq clubs différents, qui ont chacun leur histoire, qui ont la plupart connu des déboires, parfois accompli des exploits et même pour certains vécu de folles épopées. Ils ont disputé 1 218 matches, dont deux étaient des finales victorieuses. Voyage en Europe française.

CLASSEMENT PAR POINTS*

1.	Bordeaux	230 points / 138 matches
2.	Monaco	205 pts / 135 m.
3.	Lyon	194 pts / 120 m.
4.	Paris-SG	190 pts / 108 m.
5.	Marseille	187 pts / 108 m.
6.	Nantes	148 pts / 100 m.
7.	Auxerre	143 pts / 90 m.
8.	Saint-Étienne	102 pts / 69 m.
9.	Lens	87 pts / 58 m.
10.	Strasbourg	60 pts / 42 m.
11.	Sochaux	54 pts / 34 m.
12.	Reims	45 pts / 24 m.
13.	Nice	45 pts / 32 m.
14.	Bastia	38 pts / 22 m.
15.	Lille	35 pts / 22 m.
16.	Metz	25 pts / 26 m.
17.	Toulouse	16 pts / 10 m.
18.	Montpellier	16 pts / 14 m.
19.	Nîmes	12 pts / 8 m.
20.	Cannes	11 pts / 8 m.
21.	Rouen	7 pts / 6 m.
22.	Troyes	6 pts / 4 m.
23.	Stade Français	6 pts / 6 m.
24.	Sedan	6 pts / 6 m.
25.	Laval	5 pts / 4 m.
26.	Nancy	4 pts / 4 m.
27.	Lorient	3 pts / 2 m.
28.	Angoulême	3 pts / 2 m.
	Caen	3 pts / 2 m.
30.	Rennes	2 pts / 4 m.
31.	Gueugnon	1 pt / 2 m.
32.	Angers	1 pt / 2 m.
33.	Guingamp	1 pt / 2 m.
34.	Racing CP	0 pt / 2 m.
35.	Châteauroux	0 pt / 2 m.

* En comptant 3 points par victoire et 1 point par match nul.

Auxerre

LE PETIT POUCET EST

L'histoire de l'AJ Auxerre est unique. Sous la houlette d'un entraîneur hors norme, Guy Roux, ce club de patronage gravit tous les échelons, jusqu'à terroriser les grands d'Europe et frôler une place en finale.

Association de la Jeunesse Auxerroise

BILAN EUROPÉEN

	C1	C2	C3	Total
Part.	2	1	12	15
J.	16	6	68	90
G.	7	2	32	41
N.	2	2	16	20
P.	7	2	20	29
Bp.	14	9	104	127
Bc.	18	7	63	88
Diff.	- 4	+ 2	+ 41	+ 39

Meilleure performance :
demi-finales de la C3 en 1992-93

Ce jour de mars 1997, Auxerre et Lilian Laslandes montent très haut à Dortmund, en quarts de la C1. Mais l'arbitre cède aux protestations d'Andreas Möller (n° 10) et refuse le superbe retourné (à dr.) de l'attaquant icaunais. L'AJA ne s'en relèvera pas.

UN OGRE

Quatre-vingt-dix matches de Coupe d'Europe peuplent l'univers de l'Association de la Jeunesse Auxerroise (AJA). Ils constituent une montagne d'archives au domicile de Dominique Cuperly, vingt-cinq ans de club, dix comme joueur, quinze comme adjoint de Guy Roux, entre 1976 et 2001. Revenu aux affaires en juin 2005 dans les valises de Jacques Santini, Cuperly est la mémoire bourguignonne.

Il n'a pourtant participé qu'aux deux premiers matches continentaux, face au Sporting Portugal, en Coupe de l'UEFA à l'automne 1984. Cuperly a déjà remisé ses crampons lorsqu'il s'agit, la saison suivante, d'affronter un Milan AC dans lequel Paolo Maldini et Franco Baresi sont à l'aube d'une fabuleuse carrière. C'est le premier « grand » rendez-vous européen de l'AJA. Presque le premier exploit d'une bande talentueuse emmenée par Jean-Marc Ferreri et Basile Boli, les fleurons du centre de formation.

Milan débordé par tant de culot

À l'aller, Auxerre est déchaîné. Patrice Garande marque deux fois et s'autorise même à manquer un penalty. Didier Danio signe le troisième but auxerrois. Milan est débordé par tant de culot mais reste en vie grâce à un but marqué d'entrée par Pietro Virdis. Il aura son importance. « Ce soir, on aurait pu en prendre cinq ou six », convient Niels Liedholm, l'entraîneur suédois du Milan. Au retour, hélas, la jeunesse et l'inexpérience auxerroises se paient au prix fort. Balayé (3-0), Auxerre cède devant Virdis (deux buts) et Mark Hateley. Jamais l'AJA n'avait évolué devant 75 000 spectateurs. Cuperly se souvient d'un « autre monde » et, déjà, d'un « adversaire réputé qui a bénéficié d'une certaine protection de l'arbitre ».

Huit saisons plus tard, Auxerre grandit et fait vibrer la France au fil d'un brillant parcours en Coupe de l'UEFA. La finale

Joueur en C3 en 1984, puis adjoint de Guy Roux, Dominique Cuperly (ci-dessus) a vu défiler vingt ans d'épopées auxerroises.

SAISON 1985-86
AUXERRE - MILAN AC (ITA) : 3-1 (1-1)
C3. 32es DE FINALE ALLER
(RETOUR 0-3)

18 septembre 1985,
stade Abbé-Deschamps.15 000 spectateurs.
Buts : Garande (32e, 63e), Danio (68e) pour Auxerre ; Virdis (4e) pour Milan.
AUXERRE : Martini - Perdrieau, B. Boli, Janas, Barret - Fiard, Ferrer (Gomez, 87e), Danio, Ferreri - Garande, R. Boli (Vahirua, 78e). **Entr. :** Roux.

Avec Auxerre, Éric Cantona, ici en 1987 face au Panathinaïkos, découvre la Coupe d'Europe.

ne lui échappe qu'au bout d'une séance de tirs au but gravée dans toutes les mémoires. L'AJA a déjà éliminé les Bulgares de Plovdiv, les Danois de Copenhague et les Belges du Standard Liège lorsque, en quarts de finale, se dresse l'immense Ajax Amsterdam, tenant du titre, invaincu sur la scène européenne depuis deux ans. Clarence Seedorf, qui a débuté à 16 ans dans un club triple champion d'Europe, rayonne aujourd'hui au milieu des Dennis Bergkamp, Edgar Davids, Mark Overmars et Ronald de Boer. L'armada fait peur.

L'Ajax première grosse victime

Au stade Abbé-Deschamps, l'affaire s'engage moyennement. À la mi-temps, Frank Verlaat et Corentin Martins ont marqué, mais le score (2-2) ne reflète pas la domination auxerroise. En fin de rencontre, Pascal Vahirua (82e) et Daniel Dutuel (90e) font naître un fol espoir (4-2).

Le match retour, dans le vétuste stade Olympique d'Amsterdam, ressemble, dans son approche, au match de Milan. Guy Roux accepte volontiers le rôle du petit. La veille du match, il s'incline même humblement devant Louis Van Gaal, l'entraîneur batave. Mais l'Ajax a le tort de prendre son adversaire de haut et Verlaat, qui est néerlandais, a la bonne idée de traduire à ses coéquipiers les articles de la presse néerlandaise affirmant que l'AJA ne fera pas le poids. Dans son but, Bruno Martini réussit un match de folie. Et Auxerre ne cède qu'une fois (0-1). « Héroïques », titre *L'Équipe*. « C'était le match de notre vie », déclare Corentin Martins. Et Guy Roux assène le coup de grâce à l'Ajax : « Mes joueurs étaient extrêmement motivés

SAISON 1992-93
AUXERRE - AJAX (HOL) :
4-2 (2-2)
C3. QUARTS DE FINALE ALLER
(RETOUR 0-1)
3 mars 1993, stade Abbé-Deschamps.
18 000 spectateurs.
Buts : Verlaat (17e), Martins (43e), Vahirua (82e), Dutuel (90e) pour Auxerre ; Petersson (3e), Vink (45e) pour Ajax.
AUXERRE : Martini - Goma, Prunier (Bonalair, 62e), Verlaat, Mazzolini - Guerreiro, Dutuel, Martins - Cocard, Baticle (Laslandes, 81e), Vahirua. **Entr. :** Roux.

En 1984, Basile Boli (au c.) dispute contre le Sporting Portugal le premier match européen de l'AJA. Le club comme le joueur vivront encore de belles aventures.

Des rires pour Corentin Martins, Lilian Laslandes, Pascal Vahirua, Christophe Cocard, Frank Verlaat et Alain Goma (de g. à dr.), tombeurs de l'Ajax en 1993.

parce que l'adversaire les avait humiliés par presse interposée. J'ai des caractères forts dans cette équipe. »

En demi-finales, au printemps 1993, Auxerre défie un autre monument, le Borussia Dortmund d'Ottmar Hitzfeld. En Allemagne, sous la pluie, le mur jaune des supporters du Westfalenstadion impressionne. Les Allemands s'offrent un avantage de deux buts (2-0) et cela s'annonce compliqué.

Les larmes de Mahé

Mais Guy Roux décrète pour le retour « une mobilisation générale » et demande à son équipe « d'être au football français ce que Limoges est au basket », c'est-à-dire une équipe en route vers son premier titre de champion d'Europe. « Bébert » est entendu. Martins et Verlaat, encore eux, remettent les compteurs à zéro (2-0). La prolongation est insoutenable. Günter Kutowski est expulsé (97e) comme l'Auxerrois Raphaël Guerreiro un peu plus tard. La place en finale se joue aux tirs au but. Les Auxerrois s'y sont préparés chaque jour depuis une semaine. Pas une fois, durant les entraînements, Stéphane Mahé, l'arrière gauche, n'a manqué sa tentative. Mais, dans un stade icaunais retenant son souffle, il échoue sur Stefan Klos lors du dernier tir au but de son équipe. Dominique Cuperly se souvient : « Il était inconsolable, j'ai dû le raccompagner chez lui à 2 heures du matin. » Le 17 décembre 1992, Mahé était sorti d'un accident de voiture avec la cuisse gauche ouverte, la clavicule et les doigts cassés. Guy Roux glisse : « Ce soir, ses souffrances sont d'une bien autre nature. Il refusait de quitter le terrain parce qu'il voulait retirer son penalty. » On ne sait pas alors que l'histoire va se

> **SAISON 1992-93**
> **AUXERRE - DORTMUND (ALL) : 2-0** (5 TAB 6)
> **C3. DEMI-FINALES RETOUR**
> (ALLER 0-2)
> 21 avril 1993, stade Abbé-Deschamps.
> 18 400 spectateurs.
> **Buts :** Martins (6e), Verlaat (71e).
> **AUXERRE :** Charbonnier - Goma (Saïb, 100e), Prunier, Verlaat, Mahé - Guerreiro, Dutuel, Martins - Cocard, Baticle (Laslandes, 106e), Vahirua. **Entr. :** Roux.

Des larmes pour Stéphane Mahé (à dr.) après son tir au but manqué qui élimine l'AJA de la C3 1993 face à Dortmund. Même Guy Roux (au c.) ne parviendra pas à le consoler.

Guy Roux

Entraîneur français
- **1938** Naissance à Colmar (68) (le 18 octobre)
- **1951-70** Joueur amateur à Auxerre (sauf de 1957 à 1961, à Poitiers et à Limoges)
- **1961-2005** Entraîneur de l'AJ Auxerre (1 titre de champion, 4 Coupes de France, 890 matches dirigés en Première Division)

Signe particulier : aussi bon ambassadeur de sa ville et consultant des médias qu'entraîneur de football.

De la terre à la lune

Il a fallu beaucoup de talent, d'habileté, d'intelligence, de rouerie, d'imagination et de férocité à ce petit paysan pour se transformer en Crésus du football et en manager, partout respecté.

Guy Roux, qui aime tant le cyclisme, semble avoir calqué sa carrière sur celle d'un coureur. Car lorsqu'il devient entraîneur d'Auxerre, en 1961, à l'heure où Reims fait toujours battre les cœurs et où Jacques Anquetil prolonge une longue histoire d'amour avec le Tour de France, l'AJA fréquente encore les routes de campagne, en Division d'Honneur.

Il a 23 ans et déjà un franc-parler. Il est jeune et ambitieux. Assureur de profession, il assure. Rien ne dit pourtant qu'il va passer tout le reste de sa carrière sous les mêmes couleurs et qu'il hissera son club vers les sommets européens, tout près même, une fois, d'y planter le drapeau bourguignon.

Une manière de prodige

Pour une demi-finale de Coupe de l'UEFA perdue aux tirs au but face à Dortmund, en 1993, le rêve insensé s'envole d'imposer à l'Europe des nantis une petite ville bourgeoise, discrète, si ressemblante aux décors des films de Claude Chabrol.

Guy Roux, 55 ans alors, ne reverra jamais d'aussi près une ligne d'arrivée européenne. L'avoir entraperçue peut pourtant déjà être assimilé à une manière de prodige. Et avoir ensuite su se poser dans la cour des grands, participant à deux Ligues des champions (1996-97, 2002-03), relève d'une obstination rare dans les projets.

L'histoire de Guy Roux se décline en une addition de plus de quatre décennies de travail, volontiers décrite par lui-même sous l'angle du paysan cultivant son champ sans relâche.

Il ne brûle pas les étapes, entretient savamment fausse modestie et vraie humilité, joue beaucoup avec lui-même et avec les autres.

Deux fois seulement, il s'éloigne. Lors de la saison 2000-01, lorsqu'il laisse les rênes à son adjoint Daniel Rolland, puis deux mois durant, à la fin 2001, quand il est victime d'un malaise cardiaque. « J'ai failli être rappelé par le Bon Dieu dans l'équipe du Paradis », dit-il. Il annonce sa retraite définitive le 5 juin 2005, au lendemain d'un quatrième succès en Coupe de France.

Il ne mâche pas ses mots

L'irruption de l'AJA en L1 se situe à l'entrée des années 1980. On ne l'en a pas délogée depuis. En parallèle, le personnage s'étoffe. Amateur de bons mots, curieux, cultivé, volontiers provocateur, cet ambassadeur international du chablis ne mâche jamais ses mots, les distillant avec acidité et discernement, toujours au mieux des intérêts de son club.

Sous sa conduite, Auxerre devient un club riche sans le dire. Guy Roux résiste à toutes les tempêtes. Il dirige des garçons turbulents, des stars et pense toujours qu'ils ne sont rien sans leurs compagnons plus effacés, les « porteurs d'eau ». Il « sort » quand même de son usine à champions des joueurs du calibre d'Éric Cantona, Basile Boli, Jean-Marc Ferreri, Bruno Martini, Pascal Vahirua, Christophe Cocard, Bernard Diomède, Philippe Mexès, Djibril Cissé, Jean-Alain Boumsong, Olivier Kapo, ou il relance vers les sommets Enzo Scifo, Alain Roche, Laurent Blanc, Corentin Martins…

« L'amour est mon moteur », confie-t-il un jour. Celui de son club, de ses joueurs. Sinon, comment l'union avec l'AJA a-t-elle pu durer si longtemps ? J.-M.B.

se récrire. À l'orée de la saison 1996-97, Auxerre, qui vient de réussir le doublé, s'aventure pour la première fois dans la cour des grands : la Ligue des champions. Son parcours le conduit jusqu'en quarts de finale. La route est jalonnée de deux performances de haut rang, des victoires sur les terrains des Glasgow Rangers (2-1) et de l'Ajax (2-1).

L'offense faite à Laslandes

À l'ArenA d'Amsterdam, Guy Roux peut faire le coq : « D'habitude, en France, on fait le cocorico d'abord et on pleure ensuite. Là, c'est l'inverse et j'aime bien ça. La France devrait s'en inspirer. Ça éviterait peut-être une élimination pour une Coupe du monde aux États-Unis. » Et toc.

Le bon de sortie de la phase de poules est obtenu par un ultime succès à l'Abbé-Deschamps, face aux Rangers (2-1), grâce à Lilian Laslandes et Steve Marlet.

Une fois encore, mais en quarts de finale, c'est le Borussia Dortmund qui s'avance. L'AJA, qui vient de perdre à domicile face à Montpellier (0-2) et de se faire éliminer piteusement par Troyes (D2) en Coupe de France (0-1), n'est pas au mieux. Joueurs et dirigeants sont réunis pour une thérapie de groupe. Et le groupe retrouve son âme. M. Garcia-Aranda, l'arbitre espagnol, ne s'en émeut pas. Peu avant la mi-temps, il refuse un but extraordinaire à Lilian Laslandes. Jugeant illicite le ciseau retourné de l'attaquant bourguignon, il scelle le sort des Auxerrois. Le but de Sabri Lamouchi ne suffit pas, car Karlheinz Riedle, René Schneider et Andreas Möller marquent trois fois. Au coup de sifflet final, Roux est furieux : « Pourquoi le but de Laslandes est-il refusé ? Ce n'est pas possible ! Lilian est entre deux joueurs, Reuter fait le mort et l'arbitre semble valider le but avant de revenir sur sa décision. Si on revient dans la partie à ce moment-là, le match prend une autre physionomie. »

Battu 3-1, Auxerre est condamné à l'exploit. Mais, sur sa pelouse, il se heurte à un mur. Et Lars Ricken, un gamin de 20 ans, anéantit ses espoirs en inscrivant un but assassin à l'heure de jeu (0-1). Le Borussia est le plus fort. Cette fois, il n'a pas besoin des tirs au but pour priver Auxerre de sa revanche.

Arsenal au tableau de chasse

L'AJA retrouve la Ligue des champions en 2002 après avoir, la saison précédente, échoué de justesse en quarts de finale de la C3 face à la Lazio de Rome (0-1, 2-2). Si elle ne s'extirpe pas de son groupe de la première phase, elle force toutefois le respect un soir d'octobre en allant s'imposer à Highbury, sur la pelouse du grand Arsenal d'Arsène Wenger (2-1). La génération des Philippe Mexès, Jean-Alain Boumsong, Olivier Kapo et Khalilou Fadiga signe son œuvre majeure. Kapo marque un but fantastique, après avoir infligé un petit pont à Patrick Vieira devant la surface. Thierry Henry en est retourné :

SAISON 2002-03
ARSENAL (ANG) - AUXERRE :
1-2 (0-2)
C1. PREMIÈRE PHASE, 4E JOURNÉE

22 octobre 2002, à Highbury.
35 206 spectateurs.
Buts : Kanu (53e) pour Arsenal ; Kapo (8e), Fadiga (27e) pour Auxerre.
AUXERRE : Cool - Radet, Mexès, Boumsong, Jaurès - Tainio, Faye - Lachuer, Kapo, Fadiga - Benjani. **Entr. :** Roux.

En C1 comme en C3 ! Steve Marlet (à g.), vainqueur à Amsterdam face à Mario Melchiot en 1996-97, entretient la légende d'Auxerre, bête noire de l'Ajax.

Face à Arsenal, lors de la C1 2002-03, la nouvelle génération auxerroise, autour de Boumsong (n° 4), Radet (n° 2) et Mexès (n° 5), suscite l'admiration de Thierry Henry.

L'AJA connaît d'autres voyages plus douloureux aux Pays-Bas : le PSV de Kevin Hofland sort Olivier Kapo et ses partenaires de la Ligue des champions 2002-03.

En 2002-03, la joyeuse victoire de Lachuer, Cissé, Fadiga (de g. à dr.) et Benjani contre Dortmund leur permet de continuer en C3.

En C3 2005, Akalé (au c.) et Pieroni (à dr.) éliminent Lille et Sylva pour un nouveau quart.

« Personne ne fait ça à Pat ici. Que faire sur un tel tir ? Prier pour que le ballon ne rentre pas, c'est tout ! »

La dernière frustration de Guy Roux

Malgré un dernier succès inutile face à l'inévitable Dortmund (1-0), l'AJA est reversée en C3. Les lumières s'éteignent en huitièmes de finale à Liverpool (0-1, 0-2) en même temps que montent au ciel les chants magnifiques des supporters anglais. Gérard Houllier bat Guy Roux dans le match des miraculés de la vie, tous deux relevant d'un grave pépin de santé. L'entraîneur auxerrois dirige son dernier match européen le 15 avril 2005, dans l'Yonne, face au CSKA Moscou. Un match pour du beurre, une victoire (2-0) pour rien. À l'aller en effet, les Icaunais ont été balayés (0-4) dans d'obscures conditions, concédant un penalty imaginaire et terminant à dix après l'expulsion de Jean-Pascal Mignot en fin de match... Maigre consolation, le club bénéficiaire de ces largesses est le futur lauréat de la C3, la meilleure équipe de la compétition.

Personne ne sait alors qu'un homme rond portant bonnet ne viendra plus jamais s'asseoir sur le banc auxerrois en Coupe d'Europe. Une légende s'en va. D'autres restent à écrire. ■ J.-M.B.

Auxerre et l'Europe

Les 90 matches

1984-85	C3	1T	Sporting Portugal (POR) - Auxerre	(ap)	2-0	2-2
1985-86	C3	1T	Auxerre - Milan AC (ITA)		3-1	0-3
1987-88	C3	1T	Panathinaïkos (GRE) - Auxerre		2-0	2-3
1989-90	C3	TP	Auxerre - Dynamo Zagreb (YOU)		0-1	3-1
	C3	1T	Auxerre - Apolonia Fier (ALB)		5-0	3-0
	C3	2T	RoPS Rovaniemi (FIN) - Auxerre		0-5	0-3
	C3	8es	Olympiakos (GRE) - Auxerre		1-1	0-0
	C3	Q	Fiorentina (ITA) - Auxerre		1-0	1-0
1991-92	C3	1T	Ikast FS (DAN) - Auxerre		0-1	1-5
	C3	2T	Auxerre - Liverpool (ANG)		2-0	0-3
1992-93	C3	1T	Lokomotiv Plovdiv (BUL) - Auxerre		2-2	1-7
	C3	2T	Auxerre - FC Copenhague (DAN)		5-0	2-0
	C3	8es	Standard Liège (BEL) - Auxerre		2-2	1-2
	C3	Q	Auxerre - Ajax Amsterdam (HOL)		4-2	0-1
	C3	D	B. Dortmund (ALL) - Auxerre	(6 tab 5)	2-0	0-2
1993-94	C3	1T	Tenerife (ESP) - Auxerre		2-2	1-0
1994-95	C2	1T	Croatia Zagreb (CRO) - Auxerre		3-1	0-3
	C2	8es	Besiktas (TUR) - Auxerre		2-2	0-2
	C2	Q	Arsenal (ANG) - Auxerre		1-1	1-0
1995-96	C3	1T	Viking Stavanger (NOR) - Auxerre		1-1	0-1
	C3	2T	Auxerre - Nottingham Forest (ANG)		0-1	0-0
1996-97	C1	LC	Auxerre - Ajax Amsterdam (HOL)		0-1	
	C1	LC	Glasgow Rangers (ECO) - Auxerre		1-2	
	C1	LC	Auxerre - Grasshopper Zurich (SUI)		1-0	
	C1	LC	Grasshopper Zurich (SUI) - Auxerre		3-1	
	C1	LC	Ajax Amsterdam (HOL) - Auxerre		1-2	
	C1	LC	Auxerre - Glasgow Rangers (ECO)		2-1	
	C1	Q	Borussia Dortmund (ALL) - Auxerre		3-1	1-0
1997-98	C3	1T	Deportivo La Corogne (ESP) - Auxerre		1-2	0-0
	C3	2T	Auxerre - OFI Crète (GRE)		3-1	2-3
	C3	8es	FC Twente Enschede (HOL) - Auxerre		0-1	0-2
	C3	Q	Lazio Rome (ITA) - Auxerre		1-0	2-2
2002-03	C1	3TP	Boavista (POR) - Auxerre		0-1	0-0
	C1	LC	Auxerre - PSV Eindhoven (HOL)		0-0	
	C1	LC	Borussia Dortmund (ALL) - Auxerre		2-1	
	C1	LC	Auxerre - Arsenal (ANG)		0-1	
	C1	LC	Arsenal (ANG) - Auxerre		1-2	
	C1	LC	PSV Eindhoven (HOL) - Auxerre		3-0	
	C1	LC	Auxerre - Borussia Dortmund (ALL)		1-0	
	C3	16es	Betis Séville (ESP) - Auxerre		1-0	0-2
	C3	8es	Auxerre - Liverpool (ANG)		0-1	0-2
2003-04	C3	1T	Auxerre - Neuchâtel Xamax (SUI)		1-0	1-0
	C3	2T	FC Utrecht (HOL) - Auxerre		0-0	0-4
	C3	16es	Auxerre - Panathinaïkos (GRE)		0-0	1-0
	C3	8es	Auxerre - PSV Eindhoven (HOL)		1-1	0-3
2004-05	C3	1T	AaB Aalborg (DAN) - Auxerre		1-1	0-2
	C3	2T 1	Auxerre - Graz AK (AUT)		0-0	
	C3	2T 2	AZ Alkmaar (HOL) - Auxerre		2-0	
	C3	2T 4	Auxerre - Amica Wronki (POL)		5-1	
	C3	2T 5	Glasgow Rangers (ECO) - Auxerre		0-2	
	C3	16es	Ajax Amsterdam (HOL) - Auxerre		1-0	1-3
	C3	8es	Lille (FRA) - Auxerre		0-1	0-0
	C3	Q	CSKA Moscou (RUS) - Auxerre		4-0	0-2

Les 101 joueurs et l'entraîneur

G. Roux (entr.) (90 matches), **Cool** (41 matches) **Y. Lachuer** (33 matches/3 buts), **Goma** (33), **P. Vahirua** (30/7), **Violeau** (30), **Cocard** (29/6), **B. Martini** (29), **Guerreiro** (27/2), **Jaurès** (26), **Tainio** (25/2), **Lamouchi** (22/4), **C. Martins** (22/4), **Diomède** (21/5), **Dutuel** (21/4), **Rabarivony** (21), **Radet** (21), **Benjani** (20/3), **Laslandes** (20/2), **Saïb** (20/2), **Kalou** (19/10), **F. Silvestre** (18/1), **Mahé** (18/1), **L. Mathis** (18/1), **Charbonnier** (18), **Verlaat** (17/4), **Boumsong** (17), **B. Boli** (16/1), **West** (16/1), **Mexès** (16), **Prunier** (15/2), **Danjou** (15), **Mazzolini** (15), **Baticle** (14/10), **Kovacs** (14/4), **Otokoré** (13/4), **D. Cissé** (13/3), **Kapo** (13/2), **Akalé** (13/1), **Mignot** (13/1), **A. Gonzalez** (13), **Grichting** (13), **Fadiga** (12/1), **Darras** (12/1), **A. Faye** (12), **Matysik** (12), **Guivarc'h** (10/7), **Sibierski** (10/1), **B. Sagna** (10), **Bolf** (10), **Scifo** (9/5), **Henna** (9), **Ciechelski** (9), **Catalano** (9), **Ferreri** (8/3), **Be. Cheyrou** (8/1), **Pieroni** (7/3), **Marlet** (7/3), **Sirieix** (7), **Jeunechamp** (7), **Deniaud** (6/4), **Tasfaout** (6), **Barret** (6), **Perrier Doumbé** (6), **Garande** (4/2), **Danio** (4/1), **Bonalair** (4/1), **A. Roche** (4), **Vandenbossche** (4), **Kaczmarek** (4), **Fiard** (4), **Janas** (4), **Ferrer** (4), **É. Cantona** (3/1), **Jay** (3), **Geraldes** (3), **Assati** (3), **R. Boli** (3), **Lepaul** (3), **Recorbet** (3), **C. Rémy** (3), **Kaboul** (3), **Szarmach** (2/2), **Charles** (2), **Cuperly** (2), **Perdrieau** (2), **Zelic** (2), **Agboh** (2), **Diaby** (2), **Bats** (2), **Courtet** (1/1), **Vignola** (1), **L. Blanc** (1), **Zgutczynski** (1), **F. Soler** (1), **Gendreau** (1), **Messager** (1), **P. Plancque** (1), **Ma. Coulibaly** (1), **Compan** (1), **Burcsa** (1), **A. Gomez** (1).

Bastia LES LIONS DE FURIANI

Une seule saison suffit au club corse pour entrer dans la belle histoire des Coupes d'Europe, au fil d'un sensationnel et irrésistible parcours en C3 1977-78, qui s'achève tristement par une finale contre le PSV Eindhoven (0-0, 0-3).

Sporting (Étoile) Club de Bastia

LE BILAN GÉNÉRAL

	C1	C2	C3	Total
Part.	-	2	2	4
J.	-	6	16	22
G.	-	1	10	11
N.	-	3	2	5
P.	-	2	4	6
Bp.	-	8	31	39
Bc.	-	6	23	29
Diff.	-	+ 2	+ 8	+ 10

Meilleure performance :
finale de la C3 en 1977-78

En 1977-78, le stade champêtre de Furiani devient forteresse imprenable pour les grands de la Coupe de l'UEFA. Ici, en quarts aller contre Iéna, Jean-François Larios (à dr.) inscrit d'une frappe majestueuse le premier des sept buts bastiais (7-2).

Bastia

Bastia a vécu quatre aventures européennes. Mais trois d'entre elles sont définitivement tombées dans l'oubli, effacées par la grande et mémorable épopée de 1977-78. Cette saison-là, surgi de nulle part, le Sporting parvient en finale de la Coupe de l'UEFA, après avoir éliminé tour à tour le Sporting Portugal (3-2, 2-1), Newcastle (2-1, 3-1), Torino (2-1, 3-2), Carl Zeiss Iéna (7-2, 2-4) et le Grasshopper Zurich (2-3, 1-0) !

Dix matches dont les sept premiers sont des victoires, enlevées selon un scénario répétitif dont les Corses ne se lassent pas : un adversaire beaucoup plus coté qu'eux, qu'ils reçoivent à l'aller à Furiani, dans leur petit stade en bois d'un autre âge (certains joueurs du Sporting Portugal, où évoluent Jordao et Salif Keita, croiront même qu'il s'agit du terrain d'entraînement !), et qu'ils battent sur un score apparemment insuffisant, en ayant concédé un ou deux buts… Immanquablement, l'adversaire pense faire facilement la différence au match retour. Et, chaque fois, les joueurs de Pierre Cahuzac créent la surprise en s'imposant hors de leurs bases !

Johnny Rep signe… avant de voir le stade

D'exploit en exploit, cette phalange étonnante subjugue la Corse, la France et l'Europe. Elle a pourtant été constituée de façon très hétéroclite. Les grands espoirs que sont Jean-François Larios et Félix Lacuesta, tous deux âgés de 21 ans, sont prêtés par Saint-Étienne. Le Néerlandais Johnny Rep, champion d'Europe avec l'Ajax en 1973, est une authentique star venue du FC Valence, en Espagne. Pour

La complicité du « vieux » Félix (à g.) et du jeune De Zerbi, vainqueurs à Newcastle.

Bastia

Le SEC Bastia de 1977-78. Debout, de g. à dr. : Orlanducci, Weller, Marchioni, Guesdon, Cazes, Lacuesta ; assis : Rep, De Zerbi, Larios, Félix et Papi. Manquent Krimau, Mariot, Knayer et Franceschetti.

> **SAISON 1977-78**
> **NEWCASTLE (ANG) - BASTIA : 1-3 (1-2)**
> **C3. 16es DE FINALE RETOUR**
> (ALLER 1-2)
> 2 novembre 1977, à Saint James Park.
> 34 650 spectateurs.
> **Buts :** Gowling (35e) pour Newcastle ; De Zerbi (3e), Rep (10e, 67e) pour Bastia.
> **BASTIA :** Weller - Cazes, Knayer, Guesdon, Marchioni - Orlanducci, Lacuesta, Papi - Rep, Félix, De Zerbi (Larios, 60e). **Entr. :** Cahuzac.

le convaincre de signer, Jules Filippi, directeur sportif du SECB, le convie à déjeuner au bord de l'eau, dans un établissement de prestige, avant de lui montrer quelques sites grandioses de l'île… Mais pas le stade, bien sûr !

Le reste du groupe est constitué par des enfants du pays, comme Paul Marchioni, Jean-Marie De Zerbi, Charles Orlanducci, Georges Franceschetti et le capitaine Claude Papi. Enfin, on trouve une ossature de pros solides mais sans véritable palmarès, qui ont pour noms Pierrick Hiard, Marc Weller, André Guesdon, Jean-Louis Cazes, Yves Mariot et François Félix.

La tête de Maure sur le torse

Pour les diriger, un Héraultais de 51 ans, taillé à la serpe, abrupt mais fidèle et immergé depuis de longues années dans le football insulaire : Pierre Cahuzac. Il a accompli toute sa carrière de joueur professionnel à Toulouse, a gagné la Coupe de France 1957 et connu 2 sélections en équipe de France, avant de devenir entraîneur-joueur du Gazelec d'Ajaccio. De 1963 à 1968, le Gazelec est le meilleur club amateur de l'Hexagone, avec quatre titres de champion de France conquis en six saisons (1963, 1965, 1966, 1968).

Corses ou non, ces joueurs du SECB arborent fièrement sur leur torse une tête de Maure, emblème de l'île, et, au fil des matches et des exploits, fédèrent derrière eux une armée de supporters sans cesse plus fournie : 10 000 à Turin et à Zurich, 5 000 à Eindhoven.

De Zerbi est magique

Tout commence à Lisbonne. Au stade José-Alvalade, les Bleus de Corse sont menés 0-1 (but de Manuel Fernandes, 73e). À quatre minutes de la fin, ils sont virtuellement éliminés, malgré leur succès à Furiani (3-2). Mais, en deux coups de lame tranchants, ils renversent la vapeur par Johnny Rep (86e) et « Fanfan » Félix (88e), déjà auteur des trois buts corses à l'aller ! Les Portugais, au jeu très viril, sont abasourdis. Cet exploit corse sème la panique dans les rédactions sportives françaises – le match a commencé à 21 h 30 ! –, mais ne fait encore figure que d'heureux accident…

Tout recommence pourtant contre Newcastle. Au match aller, Claude Papi inscrit les deux buts (51e, 89e) d'un succès insulaire (2-1) que l'on suppose, là encore, trop étriqué. D'autant que les « Magpies » font grosse impression lors de ce premier acte.

« J'ai l'impression que ces Anglais ne nous ont pas tout montré », lâche, dubitatif, Pierre Cahuzac. « Nous n'en sommes qu'à la mi-temps, estime de son côté le coach Richard Dinnis, au soir du premier acte. À Newcastle, la défense bastiaise souffrira ! » Et c'est vrai que cette équipe concède des buts. Mais cela n'a aucun rapport avec la qualité des hommes qui la composent.

À Newcastle, en l'absence de plusieurs titulaires, dont Yves Mariot et Georges Franceschetti, c'est un inconnu, le minuscule junior Jean-Marie De Zerbi, qui ouvre le score et, avec le doublé de Rep, fait du Sporting le premier club français à s'imposer (3-1) sur un terrain anglais en Coupe d'Europe. Âgé de moins de 18 ans (il s'en faut de 18 jours), « *U Cininu* » (le petit) jouait voilà quelques mois encore

Jean-Marie De Zerbi, ici à Eindhoven, est un insaisissable ailier vif-argent.

> **SAISON 1977-78**
> **TORINO (ITA) - BASTIA : 2-3 (1-1)**
> **C3. 8es DE FINALE RETOUR**
> (ALLER 1-2)
> 7 décembre 1977, stadio Comunale.
> 50 000 spectateurs.
> **Buts :** Graziani (22e, 47e) pour Torino. Larios (19e), Krimau (50e, 65e) pour Bastia.
> **BASTIA :** Weller - Orlanducci, Cazes, Guesdon, Marchioni - Larios, Lacuesta, Papi - Rep, Krimau, De Zerbi. **Entr. :** Cahuzac.

dans le club amateur de Borgo, aux portes de Bastia ! « Bastia nous a donné une leçon, c'est aussi simple que cela », constate, dépité, Richard Dinnis.

Le Sporting est en passe de devenir un cas d'école. Articulé autour du bouillant et généreux stoppeur Charles Orlanducci, futur recordman du nombre de matches joués sous le maillot du club (419 en D1), il récite parfaitement une partition éblouissante.

Une équipe qui penche vers l'avant

C'est dans sa nature : cette équipe-là penche résolument vers l'avant. Derrière ses trois attaquants – Rep à droite, Félix et bientôt Merry Krimau au centre, Mariot ou De Zerbi à gauche – évoluent trois milieux de terrain très techniques : Larios et Lacuesta tiennent un rôle un peu plus défensif que Papi, plaque tournante inspirée de l'équipe. Ils n'en sont pas moins attirés par le jeu d'attaque, avec tout ce que cela sous-entend au plan des risques encourus en défense.

Lorsque le sort, pourtant, leur offre Torino en huitièmes de finale, chacun suppose que, cette fois, l'aventure arrive à son terme. Car la *Granata,* avec ses buteurs internationaux, les « jumeaux » Graziani et Pulici, mais aussi Claudio Sala, Pecci et Mozzini, est une équipe de tout premier plan, appartenant de surcroît à un football italien contre lequel les clubs français échouent immanquablement à l'époque !

Neuf de ses onze titulaires ont été champions d'Italie un an plus tôt, en 1976, sous la direction de Gigi Radice, « l'homme aux yeux de glace », ancien grand défenseur du Milan AC de Nereo Rocco.

C'est pourtant sur la verte pelouse du stadio Comunale, débarrassée de la neige

Jeté dans l'arène face au Torino (à g.), le jeune Marocain Merry Krimau balaye tout sur son passage. Il côtoie sans complexe la star néerlandaise Johnny Rep, qui ne pliera qu'en finale face à ses compatriotes du PSV Eindhoven (à dr.).

qui la ceinture, que les Bastiais vont accomplir leur plus belle performance…

Krimau roi du Stadio Comunale

Étroits vainqueurs au match aller (2-1), grâce à des buts de Papi et de Rep, ils donnent un véritable récital dans la capitale piémontaise, où ils s'imposent (3-2) grâce à un but de Larios et deux de Krimau, jeune Marocain que l'indisponibilité de Félix, victime d'un accident de la circulation au soir du match aller, transforme en titulaire. « Si vous voulez me faire dire que la solution Krimau n'est pas idéale, je vous le dis ; mais je n'en ai pas d'autre », avait déclaré Cahuzac avant la rencontre. Après celle-ci, cet homme mesuré lâche : « Cette fois, je crois que l'on peut parler d'exploit. » Compte tenu du prestige de l'adversaire, cette sixième victoire d'affilée des Corses fait grand bruit.

Que dire alors de la suivante, acquise à Furiani sur un score improbable (7-2) face aux Allemands de l'Est du Carl Zeiss Iéna, lequel compte dans ses rangs une demi-douzaine d'internationaux, dont Eberhard Vogel, Hans-Ulrich Grapenthin et Lothar Kurbjuweit, tous champions olympiques en 1976 à Montréal avec la RDA. C'est le septième succès de suite des Corses. Même le Real ne l'a jamais fait en Europe ! Bastia rejoint la Juve et le Dynamo Kiev, alors que le record de l'époque (amélioré plus tard par le Milan AC avec 10 victoires puis Barcelone avec 11 succès) appartient aux Allemands de Mönchengladbach (9 victoires).

Fatigués mais heureux, trois des héroïques vainqueurs du Torino : Orlanducci, Krimau et De Zerbi (de g. à dr., en bleu marine).

SAISON 1977-78
BASTIA - CARL ZEISS IÉNA (RDA) : 7-2 (2-0)
C3. QUARTS DE FINALE ALLER
(RETOUR 2-4)
1er mars 1978, stade de Furiani.
12 000 spectateurs.
Buts : Larios (4e), Papi (42e), Mariot (57e), Félix (70e, 78e), Cazes (81e), Franceschetti (87e) pour Bastia ; Raab (61e, 73e) pour Iéna.
BASTIA : Hiard - Marchioni, Orlanducci, Guesdon, Cazes - Lacuesta, Franceschetti, Papi - Larios, Krimau (Félix, 68e), Mariot (De Zerbi, 68e). **Entr. :** Cahuzac.

Bastia

PORTRAIT

Meneur de jeu français

1949 Naissance à Porto-Vecchio (le 16 avril)
1967-82 Joueur du SEC Bastia (finaliste de la C3, 1 Coupe de France, meilleur buteur de Bastia en L1, avec 110 buts)
1973-78 International français (3 sélections)
1983 Décède d'une crise cardiaque (le 28 janvier)

Signe particulier : il est le meilleur buteur de l'épopée européenne de Bastia en 1977-78, avec 7 buts (sur 27).

Claude Papi

Comme un symbole

Nul mieux que Claude Papi n'a jamais symbolisé le Sporting de Bastia, auquel il restera fidèle durant la totalité de sa carrière. L'âme des Lions de Furiani s'est envolée trop tôt, laissant le souvenir d'un joueur talentueux et magnifique.

Prématurément disparu, en janvier 1983, alors qu'il n'avait pas encore 34 ans, Claude Papi, stratège et capitaine des Lions de Furiani, demeure, aujourd'hui encore, le joueur le plus emblématique du Sporting, dont il est toujours, avec 110 buts en D1 à son actif, le meilleur réalisateur à travers les âges.

Marquer n'est pourtant pas sa vocation première : il est avant tout, sous des allures de faux lent, un meneur de jeu précis, altruiste et clairvoyant.

Barré par Platini chez les Bleus

Champion de France de D2 à 19 ans, en 1968, finaliste de la Coupe de France 1972 contre le grand OM de Josip Skoblar et Roger Magnusson, dans le tout nouveau Parc des Princes (1-2), troisième du Championnat 1977 (le meilleur classement jamais obtenu par Bastia) et élément décisif de l'épopée européenne qui lui fait suite, Claude Papi prend encore part à la conquête de la Coupe de France 1981, même si, en raison d'une blessure, il ne joue pas la finale victorieuse contre Saint-Étienne et Michel Platini (2-1).

Un Platini dont l'immense talent, au même poste, fait de l'ombre à sa propre carrière internationale. S'il participe à l'aventure du Mundial 78, en Argentine, Papi n'y dispute qu'une mi-temps, au cours de l'ultime match sans enjeu contre la Hongrie (3-1), pour ce qui est sa troisième et dernière apparition chez les Bleus.

Ses deux premières, déjà victorieuses, face au Danemark (3-0) et la Hongrie (2-0), ont lieu en 1973 et en 1975, en un temps où Platini n'est pas encore international. Il s'y montre à son avantage, même si, en ces deux occasions aussi, il ne dispute que des morceaux de rencontres.

Il repousse de nombreuses offres

Ce roman d'amour raté avec l'équipe de France constituait le grand et peut-être le seul regret de sa carrière, lui qui était par ailleurs très fier de n'avoir porté qu'un seul maillot chez les pros, celui du SECB (qui ne redeviendra SCB qu'en 1991).

Très attaché à son île, qu'il adore parcourir en chassant, il renonce plusieurs fois à la quitter, repoussant au passage quelques offres flatteuses, dont celles du FC Nantes et du Cosmos de New York, véritable constellation de stars à l'époque.

C'est en jouant au tennis qu'il disparaît, victime d'une crise cardiaque. Il vient de raccrocher ses crampons quelques mois plus tôt, à l'été 1982.

Depuis ce triste jour, le nom de Papi est toujours honoré et respecté en Corse. Et pas seulement parce que le stade de son Porto-Vecchio natal rappelle, comme il se doit, le souvenir du plus célèbre enfant de la ville, dont le talent n'avait d'égal que la modestie. A. P.

Lors de la finale retour de la C3 1978, comme tout au long de sa carrière bastiaise, Claude Papi donne l'exemple par son élan et sa clairvoyance.

SAISON 1977-78
BASTIA - PSV EINDHOVEN (HOL) : 0-0
C3. FINALE ALLER
(RETOUR 0-3)
26 avril 1978, stade de Furiani.
14 000 spectateurs.
BASTIA : Hiard - Burkhard, Orlanducci, Guesdon, Cazes - Papi, Lacuesta (Félix, 55e), Larios - Rep, Krimau, Mariot. **Entr. :** Cahuzac.

Au retour pourtant, sous la pluie d'Iéna, la série victorieuse s'interrompt (2-4), tout comme en mars à Zurich pour la demi-finale aller (2-3). Qu'importe, puisqu'un nouveau but décisif de Papi à Furiani anéantit les Grasshoppers (1-0) et ouvre les portes de la finale…

Incroyable mais vrai ! L'aventure tient presque du conte de fées. Si, par la suite, les clubs français apprendront un peu mieux à apprivoiser l'Europe, Bastia n'est, en 1978, que le troisième représentant hexagonal à parvenir en finale après Reims (1956 et 59) et Saint-Étienne (1976). Malheureusement, l'issue ne sera pas plus favorable…

Une parodie de football dans un cloaque

Un ciel en colère et les solides Néerlandais du PSV Eindhoven mettent fin au rêve. Pour la première fois en six rencontres, les Lions ne gagnent pas à Furiani à l'aller (0-0). En raison des trombes d'eau qui se sont abattues sur la ville, le terrain est injouable. Le ballon ne rebondit même pas. Mais l'arbitre yougoslave, M. Maksimovic, déclare la pelouse bonne pour le service ! C'est une parodie de football qui se joue dans ce véritable cloaque. La chance est passée.

Quinze jours plus tard, à Eindhoven, le PSV, entraîné par l'ancien petit stratège stéphanois Kees Rijvers, s'impose logiquement (3-0) avec ses robustes combattants, Jan Van Beveren, Jan Poortvielt, Ernie Brandts et les jumeaux Willy et René Van de Kerkhof, qui, un mois et demi plus tard, joueront – en compagnie de Johnny Rep – la finale de la Coupe du monde en Argentine…

« Mes gars ont pleuré et je les comprends, conclut Cahuzac. Mais c'est chez nous, trahis par Furiani, que nous avons perdu la Coupe. » La page est tournée. L'histoire n'en aura pas moins été bien belle, inoubliable même.

Sous la plume de Vittoriu d'Albitreccia (Victor Sinet), *L'Équipe* imprime, en forme d'hommage, ce texte *in lingua materna* soulignant à quel point l'épopée des Lions de Furiani a œuvré pour la renommée de la Corse : « *Da Levante a Punante, l'Auropa scummossa hà scupertu une squatra, un' isula, un populu è i ghjurnali di tutti i paesi indicanu indu-v'ella si trova a Corsica !* » (*). ■ A.P.

(*) « De l'Est à l'Ouest, l'Europe étonnée a découvert une équipe, une île, un peuple et les journaux de tous les pays savent désormais où se trouve la Corse… »

Dans le marigot de Furiani, en finale aller (photo de g.), Félix, Zimako, De Zerbi, Filippi et Pierre Cahuzac (de g. à dr.) sentent qu'ils ont laissé passer leur chance.

Le Néerlandais Willy Van de Kerkhof (à g.) met en échec Jean-Louis Cazes, en finale retour à Eindhoven. La magnifique aventure bastiaise s'achève dans l'impuissance et la détresse.

Bastia et l'Europe

Les 22 matches

1972-73	C2	1T	SEC Bastia - Atletico Madrid (ESP)	0-0	1-2
1977-78	C3	1T	SEC Bastia - Sporting CP (POR)	3-2	2-1
	C3	2T	SEC Bastia - Newcastle United (ANG)	2-1	3-1
	C3	8es	SEC Bastia - Torino (ITA)	2-1	3-2
	C3	Q	SEC Bastia - Carl Zeiss Iéna (RDA)	7-2	2-4
	C3	D	Grasshopper Zurich (SUI) - SEC Bastia	3-2	0-1
	C3	F	SEC Bastia - PSV Eindhoven (HOL)	0-0	0-3
1981-82	C2	1T	KTP Kotka (FIN) - SEC Bastia	0-0	0-5
	C2	8es	SEC Bastia - Dynamo Tbilissi (URS)	1-1	1-3
1997-98	C3	1T	SC Bastia - Benfica (POR)	1-0	0-0
	C3	2T	Steaua Bucarest (ROU) - SC Bastia	1-0	2-3

Les 59 joueurs et les 3 entraîneurs

Papi (16 matches/7 buts), **Cazes** (16/2), **Orlanducci** (15), **P. Cahuzac** (entr.) (14), **Larios** (12/2), **Lacuesta** (12), **Félix** (11/7), **Guesdon** (11), **Krimau** (9/4), **Rep** (9/4), **Marchioni** (9), **Hiard** (9), **Mariot** (7/1), **De Zerbi** (6/1), **Weller** (6), **Milla** (4/3), **Ihily** (4/2), **F. Mendy** (4/1), **Gohel** (4), **Jurietti** (4), **S. Perez** (4), **Fiard** (4), **M. Soumah** (4), **Étamé** (4), **Siljak** (4), **É. Durand** (4), **Burkhard** (4), **G. Bacconnier** (4), **J.-A. Redin** (entr.) (4), **F. Antonetti** (entr.) (4), **Franceschetti** (3/1), **Ponte** (3/1), **P.-Y. André** (3/1), **Jestrovic** (3), **Rool** (3), **Ehrlacher** (3), **Desvignes** (3), **Deguerville** (3), **Swierczewski** (3), **P. Moreau** (3), **Daye** (2/2), **Savkovic** (2), **Pastinelli** (2), **Mosa** (2), **Tosi** (2), **Casanova** (2), **L. Marcialis** (2), **Luccini** (2), **Lenoir** (2), **Bauda** (2), **Kanyan** (2), **Mariini** (2), **Giordani** (2), **Badjika** (2), **Pantelic** (2), **O. Petrovic** (2), **M. Faye** (1), **Aussu** (1), **Fontana** (1), **Hodoul** (1), **Knayer** (1), **Calmettes** (1).

Bordeaux
HISTOIRE SANS FIN

S'ils détiennent le record du cinquantenaire pour le nombre de matches européens disputés par un club français (138), les Girondins de Bordeaux ne comptent aucun titre, malgré quelques exploits retentissants et une finale de C3 perdue, en 1996, face au Bayern Munich (0-2, 1-3).

Football Club des Girondins de Bordeaux

LE BILAN GÉNÉRAL

	C1	C2	C3	Total
Part.	4	2	19	25
J.	28	10	100	138
G.	9	6	52	67
N.	13	1	15	29
P.	6	3	33	42
Bp.	29	14	150	193
Bc.	30	10	122	162
Diff.	- 1	+ 4	+ 28	+ 31

Meilleure performance :
finale de la C3 en 1995-96

Renversants vainqueurs du Milan AC en quarts de finale de la C3 1995-96 (0-2, 3-0), les Bordelais chantent autour de Richard Witschge, qui joue les guitaristes. À gauche du Néerlandais, on reconnaît Dugarry (debout), Friis-Hansen et Lucas (assis). À droite, Zinédine Zidane et l'intendant Bernard Billat (poings tendus), au fond Gernot Rohr, et debouts (de g. à dr.) Lizarazu, Grenet, Dogon, Fischer.

Bordeaux

Bordeaux a eu Zidane, mais pas Platini. Avec le futur champion du monde (1998), les Girondins ont atteint la finale de la Coupe de l'UEFA (1996). Face au champion d'Europe (1984), meneur de jeu de la Juventus Turin, ils se sont inclinés en demi-finales de la Coupe des clubs champions (1985). Deux épopées formidables – et inoubliables – qui ont donné au club ses lettres de noblesse sur tout le continent.

Pourtant, c'est probablement en 1987, au terme d'une saison pleine (doublé Coupe-Championnat), que Bordeaux a raté, face au Lokomotiv Leipzig, en demi-finales de la Coupe des Coupes, sa plus belle occasion de devenir, avant l'OM puis le Paris-SG, le premier club français à remporter une Coupe européenne.

Dortmund, la première gifle allemande

Quand sont lancées les compétitions continentales, à la fin des années 1950, Bordeaux porte bien son surnom de « Belle endormie ». Ses footballeurs sont au fond du lit, en D2 ou derniers de la D1, en 1959-60 (avec dix points de retard sur l'avant-dernier !).

C'est donc d'une équipe mal en point dont hérite Salvador Artigas, l'ancien joueur revenu à Bordeaux en tant qu'entraîneur. Le technicien espagnol inculque un nouvel état d'esprit tactique, insistant sur la défense. Après deux saisons, Bordeaux

L'Espagnol Salvator Artigas, ancien joueur de la maison, devient en 1964 le premier entraîneur des Girondins en Coupe d'Europe.

retrouve l'élite, en 1962-63, et y figure bien : quatrième, avec la meilleure défense. Le premier grand cycle des Girondins commence. Pendant six saisons consécutives, ils vont se qualifier pour des Coupes européennes, même si, toujours placés, jamais vainqueurs, ils ne parviennent pas à accrocher le moindre titre hexagonal.

L'ossature est solide avec les André Chorda, Gilbert Moevi, Guy Calleja, Claude Rey derrière, et les Didier Couécou, Hector De Bourgoing, Aimé Gori, Gabriel Abossolo ou Laurent Robuschi devant. Mais, pour leur baptême européen, les joueurs au scapulaire tombent sur un rude morceau : le Borussia Dortmund (vainqueur de la C2, la saison suivante). Battus 1-4 à l'aller, ils remportent un beau mais inutile succès au retour

Ce 19 mars 1996 est le jour de Christophe Dugarry (à dr.). Admirablement soutenu par son compère Zidane (à g.), il marque deux fois et affole les défenseurs milanais.

Bordeaux

Contre Cologne en C2 1968-69, Bordeaux et Didier Couécou s'imposent chez eux (2-1) mais exploseront en Allemagne (0-3).

(2-0). Une première gifle allemande ; ce ne sera pas la dernière…

La saison suivante, en 1965-66, c'est une véritable correction que les Bordelais encaissent face au Sporting Portugal (1-10 sur les deux matches !). La scène européenne leur sourit un peu plus à l'automne 1966 : ils écartent Porto au premier tour (1-2, 2-1, tab) mais sont ensuite éliminés par les Belges de La Gantoise (0-1, 0-0)… En ce temps-là, le football français se situe loin des ténors européens. Et c'est tout naturellement que Bordeaux, en 1967-68, passe de nouveau un tour en C3, face aux modestes Irlandais de Saint Patrick's (3-1, 6-3), avant de buter sur Bilbao (1-3, 0-1).

Nouvel os en 1968-69 avec le FC Cologne, au premier tour de la C2 : succès à l'aller (2-1), mais cinglant revers au retour en Allemagne (0-3)… Bordeaux semble à son apogée. En fait, c'est son chant du cygne : deuxièmes, à deux points, des champions stéphanois, les Girondins perdent leur seconde finale de Coupe de France d'affilée face à Marseille (2-0) et leur déclin se confirme à la rentrée de septembre avec une piteuse élimination, au premier tour de la C3, face aux Écossais de Dunfermline (0-4, 2-0). Bordeaux replonge dans son grand sommeil ; douze ans vont s'écouler avant de revoir un match européen au parc Lescure…

Première rencontre avec le Lokomotiv Leipzig et première désillusion pour l'équipe de Marius Trésor (à dr.), balayée (2-3, 0-4) en Coupe de l'UEFA 1983-84.

C'est un moustachu bourru qui sonne le réveil. Trésorier du club depuis quelques années, Claude Bez accède à la présidence en 1978. Au terme de la saison 1979-80, avec son directeur sportif, Didier Couécou, il convainc Aimé Jacquet de les rejoindre.

Huit participations consécutives

L'ancien international de Saint-Etienne, entraîneur de Lyon, qu'il vient de sauver de la relégation, reste plus de huit saisons à la tête des Girondins, qui vivent alors la période la plus faste de leur histoire, avec trois titres de champion, aucune place au-delà de la quatrième en Championnat, deux Coupes de France, deux demi-finales européennes et huit participations consécutives aux Coupes d'Europe !

Sur le terrain, l'équipe se construit autour d'Alain Giresse, le joyau formé au club. Et avec la bienveillance de Jacques Chaban-Delmas. L'ancien Premier ministre, maire de Bordeaux, apporte l'argent (public) indispensable au recrutement et à la construction. Vieux domaine municipal, le château du Haillan et les hectares qui l'entourent deviennent, en 1982, l'outil de cette réussite.

Les Girondins ont, sur le papier, une formation redoutable. Aux Gérard Soler, Bernard Lacombe, Albert Gemmrich ou Felix Lacuesta (membres de l'équipe de France) viennent s'ajouter les René Girard, Jean-Christophe Thouvenel (qui deviendront eux aussi internationaux à Bordeaux), François Bracci, Marius Trésor et Jean Fernandez.

Troisièmes du Championnat 1980-81, les Bordelais s'offrent leur ticket de retour sur la scène européenne. Ils se renforcent encore, avec le stoppeur de l'équipe d'Algérie Nordine Kourichi, avec le gardien de celle de Yougoslavie Ilja Pantelic, mais surtout avec le transfert record pour l'époque (2 millions de francs, soit l'équivalent de 300 000 euros) du Lyonnais Jean Tigana, qui fait sensation.

Au deuxième tour de la Coupe de l'UEFA, Bordeaux tombe sur le Hambourg des Horst Hrubesch, Manfred Kaltz et consorts. Le futur finaliste de l'épreuve s'incline à Lescure (2-1) mais arrache la qualification au retour (2-0).

Iéna et Split à la moulinette

La campagne suivante, en 1982-83, procure deux soirées insensées au public de Lescure. Au premier tour de la Coupe de l'UEFA, Bordeaux s'incline encore en Allemagne (de l'Est), face au Carl Zeiss Iéna (1-3). Giresse marque le but de l'espoir, mais l'Allemand des Girondins, Dieter Müller, rate un penalty.

Bernard Lacombe, qui marque ici contre Dniepr en quarts de la C1 1984-85, est l'un des piliers du Bordeaux des années Bez.

SAISON 1982-83
BORDEAUX - HAJDUK SPLIT (YOU) : 4-0 (2-0)
C3. 16ES DE FINALE RETOUR
(ALLER 1-4)
3 novembre 1982, au Parc Lescure.
20 000 spectateurs.
Buts : Rohr (23e), Giresse (32e, 75e), Thouvenel (55e).
BORDEAUX : Ruffier - Rohr, Specht, Trésor, Bracci - Thouvenel, Giresse, Tigana, Memering (Domenech, 79e) - Lippini (Martinez, 62e), Lacombe. **Entr. :** Jacquet.

« Je suis satisfait, déclare cependant Jacquet, car nous avons montré que nous n'avons rien à envier à Iéna. C'est une formation parfaitement à notre portée. »

Quinze jours plus tard, la preuve est faite d'éblouissante façon, avec un cinglant 5-0 (trois buts de Müller, deux de Giresse). « Je ne m'attendais pas à un résultat aussi éclatant, avoue Jacquet, mais j'avais confiance en la qualité de mes hommes. » « J'étais persuadé que nous allions nous qualifier, assure Tigana. À l'aller, nous avions encaissé des buts trop bêtes. » Quant à René Girard, il a « l'impression d'avoir vécu un truc extraordinaire ».

On n'a encore rien vu. Voilà maintenant les Yougoslaves d'Hajduk Split. Chez eux, les Dalmates se remettent vite de l'ouverture du score, obtenue par Bernard Lacombe (6e) sur un service de Raymond Domenech. Tigana, Girard et Müller sont absents, alors le président Bez a beau avoir pris son parapluie fétiche, il ne peut arrêter le déluge : les « Bandits » de Split s'imposent 4-1.

Ce score et cet adversaire rappellent un exploit. Huit ans plus tôt, en 1974, les Verts stéphanois s'étaient également inclinés 1-4 à Split avant de retourner la situation dans leur « Chaudron » (5-1). Les Bordelais, qui ne retrouvent que Jean Tigana pour le retour, croient en leurs chances et, incroyable performance, s'imposent 4-0, grâce à deux buts d'Alain Giresse, un de Gernot Rohr et un de Jean-Christophe Thouvenel.

« Décidemment, constate Tigana en cet automne 1982, les matches de Coupe d'Europe ne sont pas comme les autres ; j'ai un peu retrouvé l'ambiance de la Coupe du monde. » Jacquet décortique : « Bordeaux était ce soir une formation révoltée. Il n'y avait pas beaucoup de monde pour

Le controversé Claude Bez (photo de g.) a su bâtir un grand club, autour d'Aimé Jacquet et notamment de Caspar Memering ou Gernot Rohr (photo de dr., de dr. à g.)

croire à notre qualification. On nous délaisse un peu et c'est normal. Jusqu'ici, nous n'avons rien démontré. Moi, j'y ai toujours cru. » Mais, comme à son habitude, Giresse reste lucide : « Je ne pense pas que nous remplacerons un jour Saint-Étienne dans le cœur des Français. Il existe des étiquettes indécollables. » Quant à Gernot Rohr, l'abrasif défenseur, il lâche dans un sourire : « Nous les avons intimidés. »

L'intimidation a ses limites : les Girondins déposent les armes au tour suivant, face aux Roumains de l'Universitatea Craiova (1-0, 0-2). En 1983-84, le premier tour – encore face à des Allemands – leur est fatal : le Lokomotiv Leipzig

remporte les deux manches, à Bordeaux (2-1) puis en RDA (4-0).

Arrive la grande saison 1984-85. Le football français, champion d'Europe et champion olympique l'été précédent, perd ses complexes. Les Bordelais sont champions de France et fournisseurs de cinq joueurs à la sélection victorieuse de Michel Hidalgo. Bez y ajoute le recrutement de Fernando Chalana, le génial meneur de jeu portugais, et Dominique Dropsy garde désormais le but marine et blanc. Sûrs de leur force, les Girondins avancent en obtenant des qualifications étriquées.

Au premier tour, ils écartent l'Athletic Bilbao (3-2, 0-0), dans un contexte houleux après l'extradition par le gouvernement français de trois membres d'ETA, l'organisation clandestine basque. Le match retour est particulièrement irrespirable et éprouvant physiquement. Ensuite, ils assurent face au Dinamo Bucarest, après prolongation (1-0, 1-1).

Le quart de finale retour, face à Dniepropetrovsk, est épique. Les autorités soviétiques, estimant le port ukrainien « ville interdite », déplacent la rencontre à Krivoï-Rog : 1-1, comme au match aller, y compris au terme de la prolongation. Les Bordelais s'imposent aux tirs au but, grâce au gaucher Chalana… qui frappe du droit ! Ils sont en demi-finales, et le tirage au sort leur désigne la Juventus Turin comme adversaire…

Piqué au vif, Giresse réalise un festival, en demies retour de la C1 1985, contre la Juventus de Boniek, Bonini et Scirea (de g. à dr.).

Platini et la Juve défendent à Lescure

Quatre des champions du monde en titre (Gaetano Scirea, Antonio Cabrini, Marco Tardelli et Paolo Rossi) portent le maillot rayé noir et blanc. Giovanni Agnelli, patron de Fiat et mécène de la « Vieille Dame », leur a adjoint Michel Platini et le Polonais Zbigniew Boniek. L'ensemble, dirigé par Giovanni Trapattoni, a de quoi faire peur. Au match aller, disputé au stadio Comunale devant plus de 60 000 spectateurs, les Girondins sont submergés et s'inclinent 0-3, avec deux passes décisives et un but de Platini.

L'Équipe du lendemain titre alors : « La Juve, c'est autre chose », ce qui irrite et même vexe les joueurs et l'encadrement bordelais. Pendant deux semaines, ils mûrissent leur revanche. Tactiquement,

Cette fois, les tirs au but sourient à Bordeaux et à Fernando Chalana, qui éliminent Dniepropetrovsk en quarts de finale de la Coupe des champions 1984-85.

Jacquet prépare un marquage individuel sur le meneur de jeu français.

Peine perdue, car Platini passe (presque) tout le match retour à porter secours à ses défenseurs assaillis. Dans un parc Lescure en folie, 40 200 spectateurs (record qui ne sera jamais battu) croient jusqu'au bout à l'impossible exploit. Dieter Müller marque en première période, puis Patrick Battiston inscrit un deuxième but à la 80e minute. Tigana a la balle de la prolongation au bout du pied, mais un arrêt réflexe du gardien Luciano Bodini sauve finalement les siens (2-0). Un petit geste qui a de grandes conséquences, sportives pour les Girondins, qui restent à la porte de la finale de C1, humaines pour la Juve, qui se qualifie pour la tristement célèbre finale du Heysel, à Bruxelles, face à Liverpool...

En attendant, Jacquet n'est pas déçu : « Notre satisfaction, c'est d'avoir prouvé que nous méritions la qualification autant que la Juventus. La sanction est terrible, mais c'est une de nos plus belles prestations européennes. » Tigana raconte : « Quand Battiston a marqué, j'y ai vraiment cru. Nous avons fait un match fantastique. » Quant à Thierry Tusseau, un peu provocateur, il interroge : « Bordeaux, c'est quoi ? La seule équipe à avoir battu la Juve en Coupe d'Europe cette saison. » Et Giresse constate, encore lucide : « Le coup de bambou, c'est à Turin qu'on l'a pris. Au moins avons-nous remis les pendules à l'heure vis-à-vis de nous-mêmes. »

1985-86 est la saison des vaches maigres. Bordeaux se fait surprendre dès le premier tour de la C1, par les Turcs de Fenerbahçe, qui réalisent l'énorme sur-

SAISON 1984-85
BORDEAUX - JUVENTUS (ITA) :
2-0 (1-0)
C1. DEMI-FINALES RETOUR
(ALLER 0-3)

24 avril 1985, au parc Lescure.
42 000 spectateurs.
Buts : Dieter Müller (25e), Battiston (80e).
BORDEAUX : Dropsy - Thouvenel, Specht, Battiston, Tusseau - Girard, Tigana, Giresse, Rohr (Chalana, 55e) - Bernard Lacombe, D. Müller. **Entr. :** Jacquet.

La détermination de ses deux partenaires du carré magique des Bleus, Giresse (à g.) et Tigana (à dr.), n'empêchera pas Platini d'atteindre la finale de la C1 au Heysel, en 1985.

Alain Giresse

Meneur de jeu français

1952 Naissance à Langoiran (le 2 août)
1970-86 Joueur de Bordeaux (2 titres et 1 Coupe de France, 1 demi-finale de C1)
1986-88 Joueur de Marseille (1 finale de Coupe de France)
1974-86 International français (1 Euro, 1 Coupe intercontinentale, 2 demi-finales de Mondial, 47 sélections, 6 buts)

Signe particulier : père de Thibault Giresse, également joueur professionnel.

Un grand petit homme

Du haut de ce mètre soixante-trois, une immense carrière vous contemple. Longue à démarrer, elle finit logiquement par tutoyer les sommets nationaux et internationaux.

Si le Prince charmant avait essayé son soulier de verre sur Alain Giresse, Cendrillon aurait fait grise mine. Mais, heureusement pour le football girondin, ce petit pied – pointure 38 – était fait pour des chaussures à crampons. Et pour transformer les « citrouilles », comme on désigne le ballon rond dans l'Aquitaine rugbystique, en balles magiques, bien que réelles.

Méconnu bien longtemps du grand public, Giresse ne tarde pourtant pas à briller devant le sien. Né en 1952, à Langoiran, Gironde évidemment, il rejoint les Girondins à l'âge des pupilles. Débuts en équipe première en 1970, à pas tout à fait 17 ans. Il a déjà atteint sa taille adulte : 1,63 m, celle qui ne l'empêchera pas de devenir un géant du football.

Sept ans d'attente

Giresse aime tant son terroir – l'herbe qui y pousse, la grappe qui y dore – qu'il n'a jamais eu la tentation de décliner l'offre, toujours renouvelée, de prolonger son contrat chez les Marine et Blanc. Mais, chez les Bleus, ça se passe moins bien. Avant d'être reconnu pour son talent incomparable, il attend sept ans, de sa première sélection, en 1974, à sa révélation comme meneur de jeu de l'équipe de France, en 1981. C'est aussi la période où Bordeaux ne brille guère et traverse la décennie sans connaître le parfum envoûtant des Coupes européennes. Pourtant, de ces années-là, Giresse dit (en 1985, à la veille d'affronter la Juventus Turin) : « Je jouais comme je joue aujourd'hui, et le plus beau but de ma carrière, je l'ai sans doute marqué contre Troyes. Si je le marquais aujourd'hui, on en ferait un événement... »

Pur produit de la vigne, il ne s'altère pas avec les années, au contraire. Et, à trente ans révolus, Giresse devient « Gigi », le complément idéal de Michel Platini, dont l'immense talent l'a injustement écarté des Bleus, avant que Michel Hidalgo ne décide de les associer.

Le meilleur avec... l'OM

À Bordeaux, dont il porte le brassard, il reste le meneur et le leader, même quand Claude Bez recrute ce qui se fait de mieux. Escorté par René Girard et Jean Tigana, intraitables récupérateurs, « Little Big Man » obtient peu à peu le statut de star internationale. L'Inter Milan, justement, lui fait une offre que Michel Platini, à peine débarqué à Turin, et en difficulté d'adaptation, lui conseille de refuser. Quelques mois plus tard, adulé des tifosi, « Platoche » aurait sans doute donné un autre conseil. Mais c'est trop tard et Platini, comme la plupart des adversaires européens des Bordelais, est à deux doigts de le regretter amèrement, ce soir d'avril 1985, à Lescure, où la bande à Giresse échoue d'un rien en demi-finales de la C1 face à la Juve (0-3, 2-0).

Ironie, mauvaise, de l'histoire, Giresse quitte les Girondins – et surtout Bez ! – au retour du Mondial 1986 et ne participe pas à la fabuleuse campagne de 1987 (Championnat, Coupe et demi-finales de la C2). Ce qui ne l'empêche pas d'être, avec l'OM, sacré meilleur joueur du Championnat de France par ses pairs... C.J.

La colonne vertébrale du Bordeaux de 1984-85, de g. à dr. : D. Müller, Specht, Chalana, Dropsy, Giresse, Battiston (masqué), Lacombe, Rohr (masqué), Thouvenel et Tigana.

Bordeaux

prise de gagner à l'aller en France (3-2, 0-0). C'est une grosse désillusion pour les Girondins, qui, distancés en Championnat, se qualifient toutefois pour la C2 en s'octroyant la Coupe de France, en finale contre l'OM (2-1, a.p.) grâce à un ultime but de Giresse… que Bernard Tapie fait signer pour la saison suivante !

Giresse part, Touré, Vercruysse, Ferreri et les Vujovic arrivent

Sans l'emblématique meneur de jeu, l'exercice 1986-87 sera pourtant le plus accompli de l'ère Jacquet. Giresse est à Marseille mais arrivent en Gironde José Touré, Philippe Vercruysse, Jean-Marc Ferreri et les frères jumeaux yougoslaves Zlatko et Zoran Vujovic. En France, Bordeaux ne trouve pas de rival à sa hauteur et ce ne sont pas les Irlandais de Waterford qui peuvent lui résister au premier tour de la C2 (2-1, 4-0).

Mais l'adversaire suivant n'est autre que Benfica, le géant portugais. Devant 110 000 spectateurs, au stade de la Luz, un but de Zlatko Vujovic permet d'obtenir le nul (1-1). Le retour est aussi serré. Un coup franc de Vercruysse et une solide défense s'avèrent suffisants (1-0). Le Torpedo Moscou, en quarts de finale aller, est constamment dominé à Lescure, mais ne concède qu'un but, de Philippe Fargeon (1-0). Ça s'annonce juste pour le retour, disputé à Tbilissi, en Georgie. Mais Touré ouvre le score sur penalty et s'engage alors une course poursuite que les Soviétiques ne parviennent pas à mener à bien, malgré une copieuse domination et une inutile victoire (3-2).

Deux ans après avoir défié la Juventus, les Bordelais disputent une nouvelle demi-finale, cette fois en Coupe des Coupes. Et cette fois en position de favoris. Le Lokomotiv Leipzig semble en effet manquer d'envergure pour s'inviter à la finale majuscule d'Athènes, qui pourrait opposer l'ossature de l'équipe de France championne d'Europe en 1984 à celle des Pays-Bas qui, rassemblée au sein de l'Ajax Amsterdam, remportera la saison suivante l'Euro 88 (Gullit, Van Basten, Rijkaard, Bergkamp, Rob, Witschge, Winter, Verlaat…).

Contre Leipzig, la plus injuste des défaites

À Lescure, les Girondins dominent de la tête et des épaules des Allemands de l'Est maintes fois sauvés par de miraculeux arrêts de leur gardien, un certain René Müller. Pendant qu'il arrête tout, l'incroyable survient à la 65e minute : Richter rate complètement une reprise et, par une étrange parabole, voit le ballon rebondir sur la barre avant de revenir sur Uwe Bredow, qui marque et scelle la plus injuste défaite européenne de l'histoire girondine (0-1).

Jacquet se dit « abasourdi » et ajoute : « Produire autant d'efforts pour être battu, c'est dur. Il faut pourtant être optimiste. Dans le football de haut niveau, quand il existe une forme d'injustice, elle peut devenir un formidable stimulant. » « Il faut espérer que nous bénéficierons à Leipzig d'un coup de pouce du destin », affirme Battiston.

Jamais un club français ne s'est imposé en RDA. Malgré les forfaits de ses deux défenseurs centraux, Léonard Specht et Patrick Battiston, remplacés par Gernot Rohr et Alain Roche, le destin semble bel et bien avoir choisi Bordeaux au moment où le défenseur allemand Lindner marque contre son camp (3e). La tendance s'alourdit quand Dropsy stoppe un penalty. Mais le score n'évolue plus et c'est aux tirs au but que doit se jouer la place en finale.

Zoran Vujovic ne voulait pas tirer

À un premier échec sans conséquence de Philippe Vercruysse succède un second, fatal, de Zoran Vujovic, pour clore une longue et triste série (6 tab 5). Le vestiaire bordelais, vestiaire de vainqueurs-vaincus, est un océan de désolation. « La sanction est terrible, marmonne Jacquet, décomposé. Notre match a été excellent. Je sais bien que Zoran n'était pas très chaud pour tirer, mais il n'était pas le seul. Il fallait bien que quelqu'un se dévoue, plus personne ne voulait y aller. »

Dropsy parvient à prononcer quelques mots : « C'est dur, c'est très dur, mais on n'y peut plus rien. On était meilleurs qu'eux et alors ? Au bout, il n'y a rien. »

Les Coupes d'Europe, comme la nature, ayant horreur du vide, 1987-88 voit débuter en équipe première deux espoirs formés au club : Christophe

SAISON 1986-87
LOKOMOTIV LEIPZIG (RDA) - BORDEAUX : 0-1 (6 TAB 5)
C2. DEMI-FINALES RETOUR
(ALLER 1-0)
22 avril 1987, au Zentral Stadion.
73 000 spectateurs.
But : Lindner (3e, c.s.c.).
BORDEAUX : Dropsy - Thouvenel, Rohr, Roche, Zo. Vujovic - Girard, Tigana, Touré, Ferreri (Vercruysse, 79e) - Fargeon, Zl. Vujovic.
Entr. : Jacquet.

Sur son terrain, Jean Tigana baisse pavillon face au Lokomotiv Leipzig (0-1), en demi-finales aller de la C2 1986-87. L'exploit du match retour restera insuffisant.

Zinédine Zidane, son entraîneur Gernot Rohr, le président Alain Afflelou et Bixente Lizarazu (photo de g., de g. à dr.) symbolisent le rajeunissement de Bordeaux dans les années 1990. Contre le Betis lors de la C3 1995-96 (ci-dessus), Zidane va réussir, du rond central, un but somptueux et décisif. Les Girondins sont de retour !

Dugarry et Vincent (qui, plus tard se « basquisera » en Bixente) Lizarazu. Les Girondins butent sans perdre (0-0, 1-1), en quarts de finale de la C1, face au futur vainqueur de l'épreuve, le PSV Eindhoven. Un an plus tard, ils tombent encore avec les honneurs, face au Naples de Maradona, encore à cause d'un revers initial à domicile (0-1, 0-0), en huitièmes de finale de la C3, une compétition que les Napolitains remporteront au printemps suivant. C'est le dernier tour européen d'Aimé Jacquet, licencié en février 1988, et remplacé, sans plus de succès, par Didier Couécou.

L'effectif est pourtant important avec les arrivées de Jesper Olsen, Enzo Scifo, Clive Allen, Bernard Genghini, Yannick Stopyra et même Éric Cantona, « refilé » à la trêve par Bernard Tapie, l'ennemi juré.

Zidane relance la machine

Une saison sans recette européenne et c'est tout le fragile équilibre financier qui s'écroule. Le trou est estimé à 300 millions de francs. Bez est contraint à la démission… Bordeaux n'a plus les moyens et l'AS Rome se charge, en huitièmes de finale de la C3 (1990-91), de clore par deux raclées (5-0, 0-2 à Lescure) ce cycle courant sur dix ans. Le scandale politico-financier éclate. Les Girondins sont rétrogradés administrativement en D2.

Ils remontent aussitôt. Alain Afflelou, le lunetier, préside ; Rolland Courbis entraîne. Il trouve un surnom, « Zizou », à l'espoir venu de Cannes : Zinédine Zidane. Il en fait aussi un meneur de jeu, de plus en plus complice, sur et hors le terrain, avec Dugarry et Lizarazu.

Trois saisons de suite, cette équipe, qui repose sur ses jeunes espoirs, dispute la Coupe de l'UEFA, malgré une intense cacophonie interne. Deux tours de chauffe en C3 avant une épopée fantastique. La saison 1995-96, avec 61 matches officiels, sera la plus longue et la plus folle de l'histoire des Girondins.

Elle débute le 1er juillet, face à Nörkoping, dans un stade Lescure désert. Non qualifiés pour la C3, les Bordelais disputent en effet la toute nouvelle Coupe Intertoto. Six matches plus tard (cinq victoires, un nul), les voilà en Coupe de l'UEFA. Ils vont y être irrésistibles, multipliant les succès à l'extérieur, alors qu'ils effectuent un parcours catastrophique en Championnat (ils assureront leur maintien à la… 37e journée) qui coûte son poste d'entraîneur à Slavo Muslin, remplacé par Gernot Rohr.

En huitièmes de finale, ils écartent le Betis Séville (2-0, 1-2) grâce, au match retour, à un formidable but de Zidane, de près de quarante mètres, qui rend inutile la victoire des Espagnols.

Un miracle signé Christophe Dugarry

En quarts de finale, le sort semble les condamner. Ils tombent sur le Milan AC et perdent quasiment tout espoir à San Siro. Le club lombard, dans lequel évoluent les Français Marcel Desailly et Patrick Vieira, l'emporte (2-0), à sa main, sans trop se soucier de l'occasion en or manquée par Richard Witschge en toute fin de match. Au retour, à l'échauffement sur la pelouse de Lescure, les Milanais se contentent d'un simple *toro*. De fait, ils semblent surpris, dès les premières minutes, par le rythme et l'agressivité des petits *Francesi*. Didier Tholot marque à la 14e minute et les Girondins poussent encore durant la seconde période. En six minutes et deux buts (64e et 70e), Christophe Dugarry matérialise le miracle.

Virtuellement éliminés, avec vingt minutes à jouer au chrono, les Italiens, vexés, se ruent à l'attaque. Mais Gaëtan Huard, dans son but, réalise deux prouesses face à George Weah. Et l'incroyable reste gravé sur le tableau d'affichage : 3-0. Les Girondins sont qualifiés ! « Depuis quinze

À San Siro, en quarts de finale aller de la C3 1995-96, Bordeaux et « Zizou » perdent quasiment tout espoir, battus (0-2) par le Milan AC de Patrick Vieira.

Le plongeon du Milanais Ielpo est inutile. Didier Tholot (n° 9) fait mouche (1-0), Bordeaux est en route pour son match de rêve.

> **SAISON 1995-96**
> **BORDEAUX - MILAN AC (ITA) :**
> **3-0 (1-0)**
> **C3. QUARTS DE FINALE RETOUR**
> (ALLER 0-2)
> 19 mars 1996, au parc Lescure.
> 32 500 spectateurs.
> **Buts :** Tholot (15e), Dugarry (64e, 70e).
> **BORDEAUX :** Huard - Toyes, Friis-Hansen, Dogon, Lizarazu - Lucas, Dutuel (Grenet, 60e), Zidane, Richard Witschge - Tholot (Joachim Fernandez, 85e), Dugarry. **Entr. :** Rohr.

jours, il y avait dans le groupe une formidable envie de réaliser le miracle, explique Rohr. Il fallait y croire. Nous avons réalisé un match accompli, plein de combativité, d'enthousiasme, de motivation, de sérénité. C'est un moment d'euphorie inoubliable. Dans cette équipe, il y a une certaine folie. » Le président Afflelou voit forcément plus loin : « On va la gagner, cette Coupe d'Europe. »

Quant au héros du jour, Christophe Dugarry, il est sur son nuage : « Personne n'y croyait vraiment et pourtant nous sommes allés chercher cet exploit au fond de nous-mêmes. J'y croyais quand même un petit peu. C'est un moment fabuleux. Je ne peux être qu'au paradis. »

Le Bayern brise le rêve

Après cet exploit, le plus retentissant de la riche histoire du club, la demi-finale s'avère une formalité face au Slavia de Prague, après la victoire de Bordeaux en République tchèque (1-0, but de Dugarry). Pourtant, au retour de Prague, le malaise est palpable. Entre les joueurs et techniciens, d'un côté, et le président, de l'autre, le fossé est abyssal. Bordeaux s'impose à nouveau au match retour (1-0, but de Tholot), mais la joie de disputer une finale est contrariée par les menaces de relégation et le désir, manifesté de plus en plus ouvertement, des joueurs phares de quitter le club. Ce contexte explique, en partie seulement, la double défaite, sans discussion possible, face au Bayern Munich emmené par Lothar Matthäus, Jürgen Klinsmann et Jean-Pierre Papin.

À l'aller, en Bavière, les Girondins sont privés de Dugarry et Zidane, suspendus, ce qui ne les empêche pas de faire souffrir la défense allemande. Pas moins de six occasions nettes pour… aucun but. Le Bayern, lui, en inscrit deux. Le retour s'avère donc délicat. Il faut refaire le coup de Milan. Mais, cette fois, face aux rois du contre. En cinq tours précédents, le Bayern s'est imposé cinq fois à l'extérieur, notamment à Benfica, Nottingham et Barcelone. Dépité, Lescure assiste au sixième succès des Allemands, privés de Papin, suspendu. Les Bordelais tentent beaucoup mais doivent s'incliner 1-3 devant leur public. Mehmet Scholl ouvre le score (53e). Daniel Dutuel inscrit le but d'un infime espoir (76e) vite envolé quand Emil Kostadinov (78e) et Jürgen Klinsmann (83e) portent un double coup de grâce. « Ce soir, nous n'avions pas les moyens de remonter notre handicap, reconnaît Rohr. Au moins avons-nous essayé. Nous avons perdu il y quinze jours en ne concrétisant pas nos nombreuses occasions. Sur les deux matches, le Bayern était meilleur que nous et mérite sa victoire. »

« Le Bayern était trop fort, confirme Dugarry. La victoire allemande est amplement méritée. »

Sorti à la 29e minute, en raison d'une blessure à un genou, Lizarazu est à l'hôpital lors de la seconde mi-temps : « Les images, je les regarderai dans trois siècles et demi », dira-t-il tristement.

Ce n'est pas simplement la fin d'une année folle. C'est la fin d'un cycle glorieux : douze joueurs s'en vont, dont Zidane à la Juventus, Lizarazu à l'Athletic Bilbao et Dugarry au Milan AC. Afflelou retourne à ses chères lunettes et l'entraîneur Rohr au centre de formation.

Jean-Louis Triaud et Jean-Didier Lange prennent la présidence et s'attaquent à la reconstruction. Première mesure spectaculaire, ils redonnent aux Girondins leurs couleurs historiques : maillot marine et scapulaire blanc. Un autre attirail vestimentaire va symboliser le retour des Bordelais aux affaires européennes : la casquette de l'entraîneur Élie Baup. Pendant sept saisons consécutives, le club va se qualifier pour une Coupe d'Europe. Mais ce sera son principal exploit. Il est éliminé au premier tour de la Coupe UEFA en 1997-98, face à Aston Villa (0-0, 0-1 a.p.). La saison suivante, les Girondins passent trois tours mais se font corriger en quarts de finale par le Parme de Lilian Thuram, futur vainqueur de la C3, à la suite d'un match retour calamiteux en Italie (2-1, 0-6).

Champions de France 1999, ils participent à la Ligue des champions et passent le premier tour derrière le Sparta Prague, mais devant le Spartak Moscou et Willem II, avant de disparaître lors de la seconde phase de poules, au cours de laquelle ils ne font jeu égal qu'avec la

En finale aller de la C3 1995-96, le Français du Bayern Jean-Pierre Papin sort vainqueur du duel acharné (photo de g.) qu'il livre à un futur Munichois, Bixente Lizarazu (n° 3). Au retour, tout le talent du Néerlandais Richard Witschge (photo de dr.) ne suffit pas à redresser la balance (0-2, 1-3). Bordeaux laisse filer cette coupe de l'UEFA dont il rêve depuis l'Intertoto.

La génération des Mavuba (au fond), Chamakh (au c.) et Celades (à dr.) est elle aussi capable de coups d'éclat, comme contre Bruges et Van der Heyden lors de la C3 2003-04.

SAISON 2003-04
FC BRUGES (BEL) - BORDEAUX : 0-1 (0-0)
C3. 8ES DE FINALE RETOUR
(ALLER 1-3)
25 mars 2004, à Bruges. 27 000 spectateurs
But : Chamakh (85e).
BORDEAUX : Ramé - Jemmali, Planus, Caneira, Jurietti - Mavuba, Eduardo Costa (Miranda, 68e) - Francia, Celades, Riera (Bruno Basto, 87e) - Chamakh. **Entr. :** Pavon.

Fiorentina (0-0 et 3-3), s'inclinant à l'extérieur comme à domicile face à Valence (0-3 et 1-4) et Manchester United (0-2 et 1-2). En 2000-01, on les croit bien partis après leur succès en seizièmes de finale de la C3, face au Werder de Brême (4-1, 0-0). Mais ils s'inclinent deux fois face au Rayo Vallecano (1-4, 1-2).

Un dernier joli coup à Bruges

Les deux saisons suivantes, ils sont éliminés sans gloire en seizièmes de finale, par les Néerlandais de Roda JC (1-0, 0-2), puis par les Belges d'Anderlecht (0-2, 2-2). Leur parcours en 2003-04 est beaucoup plus honorable… et très surprenant. Car Élie Baup, à cause de résultats décevants en Championnat, est remplacé à l'automne par Michel Pavon. Celui-ci, déçu par les titulaires, lance dans le grand bain les jeunes pousses issues du centre de formation. Premier fait d'armes à Edimbourg où, face à Heart of Midlothian, les Girondins renversent la situation après leur défaite de l'aller (0-1, 2-0).

À Bruges, ils s'imposent encore (1-0, Chamakh, 85e) au terme d'un match où les « minots » Rio Mavuba, Juan Pablo Francia ou Marouane Chamakh réalisent une performance étourdissante et confirment le succès du match aller (3-1). Contre les Espagnols de Valence, en quarts, on croit que l'histoire va se répéter. Mais cette jeune garde n'a pas la maturité des Zizou, Duga ou Liza de 1996, il est vrai plus âgés. Alors, tout en faisant bonne figure, les Bordelais s'inclinent deux fois (1-2) face aux futurs vainqueurs de l'épreuve. Ainsi se termine le cycle Baup, achevé par Michel Pavon. En attendant le prochain… ■ C.J.

Bordeaux

Bordeaux et l'Europe

Les 138 matches

1964-65	C3	1T	Borussia Dortmund (RFA) - Bordeaux		4-1	0-2
1965-66	C3	1T	Bordeaux - Sporting CP (POR)		0-4	1-6
1966-67	C3	1T	FC Porto (POR) - Bordeaux	(ap/tas)	2-1	1-2
	C3	2T	La Gantoise (BEL) - Bordeaux		1-0	0-0
1967-68	C3	1T	St. Patrick's Athletic (IRL) - Bordeaux		1-3	3-6
	C3	2T	Bordeaux - Athletic Bilbao (ESP)		1-3	0-1
1968-69	C2	1T	Bordeaux - FC Cologne (RFA)		2-1	0-3
1969-70	C3	1T	Dunfermline Athletic (ECO) - Bordeaux		4-0	0-2
1981-82	C3	1T	Vikingur Reykjavik (ISL) - Bordeaux		0-4	0-4
	C3	2T	Bordeaux - Hambourg SV (RFA)		2-1	0-2
1982-83	C3	1T	Carl Zeiss Iéna (RDA) - Bordeaux		3-1	0-5
	C3	2T	Hajduk Split (YOU) - Bordeaux		4-1	0-4
	C3	8es	Bordeaux - Univ. Craiova (ROU)	(ap)	1-0	0-2
1983-84	C3	1T	Bordeaux - Lokomotiv Leipzig (RDA)		2-3	0-4
1984-85	C1	1T	Bordeaux - Athletic Bilbao (ESF)		3-2	0-0
	C1	8es	Bordeaux - Dinamo Bucarest (ROU)	(ap)	1-0	1-1
	C1	Q	Bordeaux - Dnieprop.(URS)	(5 tab 3)	1-1	1-1
	C1	D	Juventus Turin (ITA) - Bordeaux		3-0	0-2
1985-86	C1	1T	Bordeaux - Fenerbahçe (TUR)		2-3	0-0
1986-87	C2	1T	Waterford United (IRL) - Bordeaux		1-2	0-4
	C2	8es	Benfica (POR) - Bordeaux		1-1	0-1
	C2	Q	Bordeaux - Torpedo Moscou (UFS)		1-0	2-3
	C2	D	Bordeaux - Lok. Leipzig (RDA)	(5 tab 6)	0-1	1-0
1987-88	C1	1T	Bordeaux - Dynamo Berlin (RDA)		2-0	2-0
	C1	8es	Lilleström SK (NOR) - Bordeaux		0-0	0-1
	C1	Q	Bordeaux - PSV Eindhoven (HOL)		1-1	0-0
1988-89	C3	1T	Dniepropetrovsk (URS) - Bordeaux		1-1	1-2
	C3	2T	Ujpest Dosza (HON) - Bordeaux		0-1	0-1
	C3	8es	Bordeaux - SSC Naples (ITA)		0-1	0-0
1990-91	C3	1T	Glenavon (ILN) - Bordeaux		0-0	0-2
	C3	2T	FC Magdebourg (RDA) - Bordeaux		0-1	0-1
	C3	8es	AS Rome (ITA) - Bordeaux		5-0	2-0
1993-94	C3	1T	Bohemians Dublin (IRL) - Bordeaux		0-1	0-5
	C3	2T	Bordeaux - Servette Genève (SUI)		2-1	1-0
	C3	8es	Bordeaux - Karlsruhe SC (ALL)		1-0	0-3
1994-95	C3	1T	Bordeaux - Lilleström SK (NOR)		3-1	2-0
	C3	2T	GKS Katowice (POL) - Bordeaux		1-0	1-1
1995-96	C3	1T	Vardar Skopje (MAC) - Bordeaux		0-2	1-1
	C3	2T	Bordeaux - Rotor Volgograd (RUS)		2-1	1-0
	C3	8es	Bordeaux - Betis Séville (ESP)		2-0	1-2
	C3	Q	Milan AC (ITA) - Bordeaux		2-0	0-3
	C3	D	Slavia Prague (RTC) - Bordeaux		0-1	0-1
	C3	F	Bayern Munich (ALL) - Bordeaux		2-0	3-1
1997-98	C3	1T	Bordeaux - Aston Villa (ANG)	(ap)	0-0	0-1
1998-99	C3	1T	Bordeaux - Rapid Vienne (AUT)		1-1	2-1
	C3	2T	Vitesse Arnhem (HOL) - Bordeaux		0-1	1-2
	C3	8es	Grasshopper Zurich (SUI) - Bordeaux		3-3	0-0
	C3	Q	Bordeaux - Parme AC (ITA)		2-1	0-6
1999-00	C1	LC	Sparta Prague (RTC) - Bordeaux		0-0	
	C1	LC	Bordeaux - Willem II (HOL)		3-2	
	C1	LC	Bordeaux - Spartak Moscou (RUS)		2-1	
	C1	LC	Spartak Moscou (RUS) - Bordeaux		1-2	
	C1	LC	Bordeaux - Sparta Prague (RTC)		0-0	
	C1	LC	Willem II (HOL) - Bordeaux		0-0	
	C1	LC	FC Valence (ESP) - Bordeaux		3-0	
	C1	LC	Bordeaux - Fiorentina (ITA)		0-0	
	C1	LC	Manchester United (ANG) - Bordeaux		2-0	
	C1	LC	Bordeaux - Manchester United (ANG)		1-2	
	C1	LC	Bordeaux - FC Valence (ESP)		1-4	
	C1	LC	Fiorentina (ITA) - Bordeaux		3-3	
2000-01	C3	1T	Lierse SK (BEL) - Bordeaux		0-0	1-5
	C3	2T	Bordeaux - Celtic Glasgow (ECO)	(ap)	1-1	2-1
	C3	16es	Bordeaux - Werder Brême (ALL)		4-1	0-0
	C3	8es	Rayo Vallecano (ESP) - Bordeaux		4-1	2-1
2001-02	C3	1T	Bordeaux - Debreceni VSC (HON)		5-1	1-3
	C3	2T	Bordeaux - Standard Liège (BEL)		2-0	2-0
	C3	16es	Bordeaux - Roda JC Kerkrade (HOL)		1-0	0-2
2002-03	C3	1T	Bordeaux - Matador Puchov (SLQ)		6-0	4-1
	C3	2T	Djurgärdens IF (SUE) - Bordeaux		0-1	1-2
	C3	16es	Bordeaux - RSC Anderlecht (BEL)		0-2	2-2
2003-04	C3	1T	Bordeaux - Artmedia Petrzalka (SLQ)		2-1	1-1
	C3	2T	Bordeaux - Heart of Midlothian (ECO)		0-1	2-0
	C3	16es	Groclin G.W. (POL) - Bordeaux		0-1	1-4
	C3	8es	Bordeaux - FC Bruges (BEL)		3-1	1-0
	C3	Q	Bordeaux - FC Valence (ESP)		1-2	1-2

Les 187 joueurs et les 10 entraîneurs

Ramé (48 matches), **A. Jacquet** (entr.) (42 matches), **Thouvenel** (40 matches/1 but), **Grenet** (38), **É. Baup** (entr.) (38), **Dugarry** (35/11), **Tigana** (34), **G. Rohr** (33/1), **Afanou** (31), **Dropsy** (30), **Laslandes** (28/4), **R. Girard** (28/2), **A. Roche** (28/1), **Diabaté** (27/1) **Jemmali** (27), **Lizarazu** (26/1), **Ferreri** (25/8) **P. Feindouno** (24/9), **Battiston** (24/2), **Basto** (24) **Sénac** (23), **Wiltord** (22/9), **B. Lacombe** (22/4) **Ri. Witschge** (22/2), **Batlles** (22/2), **Dogon** (22) **Specht** (22), **G. Huard** (22), **A. Giresse** (21/7) **Micoud** (21/5), **Saveljic** (20), **Zo. Vujovic** (19/2), **Eduardo Costa** (19/1), **H. Alicarte** (19/1), **Zidane** (18/4), **Pavon** (18/1), **Pauleta** (17/9), **Smertine** (17), **Lucas** (17), **Croci** (16/1), **Bonnissel** (16), **A. Martinez** (15/1), **Caneira** (15), **Zl. Vujovic** (14/2), **Dutuel** (14/2), **Calleja** (14/1), **Sommeil** (14/1), **Fargeon** (13/1), **Bancarel** (12/3), **Trésor** (12/2), **Planus** (12/1), **Baudet** (12), **Montès** (12), **Darcheville** (11/7), **D. Müller** (11/6), **Vercruysse** (11/6), **Riera** (10/5), **Couécou** (10/2), **Bracci** (10/1), **Rouvière** (10), **Toyes** (10), **Celades** (9/2), **Abossolo** (9/2), **J. Touré** (9/2), **C. Martins** (9), **Jurietti** (9), **Chamakh** (8/4), **Paulo Miranda** (8/1), **Péan** (8), **K. Diawara** (8), **Legwinski** (8), **M. Pavon** (entr.) (8), **J.-P. Bakrim** (entr.) (8), **S. Artigas** (entr.) (8), **Robuschi** (7/1), **Péri** (7/1), **Tusseau** (7/1), **Chorda** (7/1), **Fofana** (7/1), **Desremeaux** (7), **R. Domenech** (7), **Lassagne** (7), **Torres Mestre** (7), **G. Rohr** (entr.) (7), **Wojciak** (6/3), **Y. Stopyra** (6/2), **Histilloles** (6/2), **Massé** (6/2), **Christian** (6/2), **Scifo** (6/1), **Guillas** (6/1), **J.-P. Durand** (6), **É. Dewilder** (6), **Musampa** (6), **Benarbia** (6), **Moevi** (6), **Y. Fischer** (6), **N. Sahnoun** (6), **Friis-Hansen** (6), **C. Rey** (6), **Guérit** (6), **Prunier** (6), **Memering** (6), **Bell** (6), **Ruffier** (6), **S. Muslin** (entr.) (6), **R. Courbis** (entr.) (6), **Duhayot** (5/2), **Paille** (5/2), **Wilmots** (5/2), **Tholot** (5/2), **Texier** (5/1), **Dhorasoo** (5), **Dib** (5), **De Bourgoing** (5), **Bijotat** (5), **J.-F. Daniel** (5), **Vervoort** (5), **Meriem** (5), **Francia** (5), **S. Ziani** (5), **Mavuba** (5), **G. Gili** (entr.) (5), **Gemmrich** (4/2), **J. Fernandez** (4/2), **G. Soler** (4/1), **Savio** (4/1), **Ruiter** (4/1), **L. Fournier** (4/1), **Pochettino** (4), **Kieft** (4), **F. Roux** (4), **S. Plancque** (4), **C. Sanchez** (4), **D. Deschamps** (4), **Paulo Costa** (4), **Ferrier** (4), **J. Simon** (4), **Chalana** (4), **Castellan** (4), **D. Thomas** (4), **D. Pantelic** (4), **Ranouilh** (4), **Reinders** (3/1), **Petyt** (3/1), **Audrain** (3), **Burdino** (3), **J.-P. Bade** (3), **Allen** (3), **Marcio Santos** (3), **J.-L. Léonetti** (3), **Joa. Fernandez** (3), **Pascal** (3), **Deivid** (3), **Gimenez** (3), **B. Da Rocha** (3), **M. Zanotti** (2/1), **Relmy** (2/1), **K. Keita** (2/1), **Gralak** (2), **Luccin** (2), **Dubouil** (2), **Kourichi** (2), **Valdeir** (2), **B. Zénier** (2), **Betta** (2), **Grabowski** (2), **Bugnet** (2), **Anselin** (2), **Navarro** (2), **De Blasiis** (2), **G. Papin** (2), **Lippini** (2), **Colucci** (2), **Dortomb** (2), **J.-P. Papin** (2), **Delachet** (2), **G. Stephan** (entr.) (2), **Othily** (1/1), **Hanini** (1/1), **De Bono** (1), **Franco** (1), **Vukomanovic** (1), **Richert** (1), **Andrien** (1), **L. Sagna** (1), **Gori** (1), **Tayeb** (1), **Castant** (1), **Kossonogov** (1), **Malbeaux** (1), **Villa** (1), **Bidegarray** (1), **Noleau** (1), **Sence** (1), **Varesanovic** (1), **Ben Mabrouk** (1).

La seule apparition européenne des Lavallois, en 1983, se solde par un exploit retentissant contre Kiev, un but de légende contre l'Austria et une petite phrase du gardien Jean-Michel Godart. Inoubliables.

Laval « SCHTROUMPFÉS »,

Qui connaît Laval en Europe ? Avec ses 56 000 habitants et son club au palmarès inexistant, la renommée de la préfecture de la Mayenne ne dépasse pas les frontières de l'Hexagone lorsque sa première tentative continentale, en Coupe de l'UEFA, grâce à une belle cinquième place obtenue lors du Championnat 1982-83, l'amène à croiser la route du Dynamo Kiev.

Le club ukrainien est un géant. Vainqueur de la C2 en 1975, sous la flamboyante direction de son Ballon d'Or Oleg Blokhine, il s'apprête à récidiver, en 1986, grâce notamment à l'hyperactivité de son futur Ballon d'Or, Igor Belanov. Cette « équipe de l'an 2000 », patiemment bâtie par son démiurge Valeri Lobanovski, est, à l'automne 1983, proche de son plein épanouissement ; elle vient d'atteindre deux fois de suite les quarts de finale de la C1, tombant à chaque fois au sortir de l'hiver contre le futur vainqueur, Aston Villa (0-0, 0-2) en 1981-82, Hambourg (0-3, 2-1) en 1982-83. Elle développe surtout un jeu collectif exceptionnel, fait de fulgurances et de passes redoublées.

De son côté, le petit club mayennais sort… du CFA, où l'a pris son emblématique entraîneur, Michel Le Milinaire, pour le conduire d'abord en D1 (1976), où il demeurera treize saisons, puis sur les rives de l'Europe. Rien d'étonnant donc si les joueurs ukrainiens, presque tous internationaux soviétiques, toisent un peu de haut ces Français inconnus dont tout laisse présager qu'ils seront pour eux des proies faciles.

Une résistance titanesque en seconde mi-temps

Le 14 septembre 1983, au stade Olympique de Kiev, la pléiade d'internationaux soviétiques bute sur la forteresse mayennaise qui résiste vaillamment et, avec un brin de chance, obtient un magnifique résultat nul (0-0)…

Deux semaines plus tard, dans leur champêtre stade Francis-Le Basser, les Lavallois jouent une incroyable partition. Face à une défense ukrainienne lourde et empruntée, profitant aussi de la suffisance de leurs adversaires, les inconnus au maillot tango s'imposent 1-0, grâce à un but de José Souto (34e) puis à une heure de jeu passée à défendre,

Stade Lavallois

LE BILAN GÉNÉRAL

	C1	C2	C3	Total
Part.	-	-	1	1
J.	-	-	4	4
G.	-	-	1	1
N.	-	-	2	2
P.	-	-	1	1
Bp.	-	-	4	4
Bc.	-	-	5	5
Diff.	-	-	- 1	- 1

Meilleure performance : **seizièmes de finale de C3 en 1983-84**

José Souto (grande photo) est le buteur providentiel de la victoire sur Kiev (1-0), à la suite de laquelle posent dans leur vestiaire (ci-contre), en haut, (de g. à dr.) Godart, Goudet, Rabier, Buigues, Felci, Le Milinaire, Bozon, Sène, Osmond et en bas, (de g. à dr.) Pérard, Souto, Sorin, Faucher, Guillemet, Miton et Jank.

LES UKRAINIENS !

SAISON 1983-84
LAVAL - DYNAMO KIEV (URSS) : 1-0 (1-0)
C3. PREMIER TOUR RETOUR
(ALLER 0-0)
28 septembre 1983, stade Francis-Le Basser.
20 000 spectateurs.
But : Souto (34e).
LAVAL : Godart - Pérard, Sorin, Bozon, Miton - Rabier, Goudet, Souto - Jank (Paillard, 85e), Sène, Stéfanini.
Entr. : Le Milinaire.

inlassablement, héroïquement, jusqu'à l'épuisement. Épique.

L'impossible se produit donc, Laval élimine Kiev (1-0), et, au coup de sifflet final, le gardien français, Jean-Michel Godart, hilare, prononce spontanément cette phrase qui passera à la postérité : « On les a schtroumpfés ! » La référence aux petits personnages bleus de la bande dessinée de Peyo stigmatise la réaction d'orgueil de tout le groupe lavallois, vexé de la commisération avec laquelle il avait été accueilli en Ukraine. Sa réponse est superbe, morale, et son exploit inoubliable pour les 16 500 spectateurs subjugués, les 42 journalistes présents et les nombreux téléspectateurs qui vibrent devant leur poste de télévision. La diffusion en direct de l'exploit lui donne un énorme retentissement.

Le chef-d'œuvre de Stéfanini

Au tour suivant, les Lavallois s'inclinent à Vienne devant l'Austria (0-2), qui aligne cinq internationaux, dont le Hongrois Tibor Nyilasi et le subtil technicien Herbert Prohaska. Ils enflamment pourtant à nouveau leur stade au retour. Ils ouvrent rapidement le score (15e) par Oumar Sène de la tête sur un centre d'Éric Stéfanini, égalisent sur l'ensemble des deux matches par Jean-Marc Miton, servi par Thierry Goudet (40e). Et ils prennent même l'avantage, deux minutes plus tard, sur une extraordinaire volée du gauche de Stéfanini ! 3-0 à la mi-temps, un nouveau miracle s'annonce à Le Basser !

Hélas, au tango succède une triste et trop rapide valse viennoise : deux buts de Baumeister (51e, 55e) et un troisième marqué contre son camp par le jeune Loïc Pérard (65e) anéantissent le fol espoir.

Il n'y aura plus d'apparition européenne pour l'équipe de Michel Le Milinaire, laquelle finira, à force de devoir laisser partir ses meilleurs éléments, par retrouver la D2 en 1989. Mais bien des clubs qui ont disputé vingt fois plus de matches continentaux n'ont jamais connu de telles montées d'adrénaline. ■ A.P.

Laval

L'entrée en scène du « grand Schtroumpf » Jean-Michel Godart, entre Patrice Bozon (à g.) et Loïc Pérard, le jour de Laval-Kiev.

Laval et l'Europe

Les 4 matches

1983-84	C3	1T	Dynamo Kiev (URS) - Laval	0-0	0-1
	C3	2T	Austria Vienne (AUT) - Laval	2-0	3-3

Les 15 joueurs et l'entraîneur

Stéfanini (4 matches/1 but), **Sène** (4/1), **Souto** (4/1), **Miton** (4/1), **Rabier** (4), **Pérard** (4), **Jank** (4), **Goudet** (4), **M. Sorin** (4), **Bozon** (4), **Godart** (4), **M. Le Milinaire** (entr.) (4), **C. Thordarsson** (2), **Buigues** (2), **Felci** (1), **Paillard** (1).

Lens
IL ÉTAIT UNE FOI

En s'appuyant sur un esprit de corps au-delà de la moyenne et sur un public sensationnel, le club nordiste est crédité de quelques-uns des plus beaux exploits du football français en Coupes d'Europe. La Lazio Rome, Arsenal et Kaiserslautern s'en souviennent.

Racing Club de Lens

BILAN EUROPÉEN

	C1	C2	C3	Total
Part.	2	1	8	11
J.	12	4	42	58
G.	4	1	19	24
N.	4	1	10	15
P.	4	2	13	19
Bp.	16	10	76	102
Bc.	17	7	47	71
Diff.	- 1	+ 3	+ 29	+ 31

Meilleure performance :
demi-finales de la C3 en 1999-2000

Regard halluciné, Didier Six semble à peine comprendre ce qui lui arrive au terme de ce seizième de finale de la C3 1977-78. En inscrivant trois des six buts du triomphe contre la Lazio Rome (6-0), il devient le héros du peuple sang et or.

Un objet volant très identifié, Didier Six, taille en pièces le catenaccio romain.

Club de terroir issu des houillères, le Racing Club de Lens n'a longtemps eu d'autre ambition européenne que celle de réunir des Polonais et des Français au sein d'une même entité. Privé d'honneur et de palmarès, concourant seulement pour les accessits du meilleur public et des chevauchées les plus solidaires, le club se contente de pimenter sa légende de quelques épopées, furtives le plus souvent. Mais tellement incandescentes...

Au culot, à la bravoure, en défiant les lois de la rationalité, les Gaulois ch'tis renversent des terrils sans penser au lendemain, souvent loin de chez eux et rarement après l'automne.

Un grand Six pour un grand six

Il est impensable, en 1977, qu'un club français, même effronté, même évoluant dans un volcan de lave sang et or, nommé stade Bollaert, brise impunément la digue d'un *catenaccio* rompu à tous les traquenards. En un soir de novembre de Coupe UEFA, le RCL accomplit bien plus que cela. Il fait voler en éclats l'équipe de la Lazio Rome, pourtant nantie d'une confortable avance après le match aller dans la capitale italienne (2-0). Sous la pluie battante, les Lensois se reformatent en version totalement offensive, tellement oppressante devant qu'il en devient inutile de savoir défendre. Tout comme les pylônes d'éclairage implosant en plein match, ce qui provoque un arrêt de quarante minutes du jeu, les Italiens finissent par disjoncter. Match électrique. L'ex-Valenciennois Didier Six, star internationale à l'intégration tumultueuse, se fait pardonner ses blessures et son salaire en réus-

SAISON 1977-78
LENS - LAZIO ROME :
6-0 a.p. (1-0, 2-0)
C3. 16ES DE FINALE RETOUR
(ALLER 0-2)

2 novembre 1977,
au stade Félix-Bollaert. 30 000 spectateurs.
Buts : Six (45e, 57e, 115e), Bousdira (109e), Djebaïli (118e, 119e).
LENS : Tempet - Hopquin, Flak, Leclercq, Joly - Sab (Djebaïli, 94e), Bousdira, Krawczyk (Elie, 75e) - Marx, Françoise, Six.
Entr. : Sowinski.

En 1983, l'enthousiasme du jeune entraîneur Gérard Houllier se heurte à l'étrange malédiction lensoise du 7 décembre.

sissant deux exploits techniques qui contraignent les Romains à concéder une prolongation qui les hantera à jamais. À l'agonie, ils plient sur chaque offensive nordiste. Laminés, broyés, ils pourraient encaisser bien plus que les quatre nouveaux buts, dont un troisième de Six et trois lors des cinq dernières minutes, qui transforment l'*extra-time* en un interminable chemin de croix (6-0). « Quel délire ! Quelle euphorie ! », s'exclame Didier Six, au terme du plus authentique des exploits lensois, le seul réalisé à domicile, et donc niché à jamais dans les recoins les plus doux des mémoires du cru.

La malédiction du 7 décembre

Mais, après cet abracadabrant déniaisement, le rapport du RCL à l'Europe devient pour longtemps anecdotique, en raison de l'affaire dite « des 7 décembre poisseux », date fatidique scellant rituellement, au fil des décennies, l'élimination en UEFA de joueurs contraints d'hiberner plus tôt qu'ils ne le souhaiteraient.

Dans la foulée de la nuit folle face à la Lazio, Lens perd aussitôt ses illusions contre Magdebourg. Puni à l'aller (0-4), il est trop court pour renverser la vapeur au retour… le 7 décembre (2-0).

En 1983, Anderlecht, le troisième d'une insolite triplette belge – après la Gantoise et Antwerp – à s'opposer en enfilade au RCL de Gérard Houllier, dans ces derbies d'un Nord élargi, terrasse le club français d'un petit but marqué en Belgique… le 7 décembre (0-1).

Le petit caillou de Munaron

Après l'aller, pourtant, les Nordistes peuvent croire en leur bonne étoile. Nous sommes là le 23 novembre et, menés 0-1 chez eux à deux minutes de la fin, ils égalisent, dans la foulée, sur un des buts les plus immensément gaguesques de l'histoire du foot. Le gardien belge Jacky Munaron s'apprête à s'emparer aisément d'un ballon tranquillement passé en retrait par son partenaire Kenneth Brylle, lorsqu'un petit caillou, lancé des tribunes avec une précision diabolique, dévie subrepticement la trajectoire de la boule de cuir, qui soudain file dans sa cage (1-1) !

Vercruysse, Xuereb, Tempet (de g. à dr.) stoppés par Van der Eycken et Anderlecht.

La malédiction du 7 décembre se manifeste encore douze ans plus tard, en 1995, quand le Slavia Prague vient piteusement éliminer, à Bollaert, des Lensois décidément privés de grands soirs (0-1).

Pour conjurer le sort, il faut sans doute un président fétichiste, adepte des chiffres sacrés et de superstitions variées. Débarquant en 1988, l'autodidacte Gervais Martel rebâtit pierre après pierre un club minier qui a failli péricliter. Il rameute

Face à la Lazio Rome (6-0, a.p.), même le remplaçant Moncef Djebaïli, 20 ans, se sent pousser des ailes et marque deux buts dans les ultimes minutes de la prolongation.

Daniel Leclercq

Avec « le Druide » Daniel Leclercq (à dr.) et le président Gervais Martel, bâtisseur du RCL moderne, Lens gagne enfin des titres.

Entraîneur français

1949 Naissance à Trith-Saint-Léger (59) (le 4 septembre)

1961-84 Milieu de terrain de Valenciennes, Marseille et Lens (2 titres de champion, avec l'OM)

1993-99 Entraîneur de Lens (1 titre de champion, 1 Coupe de la Ligue, 1 finale de Coupe de France)

Signe particulier : apôtre du football offensif, il se montre plutôt défensif dans ses relations professionnelles : quand ça ne va pas, il part.

Le Nord massif

Comme meneur de jeu ou défenseur clairvoyant puis comme entraîneur autoritaire, cet éternel décalé et Nordiste pur jus est l'homme clé des deux plus belles pages européennes du RC Lens.

Éternellement fusionnel avec son Nord, qu'il n'aura quitté que pour un séjour à l'OM (1970-74), il est au départ « le Grand Blond ». Une machine, diaphane et anticonformiste, à délivrer des transversales précises de gaucher, un meneur toujours prêt à peser sur le cours du jeu et sur le mental de coéquipiers parfois vexés par ses bouderies de perfectionniste indécrottable.

À l'époque du 6-0 contre la Lazio, en 1977, les suiveurs raillent les failles défensives d'une équipe lensoise soumise à l'inspiration d'un drôle de libero, le très offensif Daniel Leclercq.

Avant d'aller à Rome, le club a même dangereusement fauté en s'inclinant incroyablement à Sochaux (2-7). « Chaque fois que Lens prend un but, on se demande où est Leclercq, peste l'intéressé. Eh bien à Sochaux, j'étais là à chaque fois, et qu'est-ce que ça a changé : on en a pris sept ! » Ambiance…

Ex-tenancier de bar

Contre la Lazio, lors du match retour, à Lens, plutôt sagement replié, il n'a nul besoin de s'employer défensivement, sage balise d'une équipe en fusion portée peut-être par le charisme de cet étrange personnalité du football français.

Aussi incroyable soit-il pour un homme autant lié au destin ch'ti, Daniel Leclercq met très longtemps à renouer le fil d'une histoire commune avec le RCL. Ex-tenancier de bar à Valenciennes, coach d'équipes locales de petites divisions, il retrouve progressivement le centre de formation, puis le poste d'adjoint de l'équipe première et enfin la direction des pros en 1997.

Après tant d'errance, on l'affuble d'un nouveau surnom pour synthétiser cette miraculeuse apparition : le voilà « Druide ». Il offre aussitôt, dans un grand élan de foot offensif et solidaire, son premier titre de champion de France au club (1998). Souvent, il déroute, mais il faut savoir décrypter Daniel Leclercq, froid dehors et incandescent dedans. Une énigme maladivement fignoleuse pour certains. « Un chiant qui sait mettre en valeur tout ce que le public attend », selon lui.

Une direction ferme et joueuse

C'est avec lui que le Racing est intronisé en Ligue des champions, face à Arsenal au stade Bollaert (1-1). « C'était propre, beau, puissant. Et on a joué avec beaucoup de cœur », se souvient-il. C'est sous sa direction, ferme et joueuse, que Lens terrasse ensuite les Gunners à Wembley (1-0). « Rien qu'en foulant la pelouse, tu dis mille fois merci. Alors quand tu gagnes là-bas, c'est mieux que le summum. » Avec la mise en déroute de la Lazio Rome et le triomphe londonien, Daniel Leclercq a vécu les deux plus grands exploits européens du club. Ce n'est sans doute pas un hasard. F.R.

derrière lui un tissu de PME locales et œuvre sur des plans quinquennaux de haute voltige.

En 1998, sous l'effet cartésien de cette montée en puissance, et grâce au fluide presque irrationnel d'un entraîneur débutant, Daniel Leclercq, le RCL devient champion de France pour la première fois de son histoire. Il est convoqué pour la Ligue des champions, et ne laisse pas passer l'occasion de faire causer. « La plus belle aventure de toutes », s'émerveille encore Louis Plet, la mémoire du club, l'homme de l'ombre qui a tout vécu.

Première victoire française à Wembley

À cette époque, jamais une équipe française, ni nationale, ni de club, ni même de jeunes, n'a gagné dans le stade mythique de Wembley, près de Londres ; jamais non plus Arsenal n'a perdu face à une formation hexagonale. Le 25 novembre 1998, dans l'allégresse d'une soirée magique, un emballant Racing brise au culot tous ces tabous. Mickaël Debève surgit devant le gardien David Seaman pour imprimer un score (1-0) et un souvenir si mythiques qu'un bar lensois change aussitôt d'enseigne pour que l'on y refasse le match à satiété : « Le Wembley ». « Visiter Wembley, c'est inespéré, racontait Daniel Leclercq à la veille du match. Y jouer, putain ! c'est extraordinaire… » Y gagner ne sert pourtant à rien d'autre qu'à magnifier les souvenirs d'une rencontre parfaite, disputée dans un décor de cinéma.

Lors du match suivant, affaibli par l'expulsion immédiate de son libero Frédéric Déhu, Lens s'effondre à Bollaert face à

SAISON 1998-99

ARSENAL (ANG) - LENS : 0-1 (0-0)

C1. 1RE PHASE DE POULES, 5E JOURNÉE

25 novembre 1998, à Wembley. 73 707 spectateurs.

But : Debève (73e).

LENS : Warmuz - Lachor, Déhu, Magnier, Sikora - Rool, Nyarko, Smicer (Moreira, 81e), Debève - Nouma (Eloi, 61e), Vairelles (expulsé, 90e). **Entr. :** Leclercq.

Le capitaine lensois Frédéric Déhu mène ses troupes à l'exploit contre Arsenal (1-0), en C1 1998-99. Cette fois, Wembley ne sourira pas à Nicolas Anelka (à dr.).

Lens

Kiev (1-3) et ne sort pas des poules. Une nouvelle fois, le RCL ne passe pas l'hiver européen…

Il n'attend qu'un an pour franchir enfin le palier. Et ne fait pas les choses à moitié. Il profite de l'ouverture pour se hisser jusqu'en demi-finales de la Coupe de l'UEFA. Dans l'ordre des victimes, se pose au troisième tour le FC Kaiserslautern de Youri Djorkaeff, alors cador réaliste de la Bundesliga et vainqueur tellement logique de la première manche à Bollaert (2-1) qu'il agace les Ch'tis par une attitude jugée trop hautaine avant le retour. « Ils nous regardaient drôlement, de manière narquoise », suggère le stoppeur Valérien Ismaël, comme début d'explication à une rébellion insensée.

Job et Nouma se subliment

Car le Racing inscrit au Fritz-Walter-Stadion une séquence de bravoure validée par une avalanche de buts en terre adverse (4-1). Pointe euphorique dans un schéma à très hauts risques, le Camerounais Joseph-Désiré Job signe en Allemagne un triplé surréaliste au vu de son séjour nordiste, presque totalement atone. Un éclair pour un des plus beaux renversements de tendance de l'histoire française en Coupes d'Europe… Ensuite, avec Olivier Dacourt à la manœuvre, les Lensois se sortent avec passion de deux pièges espagnols – Atletico Madrid (2-2, 4-2) et Celta Vigo (0-0, 2-1) – qui révèlent un drôle de géant métamorphosé, en transes et en pleurs : Pascal Nouma, jadis inconstant et excessif, irradie à la sauvette pour un des ses derniers printemps de gala.

Grâce à ses sauveurs tombés du ciel, le RCL retrouve Arsenal en demi-finales. Mais le derby désormais classique entre le plus français des Anglais et le plus *british* de l'Hexagone met fin à la série des Ch'tis en folie. Par la faute d'un but de Dennis Bergkamp à Londres (1-0), puis d'un éclair de génie de Thierry Henry, qui propulse Arsenal vers la victoire à Bollaert (2-1) contre une équipe lensoise tétanisée par l'enjeu. Mais cette émergence dans le dernier carré donne incontestablement du crédit au club de Gervais Martel.

En 2003, en disputant sa deuxième Ligue des champions en cinq ans, le Racing confirme son intrusion crédible dans le Top 50 européen, offrant une résistance épique dans une poule rendue très difficile par la présence du Bayern Munich et du Milan AC. Il a alors moins de scrupules à passer une nouvelle fois l'hiver au froid. En attendant une prochaine canicule. ■ F.R.

Soir de grâce à Kaiserslautern pour Joseph-Désiré Job, auteur de trois buts (4-1).

SAISON 1999-2000
KAISERSLAUTERN (ALL) - LENS : 1-4 (1-2)
C3. 16ES DE FINALE RETOUR
(ALLER 2-1)
9 décembre 1999,
au Fritz-Walter-Stadion. 25 000 spectateurs.
Buts : Job (20e, 40e, 55e), Nyarko (89e) pour Lens ; Hristov (21e) pour Kaiserslautern.
LENS : Warmuz - Sikora, Pierre-Fanfan, Ismaël, Lachor - Nyarko, Rool, Blanchard - Nouma (Coridon, 83e), Job, Brunel.
Entr. : F. Brisson.

José Pierre-Fanfan et Valérien Ismaël (à dr.) savourent le formidable renversement réussi à Kaiserslautern, fin 1999.

Lens et l'Europe

Les 58 matches

1975-76	C2	1T	Home Farm Dublin (IRL) - Lens		1-1	0-6
	C2	8es	FC La Haye (HOL) - Lens		3-2	3-1
1977-78	C3	1T	Lens - Malmö FF (SUE)		4-2	0-2
	C3	2T	Lazio Rome (ITA) - Lens	(ap)	2-0	0-6
	C3	8es	FC Magdebourg (RDA) - Lens		4-0	0-2
1983-84	C3	1T	La Gantoise (BEL) - Lens	(ap)	1-1	1-2
	C3	2T	Lens - Royal Antwerp FC (BEL)		2-2	3-2
	C3	8es	Lens - RSC Anderlecht (BEL)		1-1	0-1
1986-87	C3	1T	Lens - Dundee United (ECO)		1-0	0-2
1995-96	C3	1T	Lens - Avenir Beggen (LUX)		6-0	7-0
	C3	2T	Chernomorets Odessa (UKR) - Lens		0-0	0-4
	C3	8es	Slavia Prague (RTC) - Lens	(ap)	0-0	1-0
1996-97	C3	1T	Lens - Lazio Rome (ITA)		0-1	1-1
1998-99	C1	LC	Lens - Arsenal (ANG)		1-1	
	C1	LC	Dynamo Kiev (UKR) - Lens		1-1	
	C1	LC	Lens - Panathinaïkos (GRE)		1-0	
	C1	LC	Panathinaïkos (GRE) - Lens		1-0	
	C1	LC	Arsenal (ANG) - Lens		0-1	
	C1	LC	Lens - Dynamo Kiev (UKR)		1-3	
1999-00	C3	1T	Maccabi Tel-Aviv (ISR) - Lens		2-2	1-2
	C3	2T	Lens - Vitesse Arnhem (HOL)		4-1	1-1
	C3	3T	Lens - FC Kaiserslautern (ALL)		1-2	4-1
	C3	8es	Atletico Madrid (ESP) - Lens		2-2	2-4
	C3	Q	Celta Vigo (ESP) - Lens		0-0	1-2
	C3	D	Arsenal (ANG) - Lens		1-0	2-1
2002-03	C1	LC	Milan AC (ITA) - Lens		2-1	
	C1	LC	Lens - Bayern Munich (ALL)		1-1	
	C1	LC	Deportivo La Corogne (ESP) - Lens		3-1	
	C1	LC	Lens - Deportivo La Corogne (ESP)		3-1	
	C1	LC	Lens - Milan AC (ITA)		2-1	
	C1	LC	Bayern Munich (ALL) - Lens		3-3	
	C3	16es	FC Porto (POR) - Lens		3-0	0-1
2003-04	C3	TP	Lens - Torpedo Kutaisi (GEO)		3-0	2-0
	C3	1T	Cementarnica 55 Skopje (MAC) - Lens		0-1	0-5
	C3	2T	Gaziantepspor (TUR) - Lens		3-0	3-1

Les 113 joueurs et les 8 entraîneurs

Warmuz (31 matches), **Sikora** (25 matches), **Moreira** (23 matches/6 buts), **Rool** (20), **Coridon** (19/1), **P. Nouma** (17/6), **Blanchard** (17/3), **Nyarko** (17/2), **Brunel** (15/2), **Utaka** (14/4), **Debève** (14/1), **R. Song** (14/1), **J. Muller** (entr.) (14), **T. Vairelles** (13/3), **Se. Keita** (13), **D. Bakari** (12/4), **J. Bak** (12), **Tempet** (12), **A. Coulibaly** (11/2), **Déhu** (11/1), **Thomert** (11/1), **Ismaël** (11/1), **Lachor** (11), **Bousdira** (10/4), **P.-B. Diop** (10/2), **Flak** (10/1), **Magnier** (10), **A. Sowinski** (entr.) (10), **F. Brisson** (entr.) (10), **Dacourt** (9/2), **Sakho** (9/2), **Pierre-Fanfan** (9), **D. Leclercq** (9), **Meyrieu** (8/3), **Smicer** (8/2), **Delmotte** (8/2), **Hopquin** (8/1), **Élie** (8/1), **D. Krawczyk** (8), **Adjovi-Bocco** (8), **Sibierski** (8), **D. Leclercq** (entr.) (8), **Job** (7/4), **T. Camara** (7/3), **D. Sénac** (7), **Six** (6/3), **Xuereb** (6/1), **Peltier** (6/1), **Joly** (6/1), **Piette** (6/1), **Tlokinski** (6/1), **F. Brisson** (6/1), **Françoise** (6/1), **Foé** (6/1), **Fanni** (6/1), **Gillot** (6), **Vercruysse** (6), **Wallemme** (6), **J. Marx** (6), **Itandje** (6), **R. Krawczyk** (6), **Coly** (6), **G. Houllier** (entr.) (6), **Queudrue** (6), **P. Bergues** (entr.) (6), **Éloi** (5/1), **S. Dalmat** (5), **Laigle** (5), **Méride** (5), **Marsiglia** (5), **Jabi** (5), **Diagne-Faye** (5), **Diane** (5), **Mujica** (4/2), **R. Boli** (4/2), **Djebaïli** (4/2), **Jankovic** (4/1), **Notheaux** (4/1), **Sab** (4), **B. Rodriguez** (4), **J.-P. Bade** (4), **Lannoy** (4), **Kaiser** (3/3), **Ogaza** (3/1), **Catalano** (3), **Cieselski** (3), **Winkler** (3), **Tiéhi** (2/4), **Carreno** (2/1), **Zuraszek** (2/1), **P. Sarr** (2), **Régis** (2), **Harmatallah** (2), **É. Dewilder** (2), **Etchi Oben** (2), **Hanini** (2), **D. Lefebvre** (2), **Lhote** (2), **Deplanche** (2), **J. Marie** (2), **Nadon** (2), **Bogaczyk** (2), **C. Oudjani** (2), **Pédron** (2), **G. Huard** (2), **S. Muslin** (entr.) (2), **J. Marx** (entr.) (2), **Delporte** (1/1), **Llorens** (1/1), **S. Chabbert** (1), **Barul** (1), **Delcampe** (1), **Arsène** (1), **Stassievitch** (1), **Mawene** (1), **Sankharé** (1), **W. Njo Léa** (1), **Rytchkov** (1), **Oruma** (1), **Dallet** (1), **V. Ramos** (1).

Au palmarès du LOSC figurent deux très jolies campagnes, impulsées par ses entraîneurs charismatiques Halilhodzic et Puel.

Lille
HISTOIRE RÉCENTE

La détermination de Stéphane Pichot (au c.) et du LOSC a raison de Parme et Alain Boghossian (à dr.), pour l'ouverture de la C1 en 2001.

Lille

Lille Olympique Sporting Club

LE BILAN GÉNÉRAL

	C1	C2	C3	Total
Part.	1	-	2	3
J.	8	-	14	22
G.	2	-	7	9
N.	3	-	5	8
P.	3	-	2	5
Bp.	9	-	15	24
Bc.	8	-	7	15
Diff.	+ 1	-	+ 8	+ 9

Meilleure performance : **huitièmes de finale de la C3 en 2001-02 et 2004-05**

Lorsque Lille, troisième du Championnat 2001, s'en va jouer à Parme le tour préliminaire d'accession à la Ligue des champions, on est tout étonné d'apprendre qu'il fait ses débuts européens ! Deux fois champion de France (1946, 1954) et cinq fois vainqueur de la Coupe (1946, 1947, 1948, 1953, 1955), le LOSC possède pourtant un solide palmarès. Mais tous ces succès ont été acquis en un temps où les joutes européennes restaient encore à inventer.

De la D2 à la C1 en deux ans

C'est à l'automne 1998, alors qu'il est dix-septième en D2, que le LOSC est repris en main par Vahid Halilhodzic. L'ancien grand buteur bosniaque du FC Nantes est un homme de défis : en deux ans et demi, à la tête d'une bande d'inconnus, il ramène le club en D1 (2000), lui ouvre les portes de l'Europe (2001) et s'y distingue d'emblée en s'imposant à Parme (2-0), grâce à des buts de Salaheddine Bassir et Johnny Ecker. Malgré une frayeur au retour à Grimonprez-Jooris (0-1), Lille s'invite à la table du groupe G, où prennent place Manchester United, La Corogne et Olympiakos !

Les Nordistes s'y classent à une honorable troisième place (une victoire, trois nuls, deux défaites) et se trouvent donc reversé en Coupe de l'UEFA, où ils accomplissent un nouvel exploit en battant deux fois (1-0, 2-0) une autre équipe italienne, la Fiorentina, avant d'être éliminé, sans perdre, par les Allemands du Borussia Dortmund (1-1, 0-0).

Voir Athènes et... sourire

Trois ans plus tard, c'est sous la direction de Claude Puel que les Dogues font à nouveau parler d'eux, à travers un long et joli parcours en Coupe Intertoto, puis en sortant premiers de leur poule de cinq, qui n'est pas la moins relevée (trois victoires, dont un 2-1 en Grèce contre l'AEK Athènes ; une défaite), et enfin, en éliminant au stade des seizièmes de finale le FC Bâle (0-0, 2-0), qui n'est pas non plus le premier venu.

Il faut une joute franco-française acharnée, contre l'AJ Auxerre (0-1, 0-0), pour venir à bout de cette très solide équipe lilloise, qui s'octroie par ailleurs un nouveau sésame vers la C1, en 2005-06... ■ A.P.

SAISON 2001-02
PARME (ITA) - LILLE : 0-2 (0-0)
C1. TOUR PRÉLIMINAIRE ALLER
(RETOUR 1-0)

8 août 2001, stade Ennio-Tardini.
14 974 spectateurs.
Buts : Landrin (46e), Ecker (80e).
LILLE : Wimbée - Pichot (Ben. Cheyrou, 89e), Cygan, Fahmi, Ecker, Tafforeau - F. D'Amico, Syl. N'Diaye, Landrin - Bassir (Bru. Cheyrou, 69e), Bakari (Beck, 87e). **Entr. :** Halilhodzic.

Lille et l'Europe

Les 22 matches

2001-02	C1	3TP	Parme AC (ITA) - Lille	0-2	1-0
	C1	LC	Manchester United (ANG) - Lille	1-0	
	C1	LC	Lille - Olympiakos Le Pirée (GRE)	3-1	
	C1	LC	Lille - Deportivo La Corogne (ESP)	1-1	
	C1	LC	Olympiakos Le Pirée (GRE) - Lille	2-1	
	C1	LC	Deportivo La Corogne (ESP) - Lille	1-1	
	C1	LC	Lille - Manchester United (ANG)	1-1	
	C3	16es	Fiorentina (ITA) - Lille	0-1	0-2
	C3	8es	Lille - Borussia Dortmund (ALL)	1-1	0-0
2004-05	C3	1T	Shelbourne (IRL) - Lille	2-2	0-2
	C3	2T1	Aix-la-Chapelle (ALL) - Lille	1-0	
	C3	2T2	Lille - Zénith Saint-Pétersbourg (RUS)	2-1	
	C3	2T3	AEK Athènes (GRE) - Lille	1-2	
	C3	2T5	Lille - FC Séville (ESP)	1-0	
	C3	16es	FC Bâle (SUI) - Lille	0-0	0-2
	C3	8es	Lille - Auxerre (FRA)	0-1	0-0

Les 43 joueurs et les 2 entraîneurs

Tafforeau (14 matches/2 buts), **Landrin** (12/2), **Ecker** (12/1), **Wimbée** (12), **V. Halilhodzic** (entr.) (12), **Br. Cheyrou** (11/4), **Sy. N'Diaye** (11), **Fahmi** (11), **D. Bakari** (10/2), **Bassir** (10/2), **Pichot** (10), **Cygan** (10), **Brunel** (9), **F. D'Amico** (9), **Moussilou** (8/4), **Sterjovski** (8/1), **Bodmer** (8/1), **Sylva** (8), **C. Puel** (entr.) (8), **Angbwa** (7), **Schmitz** (7), **Delpierre** (7), **Acimovic** (6/2), **Olufade** (6/1), **Tavlaridis** (6), **Audel** (6), **S. Dumont** (6), **Boutoille** (6), **Vitakic** (5/1), **Debuchy** (5/1), **Makoun** (5), **Murati** (5), **Beck** (5), **Chalmé** (4), **Be. Cheyrou** (4), **Dernis** (3), **Collot** (3), **Cabaye** (3), **Michalowski** (2), **Plestan** (2), **Odemwingie** (2), **Raynier** (1), **Hammadou** (1), **Allibert** (1), **Mirallas** (1).

Lyon LENTEMENT MAIS SÛREMENT

Au fil des ans et des participations, l'OL s'est installé durablement sur l'échiquier européen, d'abord à travers des performances inattendues, ensuite par une présence régulière, enfin grâce à un mélange des deux. Il ne lui reste plus qu'à décrocher le cocotier.

Olympique Lyonnais

LE BILAN GÉNÉRAL

	C1	C2	C3	Total
Part.	6	4	13	23
J	48	22	50	120
G	23	9	26	58
N	9	5	6	20
P	16	8	18	42
Bp	82	31	83	196
Bc	56	28	84	168
Diff	+ 26	+ 3	- 1	+ 28

Meilleure performance :
demi-finales de la C2 en 1963-64

Parmi les victoires européennes les plus significatives de l'OL figure celle de Munich, en C1, le 5 novembre 2003 (2-1). Auteur d'un extraordinaire coup franc égalisateur (6e), Juhinho est englouti par ses partenaires, de Florent Malouda (n°11) à Giovane Elber, qui saute sur la mêlée.

Nommé entraîneur en 2002, Paul Le Guen ancre définitivement l'OL parmi les meilleurs clubs de la Ligue des champions.

Il suffit, donc, d'organiser une foire internationale pour participer à l'ancêtre de la Coupe de l'UEFA, à la fin des années 1950. Lyon peut presque regretter de n'avoir pas plutôt accueilli un congrès de dentistes ou de notaires : son baptême européen lui laisse la marque rouge d'une fessée, subie à Milan face à l'Inter (0-7), en 1959-60. C'est une époque de simples visites et de retours rapides à la case départ.

Éliminé par Cologne (1-3, 2-1) à l'automne 1960, puis par Sheffield Wednesday (4-2, 2-5) à l'automne 1961, l'Olympique Lyonnais doit attendre la saison 1963-64 pour enfin franchir un tour et respirer le parfum d'une épopée.

L'unique but d'Aimé Mignot

Rien ne prédestine cette équipe-là à marcher sur les traces du grand Reims. Pourtant, dans cette Coupe des Coupes qui l'accueille en tant que finaliste de la Coupe de France, perdue face au champion, Monaco (0-0, 0-2), l'OL devient le premier club français demi-finaliste d'une Coupe d'Europe depuis l'équipe d'Albert Batteux. Lucien Jasseron, pour sa seconde saison à la tête de l'équipe, allie une discipline et une dureté défensives au talent individuel de Nestor Combin et Fleury Di Nallo, notamment, en attaque.

Après avoir sorti Odense (3-1, 3-1), puis l'Olympiakos (4-1, 1-2), Lyon réussit la performance d'éliminer le Hambourg d'Uwe Seeler (1-1, 2-0), en quarts de finale. À l'aller, au Volksparkstadion, devant 70 000 spectateurs, Charly Dörfel inscrit un but litigieux, et Lyon égalise grâce à un but historique d'Aimé Mignot, son défenseur et capitaine de toujours, son futur entraîneur, aussi. Cela restera le seul but de sa carrière.

Au match retour, à Gerland, un doublé de Nestor Combin (2-0) assure une qualification que le héros du jour participe à voiler, en assommant un défenseur allemand d'un direct du droit, et en écopant

Lyon

Aimé Mignot (à g.), futur buteur de la soirée, entre sur le terrain de Hambourg, en compagnie de Jean Djorkaeff et du capitaine allemand Uwe Seeler (à dr.), en C2 1963-64.

Contre Hambourg, Marcel Aubour, Angel Rambert, Guy Hatchi et Nestor Combin (photo de gauche, de g. à dr.) se qualifient en 1964, mais André Guy, Erwin Kuffer, Fleury Di Nallo et Jacques Pin (photo de droite) sont éliminés en 1968.

Lyon

d'un carton rouge mérité. On ne le surnomme pas pour rien « Nestor la foudre » !

À l'aube de sa demi-finale face au Sporting Portugal, Lyon cumule les handicaps : Combin est suspendu pour le match aller, à domicile, et l'OL s'apprête à jouer 21 matches entre le 1er mars et le 8 juin 1964. Si l'OL déçoit à Gerland (0-0), à Lisbonne, le retour de Combin et son but en début de match permettent aux Lyonnais d'arracher le nul (1-1). Malheureusement, à cette époque, les buts à l'extérieur ne comptent pas double... Il faut disputer un match d'appui, alors, pour une place en finale de la Coupe des Coupes. Cette rencontre est programmée le 5 mai, à Madrid, au stade Metropolitano, l'antre de l'Atletico, deux jours après une rencontre de D1 à Bordeaux, cinq jours avant la finale de la Coupe de France. Lyon envoie sa réserve en Gironde, mais, à Madrid, les Lyonnais n'en peuvent plus : fatigués, tendus, à l'image de Jean Dumas qui est expulsé, ils cèdent (0-1).

Lyon a au moins perpétué sa tradition d'équipe de Coupe, en Europe comme en France. Grâce à deux victoires et une place de finaliste en cinq ans, l'OL est même le spécialiste de la Coupe de France au cœur de ces années 60. Après une élimination face à Porto (0-3, 0-1) en 1964-65, il revient en C2 à l'aube de la saison 1967-68. Son entraîneur, Louis Hon, forte personnalité aux méthodes peu communes, épouse la tendance lyonnaise à préférer le charme des Coupes à la régularité du Championnat.

Formidable exploit à Tottenham

Après une promenade luxembourgeoise face à Bonnevoie (3-0, 2-1), Lyon plonge dans un bain brûlant, presque irrespirable, face à Tottenham, en huitièmes de finale. Le match aller, à Gerland, remporté grâce à un but de Di Nallo (1-0), est d'une violence incroyable. André Guy et Alan Mullery sont expulsés, et *France Football* évoque « un cauchemar qui révéla toutes les gammes connues et inconnues des coups défendus ».

Dans le bruit et la fureur de White Hart Lane, le match retour est dantesque. Louis Hon est un joueur de poker : il titularise Jacques Pin, mais aussi un jeune Marocain recommandé par l'ex-international Larbi Ben Barek, Mohamed Bouassa, qui n'a encore jamais joué avec les pros. Pour préparer son équipe au combat, l'entraîneur lyonnais lui épargne une soirée à l'hôtel, tendue par l'attente et l'ennui : il l'emmène, à l'autre bout de Londres, assister au match Queen's Park Rangers-Blackburn (3-1). Ainsi les Lyonnais s'endorment-ils avec la certitude de ce qui les attend. Le lendemain soir, devant 60 000 spectateurs, le jeune Yves Flohic se met du coton dans les oreilles et le gardien Yves Chauveau est héroïque, seulement battu par deux tirs de Jimmy Greaves, dont un penalty.

Tirage truqué, match vendu

Le début de la seconde est complètement fou : but de Di Nallo (2-1, 54e), but de Cliff Jones quarante secondes plus tard (3-1), but de Cyril Knowles contre son camp, sur un tir d'Angel Rambert (3-2, 57e). Puis l'OL craque, sur un but d'Alan Gilzean (4-2, 70e). Les Spurs sont alors qualifiés. Il ne reste que quelques minutes. Celles-ci donnent un sens au choix de départ de Louis Hon : Pin déborde, et centre pour la tête de Bouassa, dont le but qualifie Lyon, seulement battu 3-4, au bénéfice des buts à l'extérieur qui comptent double ! Pour les vieux Lyonnais, qui ont écouté le match à la radio, cette qualification à Tottenham en 1967 reste le plus grand exploit de l'OL en Coupe d'Europe.

En quarts de finale, Lyon retrouve Hambourg. En Allemagne, malgré un

Insaisissable, Fleury Di Nallo (au centre) marquera le but vainqueur contre Tottenham (1-0), en 8es de finale aller de la C2 1967-68.

SAISON 1967-68
TOTTENHAM (ANG) - LYON : 4-3 (2-0)
C2. 8ES DE FINALE RETOUR
(ALLER 0-1)

13 décembre 1967, au stade de White Hart Lane (Londres). 42 000 spectateurs.
Buts : Greaves (20e, 45e s.p.), Jones (55e), Gilzean (70e) pour Tottenham ; Di Nallo (54e), Knowles (57e, c.s.c.), Bouassa (80e) pour Lyon.
LYON : Chauveau - Kuffer, Flohic, Rocco, Lhomme - Maison, Schwinn - Pin, Di Nallo, Rambert, Bouassa. **Entr. :** Hon.

Chauveau encore extraordinaire, et après deux buts refusés à André Guy, deux énormes bourdes de Bouassa, qui perd un ballon et en enlève un autre à Chauveau, condamnent l'OL à l'exploit (0-2). Au retour, Louis Hon pose sur la table trois exemplaires de *France Football,* ouverts sur ce titre : « Lyonnais, avez-vous de l'amour-propre ? » Di Nallo fait la différence (18e, 90e) et arrache sur le fil le droit à un match d'appui.

Mais ce que les joueurs ont gagné sur la pelouse, les dirigeants lyonnais vont l'abandonner dans la coulisse. Le tirage au sort qui doit désigner le lieu du match d'appui, et qui se déroule au siège du club, à Lyon, est truqué : les deux bulletins comportent le nom de Hambourg. Pour une meilleure recette, et pour vingt millions d'anciens francs, soit 20 % de leur budget de l'époque, les dirigeants de l'OL, mécènes du club, préfèrent l'équilibre financier à l'épopée. À Hambourg, c'est le même tarif qu'au match aller qui attend les Lyonnais (0-2), évincés de la Coupe des Coupes.

Serge Chiesa, ici en octobre 1973 face au gardien de Reipas Lahti (2-0), est l'un des hommes forts de l'OL dans les années 1960.

Coup d'envoi à 11 h 30 du matin

Au niveau européen, l'OL s'enfonce dans la nuit. Entre cette saison 1967-68 et les années Aulas, qui s'ouvrent en 1987, la Coupe d'Europe est une denrée qui se déguste plus régulièrement à cinquante kilomètres de là, du côté de Saint-Étienne. Mais la frontière entre supporters est très étanche ; géographiquement, elle se situe entre Givors et Rive-de-Gier.

Raymond Domenech, regard et look inquiétants, ici contre M'Gladbach (2-5) en 1974, cultive son image de défenseur violent.

Lyon va seulement espérer, quelques minutes durant, tomber le grand Borussia Mönchenglabach, en Coupe de l'UEFA 1974-75. C'est une des plus belles équipes européennes de l'époque, avec Allan Simonsen, Berti Vogts, Rainer Bonhof et Uli Stielike. En Allemagne, l'OL tient (0-1). Au retour, après une minute de jeu, Robert Valette marque d'une incroyable volée de trente mètres. Une minute, c'est à peu près le temps que dure l'espoir, car Mönchengladbach balaye tout sur son passage (5-2).

SAISON 1995-96
LAZIO ROME (ITA) - LYON : 0-2 (0-1)
C3. 16ES DE FINALE RETOUR
(ALLER 1-2)
31 octobre 1995, au stade Olympique.
40 340 spectateurs.
Buts : Maurice (22e), Assadourian (59e).
LYON : Olmeta - Sassus, Laville, Marcelo, Devaux - Deguerville (Chavrondier, 87e), Roy, Deplace, Giuly (S. Roche, 80e) - Maurice, Assadourian (Bardon, 72e). **Entr. :** Stéphan.

Entre 1975 et 1991, Lyon ne fait que descendre (en D2, de 1983 à 1989), puis attendre. Lorsque le club lyonnais, présidé par Jean-Michel Aulas et entraîné par Raymond Domenech, revient en Coupe de l'UEFA, face aux Suédois de Växjö (1-0, 1-1), il n'est pas prêt. On s'en aperçoit au tour suivant, face aux Turcs de Trabzonspor (3-4, 1-4). À noter qu'en Turquie, les Lyonnais disputent l'un des matches les plus matinaux de l'histoire des Coupes européennes : le coup d'envoi est donné à 11 h 30 !

Triomphe à la romaine

Ce Lyon-là, qui construit un club avant de construire une équipe, fait tout lentement, mais sûrement. Quatre ans plus tard, à l'automne 1995, grâce à la deuxième place arrachée par Jean Tigana en Championnat, l'équipe dirigée par Guy Stéphan réussit son premier grand coup en Coupe de l'UEFA : elle sort la Lazio Rome (2-1, 2-0).

Le lendemain du match retour triomphal au stade Olympique, *L'Équipe* titre à la une : « Le roi Lyon ». Le centre de formation produit une belle génération, celle des Ludovic Giuly, 19 ans, double passeur décisif et auteur d'un match énorme à Rome, Florian Maurice, Joseph-Désiré Job, Steed Malbranque, Florent Laville, ou Jean-Christophe Devaux et Sylvain Deplace, les deux buteurs de l'aller. Jean-

Quel bonheur pour les vainqueurs de la Lazio à Rome (2-0), le président Jean-Michel Aulas, Florian Maurice, Pascal Olmeta et l'entraîneur Guy Stéphan (de g. à dr.).

En 1997, Ludovic Giuly (à g.) et l'OL remportent, à Milan, un succès retentissant contre l'Inter (2-1). Malheureusement sans lendemain.

> **SAISON 1997-98**
> **INTER MILAN (ITA) - LYON : 1-2 (0-1)**
> **C3. 16ES DE FINALE ALLER (RETOUR 3-1)**
> 21 octobre 1997, au stade San Siro (Milan).
> 16 085 spectateurs.
> **Buts :** Ganz (70e) pour l'Inter ; Giuly (22e), Caveglia (85e s.p.) pour Lyon.
> **LYON :** Coupet - Carteron (Morestin, 59e), Laville, Bak, Anselmini - Linares, Violeau, Bassila, Caveglia - Giuly (Delmotte, 78e), Bardon (Kanouté, 65e). **Entr. :** Lacombe.

Luc Sassus avoue : « Je suis sidéré par notre qualification. C'est ma quatorzième saison pro et je n'avais jamais vu ça. » L'OL sort de l'anonymat, mais sort aussi de l'épreuve dès le tour suivant, face à Nottingham Forest (0-1, 0-0).

Les années Aulas, les quinze premières en tout cas, se singularisent par cette alternance de coups de folie et de coups de moins bien. Si à partir de 1997, Lyon devient européen chaque année, sans interruption, la régularité le fuit encore. À l'automne 1997, l'OL gagne bien à San Siro face à l'Inter Milan de Ronaldo (2-1), mais perd le fil à Gerland (1-3). Un an après, en quarts de finale de la Coupe de l'UEFA, il est absent à l'aller à Bologne (0-3), et à deux doigts du miracle au retour (2-0), où Vikash Dhorasoo est extraordinaire. Christophe Cocard analyse : « Il nous a manqué vingt minutes à l'aller. »

Santini brise la malédiction

En 1999-2000, les travers lyonnais sont encore plus spectaculaires : sorti du tour préliminaire de la Ligue des champions par les modestes Slovènes de Maribor (0-1, 0-2), Lyon, assommé et traumatisé durablement par cette élimination, est reversé en Coupe de l'UEFA et martyrisé dès les seizièmes de finale par un Werder Brême renversant (3-0, 0-4). À cet instant de l'histoire, Jean-Michel Aulas n'a encore gagné, avec Lyon, qu'un titre de champion de D2... Aux yeux de nombre de ses confrères, il n'est qu'un président perdant, qui prend beaucoup de place.

La saison suivante, sous la direction de Jacques Santini, Lyon brise la malédiction du tour préliminaire face à Bratislava (2-1, 2-1), franchit même la première phase de poules de la Ligue des champions, qui n'était pas inaccessible (FC Valence, Olympiakos, Heerenven), et s'approche des portes des quarts de finale pendant la seconde phase. Sidney Govou se révèle en inscrivant deux buts extraordinaires à Oliver Kahn et au Bayern Munich (3-0), à Gerland. Il dit : « Je ne comprends pas vraiment ce qui m'est arrivé. J'étais comme dans un rêve. »

Mais le nul arraché à Arsenal par une tête d'Edmilson (1-1) n'efface pas la défaite, à Gerland, devant les Gunners (0-1). Et à Moscou, au soir de la sixième journée et de leur quatorzième match européen de la saison, les Lyonnais manquent le coche en concédant le nul face au Spar-

> **SAISON 2000-01**
> **LYON - BAYERN MUNICH (ALL) : 3-0 (2-0)**
> **C1. 2E PHASE DE POULES, 5E JOURNÉE**
> 6 mars 2001, au stade de Gerland.
> 39 460 spectateurs.
> **Buts :** Govou (13e, 20e), Laigle (71e).
> **LYON :** Coupet - Deflandre, Caçapa, Bréchet, Delmotte - Linarès, Violeau, Laigle, Dhorasoo (Malbranque, 87e) - Anderson (Chanelet, 76e), Govou (Loko, 83e). **Entr. :** Santini.

« Ouiiiiii ! », hurle Sonny Anderson, auteur des trois buts de l'incroyable remontée face à Bruges (1-4, 3-0), en C3 2001-02.

Malgré les talents de buteur d'Alain Caveglia (n°14) et de Steed Malbranque (à dr.), Lyon rate d'un rien de renverser Bologne (0-3, 2-0) en quarts de la C3 1998-99.

Comme dans un rêve, Govou inscrit ici l'un de ses deux buts contre le Bayern, en 2001.

tak (1-1). Personne ne s'explique le choix de Santini d'une défense à trois, qui noie le libero Edmilson et provoque le but russe, alors que Lyon a joué à quatre derrière toute l'année. Et Govou manque une occasion énorme dans les dernières minutes, en raison d'un mauvais rebond : « Quand j'ai tiré, j'ai tout de suite compris. Je suis vraiment désolé. »

En ce printemps 2001, l'OL relativise sa déception et se voit revenir, presque inexorablement, en quarts de finale. Mais un an après, sorti de la phase de poules par deux défaites à Gerland face à Leverkusen (0-1) et à Barcelone (2-3), après une deuxième période extraordinaire marquée par seize corners lyonnais à zéro, le club rhodanien, reversé en Coupe de l'UEFA, est à nouveau moqué pour une élimination peu compréhensible face aux Tchèques de Liberec (1-1, 1-4). Jean-Michel Aulas insiste pourtant, après l'élimination en C1 : « J'ai le sentiment que nous nous rapprochons petit à petit des meilleurs. »

Un énorme gâchis à Rosenborg

La saison 2002-2003, qui voit Paul Le Guen arriver aux commandes, marque une continuité totale : malgré un formidable exploit à Milan contre l'Inter (2-1) et un

Pernambucano Juninho

Milieu de terrain brésilien

1975 Naissance à Recife (BRE) (le 30 janvier)
2001-? Joueur de Lyon (4 titres de champion, 124 matches et 41 buts en L1, 35 matches européens et 7 buts)
1999- ? International brésilien (32 sélections)

Signe particulier : sur les 51 buts qu'il marque pour Lyon en quatre ans, 19 sont des coups francs – soit plus d'un sur trois – et 50 ont rapporté une victoire ou un nul à son équipe.

Le déclencheur

Sa technique incomparable, notamment sur coup franc, fait de l'international brésilien la clé de voûte d'une équipe lyonnaise façonnée pour l'Europe.

Avant lui, l'Olympique Lyonnais n'a rien gagné. Quelques Coupes de France, qui s'accordent à son instabilité des années 1960 et 1970, mais pas le moindre titre de champion. Antonio Augusto Ribeiro Reis, dit Pernambucano Juninho, arrive à Lyon pendant l'été 2001.

Il est international brésilien, comme tout le monde, ou presque, mais sa renommée ne dépasse pas l'Amérique du Sud et son club, Vasco de Gama (1995-2001), avec lequel il a remporté la Copa Libertadores.

Quatre titres en quatre ans

Quatre ans plus tard, Lyon a été quatre fois champion de France, Juninho s'est installé en équipe du Brésil et la magie de ses coups francs s'est répandue dans toute l'Europe. Mais son génie sur ces fameux coups de pied arrêtés cache parfois l'essentiel : stabilisé par Paul Le Guen comme un milieu défensif, après avoir été déplacé à droite ou à gauche, dans des positions excentrées pour lesquelles il a peu de goût, le Brésilien est d'abord un joueur qui travaille pour l'équipe en participant à son équilibre et qui rend contagieux un incroyable esprit de compétiteur.

Il n'a toujours vécu que pour le travail. « Beaucoup de jeunes ont commencé en même temps que moi. Aujourd'hui, ils ne sont rien. Moi, je suis obligé d'être sérieux. Mes performances, c'est à 50 % mes qualités et à 50 % ma façon de vivre. » Il ne boit pas, ne sort pas, il est même un Brésilien qui ne danse pas. Il a toujours su que c'était le seul choix à faire.

« J'ai commencé par le football en salle, jusqu'à seize ans, parce qu'on me payait un ticket de bus, un repas après les matches et une paire de chaussures. Mon père ne pouvait pas m'offrir ça. Quand je suis passé sur le grand terrain, à Recife, on avait 500 euros de prime de match. C'était le salaire mensuel de mon père, dans la marine. »

Le buteur des grands soirs

Il a toujours travaillé plus que les autres. Ses coups francs, aussi. « À Recife, sur les corners, l'entraîneur me demandait de faire retomber le ballon derrière le défenseur, au premier poteau. » Il a ainsi poli ses trajectoires à part, et cette façon atypique de frapper dans le ballon de l'intérieur du pied droit, sans vraiment le brosser : ses ballons redescendent soudainement, mais sans tourner sur eux-mêmes.

On ne sait pas si Juninho aurait ainsi grandi sans Lyon. Mais Lyon n'aurait pas à ce point grandi sans Juninho, buteur des grands soirs européens, et successeur de Sonny Anderson dans le rôle incomparable d'homme providentiel. « Je peux presque regretter de n'être pas arrivé à Lyon à 23 ans. Quand je suis venu, j'avais déjà 26 ans. » Mais il a tout fait, tout au long de sa carrière, pour n'avoir aucun regret. Et il pressent la trace qu'il va laisser : « Je sais que, quand je reviendrai à Lyon, dans dix ans, les gens me diront merci. » V.D.

Lyon

match de feu au retour (3-3), l'OL ne franchit pas le premier tour de poules, parce que Sonny Anderson se voit refuser un but valable contre l'Ajax (0-2), le but du 1-1 qui qualifiait alors Lyon, et parce que le même attaquant brésilien manque une grosse occasion, de la tête, à la dernière minute d'un match à Rosenborg (1-1) qu'il fallait gagner pour passer, comme à Moscou deux ans plus tôt. « C'est un énorme gâchis », tranche Philippe Violeau. Transféré en Coupe de l'UEFA, Lyon se fait sortir par Denizlispor (0-0, 0-1), contre toute attente, contre toute logique. Le club lyonnais, enfin sacré champion de France en 2002, ne sait rien faire vite.

Mais il grandit. Si Sonny Anderson est parti, la marque brésilienne est profonde. Edmilson, Juninho, Claudio Caçapa et Giovane Elber, désormais, aident l'OL à franchir un cap, ainsi que le nouveau format de la Ligue des champions : il n'y a plus qu'un seul tour de poules. En cette saison 2003-04, Lyon fait les choses bien en s'imposant à Munich face au Bayern (2-1), grâce à un coup franc extraordinaire de Juninho et un but d'Elber, en son jardin d'hiver munichois, et se qualifie contre le Celtic Glasgow (3-2) grâce à deux nouveaux buts de Juninho, dont un penalty à quatre minutes de la fin. En huitièmes de finale, les Lyonnais ne souffrent pas vraiment face à la Real Sociedad de Raynald Denoueix (1-0, 1-0). Mais ils se montrent trop prudents en quarts de finale, à Porto (0-2), où leur organisation semble déséquilibrée.

Le retour est une mission impossible parce qu'un but valable est refusé d'entrée à Peguy Luyindula, et parce que le Porto de José Mourinho exporte une discipline rare et deux buts magnifiques de Maniche (2-2). Des observateurs portugais jugeront, quand même, qu'aucune autre équipe n'avait à ce point bougé Porto, cette saison-là. Lyon sait, désormais, accorder une haute intensité à ses soirées européennes. Mais les regrets sont pour les joueurs français. Luyindula : « On a joué sans grande ambition. » Juninho : « Notre effectif n'est pas assez équilibré. » Grégory Coupet, lui, voit plus loin : « Nous avons progressé. Les grandes épopées sont pour le futur. »

Malgré Sammy Kuffour (à g.) et Willy Sagnol (à dr.), Giovane Elber marquera à Munich, en 2003, le but de la victoire lyonnaise.

Brême marque les esprits

L'Europe reste ce qui manque à Lyon, quatre fois champion de France de 2002 à 2005, pour être une grande équipe populaire dans l'Hexagone. La saison 2004-05 aurait pu combler ce manque. Car l'OL franchit encore le tour de poules, comme un grand, en affichant la meilleure attaque de la compétition : dix-sept buts marqués face à Manchester United (2-2, 1-2), Fenerbahçe (3-1, 4-2) et au Sparta Prague (2-1, 5-0).

Le huitième de finale face au Werder Brême de Johan Micoud et Valérien Ismaël marque l'Europe : 3-0 en Allemagne, 7-2 à Gerland. Lyon fait enfin l'unanimité. Il reste à franchir une marche supplémentaire, face au PSV Eindhoven, en quarts de finale. À l'aller, Govou manque une énorme balle de 2-0, qui aurait sans doute plié l'affaire (1-1). Au retour, l'OL livre un combat énorme, ouvre la marque par Sylvain Wiltord, est rejoint par un but d'Alex, et s'embarque dans une prolongation irrespirable.

Si la popularité s'accorde à l'injustice, Lyon va devenir populaire : l'arbitre danois, M. Nielsen, refuse un penalty flagrant à Nilmar, à la 117e minute. Les Lyonnais vont broder longtemps sur l'amitié entre

SAISON 2003-04
BAYERN MUNICH (ALL) - LYON : 1-2 (1-1)
C1. PHASE DE POULES, 4e JOURNÉE
5 novembre 2003, au stade Olympique.
59 000 spectateurs.
But : Makaay (14e) pour le Bayern ; Juninho (6e), Elber (53e) pour Lyon.
LYON : Coupet - Réveillère, P. Müller, Edmilson, Berthod - M. Diarra, Juninho (Carrière, 90e) - Essien (Govou, 77e), Luyindula, Malouda - Elber (Caçapa, 79e). **Entr. :** Le Guen.

SAISON 2004-05

WERDER BRÊME (ALL) - LYON : 0-3 (0-1)

C1. 8ES DE FINALE ALLER

(RETOUR 2-7)

23 février 2005, à Brême. 36 923 spectateurs.
Buts : Wiltord (9e), Diarra (77e), Juninho (80e).
LYON : Coupet - Diatta, Essien, Cris, Abidal - M. Diarra, Juninho - Govou, Frau (Nilmar, 63e), F. Malouda - Wiltord (J. Clément, 77e).
Entr. : Le Guen.

les nations de l'Europe du Nord et la familiarité aperçue dans le vestiaire entre Kim Milton Nielsen et Guus Hiddink, le technicien néerlandais. C'est le signe, peut-être, que Lyon doit encore grandir... La séance des tirs au but est cruelle (2-4), après les échecs de Michael Essien et d'Éric Abidal. Jean-Michel Aulas juge : « Pour que ce soit un échec, il faudrait que l'on ait des choses à se reprocher. J'ai vu des choses litigieuses qui font que je suis assez inquiet pour l'UEFA. C'est dommage, on avait le potentiel pour gagner la Ligue des champions. » Vous avez dit lentement mais sûrement ? ■ V.D.

C'est un énorme feu d'artifice offensif (7-2) que tirent, à Gerland, le 8 mars 2005, contre le champion d'Allemagne, le Werder Brême, les Lyonnais Cris, Sylvain Wiltord, Sidney Govou, Florent Malouda, Michael Essien, Juninho et Mahamadou Diarra (de g. à dr.).

Lyon et l'Europe

Les 120 matches

1958-60	C3	1T	Inter Milan (ITA) - Lyon	7-0	1-1
1960-61	C3	1T	Lyon - Sélection de Cologne (RFA)	1-3	2-1
1961-62	C3	1T	Lyon - Sheffield Wednesday (ANG)	4-2	2-5
1963-64	C2	1T	Lyon - B 1913 Odense (DAN)	3-1	3-1
	C2	8es	Lyon - Olympiakos Le Pirée (GRE)	4-1	1-2
	C2	Q	Hambourg SV (RFA) - Lyon	1-1	0-2
	C2	D	Lyon - Sporting CP (POR)	0-0	1-1
	C2	D	appui Lyon - Sporting CP (POR)	0-1	
1964-65	C2	1T	FC Porto (POR) - Lyon	3-0	1-0
1967-68	C2	1T	Aris Bonnevoie (LUX) - Lyon	0-3	1-2
	C2	8es	Lyon - Tottenham Hotspur (ANG)	1-0	3-4
	C2	Q	Hambourg SV (RFA) - Lyon	2-0	0-2
	C2	Q	appui Hambourg SV (RFA) - Lyon	2-0	
1968-69	C3	1T	Lyon* - Aca. Coimbra (POR) (ap/tas)	1-0	0-1
	C3	2T	Vitoria Setubal (POR) - Lyon	5-0	2-1
1973-74	C2	1T	Reipas Lahti (FIN) - Lyon	0-0	0-2
	C2	8es	Lyon - PAOK Salonique (GRE)	3-3	0-4
1974-75	C3	1T	Lyon - Red Boys Differdange (LUX)	7-0	4-1
	C3	2T	Bor. Mönchengladbach (RFA) - Lyon	1-0	5-2
1975-76	C3	1T	Lyon - FC Bruges (BEL)	4-3	0-3
1991-92	C3	1T	Lyon - Öster Växjö (SUE)	1-0	1-1
	C3	2T	Lyon - Trabzonspor (TUR)	3-4	1-4
1995-96	C3	1T	Farense (POR) - Lyon	0-1	0-1
	C3	2T	Lyon - Lazio Rome (ITA)	2-1	2-0
	C3	8es	Nottingham Forest (ANG) - Lyon	1-0	0-0
1997-98	C3	1T	Lyon - Bröndby IF (DAN)	4-1	3-2
	C3	2T	Inter Milan (ITA) - Lyon	1-2	3-1
1998-99	C3	1T	Blackburn Rovers (ANG) - Lyon	0-1	2-2
	C3	2T	Étoile Rouge Belgrade (YOU) - Lyon	1-2	2-3
	C3	8es	Lyon - FC Bruges (BEL)	1-0	4-3
	C3	Q	Bologne (ITA) - Lyon	3-0	0-2
1999-00	C1	3TP	Lyon - Maribor Teatanic (SLN)	0-1	0-2
	C3	1T	HJK Helsinki (FIN) - Lyon	0-1	1-5
	C3	2T	Lyon - Celtic Glasgow (ECO)	1-0	1-0
	C3	3T	Lyon - Werder Brême (ALL)	3-0	0-4
2000-01	C1	3TP	Inter Bratislava (SLQ) - Lyon	1-2	1-2
	C1	LC	Lyon - SC Heerenveen (HOL)	3-1	
	C1	LC	Olympiakos Le Pirée (GRE) - Lyon	2-1	
	C1	LC	Valence CF (ESP) - Lyon	1-0	
	C1	LC	Lyon - Valence CF (ESP)	1-2	
	C1	LC	SC Heerenveen (HOL) - Lyon	0-2	
	C1	LC	Lyon - Olympiakos Le Pirée (GRE)	1-0	
	C1	LC	Bayern Munich (ALL) - Lyon	1-0	
	C1	LC	Lyon - Spartak Moscou (RUS)	3-0	
	C1	LC	Lyon - Arsenal (ANG)	0-1	
	C1	LC	Arsenal (ANG) - Lyon	1-1	
	C1	LC	Lyon - Bayern Munich (ALL)	3-0	
	C1	LC	Spartak Moscou (RUS) - Lyon	1-1	
2001-02	C1	LC	Lyon - Bayer Leverkusen (ALL)	0-1	
	C1	LC	Fenerbahçe (TUR) - Lyon	0-1	
	C1	LC	FC Barcelone (ESP) - Lyon	2-0	
	C1	LC	Lyon - Fenerbahçe (TUR)	3-1	
	C1	LC	Lyon - FC Barcelone (ESP)	2-3	
	C1	LC	Bayer Leverkusen (ALL) - Lyon	2-4	
	C3	16es	FC Bruges (BEL) - Lyon	4-1	0-3
	C3	8es	Lyon - Slovan Liberec (RTC)	1-1	1-4
2002-03	C1	LC	Ajax Amsterdam (HOL) - Lyon	2-1	
	C1	LC	Lyon - Rosenborg Trondheim (NOR)	5-0	
	C1	LC	Inter Milan (ITA) - Lyon	1-2	
	C1	LC	Lyon - Inter Milan (ITA)	3-3	
	C1	LC	Lyon - Ajax Amsterdam (HOL)	0-2	
	C1	LC	Rosenborg Trondheim (NOR) - Lyon	1-1	
	C3	16es	Denizlispor (TUR) - Lyon	0-0	1-0
2003-04	C1	LC	Lyon - RSC Anderlecht (BEL)	1-0	
	C1	LC	Celtic Glasgow (ECO) - Lyon	2-0	
	C1	LC	Lyon - Bayern Munich (ALL)	1-1	
	C1	LC	Bayern Munich (ALL) - Lyon	1-2	
	C1	LC	RSC Anderlecht (BEL) - Lyon	1-0	
	C1	LC	Lyon - Celtic Glasgow (ECO)	3-2	
	C1	8es	Real Sociedad (ESP) - Lyon	0-1	0-1
	C1	Q	FC Porto (POR) - Lyon	2-0	2-2
2004-05	C1	LC	Lyon - Manchester United (ANG)	2-2	
	C1	LC	Sparta Prague (RTC) - Lyon	1-2	
	C1	LC	Fenerbahçe (TUR) - Lyon	1-3	
	C1	LC	Lyon - Fenerbahçe (TUR)	4-2	
	C1	LC	Manchester United (ANG) - Lyon	2-1	
	C1	LC	Lyon - Sparta Prague (RTC)	5-0	
	C1	8es	Werder Brême (ALL) - Lyon	0-3	2-7
	C1	Q	Lyon - PSV Eindhoven (HOL) (2 tab 4)	1-1	1-1

Les 167 joueurs et les 11 entraîneurs

Coupet (69 matches), **Violeau** (47), **Dhorasoo** (41/1), **Govou** (40/7), **Delmotte** (37/3), **P. Müller** (37/1), **Edmilson** (36/1), **Juninho** (35/7), **Laville** (35), **S. Anderson** (34/16), **Linares** (34/2), **Bréchet** (34), **P. Le Guen** (entr.) (28), **Deflandre** (27), **M. Diarra** (26/2), **J. Santini** (entr.) (24), **Luyindula** (23/5), **Rambert** (23), **É. Carrière** (22/6), **Laigle** (22/2), **Di Nallo** (21/11), **T. Vairelles** (21/7), **J. Bak** (21/3), **Caçapa** (21), **F. Malouda** (20/3), **B. Lacombe** (entr.) (20), **Malbranque** (19/2), **Essien** (18/5), **Foé** (18/1), **Chauveau** (18), **Carteron** (17/1), **Leborgne** (17/1), **A. Mignot** (17/1), **Caveglia** (16/8), **Réveillère** (16), **A. Mignot** (entr.) (14), **Marlet** (13/5), **Lhomme** (13/1), **Combin** (12/11), **J. Djorkaeff** (12/1), **Degeorges** (12), **Aubour** (12), **Kanouté** (11/2), **Maison** (11/1), **Chanelet** (11), **L. Jasseron** (entr.) (11), **Giuly** (10/4), **Berthod** (10/1), **Hatchi** (10), **Polak** (10), **H. Fournier** (10), **Uras** (10), **Nilmar** (9/4), **Elber** (9/3), **R. Domenech** (9/3), **Cris** (9/2), **Née** (9/1), **Chiesa** (9), **J. Dumas** (9), **Flohic** (9), **Mihajlovic** (9), **Wiltord** (8/6), **B. Lacombe** (8/5), **Frau** (8/2), **Devaux** (8/1), **Cocard** (8/1), **S. Roche** (8/1), **Kuffer** (8), **Mariot** (8), **Bassila** (8), **S. Blanc** (7/2), **Guy** (7/1), **Bardon** (7/1), **Lekkak** (7), **Abidal** (7), **Diatta** (7), **L. Hon** (entr.) (7), **Maneiro** (6/2), **Valette** (6/1), **Deplace** (6/1), **Marcelo** (6), **Schwinn** (6), **É. Roy** (6), **Glyczinski** (6), **Olmeta** (6), **Nouzaret** (6), **Cacchioni** (6), **G. Stéphan** (entr.) (6), **Maillard** (5/5), **Pin** (5/2), **Sassus** (5/1), **F. Maurice** (5/1), **Assadourian** (5/1), **Rocco** (5), **Rivoire** (5), **Duffez** (5), **Deguerville** (5), **Grassi** (4/2), **Job** (4/2), **Ravier** (4/1), **Bouderbala** (4/1), **Taberner** (4/1), **Billong** (4), **Puydebois** (4), **Ben Arfa** (4), **Baeza** (4), **J. Clément** (4), **A. Jacquet** (4), **Bernad** (4), **Genesio** (4), **Ngotty** (4), **Fugier** (4), **Rousset** (4), **R. Domenech** (entr.) (4), **E. Njo-Léa** (3/3), **Bursac** (3/2), **Roubaud** (3/1), **Bergougnoux** (3/1), **Fernandez-Leal** (3/1), **Félix** (3/1), **Loko** (3), **Perrin** (3), **Ninel** (3), **R. Gardon** (3), **Bes** (3), **Rivenet** (3), **Chavrondier** (3), **Bare** (3), **Anselmini** (3), **Daniel** (3), **Debrosse** (3), **A. Domenech** (3), **Chemier** (3), **C. Hugues** (3), **Salen** (2/1), **Jodar** (2/1), **Garde** (2/1), **Bouassa** (2/1), **Cossou** (2/1), **Camilla** (2), **Gava** (2), **Baldassara** (2), **Knapp** (2), **Constantinho** (2), **Lerond** (2), **Levandowicz** (2), **Mouynet** (2), **Zuang** (2), **Moulin** (2), **Margottin** (2), **Grobarcik** (2), **Masson** (2), **Antonio** (2), **Ben Mabrouk** (2), **Sabathier** (2), **G. Robert** (entr.) (2), **L. Troupel** (entr.) (2), **M. Fernandez** (entr.) (2), **L. Gardon** (1/1), **Idangar** (1/1), **Vercoutre** (1), **Truchet** (1), **Fouret** (1), **Thiry** (1), **Charpenet** (1), **Sartre** (1), **Patouillard** (1), **Morestin** (1), **Bossy** (1), **Braizat** (1), **Bruey** (1), **Dalla Cieca** (1), **Ferrigno** (1), **Y. Gomez** (1), **J. Solas** (1), **Viala** (1), **Manolios** (1).

Marseille LES ÂMES FORTES

Un triomphe suprême en Ligue des champions, à Munich en 1993, contre le grand Milan AC (1-0), et trois autres finales - une en C1, deux en C3 -, l'OM est bel et bien le club français numéro un du premier demi-siècle des Coupes d'Europe. Voici une histoire pleine de bruit, de furie et de folie, tout à fait à l'image d'une ville totalement atypique.

Olympique de Marseille

LE BILAN GÉNÉRAL

	C1	C2	C3	Total
Part.	8	3	8	19
J.	58	14	36	108
G.	28	8	18	54
N.	14	2	9	25
P.	16	4	9	29
Bp.	102	19	53	174
Bc.	62	13	39	114
Diff.	+ 40	+ 6	+ 14	+ 60

Meilleure performance :
victoire en C1 en 1992-1993

Loin du panache des Francescoli, Waddle et Papin, c'est avec une équipe de guerriers (Völler, Casoni, Boli, masqué au fond, Di Méco, Deschamps, masqué, et Pelé, de g. à dr.) que l'OM de Bernard Tapie (au centre, près du médecin du club, Jean Duby) décroche, le 26 mai 1993, le plus beau trophée remporté par un club français en cinquante années de Coupes d'Europe.

Il faut se pincer pour le croire : l'OM a vaincu le grand Milan AC, qui était archifavori.

Munich, stade Olympique, 26 mai 1993. L'Olympique de Marseille remporte la Coupe d'Europe des clubs champions face à l'immense Milan AC (1-0). Une première pour le football français et, pour les Marseillais, l'aboutissement d'une longue quête.

Ce jour de gloire, né d'un coup de tête de Basile Boli, pour toujours un front populaire, ne pouvait décidément se lever que dans ce port cosmopolite, ouvert sur la Méditerranée et aux hommes de partout, aux idées d'ici, d'ailleurs et de nulle part, à la fraternité du labeur, au mistral et aux mots qui claquent tel un coup de vent intempestif. Qu'à Marseille, donc, puisque, dit-on, le Marseillais « y craint dégun » (il ne craint personne).

Barthez héroïque à Munich

Après la rencontre, Didier Deschamps lâche : « Cette coupe, on la regardait tous avant le match. On se disait qu'elle était à nous. » Basile Boli déclare : « Je pense à mon frère qui vient d'avoir un petit garçon qui porte mon nom. Cette Coupe, elle est pour lui. » Fabien Barthez, vingt et un ans, raconte sa 17e minute : « Marco Van Basten s'est retourné aux neuf mètres et je l'ai vu armer sa frappe. J'ai un peu anticipé sur la droite, pour un tir croisé, mais il l'a mis de l'autre côté. Bon, j'ai réussi à mettre la main… » De Daniele Massaro, il dit : « Il a récupéré la balle au poteau et frappé de toutes ses forces, mais j'ai mis une manchette. » C'est simple.

Le Belge Goethals, dit « Raymond la science », entre dans l'histoire du football français.

44e minute : Basile Boli (ci-dessus, au centre) devance Frank Rijkaard sur corner et marque le but du sacre. Rudi Völler exulte, les Milanais sont consternés (photo de dr.).

Marseille

Avant le choc, Michel Platini et Giovanni Trapattoni misent sur l'OM, son physique et son enthousiasme. Deux vrais connaisseurs. L'OM prépare son match comme jamais, dans une sérénité nouvelle, et respecte son plan de jeu à la lettre, avec volonté et patience. Bien sûr, il faut un peu de chance et beaucoup de savoir-faire pour empêcher Massaro d'ouvrir le score (à trois reprises !), pour que Barthez remporte ses deux duels face à Van Basten, pour que le « Milanais » Jean-Pierre Papin, entré à la 55e minute, et qui se jette sur un ballon venu de la gauche, tire de très peu à côté.

Il reste douze minutes à ce moment-là et l'OM tient sa victoire depuis longtemps. Depuis la 44e minute exactement, quand Abedi Pelé déborde Paolo Maldini, qui concède le corner. Pelé le frappe, Boli s'élève, devance Frank Rijkaard dans les airs et sa tête termine sa course dans le petit filet, à la droite de Sebastiano Rossi. 1-0, mi-temps et score définitif.

Ils l'ont fait et c'est immense. Ils ont battu une formidable équipe, forte de Franco Baresi, Alessandro Costacurta, Paolo Maldini, Roberto Donadoni, Demetrio Albertini, Frank Rijkaard, Marco Van Basten et Jean-Pierre Papin ! Raymond Goethals, le rustique entraîneur belge de l'OM, peut répéter : « Contre les Milanais, il faut jouer haut et pratiquer le hors-jeu, c'est la seule façon de s'en sortir ».

Tandis que Didier Deschamps brandit la coupe d'Europe, Bernard Tapie pleure et, simplement, parle d'un « très grand bonheur ».

Pour cette saison 1992-93, Bernard Tapie avait choisi de bâtir une équipe de combat. Avec, en figures de proue, la puissance de Marcel Desailly et de Basile Boli en défense centrale, l'explosivité d'Alen Boksic en attaque, l'audace tranquille du jeune (21 ans) Fabien Barthez dans le but. Et au milieu, voire au milieu de tout, la science de Didier Deschamps, le seul qui ait tenu tête au « boss », lorsque, insatisfait d'avoir été prêté à Bordeaux pour la saison 1990-91, il a eu avec Tapie une conversation « virile mais correcte ». D'homme à homme. Perso. Didier Deschamps, qui va devenir le premier capitaine du football français à soulever la coupe des Champions, cinq ans avant de recommencer au Stade de France, à l'issue de la finale du Mondial 1998.

Raymond Goethals remplace Jean Fernandez

Jean Fernandez débute la saison comme entraîneur. Avec lui, l'OM gagne largement (5-0) à Glentoran, en Irlande du Nord, et confirme au retour (3-0). En huitièmes de finale, le Dinamo Bucarest pose d'autres problèmes. 0-0 à l'aller en Roumanie, pas mal mais rien de fait. 2-0 au retour, rien d'éclatant mais deux grandes nouvelles : Boksic, double buteur, vient de s'envoler vers les étoiles ; et pour la phase de poules (Glasgow Rangers, FC Bruges, CSKA Moscou), Raymond

SAISON 1992-93

MARSEILLE - MILAN AC (ITA) :
1-0 (1-0)

C1. FINALE

26 mai 1993, au stade Olympique (Munich). 67 000 spectateurs.
Buts : B. Boli (44e).
MARSEILLE : Barthez - Angloma (Durand, 61e), Desailly, B. Boli, Di Méco - Eydelie, Sauzée, Deschamps, Pelé - Boksic, Völler (J.-C. Thomas, 78e).
Entr. : Goethals.

Marseille

Sans gêne à Munich en 1993, Marcel Desailly met au supplice les vieilles gloires du Milan (Van Basten, ci-dessus) et de l'OM (Papin, ci-contre).

Frank Rijkaard (au c.) ne rattrapera pas Abedi Pelé (à dr.).

Rudi Völler, ici en action contre le CSKA Moscou (au centre), justifie son surnom de « renard » tout au long de la C1 1992-93.

Goethals est sur le banc. Tout est parfaitement en place.

Commencer à Glasgow, c'est démarrer par le plus dur. Belle bagarre, on vous le confirme, à Ibrox Park. Et pendant soixante-dix minutes, immense performance des Marseillais qui, par un pressing étouffant, essorent les Rangers. Le 2-0 (Boksic, 30e, Rudi Völler, 57e) est une moindre punition pour des Écossais qui, dans le dernier quart d'heure, resurgissent de nulle part et arrachent un match nul inespéré à un Barthez quelque peu abandonné dans la tourmente (2-2). Commentaire laconique de Goethals : « On aurait dû prendre deux points. » Pas tout à fait une victoire, mais tout de même plus qu'un match nul…

Völler et Boli sont absents contre le FC Bruges. Il reste à admirer Boksic. Penalty obtenu par le Croate, but de Franck Sauzée (3e). Corner de Jean-Christophe Thomas sur le poteau, reprise de Boksic (10e). Immense chevauchée de Boksic, but du gauche (26e). 3-0. Et une frappe du même (52e), sur le poteau…

Un énorme 6-0 contre Moscou

Au stade Olympique de Berlin, face au CSKA Moscou, l'OM paraît avoir accompli le plus dur en ouvrant le score (28e), sur un exploit de Boksic éliminant tout ce qui se présente, avant de centrer en retrait pour Abedi Pelé. Moscou n'a plus joué un match de compétition depuis trois mois et l'on devine que la seconde mi-temps des Russes va leur sembler très longue. C'est l'inverse qui se produit et Vladimir Faïzouline, mystifiant Marcel Desailly, Bernard Casoni et finalement Barthez, ce qui n'est pas rien, parvient à égaliser (56e). Huit minutes plus tard, sur un raté de Barthez, il récidive… Non, Desailly dégage sur sa ligne (1-1).

La vengeance est un plat qui se mange chaud. Moscou est dévoré 6-0 au retour. Sauzée, auteur de trois buts (5e sur penalty, 34e, 49e) est le héros de la soirée. Une victoire sur les Glasgow Rangers, le 7 avril à Marseille, et l'OM est en finale. Raté. Pour la première fois depuis cinq ans en Coupe d'Europe, l'OM ne gagne pas chez lui (1-1). Sauzée marque encore (16e), tire sur la barre,

Didier Deschamps, l'homme qui a résisté à Tapie, triomphe à Bruges. Il est en finale.

Fabien Barthez (à g.) et Basile Boli se congratulent après leur qualification pour la finale. Le destin des deux héros de Munich est en marche.

Trois buts en deux matches : Alen Boksic (au c.) aura tout fait aux Belges du FC Bruges.

mais Ian Durrant égalise sur coup de pied arrêté (52e). Deschamps rend hommage aux Rangers, qui ont remporté beaucoup de duels, et laisse tomber : « On a vraiment le chic pour se compliquer la vie. » Il faut donc gagner à Bruges le 21 avril pour jouer la finale, contre le Milan AC.

À la deuxième minute, c'est fait. Erreur de Vital Borkelmans, pressing marseillais, récupération de Völler, ouverture de Jean-Marc Ferreri vers Boksic. Tir croisé du Croate, son sixième but européen de la saison. Le Milan Associazone Calcio, fort de dix victoires en dix matches, et d'un seul but concédé, à Eindhoven (2-1), attend l'Olympique de Marseille, au stade Olympique de Munich…

Et le Milan AC, l'immense Milan AC, y laisse sa peau, devant une Europe stupéfaite, qui imagine à peine ce que le triomphe marseillais a d'extraordinaire, presque d'incongru, quand on sait de quel sein il s'est nourri.

Une ville à nulle autre pareille

Car des « cagades », on veut dire des bêtises, il y en eut. Des déceptions aussi, qui n'étaient que l'illustration de la géographie de cette ville à nulle autre pareille, bâtie sur des collines obligeant à grimper ou à dévaler, mais qui, après tout, descendent toutes vers la mer.

Marseille est une ville romanesque, où les noms de quartiers, où les lieux-dits, rendent « fada », c'est-à-dire jettent un charme : le pont de la Fausse-Monnaie, l'Estaque, le Prophète, le Vallon des Auffes, le jardin des Vestiges, Septème-les-Vallons où a joué Zinédine Zidane, le plus marseillais de tous ceux qui n'ont jamais porté le maillot de l'OM. Marseille a souvent inspiré les artistes : peintres, chanteurs d'opéra ou écrivains.

Jean-Claude Izzo, Marseillais, journaliste et écrivain, avait raison lorsqu'il affirmait : « Marseille est faite d'ailleurs, d'exils, et elle se donne sans résistance à ceux qui savent la prendre, l'aimer. » À Josip Skoblar, par exemple, et à Roger Magnusson. À Jean-Pierre Papin et à Chris Waddle. À Fabien Barthez et à Raymond Goethals. À Alen Boksic et à Manuel Amoros. À Didier Deschamps et à Marcel Desailly. À Joseph Bonnel et à Enzo Francescoli. À Éric Cantona, Carlos Mozer, Christophe Dugarry, Robert Pires, Karlheinz Förster. À Didier Drogba ! Jean-Claude Izzo encore : « Ici, on est chez soi d'où que l'on vienne. »

L'Union Saint-Gilloise premier bourreau

Ce 26 septembre 1962, les Belges de l'Union Saint-Gilloise se sentent un peu trop chez eux au goût d'un public plus que clairsemé. C'est le premier match européen officiel de l'Olympique de Marseille et, si l'épreuve est modeste, elle a au moins le mérite d'un intitulé qui prête à sourire, ce qui ne compte pas pour rien au pays de Raimu et de Pagnol : la Coupe des villes de Foire. L'ancien Rémois Armand Penverne est l'entraîneur d'un OM où l'on remarque les noms de Jean-Pierre Dogliani, Julien Stopyra, Serge Roy ou Étienne Sansonetti, lequel marque le seul but du match à la 63e minute (1-0). Une victoire si mince qu'elle en paraît transparente et passe quasiment inaper-

SAISON 1962-63
MARSEILLE - UNION ST-GILLOISE (BEL) : 1-0 (0-0)
C3. 16es DE FINALE ALLER
(RETOUR 2-4)
26 septembre 1962, au Stade-Vélodrome.
857 spectateurs.
Buts : Sansonetti (63e).
MARSEILLE : J. Moreira - Ugolini, Alauzun, Knayer, Moulon - Bruneton, Viaene - J. Stopyra, S. Roy, Dogliani, Sansonetti.
Entr. : Penverne.

La foule envahit le Vieux-Port pour la venue de l'Ajax, en 1971-72. Mais la Bonne Mère mettra des années avant d'aider l'O.M.

çue ; *L'Équipe* n'en donne que le résultat « sec » ! Le match retour, le 17 octobre, se passe mal. C'est une formation décimée par les blessures (sept absents) qui se rend en Belgique. L'élimination l'y attend (2-4), malgré deux buts de Gérard Aygoui (44e) et de Serge Roy (70e).

Le tirage au sort qualifie Izmir...

L'Olympique de Marseille ne « refait la Foire » que six ans après. C'est beaucoup mais, cette fois, l'équipe a fière allure, avec Jules Zvunka et Jacky Novi en défense centrale, Jean Djorkaeff (le père de Youri) comme arrière gauche, Joseph Bonnel en marathonien d'élite et Roger Magnusson à l'aile droite, Suédois et virtuose du dribble, accouru de la Juventus Turin.

Au premier tour, l'OM est opposé aux Turcs de Göztepe Izmir. À sa manière, un rendez-vous avec l'histoire de la Méditerranée, qui fut l'histoire du monde. Izmir, en effet, c'est Smyrne, colonie grecque très ancienne, qui fut détruite au VIe siècle avant J.C., quand Massalia prenait forme.

Jean-Paul Escale, Jean Djorkaeff, Roger Magnusson et Jean-Pierre Lopez (de g. à dr.) réussissent l'exploit contre le Dukla en 1969-70.

Le match aller est un petit naufrage. Les Marseillais s'inclinent 0-2. Un exploit est nécessaire au Stade-Vélodrome. À un quart d'heure de la fin, Joseph ouvre enfin le score et Hubert Guéniche, à la 84e minute, envoie l'OM en prolongation (2-0). Nul ne doute que le plus dur soit accompli. Mais les Turcs, eux non plus, ne doutent de rien. Ils tiennent le choc et se qualifient lors du tirage au sort. Bonne Mère ! Tout pourtant va s'accélérer.

Loubet maître artificier contre le Dukla Prague

Le premier vrai match européen de l'OM a lieu le 17 septembre 1969, en Coupe des Coupes. Adversaire : le redoutable Dukla Prague. Devant... 1 615 spectateurs, et sous une pluie inattendue, qui provoque bien des glissades et des maladresses en première mi-temps, l'OM s'incline 0-1 au stade Juliska de Prague, Hudec ayant repris un coup franc de Johan Strunc que Jean-Paul Escale a dévié sur le poteau.

Au match retour, ils sont 30 000 Marseillais au Stade-Vélodrome, et Charly Loubet, devant Jean-Paul Belmondo et l'équipe de France de tennis, marque dès la 15e minute. Rien ne bouge jusqu'aux dernières minutes, moment que choisit l'OM pour se déchaîner. Il faut quatre parades extraordinaires du gardien international Ivo Viktor pour repousser les

SAISON 1969-70

MARSEILLE - DUKLA PRAGUE (TCH) : 2-0 a.p. (1-0, 1-0)

C2. 16es DE FINALE RETOUR

(ALLER 0-1)

1er octobre 1969, au Stade-Vélodrome.
27 000 spectateurs.
Buts : Loubet (15e, 91e).
MARSEILLE : Escale - J.-P. Lopez, Hodoul, J. Zvunka, J. Djorkaeff - Novi, Destrumelle - Magnusson, Joseph (Couécou, 61e), Bonnel, Loubet. **Entr. :** Zatelli

Skoblar (à g.) est, avec Papin et Andersson, le plus grand goleador de l'histoire de l'OM.

En 1969-70, Mario Zatelli, Marcel Leclerc et Skoblar (photo de g., de dr. à g.) voient Bonnel (n° 9) se casser les dents sur Zagreb.

tentatives de Charly Loubet, Didier Couécou, Loubet encore et Joseph Bonnel. Prolongation. Elle ne dure qu'une minute, en fait, le temps pour Loubet de qualifier Marseille (2-0). Une authentique performance dans le contexte déprimant du football français d'alors.

Cette saison-là, Marseille ne va pas plus loin. Dès le tour suivant, le Dynamo Zagreb, malgré un nouveau but de Loubet, obtient le nul (1-1) au Stade-Vélodrome. Le tarif au retour est classique : 2-0 pour les Yougoslaves et élimination.

Skoblar décisif contre Gornik

Le 16 septembre 1971, Marseille découvre enfin la Coupe des clubs champions européens, face au champion de Pologne, Gornik Zabrze. Au soir de la victoire difficile mais méritée (2-1) du match aller, Jacques Ferran écrit dans *L'Équipe* : « Marseille a plongé d'un coup dans la Coupe européenne comme si de toute éternité elle savait qu'elle lui serait donnée un jour. Marseille a, d'un seul coup, tout réinventé, et les clameurs du stade, les cris, les pétards, les fusées, c'étaient aussi ceux d'Amsterdam, de Glasgow et de Milan. »

Face à cette furia, à cette énorme envie teintée d'un peu d'aveuglement, Gornik oppose sa maîtrise collective et ouvre le score (28e) par Wlodzimierz Lubanski, 24 ans, déjà 48 fois international et auteur de 32 buts en équipe de Pologne ! Quelques instants avant la mi-temps, la chance sourit enfin à l'OM : Jacky Novi ouvre côté droit pour l'arrière Jean-Pierre Lopez, dont le centre instantané, contré par Selvmal Wrazy, prend Jan Gomola à contre-pied (1-1).

La deuxième mi-temps n'est pas une partie de plaisir pour l'OM, sauvé une fois de plus par Josip Skoblar, pourtant au comble de l'énervement, tant le marquage de l'immense Jerzy Gorgon est rude. 78e minute : c'est encore Novi qui fait la différence, à nouveau sur le côté droit. Josip Skoblar reprend son centre en pleine course (2-1).

Match retour en Pologne. La veille, les Marseillais ont effectué un pèlerinage bouleversant à Auschwitz. C'est une équipe déterminée, forte d'un milieu de terrain renforcé (Gilbert Gress, Jacky Novi, Joseph Bonnel et, en faux ailier gauche, Jean-Louis Hodoul) qui se présente face à 80 000 Polonais et 100 Marseillais, dans le froid et sous une pluie battante. Un tir fusant et rebondissant de Zigmunt Anczok trompe bêtement Georges Carnus (32e). Les Marseillais sont alors éliminés. Un rush d'Édouard Kula, joueur d'origine polonaise, tout comme Jules Zvunka, va les qualifier. Son centre fuyant est repoussé par Gomola. Gress remet immédiatement devant le but, où traîne l'inévitable Skoblar (1-1). Carnus fait le reste.

Josip Skoblar est un avant-centre de légende. « L'aigle dalmate » se pose pour la première fois dans la cité phocéenne en 1967, prêté six mois par Hanovre. Cinquante-cinq secondes après son apparition sur la pelouse du Stade-Vélodrome, il marque le premier de ses 201 buts pour l'Olympique de Marseille. Avec Jean-Pierre Papin, Skoblar symbolise la devise du club : « Droit au but. »

L'Ajax met le feu au Vélodrome

Quand le sort désigne l'Ajax Amsterdam pour adversaire, un sommet sportif, Skoblar est à son meilleur. Lors du premier titre de champion de France de l'OM depuis vingt-trois ans, en 1970-71, il a accumulé 44 buts, total vertigineux.

En ce mois d'octobre 1971, il s'agit carrément d'escalader l'Everest sans oxygène. Car cette équipe de l'Ajax entraînée par Stefan Kovacs est, simplement,

SAISON 1971-72
MARSEILLE - GORNIK ZABRZE (POL) : 2-1 (1-1)
C1. 16es DE FINALE ALLER
(RETOUR 1-1)
15 septembre 1971, au Stade-Vélodrome.
41 707 spectateurs.
Buts : Wrazy (45e, c.s.c.), Skoblar (78e) pour Marseille ; Lubanski (28e) pour Gornik.
MARSEILLE : Carnus - J.-P. Lopez, Bosquier, J. Zvunka, Kula - Novi, Gress - Magnusson, Bonnel, Skoblar, Di Caro (Couécou, 60e).
Entr. : Leduc.

Éblouissant dribbleur, le Suédois Roger Magnusson (à g.) enchante le Vélodrome contre Gornik Zabrze en 1971-72.

SAISON 1971-72
AJAX (HOL) - MARSEILLE :
4-1 (2-1)
C1. 8es DE FINALE RETOUR
(ALLER 2-1)
3 novembre 1971, à Amsterdam.
64 000 spectateurs.
Buts : Couécou (32e c.s.c.), Swart (37e), Cruyff (64e), Haan (80e) pour l'Ajax ; Couécou (17e) pour Marseille.
MARSEILLE : Carnus - Hodoul, Bosquier, J. Zvunka, Kula - Novi, Bonnel, Gress - Magnusson, Skoblar, Couécou. **Entr. :** Leduc

Hollandais volant, Johan Cruyff (à dr.) ne laisse aucune chance à Jules Zvunka lors de la C1 1971-72. Au grand dam du public marseillais.

l'une des meilleures de tous les temps. Elle impose le concept révolutionnaire de « football total » et se présente à Marseille en tant que championne d'Europe en titre, le 20 octobre. C'est la folie dans la ville. Le Stade-Vélodrome est pris d'assaut, les grillages sont escaladés, les tribunes remplies à ras bord trois heures avant le match. 52 000 personnes patientent avec la musique de la Légion étrangère.

Le premier quart d'heure de l'OM les récompense. 9e minute : Kula tire de 20 mètres, Gress dévie le ballon, but ! C'est malheureusement presque fini pour les Olympiens. 37e minute : faute de Jean-Pierre Lopez sur Johan Cruyff. D'un coup franc brossé de l'intérieur du pied gauche, Piet Keizer égalise (1-1). Il faut une parade exceptionnelle de Georges Carnus sur un nouveau tir de Keizer pour que l'Ajax ne mène pas à la mi-temps.

Au retour sur le terrain, Marseille joue son va-tout. L'Ajax est bousculé. L'ancien libero stéphanois Bernard Bosquier se multiplie en attaque jusqu'à ce que Keizer, très replié, trouve Cruyff seul devant. Tellement seul que tout le stade le croit hors jeu. En fait, il est parti de son propre camp. Avec Cruyff, l'Ajax est devenu champion d'Europe la saison précédente, est champion des Pays-Bas depuis 1966 et a remporté trois Coupes des Pays-Bas. C'est un dragster qui s'élance, remonte cinquante mètres en sprinter olympique et exécute Carnus (2-1). La suite ? Un but refusé à Gress pour un hors-jeu bien réel et un public qui jette sur le terrain tout ce qui est à portée de main, attitude qui vaudra un match de suspension au Stade-Vélodrome.

L'entraîneur Lucien Leduc (qui sera renvoyé peu après par le président Marcel Leclerc, alors que l'OM possède sept points d'avance en Championnat !) est un amoureux du beau jeu. Il sait que le match retour sera terrible.

Le 3 novembre 1971, c'est encore pire que le score pourtant éloquent (1-4). Car, lorsque Didier Couécou ouvre la marque (17e), après un coup franc de Skoblar repoussé par Heinz Stuy et une remise de Bonnel, l'Ajax domine de si haut que les poteaux marseillais renvoient trois tirs, entre la 8e et la 18e minute ! La défaite est inéluctable : buts de Couécou contre son camp et de l'ailier droit Sjaak Swart avant la mi-temps, buts de Cruyff et d'Arie Haan (quelle reprise de volée !) en seconde période. C'est la moindre des punitions pour des Français que Georges Carnus sauve de la déroute, dépassés par les accélérations, la vitesse, la technique en mouvement, la solidarité et l'esprit de création de Cruyff et de sa génération de Hollandais volants.

Cette saison-là aussi, l'Ajax Amsterdam remportera la Coupe des clubs champions, en dominant l'Inter Milan en finale (2-0). Deux buts de Johan Cruyff.

La Juventus tombe à Lyon

C'est à Lyon et non à Marseille, en tout cas, un an plus tard, que l'OM, dont le terrain est suspendu, accueille la Juventus Turin. Pourtant diminués par l'absence de Novi (blessé) et surtout de Skoblar (suspendu), les Marseillais profitent du soupçon de condescendance dont font preuve les champions d'Italie pour l'emporter (1-0), but de Bonnel, 33 ans, surgissant (53e) pour dévier un centre de Daniel Leclercq, 23 ans. C'est la première victoire marseillaise sur un « grand » d'Europe. Pas la première qualification… Le match retour est un cauchemar. Dans le club et dans tout le football français, on parle beaucoup plus du procès de l'ancien président Marcel Leclerc, de redressements fiscaux qui n'épargneraient pas certains joueurs, que de sport.

Au Stadio Comunale, l'OM tient… quatre minutes. Coup franc tiré de la gauche par l'Allemand Helmut Haller, tête définitive de Roberto Bettega, planant sur la défense phocéenne et sur la rencontre (1-0). Les Marseillais paraissent dépas-

SAISON 1972-73
MARSEILLE - JUVENTUS (ITA) :
1-0 (0-0)
C1. 16es DE FINALE ALLER
(RETOUR 0-3)
13 septembre 1972, au stade Gerland (Lyon).
21 403 spectateurs.
But : Bonnel (53e).
MARSEILLE : Carnus - J.-P. Lopez, Bosquier, J. Zvunka, Kula - Buigues, Gress, Bonnel, Leclercq - Magnusson, Franceschetti.
Entr. : Zatelli.

Le but de Gilbert Gress (à dr.) ne suffira pas à ébranler l'Ajax de Johan Neeskens.

sés, égarés, perdus. À la 37e minute, Bettega récidive. Ballon perdu par Georges Franceschetti au milieu, échappée de Haller sur la droite, centre déposé sur la tête du beau Roberto (2-0). Le troisième but, inscrit juste avant la mi-temps, ressemble furieusement à celui de Cruyff, au Vélodrome, l'année précédente ; les Marseillais se sont rués à l'attaque, Bosquier en tête, lorsque Haller, de sa propre moitié de terrain, entreprend la plus impressionnante des navigations solitaires, conclue d'un tir violent déclenché à quinze mètres de Carnus (3-0). Cette gifle en annonce d'autres. Pendant longtemps, en fait jusqu'à la prise du pouvoir par Bernard Tapie en 1986, l'Olympique de Marseille va même tendre les deux joues.

Des galères et une longue pénitence

Quelques exemples éloquents, sinon pathétiques. Le 6 novembre 1973, en seizièmes de finale retour de la Coupe de l'UEFA, alors qu'il a été un solide vainqueur au match aller (2-0), l'OM est ridiculisé à Cologne, pulvérisé 6-0, surclassé par le pur talent de Wolfgang Overath. L'équipe, cependant, n'a pas vilaine allure, avec Georges Carnus, Bernard Bosquier, Marius Trésor, Raymond Kéruzoré, Roger Magnusson, Josip Skoblar... 2-0 en dix minutes, 4-0 à la mi-temps, 6-0 à la 55e minute : consternant.

C'est une tout autre formation qui, le 17 septembre 1975, en Coupe de l'UEFA, sombre à Iéna. Il y a là René Charrier, Marius Trésor et François Bracci, Georges Bereta et Albert Emon, Saar Boubacar et Hector Yazalde. Les Allemands de l'Est de Carl Zeiss l'emportent sur le score de 3-0, acquis dès la 46e minute. Pas facile pour Jules Zvunka d'être entraîneur-joueur...

Le 15 septembre 1976, en seizièmes de finale de la Coupe des Coupes, l'OM se déplace à Southampton, avant-dernier de la Deuxième Division anglaise. Et concède trois buts en cinq minutes (de la 31e à la 35e), s'inclinant finalement 0-4. Il est temps peut-être pour les Marseillais de se réfugier sur leurs terres, de reprendre souffle, de reprendre vie. Leur pénitence européenne va durer onze ans...

L'Uruguayen Enzo Francescoli (à dr. contre Sredets Sofia) illumine le jeu de l'OM lors de la Coupe des champions 1989-90.

Bernard Tapie et la règle des trois R

Plus d'un quart de siècle après ses débuts européens face à l'Union Saint-Gilloise, l'Olympique de Marseille parvient enfin à franchir le deuxième tour d'une Coupe d'Europe. Nous sommes en 1987 et Bernard Tapie est président. Avec lui, tout change. L'OM va monter très haut, atteindre le sommet puisque la Fédération internationale le classera « premier club du monde », avant de subir une chute honteuse et fracassante pour un match de Championnat acheté à Valenciennes.

Bernard Tapie est l'un des héros de la France des années 1980, celle des années Mitterrand. À lui seul, il représente un phénomène de société, et d'abord parce qu'il est lui-même un phénomène. Rien ne paraît devoir lui résister. Jouant d'une popularité sans égale, jusqu'au populisme, il croit tellement en ce qu'il dit et en ce qu'il fait que (presque) tous croient en lui. Il réinstaure le rêve de la réussite individuelle et ne craint surtout pas de s'attaquer à ceux qu'il désigne comme les « méchants. » En football, c'est Claude Bez, président des Girondins de Bordeaux. En politique, c'est Jean-Marie Le Pen, qu'il affrontera dans un débat télévisé demeuré célèbre.

En sport, il a réinstallé Bernard Hinault en haut de l'affiche et révolutionné le cyclisme en achetant Greg LeMond un million de dollars. Devenu président de l'OM avec le consentement actif de Gaston Defferre, maire historique de Marseille, Bernard Tapie constitue une belle équipe, fondée sur sa règle des trois R : rêve, risque, rire. Joseph-Antoine Bell, Jean-François Domergue, William Ayache, Yvon Le Roux, Karlheinz Förster, Alain Giresse, Bernard Genghini, Gérald Passi, Klaus Allofs, Jean-Pierre Papin, la composent, Michel Hidalgo et Gérard Banide la dirigent. Mais le boss, c'est Tapie.

Le tandem Bernard Tapie (à g.)-Michel Hidalgo, regard tendu vers son destin.

En cette saison 1987-88, l'OM atteint les demi-finales de la Coupe des Coupes. Et réussit, le 21 septembre, en huitièmes de finale, une seconde mi-temps d'exception face aux Yougoslaves d'Hajduk Split, broyés 4-0. Ovation et, peu de temps après, feu d'artifice. Du spectacle, en somme.

Encore une bonne tornade Ajax

L'histoire européenne de cette équipe-là se clôt brutalement le 6 avril 1988, au Stade-Vélodrome. Opposés aux tenants de la Coupe des Coupes, les Néerlandais de l'Ajax Amsterdam, les Marseillais n'existent pas en attaque et sont oublieux derrière (0-3). Commentaire entendu de Bernard Tapie : « Dans cette équipe, il y a trop d'architectes et pas assez de maçons. » C'est avec une équipe rajeunie et beaucoup plus prudente que, le 20 avril, l'OM remporte à Amsterdam un succès de prestige (2-1), sur une équipe qui restait sur sept victoires en sept matches européens.

Tout se précise la saison suivante, au point que le rêve frôle la réalité. En Coupe des clubs champions, un OM à la fois rigoureux et spectaculaire, élimine successivement les Danois de Bröndby (3-0, 1-1), les Grecs de l'AEK Athènes (2-0, 1-1), les Bulgares du Sredets Sofia (1-0, 3-1). Le 4 avril 1990, demi-finale Marseille-Benfica, au Stade-Vélodrome. Contre ces Portugais forts de six victoires en six matches, de dix-neuf buts marqués contre un seul encaissé, l'équipe

Jean-Pierre Papin (à g.) réussit un grand match contre le Benfica d'Aldair en 1989-90.

SAISON 1989-90
MARSEILLE - BENFICA (POR) :
2-1 (2-1)
C1. DEMI-FINALES ALLER
(RETOUR 0-1)

4 avril 1990, au Stade-Vélodrome.
45 000 spectateurs.
Buts : Sauzée (16e), Papin (44e) pour Marseille ; Lima (12e) pour Benfica.
MARSEILLE : Castaneda - Amoros, Sauzée, Mozer, Di Méco (Vercruysse, 58e) - B. Germain, Mura, Tigana (Deschamps, 74e), Francescoli - Papin, Waddle. **Entr. :** Gili.

entraînée par Gérard Gili réussit un match tremblant, une émotion pure.

La première mi-temps est un combat. Jean Tigana, Bruno Germain et Didier Deschamps tiennent le choc en milieu de terrain. Mais pas Jean Castaneda, que la grave blessure de Gaëtan Huard oblige à sortir d'une quasi-retraite. 11e minute, il effectue une sortie hasardeuse sur un coup franc de Vitor Paneira. Corner. Tir de Valdo, tête et but de Lima, en toute tranquillité. « Casta » n'a pas bougé. L'OM ne met que quatre minutes à égaliser. Poussée de Chris Waddle et de Carlos Mozer, tête en retrait de Bruno Germain pour Frank Sauzée (1-1). Après deux échecs in extremis d'Enzo Francescoli et de Neves Hernani, Waddle alerte Papin sur la gauche. Une pichenette plus tard, l'OM mène (2-1) et rentre au vestiaire.

La main de Vata

La seconde mi-temps est une longue domination, souvent brillante et inventive. Mais, à trois reprises, le virtuose uruguayen Francescoli ne parvient pas à conclure.

Le match retour n'est pas exactement à montrer aux enfants. Beaucoup d'observateurs ont du mal à ne pas qualifier la victoire de Benfica (1-0), obtenue dans une ambiance détestable grâce à un but inscrit par Vata, de l'avant-bras, à sept minutes de la fin, de vol pur et simple.

Bien sûr, il faudrait parler du match et de cet OM venu chercher un 0-0 suffisant. Évoquer la fébrilité de Castaneda, incapable de recouvrer sa maîtrise d'antan. Conter sa mésentente avec Mozer, le ballon frôlant le poteau (17e). S'appesantir sur le coup franc de Waddle, sur ce coup de tête définitif de Carlos Mozer que José Carlos sauve sur sa ligne (28e). Trembler comme le poteau marseillais sur la tête de Mats Magnusson (37e). Saluer l'arrêt de Silvino sur le tir en angle fermé et presque à bout portant de Papin (39e). Mais il y a ce corner tiré de la gauche par Valdo à la 83e minute. Le ballon est dévié de la tête par Mats Magnusson, et Vata prolonge sa course du bras, dans le but (1-0). Marseille est éliminé. Après coup, Jena Moons, juge de touche, affirmera n'avoir rien vu. Plus tard, l'arbitre belge Marcel Van Langenhove déclarera : « Dans mon esprit, je ne me suis pas trompé. Le Portugais a bien inscrit son but de la poitrine… J'ai pris une décision honnête. Je l'assume totalement. »

Très vite, Bernard Tapie assènera : « Ce soir, ce n'est pas la défaite des joueurs, c'est la défaite des dirigeants de l'OM, qui n'ont pas été à la hauteur des dirigeants de Benfica (…). Mais cela ne se passera plus jamais comme ça. J'apprends vite. Je sais faire. »

SAISON 1989-90
BENFICA (POR) - MARSEILLE :
1-0 (0-0)
C1. DEMI-FINALES RETOUR
(ALLER 1-2)

18 avril 1990, au stade de la Luz.
120 000 spectateurs.
But : Vata (83e).
MARSEILLE : Castaneda - Amoros, Sauzée, Mozer, Di Meco (Diallo, 87e) - Tigana, Deschamps, B. Germain, Francescoli - Waddle (Vercruysse, 78e), Papin. **Entr. :** Gili.

Les larmes de Boli à Bari

Un an plus tard, le 29 mai 1991, à Bari, dans le sud de l'Italie, tout laisse supposer que Bernard Tapie a effectivement appris très vite. Face à l'Étoile Rouge de Belgrade, club de football qui symbolise la Serbie en ces mois où explose la Yougoslavie, l'OM domine la quatrième finale de Coupe des champions atteinte par un club français. Et la perd, au terme du match le plus crispé qui soit. Tout comme, avant lui, Reims (1956, 1959) et Saint-Étienne (1976).

Face à la tribune submergée de chagrin des supporters marseillais, juste derrière le but où Darko Pancev vient de crucifier Pascal Olmeta pour l'ultime tir au but victorieux (0-0, 5 tab 3), Basile Boli pleure comme on pleure un amour qui s'est enfui. Il mettra deux ans à s'en remettre vraiment. Et à renaître au grand soleil de la victoire, après ce crépuscule personnel.

Pour venir buter sur cet ultime obstacle au stade San Nicola, l'OM, comme à son habitude, n'a pas fait les choses à moitié. Stade-Vélodrome, 7 novembre 1990. Franz Beckenbauer, entraîneur des champions du monde allemands, joue déjà sa tête face aux Polonais de Lech Poznan, victorieux à l'aller (3-2). Bernard Tapie, pas vraiment le plus nuancé des hommes, déclare : « Si, ce soir, on constate que l'on s'emmerde et que ce qui se passe sur le terrain ne répond pas à l'attente du public, on prendra les mesures nécessaires. »

Milan pris à son propre jeu

On ne s'ennuie pas, ça tombe bien. 3-0 à la mi-temps, 3-1 pour le suspense, 4-1 à la 85e minute, deux buts de Tigana et de Boli dans les deux dernières minutes, pour finir à 6-1, dont trois buts de Philippe Vercruysse !

Les Marseillais lèvent les bras, en vain. Celui de Vata (n° 16), vient de les éliminer en demi-finales de la C1 1989-90.

Talent fou mais caractère difficile, Éric Cantona (à g. face à Poznan en 1990-91), n'aura guère le temps de s'illustrer à l'OM.

Chris Waddle (à g.), le plus latin des Anglais, rend fous les défenseurs du Milan AC et marque en quarts retour de la C1 1990-91.

SAISON 1990-91
MILAN AC (ITA) - MARSEILLE : 1-1 (1-1)
C1. QUARTS DE FINALE ALLER
(RETOUR 0-1)
6 mars 1991, au stade Giuseppe-Meazza.
81 051 spectateurs.
Buts : Gullit (15e) pour Milan AC ; Papin (27e) pour Marseille.
MARSEILLE : Olmeta - Amoros, B. Boli, Mozer, Casoni, Di Méco - B. Germain, Pardo - Waddle, Papin, Pelé.
Entr. : Goethals.

SAISON 1990-91
MARSEILLE - MILAN AC (ITA) : 1-0 (0-0)*
C1. QUARTS DE FINALE RETOUR
(ALLER 1-1)
20 mars 1991, au Stade-Vélodrome.
37 603 spectateurs.
But : Waddle (75e).
MARSEILLE : Olmeta - Amoros, B. Boli, Mozer, Casoni, Di Méco - B. Germain, L. Fournier (Vercruysse, 81e) - Waddle, Papin, Pelé. **Entr. :** Goethals.

*match arrêté à la 88e pour une panne d'éclairage. Les Milanais ayant refusé de revenir sur le terrain, l'UEFA donnera la victoire à Marseille 3-0 sur tapis vert.

Mais le chef-d'œuvre de l'OM a lieu à San Siro, le 6 mars 1991, face au Milan AC champion d'Europe de Silvio Berlusconi et Arrigo Sacchi. Raymond Goethals est aux affaires, il a éliminé de l'équipe tout les récalcitrants du boulot collectif, dont Éric Cantona, et c'est un OM très « milanais », dans son jeu et dans son esprit, qui domine la partie avec une maîtrise et un calme de champion en titre. Pressing haut de tous les instants, milieu renforcé, défense alignée, Marseille contrôle. Et Milan n'y arrive pas, malgré le but chanceux de Ruud Gullit (15e). L'égalisation de Papin (27e) porte la marque de toute la saison : Abedi Pelé s'empare du ballon au milieu, contourne Carlo Ancelotti, sert Waddle qui, d'un bijou de passe, trouve Papin seul face au gardien. Tir croisé à ras de terre de JPP et le tour est joué (1-1).

Le match retour est un sommet d'âpreté et de tension, disputé par un autre Milan, toujours privé de Van Basten suspendu, mais très amélioré par le retour du capitaine Franco Baresi. On joue la 75e minute quand Pelé, sur la gauche, centre vers Papin qui, d'une tête « à l'aveugle », remise pour Waddle. La reprise de volée croisée à ras de terre de l'Anglais... du pied droit, s'engouffre au ras du poteau droit de Rossi (1-0). Les Milanais doivent marquer deux fois. Ils prennent prétexte de l'extinction des projecteurs, dans les trois dernières minutes, pour quitter le terrain. Cette sortie ridicule sera lourdement sanctionnée par l'UEFA. Ce soir-là, ils ont tout perdu.

Le trio infernal Pelé-Papin-Waddle

La demi-finale face au Spartak Moscou n'est guère plus qu'une formalité : 3-1 au stade Lénine, là où le Spartak n'avait encore encaissé aucun but, ni du Naples de Diego Maradona, ni du Real Madrid d'Emilio Butragueno ; et 2-1 à Marseille, avec une aisance déconcertante. Le trio infernal Pelé-Papin-Waddle a (presque) tout fait.

À Bari, on ne le voit pas. On ne voit pas beaucoup de football non plus. Une occasion pour JPP (12e), contrôle de la poitrine, tir de l'extérieur du pied droit à côté. Et surtout la tête de Chris Waddle (90e), en forme de regrets éternels : centre de Vercruysse, coup de boule de l'Anglais, détente inutile de Stevan Stojanovic, but de la victoire... Non ! Le ballon

Ironie du sort pour Dragan Stojkovic (au c.), ce sont ses compatriotes yougoslaves de l'Étoile Rouge qui le privent de la C1 1990-91.

Abedi Pelé (nº 10) ouvre le score en demi-finales de la C1 1990-91 contre le Spartak Moscou.

passe au ras du poteau. Malgré la rentrée de Dragan Stojkovic (111e), Marseille s'incline aux tirs au but. Manuel Amoros manque le sien, et c'est le premier. Malgré les réussites de Casoni, Papin et Mozer, c'est déjà fini...

Désolé, à l'année prochaine. Pour un énorme dérapage. Dès les huitièmes de finale, l'OM est éliminé par le Sparta Prague, dans des conditions extravagantes. Au Vélodrome, Waddle et Papin (deux fois) creusent l'écart dès la 59e minute (3-0), alors que JPP a raté un penalty. Mais les Marseillais se laissant inexplicablement aller au pire du sport, la suffisance, les Tchèques reviennent sur la fin (3-2). Du coup, le match retour est cruel (1-2), malgré un joli but d'Abedi Pelé, d'un tir de 20 mètres sous la barre (86e)...

C'est de ce terrible échec que l'on peut dater le début de l'épopée à venir, qui va déposer, la saison suivante, l'OM sur le toit de l'Europe, au bout d'une performance unique en cinquante ans pour le football français.

SAISON 1990-91
ÉTOILE ROUGE BELGRADE (YOU) - MARSEILLE :
0-0 a.p. (5 tab 3)
C1. FINALE

29 mai 1991, au stade San Nicola (Bari).
58 000 spectateurs.
Tirs au but : réussis par Prosinecki, Binic, Belodedic, Mihajlovic et Pancev pour l'Étoile Rouge ; Casoni, Papin, Mozer pour Marseille; 1 tab manqué par Amoros.
MARSEILLE : Olmeta - Amoros, B. Boli, Mozer, Di Méco (D. Stojkovic, 111e) - B. Germain, Pelé, L. Fournier (Vercruysse, 75e) - Waddle, Papin. **Entr. :** Goethals.

Manuel Amoros (n° 2) est inconsolable. Son tir au but manqué condamne l'OM en finale de la C1 1991 contre Belgrade.

L'Europe en Deuxième Division

Pourtant, quelles que soient la beauté et l'importance du but de Basile Boli à Munich, l'OM ne jouera pas la finale de la Coupe intercontinentale contre les Brésiliens de Sao Paulo, à Tokyo. Ni la Supercoupe d'Europe contre Parme, vainqueur de la C2 en 1993. Pour avoir acheté un match de D1 à Valenciennes, quelques jours avant la finale de Munich, Marseille est exclu un an des compétitions européennes, déchu de son titre de champion de France 1993 et, au terme de la saison 1993-94, rétrogradé en Deuxième Division. C'est l'inexorable et terrible descente aux enfers.

Entraîné par Marc Bourrier, l'OM renaît à l'Europe lors de la Coupe de l'UEFA 1994-95, à laquelle lui donne droit sa 2e place de la saison précédente en D1. Fabien Barthez est resté en D2, tout comme Bernard Casoni et Jean-Philippe Durand. Il y a aussi Marcel Dib, Bruno Germain, Jean-Marc Ferreri et Tony Cascarino. Une bonne petite équipe, capable d'éliminer Olympiakos Le Pirée (2-1, 3-0) et de mener la vie dure au FC Sion (0-2, 3-1). Il faut un début à tout : c'est un ballon relâché par Fabien Barthez qui provoque l'élimination face aux Suisses.

Quatre ans plus tard, l'Olympique de Marseille revient de l'au-delà. Et termine en finale de l'UEFA, un 12 mai à Moscou, où il a neigé le matin ! Rolland Courbis est un entraîneur entraînant. Courbis, Goethals... Il faut des « coaches » atypiques pour ce club différent. Depuis le

Jean-Pierre Papin

Avant-centre français

1963	Naissance à Valenciennes (le 5 novembre)
1986-92	Joueur de Marseille (1 finale de C1, 4 titres de champion de France, 1 Coupe de France)
1992-94	Joueur du Milan AC (1 finale de C1, 2 titres de champion d'Italie)
1994-96	Joueur du Bayern Munich (1 victoire en C3)
1986-95	International français (54 sélections, 30 buts)
1991	Ballon d'Or *France Football*

Signes particuliers : beaucoup de titres mais aussi beaucoup de défaites en finale, dont deux fois en C1 (OM et Milan)...

Droit au but

C'est sous le maillot de l'OM que ce buteur exceptionnel marque les esprits au point d'atteindre d'étonnants sommets de popularité.

« Je n'ai rien à raconter d'extraordinaire. Mes buts sont le résultat de mon instinct car, si je pense qu'un attaquant peut progresser, je crois aussi qu'on naît buteur. Ma simplicité fait peut-être ma force. » Ainsi parle Jean-Pierre Papin, monument de l'OM, parfaite illustration de la devise du club (« Droit au but ») pour ses tirs, ses courses, ses ruades et ses buts somptueux. Il est aussi très vite surnommé « J.P.P. », diminutif allègrement transformé, les mauvais soirs, en « J'en Peux Plus ». Et pour lui, on invente un magnifique néologisme, la « papinade », synonyme de reprise de volée d'anthologie.

Cinq fois d'affilée meilleur buteur du Championnat, de 1988 à 1992, réalisateur souvent providentiel en Coupe d'Europe, épreuve dans laquelle il marque 23 fois (14 réalisations au Stade-Vélodrome, 9 à l'extérieur), Jean-Pierre Papin est résolument digne de ces attaquants de légende que furent, avant lui à Marseille, Josip Skoblar et Gunnar Andersson.

Une enfance douloureuse. Une déchirure. Jean-Pierre découvre le bonheur un mercredi après-midi, au club de foot de l'AS Jeumont. Il a 6 ans. Léon Desmenez, le premier entraîneur qui compte pour lui, à Valenciennes, dit : « Si un mur se dresse, il ne le contourne pas. Il le démolit. »

Il échappe à Guy Roux

C'est bizarre la vie : joueur apprenti à l'INF Vichy, il échappe à l'œil de maquignon de Guy Roux, malgré trois buts inscrits contre Auxerre, dans un match de Troisième Division. Dans le Nord natal de cet enfant de Boulogne-sur-Mer, c'est pire. Avis définitif de Romain Arghirudis, alors directeur sportif lillois : « Des Papin, j'en ai dix dans mon centre de formation. »

Pourtant, Jean-Pierre Papin est unique. C'est sa qualité première et son principal défaut. À l'OM, il apprend beaucoup de Klaus Allofs, d'Alain Giresse, de Karlheinz Förster. Et de Bernard Tapie, homme multicartes pour lequel il professe une admiration sincère et naïve. « JPP » est capitaine. C'est l'homme du président.

Deux buts pour ses débuts au Vélodrome

Tapie a arraché, dans des conditions rocambolesques, le très jeune buteur du FC Bruges à l'AS Monaco. Le mardi 5 août 1986, Papin pénètre pour la première fois sur la pelouse du Stade-Vélodrome. 46 411 spectateurs sont présents pour cette ouverture du Championnat face à... Monaco ! L'heure de jeu est dépassée, les deux équipes sont à égalité (1-1). 70e minute : penalty de Papin. 89e minute : tir au ras du poteau de Papin. Marseille 3, Monaco 1...

Malgré ses échecs relatifs, par la suite, au Milan AC puis au Bayern, JPP figure dans l'imaginaire national aux côtés de Maurice Chevalier, Raymond Poulidor ou Yvette Horner. À son débit, quelques maladresses retentissantes. Ainsi laisse-t-il entendre un jour, à quatre journalistes italiens, que l'OM a acheté sa finale victorieuse contre Milan en 1993. À son crédit, il a tout le reste, qui est considérable. Son amour pour Emily, sa fille souffrant d'un manque d'oxygénation du cerveau, l'a amené à créer l'association « 9 de Cœur », qui a rendu espoir à bien des familles. Simple mais d'une riche nature, Jean-Pierre Papin est un type bien. O. M.

En 1998-99, un fringant Robert Pires (à g.) sort Dieter Eilts et le Werder Brême.

Marseille

12 juillet 1998, où sont projetés, sur l'arc de triomphe à Paris, ces mots : « Zidane président », tout a changé pour le football français. Trois champions du monde jouent désormais à l'OM : Laurent Blanc, Christophe Dugarry et Robert Pires. Une belle équipe avec, entre autres, l'Allemand Andreas Köpke dans le but, l'Italien Fabrizio Ravanelli devant, l'avant-centre Florian Maurice, un petit jeune nommé William Gallas, et Pierre Issa qui a joué, avec les Bafana Bafana, France-Afrique du Sud, première étape de l'épopée des Bleus, dans le nouveau Stade-Vélodrome.

Le chef-d'œuvre de Maurice à Brême

C'est une équipe en or, couleur du maillot du centenaire, qui commence par exécuter Olomouc, club de la République tchèque (2-2, 4-0) avec, au retour, deux buts de Christophe Dugarry et deux de Robert Pires. Contre le Werder Brême, certes dernier de Bundesliga, c'est déjà une autre chanson. L'OM, invaincu en Championnat, se présente à Brême avec quatre attaquants (Pires, Ravanelli, Maurice et Dugarry !), inscrit un chef-d'œuvre de but (centre de « Dug », volée somptueuse de Maurice), et concède l'égalisation à Andreas Herzog alors que tous s'embrassent encore (1-1). Les Olympiens se qualifient très difficilement au retour, au Vélodrome (3-2).

Face au Monaco entraîné par le Marseillais Jean Tigana, les huitièmes de finale sont bizarres. Avec Thierry Henry, David Trezeguet et Fabien Barthez (qui déclare : « Ça va être sympa, on va s'embrasser dans les couloirs »), c'est une confrontation à six champions du monde. À l'arrivée, on dénombre douze cartons jaunes, deux expulsés (Florian Maurice et le Monégasque Franck Dumas) dans une rencontre pourtant plutôt calme.

À l'aller au stade Louis-II, l'OM s'en sort (2-2), grâce à un but de Titi Camara, exploitant une faute invraisemblable de Philippe Léonard. Maurice proteste : « L'arbitre s'est pris pour Lucky Luke. » Au retour, Courbis choisit de rejouer Fort Alamo. Il dresse une muraille et attend un contre, qui survient à la 63e minute, quand Titi Camara, sur une passe décisive de Jocelyn Gourvennec, finit le travail (1-0).

À Bologne, Laurent Blanc ne tremble pas

Place aux quarts de finale, face au Celta Vigo où jouent Richard Dutruel et Claude Makelele, entraînés par un coach de trente-sept ans, Victor Fernandez. Pronostic de Courbis : « Si nous nous qualifions, je suis certain que Florian Maurice y sera pour beaucoup. » L'avant-centre, en panne sèche en Championnat, marque en effet deux buts magnifiques. Mais un ballon relâché par Stéphane Porato devant Alexander Mostovoï place l'OM en fâcheuse posture (2-1). Le jeune gardien marseillais se rachète dans un retour étouffant (0-0) et l'OM se qualifie pour la quatrième demi-finale européenne de son

SAISON 1998-99
MONACO (FRA) - MARSEILLE : 2-2 (1-2)
C3. 8es DE FINALE ALLER
(RETOUR 0-1)

Mardi 24 novembre 1998, au stade Louis-II. 15 000 spectateurs.
Buts : Trezeguet (17e s.p.), Giuly (56e) pour Monaco ; Pires (9e), T. Camara (39e) pour Marseille.
MARSEILLE : Porato - Blondeau, L. Blanc, Issa, Colleter - E. Roy, Pires (Luccin, 79e), Brando - T. Camara (Moses, 90e), Maurice, Dugarry (Bravo, 60e). **Entr. :** Courbis.

Laurent Blanc est l'un des six champions du monde présents lors du duel franco-français contre Monaco, en C3 1998-99.

Sans pitié pour ses compatriotes, Ravanelli (à g.) félicite Blanc, bourreau de Bologne.

Sur la pelouse bolognaise, Christophe Dugarry (au centre) doit faire face à un défi physique implacable. Son maillot or lui portera bonheur.

histoire, la dixième présence française d'affilée à ce niveau de compétition !

En face ? Le Bologne de Carlo Mazzone, sorte de Guy Roux italien. Dugarry et Ravanelli sont d'accord : « Un 1-0 au Vélodrome nous conviendrait. » 94e minute : Peter Luccin dépose le ballon sur la tête de Frédéric Brando. À côté ! 0-0.

Mardi 20 avril 1999, Bologne. Rolland Courbis ose : « Je vois bien un 1-1. » Il construit une équipe très solide, avec trois milieux récupérateurs : Daniel Bravo, Peter Luccin, Frédéric Brando, derrière Pires, Ravanelli et Dugarry. Elle cède pourtant dès la 18e minute. Coup franc de Jonatan Binotto de la droite, centre de Beppe Signori au deuxième poteau, cafouillage, but à bout portant du capitaine Michele Paramatti. Tout se complique. Les Marseillais ont la tête sous l'eau. Gallas, Ravanelli et Luccin (cartons jaunes) savent déjà qu'ils ne joueront pas

SAISON 1998-99
BOLOGNE (ITA) - MARSEILLE :
1-1 (1-0)
C3. DEMI-FINALES RETOUR
(ALLER 0-0)
Mardi 20 avril 1999, au stade Renato-Dall'Ara.
38 000 spectateurs.
Buts : Paramatti (18e) pour Bologne ;
L. Blanc (86e s.p.) pour Marseille.
MARSEILLE : Porato - Gallas, L. Blanc, C. Domoraud, Edson - Brando (Maurice, 46e), Luccin, Pires, Bravo (Gourvennec, 77e) - Ravanelli, Dugarry (Camara, 68e).
Entr. : Courbis.

la finale, laquelle s'éloigne de plus en plus, quand soudain Gourvennec lance Maurice en profondeur. Tout va très vite, surtout pour l'arbitre allemand, M. Markus Merk. Les photos prouveront que le gardien Francesco Antonioli n'a pas touché Maurice, mais c'est bel et bien Laurent Blanc qui se présente au point de réparation pour le penalty de la qualification.

Cette 86e minute est l'une des plus longues de l'histoire marseillaise. But de Blanc. Refusé. Ravanelli a pénétré trop tôt dans la surface. Après coup, Laurent Blanc dira : « Je ne sais pas pourquoi l'arbitre me fait retirer. Je sais que je n'en avais pas envie. Entre les deux tirs, le temps m'a paru très long. Je savais où j'allais placer le premier. Sur le second, je m'élance sans savoir. J'ai attendu que le gardien bouge. » Antonioli plonge sur sa droite, Blanc frappe sur sa gauche : 1-1 ! À la 92e minute, Stéphane Porato doit encore sauver, du pied, devant Signori. L'OM se qualifie pour sa troisième finale depuis 1991.

Bagarre générale à Bologne

Sont-ce les incidents du match aller, qui avaient provoqué vingt-huit blessés parmi les supporters italiens ? Toujours est-il que le retour aux vestiaires est agité. Luccin est agressé, Dugarry se rue à son secours, c'est la bagarre générale. Christophe Dugarry est un artiste, mais c'est un artiste très engagé. Il fait le ménage, genre mêlée de son Sud-Ouest natal et déclare : « On ne s'était pas serré les coudes pour lâcher dans le tunnel. » Cinq matches de suspension pour lui.

Le 12 mai, à Moscou, dans un stade Loujniki glacial et face au Parme de Lilian Thuram, Alain Boghossian, Juan Sebastian Veron, Enrico Chiesa et Hernan Crespo, il n'y a pas vraiment de finale. 26e minute : Laurent Blanc manque sa tête en retrait, Crespo récupère et lobe Porato (0-1). 36e minute : tacle de Thuram, centre de Diego Fuser, tête de Paolo Vanoli (0-2). 55e minute : Thuram lance Veron, centre en retrait de l'Argentin, Crespo laisse passer, demi-volée de Chiesa, lucarne (0-3). Le mot de la fin est pour Laurent Blanc : « Avec ce premier but, cela devenait mission impossible. »

Dans la mémoire collective, Laurent Blanc et Fabien Barthez sont indissociables depuis la victoire en Coupe du monde, le 12 juillet 1998, et le baiser rituel qu'apposait « Lolo » sur le front de « Fabulous Fab ». Dans la mémoire marseillaise, ils demeurent comme les héros heureux, puis malheureux, des deux finales perdues de la Coupe de l'UEFA, en 1999 on l'a vu, mais aussi en 2004.

Alain Perrin rate sa C1

La saison 2003-04 de l'Olympique de Marseille est radicalement coupée en deux. D'un côté, l'OM d'Alain Perrin, qui effectue un méritoire mais laborieux retour en Ligue des Champions. De l'autre, une équipe résolument différente, celle de l'ancien « minot » José Anigo, qui vole de succès en succès en Coupe de l'UEFA.

En plein mois d'août et en tour préliminaire de C1, l'OM élimine l'Austria (1-0 à Vienne, puis 0-0), grâce à un but inscrit par le Russe Dimitri Sytchev, dès la 4e minute de la rencontre aller. Mais ce match en Autriche est surtout mémorable pour la colère d'Alain Perrin à la mi-temps. Première fissure. Au tirage de la phase de poules, l'OM tombe sur le Real Madrid, Porto et le Partizan Belgrade.

Le 16 septembre, à Madrid, Perrin tente le tout pour le tout. Il délaisse son 4-4-2 habituel pour un inédit 5-2-3. L'OM mène 1-0 (un but formidable de Didier Drogba, 26e), avant que les « Galactiques » ne lui règlent son compte (2-4). Déclaration sans aménité de Perrin :

SAISON 1998-99
PARME AC (ITA) - MARSEILLE :
3-0 (2-0)
C3. FINALE
Mercredi 12 mai 1999,
au stade Loujniki (Moscou).
61 000 spectateurs.
Buts : Crespo (26e), Vanoli (36e), Chiesa (55e).
MARSEILLE : Porato - P. Blondeau, C. Domoraud, L. Blanc, Issa, Edson (T. Camara, 46e) - Brando, Bravo, Gourvennec, Pires - Maurice.
Entr. : Courbis.

Florian Maurice (n° 9, photo de g.) fait son possible face à Cannavaro, dans la glacière moscovite. Mais la chance abandonne cette fois les Marseillais (photo de droite), qui voient, impuissants, Parme triompher en finale de la Coupe de l'UEFA 1999.

Héros de la saison 2003-04, Barthez est présent dans les grands rendez-vous, comme ici face à Speed et Alan Shearer (Newcastle).

« Nous avons pris une leçon de football. Nous avons eu peur. » Laissé libre par Manchester United, Fabien Barthez attend que l'UEFA valide son engagement par l'OM. Forcément, le titulaire du poste, Vedran Runje, se fâche avec Perrin. Un triplé de Didier Drogba contre le Partizan (3-0) adoucit les mœurs. Mais un bon coup de Porto tourneboule tout le monde (2-3 au Vélodrome, 0-1 au Portugal). Le Real Madrid du « Marseillais » Zinédine Zidane vient cueillir chez elle une équipe qui ne croit plus en grand-chose (1-2), avec des buts signés David Beckham et Ronaldo… Pour aller en Coupe de l'UEFA, il faut alors ramener au moins un match nul de Belgrade. L'OM le décroche (1-1), le jeune gardien Jérémy Gavanon remportant un ultime duel avec Ivica Iliev (81e).

SAISON 2003-04
MARSEILLE - LIVERPOOL (ANG) : 2-1 (1-1)
C3. 8es DE FINALE RETOUR
(ALLER 1-1)
25 mars 2004, au Stade-Vélodrome.
58 000 spectateurs.
Buts : Drogba (36e, s.p.), Meïté (58e) pour Marseille ; Heskey (15e) pour Liverpool.
MARSEILLE : Barthez - Beye, Hemdani, Meïté - Ferreira, Flamini, Sy. N'Diaye, Dos Santos - Batlles (Mido, 71e) - Marlet (Meriem, 79e), Drogba. **Entr. :** Anigo.

Alors qu'au cœur de l'hiver José Anigo remplace Perrin et renouvelle l'équipe-type à 80 %, le 26 février, les Winners déploient une banderole très explicite : « Joueurs, battez-vous ! Dirigeants, cassez-vous ! » C'est en glissant que Drogba réussit, sur penalty, l'unique but des cent quatre-vingts minutes de match contre les excellents Ukrainiens de Dniepropetrovsk. « Un but gag », se marre l'Ivoirien.

Drogba flambe en Coupe de l'UEFA

Prendre en suivant le Liverpool de Gérard Houllier, à Anfield, n'a en revanche rien de rigolo, d'autant que Steve Marlet, seul face au but vide, frappe à côté (12e). À la 55e minute, Barthez fait ce qu'il peut face à Steven Gerrard, mais c'est Milan Baros qui ouvre le score. Didier Drogba fête ses 26 ans, ce jeudi 11 mars, en contrôlant en pleine course un ballon de Camel Meriem, en éliminant Steve Finnan et en terminant le travail d'un tir croisé (78e, 1-1). Le reste appartient à Fabien Barthez, sifflé à chaque intervention en tant qu'ancien joueur de Manchester United. Gérard Houllier qualifiera d'« extraordinaires » ses deux arrêts dans le temps additionnel devant Sami Hyypiä (90e+1) et Milan Baros (90e+2).

Coup de froid dès la 15e minute du match retour, quand Emile Heskey, servi par l'inévitable Steven Gerrard, ouvre le score. La 26e minute est décisive : alors que Michael Owen s'enfuit, Barthez joue, en une ou deux secondes, à la fois son retour après huit mois d'absence, sa réputation d'homme des grandes occasions et la suite de l'aventure de son ex-nouveau club. Il remporte son face-à-face. Un penalty de Didier Drogba (36e) puis une tête d'Abdoulaye Meïté sur un corner, d'une détente prodigieuse (58e), qualifient l'Olympique de Marseille (2-1).

« L'Inter pensait qu'on était une petite équipe »

L'Inter Milan, en quarts de finale, c'est du lourd. En neuf confrontations en matches aller-retour avec des clubs français, l'équipe italienne s'est qualifiée neuf fois. Mais, à Marseille, l'OM l'emporte 1-0 et *L'Équipe* titre « Pas cher payé ». Car les Marseillais disputent leur meilleur match de la saison et, après que Barthez a découragé Christian Vieri, ouvrent le score à la 17e seconde de la seconde mi-temps : passe de Meriem, mauvais contrôle de Drogba qui se reprend et trouve la lucarne. Dans sa joie, il va se suspendre au grillage, écopant ainsi d'un carton jaune qui le privera du retour.

65e minute : Meriem dribble Alberto Fontana, qui le fauche nettement. M. Batista ne siffle pas. Le Marseillais se relève le premier et tire… sur le poteau ! Dans la minute suivante, l'international sénégalais Habib Beye catapulte une tête sur la transversale. Pas cher payé, on vous

Buteur insatiable, Didier Drogba porte l'OM à bout de bras jusqu'en finale de la Coupe de l'UEFA 2003-04, en huitièmes contre Liverpool et Sami Hyypiä (photo de g.), en quarts face à l'Inter Milan (au c.), et en demi-finales devant Newcastle (à dr.).

SAISON 2003-04
INTER MILAN (ITA) - MARSEILLE : 0-1 (0-0)
C3. QUARTS DE FINALE RETOUR
(ALLER 0-1)
14 avril 2004, au stade Giuseppe-Meazza.
45 000 spectateurs.
But : Meriem (74e).
MARSEILLE : Barthez - Ferreira, Beye, Hemdani, Meïté, Dos Santos - Batlles, Flamini, Sy. N'Diaye, Meriem - Mido.
Entr. : Anigo.

dit… Le match retour est très maîtrisé. L'OM attend le bon moment, qui se présente à la 74e minute : Mathieu Flamini est au départ, Meriem à l'arrivée, d'un tir croisé qui heurte le poteau, avant de rentrer (1-0). José Anigo commente : « Peut-être que l'Inter pensait qu'on était une petite équipe. »

Et maintenant, Newcastle, invaincu à Saint James' Park en 2004. Le Newcastle des mythiques Bobby Robson, entraîneur de 71 ans, et Alan Shearer, avant-centre de 34 ans. Le jeudi 22 avril, Didier Drogba frappe les poteaux à deux reprises (64e, 88e) et l'OM ramène le nul (0-0). Car Barthez a été exceptionnel. Le 6 mai, Drogba prend sa revanche et marque deux fois. Le premier but est d'une virtuosité et d'une puissance incroyables : en pleine course, il talonne du droit pour lui-même, laisse Aaron Hugues sur place, et trompe Shay Given du gauche (18e). Le deuxième est plus classique, inscrit d'une reprise du plat du pied droit, après un coup franc latéral de Laurent Batlles (82e). L'OM est en finale. Anigo : « Depuis trois mois, je vis un vrai conte de fées. »

Un carton rouge qui tue

Pourtant, le conte est fini. Les sorcières surgissent. Dix jours avant la finale de Göteborg, le Monégasque Julien Rodri-

C'est le tournant de la finale de la C3 2003-04 : dans le temps additionnel de la première période, Fabien Barthez effectue une sortie kamikaze sur le Valencian Mista.

L'arbitre Pierluigi Collina siffle penalty et sort le carton rouge contre le gardien des Bleus.

Jérémy Gavanon (n° 30) entre en jeu pour le penalty, transformé par Vicente.

guez blesse à la hanche Drogba, le buteur-miracle aux 11 buts en 14 matches européens. Malgré la douleur, l'Ivoirien joue, mais ne réussit rien de rien. Face au remarquable FC Valence de Rafael Benitez, deux fois champion d'Espagne en trois ans et finaliste d'une Coupe d'Europe pour la troisième fois en cinq ans (deux échecs en Ligue des champions en 2000 et 2001), Marseille domine la première mi-temps. On vient d'entrer dans le temps additionnel lorsqu'une mauvaise relance de Sylvain N'Diaye est récupérée par Joaquim Rufete. Son centre est mal jugé par Habib Beye, lobé. Contrôle de la poitrine de Miguel Angel Mista, puis contrôle orienté un peu long… Fabien Barthez sort en bolide. Il se couche, anticipe le tir, son pied droit heurte le tibia gauche de Mista.

Pierluigi Collina siffle le penalty incontestable et expulse Barthez. Le règlement appliqué à la lettre… Barthez, qui n'a surtout pas oublié que Collina avait sifflé contre lui, en quarts de finale de l'Euro 2000, un penalty imaginaire en faveur de l'Espagne, dira : « Il a gâché la fête… Peut-être est-il jaloux de moi ? » Michel Platini commentera : « C'est la règle qui n'est pas bonne. Il y a triple sanction : le penalty, l'expulsion et la suspension qui s'ensuit. Cela fait beau-

SAISON 2003-04
FC VALENCE (ESP) - MARSEILLE : 2-0 (1-0)
C3. FINALE
19 mai 2004, au stade Nya Ullevi (Göteborg). 43 000 spectateurs.
Buts : Vicente (45e + 3, s.p.), Mista (58e).
MARSEILLE : Barthez (expulsé, 45e) - Ferreira, Beye, Hemdani, Meïté, Dos Santos - Flamini (Batlles, 71e), N'Diaye (Celestini, 86e) - Marlet, Meriem (Gavanon, 45e + 1) - Drogba. **Entr. :** Anigo.

coup pour une faute. » Anigo choisit de faire sortir Meriem, le meilleur Marseillais jusque-là. Francisco Vicente prend Jérémy Gavanon à contre-pied (0-1). Puis Mista, en contre-attaque, contrôle à nouveau de la poitrine et tue le suspense (0-2).

Le président Christophe Bouchet conclut : « J'ai le sentiment d'une mort sans corps, d'un deuil impossible. » Puis il commente les dix-sept matches européens de l'OM et dit : « Le Real, Porto, Liverpool, l'Inter, Newcastle, Valence : on a eu ce qui se fait de mieux ! » Ainsi va l'OM, ainsi vit Marseille. ■ O. M.

Pas complètement rétabli de sa blessure à la hanche, Didier Drogba n'a pu peser sur la finale face à Valence. Frustrant.

Marseille

Marseille et l'Europe

Les 108 matches

1962-63	C3	1T	Marseille - Union Saint-Gilloise (BEL)	1-0	2-4
1968-69	C3	1T	Göztepe Izmir (TUR)* - Marseille (ap/tas)	2-0	0-2
1969-70	C2	1T	Dukla Prague (TCH) - Marseille (ap)	1-0	0-2
	C2	8e	Marseille - Dynamo Zagreb (YOU)	1-1	0-2
1970-71	C3	1T	Spar. Trnava (TCH) - Marseille (4 tab 3)	2-0	0-2
1971-72	C1	1T	Marseille - Gornik Zabrze (POL)	2-1	1-1
	C1	8e	Marseille - Ajax Amsterdam (HOL)	1-2	1-4
1972-73	C1	1T	Marseille - Juventus Turin (ITA)	1-0	0-3
1973-74	C3	1T	Union Luxembourg (LUX) - Marseille	0-5	1-7
	C3	2T	Marseille - FC Cologne (RFA)	2-0	0-6
1975-76	C3	1T	Carl Zeiss Iéna (RDA) - Marseille	3-0	1-0
1976-77	C2	1T	Southampton (ANG) - Marseille	4-0	1-2
1987-88	C2	1T	Lokomotiv Leipzig (RDA) - Marseille	0-0	0-1
	C2	8e	Marseille - Hajduk Split (YOU)	4-0	3-0
	C2	Q	RoPS Rovaniemi (FIN) - Marseille	0-1	0-3
	C2	D	Marseille - Ajax Amsterdam (HOL)	0-3	2-1
1989-90	C1	1T	Marseille - Bröndby IF (DAN)	3-0	1-1
	C1	8e	Marseille - AEK Athènes (GRE)	2-0	1-1
	C1	Q	Sredets Sofia (BUL) - Marseille	0-1	1-3
	C1	D	Marseille - Benfica (POR)	2-1	0-1
1990-91	C1	1T	Marseille - Dynamo Tirana (ALB)	5-1	0-0
	C1	8e	Lech Poznan (POL) - Marseille	3-2	1-6
	C1	Q	Milan AC (ITA) - Marseille	1-1	0-3
	C1	D	Spartak Moscou (URS) - Marseille	1-3	1-2
	C1	F	Étoile Rouge (YOU) - Marseille	(5 tab 3)	0-0
1991-92	C1	1T	Union Luxembourg (LUX) - Marseille	0-5	0-5
	C1	8e	Marseille - Sparta Prague (TCH)	3-2	1-2
1992-93	C1	1T	Glentoran (ILN) - Marseille	0-5	0-3
	C1	8e	Dinamo Bucarest (ROU) - Marseille	0-0	0-2
	C1	LC	Glasgow Rangers (ECO) - Marseille	2-2	
	C1	LC	Marseille - FC Bruges (BEL)	3-0	
	C1	LC	CSKA Moscou (RUS) - Marseille	1-1	
	C1	LC	Marseille - CSKA Moscou (RUS)	6-0	
	C1	LC	Marseille - Glasgow Rangers (ECO)	1-1	
	C1	LC	FC Bruges (BEL) - Marseille	0-1	
	C1	F	Marseille - Milan AC (ITA)	1-0	
1994-95	C3	1T	Olympiakos Le Pirée (GRE) - Marseille	1-2	0-3
	C3	2T	FC Sion (SUI) - Marseille	2-0	1-3
1998-99	C3	1T	Sigma Olomouc (RTC) - Marseille	2-2	0-4
	C3	2T	Werder Brême (ALL) - Marseille	1-1	2-3
	C3	8e	AS Monaco (FRA) - Marseille	2-2	0-1
	C3	Q	Marseille - Celta Vigo (ESP)	2-1	0-0
	C3	D	Marseille - Bologne (ITA)	0-0	1-1
	C3	F	Parme AC (ITA) - Marseille	3-0	
1999-00	C1	LC	Marseille - Sturm Graz (AUT)	2-0	
	C1	LC	Croatia Zagreb (CRO) - Marseille	1-2	
	C1	LC	Manchester United (ANG) - Marseille	2-1	
	C1	LC	Marseille - Manchester United (ANG)	1-0	
	C1	LC	Sturm Graz (AUT) - Marseille	3-2	
	C1	LC	Marseille - Croatia Zagreb (CRO)	2-2	
	C1	LC	Marseille - Lazio Rome (ITA)	0-2	
	C1	LC	Feyenoord Rotterdam (HOL) - Marseille	3-0	
	C1	LC	Marseille - Chelsea (ANG)	1-0	
	C1	LC	Chelsea (ANG) - Marseille	1-0	
	C1	LC	Lazio Rome (ITA) - Marseille	5-1	
	C1	LC	Marseille - Feyenoord Rotterdam (HOL)	0-0	
2003-04	C1	3TP	Austria Vienne (AUT) - Marseille	0-1	0-0
	C1	LC	Real Madrid (ESP) - Marseille	4-2	
	C1	LC	Marseille - Partizan Belgrade (SEM)	3-0	
	C1	LC	Marseille - FC Porto (POR)	2-3	
	C1	LC	FC Porto (POR) - Marseille	1-0	
	C1	LC	Marseille - Real Madrid (ESP)	1-2	
	C1	LC	Partizan Belgrade (SEM) - Marseille	1-1	
	C3	16e	Marseille - Dniepropetrovsk (UKR)	1-0	0-0
	C3	8e	Liverpool (ANG) - Marseille	1-1	1-2
	C3	Q	Marseille - Inter Milan (ITA)	1-0	1-0
	C3	D	Newcastle United (ANG) - Marseille	0-0	0-2
	C3	F	Valence CF (ESP) - Marseille	2-0	

Les 198 joueurs et les 19 entraîneurs

J.-P. Papin (29 matches/23 buts), **Pelé** (26/6), **Di Méco** (24), **Casoni** (23), **Pires** (22/5), **Brando** (22), **Barthez** (22), **Amoros** (22), **Luccin** (22), **Waddle** (20/4), **Sauzée** (19/10), **B. Boli** (19/4), **Mozer** (19), **Deschamps** (19), **B. Germain** (18), **R. Courbis** (entr.) (18), **Porato** (17), **Magnusson** (16/1), **Meïté** (16/1), **W. Gallas** (16/1), **Hemdani** (16), **Drogba** (15/11), **F. Maurice** (15/4), **Dugarry** (14/5), **Ravanelli** (14/2), **S. Perez** (14/1), **J.-P. Lopez** (14/1), **Olmeta** (14), **P. Blondeau** (14), **J. Zvunka** (14), **Vercruysse** (13/6), **Angloma** (13/1), **Meriem** (13/1), **Tigana** (13/1), **Bonnel** (13), **R. Goethals** (entr.) (13), **Issa** (12/1), **Sy. N'Diaye** (12), **Novi** (12) **Beye** (12), **Skoblar** (11/6), **T. Camara** (11/2), **Mido** (11/2), **S. Dalmat** (11), **K.-H. Förster** (11), **Vachousek** (11), **Eydelie** (11), **Marlet** (10/1), **L. Blanc** (10/1), **Desailly** (10/1), **C. Domoraud** (10), **Carnus** (10), **J.-P. Durand** (9), **Bosquier** (9), **G. Gili** (entr.) (9), **J. Anigo** (entr.) (9), **Ferreri** (8/4), **K. Allofs** (8/4), **Boksic** (8/4), **Bakayoko** (8/3), **Völler** (8/2), **Van Buyten** (8/1), **Trésor** (8/1), **A. Diallo** (8/1), **Bracci** (8/1), **M. Dos Santos** (8), **V. Zvunka** (8), **Flamini** (8), **Hodoul** (8), **D. Ferreira** (8), **Kula** (8), **Francescoli** (8), **Celestini** (8), **Escale** (8), **G. Banide** (entr.) (8), **A. Perrin** (entr.) (8), **A. Giresse** (7/1), **Genghini** (7/1), **Y. Le Roux** (7), **Batlles** (7), **D. Bravo** (7), **Runje** (7), **J.-F. Domergue** (7), **Lowitz** (7), **De la Pena** (7), **Berizzo** (7), **Ecker** (7), **Bell** (7), **Couécou** (6/2), **Sytchev** (6/1), **J.-C. Marquet** (6/1), **Joseph** (6/1), **E. Roy** (6/1), **Gress** (6/1), **L. Fournier** (6/1), **Eyraud** (6/1), **Franceschetti** (6), **Y. Fischer** (6), **Mura** (6), **J. Djorkaeff** (6), **Johansen** (6), **B. Casoni** (entr.) (6), **M. Zatelli** (entr.) (6), **Loubet** (5/3), **Buigues** (5/1), **Di Caro** (5), **J.-C. Thomas** (5), **Moses** (5), **F. Passi** (5), **Edson** (5), **G. Huard** (5), **Kuszowski** (4/5), **Cascarino** (4/2), **Emon** (4/1), **K. Diawara** (4/1), **J. Leroy** (4/1), **Ferrer** (4/1), **Abardonado** (4), **Kérurzoré** (4), **Dib** (4), **Fernandao** (4), **Jambay** (4), **Reina** (4), **de Wolf** (4), **Wacouboué** (4), **Pardo** (4), **Bereta** (4), **Köpke** (4), **M. Bourrier** (entr.) (4), **F. Beckenbauer** (entr.) (4), **J. Bonnel** (entr.) (4), **L. Leduc** (entr.) (4), **Xuereb** (3/2), **Nogues** (3/1), **É. Cantona** (3/1), **Merschel** (3), **Mazzolini** (3), **Destrumelle** (3), **Fall** (3), **Belmadi** (3), **Albaladejo** (3), **Pouget** (3), **D. Stojkovic** (3), **Colleter** (3), **Ayache** (3), **Christanval** (3), **Castaneda** (3), **Cauet** (3), **Gourvennec** (3), **Se. Keita** (3), **Steven** (3), **J. Fernandez** (entr.) (3), **T. Ivic** (entr.) (3), **Martin Vazquez** (2/2), **Guéniche** (2/1), **S. Roy** (2/1), **Thys** (2/1), **Viaene** (2), **Appriou** (2), **Knayer** (2), **Tassonne** (2), **Baulier** (2), **Boubacar** (2), **Cyprien** (2), **Trévisan** (2), **Fiawoo** (2), **D. Leclercq** (2), **H. Flores** (2), **L. Martin** (2), **J. Stopyra** (2), **A. Roche** (2), **Yazalde** (2), **R. Martini** (2), **Alonso** (2), **P. Delamontagne** (2), **Zlataric** (2), **Donnat** (2), **R. Domergue** (entr.) (2), **J. Gavanon** (2), **Charrier** (2), **J. Moreira** (2), **Migeon** (2), **A. Penverne** (entr.) (2), **J. Arribas** (entr.) (2), **K. Linder** (entr.) (2), **J. Zvunka** (entr.) (2), **Libbra** (1/2), **Omam-Biyik** (1/1), **Sansonetti** (1/1), **Aygoui** (1/1), **Dogliani** (1), **Tembo** (1), **Rial** (1), **Revillet** (1), **Regina** (1), **B. Gavanon** (1), **Eo** (1), **Cicut** (1), **Temarii** (1), **H. Leonetti** (1), **J. Fernandez** (1), **Alauzun** (1), **Milazzo** (1), **Montenegro** (1), **Moulon** (1), **Baills** (1), **Lemée** (1), **Barellas** (1), **Ugolini** (1), **Bruneton** (1), **Lada** (1), **Gransart** (1), **Drobovolski** (1), **Olembe** (1), **Guel** (1), **Armenante** (1), **Stambouli** (1).

L'espace européen du FC Metz est presque entièrement occupé par le tremblement de terre qui a secoué, le 3 octobre 1984, le mythique Nou Camp de Barcelone (4-1, aller 2-4). Une surprise comme il ne s'en est pas produit dix en cinquante ans, toutes compétitions confondues.

Metz
LE NOU CAMP POUR

Sanchez (à dr.), capitaine du Barça, est confiant au moment de serrer la main de son homologue messin, Jean-Paul Bernad...

Pour situer l'exploit réalisé par les Lorrains à Barcelone en 1984, au premier tour de la Coupe des Coupes, il faut écouter Jean-Marie Trimbour, ancien grand reporter au *Républicain Lorrain*. En 1989, en mission en Afrique du Sud où il rencontre le chef Buthelezi, alors que semble se profiler la libération de Nelson Mandela, le leader des Zoulous lui demande de quelle ville il vient : « Je finis par lâcher le nom de Metz, persuadé qu'il ne connaît pas », se souvient Trimbour. « Metz ? Mais c'est le club qui a gagné à Barcelone ! », s'exclame alors Buthelezi.

Une invitation vexante

Gagner ? Si seulement, Metz s'était contenté de gagner. Les joueurs y pensent-ils même en pénétrant dans l'immense Nou Camp, dont 24 000 places sur 120 000 sont occupées ? Non, la mise à mort messine est certaine.
La victoire du Barça à l'aller, à Saint-Symphorien (4-2), et la qualité de l'équipe dirigée par l'Anglais Terry Venables et emmenée par Bernd Schuster, Francisco Carrasco ou José Alexanco, donnent des airs de formalité au second acte. Les vainqueurs de la Coupe de France sont d'ailleurs accueillis à Barcelone en figurants sympathiques. Au cours du dîner officiel, la veille du match, le vice-président du Barça, Casaeus, invite même les dirigeants français à venir assister au prochain tour...

Le festival Kurbos

L'invitation prend tout son sens lorsque Francisco Carrasco ouvre le score (33e), obligeant Metz à marquer quatre buts pour se qualifier... Dans une série d'articles consacrés au prodige lorrain, Sylvain Villaume, du « Répu », raconte : « Metz égalise par Toni Kurbos, Sanchez marque contre son camp. Et le festival Kurbos peut commencer. »

Les témoins en parlent comme si c'était hier. Michel Ettore, le gardien : « La machine se met en route quand nous encaissons le premier but. Il nous fait du bien ! Kurbos devient insatiable. Quant à moi, je n'ai pas le souvenir d'avoir touché autant de ballons que durant ce match. » Marcel Husson, l'entraîneur, plane sur un nuage et liste les talents : « Ettore multiplie les prouesses, Fernando Zappia et Robert Barraja règnent sur la défense centrale. Luc Sonor et Claude Lowitz montrent qu'ils sont peut-être alors les meilleurs latéraux du Championnat. Il y a un milieu complémentaire avec Jean-Philippe Rohr, inépuisable, le punch de Philippe Hinschberger, le sens du placement de Vincent Bracigliano, la vista de Jean-Paul Bernad. Devant, Jules Bocandé fait valoir sa force de pénétration, Toni Kurbos sa vitesse. » L'Allemand marque deux nouveaux buts, le dernier à la 85e ! « Ce que réussit Bernad sur le 3-1 relève du génie, cette ouverture pour Kurbos... », rêve encore Husson.

Le jambon de Schuster

« Les cinq dernières minutes sont interminables », se souvient Bernad. Avant le match, Bernd Schuster, la vedette allemande du Barça, avait proposé « d'offrir un jambon aux joueurs Messins ». Au coup de sifflet final, Ettore se précipite vers lui : « Il pensait que je venais échanger mon maillot avec le sien. Je lui ai juste demandé où était le jambon qu'il nous avait promis. » Au tour suivant, peut-être un peu grisé par son exploit, Metz se fait éliminer par les Allemands de l'Est du Dynamo Dresde (1-3, 0-0). Mais qui s'en souvient aujourd'hui ? Et qui a envie de se souvenir que, lors de son très bref passage chez les géants de la Ligue des champions en 1998, Metz se fait sortir dès le tour préliminaire par les modestes Finlandais de l'HJK Helsinki (0-1, 0-0)... Comme s'il ne devait rien exister d'autre à son palmarès continental que cette énorme et magique incongruité barcelonaise du 3 octobre 1984. ■ J.-M. B.

SAISON 1984-85
FC BARCELONE (ESP) - METZ : 1-4 (1-2)
C2. PREMIER TOUR RETOUR
(ALLER 4-2)
3 octobre 1984, au Nou Camp.
24 000 spectateurs.
Buts : Kurbos (38e, 55e, 85e), Sanchez (39e, c.s.c.) pour Metz ; Carrasco (33e) pour Barcelone.
METZ : Ettore - Sonor (Colombo, 52e), Barraja (Pauk, 60e), Zappia, Lowitz - Bracigliano, J.-P. Rohr, Bernad, Hinschberger - Kurbos, Bocandé. **Entr. :** Husson.

Football Club de Metz

LE BILAN GÉNÉRAL

	C1	C2	C3	Total
Part.	1	2	6	9
J.	2	6	18	26
G.	0	1	5	6
N.	1	1	5	7
P.	1	4	8	13
Bp.	1	8	23	32
Bc.	2	13	29	44
Diff.	- 1	- 5	- 6	- 12

Meilleure performance :
huitièmes de finale de C2 en 1984-85 et de C3 en 1996-97

Extraordinaire bonhomme que ce Toni Kurbos, buteur prolifique du Championnat de France, qui réussit à Barcelone un inoubliable hat-trick et qualifie le FC Metz à la surprise générale (2-4, 4-1). Nom d'une petite moustache !

LA VIE

En état de grâce, le gardien Michel Ettore (à g.) écœure les Barcelonais.

Metz et l'Europe

Les 26 matches

1968-69	C3	1T	Metz - Hambourg SV (RFA)	1-4	2-3
1969-70	C3	1T	Metz - SSC Naples (ITA)	1-1	1-2
1984-85	C2	1T	Metz - FC Barcelone (ESP)	2-4	4-1
	C2	8es	Dynamo Dresde (RDA) - Metz	3-1	0-0
1985-86	C3	1T	Hajduk Split (YOU) - Metz	5-1	2-2
1988-89	C2	1T	Metz - RSC Anderlecht (BEL)	1-3	0-2
1996-97	C3	1T	FC Tirol Innsbruck (AUT) - Metz	0-0	0-1
	C3	2T	Metz - Sporting CP (POR)	2-0	1-2
	C3	8es	Metz - Newcastle United (ANG)	1-1	0-2
1997-98	C3	1T	Excelsior Mouscron (BEL) - Metz	0-2	1-4
	C3	2T	Metz - Karlsruhe SC (ALL)	0-2	1-1
1998-99	C1	2TP	HJK Helsinki (FIN) - Metz	1-0	1-1
	C3	1T	Étoile Rouge (YOU) - Metz	(4 tab 3) 2-1	1-2

Les 91 joueurs et les 4 entraîneurs

Kastendeuch (17 matches/2 buts), **J. Muller** (entr.) (14), **Letizi** (13), **Pierre** (11), **R. Song** (10/1), **Gaillot** (10/1), **Blanchard** (10), **Pires** (9), **Meyrieu** (8/3), **Boffin** (8/1), **Hinschberger** (8), **Serredszum** (8), **M. Husson** (entr.) (8), **V. Lukic** (7), **Strasser** (7), **A. Traoré** (6/2), **Arpinon** (6/1), **Zappia** (6/1), **Sonor** (6), **Pauk** (6), **Micciche** (6), **Saha** (6), **D. Terrier** (6), **Ettore** (6), **D. Lang** (5/1), **Bocandé** (5/1), **B. Rodriguez** (4/4), **J.-P. Rohr** (4/1), **Szczepaniak** (4/1), **Barraja** (4), **Bracigliano** (4), **Proment** (4), **Toyes** (4), **Régis** (4), **G. Zvunka** (4), **Lemée** (4), **Jeitz** (4), **Lowitz** (4), **Bernad** (4), **Pauvert** (4), **Colombo** (4), **P. Flamion** (entr.) (4), **Kurbos** (3/4), **Hausser** (3/2), **Rizzetto** (3), **Isaias** (3), **Histilloles** (3), **Hitz** (2/1), **Zanon** (2/1), **Markov** (2/1), **Six** (2), **L. Van der Elst** (2), **A. Cartier** (2), **Deza** (2), **Bauda** (2), **Jestrovic** (2), **Le Chenadec** (2), **Vicq** (2), **Péri** (2), **Heinrich** (2), **Ca. Lopez** (2), **H.-O. Jensen** (2), **D. Krawczyk** (2), **Relmy** (2), **J. Léonard** (2), **Romano** (2), **Duchêne** (2), **Rodolphe** (2), **Lawniczak** (2), **R. Fuchs** (entr.) (2), **Niesser** (1/1), **Diani** (1), **Bombarda** (1), **Boukhalfa** (1), **Denizart** (1), **Confente** (1), **Honorine** (1), **Jager** (1), **Boncœur** (1), **Kachloul** (1), **Le Grix** (1), **Lassalette** (1), **R. Krawczyk** (1), **Asuar** (1), **Mahmoud** (1), **Pfrunner** (1), **Kana-Biyik** (1), **Kraouche** (1), **Jurczak** (1), **S. Rondelaere** (1), **Oyawole** (1), **S. Adam** (1), **Bailet** (1), **Morgante** (1), **Biancarelli** (1).

Monaco SI PRÈS DU BONHEUR

Deux fois en finale d'une Coupe d'Europe – C2 en 1992, C1 en 2004 – et deux fois contre des adversaires théoriquement à sa portée – Brême et Porto – l'ASM n'a toujours pas conquis ce pourquoi elle est bâtie depuis près de vingt ans. Preuve qu'elle est un digne représentant du football français, presque aussi assidu aux joutes européennes que Bordeaux (135 matches contre 138).

Association Sportive de Monaco

LE BILAN GÉNÉRAL

	C1	C2	C3	Total
Part.	10	6	8	24
J.	68	27	40	135
G.	28	8	21	57
N.	13	13	8	34
P.	27	6	11	44
Bp.	119	32	69	220
Bc.	84	27	50	161
Diff.	+ 35	+ 5	+ 19	+ 59

Meilleure performance :
finale de la C1 en 2003-04

6 avril 2004, 22 h 40, stade Louis-II. C'est l'apothéose pour l'AS Monaco et son capitaine, Ludovic Giuly, en extase, qui éliminent les « Galactiques » du Real Madrid (2-4, 3-1) et se qualifient pour les demi-finales de la ligue des champions.

5 septembre 1961, Monaco-Rangers (2-3). Premier match européen de l'ASM, alors dirigée par Lucien Leduc (au c.), dans une ambiance très « amateur ». À gauche, Serge Roy.

Monaco

Quand, en 1961, année de son premier titre de champion de France, Monaco fait ses débuts en Coupe d'Europe, le tirage au sort lui attribue les Glasgow Rangers, déjà rompus à ce genre d'exercice. Aussi, malgré la réussite d'André Hess, un Lorrain physique et réaliste, auteur de trois buts, les Monégasques ne font qu'une apparition furtive (2-3, 2-3). « On manquait de métier, se souvient Henri Biancheri, milieu de terrain de cette équipe. On était surtout très contents d'être là. »

Pour voir l'équipe de la Principauté gagner un match continental, il faut patienter deux ans. Une attente largement récompensée. À Nice, au stade du Ray, l'ASM étrille l'AEK Athènes (7-2) avec quatre buts de Lucien Cossou et s'offre le droit d'affronter l'Inter Milan d'Helenio Herrera, alors considéré comme le meilleur club du monde. « On a bien tenu à San Siro (0-1), raconte Biancheri, mais, à Marseille, où nous jouions le retour, on a perdu Michel Hidalgo, blessé dès la dixième seconde. À l'époque, les remplacements n'étaient pas autorisés. Or, contre l'Inter, il valait mieux être à douze qu'à dix. On s'est fait sortir. »

À l'Est rien de nouveau

Une dizaine d'années sont nécessaires à l'ASM pour retrouver le parfum de l'Europe et devenir, jusqu'à la fin des années 1980, un habitué des tirages au sort estivaux. Revers de cette jolie médaille, les Monégasques disparaissent avec une jolie constance dès les premiers tours. « Jouer l'Europe, effectuer des déplacements, suffisait à notre bonheur, résume Jean Petit. On avait souvent une bonne équipe, parfois une très bonne. Mais on manquait de professionnalisme à tous les niveaux. »

En 1974, au moment d'affronter l'Eintracht Francfort, représentant d'une Allemagne tout juste sacrée championne du monde, Ruben Bravo, l'entraîneur de l'ASM, a ces mots terribles : « Je ne vois pas comment on pourrait battre cette équipe. » Et quatre ans plus tard, en 1978, au sortir d'une qualification difficile face au Steaua Bucarest, Alberto Muro, envoyé par l'entraîneur Lucien Leduc pour superviser Malmö, futur adversaire européen, revient avec cette unique précision : « Comment jouent les Suédois ? En bleu. »

Les Bleus en question, moins talen-

SAISON 1963-64
MONACO - AEK ATHÈNES (GRE) : 7-2 (5-0)
C1. 16es DE FINALE ALLER
(RETOUR 1-1)
18 septembre 1963, au stade du Ray (Nice). 13 406 spectateurs.
Buts : Cossou (9e, 31e, 42e, 57e), Douis (17e, 87e), Djibrill (22e) pour Monaco ; Nestoridis (80e), Tassimos (82e) pour l'AEK.
MONACO : Hernandez - Casolari, Artelesa, Forcherio - Hidalgo, Biancheri - Djibrill, Douis, Cossou, Theo, Carlier. **Entr. :** R. Courtois.

18 septembre 1963. L'un des quatre buts inscrits par Lucien Cossou, au stade du Ray, contre l'AEK Athènes (7-2).

4 décembre 1963. Au Vélodrome de Marseille, Georges Thomas (à g.) et Henri Biancheri (à dr.) ne peuvent rien contre l'Inter Milan de l'immense Sandro Mazzola (1-3).

Monaco

tueux, mais supérieurs tactiquement à une ASM sans cesse prise au piège du hors-jeu, se qualifient et iront même en finale cette année-là. Monaco a le chic pour se frotter à des clubs sans grande notoriété, souvent issus des pays de l'Est, comme Chakhtior Donetsk, Lokomotiv Sofia, CSKA Sofia ou Universitatea Craiova, et de se prendre régulièrement les pieds dans le tapis. Par exemple en 1979, quand Mikhaïlov, l'attaquant trentenaire et bedonnant du Lokomotiv Sofia, auteur de cinq buts en deux matches, l'élimine à lui seul (4-2, 1-2). Qu'avez-vous fait avant la rencontre, demande-t-on à Jean Petit après le match retour ? « Comme tout le monde : ce matin je suis allé au marché avec mon épouse, j'ai déjeuné chez moi et, à 16 heures, je suis descendu au stade en voiture. »

Un Libérien de 22 ans nommé Weah

C'est en 1988 que l'histoire européenne de Monaco prend une véritable envergure. Avec le nouveau stade Louis-II, inauguré en 1985, et l'arrivée aux commandes, en 1987, d'Arsène Wenger, jeune entraîneur inexpérimenté mais méthodique, le club de la Principauté se professionnalise et se donne les moyens de progresser. De nouveau champion de France, l'ASM réussit pour la première fois de son histoire à franchir plus d'un tour en Coupe d'Europe et à passer l'hiver au chaud. Les Monégasques sont pourtant encore à deux doigts de l'élimination dès le premier tour, battus en Islande par les amateurs de Valur Reykjavik (0-1), mais se découvrent un sauveur en la personne d'un Libérien de 22 ans, George Weah, qui les qualifie au retour (2-0). « C'est un diamant, lâche Wenger, pourtant peu prompt à s'enflammer. Il va nous apporter énormément. » Avec lui, Monaco élimine encore brillamment Bruges (0-1, 6-1), avec trois buts d'un autre surdoué, Youssouf Fofana, avant de subir d'extrême justesse la loi des Turcs de Galatasaray (0-1, 1-1), en quarts de finale. Qu'importe, Monaco est lancé. Plus rien ne sera comme avant. L'ASM n'aborde plus ses matches simplement pour se faire plaisir, mais pour les gagner et aller au bout de l'aventure.

Ettori mérite sa demie

Elle est d'ailleurs tout près d'y parvenir dès la saison suivante, en 1989-90. La Coupe des Coupes lui propose d'abord Belenenses, terrassé (1-1, 3-0) grâce à Weah, mais sans Glenn Hoddle, blessé. « George est génial, dit le gardien Jean-Luc Ettori. Mais il l'est un peu moins que Hoddle, qui nous manque beaucoup. » Puis le Dynamo Berlin est victime d'un coup franc diabolique de Ramon Diaz (0-0, 1-1) et c'est aux tirs au but contre Valladolid (0-0, 0-0) que l'équipe de la Principauté se qualifie pour la première demi-finale européenne de son histoire. Les Monégasques ratent deux tirs, mais Ettori détourne trois frappes espagnoles. « Jean-Luc qui nous envoie en demi-finales, c'est un symbole, le couronnement d'une carrière vouée à un seul club », complimente Wenger. Son équipe est pourtant victime, quelques semaines plus tard, de la roublardise des Italiens de la Sampdoria (2-2, 0-2), bénéficiaires de décisions arbitrales étonnantes.

SAISON 1989-90
MONACO - SAMPDORIA (ITA) : 2-2 (1-0)
C2. DEMI-FINALES ALLER
(RETOUR 0-2)
3 avril 1990, au stade Louis-II.
20 000 spectateurs.
Buts : Weah (42e), Mège (79e) pour Monaco ; Vialli (74e s.p., 77e) pour la Sampdoria.
MONACO : Ettori - P. Valéry, E. Petit, R. Mendy, Sonor - Puel, Dib, Ferratge (Fofana, 79e), J. Touré (Mège, 79e) - Weah, Diaz. **Entr. :** Wenger.

Cette finale de C2 qui se refuse à eux, les joueurs de la Principauté vont la conquérir deux ans plus tard, après une campagne tronquée en C3, qui les voit échouer en huitièmes de finale face au Torpedo Moscou (1-2, 1-2). Ayant encaissé quatre buts en deux matches, Jean-Luc Ettori veut tout envoyer promener : « J'ai été nul. Ce n'est pas la peine de continuer. J'arrête ma carrière. » Il faudra toute la force de persuasion de Jean Petit pour le faire revenir sur sa décision.

Ettori est donc là quand l'ASM entame la Coupe des Coupes en 1991-92 par une samba, sous les yeux de Pelé, face aux Gallois de Swansea : 8-0, soit le plus gros score jamais réussi en Coupes d'Europe par Monaco. La suite est beaucoup plus serrée. Face à l'AS Rome, les Monégasques disputent deux vrais matches européens, rugueux, tactiques, usants nerveusement, qu'ils maîtrisent grâce à un but de Gil Rui Barros (1,59 m), inscrit de la tête (0-0, 1-0). Rebelote contre Feyenoord, malgré un nul en Principauté (1-1) qui semble les condamner. « On est critiqués et il n'y a personne pour croire en nous, regrette Luc Sonor. Ce n'est pas grave, on va s'en sortir tout seuls. »

Panne de courant à la Luz

À Rotterdam, dans une ambiance de feu, les Monégasques font un match magnifique. Il mènent 2-0, se font reprendre mais préservent leur qualification (2-2). « Dans les cinq dernières minutes, c'était Fort Alamo dans nos seize mètres, raconte Claude Puel. Mais on a tenu. On a fait un gros match. On est en finale ! » Une finale que le solide milieu défensif, blessé, ne jouera pas. Une finale qui va tourner au cauchemar.

À Lisbonne, au lendemain de la catastrophe de Furiani, (« mais c'est manquer de respect aux gens qui sont morts de dire qu'on a perdu à cause de ça », confiera Ettori), dans un stade de la Luz vide et sans ambiance, l'ASM passe à travers et s'incline (0-2) contre le Werder Brême. « C'est une grosse désillusion, déclare Wenger. Le but n'était pas d'aller en finale mais de la gagner. On vou-

Avril 1990. La Samp de Vierchowod (à dr.) coupe la route de la finale à Emmanuel Petit.

Le soutien de la famille princière est permanent pour l'ASM du président Jean-Louis Campora (à dr.), comme ici en 1978 à Malmö (0-0), avec Stéphanie et Rainier III.

Mars 1992. La Roma d'Aldair (à dr.) dominée par George Weah et Jérôme Gnako (à g.).

6 mai 1992, à Lisbonne. Le Portugais Gil Rui Barros (à dr.) joue « à domicile » cette première finale européenne de l'ASM, qui sourit au Werder Brême de Dieter Eilts (2-0).

lait y parvenir pour les Français, qui attendent un succès européen et qui comptaient beaucoup sur nous. »

Du coup, les lendemains sont difficiles. La saison suivante, Monaco échoue en huitièmes de finale de la C2, face à Olympiakos Le Pirée (0-1, 0-0). La légende prétend que le président Jean-Louis Campora, « approché » pour acheter le match, aurait catégoriquement refusé. Quoi qu'il en soit, le club de la Principauté se relance rapidement. À l'éte 1993, il s'apprête à affronter les Espagnols de Tenerife en C3, quand la décision est prise par les instances de l'expédier en C1 à la place de Marseille, rattrapé par l'affaire VA-OM. Un ticket refusé par le Paris-SG et apparemment peu apprécié par Wenger : « On aurait dû laisser la place de l'OM vacante. Ce n'est pas valorisant de jouer la C1 de cette façon. » « J'avais vu Tenerife trois fois, peste Biancheri. Je devais y retourner et je n'ai même pas payé ma note d'hôtel. Maintenant, on prend l'AEK Athènes. Tout ce que je sais d'eux, c'est qu'on les a éliminés il y a trente ans. »

SAISON 1991-92
MONACO - AS ROME (ITA) : 1-0 (1-0)
C2. QUARTS DE FINALE RETOUR
(ALLER 0-0)
18 mars 1992, au stade Louis-II.
20 000 spectateurs.
But : Rui Barros (45e).
MONACO : Ettori - P. Valéry, E. Petit, R. Mendy, Sonor - Puel, Dib, G. Passi (Thuram, 84e) - Rui Barros, Weah, Fofana (Gnako, 74e). **Entr. :** Wenger.

Claude Puel… dans le but !

Pas de problème pourtant. L'ASM écarte l'AEK (1-0, 1-1), puis le Steaua Bucarest (4-1, 0-1) pour entrer dans la phase de poules de la Ligue des champions. Si les Rouge et Blanc n'éprouvent aucune difficulté contre Galatasaray et le Spartak Moscou, l'affaire se complique avec le FC Barcelone, deux fois victorieux (2-0 et 1-0). En Catalogne, l'ASM est même submergée. « On a été promenés, j'avais l'impression qu'ils étaient quinze », glisse Youri Djorkaeff. « C'était un ballet, c'était beau », s'extasie Sonor.

Une victoire sur le Barça lors du second match aurait offert aux Monégasques la première place du groupe et une demi-finale – disputée sur un match sec – contre le FC Porto, à Louis-II. Mais la courte défaite contre le Barça les fait rétrograder à la deuxième place de la poule… synonyme de demi-finale à San Siro, contre le Milan AC. La différence est considérable.

En Italie, l'ASM n'existe pas. Surclassée, elle encaisse un indiscutable 0-3, « une leçon de réalisme », selon son entraîneur. Ettori fête son 60e et dernier match européen de bien triste manière. C'est la fin d'une époque. D'autant que, quelques mois plus tard, Wenger est débarqué.

Quand Monaco retrouve l'Europe et la Coupe de l'UEFA, à l'été 1995, c'est Jean Tigana qui est aux commandes. Mais l'aventure est furtive. Tête de série, l'ASM hérite de Leeds et vit un cauchemar à Louis-II (0-3). Daniel Yeboah, le buteur nigérian de l'équipe anglaise, marque trois fois. Et puis, ce soir-là, les Monégasques sont poursuivis par la malchance : ils perdent d'abord Fabien Piveteau, leur gardien, victime d'un choc avec Lilian

Quand les finalistes monégasques ont encore des perspectives… De g. à dr., debout : Mendy, Petit, Ettori, Dib ; accroupis : G. Passi, Valéry, Sonor, Rui Barros, Fofana.

Monaco

27 mai 1994. Le Milan AC, battu en finale de C1 un an plus tôt par l'OM de Marcel Desailly, aujourd'hui milanais (n°8), écarte Monaco et Jean-Luc Ettori de la finale 1994 (3-0).

SAISON 1996-97

NEWCASTLE (ANG) - MONACO : 0-1 (0-0)

C3. QUARTS DE FINALE ALLER

(RETOUR 0-3)

4 mars 1997, à Saint-James' Park.
36 500 spectateurs.
But : Anderson (58e).
MONACO : Barthez - L. Martin, Grimandi, Dumas, P. Blondeau - Legwinski, Djetou, Benarbia, Collins - Anderson, Henry (Ikpeba, 78e). **Entr. :** Tigana.

Malgré Petit, l'Inter est le plus grand, en 1997.

Thierry Henry et David Trezeguet (à dr.) découvrent la C1, en 1997.

18 mars 1998, à Old Trafford. Un grand Fabien Barthez, ici devant Ole Gunnar Solskjaer, contribue à ouvrir les portes des demi-finales de la C1 (1-1).

8 décembre 1998. Sabri Lamouchi succombe (0-1) contre les Marseillais Bravo (à g.) et Domoraud (à dr.).

Thuram. Puis c'est son remplaçant, Marc Delaroche, qui percute Basile Boli de façon effroyable. Les deux joueurs terminent la soirée à l'hôpital, où ils resteront trois jours en observation. Claude Puel finit donc la partie dans le but de l'ASM. Malgré un retour bien maîtrisé et une belle victoire à Elland Road (1-0), la deuxième d'un club français en Angleterre, après celle de Bastia à Newcastle (3-1) en 1977, Monaco disparaît prématurément de l'épreuve.

Une épreuve qu'il retrouve la saison suivante avec davantage de réussite. L'équipe de Tigana a pris de la bouteille et se balade dès le début. Une domination logique face aux Polonais de Hutnik Cracovie (1-0, 3-1), mais plus inattendue devant deux pointures de la Bundesliga, Mönchengladbach (4-2, 0-1) puis Hambourg (3-0, 2-0). « Battre deux clubs allemands, ça veut dire quelque chose, assure Martin Djetou. Alors, aller au bout de l'épreuve, on y croit forcément. »

SAISON 1997-98
MANCHESTER UNITED (ANG) - MONACO : 1-1 (0-1)
C1. QUARTS DE FINALE RETOUR
(ALLER 0-0)
18 mars 1998, à Old Trafford.
53 683 spectateurs.
Buts : Solskjaer (53e) pour Manchester United ; Trezeguet (6e) pour Monaco.
MONACO : Barthez - Sagnol, Konjic (Da Costa, 75e), Dumas, Léonard - Djetou, D. Diawara, Collins, Benarbia (Carnot, 67e) - Ikpeba (Henry, 60e), Trezeguet.
Entr. : Tigana.

Séduisante, offensive, efficace, l'ASM a raison d'être confiante. En quarts de finale, elle exécute Newcastle (1-0, 3-0). Et Kenny Dalglish enfonce le clou : « Monaco ira certainement au bout », glisse l'entraîneur des Anglais.

Trezeguet exécute Manchester

Le problème, c'est que c'est l'Inter qui attend Monaco au rendez-vous des demi-finales. L'Inter n'a jamais été éliminé par une équipe française et ne leur a même jamais concédé la moindre défaite. À San Siro, face à des Monégasques naïfs, les Italiens confirment la tradition (3-1). Mais ils passent près du couperet à Louis-II, où Monaco échoue à un petit but de la qualification (1-0). « C'est une grosse frustration, reconnaît Tigana. Mais pour remporter une Coupe d'Europe, il faut en passer par là. L'an prochain, l'équipe sera plus mûre. »

Brillante championne de France 1997, elle « montera » aussi en C1. Ses débuts en poules, à Lisbonne contre le Sporting Portugal, sont catastrophiques (0-3). Le président Jean-Louis Campora se demande si ses joueurs n'ont pas fait exprès de perdre. « Ils ont été indignes de l'Europe et du maillot qu'ils portent », assène-t-il. Mais l'ASM se reprend, ne perd plus et termine en tête de son groupe, ce qui lui donne le droit d'affronter Manchester United en quarts de finale. « Ils ont tout gagné, nous on a tout à gagner », résume Tigana, qui ne croit pas si bien dire. Son équipe est tenue en échec à Louis-II (0-0) mais il reste confiant : « Ce n'est pas un mauvais résultat. C'est du 50-50, car on marquera là-bas. » À Old Trafford, Monaco marque en effet sur une frappe de David Trezeguet, chronométrée à 140 km/h. En première période, l'ASM fait même le spectacle et, si Ole-Gunnar Solskjaer égalise juste après la mi-temps, si elle souffre devant les rushes anglais, elle réussit à préserver ce score (1-1) qui l'expédie à nouveau en demi-finales, comme quatre ans auparavant.

Mais, comme quatre ans auparavant, c'est encore d'un adversaire italien qu'elle hérite, cette fois la Juventus, « le plus gros parmi les gros », estime Franck Dumas. À Turin, si Monaco fait front une mi-temps, tout se complique ensuite. Deux buts d'Alessandro Del Piero sur penalty et un de Zinédine Zidane plient la rencontre en même temps que la qualification pour la finale (1-4). Car, malgré un bon match retour et un succès logique (3-2), il n'y a pas de miracle. « La barre était trop haut, il n'y a pas de regrets, on était vraiment limite », admet Jean Tigana. « C'est l'équipe la plus forte que j'ai rencontrée », ajoute David Trezeguet, visiblement séduit… durablement.

Duel fratricide contre l'OM

Les saisons qui suivent n'ont ni la même intensité ni le même parfum. Monaco éprouve de nouveau beaucoup de difficultés à passer l'hiver. Et c'est aussi la période où les affiches sont nettement moins « glamour ».

Il y a bien, en 1998-99, ce choc inédit qui oppose Monaco à l'Olympique de Marseille, en huitièmes de finale de la Coupe de l'UEFA. C'est la première fois que deux équipes françaises se rencon-

Monaco

Décembre 1999. Sabri Lamouchi (à g.) et Marco Simone au top contre l'AEK Athènes.

Ludovic Giuly

Attaquant français

- **1976** Naissance à Lyon (69) (le 10 juillet)
- **1994-98** Joueur de Lyon (1 finale Coupe de la Ligue)
- **1998-04** Joueur de Monaco (1 finale de C1, 1 Championnat de France, 1 Coupe de la Ligue)
- **2004-?** Joueur du FC Barcelone (1 Championnat d'Espagne)
- **2000-?** International français (1 Coupe des Confédérations, 16 sélections et 2 buts)

Signe particulier : il est invaincu en équipe de France, avec laquelle son bilan est de 9 victoires et 7 nuls.

Le lutin électrique

Capitaine de l'équipe de Monaco finaliste de la C1 en 2004, cet attaquant de poche explosif dessine au fil des matches et des succès les contours d'une jolie carrière.

Ludovic Giuly n'est pas le joueur monégasque le plus emblématique. Au nombre des matches joués pour l'ASM en Coupes d'Europe, il est même largement devancé par le trio Jean-Luc Ettori, Claude Puel et Emmanuel Petit. Mais il est le seul capitaine à avoir emmené ses troupes en finale de la Ligue des champions. Et sans doute le résultat de cette finale, perdue contre le FC Porto (0-3) aurait-il été sensiblement différent s'il n'avait pas dû, blessé, abandonner ses partenaires au bout d'une petite demi-heure.

Car tout au long de cette exceptionnelle campagne, l'influence de « Ludo » sur le comportement de son équipe est déterminante. Guide respecté et écouté, il se mue aussi en détonateur des résultats historiques, comme celui obtenu en quarts face au Real Madrid, contre qui il inscrit deux des trois buts (3-1) de la sensationnelle qualification.

Le plus gros transfert de l'époque

Rien n'est pourtant gagné d'avance pour ce pur Lyonnais, quand il débarque en Principauté, lors du mercato d'hiver de janvier 1998. Lancé en pro par Jean Tigana à l'OL, il a déjà été à l'origine de quelques coups d'éclat sur la scène continentale, notamment contre la Lazio et l'Inter. Ce qui lui vaut d'être l'objet, à l'époque, du transfert franco-français le plus élevé de l'histoire, avec 6,5 millions d'euros. Un héritage un peu lourd à porter et qui débouche sur de réelles difficultés d'adaptation dans son nouveau club.

Deux évènements se conjuguent alors, qui permettent au lutin monégasque – jamais handicapé par sa petite taille (1,64 m), dont il fait au contraire un atout – d'exploser. Il hérite d'abord du brassard de capitaine, ce qui l'aide à se responsabiliser et à s'extérioriser. Mais surtout, il est victime d'une grave blessure au mois d'octobre 2001, lors d'un match à Guingamp. Souffrant d'une rupture des ligaments du genou et contraint à une lourde opération, il reste plus de six mois sur la touche. Une période qui lui permet de mûrir, de réfléchir, de faire aussi beaucoup de vide autour de lui et de se recentrer sur son métier à travers une hygiène de vie très scrupuleuse.

Il s'impose à Barcelone

Même s'il a déjà été champion de France avec le Monaco de Claude Puel, en 2000, même si sa première sélection en équipe de France survient dans cette même période (Écosse-France, 0-2, en mars 2000), c'est de cette mésaventure que date la naissance du nouveau et sans doute du véritable Ludovic Giuly.

Après son départ de Monaco, qui ne l'oubliera jamais, il devient le premier Français à s'imposer à Barcelone, club avec lequel il est sacré champion d'Espagne dès sa première saison, en 2005. Parallèlement, Raymond Domenech fait de ce grand petit homme un cadre apprécié et respecté de l'équipe de France. J.-P. R.

trent en Coupe d'Europe. Les Marseillais, futurs finalistes de l'épreuve, font logiquement parler leur supériorité (2-2, 0-1). Pendant que l'ASM ne donne jamais l'impression de pouvoir, ou vouloir, inverser la tendance.

La Corogne et le Real n'oublieront jamais

Du coup, rien de marquant ne vient embellir l'histoire monégasque. Ni en 1999-2000, saison au cours de laquelle Monaco dispute, en C3, son 100e match européen (contre les Écossais de Saint Johnstone), avant de s'incliner en huitièmes de finale face à Majorque (1-4, 1-0). Ni en 2000-01, la prometteuse équipe sacrée championne de France en 2000 étant décapitée par les départs de Fabien Barthez, Willy Sagnol, Sabri Lamouchi et David Trezeguet… Elle ne réussit pas à tenir son rang en Ligue des champions,

11 buts : un record en Ligue des champions.

SAISON 2003-04
MONACO - LA COROGNE (ESP) : 8-3 (5-2)
C1. PHASE DE POULES, 4e JOURNÉE
5 novembre 2003, au stade Louis-II.
17 000 spectateurs.
Buts : Rothen (2e), Giuly (11e), Prso (26e, 30e, 45e + 2, 49e), Plasil (47e), Cissé (67e) pour Monaco ; Diego Tristan (39e, 52e), Scaloni (45e) pour La Corogne.
MONACO : Roma - Givet, Squillaci, J. Rodriguez, Evra (Ibarra, 83e) - Plasil (Zikos, 67e), Bernardi, Cissé, Rothen - Giuly, Prso (Adebayor, 75e). **Entr. :** Deschamps.

malgré un groupe abordable : Galatasaray, Glasgow Rangers, Sturm Graz.

Privé d'Europe les deux saisons suivantes, Monaco rebondit, et de quelle façon, en devenant un extraordinaire finaliste de la Ligue des champions. Au cours de cette saison 2003-04, tout s'enchaîne à merveille. Les poules qualificatives sont une promenade de santé pour l'ASM, qui

Quatre buts en un seul match : Dado Prso (au c.) égale Van Basten et Simone Inzaghi.

devient le premier club français à marquer un but et à s'imposer à Eindhoven (2-1), qui prend facilement la mesure de l'AEK Athènes (4-0) et qui fait exploser La Corogne au stade Louis-II (8-3) grâce à quatre buts de son attaquant croate Dado Prso, le jour de ses 29 ans. Seuls Marco Van Basten et Simone Inzaghi avaient fait aussi bien en Ligue des champions. « C'est extraordinaire !, s'exclame Didier Deschamps. On a eu de la réussite, mais on a su la provoquer. Ce qu'ont fait les joueurs est fantastique. Ça confirme notre potentiel. »

Chelsea craque, pas Porto

Et le meilleur est encore à venir. Passe par un trou de souris en huitièmes de finale face au Lokomotiv Moscou (1-2, 1-0), Monaco signe deux exploits retentissants. D'abord, en quarts de finale, avec l'élimination du Real Madrid et de ses « Galactiques », grâce à un retournement de situation digne de figurer dans la légende du football français (2-4, 3-1). « Il n'y a pas de mots pour expliquer ce que je ressens, dit Patrice Evra. C'est magique. À la fin du match, j'étais tellement ému que je ne parvenais plus à respirer. » « C'est mérité, assène Jérôme Rothen. Il n'y a pas eu photo. Ce qu'on a fait est exceptionnel. Maintenant, il y a deux matches pour rêver. »

Ensuite, il y a ces deux matches durs, tactiques, nerveux et même vicieux, pour

Déstabilisés à l'aller (2-4) par le Real d'Helguera et de Figo, Ludovic Giuly (à g.) et Patrice Evra (ci-dessus) retrouveront l'équilibre à Louis II (3-1). Renversant !

SAISON 2003-04
MONACO - REAL MADRID (ESP) : 3-1 (1-1)
C1. QUARTS DE FINALE RETOUR
(ALLER 2-4)

6 avril 2004, au stade Louis-II.
18 000 spectateurs.
Buts : Giuly (45e + 1, 66e), Morientes (48e) pour Monaco ; Raul (36e) pour le Real Madrid.
MONACO : Roma - Ibarra, J. Rodriguez, Givet, Evra - Giuly (El-Fakiri, 82e), Plasil, E. Cissé, Rothen - Prso (Nonda, 61e), Morientes (Adebayor, 85e). **Entr. :** Deschamps.

Fernando Morientes, héros de l'épopée, s'effondre lui aussi en finale contre le Porto de Jorge Costa (n°2) et Pedro Mendes.

Monaco

éliminer l'équipe de Chelsea bâtie par le milliardaire russe Roman Abramovitch et aller en finale. Là encore, Monaco n'est pas favori. Mais, là encore, avec cœur et talent, il renverse tous les pronostics et écarte les Anglais (3-1, 2-2). « C'est génial, personne ne s'y attendait, même Porto qui ne pensait pas nous avoir comme adversaire en finale », clame Shabani Nonda, tandis que Didier Deschamps savoure : « C'est extraordinaire. Au départ on partait dans l'inconnu et on est là, parmi les deux derniers qualifiés. C'est exceptionnel, mais ce n'est pas immérité. J'ai une équipe qui a du talent et un état d'esprit remarquable. Nous pouvons aller au bout. »

Porto implacable

Malheureusement, en finale, la grande finale de la Ligue des champions que les clubs français n'avaient plus fréquentée depuis onze ans et la victoire de l'OM, les choses ne se passent pas aussi bien qu'espéré. L'ASM perd Ludovic Giuly d'entrée et ne peut s'opposer à la supériorité tactique d'une équipe de Porto implacable et réaliste (3-0).

26 mai 2004. Tristesse infinie pour Hugo Ibarra, Didier Deschamps et Fernando Morientes (de g. à dr.), pendant que Porto reçoit la coupe aux grandes oreilles…

La pilule est dure à avaler. Mais Deschamps se veut avant tout pragmatique : « Arriver en finale, c'est fabuleux ; la perdre, c'est terrible. C'est une grosse déception mais pas la fin du monde. C'est quand même une très belle saison. »

L'ASM lâche son quatuor magique Giuly-Morientes-Prso-Rothen

Une très belle saison, mais qui débouche sur une énième diaspora pénalisante. Monaco s'offre en effet un inutile lifting, lâchant son quatuor magique Ludovic Giuly, Fernando Morientes, Dado Prso, Jérôme Rothen, sans parvenir à le remplacer complètement sur le plan qualitatif.

Malgré une nouvelle qualification pour les huitièmes de finale de la C1, en 2004-2005, l'ASM est barrée logiquement par le PSV Eindhoven (1-0, 2-0), l'équipe qui lui avait servi de tremplin au début de la saison précédente. ■ J.-P. R.

Monaco et l'Europe

Les 135 matches

1961-62	C1	1T	Monaco - Glasgow Rangers (ECO)	2-3	2-3
1963-64	C1	1T	Monaco - AEK Athènes (GRE)	7-2	1-1
	C1	8es	Inter Milan (ITA) - Monaco	1-0	3-1
1974-75	C2	1T	Eintracht Francfort (RFA) - Monaco	3-0	2-2
1978-79	C1	TP	Monaco - Steaua Bucarest (ROU)	3-0	0-2
	C1	1T	Malmö FF (SUE) - Monaco	0-0	1-0
1979-80	C3	1T	Chakhtior Donetsk (URS) - Monaco	2-1	0-2
	C3	2T	Lokomotiv Sofia (BUL) - Monaco	4-2	1-2
1980-81	C2	1T	Valence CF (ESP) - Monaco	2-0	3-3
1981-82	C3	1T	Monaco - Dundee United (ECO)	2-5	2-1
1982-83	C1	1T	Monaco - CSKA Sofia (BUL) (ap)	0-0	0-2
1984-85	C3	1T	Monaco - CSKA Sofia (BUL)	2-2	1-2
1985-86	C2	1T	Monaco - Universitatea Craiova (ROU)	2-0	0-3
1988-89	C1	1T	Valur Reykjavik (ISL) - Monaco	1-0	0-2
	C1	8es	FC Bruges (BEL) - Monaco	1-0	1-6
	C1	Q	Monaco - Galatasaray (TUR)	0-1	1-1
1989-90	C2	1T	Belenenses (POR) - Monaco	1-1	0-3
	C2	8es	Monaco - Dynamo Berlin (RDA) (ap)	0-0	1-1
	C2	Q	Real Valladolid (ESP) - Monaco (1 tab 3)	0-0	0-0
	C2	D	Monaco - Sampdoria Gênes (ITA)	2-2	0-2
1990-91	C3	1T	Roda JC Kerkrade (HOL) - Monaco	1-3	1-3
	C3	2T	Chernomorets Odessa (URS) - Monaco	0-0	0-1
	C3	8es	Torpedo Moscou (URS) - Monaco	2-1	2-1
1991-92	C2	1T	Swansea City (GAL) - Monaco	1-2	0-8
	C2	8es	IFK Norrköping (SUE) - Monaco	1-2	0-1
	C2	Q	AS Rome (ITA) - Monaco	0-0	0-1
	C2	D	Monaco - Feyenoord Rotterdam (HOL)	1-1	2-2
	C2	F	Werder Brême (ALL) - Monaco	2-0	
1992-93	C2	1T	Miedz Legnica (POL) - Monaco	0-1	0-0
	C2	8es	Monaco - Olympiakos Le Pirée (GRE)	0-1	0-0
1993-94	C1	1T	Monaco - AEK Athènes (GRE)	1-0	1-1
	C1	8es	Monaco - Steaua Bucarest (ROU)	4-1	0-1
	C1	LC	Monaco - Spartak Moscou (RUS)	4-1	
	C1	LC	FC Barcelone (ESP) - Monaco	2-0	
	C1	LC	Monaco - Galatasaray (TUR)	3-0	
	C1	LC	Galatasaray (TUR) - Monaco	0-2	
	C1	LC	Spartak Moscou (RUS) - Monaco	0-0	
	C1	LC	Monaco - FC Barcelone (ESP)	0-1	
	C1	D	Milan AC (ITA) - Monaco	3-0	
1995-96	C3	1T	Monaco - Leeds United (ANG)	0-3	1-0
1996-97	C3	1T	Hutnik Cracovie (POL) - Monaco	0-1	1-3
	C3	2T	Mönchengladbach (ALL) - Monaco	2-4	1-0
	C3	8es	Monaco - Hambourg SV (ALL)	3-0	2-0
	C3	Q	Newcastle United (ANG) - Monaco	0-1	0-3
	C3	D	Inter Milan (ITA) - Monaco	3-1	0-1
1997-98	C1	LC	Sporting CP (POR) - Monaco	3-0	
	C1	LC	Monaco - Bayer Leverkusen (ALL)	4-0	
	C1	LC	Monaco - Lierse SK (BEL)	5-1	
	C1	LC	Lierse SK (BEL) - Monaco	0-1	
	C1	LC	Monaco - Sporting CP (POR)	3-2	
	C1	LC	Bayer Leverkusen (ALL) - Monaco	2-2	
	C1	Q	Monaco - Manchester United (ANG)	0-0	1-1
	C1	D	Juventus Turin (ITA) - Monaco	4-1	2-3
1998-99	C3	1T	LKS Lodz (POL) - Monaco	1-3	0-0
	C3	2T	Grazer AK (AUT) - Monaco	3-3	0-4
	C3	8es	Monaco - Marseille	2-2	0-1
1999-00	C3	1T	Monaco - Saint Johnstone FC (ECO)	3-0	3-3
	C3	2T	Widzew Lodz (POL) - Monaco	1-1	0-2
	C3	3T	AEK Athènes (GRE) - Monaco	2-2	0-1
	C3	8es	Real Majorque (ESP) - Monaco	4-1	0-1
2000-01	C1	LC	Galatasaray (TUR) - Monaco	3-2	
	C1	LC	Monaco - Glasgow Rangers (ECO)	0-1	
	C1	LC	Monaco - Sturm Graz (AUT)	5-0	
	C1	LC	Sturm Graz (AUT) - Monaco	2-0	
	C1	LC	Monaco - Galatasaray (TUR)	4-2	
	C1	LC	Glasgow Rangers (ECO) - Monaco	2-2	
2003-04	C1	LC	PSV Eindhoven (HOL) - Monaco	1-2	
	C1	LC	Monaco - AEK Athènes (GRE)	4-0	
	C1	LC	Deportivo La Corogne (ESP) - Monaco	1-0	
	C1	LC	Monaco - Deportivo La Corogne (ESP)	8-3	
	C1	LC	Monaco - PSV Eindhoven (HOL)	1-1	
	C1	LC	AEK Athènes (GRE) - Monaco	0-0	
	C1	8es	Lokomotiv Moscou (RUS) - Monaco	2-1	0-1
	C1	Q	Real Madrid (ESP) - Monaco	4-2	1-3
	C1	D	Monaco - Chelsea (ANG)	3-1	2-2
	C1	F	FC Porto (POR) - Monaco	3-0	
2004-05	C1	3TP	Nova Gorica (SLN) - Monaco	0-3	0-6
	C1	LC	Liverpool (ANG) - Monaco	2-0	
	C1	LC	Monaco - Deportivo La Corogne (ESP)	2-0	
	C1	LC	Monaco - Olympiakos Le Pirée (GRE)	2-1	
	C1	LC	Olympiakos Le Pirée (GRE) - Monaco	1-0	
	C1	LC	Monaco - Liverpool (ANG)	1-0	
	C1	LC	Deportivo La Corogne (ESP) - Monaco	0-5	
	C1	8es	PSV Eindhoven (HOL) - Monaco	1-0	2-0

Les 187 joueurs et les 9 entraîneurs

Ettori (60 matches), **Puel** (49), **A. Wenger** (entr.) (44), **E. Petit** (37), **Ikpeba** (35 matches/14 buts), **F. Dumas** (35), **Sonor** (34/1), **P. Valéry** (33/1), **Djetou** (32), **Barthez** (31), **Giuly** (29/8), **Dib** (28/1), **Weah** (26/12), **P. Blondeau** (26/1), **J. Tigana** (entr.) (26), **T. Henry** (24/8), **D. Deschamps** (entr.) (23), **Y. Djorkaeff** (22/5), **Fofana** (22/4), **Legwinski** (22/2), **Givet** (22/1), **Roma** (22), **Evra** (22), **Prso** (21/9), **Gnako** (21/1), **Trezeguet** (20/8), **Léonard** (20/1), **J. Rodriguez** (20), **Adebayor** (19/2), **Christanval** (19/1), **Bernardi** (19/1), **Irles** (19), **Benarbia** (18/3), **Scifo** (18/2), **Collins** (18/2), **Thuram** (18/1), **Sagnol** (18), **Zikos** (18), **Squillaci** (17/1), **G. Passi** (15/6), **Rui Barros** (15/4), **Plasil** (15/1), **Klinsmann** (14/4), **Amoros** (14), **C. Puel** (entr.) (14), **Simone** (13/12), **E. Cissé** (13/2), **L. Martin** (13/1), **Grimandi** (13), **Morientes** (12/9), **S. Anderson** (12/5), **Nonda** (12/4), **Costinha** (12/2), **Rothen** (12/1), **J. Petit** (11/4), **P. Farnerud** (11/2), **Vitalis** (11), **Konjic** (11), **Lamouchi** (10/1), **Ibarra** (10/1), **Dalger** (10/1), **Marquez** (10), **Courbis** (10), **G. Banide** (entr.) (10), **Onnis** (9/6), **Kallon** (9/4), **J. Touré** (9/2), **Maicon** (9/1), **Riise** (9/1), **Pignol** (9/1), **Viaud** (9), **Chevanton** (8/4), **Bellone** (8/3), **Mège** (8/2), **Contreras** (8/1), **Christophe** (8/1), **B. Clément** (8), **Moizan** (8), **Gardon** (8), **D. Perez** (8), **Spehar** (7/5), **Saviola** (7/4), **D. Diawara** (7/1), **Diao** (7), **Gallardo** (7), **Ferratge** (7), **Y. Douis** (6/3), **N. Bonnal** (6/1), **Nogues** (6/1), **Zorzetto** (6/1), **Djibrill** (6/1), **Carlier** (6), **Couriol** (6), **M. Hidalgo** (6), **Carnot** (6), **Poullain** (6), **Porato** (6), **Liégeon** (6), **Artelesa** (6), **Biancheri** (6), **Battiston** (6), **Perais** (6), **Hoddle** (6), **L. Leduc** (entr.) (6), **Théo** (5/2), **Diaz** (5/2), **Gava** (5/2), **Barberis** (5/1), **R. Mendy** (5), **Mou. N'Diaye** (5), **Sauzée** (5), **Ninot** (5), **J.-C. Hernandez** (5), **Modesto** (5), **Emon** (5), **C. Perez** (5), **Genghini** (4/3), **Edström** (4/2), **El-Fakiri** (4/1), **F. Passi** (4), **J. E. Simon** (4), **P. Anziani** (4), **N. Stojkovic** (4), **Sylva** (4), **O. Dabo** (4), **Bijotat** (4), **Casolari** (4), **So. Camara** (4), **J.-P. Chaussin** (4), **Luiz Henrique** (4), **Wreh** (4), **D. Bravo** (4), **R. Courtois** (entr.) (4), **L. Muller** (entr.) (4), **Cossou** (3/4), **Hess** (3/3), **C. Robert** (3/1), **Grassi** (3), **G. Soler** (3), **Simba** (3), **Nowak** (3), **G. Thomas** (3), **Pécout** (3), **Gravelaine** (3), **Jurietti** (3), **Gudimard** (3), **Eloi** (3), **Tibeuf** (2/1), **Valadier** (2), **Prost** (2), **Pastoriza** (2), **V. Trossero** (2), **Samuel** (2), **Taravini Duvalle** (2), **N'Doram** (2), **Rouquette** (2), **Vogel** (2), **Di Tommaso** (2), **Aubry** (2), **Benoît** (2), **Milla** (2), **B. Boli** (2), **Burckle** (2), **Ludo** (2), **Ca. Lopez** (2), **M. Dos Santos** (2), **Guérit** (2), **Guesdon** (2), **Guignedoux** (2), **Hateley** (2), **Stambouli** (2), **Montes** (2), **A. Muro** (entr.) (2), **Chomet** (1), **Abidal** (1), **Oshadogan** (1), **Di Meco** (1), **Carole** (1), **Juan** (1), **Courville** (1), **Culetto** (1), **P. Delamontagne** (1), **Delaroche** (1), **Madar** (1), **Plato** (1), **Y. Le Roux** (1), **Sebwe** (1), **Forcherio** (1), **Garofalo** (1), **Perruchini** (1), **B. Rodriguez** (1), **Petersen** (1), **Ricort** (1), **Recordier** (1), **Piveteau** (1), **F. Lefebvre** (1).

En quatre participations, le Montpellier de Louis Nicollin ne s'est distingué sur la scène européenne qu'en 1990-91, en épinglant notamment le PSV Eindhoven (1-0, 0-0).

Montpellier UNE ANNÉE DE LUMIÈRE

C'est au prix d'un formidable don de soi que Laurent Blanc (à terre) et Montpellier écartent le PSV Eindhoven en 1990.

Montpellier

Montpellier-Hérault Sport Club

LE BILAN GÉNÉRAL

	C1	C2	C3	Total
Part.	-	1	3	4
J.	-	6	8	14
G.	-	3	1	4
N.	-	2	2	4
P.	-	1	5	6
Bp.	-	10	6	16
Bc.	-	3	15	18
Diff.	-	+ 7	- 9	- 2

Meilleure performance : quarts de finale de C2 en 1990-91

Vainqueurs de la Coupe de France en mai 1990, après que Michel Mézy a remplacé Aimé Jacquet en cours d'exercice, les Montpelliérains se lancent dans la plus belle de leurs campagnes européennes, cette fois sous la conduite du Polonais Henryk Kasperczak.

Héroïques autour de Laurent Blanc

Le premier des trois anciens champions d'Europe qui vont se présenter à la Mosson est le PSV Eindhoven. Guus Hiddink vient tout juste de le quitter pour aller diriger Fenerbahçe, mais c'est loin d'être la première équipe venue : le PSV a été sacré champion d'Europe en 1988 et il enlèvera, entre 1986 et 1992, six titres néerlandais et trois Coupes nationales !

Bien que largement favoris, Hans Van Breukelen, Ronald Koeman, Romario, Eric Gerets, Gerald Vanenburg, Gheorghe Popescu et consorts s'inclinent contre toute attente à Montpellier (0-1), sur un but de Jacek Ziober, avant de se heurter au retour à une défense héroïque articulée autour de Laurent Blanc (0-0).

Au tour suivant, sous des trombes d'eau et dans un véritable marécage, le Steaua Bucarest, lui-même vainqueur de la C1 en 1986, vient sombrer (0-5) à la Mosson. Les Roumains ne feront pas mieux sur le sec, chez eux (0-3). C'est finalement Manchester United qui met fin à l'aventure des Languedociens. Un MU renaissant, sous la direction du manager écossais Alex Ferguson, lequel n'avait rien gagné depuis son arrivée au club en 1986 et qui vient d'enlever son premier trophée avec la Cup 1990. Il y en aura beaucoup d'autres, à commencer par cette C2 1990-91 !

Défense de fer à Old Trafford

Pourtant à l'aller, à Old Trafford, Laurent Blanc et les siens semblent accomplir le plus difficile (1-1), encore grâce à Ziober et à une défense de fer, et malgré l'expulsion de Pascal Baills (48e). Mais le match retour est cruel. Les Mancuniens s'imposent sur une erreur du gardien Claude Barrabé et un penalty concédé par Jean-Manuel Thétis (2-0). Une belle campagne tout de même pour les Laurent Blanc, Carlos Valderrama, Daniel Xuereb, Vincent Guérin, Jacek Ziober, Kader Ferhaoui, Michel Der Zakarian… ■ A.P.

SAISON 1990-91
MONTPELLIER - EINDHOVEN (HOL) : 1-0 (0-0)
C2. 1ER TOUR ALLER
(RETOUR 0-0)
20 septembre 1990, stade de la Mosson.
16 000 spectateurs.
But : Ziober (54e).
MONTPELLIER : Barrabé - Baills (S. Blondeau, 83e), Suvrijn, Thétis, L. Blanc, Lucchesi - Guérin, Lemoult, Valderrama - Xuereb (Ferhaoui, 88e), Ziober. **Entr. :** Kasperczak.

Montpellier et l'Europe

Les 14 matches

1988-89	C3	1T	Montpellier - Benfica (POR)	0-3	1-3
1990-91	C2	1T	Montpellier - PSV Eindhoven (HOL)	1-0	0-0
	C2	8es	Montpellier - Steaua Bucarest (ROU)	5-0	3-0
	C2	Q	Manchester United (ANG) - Montpellier	1-1	2-0
1996-97	C3	1T	Montpellier - Sporting CP (POR)	1-1	0-1
1999-00	C3	1T	Étoile Rouge Belgrade (YOU) - Montpellier	0-1	2-2
	C3	2T	Deportivo La Corogne (ESP) - Montpellier	3-1	2-0

Les 58 joueurs et les 4 entraîneurs

Baills (9 matches), **L. Blanc** (8 matches/1 but), **Lucchesi** (8), **Ferhaoui** (7/1), **Lemoult** (7), **Barrabé** (6), **Suvrijn** (6), **Fugier** (6), **H. Kasperczak** (entr.) (6), **Ziober** (5/3), **Xuereb** (5/1), **Valderrama** (5), **Loko** (4/2), **Ouédec** (4/1), **V. Guérin** (4/1), **Colleter** (4/1), **Cassard** (4), **M. Rodriguez** (4), **J.-M. Thétis** (4), **C. Barbosa** (4), **F. Silvestre** (4), **Mahouvé** (4), **Decroix** (4), **Ferrier** (4), **J.-L. Gasset** (entr.) (4), **Sorlin** (3), **Der Zakarian** (3), **M. Dos Santos** (3), **Maoulida** (3), **Garande** (2/1), **Cubaynes** (2/1), **P. Delaye** (2/1), **G. Bernardet** (2), **Brouard** (2), **Prunier** (2), **S. Blondeau** (2), **Rouvière** (2), **C. Sanchez** (2), **Serredszum** (2), **Rizzetto** (2), **Milla** (2), **Bakayoko** (2), **Flucklinger** (2), **Lowitz** (2), **F. Lefebvre** (2), **Kosecki** (2), **Julio César** (2), **Gourvennec** (2), **C. Garcia** (2), **Rust** (2), **P. Mosca** (entr.) (2), **M. Mézy** (entr.) (2), **Castro** (1/1), **Villareal** (1), **H. Alicarte** (1), **Sauzée** (1), **L. Robert** (1), **Navarro** (1), **B. Martini** (1), **F. Martin** (1), **Djaffo** (1), **Nono** (1).

Nantes
DU JAUNE, DU GRIS

Malgré deux participations aux demi-finales, dont l'une en C1, le FC Nantes a été plus souvent à la peine qu'à l'honneur en Europe. Et, paradoxalement, surtout durant la période où il dominait, avec Saint-Étienne, le football français.

Football Club de Nantes (-Atlantique)

LE BILAN GÉNÉRAL

	C1	C2	C3	Total
Part.	8	2	11	21
J.	40	12	48	100
G.	12	7	21	40
N.	14	0	14	28
P.	14	5	13	32
Bp.	52	28	78	158
Bc.	54	21	62	137
Diff.	- 2	+ 7	+ 17	+ 22

Meilleure performance :
demi-finales de la C1 en 1995-96

Henri Michel, Jean-Paul Bertrand-Demanes, Maxime Bossis, Thierry Tusseau et Patrice Rio (de g. à dr.) saluent le public de Valence avant de disputer la demi-finale retour de la C2 1979-80. Partis confiants, avec leur but d'avance de l'aller (2-1), les Nantais subiront une sévère désillusion (0-4). Comme souvent en Coupes d'Europe.

Sous le regard d'Henri Michel (au fond), Angel Marcos perd l'équilibre face à la modeste équipe de Vejle en 1973-74.

La compétition européenne n'a jamais vraiment été la tasse de thé du FC Nantes. Présent depuis plus de quarante ans parmi l'élite, le club possède un palmarès national qui le situe dans le même peloton que Reims, Saint-Étienne, Marseille, Monaco, Paris-SG ou Bordeaux. Mais au contraire de tous ses rivaux, il n'a jamais atteint la finale d'une épreuve continentale.

Sa carrière en Coupes d'Europe peut se diviser en deux époques d'inégales longueurs : la première s'étend sur deux décennies, de 1965 à 1986 (14 participations, dont six en C1), au cours desquelles il est au top niveau national ; la seconde couvre une décennie seulement, de 1993 à 2002 (sept participations dont deux C1), avec une présence en haut de la pyramide française beaucoup plus intermittente. Pourtant, comme une sorte de baromètre du football français, le FCN, sans jamais connaître la réussite absolue, se montre plus solide et plus présent lors de la seconde qu'au cours de la première !

Un naufrage contre les amateurs de Vejle

Cette période initiale est en effet une longue galère, avant que quelques résultats concrets viennent enfin l'éclairer. Nantes commence par se faire éliminer deux fois de la Coupe des champions, par le futur finaliste (Partizan Belgrade en 1966) puis par le futur vainqueur (Celtic Glasgow en 1967). Comme marqué au fer rouge par ce double échec, il accumule ensuite les revers, dont certains particulièrement cuisants, dès le premier tour, notamment cette élimination restée tristement fameuse, en ouverture de la C1 1973-74, contre les modestes amateurs danois de Vejle ; après le piètre 2-2 concédé à l'aller, les Nantais s'inclinent au stade Marcel-Saupin (0-1).

Ce n'est qu'en 1979-80 que les Jaunes parviennent enfin à vaincre le signe indien, en atteignant les demi-finales de la Coupe des Coupes. Cette fois, ils savent profiter des circonstances, s'imposant à l'extérieur contre Steaua Bucarest (2-1) puis Dynamo Moscou (2-0), à Tbilissi en Géorgie, où ils jouent d'ailleurs plutôt à domicile !

Sur la route d'une éventuelle finale se dresse le FC Valence, son entraîneur mythique Alfredo Di Stefano et son avant-centre argentin Mario Kempes, champion du monde en 1978. « Un 2-1 jaune espérance », est la manchette qui barre la une de *L'Équipe* du jeudi 10 avril 1980. La veille, à Marcel-Saupin, Kempes a bien marqué un but, mais Bruno Baronchelli en a inscrit deux, et Nantes a dominé son sujet. « Cette fois nous ne sommes pas passés à côté de notre match, se réjouit l'entraîneur Jean Vincent. Le seul regret que nous pouvons nourrir, c'est de ne pas avoir gagné plus nettement. » « Finalement, ces Espagnols sont très prenables, ajoute Maxime Bossis. Nous avons donc toutes nos chances pour le match retour. »

Kempes porte l'estocade

Deux semaines plus tard, la une de *L'Équipe* annonce : « Valence, les oreilles et la queue. » Les Canaris se sont fait rosser en Espagne (0-4), avec deux nouveaux buts du beau Mario. Le capitaine Henri Michel prend les devants : « Je les entends déjà, les jugements sans appel, du genre : ces Nantais sont décidément incorrigibles, ils ne changeront jamais. Heureusement, nous, nous savons que c'est

SAISON 1973-74
NANTES - VEJLE BK (DAN) :
0-1 (0-0)
C1. 1er TOUR RETOUR
(ALLER 2-2)

3 octobre 1973, au stade Marcel-Saupin.
12 000 spectateurs.
But : Norregaard (63e).
NANTES : Bertrand-Demanes - Osman, Denoueix, P. Rio, De Michele - Michel, Vendrely - Maas, Marcos, Blanchet (Rampillon, 46e), Couécou. **Entr. :** Arribas.

SAISON 1979-80
NANTES - FC VALENCE (ESP) :
2-1 (1-0)
C2. DEMI-FINALES ALLER
(RETOUR 0-4)

9 avril 1980, au stade Marcel-Saupin.
25 000 spectateurs.
Buts : Baronchelli (27e et 79e) pour Nantes ; Kempes (55e) pour Valence.
NANTES : Bertrand-Demanes - Bossis, P. Rio, Michel, Tusseau - O. Muller (V. Trossero, 81e), E. Trossero, Rampillon (J. Touré, 72e) - Baronchelli, Pécout, Amisse. **Entr. :** Vincent.

Épatant technicien, le « Brésilien » José Touré emmène Nantes en quarts de la C3 1985-86 avant de s'effondrer face à l'Inter, victime d'une grave blessure.

faux. » À chacun son analyse. Toujours est-il que le FC Nantes entre pour la deuxième fois en quarts de finale, en 1985-86, cette fois en Coupe de l'UEFA. Après avoir brillamment écarté le Partizan Belgrade (1-1, 4-0) puis le Spartak Moscou (1-0, 1-1), il se fait sortir par l'Inter Milan (0-3, 3-3), perdant au passage sur blessure son meilleur joueur, le « Brésilien » José Touré, qui manquera dans la foulée le Mondial mexicain.

Mais le résultat le plus tristement marquant de cette période est l'échec de 1983-84, contre le Rapid Vienne, dès le tour initial de la Coupe des champions, avec un douloureux revers en Autriche (0-3, 3-1), échec qui déstabilise gravement l'intouchable champion de France de la saison précédente.

L'entraîneur des gardiens... titulaire !

Après six ans de purgatoire, le club nantais retrouve l'Europe en 1993-94, sous un nouveau nom : FC Nantes-Atlantique (depuis le 3 juillet 1992). Dès le premier tour de la C3, il échoue en prolongation contre un vieil ennemi, le redoutable FC Valence (1-1, 1-3). L'année suivante, alors qu'il survole le Championnat, il se hisse en quarts de finale de cette même C3, avant de tomber lourdement face au Bayer Leverkusen (1-5, 0-0). Il est vrai qu'à l'aller, en Allemagne, il doit aligner dans le but son entraîneur des gardiens, Jean-Louis Garcia, les trois spécialistes, David Marraud, Dominique Casagrande et Éric Loussouarn étant hors de combat !

Le buteur yougoslave Vahid Halilhodzic ne fait pas de cadeau à ses compatriotes du Partizan Belgrade, balayés (1-1, 0-4) au deuxième tour de la Coupe de l'UEFA 1985-86.

C'est en 1995-96 que le FCNA obtient le meilleur résultat de son histoire, avec une demi-finale de Ligue des champions. Il s'extirpe d'abord d'une phase de poules relativement facile, dans laquelle les Danois d'Aalborg ont remplacé le Dynamo Kiev, convaincu d'avoir tenté de corrompre un arbitre. En quarts de finale, la Russie lui est une nouvelle fois favorable, en l'occurrence le Spartak Moscou (2-0, 2-2).

Mais en vérité, ayant perdu, contre son gré, dès la reprise de l'entraînement au mois de juillet précédent, deux de ses jeunes internationaux, Christian Karembeu et Patrice Loko, l'équipe de Jean-Claude Suaudeau n'est plus aussi performante que celle qui a conquis le titre, malgré le talent des Reynald Pedros, Japhet N'Doram, Nicolas Ouédec et Claude Makelele.

Deschamps frôle le cynisme

Du coup, en demi-finales, la Juventus de l'ex-Nantais Didier Deschamps, évolue un cran au-dessus. Le match aller, disputé à Turin, est d'une implacable logique : deux buts, un par mi-temps, inscrits par Gianluca Vialli et Vladimir Jugovic, mettent Nantes à distance respectable (0-2). En revanche, au niveau des cartons, les Nantais s'imposent haut la main : sept jaunes et un rouge (Bruno Carotti, 45e) à zéro !

Alessandro Del Piero (au c.) conservera une longueur d'avance en demi-finales de la C1 1995-96. Mais Benoît Cauet (à g.) et les Nantais sortent la tête haute.

SAISON 1995-96
NANTES - JUVENTUS TURIN (ITA) : 3-2 (1-1)
C1. DEMI-FINALES RETOUR
(ALLER 0-2)

17 avril 1996, au stade de la Beaujoire. 34 210 spectateurs.
Buts : Decroix (43e), N'Doram (69e), Renou (82e) pour Nantes ; Vialli (17e), Paulo Sousa (50e) pour la Juventus.
NANTES : Casagrande - Chanelet, Capron, Decroix, Pignol (Peyrelade, 88e) - Makelele, Ferri, Cauet, N'Doram - Kosecki (Renou, 62e), Ouédec (Gourvennec, 38e). **Entr. :** Suaudeau.

Deschamps, suspendu, a vu le match des tribunes. Son commentaire frôle le cynisme : « On a peut-être commis autant de fautes qu'eux, mais elles n'étaient ni de même nature ni concédées au même endroit. Même si les Français ont fait des progrès, les Italiens restent plus intelligents dans ce domaine. » « Les Italiens sont des tricheurs, rétorque Jean-Michel Ferri. Pour le vice, la Juve est ce qui se fait de mieux en Europe. »

À la Beaujoire, le but tôt marqué par Vialli (17e) coupe court à tout suspense.

Pourtant, Nantes parvient à sortir le grand jeu, s'offrant un succès de prestige (3-2) et une sortie en beauté face au futur champion d'Europe. « Quelque part, c'est un pari réussi, explique Suaudeau. On a quand même battu la Juventus. »

Exploits européens et lutte pour le maintien

La dernière apparition de Nantes en Coupe d'Europe a pour cadre la Ligue des Champions 2001-02. Alors qu'ils se traînent misérablement en Division 1, les Jaunes n'en passent pas moins le cap de la première phase de poules, aux dépens de la Lazio Rome (battue deux fois : 3-1 et 1-0) et du PSV Eindhoven, sauvant ainsi la France du naufrage absolu, Lyon et Lille restant sur le carreau. Mais, lors de la seconde phase, face au Bayern Munich et à Manchester United, ils sont balayés, forcément usés par la lutte acharnée qu'ils mènent pour assurer leur maintien. Un genre de bataille qui a malheureusement tendance, ces dernières saisons, a devenir davantage leur quotidien que les joutes européennes… ■ J.-J. V.

SAISON 2001-02
LAZIO ROME (ITA) - NANTES : 1-3 (1-1)
C1. 1re PHASE DE POULE, 2e JOURNEE
19 septembre 2001, au stade Olympique.
30 000 spectateurs.
Buts : Fernando Couto (7e) pour la Lazio Rome ; Fabbri (3e), Armand (63e), S. Ziani (86e) pour Nantes.
NANTES : Landreau - Delhommeau, Gillet, Fabbri, Armand - Deroff, Berson, Djemba-Djemba - S. Ziani - P.-Y. André (W. Dalmat, 71e), Ahamada (Quint, 63e).
Entr. : Denoueix.

Sous le regard de Delhommeau (n° 12) et Armand (n° 22), l'emblématique gardien Mickaël Landreau impose sa loi aux Romains Simone Inzaghi et Diego Simeone en C1 2001-02.

Nantes

Nantes et l'Europe

Les 100 matches

1965-66	C1	1T	Partizan Belgrade (YOU) - Nantes		2-0	2-2
1966-67	C1	1T	KR Reykjavik (ISL) - Nantes		2-3	2-5
	C1	8es	Nantes - Celtic Glasgow (ECO)		1-3	1-3
1970-71	C2	1T	Strömsgodset IF (NOR) - Nantes		0-5	3-2
	C2	8es	Cardiff City (GAL) - Nantes		5-1	2-1
1971-72	C3	1T	FC Porto (POR) - Nantes		0-2	1-1
	C3	2T	Nantes - Tottenham Hotspur (ANG)		0-0	0-1
1973-74	C1	1T	Vejle BK (DAN) - Nantes		2-2	1-0
1974-75	C3	1T	Nantes - Legia Varsovie (POL)		2-2	1-0
	C3	2T	Nantes - Banik Ostrava (TCH)	(ap)	1-0	0-2
1977-78	C1	1T	Dukla Prague (TCH) - Nantes		1-1	0-0
	C1	8es	Nantes - Atletico Madrid (ESP)		1-1	1-2
1978-79	C3	1T	Nantes - Benfica (POR)		0-2	0-0
1979-80	C2	1T	Cliftonville (ILN) - Nantes		0-1	0-7
	C2	8es	Nantes - Steaua Bucarest (ROU)		3-2	2-1
	C2	Q	Dynamo Moscou (URS) - Nantes		0-2	3-2
	C2	D	Nantes - Valence CF (ESP)		2-1	0-4
1980-81	C1	1T	Linfield (ILN) - Nantes		0-1	0-2
	C1	8es	Nantes - Inter Milan (ITA)		1-2	1-1
1981-82	C3	1T	Nantes - Lokeren (BEL)		1-1	2-4
1983-84	C1	1T	Rapid Vienne (AUT) - Nantes		3-0	1-3
1985-86	C3	1T	Valur Reykjavik (ISL) - Nantes		2-1	0-3
	C3	2T	Partizan Belgrade (YOU) - Nantes		1-1	0-4
	C3	8es	Spartak Moscou (URS) - Nantes		0-1	1-1
	C3	Q	Inter Milan (ITA) - Nantes		3-0	3-3
1986-87	C3	1T	Nantes - Torino (ITA)		0-4	1-1
1993-94	C3	1T	Nantes - Valence CF (ESP)	(ap)	1-1	1-3
1994-95	C3	1T	Rotor Volgograd (RUS) - Nantes		3-2	0-3
	C3	2T	Nantes - Tekstilschuk Kamyshin (RUS)		2-0	2-1
	C3	8es	Nantes - FC Sion (SUI)		4-0	2-2
	C3	Q	Bayer Leverkusen (ALL) - Nantes		5-1	0-0
1995-96	C1	LC	Nantes - FC Porto (POR)		0-0	
	C1	LC	Panathinaïkos (GRE) - Nantes		3-1	
	C1	LC	Nantes - AaB Aalborg (DAN)		3-1	
	C1	LC	AaB Aalborg (DAN) - Nantes		0-2	
	C1	LC	FC Porto (POR) - Nantes		2-2	
	C1	LC	Nantes - Panathinaïkos (GRE)		0-0	
	C1	Q	Nantes - Spartak Moscou (RUS)		2-0	2-2
	C1	D	Juventus Turin (ITA) - Nantes		2-0	2-3
1997-98	C3	1T	AGF Aarhus (DAN) - Nantes		2-2	1-0
1999-00	C3	1T	Ionikos Nikea (GRE) - Nantes		1-3	0-1
	C3	2T	Inter Bratislava (SLQ) - Nantes		0-3	0-4
	C3	3T	Arsenal (ANG) - Nantes		3-0	3-3
2000-01	C3	1T	Kryvbas Krivoï Rog (UKR) - Nantes		0-1	0-5
	C3	2T	Nantes - MTK Budapest (HON)		2-1	1-0
	C3	16es	Nantes - Lausanne-Sports (SUI)		4-3	3-1
	C3	8es	FC Porto (POR) - Nantes		3-1	1-2
2001-02	C1	LC	Nantes - PSV Eindhoven (HOL)		4-1	
	C1	LC	Lazio Rome (ITA) - Nantes		1-3	
	C1	LC	Nantes - Galatasaray (TUR)		0-1	
	C1	LC	Galatasaray (TUR) - Nantes		0-0	
	C1	LC	PSV Eindhoven (HOL) - Nantes		0-0	
	C1	LC	Nantes - Lazio Rome (ITA)		1-0	
	C1	LC	Boavista (POR) - Nantes		1-0	
	C1	LC	Nantes - Bayern Munich (ALL)		0-1	
	C1	LC	Nantes - Manchester United (ANG)		1-1	
	C1	LC	Manchester United (ANG) - Nantes		5-1	
	C1	LC	Nantes - Boavista (POR)		1-1	
	C1	LC	Bayern Munich (ALL) - Nantes		2-1	

Les 150 joueurs et les 5 entraîneurs

Bertrand-Demanes (39 matches), **Michel** (37 matches /4 buts), **J.-C. Suaudeau** (entr.) (34), **Amisse** (31/8), **P. Rio** (30/3), **Landreau** (27), **G. Rampillon** (26/4), **Bossis** (24/1), **R. Denoueix** (entr.) (24), **F. Da Rocha** (23/5), **N. Gillet** (22/3), **Baronchelli** (20/3), **J. Arribas** (entr.) (20), **Ouédec** (19/14), **J. Touré** (19/5), **S. Ziani** (19/4), **Decroix** (19/1), **Fabbri** (19/1), **Makelele** (19/1), **Olembe** (19), **J.-M. Ferri** (18/1), **Tusseau** (18/1), **Le Dizet** (18), **J. Vincent** (entr.) (18), **Armand** (17/2), **Pignol** (17), **De Michele** (17), **N'Doram** (16/6), **Blanchet** (16/3), **Berson** (16), **Chanelet** (16), **É. Carrière** (15/2), **Laspalles** (15), **Savinaud** (15), **Cauet** (15), **Pedros** (14/4), **Ahamada** (14/2), **O. Muller** (14/1), **Ayache** (14), **Pécout** (13/7), **M. Vahirua** (13/3), **L. Guyot** (12/1), **Morice** (12/1), **Casagrande** (12), **Capron** (11), **P.-Y. André** (10/2), **Der Zakarian** (10/1), **Kosecki** (10/1), **Bargas** (10), **Pech** (10), **Monterrubio** (9/5), **V. Trossero** (9/2), **Y. Le Roux** (9/1), **Bracigliano** (9/1), **Burruchaga** (9/1), **E. Trossero** (9/1), **Quint** (9/1), **Carotti** (9), **Karembeu** (9), **Debotté** (9), **Kombouaré** (9), **Moldovan** (8/7), **Loko** (8/3), **Djemba-Djemba** (8), **Osman** (8), **Deroff** (8), **Halilhodzic** (7/3), **Marcos** (7/2), **Bibard** (7/1), **Maas** (7/1), **Lièvre** (7/1), **Delhommeau** (7), **Marraud** (7), **Gondet** (6/4), **Sibierski** (6/4), **J. Simon** (6/2), **G. Lacombe** (6/2), **Renou** (6/1), **Devineau** (6/1), **Gourvennec** (6/1), **C. Robert** (6), **M. Leroy** (6), **Poullain** (6), **Le Chenadec** (6), **Frankowski** (6), **Denoueix** (6), **Fouché** (6), **Magny** (5/4), **Suaudeau** (5/1), **Piocelle** (5), **C. Robin** (5), **Gardon** (5), **A. Touré** (5), **W. Dalmat** (4/1), **Bustos** (4), **Picot** (4), **Peyrelade** (4), **Curioni** (4), **Cetto** (4), **Castel** (4), **Lemerre** (4), **Siasia** (4), **Van Straelen** (4), **Mario Silva** (4), **Grabowski** (4), **Ateba** (4), **Michaelsen** (4), **A. Marcos** (entr.) (4), **Courtin** (3), **Deschamps** (3), **Budzynski** (3), **Vendrely** (3), **Adonkor** (3), **Kovacevic** (3), **Levavasseur** (2/3), **C. Arribas** (2/1), **Sa. N'Diaye** (2/1), **Couécou** (2/1), **P. Anziani** (2/1), **Aristouy** (2), **O. Sahnoun** (2), **Audiger** (2), **Buscher** (2), **Yepes** (2), **Agerbeck** (2), **Laguillez** (2), **Desailly** (2), **Lecornu** (2), **Kervarrec** (2), **Mérigot** (2), **Garcion** (2), **J.-L. Garcia** (2), **R. Muller** (2), **Naybet** (2), **Obry** (2), **Olarticoechea** (2), **Éon** (2), **Georgin** (1/1), **Grondin** (1), **Rubil** (1), **Delanoé** (1), **Prou** (1), **Le Bourgocq** (1), **Barot** (1), **C. Le Roux** (1), **Macé** (1), **J.-L. Lima** (1), **Éo** (1), **N'Zigou** (1), **Pujol** (1), **Fenillat** (1), **Pailleres** (1), **Toulalan** (1), **Donoyan** (1), **Gope-Fenepej** (1).

Nice LE SCALP DU GRAND REAL

Deux fois quart-finalistes de la C1, deux fois éliminés par les intouchables Madrilènes, les Niçois remportent sur ces derniers, en 1960, une victoire demeurée historique (3-2).

De tous les grands clubs français des années 1950, l'OGC Nice est le plus atypique. Durant cette décennie en effet, il ne se mêle que quatre fois à la lutte pour le titre, mais l'emporte à chaque coup. Et en Coupe d'Europe, le « Gym » atteint deux fois les quarts de finale, où il a le malheur de tomber sur le Real Madrid.

En 1956-57, sous l'impulsion du stratège argentin Ruben Bravo, technicien brillant et clairvoyant, avec des internationaux comme Joseph Ujlaki, Jacques Foix, Jacques Faivre, Dominique Colonna ou Kocsur Ferry, l'équipe niçoise est redoutable dans ses bons jours, alliant le brio au tempérament. Cela ne lui suffit pourtant pas, après une qualification difficile aux dépens des Glasgow Rangers (1-2, 2-1, 3-1), pour inquiéter le grand Real en quarts. Surclassé à Chamartin (0-3), le Gym réussit un bon match retour, devant un public accouru revoir Raymond Kopa, pensionnaire du club madrilène. Il mène 1-0, mais un doublé d'Alfredo Di Stefano, notamment, scelle une seconde défaite (2-3).

Le triplé de Vic Nuremberg

Trois ans plus tard, en 1959-60, on prend les mêmes (sauf Kopa, reparti à Reims) et on recommence. Pour Nice, le parcours jusqu'aux quarts a encore été délicat. Mais l'après-midi du 4 février 1960, devant les caméras de la télévision, c'est un feu d'artifice qui va illuminer le stade du Ray. Malgré l'absence de leur patron Di Stefano, légèrement blessé, les quadruples champions d'Europe mènent 2-0 à la mi-temps, grâce à un Ferenc Puskas impérial aux commandes.

Au repos, l'entraîneur Jean Luciano galvanise ses joueurs, qui reviennent transfigurés. Ils font à leur tour le spectacle. Le héros du jour est le Luxembourgeois Vic Nuremberg, un ancien du club où il est arrivé huit ans auparavant. Ce joueur très complet, ailier ou inter, capable d'opérer des deux côtés de l'attaque, démantèle à lui seul la défense espagnole. Il réduit d'abord le score en jaillissant devant le but pour reprendre une passe de Keita Omar Barrou (52e). Il égalise ensuite en transformant un penalty qu'il a lui-même obtenu à la suite d'un fauchage du demi Juan Santisteban (68e). Il donne enfin la victoire aux Niçois en réussissant un enchaînement contrôle poitrine, tir placé, sur un centre de Hector De Bourgoing (84e).

Les capitaines, Francisco Gento (à g.) et Vic Nuremberg, se saluent avec des fleurs...

SAISON 1959-60
NICE - REAL MADRID (ESP) : 3-2 (0-2)
C1. QUARTS DE FINALE ALLER
(RETOUR 0-4)
4 février 1960, au stade du Ray.
21 221 spectateurs.
Buts : Nuremberg (52e, 68e s.p., 84e) pour Nice ; Herrera (14e), Rial (26e) pour Madrid.
NICE : Lamia - Martinez, Chorda, Gonzales, Cornu - Milazzo, De Bourgoing - Alba, Foix, Nuremberg, Barrou. **Entr. :** Luciano.

« J'ai toujours cru à la victoire, explique Luciano. À la mi temps, j'ai dit à mes joueurs : " Vous venez de fournir le meilleur jeu ; les deux buts du Real ont été inscrits alors que vous dominiez. " J'ai tout fait pour leur donner le moral et cela a parfaitement réussi. Notre forcing de la seconde période a complètement désorienté la confiance madrilène. Lorsque Nuremberg a marqué le troisième but, je n'ai pas été étonné. Il nous reste à faire bonne figure à Madrid. »

Hélas, un mois plus tard, le Gym a le malheur de rendre visite à des Madrilènes en crise, suspectés de déclin, donc remontés comme des coucous, qui mènent rapidement 2-0. Et de tomber sur un arbitre, le Portugais M. Gouveia, qui va involontairement les enfoncer. Sans doute subjugué par le brio du Real, l'officiant néglige de consulter son chronomètre et prolonge de plus de huit minutes la première période, permettant à Di Stefano de porter le coup de grâce (3-0) à la... 45e + 5 minute. Comme, en plus, le bouillant De Bourgoing se fait expulser pour avoir répondu à une provocation adverse, l'affaire est vite pliée et Nice repart les valises pleines (4-0).

Éliminé de la C2 sans perdre un match

Cette première victoire d'un club français contre le Real est aussi le dernier exploit de la grande époque du Gym. Les Azuréens ne retrouveront jamais ce niveau, mais participeront cependant à six autres compétitions européennes. Et feront encore deux fois parler d'eux. En 1973-74, en C3, ils éliminent au premier tour le FC Barcelone, corrigé 3-0 à Nice par Marco Molitor (auteur des trois buts et de quatre autres au tour suivant face à Fenerbahçe !), mais aussi Dick Van Dijk, Jean-Pierre Adams, Charly Loubet...

En 1997-98, alors qu'ils sont tombés en D2 tout en gagnant la Coupe de France, ils passent un tour de C2 face aux Écossais de Kilmarnock, puis sont éliminés sans être battus (2-2, 1-1) par le Slavia Prague, alors qu'ils mènent 1-0 à dix minutes de la fin, lors du match retour. Mais tout cela reste très loin des fastes d'un passé plein de nostalgie. ■ J.-J. V.

Olympique Gymnaste Club Nice Côte d'Azur

LE BILAN GÉNÉRAL

	C1	C2	C3	Total
Part.	2	1	5	8
J.	14	4	14	32
G.	7	1	5	13
N.	2	3	1	6
P.	5	0	8	13
Bp.	29	7	16	52
Bc.	25	5	25	55
Diff.	+4	+2	-9	-3

Meilleure performance :
quarts de finale de la C1 en 1956-57 et 1959-60

Treize ans après le hat-trick de Vic Nuremberg contre le Real Madrid, c'est Marco Molitor (à g.) qui « claque » trois buts face au FC Barcelone (3-0) de De La Cruz.

68e minute du fameux Nice-Real de 1960. Dans un stade du Ray plein à craquer, Vic Nuremberg trompe Rogelio Dominguez sur penalty. Le deuxième de ses trois buts.

Nice et l'Europe

Les 32 matches

1956-57	C1	1T	AGF Aarhus (DAN) - Nice	1-1	1-5
	C1	8es	Glasgow Rangers (ECO) - Nice	2-1	1-2
	C1	8es	appui Nice - Glasgow Rangers (ECO)	3-1	
	C1	Q	Real Madrid (ESP) - Nice	3-0	3-2
1959-60	C1	1T	Nice - Shamrock Rovers (IRL)	3-2	1-1
	C1	8es	Fenerbahçe (TUR) - Nice	2-1	1-2
	C1	8es	appui Nice - Fenerbahçe (TUR)	5-1	
	C1	Q	Nice - Real Madrid (ESP)	3-2	0-4
1966-67	C3	1T	Nice - Örgryte IS (SUE)	2-2	1-2
1967-68	C3	1T	Nice - Fiorentina (ITA)	0-1	0-4
1968-69	C3	1T	Hansa Rostock (RDA) - Nice	3-0	1-2
1973-74	C3	1T	Nice - FC Barcelone (ESP)	3-0	0-2
	C3	2T	Nice - Fenerbahçe (TUR)	4-0	0-2
	C3	8es	Nice - FC Cologne (RFA)	1-0	0-4
1976-77	C3	1T	RCD Espanyol Barcelone (ESP) - Nice	3-1	1-2
1997-98	C2	1T	Nice - Kilmarnock (ECO)	3-1	1-1
	C2	8es	Nice - Slavia Prague (RTC)	2-2	1-1

Les 79 joueurs et les 6 entraîneurs

J. Foix (14 matches/10 buts), **H.C. Gonzalès** (14), **Nuremberg** (13/4), **Isnard** (12), **J. Faivre** (11/7), **Milazzo** (11/4), **Chorda** (11), **Loubet** (10/1), **Ferry** (9/1), **Jouve** (9), **Huck** (8), **Grava** (8), **Baratelli** (8), **R. Bravo** (7/1), **Cornu** (7), **Bonvin** (7), **Colonna** (7), **Alba** (7), **A. Martinez** (7), **Lamia** (7), **L. Carniglia** (entr.) (7), **J. Luciano** (entr.) (7), **Eriksson** (6/1), **Van Dijk** (6/1), **Cauvin** (6), **Serrus** (6), **Muro** (6), **P. Gonzalez** (entr.) (6), **J. Snella** (entr.) (6), **De Bourgoing** (5/1), **Adams** (5), **Segarra** (5), **Aubour** (5), **Aulanier** (4/2), **Rol** (4/1), **Vandecasteele** (4/1), **Milinkovic** (4/1), **Ascery** (4), **T. Martinez** (4), **Angan** (4), **Issembe** (4), **Kartalija** (4), **Bruneton** (4), **Fioroni** (4), **Ujlaki** (4), **Angibeaud** (4), **S. Takac** (entr.) (4), **Molitor** (3/6), **A. Robin** (3/1), **L. Stefano** (3), **Rodzik** (3), **Nani** (3), **Savini** (3), **F. Pottier** (3), **Aubameyang** (3), **Kohn** (2/2), **Bjekovic** (2/2), **Toko** (2/1), **Barrionuevo** (2/1), **R. Santos** (2/1), **Goyvaerts** (2/1), **Giner** (2), **Serra** (2), **Valencony** (2), **Scanella** (2), **Castellani** (2), **Cristol** (2), **Barrou** (2), **J.-F. Douis** (2), **Vignola** (2), **Guillou** (2), **Huc** (2), **Katalinski** (2), **Zambelli** (2), **Léandri** (2), **Salimi** (2), **V. Markovic** (entr.) (2), **Bocchi** (1), **Calegari** (1), **D. Sanchez** (1), **Diratz** (1), **Onorati** (1), **Moussu** (1), **P. Barthélemy** (1), **Marchetti** (1).

Paris-SG SI BRILLANT, SI DISSIPÉ

Le plus jeune des grands clubs français est le seul, avec l'OM, à avoir remporté une Coupe d'Europe, la C2 en 1996. Mais, malgré cinq accessions d'affilée en finales ou en demi-finales, une instabilité récurrente n'a pas permis au Paris-SG de faire fructifier ce succès.

Paris-Saint-Germain Football Club

LE BILAN GÉNÉRAL

	C1	C2	C3	Total
Part.	5	6	5	16
J	40	38	30	108
G	19	24	13	56
N	7	6	9	22
P	14	8	8	30
Bp	63	66	44	173
Bc	52	27	24	103
Diff	+ 11	+ 39	+ 20	+ 70

Meilleure performance : victoire en C2 en 1995-96

8 mai 1996, à Bruxelles. Les membres du Paris-SG fêtent leur éclatante victoire en finale de la Coupe des Coupes, contre le Rapid Vienne (1-0). Autour du trophée (de g. à dr.) Dely Valdes, Djorkaeff, Lama, Luis Fernandez et Bernard Brochand.

Luis Fernandez est le seul entraîneur français à avoir mené un club tricolore au succès durant le premier cinquantenaire des Coupes d'Europe.

C'est « un jour pour une victoire », titre *L'Équipe,* en ce matin du 8 mai 1996. Et là, comme un frisson en gestation, c'est un coup franc pour lui, Bruno Ngotty. La minute ? Vingt-neuvième. La distance ? Trente-cinq mètres. Dans les tribunes du stade Roi-Baudoin-Ier, l'ancien Heysel, 15 000 supporters parisiens ébauchent le tracé idéal. Le tir serait puissant ; la trajectoire limpide. Elle irait s'éteindre dans le but du Rapid Vienne, dernier rival à abattre pour s'emparer de la Coupe des Coupes.

« Grand d'Europe »

« J'ai mis toute la conviction que j'avais en moi », racontera Ngotty. Le ballon patiente, dans l'axe. Youri Djorkaeff le décale. Le défenseur central du PSG s'élance. Sa frappe est légèrement détournée par le mur autrichien. Le parfum du destin ? Sans doute. De ce tir enragé naît un but dont les Autrichiens ne sauront jamais gommer le poids. La C2 a choisi : c'est bien à Paris qu'elle veut finir la nuit.

Vingt-six ans après sa création, trois ans après le succès précurseur de l'OM en Ligue des champions, le Paris-Saint-Germain FC devient à son tour, à Bruxelles, un « grand d'Europe », selon les mots de Michel Denisot, son président délégué. Le lendemain du sacre bruxellois, joueurs, entraîneurs, dirigeants sont reçus à l'Hôtel de Ville de Paris, puis à l'Élysée.

Bernard Lama rend hommage à Yannick Noah (au c.), qui a participé à la préparation psychologique du PSG à la finale.

Paris-SG

Sur les « Champs », ils sont 50 000, un peu plus tard, à border de leur allégresse le défilé des joueurs en décapotables. En début de soirée, la coupe des Coupes est présentée au public du Parc des Princes. La pelouse est envahie par les fans. Mais cette confusion finale n'est qu'anecdotique au regard de la dimension prise cette saison-là par le club parisien.

Rai, roi des penalties

Quelques mois plus tôt, pendant l'été 1995, le Paris-SG a clamé son désir de conquérir l'Europe. Une ambition sur laquelle il vient de buter, à trois reprises, au stade des demi-finales.

À l'heure de se mesurer au Celtic Glasgow, en huitièmes de finale, le PSG se dit que, cette fois, c'est sûr, il ne souffrira plus aucun échec. À l'aller, un but de Youri Djorkaeff offre une victoire étriquée aux Parisiens (1-0). Au milieu des pulsations magnifiques de Parkhead, le Paris-SG s'impose aussi au retour (3-0), le 2 novembre 1995, dans un mélange de force et de lumière, d'équilibre et d'enthousiasme.

Le tirage au sort désigne Parme, la tête de série n° 1, comme adversaire en quarts de finale. Parme et son attaquant bulgare, Hristo Stoïchkov, qui marque, à l'heure de jeu, le seul but du match aller (1-0), en Italie.

SAISON 1995-96

PARIS-SG - RAPID VIENNE (AUT) : 1-0 (1-0)

C2. FINALE

8 mai 1996, stade du Roi-Baudouin-Ier (Bruxelles). 37 500 spectateurs.

But : Ngotty (29e).

PARIS-SG : Lama - A. Roche, Le Guen, Ngotty - L. Fournier (Llacer, 77e), Bravo, Guérin, Colleter - Loko, Rai (Dely Valdes, 11e), Y. Djorkaeff.

Entr. : L. Fernandez.

Buteur redoutable, Youri Djorkaeff (ci-dessus) se mue en dernier passeur lors de la finale de la C2 en 1996. À la 29e minute, sur un coup franc à 35 mètres, il décale Bruno Ngotty (photo de g., au c.), dont l'énorme frappe, légèrement détournée, va se ficher dans le filet viennois. Paris tient sa victoire.

En demi-finales de la C2 1995-96, Youri Djorkaeff assomme La Corogne dans son antre du Riazor, d'un but de toute beauté.

Le 21 mars 1996, lors du match retour au Parc des Princes, Paris comble son retard dès la huitième minute, lorsque Rai ouvre le score sur penalty. Parme égalise mais Patrice Loko, sept minutes avant la mi-temps, relance le PSG. 69ᵉ minute : faute sur Laurent Fournier, dans la surface parmesane. Penalty, encore. Rai, toujours. La pression est colossale. Le Brésilien la surmonte, envoyant le PSG, une fois de plus, en demi-finales (3-1). Pour le nirvana de Bruxelles, il ne reste plus qu'à dompter le Deportivo La Corogne.

Le Snake mord La Corogne

L'aller se joue en Galice, le 4 avril 1996. Luis Fernandez a prévu son coup : le PSG évolue en 3-4-3, pour s'attacher à dérégler les circuits techniques du Depor. À dix minutes de la fin, Youri Djorkaeff entre en jeu. Il reste une minute quand le « Snake » se met en position de tir. Le ballon est comme aspiré par la lucarne espagnole (1-0). Ce but, décisif, est d'une beauté à couper le souffle.

Deux semaines plus tard, à Paris, le PSG dispute son 500ᵉ match officiel, toutes compétitions confondues. Mais par quel bout le prendre ? Attaquer ou défendre ? Se multiplier ou calculer ? Face à cette alternative, Paris semble embarrassé. Le Parc retient sa respiration. Jusqu'à ce que Loko efface deux défenseurs de La Corogne pour marquer le seul but du match (1-0) ! Paris ira à Bruxelles chercher cette apothéose dont les traits, jusqu'ici, n'ont été qu'esquissés. Nous sommes le 18 avril 1996, et Michel Denisot savoure le chemin parcouru : « Cette finale, c'est le résultat d'une progression constante depuis cinq ans. »

Cinq années de progression, assurément. Cinq années pour assouvir, peut-être, ce lointain désir de reconnaissance, apparu peu après la création du club, en 1970. Les racines de ces rêves européens, Michel Denisot ne les ignore pas. En 1982, encore journaliste, il commente pour TF1 le premier affrontement européen au Parc des Princes du Paris-SG, contre le Lokomotiv Sofia. Un match retour de seizièmes de finale de Coupe des Coupes.

Seuls 15 000 Bulgares auront vu, de leurs yeux, le véritable baptême européen du PSG, deux semaines plus tôt, au stade Vassil-Levski. Ce match aller, remporté par le Lokomotiv (1-0), n'a pas été retransmis par la télévision française. Paris s'est incliné, mais sans perdre le droit d'y croire.

Premier carton contre le Lokomotiv Sofia

Le 28 septembre 1982, 30 000 spectateurs se rendent au Parc. Ce Paris-SG a Georges Peyroche pour entraîneur et un ancien Vert en guise de phare, Dominique Bathenay, le capitaine. À la vingtième minute, c'est lui qui déborde et centre vers le Tchadien Nambatingue Tokomon, dit « Toko », pour l'ouverture du score. Mais Bogdanov égalise… Le Parc pousse, les vagues blanches déferlent sur le but bulgare. Et c'est Bathenay, encore lui, qui s'extirpe de sa défense pour propulser un tir du gauche dans la lucarne (2-1, 66ᵉ). Il reste vingt-cinq minutes pour marquer le but de la qualification. D'une demi-volée, Toko délivre Paris (3-1, 81ᵉ), avant que Michel N'Gom et Jean-Claude Lemoult ne donnent une épaisseur définitive à la première victoire européenne du PSG (5-1). « Fantastique ! Merveilleux ! Extraordinaire ! » Francis Borelli est un président heureux.

Au tour suivant, les Parisiens croisent la route des Gallois de Swansea. Au Vitch Field, le 20 octobre 1982, il y a du vent et de la bruine. Il y a un adversaire dont

SAISON 1995-96

PARIS-SG - PARME (ITA) : 3-1 (2-1)

C2. QUARTS DE FINALE RETOUR

(ALLER 0-1)

21 mars 1996, au Parc des Princes.
43 686 spectateurs.

Buts : Rai (9ᵉ s.p., 69ᵉ s.p.), Loko (38ᵉ) pour Paris-SG ; Melli (26ᵉ) pour Parme.

PARIS-SG : Lama - Ngotty, Alain Roche, Le Guen - Laurent Fournier (Mahé, 75ᵉ), Bravo, Colleter (Guérin, 67ᵉ), Nouma (Llacer, 69ᵉ), Rai - Loko, Dely Valdes.

Entr. : L. Fernandez.

SAISON 1982-83

PARIS-SG - LOKOMOTIV SOFIA (BUL) : 5-1 (1-0)

C2. 1ᵉʳ TOUR RETOUR

(ALLER 0-1)

29 septembre 1982, au Parc des Princes.
32 000 spectateurs.

Buts : Toko (20ᵉ, 81ᵉ), Bathenay (66ᵉ), N'Gom (85ᵉ), Lemoult (89ᵉ) pour Paris-SG ; Bogdanov (15ᵉ) pour le Lokomotiv.

PARIS-SG : Baratelli - L. Fernandez, Pilorget, Bathenay, Guillochon - Lemoult, P. Zaremba, Ardiles - Toko, Kist, N'Gom.

Entr. : G. Peyroche.

À la 8ᵉ minute du quart de finale retour de la C2 1995-96 face à Parme, Rai ouvre le score sur penalty. Le Brésilien récidivera à la 69ᵉ pour expédier Paris en demies.

Zaremba, Ardiles, Pilorget, Rocheteau, Baratelli et Bathenay (de g. à dr.) sur le terrain de Sofia pour le premier match du PSG en Coupe d'Europe (0-1), le 15 septembre 1982.

les ressorts sont inévitablement très *british,* entre jeu aérien et pression athlétique. Mais rien n'empêche Toko, à vingt minutes du coup de sifflet final, de marquer un but victorieux (1-0). Début novembre, au Parc, les Parisiens achèvent les « Swans » (2-0). Paris verra le printemps et ses frémissements.

Waterschei morne plaine

En quarts de finale se profile un adversaire belge à la renommée étriquée : e KSV Waterschei. Qu'importe. À Paris, c'est l'ébullition avant le match aller. On n'avait jamais vu et on ne verra plus jamais autant de Parisiens au Parc des Princes que ce 2 mars 1983. 49 575 spectateurs ! Le PSG honore son peuple en l'emportant 2-0. Mais Peyroche est gagné par un pressentiment : « 2-0, ce n'est pas catastrophique pour eux... »

Les Belges gommeront leur retard en une heure. Glacé par l'enjeu, le PSG subit et encaisse, dans la prolongation, un but de Janssen qui qualifie Waterschei (0-3)... Tout disjoncte. Jean-Claude

Luis Fernandez

Entraîneur français

1959 Naissance à Tarifa (ESP) (le 2 octobre)
1978-86 Milieu défensif du Paris-SG (1 titre de champion, 2 Coupes de France)
1982-92 International français (1 Euro, 1 demie de Mondial, 60 sélections, 6 buts)
1994-96 et 2000-03 Entraîneur du Paris-SG (1 Coupe des Coupes, 1 Coupe de France, 1 Coupe de la Ligue)

Signe particulier : a entraîné deux clubs espagnols, Bilbao (1996-2000) et l'Espanyol (2003-04).

Le trait d'union

Du premier match à Sofia, en 1982, au sacre de Bruxelles, en 1996, Luis Fernandez est le fil rouge des aventures européennes du PSG, comme joueur puis comme entraîneur.

À jamais le premier. Luis Fernandez restera le premier joueur du PSG averti en Coupe d'Europe. C'était lors du baptême continental du club, en septembre 1982, sur le terrain du Lokomotiv Sofia (0-1). Plus tard, le 8 mai 1996, à Bruxelles, il devient surtout le premier entraîneur français vainqueur d'une Coupe d'Europe, le seul en cinquante ans à s'être imposé à la tête d'une équipe française (l'OM était entraîné en 1993 par le Belge Raymond Goethals).

Dans l'histoire du Paris-SG, la dimension de « Luis » se mesure aussi à la lumière d'une statistique : l'ancien milieu défensif de l'équipe de France a vécu une somme de 50 matches européens avec le club de la capitale. Douze comme joueur, entre 1982 et 1985 ; 38 comme entraîneur, de septembre 1994 à mai 1996, puis de décembre 2000 à décembre 2002.

Son grand soir contre le Barça

Avant la victoire du Paris-SG en Coupe des Coupes 1996, face au Rapid Vienne (1-0), Luis Fernandez, pour *L'Équipe,* avait fouillé dans ses souvenirs et ses émotions : « J'ai fait mes premiers pas au PSG en 1978 et j'y ai connu mes plus beaux moments comme joueur de club. Alors, voir le PSG en finale de Coupe d'Europe, avec moi sur le banc, c'est magique... » C'est sur le banc, assurément, que l'enfant de Tarifa connaît des instants d'apogée européenne.

Rien n'est écrit d'avance : quand il succède à Artur Jorge lors de l'été 1994, il ne compte que deux saisons comme entraîneur derrière lui, à Cannes. Mais « Luis » relève le défi, dans son style, brassage d'intuitions, de fougue, de provocations et de superstitions. Son crédit, il le conquiert lors d'un quart de finale de Ligue des champions, face au FC Barcelone de son idole, Johan Cruyff. « Barcelone est l'équipe qui m'a donné envie d'être entraîneur », avoue-t-il alors.

Le 15 mars 1995, Paris élimine le Barça (2-1), au Parc des Princes, au bout d'une soirée bouleversante. Michel Denisot, son président, a ces mots : « Ce soir, Luis a prouvé qu'il était un très grand entraîneur... »

La magie s'évanouit

Quand Paris prépare sa finale de Bruxelles, Fernandez sait déjà que la page, pour lui, se tourne. Mais c'est pour mieux ressurgir, quatre ans plus tard, le 3 décembre 2000, à trois jours d'un match de Ligue des champions, à Istanbul, perdu contre Galatasaray (0-1). La magie s'est évanouie. La Corogne, les Glasgow Rangers ou Boavista montrent au PSG de Luis Fernandez que la grande Europe avance désormais sans lui.

En 1986, le joueur Fernandez était parti champion de France. En 1996, l'entraîneur s'était retiré avec une Coupe d'Europe sous le bras. En juin 2003, son troisième départ du Paris-SG s'effectue les mains vides. Mais, comme les deux fois précédentes, il promet de revenir un jour. Avec Luis Fernandez, les rêves ne meurent jamais. J. T.

La Juventus de Michel Platini (à dr.) élimine Safet Susic et les Parisiens de la C2 1983-84. Le début d'une habitude.

SAISON 1992-93
PARIS-SG - REAL MADRID (ESP) : 4-1 (1-0)
C3. QUARTS DE FINALE RETOUR
(ALLER 1-3)
17 mars 1993, au Parc des Princes.
46 000 spectateurs.
Buts : Weah (33e), Ginola (81e), Valdo (89e), Kombouaré (90e + 6) pour Paris-SG ; Zamorano (90e + 4) pour le Real.
PARIS-SG : Lama - Sassus (B. Germain, 77e), Kombouaré, Ricardo, Colleter - Guérin, Valdo, Le Guen, Ginola - Simba (Bravo, 72e), Weah.
Entr. : Artur Jorge.

Paris-SG

Lemoult et Saar Boubacar sont expulsés. Les Parisiens critiquent l'arbitrage. Mais leur défaite est surtout symptomatique du football français de l'époque, mentalement trop fragile.

Waterschei est le premier volet d'une trilogie qui dessine un PSG en pleine stagnation. En octobre 1984, Paris s'effondre face aux Hongrois de Videoton (2-4 au Parc des Princes), au deuxième tour de la Coupe de l'UEFA. Deux ans après, alors qu'on pense le PSG de Gérard Houllier solidifié par son premier titre de champion de France, sa découverte de la C1 vire au fiasco, dès le premier tour, face aux Tchécoslovaques de Vitkovice. Durant cette période, seules les éliminations infligées par la puissante et rugueuse Juventus (C2 1983-84 ; C3 1989-90) relèvent de la logique.

Canal + arrive avec Artur Jorge

En mettant la main sur le club en mai 1991, Canal + se promet de lui donner une autre envergure. Le « nouveau » PSG se veut celui d'une ascension méthodique, d'une professionnalisation accentuée. À la tête de l'équipe arrive un entraîneur portugais, Artur Jorge, réputé pour ses concepts : travail, rigueur, pugnacité.

La Coupe de l'UEFA 1992-93 révèle les prémices d'une mutation. Dans la volcanique Toumba du PAOK Salonique, le PSG mène 2-0 et ne s'affole jamais, malgré la furie des « ultras » grecs, qui forcent l'arbitre à annuler la deuxième mi-temps. Au tour suivant, à Naples, Paris s'impose encore (2-0), sur un doublé de George Weah, son attaquant libérien. Avant de repartir pour la France, Bernard Lama insiste : « Contre Salonique et Naples, on était les plus forts dans la tête. »

Plus forts de la tête, également, en huitièmes de finale, contre Anderlecht. Après un 0-0 au Parc, Paris se retrouve mené 0-1 à Bruxelles. Il reste douze minutes à jouer. Sur un corner de Valdo, Antoine Kombouaré, le défenseur central, place une tête croisée. Forte et placée. Paris égalise et décolle pour des quarts de finale, où l'attend... le Real Madrid.

Au stade Santiago-Bernabeu, que voient les 60 000 socios au match aller ? Ils voient leur équipe mener facilement 2-0. Ils voient David Ginola, de la tête, réduire le score à la 49e minute. Ils voient, sur la fin, l'arbitre siffler un penalty après une main d'Alain Roche, expulsé sur le coup. Michel tire. Lama dévie le ballon sur la barre mais l'international espagnol suit et marque... du dos (3-1).

18 mars 1993. Parc des Princes. Avant les retrouvailles avec le Real, Artur Jorge cisèle l'ambition : « Les rêves, on n'a pas le droit de les briser. » L'entraîneur portugais dispose son équipe en 4-3-3. En défense, Kombouaré pallie la suspension de Roche.

Concentré, déterminé, le PSG exerce d'emblée un intense pressing. 35e minute : corner de Valdo, tête de Weah. 1-0. Au Parc, la fièvre monte... 82e minute : Weah centre ; Daniel Bravo, dos au but, sert en retrait David Ginola. D'une pureté somptueuse, la demi-volée de l'attaquant met Paris en transes ! Valdo marque même un troisième but. Le PSG aperçoit le paradis et le Parc implore le coup de sifflet final... quand Ivan Zamorano surgit pour tromper Bernard Lama à la 90e + 4 minute !

Kombouaré buteur de l'Au-delà

Immortel Real, qui est en train d'arracher une prolongation inespérée (1-3). Mais l'arbitre laisse vivre son chrono... et le temps additionnel depuis près de six minutes. Coup franc de Valdo. Kombouaré s'élève. Son coup de tête est de ceux qui subjuguent. Le ballon fouette le filet

Paul Le Guen (n° 6) exulte, le gardien napolitain Galli est crucifié. Grâce à George Weah (au c.), Paris s'impose en Italie.

Le Guen, Kombouaré, Weah, Ginola, Germain (de g. à dr.) s'envolent dans la surface madrilène, en C3 1992-93. La tête chercheuse de Kombouaré fait exploser le Real (4-1).

madrilène. 4-1 pour le PSG ! Désormais, en Europe, ce Paris-SG enivrant, qualifié pour sa première demi-finale continentale, ne sera plus regardé comme avant. Sauf par la Juventus, peut-être…

Rivale du dernier carré, l'équipe italienne, supérieure en vice et en caractère, s'impose deux fois. Avec trois buts de son prodige, Roberto Baggio (2-1 à Turin, 1-0 à Paris).

Le Real repasse les plats

En 1993-94, les Parisiens retrouvent la C2 pour un remake, en quarts de finale, face au Real Madrid. Ce 2 mars 1994, pour leur retour à Bernabeu, ils filent vers leur deuxième titre de champion, étirant même une incroyable invincibilité, toutes compétitions confondues, depuis le 15 août 1993. La défense n'a encore encaissé aucun but en C2. À la demi-heure de jeu, David Ginola déborde, centre en retrait et George Weah marque le but victorieux (1-0). Un exploit. En 39 ans d'histoire européenne, le grand Real Madrid n'avait perdu que sept fois à domicile.

Au retour, à Paris, les Espagnols mènent pourtant 1-0 après vingt minutes. Le PSG resserre ses lignes et Ricardo égalise de la tête (1-1, 52e). Même crispé, il vient encore de faire chuter la « Maison blanche ». Ce qui fait dire à Artur Jorge : « Hier, on n'était rien en Europe. Aujourd'hui, on est devenu quelque chose… »

Mais le Paris-SG, en demi-finales, mesure la persistance de ses limites contre Arsenal (1-1, 0-1). Une élimination qui pousse un peu plus Artur Jorge vers la sortie, malgré le titre de champion qui lui tend les bras. Pour lui succéder, un revenant : Luis Fernandez.

200 000 demandes pour voir le Barça

Avec son ancien milieu défensif, l'équipe parisienne atteint les demi-finales de la Ligue des champions 1994-95. Lors de la première phase, elle signe même six victoires en six matches, face au Dynamo Kiev, au Spartak Moscou et au Bayern Munich. Une performance dont il reste le chef-d'œuvre de Munich, le 23 novembre 1994, quand George Weah, après avoir effacé trois adversaires, bat Oliver Kahn d'un tir lumineux…

En quarts de finale, place, cette fois, à l'ennemi du Real, le FC Barcelone, à son entraîneur adulé, Johan Cruyff, et à son Ballon d'Or 1994, Hristo Stoïchkov. Ce 1er mars 1995, au Nou Camp, le Barça ouvre le score sur un tir du Russe Igor Korneev, que Bernard Lama dévie maladroitement dans son but, en début de seconde période. Six minutes plus tard, Valdo dépose un coup franc sur la tête de Weah (1-1). Une fois de plus, le PSG vient de conclure sur coup de pied arrêté, sa carte majeure, avec son impact dans les airs. Le club parisien reçoit plus de 200 000 demandes de billets pour le match retour. En ce 15 mars, il flotte

Un an après le 4-1 en C3, la punition est identique en C2 pour le Madrilène Fernando Hierro (à terre) face à David Ginola.

Décidément, l'Espagne réussit à Weah, Ginola et Rai (de g. à dr.), qui sortent Stoïchkov et le Barça en quarts de la C1 1994-95.

Comme souvent, la botte italienne piétine l'ambition européenne du PSG. En demi-finales de C1 1994-95, le Milanais Zvonimir Boban (à g.) remporte son duel face à Alain Roche.

d'abord comme un parfum de malédiction. À quatre reprises, les Parisiens butent sur la transversale ou les poteaux du Barça. Et José Maria Bakero, à la 50e minute, ouvre même le score, de la tête. Le PSG a peur, mais ne se disloque pas, même si David Ginola bute encore sur la barre de Busquets… 73e minute : Rai égalise de la tête.

Les deux équipes jouent sur un fil. Il reste sept minutes. D'environ vingt mètres, Vincent Guérin déclenche un tir rasant. C'est plus précis que puissant. Mais il en découle un but et une éruption de bonheur (2-1). Gigantesque PSG, bourreau des légendes d'Espagne.

SAISON 1994-95

PARIS-SG - BARCELONE (ESP) : 2-1 (0-0)

C1. QUARTS DE FINALE RETOUR

(ALLER 1-1)

15 mars 1995, au Parc des Princes.
45 574 spectateurs.

Buts : Rai (72e), Guérin (83e) pour Paris-SG ; Bakero (49e) pour Barcelone.

PARIS-SG : Lama - J. Cobos, Kombouaré, Le Guen, Colleter - Bravo, Guérin - Valdo, Rai - Weah, Ginola.

Entr. : L. Fernandez.

Adversaire en demi-finales, le Milan AC, lui, n'est pas un mythe à se laisser écorner. Le match aller, le 5 avril 1995, à Paris, est le centième en C1 du club lombard, contre seulement le treizième du genre pour le Paris-SG…

Championne d'Europe en titre, l'équipe de Fabio Capello suscite la crainte. Voire l'effroi.

Le choc ne trouve son piment que dans les cinq dernières minutes. Un tir de Ginola se fracasse sur la barre. Celui de Zvonimir Boban, au bout d'un contre immense impulsé par Dejan Savicevic, se transforme en revanche en but, lequel foudroie Paris à l'ultime minute (0-1). Au retour, à San Siro, l'infaillible Milan, sur un doublé de Savicevic, piétine les minces illusions parisiennes. Alain Roche soupire : « On n'avait jamais été autant dans une impasse… »

Ronaldo empêche le doublé en C2

Le PSG se situe-t-il alors à la fin d'un cycle, après ce troisième échec aux portes d'une finale européenne ? « On piétine un peu », avoue Denisot. Malgré les départs de l'été 1995, ceux de Ginola, Weah, Ricardo et Valdo, les dirigeants parisiens ne cèdent pas à la tentation du chamboulement. Un an plus tard, le sacre de Bruxelles récompensera aussi cette relative stabilité de l'effectif.

Dans la foulée du triomphe contre le Rapid Vienne, c'est sous les ordres de Ricardo que repart cette ossature de joueurs (Lama, Le Guen, Roche, Fournier, Guérin, Rai…), qui tutoie de nouveau la gloire, en mai 1997. Encore une finale de Coupe des Coupes, cette fois contre le FC Barcelone.

Pour se hisser sur ce second sommet consécutif, à Rotterdam, le Paris-SG renverse des situations mal embarquées contre Galatasaray (2-4, 4-0), puis l'AEK Athènes, terrassé en Grèce par un triplé de Patrice Loko (3-0), après un nul (0-0) à l'aller. Entre ces deux rendez-vous, le

Le Paris-SG de Laurent Fournier (à g.) retrouve Barcelone en finale de la Coupe des Coupes 1996-97, deux ans après son exploit en C1. Cette fois, Abelardo aura le dernier mot.

Piloté par Ronaldo (au c.), le vol C2-1997 décolle à destination de Barcelone, sous les vivats de Luis Enrique (à g.). À Rotterdam, Bernard Lama (à dr.) et Paris restent à terre.

Paris-SG

15 janvier 1997, au Parc, le PSG reçoit la Juventus, encore elle, pour la plus mémorable des gifles, en Supercoupe d'Europe aller (1-6). C'est le plus gros revers européen jamais essuyé par les Parisiens.

Pour soigner cette plaie, il y a, plus tard, Liverpool. La cinquième demi-finale européenne d'affilée du PSG commence par un retentissant 3-0 infligé, au Parc, à des Reds éberlués. Ils se reprennent au retour et, dans la fureur d'Anfield, Paris doit s'accrocher courageusement à une défaite (0-2) qui lui ouvre les portes d'une seconde finale consécutive. Ouf !

Revoilà Barcelone, donc, emmené par un nouveau crack brésilien. Il s'appelle Ronaldo, il a 20 ans et il vient d'inscrire 32 buts en 35 journées de Liga. C'est lui que Bruno Ngotty, le héros de Bruxelles, déséquilibre dans la surface, à la 37e minute. Le futur finaliste du Mondial 1998, un an plus tard, transforme lui-même le penalty (1-0). Paris n'abdique pas, mais ne trouve que le poteau, sur un tir de Patrice Loko, à l'heure de jeu... On ne gagne jamais la C2 deux années de suite.

Avant Paris, sept équipes finalistes s'étaient déjà heurtées à cette inébranlable statistique. « On a encore de belles années devant nous », se rassure Loko, en quittant Rotterdam.

Tapis vert et tapis rouge

De belles années ? Plutôt quelques belles soirées. La plus belle ? PSG-Steaua Bucarest, au tour préliminaire de la C1 suivante. Le 13 août 1997, Paris s'incline en Roumanie (2-3). Cinq jours plus tard, la bombe explose : l'UEFA annonce au PSG qu'il perd ce match sur tapis vert, soit 0-3, pour avoir aligné un joueur suspendu. Expulsé contre la Juve en Supercoupe, Laurent Fournier avait reçu un carton jaune face à Barcelone, en finale de la C2, ce qui entraînait automatiquement sa suspension pour le prochain match européen. L'UEFA l'avait signifié au club parisien, fin mai. Mais le fax s'était égaré au Camp des Loges...

Coup de tonnerre sur Paris ! Ce 27 août, une sorte d'orage d'été éclate. Dès la deuxième minute, Rai marque sur penalty. La soirée est électrique ? 23e minute : corner de Leonardo, tête de Rai. 2-0. Marco Simone ajoute un troisième but (31e), puis Florian Maurice (41e). Incroyable mais vrai ! Le tapis vert se transforme en tapis rouge. L'impensable devient réalité en moins d'une mi-temps... À la 56e minute, Leonardo distille sa

Pendant que les Barcelonais s'étreignent, Leonardo (à g.) et Jérôme Leroy (au c.) peuvent méditer la malédiction des tenants de la C2, dont le PSG est victime à son tour.

SAISON 1996-97
PARIS-SG - FC BARCELONE (ESP) : 0-1 (0-1)
C2. FINALE.
14 mai 1997, au Feyenoordstadion (Rotterdam). 45 000 spectateurs.
But : Ronaldo (36e, s.p.).
PARIS-SG : Lama - L. Fournier (Algérino, 57e), Ngotty, Le Guen, Domi - J. Leroy, Guérin (Dely Valdes, 68e), Rai, Cauet - Loko (Pouget, 77e), Leonardo.
Entr. : Ricardo.

Paris-SG

Leonardo, quatre passes décisives, tombe dans les bras de Rai (n° 10), trois buts. Les Brésiliens assomment (5-0) le Steaua en C1 1997-98.

Et de six ! Contre Rosenborg en C1 2000-01, le penalty de Laurent Robert nourrit le plus beau carton européen du PSG (7-2).

SAISON 2000-01
PARIS-SG - ROSENBORG (NOR) : 7-2 (4-2)
C1. 1RE PHASE DE POULES, 5E JOURNEE
24 octobre 2000, au Parc des Princes.
39 536 spectateurs.
Buts : Déhu (16e), Christian (25e), Anelka (35e, 90e), Luccin (45e), L. Leroy (76e), Robert (87e, s.p.) pour le Paris-SG ; George (36e, 38e) pour Rosenborg.
PARIS-SG : Letizi - Algérino, Distin, Rabesandratana, B. Mendy - S. Dalmat, Déhu, Luccin (Ducrocq, 60e), Robert - Anelka, Christian (L. Leroy, 76e).
Entr. : Ph. Bergeroo.

SAISON 2000-01
LA COROGNE (ESP) - PARIS-SG : 4-3 (0-2)
C1. 2E PHASE DE POULES, 5E JOURNEE
7 mars 2001, au stade du Riazor.
23 000 spectateurs.
Buts : Pandiani (57e, 76e, 84e), Diego Tristan (60e) pour La Corogne ; Okocha (29e), L. Leroy (43e, 55e) pour le Paris-SG.
PARIS-SG : Letizi - Al. Cissé, Distin, Déhu, B. Mendy - Algérino, Benarbia (Rabesandratana, 62e), Arteta (Luccin, 56e), Ducrocq, Okocha (Yanovski, 74e) - L. Leroy.
Entr. : L. Fernandez.

SAISON 1997-98
PARIS-SG - STEAUA BUCAREST (ROU) : 5-0 (4-0)
C1. 2E TOUR PRÉLIMINAIRE RETOUR (ALLER 0-3)
27 août 1997, au Parc des Princes.
42 686 spectateurs.
Buts : Rai (2e s.p., 23e, 56e), Simone (31e), Maurice (41e).
PARIS-SG : Revault - Domi, A. Roche, Le Guen, Algérino - Ngotty, Gava, Rai, Leonardo - Simone, Maurice (J. Leroy, 76e).
Entr. : Ricardo.

L'ébouriffant talent du Brésilien Ronaldinho ne suffit pas à rendre au PSG sa gloire continentale au début des années 2000.

quatrième passe de la soirée, et Rai désespère le Steaua (5-0). « Paris est magique ! », hurle le Parc.

C'est vrai. Mais plus pour longtemps. Le Paris-SG est éliminé ensuite de la C1, dès la phase de poules, au cours de laquelle il affronte le Bayern Munich, l'IFK Göteborg et Besiktas. Alors, comment ne pas voir dans cette soirée démentielle du 27 août 1997 le dernier chapitre d'un cycle étincelant ?

Un 7-2 et le grand vide

De ces cinq années d'éclat, ponctuées de cinq finales ou demi-finales consécutives, Paris semble alors retirer une culture de la Coupe d'Europe. Celle qui doit pouvoir l'asseoir, sur la durée, au plus haut niveau. Mais, très vite, rattrapé par les démons de l'instabilité et des luttes d'influence, le club de la capitale dilapide l'héritage. Il y a eu un président délégué et trois entraîneurs entre 1991 et 1998. Pour la seule saison 1998-99, se succèdent deux présidents délégués (Charles Biétry, Laurent Perpère) et trois entraîneurs (Alain Giresse, Artur Jorge, Philippe Bergeroo)...

Dans ce contexte tumultueux, le PSG semble revenir quinze ans en arrière, lorsqu'il chute au premier tour de la Coupe des Coupes 1998-99, face aux Israéliens du Maccabi Haïfa (1-1, 2-3).

Deux saisons plus tard, Paris retrouve la Ligue des champions. L'espace d'un soir, le 24 octobre 2000, contre les Norvégiens de Rosenborg (7-2), il y a comme une réminiscence de ces années où tout semblait possible. Jamais Paris n'avait marqué autant de buts en Coupe d'Europe. Mais ce PSG rajeuni, celui de la génération Nicolas Anelka, ne possède pas forcément, cette saison-là, un groupe capable de garder les pieds sur terre.

Reprise en main par Luis Fernandez trois mois plus tôt, l'équipe parisienne tombe de très haut, le 7 mars 2001, lors de la deuxième phase. À La Corogne, elle mène 3-0 à la 57e minute. Au coup de sifflet final, le tableau d'affichage indique : La Corogne 4 - PSG 3... Un but de Diego Tristan et un triplé de Walter Pandiani ridiculisent l'équipe française. Au fil des ans, le rayonnement européen du PSG s'estompe. Deux éliminations successives – d'un rien – en seizièmes de finale de la Coupe de l'UEFA, face aux Glasgow Rangers (0-0, 0-0, 3 tab 4) puis contre Boavista (2-1, 0-1), aiguisent cette tendance, malgré la présence dans ses rangs d'un certain Ronaldinho.

Semak assomme le Parc

La saison 2004-2005, celle du retour en Ligue des champions, n'est pas celle du retour dans le gotha. Assommé d'entrée, au Parc des Princes, par Chelsea (0-3), le PSG entrevoit pourtant la lueur de la qualification, notamment après une victoire, à Paris, contre le champion d'Europe en titre, le FC Porto (2-0). Il n'y a plus qu'à battre le CSKA Moscou à domicile, le 7 décembre, pour accéder aux huitièmes de finale. Mais l'attaquant russe Sergueï Semak inscrit un triplé fatal (1-3). Est-ce incurable ?

Rongée par les mesquineries et les perpétuels bouleversements, cette équipe n'est plus ce qu'elle était dix ans plus tôt. Club trentenaire, Paris a vécu une adolescence heureuse, mais court éperdument, depuis, derrière la maturité. Le jour où il y parviendra, le Parc pourra redevenir une maison de rêves. ■ J. T.

En 2004-05, Jérôme Rothen (à g.) et Sylvain Armand (à dr.) font chuter le Porto de McCarthy, champion d'Europe. Sans lendemain.

Paris-SG

Paris et l'Europe

Les 108 matches

1982-83	C2	1T	Lokomotiv Sofia (BUL) - Paris-SG		1-0	1-5
	C2	8es	Swansea City (GAL) - Paris-SG		0-1	0-2
	C2	Q	Paris-SG - Waterschei Thor (BEL)	(ap)	2-0	0-3
1983-84	C2	1T	Glentoran (ILN) - Paris-SG		1-2	1-2
	C2	8es	Paris-SG - Juventus Turin (ITA)		2-2	0-0
1984-85	C3	1T	Paris-SG - Heart of Midlothian (ECO)		4-0	2-2
	C3	2T	Paris-SG - Videoton (HON)		2-4	0-1
1986-87	C1	1T	Paris-SG - TJ Vitkovice (TCH)		2-2	0-1
1989-90	C3	1T	FC Kuusysi Lahti (FIN) - Paris-SG		0-0	2-3
	C3	2T	Paris-SG - Juventus Turin (ITA)		0-1	1-2
1992-93	C3	1T	Paris-SG - PAOK Salonique (GRE)		2-0	3-0
	C3	2T	SSC Naples (ITA) - Paris-SG		0-2	0-0
	C3	8es	Paris-SG - RSC Anderlecht (BEL)		0-0	1-1
	C3	Q	Real Madrid (ESP) - Paris-SG		3-1	1-4
	C3	D	Juventus Turin (ITA) - Paris-SG		2-1	1-0
1993-94	C2	1T	Apoel Nicosie (CHY) - Paris-SG		0-1	0-2
	C2	8es	Paris-SG - Universitatea Craiova (ROU)		4-0	2-0
	C2	Q	Real Madrid (ESP) - Paris-SG		0-1	1-1
	C2	D	Paris-SG - Arsenal (ANG)		1-1	0-1
1994-95	C1	TP	Paris-SG - Vac Samsung (HON)		3-0	2-1
	C1	LC	Paris-SG - Bayern Munich (ALL)		2-0	
	C1	LC	Spartak Moscou (RUS) - Paris-SG		1-2	
	C1	LC	Dynamo Kiev (UKR) - Paris-SG		1-2	
	C1	LC	Paris-SG - Dynamo Kiev (UKR)		1-0	
	C1	LC	Bayern Munich (ALL) - Paris-SG		0-1	
	C1	LC	Paris-SG - Spartak Moscou (RUS)		4-1	
	C1	Q	FC Barcelone (ESP) - Paris-SG		1-1	1-2
	C1	D	Paris-SG - Milan AC (ITA)		0-1	0-2
1995-96	C2	1T	Molde FK (NOR) - Paris-SG		2-3	0-3
	C2	8es	Paris-SG - Celtic Glasgow (ECO)		1-0	3-0
	C2	Q	Parme AC (ITA) - Paris-SG		1-0	1-3
	C2	D	Deportivo La Corogne (ESP) - Paris-SG		0-1	0-1
	C2	F	Paris-SG - Rapid Vienne (AUT)		1-0	
1996-97	C2	1T	FC Vaduz (LIE) - Paris-SG		0-4	0-3
	C2	8es	Galatasaray (TUR) - Paris-SG		4-2	0-4
	C2	Q	Paris-SG - AEK Athènes (GRE)		0-0	3-0
	C2	D	Paris-SG - Liverpool (ANG)		3-0	0-2
	C2	F	FC Barcelone (ESP) - Paris-SG		1-0	
1997-98	C1	1T	Steaua Bucarest (ROU) - Paris-SG		3-0	0-5
	C1	LC	Paris-SG - IFK Göteborg (SUE)		3-0	
	C1	LC	Besiktas (TUR) - Paris-SG		3-1	
	C1	LC	Bayern Munich (ALL) - Paris-SG		5-1	
	C1	LC	Paris-SG - Bayern Munich (ALL)		3-1	
	C1	LC	IFK Göteborg (SUE) - Paris-SG		0-1	
	C1	LC	Paris-SG - Besiktas (TUR)		2-1	
1998-99	C2	1T	Paris-SG - Maccabi Haïfa (ISR)		1-1	2-3
2000-01	C1	LC	Rosenborg Trondheim (NOR) - Paris-SG		3-1	
	C1	LC	Paris-SG - Helsingborgs (SUE)		4-1	
	C1	LC	Paris-SG - Bayern Munich (ALL)		1-0	
	C1	LC	Bayern Munich (ALL) - Paris-SG		2-0	
	C1	LC	Paris-SG - Rosenborg Trondheim (NOR)		7-2	
	C1	LC	Helsingborgs (SUE) - Paris-SG		1-1	
	C1	LC	Paris-SG - Deportivo La Corogne (ESP)		1-3	
	C1	LC	Galatasaray (TUR) - Paris-SG		1-0	
	C1	LC	Milan AC (ITA) - Paris-SG		1-1	
	C1	LC	Paris-SG - Milan AC (ITA)		1-1	
	C1	LC	Deportivo La Corogne (ESP) - Paris-SG		4-3	
	C1	LC	Paris-SG - Galatasaray (TUR)		2-0	
2001-02	C3	1T	Paris-SG - Rapid Bucarest (ROU)		0-0	3-0
	C3	2T	Paris-SG - Rapid Vienne (AUT)		4-0	2-2
	C3	16es	Glas. Rangers (ECO) - Paris-SG	(4 tab 3)	0-0	0-0
2002-03	C3	1T	Paris-SG - Ujpest TE (HON)		3-0	1-0
	C3	2T	Nacional Bucarest (ROU) - Paris-SG		0-2	0-1
	C3	16es	Paris-SG - Boavista (POR)		2-1	0-1
2004-05	C1	LC	Paris-SG - Chelsea (ANG)		0-3	
	C1	LC	CSKA Moscou (RUS) - Paris-SG		2-0	
	C1	LC	Paris-SG - FC Porto (POR)		2-0	
	C1	LC	FC Porto (POR) - Paris-SG		0-0	
	C1	LC	Chelsea (ANG) - Paris-SG		0-0	
	C1	LC	Paris-SG - CSKA Moscou (RUS)		1-3	

Les 157 joueurs et les 10 entraîneurs

Le Guen (55 matches/5 buts), **V. Guérin** (48/7), **Lama** (46), **A. Roche** (40/2), **L. Fournier** (40), **L. Fernandez** (entr.) (38), **D. Bravo** (37/2), **Llacer** (36), **Colleter** (34), **Rai** (33/9), **Letizi** (28), **Ginola** (27/5), **Weah** (25/16), **Valdo** (23/3), **Algérino** (23/1), **Ricardo** (22/2), **É. Cissé** (22), **Ngotty** (21/2), **J. Leroy** (20/2), **Déhu** (19/1), **J. Cobos** (19), **L. Leroy** (18/6), **Loko** (18/4), **Artur Jorge** (entr.) (18), **Ricardo** (entr.) (17), **Susic** (16/4), **Sassus** (15/2), **B. Mendy** (15/1), **Anelka** (14/6), **Kombouaré** (14/2), **Domi** (14), **Bathenay** (13/2), **Rabesandratana** (13/1), **Baratelli** (13), **P. Nouma** (12/3), **L. Fernandez** (12/2), **Pilorget** (12/2), **Ducrocq** (12), **Dely Valdes** (11/4), **Rocheteau** (11/3), **Okocha** (11/2), **El-Karkouri** (11/1), **Pochettino** (11/1), **O. Dieng** (11), **L. Robert** (10/3), **Ronaldinho** (10/3), **Lemoult** (10/1), **Luccin** (10/1), **Jeannol** (10/1), **Arteta** (10), **S. Distin** (10), **Heinze** (10), **G. Peyroche** (entr.) (10), **Toko** (9/3), **Christian** (8/5), **Simone** (8/4), **Y. Djorkaeff** (8/4), **Leonardo** (8/3), **Allou** (8/2), **F. Maurice** (8/2), **Gava** (8/2), **P. Zaremba** (8/1), **Cauet** (8/1), **Guillochon** (8), **Tanasi** (8), **Dahleb** (8), **Revault** (8), **Gravelaine** (7/1), **Hugo Leal** (7/1), **Aloisio** (7/1), **Couriol** (7/1), **Cristobal** (7), **P. Bergeroo** (entr.) (7), **N'Gom** (6/3), **Potillon** (6/1), **Coridon** (6/1), **Pauleta** (6/1), **Kist** (6/1), **Mahé** (6), **M'Bami** (6), **Yanovski** (6), **Pierre-Fanfan** (6), **Kenedy** (6), **Benarbia** (6), **Cana** (6), **S. Dalmat** (6), **Bats** (6), **Armand** (6), **V. Halilhodzic** (entr.) (6), **Pancrate** (5/1), **Benachour** (5/1), **Bibard** (5), **Ogbeche** (5), **Janvion** (5), **Pouget** (5), **J.-F. Charbonnier** (5), **Ljuboja** (5), **Mboma** (4/3), **Niederbacher** (4/2), **Nyarko** (4/1), **André Luiz** (4/1), **Zl. Vujovic** (4/1), **Calderon** (4/1), **Cardetti** (4/1), **C. Perez** (4), **Calderaro** (4), **Pichot** (4), **Simba** (4), **Al. Cissé** (4), **Boskovic** (4), **Alex** (4), **Yepes** (4), **Séchet** (4), **T. Bacconnier** (4), **T. Ivic** (entr.) (4), **L. Leduc** (entr.) (4), **Fiorèse** (3/1), **Reinaldo** (3), **Bosser** (3), **Sène** (3), **Teixeira** (3), **Agostinho** (3), **Ardiles** (3), **Paulo Cesar** (3), **B. Germain** (3), **Edmilson** (3), **Ouédec** (2/1), **Poullain** (2), **Y. Le Roux** (2), **Ayache** (2), **Halilhodzic** (2), **V. Fernandez** (2), **Tinmar** (2), **Dutruel** (2), **Rothen** (2), **Y. Lachuer** (2), **Goma** (2), **A. Touré** (2), **Bocandé** (2), **Vermeulen** (2), **M. Helder** (2), **Xuereb** (2), **Abreu** (2), **Calenda** (2), **Col** (2), **G. Houllier** (entr.) (2), **A. Giresse** (entr.) (2), **Polaniok** (1), **Alonzo** (1), **Kelban** (1), **Okpara** (1), **Boubacar** (1), **Cardinet** (1), **Wörns** (1), **S. Gillet** (1), **Adailton** (1), **Havet** (1), **Madar** (1), **Assad** (1), **Ateba** (1), **Carotti** (1), **Badiane** (1), **Laspalles** (1), **Lowitz** (1), **T. Rabat** (1), **Paisley** (1), **Moutier** (1).

Reims
CHAMPION DE L'ÂGE

Champion de France en 1955, le Stade de Reims est tout naturellement le premier représentant du football français en Coupe d'Europe. Le premier aussi – et le dernier avant longtemps – à y briller par son « petit jeu » et ses grands résultats : deux finales (1956, 1959) contre l'intouchable Real Madrid.

13 juin 1956. Le Parc des Princes accueille la première finale de la Coupe des champions et « sa » flamboyante équipe rémoise, en maillot rouge à manches blanches. Les Français mènent 2-0, mais s'inclinent face au grand Real Madrid (3-4).

Stade de Reims

LE BILAN GÉNÉRAL

	C1	C2	C3	Total
Part.	4	-	-	4
J.	24	-	-	24
G.	14	-	-	14
N.	3	-	-	3
P.	7	-	-	7
Bp.	63	-	-	63
Bc.	30	-	-	30
Diff.	+ 33	-	-	+ 33

Meilleure performance : finale de la C1 en 1955-56 et 1958-59.

TENDRE

Raymond Kopa (à dr.), au cours du premier match européen disputé à Reims, le 26 octobre 1955, contre Aarhus (2-2).

Reims

Pendant pratiquement les dix premières années de la Coupe d'Europe, un nom, un seul, symbolise le football français, sa gloire passagère et son déclin durable : le Stade de Reims. Le club au célèbre maillot rouge à manches blanches réussit alors à faire plus pour le renom de la capitale champenoise que les bulles de champagne et l'ange de la cathédrale.

Reims, qui a émergé au plus haut niveau du football français après 1945, obtient une première consécration internationale en 1953 en remportant, à Lisbonne, la Coupe latine, qui, chaque année en fin de saison, rassemble les meilleurs clubs d'Espagne, de France, d'Italie et du Portugal. Le champion de France en titre s'y impose face à Valence (2-1), puis au Milan AC (3-0).

Deux ans plus tard, de nouveau champion, Reims, remet son titre latin en jeu au Parc des Princes. C'est le 23 juin 1955, lors d'une mémorable demi-finale contre Milan, que le public parisien tombe amoureux du Stade de Reims. Ceux qui ont vécu cette soirée s'en souviennent encore, pas seulement parce qu'ils ont raté le dernier métro. Les deux équipes sont à égalité à la fin du temps réglementaire (1-1), puis au bout de la prolongation (2-2). Il faut jouer jusqu'à ce que l'un des deux marque. Cette « mort subite » sera une mort lente : quand Léon Glovacki donne la victoire aux Français, on joue depuis cent trente-neuf minutes ! Trois jours plus tard, rincés, épuisés, les

René Bliard, auteur d'un but contre Vörös Lobogo et son gardien Feckse (4-2).

SAISON 1955-56
REIMS - VÖRÖS LOBOGO (HON) : 4-2 (3-1)
C1. QUARTS DE FINALE ALLER
(RETOUR 4-4)
14 décembre 1955, au Parc des Princes.
36 088 spectateurs.
Buts : Glovacki (14e), Leblond (33e, 56e), Bliard (42e), pour Reims ; Szolnok (38e), Lantos (78e s.p.) pour Vörös Lobogo.
REIMS : Sinibaldi - Zimny, Jonquet, Giraudo - Penverne, Cicci - Templin, Glovacki, Kopa, Leblond, Bliard. **Entr. :** Batteux.

Rémois perdent contre le Real Madrid, vainqueur grâce à deux buts de Rial (2-0).

Mais, désormais, ils seront chez eux à Paris. Plus qu'à Reims, où il y a moins de 6 000 spectateurs pour découvrir la Coupe des clubs champions, face aux Danois d'Aarhus. Le même jour, on dénombre 36 000 spectateurs au Parc des Princes pour un match de gala entre le RC Paris et Honved Budapest ! Il se dit que le public de Reims ne mérite pas son équipe. L'idée germe que les enfants chéris du public parisien pourraient émigrer dans la capitale pour les grandes rencontres à venir. Effectivement, 36 000 personnes envahissent le vélodrome de la porte de Saint-Cloud pour assister au quart de finale entre Reims et les Hongrois du Vörös Lobogo. Et à un joli moment d'audace que les spectateurs – parmi lesquels un jeune garçon nommé Daniel Cohn-Bendit, supporter de Reims et du football hongrois – garderont longtemps en mémoire. C'est Léon Glovacki encore qui trouve, le premier, le chemin du but. Michel Leblond et René Bliard ajoutent deux buts avant la mi-temps, mais les Hongrois ont réduit la marque par Szolnok. Raymond Kopa réalise un de ses grands matches à Paris. La paire qu'il forme avec Glovacki fait des prouesses et Reims survole la rencontre. Le quatrième but, le second pour Leblond, donne aux champions de France un large avantage (4-1). Mais, à l'amorce du dernier quart d'heure, Vörös Lobogo obtient un penalty sévère que transforme Lantos. Henri Germain, le président rémois, fait grise mine dans les vestiaires. « Deux buts, est-ce suffisant ? Je crains que non. »

C'est alors qu'Albert Batteux va jouer un de ses plus beaux coups, au retour, à Dozsa. Il persuade ses joueurs que la meilleure défense sera l'attaque. Reims prend son adversaire à revers de façon éblouissante, avec une fois encore Glovacki pour lancer la charge, et mène 4-1 en moins d'une heure. Sa qualification étant sauvegardée de façon magistrale, l'équipe de Batteux laisse Vörös Lobogo revenir à 4-4, grâce notamment à deux penalties. Voici Reims en demi-finales.

En avril 1956, la réussite de sa saison ne tient plus qu'à la Coupe d'Europe, le titre de champion s'étant envolé et Troyes l'ayant éliminé en Coupe de France. On vient également d'apprendre que Raymond Kopa sera transféré au Real Madrid en fin de saison, pour la somme énorme de 52 millions de francs de l'époque. C'est dans ce contexte que Reims réussit à prendre un avantage de deux buts face aux coriaces Écossais des Hibernians. Un 2-0 acquis dans la dernière demi-heure.

Une première finale magnifique

À Édimbourg, comme prévu, les Rémois subissent des assauts musclés, mais démontrent alors qu'ils savent aussi défendre. Peu à peu, le forcing des Hibs perd de sa virulence, permettant aux Rémois de récupérer le ballon et de jouer à terre. Une fois encore, la paire Kopa (passeur) - Glovacki (buteur) s'impose (1-0) et Reims se retrouve finaliste dans son jardin du Parc des Princes.

En face ? Le fabuleux Real, avec qui Kopa vient de jouer un premier match amical. La veille de la finale, il lance : « En ai-je, des raisons de briller ? Pour me faire regretter des Parisiens et des Rémois d'abord. Et puis je tiens à leur offrir la Coupe d'Europe en cadeau d'adieu, tout en prouvant aux Madrilènes que je suis digne de leur offre de transfert. » Se met-il une pression exagérée ? Toujours est-il que Paris ne reconnaît pas son Kopa. Et Armand Penverne est blessé. Alors, même si les Rémois mènent 2-0 après dix minutes, grâce à Leblond et Templin, même s'ils répondent à l'égalisation de Rial (2-2, 30e) par un troisième but signé Michel Hidalgo (3-2, 62e), ils doivent s'incliner logiquement face aux déjà « galactiques » partenaires de Di Stefano, Rial donnant le coup de grâce (3-4, 79e)…

En finale de la C1 1956 contre le Real, Michel Hidalgo (à g.) marquera le but du 3-2… Avant de devoir s'incliner (3-4).

Kopa désolé

Kopa a la gorge serrée : « Je suis désolé d'avoir raté mon dernier match à Paris. Quand trouverai-je ma revanche, maintenant ? Je me rends compte que mon médiocre comportement d'aujourd'hui a pesé lourd dans la balance. Je n'ai jamais pu prendre le dessus sur Zarraga, qui ne m'a pas ménagé. Mais tout de même, nous ne méritions pas de perdre ce match-là ! Et surtout de cette façon ! »

SAISON 1955-56
REAL MADRID (ESP) - REIMS : 4-3 (2-2)
C1. FINALE
13 juin 1956, au Parc des Princes.
38 239 spectateurs.
Buts : Di Stefano (14e), Rial (30e, 79e), Marquitos (67e) pour le Real Madrid ; Leblond (6e), Templin (10e), Hidalgo (62e) pour Reims.
REIMS : Jacquet - Zimny, Jonquet, Giraudo - Leblond, Siatka - Hidalgo, Glovacki, Kopa, Bliard, Templin. **Entr. :** Batteux.

18 février 1959. Les vainqueurs du Standard (3-0), de g. à dr. : Jonquet, Baratto, Lamartine, Piantoni, Bérard, Colonna, Fontaine, Giraudo, Vincent, Rodzik, Leblond.

Trois ans durant, les lampions européens restent éteints pour le Stade de Reims. Lorsque, à l'automne 1958, il revient en Europe par une balade irlandaise à Belfast, les temps ont bien changé. Henri Germain et Albert Batteux ont construit une autre équipe, une autre attaque surtout : Kopa, Glovacki, Hidalgo, Templin ne sont plus là ; Just Fontaine, Roger Piantoni, Jean Vincent les ont remplacés. Reims et l'équipe de France semblent ne plus faire qu'un. Les Rémois et les Bleus sortent d'un printemps 1958 fantastique : pour les uns, un doublé en Coupe et en Championnat ; pour les autres, une troisième place en Coupe du monde et Fontaine qui devient le recordman des buteurs (13 buts). Du coup, on n'est pas surpris de voir Reims entrer sur le terrain de Belfast, contre Newtonards, dans un maillot bleu et blanc et avec des bas rouges. Ni de voir Fontaine marquer quatre buts aux Irlandais. Reims surfera sur la vague de ses exploits récents en inscrivant 17 buts au cours des quatre matches des deux premiers tours.

Les choses sérieuses commencent dans l'hiver belge, en février 1959, sur le terrain gelé de Sclessin. Sans Fontaine, les Rémois prennent la mesure d'un Standard de Liège d'abord timoré.

> **SAISON 1958-59**
> **REIMS - STANDARD LIÈGE (BEL) : 3-0 (0-0)**
> **C1. QUARTS DE FINALE RETOUR**
> **(ALLER 0-2)**
> 18 février 1959, au Parc des Princes.
> 32 235 spectateurs.
> **Buts :** Piantoni (69e), Fontaine (73e, 88e).
> **REIMS :** Colonna - Rodzik, Jonquet, Giraudo - Baratto, Leblond - Lamartine, Bérard, Fontaine, Piantoni, Vincent. **Entr. :** Batteux.

Puis les choses changent radicalement, le Standard bouscule le petit jeu des Français par ses assauts directs et marque deux buts en six minutes (0-2).

Just Fontaine fait sauter le Standard

Le 18 février, au Parc des Princes, une *Marseillaise* rageuse répond à une *Brabançonne* guillerette. Le chauvinisme parisien pousse à fond des Rémois que Batteux a remontés comme jamais. Le combat est rude. Les joueurs des deux équipes finiront saoulés de coups. Juste avant la mi-temps, Fontaine est fauché par Thellin. L'arbitre n'accorde pas le penalty. En revanche, à la 65e minute, il en siffle un pour une faute bénigne. Piantoni rate la transformation. Reims ne cesse d'attaquer. La défense du Standard, regroupée devant le but de Nicolay, ne cède pas. Mais ce penalty man-

Le président Henri Germain (à g.) et l'entraîneur Albert Batteux : une paire d'as !

qué semble changer la physionomie de la rencontre. Le Standard desserre sa défense. L'ardeur rémoise est décuplée par l'échec de Piantoni. Lui-même montre l'exemple en ouvrant la marque sur coup franc direct (69e). Dans les vingt dernières minutes, Fontaine est l'exécuteur des hautes œuvres : il égalise – sur l'ensemble des deux rencontres – et délivre Reims à deux minutes de la fin du temps réglementaire (3-0). Quel renversement ! En demi-finales, à Berne,

SAISON 1958-59
REAL MADRID (ESP) - REIMS : 2-0 (1-0)
C1. FINALE
3 juin 1959, au Neckarstadion (Stuttgart). 78 000 spectateurs.
Buts : Mateos (2e), Di Stefano (47e).
REIMS : Colonna - Rodzik, Jonquet, Giraudo - Penverne, Leblond - Lamartine, Bliard, Fontaine, Piantoni, Vincent. **Entr. :** Batteux.

Avant Reims-Austria en 1962, le vestiaire du Parc est un panthéon avec (de g. à dr.) le triple vainqueur du Tour de France Louison Bobet (en visite), Raymond Kopa, Roger Piantoni (blessé à un genou), Just Fontaine (jeune retraité) et Jean Wendling.

le champion de France subit un nouveau test de puissance de la part des Young Boys. Les Suisses dominent largement toute la première mi-temps mais n'en tirent qu'un minime bénéfice d'un but (1-0, 15e). Ils baissent de rythme ensuite, sans que les Rémois retrouvent leur allant : à la 75e minute, ils n'ont toujours pas tiré une seule fois au but…

Au retour, dans son cher Parc des Princes égayé par une belle soirée de printemps, Reims connaît moins de problèmes que face au Standard de Liège en quarts de finale. Juste avant la mi-temps, Piantoni conclut une belle action menée par Bliard et Fontaine. Reims, ragaillardi comme souvent au Parc, fait une nette différence par Penverne et Piantoni (3-0) et empoche, cette fois davantage par la foi que par la finesse, son billet pour sa seconde finale.

Le miracle qui avait eu lieu devant les Belges en quarts ne se répète pas en finale, à Stuttgart, où le Real de Raymond Kopa remporte la plus facile de

toutes ses Coupes d'Europe. Le 2-0 qui sanctionne sa supériorité est un moindre mal pour Reims. « On n'a pas le droit de jouer aussi mal une finale de Coupe d'Europe », regrettera sévèrement Batteux.

Dans *L'Équipe,* Jacques de Ryswick a ce commentaire pessimiste pour l'avenir : « L'on vient même à se demander si l'on ne s'est pas illusionné quelque peu sur les réelles possibilités rémoises. (...) Et ceci nous amène tout naturellement à reposer la question de la valeur foncière du football français, troisième de la Coupe du monde 1958 avec cinq titulaires de l'équipe rémoise d'aujourd'hui : Jonquet, Penverne, Fontaine, Piantoni, Vincent, sans compter Colonna et Bliard, également sélectionnés voilà un an en Suède. En d'autres termes, le succès tricolore de la Coupe du monde 1958, tout comme l'accession providentielle de Reims à la finale de la Coupe d'Europe 1959, tout cela n'aurait-il été qu'une grande illusion ? » Plusieurs années encore, le public français va croire en Reims, en son style, en ses joueurs, en son entraîneur. Mais, en Coupe d'Europe, partout le niveau s'élève. Le jeu se durcit, les équipes adoptent des systèmes tactiques de plus en plus serrés. Les grands clubs des métropoles européennes font donner toute leur puissance dans la compétition européenne. Reims peut-il suivre ?

L'hommage de Batteux à Penverne

Le glorieux club tient encore quelques années sur le plan national. Mais ses joueurs vieillissent ou partent. Robert Jonquet, tour de défense depuis la guerre, n'est plus là. Armand Penverne non plus, dont Albert Batteux a toujours dit : « Le joueur qui nous manque le plus quand il n'est pas là, c'est Armand. » Coup sur coup, Kopa (revenu du Real), Fontaine, Piantoni vont connaître de longs moments d'indisponibilité. Mais le public ne veut pas croire à un déclin inéluctable.

Champion en 1960, Reims, après un petit tour de chauffe sympathique face aux Luxembourgeois d'Esch-sur-Alzette (6-1, 5-0), se rend dans le sombre Lancashire rencontrer un club anglais inconnu, Burnley. Dans une ambiance humide et crasseuse, mais chauffée par les fanfares de mineurs, les Rémois livrent un match admirable de courage et de bravoure. Cela ne suffit pas. Car ils encaissent un but au bout de quarante secondes, puis un second (25e) par la vedette irlandaise Jimmy McIlroy (0-2).

Privé de Fontaine à Burnley, Reims doit, au retour, se passer de Kopa, blessé à son tour. Le Parc, plein de 36 830 spectateurs, a l'enthousiasme hargneux des grands jours. Reims part bravement à l'attaque mais, à la 33e minute, quand Jimmy Robson ouvre le score sur un coup franc que l'arbitre a fait retirer, tout indique qu'il n'y aura pas d'exploit. Reims lutte encore, revient au score, par Piantoni, juste après la mi-temps. L'espoir revient quand Bruno Rodzik, le défenseur, marque à son tour (2-1). La fin est vraiment poignante. 75e minute : Burnley égalise par John Connelly ; 77e : Rodzik redonne l'avantage à Reims (3-2). Un but, encore un, est nécessaire pour aller en prolongation. Fontaine et Piantoni sont tout près de le réussir. Mais non, pour la première fois, Reims n'atteint pas les quarts de finale.

Dernière folie contre l'Austria Vienne

Un an plus tard, la chance semble être revenue. Il faut en effet aux Champenois un incroyable concours de circonstances pour obtenir le titre de champion de France 1962. Avant la dernière journée,

3 juin 1959, à Stuttgart. En finale contre le Real de Ruiz, Reims et Just Fontaine (à g.) sont dans un « jour sans » (0-2).

Raymond **Kopa**

Attaquant français

- **1931** Naissance à Noeux-les-Mines (le 13 octobre)
- **1949-51** Joueur du SCO Angers
- **1951-56 et 1959-64** Joueur de Reims (1 finale de C1, 4 fois champion de France, 346 m. et 75 buts en D1)
- **1956-59** Joueur du Real Madrid (3 victoires en C1, 2 fois champion d'Espagne)
- **1952-62** International français (3e du Mondial 1958, 45 sélections et 18 buts)
- **1958** Ballon d'Or *France Football*

Signe particulier : Réputé « meilleur joueur français de tous les temps » jusqu'à l'avènement de Michel Platini dans les années 1980.

PORTRAIT

L'inoubliable dribbleur

Brillant soliste, fin passeur et solide buteur, Raymond Kopa symbolise les glorieuses années rémoises, malgré une parenthèse de trois ans au Real Madrid, avec lequel il remporte trois C1.

Raymond Kopa est le seul joueur à avoir disputé le premier et le dernier match du Stade de Reims en Coupe d'Europe. Entre le 21 septembre 1955, lorsque Reims gagne sur le terrain danois d'Aarhus (2-0), et le 13 mars 1963, quand il est éliminé par le Feyenoord Rotterdam (1-1), il est aussi le seul joueur français de l'histoire à avoir remporté trois fois la C1... mais avec le Real Madrid, adversaire intime du club français.

Avec Reims, Kopa aura joué contre le Real, en 1956, ce qu'il pense être sa dernière grande rencontre sous le maillot rouge et blanc. Cette défaite en finale de la première C1 (3-4) lui laisse de gros regrets. Transféré au Real, il remporte les trois éditions suivantes, la troisième, en 1959, contre Reims en finale (2-0). C'est, sous le maillot blanc, son dernier match, qu'il termine blessé.

Ailier droit ou avant-centre

Aux deux bouts de l'épopée, deux rencontres démontrent plus qu'aucune autre sa classe et son formidable esprit de compétition. L'une, le 14 décembre 1955, est la première disputée par Reims au Parc des Princes. Face aux Hongrois de Vörös Lobogo, Kopa enchante Paris et montre qu'il vaut bien le maître adverse, Nandor Hidegkuti. Il ne marque pas, ce jour-là, mais fait marquer. Et Reims l'emporte (4-2). Lui qui passe, aux yeux de ses détracteurs, pour un dribbleur et un joueur personnel, il prouve que son art du dribble vise surtout à favoriser le jeu d'attaque de ses partenaires. Quelques jours plus tard, *L'Équipe* le sacre « Champion des champions 1955 ». C'est la première fois qu'un footballeur est ainsi reconnu.

L'autre sommet a lieu huit ans plus tard, alors que l'astre rémois commence à décliner. On est le 14 novembre 1962 et Reims va réussir son dernier haut fait européen en écrasant l'Austria Vienne 5-0. Kopa aborde cette rencontre dans un contexte professionnel et psychologique difficile, avec les multiples déboires de son équipe *(lire pages suivantes)*, une polémique qui l'oppose au sélectionneur de l'équipe de France, Georges Verriest et surtout la terrible épreuve intime qui le mine – l'implacable maladie de son fils. La convergence de ces facteurs va faire de Kopa tout à la fois un leader de révolte, un combattant de première ligne et un formidable attaquant contre l'Austria. Redevenu avant-centre – il a joué à l'aile droite, quelques jours plus tôt, son 45e et dernier match en bleu –, il inscrit deux buts pleins de rage et propulse Reims vers l'ultime exploit. Ce jour-là, plus qu'aucun autre peut-être, Kopa a nourri son inoubliable légende. D. B.

14 novembre 1962. Dernière flambée offensive en Coupe d'Europe pour les Rémois, contre l'Austria Vienne (5-0), et pour Raymond Kopa (à dr.), auteur de deux buts.

> **SAISON 1962-63**
> **REIMS - AUSTRIA VIENNE (AUT) : 5-0 (3-0)**
> **C1. HUITIÈMES DE FINALE RETOUR** (ALLER 2-3).
> 14 novembre 1962, au Parc des Princes.
> 36 794 spectateurs.
> **Buts :** Kopa (12e, 68e), Siatka (17e), Dubaele (36e), Akesbi (80e).
> **REIMS :** Colonna - Wendling, Rodzik, Siatka, Kaelbel - Moreau, Dubaele - Akesbi, Kopa, Robin, Sauvage. **Entr. :** Batteux.

ils sont deuxièmes, à égalité avec le RC Paris, à un point du leader, Nîmes. Le suspense est extraordinaire et fait la fortune des retransmissions à la radio. À Paris, le Stade Français bat Nîmes 1-0. À Monaco, le Racing parisien l'emporte 2-1. Reims, le seul des trois qui joue à domicile, mène 1-0 à la mi-temps contre Strasbourg. Insuffisant au goal-average (quotient des buts marqués et encaissés). Mais, en seconde période, Paul Sauvage et Hassan Akesbi renversent tout. Reims gagne 5-1 et redevient champion, pour à peine dix-huit millièmes de point au goal-average ! Le Racing Paris ne s'en remettra jamais… Mais

Reims est-il encore Reims ? Fontaine, après deux fractures de la jambe, a annoncé la fin de sa carrière. Piantoni passe de plus en plus de temps à soigner son genou. La cheville de Kopa le fait souffrir. Il vit aussi un drame familial, son petit garçon de 3 ans luttant contre une terrible maladie. Lucien Muller a été transféré au Real Madrid. Et puis Albert Batteux a de plus en plus de conflits avec ses dirigeants…

Dans ce contexte délicat, en comptant sur ses recrues récentes – Sauvage et Akesbi, mais aussi Raymond Kaelbel –, Reims, une dernière fois, va faire rêver le public parisien. En huitièmes de finale, l'Austria Vienne accueille de façon inhospitalière le champion de France, au Prater, dont le public est fidèle à sa réputation de chauvinisme. Les Rémois frôlent le précipice, sont menés 0-1 avant le premier quart d'heure, puis 1-3 à l'heure de jeu. Réduits à dix après l'expulsion de Jean Vincent, pris dans une échauffourée comme il y en a beaucoup dans ce match, ils démontrent une fois de plus leurs ressources morales et leur esprit de corps. Paul Sauvage, qui avait marqué le premier but rémois sur penalty (15e), en inscrit un second, sur un service de Kopa (82e). À 2-3, les chances rémoises demeurent intactes.

Près d'un mois plus tard, le public parisien rend à celui de Vienne la monnaie de sa pièce : il est aussi chauvin et insupportable, entre dans une véritable furie, entonne une *Marseillaise* rageuse. L'Austria joue à onze contre 40 000. Plus Kopa. Poussé très en pointe par une sorte de ferveur intime, il est « plus que Kopa », comme l'écrit *L'Équipe*. Contre ce joueur magique et foudroyant, contre

6 février 1963, quarts de finale aller. Frappe terrible de Roger Piantoni, mais c'est Feyenoord qui s'imposera au Parc (1-0).

LE REGARD DU CRÉATEUR JACQUES FERRAN

« Ce qui est mort à Rotterdam... »

La Coupe d'Europe est un étalon, un modèle sur lequel est fondée la valeur d'une équipe. Et elle l'a été dès sa création. Car le football manquait de cette référence. Il allait son chemin, en toute subjectivité et en toute innocence. Libre de prendre des vessies pour des lanternes. Dès que la compétition est apparue, elle s'est mise à trancher, à trier, à classer. Les forts ici, les moins forts là, et les autres, incapables de suivre, éliminés. Jusqu'à l'avènement de la Coupe d'Europe, on pouvait être grand dans son jardin. Avec elle, il fallait vaincre ou mourir.

Germain, Batteux, Kopa

C'est ainsi que le Real Madrid s'est accompli, jusqu'à escalader les nuages, grâce à la Coupe d'Europe. Comme si elle lui donnait des ailes. Comme si elle le changeait en ce qu'il voulait devenir. Le Stade de Reims, lui, qui paraissait son égal, n'a pas résisté. Comme si ce qu'exigeait l'épreuve européenne était trop difficile pour lui. Trop haut. Et ne pouvait finalement révéler que ses limites.

Il avait pourtant merveilleusement débuté, le Reims du président Henri Germain, de l'entraîneur Albert Batteux et du joueur Raymond Kopa. Dès son entrée en lice, en 1955-56, il réalisa l'exploit d'éliminer un des ténors européens, le Vörös Lobogo, puis de se hisser jusqu'à la finale, jusqu'au Real, ne s'inclinant que de très peu devant l'envergure de Di Stefano et des siens (3-4).

Un « petit jeu », court, minutieux, inlassable, parfois diabolique

Ce Reims-là, celui de Jonquet, Penverne, Leblond, Hidalgo, Glovacki, Bliard et Kopa, émerveillait par sa justesse, sa virtuosité collective et son abattage. Il semblait défier le temps.

Oui mais voilà : le transfert de Kopa au Real l'amputa d'une pièce essentielle. Et, s'il survécut grâce à l'arrivée de joueurs tels que Fontaine, Piantoni et Vincent, on commença à se rendre compte que son charme n'opérait plus autant sur la scène internationale. Sa seconde finale européenne, trois ans après la première, toujours face au Real, fut aussi terne et morose (0-2) que la première avait été éblouissante. Comme si le temps tirait le Real vers le haut et Reims vers le bas.

Plus tard, Reims ayant récupéré Kopa, son enfant prodige, il crut pouvoir se placer sur les mêmes rails. Mais si, dans l'Hexagone, son rayonnement était intact, c'est la Coupe d'Europe qui lui apprit que son règne s'achevait.

Sa dernière compétition européenne, Reims l'a disputée en 1962-63. Malgré son baroud d'honneur en huitièmes de finale face à l'Austria de Vienne (2-3, 5-0), son élimination au tour suivant, face à la puissance et à l'esprit de conquête des Néerlandais de Feyenoord Rotterdam (0-1, 1-1), apparut comme une épreuve cruciale et cruelle, marquant le terme d'une époque et d'un style de jeu.

Reims avait enrichi son effectif d'hommes de qualité, tels que Kaelbel et Wendling en défense, Sauvage et Akesbi en attaque, mais n'avait pas su se départir de ce « petit jeu », court, minutieux, inlassable, parfois diabolique, qui avait fait sa gloire, mais qui désormais le condamnait.

Raymond Kopa était là, mais privé par les ans de sa baguette magique. Or, son équipe jouait encore pour lui, comptait encore exclusivement sur lui. « Chacun cherche Kopa, écrivais-je alors dans *France Football,* et Kopa lui-même va prendre la balle dans les pieds des autres. Personne n'essaie plus rien... Le jeu de Reims ressemble à nouveau à une caricature, à celle de Kopa réduit à ses faiblesses et sans son génie. Une équipe alignée sur les défauts de son grand homme. »

Transformer les virtuoses en combattants...

Mon article s'intitulait : « Quelque chose est mort à Rotterdam... ». Reims sans doute. Mais aussi la manière rémoise et la confiance exclusive faite à la technique, aux dépens de la puissance.

Pour réveiller le football français et lui faire comprendre la nécessité de transformer ses virtuoses en combattants, il faudrait attendre plus de dix ans, l'arrivée de Saint-Étienne. La Coupe d'Europe l'avait dit. ■

Reims

cette équipe survoltée qui marque deux buts dans les vingt premières minutes, et hélas aussi contre ce Parc haineux, l'Austria vole en éclats (5-0) et Reims « passe l'hiver ».

Trois mois plus tard, les nuages s'amoncellent sur la Champagne, même si, en Championnat, les Rémois sont toujours en course. Le président Germain a publiquement présenté ses craintes pour l'avenir du club. L'adversaire qui s'avance en quarts est peu connu mais très riche, fort de ses 47 000 spectateurs de moyenne dans l'impressionnant Kuip : Feyenoord Rotterdam, champion des Pays-Bas, une nation qui ne compte pas encore parmi les grandes du football européen. Mais, à l'aller – car cette fois-ci, l'aller a lieu au Parc –, Reims, dans un lumineux maillot jaune, subit une leçon de réalisme de la part de Kreyermaat, Moulijn et Van der Gyp. Pour tout dire, Reims tombe sur plus fort que lui.

13 mars 1963, quarts de finale retour. Hassan Akesbi (n°8) égalise à Rotterdam (1-1), sous les yeux de Jean Vincent (à dr.). Mais c'est le dernier but européen de Reims...

Le seul but de Kreyermaat (27e) n'est même qu'une sanction minimale (0-1).

Au retour, les cornes de brume, les crécelles et les fanfares font du stade de Feyenoord une immense kermesse bon enfant. Dans cette ambiance festive où 65 000 Néerlandais chantent leur bonne humeur, Reims est incapable de renverser la marche du temps. Kruyver marque (40e), et Akesbi démontre, en égalisant (1-1), à cinq minutes du terme, que Reims lutte avec plus de courage que de talent...

Le temps de la nostalgie

En ce mercredi 13 mars 1963, le Stade de Reims dispute son dernier match de Coupe d'Europe. Neuf jours plus tard, le comité directeur du club annonce que le contrat d'Albert Batteux ne sera pas renouvelé au mois de juin. Au printemps de 1964, Reims descendra en D2. L'heure est venue de la nostalgie. ■ D. B.

Reims et l'Europe

Les 24 matches

1955-56	C1	8es	AGF Aarhus (DAN) - Reims	0-2	2-2
	C1	Q	Reims - Vörös Lobogo (HON)	4-2	4-4
	C1	D	Reims - Hibernian Edimbourg (ECO)	2-0	1-0
	C1	F	Real Madrid (ESP) - Reims	4-3	
1958-59	C1	1T	Ards Newtonards (ILN) - Reims	1-4	2-6
	C1	8es	Reims - HPS Helsinki (FIN)	4-0	3-0
	C1	Q	Standard Liège (BEL) - Reims	2-0	0-3
	C1	D	Young Boys Berne (SUI) - Reims	1-0	0-3
	C1	F	Real Madrid (ESP) - Reims	2-0	
1960-61	C1	1T	Reims - Jeunesse Esch (LUX)	6-1	5-0
	C1	8es	Burnley (ANG) - Reims	2-0	2-3
1962-63	C1	8es	Austria Vienne (AUT) - Reims	3-2	0-5
	C1	Q	Reims - Feyenoord Rotterdam (HOL)	0-1	1-1

Les 37 joueurs et l'entraîneur

A. Batteux (entr.) (24 matches), **Leblond** (18 matches/4 buts), **Rodzik** (17/2), **Vincent** (16/6), **Siatka** (16/2), **Jonquet** (15), **Piantoni** (14/7), **Bliard** (14/7), **Giraudo** (14), **Colonna** (13), **Kopa** (12/2), **Fontaine** (8/10), **Glovacki** (8/6), **Wendling** (8), **Lamartine** (8), **M. Moreau** (6/1), **R.-J. Jacquet** (6), **Zimny** (6), **Templin** (5/2), **Cicci** (5), **Sauvage** (4/2), **Akesbi** (4/2), **M. Hidalgo** (4/1), **Kaelbel** (4), **Penverne** (4), **L. Muller** (4), **Rustichelli** (3/3), **Dubaele** (3/3), **Baratto** (3), **Pa. Sinibaldi** (2), **C. Robin** (2), **Hiégel** (2), **Bérard** (2), **Barreau** (2), **Desruisseaux** (1), **Soltys** (1), **Danthény** (1), **Gouttes** (1).

Dans les années 1970, c'est une histoire d'amour que les petits hommes verts nouent avec la Coupe d'Europe, avec leur Chaudron et avec tout le peuple de France. Leur finale de C1 contre le Bayern (0-1), en 1976, et quelques exploits monumentaux appartiennent à la légende.

Saint-Étienne
LA FOLIE DES GRANDEURS

Association Sportive de Saint-Étienne

LE BILAN GÉNÉRAL

	C1	C2	C3	Total
Part.	10	2	4	16
J.	41	6	22	69
G.	19	1	9	29
N.	7	3	5	15
P.	15	2	8	25
Bp.	50	5	48	103
Bc.	44	7	29	80
Diff.	+ 6	-2	+ 19	+23

Meilleure performance :
finale de la C1 en 1975-76

Au lendemain de leur finale malheureuse de la C1 1976 contre le Bayern Munich, les Stéphanois défilent sur les Champs-Élysées à Paris. Gérard Farison (à g.) et Ivan Curkovic signent des autographes au milieu d'une foule immense. Vaincus héroïques, ils entrent pour longtemps dans le cœur des Français.

Le président Roger Rocher et son éternelle pipe, l'entraîneur Robert Herbin et le recruteur Pierre Garonnaire (de g. à dr.) sont les hommes de base de l'ASSE triomphante des années 1970.

La première fois, ils ne s'entendent pas parler. Ni crier. Ibrox Park vrombit comme un bolide qui a lâché ses chevaux les plus sauvages, ses gradins sentent la bière et le *fish and chips,* et onze jeunes hommes verts découvrent une autre planète. Elle leur paraît brûlante, comme au contact des entrailles de la terre. Le 4 septembre 1957, les joueurs de l'AS Saint-Étienne disputent à Glasgow, face aux Rangers, le premier match de Coupe d'Europe de l'histoire du club.

Jean Snella a façonné une équipe de jeunes joueurs de la région pour en faire des champions de France. Les frères Michel et Richard Tylinski, René Ferrier, Yvon Goujon ont 20 ans, Rachid Mekloufi (21) et Jean Oleksiak (22) à peine plus.

Premiers regrets, première fierté

Ce soir-là, à Glasgow, Mekloufi inscrit le but de l'espoir, mais les Rangers, champions d'Écosse, poussent trop fort sur la fin, et le but tardif de Billy Simpson (83e, 3-1) place les Verts, déjà, dans la logique d'un exploit à Geoffroy-Guichard.

Jean Oleksiak, Michel et Richard Tylinski, Eugène Njo-Léa, Jean Snella, René Ferrier, René Domingo et François Wicart (de g. à dr.), éliminés par les Rangers en C1 1957-58.

Saint-Étienne

SAISON 1957-58
SAINT-ÉTIENNE - RANGERS (ECO) : 2-1 (1-0)
C1. 16ES DE FINALE RETOUR
(ALLER 1-3)

25 septembre 1957, au stade Geoffroy-Guichard. 29 517 spectateurs.
Buts : Oleksiak (11e), Ferrier (87e) pour Saint-Étienne ; Wilson (70e) pour les Rangers.
SAINT-ÉTIENNE : Abbes - M. Tylinski, Wicart, Domingo, R. Tylinski - J. Oleksiak, Njo-Léa - Mekloufi, Ferrier, Goujon, Lefèvre.
Entr. : Snella.

Saint-Étienne

C'est un chaudron qui ne s'est pas encore révélé à lui-même. Mais il exhale déjà la ferveur d'un peuple de mineurs, qui sanctifie l'effort et la générosité. 29 517 spectateurs inaugurent les années européennes d'un stade qui va leur être un écrin sur mesure : le rêve dure 70 minutes, le temps pour Oleksiak de l'entretenir en marquant vite (11e), le temps pour Bernard Lefèvre d'expédier un coup franc sur la barre, le temps aussi pour Sammy Wilson d'égaliser (70e) et de plier l'affaire. Les Verts ne renoncent pas sans sursaut : Claude Abbes stoppe un penalty, Ferrier marque (87e), et l'ASSE se retire dans un mélange de regrets et de fierté (2-1).

1957-67, la traversée du désert

L'histoire européenne des Verts, si tôt entamée, n'est pas linéaire. Il y a un désert à traverser : l'ASSE attend dix années pleines pour remporter à nouveau un match européen à domicile.

Le club stéphanois, pourtant, grandit sur le plan national. Cela ne suffit pas. Champion de France quatre fois d'affilée de 1967 à 1970, passé de la rigueur passionnée de Jean Snella à la dialectique brillante d'Albert Batteux, Saint-Étienne exporte ses inconstances et ses fragili-

Sept ans après les Rangers, le fidèle Rachid Mekloufi (à dr.) dispute encore la C1 contre La Chaux-de-Fonds, en 1964-65.

Le 25 septembre 1957, le peuple laborieux de Saint-Étienne se presse dans le Chaudron pour découvrir l'Europe et les Rangers.

Saint-Étienne

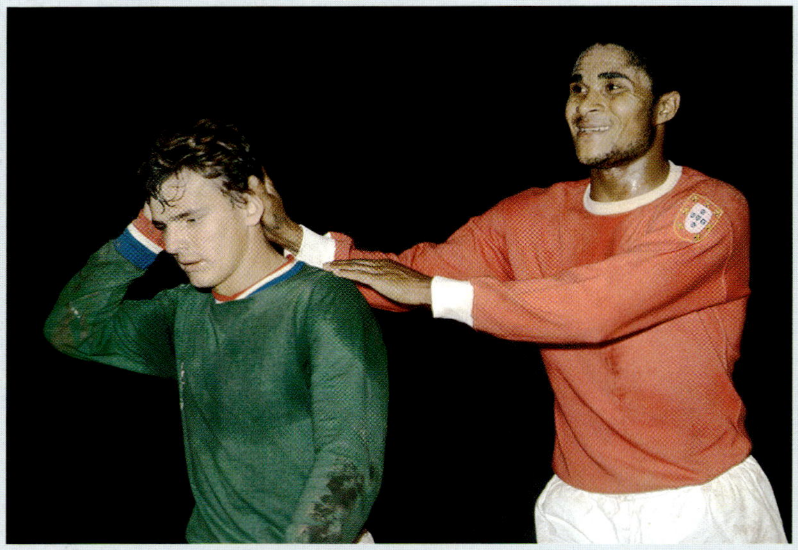

En 1967-68, le sourire est du côté d'Eusebio (à dr.), la star de Benfica, pas de celui de Georges Bereta. L'ASSE n'a pas encore l'habitude de renverser les montagnes.

tés sur les terrains des grands d'Europe. En ces années cruelles qui prolongent leurs découvertes et leurs apprentissages, les Verts n'ont guère de chance au tirage : à l'automne 1967, ils sont éliminés de la Coupe des champions par Benfica (0-2, 1-0), le futur finaliste ; à l'automne 1968, ils retournent à Glasgow, onze ans après, mais rendent cette fois visite au Celtic.

Vainqueurs à l'aller à Geoffroy-Guichard (2-0), il vivent en Écosse, comme toujours, un enfer (0-4) ; le Celtic de Jimmy Johnstone, champion d'Europe en 1967, finaliste de la C1 en 1970, traverse ces années-là avec trop de force et de certitudes. Il manque un exploit à l'ASSE pour s'imaginer d'autres horizons.

Le Bayern première victime du Chaudron

À l'automne 1969, à Munich, le Bayern punit les Verts (2-0), et Roger Rocher, le président stéphanois, pique une énorme colère, qui sent le dépit et le Bergerac, ce tabac dont il bourre la pipe qui ne le quitte pas. Du haut de ce paternalisme épidermique qui le fait alterner doubles primes et grosses rancunes, il traite ses joueurs de « footballeurs de salon ».

SAISON 1969-70
SAINT-ÉTIENNE - BAYERN (RFA) : 3-0 (1-0)
C1. 16es DE FINALE RETOUR
(ALLER 0-2)
1er octobre 1969, au stade Geoffroy-Guichard. 33 716 spectateurs.
Buts : H. Revelli (2e, 59e), Keita (81e).
SAINT-ÉTIENNE : Carnus - Durkovic, Mitoraj, Bosquier, Camerini - Broissart, Herbin - Samardzic, H. Revelli, Keita, Bereta.
Entr. : Batteux.

Pour les vexer ? Cela marche. Le retour, le 1er octobre 1969, est une manière d'accomplissement pour le talent immense de Salif Keita. Albert Batteux estimait qu'il aurait pu atteindre le rayonnement de Pelé s'il avait été brésilien. Tous ses coéquipiers ont dit qu'il était le plus grand joueur qu'ils aient jamais vu.

Ce soir-là, après un doublé d'Hervé Revelli et un tir sur la barre d'Helmut Schmid qui fait trembler Georges Carnus, Keita inscrit le but de la qualification (3-0) et de l'exploit, sur un corner de Georges Bereta (81e). C'est le premier grand moment de l'histoire européenne des Verts.

Robert Herbin prend son temps

La « perf » reste sans lendemain immédiat. L'ASSE se fait surprendre par le Legia Varsovie, en huitièmes (1-2, 0-1), et balayer, un plus tard, dès le premier tour de la Coupe des champions, par le Cagliari de Gigi Riva et d'Angelo Domenghini (0-3, 1-0). Ce Saint-Étienne-là, celui d'Albert Batteux, ne réussit pas à laisser une trace profonde en Coupe d'Europe. Mais une autre génération arrive.

Quand il succède à Albert Batteux, en 1971, Robert Herbin prend le temps de construire une équipe. Elle s'appuie sur l'expérience de quelques anciens (Jean-Michel Larqué, Hervé Revelli, Gérard Farison) sur des recrues étrangères judicieusement choisies (Ivan Curkovic, Oswaldo Piazza) et, surtout sur un centre de formation qui livre une incroyable génération (Dominique Bathenay, Christian Synaeghel, Christian Lopez, Patrick Revelli, Jacques Santini, Christian Sarramagna, Pierre Repellini, Alain Merchadier, Gérard Janvion et, plus tard, Dominique Rocheteau).

Ça commence mal à Split

L'équipe bâtie par Herbin est jeune, moderne, elle aime les combats et les défis, et sa générosité s'accorde aux exigences des tribunes populaires où s'entassent, les soirs de match, l'esprit ouvrier d'une ville qui aime la sueur, et qui envoie « à la mine » les joueurs qui regarderaient les autres courir. Cette équipe retrouve la Coupe des champions en 1974, en un automne qui sera la dernière saison verte de Georges Bereta, son capitaine. Le

Mitoraj, Jacquet, Bereta (accroupi), Durkovic, Samardzic, Carnus et Bosquier (de g. à dr.) fêtent Salif Keita (assis au c.), héros de l'exploit face au Bayern, en C1 1969-70.

Les stars allemandes Sepp Maier (au c.) et Franz Beckenbauer (à l'ext. dr.) baissent pavillon devant le talent d'Hervé Revelli (n° 9) et de Salif Keita (au fond).

À Split en 1974-75, Ivo Surjak (au c.) fait subir un calvaire à Christian Lopez (à g.).

Au retour, Hervé Revelli (au c.) bouscule le Yougoslave Meskovic pour un superbe exploit.

gaucher stéphanois est déterminant contre le Sporting Portugal (2-0, 0-0), au premier tour. Mais il reste le plus fou à venir, le match qui va changer la face du football français. Ce que réussit Saint-Étienne face à Hajduk Split va donner des envies de conquête à plusieurs générations, enfin déshabillées de leurs éternels complexes.

Lors du huitième de finale aller, dans le marécage de Split, les Verts coulent (1-4), battus par l'arbitrage contestable du Turc M. Babacan et par les dribbles magiques d'Ivo Surjak. À la fin du match, Piazza rentre dans le vestiaire en hurlant : « On les attend au retour ! »

Le 6 novembre 1974, tout le monde n'attend pas les Verts. Le match ne passe pas à la télé, car l'époque imagine que cela vide les stades, et 26 381 spectateurs « seulement » assistent à cette soirée historique. Aucun club français n'a jamais remonté trois buts de retard en Coupe d'Europe... La veille, Mönchengladbach gagne à Lyon (5-2) et, à table, le jour de Saint-Étienne-Split, Roger Rocher lâche : « Le football français ne s'en sortira pas. » Robert Herbin l'interrompt : « Je vous en prie, M. Rocher, nous ne sommes pas encore éliminés... »

« On les a ! On les a ! »

Le soir venu, après une heure de jeu, Herbin glisse, sur son banc : « C'est foutu. » En effet, Slobodan Jovanovic ayant répondu à une volée de Larqué (1-1), il reste une demi-heure pour marquer trois buts. Grâce à Bathenay, les Verts ne mettent qu'une minute à en marquer un. Puis Synaeghel, auquel une pâquerette a toujours suffi pour s'écrouler, tombe dans la surface et offre un penalty à Bereta (72e, 3-1). Il y a de l'exploit dans l'air.

SAISON 1974-75
SAINT-ÉTIENNE - SPLIT (YOU) :
5-1 A.P. (1-0, 4-1)
C1. 8ES DE FINALE RETOUR
(ALLER 1-4)

6 novembre 1974, au stade Geoffroy-Guichard. 26 381 spectateurs.
Buts : Larqué (36e), Bathenay (61e), Bereta (71e, s.p.), Triantafilos (82e, 104e) pour Saint-Étienne ; Jovanovic (60e) pour Split.
SAINT-ÉTIENNE : Curkovic - Janvion (Santini, 92e), Piazza, Lopez, Repellini (Triantafilos, 81e) - Synaeghel, Larqué, Bathenay - P. Revelli, H. Revelli, Bereta. Entr. : Herbin.

Oswaldo Piazza

Défenseur central argentin

1947 Naissance à Buenos Aires (ARG) (le 6 avril)
1972-79 Joueur de Saint-Étienne (1 finale de C1, 3 titres de champion de France, 3 Coupes de France)
1979-82 Joueur de Velez Sarsfield (ARG)

Signe particulier : il termine sa carrière comme entraîneur-joueur de l'AS Corbeil-Essonnes, au sud de Paris, en 1982-83.

L'idole du Chaudron

Le stade Geoffroy-Guichard vit toujours dans le souvenir des formidables chevauchées, tous cheveux au vent, du défenseur argentin, libre d'exprimer brillamment son tempérament offensif.

Le peuple vert préfère parfois la sueur au talent. Il n'a pas toujours rendu à Michel Platini l'hommage que ses saisons stéphanoises méritaient. Il a toujours vécu dans la nostalgie entretenue d'une génération vaillante et spectaculaire et érigé Oswaldo Piazza en modèle.

Longtemps après, personne, ou presque, ne peut réellement décrire quel défenseur était l'Argentin. Mais tout le monde se souvient de ses chevauchées offensives, balle au pied, cheveux au vent, poussé par le rugissement du stade Geoffroy-Guichard.

« Comme il était toujours debout, il repartait très vite »

Patrick Revelli rappelle : « Oswaldo ne taclait pratiquement jamais. Quand il récupérait le ballon, comme il était toujours debout, il repartait très vite en sens inverse. »

Piazza n'a pas toujours drainé dans son sillage l'admiration énamourée d'une ville verte. Sa première saison, en 1972-73, est quelconque. « C'était la première fois que je venais en Europe », se souvient-il. Il découvre Saint-Étienne à onze heures du soir et joue dès le lendemain un match de Coupe d'été, en Suisse.

Herbin en fait un défenseur central

Il commence par tout faire à l'envers. « Quand j'allais à droite, le ballon partait à gauche. Je n'en piquais pas une. » Robert Herbin croit assez en lui pour le maintenir dans l'équipe, quitte à le faire jouer ailier droit. Une longue discussion entre les deux hommes fait basculer la carrière de l'Argentin : « J'ai dit à Robby que j'étais d'accord pour jouer défenseur central si j'étais libre de participer au jeu. Il a accepté, et m'a permis d'exploser. »

La légende de Piazza, sa chevelure brune, ses épaules de fort des Halles, sa générosité, est en marche. Saint-Étienne ne peut que l'adopter et lui réserver une place à part.

« Je donnais tout sur un terrain »

« Ici, je n'ai pas été longtemps un étranger, dit aujourd'hui l'ancien chouchou du Chaudron, alors qu'il a retrouvé une place dans l'équipe dirigeante de l'ASSE. Je sais que je n'ai pas été un grand joueur, mais je donnais tout sur un terrain. C'est à Saint-Étienne que j'ai le plus grandi, comme homme et comme joueur. J'ai appris à aimer le goût de l'effort, et à lire un bouquin de temps en temps pour sortir un peu du foot. »

Piazza est un véritable leader, ce que rappelle Dominique Rocheteau : « Les deux locomotives de l'équipe étaient Piazza et Curkovic. On bénéficiait de l'enthousiasme de l'un et de la rigueur de l'autre. »

Trente ans plus tard, le stade Geoffroy-Guichard continue de gronder sitôt qu'un défenseur qui a oublié d'aller chez le coiffeur franchit le milieu de terrain. Mais trente ans, c'est assez long pour savoir qu'il n'y aura pas d'autre Oswaldo Piazza. V. D.

Déjà diabolique contre les Rangers en 8es de la C1 1975-76, l'« Ange vert » Dominique Rocheteau (à g.) martyrise Kiev en quarts.

SAISON 1975-76
SAINT-ÉTIENNE - KIEV (URS) : 3-0 A.P. (0-0, 2-0)
C1. QUARTS DE FINALE RETOUR
(ALLER 0-2)
17 mars 1976, au stade Geoffroy-Guichard. 37 737 spectateurs.
Buts : H. Revelli (64e), Larqué (72e), Rocheteau (112e).
SAINT-ÉTIENNE : Curkovic - Janvion, Piazza, Lopez, Farison - Bathenay (Repellini, 84e), Larqué, Synaeghel - Rocheteau, H. Revelli, P. Revelli.
Entr. : Herbin.

Herbin lance Yves Triantafilos dans l'arène. « Tintin », ou « le Grec », revient d'Olympiakos. Mais il est d'ici. Sa mère tenait une épicerie à Sail-sous-Couzan, à côté de la boucherie de la famille Jacquet. Triantafilos traîne son spleen sur le banc. Il dira : « Je n'étais pas le gars à pleurer pour avoir une place de titulaire mais, là, je suis entré comme un fou. » Et il marque, sur un centre de Patrick Revelli (82e, 4-1), envoyant tout le monde en prolongation ! Piazza hurle : « On les a ! On les a ! »

Triantafilos entre dans l'histoire

À la 104e minute, les Verts obtiennent un coup franc. Triantafilos interpelle Bereta : « À moi, Bérette, à moi ! » Et Triantafilos entre dans l'histoire (5-1). Le stade Geoffroy-Guichard fait tellement de bruit que l'on évoque, pour la première fois, l'image d'un chaudron. Une idée qui fera son chemin…

Sans complexe, les Verts sortent les Polonais de Ruch Chorzow, en quarts (2-3, 2-0). Menés 3-0 en Pologne, ils retrouvent leur équilibre par miracle. Au retour, sur la neige, avec un ballon rouge, ils font la différence grâce à leur rigueur, sans panache particulier : c'est ainsi que les équipes grandissent. Mais il existe plus rigoureux qu'eux, encore : le Bayern Munich de Franz Beckenbauer leur coupe la route d'une finale de Coupe des champions disputée au Parc des Princes. En demi-finales, l'ASSE est inefficace et impuissante (0-0, 0-2). Le Kaiser, qui fait tout, marque même le premier but au retour. Les Verts terminent la saison européenne sur les genoux, mais en promettant qu'ils reviendront.

Rocheteau rend fous les Écossais

La saison suivante, de fait, les voit poursuivre leur conquête de l'Europe et des cœurs. Après un galop contre Copenhague (2-0, 3-1), ils entretiennent leur légende en confirmant à Ibrox Park, face aux Rangers (2-1), la victoire de l'aller (2-0). Rocheteau, tout juste vingt ans, international un mois après ses débuts professionnels, l'été précédent, rend fous les défenseurs écossais. Ainsi les Verts sont-ils assurés de revoir la Coupe d'Europe au printemps.

Mais c'est un hiver tardif qu'ils découvrent à Simféropol, en Crimée, sur les bords de la mer noire. C'est ici que le Dynamo Kiev a décidé de jouer son quart de finale aller. La délégation française n'a même pas le droit d'y passer la nuit. Le terrain est enneigé et gelé. Ce Dynamo est un grand d'Europe : il a remporté la Coupe des Coupes la saison précédente, procurant à Oleg Blokhine le Ballon d'Or de *France Football*. Les Verts passent au travers, battus (0-2) par deux buts de ce même Blokhine et d'Anatoli Konkov. Ils n'ont pas le choix : ils doivent refaire le coup de Split, deux semaines plus tard, à Geoffroy-Guichard.

Le 17 mars 1976, le stade est plein, à deux heures du coup d'envoi, pour voir jouer en lever de rideau les minimes de Mazargues et un jeune attaquant dont on parle beaucoup : Laurent Roussey. Le Chaudron est brûlant. « Je vais vous dire, avoue Roger Rocher, il y a des jours où ils me font peur. »

Lopez tacle, le Dynamo Kiev explose

Mais même poussés par le peuple vert, les Stéphanois souffrent. Leur sort bascule à la 63e minute, carrefour essentiel de ce match et de toute leur histoire. À cette même 63e minute, Bereta a marqué contre Lisbonne, Bathenay contre Split, Larqué à Chorzow et Rocheteau chez les Rangers. Cette fois, à la 63e minute, Blokhine échappe à Janvion qui tente en

Face au Bayern de Schwarzenbeck (à g.), en C1 1974-75, les chevauchées de Patrick Revelli resteront sans résultat.

Jean-Michel Larqué (à dr., près d'Hervé Revelli) inscrit un coup franc direct décisif en demi-finales aller de la C1 1975-76 face au PSV Eindhoven (1-0). Comme en quarts contre Kiev.

vain de le ceinturer, il efface Lopez et s'apprête à défier Curkovic, avec Vladimir Onitchenko sur le côté. L'occasion est immense. Mais Blokhine est immensément suffisant : sentant le souffle de Lopez, il l'attend pour le dribbler à nouveau. Lopez racontera : « Il a voulu trop en faire, me ridiculiser peut-être. Et je l'ai contré. »

Qui dit « contre » dit Piazza, lequel part dans l'une de ses chevauchées « à grandes enjambées ». Elle s'achève par un but d'Hervé Revelli (1-0, 64e). Le reste appartient au mythe vert : Larqué tourmente Evgueni Rudakov d'un coup franc direct (2-0, 72e) et, en prolongation, la bouche en sang, après avoir demandé en vain à Robert Herbin de sortir, Dominique Rocheteau, à la réception d'un centre en retrait parfait de Patrick Revelli, envoie les Verts au paradis (3-0, 112e). « À Geoffroy-Guichard, on prenait les équipes à la gorge et on ne les lâchait plus », dit aujourd'hui Dominique Rocheteau.

Jacques Santini jubile. Saint-Étienne a tenu héroïquement le 0-0 à Eindhoven, la finale de Glasgow est en vue.

Curkovic assomme Edström

Après Split, Kiev ! Les Verts font vraiment entrer le football dans la vie des Français. Il leur reste à aller plus loin que le seuil des demi-finales, atteint un an plus tôt. Le sort leur propose le PSV Eindhoven, entraîné par un ancien de la maison verte, Kees Rijvers, surnommé par Geoffroy-Guichard « Trottinette ». Le combat physique est intense et tendu dans un match aller qui remplit le Chaudron jusqu'aux cintres. Un nouveau coup franc de Larqué donne un petit avantage (1-0). Il faudra tenir aux Pays-Bas, et contenir le géant suédois du PSV, Ralf Edström.

Cette demi-finale retour est « le » match d'Ivan Curkovic. Le gardien yougoslave accomplit miracle sur miracle, sans oublier d'assommer Edström dès le début de la rencontre, sur un ballon aérien qui le voit boxer tout en même temps. Le Suédois doit sortir, et les Verts sont confrontés à un problème de moins. Il en reste beaucoup d'autres… Mais « Curko » est partout et finit par sauver les siens sur un dernier plongeon aveugle vers son premier poteau, alors qu'il vient de sauver les meubles au deuxième. Saint-Étienne tient son 0-0 et sa finale.

20 000 Stéphanois partent en expédition à Glasgow, à Hampden Park, le stade qui accueille généralement l'équipe nationale écossaise. Le stade est vert, la France est verte et la fièvre est sans précédent dans ce pays qui n'est pas coutumier, jusqu'alors, de tels enthousiasmes. Avant de retrouver le Bayern Munich, Robert Herbin prépare une équipe malgré les handicaps, qui s'accumulent : Rocheteau est blessé et incertain ; brutalisés par les Nîmois, à une semaine de la finale, dans le cadre d'un match en retard du Championnat de France facilement gagné (5-2), Farison et Synaeghel doivent renoncer au plus grand rendez-vous de leur carrière. Pourtant, en première période, les Verts sont au niveau.

LE REGARD DU CRÉATEUR JACQUES FERRAN

« La France verte »

La gloire de l'AS Saint-Étienne et l'inoubliable raz-de-marée qu'elle provoqua dans la France des années 1970 n'ont pas éclaté subitement, comme un coup de tonnerre. Ils se sont élevés lentement, année par année, désillusion après désillusion, coup d'éclat après coup d'éclat.

Et le comble c'est que, pour émerger totalement, ils n'ont pas eu besoin du paraphe d'une victoire. C'est un insuccès qui a fini en triomphe. C'est une défaite qui les a portés au pinacle.

Roger Rocher, premier de cordée

Saint-Étienne a dû son parcours hors du commun – son exemplaire chevauchée – essentiellement à des structures et à l'homme qui a su, patiemment, les édifier : Roger Rocher. C'est donc son nom qu'il convient de prononcer en premier lieu, puisque c'est autour de « l'homme à la pipe », de son attachement profond à sa ville et à son club et de son instinct toujours en éveil, qui le poussait à aller de l'avant, que s'est déployée l'épopée des Verts.

Entrepreneur de travaux publics, patron d'une importante société de construction, c'est, par degrés insensibles, exclusivement à son club qu'il consacra son esprit d'entreprise et sa capacité d'anticipation. Au point de laisser enfin péricliter ses propres affaires, puis de succomber à la folie des grandeurs.

Son équipe, Rocher commença à la modeler à la fin des années 1960, avec les matériaux de son centre de formation, sublimés par quelques éléments extérieurs tels que Salif Keita, Oswaldo Piazza ou Ivan Curkovic.

Mais si, dans l'Hexagone, Saint-Étienne se mit à faire le vide en remportant quatre Championnats consécutifs, l'obstacle européen, lui, semblait insurmontable ; notre football sortait d'un tel marasme… Saint-Étienne échoua donc d'abord devant Benfica, le Celtic, Varsovie, Cagliari. Une fois seulement, durant cette période de lancement, les hommes d'Albert Batteux entrevirent le paradis. La manière dont, en 1969, ils bousculèrent et éliminèrent le Bayern, était comme le brouillon d'une légende.

Robert Herbin (à g.) et Roger Rocher (au c.) font des Verts une machine à rêves.

Comme une résurrection

De 1970 à 1974, Saint-Étienne, se contentant de places d'honneur en Championnat, affûta ses armes. Robert Herbin, métamorphosé sans transition de joueur en entraîneur, enrichit de rigueur, de combativité et d'ambition la baguette de Batteux. Et l'on vit l'indéfectible et bouillonnant public stéphanois, admiré par la France entière, se prendre d'une passion désordonnée pour cette formation généreuse, lumineuse, jamais à court de ressource, dont l'exploit qui consista à reprendre trois buts à Hadjuk Split, au terme d'une prolongation gigantesque, se transforma en mythe. Bien que cet évènement n'ait pas été retransmis par la télévision, il n'en marqua pas moins les esprits, comme une sorte de miracle. Le football français capable de miracle ? Il y avait beau temps qu'on n'y croyait plus.

La suite étalonna cette espérance. Demi-finalistes en 1974-75, les Verts n'échouèrent que devant le Bayern, numéro un européen. Et la saison suivante, les mêmes joueurs, auxquels s'était joint le jeune Dominique Rocheteau, s'envolèrent vers Glasgow, pour y disputer leur première finale, face au Bayern.

Ce match, si on ne l'a pas vécu, nul ne peut imaginer ce qu'il représenta pour la France entière. Comme une délivrance, comme une réhabilitation. Comme une résurrection.

Un accueil délirant sur les Champs

Et si, après un match sans faiblesse, les Verts, privés de Farison, Synaeghel et Rocheteau, durent s'incliner par le plus petit écart (0-1), l'accueil que, le lendemain, Paris réserva, sur les Champs-Élysées, à Roger Rocher et à ses troupes tint du délire et n'a de comparable que le triomphe de la sélection d'Aimé Jacquet en 1998.

Ce que l'on appelait le « Chaudron » de Geoffroy-Guichard, ce stade embrasé par une adoration si bruyante qu'elle faisait presque peur, n'était que la matrice d'un enthousiasme rationnel attisé par des années de famine. Seul le sport, se disait-on, et, dans le sport, seul le football est capable d'engendrer cette fièvre et cet emballement. Mais alors que les folies déchaînées en Italie, en Espagne, en Amérique latine, par la balle ronde paraissaient en France lointaines et comme inexplicables, il avait suffi d'une compétition et d'une équipe, même pas victorieuse, pour éveiller la même exaltation et les mêmes débordements. Comme si, d'un bout à l'autre de la planète, les mêmes causes avaient les mêmes effets; et qu'il en était partout de même et de l'homme et de l'orgueil national.

La France était devenue verte. Et elle était devenue football. Elle ne cesserait plus de l'être désormais. ■

Bathenay expédie un tir sur la barre, qu'Hervé Revelli reprend mal (32e), et huit minutes plus tard, Santini trouve à son tour la barre, de la tête cette fois. Les poteaux de Glasgow sont carrés, c'est connu. Aujourd'hui, ils sont ronds, comme partout…

Défaite à Glasgow, triomphe sur les Champs

En seconde période, Gerd Müller arrache un coup franc à M. Palotai, pour une faute discutable de Piazza. D'une frappe puissante, Franz Roth marque le seul but du jour et les Verts finissent leur finale dans les larmes d'une défaite amère (0-1). Rocheteau, diminué, n'a joué que les sept dernières minutes. « Chaque fois qu'on en reparle, on constate que la cicatrice n'est pas complètement refermée », avoue aujourd'hui Robert Herbin. Larqué, le capitaine, juge : « Nous étions fatigués, il y avait des blessés et, surtout, nous n'avons pas été très bons… »

SAISON 1975-76
BAYERN MUNICH (RFA) - SAINT-ÉTIENNE : 1-0 (0-0)
C1. FINALE
12 mai 1976, à Hampden Park (Glasgow).
56 000 spectateurs.
But : Roth (57e).
SAINT-ÉTIENNE : Curkovic - Janvion, Piazza, Lopez, Repellini - Bathenay, Larqué, Santini - P. Revelli, H. Revelli, Sarramagna (Rocheteau, 83e). **Entr. :** Herbin.

Le lendemain, les Verts décident de partir de la place de l'Étoile pour se rendre à l'Élysée, où les attend le président Giscard d'Estaing. Des dizaines de milliers de Parisiens, dans un hommage spontané, font de cette descente un triomphe, un lendemain de défaite.

Certains Stéphanois sont décontenancés. Larqué avouera : « Ce défilé sur les Champs, après une défaite… Nous n'étions pas vraiment à l'aise. » Robert Herbin, lui, pense à la suite, déjà : « J'ai vite eu le pressentiment qu'il serait difficile d'avoir une deuxième chance. Certains joueurs étaient sollicités. Ce groupe ne pouvait pas durer éternellement. »

Bathenay fait trembler Anfield

Un an plus tard, pourtant, au printemps 1977, l'ASSE est encore en quarts de finale de la Coupe des champions, après avoir sorti le PSV Eindhoven avec le même motif et la même punition (1-0, 0-0). Mais les relations entre Herbin et Larqué sont distendues. Comment soupçonner que ce quart de finale contre

40e minute de la finale de la C1 1976 : seul un miracle peut sauver Sepp Maier (à g.) sur cette tête de Jacques Santini (à dr.)... Il prendra, encore, la forme d'une barre carrée.

Liverpool sera le dernier grand rendez-vous des Verts en Coupe des champions ? À l'aller, à Geoffroy-Guichard, Saint-Étienne gagne (1-0) en perdant beaucoup : Oswaldo Piazza, qui se met à genou devant l'arbitre pour éviter la sanction, est averti, ce qui le prive du match retour. Or, l'Argentin est le seul à pouvoir contrôler John Toshack, l'avant-centre gallois autour duquel « tournent » les Reds.

Le match retour, à Anfield, n'appartient pas seulement à la légende des Verts. À Liverpool aussi, la soirée est restée mythique. Les vieux fans des Reds chantent d'ailleurs parfois « Allez les Verts ! », en souvenir. Quand ils s'interrogent pour savoir quel match a bénéficié de la plus belle ambiance à Anfield, ce Liverpool-Saint-Étienne arrive souvent en tête. Sans doute parce que Liverpool, ce soir-là, s'est qualifié...

SAISON 1976-77
LIVERPOOL (ANG) - ST-ÉTIENNE : 3-1 (1-0)
C1. QUARTS DE FINALE RETOUR
(ALLER 0-1)
16 mars 1977, au stade d'Anfield.
56 000 spectateurs.
Buts : Keegan (2e), R. Kennedy (59e), Fairclough (84e) pour Liverpool ; Bathenay (50e) pour Saint-Étienne.
SAINT-ÉTIENNE : Curkovic - Janvion, Merchadier (H. Revelli, 74e), Lopez, Farison - Larqué, Bathenay, Synaeghel - Rocheteau, Santini, P. Revelli. **Entr. :** Herbin.

Le choc, terrible, a mis à terre Curkovic (à g.) et Gerd Müller. Le Bayern, lui, se relèvera.

Hervé Revelli, Rocheteau, les Anglais Kennedy et Clemence (de g. à dr.) : à Liverpool, en quarts de la C1 1976-77, c'est la dernière danse de la grande équipe des Verts.

Car c'est un exploit « à la stéphanoise » que les Reds vont réussir. Kevin Keegan, d'un centre-tir incroyable, donne l'impression qu'Ivan Curkovic fait soudain son âge (33 ans), mais Dominique Bathenay, d'une frappe de trente mètres qui figura pendant plusieurs années au générique de *Télé-Foot*, obtient que le Kop chante moins fort l'espace de trois ou quatre secondes (1-1). Cette fois, c'est Liverpool qui doit marquer deux fois pour poursuivre sa route.

Entre alors un jeune attaquant rouquin, David Fairclough, déjà surnommé « Supersub », super remplaçant. Piazza est absent, Alain Merchadier se blesse, et plutôt que de faire entrer un stoppeur de métier, Guy Modeste, qui n'a aucune expérience à ce niveau, Herbin lance Hervé Revelli et réorganise son équipe. Le coup est raté : Fairclough s'échappe deux fois, Lopez, au contact, renonce au moindre geste illicite pour le retenir, et Liverpool passe (3-1). Anfield chavire de bonheur.

Ainsi s'achève la grande épopée stéphanoise. Il reste des épisodes à vivre, mais plus rien n'aura jamais une telle intensité.

Herbin affole le PSV Eindhoven

Les années Platini, de 1979 à 1982, sont marquées par deux magnifiques coups de tonnerre, et par deux quarts de finale, mais c'est « seulement » en Coupe de l'UEFA, et l'histoire finit mal à chaque fois. En 1979-80, le Chaudron retrouve sa

Saint-Étienne

flamme d'antan. Battu 0-2 à Eindhoven en seizièmes de finale aller, agacé par la suffisance batave, Saint-Étienne réussit l'impensable au retour : après cinq minutes de jeu, les Verts mènent déjà 3-0, grâce à des buts de Jean-François Larios, Michel Platini et Jacques Santini. Herbin a décidé de titulariser un jeune de 18 ans, Thierry Oleksiak : « Quand j'avais son âge, Jean Snella avait refusé de m'aligner en Coupe d'Europe contre les Rangers, en raison de ma jeunesse ; je n'ai pas voulu agir de la même façon », justifie-t-il. L'entraîneur stéphanois a une autre surprise en réserve : il change les numéros de ses joueurs et, au coup d'envoi, ceux-ci occupent une fausse position. Ce genre de feinte ne peut jamais durer longtemps, mais cinq minutes suffisent. La note finale est élevée (6-0), et Platini inscrit son premier coup franc avec les Verts : quelques jours plus tôt, il s'est rendu compte que Curkovic demande à ce que les ballons soient surgonflés ; le temps de s'arranger avec son gardien, l'adresse est revenue.

Platini laisse tomber ses jumelles

Plus tard, en quarts de finale, il n'y a rien à espérer : Mönchengladbach punit les Verts à l'aller (4-1), à Geoffroy-Guichard,

SAISON 1979-80
SAINT-ÉTIENNE - PSV EINDHOVEN (HOL) : 6-0 (3-0)
C3. 16ES DE FINALE RETOUR
(ALLER 0-2)
7 novembre 1979, au stade Geoffroy-Guichard. 38 000 spectateurs.
Buts : Larios (2e), Platini (4e, 58e), Santini (5e), Roussey (89e), Rep (90e, s.p.).
SAINT-ÉTIENNE : Curkovic - Janvion, Santini, Lopez, Farison - Élie, T. Oleksiak, Platini (Roussey, 74e) - Rep, Larios, Zimako.
Entr. : Herbin.

Comme Mönchengladbach la saison précédente, Ipswich met brutalement fin au joli parcours de Michel Platini (à dr.) en Coupe de l'UEFA 1980-81.

comme au retour (2-0). Bizarrement, la saison suivante offre un profil proche, avec un grand exploit, et une immense déception. L'exploit est de s'imposer à Hambourg (5-0), en huitièmes de finale aller, avec Bernard Gardon sur Horst Hrubesch, Johnny Rep pour bloquer Manfred Kaltz, et un avant-centre de 1,65 m, Laurent Paganelli…

Il y a aussi, dans les rangs, un général en colère : Michel Platini. Quelques semaines plus tôt, après la défaite de l'équipe de France face à l'Allemagne (1-4), à Hanovre, le sélectionneur allemand Jupp Derwall l'a traité de « général qui conduit ses troupes au combat et les observe de l'arrière, avec des jumelles. » À Hambourg, au soir du triomphe, Herbin est admiratif : « Saint-Étienne s'est approché de la perfection. » Branko Zebec, l'entraîneur de Hambourg, est incrédule : « Je n'ai jamais vu cela de ma vie. » Et Platini se fait ironique : « Tiens, aujourd'hui, j'avais laissé tomber mes jumelles… » Mais l'immense déception du quart de finale aller qui arrive, voile cet exploit : le fantôme de Mönchengladbach revient, avec la nette victoire d'Ipswich à Saint-Étienne (4-1), confirmée au retour (3-1).

Une si longue attente

L'histoire européenne des Verts entre dans son crépuscule. Il est douloureux et soudain. Champion de France en 1981, Saint-Étienne ne passe pas le tour préliminaire de la Coupe des champions, sorti par le Dynamo Berlin (1-1, 0-2). Platini fait une saison extraordinaire, une des meilleures de sa carrière, mais la magie verte s'est éteinte.

La dernière sortie européenne est plus discrète encore : à l'automne 1982, en Coupe de l'UEFA, Bernard Genghini inscrit le dernier but européen des Verts, face aux Hongrois de Tatabanya (4-1, 0-0). Feu le grand Saint-Étienne n'a plus de flamme. Rongé par les querelles et la folie des grandeurs, il touche du doigt ses limites face aux Bohemians de Prague (0-0, 0-4). Une longue attente commence. En juillet 2005, ils sont 32 000 à envahir Geoffroy-Guichard pour un simple match du deuxième tour de la Coupe Intertoto, contre les Suisses de Neuchâtel (1-1). Le Chaudron est un volcan qui dort, en rêvant d'une nouvelle éruption. ■ V. D.

SAISON 1980-81
HAMBOURG (RFA) - ST-ÉTIENNE : 0-5 (0-3)
C3. 8ES DE FINALE ALLER
(RETOUR 0-1)
26 novembre 1980, à Hambourg. 37 000 spectateurs.
Buts : Hartwig (9e, c.s.c.), Platini (26e, 87e), Larios (39e), Zimako (85e).
SAINT-ÉTIENNE : Castaneda - Battiston, Gardon, Lopez, Zanon - Janvion, Larios, Platini - Zimako, Paganelli, Rep. Entr. : Herbin.

En C3 1980-81, Johnny Rep et les Verts font voler en éclats le Hambourg de Horst Hrubesch sur son terrain (5-0) : chapeau !

Saint-Étienne et l'Europe

Les 69 matches

1957-58	C1	1T	Glasgow Rangers (ECO) - Saint-Étienne	3-1	1-2
1962-63	C2	1T	Saint-Étienne - Vitoria Setubal (POR)	1-1	3-0
	C2	8es	Saint-Étienne - FC Nuremberg (RFA)	0-0	0-3
1964-65	C1	1T	Saint-Étienne - La Chaux-de-Fonds (SUI)	2-2	1-2
1967-68	C1	1T	Saint-Étienne - Kuopio Palloseura (FIN)	2-0	3-0
	C1	8es	Benfica (POR) - Saint-Étienne	2-0	0-1
1968-69	C1	1T	Saint-Étienne - Celtic Glasgow (ECO)	2-0	0-4
1969-70	C1	1T	Bayern Munich (RFA) - Saint-Étienne	2-0	0-3
	C1	8es	Legia Varsovie (POL) - Saint-Étienne	2-1	1-0
1970-71	C1	1T	Cagliari (ITA) - Saint-Étienne	3-0	0-1
1971-72	C3	1T	Saint-Étienne - FC Cologne (RFA)	1-1	1-2
1974-75	C1	1T	Saint-Étienne - Sporting CP (POR)	2-0	1-1
	C1	8es	Hajduk Split (YOU) - Saint-Étienne (ap)	4-1	1-5
	C1	Q	Ruch Chorzow (POL) - Saint-Étienne	3-2	0-2
	C1	D	Saint-Étienne - Bayern Munich (RFA)	0-0	0-2
1975-76	C1	1T	KB Copenhague (DAN) - Saint-Étienne	0-2	1-3
	C1	8es	Saint-Étienne - Glasgow Rangers (ECO)	2-0	2-1
	C1	Q	Dynamo Kiev (URS) - Saint-Étienne (ap)	2-0	0-3
	C1	D	Saint-Étienne - PSV Eindhoven (HOL)	1-0	0-0
	C1	F	Bayern Munich (RFA) - Saint-Étienne	1-0	
1976-77	C1	1T	CSKA Sofia (BUL) - Saint-Étienne	0-0	0-1
	C1	8es	Saint-Étienne - PSV Eindhoven (HOL)	1-0	0-0
	C1	Q	Saint-Étienne - Liverpool (ANG)	1-0	1-3
1977-78	C2	1T	Saint-Étienne - Manchester United (ANG)	1-1	0-2
1979-80	C3	1T	Widzew Lodz (POL) - Saint-Étienne	2-1	0-3
	C3	2T	PSV Eindhoven (HOL) - Saint-Étienne	2-0	0-6
	C3	8e	Saint-Étienne - Aris Salonique (GRE)	4-1	3-3
	C3	Q	Saint-Étienne - Borussia M'gladbach (RFA)	1-4	0-2
1980-81	C3	1T	Kuopio Palloseura (FIN) - Saint-Étienne	0-7	0-7
	C3	2T	Saint Mirren (ECO) - Saint-Étienne	0-0	0-2
	C3	8e	Hambourg SV (RFA) - Saint-Étienne	0-5	0-1
	C3	Q	Saint-Étienne - Ipswich Town (ANG)	1-4	1-3
1981-82	C1	TP	Saint-Étienne - Dynamo Berlin (RDA)	1-1	0-2
1982-83	C3	1T	Saint-Étienne - Tatabanya (HON)	4-1	0-0
	C3	2T	Saint-Étienne - Bohemians Prague (TCH)	0-0	0-4

Les 83 joueurs et les 4 entraîneurs

R. Herbin (entr.) (47 matches), **C. Lopez** (43 matches/2 buts), **Janvion** (43/2), **Farison** (33), **Curkovic** (33), **H. Revelli** (32/10), **Larqué** (29/7), **P. Revelli** (26/4), **Bathenay** (25/4), **J. Santini** (25/1), **Piazza** (24/2), **Larios** (22/6), **Synaeghel** (22/2), **Rep** (21/11), **Rocheteau** (21/3), **Bereta** (18/3), **Platini** (16/9), **Herbin** (16/2), **Roussey** (15/4), **Zimako** (14/3), **Castaneda** (14), **A. Batteux** (entr.) (14), **Mitoraj** (13/1), **Repellini** (13), **Battiston** (13), **Bosquier** (12/1), **Polny** (12), **Carnus** (12), **Durkovic** (12), **Merchadier** (12), **Zanon** (11), **Sa. Keita** (10/2), **Élie** (10), **A. Jacquet** (9/1), **Sarramagna** (9/1), **T. Oleksiak** (9), **Mekloufi** (8/2), **R. Ferrier** (8/1), **R. Tylinski** (8), **Paganelli** (7/4), **Gardon** (7), **Camerini** (7), **Lestage** (6/1), **R. Domingo** (6), **Triantafilos** (5/3), **Fefeu** (5), **J. Faivre** (4/2), **Baulu** (4/1), **J.-F. Daniel** (4/1), **Bordas** (4), **Mahut** (4), **R. Philippe** (4), **J. Snella** (entr.) (4), **F. Wicart** (entr.) (4), **Genghini** (3/1), **J. Oleksiak** (3/1), **Parizon** (3), **N'Doumbé** (3), **N. Sbaiz** (3), **Broissart** (3), **Courbon** (3), **Guy** (2/2), **M. Tylinski** (2), **Cassado** (2), **J.-M. Schaer** (2), **Wicart** (2), **P. Bernard** (2), **Samardzic** (2), **B. Lefèvre** (2), **Goujon** (2), **Millot** (2), **Abbes** (2), **Primard** (2), **E. Njo-Léa** (2), **Noguès** (2), **Castel** (2), **Wisnieski** (1), **Balboa** (1), **Barthélemy** (1), **Colleu** (1), **J. Foix** (1), **Sanlaville** (1), **Heutte** (1), **J. Masson** (1), **B. Nielsen** (1), **Wolff** (1), **Borel** (1).

Deux superbes performances, contre les équipes allemandes de Francfort (1980) et de Dortmund (2003) en Coupe de l'UEFA, jalonnent l'histoire européenne du club doubiste.

Sochaux LA CONQUÊTE DU RHIN

Football Club de Sochaux-Montbelliard

BILAN EUROPÉEN

	C1	C2	C3	Total
Part.	-	-	7	7
J.	-	-	34	34
G.	-	-	15	15
N.	-	-	9	9
P.	-	-	10	10
Bp.	-	-	56	56
Bc.	-	-	32	32
Diff.	-	-	+ 24	+ 24

Meilleure performance :
demi-finales de la C3 en 1980-81

10 décembre 1980. Sur la neige du stade Bonal, Patrick Revelli et les Sochaliens remontent deux buts aux Allemands de Francfort (2-4, 2-0) pour accéder aux quarts de finale de la C3. Héroïque jusqu'au bout, Revelli revient même sur le terrain en robe de chambre (photo du haut) !

Pour cruelle qu'elle soit, l'élimination face aux amateurs danois du Frem Copenhague (1-3, 1-2), en Coupe de l'UEFA 1972-73, constitue un tournant bénéfique dans la construction du FC Sochaux. Car, pour ses grands débuts européens, c'est sous les yeux des dirigeants de Peugeot, venus tout exprès de Paris, que le bolide sochalien se crashe sur son terrain. Ce devait être un match retour facile ? Il rend les patrons de la marque rouges de honte. Ceux-ci se réunissent dans la foulée et tombent d'accord : plus jamais ça !

C'est la révolution. Six mois plus tard, René Hauss, ancien entraîneur du Standard de Liège, est appelé au chevet du club. L'Alsacien, soutenu par les dirigeants, impose sa rigueur quasi militaire, dans une ambiance compliquée. Surtout, il initie la création du centre de formation. C'est un beau jardin, que commence à cultiver Pierre Tournier. Huit ans plus tard, avec ses meilleures pousses, Sochaux accomplira le plus beau parcours européen de son histoire, n'échouant qu'aux portes de la finale de la Coupe de l'UEFA.

Des crampons meulés à l'usine

Une date marque à tout jamais les mémoires : le 10 décembre 1980. Ce jour-là, Sochaux reçoit les Allemands de l'Eintracht Francfort, en match retour des huitièmes de finale. À l'aller, les Franc-Comtois sont passés à côté d'une authentique catastrophe. Menés 0-4, ils sont au supplice chez le tenant du titre quand, alors que Neuberger vient de tirer sur le poteau, ils profitent de l'arrogance germanique pour marquer deux buts, par Bernard Genghini et l'Autrichien Bruno Pezzey contre son camp, à trois minutes de la fin (2-4). « Ils ne savaient même pas orthographier correctement le nom de Sochaux sur les affiches », se souvient Genghini.

L'actuel directeur sportif fait alors partie, avec Albert Rust, Jean-Luc Ruty,

SAISON 1980-81
SOCHAUX - EINTRACHT FRANCFORT (RFA) : 2-0 (2-0)
C3. 8ES DE FINALE RETOUR
(ALLER 2-4)
10 décembre 1980, au stade Auguste-Bonal. 8 500 spectateurs.
But : P. Revelli (16e, 42e).
SOCHAUX : Rust - Bonnevay, Ruty, Djaadaoui, Posca (Durkalic, 68e) - Ivezic, Benoît, Genghini - Anziani, Stopyra, P. Revelli.
Entr. : Fauvergue.

Sochaux

La détermination des lions de Sochaux se lit sur le visage de leurs chefs de meute Bernard Genghini (à g.) et Patrick Revelli, toujours prêts à rugir au stade Bonal.

Les demi-finalistes de 1980-81. De g. à dr., en haut : Anziani, Bezaz, Ruty, Rust, Djaadaoui ; accroupis : Durkalic, Benoît, Genghini, Stopyra, P. Revelli, Posca.

Malgré la combativité de Bernard Genghini (au c.) et le redoutable jeu de tête de Yannick Stopyra (à dr.), Sochaux cale à domicile contre Alkmaar (1-1).

Jacky Bonnevay, Éric Benoît, Yannick Stopyra et Philippe Anziani, de la jeune génération qui a grandi au centre de formation. Ce 10 décembre, elle signe un exploit retentissant. Il neige sur l'Est de la France, le froid est terrible. Une température de moins 26 degrés est mesurée à Morteau. René Hauss et Jean Fauvergue, son homme de terrain, y voient un signe du ciel. Habitués aux pelouses chauffées, les Allemands sont surpris par ces conditions extrêmes, d'autant que pas grand-chose n'est fait pour déblayer la pelouse… On raconte qu'avant le match les joueurs doubistes vont meuler leurs crampons à l'usine Peugeot, pour mieux adhérer à la surface. Leurs adversaires, eux, sont figés par le froid et l'allant sochalien. Patrick Revelli, l'ancien Stéphanois, marque deux fois en première mi-temps, pendant que Pezzey touche le poteau…

Patrick Revelli en robe de chambre

Devant 5 784 spectateurs, qui n'en croient pas leurs yeux, Sochaux résiste jusqu'au bout (2-0). Devant les caméras d'Antenne 2, l'image de Patrick Revelli, affalé dans la neige puis revenant sur le terrain en robe de chambre, fait chavirer la France. Sochaux conquiert les cœurs. « Cette période a été la plus belle de l'histoire du club, car toute la région était derrière nous », raconte Genghini.

En quarts de finale, Sochaux continue en éliminant le Grasshopper de Zurich, grâce à une victoire en Suisse (2-1) sur un coup franc de Genghini dans la lucarne, un geste mille fois répété à l'entraînement. Il ne manque qu'un tour pour se hisser en finale, contre les Néerlandais d'AZ' 67 Alkmaar. Au match aller (1-1), Abdel Djaadaoui est victime d'une rupture du tendon d'Achille. Aux Pays-Bas, Zvonko Ivezic, le meneur de jeu, doit jouer libero et Philippe Anziani termine le match au poste… d'arrière droit. Et Sochaux ne s'incline que d'un petit but (2-3).

La défense de Dortmund explose

Cela restera toutefois une épopée aux lendemains qui déchantent. La génération dorée s'éparpille, Pierre Tournier part éprouver ses méthodes du côté de Monaco, et il faut attendre plus de vingt ans pour retrouver le goût de l'exploit. Deux longues décennies au cours desquelles Sochaux apparaît furtivement trois fois sur le plancher continental, dont une double confrontation face à la Fiorentina de Dunga et Roberto Baggio, perdue d'un poil (0-0, 1-1).

L'énorme claque (4-0) infligée au Borussia Dortmund, le 27 novembre 2003, dans un stade Bonal aux anges, appartient à la génération des Sylvain Monsoreau, Jérémy Mathieu, Benoît Pedretti et Pierre-Alain Frau, les nouveaux enfants du club. Elle passe quatre buts à une équipe allemande certes diminuée et qui se retrouve à dix après seulement quatre minutes, à la suite de

6 novembre 2003. Très consistants à Dortmund (2-2), notamment face à Juan Fernandez (à terre), Wilson Oruma et Grégory Paisley « piétineront » le Borussia au retour (4-0).

l'expulsion de Salvatore Gambino. Mais quel festival face à la défense de Matthias Sammer, qui vole en éclats ! L'entraîneur du Borussia, ancien Ballon d'Or de *France Football,* rend ainsi hommage à la science de son homologue français : « Si le match avait été un film, le metteur en scène aurait été Guy Lacombe. »

Il ne manquera pas grand-chose pour se payer ensuite la peau d'un Inter Milan qui se qualifie « à l'italienne » : 2-2 à Bonal, 0-0 à San Siro.

SAISON 2003-04
SOCHAUX - DORTMUND (ALL) : 4-0 (1-0)
C3. 2e TOUR RETOUR (ALLER 2-2)
27 novembre 2003, au stade Auguste-Bonal.
18 584 spectateurs.
Buts : Frau (5e, s.p.), Santos (65e), Oruma (76e), Mathieu (89e).
SOCHAUX : Gnanhouan - Diawara, Flachez, Monsoreau, Paisley (Raschke, 83e) - Daf, Pedretti, Oruma, Mathieu - Frau (Pagis, 78e), Santos (Lonfat, 70e).
Entr. : G. Lacombe.

Une victoire tactique à Lisbonne

La saison 2004-05 est marquée par la débâcle face à Newcastle (0-4), mais aussi par un match tactiquement abouti à Lisbonne (1-0), contre le Sporting Portugal, futur finaliste. Une campagne prometteuse mais qui précède, à l'instar de 1981, un nouvel éclatement de l'effectif. Comme un besoin éternel de toujours tout recommencer. ■ J.-M. B.

Benoît Pedretti, leader de la génération sochalienne des années 2000, est stoppé sans perdre (2-2, 0-0) par cet Inter Milan accrocheur et son capitaine, Cristiano Zanetti (n° 4).

Sochaux et l'Europe

Les 34 matches

1972-73	C3	1T	Sochaux - Frem Copenhague (DAN)		1-3	1-2
1976-77	C3	1T	Hibernian Edimbourg (ECO) - Sochaux		1-0	0-0
1980-81	C3	1T	Sochaux - Servette Genève (SUI)		2-0	1-2
	C3	2T	Sochaux - Boavista (POR)		2-2	1-0
	C3	8es	Eintracht Francfort (RFA) - Sochaux		4-2	0-2
	C3	Q	Grasshopper Zurich (SUI) - Sochaux		0-0	1-2
	C3	D	Sochaux - AZ' 67 Alkmaar (HOL)		1-1	2-3
1982-83	C3	1T	PAOK Salonique (GRE) - Sochaux	(ap)	1-0	1-2
1989-90	C3	1T	Sochaux - Jeunesse Esch (LUX)		7-0	5-0
	C3	2T	Fiorentina (ITA) - Sochaux		0-0	1-1
2003-04	C3	1T	MyPa-47 Anjalankoski (FIN) - Sochaux		0-1	0-2
	C3	2T	Borussia Dortmund (ALL) - Sochaux		2-2	0-4
	C3	16es	Sochaux - Inter Milan (ITA)		2-2	0-0
2004-05	C3	1T	Sochaux - Stabæk Fotball (NOR)		4-0	5-0
	C3	2T 1	Dynamo Tbilissi (GEO) - Sochaux		0-2	
	C3	2T 3	Sochaux - Newcastle United (ANG)		0-4	
	C3	2T 4	Sporting CP (POR) - Sochaux		0-1	
	C3	2T 5	Sochaux - Panionios Athènes (GRE)		1-0	
	C3	16es	Olympiakos Le Pirée (GRE) - Sochaux		1-0	1-0

Les 89 joueurs et les 5 entraîneurs

Mathieu (14 matches/2 buts), **So. Diawara** (14/1), **G. Lacombe** (entr.) (14), **Isabey** (12/2), **Ruty** (12), **Posca** (12), **Rust** (12), **P. Anziani** (11/2), **Djaadaoui** (11), **Y. Stopyra** (11), **Genghini** (10/6), **P. Revelli** (10/3), **Lonfat** (10/1), **Daf** (10), **J. Fauvergue** (entr.) (10), **Santos** (9/4), **Durkalic** (9/2), **Oruma** (9/2), **Ivezic** (9/1), **Richert** (9), **Zaïri** (8/2), **Monsoreau** (8/1), **Paisley** (8/1), **Bonnevay** (8), **Pitau** (8), **Bezaz** (7), **Benoît** (7), **Ilan** (6/4), **J.-C. Thomas** (6/3), **Boudarène** (6), **Zandona** (6), **Flachez** (6), **Frau** (5/4), **Lada** (5/2), **Menez** (5), **Tall** (5), **Gnanhouan** (5), **Pedretti** (5), **Carrasco** (4/2), **C. Oudjani** (4/2), **F. Silvestre** (4/2), **Laurey** (4/1), **Seles** (4), **Tihy** (4), **Pagis** (4), **Lucas** (4), **Croci** (4), **Hadzibegic** (4), **J. Colin** (4), **Rousset** (4), **P. Barret** (entr.) (4), **S. Takac** (entr.) (4), **T. Meyer** (3/1), **F. Henry** (3), **P. Morin** (3), **G. Soler** (3), **Lechantre** (2/1), **Burcklé** (2), **Pintenat** (2), **Bazdarevic** (2), **Vanucci** (2), **De Carvalho** (2), **Potillon** (2), **T. Fernier** (2), **Goraguer** (2), **Courbis** (2), **A. Guttierez** (2), **Pfertzel** (2), **Guinot** (2), **Lubin** (2), **Klijnjan** (2), **Melic** (2), **Ndaw** (2), **Bats** (2), **Battmann** (2), **P. Mosca** (entr.) (2), **Perrin** (1/1), **Jeskowiak** (1/1), **Si. Diarra** (1), **Maier** (1), **Trapasso** (1), **Chedli** (1), **Wassmer** (1), **Watteau** (1), **Lavie** (1), **Santos** (1), **Ibanez** (1), **Dartevelle** (1), **C. Rey** (1), **Dufour** (1), **T. Régnier** (1), **Piat** (1), **Largouet** (1), **Raschke** (1).

Strasbourg

Strasbourg LES MYSTÈRES DE L'EST

En neuf campagnes, le Racing a rencontré les plus grands clubs du continent et réussi quelques exploits mémorables. Mais il n'a jamais dépassé les quarts de finale.

En combattant apache, David Zitelli (à dr.) s'offre le scalp de Liverpool en 1997-98.

Racing Club de Strasbourg

LE BILAN GÉNÉRAL

	C1	C2	C3	Total
Part.	1	1	7	9
J.	6	4	32	42
G.	3	2	12	17
N.	1	1	7	9
P.	2	1	13	16
Bp.	8	3	39	50
Bc.	6	3	48	57
Diff.	+ 2	0	- 9	- 7

Meilleure performance :
quarts de finale de C1 en 1979-80

Siège du Conseil de l'Europe et du Parlement européen, Strasbourg a sans doute eu autant de mal à justifier son rang de « capitale de l'Europe » dans les joutes footballistiques que sur le terrain politique. Malgré une surréaliste déroute initiale face au MTK Budapest (1-3, 2-10), le Racing est pourtant l'un des rares clubs français à émerger de la grisaille des années 1960. En 1964-65, l'équipe façonnée par Paul Frantz et emmenée par Gilbert Gress et Gérard Hausser, se fraie un chemin jusqu'en quarts de finale de la C3, en sortant successivement le Milan AC (2-0, 0-1), Bâle (1-0, 5-2) et Barcelone au tirage au sort (0-0, 2-2, 0-0) !

Gress ne se coupera pas les cheveux

Comme ce sera souvent le cas, l'aventure s'achève par une grosse glissade, en quarts de finale, face à Manchester United (0-5 à la Meinau, puis 0-0).

Quinze ans et quelques moins brillantes campagnes plus tard, le RCS, champion de France 1979, voit l'Ajax stopper brutalement, toujours en quarts (0-0, 0-4), son joli (et unique pour ce cinquantenaire) parcours en C1. Léonard Specht, Raymond Domenech et Carlos Bianchi n'auront pas le bonheur de voir Gilbert Gress, devenu entraîneur, se couper les cheveux. « Au cours de ma longue carrière, j'ai pris quelques bonnes casquettes, lâche le capitaine Jacky Novi. Mais celle-là va me marquer un bon moment. »

Strasbourg aussi. L'Europe ne reviendra en Alsace qu'en 1995-96, via la Coupe Intertoto. Le Racing dirigé par Jacky Duguépéroux (champion de France 1979) atteint les seizièmes de finale de la C3, face au Milan AC (0-1, 1-2). Deux ans après, les Frank Lebœuf, Marc Keller et Alexandre Mostovoï sont partis, mais en fait de grands noms, ce sont ceux des adversaires que la Meinau va apprécier.

Les héros d'Ibrox et d'Anfield

Les Bleu et Blanc croquent les Glasgow Rangers (2-1, 2-1), puis Liverpool, dont le rush à Anfield sera insuffisant après le show de David Zitelli à l'aller (3-0, 0-2). « On a vécu quelque chose d'inoubliable », savoure « Dugué ».

Futur vainqueur de cette C3, l'Inter Milan de Youri Djorkaeff manque lui aussi de passer à la trappe, en huitièmes. Mais malgré un nouvel exploit à la Meinau (2-0), malgré les miracles d'Alexander Vencel, qui repousse un penalty de Ronaldo, la route du Racing s'arrête à San Siro (0-3), comme en 1965-66 et en 1995-96. ■ Y. H.

SAISON 1997-98
STRASBOURG - LIVERPOOL (ANG) : 3-0 (1-0)
C3. 16es DE FINALE ALLER
(RETOUR 0-2)

21 octobre 1997, au stade de la Meinau.
18 813 spectateurs.
Buts : Zitelli (21e, 62e), Conteh (69e).
STRASBOURG : Vencel - Raschke, Suchoparek, Okpara, M'Ghoghi (Rott, 77e) - Collet, Dacourt, Arpinon, Baticle - Zitelli (Rabbah, 84e), Conteh.
Entr. : Duguépéroux.

Strasbourg et l'Europe

Les 42 matches

1961-62	C3	1T	Strasbourg - MTK Budapest (HON)	1-3	2-10
1964-65	C3	1T	Strasbourg - Milan AC (ITA)	2-0	0-1
	C3	2T	FC Bâle (SUI) - Strasbourg	0-1	2-5
	C3	3T	Strasbourg - FC Barcelone (ESP)	0-0	2-2
	C3	3T	appui FC Barcelone (ESP) - Strasbourg* (ap/tas)	0-0	
	C3	Q	Strasbourg - Manchester United (ANG)	0-5	0-0
1965-66	C3	1T	Milan AC (ITA) - Strasbourg	1-0	1-2
	C3	1T	appui Milan AC (ITA)* - Strasbourg (ap/tas)	1-1	
1966-67	C2	1T	Strasbourg - Steaua Bucarest (ROU)	1-0	1-1
	C2	8es	Strasbourg - Slavia Sofia (BUL)	1-0	0-2
1978-79	C3	1T	IF Elfsborg (SUE) - Strasbourg	2-0	1-4
	C3	2T	Strasbourg - Hibernian (ECO)	2-0	0-1
	C3	8es	Strasbourg - MSV Duisbourg (RFA)	0-0	0-4
1979-80	C1	1T	Start Kristiansand (NOR) - Strasbourg	1-2	0-4
	C1	8es	Dukla Prague (TCH) - Strasbourg (ap)	1-0	0-2
	C1	Q	Strasbourg - Ajax Amsterdam (HOL)	0-0	0-4
1995-96	C3	1T	Strasbourg - Ujpest TE Budapest (HON)	3-0	2-0
	C3	2T	Strasbourg - Milan AC (ITA)	0-1	1-2
1997-98	C3	1T	Strasbourg - Glasgow Rangers (ECO)	2-1	2-1
	C3	2T	Strasbourg - Liverpool (ANG)	3-0	0-2
	C3	8es	Strasbourg - Inter Milan (ITA)	2-0	0-3
2001-02	C3	1T	Standard Liège (BEL) - Strasbourg	2-0	2-2

Les 97 joueurs et les 6 entraîneurs

Merschel (17 matches/1 but), **J. Schuth** (16), **Hausser** (15/7), **Szczepaniak** (15/2), **Hauss** (14/2), **G. Gonzales** (14), **Stieber** (14), **Farias** (13/3), **Piasecki** (12/5), **Tanter** (12/1), **Specht** (12), **Gress** (12), **D. Devaux** (12), **Dropsy** (12), **P. Frantz** (entr.) (12), **G. Gress** (entr.) (12), **Wagner** (11/1), **Kaelbel** (11), **R. Domenech** (11), **P. Sbaiz** (10/1), **Vencel** (10), **Novi** (10), **J. Duguépéroux** (entr.) (10), **J.-J. Marx** (9/1), **Deutschmann** (9), **Raschke** (9), **Dacourt** (9), **Zitelli** (8/5), **Baticle** (8/5), **Decastel** (6/2), **Gemmrich** (6/1), **Conteh** (6/1), **Jodar** (6), **Duguépéroux** (6), **Okpara** (6), **Collet** (6), **Ismaël** (5/1), **Lebœuf** (5/1), **M'Ghoghi** (5), **Miceli** (5), **Bracci** (5), **Rott** (5), **Ehrlacher** (5), **Mostovoï** (4/1), **Sauzée** (4/1), **Munoz** (4), **Leblond** (4), **Lazarus** (4), **Kinet** (4), **M. Keller** (4), **Jouve** (4), **Djétou** (4), **Pouliquen** (4), **Suchoparek** (4), **Régis** (4), **W. Presch** (entr.) (4), **C. Bianchi** (3/3), **R. Muller** (3/1), **Rabbah** (3), **Garde** (3), **Gentes** (3), **Arpinon** (3), **Ljuboja** (2/2), **Lachot** (2/1), **Nabat** (2/1), **Vogel** (2), **Zsamboski** (2), **Novotarski** (2), **P. Nouma** (2), **Coincon** (2), **Momha** (2), **Bassila** (2), **C. Martins** (2), **Laurent** (2), **F. Keller** (2), **Jonquet** (2), **T. Bertin** (2), **Johansen** (2), **Devaux** (2), **Heine** (2), **Dogon** (2), **Gohel** (2), **Y. Fischer** (2), **Chilavert** (2), **Y. Hasek** (entr.) (2), **E. Veinante** (entr.) (2), **Belloso** (1), **Mosser** (1), **Abdessadki** (1), **Spiewak** (1), **Wenger** (1), **Paatelainen** (1), **Tischner** (1), **Biernat** (1), **Beye** (1), **Piat** (1), **Glassmann** (1), **Isel** (1), **Doukantie** (1), **Ehret** (1), **Burcklé** (1), **Mateo** (1), **Remetter** (1).

L'élimination de la grande équipe de Naples, dirigée par Diego Maradona lui-même, en C3 1986-87, demeure le plus haut fait d'arme européen du club toulousain.

Toulouse LA PEAU DU ROI DIEGO

Le malheur de l'immense Maradona (n° 10), qui a raté son tir au but, fait le bonheur des « petits » Toulousains de Philippe Bergeroo (n° 1).

Toulouse Football Club

LE BILAN GÉNÉRAL

	C1	C2	C3	Total
Part.	-	-	3	3
J.	-	-	10	10
G.	-	-	5	5
N.	-	-	1	1
P.	-	-	4	4
Bp.	-	-	16	16
Bc.	-	-	15	15
Diff.	-	-	+ 1	+ 1

Meilleures performances :
seizièmes de finale de la C3 en 1986-87 et 1987-88

Il existe un score de référence dans la courte histoire européenne de Toulouse : 5-1. C'est sur cette lourde marque que le FCT (pas encore TFC), aux couleurs rouge et blanc, s'incline en Roumanie face au Dinamo Pitesti – qu'il avait pourtant largement battu (3-0) au Stadium – en Coupe des villes de Foire 1966-67. Mais rien de grave pour les joueurs de Kader Firoud, les Pierre Dorsini, Régis Bruneton, Antoine Redin, Carlos Monnin, Max Richard, Jacky Bernard ou Philippe Le Donche : cette épreuve n'est pas un objectif majeur !

C'est aussi sur un 5-1 que s'achève la deuxième expérience toulousaine, à l'automne 1986... Cette fois, cela se passe à Moscou, face au Spartak, que les Violets ont également sérieusement malmené à l'aller (3-1), sous l'impulsion d'un Gérald Passi euphorique. En état de grâce, l'Albigeois inscrit ce jour-là les trois buts de son équipe, performance d'autant plus remarquable que la cage moscovite est alors défendue par le fameux gardien international Rinat Dassaev.

Benoît Tihy musèle Maradona

Cet exploit initial fait croire un peu trop vite à la qualification, car tout le monde a encore en tête ce qui s'est produit au tour précédent : l'élimination du grand Naples de Maradona ! Pour situer la qualité de cet adversaire italien, notons qu'il va réussir le doublé Coupe-Championnat en cette saison 1986-1987, et enlever la Coupe de l'UEFA en 1989...

À San Paolo, où Benoît Tihy musèle parfaitement le roi Diego, les Toulousains de Jacques Santini jouent haut et s'inclinent de justesse (0-1), après avoir failli marquer.

Stopyra buteur de l'exploit

Au retour, au Stadium, ils font mieux encore en réalisant un match très dense et en revenant à égalité sur un but de Yannick Stopyra (1-0).

Dans l'épreuve des tirs au but, c'est Maradona lui-même, dernier à s'élancer, qui offre la qualification aux Violets en expédiant son ballon sur le poteau...

L'année suivante, les Toulousains écrasent les Grecs de Panionios (5-1, bien sûr !), mais se laissent surprendre (1-1, 0-1) par les Allemands du Bayer Leverkusen, encore peu connus sur la scène européenne mais dignes représentants d'une Bundesliga toujours haut de gamme.

Depuis, Toulouse attend. Au gré de trois relégations (1994, 1999, 2001) et de sept saisons de purgatoire passées loin de la Ligue1... ■ A. P.

SAISON 1986-87
TOULOUSE - NAPLES (ITA) : 1-0 a.p. (4 tab 3).
C3. 1er TOUR RETOUR
(ALLER 0-1)

1er octobre 1986, au Stadium.
34 951 spectateurs.
But : Stopyra (15e).
TOULOUSE : Bergeroo - Lestage (Marx, 120e), Ruty, Tarantini, Tihy - Despeyroux, J.-P. Durand, G. Passi (Espanol, 76e), Bellus - Stopyra, Marcico. **Entr. :** Santini.

Toulouse et l'Europe

Les 10 matches

1966-67	C3	2T	Toulouse - Dinamo Pitesti (ROU)		3-0	1-5
1986-87	C3	1T	SSC Naples (ITA) - Toulouse	(3 tab 4)	1-0	0-1
	C3	2T	Toulouse - Spartak Moscou (URS)		3-1	1-5
1987-88	C3	1T	Toulouse - Panionios Athènes (GRE)		5-1	1-0
	C3	2T	Toulouse - Bayer Leverkusen (RFA)		1-1	0-1

Les 33 joueurs et les 2 entraîneurs

Y. Stopyra (8 matches/2 buts), **Tarantini** (8/1), **Tihy** (8), **Ruty** (8), **Lestage** (8), **Despeyroux** (8), **Bergeroo** (8), **J. Santini** (entr.) (8), **G. Passi** (5/4), **Rocheteau** (4/2), **Marcico** (4/2), **J.-P. Durand** (4/1), **Espanol** (4), **Bellus** (4), **Paillard** (4), **Pavon** (3), **Dorsini** (2/2), **Soukhane** (2/2), **Assadourian** (2), **Turraud** (2), **J. Bernard** (2), **Bruneton** (2), **Casini** (2), **Richard** (2), **Cros** (2), **Redin** (2), **Monnin** (2), **Delpech** (2), **Giussepin** (2), **K. Firoud** (entr.) (2), **Debève** (1), **J.-J. Marx** (1), **Wojciak** (1), **G. Oliver** (1), **Le Donche** (1).

Angers RESTÉ AU PIED DU MUR

Réputé pour son football technique et ondoyant, le SCO ne manque pas d'allure lorsqu'il se lance, en 1972, dans ce qui sera sa seule tentative européenne du cinquantenaire.

Le Yougoslave Bozider Antic, le promoteur attaquant Marc Berdoll (19 ans) et les « jumeaux » Jean-Marc Guillou et Albert Poli en font une équipe à la fois subtile et percutante.

Vainqueurs au stade du Ray des stars de l'OGC Nice (4-2, avec trois buts d'Éric Edwige mais un arbitrage discuté de M. Besory), les Angevins se retrouvent même leaders de la D1, après sept journées, lorsqu'ils vont disputer leur match retour contre le Dynamo à Berlin, après le 1-1 concédé au stade Jean-Bouin. Mais, à cette époque, le football est-allemand constitue un mur infranchissable pour les Français (1-2)... ■ A. P.

La détermination de Jacky Lemée (à g.) ne suffit pas à terrasser les Allemands de l'Est.

Angers et l'Europe

Les 2 matches

1972-73

C3	1T	Angers - Dynamo Berlin (RDA)	1-1	1-2

Les 13 joueurs et l'entraîneur

Lemée (2 matches/1 but), **Lassalette** (2/1), **Antic** (2), **Poli** (2), **Lecœur** (2), **Guillou** (2), **Bourdel** (2), **Edwige** (2), **Damjanovic** (2), **Gaidoz** (2), **Gallina** (2), **L. Nagy** (entr.) (2), **Berdoll** (1), **Fiévet** (1).

Angoulême REGRET ÉTERNEL

Promue en 1969 avec Angers, l'AS Angoulême découvre brillamment la D1 en décrochant la quatrième place et une place en Coupe de l'UEFA. Michel Margottin et Jean Deloffre, anciens Angevins, mais aussi l'inusable Jean-Louis Léonetti donnent à cette formation une note très technique.

Vitoria Guimaraes lui inflige pourtant un 3-0 sans appel au Portugal. Les 8 000 spectateurs du stade Camille-Lebon croient tout de même au miracle au retour, quand Angoulême mène 2-0 à la pause, sur un doublé de Christian Castellan. Mais le but du Lusitanien Ademis rend inutile celui du jeune Jean Gallice (3-1). Le coup est passé tout près... ■ A. P.

But de Christian Castellan, qui ouvre le score contre Guimaraes (3-1).

Angoulême et l'Europe

Les 2 matches

1970-71

C3	1T	Guimaraes (POR) - Angoulême	3-0	1-3

Les 13 joueurs et l'entraîneur

J. Gallice (2 matches/1 but), **J.-L. Léonetti** (2), **Solas** (2), **Edom** (2), **Gester** (2), **Péri** (2), **G. Grizzetti** (2), **Ansaldo** (2), **Kouba** (2), **C. Hugues** (entr.) (2), **Castellan** (1/2), **Glyczinski** (1), **Deloffre** (1), **Le Chenadec** (1).

Caen LE SHOW GRAVELAINE

Malgré Andreas Brehme (n° 3), Xavier Gravelaine (à g.) inscrit un but de toute beauté.

Inauguré en juin 1993, le stade Michel-d'Ornano est encore en chantier lorsque le Stade Malherbe de Caen accomplit, dans sa vieille enceinte de Venoix, ses premiers pas européens, à l'automne 1992. Ces débuts sont brillants et prometteurs, mais plutôt mal récompensés avec un 3-2 face aux Espagnols du Real Saragosse, grâce à deux buts de Stéphane Paille et un autre du virevoltant Xavier Gravelaine, qui devient international quelques jours plus tard grâce à cette superbe prestation européenne.

Mais au retour, alors que Paille joue assez étrangement libero, l'incertitude n'est pas vraiment de mise (0-2) et les joueurs de Daniel Jeandupeux sont éliminés sans gloire. ■ A. P.

Caen et l'Europe

Les 2 matches

1992-93

C3	1T	Caen - Real Saragosse (ESP)	3-2	0-2

Les 14 joueurs et l'entraîneur

Paille (2 matches/2 buts), **Gravelaine** (2/1), **Gorter** (2), **Point** (2), **Montanier** (2), **Lebourgeois** (2), **H. Fournier** (2), **H. Dangbeto** (2), **Cauet** (2), **Calderon** (2), **Rouissi** (2), **J. Germain** (2), **D. Jeandupeux** (entr.) (2), **Avenet** (1), **Dedebant** (1).

Cannes AVEC UN DÉBUTANT NOMMÉ ZIDANE

19 ans et déjà une belle foulée : Zinédine Zidane (à dr.) découvre la Coupe d'Europe en 1991-92 avec l'AS Cannes, ici contre Moscou.

Quatrième de Division 1 en 1991, l'AS Cannes va descendre la saison suivante et vendre à Bordeaux, dans la foulée, son jeune espoir nommé Zinédine Zidane… Mais, entre-temps, l'équipe azuréenne, dirigée par Boro Primorac, se frotte à la C3 et passe un petit tour, aux tirs au but, contre les Portugais de Salgueiros.

Trois ans plus tard, sous les ordres de Safet Susic, l'ASC, revenue en D1, accomplit un double exploit retentissant face aux Turcs de Fenerbahçe (4-0, 5-1). Hélas, sans lendemain.

Mais au final, avec Aljosa Asanovic, William Ayache, Franck Durix, Luis Fernandez, Robby Langers, Johan Micoud, François Omam-Biyik, Safet Susic, Patrick Vieira, Zinédine Zidane et quelques autres, c'est une prestigieuse galerie de portraits qui jalonne le bref parcours européen du club cannois. ■ A. P.

Cannes et l'Europe

Les 8 matches

1991-92

C3	1T	Salgueiros (POR) - Cannes (2 tab 4)	1-0	0-1
C3	2T	Cannes - Dynamo Moscou (CEI)	0-1	1-1

1994-95

C3	1T	Cannes - Fenerbahçe (TUR)	4-0	5-1
C3	2T	Admira Wacker (AUT) - Cannes	1-1	4-2

Les 30 joueurs et les 2 entraîneurs

Durix (7 matches /1 but), **Koot** (6), **C. Horlaville** (4/3), **Omam-Biyik** (4/2), **Kozniku** (4/2), **Vieira** (4/1), **Micoud** (4/1), **Delmotte** (4), **Langers** (4), **Sassus** (4), **Raschke** (4), **Bray** (4), **Ayache** (4), **Asanovic** (4), **Zidane** (4), **Dussuyer** (4), **Lemasson** (4), **B. Primorac** (entr.) (4), **S. Susic** (entr.) (4), **Bédrossian** (3/1), **J.-F. Daniel** (3), **Guérit** (3), **L. Fernandez** (3), **Pollet** (3), **Priou** (3), **Dréossi** (3), **Hampartzoumian** (2), **Sauvaget** (2), **J.-M. Capoue** (1), **Ferhaoui** (1), **P. Marquet** (1), **Charvet** (1).

Châteauroux PAS DRÔLE, LA BLAGUE

Née en 1883, La Berrichonne de Châteauroux n'a gagné, en plus de 120 ans d'existence, qu'un titre de champion de Ligue 2, en 1997, et n'a passé qu'une saison parmi l'élite, en 1997-1998.

Mais c'est en 2004, toujours sous la direction de Victor Zvunka, revenu au club, que les Castelroussins passent tout près du bonheur suprême, à travers une finale de Coupe de France, que Pauleta offre de justesse au Paris-SG (1-0).

Passée l'euphorie d'un billet européen gagné en tant que finaliste, Paris disputant la Ligue des champions, le retour à la réalité est plutôt dur face aux Belges du FC Bruges, qui s'imposent facilement chez eux (4-0), puis encore au stade Gaston-Petit (2-1). ■ A. P.

Le Berrichon Armindo Ferreira (à dr.) s'envole sur le terrain de Bruges, au premier tour de la Coupe de l'UEFA 2004-05. Mais l'atterrissage sera douloureux (0-4).

Châteauroux et l'Europe

Les 2 matches

2004-05

C3	1T	FC Bruges (BEL) - Châteauroux	4-0	2-1

Les 22 joueurs et l'entraîneur

Chafni (2 matches/1 but), **Is. Ba** (2), **Y. Mansouri** (2), **Mulenga** (2), **Kamata** (2), **T. Bertin** (2), **V. Zvunka** (entr.) (2), **R. Roche** (1), **Moutaouakil** (1), **Mazel** (1), **S. Marchal** (1), **F. Duhamel** (1), **Lanteri** (1), **Frutos** (1), **Fradin** (1), **A. Ferreira** (1), **V. Fernandez** (1), **Fanni** (1), **El Bekri** (1), **P. D'Amico** (1), **Da Cunha** (1), **Carole** (1), **Faget** (1).

Gueugnon L'ÉQUIPE DE L'AN 2000

Pris en tenaille dans la défense grecque, Marcello Trapasso (à dr.) est stoppé net.

Surprenant vainqueur de la Coupe de la Ligue, en 2000 au Stade de France, face au Paris-SG (2-0), le FC Gueugnon se trouve propulsé sur la scène européenne. Le modeste club bourguignon, qui n'a joué, dans toute son histoire, qu'une saison en Division 1 (1995-1996), est opposé à un adversaire d'envergure moyenne, Iraklis Salonique. Malgré les présences de Xavier Collin, Richard Trivino, Marcello Trapasso, Christophe Aubanel et du coach René Le Lamer, successeur d'Alex Dupont, que l'on retrouvera en 2001 à Sedan, le club grec parvient de justesse (0-0, 1-0) à éliminer les « Forgerons ». ■ A. P.

Gueugnon et l'Europe

Les 2 matches

2000-01
C3 1T Gueugnon - Ir. Salonique (GRE) 0-0 0-1

Les 19 joueurs et l'entraîneur

Darmon (2 matches), **Trapasso** (2), **R. Trivino** (2), **Neumann** (2), **Desgeorges** (2), **Bouzin** (2), **E. Boniface** (2), **X. Collin** (2), **Andreani** (2), **R. Le Lamer** (entr.) (2), **Vrielynck** (1), **Aubanel** (1), **F. Weber** (1), **A. Traoré** (1), **Sa. N'Diaye** (1), **Lettieri** (1), **Gas** (1), **Flauto** (1), **Bessone** (1), **Zaïri** (1).

Guingamp VAINQUEUR DE L'INTERTOTO

Pour sa toute première saison en Division 1, l'En Avant Guingamp se classe douzième en 1996. Suffisant pour participer aux interminables joutes de la Coupe Intertoto, au cours desquelles il élimine, entre autres, le Dinamo Bucarest.

Et c'est ainsi que le petit club breton se fraye un chemin jusqu'à la Coupe de l'UEFA, qui lui propose d'entrée un vrai dinosaure : l'Inter Milan ! Malheureusement pour les Vincent Candela, Daniel Moreira, Stéphane Carnot et Lionel Rouxel, qui souhaitaient rencontrer un adversaire plus modeste, les géants italiens s'imposent facilement dès le match aller à Roudourou (3-0). Du coup, le match nul obtenu ensuite par les Guingampais à San Siro (1-1) est méritoire mais inutile. ■ A. P.

La belle aventure de Vincent Candela (à g.) et Lionel Rouxel (de dos) s'arrête à San Siro.

Guingamp et l'Europe

Les 2 matches

1996-97
C3 1T Guingamp - Inter Milan (ITA) 0-3 1-1

Les 17 joueurs et l'entraîneur

Wreh (2 matches/1 but), **Vannuchi** (2), **C. Michel** (2), **Moreira** (2), **Moulin** (2), **L. Rouxel** (2), **Hugues** (2), **Carnot** (2), **Mihali** (2), **Lecomte** (2), **Foulon** (2), **F. Smerecki** (entr.) (2), **Jozwiak** (1), **L. Hervé** (1), **Candela** (1), **Bourdeau** (1), **Baret** (1), **Laspalles** (1).

Lorient À UN CHEVEU DES TURCS

Avec Lorient en 2002-03, Patrice Loko (à g.) goûte à la fois à la D2 et à la C3.

Comme Saint-Étienne en 1962, Nice en 1997 et Strasbourg en 2001, le FC Lorient descend en Division 2 en 2002 tout en gagnant la Coupe de France (1-0 contre Bastia). Son entraîneur, l'ex-Strasbourgeois Yvon Pouliquen, établit même un record en devenant le seul technicien vainqueur de l'épreuve deux années de suite, avec deux clubs différents. À noter que, en cette belle année 2002, les Merlus sont aussi finalistes de la Coupe de la Ligue (0-3 contre Bordeaux).

Bien que la relégation leur ait fait perdre plusieurs joueurs importants à l'intersaison, les Divisionnaires bretons ne sont pas loin de franchir le premier tour de la Coupe des Coupes, face aux Turcs de Denizlispor. Elie Kroupi, Tchiressoua Guel et Anthony Gauvin, auteurs des trois buts lorientais au retour au Moustoir (3-1), manquent d'un rien de renverser le 0-2 du match aller en Turquie. Mais même Patrice Loko, qui termine sa carrière en beauté, ne peut inscrire le petit but nécessaire… ■ A. P.

Lorient et l'Europe

Les 2 matches

2002-03
C3 1T Denizlispor (TUR) - Lorient 2-0 1-3

Les 18 joueurs et l'entraîneur

Kroupi (2 matches/1 but), **Guel** (2/1), **Gauvin** (2/1), **Druon** (2), **Loko** (2), **Ferron** (2), **Robson** (2), **Bédrossian** (2), **Audard** (2), **Bouzin** (2), **Y. Pouliquen** (entr.) (2), **R. Martini** (1), **Viltard** (1), **J. Cavalli** (1), **Dudoit** (1), **C. Chabert** (1), **D. Bouard** (1), **P. M. Diop** (1), **Haguy** (1).

Nancy UN SEUL ÊTRE VOUS MANQUE...

Sous la conduite de son prodige Michel Platini, la jeune AS Nancy-Lorraine, fondée en 1967, enlève la Coupe de France 1978 face à Nice (1-0, but de Platini, évidemment)... Mais à l'automne, l'artiste est sur le flanc, victime d'une triple fracture de la malléole, quand sonne l'heure de la Coupe des Coupes.

Sans lui, mais avec du beau monde tout de même (Bernard Zénier, Philippe Jeannol, Carlos Curbelo, Ruben Umpierrez, Paco Rubio, Jean-Michel Moutier, Olivier Rouyer), l'ASNL fait exploser le Frem Copenhague à Marcel-Picot (4-0) mais tombe au tour suivant, de façon assez anonyme face au Servette Genève, un adversaire helvétique qui ne semblait pourtant pas hors de portée. ■ A. P.

Sans son patron Michel Platini, grièvement blessé (ci-contre, à dr.), l'ASNL de Paco Rubio (photo de droite, au centre) est trop juste contre le Servette en 1978-79.

Nancy et l'Europe

Les 4 matches

1978-79	C2	1T	Frem Copenhague (DAN) - Nancy	2-0	0-4
	C2	8e	Servette Genève (SUI) - Nancy	2-1	2-2

Les 13 joueurs et l'entraîneur

B. Zénier (4 matches/2 buts), **Jeannol** (4/2), **C. Curbelo** (4/1), **Umpierrez** (4/1), **Rubio** (4/1), **Rouyer** (4), **Raczynski** (4), **Perdrieau** (4), **Neubert** (4), **Moutier** (4), **J. Delpierre** (4), **J.-A. Redin** (entr.) (4), **Cloet** (3), **Pintenat** (2).

Nîmes L'EUROPE EN NATIONAL !

Sous la direction de son emblématique entraîneur Kader Firoud (782 matches dirigés en D1 dans sa carrière), le « grand » Nîmes Olympique des Michel Mézy, André Kabyle, Jean-Pierre Adams, Jacky Vergnes et du Roumain Ion Pircalab, échoue d'entrée lors de ses deux tentatives successives, en Coupe de l'UEFA.

Mais le « petit » Nîmes Olympique de 1996 réussit, lui, à passer un tour ! Seule finaliste de la Coupe de France issu du niveau 3 (le National, dont elle termine 16e), battue à la dernière minute par le champion de France auxerrois (1-2), après avoir éliminé trois clubs de D1, l'équipe dirigée par Pierre Mosca et emmenée par Johnny Ecker et Mehmet Bazdarevic crée la sensation en écartant le glorieux Kispest Honved (3-1, 2-1), il est vrai moins fringant que jadis, comme tout le football hongrois. Au tour suivant, un dérapage à domicile, contre AIK Stockholm (1-3), interrompt bêtement l'épopée naissante. ■ A. P.

Étonnants au tour précédant contre Honved en C2 1996-97, Johnny Ecker (à g.) et Omar Belbey (au fond) trouvent leur maître en Suède, face à Cesar Pacha.

Nîmes et l'Europe

Les 8 matches

1971-72				
C3	1T	Vitoria Setubal (POR) - Nîmes	1-0	1-2
1972-73				
C3	1T	Nîmes - Grasshopper Zurich (SUI)	1-2	1-2
1996-97				
C2	1T	Nîmes - Honved Budapest (HON)	3-1	2-1
C2	8e	Nîmes - AIK Stockholm (SUE)	1-3	1-0

Les 34 joueurs et les 2 entraîneurs

Adams (4 matches/2 buts), **Jeunechamp** (4/1), **É. Sabin** (4/1), **Karwat** (4), **N. Marx** (4), **Mézy** (4), **Odasso** (4), **Pircalab** (4), **Touron** (4), **Vosahlo** (4), **Kabyle** (4), **Vergnes** (4), **Belbey** (4), **Augé** (4), **Bazdarevic** (4), **Betton** (4), **K. Firoud** (entr.) (4), **P. Mosca** (entr.) (4), **Ecker** (3/1), **Préget** (3/1), **Meilhac** (3/1), **Zugna** (3), **Di Fraya** (3), **Dell'Oste** (2/1), **Auffret** (2), **Voinea** (2), **Pirmayer** (2), **Bonnet** (2), **Martinelli** (2), **Landi** (2), **Fidani** (1/1), **Gervais** (1), **Moretti** (1), **De Palmas** (1), **Canetti** (1), **Benyachou** (1).

Racing Paris TOUT POUR L'ATTAQUE...

Abderrahmane Mahjoub (au centre) ne fait admirer sa puissance que lors d'un petit tour de Coupe des villes de Foire, en 1963-64.

Meilleure attaque de D1 la saison précédente, avec 80 buts, le Racing Club de Paris ne se classe que dixième. La Coupe des villes de Foire ne lui en ouvre pas moins ses portes puisqu'elle ne s'adresse pas aux mieux classés.

Les Parisiens, hélas, n'y font qu'une apparition éphémère, deux fois battus (0-1, 2-3) par le Rapid Vienne du vieillissant (34 ans) mais toujours élégant Gerhard Hanappi, centenaire en sélections et architecte de métier.

Une élimination prémonitoire pour cette saison 1963-1964 dramatiquement ratée par les stars parisiennes (Jean-Jacques Marcel, Abderrhamane Mahjoub, François Heutte, Guy Van Sam, Jean Tokpa, Jean Taillandier, Bruno Bollini), qui vont descendre en D2... avec la troisième attaque de D1 (66 buts) ! ■ A. P.

Le RC Paris et l'Europe

Les 2 matches

1963-64				
C3	1T	Rapid Vienne (AUT) - RC Paris	1-0	3-2

Les 14 joueurs et l'entraîneur

Van Sam (2 matches/1 but), **Lagadec** (2), **Melloni** (2), **Marcel** (2), **Magny** (2), **Lelong** (2), **Bodin** (2), **Taillandier** (2), **A. Jeanpierre** (entr.) (2), **Mahjoub** (1/1), **Ibrahim** (1), **Heutte** (1), **Bollini** (1), **Tokpa** (1), **Kula** (1).

Rennes UNE HISTOIRE À ÉCRIRE

Deux essais, deux échecs : les cinquante ans d'histoire européenne du Stade Rennais se racontent vite. Doubles vainqueurs de la Coupe de France (1965, 1971), les Bretons tombent deux fois dès le premier tour, en C2, d'abord devant le Dukla Prague (0-2, 0-0) puis face aux Glasgow Rangers (1-1, 0-1), sans gagner la moindre rencontre. L'entraîneur Jean Prouff, René Cédolin et l'international Louis Cardiet sont les seuls à avoir vécu ces quatre matches...

Il faut attendre trente-quatre ans, jusqu'en 2005 et une quatrième place en L1, pour revoir le club rennais sur la scène européenne. ■ A. P.

Face à Masopust (au centre, au fond), Prigent (à g.) goûte le très haut niveau en 1965-66.

Rennes et l'Europe

Les 4 matches

1965-66				
C2	1T	Dukla Prague (TCH) - Rennes	2-0	0-0
1971-72				
C2	1T	Rennes - Glasgow Rangers (ECO)	1-1	0-1

Les 24 joueurs et l'entraîneur

Cédolin (4 matches), **Cardiet** (4), **J. Prouff** (entr.) (4), **Redon** (2 matches/1 but), **P. Garcia** (2), **Rodighiero** (2), **P. Terrier** (2), **Mojsov** (2), **Loncle** (2), **Lenoir** (2), **Kéruzoré** (2), **Prigent** (2), **Chlosta** (2), **Dubaele** (2), **Darchen** (2), **Cosnard** (2), **Betta** (2), **Ascencio** (2), **Boutet** (2), **Aubour** (2), **Lamia** (2), **Toublanc** (1), **Pellegrini** (1), **L. Floch** (1), **Periault** (1).

Rouen LA SAISON RENVERSANTE

Dominique Rustichelli (au c.) atteint, face à Arsenal, les huitièmes de la C3 1969-70.

Quel étrange parcours ! En 1969-70, les Rouennais vivent une longue campagne européenne – la seule du club en cinquante ans – plutôt réussie mais très agitée. Les Diables Rouges d'André Gérard, notamment Robert Pintenat, Patrice Rio, Arnaud Dos Santos ou Claude Le Roy, éliminent Twente grâce à un bon match aller (2-0, 0-1), puis Charleroi (1-3, 2-0) en bénéficiant de la toute nouvelle règle des buts à l'extérieur qui comptent double. Ils tombent ensuite, de justesse, face à Arsenal (0-0, 0-1).

En janvier 1970, le FC Rouen se retrouve mal classé en Championnat et confronté à une grave crise financière. Les joueurs, en dépit d'énormes arriérés de salaire, se prennent alors en main et, au terme d'une irrésistible remontée, terminent à la 12e place. Tout ça pour apprendre que leur club abandonne le professionnalisme et repart en CFA ! ■ A. P.

Rouen et l'Europe

Les 6 matches

1969-70				
C3	1T	Rouen - Twente Enschede (HOL)	2-0	0-1
C3	2T	Charleroi (BEL) - Rouen	3-1	0-2
C3	8e	Rouen - Arsenal (ANG)	0-0	0-1

Les 16 joueurs et l'entraîneur

Villa (6 matches/2 buts), **Dos Santos** (6), **M. Sénéchal** (6), **Largouet** (6), **P. Rio** (6), **Rigoni** (6), **A. Gérard** (entr.) (6), **Rustichelli** (5/2), **Pospichal** (5/1), **Druda** (5), **J.-F. Douis** (5), **Mérelle** (5), **Bruant** (3), **Pintenat** (2), **C. Le Roy** (1), **Dubouil** (1), **Szczyrba** (1).

Sedan LA BOÎTE À GIFLES

La carrière européenne des Sedanais est linéaire : trois tentatives pour trois sévères échecs ! Les deux premiers sous la direction de l'incontournable Louis Dugauguez, âme du club ardennais. En C2 1961, comme en C3 1970, les Sangliers des Ardennes prennent deux gifles qui font mal : 1-4 contre l'Atletico Madrid, 1-5 à Cologne…

Et lorsque, trente ans plus tard, le CSSA renaît à la notoriété, il connaît exactement le même sort en République tchèque, écrasé par le modeste Pribram (0-4), ce qui coûte sa place à l'entraîneur Alex Dupont, remplacé au retour (3-1) par Henri Stambouli. ■ A. P.

Henri Camara en échec face aux Tchèques.

Sedan et l'Europe

Les 6 matches

1961-62	C2	1T	UA Sedan-Torcy - Atl. Madrid (ESP)	2-3	1-4
1970-71	C3	1T	Cologne (RFA) - CS Sedan-Ardennes	5-1	0-1
2001-02	C3	1T	Pribram (RTC) - CS Sedan-Ardennes	4-0	1-3

Les 43 joueurs et les 2 entraîneurs

Maryan (4 matches), **L. Dugauguez** (entr.) (4), **Brogno** (2 matches /2 buts), **P. N'Diéfi** (2/1), **Pierron** (2/1), **Fulgenzy** (2/1), **Dellamore** (2/1), **Hatchi** (2/1), **Lebert** (2), **Michelin** (2), **Le Bihan** (2), **Zamojski** (2), **Mouchel** (2), **Noah** (2), **Peyrelade** (2), **Salem** (2), **R. Wicke** (2), **Oliveira** (2), **Cardoni** (2), **Mou. N'Diaye** (2), **Brando** (2), **Breny** (2), **H. Camara** (2), **Jezierski** (2), **Di Tommaso** (2), **Diao** (2), **Hardouin** (2), **Fugaldi** (2), **Faustino** (2), **Tordo** (2), **Salaber** (1/1), **Satorra** (1), **L. Lemasson** (1), **Rastoll** (1), **N. Sachy** (1), **Regnault** (1), **Frétard** (1), **Celdran** (1), **Noro** (1), **Montero** (1), **Elzéard** (1), **Wira** (1), **Roszak** (1), **A. Dupont** (entr.) (1), **H. Stambouli** (entr.) (1).

Stade Français LE SOUVENIR DE SÉVILLE

En deux participations à la Coupe des villes de Foire, en 1964 et 1965, le Stade Français s'offre trois escapades en terres latines. La première saison, avec Philippe Pottier, Milos Milutinovic, Jean-Pierre Alba et Georges Peyroche, le club parisien passe un tour face au Betis, Pottier inscrivant le but du 1-1 à Séville, puis un second au Parc des Princes, où François Stasiak est l'autre buteur (2-0).

Le Stade Français ne peut ensuite faire sauter le verrou de la Juventus de Nestor Combin, succombant 0-0 et 0-1, soit le tarif du *catenaccio* de l'époque. L'année suivante, le Stade, nettement déclinant, disparaît face au FC Porto sans marquer le moindre but. ■ D. B.

Combin, le Français de la Juve (au centre), sans pitié pour ses compatriotes parisiens.

Le Stade Français et l'Europe

Les 6 matches

1964-65				
C3	1T	Betis (ESP) - Stade Français	1-1	0-2
C3	2T	Stade Français - Juventus (ITA)	0-0	0-1
1965-66				
C3	1T	Stade Français - FC Porto (POR)	0-0	0-1

Les 21 joueurs et les 2 entraîneurs

P. Pottier (6 matches/2 buts), **Stasiak** (6/1), **Alba** (5), **Fefeu** (5), **Bacquet** (5), **Carnus** (5), **Bérangé** (4), **Stako** (4), **H. Priami** (entr.) (4), **Péri** (3), **Trusas** (3), **S. Dumas** (3), **J. Baconnier** (3), **Maryan** (2), **Peyroche** (2), **Rustichelli** (2), **Milutinovic** (2), **Boragno** (2), **A. Gérard** (entr.) (2), **J.-C. Girard** (1), **Ratajczak** (1), **Lemée** (1), **Gallina** (1).

Troyes PERRIN ET LA GÉNÉRATION DORÉE

Face à Dacourt (à dr.) et Leeds, Jérôme Rothen manque de peu l'exploit en 2001-02.

Sous la direction d'Alain Perrin, qui les a amenés en D1 deux ans plus tôt, les Troyens terminent septièmes du Championnat 2001-02 et réussissent un extraordinaire parcours en Coupe Intertoto, se frayant un chemin vers la Coupe de l'UEFA aux dépens de Tbilissi, AIK Stockholm, Wolfsburg et Newcastle !

Le tempo se maintient au début de la C3 pour Patrice Loko, Jérôme Rothen, Samuel Boutal, Frédéric Danjou et le gardien Tony Heurtebis, qui étrillent les Slovaques de Ruzomberok (6-1). Mais ils doivent ensuite baisser pavillon à Elland Road, face aux Anglais de Leeds (2-4), ce qui ne les empêche pas de frôler à nouveau l'exploit au stade de l'Aube lors du match retour (3-2). ■ A. P.

Troyes et l'Europe

Les 4 matches

2001-02				
C3	1T	Troyes - SCP Ruzomberok (SLQ)	6-1	0-1
C3	2T	Leeds United (ANG) - Troyes	4-2	2-3

Les 18 joueurs et l'entraîneur

Loko (4 matches/4 buts), **Boutal** (4/3), **D. Hamed** (4/1), **Rothen** (4/1), **Heurtebis** (4), **Danjou** (4), **Bradja** (4), **Goussé** (4), **A. Perrin** (entr.) (4), **Amzine** (3/1), **Meniri** (3), **Saïfi** (3), **O. Thomas** (3), **Tourenne** (2), **Zavagno** (2), **Djukic** (2), **M. Leroy** (2), **Niang** (2), **F. Adam** (1).

1955-2005 Classements et records français

(Chiffres arrêtés au 30 mai 2005)

Les joueurs les plus titrés

1. **Raymond KOPA** (Real Madrid), 3 C1
2. **Marcel DESAILLY** (Marseille, Milan AC), 2 C1
   Didier DESCHAMPS (Marseille, Juventus), 2 C1
4. **Michel PLATINI** (Juventus), 1 C1 et 1 C2
5. **Youri DJORKAEFF** (Paris-SG, Inter Milan), 1 C2 et 1 C3

Les joueurs les plus capés

1. **Zinédine ZIDANE**, 104 matches
2. **Lilian THURAM**, 95 matches
3. **Claude MAKELELE**, 94 matches
4. **Thierry HENRY**, 91 matches
5. **Fabien BARTHEZ**, 90 matches

Club le plus assidu BORDEAUX, 25 participations
Club le plus capé BORDEAUX, 138 matches
Club ayant le plus gagné BORDEAUX, 67 victoires
Club le plus prolifique MONACO, 220 buts marqués
Club le plus perméable LYON, 168 buts encaissés

C1 C2 C3 Bordeaux et Monaco tout en haut

	Class. europ.*	Club	Pts**	Moy.	Part.	J.	G.	N.	P.	Bp.	Bc.	Diff.
1.	38e	Bordeaux	230	1,67	25	138	67	29	42	193	162	31
2.	45e	Monaco	205	1,52	24	135	57	34	44	220	161	59
3.	50e	Lyon	194	1,62	23	120	58	20	42	196	168	28
4.	55e	Paris-SG	190	1,76	16	108	56	22	30	173	103	70
5.	59e	Marseille	187	1,73	19	108	54	25	29	174	114	60
6.	77e	Nantes	148	1,48	21	100	40	28	32	158	137	22
7.	79e	Auxerre	143	1,59	15	90	41	20	29	127	88	39
8.	106e	Saint-Étienne	102	1,48	16	69	29	15	25	103	80	23
9.	119e	Lens	87	1,50	11	58	24	15	19	102	71	31
10.	159e	Strasbourg	60	1,43	9	42	17	9	16	50	57	-7
11.	170e	Sochaux	54	1,59	7	34	15	9	10	56	32	24
12.	196e	Reims	45	1,87	4	24	14	3	7	63	30	33
13.	197e	Nice	45	1,41	8	32	13	6	13	52	55	-3
14.	221e	Bastia	38	1,73	4	22	11	5	6	39	29	10
15.	239e	Lille	35	1,59	3	22	9	8	5	24	15	9
16.	279e	Metz	25	0,96	9	26	6	7	13	32	44	-12
17.	346e	Toulouse	16	1,60	3	10	5	1	4	16	15	1
18.	349e	Montpellier	16	1,14	4	14	4	4	6	16	18	-2
19.	403e	Nîmes	12	1,50	3	8	4	0	4	11	11	0
20.	413e	Cannes	11	1,37	2	8	3	2	3	14	9	5
21.	503e	Rouen	7	1,17	1	6	2	1	3	5	5	0
22.	524e	Troyes	6	1,50	1	4	2	0	2	11	8	3
23.	532e	Stade Français	6	1,00	2	6	1	3	2	3	3	0
24.	547e	Sedan	6	1,00	3	6	2	0	4	8	17	-9
25.	564e	Laval	5	1,25	1	4	1	2	1	4	5	-1
26.	584e	Nancy	4	1,00	1	4	1	1	2	7	6	1
27.	621e	Lorient	3	1,50	1	2	1	0	1	3	3	0
28.	628e	Angoulême	3	1,50	1	2	1	0	1	3	4	-1
29.	636e	Caen	3	1,50	1	2	1	0	1	3	4	-1
30.	684e	Rennes	2	0,50	2	4	0	2	2	1	4	-3
31.	700e	Angers	1	0,50	1	2	0	1	1	2	3	-1
32.	705e	Gueugnon	1	0,50	1	2	0	1	1	0	1	-1
33.	726e	Guingamp	1	0,50	1	2	0	1	1	1	4	-3
34.	757e	Racing Paris	0	0,00	1	2	0	0	2	2	4	-2
35.	792e	Châteauroux	0	0,00	1	2	0	0	2	1	6	-5

C2 Paris coupe à Coupes

	Class. europ.*	Club	Pts**	Part.	J.	G.	N.	P.	Bp.	Bc.	Diff.
1.	6e	Paris SG	78	6	38	24	6	8	66	27	39
2.	58e	Monaco	37	6	27	8	13	6	32	27	5
3.	73e	Lyon	32	4	22	9	5	8	31	28	3
4.	89e	Marseille	26	3	14	8	2	4	19	13	6
5.	103e	Nantes	21	2	12	7	0	5	28	21	7
6.	116e	Bordeaux	19	2	10	6	1	3	14	10	4
7.	169e	Montpellier	11	1	6	3	2	1	10	3	7
8.	197e	Nîmes	9	1	4	3	0	1	7	5	2
9.	212e	Auxerre	8	1	6	2	2	2	9	7	2
10.	240e	Strasbourg	7	1	4	2	1	1	3	3	0
11.	255e	Nice	6	1	4	1	3	0	7	5	2
12.	256e	Bastia	6	2	6	1	3	2	8	6	2
13.	266e	Saint-Étienne	6	2	6	1	3	2	5	7	-2
14.	294e	Lens	4	1	4	1	1	2	10	7	3
15.	300e	Nancy	4	1	4	1	1	2	7	6	1
16.	318e	Metz	4	2	6	1	1	4	8	13	-5
17.	381e	Rennes	2	2	4	0	2	2	1	4	-3
18.	454e	Sedan	0	1	2	0	0	2	3	7	-4

C3 L'assiduité girondine

	Class. europ.*	Club	Pts**	Part.	J.	G.	N.	P.	Bp.	Bc.	Diff.
1.	11e	Bordeaux	171	19	100	52	15	33	150	122	28
2.	40e	Auxerre	112	12	68	32	16	20	104	63	41
3.	64e	Lyon	84	13	50	26	6	18	83	84	-1
4.	74e	Nantes	77	11	48	21	14	13	78	62	17
5.	79e	Monaco	71	8	40	21	8	11	69	50	19
6.	86e	Lens	67	8	42	19	10	13	76	47	29
7.	95e	Marseille	63	8	36	18	9	9	53	39	14
8.	104e	Sochaux	54	7	34	15	9	10	56	32	24
9.	121e	Paris-SG	48	5	30	13	9	8	44	24	20
10.	136e	Strasbourg	43	7	32	12	7	13	39	48	-9
11.	168e	Saint-Étienne	32	4	22	9	5	8	48	29	19
12.	171e	Bastia	32	2	16	10	2	4	31	23	8
13.	193e	Lille	26	2	14	7	5	2	15	7	8
14.	238e	Metz	20	6	18	5	5	8	23	29	-6
15.	273e	Toulouse	16	3	10	5	1	4	16	15	1
16.	279e	Nice	16	5	14	5	1	8	16	25	-9
17.	325e	Cannes	11	2	8	3	2	3	14	9	5
18.	393e	Rouen	7	1	6	2	1	3	5	5	0
19.	415e	Troyes	6	1	4	2	0	2	11	8	3
20.	419e	Stade Français	6	2	6	1	3	2	3	3	0
21.	437e	Sedan	6	2	4	2	0	2	5	10	-5
22.	452e	Laval	5	1	4	1	2	1	4	5	-1
23.	467e	Montpellier	5	3	8	1	2	5	6	15	-9
24.	510e	Lorient	3	1	2	1	0	1	3	3	0
25.	523e	Caen	3	1	2	1	0	1	3	4	-1
26.	526e	Angoulême	3	1	2	1	0	1	3	4	-1
27.	534e	Nîmes	3	2	4	1	0	3	4	6	-2
28.	576e	Angers	1	1	2	0	1	1	2	3	-1
29.	587e	Gueugnon	1	1	2	0	1	1	0	1	-1
30.	602e	Guingamp	1	1	2	0	1	1	1	4	-3
31.	633e	Racing Paris	0	1	2	0	0	2	2	4	-2
32.	667e	Châteauroux	0	1	2	0	0	2	1	6	-5

* Classement européen dans chaque catégorie (trois coupes ou C1 ou C2 ou C3)
** En comptant 3 points par victoire et 1 par match nul.

C1 Marseille et Monaco champions des champions

	Class. europ.*	Club	Pts**	Part.	J.	G.	N.	P.	Bp.	Bc.	Diff.
1.	31e	Marseille	98	8	58	28	14	16	102	62	40
2.	32e	Monaco	97	10	68	28	13	27	119	84	35
3.	39e	Lyon	78	6	48	23	9	16	82	56	26
4.	49e	Paris-SG	64	5	40	19	7	14	63	52	11
5.	50e	Saint-Étienne	64	10	41	19	7	15	50	44	6
6.	62e	Nantes	50	8	40	12	14	14	52	54	-2
7.	71e	Reims	45	4	24	14	3	7	63	30	33
8.	80e	Bordeaux	40	4	28	9	13	6	29	30	-1
9.	105e	Nice	23	2	14	7	2	5	29	25	4
10.	107e	Auxerre	23	2	16	7	2	7	14	18	-4
11.	137e	Lens	16	2	12	4	4	4	16	17	-1
12.	184e	Strasbourg	10	1	6	3	1	2	8	6	2
13.	197e	Lille	9	1	8	2	3	3	9	8	1
14.	312e	Metz	1	1	2	0	1	1	1	2	-1

50 saisons en un clin d'œil

	C1		C2		C3					
Saison	Représentant français	éliminé en	Représentant français	éliminé en	Représentant français	éliminé en	Représentant français	éliminé en	Représentant français	éliminé en
1955-56	Reims	F								
1956-57	Nice	Q								
1957-58	Saint-Étienne	1T								
1958-59	Reims	F			Lyon	1T				
1959-60	Nice	Q								
1960-61	Reims	8^{es}			Lyon	1T				
1961-62	Monaco	1T	Sedan	1T	Strasbourg	1T	Lyon	1T		
1962-63	Reims	Q	Saint-Étienne	8^{es}	Marseille	1T				
1963-64	Monaco	8^{es}	Lyon	D	RC Paris	1T				
1964-65	Saint-Étienne	1T	Lyon	1T	Bordeaux	1T	Stade Français	2T	Strasbourg	Q
1965-66	Nantes	1T	Rennes	1T	Bordeaux	1T	Stade Français	1T	Strasbourg	1T
1966-67	Nantes	8^{es}	Strasbourg	8^{es}	Nice	1T	Bordeaux	2T	Toulouse	2T
1967-68	Saint-Étienne	8^{es}	Lyon	Q	Nice	1T	Bordeaux	2T		
1968-69	Saint-Étienne	1T	Bordeaux	1T	Metz	1T	Marseille	1T	Nice	1T
					Lyon	2T				
1969-70	Saint-Étienne	8^{es}	Marseille	8^{es}	Bordeaux	1T	Metz	1T	Rouen	8^{es}
1970-71	Saint-Étienne	1T	Nantes	8^{es}	Angoulême	1T	Sedan	1T	Marseille	1T
1971-72	Marseille	8^{es}	Rennes	1T	Nîmes	1T	Saint-Étienne	1T	Nantes	2T
1972-73	Marseille	1T	Bastia	1T	Angers	1T	Nîmes	1T	Sochaux	1T
1973-74	Nantes	1T	Lyon	8^{e}	Marseille	2T	Nice	8^{es}		
1974-75	Saint-Étienne	D	Monaco	1T	Lyon	2T	Nantes	2T		
1975-76	Saint-Étienne	F	Lens	8^{es}	Lyon	1T	Marseille	1T		
1976-77	Saint-Étienne	Q	Marseille	1T	Nice	1T	Sochaux	1T		
1977-78	Nantes	8^{es}	Saint-Étienne	1T	Bastia	F	Lens	8^{es}		
1978-79	Monaco	1T	Nancy	8^{e}	Nantes	1T	Strasbourg	8^{es}		
1979-80	Strasbourg	Q	Nantes	D	Monaco	2T	Saint-Étienne	Q		
1980-81	Nantes	8^{es}	Monaco	1T	Saint-Étienne	Q	Sochaux	D		
1981-82	Saint-Étienne	TP	Bastia	8^{es}	Monaco	1T	Nantes	1T	Bordeaux	2T
1982-83	Monaco	1T	Paris-SG	Q	Sochaux	1T	Saint-Étienne	2T	Bordeaux	8^{es}
1983-84	Nantes	1T	Paris-SG	8^{es}	Bordeaux	1T	Laval	2T	Lens	8^{es}
1984-85	Bordeaux	D	Metz	8^{es}	Auxerre	1T	Monaco	1T	Paris-SG	2T
1985-86	Bordeaux	1T	Monaco	1T	Auxerre	1T	Metz	1T	Nantes	Q
1986-87	Paris-SG	1T	Bordeaux	D	Lens	1T	Nantes	1T	Toulouse	2T
1987-88	Bordeaux	Q	Marseille	D	Auxerre	1T	Toulouse	2T		
1988-89	Monaco	Q	Metz	1T	Montpellier	1T	Bordeaux	8^{es}		
1989-90	Marseille	D	Monaco	D	Paris-SG	2T	Sochaux	2T	Auxerre	8^{es}
1990-91	Marseille	F	Montpellier	Q	Bordeaux	8^{es}	Monaco	8^{es}		
1991-92	Marseille	8^{es}	Monaco	F	Lyon	2T	Auxerre	2T	Cannes	2T
1992-93	Marseille	V	Monaco	8^{es}	Paris-SG	D	Auxerre	D	Caen	1T
1993-94	Monaco	D	Paris-SG	D	Bordeaux	8^{es}	Auxerre	1T	Nantes	1T
1994-95	Paris-SG	D	Auxerre	Q	Bordeaux	2T	Marseille	2T	Nantes	Q
					Cannes	2T				
1995-96	Nantes	D	Paris-SG	V	Bordeaux	F	Lens	8^{es}	Auxerre	2T
					Strasbourg	2T	Monaco	1T		
1996-97	Auxerre	Q	Paris-SG	F	Monaco	D	Metz	8^{es}	Guingamp	1T
			Nîmes	8^{es}	Lens	1T	Montpellier	1T		
1997-98	Monaco	D	Nice	8^{es}	Auxerre	Q	Strasbourg	8^{es}	Bastia	2T
	Paris-SG	LC			Lyon	2T	Metz	2T	Bordeaux	1T
					Nantes	1T				
1998-99	Lens	LC	Paris-SG	16^{es}	Marseille	F	Bordeaux	Q	Lyon	Q
	Metz	2TP			Monaco	8^{es}	Metz	32^{es}		
1999-00	Lyon	3TP			Lens	D	Monaco	8^{es}	Lyon	16^{es}
	Bordeaux	2LC			Nantes	16^{es}	Montpellier	2T		
	Marseille	2LC								
2000-01	Paris-SG	2LC			Bordeaux	8^{es}	Nantes	8^{es}	Gueugnon	1T
	Monaco	LC								
	Lyon	2LC								
2001-02	Nantes	2LC			Sedan	1T	Troyes	1T	Strasbourg	1T
	Lyon	LC			Paris-SG	16^{es}	Lyon	8^{es}	Lille	8^{es}
	Lille	LC			Bordeaux	16^{es}				
2002-03	Lyon	LC			Bordeaux	16^{es}	Lyon	16^{es}	Paris-SG	16^{es}
	Lens	LC			Auxerre	8^{es}	Lorient	1T	Lens	16^{es}
	Auxerre	LC								
2003-04	Lyon	Q			Marseille	F	Auxerre	8^{es}	Sochaux	16^{es}
	Monaco	F			Lens	2T	Bordeaux	Q		
	Marseille	LC								
2004-05	Lyon	Q			Châteauroux	1T	Auxerre	Q	Sochaux	16^{es}
	Monaco	8^{es}			Lille	8^{es}				
	Paris-SG	LC								

ABRÉVIATIONS - TP : tour préliminaire ; 2TP : deuxième tour préliminaire ; 3TP : troisième tour préliminaire ; 1T : premier tour ; 2T : deuxième tour ; 32es : trente-deuxièmes de finale ; 16es : seizièmes de finale ; 8es : huitièmes de finale ; LC : Ligue des champions (phase de poules) ; 2LC : Ligue des champions (2e phase de poules) ; Q : quarts de finale : D : demi-finales ; F : finale ; V : victoire.

Ci-dessous, la liste des 856 clubs (ou sélections de villes), ainsi que leur nationalité *(cf liste des abréviations page 377)*, engagés en Coupes d'Europe entre 1955 et 2005. En rouge, ceux qui ont remporté la C1, en bleu clair ceux qui ont gagné la C2 ou la C3.

17 Nëntori Tirana (ALB), AaB Aalborg (DAN), AB Copenhague (DAN), Aberdeen (ECO), Abo IFK Turku (FIN), Academica Coimbra (POR), Adanaspor (TUR), Admira Wacker (AUT), AEK Athènes (GRE), AE
Afan Lido (GAL), AGF Aarhus (DAN), Aigaleo Athènes (GRE), AIK Stockholm (Solna) (SUE), Airdrieonians FC (ECO), AJ Auxerre (FRA), Ajax Amsterdam (HOL), Akademik Sofia (BUL), Akademisk B
kavkaz (Spartak-Alania) (RUS), Albpetrol Patosi (ALB), Alki Larnaca (CHY), Alliance Dudelange (LUX), Allianssi Vantaa (FIN), Altay Izmir (TUR), AS Angoulême (FRA), Ankaragücü (TUR), Anorthosis Famagoust
Makhachkala (RUS), AO Xanthi (GRE), Apoel Nicosie (CHY), Apollon Athènes (GRE), Apollon Limassol (CHY), Apollonia Fier (ALB), Araks Ararat (ARM), Ararat Erevan (ARM), Ards Newtonards (ILN), Arge
Aris Bonnevoie (LUX), Aris Salonique (GRE), Arka Gdynia (POL), Arsenal (ANG), Artmedia Petrzalka (SLQ), AS Armata Tirgu Mures (ROU), AS Cannes (FRA), AS Monaco (FRA), AS Nancy-Lorraine (FRA
(FRA), Aston Villa (ANG), Atalanta Bergame (ITA), Athinaïkos (GRE), Athletic Bilbao (ESP), Athlone Town (IRL), Atlantas Klaipeda (LIT), Atletico Madrid (ESP), Atvidaberg (SUE), Austria Vienne (AUT
(HOL), B 1901 Nykobing Falster (DAN), B 1903 Copenhague (DAN), B 1909 Odense (DAN), B 1913 Odense (DAN), B 36 Torshavn (Boltfelagid 36) (FER), B 68 (Tofta Itrottarfelag B 68) (FER), B 7
B 93 Copenhague (1893) (DAN), Bacau SC (Dinamo) (ROU), Baia Mare (ROU), Bâle (Sélection de) (SUI), Ballymena United (ILN), Banants Erevan (ARM), Bangor City (GAL), Bangor FC (ILN), Banik Ostrav
Strumica (MAC), Belgrade (Sélection de) (YOU), Belshyna Bobruisk (BLR), Belvedur Isola d'Istria (SLN), Benfica (POR), Beroe Stara Zagora (BUL), Berrichonne Châteauroux (FRA), Besa Kavaja (ALB
Boluspor (TUR), Bor FK (YOU), Borac Banja Luka (BOS), Borough United (GAL), Borussia Dortmund (ALL), Borussia Mönchengladbach (ALL), Botev Plovdiv (Trakia) (BUL), Botev Vratza (BUL), Brage Borlan
Budapest) (HON), Cagliari (ITA), Cardiff City (GAL), Carl Zeiss Iéna (Motor) (RDA), Carrick Rangers (ILN), Castilla Madrid (ESP), CE Principat (AND), Celta Vigo (ESP), Celtic Glasgow (ECO), Cementarnica 5
(Karl Marx Stadt) (ALL), Chernomorets Bourgas (BUL), Chernomorets Novorossisk (RUS), Chernomorets Odessa (UKR), Chievo Vérone (ITA), Chimia Ramnicu Valcea (ROU), Cliftonville (ILN), Coleraine (ILN
CS Grevenmacher (LUX), CS Maritimo Funchal (POR), CS Sedan-Ardennes (FRA), Csepel SC (HON), CSKA Kiev (UKR), CSKA Moscou (RUS), CSKA Sofia (BUL), CSU Galati (ROU), CUF Barreiro (POR
(ESP), Deportivo La Corogne (ESP), Derby County (ANG), Derry City (ILN), Dighenis Akritas Morphou (CHY), Dinaburg Daugavpils (LET), Dynamo 93 Minsk (BLR), Dynamo Bakou (AZE), Dynamo Batoum (GEO
(CRO), Diosgyör VTK (HON), Distillery Belfast (ILN), Djurgarden IF (SUE), Dniepr Mogilyov (BLR), Dniepr Dniepropetrovsk (UKR), Domagnano (SAN), Drogheda United (IRL), Drumcondra FC (IRL), Dukla Bansk
(ALL), Eintracht Francfort (ALL), Eisenhüttenstadt FC Stahl (ALL), Ekranas Panevezys (LIT), Electroputere Craiova (ROU), Elfsborg IF Boras (SUE), En Avant Guingamp (FRA), EPA Larnaca (CHY
cron (BEL), F91 Dudelange (LUX), Fandok Bobruisk (BLR), Farum BK (FC Nordsjaelland) (DAN), FBK Kaunas (LIT), FC Aarau (SUI), DWS Amsterdam (HOL), FC Bâle (SUI), FC Balzers (LIE), FC Barcelone (ESP
Encamp (AND), FC Erevan (ARM), FC Flora Tallinn (EST), FC Gomel (BLR), FC Groningue (HOL), FC Gueugnon (FRA), FC Jazz Pori (FIN), FC Jokerit Helsinki (FIN), FC Kaiserslautern (ALL), FC Kärnten (AUT
(RDA), FC Malines (KV Mechelen) (BEL), FC Metz (FRA), FC Midtjylland (DAN), FC Mika Ashtarak (ARM), FC Mondercange (LUX), FC Nantes (-Atlantique) (FRA), FC National Bucarest (ROU), FC Nurember
FC Sherif Tiraspol (MOL), FC Séville (ESP), FC Shumen (BUL), FC Sion (SUI), FC Sliven (BUL), FC Sochaux-Montbéliard (FRA), FC Tbilissi (GEO), FC Tiraspol (MOL), FC Tirol Innsbruck (AUT), FC TVM
(HON), Feyenoord Rotterdam (HOL), FH Hafnarfjordhur (ISL), Finn Harps Ballybofey (IRL), FinnPa Helsinki (FIN), Fiorentina (ITA), First Vienna FC 1894 (AUT), FK Atyrau (KAZ), FK Bodo/Glimt (NOR
(MLT), Fola Esch (LUX), Fortuna 54 Geleen (HOL), Fortuna Düsseldorf (ALL), Fortuna Sittard (HOL), Fram Reykjavik (ISL), Francfort (Sélection de) (ALL), Fredrikstad FK (NOR), Frem Copenhague (DAN
çlerbirligi (TUR), Genoa 1893 (ITA), Germinal Ekeren (BEL), GI (Götu Itrottarfelag) (FER), Girondins Bordeaux (FRA), Gjovik Lyn (NOR), GKS Katowice (POL), GKS Tychy (POL), Glasgow Rangers (ECO
(ISL), Groclin Grodzisk Wielkopolski (POL), Gwardia Varsovie (POL), Gzira United (MLT), Haarlem FC (HOL), Hajduk Split (CRO), Haka RY (Valkeakoski) (FIN), Haladas VSE (HON), Halle FC (RDA
Hapoel Ironi Rishon (ISR), Hapoel Petah-Tikva (ISR), Hapoel Ramat-Gan (ISR), Hapoel Tel-Aviv (ISR), Haugar Haugesund (NOR), Haverfordwest County (GAL), HB Torshavn (Havnar Boltfelag) (FER
sinki (FIN), HJK Helsinki (FIN), Holbaek (DAN), Home Farm Dublin (IRL), HPS Helsinki (FIN), Hutnik Cracovie (POL), Hvidovre BK (Copenhague) (DAN), IA Akranes (ISL), IBA Akureyri (ISL), IBK Keflav
lava (SLQ), Inter Cablotel (GAL), Inter Cardiff (GAL), Inter Milan (ITA), Ionikos Le Pirée (GRE), Ipswich Town (ANG), Iraklis Salonique (GRE), Irtysh Pavlodar (KAZ), Istanbulspor (TUR), Jeunesse Esch (LUX
(AZE), Kareda-Sakalas Siauliai (LIT), Karlsruhe SC (ALL), Karpaty Lvov (UKR), Kastoria (GRE), KB Copenhague (DAN), Khazri Buzovna (AZE), KI Klaksvik (Klaksvikar Itrottarfelag) (FER), Kickers Offenba
(FIN), Kotaik Abovian (ARM), KPV Kokkola (FIN), KR Reykjavik (ISL), KRC Genk (BEL), Krems SC (AUT), Kryvbas Kryvyi Rih (UKR), KS Amica Wronki (POL), KS Tomori (ALB), KTP Kotka (FIN), KuPS Kuop
Lausanne-Sports (SUI), Lazio Rome (ITA), Lech Poznan (POL), Lechia Gdansk (POL), Leeds United (ANG), Legia Varsovie (POL), Leicester City (ANG), Leiftur (ISL), Leipzig (Sélection de) (RDA), Leixoes S
fast (ILN), Linz ASK (AUT), Liverpool (ANG), Livingston (ECO), LKS Lodz (POL), Llansantffraid (GAL), Lokeren (BEL), Lokomotiv Kosice (SLQ), Lokomotiv Moscou (RUS), Lokomotiv Plovdiv (BUL), Lokomotiv Sof
cabi Petah-Tikva (ISR), Maccabi Tel-Aviv (ISR), Malaga CF (ESP), Malatyaspor (TUR), Malmö FF (SUE), Manchester City (ANG), Manchester United (ANG), Marek Stanke Dimitrov (FC Rila) (BUL), Margv
(UKR), Metalurgs Liepaja (LET), Metalurgs Zaporizhzhya (UKR), Middlesbrough (ANG), Miedz Legnica (POL), Milan AC (ITA), Millwall (ANG), Mjondalen IF (NOR), Modrica Maksima (BOS), Molde FK (NOR
MyPa 47 Anjalankoski (Myllykosken Pallo-47) (FIN), NAC Breda (HOL), Nacional Madeira (POR), Naestved IF (DAN), Napredak Krusevac (YOU), ND Gorica (HIT) (SLN), Nea Salamina Famagouste (CHY), NE
Nikol Tallinn (EST), Nîmes Olympique (FRA), Nistru Otaci (MOL), Niva Vynnitsa (UKR), NK Maribor Teatanic (Branik) (SLN), NK Mura Murska Sobota (SLN), NK Osijek (CRO), NK Primorje Ajdovscina(SLN
BK) (DAN), Odd Grenland (NOR), Odense (Sélection d') (DAN), Odra Opole (POL), Odra Wodzislaw (POL), OFI Crète (GRE), OFK Belgrade (YOU), OGC Nice (FRA), Olympia Riga (LET), OlympiakosLe Pirée (GR
Östers IF Växjö (SUE), Otelul Galati (ROU), Panahaiki Patras (GRE), Panathinaïkos (GRE), Panionios Athènes (GRE), PAOK Salonique (GRE), Paralimni Famagouste (CHY), Paris Saint-Germain FC (FRA
vice (RTC), Petrolul Ploiesti (ROU), Pezoporikos Larnaca (CHY), Pirin Blagoevgrad (BUL), Plastika Nitra (SLQ), Pobeda Prilep (MAC), Pogon Szczecin (POL), Politehnica Timisoara (ROU), Polonia Bytor
(ARM), Qarabag-Azarsun Agdam (AZE), Queen's Park Rangers (ANG), RAA La Louvière (BEL), Raba ETO (Vasas) Gyor (HON), Rabat Ajax (MLT), Rabotnicki Kometal Skopje (MAC), Racing Club Paris (FRA
Rapid Vienne (AUT), Rayo Vallecano (ESP), RC Lens (FRA), RC Strasbourg (FRA), Real Madrid (ESP), Real Majorque (ESP), Real Oviedo (ESP), Real Saragosse (ESP), Real Sociedad (ESP), Real Valladol
Rovaniemi Palloseura (FIN), Royal Antwerp FC (BEL), RSC Anderlecht (BEL), Rubin Kazan (RUS), Ruch Chorzow (POL), RWD Molenbeek (BEL), Sabadell (ESP), Sachsenring Zwickau (ALL), Sadam Tallinn (EST
Bastia (FRA), SC Beira Mar (POR), SC Farense (POR), SC Fribourg (ALL), SC Heerenveen (HOL), SC Salgueiros Porto (POR), Schalke 04 (ALL), SCO Angers (FRA), SCP Ruzomberok (SLQ), SCTOlimpija Ljubljai
Olomouc (RTC), Sileks Kratovo (MCD), Silkeborg IF (DAN), Siofoki Banyasz (HON), Sioni Bolmisi (GEO), Siroki Brijeg (BOS), SK Beveren (BEL), SK Brann Bergen (NOR), SK Tirana (ALB), SKA Rostov-sur-le-Do
Tuzla (YOU), Sloga Jugomagnat Skopje (MCD), Slovan Bratislava (SLQ), Slovan Liberec (SLQ), SM Caen (FRA), Southampton (ANG), Sparta Prague (RTC), Sparta Rotterdam (HOL), Spartak Erevan (ARM
ting Gijon (ESP), Sportul Studentesc Bucarest (ROU), SS Folgore (SMA), SSC Naples (ITA), St. Johnstone FC (ECO), Stabaek IF (NOR), Stade Dudelange (LUX), Stade Français (FRA), Stade Laval (FRA), Stad
Stoke City (ANG), Stromsgodset Drammen IF (NOR), Sturm Graz (AUT), Suduva Marijampole (LIT), Sunderland (ANG), SV Pasching (AUT), SV Ried (AUT), SV Salzbourg (AUT), SV Stockerau (AUT), Swansea Cit
(RUS), Tenerife (ESP), Terek Grozny (RUS), Teuta Dürres (ALB), Tiligul Tiraspol (MOL), TJ Gottwaldov (Zlin) (RTC), TNS Llansantffraid (GAL), Torino (ITA), Torpedo Kutaisi (GEO), Torpedo Moscou (RUS
ment Ararat (ARM), TSV Alemannia Aix-la-Chapelle (ALL), TSV Munich 1860 (ALL), Tulevik Viljandi (EST), Turan (AZE), Udinese (ITA), Ujpest TE Budapest (HON), Uniao Leiria (POR), Union Berlin (ALL), Uni
lange (LUX), UT Arad (ROU), Utrecht (Sélection d') (HOL), Vac FC-Samsung (HON), FC Valence (ESP), Valerengen IF Oslo (NOR), Valur Reykjavik (ISL), Vanlose IF (DAN), Vardar Skopje (MCD), Varteks Varazd
(ROU), Videoton (HON), Viking Stavanger FK (NOR), Vikingur Reykjavik (ISL), Viktoria Cologne (ALL), Viktoria Zizkov (RTC), Villarreal CF (ESP), Vitesse Arnhem (HOL), Vitkovice Ostrava (RTC), Vitoria Guimarai
chei Thor (BEL), Watford (ANG), Werder Brême (ALL), West Bromwich Albion (ANG), West Ham United (ANG), Widzew Lodz (POL), Wiener Neustadt (AUT), Wiener Sportklub (AUT), Willem II (HOL), Wintersl
lubin (POL), Zaglebie Sosnowiec (POL), Zaglebie Walbrzych (POL), Zagreb (Sélection de) (CRO), Zalaegerszegi (HON), Zalgiris Kaunas (LIT), Zalgiris Vilnius (LIT), Zaria Vorochilovgrad (UKR), Zrojovka Br

1955-2005

Les 13 430 matches de Coupes d'Europe

En cinquante ans d'existence, les trois Coupes d'Europe de football (C1, C2, C3) ont mis aux prises 856 clubs. Voici les résultats des 13 430 matches qu'ils ont disputés, avec une fiche complète et des photos d'époque pour les finales.

arnaca (CHY), AEL Limassol (CHY),
openhague (DAN), Alania Vladi-
CHY), Antalyaspor (TUR), Anzhi
acia Pitesti (Dinamo) (ROU),
S Rome (ITA), AS Saint-Étienne
venir Beggen (LUX), AZ' 67 Alkmaar
Sandoyar Itrottarfelag B 71) (FER),
RTC), Barreirense (POR), Barry Town (GAL), Bayer 04 Leverkusen (ALL), Bayer Uerdingen (ALL), Bayern Munich (ALL), Beerschot Anvers (BEL), Bétar Jérusalem (ISR), Békéscsaba (HON), Belasica
esiktas (TUR), Betis Séville (ESP), Birkirkara (MLT), Birmingham City (ANG), Blackburn Rovers (ANG), Boavista FC (POR), Bohemians Dublin (IRL), Bohemians Prague (RTC), Bologne 1909 (ITA)
F (SUE), Bray Wanderers (IRL), Bröndby IF (DAN), Brotnjo Citluk (BOS), Bryne IL (NOR), Buducnost Banovici (BOS), Buducnost Podgorica (SEM), Burnley (ANG), Bursaspor (TUR), BVSC-Zuglo FC (BVSC
kopje (MAC), Cercle Bruges (BEL), Cesena (ITA), CF Estrela da Amadora (POR), Charleroi SC (BEL), GD Chaves (POR), Chelsea (ANG), Chemie Leipzig (RDA), Chemlon Humenné (SLQ), Chemnitzer FC
Constellacio Esportiva (AND), Copenhague (Sélection de) (DAN), Cork Celtic (IRL), Cork City (IRL), Corvinul Hunedoara (ROU), Cosmos (SMA), Coventry City (ANG), CPD y Rhyl FC (GAL), Crusaders (ILN)
wmbran Town (GAL), DAC Dunajska Streda (SLQ), DAG Liepaya (LET), Daring Club Bruxelles (BEL), Daugava Riga (LET), Debrecen VSC (HON), Degerfors IF (SUE), Denizlispor (TUR), Deportivo Alaves
ynamo Berlin (RDA), Dinamo Bucarest (ROU), Dynamo Dresde (ALL), Dynamo Kiev (UKR), Dynamo Minsk (BLR), Dynamo Moscou (RUS), Dynamo Tbilissi (GEO), Dynamo Tirana (ALB), Dynamo Zagreb
ystrica (RTC), Dukla Prague (RTC), Dunaferr SE (HON), Dunav Ruse (BUL), Dundalk (IRL), Dundee FC (ECO), Dundee United (ECO), Dunfermline Athletic (ECO), Eendracht Alost (BEL), Eintracht Brunswick
S Troyes AC (FRA), Esbjerg FB (DAN), Eskisehirspor (TUR), Espanyol Barcelone (ESP), Etar Veliko Tarnovo (BUL), Étoile Rouge Belgrade (YOU), Etzella Ettelbruck (LUX), Everton (ANG), Excelsior Mous-
C BATE Borisov (BLR), FC Becej (YOU), FC Boby Brno (RTC), FC Brasov (ROU), FC Bruges (BEL), FC Bylis Ballshi (ALB), FC Cologne (ALL), FC Constructorul-93 Chisinau (MOL), FC Copenhague (DAN), FC
C Kosice (VSS) (SLQ), FC La Haye (HOL), FC La Valette (MLT), FC Levadia Maardu (EST), FC Liteks Lovetch (BUL), FC Lorient-Bretagne-Sud (FRA), FC Lucerne (SUI), FC Lugano (SUI), FC Magdebourg
ALL), FC Oulu Palloseura (OPS) (FIN), FC Porto (POR), FC Rot-Weiss Erfurt (ALL), FC Rouen (FRA), FC Sarrebruck (ALL), FC Saint-Gall (SUI), FC Santa Coloma (AND), FC Schaan (LIE), FC Seraing (BEL)
allinn (EST), FC Twente Enschede (HOL), FC Utrecht (DOS) (HOL), FC Vaduz (LIE), FC Vorskla Poltava (UKR), FC Wettingen (SUI), FC Wil 1900 (SUI), FC Zurich (SUI), Fenerbahçe (TUR), Ferencvaros
K Jablonek (RTC), FK Obilic Belgrade (SEM), FK Riga (LET), FK Sarajevo (BOS), FK Shamkir (AZE), FK Teplice (RTC), FK Ventspils (LET), Flacara Moreni (ROU), Flamurtari Vlorë (ALB), Floriana La Valette
remad Amager Copenhague (DAN), Frigg Oslo (NOR), Fulham (ANG), Fylkir Reykjavik (ISL), Fyllingen IL (NOR), GAIS Göteborg (SUE), Galatasaray (TUR), Galway United (IRL), Gaziantepspor (TUR), Gen-
lenavon (ILN), Glentoran (ILN), Gloria Bistrita (ROU), Go Ahead Eagles (HOL), Gornik Zabrze (POL), Göztepe Izmir (TUR), Grasshopper Zurich (SUI), Graz AK (AUT), Greenock Morton FC (ECO), Grindavil
almstads BK (SUE), Hambourg SV (ALL), Hammarby IF (SUE), Hamrun Spartans (MLT), Hanovre 96 (ALL), Hansa Rostock (RDA), Hapoel Beer Sheva (ISR), Hapoel Bnei Sakhnin (ISR), Hapoel Haïfa (ISR)
eart of Midlothian (ECO), Hellas Vérone (ITA), Helsingborgs IF (SUE), Herfölge BK (DAN), Hertha Berlin (ALL), Hibernian Edimbourg (ECO), Hibernians Cork (IRL), Hibernians FC (Paola) (MLT), HIFK Hel-
SL), IBV Vestmannaeyjar (ISL), IFK Göteborg (SUE), IFK Malmö (SUE), IFK Norrköping (SUE), Ikast FS (DAN), Illichivets Mariupol (UKR), Ilves Tampere (FIN), Inkaras-Grifas Kaunas (LIT), Inter Bratis-
eunesse Hautcharage (LUX), Jiul Petrosani (ROU) Juventus Turin (ITA), La Gantoise (KAA Gent) (BEL), Kairat Almaty (KAZ), Kalmar FF (SUE), Kamen Ingrad (CRO), Kapaz Ganja (AZE), Karabag Agdam
ALL), Kilmarnock FC (ECO), Kipest-Honved FC (HON), Koba Senec (SLQ), Kocaelispor (TUR), Koge BK (DAN), Kolkheti 1913 Poli (GEO), Komlo Banyasz (HON), Kongsvinger IL (NOR), Koparit Kuopio (KPT
alloseura (FIN), Kuusysi Lahti (FIN), KVC Westerlo (BEL), La Chaux-de-Fonds (SUI), Labinoti Elbasan (ALB), Landskrona BoIS (SUE), Lantana-Marlekor Tallinn (EST), Larissa (GRE), Las Palmas (ESP
orto (POR), Leotar Trebinje (BOS), Levadia Maardu (EST), Levadia Tallinn (EST), Levski Sofia (Vitosha) (BUL), Lierse SK (BEL), Lille OSC (FRA), Lillestrom SK (NOR), Limerick United (IRL), Linfield Bel
BUL), Lokomotiv Tbilissi (GEO), Lokomotiv-96 Vitebsk (BLR), Lokomotiv Leipzig (RDA), Londres (Sélection de) (ANG), Longford Town (IRL), Lyn Oslo (NOR), Lyngby BK (DAN), Maccabi Haïfa (ISR), Mac
Zestafoni (GEO), Marila Pribram (RTC), Marsa La Valette (MLT), Marsaxlokk (MLT), Matador Puchov (SLQ), Mersin Idmanyurdu (TUR), Merthyr Tydfil (GAL), Metallist Kharkov (UKR), Metalurgs Donetsk
Montpellier-Hérault SC (FRA), Moss FK (NOR), Motherwell (ECO), MP Mikkeli Palloilijat (FIN), MPKC Mozyr (BLR), MSK Zilina (SLQ), MSV Duisbourg (ALL), MTK-VM Budapest (Voros Lobogo) (HON
Nimègue (HOL), Neftchi Bakou (AZE), Neftochimik Bourgas (BUL), Neman Grodno (BLR), Neuchâtel Xamax FC (SUI), Newcastle United (ANG), Newport County (GAL), Newtown (GAL), Newtown AFC (GAL
K Rijeka (YOU), NK Rudar Velenje (SLN), NK Zagreb (CRO), Norma Tallinn (EST), Norwich City (ANG), Nottingham Forest (ANG), Novi Sad (Sélection de) (SEM), NSI Runavik (ISL), OB Odense (Odense
Olympiakos Nicosie (CHY), Olympique Lyon (FRA), Olympique Marseille (FRA), Omonia Nicosie (CHY), Orduspor (TUR), Örebro SK (SUE), Örgryte IS (SUE), OS Belenenses (POR), Osasuna Pamplune (ESP
Parme AC (ITA), Partick Thistle (ECO), Partizan Belgrade (RTC), Partizani Tirana (ALB), Pecs Munkas Sport Club (HON), Pelister Bitola (MAC), Pennarossa Chiesanuova (SAN), Pérouse (ITA), Petra Drno
POL), Polonia Varsovie (POL), Portadown (ILN), Portimonense (POR), Progrès Niederkorn (LUX), Progresul Oradea (ROU), PSV Eindhoven (HOL), PSV Schwerin (RDA), Publikum Celje (SLN), Pyunik Erevan
Racing White Bruxelles (BEL), Rad Belgrade (SEM), Radnicki Nis (SEM), RAF Yelgava Riga (LET), Raith Rovers FC (ECO), Randers Sportsklub Freja (DAN), Rapid Bucarest (ROU), Rapid Heerlen (HOL
ESP), Red Boys Differdange (LUX), Reipas Lahti (FIN), RFC Liège (BEL), Roda JC Kerkrade (HOL), Romar Mazeikiai (LIT), Rosenborg Trondheim (NOR), Rotor Volgograd (RUS), Rot-Weiss Essen (ALL
aint Patrick's Athletic (IRL), Saint-Mirren (ECO), Sakaryaspor (TUR), Salgotarjan Banyasz Torna Club (HON), Sampdoria Gênes (ITA), Samtredia (GEO), Sarpsborg FK (NOR), Sartid Smederevo (SEM), S
SLN), Servette Genève (SUI), Shafa Bacou (AZE), Chakhtior Donetsk (UKR), Shakhtyor Soligorsk (BLR), Shamrock Rovers (IRL), Sheffield Wednesday (ANG), Shelbourne (IRL), Shirak Gyumri ARM), Sigm
RUS), Skeid Oslo (NOR), Skoda Pilsen (SEM), Skonto Riga (LET), Slask Wroclaw (POL), Slavia Mozyr (BLR), Slavia Prague (RTC), Slavia Sofia (BUL), Sliema Wanderers (MLT), Sligo Rovers (IRL), Slobod
partak Hradec Kralove (RTC), Spartak Moscou (RUS), Spartak Plovdiv (BUL), Spartak Trnava (SLQ), Spartak Varna (BUL), Spora Luxembourg (LUX), Sporting Club Braga (POR), Sporting CP (POR), Spor
eims (FRA), Stade Rennais (FRA), Stahl Brandebourg (ALL), Stal Mielec (POL), Stal Rzeszow (POL), Standard Liège (BEL), Start Kristiansand (NOR), Steagul Rosu Brasov (ROU), Steaua Bucarest (ROU
GAL), Swift Hesperange (LUX), Szombierki Bytom (POL), Tampere United (FIN), Tasmania Berlin (ALL), Tatabanya Banyasz SC (HON), Tatran Presov (SLQ), Tavria Simféropol (UKR), Tekstilschik Kamichin
ottenham Hotspur (ANG), Toulouse FC (FRA), TPS Turku Palloseura (FIN), TPV Tampere (FIN), Trabzonspor (TUR), Trans Narva (EST), Trelleborgs FF (SUE), Tresnjevka Zagreb (CRO), Tromso IL (NOR), Tse
Saint-Gilloise Bruxelles (BEL), Union Sportive Luxembourg (LUX), Union Teplice (RTC), Universitatea Cluj-Napoca (Stiinta) (ROU), Universitatea Craiova (ROU), University College Dublin (IRL), US Rume
CRO), Vasas Budapest (HON), VB Vagur (FER), Vejle BK (DAN), Velez Mostar (BOS), VfB Stuttgart (ALL), VfL Bochum (ALL), VfL Wolfsburg (ALL), Viborg FF (DAN), Vicence LR (ITA), Victoria Bucares
POR), Vitoria Setubal (POR), Vllaznia Shkodër (ALB), Vöest Linz (AUT), Vojvodina Novi Sad (SEM), Vorwärts Francfort-sur-l'Oder (ALL), VPS Vaasa (FIN), Waregem (BEL), Waterford United (IRL), Waters
BEL), Wisla Cracovie (POL), Wisla Plock (POL), Wismut Aue (ALL), WIT Georgia Tbilissi (GEO), Wolverhampton Wanderers (ANG), Wrexham (GAL), Wuppertal (ALL), Young Boys Berne (SUI), Zaglebi
Spartak) (RTC), Zeleznik Belgrade (SEM), Zeljeznicar Sarajevo (BOS), Zénith Saint-Pétersbourg (Léningrad) (RUS), Zhenis Astana (KAZ), Zimbru Chisinau (MOL), Zurrieq (MLT), Zvartnots Erevan (ARM

C1 1955-56 REAL MADRID : En haut, de g. à dr., Villalonga (entr.), Alonso, Atienza, Marquitos, Lesmes, Munoz, Zarraga ; en bas, Joseito, Marchal, Di Stefano, Rial, et Gento.

C1 1956-57 REAL MADRID : Kopa, Mateos, Di Stefano, Rial, Gento ; Torres, Marquitos, Alonso, Lesmes, Munoz, Zarraga.

1955-56

C1 REAL MADRID

HUITIÈMES DE FINALE

Sporting (POR)-PARTIZAN (YOU)	3-3	2-5
Aarhus (DAN)-**REIMS** (FRA)	0-2	2-2
VÖRÖS LOBOGO (HON)-Anderlecht (BEL)	6-3	4-1
Servette Genève (SUI)-REAL M. (ESP)	0-2	0-5
RAPID VIENNE (AUT)-Eindhoven (HOL)	6-1	0-1
Essen (RFA)-HIBERNIAN (ECO)	0-4	1-1
DJURGÄRDEN (SUE)-Gwardia Vars. (POL)	0-0	4-1
MILAN AC (ITA)-Sarrebruck (Sarre)	3-4	4-1

QUARTS DE FINALE

REAL MADRID-Partizan Belgrade	4-0	0-3
REIMS-Vörös Lobogo	4-2	4-4
HIBERNIAN-Djurgärden	3-1	1-0
Rapid Vienne-MILAN AC	1-1	2-7

DEMI-FINALES

REAL MADRID-Milan AC	4-2	1-2
REIMS-Hibernian	2-0	1-0

FINALE

3 juin 1956 à Paris, Parc des Princes.

REAL MADRID - Reims : 4-3 (2-2).

38 239 spectateurs. Arbitre : M. Ellis (ANG).

Buts : **Leblond** (6e), **Templin** (10e), **Hidalgo** (62e) pour Reims ; Di Stefano (14e), Rial (30e, 79e), Marquitos (67e) pour le Real Madrid.

REAL MADRID : Alonso - Atienza, Marquitos, Lesmes - Munoz, Zarraga - Joseito, Marchal, Di Stefano, Rial, Gento. Entr. : Villalonga.

REIMS : Jacquet - Zimny, Jonquet, Giraudo - Leblond, Siatka - Hidalgo, Glovacki, Kopa, Bliard, Templin. Entr. : **Batteux.**

Meilleur buteur de la compétition :
M. Milutinovic (Partizan Belgrade), 8 buts.

1956-57

C1 REAL MADRID

PREMIER TOUR

FC Porto (POR)-BILBAO (ESP)	1-2	2-3
Anderlecht (BEL)-MAN. UNITED (ANG)	0-2	0-10
DORTM. (RFA)-Spora (LUX) (appui : 7-0)	4-3	1-2
Aarhus (DAN)-**NICE** (FRA)	1-1	1-5
DINAMO BUC. (ROU)-Galatasaray (TUR)	3-1	1-2
SLOVAN BRAT. (TCH)-Legia (POL)	4-0	0-2

Exempts : Real Madrid (ESP), Rapid Vienne (AUT), Rangers (ECO), Honved Budapest (HON), Grasshopper Zurich (SUI), Fiorentina (ITA), Norrköping (SUE), Étoile Rouge Belgrade (YOU), Heerlen (HOL), CSKA Sofia (BUL).

HUITIÈMES DE FINALE

CSKA SOFIA-Dinamo Bucarest	8-1	2-3
MANCHESTER UNITED-Dortmund	3-2	0-0
BILBAO-Honved	3-2	*3-3
*à Budapest.		
Slovan Bratislava-GRASSHOPPER	1-0	0-2
REAL MADRID-Rapid Vienne (appui : 2-0)	4-2	1-3
Glasgow Rangers-**NICE** (appui : 1-3)	2-1	1-2
FIORENTINA-Norrköping	1-1	1-0
Heerlen-ÉTOILE ROUGE	3-4	0-2

QUARTS DE FINALE

FIORENTINA-Grasshopper Belgrade	3-1	2-2
REAL MADRID-**Nice**	3-0	3-2
Bilbao-MANCHESTER UNITED	5-3	0-3
ÉTOILE ROUGE BELGRADE-CSKA Sofia	3-1	1-2

DEMI-FINALES

REAL MADRID-Manchester United	3-1	2-2
Étoile Rouge Belgrade-FIORENTINA	0-0	0-1

FINALE

30 mai 1957 à Madrid (ESP), Santiago-Bernabeu.

REAL MADRID - Fiorentina : 2-0 (0-0).

120 000 spectateurs. Arbitre : M. Horn (HOL).

Buts : Di Stefano (70e sp), Gento (76e).

REAL MADRID : Alonso - M. Torres, Marquitos, Lesmes - Munoz, Zarraga - **Kopa**, Mateos, Di Stefano, Rial, Gento. Entr. : Villalonga.

FIORENTINA : Sarti - Magnini, Orzan, Cervato - Scaramucci, Segato - Julinho, Gratton, Virgili, Montuori, Bizzarri. Entr. : Bernardini.

Meilleur buteur de la compétition :
Viollet (Manchester United), 9 buts.

1957-58

C1 REAL MADRID

PREMIER TOUR

RANGERS (ECO)-**Saint-Étienne** (FRA)	3-1	1-2
Gwardia (POL)-KMS (RDA) (appui 1-1 ap)	3-1	1-3
Karl-Marx-Stadt qualifié par tirage au sort.		
Dudelange (LUX)-ÉTOILE ROUGE (YOU)	1-9	0-5
CSKA Sofia (BUL)-VASAS BUD. (HON)	2-1	1-6
AARHUS (DAN)-Glenavon (ILN)	0-0	*3-0
*à Belfast.		
MILAN AC (ITA)-Rapid (AUT) (appui : 4-2)	4-1	2-5
Shamrock (IRL)-MAN. UNITED (ANG)	0-6	2-3
FC SÉVILLE (ESP)-Benfica (POR)	3-1	0-0

Exempts : Ajax (HOL), Young Boys Berne (SUI), Antwerp (BEL), Real Madrid (ESP), Dortmund (RFA), Steaua Bucarest (ROU), Dukla Prague (TCH), Norrköping (SUE).

HUITIÈMES DE FINALE

FC SÉVILLE-Aarhus	4-0	0-2
Glasgow Rangers-MILAN AC	1-4	0-2
Karl-Marx-Stadt-AJAX	*1-3	0-1
*à Aue.		
Young Boys-VASAS BUDAPEST	*1-1	1-2
*à Genève.		
Antwerp-REAL MADRID	1-2	0-6
DORTMUND-Steaua Buc. (appui : 3-1)	4-2	1-3
MAN. UNITED-Dukla Prague	3-0	0-1
Norrköping-ÉTOILE ROUGE BELGRADE	2-2	1-2

QUARTS DE FINALE

Dortmund-MILAN AC	1-1	1-4
MANCHESTER UNITED-Étoile Rouge	2-1	3-3
Ajax-VASAS BUDAPEST	2-2	0-4
REAL MADRID-FC Séville	8-0	2-2

DEMI-FINALES

Manchester United-MILAN AC	2-1	0-4
REAL MADRID-Vasas Budapest	4-0	0-2

FINALE

28 mai 1958 à Bruxelles (BEL), Heysel.

REAL - Milan AC : 3-2 ap (0-0, 2-2).

67 000 spectateurs. Arbitre : M. Alsteen (BEL).

Buts : Schiaffino (60e), Grillo (78e) pour le Milan AC ; Di Stefano (74e), Rial (79e), Gento (107e) pour le Real Madrid.

REAL MADRID : Alonso - Atienza, Santamaria, Lesmes - Santisteban, Zarraga - **Kopa**, Joseito, Di Stefano, Rial, Gento. Entr. : Carniglia.

MILAN AC : Soldan - Fontana, C. Maldini, Beraldo - Bergamaschi, Radice - Danova, Liedholm, Schiaffino, Grillo, Cucchiaroni. Entr. : Viani.

Meilleur buteur de la compétition :
Di Stefano (Real Madrid), 10 buts.

C1 1957-58 REAL MADRID : Alonso, Zarraga, Santamaria, Atienza, Rial, Santisteban, Joseito, Gento, Kopa, Lesmes, Di Stefano.

1955-58

C3 FC BARCELONE

Le but du Londonien Greaves (à dr.) à l'aller n'empêchera pas le Barça de s'imposer.

PREMIER TOUR

Londres (ANG)-Eintracht Francfort (RFA)	3-2	0-1
Francfort-Bâle (SUI)	5-1	2-6
Bâle-Londres	0-5	0-1

Classement : 1. SÉLECTION LONDRES, 6 pts ; **2.** Eintracht Francfort, 4 pts ; **3.** Sélection Bâle, 2 pts.

Inter (ITA)-Birmingham (ANG)	0-0	1-2
Dynamo Zagreb (YOU)-Birmingham	0-1	0-3
Dynamo Zagreb-Inter Milan	0-1	0-4

Classement : 1. BIRMINGHAM, 7 pts ; **2.** Inter Milan, 5 pts ; **3.** Dynamo Zagreb, 0 pt.

BARCELONE (ESP)-BK Copenhague (DAN)	6-2	1-1
LAUSANNE (SUI)-Sélection Leipzig (RDA)	7-3	3-6

DEMI-FINALES

Birmingham-FC BARCELONE (appui : 1-2)	4-3	0-1
Lausanne-SÉLECTION LONDRES	2-1	0-2

FINALE ALLER

5 mars 1958 à Londres (ANG), Stamford Bridge.

Sél. Londres - BARCELONE : 2-2 (1-2).

45 000 spectateurs. Arbitre : M. Dusch (RFA).

Buts : Tejada (4e), Eulogio Martinez (43e) pour le FC Barcelone ; Greaves (5e), Langley (83e) pour la sélection de Londres.

SÉLECTION LONDRES : Kelsey - Sillett, Langley, Blanchflower, Norman - Coote, Groves - Greaves, Smith, Haynes, Robb. Entr. : Mears.

FC BARCELONE : Ramallets - Olivella, Brugue, Segarra, Verges - Gensana, Tejada - Evaristo, Eulogio Martinez, Suarez, Basoral. Entr. : Balmanya.

C1 1958-59 **REAL MADRID : Di Stefano, Mateos, Kopa, Marquitos, Santisteban, Gento, Rial, Santamaria, Ruiz, Dominguez, Zarraga.**

C1 1959-60 **REAL MADRID : Puskas, Di Stefano, Vidal, Gento, Canario, Del Sol, Pachin, Santamaria, Marquitos, Dominguez, Zarraga.**

FINALE RETOUR

1er mai 1958 à Barcelone (ESP), Nou Camp.
BARCELONE - Sél. Londres : 6-0 (3-[illegible]).
62 000 spectateurs. Arbitre : M. Dusch (RFA).
Buts : Suarez (6e, 8e), Eulogio Martinez (44e), Evaristo (54e, 81e), Verges (67e).
FC BARCELONE : Ramallets - Olivella, Brugue, Segarra, Verges - Gensana, Tejada - Evaristo, Eulogio Martinez, Suarez, Basoral. Entr. : Balmanya.
SÉLECTION LONDRES : Kelsey - Wright, Cantwell, Blanchflower, Brown - Bowen, Medwin - Grove, Smith, Bloomfield, Lewis. Entr. : Mears.

Meilleurs buteurs de la compétition :
Eschmann (Leipzig), Evaristo (FC Barcelone), Holton (Londres), 4 buts.

1958-59

C1 REAL MADRID

PREMIER TOUR

Ards (ILN)-**REIMS** (FRA)	1-4	2-6
STANDARD (BEL)-Hearts of Mid. (ECO)	5-1	[illegible]-2
DOS Utrecht (HOL)-SPORTING (POR)	3-4	[illegible]-2
Jeunesse (LUX)-GÖTEB. (SUE) (appui 1-5)	1-2	[illegible]-0
K.-M.-S. (RDA)-Ploesti (ROU) (appui 4-0)	4-2	[illegible]-2
Bytom (POL)-MTK BUDAPEST (HON)	0-3	[illegible]-3
KB Cop. (DAN)-SCHALKE (RFA) (app. 1-3)	3-0	2-5
ATLETICO M. (ESP)-Drumcondra (IRL)	8-0	5-1
Dyn. Zagreb (YOU)-DUKLA PRAGUE (TCH)	2-2	[illegible]-2
Juventus (ITA)-WIENER SK (AUT)	3-1	[illegible]-7

Exempts : HPS Helsinki (FIN), Young Boys Berne (SUI), Wolverhampton (ANG), CSKA Sofia (BUL), Real Madrid (ESP), Besiktas (TUR).

HUITIÈMES DE FINALE

REIMS-HPS Helsinki	*4-0	3-0
*à Paris.		
Sporting-STANDARD	2-3	0-3
Göteborg - K.-MARX-STADT	2-2*	0-4
*à Aue.		
MTK Budapest-YOUNG BOYS	1-2	1-4
Wolverhampton-SCHALKE 04	2-2	1-2
ATLETICO M.-CSKA Sofia (appui : 3-1 ap)	2-1	0-1
REAL MADRID-Besiktas	2-0	1-1
WIENER SK-Dukla Prague	3-1	0-1

QUARTS DE FINALE

Wiener SK-REAL MADRID	0-0	1-7
Standard-**REIMS**	2-0	0-3
YOUNG BOYS - K.-Marx-Stadt (appui : 2-1)	2-2*	0-0
*à Aue.		
ATLETICO MADRID-Schalke 04	3-0	1-1

DEMI-FINALES

REAL M.-Atletico Madrid (appui : 2-1)	2-1	0-1
Young Boys Berne-**REIMS**	1-0*	0-3
*à Paris.		

FINALE

3 juin 1959 à Stuttgart (RFA), Neckarstadion.
REAL MADRID - Reims : 2-0 (1-0).
78 000 spectateurs. Arbitre : M. Dusch (ALL).
Buts : Mateos (2e), Di Stefano (47e).
REAL MADRID : Dominguez - Marquitos, Santamaria, Zarraga - Santisteban, Ruiz - **Kopa**, Mateos, Di Stefano, Rial, Gento. Entr. : Carniglia.
REIMS : Colonna - Rodzik, Jonquet, Giraudo - Penverne, Leblond - Lamartine, Bliard, Fontaine, Piantoni, Vincent. Entr. : **Batteux.**

Meilleur buteur de la compétition :
Fontaine (Reims), 10 buts.

1959-60

C1 REAL MADRID

PREMIER TOUR

WIENER SK (AUT)-Ploiesti (ROU)	0-0	2-1
RANGERS (ECO)-Anderlecht (BEL)	5-2	2-0
INTER BRATISLAVA (TCH)-FC Porto (POR)	2-1	2-0
Linfield (ILN)-IFK GÖTEBORG (SUE)	2-1	1-6
FENERBAHÇE (TUR)-Csepel (HON)	1-1	3-2
NICE (FRA)-Shamrock (IRL)	3-2	1-1
JEUNESSE E. (LUX)-LKS Lodz (POL)	5-0	1-2
CSKA Sofia (BUL)-FC BARCELONE (ESP)	2-2	2-6
Olympiakos (GRE)-MILAN AC (ITA)	2-2	1-3
Vorwärts Francf. (RDA)-WOLVER. (ANG)	2-1	0-2

Exempts : Eintracht Francfort (RFA), Young Boys Berne (SUI), B 1909 Odense (DAN), Sparta Rotterdam (HOL), Real Madrid (ESP), Étoile Rouge Belgrade (YOU).

HUITIÈMES DE FINALE

Young Boys-EINTRACHT FRANCFORT	1-4	1-1
B 1909 Odense-WIENER SK	0-3	2-2
Milan AC-FC BARCELONE	0-2	1-5
RANGERS-Inter Bratislava	4-3	1-1
SPARTA ROT.-IFK Göteborg (appui : 3-1)	3-1	1-3
Fenerbahçe-**NICE** (appui : 1-5)	2-1	1-2
REAL MADRID-Jeunesse Esch	7-0	5-2
Étoile Rouge-WOLVERHAMPTON	1-1	0-3

QUARTS DE FINALE

EINTRACHT FRANCFORT-Wiener SK	2-1	1-1
Sparta Rotterdam-RANGERS (appui : 2-3)	2-3	1-0
Nice-REAL MADRID	3-2	0-4
FC BARCELONE-Wolverhampton	4-0	5-2

DEMI-FINALES

EINTRACHT FRANCFORT-Rangers	6-1	6-3
REAL MADRID-FC Barcelone	3-1	3-1

FINALE

18 mai 1960 à Glasgow (ECO), Hampden Park.
REAL - Eintracht Francfort : 7-3 (3-1).
127 621 spectateurs. Arbitre : M. Mowat (ECO).
Buts : Kress (10e), Stein (64e, 72e) pour l'Eintracht Francfort ; Di Stefano (27e, 30e, 75e), Puskas (45e, 56e, 60e, 71e) pour le Real Madrid.
REAL MADRID : Dominguez - Marquitos, Santamaria, Pachin - Vidal, Zarraga - Canario, Del Sol, Di Stefano, Puskas, Gento. Entr. : Munoz.
EINTRACHT FRANCFORT : Loy - Lutz, Eingenbrodt, Höfer - Weilbächer, Stinka - Kress, Lindner, E. Stein, Pfaff, Meier. Entr. : Oswald.

Meilleur buteur de la compétition :
Puskas (Real Madrid), 12 buts.

1958-60

C3 FC BARCELONE

PREMIER TOUR

INTER MILAN (ITA)-**Lyon** (FRA)	7-0	1-1
Sél. Bâle (SUI)-FC BARCELONE (ESP)	2-5	1-2
Sél. Cologne (RFA)-BIRMINGHAM (ANG)	2-2	0-2
BK Copenhague (DAN)-CHELSEA (ANG)	1-3	1-4
UNION ST-GIL. (BEL)-Sél. Leipzig (RDA)	6-1	0-1
Hanovre (RFA)-AS ROME (ITA)	1-3	1-1
SÉL. ZAGREB (YOU)-Ujpest Dosza (HON)	4-2	0-1
SÉL. BELGRADE (YOU)-Lausanne (SUI)	6-1	5-3

QUARTS DE FINALE

FC BARCELONE-Inter Milan	4-0	4-2
Chelsea-SÉL. BELGRADE	1-0	1-4
UNION ST-GILLOISE-AS Rome	2-0	1-1
BIRMINGHAM-Sélection Zagreb	1-0	3-3

DEMI-FINALES

Sélection Belgrade-FC BARCELONE	1-1	1-3
Union St-Gilloise-BIRMINGHAM	2-4	2-4

FINALE ALLER

29 mars 1960 à Birmingham (ANG), Saint Andrews.
Birmingham City - FC BARCELONE : 0-0.
40 000 spectateurs. Arbitre : M. Van Nuffel (BEL).
BIRMINGHAM : Schofield - Farmer, Allen, Watts, Smith - Neal, Astall - Gordon, Weston, Orritt, Hooper. Entr. : Beasley.
BARCELONE : Ramallets - Olivella, Gracia, Segarra, Rodri - Gensana, Coll - Kocsis, Eulogio Martinez, Ribelles, Villaverde. Entr. : Herrera.

FINALE RETOUR

4 mai 1960 à Barcelone (ESP), Nou Camp.
BARCELONE - Birmingham : 4-1 (2-0).
70 000 spectateurs. Arbitre : M. Van Nuffel (BEL).
Buts : Eulogio Martinez (3e), Czibor (6e, 48e), Coll (78e) pour le FC Barcelone ; Hooper (82e) pour Birmingham.
FC BARCELONE : Ramallets - Olivella, Gracia, Verges, Rodri - Segarra, Coll - Ribelles, Eulogio Martinez, Kubala, Villaverde. Entr. : Herrera.
BIRMINGHAM : Schofield - Farmer, Allen, Watts, Trevor Smith - Neal, Astall - Gordon, Weston, Murphy, Hooper. Entr. : Beasley.

Meilleur buteur de la compétition :
Kostic (Sélection Belgrade), 6 buts.

C1 1960-61 **BENFICA : Le Barça ne succédera pas au Real. Benfica et son capitaine José Aguas (à l'ext. dr.), meilleur buteur de l'épreuve, mettent fin au règne espagnol.**

1960-61

C1 BENFICA

PREMIER TOUR

HIFK Helsinki (FIN)-IFK MALMÖ (SUE)	1-3	1-2
Juventus (ITA)-CSKA SOFIA (BUL)	2-0	1-4
RAPID VIENNE (AUT)-Besiktas (TUR)	4-0	0-1
Étoile Rouge (YOU)-UJPEST (HON)	1-2	0-3
FC BARCELONE (ESP)-Lierse (BEL)	2-0	3-0
REIMS (FRA)-Jeunesse Esch (LUX)	6-1	5-0
Hearts of Mid. (ECO)-BENFICA (POR)	1-2	0-3
AARHUS (DAN)-Legia Varsovie (POL)	3-0	0-1
FREDRIKSTAD (NOR)-Ajax (HOL)	4-3	0-0
Limerick (IRL)-YOUNG BOYS (SUI)	0-5	2-4

Exempts : Karl-Marx-Stadt (RDA), Burnley (ANG), Real Madrid (ESP), Panathinaïkos (GRE), Hambourg (RFA), Kralove (TCH).

HUITIÈMES DE FINALE

IFK MALMÖ-CSKA Sofia	1-0	1-1
RAPID V. - Karl-Marx-Stadt (appui : 1-0)	3-1	0-2
BENFICA-Ujpest Dosza	6-2	1-2
AARHUS-Fredrikstad	3-0	1-0
BURNLEY-**Reims**	2-0*	2-3
*à Paris.		
Real Madrid-FC BARCELONE	2-2	1-2

KRALOVE-Panathinaïkos 1-0 0-0
Young Boys-HAMBOURG 0-5 3-3

QUARTS DE FINALE
FC BARCELONE-Kralove 4-0 1-1
BENFICA-Aarhus 3-1 4-1
Burnley-HAMBOURG 3-1 1-4
RAPID VIENNE-IFK Malmö 2-0 2-0

DEMI-FINALES
BENFICA-Rapid Vienne 3-0 1-1
FC BARCELONE-Hambourg (appui : 1-0) 1-0 1-2

FINALE

30 mai 1961 à Berne (SUI), Wankdorf Stadion.
BENFICA - FC Barcelone : 3-2 (2-1).
26 732 spectateurs. Arbitre : M. Dienst (SUI).
Buts : Kocsis (20e), Czibor (75e) pour le FC Barcelone ; Aguas (30e), Ramallets (32e csc), Coluna (55e) pour Benfica.
BENFICA : Costa Pereira - Joao, Germano, Angelo - Neto, Cruz - José Augusto, Santana, Aguas, Coluna, Cavem. Entr. : Guttmann.
FC BARCELONE : Ramallets - Foncho, Garay, Gracia - Vergès, Gensana - Kubala, Suarez, Evaristo, Kocsis, Czibor. Entr. : Orizaola.

Meilleur buteur de la compétition :
Aguas (Benfica), 11 buts.

C2 FIORENTINA

Alberto Orzan (à g.), capitaine de la Fiorentina qui sera le premier vainqueur de la C2, dégage son camp en finale retour, protégé par Piero Gonfiantini devant l'attaquant des Glasgow Rangers Alex Scott (à dr.).

TOUR PRÉLIMINAIRE
RANGERS (ECO)-Ferencvaros (HON) 4-2 1-2
Vorwärts Francfort (RDA)-S. BRNO (TCH) 2-1 0-2

QUARTS DE FINALE
Austria V. (AUT)-WOLVERHAMP. (ANG) 2-0 0-5
M'gladbach (RFA)-RANGERS 0-3 0-8
Lucerne (SUI)-FIORENTINA (ITA) 0-3 2-6
Spartak Brno-DYNAMO ZAGREB (YOU) 0-0 0-2

DEMI-FINALES
RANGERS-Wolverhampton 2-0 1-1
FIORENTINA-Dynamo Zagreb 3-0 1-2

FINALE ALLER

17 mai 1961 à Glasgow (ECO), Ibrox Park.
Rangers - FIORENTINA : 0-2 (0-1).
80 000 spectateurs. Arbitre : M. Steiner (Autriche).
Buts : Milan (12e, 88e).
RANGERS : Ritchie - Shearer, Paterson, Caldow - Davis, Baxter - Wilson, McMillan, Scott, Brand, Hume. Entr. : Symon.
FIORENTINA : Albertosi - Robotti, Orzan, Castelletti - Gonfiantini, Rimbaldo - Hamrin, Micheli, Da Costa, Milan, Petris. Entr. : Hidegkuti.

FINALE RETOUR

27 mai 1961 à Florence (ITA), Stadio Comunale.
FIORENTINA - Rangers : 2-1 (1-1).
50 000 spectateurs. Arbitre : M. Hernady (HON).
Buts : Milan (12e), Hamrin (86e) pour la Fiorentina ; Scott (15e) pour les Glasgow Rangers.
FIORENTINA : Albertosi - Robotti, Orzan, Castelletti - Gonfiantini, Rimbaldo - Hamrin, Micheli, Da Costa, Milan, Petris. Entr. : Hidegkuti.
RANGERS : Ritchie - Shearer, Paterson, Caldow - Davis, Baxter - Scott, McMillan, Millar, Brand, Wilson. Entr. : Symon.

Meilleurs buteurs de la compétition :
Brand, Millar (Rangers) et Hamrin (Fiorentina), 5 buts.

C3 AS ROME

PREMIER TOUR
Union St-Gilloise (BEL)-AS ROME (ITA) 0-0 1-4
Lyon (FRA)-SÉL. COLOGNE (RFA) 1-3 2-1
Lausanne (SUI)-HIBERNIAN (ECO) 0-2 *
*Lausanne forfait au retour.
Dynamo Zagreb (YOU)-FC BARCEL. (ESP) 1-1 3-4
Sél. Leipzig (RDA)-BELGR. (YOU) (app : 0-2) 5-2 1-4
INTER MILAN (ITA)-Hanovre (RFA) 8-2 6-1
SÉL. COPENH. (DAN)-Sél. Bâle (SUI) 8-1 3-3
BIRMINGHAM (ANG)-Ujpest Dosza (HON) 3-2 2-1

QUARTS DE FINALE
Sélection Cologne-AS ROME (appui : 1-4) 0-2 2-0
FC Barcelone-HIBERNIAN 4-4 2-3
INTER MILAN-Sélection Belgrade 5-0 0-1
Sél. Copenhague-BIRMINGHAM 4-4 0-5

DEMI-FINALES
Hibernian-AS ROME (appui : 0-6) 2-2 3-3
Inter Milan-BIRMINGHAM 1-2 1-2

FINALE ALLER

27 septembre 1961, à Birmingham (ANG), Saint Andrews.
Birmingham City - AS ROME : 2-2 (0-1).
21 000 spectateurs. Arbitre : M. Davidson (ECO)
Buts : Manfredini (30e, 56e) pour l'AS Rome ; Hellawell (78e), Orritt (85e) pour Birmingham.
BIRMINGHAM : Schofield - Farmer, Sissons, Hennessey, Foster - Beard, Hellawell - Bloomfield, Harris, Orritt, Auld. Entr. : Merrick.
AS ROME : Cudicini - Fontana, Corsini, Guiliano, Losi - Carpanesi, Orlando - Da Costa, Manfredini, ANGelillo, Menichelli. Entr. : Carniglia.

FINALE RETOUR

11 octobre 1961 à Rome (ITA), Stade Olympique.
AS ROME - Birmingham City : 2-0 (0-0).
60 000 spectateurs. Arbitre : M. Schwinte (FRA).
Buts : Farmer (56e csc), Pestrin (90e).
AS ROME : Cudicini - Fontana, Corsini, Carpanesi, Losi - Pestrin, Orlando - Angelillo, Manfredini, Lojacono, Menichelli. Entr. : Carniglia.
BIRMINGHAM : Schofield - Farmer, Sissons, Hennessey, Trevor Smith - Beard, Hellawell - Bloomfield, Harris, Singer, Orritt. Entr. : Merrick.

Meilleur buteur de la compétition :
Manfredini (AS Rome), 12 buts.

1961-62

C1 BENFICA

PREMIER TOUR
NUREMBERG (RFA)-Drumcondra (IRL) 5-0 4-1
CCA Bucarest (ROU)-AUSTRIA V. (AUT) 0-0 0-2
IFK Göteborg (SUE)-FEYENOORD (HOL) 0-3 2-8
Gornik Zabrze (POL)-TOTTENHAM (ANG) 4-2 1-8
CSKA Sofia (BUL)-DUKLA PRA. (TCH) 4-4 1-2
Vasas Bud. (HON)-REAL MADRID (ESP) 0-2 1-3
SERVETTE (SUI)-Hib. La Valette (MLT) 5-0 2-1
Spora Lux. (LUX)-B 1913 ODENSE (DAN) 0-6 2-9
Panathinaïkos (GRE)-JUVENTUS (ITA) 1-1 1-2
Sporting (POR)-PARTIZAN (YOU) 1-1 0-2
STANDARD (BEL)-Fredrikstad (NOR) 2-1 *2-0
*à Oslo.
VORWÄRTS FRANC. (RDA)-Linfield (ILN) 3-0 *
*match retour non disputé.
Monaco (FRA)-RANGERS (ECO) 2-3 2-3
Exempts : Benfica (POR), Fenerbahçe (TUR), Valkeakoski (FIN).

HUITIÈMES DE FINALE
Fenerbahçe-NUREMBERG 1-2 0-1
STANDARD-Valkeakoski 5-1 2-0
B 1913 Odense-REAL MADRID 0-3 0-9
Austria Vienne-BENFICA 1-1 1-5
Partizan Belgrade-JUVENTUS 1-2 0-5
Feyenoord-TOTTENHAM 1-3 1-1
Servette-DUKLA PRAGUE 4-3 0-2
Vorwärts Francfort-RANGERS 1-2 *1-4
*à Malmö (SUE) ; match rejoué (arrêté à la 45e à 0-0, à cause du brouillard).

QUARTS DE FINALE
Nuremberg-BENFICA 3-1 0-6
Dukla Prague-TOTTENHAM 1-0 1-4
Juventus-REAL MADRID (appui : 1-3) 0-1 1-0
STANDARD-Rangers 4-1 0-2

DEMI-FINALES
REAL MADRID-Standard Liège 4-0 2-0
BENFICA-Tottenham 3-1 1-2

FINALE

2 mai 1962 à Amsterdam (HOL), Stade Olympique.
BENFICA - Real Madrid : 5-3 (2-3).
61 257 spectateurs. Arbitre : M. Horn (HOL).
Buts : Puskas (17e, 23e, 38e) pour le Real Madrid ; Aguas (25e), Cavem (34e), Coluna (51e), Eusebio (65e, 68e) pour Benfica.
BENFICA : Costa Pereira - Joao, Germano, Angelo - Cavem, Cruz - José Augusto, Eusebio, Aguas, Coluna, Simoes. Entr. : Guttmann.
REAL MADRID : Araquistain - Cassado, Santamaria, Miera - Felo, Pachin - Tejada, Del Sol, Di Stefano, Puskas, Gento. Entr. : Munoz.

Meilleurs buteurs de la compétition :
Di Stefano, Puskas et Tejada (Real Madrid), 7 buts.

C1 1961-62 BENFICA : La « panthère noire » Eusebio (5e à g.) va porter le coup de grâce au Real en inscrivant les deux derniers buts de Benfica, qui conserve son titre.

C2 ATLETICO MADRID

PREMIER TOUR
RAPID VIENNE (AUT)-Varna (BUL) 0-0 5-2
DUNFERMLINE (ECO)-St. Patrick's (IRL) 4-1 4-0
Sedan (FRA)-ATLETICO MADRID (ESP) 2-3 1-4
Swansea (GAL)-MOTOR IÉNA (RDA) *2-2 1-5
*à Linz.
Glenavon (ILN)-LEICESTER (ANG) *1-4 1-3
*à Belfast.
Chaux-de-Fonds (SUI)-LEIXOES (POR) 6-2 0-5
Floriana La Valette (MLT)-UJPEST (HON) 2-5 2-10
Exempts : Ajax Amsterdam (HOL), Werder Brême (RFA), Vardar Skopje (YOU), Dudelange (LUX), Aarhus (DAN), Olympiakos (GRE), Fiorentina (ITA), Progresul Bucarest (ROU), Zilina (TCH).

HUITIÈMES DE FINALE
Leicester-ATLETICO MADRID 1-1 0-2
Ajax-UJPEST DOSZA 2-1 1-3
DUNFERMLINE-Vardar Skopje 5-0 0-2
MOTOR IÉNA-Dudelange 7-0 *2-2
*à Erfurt
WERDER BRÊME-AGF Aarhus 2-0 3-2
FIORENTINA-Rapid Vienne 3-1 6-2
Olympiakos-ZILINA 2-3 0-1
LEIXOES-Progresul Bucarest 1-1 *1-0
*à Lisbonne.

QUARTS DE FINALE
Zilina-FIORENTINA 3-2 0-2
Werder Brême-ATLETICO 1-1 1-3
MOTOR IÉNA-Leixoes 1-1 *3-1
*à Gera
UJPEST DOSZA-Dunfermline 4-3 1-0

DEMI-FINALES
Motor Iéna-ATLETICO MADRID 0-1 0-4
FIORENTINA-Ujpest Dosza 2-0 1-0

FINALE

10 mai 1962 à Glasgow (ECO), Hampden Park.
Fiorentina - ATLETICO : 1-1 ap (1-1, 1-1).
29 066 spectateurs. Arbitre : M. Wharton (ECO).
Buts : Peiro (11e) pour l'Atletico Madrid ; Hamrin (27e) pour la Fiorentina.
FIORENTINA : Sarti - Gonfiantini, Orzan, Castelletti - Ferretti, Rimbaldo - Hamrin, Bartu, Milani, Dell'Angelo, Petris. Entr. : Hidegkuti.
ATLETICO : Madinabeytia - Rivilla, Chuzo, Calleja - Ramiro, Glaria - Jones, Adelardo, Mendoça, Peiro, Collar. Entr. : Villalonga.

FINALE REJOUÉE

5 septembre 1962 à Stuttgart (ALL), Neckarstadion.
ATLETICO - Fiorentina : 3-0 (2-0).
38 120 spectateurs. Arbitre : M. Tschenscher (RFA).
Buts : Jones (8e), Mendonça (27e), Peiro (59e).
ATLETICO : Madinabeytia - Rivilla, Griffa, Calleja - Ramiro, Glaria - Jones, Adelardo, Mendoça, Peiro, Collar. Entr. : Villalonga.
FIORENTINA : Albertosi - Robotti, Orzan, Castelletti - Malatrasi, Marchesi - Hamrin, Ferretti, Milani, Dell'Angelo, Petris. Entr. : Hidegkuti.

Meilleur buteur de la compétition :
Göröcs (Ujpest Dosza), 7 buts.

C3 FC VALENCE

PREMIER TOUR
VALENCE (ESP)-Nottingham Forest (ANG) 2-0 5-1
FC Cologne (RFA)-INTER (ITA) (appui : 3-5) 4-2 0-2
Union St-Gil. (BEL)-HEARTS (ECO) 1-3 0-2
Spartak Brno (TCH)-SÉL. LEIPZIG (RDA) 2-2 1-4
Strasbourg (FRA)-MTK BUDAPEST (HON) 1-3 2-10
Milan AC (ITA)-SÉL. NOVI SAD (YOU) 0-0 0-2
Bâle (SUI)-ÉTOILE ROUGE (YOU) 1-1 1-4
HIBERNIAN (ECO)-Belenenses (POR) 3-3 3-1
Hanovre (RFA)-ESPANYOL (ESP) 0-1 0-2
Lyon (FRA)-SHEFFIELD WED. (ANG) 4-2 2-5
Sél. Copenhague (DAN)-D. ZAGREB (YOU) 2-7 2-2
Sél. Berlin-Ouest (RFA)-BARCELONE (ESP) 1-0 0-3
Exempts : Birmingham (ANG), Iraklis Salonique (GRE), Lausanne (SUI), AS Rome (ITA).

HUITIÈMES DE FINALE
Lausanne-FC VALENCE 3-4 *
*Lausanne forfait au retour.
Hearts of Midlothian-INTER MILAN 0-1 0-4
MTK BUD.-Sélection Leipzig (appui : 2-0) 3-0 0-3
Iraklis Sal.-SÉL. NOVI SAD 2-1 1-9
ÉTOILE ROUGE-Hibernian 4-0 1-0
ESPANYOL-Birmingham 5-2 0-1
SHEFFIELD WEDNESDAY-AS Rome 4-0 0-1
FC BARCELONE-Dynamo Zagreb 5-1 2-2

QUARTS DE FINALE
FC VALENCE-Inter Milan 2-0 3-3
Sélection Novi Sad-MTK BUDAPEST 1-4 1-2
Espanyol-ÉTOILE ROUGE 2-1 0-5
Sheffield Wednesday-FC BARCELONE 3-2 0-2

DEMI-FINALES
FC VALENCE-MTK Budapest 3-0 7-3
FC BARCELONE-Étoile Rouge 4-1 0-2

C1 1962-63 MILAN AC : C. Maldini, Benitez, Rivera, Altafini, Mora, Pivatelli ; Ghezzi, Trebbi, David, Trapattoni et D. Sani.

FINALE ALLER

8 septembre 1962 à Valence (ESP), Luis Casanova.
FC VALENCE - FC Barcelone : 6-2 (3-2).
65 000 spectateurs. Arbitre : M. **Barberan** (FRA).
Buts : Kocsis (4e, 20e) pour le FC Barcelone ; Yosu (14e, 42e), Guillot (35e, 54e, 67e), Nunez (74e) pour le FC Valence.
FC VALENCE : Zamora - Piquer, Mestre, Sastre, Cuinçoces - Chicao, Nunez - Ribelles, Waldo, Guillot, Yosu. Entr. : Balmanya.
FC BARCELONE : Pesudo - Benitez, Rodri, Olivella, Verges - Gracia, Cubilla - Kocsis, Re, Villaverde, Camps. Entr. : Kubala.

FINALE RETOUR

12 septembre 1962 à Barcelone (ESP), Nou Camp.
FC Barcelone - FC VALENCE : 1-1 (0-0).
60 000 spectateurs. Arbitre : M. Campanati (ITA).
Buts : Kocsis (46e) pour le FC Barcelone ; Guillot (87e) pour le FC Valence.
FC BARCELONE : Pesudo - Benitez, Garay, Fuste, Verges - Gracia, Cubilla - Kocsis, Goyvaerts, Villaverde, Camps. Entr. : Kubala.
FC VALENCE : Zamora - Piquer, Mestre, Sastre, Quinçoces - Chicao, Nunez - Urtiaga, Waldo, Guillot, Yosu. Entr. : Balmanya.

Meilleur buteur de la compétition :
Waldo (FC Valence), 10 buts.

1962-63

C1 MILAN AC

PREMIER TOUR

Servette (SUI)-FEY. (HOL) (app. : 1-3 ap)	1-3	3-1
AUSTRIA (AUT)-HIFK Helsinki (FIN)	5-3	2-0
Vorwärts Francfort (RDA)-DUKLA P. (TCH)	0-3	0-1
CSKA SOFIA (BUL)-Partizan Bel. (YOU)	2-1	4-1
DUNDEE FC (ECO)-FC Cologne (RFA)	8-1	0-4
Real Madrid (ESP)-ANDERLECHT (BEL)	3-3	0-1
Fredrikstad (NOR)-VASAS BUD. (HON)	1-4	0-7
Shelbourne (IRL)-SPORTING (POR)	0-2	1-5
Linfield (ILN)-ESBJERG (DAN)	1-2	0-0
NORRKÖPING (SUE)-Partizani Tir. (ALB)	2-0	1-1
Floriana La Valette (MLT)-IPSWICH (ANG)	1-4	0-10
MILAN AC (ITA)-US Luxembourg (LUX)	8-0	6-0
BYTOM (POL)-Panathinaïkos (GRE)	*2-1	4-1
*à Chorzow.		
Dinamo Buc. (ROU)-GALATASARAY (TUR)	1-1	0-3

Exempts : Benfica (POR), **Reims** (FRA).

HUITIÈMES DE FINALE

FEYENOORD-Vasas Bud. (appui : 1-0)	1-1	2-2
Austria Vienne-**REIMS**	3-2	*0-5
*à Paris.		
Esbjerg-DUKLA PRA.	*0-0	0-5
*à Vejle.		
Sporting-DUNDEE FC	1-0	1-4
GALATASARAY-Bytom	4-1	*0-1
*à Katowice.		
MILAN AC-Ipswich	3-0	1-2
CSKA Sofia-ANDERLECHT	2-2	0-2
Norrköping-BENFICA	1-1	1-5

QUARTS DE FINALE

Reims-FEYENOORD	0-1	1-1
BENFICA-Dukla Prague	2-1	0-0
Galatasaray-MILAN AC	1-3	0-5
Anderlecht-DUNDEE FC	1-4	1-2

DEMI-FINALES

MILAN AC-Dundee FC	5-1	0-1
Feyenoord-BENFICA	0-0	1-3

FINALE

22 mai 1963 à Londres (ANG), Wembley.
MILAN AC - Benfica : 2-1 (0-1).
45 715 spectateurs. Arbitre : M. Holland (ANG).
Buts : Eusebio (19e) pour Benfica ; Altafini (58e, 70e) pour le Milan AC.
MILAN AC : Ghezzi - David, C. Maldini, Benitez, Trebbi - D. Sani, Trapattoni - Pivatelli, Altafini, Rivera, Mora. Entr. : Rocco.
BENFICA : Costa Pereira - Cavem, Raul, Cruz - Humberto, Coluna - José Augusto, Santana, J. Torres, Eusebio, Simoes. Entr. : Riera.

Meilleur buteur de la compétition :
Altafini (Milan AC), 14 buts.

C2 TOTTENHAM HOTSPUR

Jimmy Greaves (à g.) inscrit l'un des cinq buts de Tottenham en finale contre l'Atletico.

PREMIER TOUR

UJPEST (HON)-Sosnowiec (POL)	5-0	0-0
Dudelange (LUX)-B 1909 OD. (DAN)	*1-1	1-8
*à Esch.		
RANGERS (ECO)-FC Séville (ESP)	4-0	0-2
OFK BELGRADE (YOU)-Halle (RDA)	2-0	3-3
LAUSANNE (SUI)-Sparta Rot. (HOL)	3-0	2-4
Bangor (GAL)-NAPLES (ITA) (appui : 1-2)	2-0	1-3
Steaua Bucarest (ROU)-B. PLOVDIV (BUL)	3-2	1-5
SAINT-ÉTIENNE (FRA)-Setubal (POR)	1-1	3-0

Exempts : Slovan Bratislava (TCH), Atletico Madrid (ESP), Shamrock (IRL), Graz AK (AUT), Nuremberg (RFA), Tottenham (ANG), Portadown (ILN), Hibernians La Valette (MLT).

HUITIÈMES DE FINALE

Lausanne-SLOVAN BRATISLAVA	1-1	0-1
Saint-Étienne-NUREMBERG	0-0	0-3
Graz AK-B 1909 ODENSE	1-1	3-5
TOTTENHAM-Rangers	5-2	3-2
OFK BELGRADE-Portadown	5-1	2-3
Shamrock-BOTEV PLOVDIV	0-4	0-1
ATLETICO-Hibernians La Valette	4-0	1-0
Ujpest Dosza-NAPLES (appui : 1-3)	1-1	1-1

QUARTS DE FINALE

OFK BELGRADE-Naples (appui : 3-1)	2-0	1-3
B 1909 Odense-NUREMBERG	*0-1	0-6
*à Hambourg.		
Slovan Bratislava-TOTTENHAM	2-0	0-6
Botev Plovdiv-ATLETICO MADRID	1-1	0-4

DEMI-FINALES

Nuremberg-ATLETICO MADRID	2-1	0-2
OFK Belgrade-TOTTENHAM	1-2	1-3

FINALE

15 mai 1963 à Rotterdam (HOL), De Kuip.
TOTTENHAM - Atletico : 5-1 (2-0).
49 143 spectateurs. Arbitre : M. Van Leeuwen (HOL).
Buts : Greaves (16e, 80e), White (35e), Dyson (67e, 85e) pour Tottenham ; Collar (47e) pour l'Atletico.
TOTTENHAM : Brown - Baker, Norman, Henry - Blanchflower, Marchi - C. Jones, White, Smith, Greaves, Dyson. Entr. : Nicholson.
ATLETICO MADRID : Madinabeyta - Rivilla, Griffa, Rodriguez - Ramiro, Chuzo, Glaria - M. Jones, Adelardo, Mendonça, Collar. Entr. : Villalonga.

Meilleurs buteurs de la compétition :
Asparoukov (B. Plovdiv), Greaves (Tottenham), 6 buts.

C3 FC VALENCE

PREMIER TOUR

FC VALENCE (ESP)-Celtic Glasgow (ECO)	4-2	2-2
Marseille (FRA)-UNION ST-GILLOISE (BEL)	1-0	2-4
Everton (ANG)-DUNFERMLINE (ECO)	1-0	0-2
HIBERNIAN (ECO)-B 1903 Copenh. (DAN)	4-0	3-2
SÉL. UTRECHT (HOL)-Berlin-Ouest (RFA)	3-2	2-1
Altay Izmir (TUR)-AS ROME (ITA)	2-3	1-10
Glentoran (ILN)-SARAGOSSE (ESP)	0-2	2-6
Rapid Vienne (AUT)-ÉTOILE ROUGE (YOU)	1-1	0-1
BARÇA (ESP)-Belenenses (POR) (app. : 3-2)	1-1	1-1
Viktoria Cologne (RFA)-FERENC. (HON)	4-3	1-4
SAMPDORIA (ITA)-Bonnevoie (LUX)	1-0	2-0
PLOIESTI (ROU)-Spartak Brno (TCH)	4-0	1-0
Novi Sad (YOU)-SÉL. LEIPZIG (RDA)	1-0	0-2
Bâle (SUI)-BAYERN (RFA)	0-3	*
*Bâle forfait au retour		
DRUMCONDRA (IRL)-Sél. Odense (DAN)	4-1	2-4
FC Porto (POR)-DYNAMO ZAGREB (YOU)	1-2	0-0

HUITIÈMES DE FINALE

FC VALENCE-Dunfermline (appui : 1-0)	4-0	2-6
Sélection Utrecht-HIBERNIAN	0-1	1-2
Saragosse-AS ROME	2-4	2-1
ÉTOILE ROUGE-Barcelone (appui : 1-0)	3-2	0-1
Sampdoria-FERENCVAROS	1-0	0-6
PLOIESTI-Sélection Leipzig (appui : 1-0)	1-0	0-1
BAYERN-Drumcondra Dublin	6-0	0-1
DYNAMO ZAGREB-St-Gilloise (appui : 3-2)	2-1	0-1

QUARTS DE FINALE

FC VALENCE-Hibernian	5-0	1-2
AS ROME-Étoile Rouge Belgrade	3-0	0-2
FERENCVAROS-Ploiesti	2-0	0-1
Bayern-DYNAMO ZAGREB	0-0	1-4

DEMI-FINALES

FC VALENCE-AS Rome	3-0	0-1
Ferencvaros-DYNAMO ZAGREB	0-1	1-2

FINALE ALLER

12 juin 1963 à Zagreb (YOU), stade du Dynamo.
Dynamo Zagreb - VALENCE : 1-2 (1-0).
40 000 spectateurs. Arbitre : M. Adami (ITA).
Buts : Zambata (13e) pour le Dynamo Zagreb ; Waldo (64e), Urtiaga (67e) pour Valence.
DYNAMO ZAGREB : Skoric - Belin, Braun, Biscam, Markovic - Perusic, Kobesnac - Zambata, Knez, Matus, Lamza. Entr. : Antolkovic.
FC VALENCE : Zamora - Piquer, Chicao, Paquito, Quinçoces - Sastre, Manio - Sanchez-Lage, Waldo, Ribelles, Urtiaga. Entr. : Scopelli.

FINALE RETOUR

26 juin 1963 à Valence (ESP), Luis Casanova.
VALENCE - Dynamo Zagreb : 2-0 (0-0).
55 000 spectateurs. Arbitre : M. Howley (ANG).
Buts : Manio (68e), Nunez (78e).
FC VALENCE : Zamora - Piquer, Chicao, Paquito, Quinçoces - Sastre, Manio - Sanchez-Lage, Waldo, Ribelles, Nunez. Entr. : Scopelli.
DYNAMO ZAGREB : Skoric - Belin, Braun, Matus, Markovic - Perusic, Kobesnac - Lamza, Raus, Zambata, Knez. Entr. : Antolkovic.

Meilleurs buteurs de la compétition :
Manfredini, Lojaccono (AS Rome), Waldo (FC Valence), 6 buts.

1963-64

C1 INTER MILAN

PREMIER TOUR

AS MONACO (FRA)-AEK Athènes (GRE)	*7-2	1-1
*à Nice.		
Standard (BEL)-NORRKÖPING (SUE)	1-0	0-2
Everton (ANG)-INTER MILAN (ITA)	0-0	0-1
GALATASARAY (TUR)-Ferencvaros (HON)	4-0	0-2
ZABRZE (POL)-Austria (AUT)(appui : 2-1)	*1-0	0-1
*à Chorzow.		
DINAMO BUC. (ROU)-Motor Iéna (RDA)	2-0	1-0
Partizani Tirana (ALB)-S. PLOVDIV (BUL)	1-0	1-3
DUKLA P. (TCH)-FC La Valette (MLT)	6-0	2-0
PARTIZAN (YOU)-A. Famagouste (CHY)	3-0	3-1
Lyn Oslo (NOR)-DORTMUND (RFA)	2-4	1-3
Distillery Belfast (ILN)-BENFICA (POR)	3-3	0-5
Valkeakoski (FIN)-JEUNESSE E. (LUX)	4-1	0-4
Esbjerg (DAN)-PSV EINDHOVEN (HOL)	3-4	1-7
Dundalk (IRL)-FC ZURICH (SUI)	0-3	2-1
Rangers (ECO)-REAL MADRID (ESP)	0-1	0-6

Exempt : Milan AC (ITA).

C1 1963-64 INTER MILAN : Sarti, Guarneri, Facchetti, Milani, Burgnich, Picchi ; Jaïr, Suarez, Mazzola, Tagni et Corso.

HUITIÈMES DE FINALE
Benfica-DORTMUND 2-1 0-5
Spartak Plovdiv-PSV EINDHOVEN 0-1 0-0
Dinamo Bucarest-REAL MADRID 1-3 3-5
FC ZURICH-Galatasaray (appui : 2-2 ap) 2-0 0-2
FC Zurich qualifié par tirage au sort.
Jeunesse Esch-PARTIZAN BELGRADE 2-1 2-6
Zabrze-DUKLA PRAGUE 2-0 1-4
Norrköping-MILAN AC 1-1 2-5
INTER MILAN-Monaco 1-0 *3-1
*à Marseille.

QUARTS DE FINALE
REAL MADRID-Milan AC 4-1 0-2
PSV Eindhoven-FC ZURICH 1-0 1-3
Partizan Belgrade-INTER MILAN 0-2 1-2
Dukla Prague-DORTMUND 0-4 3-1

DEMI-FINALES
Dortmund-INTER MILAN 2-2 0-2
FC Zurich-REAL MADRID 1-2 0-6

FINALE
27 mai 1964 à Vienne, Prater.
INTER MILAN - Real Madrid : 3-1 (1-0).
71 333 spectateurs. Arbitre : M. Stoll (AUT).
Buts : Mazzola (43e, 76e), Milani (61e) pour l'Inter Milan ; Felo (70e) pour le Real Madrid.
INTER MILAN : G. Sarti - Burgnich, Guarneri, Picchi, Facchetti - Tagnin, Suarez, Corso - Jaïr, Mazzola, Milani. Entr. : Herrera.
REAL MADRID : Vicente - Isidro, Santamaria, Zoco, Pachin - Felo, Muller - Amancio, Di Stefano, Puskas, Gento. Entr. : Munoz.

Meilleurs buteurs de la compétition :
Kovacevic (Partizan Belgrade), Mazzola (Inter Milan), Puskas (Real Madrid), 7 buts.

C2 SPORTING PORTUGAL

PREMIER TOUR
MTK BUDAPEST (HON)-Slavia Sofia (BUL) 1-0 1-1
LYON (FRA)-B 1913 Odense (DAN) 3-1 3-1
Linz ASK (AUT)-D. ZAG. (YOU) (app. : 1-1) 1-0 0-1
Dynamo Zagreb qualifié par tirage au sort.
Sliema (MLT)-BOROUGH (GAL) 0-0 0-2
OLYMP. (GRE)-Sosnowiec (POL)(app. : 2-0) 2-1 0-1
FENERBAHÇE (TUR)-Ploiesti (ROU) 4-1 0-1
HPS Helsinki (FIN)-SLOVAN B. (TCH) 1-4 1-8
Willem II (HOL)-MAN. UNITED (ANG) 1-1 1-6
HAMBOURG (RFA)-Union Lux. (LUX) 4-0 3-2
Bâle (SUI)-CELTIC (ECO) 1-5 0-5
APOEL NICOSIE (CHY)-Gjovik (NOR) 6-0 0-1
Bergame (ITA)-SPORTING (POR)(app. : 1-3) 2-0 1-3
Shelbourne (IRL)-FC BARCELONE (ESP) 0-2 1-3
Exempts : Tottenham (ANG), Linfield (ILN), Zwickau (RDA).

HUITIÈMES DE FINALE
SPORTING-Apoel Nicosie 16-1 2-0
CELTIC-Dynamo Zagreb 3-0 1-2
FC Barcelone-HAMBOURG (appui : 2-3) 4-4 0-0
Zwickau-MTK BUDAPEST 1-0 0-2
LYON-Olympiakos 4-1 1-2
FENERBAHÇE-Linfield 4-1 0-2
Tottenham-MANCHESTER UNITED 2-0 1-4
Borough-SLOVAN BRATISLAVA 0-1 0-3

QUARTS DE FINALE
CELTIC-Slovan Bratislava 1-0 1-0
Hambourg-LYON 1-1 0-2
Manchester United-SPORTING 4-1 0-5
MTK BUDAPEST-Fenerbahçe (appui : 1-0) 2-0 1-3

DEMI-FINALES
Lyon-SPORTING (appui : 0-1) 0-0 1-1
Celtic-MTK BUDAPEST 3-0 0-4

FINALE
13 mai 1964 à Bruxelles (BEL), Heysel.
SPORTING - MTK : 3-3 ap (1-1, 3-3).
3 208 spectateurs. Arbitre : M. Van Nuffel (BEL).
Buts : Sandor (19e), Kuti (70e, 72e) pour le MTK Budapest. Mascarenhas (40e), Figueiredo (48e, 81e) pour le Sporting Portugal.
SPORTING PORTUGAL : Carvalho - Gomes, Alexandre Baptista, José Carlos - Morais, Mendes - Osvaldo, Mascarenhas, Figueiredo, Géo Carvalho, Bé Bocaleri. Entr. : Fernandes.
MTK BUDAPEST : Kovalik - Keszler, Danszky, Jeszensky - Nagy, Kovacs - Sandor, Vasas, Bödör, Kuti, Halapi. Entr. : Schaffer.

C1 1964-65 **INTER MILAN : Triomphe à domicile pour les Intéristes Corso, Burgnich, Facchetti, Mazzola, Bedin, le buteur Jaïr (debout, de g. à dr.), Guarneri, Picchi et Peiro (assis) qui viennent de s'imposer en finale contre Eusebio et Benfica.**

FINALE REJOUÉE
15 mai 1964 à Anvers (BEL), Bosuilstadion-Deurne.
SPORTING - MTK Budapest : 1-0 (1-0).
13 924 spectateurs. Arbitre : M. Versyp (BEL).
But : Morais (20e).
SPORTING PORTUGAL : Carvalho - Gomes, Alexandre Baptista, José Carlos - Perides, Mendes - Osvaldo, Mascarenhas, Figueiredo, Géo Carvalho, Morais. Entr. : Fernandes.
MTK BUDAPEST : Kovalik - Keszler, Danszky, Jeszensky - Nagy, Kovacs - Sandor, Vasas, Bödör, Kuti, Halapi. Entr. : Schaffer.

Meilleur buteur de la compétition :
Mascarenhas (Sporting Portugal), 11 buts.

C3 REAL SARAGOSSE

PREMIER TOUR
SARAGOSSE (ESP)-Iraklis Salonique (GRÈ) 6-1 3-0
LAUSANNE (SUI)-Hearts (ECO)(app. : 3-2 ap) 2-2 2-2
ATLETICO (ESP)-FC Porto (POR) 2-1 0-0
JUVE. (ITA)-OFK Belg. (YOU) (appui : 1-0) 2-1 1-2
RAPID VIENNE (AUT)-RC Paris (FRA) 1-0 3-2
Bonnevoie (LUX)-RFC LIÈGE (BEL) 0-2 0-0
Sél. Copenhague (DAN)-ARSENAL (ANG) 1-7 3-2
Glentoran (ILN)-PARTICK THISTLE (ECO) 1-4 0-3
SPARTAK BRNO (TCH)-Servette (SUI) 5-0 2-1
FC COLOGNE (RFA)-La Gantoise (BEL) 3-1 1-1
DOS Utrecht (HOL)-SHEFFIELD WED. (ANG) 1-4 1-4
Hertha Berlin (RFA)-AS ROME (ITA) 1-3 0-2
Tresnjevka Zag. (YOU)-BELENENSES (POR) 0-2 1-2
UJPEST DOSZA (HON)-SC Leipzig (RDA) 0-0 3-2
Brasov (ROU)-LOK. PLOVDIV (BUL) 1-3 1-2
Shamrock (IRL)-FC VALENCE (ESP) 0-1 2-2

HUITIÈMES DE FINALE
Lausanne-SARAGOSSE 1-2 0-3
FC COLOGNE-Sheffield Wednesday 3-2 2-1
JUVENTUS-Atletico Madrid 1-0 2-1
Arsenal-RFC LIÈGE 1-1 1-3
Partick Thistle-SPARTAK BRNO 3-2 0-4
AS ROME-Belenenses 2-1 1-0
UJPEST DOSZA-Lokomotiv Plovdiv 0-0 3-1
Rapid Vienne-FC VALENCE 0-0 2-3

QUARTS DE FINALE
SARAGOSSE-Juventus 3-2 0-0
RFC LIÈGE-Spartak Brno (appui : 1-0) 2-0 0-2
AS Rome-FC COLOGNE 3-1 0-4
FC VALENCE-Ujpest Dosza 5-2 1-3

DEMI-FINALES
RFC Liège-REAL SARAGOSSE (appui : 0-2) 1-0 1-2
FC VALENCE-FC Cologne 4-1 0-2

FINALE
25 juin 1964 à Barcelone (ESP), Nou Camp*.
SARAGOSSE - FC Valence : 2-1 (1-1).
50 000 spectateurs. Arbitre : M. De Campos (POR).
Buts : Villa (40e), Marcelino (83e) pour Saragosse ; Urtiaga (42e) pour le FC Valence.
REAL SARAGOSSE : Yarza - Cortizo, Santamaria, Reija, Isasi - Pais, Canario - Duca, Marcelino, Villa, Lapetra. Entr. : Bello.
FC VALENCE : Zamora - Arnal, Villegani, Paquito, Quinçoces - Roberto, Suco - Guillot, Waldo, Urtiaga, Ficha. Entr. : Pasieghito.
*finale disputée sur un seul match.

Meilleur buteur de la compétition :
Waldo (FC Valence), 6 buts.

1964-65

C1 INTER MILAN

PREMIER TOUR
Bonnevoie (LUX)-BENFICA (POR) 1-5 1-5
DUKLA (TCH)-Zabrze (POL) (app. : 0-0 ap) 4-1 0-3
Dukla Prague qualifié par tirage au sort.
Saint-Étienne (FRA)-CHAUX-DE-F. (SUI) 2-2 1-2
RAPID VIENNE (AUT)-Shamrock (IRL) 3-0 2-0
DWS AMSTERDAM (HOL)-Fenerbahçe (HON) 3-1 1-0
Sliema (MLT)-DINAMO BUC. (ROU) 0-2 0-5
Partizani Tirana (ALB)-FC COLOGNE (RFA) 0-0 0-2
Reipas Lahti (FIN)-LYN OSLO (NOR) 2-1 0-3
KR Reykjavik (ISL)-LIVERPOOL (ANG) 0-5 1-6
Chemie Leipzig (RDA)-RABA ETO (HON) 0-2 2-4
RANG. (ECO)-Étoile R. (YOU) (app. : 3-1) 3-1 2-4
B 1909 Odense (DAN)-REAL MADRID (ESP) 2-5 0-4
LOKOMOTIV S. (BUL)-Malmö FF (SUE) 8-3 0-2
AND. (BEL)-Bologne (ITA) (appui : 0-0 ap) 1-0 1-2
Anderlecht qualifié par tirage au sort.
Glentoran (ILN)-PANATHINAÏKOS (GRE) 2-2 2-3
Exempt : Inter Milan (ITA).

HUITIÈMES DE FINALE
RANGERS-Rapid Vienne 1-0 2-0
REAL MADRID-Dukla Prague 4-0 2-2
DWS AMSTERDAM-Lyn Oslo 5-0 3-1
INTER MILAN-Dinano Bucarest 6-0 1-0
RABA ETO-Lokomotiv Sofia 5-3 3-4
Panathinaïkos-FC COLOGNE 1-1 1-2
La Chaux-de-Fonds-BENFICA 1-1 0-5
LIVERPOOL-Anderlecht 3-0 1-0

QUARTS DE FINALE
INTER MILAN-Glasgow Rangers 3-1 0-1
BENFICA-Real Madrid 5-1 1-2
FC Cologne-LIVERPOOL (appui : 2-2 ap) 0-0 0-0
Liverpool qualifié par tirage au sort.
DWS Amsterdam-RABA ETO 1-1 0-1

DEMI-FINALES
BENFICA-Raba Eto 4-0 1-0
Liverpool-INTER MILAN 3-1 0-3

FINALE
27 mai 1965 à Milan (ITA), San Siro.
INTER MILAN - Benfica : 1-0 (1-0).
89 000 spectateurs. Arbitre : M. Dienst (SUI).
But : Jaïr (43e).
INTER : G. Sarti - Burgnich, Guarneri, Picchi, Facchetti - Bedin, Suarez, Corso - Jaïr, Mazzola, Peiro. Entr. : Herrera.
BENFICA : Costa Pereira (Germano, 65e) - Cavem, Germano, Raul, Cruz - Neto, Coluna - José Augusto, J. Torres, Eusebio, Simoes. Entr. : Schwartz.

Meilleur buteur de la compétition :
Torres (Benfica), 9 buts.

C2 WEST HAM UNITED

Alan Sealey (à dr.) bat pour la deuxième fois le gardien munichois Peter Radenkovic.

PREMIER TOUR
LAUSANNE (SUI)-Honved (HON) 2-0 0-1
Wacker (AUT)-LEGIA VARSOVIE (POL) 1-3 0-1
Magdeb. (RDA)-GALATA. (TUR) (app : 1-1) 1-1 1-1
Galatasaray qualifié par tirage au sort.
Union Lux. (LUX)-MUNICH 1860 (RFA) 0-4 0-6
STEAUA BUCAREST (ROU)-Derry (ILN) 3-0 2-0
Skeid Oslo (NOR)-VALKEAKOSKI (FIN) 1-0 0-2
FC PORTO (POR)-Lyon (FRA) 3-0 1-0
SLAVIA SOFIA (BUL)-Cork City (IRL) 1-1 2-0
TORINO (ITA)-Sittard (HOL) 3-1 2-2
SLAVIA PRAGUE (TCH)-A. Famagouste (CHY) 10-0 6-0
La Gantoise (BEL)-WEST HAM (ANG) 0-1 1-1
AEK Athènes (GRE)-DYNAMO ZAG. (YOU) 2-0 0-3
Valette FC (MLT)-SARAGOSSE (ESP) 0-3 1-5
Esbjerg (SUE)-CARDIFF CITY (GAL) 0-0 0-1
Exempts : Dundee United (ECO), Sporting Portugal (POR).

HUITIÈMES DE FINALE
WEST HAM-Sparta Prague 2-0 1-2
LEGIA VARSOVIE-Galatasaray (appui : 1-0) 2-1 0-1
Dundee United-SARAGOSSE 2-2 1-2
Slavia Sofia-LAUSANNE (appui : 2-3) 1-0 1-2
Valkeakoski-TORINO 0-5 0-1
Sporting-CARDIFF CITY 1-2 0-0
Steaua Bucarest-DYNAMO ZAGREB 1-3 0-2
FC Porto-MUNICH 1860 0-1 1-1

QUARTS DE FINALE
Lausanne-WEST HAM 1-2 3-4
SARAGOSSE-Cardiff City 2-2 1-0
Legia Varsovie-MUNICH 1860 0-4 0-0
TORINO-Dynamo Zagreb 1-1 2-1

DEMI-FINALES
WEST HAM-Saragosse 2-1 1-1
Torino-MUNICH 1860 (appui : 0-2) 2-0 1-3

FINALE
19 mai 1965 à Londres (ANG), Empire Stadium/Wembley.
WEST HAM - Munich 1860 : 2-0 (0-0).
97 974 spectateurs. Arbitre : M. Zsolt (HON).
Buts : Sealey (70e, 72e).
WEST HAM : Standen - Kirkup, Brown, Burkett - Peters, Moore - Sealey, Boyce, Hurst, Dear, Sissons. Entr. : Greenwood.
MUNICH 1860 : Radenkovic - Wagner, Reich, Kohlars - Bena, Luttrop - Heiss, Küppers, Brunnenmeier, Grosser, Rebele. Entr. : Merkel.

Meilleurs buteurs de la compétition :
Masek et Maraz (Sparta Prague), 6 buts.

C3 FERENCVAROS

PREMIER TOUR

Union St-Gilloise (BEL)-JUVENTUS (ITA) 0-1 0-1
Betis (ESP)-**STADE FRANÇAIS** (FRA) 1-1 0-2
Göztepe Izmir (TUR)-PLOESTI (ROU) 0-1 1-2
Novi Sad (YOU)-L. PLOV. (BUL) (app. : 0-2) 1-1 1-1
B 1903 Copenh. (DAN)-DOS UTRECHT (HOL) 3-4 1-2
FC Valence (ESP)-FC LIÈGE (BEL) 1-1 1-3
Belen. (POR)-SHELBOURNE (IRL) (app. : 1-2) 1-1 0-0
Servette (SUI)-ATLETICO (ESP) 2-2 1-6
BÂLE (SUI)-Spora Lux. (LUX) 2-0 0-1
STRASBOURG (FRA)-Milan AC (ITA) 2-0 0-1
BARCELONE (ESP)-Fiorentina (ITA) 0-1 2-0
Leixoes (POR)-CELTIC (ECO) 1-1 0-3
DORTMUND (RFA)-**Bordeaux** (FRA) 4-1 0-2
MAN. UNITED (ANG)-Djurgarden SIF (SUE) 6-1 1-1
Eintracht Franc. (RFA)-KILMARNOCK (ECO) 3-0 1-5
Valerengen (NOR)-EVERTON (ANG) 2-5 2-4
BILBAO (ESP)-OFK Belgrade (YOU) 2-2 2-0
ANTWERP (BEL)-Hertha Berlin (RFA) 2-0 1-2
B 1913 Odense (DAN)-STUTTGART (RFA) 1-3 0-1
DUNFERMLINE (ECO)-Örgryte (SUÈ) 4-2 0-0
NK ZAGREB (YOU)-Graz AK (AUT) 3-2 6-0
Aris Salonique (GRE)-AS ROME (ITA) 0-0 0-3
WIENER SK (AUT)-SC Leipzig (RDA) 2-1 1-0
FERENCVAROS (HON)-Spartak Brno (TCH) 2-0 0-1

DEUXIÈME TOUR

Stade Français-JUVENTUS 0-0 0-1
DOS Utrecht-FC LIÈGE 0-2 0-2
Kilmarnock-EVERTON 0-2 1-4
NK Zagreb-AS ROME 1-1 0-1
Dortmund-MANCHESTER UNITED 1-6 0-4
Ploiesti-LOKOMOTIV PLOVDIV 1-0 0-2
DUNFERMLINE-Stuttgart 1-0 0-0
FC BARCELONE-Celtic Glasgow 3-1 0-0
Shelbourne-ATLETICO MADRID 0-1 0-1
FERENCVAROS-Wiener SK (appui : 2-0) 2-1 0-1
BILBAO-Antwerp 2-0 1-0
Bâle-**STRASBOURG** 0-1 2-5

TROISIÈME TOUR

AS Rome-FERENCVAROS 1-2 0-1
JUVENTUS-Lok. Plovdiv (appui : 2-1 ap) 1-1 1-1
MANCHESTER UNITED-Everton 1-1 2-1
FC Liège-ATLETICO MADRID 1-0 0-2
STRASBOURG-Barcelone (appui : 0-0 ap) 0-0 2-2
Strasbourg qualifié par tirage au sort
BILBAO-Dunfermline (appui : 2-1) 1-0 0-1

QUARTS DE FINALE

FERENCVAROS-Bilbao (appui : 3-0) 1-0 1-2
Strasbourg-MANCHESTER UNITED 0-5 0-0
(Juventus et Atletico Madrid qualifiés par tirage au sort)

DEMI-FINALES

Man. United-FERENCVAROS (appui : 1-2) 3-2 0-1
Atletico Madrid-JUVENTUS (appui : 1-3) 3-1 1-3

FINALE

23 juin 1965 à Turin (ITA), Stadio Comunale.
FERENCVAROS - Juventus : 1-0* (0-0).
25 000 spectateurs. Arbitre : M. Dienst (SUI).
But : Fenyvesi (74e).

FERENCVAROS : Geczi - Novak, Horvath, Juhasz, Matrai - Orosz, Karaba - Varga, Albert, Rakosi, Fenysi. Entr. : Meszaros.
JUVENTUS : Anzolin - Gori, Sarti, Bercellino, Castano - Leoncini, Strachini - Del Sol, Combin, Mazzia, Menichelli. Entr. : Herrera.
*finale disputée sur un seul match.

1965-66

C1 REAL MADRID

PREMIER TOUR

PANATHINAÏKOS (GRE)-Sliema (MLT) 4-1 0-1
DINAMO BUC. (ROU)-B 1909 Odense (DAN) 4-0 3-2
Djurgarden (SUE)-LEVSKI SOFIA (BUL) 2-1 0-6
Apoel Nicosie (CHY)-BRÊME (RFA) 0-5 *0-5
*à Hambourg.
PARTIZAN BELG. (YOU)-**Nantes** (FRA) 2-0 2-2
Dudelange (LUX)-BENFICA (POR) 0-8 0-10
HJK Helsinki (FIN)-MAN. UNITED (ANG) 2-3 0-6
Linz ASK (AUT)-ZABRZE (POL) 1-3 1-2
Drumcondra (IRL)-VORWÄRTS FR. (RDA) 1-0 0-3
Lyn Oslo (NOR)-DERRY (ILN) 5-3 1-5
Lausanne (SUI)-SPARTA PRAGUE (TCH) 0-0 0-4
Nëntori Tirana (ALB)-KILMARNOCK (ECO) 0-0 0-1
Feyenoord (HOL)-REAL MADRID (ESP) 2-1 0-5
Fenerbahçe (TUR)-ANDERLECHT (BEL) 0-0 1-5
Keflavik (ISL)-FERENCVAROS (HON) 1-4 1-9
Exempt : Inter Milan (ITA).

HUITIÈMES DE FINALE

SPARTA PRAGUE-Gornik Zabrze 3-0 2-1
PARTIZAN BELGRADE-Werder Brême 3-0 0-1
Kilmarnock-REAL MADRID 2-2 1-5
FERENCVAROS-Panathinaïkos 3-1 0-0
Levski Sofia-BENFICA 2-2 2-3
Vorwärts Franc.-MAN. UNITED 0-2 1-3
ANDERLECHT-Derry City 9-0 *
*Derry City forfait au retour.
Dinamo Bucarest-INTER MILAN 2-1 0-2

QUARTS DE FINALE

INTER MILAN-Ferencvaros 4-0 1-1
Anderlecht-REAL MADRID 1-0 2-4
Sparta Prague-PARTIZAN BELGRADE 4-1 0-5
MANCHESTER UNITED-Benfica 3-2 5-1

DEMI-FINALES

REAL MADRID-Inter Milan 1-0 1-1
PARTIZAN BELGRADE-Manchester United 2-0 0-1

FINALE

11 mai 1966 à Bruxelles (BEL), Heysel.
REAL MADRID - Partizan : 2-1 (0-0).
46 745 spectateurs. Arbitre : M. Kreitlein (RFA).
Buts : Vasovic (55e) pour le Partizan Belgrade ; Amancio (70e), Serena (75e) pour le Real Madrid.
REAL MADRID : Araquistain - Pachin, De Felipe, Zoco, Sanchis - Pirri, Velazquez - Serena, Amancio, Grosso, Gento. Entr. : Munoz.
PARTIZAN BELGRADE : Soskic - Jusufi, Vasovic, Rasovic, L. Mihajlovic - Kovacevic, Becejac - Bajic, Hasanagic, Galic, Pirmajer. Entr. : Gegic.

Meilleurs buteurs de la compétition : Albert (Ferencvaros), Eusebio (Benfica), 7 buts.

C2 BORUSSIA DORTMUND

PREMIER TOUR

ATLETICO (ESP)-Dinamo Zagreb (YOU) 4-0 1-0
DUKLA PRAGUE (TCH)-**Rennes** (FRA) 2-0 0-0
Juventus (ITA)-LIVERPOOL (ANG) 1-0 0-2
Omonia Nicosie (CHY)-OLYMP. (GRE) 0-1 1-1
MAGDEBOURG (RDA)-Spora Lux. (LUX) 1-0 2-0
Floriana La Val. (MLT)-DORTMUND (RFA) 1-5 0-8
SION (SUI)-Galatasaray (TUR) 5-1 1-2
Deventer (HOL)-CELTIC (ECO) 0-6 0-1
Coleraine (ILN)-KIEV (URS) 1-6 0-4
KR Reykjavik (ISL)-ROSENBORG (NOR) 1-3 1-3
Reipas Lahti (FIN)-HONVED (HON) 2-10 0-6
Cardiff City (GAL)-STANDARD (BEL) 1-2 0-1
Limerick (IRL)-CSKA SOFIA (BUL) 1-2 0-2
AGF AARHUS (DAN)-Setubal (POR) 2-1 2-1
Wiener Neustadt (AUT)-CLUJ (ROU) 0-1 0-2
Exempt : West Ham (ANG).

HUITIÈMES DE FINALE

Dukla Prague-HONVED 2-3 2-1
MAGDEBOURG-Sion 8-1 2-2
Cluj-ATLETICO MADRID 0-2 0-4
DORTMUND-CSKA Sofia 3-0 2-4
AGF Aarhus-CELTIC 0-1 0-2
Rosenborg-DYNAMO KIEV 1-4 0-2
LIVERPOOL-Standard Liège 3-1 2-1
WEST HAM-Olympiakos 4-0 2-2

QUARTS DE FINALE

WEST HAM-Magdebourg 1-0 1-1
Honved Budapest-LIVERPOOL 0-0 0-2
CELTIC GLASGOW-Dynamo Kiev 3-0 1-1
Atletico Madrid-DORTMUND 1-1 0-1

DEMI-FINALES

West Ham-DORTMUND 1-2 1-3
Celtic Glasgow-LIVERPOOL 1-0 0-2

FINALE

5 mai 1966 à Glasgow (ECO), Hampden Park.
DORTMUND - Liverpool : 2-1 ap (0-0, 1-1).
41 657 spectateurs. Arbitre : M. **Schwinte** (FRA).
Buts : Held (61e), Yeats (107e csc) pour Dortmund ; Hunt (68e) pour Liverpool.
DORTMUND : Tilkowski - Cyliax, Paul, Kurrat, Redder - Schmidt, Assauer - Libuda, Held, Sturm, Emmerich. Entr. : Multhaup.
LIVERPOOL : Lawrence - Lawler, Milne, Yeats, Byrne - Stevenson, T. Smith - Callaghan, Hunt, St. John, Thompson. Entr. : Shankly.

Meilleur buteur de la compétition : Emmerich (Borussia Dortmund), 14 buts.

C3 FC BARCELONE

PREMIER TOUR

DOS Utrecht (HOL)-FC BARCELONE (ESP) 0-0 1-7
ANTWERP (BEL)-Glentoran (ILN) 1-0 3-3
Stade Français (FRA)-FC PORTO (POR) 0-0 0-1
Bordeaux (FRA)-SPORTING (POR) 0-4 1-6
FC Liège (BEL)-NK ZAGREB (YOU) 1-0 0-2
Malmö FF (SUE)-MUNICH 1860 (RFA) 0-3 0-4
AIK STOCKH. (SUE)-Daring Bruxelles (BEL) 3-1 0-0
MILAN (ITA)-**Strasb.** (FRA) (app. : 1-1 ap) 1-0 1-2
Milan AC qualifié par tirage au sort
PAOK Salonique (GRÈ)-WIENER SK (AUT) 2-1 0-6
CHELSEA (ANG)-AS Rome (ITA) 4-1 0-0
LEEDS (ANG)-Torino (ITA) 2-1 0-0
Hibernian (ECO)-VAL. (ESP) (appui : 0-3) 2-0 0-2
US Luxembourg (LUX)-COLOGNE (RFA) 0-4 0-13
Nuremberg (RFA)-EVERTON (ANG) 1-1 0-1
Étoile Rouge (YOU)-FIORENTINA (ITA) 0-4 1-3
S. BRNO (TCH)-Lokomotiv Plovdiv (BUL) 2-0 0-1
Exempts : Hanovre (RFA), Espanyol (ESP), Brasov (ROU), Göztepe Izmir (TUR), Servette (SUI), Barreiro (POR), Lokomotiv Leipzig (RDA), Bâle (SUI), Aris Salonique (GRÈ), Ujpest (HON), Dunfermline (ECO), B 1903 Copenhague (DAN), Hearts (ECO), Valerengen (NOR), Shamrock (IRL), Saragosse (ESP).

SECOND TOUR

Antwerp-FC BARCELONE 2-1 0-2
HANOVRE-FC Porto 5-0 1-2
Sporting-ESPANYOL (appui : 1-2) 2-1 3-4
NK Zagreb-BRASOV 2-2 0-1
Götzepe Izmir-MUNICH 1860 2-1 1-9
AIK Stockholm-SERVETTE 2-1 1-4
CUF Barreiro-MILAN AC (appui : 0-1) 2-0 0-2
Wiener SK-CHELSEA 1-0 0-2
Lokomotiv Leipzig-LEEDS 1-2 0-0
Bâle-FC VALENCE 1-3 1-5
Aris Salonique-FC COLOGNE 2-1 0-2
UJPEST DOSZA-Everton 3-0 1-2
DUNFERMLINE-B 1903 Copenhague 5-0 4-2
Fiorentina-SPARTAK BRNO 2-0 0-4
HEARTS OF MIDLOTHIAN-Valerengen 1-0 3-1
Shamrock-SARAGOSSE 1-1 1-2

HUITIÈMES DE FINALE

Hanovre-FC BARCELONE (appui : 1-1 ap) 2-1 0-1
FC Barcelone qualifié par tirage au sort
Hearts-SARAGOSSE (appui : 0-1) 3-3 2-2
DUNFERMLINE-Spartak Brno 2-0 0-0
FC Cologne-UJPEST DOSZA 3-2 0-4
LEEDS-FC Valence 1-1 1-0
Milan AC-CHELSEA (appui : 1-1 ap) 2-1 1-2
Chelsea qualifié par tirage au sort
ESPANYOL-Brasov (appui : 1-0) 3-1 2-4
Servette-MUNICH 1860 1-1 1-4

QUARTS DE FINALE

FC BARCELONE-Espanyol 1-0 1-0
Munich 1860-CHELSEA 2-2 0-1
LEEDS-Ujpest Dosza 4-1 1-1
Dunfermline-SARAGOSSE 1-0 2-4

DEMI-FINALES

FC BARCELONE-Chelsea (appui : 5-0) 2-0 0-2
SARAGOSSE-Leeds (appui : 3-1) 1-0 1-2

FINALE ALLER

14 septembre 1966 à Barcelone (ESP), Nou Camp.
FC BARCELONE - Saragosse : 0-1 (0-1).
70 000 spectateurs. Arbitre : M. Zsolt (HON).
But : Canario (30e).
FC BARCELONE : Sadurni - Benitez, Eladio, Montesinos, Francisco Gallego - Torres, Zaballa - **L. Muller**, Zaldua, Fuste, Vidal. Entr. : Orizaola.
SARAGOSSE : Yarza - Irusquieta, Reija, Pais, Santamaria - Violeta, Canario - Santos, Marcelino, Villa, Lapetra. Entr. : Daucik.

FINALE RETOUR

21 septembre 1966 à Saragosse (ESP), Romareda.
Saragosse - BARCELONE : 2-4 ap (1-1, 2-3).
35 000 spectateurs. Arbitre : M. Lo Bello (ITA).
Buts : Pujol (3e, 86e, 120e), Zaballa (89e) pour le Barcelone ; Marcelino (24e, 87e) pour Saragosse.
SARAGOSSE : Yarza - Irusquieta, Reija, Pais, Santamaria - Violeta, Canario - Santos, Marcelino, Villa, Lapetra. Entr. : Daucik.
FC BARCELONE : Sadurni - Foncho, Eladio, Montesinos, Francisco Gallego - Torres, Zaballa - Mas, Zaldua, Fuste, Pujol. Entr. : Orizaola.

Meilleurs buteurs de la compétition : Konietzka (Munich 1860), Thielen (FC Cologne), 7 buts.

C1 1965-66 REAL MADRID : Araquistain, Pachin, De Felipe, Sanchis senior, Munoz, Pirri, Zoco, Betancourt ; Serena, Amancio, Grasso, Velazquez et le désormais sextuple vainqueur Gento.

1966-67

C1 CELTIC GLASGOW

TOUR PRÉLIMINAIRE

Waterford (IRL)-VORWÄRTS F. (RDA) 1-6 0-6
Sliema (MLT)-CSKA SOFIA (BUL) 1-2 0-4

PREMIER TOUR

CSKA SOFIA-Olympiakos (GRE) 0-1 3-1
ZABRZE (POL)-Vorwärts F. (appui : 3-1) 2-1 1-2
MUNICH 1860 (RFA)-Omonia Nic. (CHY) 8-0 *2-1
*à Pocking.
Bonnevoie (LUX)-LINFIELD (ILN) 3-3 1-6
LIVERP. (ANG)-Ploiesti (ROU) (app. : 2-0) 2-0 1-3
VASAS BUD. (HON)-Sporting (POR) 5-0 2-0
Reykjavik (ISL)-**NANTES** (FRA) 2-3 2-5
Malmö FF (SUE)-ATLETICO M. (ESP) 0-2 1-3
INTER (ITA)-Torpedo Moscou (URS) 1-0 0-0
Wacker (AUT)-NOVI SAD (YOU) 0-1 0-0
AJAX (HOL)-Besiktas (TUR) 2-0 2-1

C1 1966-67 **CELTIC GLASGOW : Billy McNeill, Ronnie Simpson, Tommy Gemmel, John Clark, Bertie Auld, Steve Chalmers, Bobby Lennox, Jimmy Johnstone, Willy Wallace, Jim Craig, Bobby Murdoch.**

CELTIC (ECO)-FC Zurich (SUI)	2-0	3-0
Esbjerg (DAN)-DUKLA PRA.(TCH)	0-2	0-4
Valkeakoski (FIN)-ANDERLECHT (BEL)	1-10	0-2
Nëntori Tirana (ALB)-V. OSLO (NOR)	Tirana forfait	

Exempt : Real Madrid (ESP).

HUITIÈMES DE FINALE

DUKLA PRAGUE-Anderlecht	4-1	2-1
Munich 1860-REAL MADRID	1-0	1-3
Nantes-CELTIC	1-3	1-3
NOVI SAD-Atletico Madrid (appui : 3-2 ap)	3-1	0-2
CSKA SOFIA-Gornik Zabrze	4-0	0-3
INTER MILAN-Vasas Budapest	2-1	2-0
Vålerengen Oslo-LINFIELD	1-4	1-1
AJAX-Liverpool	5-1	2-2

QUARTS DE FINALE

INTER MILAN-Real Madrid	1-0	2-0
Ajax-DUKLA PRAGUE	1-1	1-2
Linfield-CSKA SOFIA	2-2	0-1
Novi Sad-CELTIC	1-0	0-2

DEMI-FINALES

CELTIC-Dukla Prague	3-1	0-0
INTER MILAN-CSKA Sofia (appui : 1-0)	1-1	1-1

FINALE

25 mai 1967 à Lisbonne, Nacional.

CELTIC - Inter Milan : 2-1 (0-1).

45 000 spectateurs. Arbitre : M. Tschenscher (RFA).

Buts : Mazzola (7e sp) pour l'Inter Milan ; Gemmell (63e), Chalmers (84e) pour le Celtic Glasgow.

CELTIC : Simpson - Craig, B. McNeill, J. Clark, Gemmell - Murdoch, Auld - Johnstone, Wallace, Chalmers, Lennox. Entr. : Stein.

INTER : G. Sarti - Burgnich, Guarneri, Picchi, Facchetti - Bedin, Mazzola, Bicicli - Domenghini, Cappellini, Corso. Entr. : Herrera.

Meilleurs buteurs de la compétition :
Piepenburg (Vorwärts Francfort), Van Himst (Anderlecht), 6 buts.

C2 BAYERN MUNICH

TOUR PRÉLIMINAIRE

Valur Reykjavik (ISL)-STANDARD (BEL)	1-1	1-8

PREMIER TOUR

STANDARD-Apollon Limassol (CHY)	5-1	1-0
STRASBOURG (FRA)-Steaua B. (ROU)	1-0	1-1
Glentoran (ILN)-RANGERS (ECO)	1-1	0-4
Skeid Oslo (NOR)-SARAGOSSE (ESP)	3-2	1-3
SERVETTE (SUI)-Turku (FIN)	1-1	*2-1

*à Helsinki.

Floriana Valette (MLT)-SPARTA R. (HOL)	1-1	0-6
CH. LEIPZIG (RDA)-Legia Varsovie (POL)	3-0	2-2
Presov (BUL)-BAYERN (RFA)	1-1	2-3
AEK Athènes (GRE)-BRAGA (POR)	0-1	2-3
Fiorentina (ITA)-RABA ETO (HON)	1-0	2-4
SHAMROCK (IRL)-Spora Lux. (LUX)	4-1	4-1
OFK Belgrade (YOU)-SPARTAK (URS)	1-3	0-3
Aalborg (DAN)-EVERTON (ANG)	0-0	1-2
Swansea (GAL)-SLAVIA SOFIA (BUL)	1-1	0-4
RAPID V. (AUT)-Galatasaray (TUR)	4-0	5-3

Exempt : Dortmund (RFA).

HUITIÈMES DE FINALE

RANGERS-Dortmund	2-1	0-0
Strasbourg-SLAVIA SOFIA	1-0	0-2
RABA ETO-Braga	3-0	0-2
Shamrock-BAYERN MUNICH	1-1	2-3
SERVETTE-Sparta Rotterdam	2-0	0-1
Spartak Moscou-RAPID VIENNE	1-1	0-1
SARAGOSSE-Everton	2-0	0-1
Chemie Leipzig-STANDARD LIÈGE	2-1	0-1

QUARTS DE FINALE

RANGERS-Saragosse (ap)	2-0	0-2

Rangers qualifié par tirage au sort

Rapid Vienne-BAYERN (ap)	1-0	0-2
Servette-SLAVIA SOFIA	1-0	0-3
Raba Eto-STANDARD LIÈGE	2-1	0-2

DEMI-FINALES

BAYERN-Standard Liège	2-0	3-1
Slavia Sofia-RANGERS	0-1	0-1

FINALE

31 mai 1967 à Nuremberg (ALL), am Dutzendteich.

BAYERN - Rangers : 1-0 ap (0-0, 0-0).

69 480 spectateurs. Arbitre : M. Lo Bello (ITA).

But : Roth (109e).

BAYERN : Maier - Nowak, Beckenbauer, Olk, Kupferschmidt - Roth, Koulmann - Nafziger, Ohlhauser, G. Müller, Brenninger. Entr. : Cajkovski.

RANGERS : Martin - Johansen, Jardine, McKinnon, Provan - Alex Smith, Greig - Henderson, Hynd, D. Smith, W. Johnston. Entr. : Symon.

Meilleur buteur de la compétition :
Claessen (Standard Liège), 10 buts.

C3 DYNAMO ZAGREB

PREMIER TOUR

Nuremberg (RFA)-FC VALENCE (ESP)	1-2	0-2
ÉTOILE ROUGE (YOU)-Bilbao (ESP)	5-0	0-2
DOS UTRECHT (HOL)-Bâle (SUI)	2-1	2-2
Göztepe Izmir (TUR)-BOLOGNE (ITA)	1-2	1-3
Djurgården (SUE)-LOK. LEIPZIG (RDA)	1-3	1-2
US Luxembourg (LUX)-ANTWERP (BEL)	0-1	0-1
FC Porto (POR)-**BORDEAUX** (FRA)	2-1	1-2

Bordeaux qualifié par tirage au sort

Drumcondra D. (IRL)-EINTRACHT (RFA)	0-2	1-6
Nice (FRA)-ÖRGRYTE (SUE)	2-2	1-2
Ljubljana (YOU)-FERENCVAROS (HON)	3-3	0-3
Stuttgart (RFA)-BURNLEY (ANG)	1-1	0-2
Wiener SK (AUT)-NAPLES (ITA)	1-2	1-3
Aris Salonique (GRE)-JUVENTUS (ITA)	0-5	0-2
DINAMO PITESTI (ROU)-FC Séville (ESP)	2-0	2-2
Frigg Oslo (NOR)-DUNFERMLINE (ECO)	1-3	1-3
S. Brno (TCH)-DYNAMO ZAG. (YOU) (ap)	2-0	0-2

Dynamo Zagreb qualifié par tirage au sort

Exempts : Leeds (ANG), DWS Amsterdam (HOL), West Bromwich Albion (ANG), Sparta Prague (TCH), FC Liège (BEL), Benfica (POR), Spartak Plovdiv (BUL), Kilmarnock (ECO), La Gantoise (BEL), Hvidovre Copenhague (DAN), Lausanne (SUI), B 1909 Odense (DAN), Setubal (POR), Dundee United (ECO), FC Barcelone (ESP), **Toulouse** (FRA).

SECOND TOUR

DWS Amsterdam-LEEDS	1-3	1-5
FC VALENCE-Étoile Rouge Belgrade	1-0	2-1
DOS Utrecht-WEST BROMWICH	1-1	2-5
Sparta Prague-BOLOGNE	2-2	1-2
LOKOMOTIV LEIPZIG-FC Liège	0-0	2-1
Spartak Plovdiv-BENFICA	1-1	0-3
Antwerp-KILMARNOCK	0-1	2-7
LA GANTOISE-**Bordeaux**	1-0	0-0
EINTRACHT F.-Hvidovre Copenhague	5-1	2-2
Örgryte-FERENCVAROS	0-0	1-7
Lausanne-BURNLEY	1-3	0-5
B 1909 Odense-NAPLES	1-4	1-2
JUVENTUS-Setubal	3-1	2-0
FC Barcelone-DUNDEE UNITED	1-2	0-2
Toulouse-DINAMO PITESTI	3-0	1-5
Dunfermline-DYNAMO ZAGREB	4-2	*0-2

*première application de la règle selon laquelle les buts marqués sur terrain adverse comptent double en cas d'égalité.

HUITIÈMES DE FINALE

LEEDS-FC Valence	1-1	2-0
BOLOGNE-West Bromwich Albion	3-0	3-1
LOKOMOTIV LEIPZIG-Benfica	3-1	1-2
KILMARNOCK-La Gantoise (ap)	1-0	2-1
EINTRACHT FRANCFORT-Ferencvaros	4-1	1-2
BURNLEY-Naples	3-0	0-0
JUVENTUS-Dundee United	3-0	0-1
Dinamo Pitesti-DYNAMO ZAGREB	0-1	0-0

QUARTS DE FINALE

EINTRACHT FRANCFORT-Burnley	1-1	2-1
Bologne-LEEDS	1-0	0-1

Leeds qualifié par tirage au sort

Lokomotiv Leipzig-KILMARNOCK	1-0	0-2
Juventus-DYNAMO ZAGREB	2-2	0-3

DEMI-FINALES

LEEDS-Kilmarnock	4-2	0-0
Eintracht Francfort-DYNAMO ZAGREB (ap)	3-0	0-4

FINALE ALLER

30 août 1967 à Zagreb (YOU), stade du Dynamo.

DYNAMO ZAGREB - Leeds : 2-0 (1-0).

40 000 spectateurs. Arbitre : M. Bueno Perales (ESP).

Buts : Cercek (39e, 59e).

DYNAMO ZAGREB : Skoric - Gracanin, Brncic, Belin, Rammljak - Blaskovic, Cercek - Piric, Zambata, Gucmirtl, Rora. Entr. : Zebec.

LEEDS : Sprake - Reaney, Cooper, Bremner, J. Charlton - Hunter, Bates - Lorimer, Belfitt, Gray, O'Grady. Entr. : Revie.

FINALE RETOUR

6 septembre 1967 à Leeds (ANG), Elland Road.

Leeds United - DYNAMO ZAGREB : 0-0.

35 604 spectateurs. Arbitre : M. Sanchez Armino (ESP).

LEEDS : Sprake - Bell, Cooper, Bremner, J. Charlton - Hunter, Reaney - Belfitt, Greenhoff, Giles, O'Grady. Entr. : Revie.

DYNAMO ZAGREB : Skoric - Gracanin, Brncic, Belin, Rammljak - Blaskovic, Cercek - Piric, Zambata, Gucmirtl, Rora. Entr. : Zebec.

Meilleur buteur de la compétition :
Albert (Ferencvaros), 8 buts.

1967-68

C1 MANCHESTER UNITED

PREMIER TOUR

SAINT-ÉTIENNE (FRA)-Kuopio (FIN)	2-0	3-0
Bâle (SUI)-COPENHAGUE IF (DAN)	1-2	3-3
Celtic (ECO)-DYNAMO KIEV (URS)	1-2	1-1
Glentoran (ILN)-BENFICA (POR)	1-1	0-0

Benfica qualifié par tirage au sort

Karl-Marx-S. (RDA)-ANDERLECHT (BEL)	1-3	1-2
Trakia Plovdiv (BUL)-RAPID B. (ROU) (ap)	2-0	0-3
Olymp. Nicosie. (CHY)-SARAJEVO (YOU)	2-2	1-3
Ajax (HOL)-REAL MADRID (ESP) (ap)	1-1	1-2
Skeid Oslo (NOR)-SPARTA PRAGUE (TCH)	0-1	1-1
BRUNSWICK (RFA)-Dinamo Tir. (ALB)	Tirana forfait	
V. REYKJAVIK (ISL)-Jeunesse E. (LUX)	1-1	3-3
Besiktas (TUR)-RAPID VIENNE (AUT)	0-1	0-3
ZABRZE (POL)-Djurgarden (SUE)	3-0	1-0
MAN. U. (ANG)-Hibernians La Valette (MLT)	4-0	0-0
Dundalk (IRL)-VASAS BUDAPEST (HON)	0-1	1-8
Olympiakos (GRE)-JUVENTUS (ITA)	*0-0	0-2

*à Turin

HUITIÈMES DE FINALE

FK Sarajevo-MANCHESTER UNITED	0-0	1-2
JUVENTUS-Rapid Bucarest	1-0	0-0
BENFICA-**Saint-Étienne**	2-0	0-1
SPARTA PRAGUE-Anderlecht	3-2	3-3
Hvidovre Copenhague-REAL MADRID	2-2	1-4
VASAS BUDAPEST-Valur Reykjavik	6-0	*5-1

*à Varpalota

Dynamo Kiev-ZABRZE	1-2	1-1
Rapid Vienne-BRUNSWICK	1-0	0-2

QUARTS DE FINALE

MAN. UNITED-Gornik Zabrze	2-0	0-1
Vasas Budapest-BENFICA	0-0	0-3
REAL MADRID-Sparta Prague	3-0	1-2
Brunswick-JUVENTUS (appui : 0-1)	3-2	0-1

DEMI-FINALES

BENFICA-Juventus	2-0	1-0
MAN. UNITED-Real Madrid	1-0	3-3

FINALE

29 mai 1968 à Londres (ANG), Wembley.

MANCHESTER - Benfica : 4-1 ap (0-0, 1-1).

92 225 spectateurs. Arbitre : M. Lo Bello (ITA).

Buts : Charlton (53e, 99e), Best (92e), Kidd (94e) pour Manchester United ; Jaime Graca (79e) pour Benfica.

MANCHESTER UNITED : Stepney - Brennan, Foulkes, Crerand, A. Dunne - R. Charlton, Stiles - Best, Kidd, Sadler, Aston. Entr. : Busby.

BENFICA : Henrique - Adolfo, Humberto, Jacinto, Cruz - Jaime Graca, Coluna - José Augusto, Torres, Eusebio, Simoes. Entr. : Gloria.

Meilleur buteur de la compétition :
Eusebio (Benfica), 6 buts.

C1 1967-68 **MANCHESTER UNITED : Dix ans après le drame de Munich, l'entraîneur mancunien Matt Busby pose au milieu de sa souriante nouvelle génération de Red Devils, bien entouré entre Dennis Law (3e à g.), Bobby Charlton (3e à dr.), George Best (1er à dr.) et surtout ce trophée européen qui récompense une si longue attente.**

C2 MILAN AC

Une Coupe des Coupes et une couronne européenne pour le capitaine milanais Gianni Rivera. C'est encore mieux qu'un béret d'amiral.

PREMIER TOUR

TORPEDO M. (URS)-Zwickau (RDA)	0-0	1-0
MILAN AC (ITA)-Levski Sofia (BUL)	5-1	1-1
HAMBOURG (RFA)-Randers (DAN)	5-3	2-0
Hajduk Split (YOU)-TOTTENHAM (ANG)	0-2	3-4
Bonnevoie (LUX)-**LYON** (FRA)	0-3	1-2
HJK Helsinki (FIN)-WISLA CRA. (POL)	1-4	0-4
Austria Vienne (AUT)-STEAUA (ROU)	0-2	1-2
BAYERN (RFA)-Panathinaïkos (GRE)	5-0	2-1
ABERDEEN (ECO)-KR Reykjavik (ISL)	10-0	4-1
Shamrock (IRL)-CARDIFF CITY (GAL)	1-1	0-2
Lausanne (SUI)-TRNAVA (TCH)	3-2	0-2
RABA ETO (HON)-Apollon Limassol (CHY)	5-0	4-0
Floriana La Valette (MLT)-BREDA (HOL) *à Eindhoven.	1-2	*0-1
FC VALENCE (ESP)-Crusaders (ILN)	4-0	4-2
Altay Izmir (TUR)-STANDARD (BEL)	2-3	0-0
Frederikstad (NOR)-SETUBAL (POR)	1-5	1-2

HUITIÈMES DE FINALE

LYON-Tottenham	1-0	3-4
TORPEDO MOSCOU-Trnava *à Tachkent.	*3-0	3-1
Raba Eto-MILAN AC	2-2	1-1
STANDARD LIÈGE-Aberdeen	3-0	0-2
Breda-CARDIFF CITY *à Eindhoven.	*1-1	1-4
BAYERN MUNICH-Setubal	6-2	1-1
Wisla Cracovie-HAMBOURG	0-1	0-4
FC VALENCE-Steaua Bucarest	3-0	0-1

QUARTS DE FINALE

FC Valence-BAYERN MUNICH	1-1	0-1
HAMBOURG-**Lyon** (appui : 2-0) (ap)	2-0	0-2
Standard L.-MILAN AC (appui : 0-2) (ap)	1-1	1-1
CARDIFF C.-Torpedo M. (appui : 1-0) (ap) *à Tachkent.	1-0*	0-1

DEMI-FINALES

HAMBOURG-Cardiff City	1-1	3-2
MILAN AC-Bayern Munich	2-0	0-0

FINALE

23 mai 1968 à Rotterdam (HOL), De Kuip.
MILAN AC - Hambourg SV : 2-0 (2-0).
53 276 spectateurs. Arbitre : M. Ortiz de Mendibil (ESP).
Buts : Hamrin (3e, 19e).
MILAN AC : Cudicini - Anquilletti, Rosato, Trapattoni, Schnellinger - Lodetti, Rivera, Scala - Hamrin, Sormani, Prati. Entr. : Rocco.
HAMBOURG : Özcan - Sandmann, Willi Schulz, Dieckemann, Kurbjuhn - Krämer, Horst - B. Dörfel, Seeler, Hönig, G. Dörfel. Entr. : Koch.

Meilleur buteur de la compétition :
Seeler (Hambourg), 8 buts.

C3 LEEDS UNITED

Istvan Geczi, le gardien de Ferencvaros, ne parviendra pas à résister éternellement aux assauts de Billy Bremner (n° 4) et Mick Jones.

PREMIER TOUR

Spora Lux. (LUX)-LEEDS (ANG)	0-9	0-7
PAOK Salonique (GRE)-FC LIÈGE (BEL)	0-2	2-3
Wiener SK (AUT)-ATLETICO M. (ESP)	2-5	1-2
St. Patrick's (IRL)-**BORDEAUX** (FRA)	1-3	3-6
DOS Utrecht (HOL)-SARAGOSSE (ESP)	3-2	1-3
NAPLES (ITA)-Hanovre (RFA)	4-0	1-1
BOLOGNE (ITA)-Lyn Oslo (NOR)	2-0	0-0
Nice (FRA)-FIORENTINA (ITA)	0-1	0-4
Dresde (RDA)-RANGERS (ECO)	1-1	1-2
Servette (SUI)-MUNICH 1860 (RFA)	2-2	0-4
Malmö FF (SUE)-LIVERPOOL (ANG)	0-2	1-2
HIBERNIAN (ECO)-FC Porto (POR)	3-0	1-3
Eintracht F. (RFA)-NOTTINGHAM (ANG)	0-1	0-4
DINAMO ZAGREB (YOU)-Ploiesti (ROU)	5-0	0-2
FC Bruges (BEL)-SPORTING (POR)	0-0	1-2
Frem Copenhague (DAN)-BILBAO (ESP)	0-1	2-3
FC ZURICH (SUI)-FC Barcelone (ESP)	3-1	0-1
LOK. LEIPZIG (RDA)-Linfield (ILN)	5-1	0-1
DWS Amsterdam (HOL)-DUNDEE FC (ECO)	2-1	0-3
PARTIZAN BEL. (YOU)-Lok. Plovdiv (BUL)	5-1	1-1
NOVI SAD (YOU)-Barreiro (POR)	1-0	3-1
FC COLOGNE (RFA)-Slavia Prague (TCH)	2-0	2-2
Antwerp (BEL)-GÖTZEPE IZMIR (TUR)	1-2	0-0
Dinamo Pitesti (ROU)-FERENCVAROS (HON)	3-1	0-4

SECOND TOUR

NOTTINGHAM FOREST-FC Zurich	2-1	0-1
Bordeaux-BILBAO	1-3	0-1
DUNDEE FC-FC Liège	3-1	4-1
NOVI SAD-Lokomotiv Leipzig	0-0	2-0
Saragosse-FERENCVAROS	2-1	0-3
LIVERPOOL-Munich 1860	8-0	1-2
RANGERS-FC Cologne (ap)	3-0	1-3
BOLOGNE-Dynamo Zagreb	0-0	2-1
Naples-HIBERNIAN	4-1	0-5
Partizan Belgrade-LEEDS	1-2	1-1
SPORTING-Fiorentina	1-2	1-1
Atletico Madrid-GÖZTEPE IZMIR	2-0	0-3

TROISIÈME TOUR

FERENCVAROS-Liverpool	1-0	1-0
LEEDS-Hibernian	1-0	1-1
NOVI SAD-Göztepe Izmir	1-0	1-0
FC ZURICH-Sporting	3-0	0-1

Exempts : Bilbao, Bologne, Dundee FC, Rangers.

QUARTS DE FINALE

FERENCVAROS-Bilbao	2-1	2-1
Glasgow Rangers-LEEDS	0-0	0-2
DUNDEE FC-Zurich	1-0	1-0
BOLOGNE-Novi Sad	0-0	2-0

DEMI-FINALES

Dundee FC-LEEDS	1-1	0-1
FERENCVAROS-Bologne	3-2	2-2

FINALE ALLER

7 août 1968 à Leeds (ANG), Elland Road.
LEEDS UNITED - Ferencvaros : 1-0 (1-0).
25 000 spectateurs. Arbitre : M. Scheurer (SUI).
But : Jones (41e).
LEEDS : Sprake - Reaney, Cooper, Bremner, Jack Charlton - Hunter, Lorimer - Madeley, Jones (Belfitt), Giles (Greenhoff), Gray. Entr. : Revie.
FERENCVAROS : Geczi - Novak, Pancsics, Havasi, Juhasz - Szucs, Szoke - Varga, Albert, Rakosi, Fenyvesi (Balint). Entr. : Lakat.

FINALE RETOUR

11 septembre 1968 à Budapest (HON), Nepstadion.
Ferencvaros - LEEDS UNITED : 0-0.
76 000 spectateurs. Arbitre : M. Schulemburg (RFA).
FERENCVAROS : Geczi - Novak, Pancsics, Havasi, Juhasz - Szucs, Rakosi - Szoke (Karaba), Varga, Albert, Katona. Entr. : Lakat.
LEEDS : Sprake - Reaney, Cooper, Bremner, J. Charlton - Hunter, O'Grady - Lorimer, Jones, Madeley, Hibbitt (Bates), Gray. Entr. : Revie.

1968-69

C1 MILAN AC

C1 1968-69 **MILAN AC :** Tel un parrain milanais, l'entraîneur Nereo Rocco trône parmi ses hommes, qu'il a menés en un an d'une victoire en C2 à un triomphe en C1.

PREMIER TOUR

ANDERLECHT (BEL)-Glentoran (ILN)	3-0	2-2
Waterford (IRL)-MAN. UNITED (ANG)	1-3	1-7
Nuremberg (RFA)-AJAX (HOL)	1-1	0-4
Man. City (ANG)-FENERBAHÇE (TUR)	0-0	1-2
Rosenborg (NOR)-RAPID VIENNE (AUT)	1-3	3-3
Floriana La Valette (MLT)-R. LAHTI (FIN)	1-1	0-2
C.Z. Iéna (RDA)-ÉTOILE ROUGE (YOU)	Iéna forfait	
Valur Reykjavik (ISL)-BENFICA (POR)	0-0	1-8
REAL MADRID (ESP)-AEL Limassol (CHY) *à Madrid.	6-0	*6-0
Malmö FF (SUE)-MILAN AC (ITA)	2-1	1-4
Saint-Étienne (FRA)-CELTIC (ECO)	2-0	0-4
Steaua Bucarest (ROU)-TRNAVA (TCH)	3-1	0-4
AEK ATHÈNES (GRE)-Jeunesse Esch (LUX)	3-0	2-3
FC Zurich (SUI)-AKADEMISK COP. (DAN)	1-3	2-1

HUITIÈMES DE FINALE

AEK ATHÈNES-Akademisk Copenhague	0-0	2-0
CELTIC-Étoile Rouge Belgrade	5-1	1-1
MANCHESTER UNITED-Anderlecht	3-0	1-3
RAPID VIENNE-Real Madrid	1-0	1-2
Reipas Lahti-TRNAVA *à Vienne.	*1-9	1-7
AJAX-Fenerbahçe	2-0	2-0

Exempts : Milan AC, Benfica.

QUARTS DE FINALE

MANCHESTER UNITED-Rapid Vienne	3-0	0-0
MILAN AC-Celtic Glasgow	0-0	1-0
TRNAVA-AEK Athènes	2-1	1-1
AJAX-Benfica (appui : 3-0) (ap) *à Colombes.	1-3	*3-1

DEMI-FINALES

AJAX-Trnava	3-0	0-2
MILAN AC-Manchester United	2-0	0-1

FINALE

28 mai 1969 à Madrid (ESP), Santiago-Bernabeu.
MILAN AC - Ajax : 4-1 (2-0).
31 782 spectateurs. Arbitre : M. Ortiz de Mendebil (ESP).
Buts : Prati (7e, 40e, 75e), Sormani (67e) pour le Milan AC ; Vasovic (60e sp) pour l'Ajax.
MILAN AC : Cudicini - Anquilletti, Rosato, Schnellinger, Malatrasi - Trapattoni, Rivera, Lodetti - Hamrin, Sormani, Prati. Entr. : Rocco.
AJAX : Bals - Suurbier (Muller), Vasovic, Hulshoff, Van Duivenbode - Swart, Groot (Nuninga), Pronk - Danielsson, Cruyff, Keizer. Entr. : Michels.

Meilleur buteur de la compétition :
Law (Manchester United), 9 buts.

C2 SLOVAN BRATISLAVA

PREMIER TOUR

OLYMPIAKOS (GRE)-KR Reykjavik (ISL)	2-0	2-0
Bordeaux (FRA)-FC COLOGNE (RFA)	2-1	0-3
DUNFERMLINE (ECO)-Apoel Nicosie (CHY)	10-1	2-0
FC Bruges (BEL)-WEST BROM. (ANG)	3-1	0-2
Altay Izmir (TUR)-LYN OSLO (NOR)	3-1	1-4
LA HAYE (HOL)-Graz AK (AUT)	4-1	2-0
SLOVAN BRATIS. (TCH)-Bor FK (YOU)	3-0	0-2
Partizani Tirana (ALB)-TORINO (ITA)	1-0	1-3
Rumelange (LUX)-SLIEMA (MLT) *à Esch.	*2-1	0-1
RANDERS (DAN)-Shamrock (IRL)	1-0	2-1
Lugano (SUI)-FC BARCELONE (ESP)	0-1	0-3
Crusaders (ILN)-NORRKÖPING (SUE)	2-2	1-4
Cardiff City (GAL)-FC PORTO (POR)	2-2	1-2
DIN. BUC. (ROU)-Raba Eto (HON)	Raba Eto forfait	

Forfaits : Spartak Sofia (BUL), Dinamo Moscou (URS), Union Berlin (RDA), Gornik Zabrze (POL).

HUITIÈMES DE FINALE

Dinamo Bucarest-WEST BROMWICH	1-1	0-4
La Haye-FC COLOGNE	0-1	0-3
DUNFERMLINE-Olympiakos	4-0	0-3
RANDERS-Sliema	6-0	2-0
LYN OSLO-Norrköping	2-0	2-3
FC Porto-SLOVAN BRATISLAVA	1-0	0-4

Exempts : Torino, FC Barcelone.

QUARTS DE FINALE

FC COLOGNE-Randers	2-1	3-0
FC BARCELONE-Lyn Oslo	3-2	2-2
Torino-SLOVAN BRATISLAVA	0-1	1-2
DUNFERMLINE-West Bromwich Albion	0-0	1-0

DEMI-FINALES

FC Cologne-FC BARCELONE	2-2	1-4
Dunfermline-SLOVAN BRATISLAVA	1-1	0-1

FINALE

21 mai 1969 à Bâle (SUI), Sankt Jakob Stadion.
SLOVAN - FC Barcelone : 3-2 (3-1).
19 478 spectateurs. Arbitre : M. Van Ravens (HOL).
Buts : Cvetler (1re), Hrivnak (29e), Ja. Capkovic (42e) pour le Slovan Bratislava ; Zaldua (15e), Rexach (51e) pour le FC Barcelone.
SLOVAN : Vencel - Fillo, Hrivnak, Horvath, Jan Zlocha - Cvetler, Jo. Capkovic, Hrdlicka, Jokl - Moder (Hatar, 67e), Ja. Capkovic. Entr. : Vican.
FC BARCELONE : Sadurni - Franch (Pereda, 11e), Rife, Olivella, Eladio - Zabalza, Pellicer, Castro (Mendonça, 46e), Fusté - Zaldua, Rexach. Entr. : Artigas.

Meilleur buteur de la compétition :
Rühl (FC Cologne), 6 buts.

C3 NEWCASTLE UNITED

Burton, Gibb, Ross, Smith, Craig, Clark, Foggon, Davies, Moncur, Harvey ; Sinclair, McFaul, Br. Robson, Arentoft, Scott.

PREMIER TOUR

CHELSEA (ANG)-Greenock (ECO)	5-0	4-3
GÖZTEPE IZMIR (TUR)-**Marseille** (FRA) (ap) Göztepe Izmir qualifié par tirage au sort	2-0	0-2
ROSTOCK (RDA)-**Nice** (FRA)	3-0	1-2
NEWCASTLE (ANG)-Feyenoord (HOL)	4-0	0-2
BILBAO (ESP)-Liverpool (ANG) (ap) Bilbao qualifié par tirage au sort	2-1	1-2
RANGERS (ECO)-Novi Sad (YOU)	2-0	0-1
Ljubljana (YOU)-HIBERNIAN (ECO)	0-3	1-2
Rapid Bucarest (ROU)-OFK BEL. (YOU) (ap)	3-1	1-6

Wiener SK (AUT)-SLAVIA PRAGUE (TCH)	1-0	0-5
Skeid Oslo (NOR)-AIK STOCKH. (SUE)	1-1	1-2
Trakia Plovdiv (BUL)-SARAGOSSE (ESP)	3-1	0-2
Dynamo Zag. (YOU)-FIORENTINA (ITA)	1-1	1-2
LEGIA VARS. (POL)-Munich 1860 (RFA)	6-0	3-2
Daring Bruxelles (BEL)-PANATH. (GRE)	2-1	0-2
Wacker Innsbruck (AUT)-EINTRACHT (RFA)	2-2	0-3
SPORTING (POR)-FC Valence (ESP)	4-0	1-4
BOLOGNE (ITA)-Bâle (SUI)	4-1	2-1
ARIS SALONIQUE (GRE)-Paola (MLT)	1-0	6-0
DOS Utrecht (HOL)-DUNDALK (IRL) (ap)	1-1	1-2
Atletico M. (ESP)-WAREGEM (BEL)	2-1	0-1
LYON (FRA)-Coimbra (POR) (ap)	1-0	0-1
Lyon qualifié par tirage au sort		
Metz (FRA)-HAMBOURG (RFA)	1-4	2-3
Lausanne (SUI)-JUVENTUS (ITA)	0-2	0-2
Beerschot Anvers (BEL)-DWS AM. (HOL)	1-1	1-2
HANOVRE (RFA)-B 1909 Odense (DAN)	3-2	1-0
SETUBAL (POR)-Linfield (ILN)	3-0	3-1
Standard Liège (BEL)-LEEDS (ANG)	0-0	2-3
NAPLES (ITA)-Grasshopper Zurich (SUI)	3-1	0-1
Slavia Sofia (BUL)-ABERDEEN (ECO)	0-0	0-2
Leixoes (POR)-ARGES PITESTI (ROU)	1-1	0-0
L. LEIPZIG (RDA)-KB Copen. (DAN)	KBC forfait	
UJPEST (HON)-Union Lux. (LUX)	Union forfait	

SECOND TOUR

HIBERNIAN-Lokomotiv Leipzig	3-1	1-0
LEEDS-Naples (ap)	2-0	0-2
Leeds qualifié par tirage au sort		
RANGERS-Dundalk	6-1	3-0
Aberdeen-SARAGOSSE	2-1	0-3
Chelsea-DWS AMSTERDAM (ap)	0-0	0-0
DWS Amsterdam qualifié par tirage au sort		
Sporting-NEWCASTLE	1-1	0-1
SETUBAL-**Lyon**	5-0	2-1
GÖZTEPE IZMIR-Arges Pitesti	3-0	2-3
Rostock-FIORENTINA	3-2	1-2
HAMBOURG-Slavia Prague	4-1	1-3
Panathinaïkos-BILBAO	0-0	0-1
OFK BELGRADE-Bologne	1-0	1-1
Aris Salonique-UJPEST DOSZA	1-2	1-9
AIK Stockholm-HANOVRE	4-2	2-5
Waregem-LEGIA VARSOVIE	1-0	0-2
Juventus-EINTRACHT FRANCFORT (ap)	0-0	0-1

HUITIÈMES DE FINALE

LEEDS-Hanovre	5-1	2-1
HAMBOURG-Hibernian	1-0	1-2
Legia Varsovie-UJPEST DOSZA	0-1	2-2
Saragosse-NEWCASTLE	3-2	1-2
OFK Belgrade-GÖZTEPE IZMIR	3-1	0-2
BILBAO-Eintracht Fancfort	0-1	1-1
DWS Amsterdam-RANGERS	0-2	1-2
SETUBAL-Fiorentina	3-0	1-2

QUARTS DE FINALE

NEWCASTLE-Setubal	5-1	1-3
RANGERS-Bilbao	4-1	0-2
Leeds-UJPEST DOSZA	0-1	0-2
GÖZTEPE IZMIR-Hambourg	Hambourg forfait	

DEMI-FINALES

Göztepe Izmir-UJPEST DOSZA	1-4	0-4
Glasgow Rangers-NEWCASTLE	0-0	0-2

FINALE ALLER

29 mai 1969 à Newcastle (ANG), Saint James' Park.
NEWCASTLE - Ujpest Dosza : 3-0 (0-0).
60 000 spectateurs. Arbitre : M. **Hannet** (FRA).
Buts : Moncur (63e, 72e), Scott (83e).
NEWCASTLE : McFaul - D. Craig, Clark, Gibb, Burton - Moncur, Scott - Br. Robson, Davies, Arentoft, Sinclair (Foggon, 75e). Entr. : Harvey.
UJPEST : Szentmihalyi - Kaposzta, Solymosi, Bankuti, Nosko - E. Dunai, Fazekas, Gorocs, Bene, A. Dunai, Zambo. Entr. : Baroti.

FINALE RETOUR

11 juin 1969 à Budapest (HON), Dosza Stadium.
Ujpest Dosza - NEWCASTLE : 2-3 (2-0).
37 000 spectateurs. Arbitre : M. Heymann (SUI).
Buts : Bene (31e), Gorocs (44e) pour Ujpest ; Moncur (46e), Arentoft (50e), Foggon (74e) pour Newcastle.
UJPEST : Szentmihalyi - Kaposzta, Solymosi, Bankuti, Nosko - E. Dunai, Fazekas, Gorocs, Bene, A. Dunai, Zambo. Entr. : Baroti.
NEWCASTLE : McFaul - D. Craig, Clark, Gibb, Burton - Moncur, Scott (Foggon, 73e) - Arentoft, Br. Robson, Davies, Sinclair. Entr. : Harvey.

Meilleurs buteurs de la compétition :
A. Dunai, Bene (Ujpest), Santrac (OFK Belgrade), 9 buts.

C1 1969-70 **FEYENOORD ROTTERDAM : Le Celtic rêvait d'un doublé après son sacre de 1967. Mais c'est Feyenoord qui triomphe, après avoir fait la différence en prolongation. Pour la première fois, la Coupe des champions prend le chemin des Pays-Bas. Ce ne sera pas la dernière.**

1969-70

C1 FEYENOORD ROTTERDAM

TOUR PRÉLIMINAIRE

Turku (FIN)-KB COPENHAGUE (DAN)	0-1	0-4

PREMIER TOUR

BENFICA (POR)-KB Copenhague	2-0	3-2
MILAN AC (ITA)-Beggen (LUX)	5-0	3-0
Austria Vienne (AUT)-DYNAMO KIEV (URS)	1-2	1-3
LEEDS (ANG)-Lyn Oslo (NOR)	10-0	6-0
VORWÄRTS F. (RDA)-Panathinaïkos (GRE)	2-0	1-1
ÉTOILE ROUGE (YOU)-Linfield (ILN)	8-0	4-2
Olympiakos Nicosie (CHY)-REAL (ESP)	*0-8	1-6
*à Madrid		
Bayern (RFA)-**SAINT-ÉTIENNE** (FRA)	2-0	0-3
FEYENOORD (HOL)-KR Reykjavik (ISL)	12-2	4-0
GALATASARAY (TUR)-Waterford (IRL)	2-0	3-2
STANDARD (BEL)-Nëntori Tirana (ALB)	3-0	1-1
Arad (ROU)-LEGIA VARSOVIE (POL)	1-2	0-8
FIORENTINA (ITA)-Vaxjö (SUE)	1-0	2-1
Hibernians Valette (MLT)-TRNAVA (TCH)	2-2	0-4
CSKA Sofia (BUL)-FERENCVAROS (HON)	2-1	1-4
Bâle (SUI)-CELTIC (ECO)	0-0	0-2

HUITIÈMES DE FINALE

CELTIC-Benfica (ap)	3-0	0-3
Celtic qualifié par tirage au sort.		
LEEDS-Ferencvaros	3-0	3-0
Dynamo Kiev-FIORENTINA	1-2	0-0
VORWÄRTS F.-Étoile Rouge Belgrade	2-1	2-3
Milan AC-FEYENOORD	1-0	0-2
Trnava-GALATASARAY (ap)	1-0	0-1
Galatasaray qualifié par tirage au sort.		
LEGIA VARSOVIE-**Saint-Étienne**	2-1	1-0
STANDARD LIÈGE-Real Madrid	1-0	3-2

QUARTS DE FINALE

Vorwärts Francfort-FEYENOORD	1-0	0-2
CELTIC-Fiorentina	3-0	0-1
Standard Liège-LEEDS	0-1	0-1
Galatasaray-LEGIA VARSOVIE	1-1	0-2

DEMI-FINALES

Leeds-CELTIC	0-1	1-2
Legia Varsovie-FEYENOORD	0-0	0-2

FINALE

6 mai 1970 à Milan (ITA), San Siro.
FEYENOORD - Celtic : 2-1 ap (1-1, 1-1).
53 187 spectateurs. Arbitre : M. Lo Bello (ITA).
Buts : Gemmell (29e) pour le Celtic ; Israël (31e), Kindvall (117e) pour Feyenoord.
FEYENOORD : Graafland - Romeijn (Haak, 107e), Israël, Laseroms, Van Duivenbode - Hasil, Jansen, Van Hanegem - Wery, Kindvall, Moulijn. Entr. : Happel.
CELTIC : E. Williams - Hay, W. McNeill, Brogan, Gemmell - Murdoch, Auld (Connelly, 77e), J. Hughes - Johnstone, Wallace, Lennox. Entr. : Stein.

Meilleur buteur : Jones (Leeds), 8 buts.

C2 MANCHESTER CITY

TOUR PRÉLIMINAIRE

Rapid Vienne (AUT)-TORPEDO (URS)	0-0	1-1

PREMIER TOUR

Bilbao (ESP)-MANCHESTER CITY (ANG)	3-3	0-3
DYNAMO Z. (YOU)-Slovan Bratislava (TCH)	3-0	0-0
Dukla Pra. (TCH)-**MARSEILLE** (FRA) (ap)	1-0	0-2
RANGERS (ECO)-Steaua Bucarest (ROU)	2-0	0-0
Mjöndalen (NOR)-CARDIFF CITY (GAL)	1-7	1-5
COIMBRA (POR)-Kuopio (FIN)	0-0	1-0
Olympiakos (GRE)-G. ZABRZE (POL)	2-2	0-5
BK Copenhague (DAN)-ST-GALL (SUI)	2-1	0-1
Rapid Vienne-PSV EINDHOVEN (HOL)	1-2	2-4
Ards (ILN)-AS ROME (ITA)	0-0	1-3
Shamrock (IRL)-SCHALKE 04 (RFA)	2-1	0-3
Vestmannaeyjar (ISL)-LEVSKI S. (BUL)	0-4	0-4
NORRKÖPING (SUE)-Sliema (MLT)	5-1	0-1
LIERSE (BEL)-Apoel Nicosie (CHY)	10-1	1-0
MAGDEB. (RDA)-MTK Budapest (HON) (ap)	1-0	1-1
GÖZTEPE IZMIR (TUR)-Union Lux. (LUX)	3-0	3-2

HUITIÈMES DE FINALE

Lierse-MANCHESTER CITY	0-3	0-5
Marseille-DYNAMO ZAGREB	1-1	0-2
AS ROME-PSV Eindhoven (ap)	1-0	0-1
AS Rome qualifiée par tirage au sort		
Norrköping-SCHALKE 04	0-0	0-1
GORNIK ZABRZE-Glasgow Rangers	3-1	3-1
GÖZTEPE IZMIR-Cardiff City	3-0	0-1
Magdebourg-COIMBRA	1-0	0-2
LEVSKI SOFIA-Saint-Gall	4-0	0-0

QUARTS DE FINALE

AS ROME-Göztepe Izmir	2-0	0-0
Levski Sofia-GORNIK ZABRZE	3-2	1-2
Dynamo Zagreb-SCHALKE 04	1-3	0-1
Coimbra-MANCHESTER CITY (ap)	0-0	0-1

DEMI-FINALES

Schalke 04-MANCHESTER CITY	1-0	1-5
AS Rome-ZABRZE (appui : 1-1 ap) (ap)	1-1	2-2
Gornik Zabrze qualifié par tirage au sort		

FINALE

29 avril 1970 à Vienne (AUT), Praterstadion.
MANCHESTER CITY - Zabrze : 2-1 (2-0).
7 968 spectateurs. Arbitre : M. Schiller (AUT).
Buts : Young (12e), Lee (43e sp) pour Manchester City ; Oslizlo (68e) pour Gornik.
MANCHESTER CITY : Corrigan - Book, Booth, Heslop, Pardoe - Doyle (Bowyer, 23e), Oakes, Towers - Bell, Lee, Young. Entr. : Mercer.
ZABRZE : Kostka - Gorgon, Oslizlo, Florenski (Kuchta, 85e), Latocha - Olek, Szoltysik, Wilczek (Skowronek, 75e) - Banas, Lubanski, Szarynski. Entr. : Matyas.

Meilleur buteur de la compétition :
Lubanski (Gornik Zabrze), 7 buts.

C3 ARSENAL

PREMIER TOUR

ARSENAL (ANG)-Glentoran (ILN)	3-0	0-1
Dundee United (ECO)-NEWCASTLE (ANG)	1-2	0-1
LIVERPOOL (ANG)-Dundalk (IRl)	10-0	4-0
Partizan Belgrade (YOU)-UJPEST (HON)	2-1	0-2
Sabadell (ESP)-FC BRUGES (BEL)	2-0	1-5
Las Palmas (ESP)-HERTHA B. (RFA)	0-0	0-1
Wiener SK (AUT)-CHORZOW (POL)	4-2	1-4
ROUEN (FRA)-Twente (HOL)	2-0	0-1
GUIMARAES (POR)-Ostrava (TCH)	1-0	1-1
SPORTING (POR)-Linz ASK (AUT)	4-0	2-2
C.Z. IÉNA (RDA)-Altay Izmir (TUR)	1-0	0-0
Lausanne (SUI)-RABA ETO (HON)	1-2	1-2
Rosenborg (NOR)-SOUTHAMPTON (ANG)	1-0	0-2
ROSTOCK (RDA)-Panionios (GRE)	3-0	0-2
BACAU (ROU)-Floriana La Valette (MLT)	6-0	1-0
SLAVIA SOFIA (BUL)-FC Valence (ESP)	2-0	1-1
INTER (ITA)-Sparta Prague (TCH)	3-0	1-0
JUVENTUS (ITA)-Loko. Plovdiv (BUL)	3-1	2-1
STUTTGART (RFA)-Malmö FF (SUE)	3-0	1-1
Hanovre (RFA)-AJAX (HOL)	2-1	0-3
Aris Salonique (GRE)-CAGLIARI (ITA)	1-1	0-3
Metz (FRA)-NAPLES (ITA)	1-1	1-2
BARÇA (ESP)-B 1913 Odense (DAN)	4-0	2-0
Novi Sad (YOU)-GWARDIA V. (POL)	1-1	1-0
DUNFERMLINE (ECO)-**Bordeaux** (FRA)	4-0	0-2
FC Zurich (SUI)-KILMARNOCK (ECO)	3-2	1-3
Munich 1860 (RFA)-SKEID OSLO (NOR)	2-2	1-2
Valur Reykjavik (ISL)-ANDERLECHT (BEL)	*0-6	0-2
*à Gand		
CHARLEROI (BEL)-NK Zagreb (YOU)	2-1	3-1
Hvidovre Copenh. (DAN)-FC PORTO (POR)	1-2	0-2
Jeunesse Esch (LUX)-COLERAINE (ILN)	3-2	0-4
SETUBAL (POR)-Rapid Bucarest (ROU)	3-1	4-1

SECOND TOUR

Sporting-ARSENAL	0-0	0-3
Charleroi-**ROUEN**	3-1	0-2
Skeid Oslo-BACAU	0-0	0-2
KILMARNOCK-Slavia Sofia	4-1	0-2
AJAX-Ruch Chorzow	7-0	2-1
Stuttgart-NAPLES	0-0	0-1
C.Z. IÉNA-Cagliari	2-0	1-0
FC Bruges-UJPEST DOSZA	5-2	0-3
Rostock-INTER MILAN	2-1	0-3
Raba Eto-FC BARCELONE	2-3	0-2
HERTHA BERLIN-Juventus	3-1	0-0
VITORIA SETUBAL-Liverpool	1-0	2-3
FC Porto-NEWCASTLE	0-0	0-1
Guimaraes-SOUTHAMPTON	3-3	1-5
DUNFERMLINE-Gwardia Varsovie	2-1	1-0
ANDERLECHT-Coleraine	6-1	7-3

HUITIÈMES DE FINALE

Rouen-ARSENAL	0-0	0-1
Kilmarnock-BACAU	1-1	0-2
Naples-AJAX (ap)	1-0	0-4
C.Z. IÉNA-Ujpest Dosza	1-0	3-0
FC Barcelone-INTER MILAN	1-2	1-1
Vitoria Setubal-HERTHA BERLIN	1-1	0-1
NEWCASTLE-Southampton	0-0	1-1
ANDERLECHT-Dunfermline	1-0	2-3

QUARTS DE FINALE

Bacau-ARSENAL	0-2	1-7
Carl Zeiss Iéna-AJAX AMSTERDAM	3-1	1-5
Hertha Berlin-INTER MILAN	1-0	0-2
ANDERLECHT-Newcastle	2-0	1-3

DEMI-FINALES

ARSENAL-Ajax Amsterdam	3-0	0-1
ANDERLECHT-Inter Milan	0-1	2-0

FINALE ALLER

22 avril 1970 à Bruxelles (BEL), Parc Astrid.
Anderlecht - ARSENAL : 3-1 (2-0).
37 000 spectateurs. Arbitre : M. Scheurer (SUI).
Buts : Devrindt (25e), Mulder (30e, 74e) pour Anderlecht ; R. Kennedy (82e) pour Arsenal.
ANDERLECHT : Trappeniers - Heylens, Velkeneers, Kialunda, Cornelis (Peeters, 68e) - T. Nordahl, Desanghere - Puis, Devrindt, Van Himst, Mulder. Entr. : Hofling.
ARSENAL : Wilson - Storey, McNab, Kelly, McLintock - Simpson, Armstrong - Sammels, Radford, George (R. Kennedy, 77e), Graham. Entr. : Mee.

FINALE RETOUR

28 avril 1970 à Londres (ANG), Highbury.
ARSENAL - Anderlecht : 3-0 (1-0).
51 000 spectateurs. Arbitre : M. Kunze (RDA).
Buts : Kelley (25e), Radford (75e), Sammels (76e).
ARSENAL : Wilson - Storey, McNab, Kelly, McLintock - Simpson, Armstrong - Sammels, Radford, George, Graham. Entr. : Mee.
ANDERLECHT : Trappeniers - Heylens, Velkeneers, Kialunda, Martens - T. Nordahl, Desanghere - Puis, Devrindt, Mulder, Van Himst. Entr. : Hofling.

Meilleur buteur de la compétition :
Van Himst (Anderlecht), 10 buts.

1970-71

C1 AJAX AMSTERDAM

TOUR PRÉLIMINAIRE

Levski Sofia (BUL)-AUSTRIA VIENNE (AUT)	3-1	0-3

PREMIER TOUR

Feyenoord (HOL)-ARAD (ROU)	1-1	0-0
CAGLIARI (ITA)-Saint-Étienne (FRA)	3-0	0-1
Rosenborg (NOR)-STANDARD (BEL)	0-2	0-5
CELTIC (ECO)-Kokkola (FIN)	9-0	5-0
Fenerbahçe (TUR)-C.Z. IÉNA (RDA)	0-4	0-1
SPORTING (POR)-Floriana Valette (MLT)	5-0	4-0
EVERTON (ANG)-Keflavik (ISL)	6-2	3-0
Spartak Moscou (URS)-BÂLE (SUI)	3-2	1-2
SLOVAN B. (TCH)-B 1903 Copenh. (DAN)	2-1	2-2
EPA Larnaca (CHY)-M'GLADBACH (RFA)	0-6	0-10
Jeunesse Esch (LUX)-PANATH. (GRE)	1-2	0-5
Glentoran (ILN)-WATERFORD (IRL)	1-3	0-1
Ujpest (HON)-ÉTOILE ROUGE (YOU)	2-0	0-4
17 Nëntori Tirana (ALB)-AJAX (HOL)	2-2	0-2
ATLETICO (ESP)-Austria Vienne (AUT)	2-0	2-1
IFK Göteborg (SUE)-LEGIA V. (POL)	0-4	1-2

HUITIÈMES DE FINALE

C.Z. IÉNA-Sporting	2-1	2-1
AJAX-Bâle	3-0	2-1
PANATHINAÏKOS-Slovan Bratislava	3-0	1-2
ÉTOILE ROUGE-Arad	3-0	3-1
Standard-LEGIA VARSOVIE	1-0	0-2
Mönchengladbach-EVERTON (3-4 tab)	1-1	1-1
Cagliari-ATLETICO MADRID	2-1	0-3
Waterford-CELTIC GLASGOW	0-7	2-3

QUARTS DE FINALE

ATLETICO MADRID-Legia Varsovie	1-0	1-2
Carl Zeiss Iéna-ÉTOILE ROUGE B.	3-2	0-4
Everton-PANATHINAÏKOS	1-1	0-0
AJAX-Celtic Glasgow	3-0	0-1

DEMI-FINALES

Atletico Madrid-AJAX	1-0	0-3
Étoile Rouge Belgrade-PANATHINAÏKOS	4-1	0-3

FINALE

2 juin 1971 à Londres (ANG), Wembley.
AJAX - Panathinaïkos : 2-0 (1-0).
83 179 spectateurs. Arbitre : M. Taylor (ANG).
Buts : Van Dijk (5e), Haan (87e).
AJAX : Stuy - Neeskens, Vasovic, Hulshoff, Suurbier - Rinjders (Bankenburg, 46e), Swart (Haan, 46e), G. Mühren - Van Dijk, Cruyff, Keiser. Entr. : Michels.
PANATHINAÏKOS : Ekonomopoulos - Tomaras, Sourpis, Kamaras, Vlachos - Elefterakis, Domazos, Kapsis - Grammos, Antoniadis, Filakouris. Entr. : Puskas.

Meilleur buteur de la compétition :
Antoniadis (Panathinaïkos), 10 buts.

C2 CHELSEA

Il faudra deux matches à Chelsea et David Webb (n° 6) pour se défaire du Real.

TOUR PRÉLIMINAIRE

Atvidaberg (SUE)-PARTIZANI TIR. (ALB)	1-1	0-2
Bohemians Dublin (IRL)-GOTTW. (TCH)	1-2	2-2

PREMIER TOUR

VORWÄRTS F. (RDA)-Bologne (ITA) (ap)	0-0	1-1
Akureyri (ISL)-FC ZURICH (SUI)	*1-7	0-7
*à Saint-Gall		
Offenbach (RFA)-FC BRUGES (BEL)	2-1	0-2
MANCHESTER CITY (ANG)-Linfield (ILN)	1-0	1-2
CARDIFF C. (GAL)-Pezoporikos Larnaca (CHY)	8-0	0-0
Hibernians La Val. (MLT)-REAL M. (ESP)	0-0	0-5
Aris Salonique (GRE)-CHELSEA (ANG)	1-1	1-5
CSKA SOFIA (BUL)-Valkeakoski (FIN)	9-0	2-1
Aberdeen (ECO)-HONVED (HON) (4-5 tab)	3-1	1-3
Stromgodset (NOR)-NANTES (FRA)	0-5	3-2
Aalborg (DAN)-GORNIK ZABRZE (POL)	0-1	1-8
Gottwaldov (TCH)-PSV EINDHOVEN (HOL)	2-1	0-1
G. IZMIR (TUR)-Union Luxembourg (LUX)	5-0	0-1
Ljubljana (YOU)-BENFICA (POR)	1-1	1-8
FC TIROL (AUT)-Partizani Tirana (ALB)	3-2	2-1
Karpaty Lvov (URS)-STEAUA BUC. (ROU)	0-1	3-3

HUITIÈMES DE FINALE

REAL MADRID-FC Tirol	0-1	2-0
Honved Budapest-MANCHESTER CITY	0-1	0-2
FC BRUGES-FC Zurich	2-0	2-3
Benfica-VORWÄRTS FRANCFORT (3-5 tab)	2-0	0-2
PSV EINDHOVEN-Steaua Bucarest	4-0	3-0
CSKA Sofia-CHELSEA	0-1	0-1
CARDIFF CITY-Nantes	5-1	2-1
Göztepe Izmir-GORNIK ZABRZE	0-1	0-3

QUARTS DE FINALE

FC Bruges-CHELSEA (ap)	2-0	0-4
Cardiff City-REAL MADRID	1-0	0-2
MAN. CITY-G. Zabrze (appui : 3-1) (ap)	2-0	*0-2
*à Chorzow.		
PSV EINDHOVEN-Vorwärts Francfort	2-0	0-1

DEMI-FINALES

PSV Eindhoven-REAL MADRID	0-0	1-2
CHELSEA-Manchester City	1-0	1-0

FINALE

19 mai 1971 à Athènes (GRE), Karaiskaki.
CHELSEA - Real : 1-1 ap (0-0, 1-1).
42 000 spectateurs. Arbitre : M. Scheurer (SUI).
Buts : Osgood (56e) pour Chelsea ; Zoco (90e) pour le Real.
CHELSEA : P. Bonetti - Boyle, Dempsey, Hollins (Mulligan, 91e), Harris - Weller, Cooke, Webb - Hudson, Osgood (Baldwin, 86e), Houseman. Entr. : Sexton.
REAL MADRID : Borja - José Luis, Benito, Zoco, Zunzunegui - Pirri, Velazquez, Perez (Fleitas, 65e) - Amancio, Grosso, Gento (Grande, 70e). Entr. : Munoz.

FINALE REJOUÉE

21 mai 1971 à Athènes (GRE), Karaiskaki.
CHELSEA - Real Madrid : 2-1 (2-0).
19 917 spectateurs. Arbitre : M. Buchelli (SUI).
Buts : Dempsey (31e), Osgood (39e) pour Chelsea ; Fleitas (75e) pour le Real.
CHELSEA : P. Bonetti - Boyle, Dempsey, Cooke, Harris - Weller, Baldwin, Webb - Hudson, Osgood (Smethurst, 73e), Houseman. Entr. : Sexton.
REAL MADRID : Borja - José Luis, Benito, Zoco, Zunzunegui - Pirri, Velazquez (Gento, 75e), Fleitas - Amancio, Grosso, Bueno (Grande, 60e). Entr. : Munoz.

Meilleur buteur de la compétition :
Lubanski (Gornik Zabrze) 8 buts.

C3 LEEDS UNITED

Grâce à la règle des buts marqués à l'extérieur, Leeds et Mick Jones (à dr.) prennent le dessus sur la Juve de Luciano Spinosi.

PREMIER TOUR

GUIMARAES (POR)-Angoulême (FRA)	3-0	1-3
FC COLOGNE (RFA)-RP Sedan (FRA)	5-1	0-1
AEK Athènes (GRE)-TWENTE (HOL)	0-1	0-3
Zeljeznicar Sarajevo (YOU)-ANDER. (BEL)	3-4	4-5
La Gantoise (BEL)-HAMBOURG (RFA)	0-1	1-7
FC Séville (ESP)-ESKISEHIRSPOR (TUR)	1-0	1-3
COLERAINE (ILN)-Kilmarnock (ECO)	1-1	3-2
DUNDEE U. (ECO)-Grasshopper Z. (SUI)	3-2	0-0
Sarpsborg (NOR)-LEEDS (ANG)	0-1	0-5
Lausanne (SUI)-SETUBAL (POR)	0-2	1-2
HIBERNIAN (ECO)-Malmö FF (SUE)	6-0	3-2
LIVERPOOL (ANG)-Ferencvaros (HON)	1-0	1-1
Trakia Plovdiv (BUL)-COVENTRY (ANG)	1-4	0-2
Lazio (ITA)-ARSENAL (ANG)	2-2	0-2
BAYERN (RFA)-Glasgow Rangers (ECO)	1-0	1-1
DIN. BUC. (ROU)-PAOK Salonique (GRE)	5-0	0-1
Universitatea Craiova (ROU)-PECS D. (HON)	2-1	0-3
Katowice (POL)-BARCELONE (ESP)	0-1	2-3
Wiener SK (AUT)-BEVEREN (BEL)	0-2	0-3
Ilves Tampere (FIN)-STURM GRAZ (AUT)	4-2	0-3
Barreirense (POR)-DYNAMO ZAG. (YOU)	2-0	1-6
HAJDUK SPLIT (YOU)-Slavia Sofia (BUL)	3-0	0-1
Cork City (IRL)-FC VALENCE (ESP)	0-3	1-3
SPARTA PRAGUE (TCH)-Bilbao (ESP)	2-0	1-1
Partizan Belgrade (YOU)-DRESDE (RDA)	0-0	0-6
AKADEMISK COP. (DAN)-Sliema (Mlt)	7-0	3-2
JUVENTUS (ITA)-Rumelange (LUX)	7-0	4-0
Nykobing (DAN)-HERTHA BERLIN (RFA)	2-4	1-4
Chorzow (POL)-FIORENTINA (ITA)	1-1	0-2
Inter Milan (ITA)-NEWCASTLE (ANG)	1-1	0-2
SPARTA ROTT. (HOL)-IA Akranes (ISL)	6-0	9-0
TRNAVA (TCH)-Marseille (FRA) (4-3 tab)	2-0	*0-2

*première application en C3 des tirs au but (à la place du tirage au sort).

SECOND TOUR

HIBERNIAN-Guimaraes	2-0	1-2
SPARTA ROTTERDAM-Coleraine	2-0	2-1
BAYERN MUNICH-Coventry	6-1	1-2
FC Barcelone-JUVENTUS	1-2	1-2
Fiorentina-FC COLOGNE	1-2	0-1
Sturm Graz-ARSENAL	1-0	0-2
Leeds-DRESDE	1-0	1-2
LIVERPOOL-Dinamo Bucarest	3-0	1-1
Akademisk Copenhague-ANDERLECHT	1-3	0-4
Newcastle-PECS DOSZA (0-3 tab)	2-0	0-2
SPARTA PRAGUE-Dundee United	3-1	0-1
Hertha Berlin-TRNAVA	1-0	1-3
DYNAMO ZAGREB-Hambourg	4-0	0-1
SETUBAL-Hajduk Split	2-0	1-2
FC Valence-BEVEREN	0-1	1-1
Eskisehirspor-TWENTE	3-2	1-6

HUITIÈMES DE FINALE

Trnava-FC COLOGNE	0-1	0-3
BAYERN MUNICH-Sparta Rotterdam	2-1	3-1
LEEDS-Sparta Prague	6-0	3-2
ARSENAL-Beveren	4-0	0-0
Pecs Dosza-JUVENTUS	0-1	0-2
Dynamo Zagreb-TWENTE	2-2	0-1
Anderlecht-SETUBAL (ap)	2-1	1-3
Hibernian-LIVERPOOL	0-1	0-2

QUARTS DE FINALE

JUVENTUS-Twente (ap)	2-0	2-2
Arsenal-FC COLOGNE	2-1	0-1
LEEDS-Vitoria Setubal	2-1	1-1
LIVERPOOL-Bayern Munich	3-0	1-1

DEMI-FINALES

Liverpool-LEEDS	0-1	0-0
FC Cologne-JUVENTUS	1-1	0-2

FINALE ALLER

28 mai 1971 à Turin (ITA), Stadio Comunale. *
Juventus - LEEDS UNITED : 2-2 (1-0).
65 000 spectateurs. Arbitre : M. Van Ravens (HOL).
Buts : Bettega (27e), Capello (55e) pour la Juventus ; Madeley (48e), Bates (77e) pour Leeds.
JUVENTUS : Piloni - Spinosi, Salvadore, Marchetti, Furino - Morini, Haller - Capello, Causio, Anastasi (Novellini, 72e), Bettega. Entr. : Vycpalek.
LEEDS : Sprake - Reaney, Cooper, Bremner, J. Charlton - Hunter, Lorimer - Clarke, Jones (Bates, 72e), Giles, Madeley. Entr. : Revie.
*finale aller rejouée, le match disputé le 26 mai 1971 ayant été interrompu à 0-0 à la 51e minute (terrain inondé).

FINALE RETOUR

3 juin 1971 à Leeds (ANG), Elland Road.
LEEDS UNITED - Juventus : 1-1 (1-1).
42 000 spectateurs. Arbitre : M. Glökner (RDA).
Buts : Clarke (12e) pour Leeds ; Anastasi (20e) pour la Juventus.
LEEDS : Sprake - Reaney, Cooper, Bremner, J. Charlton - Hunter, Lorimer - Clarke, Jones, Giles, Madeley (Bates, 56e). Entr. : Revie.
JUVENTUS : S. Tancredi - Spinosi, Salvadore, Marchetti, Furino - Morini, Haller - Capello, Causio, Anastasi, Bettega. Entr. : Vycpalek.

Meilleur buteur de la compétition :
Anastasi (Juventus), 10 buts.

C1 1970-71 AJAX AMSTERDAM : Hu shoff, Stuy, Suurbier, Van Dijk, G. Mühren ; Keizer, Swart, Rijnders, Vasovic, Cruyff et Neeskens.

1971-72

C1 AJAX AMSTERDAM

TOUR PRÉLIMINAIRE

VALENCE (ESP)-Union Luxembourg (LUX)	3-1	1-0

PREMIER TOUR

FC VALENCE-Hajduk Split (YOU)	0-0	1-1
Reipas Lahti (FIN)-GRASSHOPPER (SUI)	1-1	0-8
Cork Hib. (IRL)-M'GLADBACH (RFA)	0-5	1-2
UJPEST (HON)-Malmö FF (SUE)	4-0	0-1
INTER MILAN (ITA)-AEK Athènes (GRE)	4-1	2-3
Galatasaray (TUR)-CSKA MOSCOU (URS)	1-1	0-3
STANDARD (BEL)-Linfield (ILN)	2-0	3-2
B 1903 Copenhague (DAN)-CELTIC (ECO)	2-1	0-3
AJAX (HOL)-Dresde (RDA)	2-0	0-0
MARSEILLE (FRA)-G. Zabrze (POL)	2-1	*1-1
*à Katowice.		
Wacker Innsb. (AUT)-BENFICA (POR)	0-4	1-3
FEYENO. (HOL)-Olympiakos Nicosie (CHY)	8-0	*9-0
*à Rotterdam.		
SLIEMA (MLT)-IA Akranes (ISL)	4-0	0-0
CSKA SOFIA (BUL)-Partizani Tirana (ALB)	3-0	1-0
DINAMO BUCAREST (ROU)-Trnava (TCH)	0-0	2-2
Strömgodset (NOR)-ARSENAL (ANG)	1-3	0-4

HUITIÈMES DE FINALE

BENFICA-CSKA Sofia	2-1	0-0
Valence-UJPEST DOSZA	0-1	1-2
Dinamo Bucarest-FEYENOORD	0-3	0-2
Marseille-AJAX	1-2	1-4
CELTIC-Sliema	5-0	2-1
Grasshopper Zurich-ARSENAL	0-2	0-3
CSKA Moscou-STANDARD LIÈGE	1-0	0-2

C1 1971-72 **AJAX AMSTERDAM : Stuy, Hulshoff, Suurbier, Blankenburg, Krol ; Cruyff, Haan, Swart, Neeskens, G. Mühren, Keizer.**

Mönchengladbach-INTER MILAN *0-0 2-4
*match aller rejoué à Berlin, après le retour, à la suite de la blessure de Boninsegna au Bökelberg, due à un jet de bouteille (score initial : 7-1 pour Mönchengladbach).

QUARTS DE FINALE

INTER MILAN-Standard Liège 1-0 1-2
Ujpest Dosza-CELTIC 1-2 1-1
Feyenoord-BENFICA 1-0 1-5
AJAX-Arsenal 2-1 1-0

DEMI-FINALES

AJAX-Benfica 1-0 0-0
INTER MILAN-Celtic Glasgow (5-4 tab) 0-0 0-0

FINALE

31 mai 1972 à Rotterdam (HOL), De Kuip.
AJAX - Inter Milan : 2-0 (1-0).
61 354 spectateurs. Arbitre : M. **Héliès** (FRA).
Buts : Cruyff (47e, 76e).
AJAX : Stuy - Suurbier, Blankenburg, Hulshoff, Krol - Neeskens, Haan, Swart, G. Mühren - Cruyff, Keizer. Entr. : Kovacs.
INTER : Bordon - Bellugi, Burgnich, Giubertoni (Bertini, 12e), Facchetti - Bedin, Oriali, Mazzola, Frustalupi - Jair (Pellizzaro, 58e), Boninsegna. Entr. : Invernizzi.

Meilleurs buteurs de la compétition :
Macari (Celtic), Takac (Standard Liège), 5 buts.

C2 GLASGOW RANGERS

TOUR PRÉLIMINAIRE

HIBERNIANS (MLT)-Fram Reykjavik (ISL) 3-0 *0-2
*à La Valette.
B 1909 Odense (DAN)-AUSTRIA V. (AUT) 4-2 0-2

PREMIER TOUR

Rennes (FRA)-RANGERS (ECO) 1-1 0-1
SPORTING (POR)-Lyn Oslo (NOR) 4-0 3-0
Dinamo Tirana (ALB)-AUSTRIA VIENNE 1-1 0-1
Hibernians La Valette-STEAUA B. (ROU) 0-0 0-1
Skoda Pilsen (TCH)-BAYERN (RFA) 0-1 1-6
DYN. BERLIN (RDA)-Cardiff City (GAL)(5-4 tab) 1-1 1-1
Hautcharage (LUX)-CHELSEA (ANG) *0-8 0-13
*à Luxembourg.
Limerick (IRL)-TORINO (ITA) 0-1 0-4
Levski Sofia (BUL)-SPARTA ROTT. (HOL) 1-1 0-2
Servette Genève (SUI)-LIVERPOOL (ANG) 2-1 0-2
Olympiakos (GRE)-DYNAMO MOS. (URS) 0-2 2-1
BEERSCHOT (BEL)-Ano. Famagouste (CHY) 7-0 *1-0
*à Anvers.
Distillery (ILN)-FC BARCELONE (ESP) 1-3 0-4
Komlo (HON)-ÉTOILE ROUGE (YOU) 2-7 2-1
Mikkeli (FIN)-ESKISEHIRSPOR (TUR) 0-0 0-4
Sosnowiec (POL)-ATVIDABERG (SUE) 3-4 1-1

HUITIÈMES DE FINALE

GLASGOW RANGERS-Sporting (ap) 3-2 3-4
TORINO-Austria Vienne 1-0 0-0
Liverpool-BAYERN 0-0 1-3
Beerschot-DYNAMO BERLIN 1-3 1-3
Sparta Rotterdam-ÉTOILE ROUGE 1-1 1-2
Eskisehirspor-DYNAMO MOSCOU 0-1 0-1
ATVIDABERG-Chelsea 0-0 1-1
FC Barcelone-STEAUA BUCAREST 0-1 1-2

QUARTS DE FINALE

Étoile Rouge B.-DYNAMO MOSCOU 1-2* 1-1
*à Tachkent
Torino-RANGERS 1-1 0-1
Atvidaberg-DYNAMO BERLIN *0-2 2-2
*à Stockholm.
Steaua Bucarest-BAYERN MUNICH 1-1 0-0

DEMI-FINALES

Bayern Munich-GLASGOW RANGERS 1-1 0-2
Dynamo Berlin-DYNAMO MOSCOU (1-4 tab) 1-1 *1-1
*à Lvov.

FINALE

24 mai 1972 à Barcelone (ESP), Nou Camp.
RANGERS - Dynamo Moscou : 3-2 (2-0).
24 701 spectateurs. Arbitre : M. Ortiz de Mendebil (ESP).
Buts : Stein (24e), Johnston (40e, 49e) pour les Rangers ; Estrekov (60e), Makovikov (87e) pour le Dynamo.
GLASGOW RANGERS : McCloy - Jardine, Greig, Johnstone, Mathieson - Smith, Conn, MacDonald - McLean, Stein, Johnston. Entr. : Waddell.
DYNAMO MOSCOU : Pilguoi - Basaleiev, Sabo, Zukov, Dolbonosov (Gerschkovitch, 69e) - Zikov, Dolmatov, Makovikov - Bajdaczniev, Yacoubik (Estrekov, 56e), Jevruzichin. Entr. : Beskov.

Meilleur buteur de la compétition :
Osgood (Chelsea), 8 buts.

C3 TOTTENHAM HOTSPUR

Les Londoniens Alan Gilzean (à g.) et Steve Perryman trinquent à leur victoire.

PREMIER TOUR

HERTHA BERLIN (RFA)-Elfsborg (SUE) 3-1 4-1
DUNDEE FC (ECO)-Akademisk Cop. (DAN) 4-2 1-0
ROSENBORG (NOR)-IFK Helsinki (FIN) 3-0 1-0
VASAS B. (HON)-Shelbourne Dublin (IRL) 1-0 1-1
Glentoran (ILN)-BRUNSWICK (RFA) 0-1 1-6
Keflavik (ISL)-TOTTENHAM (ANG) 1-6 0-9
Celta Vigo (ESP)-ABERDEEN (ECO) 0-2 0-1
LA HAYE (HOL)-Bonnevoie (LUX) 5-0 2-2
WOLVERHAMPTON (ANG)-Coimbra (POR) 4-1 3-0
Saint-Étienne (FRA)-FC COLOGNE (RFA) 1-1 1-2
Lugano (SUI)-LEGIA VARSOVIE (POL) 1-3 0-0
FC Porto (POR)-**NANTES** (FRA) 0-2 1-1
Hambourg (RFA)-ST-JOHNSTONE (ECO) 2-1 0-3
Southampton (ANG)-BILBAO (ESP) 2-1 0-2
BOLOGNE (ITA)-Anderlecht (BEL) 1-1 2-0
Naples (ITA)-RAPID BUCAREST (ROU) 1-0 0-2
VITORIA SETUBAL (POR)-**Nîmes** (FRA) 1-0 1-2
Atletico Madrid (ESP)-PANIONIOS (GRE) 2-1 0-1
C.Z. IÉNA (RDA)-Lokomotiv Plovdiv (BUL) 3-0 1-3
RAPID VIENNE (AUT)-Shkodër (ALB) Shkodër forfait
Bâle (SUI)-REAL MADRID (ESP) 1-2 1-2
Marsa La Valette (MLT)-JUVENTUS (ITA) 0-6 0-5
DYNAMO ZAG. (YOU)-Vratza (BUL) 6-1 2-1
ARAD (ROU)-Austria Salzbourg (AUT) 4-1 1-3
Fenerbahçe (TUR)-FERENCVAROS (HON) 1-1 1-3
MILAN AC (ITA)-Morphou (CHY) 4-0 *3-0
*à Trieste.
SPARTAK MOS. (URS)-VSS Kosice (TCH) 1-2 2-0
OFK BELGRADE (YOU)-Djurgarden (SUE) 4-1 2-2
ZELJEZNICAR (YOU)-FC Bruges (BEL) 3-0 1-3
Halle (RDA)-PSV EINDHOVEN (HOL) 0-0 *
*Halle forfait au retour.
WALBRZYCH (POL)-Teplice (TCH) 1-0 3-2
LIERSE (BEL)-Leeds (ANG) 0-2 4-0

SECOND TOUR

Rosenborg-LIERSE 4-1 0-3
RAPID BUCAREST-Legia Varsovie 4-0 0-2
FC Cologne-DUNDEE FC 2-1 2-4
La Haye-WOLVERHAMPTON 1-3 0-4
ZELJEZNICAR SARAJEVO-Bologne 1-1 2-2
Nantes-TOTTENHAM 0-0 0-1
BRUNSWICK-Bilbao 2-1 2-2
ST-JOHNSTONE-Vasas Budapest 2-0 0-1
Spartak Moscou-VITORIA SETUBAL 0-0 0-4
MILAN AC-Hertha Berlin 4-2 2-1
OFK Belgrade-CARL ZEISS IÉNA 1-1 0-4
Walbrzych-ARAD (ap) 1-1 1-2
DYNAMO ZAGREB-Rapid Vienne 2-2 0-0
Real Madrid-PSV EINDHOVEN 3-1 0-2
JUVENTUS-Aberdeen 2-0 1-1
FERENCVAROS-Panionios 6-0 *
*Panionios disqualifié.

HUITIÈMES DE FINALE

MILAN AC-Dundee FC 3-0 0-2
Carl Zeiss Iéna-WOLVERHAMPTON 0-1 0-3
Brunswick-FERENCVAROS 1-1 2-5
PSV Eindhoven-LIERSE 1-0 0-4
Rapid Vienne-JUVENTUS 0-1 1-4
Saint-Johnstone-ZELJEZNICAR SARAJEVO 1-0 1-5
TOTTENHAM-Rapid Bucarest 3-0 2-0
ARAD-Vitoria Setubal 3-0 0-1

QUARTS DE FINALE

MILAN AC-Lierse 2-0 1-1
Arad-TOTTENHAM 0-2 1-1
FERENCVAROS-Zeljeznicar Sarajevo(5-4 tab) 1-2 2-1
Juventus-WOLVERHAMPTON 1-1 1-2

DEMI-FINALES

TOTTENHAM-Milan AC 2-1 1-1
Ferencvaros-WOLVERHAMPTON 2-2 1-2

FINALE ALLER

3 mai 1972 à Wolverhampton (ANG), Molineux.
Wolverhampton - TOTTENHAM : 1-2 (0-0).
38 000 spectateurs. Arbitre : M. Bakhramov (URS).
Buts : Chivers (57e, 87e) pour Tottenham ; McCalliog (72e) pour Wolverhampton.
WOLVERHAMPTON : Parkes - Shaw, Taylor, Hegan, Munro - McAlle, McCalliog - Hibbitt, Richards, Dougan, Wagstaffe. Entr. : McGarry.
TOTTENHAM : Jennings - Kinnear, Knowles, Mullery, England - Beal, Gilzean-Perryman, Chivers, Peters, Coates (Pratt, 73e). Entr. : Nicholson.

FINALE RETOUR

17 mai 1972 à Londres (ANG), White Hart Lane.
TOTTENHAM - Wolverhampton : 1-1 (1-1).
54 000 spectateurs. Arbitre : M. Van Ravens (HOL).
Buts : Mullery (30e) pour Tottenham ; Wagstaffe (41e) pour Wolverhampton.
TOTTENHAM : Jennings - Kinnear, Knowles, Mullery, England - Beal, Gilzean-Perryman, Chivers, Peters, Coates. Entr. : Nicholson.
WOLVERHAMPTON : Parkes - Shaw, Taylor, Hegan, Munro - McAlle, McCalliog - Hibbitt (Bailey, 60e), Richards, Dougan (Curran, 71e), Wagstaffe. Entr. : McGarry.

Meilleur buteur de la compétition :
Bründl (Brunswick), 10 buts.

1972-73

C1 AJAX AMSTERDAM

PREMIER TOUR

ANDERLECHT (BEL)-Vejle (DAN) 4-2 3-0
MAGDEBOURG (RDA)-Turku (FIN) 6-0 3-1
REAL MADRID (ESP)-Keflavik (ISL) 3-0 *1-0
*à Reykjavik.
Galatasaray (TUR)-BAYERN (RFA) 1-1 0-6
CSKA SOFIA (BUL)-Panathinaïkos (GRE) 2-1 2-0
Waterford (IRL)-OMONIA NICOSIE (CHY) 2-1 0-2
UJPEST DOSZA (HON)-FC Bâle (SUI) 2-0 2-3
Bonnevoie (LUX)-ARGES PITESTI (ROU) 0-2 0-4
CELTIC (ECO)-Rosenborg (NOR) 2-1 3-1
Malmö FF (SUE)-BENFICA (POR) 1-0 1-4
DERBY C. (ANG)-Zeljeznicar S. (YOU) 2-0 2-1
FC Tirol (AUT)-DYNAMO KIEV (URS) 0-1 0-2
Marseille (FRA)-JUVENTUS (ITA) *1-0 0-3
*à Lyon.
Sliema (MLT)-G. ZABRZE (POL) 0-5 0-5
Exempts : Ajax (HOL), Trnava (TCH).
Forfaits : Glentoran (ILN), Shkodër (ALB).

HUITIÈMES DE FINALE

JUVENTUS-Magdebourg 1-0 1-0
CSKA Sofia-AJAX 1-3 0-3
DYNAMO KIEV-Gornik Zabrze 2-0 1-2
Arges Pitesti-REAL MADRID 2-1 1-3
BAYERN-Omonia Nicosie 9-0 *4-0
*à Hambourg

C1 1972-73 **AJAX AMSTERDAM : Rouge sur blanc, rien ne bouge. L'Ajax de Johan Cruyff (1er à g.) va s'offrir contre la Juventus une troisième couronne européenne d'affilée.**

TRNAVA-Anderlecht	1-0	1-0
Celtic Glasgow-UJPEST DOSZA	2-1	0-3
DERBY COUNTY-Benfica	3-0	0-0

QUARTS DE FINALE

JUVENTUS-Ujpest Dosza	0-0	2-2
AJAX-Bayern Munich	4-0	1-2
Dynamo Kiev-REAL MADRID *à Odessa	*0-0	0-3
Trnava-DERBY COUNTY	1-0	0-2

DEMI-FINALES

AJAX-Real Madrid	2-1	1-0
JUVENTUS-Derby County	3-1	0-0

FINALE

30 mai 1973 à Belgrade (YOU), stade de l'Étoile Rouge.
AJAX - Juventus : 1-0 (1-0).
89 484 spectateurs. Arbitre : M. Gugulovic (YOU).
But : Rep (5e).
AJAX : Stuy - Suurbier, Hulshoff, Blankenburg, Krol - Neeskens, Haan, G. Mühren - Rep, Cruyff, Keizer. Entr. : Kovacs.
JUVENTUS : Zoff - Marchetti, Morini, Salvadore, Longobucco - Causio (Cuccureddu, 78e), Furino, Capello - Altafini, Anastasi, Bettega (Haller, 63e). Entr. : Vycpalek.

Meilleur buteur de la compétition :
G. Müller (Bayern Munich), 11 buts.

C2 MILAN AC

PREMIER TOUR

Bastia (FRA)-ATLETICO MADRID (ESP) *à Ajaccio.	*0-0	1-2
Differdange (LUX)-MILAN AC (ITA)	1-4	0-3
RAPID V. (AUT)-PAOK Salonique (GRE)	0-0	2-2
FC Zurich (SUI)-WREXHAM (GAL)	1-1	1-2
C.Z. IÉNA (RDA)-Mikkeli (FIN)	6-1	2-3
SCHALKE 04 (RFA)-Slavia Sofia (BUL) *match rejoué (arrêté la veille à la 65e, à 2-1 pour Sofia).	2-1	*3-1
Floriana Valette (MLT)-FERENC. (HON)	1-0	0-6
Standard Liège (BEL)-SPARTA PRA. (TCH)	1-0	2-4
Amager (DAN)-KAVAJË (ALB)	1-1	0-0
Pezoporikos Larnaca (CHY)-CORK HIB. (IRL) *à Cork.	*1-2	1-4
Sporting (POR)-HIBERNIAN (ECO)	2-1	1-6
Ankaragücü (TUR)-LEEDS (ANG)	1-1	0-1
SPARTAK MOSCOU (URS)-La Haye (HOL)	1-0	0-0
Vikingur Reykjavik (ISL)-LEGIA V. (POL)	0-2	0-9
RAPID BUC. (ROU)-Landskrona (SUE)	3-0	0-1
HAJDUK SPLIT (YOU)-Fredrikstad (NOR)	1-0	1-0

HUITIÈMES DE FINALE

Legia Varsovie-MILAN AC (ap)	1-1	1-2
Ferencvaros-SPARTA PRAGUE	2-0	1-4
Cork Hibernians-SCHALKE 04	0-0	0-3
Rapid Vienne-RAPID BUCAREST	1-1	1-3
Atletico Madrid-SPARTAK MOSCOU	3-4	2-1
HIBERNIAN-Kavajë	7-1	1-1
Carl Zeiss Iéna-LEEDS	0-0	0-2
Wrexham-HAJDUK SPLIT	3-1	0-2

QUARTS DE FINALE

LEEDS-Rapid Bucarest	5-0	3-1
Schalke 04-SPARTA PRAGUE	2-1	0-3
Spartak Moscou-MILAN AC	0-1	1-1
Hibernian-HAJDUK SPLIT	4-2	0-3

DEMI-FINALES

MILAN AC-Sparta Prague	1-0	1-0
LEEDS-Hajduk Split	1-0	0-0

FINALE

16 mai 1973 à Salonique (GRE), Kaftadzogleio.
MILAN AC - Leeds United : 1-0 (1-0).
40 154 spectateurs. Arbitre : M. Michas (GRE).
But : Chiarugi (4e).
MILAN AC : Vecchi - Sabadini, Anquilletti, Rosato (Dolci, 59e), Zignoli - Turone, Sogliano (expulsé, 88e), Rivera, Benetti - Bigon, Chiarugi. Entr. : Rocco
LEEDS : Harvey - Reaney, Madeley, Cherry, F. Gray (McQueen, 54e) - Bates, Hunter (expulsé, 88e), M. Jones, Yorath - Lorimer, Jordan. Entr. : Revie.

Meilleur buteur de la compétition :
Chiarugi (Milan AC), 7 buts.

C3 LIVERPOOL

La victoire 2-0 en finale retour du Borussia de Günter Netzer (à dr.) sera insuffisante pour rattraper Tommy Smith et les Reds.

PREMIER TOUR

Aberdeen (ECO)-M'GLADBACH (RFA) *à Nuremberg	2-3	*3-6
Atvidaberg (SUÈ)-FC BRUGES (BEL)	3-5	2-1
Manchester City (ANG)-VALENCE (ESP)	2-2	1-2
Lyn Oslo (NOR)-TOTTENHAM (ANG)	3-6	0-6
HONVED (HON)-Partick Thistle (ECO)	1-0	3-0
STAVANGER (NOR)-Vestmannaeyjar (ISL) *à Reykjavik	1-0	*0-0
FEYENOORD (HOL)-Rumelange (LUX) *à Esch	9-0	*12-0
LIVERPOOL (ANG)-Eintracht Fr. (RFA)	2-0	0-0
Nîmes (FRA)-GRASSHOPPER (SUI)	1-2	1-2
SETUBAL (POR)-Sosnowiec (POL)	6-1	0-1
Stoke (ANG)-KAISERSLAUTERN (RFA)	3-1	0-4
Molenbeek (BEL)-BARREIRO (POR)	0-1	0-2
Torino (ITA)-LAS PALMAS (ESP)	2-0	0-4
Sochaux (FRA)-FREM COPENH. (DAN)	1-3	1-2
OLYMPIAKOS (GRE)-Cagliari (ITA)	2-1	1-0
Angers (FRA)-DYNAMO BERLIN (RDA)	1-1	1-2
FC PORTO (POR)-FC Barcelone (ESP)	3-1	1-0
Cluj (ROU)-LEVSKI SOFIA (BUL) (ap)	4-1	1-5
ÉTOILE ROUGE (YOU)-Lausanne (SUI)	5-1	2-3
INTER MILAN (ITA)-FC La Valette (MLT)	6-1	1-0
STARA ZAGORA (BUL)-Austria Vienne (AUT)	7-0	3-1
HVIDOVRE (DAN)-IFK Helsinki (FIN)	Helsinki forfait	
Arad (ROU)-NORRKÖPING (SUE)	1-2	0-2
EPA Larnaca (CHY)-ARARAT EREVAN (URS)	0-1	0-1
AEK ATHÈNES (GRE)-Salgotarjan (HON)	3-1	1-1
Eskisehirspor (TUR)-FIORENTINA (ITA) *à Istanbul	*1-2	0-3
Dukla Prague (TCH)-OFK BELG. (YOU)	2-2	1-3
SLOVAN BRAT. (TCH)-Novi Sad (YOU)	6-0	2-1
Dynamo Tbilissi (URS)-TWENTE (HOL)	3-2	0-2
CHORZOW (POL)-Fenerbahçe (TUR)	3-0	0-1
DRESDE (RDA)-Vöest Linz (AUT)	2-0	2-2
FC COLOGNE (RFA)-Bohemians Dub. (IRL)	2-1	3-0

SECOND TOUR

DYNAMO BERLIN-Levski Sofia	3-0	0-2
M'GLADBACH-Hvidovre Copenhague *à Nuremberg.	*3-0	3-1
FC PORTO-FC Bruges	3-0	2-3
TOTTENHAM-Olympiakos	4-0	0-1
ÉTOILE ROUGE BELGRADE-FC Valence	3-1	1-0
INTER MILAN-Norrköping	2-2	2-0
Stavanger-FC COLOGNE	1-0	1-9
STARA ZAGORA-Honved Budapest	3-0	0-1
Feyenoord-OFK BELGRADE	4-3	1-2
LIVERPOOL-AEK Athènes	3-0	3-1
SETUBAL-Fiorentina	1-0	1-2
Grasshopper Zurich-ARARAT EREVAN	1-3	2-4
Barreiro-KAISERSLAUTERN	1-3	1-0
LAS PALMAS-Slovan Bratislava	2-2	1-0
Chorzow-DRESDE	0-1	0-3
Frem Copenhague-TWENTE	0-5	0-4

HUITIÈMES DE FINALE

Ararat Erevan-KAISERSLAUTERN (4-5 tab)	2-0	0-2
FC Cologne-MÖNCHENGLADBACH	0-0	0-5
TOTTENHAM-Étoile Rouge Belgrade	2-0	0-1
TWENTE-Las Palmas	3-0	1-2
OFK BELGRADE-Stara Zagora	0-0	3-1
SETUBAL-Inter Milan	2-0	0-1
Dynamo Berlin-LIVERPOOL	0-0	1-3
FC Porto-DRESDE	1-2	0-1

QUARTS DE FINALE

Kaiserslautern-MÖNCHENGLADBACH	1-2	1-7
OFK Belgrade-TWENTE	3-2	0-2
TOTTENHAM-Setubal	1-0	1-2
LIVERPOOL-Dresde	2-0	1-0

DEMI-FINALES

LIVERPOOL-Tottenham	1-0	1-2
MÖNCHENGLADBACH-Twente	3-0	2-1

FINALE ALLER

10 mai 1973 à Liverpool (ANG), Anfield.*
LIVERPOOL - M'gladbach : 3-0 (2-0).
41 000 spectateurs. Arbitre : M. Linemayr (AUT).
Buts : Keegan (21e, 32e), Lloyd (61e).
LIVERPOOL : Clemence - Lawler, Lindsay, T. Smith, Lloyd - E. Hughes, Keegan, Cormack - Toshack, Heighway (Hall, 83e), Callaghan. Entr. : Shankly.
MÖNCHENGLADBACH : Kleff - Michallik, Netzer, Bonhof, Vogts - Wimmer, Danner, Kulik - Jensen, Rupp (Simonsen, 82e), Heynckes. Entr. : Weisweiler.
*finale aller rejouée, le match disputé le 9 mai 1973 ayant été interrompu à la 27e minute (terrain inondé).

FINALE RETOUR

23 mai 1973 à Mönchengladbach (ALL), Bökelberg.
M'gladbach - LIVERPOOL : 2-0 (2-0).
35 000 spectateurs. Arbitre : M. Kazakov (URS).
Buts : Heynckes (29e, 40e).
MÖNCHENGLADBACH : Kleff - Surau, Netzer, Bonhof, Vogts - Wimmer, Danner, Kulik - Jensen, Rupp, Heynckes. Entr. : Weisweiler.
LIVERPOOL : Clemence - Lawler, Lindsay, T. Smith, Lloyd - E. Hughes, Keegan, Cormack - Toshack, Heighway (Boersma, 78e), Callaghan. Entr. : Shankly.

Meilleur buteur de la compétition :
Jeuring (Twente), 12 buts.

1973-74

C1 BAYERN MUNICH

PREMIER TOUR

BAYERN (RFA)-Atvidaberg (SUE) (4-3 tab)	3-1	1-3
FC BÂLE (SUI)-Fram Reykjavik (ISL) *à Olten.	5-0	*6-2
Waterford (IRL)-UJPEST DOSZA (HON)	2-3	0-3
VEJLE (DAN)-Nantes (FRA)	2-2	1-0
FC BRUGES (BEL)-Floriana Val. (MLT)	8-0	2-0
ÉTOILE ROUGE (YOU)-Mielec (POL) *à Cracovie.	2-1	*1-0
DRESDE (RDA)-Juventus (ITA)	2-0	2-3
BENFICA (POR)-Olympiakos (GRE)	1-0	1-0
CSKA SOFIA (BUL)-FC Tirol (AUT)	3-0	1-0
Stavanger (NOR)-TRNAVA (TCH)	1-2	0-1
Jeunesse Esch (LUX)-LIVERPOOL (ANG)	1-1	0-2
VOROCH. (URS)-Apoel Nicosie (CHY)	2-0	1-0
Crusaders (ILN)-DINAMO BUC. (ROU)	0-1	0-11
Turku (FIN)-CELTIC (ECO)	1-6	0-3
ATLETICO (ESP)-Galatasaray (TUR) (ap)	0-0	1-0

Exempt : Ajax (HOL).

HUITIÈMES DE FINALE

CELTIC-Vejle	0-0	1-0
Ajax-CSKA SOFIA (ap)	1-0	0-2
Benfica-UJPEST DOSZA	1-1	0-2
TRNAVA-Vorochilovgrad	0-0	1-0
ÉTOILE ROUGE BELGRADE-Liverpool	2-1	2-1
BAYERN MUNICH-Dresde	4-3	3-3
Dinamo Bucarest-ATLETICO MADRID	0-2	2-2
FC Bruges-FC BÂLE	2-1	4-6

QUARTS DE FINALE

BAYERN MUNICH-CSKA Sofia	4-1	1-2
FC Bâle-CELTIC GLASGOW	3-2	2-4
Trnava-UJPEST DOSZA (3-4 tab)	1-1	1-1
Étoile Rouge Belgrade-ATLETICO MADRID	0-2	0-0

DEMI-FINALES

Ujpest Dosza-BAYERN MUNICH	1-1	0-3
Celtic-ATLETICO MADRID	0-0	0-2

FINALE

15 mai 1974 à Bruxelles (BEL), Heysel.
BAYERN - Atletico : 1-1 ap (0-0, 0-0).
48 722 spectateurs. Arbitre : M. Loraux (BEL).
Buts : Luis (114e) pour l'Atletico ; Schwarzenbeck (120e) pour le Bayern.
BAYERN MUNICH : Maier - J. Hansen, Schwarzenbeck, Beckenbauer, Breitner - Zobel, Roth, Kapellmann - Torstensson (Dürnberger, 76e), G. Müller, U. Hoeness. Entr. : Lattek.
ATLETICO MADRID : Reina - Melo, Adelardo, Heredia, Capon - Bejarano Eusebio, Luis, Irureta - Garate, Ufarte (Becerra, 69e), Salcedo (Alberto, 90e). Entr. : Lorenzo.

FINALE REJOUÉE

17 mai 1974 à Bruxelles (BEL), Heysel.
BAYERN MUNICH - Atletico : 4-0 (1-0).
23 325 spectateurs. Arbitre : M. Delcourt (BEL).
Buts : U. Hoeness (28e, 82e), G. Müller (56e, 69e).
BAYERN MUNICH : Maier - J. Hansen, Schwarzenbeck, Beckenbauer, Breitner - Zobel, Roth, Kapellmann - Torstensson, G. Müller, U. Hoeness. Entr. : Lattek.
ATLETICO MADRID : Reina - Melo, Adelardo (Benegas, 61e), Heredia, Capon - Bejarano Eusebio, Luis, Becerra - Alberto (Ufarte, 65e), Garate, Salcedo. Entr. : Lorenzo.

Meilleur buteur de la compétition :
G. Müller (Bayern Munich), 8 buts.

C2 FC MAGDEBOURG

Pizzabala (à terre) marque contre son camp, pour le bonheur de l'Allemand de l'Est Sparwasser.

C1 1973-74 BAYERN MUNICH : Schwarzenbeck, Breitner, Zobel, Hansen, G. Müller, Beckenbauer, U. Hoeness ; un membre du staff, Maier, Kappelmann, Torstensson.

PREMIER TOUR
MILAN AC (ITA)-Dynamo Zagreb (YOU) 3-1 1-0
Cardiff City (GAL)-SPORTING (POR) 0-0 1-2
Breda (HOL)-MAGDEBOURG (RDA) 0-0 0-2
Legia Varsovie (POL)-PAOK SAL. (GRE) 1-1 0-1
Anderlecht (BEL)-FC ZURICH (SUI) 3-2 0-1
Vasas Bud. (HON)-SUNDERLAND (ANG) 0-2 0-1
Reipas Lahti (FIN)-LYON (FRA) 0-0 0-2
OSTRAVA (TCH)-Cork Hibernians (IRL) 1-0 2-1
Ankaragücü (TUR)-RANGERS (ECO) 0-2 0-4
Vestmannaeyjar (ISL)-M'GLADBACH (RFA) 0-7 1-9
Torpedo Moscou (URS)-BILBAO (ESP) 0-0 0-2
Gzira (MLT)-BRANN BERGEN (NOR) 0-2 0-7
Randers (DAN)-RAPID VIENNE (AUT) 0-0 1-2
STARA ZAGORA (BUL)-Fola Esch (LUX) 7-0 4-1
Pezoporikos Larnaca (CHY)-MALMÖ FF (SUE) 0-0 0-11
Rimnicu Valcea (ROU)-GLENTORAN (ILN) 2-2 0-2

HUITIÈMES DE FINALE
M'GLADBACH-Glasgow Rangers 3-0 2-3
MILAN AC-Rapid Vienne 0-0 2-0
Sunderland-SPORTING 2-1 0-2
Lyon-PAOK SALONIQUE 3-3 0-4
FC Zurich-MALMÖ FF 0-0 1-1
STARA ZAGORA-Bilbao 3-0 0-1
Brann Bergen-GLENTORAN 1-1 1-3
Ostrava-MAGDEBOURG (ap) 2-0 0-3

QUARTS DE FINALE
MILAN AC-PAOK Salonique 3-0 2-2
Glentoran-M'GLADBACH 0-2 0-5
MAGDEBOURG-Stara Zagora 2-0 1-1
SPORTING-FC Zurich 3-0 1-1

DEMI-FINALES
MILAN AC-Mönchengladbach 2-0 0-1
Sporting-MAGDEBOURG 1-1 1-2

FINALE
8 mai 1974 à Rotterdam (HOL), De Kuip.
FC MAGDEBOURG - Milan AC : 2-0 (1-0).
4 641 spectateurs. Arbitre : M. Van Gemert (HOL).
Buts : Lanzi (40e csc), Seguin (75e).
FC MAGDEBOURG : Schulze - Zapf, Tyll, Abraham, Enge - Gaube, Seguin, Pommerenke, Raugust - Sparwasser, Hoffmann. Entr. : Krügel.
MILAN AC : Pizzaballa - Anquilletti, Maldera, Schnellinger, Lanzi - Sabadini, Tresoldi, Rivera, Benetti - Bigon, Bergamaschi (Turini, 60e). Entr. : Rocco.

Meilleur buteur de la compétition :
Heynckes (Mönchengladbach), 8 buts.

C3 FEYENOORD ROTTERDAM

Theo De Jong parade, coupe en main, avec Kristensen (à g.) et Van Daele (à dr.).

PREMIER TOUR
Fredrikstad (NOR)-DYNAMO KIEV (URS) 0-1 0-4
CHORZOW (POL)-Wuppertal (RFA) 4-1 *4-5
*à Katowice.
C.Z. IÉNA (RDA)-Mikkeli (FIN) 3-0 3-0
B 1903 COP. (DAN)-AIK Stockholm (SUE) 2-1 1-1
Stroemgodset (NOR)-LEEDS (ANG) 1-1 1-6
Öster Växjö (SUÈ)-FEYENOORD (HOL) 1-3 1-2
HIBERNIAN (ECO)-Keflavik (ISL) 2-0 1-1
NICE (FRA)-FC Barcelone (ESP) 3-0 0-2
DÜSSELDORF (RFA)-Naestved (DAN) 1-0 2-2
Grasshopper (SUI)-TOTTENHAM (ANG) 1-5 1-4
ABERDEEN (ECO)-Ballybofey (IRL) 4-1 3-1
Dundee FC (ECO)-TWENTE (HOL) 1-3 2-4
ESPANYOL (ESP)-Molenbeek (BEL) 0-3 2-1
Belenenses (POR)-WOLVER. (ANG) 0-2 1-2
US Luxemb. (LUX)-MARSEILLE (FRA) 0-5 1-7
SETUBAL (POR)-Beerschot Anvers (BEL) 2-0 2-0
IPSWICH (ANG)-Real Madrid (ESP) 1-0 0-0
LAZIO (ITA)-Sion (SUI) 3-0 1-3
Sliema (MLT)-LOK. PLOVDIV (BUL) 0-2 0-1
Fiorentina (ITA)-UNIV. CRAIOVA (ROU) 0-0 0-1
Ferencvaros (HON)-GWARDIA V. (POL) 0-1 1-2
STUTTGART (RFA)-Olymp. Nicosie (CHY) 9-0 *4-0
*à Biberach.
PRESOV (TCH)-Velez Mostar (YOU) 4-2 1-1
DYNAMO TBIL. (URS)-Slavia Sofia (BUL) 4-1 0-2
Panathinaïkos (GRE)-OFK BELG. (YOU) 1-2 1-0
ADMIRA W. (AUT)-Inter Milan (ITA) (ap) 1-0 1-2
FENERBAHÇE (TUR)-Arges Pitesti (ROU) 5-1 1-1
VSS Kosice (TCH)-HONVED (HON) 1-0 2-5
Torino (ITA)-LOKOMOTIV LEIPZIG (RDA) 1-2 1-2
Eskisehirspor (TUR)-FC COLOGNE (RFA) 0-0 0-2
PANAHAIKI (GRE)-Graz AK (AUT) 2-1 1-0
Ards (ILN)-STANDARD (BEL) 3-2 1-6

SECOND TOUR
NICE-Fenerbahçe 4-0 0-2
Admira Wacker-DÜSSELDORF 2-1 0-3
Aberdeen-TOTTENHAM 1-1 1-4
DYNAMO TBILISSI-OFK Belgrade 3-0 5-1
LOKOMOTIV LEIPZIG-Wolverhampton 3-0 1-4
Panahaiki-TWENTE 1-1 0-7
SETUBAL-Molenbeek 1-0 1-2
Marseille-FC COLOGNE 2-0 0-6
IPSWICH-Lazio 4-0 2-4
DYNAMO KIEV-B 1903 Copenhague 1-0 2-1
Lokomotiv Plovdiv-HONVED BUDAPEST 3-4 2-3
CHORZOW-Carl Zeiss Iéna 3-0 0-1
STUTTGART-Tatran Presov (ap) 3-1 5-3
LEEDS-Hibernian (5-4 tab) 0-0 0-0
FEYENOORD-Gwardia Varsovie 3-1 0-1
STANDARD-Universitatea Craiova 2-0 1-1

HUITIÈMES DE FINALE
Nice-FC COLOGNE 1-0 0-4
Dynamo Kiev-STUTTGART 2-0 0-3
Dynamo Tbilissi-TOTTENHAM 1-1 1-5
IPSWICH-Twente 1-0 2-1
Honved Budapest-CHORZOW 2-0 0-5
Leeds-SETUBAL 1-0 1-3
Düsseldorf-LOKOMOTIV LEIPZIG 2-1 0-3
Standard Liège-FEYENOORD 3-1 0-2

QUARTS DE FINALE
Ipswich-LOKOMOTIV LEIPZIG (3-4 tab) 1-0 0-1
FC Cologne-TOTTENHAM 1-2 0-3
STUTTGART-Vitoria Setubal 1-0 2-2
Chorzow-FEYENOORD (ap) 1-1 1-3

DEMI-FINALES
Lokomotiv Leipzig-TOTTENHAM 1-2 0-2
FEYENOORD-Stuttgart 2-1 2-2

FINALE ALLER
21 mai 1974 à Londres (ANG), White Hart Lane.
Tottenham - FEYENOORD : 2-2 (1-1).
46 000 spectateurs. Arbitre : M. Scheurer (SUI).
Buts : England (39e), Israël (64e csc) pour Tottenham ; Van Hanegem (43e), De Jong (85e) pour Feyenoord.
TOTTENHAM : Jennings - Evans, Naylor, Pratt, England - Beal (Dillon, 79e), McGrath, Perryman, Peters - Chivers, Coates. Entr. : Nicholson.
FEYENOORD : Treytel - Rijsbergen, Van Daele, Israël, Vos - De Jong, Jansen, Van Hanegem, Ressel - Schoenmaker, Kristensen. Entr. : Coerver.

FINALE RETOUR
29 mai 1974 à Rotterdam (HOL), Feyenoord Stadion.
FEYENOORD - Tottenham : 2-0 (1-0).
59 000 spectateurs. Arbitre : M. Lo Bello (ITA).
Buts : Rijsbergen (43e), Ressel (84e).
FEYENOORD : Treytel - Rijsbergen, Van Daele, Israël, Vos - Ramljak, Jansen, De Jong, Ressel - Schoenmaker, Kristensen (Boskamp, 76e) (Wery, 86e). Entr. : Coerver.
TOTTENHAM : Jennings - Evans, Naylor, Pratt (Holder, 77e), England - Beal, McGrath, Perryman, Peters - Chivers, Coates. Entr. : Nicholson.

Meilleur buteur de la compétition :
Schoenmaker (Feyenoord Rotterdam), 10 buts.

1974-75

C1 BAYERN MUNICH

PREMIER TOUR
FEYENOORD (HOL)-Coleraine (ILN) 7-0 4-1
SAINT-ÉTIENNE (FRA)-Sporting (POR) 2-0 1-1
Jeunesse Esch (LUX)-FENERB. (TUR) 2-3 0-2
LEEDS (ANG)-FC Zurich (SUI) 4-1 1-2
Stavanger (NOR)-ARARAT EREVAN (URS) 0-2 2-4
Levski Sofia (BUL)-UJPEST (HON) 0-3 1-4
IF Copenhague (DAN)-CHORZOW (POL) 0-0 1-2
Slovan Bratislava (TCH)-ANDERL. (BEL) 4-2 1-3
HAJDUK SPLIT (YOU)-Keflavik (ISL) 1-7 *0-2
*à Split.
Vöest Linz (AUT)-FC BARCELONE (ESP) 0-0 0-5
Celtic (ECO)-OLYMPIAKOS (GRE) 1-1 0-2
FC La Valette (MLT)-HJK HELSINKI (FIN) 1-0 1-4
Univ. Craiova (ROU)-ATVIDABERG (SUE) 2-1 1-3
Omonia Nic. (CHY)-CORK CEL. (IRL) Omonia forfait
Exempts : Bayern (RFA), Magdebourg (RDA).

HUITIÈMES DE FINALE
BAYERN-Magdebourg 3-2 2-1
ANDERLECHT-Olympiakos 5-1 0-3
Cork Celtic-ARARAT EREVAN 1-2 0-5
Hajduk Split-SAINT-ÉTIENNE (ap) 4-1 1-5
Ujpest Dosza-LEEDS 1-2 0-3
Feyenoord-FC BARCELONE 0-0 0-3
CHORZOW-Fenerbahçe 2-1 *2-0
*à Patrai.
HJK Helsinki-ATVIDABERG 0-3 0-1

QUARTS DE FINALE
LEEDS-Anderlecht 3-0 1-0
Chorzow-SAINT-ÉTIENNE 3-2 0-2
FC BARCELONE-Atvidaberg 2-0 *3-0
*à Barcelone.
BAYERN MUNICH-Ararat Erevan 2-0 0-1

DEMI-FINALES
LEEDS-FC Barcelone 2-1 1-1
Saint-Étienne-BAYERN MUNICH 0-0 0-2

FINALE
28 mai 1975 à Paris, Parc des Princes.
BAYERN MUNICH - Leeds : 2-0 (0-0).
48 000 spectateurs. Arbitre : M. Kitabdjian (FRA).
Buts : Roth (71e), G. Müller (83e).
BAYERN : Maier - Dürnberger, Schwarzenbeck, Beckenbauer, B. Andersson (Weiss, 4e) - Zobel, Roth, Kapellmann - Torstensson, G. Müller, U. Hoeness (Wunder, 42e). Entr. : Cramer.
LEEDS : Stewart - Reaney, Madeley, Hunter, F. Gray - Bremner, Giles, Yorath (E. Gray, 80e) - Lorimer, Jordan, Clarke. Entr. : Armfield.

Meilleurs buteurs de la compétition :
Almquist (Atvidaberg), Markarov (Ararat Erevan), G. Müller (Bayern Munich), 5 buts.

C1 1974-75 BAYERN MUNICH : Roth, Dürnberger, Beckenbauer, Wunder, Weiss, G. Müller, Torstensson ; Kapellmann, Maier, Zobel, Schwarzenbeck.

C2 DYNAMO KIEV

PREMIER TOUR
PSV EINDHOVEN (HOL)-Ards (ILN) 10-0 4-1
BENFICA (POR)-Vanlöse (DAN) 4-0 4-1
BEGGEN (LUX)-P. Famagouste (CHY) Famagouste forfait
LIVERPOOL (ANG)-Strömsgödset (NOR) 11-0 *1-0
*à Oslo.
MALMÖ FF (SUE)-Sion (SUI) (5-4 tab) 1-0 0-1
Slavia Prague (TCH)-IÉNA (RDA) (2-3 tab) 1-0 0-1
FERENCVAROS (HON)-Cardiff City (GAL) 2-0 4-1
DUNDEE UTD (ECO)-Petrosani (ROU) 3-0 0-2
DINAMO KIEV (URS)-CSKA Sofia (BUL) 1-0 1-0
GWARDIA V. (POL)-Bologne (ITA) (5-3 tab) 2-1 1-2
Waregem (BEL)-AUSTRIA V. (AUT) 2-1 1-4
BURSASPOR (TUR)-Harps (IRL) 4-2 0-0
PAOK Salonique (GRE)-ÉT. ROUGE (YOU) 1-0 0-2
EINTRACHT F. (RFA)-Monaco (FRA) 3-0 2-2
Fram Reykjavik (ISL)-REAL (ESP) 0-2 0-6
Sliema (MLT)-REIPAS LAHTI (FIN) 2-0 1-4

HUITIÈMES DE FINALE
MALMÖ FF-Reipas Lahti 3-1 0-0
Dundee United-BURSASPOR 0-0 0-1
Liverpool-FERENCVAROS 1-1 0-0
REAL MADRID-Austria Vienne 3-0 2-2
Eintracht Francfort-DYNAMO KIEV 2-3 1-2
Carl Zeiss Iéna-BENFICA 1-1 0-0
Gwardia Varsovie-PSV EINDHOVEN 1-5 0-3
Beggen-ÉTOILE ROUGE *1-6 1-5
*à Luxembourg.

QUARTS DE FINALE
PSV EINDHOVEN-Benfica 0-0 2-1
Malmö FF-FERENCVAROS 1-3 1-1
Bursaspor-DYNAMO KIEV 0-1 0-2
Real Madrid-ÉTOILE ROUGE (5-6 tab) 2-0 0-2

DEMI-FINALES
FERENCVAROS-Étoile Rouge 2-1 2-2
DYNAMO KIEV-PSV Eindhoven 3-0 1-2

FINALE
14 mai 1975 à Bâle (SUI), Sankt Jakob Stadion.
DYNAMO KIEV - Ferencvaros : 3-0 (2-0).
10 897 spectateurs. Arbitre : M. Davidsson (ECO).
Buts : Onitchenko (18e, 39e), Blokhine (67e).
DYNAMO KIEV : Rudakov - Konkov, Reschko, Fomienko, Matvienko - Trochkine, Muntian, Kolotov - Onitchenko, Burjak, Blokhine. Entr. : Lobanovski.
FERENCVAROS : Geczi - Martos, Pataki, Rab, Megyesi - Juhasz, Szabo, Nyilasi (Ohnhaus, 60e), Mucha - Mate, Magyar. Entr. : Dalnoki.

Meilleurs buteurs de la compétition :
Onitchenko (Dynamo Kiev), Van der Kuylen (PSV), 7 buts.

C3 BORUSSIA MÖNCHENGLADBACH

Les défenseurs du FC Twente ne savent plus où donner de la tête face à Rainer Bonhof (au c.). Mönchengladbach frappe un grand coup.

PREMIER TOUR
LYON (FRA)-Differdange (LUX) 7-0 4-1
NANTES (FRA)-Legia Varsovie (POL) 2-2 1-0
RAPID V. (AUT)-Aris Salonique (GRE) 3-1 0-1
HAMBOURG (RFA)-Bohemians Dublin (IRL) 3-0 1-0
FC Tirol (AUT)-M'GLADBACH (RFA) 2-1 0-3
FC COLOGNE (RFA)-Kokkola (FIN) 5-1 4-1
Sturm Graz (AUT)-ANTWERP (BEL) 2-1 0-1
Boluspor (TUR)-DINAMO BUC. (ROU) 0-1 0-3
Tarnovo (BUL)-INTER MILAN (ITA) 0-0 0-3
Gornik Zabrze (POL)-PARTIZAN (YOU) 2-2 0-3
Spartak Moscou (URS)-V. MOSTAR (YOU) 3-1 0-2
Kristiansand (NOR)-DJURGARDEN (SUE) 1-2 1-5
Lok. Plovdiv (BUL)-RABA ETO (HON) (8-9 tab) 3-1 1-3
Setubal (POR)-SARAGOSSE (ESP) 1-1 0-4
Besiktas (TUR)-BRASOV (ROU) 2-0 0-3
Rosenborg (NOR)-HIBERNIAN (ECO) 2-3 1-9
Randers (DAN)-DRESDE (RDA) 1-1 0-0
Öster Växjö (SUE)-DIN. MOSCOU (URS) 3-2 1-2
Valur Reykjavik (ISL)-PORTADOWN (ILN) 0-0 1-2
DERBY (ANG)-Servette Genève (SUI) 4-1 2-1
DUKLA P. (TCH)-Pezo. Larnaca (CHY) Larnaca forfait
Ipswich (ANG)-FC TWENTE (HOL) 2-2 1-1
Stoke (ANG)-AJAX (HOL) 1-1 0-0
MOLENBEEK (BEL)-Dundee FC (ECO) 1-0 4-2
FC AMST. (HOL)-Hibernians Valette (MLT) 5-0 7-0
GRASSHOPPER (SUI)-Panathinaïkos (GRE) 2-0 1-2
Real Sociedad (ESP)-OSTRAVA (TCH) 0-1 0-4
Torino (ITA)-DÜSSELDORF (RFA) 1-1 1-3
NAPLES (ITA)-Videoton (HON) 2-0 1-1
Vorwärts Franc. (RDA)-JUVENTUS (ITA) 2-1 0-3
FC PORTO (POR)-Wolverhampton (ANG) 4-1 1-3
KB Copenhague (DAN)-ATLETICO (ESP) 3-2 0-4

SECOND TOUR
MÖNCHENGLADBACH-Lyon 1-0 5-2
Nantes-OSTRAVA (ap) 1-0 0-2
Inter Milan-FC AMSTERDAM 1-2 0-0
Dinamo Bucarest-FC COLOGNE 1-1 2-3
DRESDE-Dinamo Moscou (4-3 tab) 1-0 0-1
Raba Eto-DÜSSELDORF 2-0 0-3
Djurgarden-DUKLA PRAGUE 0-2 1-3
FC TWENTE-Molenbeek 2-1 1-0
AJAX-Antwerp 1-0 1-2
DERBY-Atletico Madrid (7-6 tab) 2-2 2-2
Rapid Vienne-VELEZ MOSTAR 1-1 0-1
NAPLES-FC Porto 1-0 1-0
Grasshopper Zurich-SARAGOSSE 2-1 0-5
PARTIZAN BELGRADE-Portadown 5-0 1-1
Hibernian-JUVENTUS 2-4 0-4
HAMBOURG-Brasov 8-0 2-1

HUITIÈMES DE FINALE
MÖNCHENGLADBACH-Saragosse 5-0 4-2
FC AMSTERDAM-Düsseldorf 3-0 2-1
Partizan Belgrade-FC COLOGNE 1-0 1-5
Naples-OSTRAVA 0-2 1-1
HAMBOURG-Dresde 4-1 2-2
Dukla Prague-FC TWENTE 3-1 0-5
Derby County-VELEZ MOSTAR 3-1 1-4
JUVENTUS-Ajax 1-0 1-2

QUARTS DE FINALE
Banik Ostrava-MÖNCHENGLADBACH 0-1 1-3
FC COLOGNE-FC Amsterdam 5-1 3-2
JUVENTUS-Hambourg 2-0 0-0
Velez Mostar-FC TWENTE 1-0 0-2

DEMI-FINALES
FC TWENTE-Juventus 3-1 1-0
FC Cologne-MÖNCHENGLADBACH 1-3 0-1

FINALE ALLER
7 mai 1975 à Düsseldorf (ALL), Rheinstadion.
MÖNCHENGLADBACH - Twente : 0-0.
42 000 spectateurs. Arbitre : M. Palotai (HON).
M'GLADBACH : Kleff - Wittkamp, Stielike, Vogts, Surau - Bonhof, Wimmer, Danner (Del'Haye, 75e), Kulik (Schaffer, 78e) - Simonsen, Jensen. **Entr. :** Weisweiler.
TWENTE : Gross - Drost, van Ierssel, Overweg, Oranen - F. Thijssen, Pahlplatz, Van der Vall, Bos - Jeuring (Achterberg, 86e), Zuidema. **Entr. :** Kohn.

FINALE RETOUR
21 mai 1975 à Enschede (HOL), Diekman.
Twente - M'GLADBACH : 1-5 (0-2).
21 000 spectateurs. Arbitre : M. Schiller (AUT).
Buts : Simonsen (2e, 86e sp), Heynckes (9e, 50e, 60e) pour M'gladbach ; Drost (76e) pour Twente.
TWENTE : Gross - Drost, Van Ierssel, Overweg, Oranen - Bos (G. Mühren, 53e), F. Thijssen, Pahlplatz (Achterberg, 75e), Van der Vall - Jeuring, Zuidema. **Entr. :** Kohn.
M'GLADBACH : Kleff - Wittkamp, Vogts, Surau (Schaffer, 13e), Klinkhammer - Bonhof, Wimmer (Koppel, 75e), Danner - Simonsen, Jensen, Heynckes. **Entr. :** Weisweiler.

Meilleur buteur de la compétition :
Heynckes (Mönchengladbach), 11 buts.

1975-76

C1 BAYERN MUNICH

PREMIER TOUR
Olympiakos (GRE)-DYNAMO KIEV (URS) *2-2 0-1
*à Salonique.
BENFICA (POR)-Fenerbahçe (TUR) 7-0 *0-1
*à Izmir.
MALMÖ (SUE)-Magdebourg (RDA) (2-1 tab) 2-1 1-2
Floriana Valette (MLT)-HAJDUK (YOU) 0-5 0-3
KB Copenhague (DAN)-ST-ÉTIENNE (FRA) 0-2 1-3
UJPEST DOSZA (HON)-FC Zurich (SUI) 4-0 1-5
Omonia Nicosie (CHY)-IA AKRANES (ISL) 2-1 0-4
Slovan Bratislava (TCH)-DERBY (ANG) 1-0 0-3
Jeunesse Esch (LUX)-BAYERN (RFA) 0-5 1-3
CSKA Sofia (BUL)-JUVENTUS (ITA) 2-1 0-2
Linfield (ILN)-PSV EINDHOVEN (HOL) 1-2 0-8
MOLENBEEK (BEL)-Stavanger (NOR) 3-2 1-0
CHORZOW (POL)-Kuopio (FIN) 5-0 *2-2
*à Mikkeli.
M'GLADBACH (RFA)-FC Tirol (AUT) 1-1 6-1
REAL (ESP)-Dinamo Bucarest (ROU) 4-1 0-1
RANGERS (ECO)-Bohemians Dublin (IRL) 4-1 1-1

HUITIÈMES DE FINALE
BENFICA-Ujpest Dosza 5-2 1-3
MÖNCHENGLADBACH-Juventus 2-0 2-2
SAINT-ÉTIENNE-Rangers 2-0 2-1
DYNAMO KIEV-IA Akranes 3-0 2-0
Ruch Chorzow-PSV EINDHOVEN 1-3 0-4
Derby County-REAL MADRID (ap) 4-1 1-5
Malmö FF-BAYERN MUNICH 1-0 0-2
HAJDUK SPLIT-Molenbeek 4-0 3-2

QUARTS DE FINALE
Benfica-BAYERN MUNICH 0-0 1-5
Mönchengladbach-REAL MADRID *2-2 1-1
*à Düsseldorf.
Dynamo Kiev-SAINT-ÉTIENNE (ap) *2-0 0-3
*à Simféropol.
Hajduk Split-PSV EINDHOVEN (ap) 2-0 0-3

DEMI-FINALES
SAINT-ÉTIENNE-PSV Eindhoven 1-0 0-0
Real Madrid-BAYERN MUNICH 1-1 0-2

FINALE
12 mai 1976 à Glasgow (ECO), Hampden Park.
BAYERN MUNICH - St-Étienne : 1-0 (0-0).
54 684 spectateurs. Arbitre : M. Palotai (HON).
But : Roth (57e).
BAYERN : Maier - J. Hansen, Schwarzenbeck, Beckenbauer, Horsmann - Dürnberger, Roth, Kapellmann - K.-H. Rummenigge, G. Müller, U. Hoeness. **Entr. :** Cramer.
SAINT-ÉTIENNE : Curkovic - **Janvion**, Piazza, **Lopez**, **Repellini** - **Bathenay**, **Larqué**, **Santini** - **H. Revelli**, **P. Revelli**, **Sarramagna** (**Rocheteau**, 82e). **Entr. :** **Herbin**.

Meilleur buteur de la compétition :
Heynckes (Mönchengladbach), 6 buts.

C2 RSC ANDERLECHT

PREMIER TOUR
WREXHAM (GAL)-Djurgärden (SUE) 2-1 1-1
Home Farm Dublin (IRL)-LENS (FRA) 1-1 0-6
A. EREVAN (URS)-Anor. Famagouste (CHY) 9-0 *1-1
*à Nicosie.
Panathinaïkos (GRE)-ZWICKAU (RDA) *0-0 0-2
*à Patrai.
EINTR. FRANCFORT (RFA)-Coleraine (IRL) 5-1 6-2
Valur Reykjavik (ISL)-CELTIC (ECO) 0-2 0-7
Vejle (DAN)-LA HAYE (HOL) 0-2 0-2
Reipas Lahti (FIN)-WEST HAM (ANG) 2-2 0-3
Rapid Buc. (ROU)-ANDERLECHT (BEL) 1-0 0-2
STURM GRAZ (AUT)-Slavia Sofia (BUL) 3-1 0-1
HALADAS SZ. (HON)-FC La Valette (MLT) 7-0 1-1
Trnava (TCH)-BOAVISTA (POR) 0-0 0-3
BANJA LUKA (YOU)-Rumelange (LUX) 9-0 *5-1
*à Esch.

C1 1975-76 **BAYERN MUNICH : Kappelmann, Robl, U. Hoeness, K.-H. Rummenigge, Weiss, Zobel, Horsmann, Dürnberger, G. Müller, Roth, Schwarzenbeck, Hansen, Maier, Beckenbauer.**

Skeid Oslo (NOR)-RZESZOW (POL) 1-4 0-4
Bâle (SUI)-ATLETICO MADRID (ESP) 1-2 1-1
Besiktas (TUR)-FIORENTINA (ITA) 0-3 0-3

HUITIÈMES DE FINALE
Atletico Madrid-EINTR. FRANCFORT 1-2 0-1
Boavista-CELTIC 0-0 1-3
LA HAYE-Lens 3-2 3-1
WREXHAM-Rzeszow 2-0 1-1
Fiorentina-ZWICKAU (4-5 tab) 1-0 0-1
ANDERLECHT-Banja Luka 3-0 0-1
Ararat Erevan-WEST HAM 1-1 1-3
STURM GRAZ-Haladas Szombathely 2-0 1-1

QUARTS DE FINALE
La Haye-WEST HAM 4-2 1-3
ANDERLECHT-Wrexham 1-0 1-1
Celtic Glasgow-ZWICKAU 1-1 0-1
Sturm Graz-EINTR. FRANCFORT 0-2 0-1

DEMI-FINALES
Zwickau-ANDERLECHT 0-3 0-2
Eintracht Francfort-WEST HAM 2-1 1-3

FINALE
5 mai 1976 à Bruxelles (BEL), Heysel.
ANDERLECHT - West Ham : 4-2 (1-1).
51 296 spectateurs. Arbitre : M. **Wurtz** (FRA).
Buts : Holland (28e), Robson (69e) pour West Ham ; Rensenbrink (43e, 73e sp), F. Van der Elst (48e, 88e) pour Anderlecht.
ANDERLECHT : Ruiter - Lomme, Van Binst, Broos, Thissen - F. Van der Elst, Haan, Coeck (Vercauteren, 32e), Dockx - Ressel, Rensenbrink. **Entr. :** Croon.
WEST HAM : Day - Coleman, T. Taylor, Bonds, Lampard (A. Taylor, 47e) - Holland, McDowell, Paddon, Brooking - W. Jennings, K. Robson. **Entr. :** Greenwood.

Meilleur buteur de la compétition :
Rensenbrink (Anderlecht), 8 buts.

C3 LIVERPOOL

En égalisant au retour sur le terrain de Bruges, Kevin Keegan (n° 7) donne la C3 aux Reds.

PREMIER TOUR
Lyon (FRA)-FC BRUGES (BEL) 4-3 0-3
C.Z. IÉNA (RDA)-Marseille (FRA) 3-0 1-0
Feyenoord (HOL)-IPSWICH (ANG) 1-2 0-2
PAOK Salonique (GRE)-BARCELONE (ESP) 1-0 1-6
Odessa (URS)-LAZIO (ITA) (ap) 1-0 0-3
Everton (ANG)-MILAN AC (ITA) 0-0 0-1
INTER BRATIS. (TCH)-Saragosse (ESP) 5-0 3-2
Glentoran (ILN)-AJAX (HOL) 1-6 0-8
Young Boys B. (SUI)-HAMBOURG (RFA) 0-0 2-4
Holbaek (DAN)-MIELEC (POL) 0-1 1-2
GAIS Göteborg (SUE)-WROCLAW (POL) 2-1 2-4
LEVSKI SOFIA (BUL)-Eskisehirspor (TUR) 3-0 4-1
AS ROME (ITA)-Dunav Ruse (BUL) 2-0 0-1
TORPEDO MOSCOU (URS)-Naples (ITA) 4-1 1-1
Vöest Linz (AUT)-VASAS BUDAPEST (HON) 2-0 0-4
Tirgu Mures (ROU)-DRESDE (RDA) 2-2 1-4
HERTHA B. (RDA)-HJK Helsinki (FIN) 4-1 2-1
Bohemians Prague (TCH)-HONVED (HON) 1-2 1-1
AIK Stockholm (SUE)-SPARTAK M. (URS) 1-1 0-1
Rapid Vienne (AUT)-GALATASARAY (TUR) 1-0 1-3
Univ. Craiova (ROU)-ÉTOILE ROUGE (YOU) 1-3 1-1
Novi Sad (YOU)-AEK ATHÈNES (GRE) 0-0 1-3
Molde FK (NOR)-ÖSTER VÄXJÖ (SUE) 1-0 0-6
DUISBOURG (RFA)-P. Famagouste (CHY) 7-1 3-2
Keflavik (ISL)-DUNDEE UNITED (ECO) 0-2 0-4
Hibernian (ECO)-LIVERPOOL (ANG) 1-0 1-3
FC PORTO (POR)-Beggen (LUX) 7-0 3-0
Grasshopper (SUI)-REAL SOCIEDAD (ESP) 3-3 1-1
ANTWERP (BEL)-Aston Villa (ANG) 4-1 1-0
ATHLONE (IRL)-Valerengen (NOR) 3-1 1-1
COLOGNE (RFA)-B 1903 Cop. (DAN) (ap) 2-0 3-2
Sliema (MLT)-SPORTING (POR) 1-2 1-3

SECOND TOUR
Duisbourg-LEVSKI SOFIA 3-2 1-2
Athlone-MILAN AC 0-0 0-3
Carl Zeiss Iéna-MIELEC (2-3 tab) 1-0 0-1
Dundee United-FC PORTO 1-2 1-1
Galatasaray-TORPEDO MOSCOU 2-4 0-3
Hertha Berlin-AJAX 1-0 1-4
Honved Budapest-DRESDE 2-2 0-1
INTER BRATISLAVA-AEK Athènes 2-0 1-3
Ipswich-FC BRUGES 3-0 0-4
SPARTAK MOSCOU-FC Cologne 2-0 1-0
Öster Växjö-AS ROME 1-0 0-2
Real Sociedad-LIVERPOOL 1-3 0-6
Étoile Rouge-HAMBOURG 1-1 0-4
WROCLAW-Antwerp 1-1 2-1
VASAS BUDAPEST-Sporting 3-1 1-2
Lazio-FC BARCELONE 0-3 0-4

HUITIÈMES DE FINALE
Wroclaw-LIVERPOOL 1-2 0-3
Inter Bratislava-MIELEC 1-0 0-2
FC BRUGES-AS Rome 1-0 1-0
Ajax-LEVSKI SOFIA (3-5 tab) 2-1 1-2
DRESDE-Torpedo Moscou 3-0 *1-3
*à Simféropol.
MILAN AC-Spartak Moscou 4-0 *0-2
*à Soczi.
FC BARCELONE-Vasas Budapest 3-1 1-0
HAMBOURG-FC Porto 2-0 1-2

QUARTS DE FINALE
FC BRUGES-Milan AC 2-0 1-2
FC BARCELONE-Levski Sofia 4-0 4-5
Dresde-LIVERPOOL 0-0 1-2
HAMBOURG-Mielec 1-1 1-0

DEMI-FINALES
FC Barcelone-LIVERPOOL 0-1 1-1
Hambourg-FC BRUGES 1-1 0-1

FINALE ALLER
28 avril 1976 à Liverpool (ANG), Anfield.
LIVERPOOL - FC Bruges : 3-2 (0-2).
49 000 spectateurs. Arbitre : M. Biwersi (AUT).

Buts : Lambert (5e), Cools (15e) pour Bruges ; Kennedy (59e), Case (61e), Keegan (65e sp) pour Liverpool.
LIVERPOOL : Clemence - T. Smith, Neal, Thompson, E. Hughes - Keegan, Kennedy, Callaghan - Fairclough, Heighway, Toshack (Case, 46e). Entr. : Paisley.
BRUGES : Jensen - Bastijns, Krieger, Leekens, Volders - Cools, Vandereycken, Decubber - Van Gool, Lambert, Lefèvre. Entr. : Happel.

FINALE RETOUR
19 mai 1976 à Bruges (BEL), Olympiastadion.
FC Bruges - LIVERPOOL : 1-1 (1-1).
32 000 spectateurs. Arbitre : M. Glöckner (RDA).
Buts : Lambert (11e) pour le FC Bruges ; Keegan (15e) pour Liverpool.
BRUGES : Jensen - Bastijns, Krieger, Leekens, Volders - Cools, Vandereycken, Decubber (Hinderyckx, 68e) - Van Gool, Lambert (Sanders, 75e), Lefèvre. Entr. : Happel.
LIVERPOOL : Clemence - T. Smith, Neal, Thompson, E. Hughes - Keegan, Kennedy, Callaghan - Case, Heighway, Toshack (Fairclough, 62e). Entr. : Paisley.

Meilleur buteur de la compétition :
Geels (Ajax), 11 buts.

1976-77

C1 LIVERPOOL

PREMIER TOUR
FC BRUGES (BEL)-Steaua Bucarest (ROU)	2-1	1-1
Omonia Nicosie (CHY)-PAOK SAL. (GRE)	0-2	1-1
TORINO (ITA)-Malmö FF (SUE)	2-1	1-1
CSKA Sofia (BUL)-SAINT-ÉTIENNE (FRA)	0-0	0-1
Köge (DAN)-BAYERN (RFA) *à Copenhague.	*0-5	1-2
Dundalk (IRL)-PSV EINDHOVEN (HOL)	1-1	0-6
IA Akranes (ISL)-TRABZONSPOR (TUR) *à Reykjavik.	*1-3	2-3
Rangers (ECO)-FC ZURICH (SUI)	1-1	0-1
Mielec (POL)-REAL MADRID (ESP) *à Valence.	1-2	*0-1
DYNAMO KIEV (URS)-Partizan Bel.(YOU)	3-0	2-0
LIVERPOOL (ANG)-Crusaders (ILN)	2-0	5-0
DRESDE (RDA)-Benfica (POR)	2-0	0-0
FERENCVA. (HON)-Jeunesse Esch (LUX)	5-1	6-2
Austria Vienne (AUT)-M'GLADBACH (RFA)	1-0	0-3
Sliema (MLT)-TURKU (FIN)	2-1	0-1
Stavanger (NOR)-B. OSTRAVA (TCH)	2-1	0-2

HUITIÈMES DE FINALE
SAINT-ÉTIENNE-PSV Eindhoven	1-0	0-0
Torino-MÖNCHENGLADBACH *à Düsseldorf.	1-2	*0-0
DYNAMO KIEV-PAOK Salonique	4-0	2-0
Ferencvaros-DRESDE	1-0	0-4
Banik Ostrava-BAYERN MUNICH	2-1	0-5
FC ZURICH-Turku	2-0	1-0
Real Madrid-FC BRUGES *à Malaga.	*0-0	0-2
Trabzonspor-LIVERPOOL	1-0	0-3

QUARTS DE FINALE
Saint-Étienne-LIVERPOOL	1-0	1-3
MÖNCHENGLADBACH-FC Bruges *à Düsseldorf.	*2-2	1-0
FC ZURICH-Dresde	2-1	2-3
Bayern Munich-DYNAMO KIEV	1-0	0-2

DEMI-FINALES
Dynamo Kiev-MÖNCHENGLADBACH *à Düsseldorf.	1-0	*0-2
FC Zurich-LIVERPOOL	1-3	0-3

FINALE
25 mai 1977 à Rome, stade Olympique.
LIVERPOOL - M'gladbach : 3-1 (1-0).
58 000 spectateurs. Arbitre : M. Wurtz (FRA).
Buts : McDermott (28e), T. Smith (65e), Neal (83e) pour Liverpool ; Simonsen (51e) pour Mönchengladbach.
LIVERPOOL : Clemence - Neal, T. Smith, E. Hughes, Jones - Case, McDermott, R. Kennedy - Keegan, Heighway, Callaghan. Entr. : Paisley.
M'GLADBACH : Kneib - Vogts, Wittkamp, F. Schäffer, Klinkhamer - Bonhof, Wohlers (Hannes, 79e), Stielike, Wimmer (Kulik, 24e) - Simonsen, Heynckes. Entr. : Lattek.

Meilleurs buteurs de la compétition :
Cucinotta (FC Zurich), G. Müller (Bayern Munich), 5 buts.

C1 1976-77 LIVERPOOL : Tour d'honneur endiablé pour Ray Kennedy (2e à g.), Emlyn Hugues (3e à g.) et Jimmy Case qui tiennent la coupe, ainsi que pour Phil Neal (à l'ext. dr.).

C2 HAMBOURG SV

Le tacle offensif du Hambourgeois Willi Reimann (à g.) met au supplice la défense d'Anderlecht.

TOUR PRÉLIMINAIRE
CARDIFF C. (GAL)-Servette Genève (SUI)	1-0	1-2

PREMIER TOUR
Cardiff City-DYNAMO TBILISSI (URS)	1-0	0-3
HAMBOURG (RFA)-Keflavik (ISL) *à Reykjavik.	3-0	*1-1
SOUTHAMPTON (ANG)-Marseille (FRA)	4-0	1-2
Rapid Vienne (AUT)-ATLETICO M. (ESP)	1-2	1-1
Galati (ROU)-BOAVISTA (POR)	2-3	0-2
Lok. Leipzig (RDA)-HEARTS (ECO)	2-0	1-5
AIK Stockh. (SUE)-GALATASA. (TUR)	1-2	1-1
Lierse (BEL)-HAJDUK SPLIT (YOU)	1-0	0-3
ANDERLECHT (BEL)-Roda JC (HOL)	2-1	3-2
CARRICK (ILN)-Bonnevoie (LUX)	3-1	1-2
Iraklis Salonique (GRE)-APOEL N. (CHY)	0-0	0-2
BOHEMIANS D. (IRL)-Esbjerg (DAN)	2-1	1-0
Floriana Valette (MLT)-WROCLAW (POL)	1-4	0-2
Bodo/Glimt (NOR)-NAPLES (ITA)	0-2	0-1
MTK BUD. (HON)-Sparta Prague (TCH)	3-1	1-1
LEVSKI SOFIA (BUL)-Reipas Lahti (FIN) *à Helsinki.	12-2	*7-1

HUITIÈMES DE FINALE
ANDERLECHT-Galatasaray	5-1	5-1
Boavista-LEVSKI SOFIA	3-1	0-2
ATLETICO MADRID-Hajduk Split	1-0	2-1
Apoel Nicosie-NAPLES	1-1	0-2
Carrick-SOUTHAMPTON	2-5	1-4
WROCLAW-Bohemians Dublin	3-0	1-0
Dynamo Tbilissi-MTK BUDAPEST	1-4	0-1
HAMBOURG-Hearts of Midlothian	4-2	4-1

QUARTS DE FINALE
Levski Sofia-ATLETICO MADRID	2-1	0-2
ANDERLECHT-Southampton	2-0	1-2
MTK Budapest-HAMBOURG	1-1	1-4
Wroclaw-NAPLES	0-0	0-2

DEMI-FINALES
Atletico Madrid-HAMBOURG	3-1	0-3
Naples-ANDERLECHT	1-0	0-2

FINALE
11 mai 1977 à Amsterdam (HOL), stade Olympique.
HAMBOURG - Anderlecht : 2-0 (0-0).
58 000 spectateurs. Arbitre : M. Partridge (ANG).
Buts : Volkert (80e sp), Magath (90e).
HAMBOURG : Kargus - Kaltz, Nogly, Hidien, Memering - Ripp, Keller, Magath - Steffenhagen, Reimann, Volkert. Entr. : Klötzer.
ANDERLECHT : Ruiter - Van Binst, Broos, Van den Daele, Thissen - F. Van der Elst, Haan, Coeck, Dockx (Van Poucke, 81e) - Ressel, Rensenbrink. Entr. : Goethals.

Meilleur buteur de la compétition :
Milanov (Levski Sofia), 13 buts.

C3 JUVENTUS TURIN

PREMIER TOUR
ESPANYOL (ESP)-Nice (FRA)	3-1	1-2
HIBERNIAN (ECO)-Sochaux (FRA)	1-0	0-0
Dinamo Bucarest (ROU)-MILAN AC (ITA)	0-0	1-2
Kuopio (FIN)-ÖSTER VÄXJÖ (SUE)	3-2	0-2
Tirgu Mures (ROU)-DYNAMO ZAG. (YOU)	0-1	0-3
Magdebourg (RDA)-CESENA (ITA)	3-0	1-3
CH. DONETSK (URS)-Dynamo Berlin (RDA)	3-0	1-1
Fenerbahçe (TUR)-VIDEOTON (HON)	2-1	0-4
SPORTUL BUC. (ROU)-Olympiakos (GRE)	3-0	1-2
Ujpest Dosza (HON)-BILBAO (ESP)	1-0	0-5
Slavia Prague (TCH)-AKAD. S. (BUL) (ap)	2-0	0-3
AEK Athènes (GRE)-DYN. MOS. (URS) (ap)	2-0	1-2
SV SALZBOURG (AUT)-Adanaspor (TUR)	5-0	0-2
FC TIROL (AUT)-Kristiansand (NOR)	2-1	5-0
Naestved (DAN)-MOLENBEEK (BEL)	0-3	0-4
Manchester City (ANG)-JUVENTUS (ITA)	1-0	0-2
QPR (ANG)-Brann Bergen (NOR)	4-0	7-0
BRUNSWICK (RFA)-Holbaek (DAN)	7-0	0-1
Differdange (LUX)-LOKEREN (BEL)	0-3	1-3
DERBY COUNTY (ANG)-Harps (IRL)	12-0	4-1
FC COLOGNE (RFA)-Tychy (POL) *à Katowice.	2-0	*1-1
Ajax (HOL)-MANCH. UNITED (ANG)	1-0	0-2
Inter Milan (ITA)-HONVED BUD. (HON)	0-1	1-1
Celtic (ECO)-WISLA CRACOVIE (POL)	2-2	0-2
FEYENOORD (HOL)-Djurgärden (SUE)	3-0	1-2
Fram Reykjavik (ISL)-SLOVAN BRAT. (TCH)	0-3	0-5
Para. Famagouste (CHY)-K'LAUTERN (RFA)	1-3	0-8
Glentoran (ILN)-FC BÂLE (SUI)	3-2	0-3
FC Porto (POR)-SCHALKE 04 (RFA) *à Lisbonne.	*2-2	2-3
Belenenses (POR)-BARCELONE (ESP)	2-2	2-3
Lok. Plovdiv (BUL)-ÉTOILE ROUGE (YOU)	2-1	1-4
GRASSHOP. (SUI)-Hibernians Val. (MLT)	7-0	2-0

SECOND TOUR
FC Bâle-BILBAO	1-1	1-3
Slovan Bratislava-QUEEN'S PARK R.	3-3	2-5
Wisla Cracovie-MOLENBEEK (4-5 tab)	1-1	1-1
MAGDEBOURG-Dynamo Zagreb	2-0	2-2
Akademik Sofia-MILAN AC	4-3	0-2
FC BARCELONE-Lokeren	2-0	1-2
AEK ATHÈNES-Derby County	2-0	3-2
SV Salzbourg-ÉTOILE ROUGE	2-1	0-1
Hibernian-ÖSTER VÄXJÖ	2-0	1-4
Manchester United-JUVENTUS	1-0	0-3
CHAKHTIOR DONETSK-Honved Budapest	3-0	3-2
Sportul Bucarest-SCHALKE 04	0-1	0-4
FC Tirol-VIDEOTON	1-1	0-1
Brunswick-ESPANYOL	2-1	0-2
FC COLOGNE-Grasshopper Zurich	2-0	3-2
Kaiserslautern-FEYENOORD	2-2	0-5

HUITIÈMES DE FINALE
BILBAO-Milan AC	4-1	1-3
JUVENTUS-Chakhtior Donetsk	3-0	0-1
Espanyol-FEYENOORD	0-1	0-2
Öster Växjö-FC BARCELONE	0-3	1-5
QUEEN'S PARK RANGERS-FC Cologne	3-0	1-4
MOLENBEEK-Schalke 04	1-0	1-1
MAGDEBOURG-Videoton	5-0	0-1
AEK ATHÈNES-Étoile Rouge Belgrade	2-0	1-3

QUARTS DE FINALE
Feyenoord-MOLENBEEK	0-0	1-2
BILBAO-FC Barcelone	2-1	2-2
Magdebourg-JUVENTUS	1-3	0-1
Queen's Park Rangers-AEK ATHÈNES (6-7 tab)	3-0	0-3

DEMI-FINALES
JUVENTUS-AEK Athènes	4-1	1-0
Molenbeek -BILBAO	1-1	0-0

FINALE ALLER
5 mai 1977 à Turin (ITA), stadio Comunale.
JUVENTUS - Athletic Bilbao : 1-0 (1-0).
75 000 spectateurs. Arbitre : M. Corver (HOL).
But : Tardelli (15e).
JUVENTUS : Zoff - Cuccureddu, Gentile, Scirea, Morini - Tardelli, Furino, Benetti - Causio, Boninsegna (Gori, 39e), Bettega. Entr. : Trapattoni.
BILBAO : Iribar - Quaderra, Escalza, Goicoechea, Guisasola - Villar, Irureta, Rojo II, Churruca - Dani, Rojo I. Entr. : Aguirre.

FINALE RETOUR
18 mai 1977 à Bilbao (ESP), San Mamés.
Athletic Bilbao - JUVENTUS : 2-1 (1-1).
43 000 spectateurs. Arbitre : M. Linemayr (AUT).
Buts : Bettega (7e) pour la Juventus ; Churruca (11e), Carlos (78e) pour Bilbao.
BILBAO : Iribar - Lasa (Carlos, 63e), Guisasola, Alesanco, Escalza - Villar, Churruca, Irureta - Amarrortu, Dani, Rojo I. Entr. : Aguirre.
JUVENTUS : Zoff - Cuccureddu, Morini, Scirea, Gentile - Causio, Tardelli, Furino, Benetti - Boninsegna (Spinosi, 59e), Bettega. Entr. : Trapattoni.

Meilleur buteur de la compétition :
Bowles (Queen's Park Rangers), 11 buts.

1977-78

C1 LIVERPOOL

PREMIER TOUR
CELTIC (ECO)-Jeunesse Esch (LUX)	5-0	6-1
Dukla Prague (TCH)-NANTES (FRA)	1-1	0-0
DRESDE (RDA)-Halmstad (SUE)	2-0	1-2
Vasas Bud. (HON)-M'GLADBACH (RFA)	0-3	1-1
Lilleström (NOR)-AJAX (HOL) *à Oslo.	*2-0	0-4
Bâle (SUI)-FC TIROL (AUT) *à Salzbourg.	1-3	*1-0
Dinamo Buc. (ROU)-ATLETICO M. (ESP)	2-1	0-2
BENFICA (POR)-Torpedo (URS) (4-1 tab)	0-0	0-0
Omonia Nicosie (CHY)-JUVENTUS (ITA)	0-3	0-2
Kuopio (FIN)-FC BRUGES (BEL)	0-4	2-5
Valur Reykjavik (ISL)-GLENTORAN (ILN)	1-0	0-2
Floriana Valette (MLT)-PANATH. (GRE)	1-1	0-4
Trabzonsport (TUR)-B 1903 COP. (DAN)	1-0	0-2
LEVSKI SOFIA (BUL)-Wroclaw (POL)	3-0	2-2
ÉTOILE ROUGE (YOU)-Sligo (IRL)	3-0	3-0

Exempt : Liverpool (ANG).

HUITIÈMES DE FINALE
FC BRUGES-Panathinaïkos	2-0	0-1
BENFICA-B 1903 Copenhague	1-0	1-0
Nantes-ATLETICO MADRID	1-1	1-2
LIVERPOOL-Dresde	5-1	1-2
Levski Sofia-AJAX	1-2	1-2
Étoile Rouge Belgrade-M'GLADBACH	0-3	1-5
Celtic-FC TIROL *à Salzbourg.	2-1	*0-3
Glentoran-JUVENTUS	0-1	0-5

QUARTS DE FINALE
Ajax-JUVENTUS (0-3 tab)	1-1	1-1
Benfica-LIVERPOOL	1-2	1-4
FC BRUGES-Atletico Madrid	2-0	2-3
FC Tirol-MÖNCHENGLADBACH	3-1	0-2

DEMI-FINALES
Juventus-FC BRUGES (ap)	1-0	0-2
Mönchengladbach-LIVERPOOL	2-1	0-3

C1 1977-78 **LIVERPOOL** : **Phil Neal (à g.) et son gardien Ray Clemence soulèvent ce deuxième trophée d'affilée, qui fait le bonheur des Reds et de leurs supporters.**

FINALE

10 mai 1978 à Londres (ANG), Wembley.
LIVERPOOL - FC Bruges : 1-0 (0-0).
92 000 spectateurs. Arbitre : M. Corver (HOL).
But : Dalglish (64e).
LIVERPOOL : Clemence - Neal, Thompson, A. Hansen, E. Hughes - Case (Heighway, 63e), McDermott, R. Kennedy - Dalglish, Fairclough, Souness. Entr. : Paisley.
BRUGES : Jensen - Bastijns, Leekens, Krieger, Maes (Volders, 70e) - Cools, Van der Eycken, Kü (Sanders, 60e), De Cubber - Simoen, Sörensen. Entr. : Happel.

Meilleur buteur de la compétition :
Simonsen (Mönchengladbach), 5 buts.

C2 RSC ANDERLECHT

TOUR PRÉLIMINAIRE

RANGERS (ECO)-Young Boys (SUI)	1-0	2-2

PREMIER TOUR

Saint-Étienne (FRA)-MAN. UNITED (ANG)	1-1*	0-2
*à Plymouth.		
FC Cologne (RFA)-FC PORTO (POR)	2-2*	0-1
*à Coimbra.		
Glasgow Rangers-TWENTE (HOL)	0-0	0-3
Lokomotiv Sofia (BUL)-ANDERL. (BEL)	1-6	0-2
PAOK SAL. (GRE)-Sosnowiec (POL)	2-0	2-0
BETIS SÉVILLE (ESP)-Milan AC (ITA)	2-0	1-2
HAMBOURG (RFA)-Reipas Lahti (FIN)	8-1	5-2
Dundalk (IRL)-HAJDUK SPLIT (YOU)	1-0	0-4
Coleraine (ILN)-LOKO. LEIPZIG (RDA)	1-4	2-2
Cardiff City (GAL)-AUSTRIA VIENNE (AUT)	0-0	0-1
Besiktas (TUR)-DIOSGYÖR (HON)	2-0	0-5
Niedercorn (LUX)-VEJLE (DAN)	*0-1	0-9
*à Differdange.		
BRANN BERGEN (NOR)-IA Akranes (ISL)	1-0	4-0
LOKO. KOSICE (TCH)-Öster Växjö (SUE)	0-0	2-2
FC Valette (MLT)-DYNAMO MOS. (URS)	0-2	0-5
Olympiakos Nic. (CHY)-U. CRAIOVA (ROU)	1-6	0-2

HUITIÈMES DE FINALE

FC PORTO-Manchester United	4-0	2-5
AUSTRIA VIENNE-Loko. Kosice	0-0	1-1
Diosgyör-HAJDUK SPLIT (3-4 tab)	2-1	1-2
VEJLE-PAOK Salonique	3-0	1-2
DYNAMO MOSCOU-Univ. Craiova (3-0 tab)	2-0	0-2
TWENTE-Brann Bergen	2-0	2-1
Hambourg-ANDERLECHT	1-2	1-1
Lokomotiv Leipzig-BETIS SÉVILLE	1-1	1-2

QUARTS DE FINALE

AUSTRIA V.-Hajduk Split (3-0 tab)	1-1	1-1
Betis Séville-DYNAMO MOSCOU	0-0*	0-3
*à Tbilissi.		
FC Porto-ANDERLECHT	1-0	0-3
Vejle-TWENTE	0-3	0-4

DEMI-FINALES

Dynamo Moscou-AUSTRIA VIENNE (4-5 tab)*	2-1	1-2
*à Tbilissi.		
Twente-ANDERLECHT	0-1	0-2

FINALE

3 mai 1978 à Paris (FRA), Parc des Princes.
ANDERLECHT - Austria Vienne : 4-0 (3-0).
48 679 spectateurs. Arbitre : M. Aldinger (RFA).
Buts : Rensenbrink (13e, 44e), Van Binst (45e, 82e).
ANDERLECHT : De Bree - Van Binst, Dusbaba, Broos, Thissen - F. Van der Elst, Haan, Coeck, Vercauteren (Dockx, 87e) - Nielsen, Rensenbrink. Entr. : Goethals.
AUSTRIA VIENNE : Baumgartner - R. Sara, J. Sara, Obermayer, Baumeister - Daxbacher (Martinez, 60e), Prohaska, Gasselich, Morales (Dragan, 74e) - Parits, Pirkner. Entr. : Stessl.

Meilleurs buteurs de la compétition :
Gritter (Twente), Keller (Hambourg), F. Van der Elst (Anderlecht), 6 buts.

C3 PSV EINDHOVEN

PREMIER TOUR

BASTIA (FRA)-Sporting Portugal (POR)	3-2	2-1
LENS (FRA)-Malmö FF (SUE)	4-1	0-2
FC BARCELONE (ESP)-Steaua Bucarest (ROU)	5-1	3-1
TG DIMITROV (BUL)-Ferencvaros (HON)	3-0	0-2
Fiorentina (ITA)-SCHALKE 04 (RFA)	*0-3	1-2
*sur tapis vert (score initial : 0-0), la Fiorentina ayant aligné un joueur non qualifié.		
Rapid Vienne (AUT)-INTER BRAT. (TCH)	1-0	0-3
Servette Genève (SUI)-BILBAO (ESP)	1-0	0-2
Bohemians D. (IRL)-NEWCASTLE (ANG)	0-0	0-4
ALKMAAR (HOL)-Differdange (LUX)	11-1	5-0
EINTRACHT F. (RFA)-Sliema (MLT)	5-0	0-0
Boavista (POR)-LAZIO (ITA)	1-0	0-5
LAS PALMAS (ESP)-Sloboda Tuzla (YOU)	5-0	3-4
ASTON VILLA (ANG)-Fenerbahçe (TUR)	4-0	2-0
DYNAMO KIEV (URS)-Brunswick (RFA)	1-1	0-0
Dundee United (ECO)-KB COPEN. (DAN)	1-0	0-3
G. ZABRZE (POL)-Valkeakoski (FIN)	5-3	0-0
BAYERN (RFA)-Mjöndalen (NOR)	8-0*	4-0
*à Oslo.		
Molenbeek (BEL)-ABERDEEN (ECO)	0-0	2-1
Manchester City (ANG)-WIDZ. LODZ (POL)	2-2	0-0
Frem Copenh. (DAN)-GRASSHOPPER (SUI)	0-2	1-6
Glenavon (ILN)-PSV EINDHOVEN (HOL)	2-6	0-5
Odra Opole (POL)-MAGDEBOURG (RDA)	1-2	1-1
Landskrona (SUE)-IPSWICH (ANG)	0-1	0-5
KRISTIANSAND (NOR)-Fram Reykj. (ISL)	6-0	2-0
FC ZURICH (SUI)-CSKA Sofia (BUL) (ap)	1-0	1-1
Tirgu Mures (ROU)-AEK ATHÈNES (GRE)	1-0	0-3
TORINO (ITA)-Apoel Nicosie (CHY)	3-0	1-1
STANDARD (BEL)-Slavia Prague (TCH)	1-0	2-3
Linz ASK (AUT)-UJPEST (HON)	3-2	0-7
C.Z. IÉNA (RDA)-Altay Izmir (TUR)	5-1	1-4
Inter Milan (ITA)-DYNAMO TBILISSI (URS)	1-0	0-0
Olympiakos (GRE)-DYNAMO ZAG. (YOU)	3-1	1-5

SECOND TOUR

BASTIA-Newcastle	2-1	3-1
Lazio-LENS (ap)	2-0	0-6
AZ' 67 Alkmaar-FC BARCELONE (1-3 tab)	1-1	1-1
Inter Bratislava-GRASSHOPPER	1-0	1-5
MAGDEBOURG-Schalke 04	4-2	3-1
KB Copenhague-DYNAMO TBILISSI	1-4	1-2
FC Zurich-EINTRACHT FRANCFORT	0-3	3-4
ASTON VILLA-Gornik Zabrze	2-0	1-1
IPSWICH-Las Palmas	1-0	3-3
Kristiansand-BRUNSWICK	1-0	0-4
Molenbeek-C.Z. IÉNA (5-6 tab)	1-1	1-1
Widzew Lodz-PSV EINDHOVEN	3-5	0-1
BAYERN MUNICH-TG Dimitrov	3-0	0-2
Ujpest Dosza-BILBAO (ap)	2-0	0-3
AEK Athènes-STANDARD LIÈGE	2-2	1-4
TORINO-Dynamo Zagreb	3-1	0-1

HUITIÈMES DE FINALE

BASTIA-Torino	2-1	3-2
MAGDEBOURG-Lens	4-0	0-2
Dynamo Tbilissi-GRASSHOPPER	1-0	0-4
C.Z. IÉNA-Standard Liège	2-0	2-1
EINTRACHT FRANC.-Bayern Munich	4-0	2-1
PSV EINDHOVEN-Brunswick	2-0	2-1
Ipswich-FC BARCELONE (1-3 tab)	3-0	0-3
ASTON VILLA-Bilbao	2-0	1-1

QUARTS DE FINALE

BASTIA-Carl Zeiss Iéna	7-2	2-4
Aston Villa-FC BARCELONE	2-2	1-2
Magdebourg-PSV EINDHOVEN	1-0	2-4
Eintracht Francfort-GRASSHOPPER	3-2	0-1

DEMI-FINALES

PSV EINDHOVEN-FC Barcelone	3-0	1-3
Grasshopper Zurich-BASTIA	3-2	0-1

FINALE ALLER

26 avril 1978 à Bastia (FRA), Furiani.
SEC Bastia - PSV EINDHOVEN : 0-0
15 000 spectateurs. Arbitre : M. Maksimovic (YOU).
BASTIA : Hiard - Burkhard, Orlanducci, Guesdon, Cazes - Papi, Lacuesta (Félix, 55e), Larios - Rep, Krimau, Mariot. Entr. : Cahuzac.
PSV : Van Beveren - Van Kraay, Krijgh, Stevens, Brandts, Poortvliet - Van der Kuylen, W. Van de Kerkhof, Deijkers - R. Van de Kerkhof, Lubse. Entr. : Rijvers.

FINALE RETOUR

9 mai 1978 à Eindhoven (HOL), Philips Stadion.
PSV EINDHOVEN - SEC Bastia : 3-0 (1-0).
27 000 spectateurs. Arbitre : M. Rainea (ROU).
Buts : W. Van de Kerkhof (24e), Deijkers (67e), Van der Kuylen (69e).
PSV EINDHOVEN : Van Beveren - Krijgh, Brandts, Van Kraay (Deacy, 79e), Stevens - Poortvliet, W. Van de Kerkhof, Van der Kuylen - R. Van de Kerkhok, Deijkers, Lubse. Entr. : Rijvers.
BASTIA : Hiard (Weller, 75e) - Marchioni, Orlanducci, Guesdon, Cazes - Lacuesta, Larios, Papi - Rep, Krimau, Mariot (De Zerbi, 58e). Entr. : Cahuzac.

Meilleurs buteurs de la compétition :
Deijkers (PSV Eindhoven), Ponte (Grasshopper), 8 buts.

1978-79

C1 NOTTINGHAM FOREST

TOUR PRÉLIMINAIRE

MONACO (FRA)-Steaua Bucarest (ROU)	3-0	0-2

PREMIER TOUR

MALMÖ FF (SUE)-Monaco (FRA)	0-0	1-0
AEK ATHÈNES (GRE)-FC Porto (POR)	6-1	1-4
Juventus (ITA)-RANGERS (ECO)	1-0	0-2
FC Bruges (BEL)-WISLA CRACOVIE (POL)	2-1	1-3
Shkodër (ALB)-AUSTRIA VIENNE (AUT)	2-0	1-4
Linfield (ILN)-LILLESTRÖM (NOR)	0-0*	0-1
*à Oslo.		
ZBR. BRNO (TCH)-Ujpest Dosza (HON)	2-2	2-0
Fenerbahçe (TUR)-PSV EINDHOVEN (HOL)	2-1	1-6
Partizan Bel. (YOU)-DRESDE (RDA) (4-5 tab)	2-0	0-2
Omonia Nic. (CHY)-BOHEMIANS (IRL)	2-1*	0-1
*à Cork.		
Valkeakoski (FIN)-DYNAMO KIEV (URS)	0-1*	1-3
*à Kharkov.		
REAL MADRID (ESP)-Niedercorn (LUX)	5-0*	7-0
*à Differdange.		
FC COLOGNE (RFA)-IA Akranes (ISL)	4-1*	1-1
*à Reykjavik.		
OB Odense (DAN)-LOKOMOTIV S. (BUL)	2-2	1-2
NOTTINGHAM F. (ANG)-Liverpool (ANG)	2-0	0-0
GRASSHOPPER (SUI)-FC La Valette (MLT)	8-0	5-3

HUITIÈMES DE FINALE

Real Madrid-GRASSHOPPER ZURICH	3-1	0-2
Lokomotiv Sofia-FC COLOGNE	0-1	0-4
Zbrojovka Brno-WISLA CRACOVIE	2-2	1-1
AEK Athènes-NOTTINGHAM FOREST	1-2	1-5
AUSTRIA VIENNE-Lilleström	4-1*	0-0
*à Oslo.		
Bohemians Dublin-DRESDE	*0-0	0-6
*à Dundalk.		
GLASGOW RANGERS-PSV Eindhoven	0-0	3-2
Dynamo Kiev-MALMÖ FF	*0-0	0-2
*à Kharkov.		

QUARTS DE FINALE

AUSTRIA VIENNE-Dresde	3-1	0-1
FC COLOGNE-Glasgow Rangers	1-0	1-1
NOTTINGHAM F.-Grasshopper Zurich	4-1	1-1
Wisla Cracovie-MALMÖ FF	2-1	1-4

DEMI-FINALES

Austria Vienne-MALMÖ FF	0-0	0-1
NOTTINGHAM FOREST-FC Cologne	3-3	1-0

FINALE

30 mai 1979 à Munich, stade Olympique.
NOTTINGHAM - Malmö FF : 1-0 (1-0).
58 000 spectateurs. Arbitre : M. Linemayr (AUT).
But : Francis (45e).
NOTTINGHAM FOREST : Shilton - V. Anderson, Lloyd, Burns, F. Clark - McGovern, Francis, Bowyer - Birtles, Woodcock, Robertson. Entr. : Clough.
MALMÖ FF : Möller - R. Andersson, M. Andersson, Jönsson, Erlandsson - Prytz, Tapper (Malmberg, 34e), Ljunberg, Kinvall - Hansson (T. Andersson, 82e), Cervin. Entr. : Houghton.

Meilleur buteur de la compétition :
Sulser (Grasshopper Zurich), 11 buts.

C2 FC BARCELONE

PREMIER TOUR

BARCELONE (ESP)-Chakh. Donetsk (URS)	3-0	1-1
FERENCVAROS (HON)-Kalmar (SUE)	2-0	2-2
BK Copenhague (DAN)-NANCY (FRA)	2-0	0-4

C1 1978-79 **NOTTINGHAM FOREST** : **Anderson (à g.), près de lui Shilton (masqué), McGovern (n° 5), Woodcock (au c.), Burns (à dr.) et leurs partenaires fêtent leur première C1.**

Sporting (POR)-BANIK OSTRAVA (TCH)	0-1	0-1
PAOK Salonique (GRE)-SERVETTE (SUI)	2-0	0-4
Floriana La Valette (MLT)-INTER (ITA)	1-3	0-5
BEVEREN (BEL)-Ballymena (ILN)	3-0	3-0
SHAMROCK (IRL)-Apoel Nicosie (CHY)	0-2	0-1
Univers. Craiova (ROU)-DÜSSELDORF (RFA)	3-4	1-1
Sosnowiec (POL)-FC TIROL (AUT)	2-3	1-1
RIJEKA (YOU)-Wrexham (GAL)	3-0	0-2
Valur Reykjavik (ISL)-MAGDEBOURG (RDA)	1-1	0-4
Dimitrov (BUL)-ABERDEEN (ECO)	3-2	0-3
BODÖ/GLIMT (NOR)-Union Lux. (LUX)	4-1	0-1
AZ' 67 Alkmaar (HOL)-IPSWICH (ANG)	0-0	0-2

Exempt : Anderlecht (BEL).

HUITIÈMES DE FINALE

SERVETTE GENÈVE-**Nancy**	2-1	2-2
INTER MILAN-Bodö/Glimt	5-0	2-1
IPSWICH-FC Tirol	1-0	1-1
Rijeka-BEVEREN	0-0	0-2
Magdebourg-FERENCVAROS	1-0	1-2
DÜSSELDORF-Aberdeen	3-0	0-2
Anderlecht-FC BARCELONE (1-4 tab)	3-0	0-3
BANIK OSTRAVA-Shamrock	3-0	3-1

QUARTS DE FINALE

Magdebourg-BANIK OSTRAVA	2-1	2-4
Inter Milan-BEVEREN	0-0	0-1
Düsseldorf-SERVETTE	0-0	1-1
Ipswich-FC BARCELONE	2-1	0-1

DEMI-FINALES

FC BARCELONE-Beveren	1-0	1-0
DÜSSELDORF-Banik Ostrava	3-1	1-2

FINALE

16 mai 1979 à Bâle (SUI), Sankt Jakob Stadion.
BARCELONE - Düsseldorf : 4-3 ap (2-2, 2-2).
58 500 spectateurs. Arbitre : M. Palotai (HON).
Buts : José Sanchez (5e), Asensi (34e), Rexach (103e), Krankl (111e) pour le FC Barcelone ; T. Allofs (8e), Seel (41e, 114e) pour Düsseldorf.
BARCELONE : Artola - Zuviria, Migueli, Costas (Martinez, 66e), Albaladejo (De La Cruz, 57e) - J. Sanchez, Neeskens, Asensi - Rexach, Krankl, Carrasco. Entr. : Rifé.
DÜSSELDORF : Daniel - Brei (Weikl, 24e), Zewe, G. Zimmermann (Lund, 84e), Balte - Köhnen, Schmitz, T. Allofs - Bommer, K. Allofs, Seel. Entr. : Tippenhauer.

Meilleur buteur de la compétition :
Altobelli (Inter Milan), 6 buts.

C3 BORUSSIA MÖNCHENGLADBACH

Le penalty d'Allan Simonsen face à Stevan Stojanovic assure le succès de « Gladbach ».

PREMIER TOUR

Nantes (FRA)-BENFICA (POR)	0-2	0-0
Elfsborg (SUE)-**STRASBOURG** (FRA)	2-0	1-4
HONVED BUD. (HON)-Adanaspor (TUR)	6-0	2-2
Pezo. Larnaca (CHY)-WROCLAW (POL)	2-2	1-5
Olympiakos (GRE)-LEVSKI S. (BUL) (ap)	2-1	1-3
Vestmannaeyjar (ISL)-GLENTORAN (ILN)	0-0	1-1
BRAGA (POR)-Hibernians Valette (MLT)	5-0	2-3
DUISBOURG (RFA)-Lech Poznan (POL)	5-0	5-2
DUKLA PRAGUE (TCH)-Vicenza (ITA)	1-0	1-1
M'GLADBACH (RFA)-Sturm Graz (AUT)	5-1	2-1
HERTHA BERLIN (RFA)-Trakia Plovdiv (BUL)	0-0	2-1
MILAN AC (ITA)-Lok. Kosice (TCH) (8-7 tab)	1-0	0-1
HIBERNIAN (ECO)-Norrköping (SUE)	3-2	0-0
FC Bâle (SUI)-STUTTGART (RFA)	2-3	1-4
ARSENAL (ANG)-Lokomotiv Leipzig (RDA)	3-0	4-1
GIJON (ESP)-Torino (ITA)	3-0	0-1
Galatasaray (TUR)-WEST BROM. (ANG)	1-3	1-3
HAJDUK S. (YOU)-Rapid Vienne (AUT)	2-0	1-2
Twente (Hol)-MANCHESTER CITY (ANG)	1-1	2-3
Bilbao (ESP)-AJAX (HOL)	2-0	0-3
Jeunesse Esch (LUX)-LAUSANNE (SUI)	0-0	0-2
CSKA Sofia (BUL)-FC VALENCE (ESP)	2-1	1-4
TORPEDO MOS. (URS)-Molde (NOR)	4-0	3-3
Kristiansand (NOR)-ESBJERG (DAN)	0-0	0-1
C.Z. IÉNA (RDA)-Lierse (BEL)	1-0	2-2
Dynamo Berlin (RDA)-ÉTOILE ROUGE (YOU)	5-2	1-4
DYN. TBILISSI (URS)-Naples (ITA)	2-0	1-1
KUOPIO (FIN)-B 1903 Copen. (DAN)	2-1	4-4
ARGES PITESTI (ROU)-Panathinaïkos (GRE)	3-0	2-1
TIMISOARA (ROU)-MTK Budapest (HON)	2-0	1-2
STANDARD (BEL)-Dundee United (ECO)	1-0	0-0
Harps (IRL)-EVERTON (ANG)	5-0	5-0

SECOND TOUR

STRASBOURG-Hibernian	2-0	0-1
Benfica-M'GLADBACH (ap)	0-0	0-2
Everton-DUKLA PRAGUE	2-1	0-1
Torpedo Moscou-STUTTGART	2-1	0-2
Vestmannaeyjar-WROCLAW	0-2	1-2
Carl Zeiss Iéna-DUISBOURG (ap)	0-0	0-3
AJAX-Lausanne	1-0	4-0
Hajduk Split-ARSENAL	2-1	0-1
Braga-WEST BROMWICH ALBION	0-2	0-1
MANCHETER CITY-Standard Liège	4-0	0-2
Kuopio-ESBJERG	0-2	1-4
Arges Pitesti-FC VALENCE	2-1	2-5
HERTHA BERLIN-Dynamo Tbilissi	2-0	0-1
Gijon-ÉTOILE ROUGE	0-1	1-1
Levski Sofia-MILAN AC	1-1	0-3
HONVED BUDAPEST-Timisoara	4-0	0-2

HUITIÈMES DE FINALE

Strasbourg-DUISBOURG	0-0	0-4
M'GLADBACH-Wroclaw	1-1	4-2
Esbjerg-HERTHA BERLIN	2-1	0-4
Milan AC-MANCHESTER CITY	2-2	0-3
HONVED BUDAPEST-Ajax	4-1	0-2
Stuttgart-DUKLA PRAGUE	4-1	0-4
Valence-WEST BROMWICH ALBION	1-1	0-2
ÉTOILE ROUGE BELGRADE-Arsenal	1-0	1-1

QUARTS DE FINALE

Manchester City-M'GLADBACH	1-1	1-3
HERTHA BERLIN-Dukla Prague	1-1	2-1
Honved Budapest-DUISBOURG	2-3	2-1
ÉTOILE ROUGE-West Bromwich Albion	1-0	1-1

DEMI-FINALES

Duisbourg-M'GLADBACH	2-2	1-4
ÉTOILE ROUGE-Hertha Berlin	1-0	1-2

FINALE ALLER

9 mai 1979 à Belgrade (YOU), stade de l'Étoile Rouge.
Étoile Rouge - M'GLADBACH : 1-1 (1-0).
87 000 spectateurs. Arbitre : M. Foote (ECO).
Buts : Sestic (22e) pour l'Étoile Rouge ; Jurisic (60e csc) pour Mönchengladbach.
ÉTOILE ROUGE : Stojanovic - Jovanovic, Miletovic, Jurisic, Jovin - Muslin (Krmpotic, 88e), Petrovic, Blagojevic, Milosavljevic (Milovanovic, 88e) - Savic, Sestic. Entr. : Stankovic.
MÖNCHENGLADBACH : Kneib - Ringels, Vogts, Schäfer, Hannes - Schäfer, Wohlers (Gores, 80e), Nielsen (Danner, 75e), Kulik - Simonsen, Lienen. Entr. : Lattek.

FINALE RETOUR

23 mai 1979 à Düsseldorf (ALL), Rheinstadion.
M'GLADBACH - Étoile Rouge : 1-0 (1-0).
45 000 spectateurs. Arbitre : M. Michelotti (ITA).
But : Simonsen (15e sp).
MÖNCHENGLADBACH : Kneib - Ringels, Vogts, Schäfer, Hannes - Schäfer, Wohlers, Gores, Kulik (Köppel, 58e) - Simonsen, Lienen. Entr. : Lattek.
ÉTOILE ROUGE : Stojanovic - Jovanovic, Miletovic, Jurisic, Jovin - Muslin, Blagojevic, Milovanovic (Sestic, 46e) - Petrovic, Savic, Milosavljevic. Entr. : Stankovic.

Meilleur buteur de la compétition :
Simonsen (Mönchengladbach), 9 buts.

1979-80

C1 NOTTINGHAM FOREST

TOUR PRÉLIMINAIRE

DUNDALK (IRL)-Lindfield (ILN)	1-1	2-0

PREMIER TOUR

ARGES PITESTI (ROU)-AEK Athènes (GRE)	3-0	0-2
FC PORTO (POR)-Milan AC (ITA)	0-0	0-1

C1 1979-80 NOTTINGHAM FOREST : M. O'Neill, J. Robertson (au fond), I. Bowyer, V. Anderson, Mills, Burns ; Gray, Shilton, McGovern, Birtles, Lloyd, Gunn.

DYNAMO BERLIN (RDA)-Chorzow (POL)	4-1	0-0
Ujpest Dosza (HON)-DUKLA P. (TCH)	3-2	0-2
HAJDUK (YOU)-Trabzonspor (TUR)	1-0	1-0
SERVETTE G. (SUI)-Beveren (BEL)	3-1	1-1
Kristiansand (NOR)-**STRASBOURG** (FRA)	1-2	0-4
NOTTINGHAM F. (ANG)-Vaxjö (SUE)	2-0	1-1
Levski Sofia (BUL)-REAL MADRID (ESP)	0-1	0-2
Liverpool (ANG)-DYN. TBILISSI (URS)	2-1	0-3
Valur Reykjavik (ISL)-HAMBOURG (RFA)	0-3	1-2
HJK Helsinki (FIN)-AJAX (HOL)	1-8	1-8
DUNDALK (IRL)-Hib. La Valette (MLT)	2-0	0-1
VEJLE (DAN)-Austria Vienne (AUT)	3-2	1-1
Differdange (LUX)-OMONIA NICOSIE (CHY)	2-1	1-6
Partizani Tirana (ALB)-CELTIC (ECO)	1-0	1-4

HUITIÈMES DE FINALE

NOTTINGHAM FOREST-Arges Pitesti	2-0	2-1
HAJDUK SPLIT-Vejle	3-0	1-2
Dukla Prague-**STRASBOURG**	1-0	0-2
AJAX-Omonia Nicosie	10-0	0-4
HAMBOURG-Dynamo Tbilissi	3-1	3-2
FC Porto-REAL MADRID	2-1	0-1
DYNAMO BERLIN-Servette Genève	2-1	2-2
CELTIC GLASGOW-Dundalk	3-2	0-0

QUARTS DE FINALE

Strasbourg-AJAX	0-0	0-4
HAMBOURG-Hajduk Split	1-0	2-3
NOTTINGHAM FOREST-Dynamo Berlin	0-1	3-1
Celtic Glasgow-REAL MADRID	2-0	0-3

DEMI-FINALES

Real Madrid-HAMBOURG	2-0	1-5
NOTTINGHAM FOREST-Ajax	2-0	0-1

FINALE

28 mai 1980 à Madrid (ESP), Santiago-Bernabeu.
NOTTINGHAM F. - Hambourg : 1-0 (1-0).
51 000 spectateurs. Arbitre : M. Garrido (POR).
But : Robertson (19e).
NOTTINGHAM FOREST : Shilton - V. Anderson, Lloyd, Burns, F. Gray (Gunn, 84e) - O'Neill, McGovern, Mills (O'Hare, 68e), Bowyer - Birtles, Robertson. Entr. : Clough.
HAMBOURG SV : Kargus - Kaltz, Nogly, Jakobs, Buljan - Hieronymus (Hrubesch, 46e), Magath, Memering - Reimann, Keegan, Milewski. Entr. : Zebec.

Meilleur buteur de la compétition :
Lerby (Ajax), 10 buts.

C2 FC VALENCE

Après son triomphe au Mondial 1978, l'Argentin Mario Kempes (assis à g. du trophée) décroche la Coupe des coupes avec Valence.

TOUR PRÉLIMINAIRE

RANGERS (ECO)-Lillestrõm (NOR) *à Oslo	1-0	*2-0
B 1903 COPEN. (DAN)-Apoel Nicosie (CHY)	6-0	1-0

PREMIER TOUR

IFK GÖTEBORG (SUE)-Waterford (IRL)	1-0	1-1
ARSENAL (ANG)-Fenerbahçe (TUR)	2-0	0-0
GLASGOW RANGERS-Düsseldorf (RFA)	2-1	0-0
B 1903 Copenhague-VALENCE (ESP)	2-2	0-4
Wrexham (GAL)-MAGDEBOURG (RDA) (ap)	3-2	2-5
FC Tirol (AUT)-LOK. KOSICE (TCH)	1-2	0-1
IA Akranes (ISL)-FC BARCELONE (ESP)	0-1	0-5
JUVENTUS (ITA)-Raba Eto (HON)	2-0	1-2
PANIONIOS (GRE)-Twente (HOL)	4-0	1-3
Reipas Lahti (FIN)-BONNEVOIE (LUX)	0-1	0-1
Gdynia (POL)-ZAGORA (BUL)	3-2	0-2
Cliftonville (ILN)-**NANTES** (FRA)	0-1	0-7
Beerschot (BEL)-RIJEKA (YOU)	0-0	1-2
Young Boys (SUI)-STEAUA BUC. (ROU)	2-2	0-6
Sliema (MLT)-BOAVISTA (POR)	2-1	0-8
DYNAMO MO. (URS)-Shkodër (ALB)	Shkodër forfait	

HUITIÈMES DE FINALE

DYNAMO MOSCOU-Boavista	0-0	1-1
Lokomotiv Kosice-RIJEKA	2-0	0-3
NANTES-Steaua Bucarest	3-2	2-1
Panionios-IFK GÖTEBORG	1-0	0-2
Zagora-JUVENTUS (ap)	1-0	0-3
FC VALENCE-Glasgow Rangers	1-1	3-1
Bonnevoie-FC BARCELONE	1-4	1-7
ARSENAL-Magdebourg	2-1	2-2

QUARTS DE FINALE

ARSENAL-IFK Göteborg	5-1	0-0
FC Barcelone-FC VALENCE	0-1	3-4
Rijeka-JUVENTUS	0-0	0-2
Dynamo Moscou-**NANTES**	0-2	3-2

DEMI-FINALES

ARSENAL-Juventus	1-1	1-0
Nantes-FC VALENCE	2-1	0-4

FINALE

14 mai 1980 à Bruxelles (BEL), Heysel.
FC VALENCE - Arsenal : 0-0 ap, 5-4 tab.
40 000 spectateurs. Arbitre : M. Christov (TCH).
Tirs au but : Kempes (manqué), Brady (m), Solsona (réussi), Stapleton (r), Pablo (r), Sunderland (r), Castellanos (r), Talbot (r), Bonhof (r), Hollins (r), Arias (r), Rix (m).
FC VALENCE : C. Pereira - Carrete, M. Pereira, Penella, Tendillo - Solsona, Saura, Bonhof - Kempes, Subirats (Castellano, 112e), Pablo. Entr. : Di Stefano.
ARSENAL : Jennings - Rice, Nelson, Talbot, O'Leary - Young, Brady, Sunderland - Stapleton, Price (Hollins, 105e), Rix. Entr. : Neil.

Meilleur buteur de la compétition :
Kempes (FC Valence), 9 buts.

C3 EINTRACHT FRANCFORT

PREMIER TOUR

Widzew Lodz (POL)-**ST-ÉTIENNE** (FRA)	2-1	0-3
Chakhtior Donetsk (URS)-**MONACO** (FRA)	2-1	0-2

Glenavon (ILN)-STANDARD (BEL)	0-1	[illegible]-1
Niedercorn (LUX)-GRASSHOPPER (SUI)	*0-2	[illegible]-4

*à Differdange.

STUTTGART (RFA)-Torino (ITA)	(ap) 1-0	[illegible]-2
Wiener SK (AUT)-UNIV. CRAIOVA (ROU)	0-0	[illegible]-3
Orduspor (TUR)-BANIK OSTRAVA (TCH)	2-0	[illegible]-6
DYNAMO KIEV (URS)-CSKA Sofia (BUL)	2-1	[illegible]-1
DINAMO BUC. (ROU)-Alki Larnaca (CHY)	3-0	[illegible]-0
NAPLES (ITA)-Olympiakos (GRE)	2-0	[illegible]-1
FEYENOORD (HOL)-Everton (ANG)	1-0	[illegible]-0
Aberdeen (ECO)-EINTRACHT FR. (RFA)	1-1	[illegible]-1
Kuopio (FIN)-MALMÖ FF (SUE)	1-2	[illegible]-2
C.Z. IÉNA (RDA)-West Bromwich A. (ANG)	2-0	[illegible]-1
AARHUS (DAN)-Stal Mielec (POL)	1-1	[illegible]-0
DUNDEE UNITED (ECO)-Anderlecht (BEL)	0-0	[illegible]-1
M'GLADBACH (RFA)-Stavanger (NOR)	3-0	[illegible]-1
Kalmar (SUE)-KEFLAVIK (ISL)	2-1	[illegible]-1
Skeid Oslo (NOR)-IPSWICH (ANG)	1-3	[illegible]-7
FC Zurich (SUI)-K'LAUTERN (RFA)	1-3	[illegible]-5
ARIS SALONIQUE (GRE)-Benfica (POR)	3-1	[illegible]-2
PÉROUSE (ITA)-Dynamo Zagreb (YOU)	1-0	[illegible]-0
FC La Valette (MLT)-LEEDS (ANG)	0-4	[illegible]-3
Atletico Madrid (ESP)-DRESDE (RDA)	1-2	[illegible]-3
INTER MILAN (ITA)-Real Sociedad (ESP)	3-0	[illegible]-2
RAPID VIENNE (AUT)-Diosgyör (HON)	0-1	[illegible]-3
Bohemians Prague (TCH)-BAYERN (RFA)	0-2	[illegible]-2
ZBR. BRNO (TCH)-Esbjerg (DAN)	6-0	[illegible]-1
SPORTING (POR)-Bohemians Dublin (IRL)	2-0	[illegible]-0
Gijon (ESP)-PSV EINDHOVEN (HOL)	0-0	[illegible]-1
LOK. SOFIA (BUL)-Ferencvaros (HON)	3-0	[illegible]-2
Galatasaray (TUR)-ÉTOILE ROUGE (YOU)	0-0	[illegible]-3

SECOND TOUR

PSV Eindhoven-**SAINT-ÉTIENNE**	2-0	[illegible]-6
LOKOMOTIV SOFIA-**Monaco**	4-2	[illegible]-2
FEYENOORD-Malmö FF	4-0	[illegible]-1
STANDARD LIÈGE-Naples	2-1	[illegible]-1
Dinamo Bucarest-EINTRACHT FR.	(ap) 2-0	[illegible]-3
Banik Ostrava-DYNAMO KIEV	1-0	[illegible]-2
Dresde-STUTTGART	1-1	[illegible]-0
UNIVERSITATEA CRAIOVA-Leeds	2-0	[illegible]-0
ARIS SALONIQUE-Pérouse	1-1	[illegible]-0
Sporting-KAISERSLAUTERN	1-1	[illegible]-2
ZBROJOVKA BRNO-Keflavik	3-1	[illegible]-1
GRASSHOPPER-Ipswich	0-0	[illegible]-1
ÉTOILE ROUGE-Carl Zeiss Iéna	3-2	[illegible]-2
Aarhus-BAYERN MUNICH	1-2	[illegible]-3
M'GLADBACH-Inter Milan	(ap) 1-1	[illegible]-2
Dundee United-DIOSGYÖR	0-1	[illegible]-3

HUITIÈMES DE FINALE

SAINT-ÉTIENNE-Aris Salonique	4-1	[illegible]-3
Standard Liège-ZBROJOVKA BRNO	1-2	[illegible]-3
EINTRACHT FRANCFORT-Feyenoord	4-1	[illegible]-1
Grasshopper Zurich-STUTTGART	0-2	[illegible]-3
BAYERN-Étoile Rouge Belgrade	2-0	[illegible]-3
M'GLADBACH-Universitatea Craiova	2-0	[illegible]-1
Diosgyör-KAISERSLAUTERN	0-2	[illegible]-6
LOKOMOTIV SOFIA-Dynamo Kiev	1-0	[illegible]-2

QUARTS DE FINALE

Saint-Étienne-M'GLADBACH	1-4	[illegible]-2
Kaiserslautern-BAYERN MUNICH	1-0	[illegible]-4
STUTTGART-Lokomotiv Sofia	3-1	[illegible]-0
EINTRACHT FRANCFORT-Zbrojovka Brno	4-1	[illegible]-3

DEMI-FINALES

Bayern Munich-EINTRACHT FR.	2-0	[illegible]-5
Stuttgart-M'GLADBACH	2-1	[illegible]-2

FINALE ALLER

7 mai 1980 à Mönchengladbach (ALL), Bökelberg.

M'gladbach - EINTRACHT FR. : 3-2 (1-1).

25 000 spectateurs. Arbitre : M. Guruceta Muru (ESP).

Buts : Karger (37e), Hölzenbein (71e) pour l'Eintracht ; Kulik (44e, 88e), Matthäus (76e) pour M'gladbach

M'GLADBACH : Kneib - Hannes, Schäfer, Schäffer, Ringels - Matthäus, Kulik, Nielsen (Thychosen, 86e) - Del'Haye (Bödeker, 72e), H. Nickel, Lienen. Entr. : Heynckes.

EINTRACHT : Pahl - Pezzey, Neuberger, Körbel, Ehrmanntraut - Lorant, Hölzenbein (Nachtweih, 79e), Borchers, B. Nickel - Cha Bum-kun, Karger (Trapp, 81e). Entr. : Rausch.

FINALE RETOUR

21 mai 1980 à Francfort (ALL), Waldstadion.

EINTRACHT FR. - M'gladbach : 1-0 (0-0).

59 000 spectateurs. Arbitre : M. Ponnet (BEL).

But : Schaub (81e).

EINTRACHT : Pahl - Pezzey, Neuberger, Körbel, Ehrmanntraut - Lorant, Hölzenbein, Borchers, B. Nickel - Cha Bum-kun, Nachtweih (Schaub, 76e). Entr. : Rausch.

M'GLADBACH : Kneib - Bödecker, Hannes, Schäfer, Ringels - Matthäus (Thychosen, 84e), Fleer, Kulik, Nielsen (Del'Haye, 66e) - H. Nickel, Lienen. Entr. : Heynckes.

Meilleurs buteurs de la compétition : D. Hoeness (Bayern Munich), H. Nickel (M'Gladbach), 7 buts.

1980-81

C1 LIVERPOOL

TOUR PRÉLIMINAIRE

HONVED (HON)-FC La Valette (MLT)	8-0	3-0

PREMIER TOUR

Sporting (POR)-HONVED BUDAPEST	0-2	0-1
DYN. BERLIN (RDA)-Apoel Nicosie (CHY)	3-0	1-2
ABERDEEN (ECO)-Austria Vienne (AUT)	1-0	0-0
FC Bruges (BEL)-FC BÂLE (SUI)	0-1	1-4
Linfield (ILN)-**NANTES** (FRA)	0-1	0-2
Trabzonspor (TUR)-BYTOM (POL)	2-1	0-3
Dynamo Tirana (ALB)-AJAX (HOL)	0-2	0-1
INTER MILAN (ITA)-Univ. Craiova (ROU)	2-0	1-1
Olympiakos (GRE)-BAYERN (RFA)	2-4	0-3
Limerick (IRL)-REAL MADRID (ESP)	1-2	1-5
CSKA SOFIA (BUL)-Nott. Forest (ANG)	1-0	1-0
Oulu (FIN)-LIVERPOOL (ANG)	1-1	1-10
Jeunesse Esch (LUX)-SPARTAK M. (URS)	0-5	0-4
Stavanger (NOR)-ÉTOILE ROUGE (YOU)	2-3	1-4
Vestmannaeyjar (ISL)-B. OSTRAVA (TCH)	1-1	0-1
Halmstad (SUE)-ESBJERG (DAN)	0-0	2-3

HUITIÈMES DE FINALE

Aberdeen-LIVERPOOL	0-1	0-4
Nantes-INTER MILAN	1-2	1-1
REAL MADRID-Honved Budapest	1-0	2-0
BAYERN MUNICH-Ajax	5-1	1-2
CSKA SOFIA-Bytom	4-0	1-0
FC Bâle-ÉTOILE ROUGE BELGRADE	1-0	0-2
SPARTAK MOSCOU-Esbjerg	3-0	0-2
BANIK OSTRAVA-Dynamo Berlin	0-0	1-1

QUARTS DE FINALE

LIVERPOOL-CSKA Sofia	5-1	1-0
BAYERN MUNICH-Banik Ostrava	2-0	4-2
INTER-Étoile Rouge Belgrade	1-1	1-0
Spartak Moscou-REAL MADRID	0-0	0-2

DEMI-FINALES

REAL MADRID-Inter Milan	2-0	0-1
LIVERPOOL-Bayern Munich	0-0	1-1

FINALE

27 mai 1981 à Paris, Parc des Princes.

LIVERPOOL - Real Madrid : 1-0 (0-0).

48 300 spectateurs. Arbitre : M. Palotai (HON).

But : A. Kennedy (82e).

LIVERPOOL : Clemence - Neal, Thompson, A. Hansen, A. Kennedy - Lee, McDermott, Souness, R. Kennedy - Dalglish (Case, 87e), Johnson. Entr. : Paisley.

REAL MADRID : Agustin - Cortes (Pineda, 87e), Sabido, Garcia Navajas, Camacho - Angel, Del Bosque, Stielike - Juanito, Santillana, Cunningham. Entr. : Boskov.

Meilleurs buteurs de la compétition : K.-H. Rummenigge (Bayern), Souness (Liverpool), 6 buts.

C1 1980-81 LIVERPOOL : Face au Real Madrid, sextuple vainqueur, un Graeme Souness déterminé en diable (debout à l'ext. g.) va emmener Liverpool à sa troisième levée.

C2 DYNAMO TBILISSI

TOUR PRÉLIMINAIRE

CELTIC (ECO)-Diosgyör (HON)	6-0	1-2
Altay Izmir (TUR)-BENFICA (POR)	0-0	0-4

PREMIER TOUR

FC VALENCE (ESP)-**Monaco** (FRA)	2-0	3-3
AS Rome (ITA)-C.Z. IÉNA (RDA)	3-0	0-4
MALMÖ FF (SUE)-Partizani Tirana(ALB)	1-0	0-0
Spora Luxemb. (LUX)-SPARTA PRA. (TCH)	0-6	0-6
Celtic-TIMISOARA (ROU)	2-1	0-1
Dynamo Zagreb (YOU)-BENFICA	0-0	0-2
SLAVIA SOFIA (BUL)-Legia Vars.(POL)	3-1	0-1
Hibernians Val. (MLT)-WATERFORD (IRL)	1-0	0-4
DÜSSELDORF (RFA)-SV Salzbourg (AUT)	5-0	3-0
Omonia Nicosie (CHY)-WATERSCHEI (BEL)	1-3	0-4
Sion (SUI)-HAUGAR (NOR)	1-1	0-2
Ilves Tampere (FIN)-FEYENOORD (HOL)	1-3	2-4
Castilla Madrid (ESP)-WEST HAM (ANG)	(ap) 3-1	1-5
Kastoria (GRE)-DYNAMO TBILISSI (URS)	0-0	0-2
NEWPORT (GAL)-Crusaders (ILN)	4-0	0-0
HVIDOVRE (DAN)-Fram Reykjavik (ISL)	1-0	2-0

HUITIÈMES DE FINALE

Malmö FF-BENFICA	1-0	0-2
WEST HAM-Timisoara	4-0	0-1
Waterford-DYNAMO TBILISSI	0-1	0-4
Hvidovre-FEYENOORD	1-2	0-1
C.Z. IÉNA-Valence	3-1	0-1
Waterschei-DÜSSELDORF	0-0	0-1
Sparta Prague-SLAVIA SOFIA	2-0	0-3
Haugar-NEWPORT	0-0	0-6

QUARTS DE FINALE

Düsseldorf-BENFICA	2-2	0-1
Slavia Sofia-FEYENOORD	3-2	0-4
C.Z. IÉNA-Newport	2-2	1-0
West Ham-DYNAMO TBILISSI	1-4	1-0

DEMI-FINALES

DYNAMO TBILISSI-Feyenoord	3-0	0-2
CARL ZEISS IÉNA-Benfica	2-0	0-1

FINALE

13 mai 1981 à Düsseldorf (ALL), Rheinstadion.

DYNAMO TBILISSI - Iéna : 2-1 (0-0).

4 750 spectateurs. Arbitre : M. Lattanzi (ITA).

Buts : Hoppe (63e) pour Iéna ; Gutsaiev (67e), Darasselia (87e) pour le Dynamo Tbilissi.

DYNAMO TBILISSI : Gabelia - Kostava, Chivadze, Chisanichvili, Sulakvelidze - Tavadze, Darasselia, Kipiani, Svanadze (Kakilashvili, 67e) - Gutsaiev, Chengelia. Entr. : Achalkaczi.

IÉNA : Grapenthin - Brauer, Schnuphase, Kurbjuweit, Schilling - Hoppe (Övermann, 88e), Krause, Lindemann - Bielau (Töpfer, 76e), Raab, Vogel. Entr. : Mayer.

Meilleur buteur de la compétition : Cross (West Ham), 6 buts.

C3 IPSWICH TOWN

PREMIER TOUR

Kuopio (FIN)-**ST-ÉTIENNE** (FRA)	0-7	0-7
SOCHAUX (FRA)-Servette Genève (SUI)	2-0	1-2
JUVENTUS (ITA)-Panathinaïkos (GRE)	4-0	2-4
PORTO (POR)-Dundalk (IRL)	1-0	0-0
GRASSHOPPER (SUI)-KB Copenh. (DAN)	3-1	5-2
Man. United (ANG)-WIDZEW LODZ (POL)	1-1	0-0
TWENTE (HOL)-IFK Göteborg (SUE)	5-1	0-2
HAMBOURG (RFA)-FC Sarajevo (YOU)	4-2	3-3
IPSWICH (ANG)-Aris Salonique (GRE)	5-1	1-3
K'LAUTERN (RFA)-Anderlecht (BEL)	1-0	2-3
STUTTGART (RFA)-Pezo. Larnaca (CHY)	6-0	4-1
AZ' 67 ALKMAAR (HOL)-Differdange (LUX)	6-0	4-0
Molenbeek (BEL)-TORINO (ITA)	(ap) 1-2	2-2
LOKEREN (BEL)-Dynamo Moscou (URS)	1-1	1-0
STANDARD (BEL)-Steaua Bucarest (ROU)	1-1	2-1
Linz ASK (AUT)-NIS (YOU)	1-2	1-4
EINDHOVEN (HOL)-Wolverhampton (ANG)	3-1	0-1
Elfsborg (SUE)-SAINT-MIRREN (ECO)	1-2	0-0
Ballymena (ILN)-VORWÄRTS FR. (RDA)	2-1	0-3
Dynamo Kiev (URS)-LEVSKI SOFIA (BUL)	1-1	0-0
Wroclaw (POL)-DUNDEE UNITED (ECO)	0-0	2-7
DRESDE (RDA)-Krusevac (YOU)	1-0	1-0
Arges Pitesti (ROU)-FC UTRECHT (HOL)	0-0	0-2
MAGDEBOURG (RDA)-Moss (NOR)	2-1	3-2
Vasas Budapest (HON)-BOAVISTA (POR)	0-1	2-0
Chak. Donetsk (URS)-EINTRACHT F. (RFA)	1-0	0-3
ZBR. BRNO (TCH)-Vöest Linz (AUT)	3-1	2-0
BOHEMIANS PRAGUE (TCH)-Gijon (ESP)	3-1	1-2
Fenerbahçe (TUR)-ZAGORA (BUL)	0-1	1-2
IA Akranes (ISL)-FC COLOGNE (RFA)	0-4	0-6
Sliema (MLT)-FC BARCELONE (ESP)	0-2	0-1
Ujpest Dosza (HON)-REAL SOCIEDAD (ESP)	1-1	0-1

SECOND TOUR

Saint-Mirren-**SAINT-ÉTIENNE**	0-0	0-2
SOCHAUX-Boavista	2-2	1-0
Dundee United-LOKEREN	1-1	0-0
STUTTGART-Vorwärts Francfort	5-1	2-1
FC Utrecht-EINTRACHT FRANCFORT	2-1	1-3
Zagora-NIS	0-1	1-2
Levski Sofia-AZ' 67 ALKMAAR	1-1	0-5
IPSWICH -Bohemians Prague	3-0	0-2
Kaiserslautern-STANDARD LIÈGE	1-2	1-2
FC Porto-GRASSHOPPER	(ap) 2-0	0-3
WIDZEW LODZ-Juventus	(4-1 tab) 3-1	1-3
FC Twente-DRESDE	1-1	0-0
FC COLOGNE-FC Barcelone	0-1	4-0
Zbrojovka Brno-REAL SOCIEDAD	1-1	1-2
PSV Eindhoven-HAMBOURG	1-1	1-2
TORINO-Magdebourg	3-1	0-1

HUITIÈMES DE FINALE

Hambourg-**SAINT-ÉTIENNE**	0-5	0-1
Eintracht Francfort-**SOCHAUX**	4-2	0-2
Stuttgart-FC COLOGNE	(ap) 3-1	1-4
LOKEREN-Real Sociedad	1-0	2-2
STANDARD LIÈGE-Dynamo Dresde	1-1	4-1
GRASSHOPPER-Torino	(4-3 tab) 2-1	1-2
IPSWICH-Widzew Lodz	5-0	0-1
Nis-AZ' 67 ALKMAAR	2-2	0-5

QUARTS DE FINALE

Saint-Étienne-IPSWICH	1-4	1-3
Grasshopper Zurich-**SOCHAUX**	0-0	1-2
Standard Liège-FC COLOGNE	0-0	2-3
AZ' 67 ALKMAAR-Lokeren	2-0	0-1

DEMI-FINALES

Sochaux-AZ' 67 ALKMAAR	1-1	2-3
IPSWICH-FC Cologne	1-0	1-0

FINALE ALLER

6 mai 1981 à Ipswich (ANG), Portman Road.

IPSWICH - AZ' 67 Alkmaar : 3-0 (1-0).

27 000 spectateurs. Arbitre : M. Prokop (RDA).

Buts : Wark (28e sp), Thijssen (46e), Mariner (56e).

IPSWICH : Cooper - Mills, Osman, Butcher, McCall - Wark, Thijssen, A. Mühren, Gates - Mariner, Brazil. Entr. : Bo. Robson.

AZ' 67 ALKMAAR : Treytel - Van der Meer, Metgod, Spelbos, Hovenkamp - Arntz, Peters, Nygaard (Welzl, 75e), Jonker - Kist, Tol. Entr. : Kessler.

FINALE RETOUR

20 mai 1981 à Amsterdam (HOL), stade Olympique.

AZ' 67 Alkmaar - IPSWICH : 4-2 (3-2).

28 000 spectateurs. Arbitre : M. Eschweiler (RFA).

Buts : Thijssen (6e), Wark (35e) pour Ipswich ; Welzl (9e), Metgod (27e), Tol (43e), Jonker (73e) pour AZ' 67.

AZ' 67 ALKMAAR : Treytel - Rijnders, Metgod, Spelbos, Hovenkamp - Peters, Arntz, Nygaard - Welzl (Talan, 79e), Jonker, Tol (Kist, 46e). Entr. : Kessler.

IPSWICH : Cooper - Mills, McCall, Thijssen, Butcher - Osman, Brazil, Wark, A. Mühren - Mariner, Gates. Entr. : Bo. Robson.

Meilleur buteur de la compétition : Wark (Ipswich), 14 buts.

C1 1981-82 **ASTON VILLA** : Peter Withe (debout à l'ext. g.) semble prier pour son équipe avant d'affronter le Bayern. Il inscrira lui-même le but de la victoire.

1981-82

C1 ASTON VILLA

TOUR PRÉLIMINAIRE

Saint-Étienne (FRA)-DYN. BERLIN (RDA) 1-1 0-2

PREMIER TOUR

BENFICA (POR)-Omonia Nicosie (CHY) 3-0 1-0
Ferencvaros (HON)-OSTRAVA (TCH) 3-2 0-3
AUSTRIA V. (AUT)-Partizani Tir.(ALB) 3-1 0-1
ASTON V. (ANG)-Valur Reykjavik (ISL) 5-0 2-0
Celtic (ECO)-JUVENTUS (ITA) 1-0 0-2
Widzew Lodz (POL)-ANDERLECHT (BEL) 1-4 1-2
UNIV. CRAIOVA (ROU)-Olympiakos (GRE) 3-0 0-2
DYN. BERLIN-FC Zurich (SUI) 2-0 1-3
KB COPENHAGUE (DAN)-Athlone (IRL) 1-1 2-2
Niedercorn (LUX)-GLENTORAN (ILN) 1-1 0-4
Hib. Valette (MLT)-ÉTOILE ROUGE (YOU) 1-2 1-8
CSKA SOFIA (BUL)-Real Sociedad (ESP) 1-0 0-0
Oulu (FIN)-LIVERPOOL (ANG) 0-1 0-7
Vaxjö (SUE)-BAYERN MUNICH (RFA) 0-1 0-5
DYNAMO KIEV (URS)-Trabzonspor (TUR) 1-0 1-1
Kristiansand (NOR)-AZ' 67 ALKM. (HOL) 1-3 0-1

HUITIÈMES DE FINALE

Benfica-BAYERN MUNICH 0-0 1-4
ANDERLECHT-Juventus 3-1 1-1
Dynamo Berlin-ASTON VILLA 1-2 1-0
Austria Vienne-DYNAMO KIEV 0-1 1-1
AZ' 67 Alkmaar-LIVERPOOL 2-2 2-3
Banik Ostrava-ÉTOILE ROUGE 3-1 0-3
CSKA SOFIA-Glentoran (ap) 2-0 1-2
KB Copenhague-UNIV. CRAIOVA 1-0 1-4

QUARTS DE FINALE

Liverpool-CSKA SOFIA (ap) 1-0 0-2
Universitatea Craiova-BAYERN MUNICH 0-2 1-1
ANDERLECHT-Étoile Rouge Belgrade 2-1 2-1
Dynamo Kiev-ASTON VILLA *0-0 0-2
*à Simféropol.

DEMI-FINALES

ASTON VILLA-Anderlecht 1-0 0-0
CSKA Sofia-BAYERN MUNICH 4-3 0-4

FINALE

26 mai 1982 à Rotterdam (HOL), De Kuip.
ASTON VILLA - Bayern : 1-0 (0-0).
45 000 spectateurs. Arbitre : M. Konrath (FRA).
But : Withe (67e).
ASTON VILLA : Rimmer (Spink, 10e) - Swain, McNaught, Evans, G. Williams - Mortimer, Cowans, D. Bremner - Withe, Shaw, Morley. Entr. : Barton.
BAYERN MUNICH : M. Müller - Dremmler, Augenthaler, Weiner, Horsmann - Dürnberger, Kraus (Niedermayer, 79e), Breitner, Mathy (Güttler, 52e) - K.-H. Rummenigge, D. Hoeness. Entr. : Csernai.

Meilleur buteur de la compétition :
D. Hoeness (Bayern Munich), 7 buts.

C2 FC BARCELONE

TOUR PRÉLIMINAIRE

Timisoara (ROU)-LOK. LEIPZIG (RDA) 2-0 0-5

PREMIER TOUR

KTP Kotka (FIN)-BASTIA (FRA) 0-0 0-5
Swansea (GAL)-LOKOMOTIV LEIPZIG 0-1 1-2
DUKLA PRA. (TCH)-Rangers (ECO) 3-0 1-2
BARCELONE (ESP)-Trakia Plovdiv (BUL) 4-1 0-1
Ajax (HOL)-TOTTENHAM (ANG) 1-3 0-3
EINTR. (RFA)-PAOK Sal. (GRE) (5-4 tab) 2-0 0-2
Floriana Valette (MLT)-STANDARD (BEL) 1-3 0-9
LAUSANNE (SUI)-Kalmar (SUE) 2-1 2-3
Vejle (DAN)-FC PORTO (POR) 2-1 0-3
Paralimni Famagouste (CHY)-VASAS (HON) 1-0 0-8
ROSTOV (URS)-Ankaragücü (TUR) 3-0 2-0
Fram Reykjavik (ISL)-DUNDALK (IRL) 2-1 0-4
DYN. TBILISSI (URS)-Graz AK (AUT) 2-0 2-2
Ballymena (ILN)-AS ROME (ITA) 0-2 0-4
Vålerengen Oslo (NOR)-LEGIA VAR. (POL) 2-2 1-4
Jeunesse Esch (LUX)-V. MOSTAR (YOU) 1-1 1-6

HUITIÈMES DE FINALE

Bastia-DYNAMO TBILISSI 1-1 1-3
LEGIA VARSOVIE-Lausanne 2-1 1-1
FC PORTO-AS Rome 2-0 0-0
Dukla Prague-FC BARCELONE 1-0 0-4
Rostov-EINTRACHT FRANCFORT 1-0 0-2
Dundalk-TOTTENHAM 1-1 0-1
Vasas Budapest-STANDARD LIÈGE 0-2 0-2
LOKOMOTIV LEIPZIG-Velez Mostar(3-0 tab)1-1 1-1

QUARTS DE FINALE

TOTTENHAM-Eintracht Francfort 2-0 1-2
STANDARD LIÈGE-FC Porto 2-0 2-2
Legia Varsovie-DYNAMO TBILISSI 0-1 0-1
Lokomotiv Leipzig-FC BARCELONE 0-3 2-1

DEMI-FINALES

Dynamo Tbilissi-STANDARD LIÈGE 0-1 0-1
Tottenham-FC BARCELONE 1-1 0-1

FINALE

12 mai 1982 à Barcelone (ESP), Nou Camp.
FC BARCELONE - Standard : 2-1 (1-1).
110 000 spectateurs. Arbitre : M. Eschweiler (RFA).
Buts : Vandersmissen (6e) pour le Standard Liège ; Simonsen (45e), Quini (62e) pour le FC Barcelone.
FC BARCELONE : Urruticoechea - Gerardo, Alexanco, Migueli, Manolo - José Sanchez, Esteban, Moratalla - Simonsen, Quini, Carrasco. Entr. : Lattek.
STANDARD : Preud'homme - Gerets, Meeuws (expulsé, 89e), Poel, Plessers - Daerden, Vandersmissen, Haan, Botteron - Tahamata, Wendt. Entr. : Goethals.

Meilleurs buteurs de la compétition :
Chengelia (Tbilissi), Voordeckers (Standard), 6 buts.

C3 IFK GÖTEBORG

PREMIER TOUR

Monaco (FRA)-DUNDEE UNITED (ECO) 2-5 2-1
Vikingur Reykjavik (ISL)-BORDEAUX (FRA)0-4 0-4
Nantes (FRA)-LOKEREN (BEL) 1-1 2-4
SPORTING (POR)-Differdange (LUX) 4-0 7-0
Adanaspor (TUR)-INTER MILAN (ITA) 1-3 1-4
Naples (ITA)-NIS (YOU) 2-2 0-0
K'LAUTERN (RFA)-Akademik Sofia (BUL) 1-0 2-1
Apoel Nicosie (CHY)-ARGES PITESTI (ROU)1-1 0-4
Ipswich (ANG)-ABERDEEN (ECO) 1-1 1-3
HAMBOURG (RFA)-FC Utrecht (HOL) 0-1 *6-3
*à Arnhem.
Magdebourg (RDA)-M'GLADBACH (RFA) 3-1 0-2
FEYENOORD (HOL)-Bytom (POL) 2-0 1-1
PSV EINDHOVEN (HOL)-Næstved (DAN) 7-0 1-2
BEVEREN (BEL)-Linfield (ILN) 3-0 5-0
HAJDUK SPLIT (YOU)-Stuttgart (RFA) 3-1 2-2
GRASSHOP. (SUI)-West Bromwich (ANG) 1-0 3-1
Panathinaïkos (GRE)-ARSENAL (ANG) 0-2 0-1
STURM GRAZ (AUT)-CSKA Moscou (URS) 1-0 1-2
Limerick (IRL)-SOUTHAMPTON (ANG) 0-3 1-1
MALMÖ FF (SUE)-Wisla Cracovie (POL) 2-0 3-1
Valkeakoski (FIN)-IFK GÖTEBORG (SUE) 2-3 0-4
Bryne (NOR)-WINTERSLAG (BEL) 0-2 2-1
BOAVISTA (POR)-Atletico Madrid (ESP) 4-1 1-3
Zénith Léningrad (URS)-DRESDE (RDA) 1-2 1-4
RAPID VIENNE (AUA)-Videoton (HON) 2-2 2-0
SPARTAK M. (URS)-FC Bruges (BEL) 3-1 3-1
Dynamo Tirana (ALB)-C.Z. IÉNA (RDA) 1-0 0-4
DINAMO BUC. (ROU)-Levski Sofia (BUL) 3-0 1-2
ARIS SALONIQUE (GRE)-Sliema (MLT) 4-0 4-2
Tatabanya (HON)-REAL MADRID (ESP) 2-1 0-1
Bohemians Prague (TCH)-VALENCE (ESP) 0-1 0-1
N. XAMAX (SUI)-Sparta Prague (TCH) 4-0 2-3

SECOND TOUR

Bordeaux-HAMBOURG 2-1 0-2
Beveren-HAJDUK SPLIT 2-3 2-1
Sturm Graz-IFK GÖTEBORG 2-2 2-3
WINSTERLAG-Arsenal 1-0 1-2
Inter Milan-DINAMO BUCAREST (ap) 1-1 2-3
FEYENOORD-Dresde 2-1 1-1
ABERDEEN-Arges Pitesti 3-0 2-2
Spartak Moscou-K'LAUTERN 2-1 0-4
Malmö FF-NEUCHÂTEL XAMAX 0-1 0-1
FC VALENCE-Boavista 2-0 0-1
RAPID VIENNE-PSV Eindhoven 1-0 1-2
Grasshopper Zurich-NIS (0-3 tab) 2-0 0-2
Southampton-SPORTING 2-4 0-0
REAL MADRID-Carl Zeiss Iéna 3-2 0-0
Aris Salonique-LOKEREN 1-1 0-4
Mönchengladbach-DUNDEE UNITED 2-0 0-5

HUITIÈMES DE FINALE

Winterslag-DUNDEE UNITED 0-0 0-5
NIS-Feyenoord Rotterdam 2-0 0-1
Sporting-NEUCHÂTEL XAMAX 0-0 0-1
Lokeren-KAISERSLAUTERN 1-0 1-4
IFK GÖTEBORG-Dinamo Bucarest 3-1 1-0
FC VALENCE-Hajduk Split 5-1 1-4
Aberdeen-HAMBOURG 3-2 1-3
Rapid Vienne-REAL MADRID 0-1 0-0

QUARTS DE FINALE

FC Valence-IFK GÖTEBORG 2-2 0-2
Real Madrid-KAISERSLAUTERN 3-1 0-5
Dundee United-NIS 2-0 0-3
HAMBOURG-Neuchâtel Xamax 3-2 0-0

DEMI-FINALES

Kaiserslautern-IFK GÖTEBORG (ap) 1-1 1-2
Nis-HAMBOURG 2-1 1-5

FINALE ALLER

5 mai 1982 à Göteborg (SUE), Nya Ullevi.
IFK GÖTEBORG - Hambourg : 1-0 (0-0).
42 000 spectateurs. Arbitre : M. Carpenter (IRL).
But : Tord Holmgren (87e).
IFK GÖTEBORG : Wernersson - Svensson, Hysen, C. Karlsson, Fredriksson - Tord Holmgren, G. Strömberg, J. Karlsson - Tommy Holmgren (Soiller, 46e), T. Nilsson (Sandberg, 20e), Corneliusson. Entr. : Eriksson.
HAMBOURG : Stein - Kaltz, Groh - Wehmeyer, Jakobs, Hieronymus - Von Heesen (Memering, 83e), Hartwig, Hrubesch, Magath, Bastrup. Entr. : Happel.

FINALE RETOUR

19 mai 1982 à Hambourg (ALL), Volksparkstadion.
Hambourg - IFK GÖTEBORG : 0-3 (0-1).
60 000 spectateurs. Arbitre : M. Courtney (ANG).
Buts : Corneliusson (26e), Nilsson (61e), Fredriksson (63e sp).
HAMBOURG : Stein - Kaltz (Hidien, 76e), Groh, Hieronymus, Wehmeyer - Hartwig, Memering, Magath - Von Heesen, Hrubesch, Bastrup. Entr. : Happel.
IFK GÖTEBORG : Wernersson - Svensson, Fredriksson, J. Karlsson, C. Karlsson - Hysen (Soiller, 19e), Corneliusson (Sandberg, 68e), Tord Holmgren - Nilsson, Strömberg, Tommy Holmgren. Entr. : Eriksson.

Meilleur buteur de la compétition :
T. Nilsson (IFK Göteborg), 9 buts.

1982-83

C1 HAMBOURG SV

TOUR PRÉLIMINAIRE

DIN. BUC. (ROU)-Vålerengen Oslo (NOR) 3-1 1-2

PREMIER TOUR

Grasshopper Zurich (SUI)-DYN. KIEV (URS)0-1 0-3
ASTON VILLA (ANG)-Besiktas (TUR) 3-1 0-0
Monaco (FRA)-CSKA SOFIA (BUL) (ap) 0-0 0-2
Hibernians Valette (MLT)-WID. LODZ (POL) 1-4 1-3
DINAMO BUC.-Dukla Prague (TCH) (ap) 2-0 1-2
NËNTORI TIRANA (ALB)-Linfield (ILN) 1-0 1-2
OLYMPIAKOS (GRE)-Öster Växjö (SUE) 2-0 0-1
Dynamo Zagreb (YOU)-SPORTING (POR) 1-0 0-3
STANDARD (BEL)-Raba Eto (HON) 5-0 0-3
Dynamo Berlin (RDA)-HAMBOURG (RFA) 1-1 0-2
CELTIC GLASGOW (ECO)-Ajax (HOL) 2-2 2-1
Hvidovre (DAN)-JUVENTUS (ITA) 1-4 3-3
Omonia Nicosie (CHY)-HJK HELSINKI (FIN) 2-0 0-3
Dundalk (IRL)-LIVERPOOL (ANG) 1-4 0-1
Vikingur Reykjavik (ISL)-REAL SOC. (ESP) 0-1 2-3
Beggen (LUX)-RAPID VIENNE (AUT) 0-5 0-8

HUITIÈMES DE FINALE

HAMBOURG-Olympiakos 1-0 4-0
CSKA Sofia-SPORTING 2-2 0-0
DYNAMO KIEV-Nëntori Tirana Tirana forfait
REAL SOCIEDAD-Celtic Glasgow 2-0 1-2
HJK Helsinki-LIVERPOOL 1-0 0-5
Standard Liège-JUVENTUS 1-1 0-2
Dinamo Bucarest-ASTON VILLA 0-2 2-4
Rapid Vienne-WIDZEW LODZ 2-1 3-5

QUARTS DE FINALE

WIDZEW LODZ-Liverpool 2-0 2-3
Aston Villa-JUVENTUS 1-2 1-3
Sporting-REAL SOCIEDAD 1-0 0-2
Dynamo Kiev-HAMBOURG *0-3 2-1
*à Tbilissi.

C1 1982-83 **HAMBOURG SV** : Magath, Bastrup, Rolff, Jakobs, Kaltz, Hrubesch ; Wehmeyer, Hieronymus, Groh, Milewski, Stein.

DEMI-FINALES

JUVENTUS-Widzew Lodz	2-0	2-2
Real Sociedad-HAMBOURG	1-1	1-2

FINALE

25 mai 1983 à Athènes, stade Olympique.
HAMBOURG SV - Juventus : 1-0 (1-0).
73 500 spectateurs. Arbitre : M. Rainea (ROU).
But : Magath (8e).
HAMBOURG : Stein - Kaltz, Jakobs, Hieronymus, Wehmeyer - Groh, Rolff, Bastrup (Von Hessen, 56e), Magath - Milewski, Hrubesch. Entr. : Happel.
JUVENTUS : Zoff - Gentile, Brio, Scirea, Cabrini - Bonini, Platini, Tardelli, Boniek - Bettega, P. Rossi (Marocchino, 56e). Entr. : Trapattoni.

Meilleur buteur de la compétition :
P. Rossi (Juventus), 6 buts.

C2 ABERDEEN

TOUR PRÉLIMINAIRE

ABERDEEN (ECO)-Sion (SUI)	7-0	4-1
SWANSEA (GAL)-Braga (POR)	3-0	0-1

PREMIER TOUR

BARCELONE (ESP)-Apo. Limassol (CHY)	8-0	1-1
Lokomotiv Sofia (BUL)-**PARIS-SG** (FRA)	1-0	1-5
SWANSEA-Sliema (MLT)	12-0	5-0
Limerick (IRL)-AZ' 67 ALKMAAR (HOL)	1-1	0-1
Torpedo Moscou (URS)-BAYERN (RFA)	1-1	0-0
WATERSCHEI (BEL)-Differdange (LUX)	7-1	1-0
INTER (ITA)-Slovan Bratislava (TCH)	2-0	1-2
AUSTRIA V. (AUT)-Panathinaïkos (GRE)	2-0	1-2
Vestmannaeyjar (ISL)-POZNAN (POL)	0-1	0-3
Baia Mare (ROU)-REAL MADRID (ESP)	0-0	2-5
Coleraine (ILN)-TOTTENHAM (ANG)	0-3	0-4
Dresde (RDA)-B 93 COPENH. (DAN)	3-2	1-2
GALATASARAY (TUR)-Kuusysi Lahti (FIN)	2-1	1-1
Lilleström (NOR)-ÉTOILE ROUGE (YOU)	0-4	0-3
IFK Göteborg (SUE)-UJPEST (HON)	1-1	1-3
ABERDEEN-Dynamo Tirana (ALB)	1-0	0-0

HUITIÈMES DE FINALE

ABERDEEN-Lech Poznan	2-0	1-0
Swansea-**PARIS-SG**	0-1	0-2
REAL MADRID-Ujpest Dosza	3-1	1-0
Galatasaray-AUSTRIA VIENNE	2-4	1-0
Étoile Rouge Belgrade-FC BARCELONE	2-4	1-2
AZ' 67 Alkmaar-INTER MILAN	1-0	0-2
B 93 Copenhague-WATERSCHEI	0-2	1-4
Tottenham-BAYERN MUNICH	1-1	1-4

QUARTS DE FINALE

AUSTRIA VIENNE-FC Barcelone	0-0	1-1
Paris-SG-WATERSCHEI (ap)	2-0	0-3
Bayern Munich-ABERDEEN	0-0	2-3
Inter Milan-REAL MADRID	1-1	1-2

DEMI-FINALES

ABERDEEN-Waterschei	5-1	0-1
Austria Vienne-REAL MADRID	2-2	1-3

FINALE

11 mai 1983 à Göteborg (SUE), Nya Ullevi.
ABERDEEN - Real : 2-1 ap (1-1, 1-1).
17 804 spectateurs. Arbitre : M. Menegali (ITA).
Buts : Black (7e), Hewitt (112e) pour Aberdeen ; Juanito (14e sp) pour le Real Madrid.
ABERDEEN : Leighton - Rougvie, McLeish, Miller, McMaster - Cooper, Strachan, Simpson - McGhee, Black (Hewitt, 87e), Weir. Entr. : Ferguson.
REAL : Agustin - Juan José, Metgod, Bonet, Camacho (San José, 91e) - Stielike, Gallego, Angel - Juanito, Santillana, Isidro (Salguero, 103e). Entr. : Di Stefano.

Meilleur buteur de la saison :
Santillana (Real Madrid), 8 buts.

C3 RSC ANDERLECHT

PREMIER TOUR

SAINT-ÉTIENNE (FRA)-Tatabanya (HON)	4-1	0-0
C.Z. Iéna (RDA)-**BORDEAUX** (FRA)	3-1	0-5
PAOK SALONIQUE (GRE)-**Sochaux** (FRA)(ap)	1-0	1-2
AEK Athènes (GRE)-FC COLOGNE (RFA)	0-1	0-5
Fram Reykjavik (ISL)-SHAMROCK (IRL)	0-3	0-4
Zurrieq (MLT)-HAJDUK SPLIT (YOU)	1-4	0-4
Graz AK (AUT)-HUNEDOARA (ROU)	1-1	0-3
Slavia Sofia (BUL)-FC SARAJEVO (YOU)	2-2	2-4
Pezo. Larnaca (CHY)-FC ZURICH (SUI)	2-2	0-1
KAISERSLAUTERN (RFA)-Trabzonspor (TUR)	3-0	3-0
Dynamo Tbilissi (URS)-NAPLES (ITA)	2-1	0-1
FC SÉVILLE (ESP)-Levski Sofia (BUL)	3-1	3-0
UNIV. CRAIOVA (ROU)-Fiorentina (ITA)	3-1	0-1
Dortmund (RFA)-RANGERS (ECO)	0-0	0-2
Southampton (ANG)-NORRKÖPING (SUE)	2-2	0-0
STAVANGER (NOR)-Lokomotiv Leipzig (RDA)	1-0	2-3
Mielec (POL)-LOKEREN (BEL)	1-1	0-0
SPARTAK MOSCOU (URS)-Arsenal (ANG)	3-2	5-2
DUNDEE UTD (ECO)-PSV Eindhoven (HOL)	1-1	2-0
Vorwärts Francfort (RDA)-WERDER (RFA)	1-3	2-0
Lyngby (DAN)-BRAGE (SUE)	1-2	2-2
WROCLAW (POL)-Dynamo Mos. (URS)	2-2	1-0
ANDERLECHT (BEL)-Kuopio (FIN)	3-0	3-1
FERENCVAROS (HON)-Bilbao (ESP)	2-1	1-1
AS ROME (ITA)-Ipswich (ANG)	3-0	1-3
BOHEMIANS (TCH)-Admira Wacker (AUT)	5-0	2-1
HAARLEM (HOL)-La Gantoise (BEL)	2-1	3-3
BENFICA (POR)-Betis Séville (ESP)	2-1	2-1
Niedercorn (LUX)-SERVETTE (SUI)	0-1	0-3
FC Utrecht (HOL)-FC PORTO (POR)	0-1	0-2
Glentoran (ILN)-OSTRAVA (TCH)	1-3	0-1
Manchester United (ANG)-VALENCE (ESP)	0-0	1-2

SECOND TOUR

Saint-Étienne-BOHEMIANS PRAGUE	0-0	0-4
Hajduk Split-**BORDEAUX**	4-1	0-4
FC VALENCE-Banik Ostrava	1-0	0-0
Glasgow Rangers-FC COLOGNE	2-1	0-5
Hunedoara-FC SARAJEVO	4-4	0-4
Naples-KAISERSLAUTERN	1-2	0-2
PAOK Salonique-FC SÉVILLE	2-0	0-4
Ferencvaros-FC ZURICH	1-1	0-1
AS ROME-Norrköping (4-2 tab)	1-0	0-1
Stavanger-DUNDEE UNITED	1-3	0-0
BENFICA-Lokeren	2-0	2-1
SPARTAK MOSCOU-Haarlem	2-0	3-1
WERDER BRÊME-Brage	2-0	6-2
ANDERLECHT-FC Porto	4-0	2-3
Wroclaw-SERVETTE GENÈVE	0-2	1-5
Shamrock-UNIVERSITATEA CRAIOVA	0-2	0-3

HUITIÈMES DE FINALE

Bordeaux-UNIVERSITATEA CRAIOVA (ap)	1-0	0-2
Spartak Moscou-FC VALENCE	0-0	0-2
DUNDEE UNITED-Werder Brême	2-1	1-1
FC Cologne-AS ROME	1-0	0-2
FC Zurich-BENFICA	1-1	0-4
FC Séville-KAISERSLAUTERN	1-0	0-4
ANDERLECHT-FC Sarajevo	6-1	0-1
Servette Genève-BOHEMIANS PRAGUE	2-2	1-2

QUARTS DE FINALE

AS Rome-BENFICA	1-2	1-1
Kaiserslautern-UNIVERSITATEA CRAIOVA	3-2	0-1
FC Valence-ANDERLECHT	1-2	1-3
BOHEMIANS PRAGUE-Dundee United	1-0	0-0

DEMI-FINALES

BENFICA-Universitatea Craiova	0-0	1-1
Bohemians Prague-ANDERLECHT	0-1	1-3

FINALE ALLER

4 mai 1983 à Bruxelles (BEL), Heysel.
RSC ANDERLECHT - Benfica : 1-0 (1-0).
55 000 spectateurs. Arbitre : M. Dotchev (BUL).
But : Brylle (30e).
ANDERLECHT : Munaron - Hofkens, Peruzovic, Olsen, De Groote - Frimann, Coeck, Vercauteren, Lozano - Vandenbergh (Czerniatynski, 78e), Brylle. Entr. : Van Himst.
BENFICA : Bento - Pietra, Alvaro, Humberto, José Luis - Sheu (Bastos Lopez, 78e), Frederico, Carlos Manuel, Chalana (Nené, 67e) - Filipovic, Diamantino. Entr. : Eriksson.

FINALE RETOUR

18 mai 1983 à Lisbonne (POR), Estadio da Luz.
Benfica - RSC ANDERLECHT : 1-1 (1-1).
80 000 spectateurs. Arbitre : M. Corver (HOL).
Buts : Sheu (32e) pour Benfica ; Lozano (38e) pour Anderlecht.
BENFICA : Bento - Pietra, Bastos Lopez, Humberto, Veloso (Alves, 62e) - Carlos Manuel, Strömberg, Sheu (Filipovic, 50e), Chalana - Nené, Diamantino. Entr. : Eriksson.
ANDERLECHT : Munaron - De Greef, Peruzovic, Olsen, De Groote - Broos, Frimann, Coeck, Vercauteren - Vandenbergh (Brylle, 78e), Lozano. Entr. : Van Himst.

Meilleurs buteurs de la compétition :
Giresse (**Bordeaux**), Vandenbergh (Anderlecht), 7 buts.

C1 1983-84 LIVERPOOL : Debout, les moustachus Bruce Grobbelaar (debout, 2e à g.) et Ian Rush (3e à dr.) encadrent les Reds, euphoriques autour du trophée conquis à Rome.

1983-84

C1 LIVERPOOL

PREMIER TOUR

RAPID VIENNE (AUT)-**Nantes** (FRA)	3-0	1-3
D. MINSK (URS)-Grasshopper Zurich (SUI)	1-0	2-2
RABA ETO (HON)-Vikingur Reyjavik (ISL)	2-1	2-0
Hamrun (MLT)-DUNDEE UTD (ECO)	0-3	0-3
PARTIZAN BEL. (YOU)-Stavanger (NOR)	5-1	0-0
BENFICA (POR)-Linfield (ILN)	3-0	3-2
CSKA SOFIA (BUL)-Omonia Nicosie (CHY)	3-0	1-4
OB Odense (DAN)-LIVERPOOL (ANG)	0-1	0-5
Ajax (HOL)-OLYMPIAKOS (GRE) (ap)	0-0	0-2
DYN. BERLIN (RDA)-Jeunesse Esch (LUX)	4-1	2-0
Fenerbahçe (TUR)-BOHEMIANS P. (TCH)	0-1	0-4
Lech Poznan (POL)-BILBAO (ESP)	2-0	0-4
Athlone (IRL)-STANDARD LIÈGE (BEL)	2-3	2-8
AS ROME (ITA)-IFK Göteborg (SUE)	3-0	1-2
Kuusysi Lahti (FIN)-DINAMO BUC. (ROU)	0-1	0-3

Exempt : Hambourg (RFA), après le forfait de Shkodër (ALB).

HUITIÈMES DE FINALE

LIVERPOOL-Bilbao	0-0	1-0
Standard Liège-DUNDEE UNITED	0-0	0-4
DINAMO BUCAREST-Hambourg	3-0	2-3
Bohemians Prague-RAPID VIENNE	2-1	0-1
CSKA Sofia-AS ROME	0-1	0-1
Olympiakos-BENFICA	1-0	0-3
Raba Eto-DYNAMO MINSK	3-6	1-3
DYNAMO BERLIN-Partizan Belgrade	2-0	0-1

QUARTS DE FINALE

AS ROME-Dynamo Berlin	3-0	1-2
LIVERPOOL-Benfica	1-0	4-1
Rapid Vienne-DUNDEE UNITED	2-1	0-1
Dynamo Minsk-DINAMO BUCAREST	*1-1	0-1

*à Tbilissi.

DEMI-FINALES

LIVERPOOL-Dinamo Bucarest	1-0	2-1
Dundee United-AS ROME	2-0	0-3

FINALE

30 mai 1984 à Rome, Stade Olympique.
LIVERPOOL - AS Rome : 1-1 ap (1-1, 1-1), 4-2 tab.
69 693 spectateurs. Arbitre : M. Fredriksson (SUE).
Buts : Neal (15e) pour Liverpool ; Pruzzo (44e) pour la Roma.
Tirs au but : Nicol (manqué), Di Bartolomei (réussi), Neal (r), Conti (m), Souness (r), Righetti (r), Rush (r), Graziani (m), A. Kennedy (r).
LIVERPOOL : Grobbelaar - Neal, Lawrenson, A. Hansen, A. Kennedy - Johnston (Nicol, 72e), Lee, Souness, Whelan - Dalglish (Robinson, 94e), Rush. Entr. : Fagan.
AS ROME : Tancredi - Nappi, D. Bonetti, Righetti, Nela - Conti, Di Bartolomei, Cerezo (Strukelj, 115e), Falcao - Pruzzo (Chierico, 64e), Graziani. Entr. : Liedholm.

Meilleur buteur de la compétition :
Sokol (Dynamo Minsk), 6 buts.

C2 JUVENTUS TURIN

Sous le maillot... jaune de la Juve, Michel Platini remporte son premier trophée continental.

TOUR PRÉLIMINAIRE

Swansea (GAL)-MAGDEBOURG (RDA)	1-1	0-1

PREMIER TOUR

Magdebourg-FC BARCELONE (ESP)	1-5	0-2
JUVENTUS (ITA)-Gdansk (POL)	7-0	3-2
Glentoran (ILN)-**PARIS-SG** (FRA)	1-2	1-2
AEK Athènes (GRE)-UJPEST (HON)	2-0	1-4
Dynamo Zagreb (YOU)-FC PORTO (POR)	2-1	0-1
IA Akranes (ISL)-ABERDEEN (ECO)	1-2	1-1
SERVETTE (SUI)-Beggen (LUX)	4-0	5-1
MAN. UNITED (ANG)-Dukla Prague (TCH)	1-1	2-2
FC La Valette (MLT)-RANGERS (ECO)	0-8	0-10
FC Tirol (AUT)-FC COLOGNE (RFA)	1-0	1-7
Sligo (IRL)-VALKEAKOSKI (FIN)	0-1	0-3
NIMÈGUE (HOL)-Brann Bergen (NOR)	1-1	1-0
P. Famagouste (CHY)-BEVEREN (BEL)	2-4	1-3
Nykobing (DAN)-CH. DONETSK (URS)	1-5	2-4
Idmanyurdu (TUR)-VARNA (BUL)	0-0	0-1
HAMMARBY (SUE)-Nëntori Tirana (ALB)	4-0	1-2

HUITIÈMES DE FINALE

Paris-SG-JUVENTUS	2-2	0-0
Nimègue-FC BARCELONE	2-3	0-2
UJPEST DOSZA-FC Cologne	3-1	2-4
Glasgow Rangers-FC PORTO	2-1	0-1
Hammarby-VALKEAKOSKI (ap)	1-1	1-2
Beveren-ABERDEEN	0-0	1-4
CHAKHTIOR DONETSK-Servette	1-0	2-1
Varna-MANCHESTER UNITED	1-2	0-2

QUARTS DE FINALE

FC PORTO-Chakhtior Donetsk	3-2	1-1
Ujpest Dosza-ABERDEEN	2-0	0-3
FC Barcelone-MANCHESTER UNITED	2-0	0-3
Valkeakoski-JUVENTUS	0-1	0-1

DEMI-FINALES

FC PORTO-Aberdeen	1-0	1-0
Manchester United-JUVENTUS	1-1	1-2

FINALE

16 mai 1984 à Bâle (SUI), Sankt Jakob Stadion.
JUVENTUS TURIN - FC Porto : 2-1 (2-1).
55 000 spectateurs. Arbitre : M. Prokop (RDA).
Buts : Vignola (13e), Boniek (41e) pour la Juventus ; Sousa (29e) pour le FC Porto.
JUVENTUS : Tacconi - Gentile, Brio, Scirea, Cabrini - Bonini, Tardelli, **Platini**, Vignola (Caricola, 89e) - P. Rossi, Boniek. Entr. : Trapattoni.

FC PORTO : Ze Beto - Joao Pinto, Eurico, Eduardo Luis (Joao Costa, 82e), Lima Pereira - Jaime Pacheco, Jaime Magalhaes (Walsh, 65e), Sousa, Frasco - Fernando Gomes, Vermelinho. Entr. : Pedroto.

Meilleurs buteurs de la compétition : Graczev et Morozov (Chakhtior Donetsk), McGhee (Aberdeen), 5 buts.

C3 TOTTENHAM HOTSPUR

L'Anglais Graham Roberts (à g.) et le Belge Frankie Vercauteren auront du mal à se départager.

PREMIER TOUR

Bordeaux (FRA)-LOKOMOTIV LEIPZIG (RDA) 2-3 0-4
La Gantoise (BEL)-LENS (FRA) (ap) 1-1 1-2
Dynamo Kiev (URS)-LAVAL (FRA) 0-0 0-1
Rabat (MLT)-INTER BRATISLAVA (TCH) 0-10 0-6
Trabzonspor (TUR)-INTER MILAN (ITA) 1-0 *0-2
*à Cesena.
Univ. Craiova (ROU)-HAJDUK (YOU)(1-3 tab) 1-0 0-1
Stuttgart (RFA)-LEVSKI SOFIA (BUL) 1-1 0-1
Lok. Plovdiv (BUL)-PAOK SALONIQUE (GRE) 1-2 1-3
Sportul Bucarest (ROU)-STURM GRAZ (AUT) 1-2 0-0
Ano. Famagouste (CHY)-BAYERN (RFA) 0-1 0-10
NIS (YOU)-Saint-Gall (SUI) 3-0 2-1
Saint-Mirren (ECO)-FEYENOORD (HOL) 0-1 0-2
Drogheda (IRL)-TOTTENHAM (ANG) 0-6 0-8
WERDER BRÊME (RFA)-Malmö FF (SUE) 1-1 2-1
CELTIC GLASGOW (ECO)-Aarhus (DAN) 1-0 4-1
NOTT. FOREST (ANG)-Vorwärts Francf. (RDA) 2-0 1-0
Bryne (NOR)-ANDERLECHT (BEL) 0-3 1-1
SPARTAK MOSCOU (URS)-HJK Helsinki (FIN) 2-0 5-0
Vestmannaeyjar (ISL)-C.Z. IÉNA (RDA) 0-0 0-3
WIDZEW LODZ (POL)-Elfsborg (SUE) 0-0 2-2
Larissa (GRE)-HONVED (HON) (ap) 2-0 0-3
Atletico Madrid (ESP)-GRONINGUE (HOL) 2-1 0-3
VÉRONE (ITA)-Étoile Rouge Belgrade (YOU) 1-0 3-2
Kaiserslautern (RFA)-WATFORD (ANG) 3-1 0-3
PSV EINDHOVEN (HOL)-Ferencvaros (HON) 4-2 2-0
FC Séville (ESP)-SPORTING (POR) 1-1 2-3
Bonnevoie (LUX)-AUSTRIA VIENNE (AUT) 0-5 0-10
OSTRAVA (TCH)-B 1903 Copenhague (DAN) 5-0 1-1
SPARTA ROTTERDAM (HOL)-Coleraine (ILN) 4-0 1-1
FC Zurich (SUI)-ANTWERP (BEL) 1-4 2-4
SPARTA PRAGUE (TCH)-Real Madrid (ESP) 3-2 1-1
Guimaraes (POR)-ASTON VILLA (ANG) 1-0 0-5

SECOND TOUR

LENS-Antwerp 2-2 3-2
AUSTRIA VIENNE-Laval 2-0 3-3
WATFORD-Levski Sofia (ap) 1-1 3-1
Vérone-STURM GRAZ 2-2 0-0
SPARTA ROTTERDAM-Carl Zeiss Iéna 3-2 1-1
Groningue-INTER MILAN 2-0* 1-5
*à Bari.
ANDERLECHT-Banik Ostrava 2-0 2-2
PAOK Salonique-BAYERN (8-9 tab) 0-0 0-0
PSV Eindhoven-NOTTINGHAM FOREST 1-2 0-1
Widzew Lodz-SPARTA PRAGUE *1-0 0-3
*à Bialystok.
Honved Budapest-HAJDUK SPLIT 3-2 0-3
LOKOMOTIV LEIPZIG-Werder Brême 1-0 1-1
SPARTAK MOSCOU-Aston Villa 2-2 2-1
Sporting-CELTIC GLASGOW 2-0 0-5
NIS-Inter Bratislava 4-0 2-3
TOTTENHAM-Feyenoord Rotterdam 4-2 2-0

HUITIÈMES DE FINALE

Lens-ANDERLECHT 1-1 0-1
STURM GRAZ-Lokomotiv Leipzig 2-0 0-1
AUSTRIA VIENNE-Inter Milan 2-1 1-1
NOTTINGHAM FOREST-Celtic Glasgow 0-0 2-1
Bayern Munich-TOTTENHAM 1-0 0-2
Watford-SPARTA PRAGUE 2-3 0-4
Nis-HAJDUK SPLIT 0-2 0-2
Sparta Rotterdam-SPARTAK MOSCOU 1-1 0-2

QUARTS DE FINALE

ANDERLECHT-Spartak Moscou 4-2 *0-1
*à Tbilissi.
Sparta Prague-HAJDUK SPLIT (ap) 1-0 0-2
NOTTINGHAM FOREST-Sturm Graz (ap) 1-0 1-1
TOTTENHAM-Austria Vienne 2-0 2-2

DEMI-FINALES

Hajduk Split-TOTTENHAM 2-1 0-1
Nottingham Forest-ANDERLECHT 2-0 0-3

FINALE ALLER

9 mai 1984 à Bruxelles (BEL), Parc Astrid.
Anderlecht - TOTTENHAM : 1-1 (0-0).
35 000 spectateurs. Arbitre : M. Galler (SUI).
Buts : Miller (56e) pour Tottenham ; Olsen (85e) pour Anderlecht.
ANDERLECHT : Munaron - Grun, De Greef, Olsen, De Groote - Hofkens, Van der Eycken, Scifo - Brylle, Vandenbergh (Arnesen, 81e), Czerniatynski (Vercauteren, 64e). Entr. : Van Himst.
TOTTENHAM : Parks - Thomas, Roberts, Stevens (Mabbutt, 80e), Hughton - Perryman, Miller, Hazard, Galvin - Falco, Archibald. Entr. : Burkinshaw.

FINALE RETOUR

23 mai 1984 à Londres (ANG), White Hart Lane.
TOTTENHAM - RSC Anderlecht : 1-1 ap (0-0, 1-1), 4-3 tab.
46 000 spectateurs. Arbitre : M. Roth (RFA).
Buts : Czerniatynski (61e) pour Anderlecht ; Roberts (83e) pour Tottenham.
Tirs au but : Roberts (réussi), Olsen (manqué), Falco (r), Brylle (r), Stevens (r), Scifo (r), Archibald (r), Vercauteren (r), Thomas (m), Gudjohnsen (m).
TOTTENHAM : Parks - Thomas, Roberts, Miller (Ardiles, 77e), Hughton - Mabbutt (Dick, 73e), Stevens, Hazard, Galvin - Archibald, Falco. Entr. : Burkinshaw.
ANDERLECHT : Munaron - Grun, De Greef, Olsen, De Groote - Hofkens, Van der Eycken, Vercauteren, Scifo - Arnesen (Gudjohnsen, 77e), Czerniatynski (Brylle, 104e). Entr. : Van Himst.

Meilleur buteur de la compétition : Nyilasi (Austria Vienne), 9 buts.

1984-85

C1 JUVENTUS TURIN

PREMIER TOUR

Trabzonspor (TUR)-DNIEPROP. (URS) 1-0 *0-3
*à Krivoï-Rog.
Beggen (LUX)-IFK GÖTEBORG (SUE) *0-8 0-9
*à Luxembourg.
BORDEAUX (FRA)-Bilbao (ESP) 3-2 0-0
Aberdeen (ECO)-DYN. BERLIN (RDA) (4-5 tab) 2-1 1-2
AUSTRIA VIENNE (AUT)-FC La Valette (MLT) 4-0 4-0
LEVSKI SOFIA (BUL)-Stuttgart (RFA) 1-1 2-2
Étoile Rouge Belgrade (YOU)-BENFICA (POR) 3-2 0-2
GRASSHOP. (SUI)-Honved Budapest (HON) 3-1 1-2
Feyenoord (HOL)-PANATHINAÏKOS (GRE) 0-0 1-2
Lech Poznan (POL)-LIVERPOOL (ANG) 0-1 0-4
DINAMO BUC. (ROU)-Omonia Nicosie (CHY) 4-1 1-2
Ilves Tampere (FIN)-JUVENTUS (ITA) 0-4 1-2
IA Akranes (ISL)-BEVEREN (BEL) *2-2 0-5
*à Reykjavik.
Välerengen Oslo (NOR)-SPARTA PRA. (TCH) 3-3 0-2
LINFIELD (ILN)-Shamrock (IRL) 0-0 1-1
Elbasan (ALB)-LYNGBY (DAN) 0-3 0-3

HUITIÈMES DE FINALE

Dynamo Berlin-AUSTRIA VIENNE 3-3 1-2
BORDEAUX-Dinamo Bucarest 1-0 1-1
Levski Sofia-DNIEPROPETROVSK 3-1 *0-2
*à Krivoï-Rog.
IFK GÖTEBORG-Beveren (ap) 1-0 1-2
SPARTA PRAGUE-Lyngby 0-0 2-1
PANATHINAÏKOS-Linfield 2-1 3-3
JUVENTUS-Grasshopper Zurich 2-0 4-2
LIVERPOOL-Benfica 3-1 0-1

QUARTS DE FINALE

JUVENTUS-Sparta Prague 3-0 0-1
BORDEAUX-Dniepropetrovsk (5-3 tab) 1-1 *1-1
*à Krivoï-Rog.
Austria Vienne-LIVERPOOL 1-1 1-4
IFK Göteborg-PANATHINAÏKOS 0-1 2-2

DEMI-FINALES

JUVENTUS-Bordeaux 3-0 0-2
LIVERPOOL-Panathinaïkos 4-0 1-0

FINALE

29 mai 1985 à Bruxelles (BEL), Heysel.
JUVENTUS TURIN - Liverpool : 1-0 (0-0).
60 000 spectateurs (39 morts). Arbitre : M. Daina (SUI).
But : Platini (58e, sp).
JUVENTUS : Tacconi - Favero, Brio, Scirea, Cabrini - M. Bonini, Platini, Tardelli - Briaschi (Prandelli, 84e), P. Rossi (Vignola, 89e), Boniek. Entr. : Trapattoni.
LIVERPOOL : Grobbelaar - Neal, A. Hansen, Lawrenson (Gillespie, 3e), Beglin - Nicol, Dalglish, Wark, Whelan - Walsh (Johnston, 46e), Rush. Entr. : Fagan.

Meilleurs buteurs de la compétition : T. Nilsson (IFK Göteborg), Platini (Juventus), 7 buts.

C2 EVERTON

PREMIER TOUR

METZ (FRA)-FC Barcelone (ESP) 2-4 4-1
RAPID VIENNE (AUT)-Besiktas (TUR) 4-1 1-1
WREXHAM (GAL)-FC Porto (POR) 1-0 3-4
AS ROME (ITA)-Steaua Bucarest (ROU) 1-0 0-0
INTER BRATI. (TCH)-Kuusysi Lahti (FIN) 2-1 0-0
BAYERN M. (RFA)-Moss (NOR) 4-1 2-1
Apoel Nicosie (CHY)-SERVETTE (SUI) 0-3 1-3
TRAKIA PLOVDIV (BUL)-Union Lux. (LUX) 4-0 1-1
Malmö FF (SUE)-DRESDE (RDA) 2-0 1-4
DYN. MOSCOU (URS)-Hajduk Split (YOU) 1-0 *5-2
*à Osijek
Siofok (HON)-LARISSA (GRE) 1-1 0-2
KB Copenhague (DAN)-F. SITTARD (HOL) 0-0 0-3
WISLA CRACOVIE (POL)-Vestmannaeyjar (ISL) 4-2 3-1
Ballymena (ILN)-HAMRUN (MLT) 0-1 1-2
University Dublin (IRL)-EVERTON (ANG) 0-0 0-1
La Gantoise (BEL)-CELTIC GLASGOW (ECO) 1-0 0-3

HUITIÈMES DE FINALE

AS ROME-Wrexham 2-0 1-0
Inter Bratislava-EVERTON 0-1 0-3
DRESDE-Metz 3-1 0-0
BAYERN MUNICH-Trakia Plovdiv 4-1 0-2
RAPID VIENNE-Celtic Glasgow 3-1 *1-0
*match rejoué à Manchester (initialement 3-0 pour le Celtic).
DYNAMO MOSCOU-Hamrun 5-0 1-0
FORTUNA SITTARD-Wisla Cracovie 2-0 1-2
LARISSA-Servette Genève 2-1 1-0

QUARTS DE FINALE

Dresde-RAPID VIENNE 3-0 0-5
BAYERN MUNICH-AS Rome 2-0 2-1
EVERTON-Fortuna Sittard 3-0 2-0
Larissa-DYNAMO MOSCOU 0-0 0-1

DEMI-FINALES

RAPID VIENNE-Dynamo Moscou 3-1 1-1
Bayern Munich-EVERTON 0-0 1-3

FINALE

15 mai 1985 à Rotterdam (HOL), De Kuip.
EVERTON - Rapid Vienne : 3-1 (0-0).
38 500 spectateurs. Arbitre : M. Casarin (ITA).
Buts : A. Gray (58e), T. Steven (72e), Sheedy (85e) pour Everton ; Krankl (84e) pour le Rapid Vienne.
EVERTON : Southall - G. Stevens, Ratcliffe, Mountfield, Van den Hauwe - T. Steven, Reid, Bracewell, Sheedy - A. Gray, Sharp. Entr. : Kendall.
RAPID VIENNE : Koncilia - Lainer, Weber, Garger, Brauneder - Hrstic, Kienast, Kranjcar, Weinhofer (Panenka, 67e) - Pacult (Gröss, 60e), Krankl. Entr. : Baric.

Meilleurs buteurs de la compétition : Gazzaïev (Dynamo Moscou), A. Gray (Everton), Panenka (Rapid Vienne), 5 buts.

C3 REAL MADRID

PREMIER TOUR

PARIS-SG (FRA)-Hearts of Midlothian (ECO) 4-0 2-2
Monaco (FRA)-CSKA SOFIA (BUL) 2-2 1-2
SPORTING (POR)-Auxerre (FRA) (ap) 2-0 2-2
Rabat (MLT)-PARTIZAN BELGRAD (YOU) 0-2 0-2
Fenerbahçe (TUR)-FIORENTINA (ITA) 0-1 0-2
Betis Séville (ESP)-U. CRAIOVA (ROU)(3-5 tab) 1-0 0-1
Sliven (BUL)-ZELJEZNICAR SARAJ. (YOU) 1-0 1-5
OLYMPIAKOS (GRE)-Neuchâtel Xamax (SUI) 1-0 2-2
BOH. PRAGUE (TCH)-Apollon Limassol (CHY) 6-1 2-2
Sportul Bucarest (ROU)-INTER (ITA) 1-0 0-2
Öster Växjö (SUE)-LINZ ASK (AUT) 0-1 0-1
Bohemians Dublin (IRL)-RANGERS (ECO) 3-2 0-2
Southampton (ANG)-HAMBOURG (RFA) 0-0 0-2
WIDZEW LODZ (POL)-Aarhus (DAN) 2-0 0-1
OB Odense (DAN)-SPARTAK (URS) 1-5 1-2
LOK. LEIPZIG (RDA)-Lilleström (NOR) 7-0 0-3
Nottingham Forest (ANG)-FC BRUGES (BEL) 0-0 0-1
FC COLOGNE (RFA)-Szczecin (POL) 2-1 1-0
DYNAMO MINSK (URS)-HJK Helsinki (FIN) 4-0 6-0
KR Reykjavik (ISL)-QUEEN'S P. R. (ANG) 0-3 0-4
AIK Stockholm (SUE)-DUNDEE UTD (ECO) 1-0 0-3
ANDERLECHT (BEL)-Werder Brême (RFA) 1-0 1-2
Valladolid (ESP)-RIJEKA (YOU) 1-0 1-4
Bystrica (TCH)- M'GLADBACH (RFA) 2-3 1-4
MAN. UNITED (ANG)-Raba Eto (HON) 3-0 2-2
VIDEOTON (HON)-Dukla Prague (TCH) 1-0 0-0
REAL MADRID (ESP)-FC Tirol (AUT) 5-0 0-2
Differdange (LUX)-AJAX (HOL) 0-0 0-14
Vorwärts Francfort (RDA)-PSV (HOL) 2-0 0-3
SION (SUI)-Atletico Madrid (ESP) 1-0 3-2
Braga (POR)-TOTTENHAM (ANG) 0-3 0-6
Glentoran (ILN)-STANDARD (BEL) 1-1 0-2

SECOND TOUR

Paris-SG-VIDEOTON 2-4 0-1
Lokomotiv Leipzig-SPARTAK MOSCOU 1-1 0-2
ZELJEZNICAR SARAJEVO-Sion 2-1 1-1
Sporting-DYNAMO MINSK (3-5 tab) 2-0 0-2
Fiorentina-ANDERLECHT 1-1 2-6
PSV Eindhoven-MAN. UNITED (ap) 0-0 0-1
Linz ASK-DUNDEE UNITED 1-2 1-5
Rijeka-REAL MADRID 3-1 0-3
Standard Liège-FC COLOGNE 0-2 1-2
INTER MILAN-Glasgow Rangers 3-0 1-3
Queen's Park Rangers-PARTIZAN BELG. 6-2 0-4
FC Bruges-TOTTENHAM 2-1 0-3
HAMBOURG-CSKA Sofia 4-0 2-1
Ajax-BOHEMIANS PRAGUE (4-2 tab) 1-0 0-1
Mönchengladbach-WIDZEW LODZ 3-2 0-1
UNIVERSITATEA CRAIOVA-Olympiakos 1-0 1-0

HUITIÈMES DE FINALE

Univ. Craiova-ZELJEZNICAR SARAJEVO 2-0 0-4
VIDEOTON-Partizan Belgrade 5-0 0-2

C1 1984-85 **JUVENTUS : Dans un Heysel transformé en cimetière, les Juventini (Brio, Scirea, Favero, Tacconi, Tardelli ; Briaschi, Boniek, Platini, Bonini, P. Rossi, Cabrini) n'ont pas le cœur à jouer.**

MANCHESTER UNITED-Dundee United 2-2 3-2
TOTTENHAM-Bohemians Prague 2-0 1-1
Anderlecht-REAL MADRID 3-0 1-6
Spartak Moscou-FC COLOGNE 1-0 0-2
Hambourg-INTER MILAN 2-1 0-1
Widzew Lodz-DYNAMO MINSK 0-2 1-0

QUARTS DE FINALE

ZELJEZNICAR SARAJEVO-Dynamo Minsk 2-0 1-1
INTER MILAN-FC Cologne 1-0 3-1
Manchester United-VIDEOTON (4-5 tab) 1-0 0-1
Tottenham-REAL MADRID 0-1 0-0

DEMI-FINALES

VIDEOTON-Zeljeznicar Sarajevo 3-1 1-2
Inter Milan-REAL MADRID 2-0 0-3

FINALE ALLER

8 mai 1985 à Szekesfehérvar (HON), Sostoi.
Videoton - REAL MADRID : 0-3 (0-1).
30 000 spectateurs. Arbitre : M. **Vautrot** (FRA).
Buts : Michel (31e), Santillana (76e), Valdano (87e).
VIDEOTON : P. Disztl - Csuhay, L. Disztl, Vegh, Horvath - Burcsa, Wittmann, Vadasz (Gyenti, 62e) - Bozanyi, Palkovics, Novak. Entr. : F. Kovacs.
REAL MADRID : Miguel Angel - San José, Sanchis, Stielike, Camacho - Chendo, Gallego, Michel - Butragueno (Juanito, 79e), Santillana (Salguero, 81e), Valdano. Entr. : Molowny.

FINALE RETOUR

22 mai 1985 à Madrid (ESP), Santiago-Bernabeu.
REAL MADRID - Videoton : 0-1 (0-0).
90 000 spectateurs. Arbitre : M. Ponnet (BEL).
But : Majer (86e).
REAL MADRID : Miguel Angel - Chendo, Sanchis, Stielike, Camacho - San José, Michel, Gallego - Butragueno, Santillana (Juanito, 57e), Valdano. Entr. : Molowny.
VIDEOTON : P. Disztl - Csuhay, L. Disztl, Vegh, Horvath - Burcsa, Csongrad (Wittmann, 57e), Vadasz - Majer, Szabo, Novak (Palkovics, 51e). Entr. : F. Kovacs.

Meilleurs buteurs de la compétition :
Bannister (QPR), Bahtic (Zeljeznicar), 7 buts.

1985-86

C1 STEAUA BUCAREST

PREMIER TOUR

HONVED (HON)-Shamrock (IRL) 2-0 3-1
Linfield (ILN)-SERVETTE GENÈVE (SUI) 2-2 1-2
FC PORTO (POR)-Ajax (HOL) 2-0 0-0
H. VÉRONE (ITA)-PAOK Salonique (GRE) 3-1 2-1
Dynamo Berlin (RDA)-AUSTRIA V. (AUT) 0-2 1-2
Sparta Prague (TCH)-BARCELONE (ESP) 1-2 1-0
Jeunesse Esch (LUX)-JUVENTUS (ITA) 0-5 1-4
Bordeaux (FRA)-FENERBAHÇE (TUR) 2-3 0-0
Gornik Zabrze (POL)-BAYERN (RFA) 1-2 1-4
IFK GÖTEBORG (SUE)-Trakia Plovdiv (BUL) 3-2 2-1
KUUSYSI LAHTI (FIN)-FK Sarajevo (YOU) 2-1 2-1
IA Akranes (ISL)-ABERDEEN (ECO) 1-3 1-4

C1 1985-86 STEAUA BUCAREST : Le gardien roumain Helmut Ducadam (debout à l'ext. dr.) attendra les tirs au but pour doucher les ardeurs d'un stade espagnol en fusion.

ZÉNITH LENING. (URS)-Välerengen (NOR) 2-0 2-0
Vejle (DAN)-STEAUA BUCAREST (ROU) 1-1 1-4
Rabat (MLT)-OMONIA NICOSIE (CHY) 0-5 0-5
Exempt : Anderlecht (BEL).

HUITIÈMES DE FINALE

ANDERLECHT-Omonia Nicosie 1-0 3-1
FC BARCELONE-FC Porto 2-0 1-3
BAYERN MUNICH-Austria Vienne 4-2 3-3
Honved Budapest-STEAUA BUCAREST 1-0 1-4
Servette Genève-ABERDEEN 0-0 0-1
Zénith Leningrad-KUUSYSI LAHTI (ap) 2-1 1-3
IFK GÖTEBORG-Fenerbahçe 4-0 1-2
Hellas Vérone-JUVENTUS 0-0 0-2

QUARTS DE FINALE

FC BARCELONE-Juventus 1-0 1-1
Bayern Munich-ANDERLECHT 2-1 0-2
Aberdeen-IFK GÖTEBORG 2-2 0-0
STEAUA BUCAREST-Kuusysi Lahti 0-0 1-0

DEMI-FINALES

Anderlecht-STEAUA BUCAREST 1-0 0-3
IFK Göteborg-FC BARCELONE (4-5 tab) 3-0 0-3

FINALE

7 mai 1986 à Séville (ESP), Sanchez-Pizjuan.
STEAUA - FC Barcelone : 0-0 ap, 2-0 tab.
60 000 spectateurs. Arbitre : M. Vautrot (FRA).
Tirs au but : Majaru (manqué), Alesanco (m), Bölöni (m), Pedraza (m), Lacatus (réussi), Alonso (m), Balint (r), Marcos (m).
STEAUA : Ducadam - Iovan, Bumbescu, Belodedici, Barbulescu - Majaru, Balan (Iordanescu, 72e), Bölöni, Balint - Lacatus, Piturca (Radu, 107e). Entr. : Jenei.
FC BARCELONE : Urruticoechea - Gerardo, Migueli, Alesanco, Julio Alberto - Victor, Schuster (Moratalla, 85e), Carrasco - Pedraza, Archibald (Pichi Alonso, 106e), Marcos. Entr. : Venables.

Meilleur buteur de la compétition :
T. Nilsson (IFK Göteborg), 6 buts.

C2 DYNAMO KIEV

PREMIER TOUR

HJK HELSINKI (FIN)-Vlorë (ALB) 3-2 2-1
Monaco (FRA)-UNIV. CRAIOVA (ROU) 2-0 0-3
RAPID VIENNE (AUT)-Tatabanya (HON) 5-0 1-1
ÉTOILE ROUGE (YOU)-Aarau (SUI) 2-0 *2-2
*à Zurich.
FC Utrecht (HOL)-DYNAMO KIEV (URS) 2-1 1-4
GALATASARAY (TUR)-Widzew Lodz (POL) 1-0 1-2
ATLETICO MADRID (ESP)-Celtic (ECO) 1-1 2-1
LYNGBY (DAN)-Galway (IRL) 1-0 3-2
AIK STOCKHOLM (SUE)-Differdange (LUX) 8-0 5-0
Larissa (GRE)-SAMPDORIA (ITA) 1-1 0-1
Fredrikstad (NOR)-BANGOR (GAL) 1-1 0-0
Cercle Bruges (BEL)-DRESDE (RDA) 3-2 1-2
AEL Limassol (CHY)-DUKLA PRAGUE (TCH) 2-2 0-4
FRAM REYKJAVIK (ISL)-Glentoran (ILN) 3-1 0-1
Zurrieq (MLT)-UERDINGEN (RFA) 0-3 0-9
Exempt : Benfica (POR).

HUITIÈMES DE FINALE

RAPID VIENNE-Fram Reykjavik 3-0 1-2
Universitatea Craiova-DYNAMO KIEV 2-2 0-3
DUKLA PRAGUE-AIK Stockholm 1-0 2-2
Lyngby-ÉTOILE ROUGE BELGRADE 2-2 1-3
BENFICA-Sampdoria Gênes 2-0 0-1
UERDINGEN-Galatasaray 2-0 1-1
Bangor-ATLETICO MADRID 0-2 0-1
HJK Helsinki-DRESDE 1-0 2-7

QUARTS DE FINALE

Étoile Rouge Belgrade-ATLETICO MADRID 0-2 1-1
Rapid Vienne-DYNAMO KIEV 1-4 1-5
DUKLA PRAGUE-Benfica 1-0 1-2
Dresde-UERDINGEN 2-0 3-7

DEMI-FINALES

DYNAMO KIEV-Dukla Prague 3-0 1-1
ATLETICO MADRID-Uerdingen 1-0 3-2

FINALE

2 mai 1986 à Lyon (FRA), Gerland.
DYNAMO KIEV - Atletico : 3-0 (1-0).
39 300 spectateurs. Arbitre : M. Wöhrer (AUT).
Buts : Zavarov (4e), Blokhine (85e), Yevtuchenko (87e).
DYNAMO KIEV : Chanov - Bessonov, Baltacha (Bal, 38e), Kusnetzov, Demianenko - Yaremchuk, Yacovenko, Zavarov (Yevtuchenko, 70e), Rats - Belanov, Blokhine. Entr. : Lobanovski.
ATLETICO : Fillol - Tomas, Arteche, Ruiz, Clemente - Julio Prieto, Landaburu (Quique Setien, 61e), Marina, E.R. Quique - Da Silva, Cabrera. Entr. : Aragones.

Meilleurs buteurs de la compétition :
Belanov, Blokhine et Zavarov (Dynamo Kiev), Lippmann (Dresde), 5 buts.

C3 REAL MADRID

Hugo Sanchez (à l'ext. dr.) et les Madrilènes fêtent la deuxième C3 du Real en deux ans.

PREMIER TOUR

Valur Reykjavik (ISL)-**NANTES** (FRA) 2-1 0-3
Auxerre (FRA)-MILAN AC (ITA) 3-1 0-3
HAJDUK SPLIT (YOU)-**Metz** (FRA) 5-1 2-2
FC LIÈGE (BEL)-FC Tirol (AUT) 1-0 3-1
BILBAO (ESP)-Besiktas (TUR) 4-1 1-0
NEUCH. XAMAX (SUI)-Sportul Bucarest (ROU) 3-0 4-4
Apoel Nicosie (CHY)-LOK. SOFIA (BUL) (ap) 2-2 2-4
LINZ ASK (AUT)-Banik Ostrava (TCH) 2-0 1-0
TORINO (ITA)-Panathinaïkos (GRE) 2-1 1-1
Din. Bucarest (ROU)-VARDAR SKOPJE (YOU) 2-1 0-1
Portimonense (POR)-PARTIZAN BEL. (YOU) 1-0 0-4
DYNAMO TIRANA (ALB)-Hamrun (MLT) 1-0 0-0
AEK Athènes (GRE)-REAL MADRID (ESP) 1-0 0-5
INTER MILAN (ITA)-Saint-Gall (SUI) 5-1 0-0
WAREGEM (BEL)-Aarhus (DAN) 5-2 1-0
Aue (RDA)-DNIEPROPETROVSK (URS) 1-3 *1-2
*à Krivoï Rog.
LEGIA VARSOVIE (POL)-Stavanger (NOR) 3-0 1-1
Blagoevgrad (BUL)-HAMMARBY (SUE) 1-3 0-4
SPARTAK MOSCOU (URS)-Turku (FIN) 1-0 3-1
Bohemians Dublin (IRL)-DUNDEE UTD (ECO) 2-5 2-2
Slavia Prague (TCH)-ST-MIRREN (ECO) (ap) 1-0 0-3
VIDEOTON (HON)-Malmö FF (SUE) 1-0 2-3
Beggen (LUX)-PSV EINDHOVEN (HOL) 0-2 0-4
Boavista (POR)-FC BRUGES (BEL) 4-3 1-3
Raba Eto (HON)-BOHEMIANS PRA. (TCH) (ap) 3-1 1-4
Coleraine (ILN)-LOK. LEIPZIG (RDA) 1-1 0-5
Rangers (ECO)-OSASUNA (ESP) 1-0 0-2
SPORTING (POR)-Feyenoord (HOL) 3-1 1-2
SPARTA R. (HOL)-Hambourg (RFA) (4-3 tab) 2-0 0-2
M'GLADBACH (RFA)-Lech Poznan (POL) 1-1 2-0
FC COLOGNE (RFA)-Gijon (ESP) 0-0 2-1
ODESSA (URS)-Werder Brême (RFA) 2-1 2-3

SECOND TOUR

Partizan Belgrade-**NANTES** 1-1 0-4
PSV Eindhoven-DNIEPROPETROVSK 2-2 *0-1
*à Krivoï-Rog.
Dynamo Tirana-SPORTING 0-0 0-1
Torino-HAJDUK SPLIT 1-1 1-3
FC Liège-BILBAO 0-1 1-3
Lokomotiv Sofia-NEUCHÂTEL XAMAX 1-1 0-0
HAMMARBY-Saint-Mirren 3-3 2-1
Videoton-LEGIA VARSOVIE 0-1 1-1
SPARTAK MOSCOU-FC Bruges 1-0 3-1
REAL MADRID-Odessa 2-1 0-0
DUNDEE UNITED-Vardar Skopje 2-0 1-1
Linz ASK-INTER MILAN 1-0 0-4
MILAN AC-Lokomotiv Leipzig 2-0 1-3
WAREGEM-Osasuna 2-0 1-2
Sparta Rotterdam-M'GLADBACH 1-1 1-5
FC COLOGNE-Bohemians Prague 4-0 4-2

HUITIÈMES DE FINALE

Spartak Moscou-**NANTES** 0-1 1-1
Dniepropetrovsk-HAJDUK SPLIT *0-1 0-2
*à Krivoï-Rog
Mönchengladbach-REAL MADRID 5-1 *0-4
*à Düsseldorf.
INTER MILAN-Legia Varsovie (ap) 0-0 1-0
WAREGEM-Milan AC 1-1 2-1
Hammarby-FC COLOGNE 2-1 1-3
Bilbao-SPORTING 2-1 0-3
Dundee United-NEUCHÂTEL XAMAX (ap) 2-1 1-3

QUARTS DE FINALE

INTER MILAN-**Nantes** 3-0 3-3
Hajduk Split-WAREGEM (4-5 tab) 1-0 0-1
REAL MADRID-Neuchâtel Xamax 3-0 0-2
Sporting-FC COLOGNE 1-1 0-2

DEMI-FINALES

FC COLOGNE-Waregem 4-0 *3-3
*à Courtrai.
Inter Milan-REAL MADRID (ap) 3-1 1-5

FINALE ALLER

30 avril 1986 à Madrid (ESP), Santiago-Bernabeu.
REAL MADRID - FC Cologne : 5-1 (2-1).
85 000 spectateurs. Arbitre : M. Courtney (ANG).
Buts : K. Allofs (29e) pour le FC Cologne ; H. Sanchez (37e), Gordillo (42e), Valdano (52e, 85e), Santillana (89e) pour le Real Madrid.
REAL : Agustin - Solana, Martin Vazquez (Santillana, 84e), Salguero, Camacho - Juanito, Gordillo, Michel - Sanchez, Butragueno, Valdano. Entr. : Molowny.
COLOGNE : Schumacher - Prestin, Geils, Gielchen, Steiner - Geilenkirchen, Bein (Hässler, 72e), Hönerbach, Janssen - Littbarski (Dickel, 85e), Allofs. Entr. : Kessler.

FINALE RETOUR

6 mai 1986 à Berlin (RFA), Olympiastadion.
FC Cologne - REAL MADRID : 2-0 (1-0).
15 000 spectateurs. Arbitre : M. Valentine (ECO).
Buts : Bein (22e), Geilenkirchen (72e).
COLOGNE : Schumacher - Prestin, Steiner, Gielchen, Geils (Schmitz, 84e), Geilenkirchen, Hönerbach, Janssen (Pisanti, 59e), Littbarski - Bein, Allofs. Entr. : Kessler.
REAL : Agustin - Chendo, Solana, Maceda, Camacho - Michel, Gordillo, Gallego - Butragueno (Juanito, 88e), Sanchez (Santillana, 20e), Valdano. Entr. : Molowny.

Meilleur buteur de la compétition :
K. Allofs (FC Cologne), 9 buts.

1986-87

C1 FC PORTO

PREMIER TOUR

FC PORTO (POR)-Rabat (MLT) 9-0 1-0
Paris-SG (FRA)-VITKOVICE (TCH) 2-2 0-1
BESIKTAS (TUR)-Dynamo Tirana (ALB) 2-0 1-0
ANDERLECHT (BEL)-Gornik Zabrze (POL) 2-0 1-1
ÉTOILE R. (YOU)-Panathinaïkos (GRE) 3-0 1-2
Beggen (LUX)-AUSTRIA VIENNE (AUT) *0-3 **0-3
*à Luxembourg. **à Salzbourg.
PSV Eindhoven (HOL)-BAYERN (RFA) 0-2 0-0
Shamrock (IRL)-CELTIC GLASGOW (ECO) 0-1 0-2
APOEL NICOSIE (CHY)-HJK Helsinki (FIN) 1-0 2-3
BRÖNDBY (DAN)-Honved Budapest (HON) 4-1 2-2
Zagora (BUL)-DYNAMO KIEV (URS) 1-1 0-2
Örgryte (SUE)-DYNAMO BERLIN (RDA) 2-3 1-4
ROSENBORG (NOR)-Linfield (ILN) 1-0 1-1
JUVENTUS (ITA)-Valur Reykjavik (ISL) 7-0 4-0
Young Boys (SUI)-REAL MADRID (ESP) 1-0 0-5
Exempt : Steaua Bucarest (ROU).

HUITIÈMES DE FINALE

ANDERLECHT-Steaua Bucarest 3-0 0-1

C1 1986-87 FC PORTO : Rabah Madjer (assis à l'ext. g.) semble inspiré avant d'affronter le Bayern. Il le prouvera d'un fabuleux coup de talon qui donnera la C1 aux Portugais.

Rosenborg-ÉTOILE ROUGE BELGRADE 0-3 1-4
BESIKTAS-Apoel Nicosie Apoel forfait
REAL MADRID-Juventus (3-1 tab) 1-0 0-1
Vitkovice-FC PORTO 1-0 0-3
BAYERN MUNICH-Austria Vienne 2-0 1-1
Celtic Glasgow-DYNAMO KIEV 1-1 1-3
BRÖNDBY-Dynamo Berlin 2-1 1-1

QUARTS DE FINALE
FC PORTO-Bröndby 1-0 1-1
Étoile Rouge Belgrade-REAL MADRID 4-2 0-2
BAYERN MUNICH-Anderlecht 5-0 2-2
Besiktas-DYNAMO KIEV *0-5 0-2
*à Izmir.

DEMI-FINALES
BAYERN MUNICH-Real Madrid 4-1 0-1
FC PORTO-Dynamo Kiev 2-1 2-1

FINALE
27 mai 1987 à Vienne (AUT), Prater.
FC PORTO - Bayern Munich : 2-1 (0-1).
62 000 spectateurs. Arbitre : M. Ponnet (BEL).
Buts : Kögl (25e) pour le Bayern ; Madjer (78e), Juary (80e) pour le FC Porto.
FC PORTO : Mlynarczyk - Joao Pinto, Celso, Eduardo Luis, Inacio (Frasco, 66e) - Quim (Juary, 46e), Jaime Magalhaes, Sousa, Andre - Madjer, Futre. Entr. : Jorge.
BAYERN MUNICH : Pfaff - Winklhofer, Nachtweih, Eder, Pfügler - Flick (Lunde, 82e), Matthäus, Brehme - D. Hoeness, M. Rummenigge, Kögl. Entr. : Lattek.

Meilleur buteur de la compétition : Cvetkovic (Étoile Rouge Belgrade), 7 buts.

C2 AJAX AMSTERDAM

Marco Van Basten (à dr.) remporte le premier de ses nombreux trophées européens.

PREMIER TOUR
Waterford (IRL)-BORDEAUX (FRA) 1-2 0-4
RAPID VIENNE (AUT)-FC Bruges (BEL) 4-3 3-3
OLYMPIAKOS (GRE)-Union Lux. (LUX) 3-0 3-0
NËNTORI TIRANA (ALB)-Din. Bucarest (ROU) 1-0 2-1
Bursaspor (TUR)-AJAX (HOL) 0-2 0-5
MALMÖ FF (SUE)-Apollon Limassol (CHY) 6-0 1-2
STUTTGART (RFA)-Trnava (TCH) 1-0 0-0
BENFICA (POR)-Lillesträm (NOR) 2-0 2-1
Zurrieq (MLT)-WREXHAM (GAL) 0-3 0-4
Vasas Budapest (HON)-V. MOSTAR (YOU) 2-2 2-3
AS Rome (ITA)-SARAGOSSE (ESP) (3-4 tab) 2-0 0-2
Fram Reykjavik (ISL)-KATOWICE (POL) 0-3 0-1
Glentoran (ILN)-LOK. LEIPZIG (RDA) 1-1 0-2
Valkeakoski (FIN)-TORPEDO M. (URS) 2-2 1-3
Aberdeen (ECO)-SION (SUI) 2-1 0-3
B 1903 Copenhague (DAN)-LEV. SOFIA (BUL) 1-0 0-2

HUITIÈMES DE FINALE
TORPEDO MOSCOU-Stuttgart 2-0 5-3
Benfica-BORDEAUX 1-1 0-1
AJAX-Olympiakos 4-0 1-1
Saragosse-WREXHAM (ap) 0-0 2-2
Nëntori Tirana-MALMÖ FF 0-3 0-0
Rapid Vienne-LOK. LEIPZIG (ap) 1-1 1-2
LEVSKI SOFIA-Velez Mostar 2-0 3-4
Katowice-SION 2-2 0-3

QUARTS DE FINALE
BORDEAUX-Torpedo Moscou 1-0 *2-3
*à Tbilissi
Malmö FF-AJAX AMSTERDAM 1-0 1-3
SARAGOSSE-Levski Sofia 2-0 2-0
LOKOMOTIV LEIPZIG-Sion 2-0 0-0

DEMI-FINALES
Bordeaux-LOKOMOTIV LEIPZIG (5-6 tab) 0-1 1-0
Saragosse-AJAX AMSTERDAM 2-3 0-3

FINALE
13 mai 1987 à Athènes (GRE), Stade Olympique.
AJAX - Lokomotiv Leipzig : 1-0 (1-0).
35 017 spectateurs. Arbitre : M. Agnolin (ITA).
But : Van Basten (21e).
AJAX : Menzo - Silooy, Verlaat, Rijkaard, Boeve - Winter, Wouters, A. Mühren (Scholten, 83e), Robert Witschge (Bergkamp, 66e) - Van't Schip, Van Basten. Entr. : Cruyff.
LEIPZIG : R. Müller - Kreer, Baum, Lindner, Zötzsche - Bredow, Scholz, Liebers (Kühn, 76e), Edmond (Leitzke, 55e) - Richter, Marschall. Entr. : Thomale.

Meilleur buteur : Bosman (Ajax), 8 buts.

C3 IFK GÖTEBORG

Le capitaine suédois Glenn Hysen (masqué par le trophée) jubile avec ses partenaires.

PREMIER TOUR
Nantes (FRA)-TORINO (ITA) 0-4 1-1
Naples (ITA)-TOULOUSE (FRA) (3-4 tab) 1-0 0-1
Lens (FRA)-DUNDEE UNITED (ECO) 1-0 0-2
Rijeka (YOU)-STANDARD (BEL) 0-1 1-1
UNIV. CRAIOVA (ROU)-Galatasaray (TUR) 2-0 1-2
SP. BUCAREST (ROU)-Omonia Nicosie (CHY) 1-0 1-1
INTER MILAN (ITA)-AEK Athènes (GRE) 2-0 1-0
FC TIROL (AUT)-Sredets Sofia (BUL) 3-0 0-2
Hibernians Valette (MLT)-TR. PLOVDIV (BUL) 0-2 0-8
Fiorentina (ITA)-BOAVISTA (POR) (1-3 tab) 1-0 0-1
Vlorë (ALB)-FC BARCELONE (ESP) 1-1 0-0
OFI Crète (GRE)-HAJDUK SPLIT (YOU) 1-0 0-4
BEVEREN (BEL)-Välerengen Oslo (NOR) 1-0 0-0
Linz ASK (AUT)-WIDZEW LODZ (POL) 1-1 0-1
SPARTAK MOSCOU (URS)-Lucerne (SUI) 0-0 1-0
UERDINGEN (RFA)-C.Z. Iéna (RDA) 3-0 4-0
RANGERS (ECO)-Ilves Tampere (FIN) 4-0 0-2
LEGIA VARS. (POL)-Dniepropetrovsk (URS) 0-0 *1-0
*à Krivoï Rog.
Coleraine (ILN)-BRANDEBOURG (RDA) 1-1 0-1
Olomouc (TCH)-IFK GÖTEBORG (SUE) 1-1 0-4
Dynamo Minsk (URS)-RABA ETO (HON) 2-4 1-0
Kalmar (SUE)-LEVERKUSEN (RFA) 1-4 0-3
Hearts of Midlothian (ECO)-DUKLA (TCH) 3-2 0-1
Sparta Prague (TCH)-GUIMARAES (POR) 1-1 1-2
Pecs MSC (HON)-FEYENOORD (HOL) 1-0 0-2
ATLETICO M. (ESP)-Brême (RFA) (ap) 2-0 1-2
BILBAO (ESP)-Magdebourg (RDA) 2-0 0-1
IA Akranes (ISL)-SPORTING (POR) 0-9 0-6
M'GLADBACH (RFA)-Partizan Bel. (YOU) 1-0 3-1
NEUCHÂTEL XAMAX (SUI)-Lyngby (DAN) 2-0 3-1
Jeunesse Esch (LUX)-LA GANTOISE (BEL) 1-2 1-1
GRONINGUE (HOL)-Galway (IRL) 5-1 3-1

SECOND TOUR
Toulouse-SPARTAK MOSCOU 3-1 1-5
GLASGOW RANGERS-Boavista 2-1 1-0
FC BARCELONE-Sporting 1-0 1-2
DUKLA PRAGUE-Bayer Leverkusen 0-0 1-1
GRONINGUE-Neuchâtel Xamax 0-0 1-1
BEVEREN-Bilbao 3-1 1-2
M'GLADBACH-Feyenoord 5-1 2-0
FC TIROL-Standard Liège 2-1 2-3
DUNDEE UNITED-Universitatea Craiova 3-0 0-1
IFK GÖTEBORG-Brandebourg 2-0 1-1
TORINO-Raba Eto 4-0 1-1
HAJDUK SPLIT-Trakia Plovdiv 3-1 2-2
Widzew Lodz-UERDINGEN 0-0 0-2
Legia Varsovie-INTER MILAN 3-2 0-1
GUIMARAES-Atletico Madrid 2-0 0-1
Sportul Bucarest-LA GANTOISE 1-1 0-3

HUITIÈMES DE FINALE
Spartak Moscou-FC TIROL *1-0 0-2
*à Simféropol.
DUNDEE UNITED-Hajduk Split 2-0 0-0
Glasgow Rangers-M'GLADBACH 1-1 0-0
TORINO-Beveren 2-1 1-0
Uerdingen-FC BARCELONE 0-2 0-2
Dukla Prague-INTER MILAN 0-1 0-0
Groningue-GUIMARAES 1-0 0-3
La Gantoise-IFK GÖTEBORG 0-1 0-4

QUARTS DE FINALE
DUNDEE UNITED-FC Barcelone 1-0 2-1
IFK GÖTEBORG-Inter Milan 0-0 1-1
Torino-FC TIROL 0-0 1-2
M'GLADBACH-Guimaraes 3-0 2-2

DEMI-FINALES
DUNDEE UNITED-Mönchengladbach 0-0 2-0
IFK GÖTEBORG-FC Tirol 4-1 1-0

FINALE ALLER
6 mai 1987 à Göteborg (SUE), Nya Ullevi.
IFK GÖTEBORG - Dundee Utd : 1-0 (1-0).
50 000 spectateurs. Arbitre : M. Kirschen (RDA).
But : Pettersson (38e).
IFK GÖTEBORG : Wernersson - Carlsson, Hysen, Larsson, Fredriksson - Johansson (R. Nilsson, 68e), Tord Holmgren (Zetterlund, 89e), Andersson, Tommy Holmgren - L. Nilsson, Pettersson. Entr. : Bengtsson.
DUNDEE UNITED : Thomson - Holt, Hegarty (Clark, 54e), Narey, Malpas - McInally, Bowman, Bannon, Redford - Kirkwood, Sturrock. Entr. : McLean.

FINALE RETOUR
20 mai 1987 à Dundee (ECO), Tannadice Park.
Dundee Utd - IFK GÖTEBORG : 1-1 (0-1).
21 000 spectateurs. Arbitre : M. Igna (ROU).
Buts : L. Nilsson (23e) pour l'IFK Göteborg ; Clark (59e) pour Dundee United.
DUNDEE UNITED : Thomson - Holt, Clark, Narey, Malpas - Kirkwood, McInally, Redford (Bannon, 73e) - Gallagher, Ferguson, Sturrock. Entr. : McLean.
IFK GÖTEBORG : Wernersson - Carlsson, Larsson, Hysen, Fredriksson - R. Nilsson (Johansson, 77e), Tord Holmgren, Andersson - Tommy Holmgren (Mordt, 70e), Pettersson, L. Nilsson. Entr. : Bengtsson.

Meilleurs buteurs de la compétition : Cascavel (Guimaraes), Houtman (Groningue), Kieft (Torino), Rantanen (IFK Göteborg), 5 buts.

1987-88

C1 PSV EINDHOVEN

PREMIER TOUR
PSV EINDHOVEN (HOL)-Galatasaray (TUR) 3-0 0-2
REAL MADRID (ESP)-Naples (ITA) 2-0 1-1
RAPID VIENNE (AUT)-Hamrun (MLT) 6-0 1-0
BORDEAUX (FRA)-Dynamo Berlin (RDA) 2-0 2-0
Dynamo Kiev (URS)-RANGERS (ECO) 1-0 0-2
BAYERN (RFA)-CSKA Sofia (BUL) 4-0 1-0
Malmö FF (SUE)-ANDERLECHT (BEL) 0-1 1-1
STEAUA BUC. (ROU)-MTK Budapest (HON) 4-0 0-2
NEUCH. XAMAX (SUI)-Kuusysi Lahti (FIN) 5-0 1-2
FC PORTO (POR)-Vardar Skopje (YOU) 3-0 3-0
Olympiakos (GRE)-ZABRZE (POL) 1-1 1-2
Fram Reykjavik (ISL)-SPARTA PR. (TCH) 0-2 0-8
AARHUS (DAN)-Jeunesse Esch (LUX) 4-1 0-1
BENFICA (POR)-Partizani Tirana (ALB) *4-0
*Partizani Tirana exclu par l'UEFA.
LILLESTRÖM (NOR)-Linfield (ILN) 1-1 4-2
Shamrock (IRL)-OMONIA NICOSIE (CHY) 0-1 0-0

HUITIÈMES DE FINALE
Rapid Vienne-PSV EINDHOVEN 1-2 0-2
Neuchâtel Xamax-BAYERN 2-1 0-2
RANGERS-Gornik Zabrze 3-1 1-1
Lilleström-BORDEAUX 0-0 0-1
Sparta Prague-ANDERLECHT 1-2 0-1
Aarhus-BENFICA 0-0 0-1
REAL MADRID-FC Porto *2-1 2-1
*à Valence.
STEAUA BUCAREST-Omonia Nicosie 3-1 2-0

QUARTS DE FINALE
Bordeaux-PSV EINDHOVEN 1-1 0-0
STEAUA BUCAREST-Glasgow Rangers 2-0 1-2
Bayern Munich-REAL MADRID 3-2 0-2
BENFICA-Anderlecht 2-0 0-1

DEMI-FINALES
Real Madrid-PSV EINDHOVEN 1-1 0-0
Steaua Bucarest-BENFICA 0-0 0-2

FINALE
25 mai 1988 à Stuttgart (ALL), Neckarstadion.
PSV - Benfica : 0-0 ap, 6-5 tab.
68 000 spectateurs. Arbitre : M. Agnolin (ITA).
Tirs au but : R. Koeman (réussi), Elzo (r), Kieft (r), Dito (r), I. Nielsen (r), Hajry (r), Vanenburg (r), Pacheco (r), Lerby (r), Mozer (r), Janssen (r), Veloso (manqué).
PSV : Van Breukelen - Gerets, I. Nielsen, R. Koeman, Heintze - Van Aerle, Vanenburg, Linskens, Lerby - Kieft, Gillhaus (Janssen, 107e). Entr. : Hiddink.
BENFICA : Silvino - Veloso, Mozer, Dito, Alvaro - Elzo, Jaime Pacheco, Sheu, Chiquinho - M. Magnusson (Hajry, 112e), Rui Aguas (Vando, 51e). Entr. : Toni.

Meilleurs buteurs de la compétition : Hagi (Steaua Bucarest), Madjer (FC Porto), McCoist (Rangers), Michel (Real Madrid), P. Novak (Sparta Prague), Rui Aguas (Benfica), 4 buts.

C2 FC MALINES

Cette faute de Danny Blind (à g.) lui vaudra un carton rouge. La surprise Malines est en marche.

TOUR PRÉLIMINAIRE
AEL Limassol (CHY)-DUNAJSKA STR. (TCH) 0-1 1-5

PREMIER TOUR
Lok. Leipzig (RDA)-MARSEILLE (FRA) 0-0 0-1
AJAX (HOL)-Dundalk (IRL) 4-0 2-0
IA Akranes (ISL)-KALMAR FF (SUE) (ap) 0-0 0-1
SHKODËR (ALB)-Sliema (MLT) 2-0 4-0
MALINES (BEL)-Dinamo Bucarest (ROU) 1-0 2-0
Levski Sofia (BUL)-OFI CRÈTE (GRE) 1-0 1-3

C1 1987-88 PSV EINDHOVEN : Heintze, R. Koeman, I. Nielsen, Lerby, Kieft, Van Breukelen ; Linskens, Van Aerle, Vanenburg, Gerets, Gillhaus.

DYNAMO MINSK (URS)-Gençlerbirligi (TUR)	2-0	2-1
Aalborg (DAN)-SPLIT (YOU) (2-4 tab)	1-0	0-1
Beggen (LUX)-HAMBOURG (RFA)	0-5	0-3
Dunajska Streda (TCH)-YOUNG BOYS (SUI)	2-1	1-3
REAL SOCIEDAD (ESP)-Wroclaw (POL)	*0-0	2-0

*à Bilbao.

SPORTING (POR)-FC Tirol (AUT)	4-0	2-4
Ujpest Dosza (HON)-LA HAYE (HOL)	1-0	1-3
Merthyr Tydfil (GAL)-ATALANTA (ITA)	2-1	0-2
ROVANIEMI (FIN)-Glentoran (ILN)	0-0	1-1
ST-MIRREN (ECO)-Tromsö (NOR)	1-0	0-0

HUITIÈMES DE FINALE

MARSEILLE-Hajduk Split	4-0	*3-0

*sur tapis vert (score initial : 2-0 pour Split), à la suite de jets de fumigènes sur le terrain.

Real Sociedad-DYNAMO MINSK	1-1	0-0
Shkodër-ROVANIEMI	0-1	0-1
MALINES-Saint-Mirren	0-0	2-0
OFI Crète-ATALANTA BERGAME	1-0	0-2
FC La Haye-YOUNG BOYS	2-1	0-1
Hambourg -AJAX	0-1	0-2
Kalmar FF-SPORTING	1-0	0-5

QUARTS DE FINALE

Rovaniemi-**MARSEILLE**	*0-1	0-3

*à Lecce.

ATALANTA BERGAME-Sporting	2-0	1-1
Young Boys Berne-AJAX	0-1	0-1
MALINES-Dynamo Minsk	1-0	1-1

DEMI-FINALES

Marseille-AJAX	0-3	2-1
MALINES-Atalanta Bergame	2-1	2-1

FINALE

11 mai 1988 à Strasbourg (FRA), la Meinau.

FC MALINES - Ajax : 1-0 (0-0).

39 446 spectateurs. Arbitre : M. Pauly (RFA).

But : Den Boer (53e).

MALINES : Preud'homme - Hofkens (Theunis, 73e), Clijsters, Rutjes, Deferm - Sanders, De Wilde (Demesmaeker, 60e), E. Koeman, Emmers - Den Boer, Ohana. Entr. : De Mos.

AJAX : Menzo - Blind, P. Larsson, Wouters, Verlaat (Meijer, 73e) - Winter, Scholten, A. Mühren - Van't Schip (Bergkamp, 57e), J. Bosman, Rob Witschge. Entr. : Hulshoff.

Meilleur buteur de la compétition : Cascavel (Sporting), 6 buts.

C3 BAYER LEVERKUSEN

Renversant ! Falko Götz et Leverkusen remontent trois buts de retard contre l'Espanyol.

PREMIER TOUR

TOULOUSE (FRA)-Panionios (GRE)	5-1	1-0
PANATHINAÏKOS (GRE)-**Auxerre** (FRA)	2-0	2-3
AUE (RDA)-Valur Reykjavik (ISL)	0-0	1-1
VELEZ MOSTAR (YOU)-FC Sion (SUI)	5-0	0-3
ÉTOILE ROUGE (YOU)-Trakia Plovdiv (BUL)	3-0	2-2
Spartak Moscou (URS)-DRESDE (RDA)	3-0	0-1
Zénith Leningrad (URS)-FC BRUGES (BEL)	2-0	0-5
Besiktas (TUR)-INTER MILAN (ITA)	0-0	1-3
VITKOVICE (TCH)-AIK Stockholm (SUE)	1-1	2-0
Grasshopper (SUI)-DYNAMO MOSCOU (URS)	0-4	0-1
Universitatea Craiova (ROU)-CHAVES (POR)	3-2	1-2
SPORTUL BUCAREST (ROU)-Katowice (POL)	1-0	2-1
Mönchenglabach (RFA)-ESPANYOL (ESP)	0-1	1-4
Szczecin (POL)-VÉRONE (ITA)	1-1	1-3
FEYENOORD (HOL)-Spora Lux. (LUX)	5-0	5-2
Mjöndalen (NOR)-WERDER BRÊME (RFA)	0-5	1-0
FC La Valette (MLT)-JUVENTUS (ITA)	0-4	0-3
Coleraine (ILN)-DUNDEE UNITED (ECO)	0-1	1-3
Tatabanya (HON)-GUIMARAES (POR)	1-1	0-1
HONVED BUDAPEST (HON)-Lokeren (BEL)	1-0	0-0
TURKU (FIN)-Admira Wacker (AUT)	0-1	2-0
Gijon (ESP)-MILAN AC (ITA)	1-0	0-3
FC BARCELONE (ESP)-Belenenses (POR)	2-0	0-1
Bohemians Dublin (IRL)-ABERDEEN (ECO)	0-0	0-1
Celtic (ECO)-DORTMUND (RFA)	2-1	0-2
BRÖNDBY (DAN)-IFK Göteborg (SUE)	2-1	0-0
EPA Larnaca (CHY)-VICTORIA BUC. (ROU)	0-1	0-3
Lokomotiv Sofia (BUL)-DYN. TBILISSI (URS)	3-1	0-3
BEVEREN (BEL)-Bohemians Prague (TCH)	2-0	0-1
Austria Vienne (AUT)-LEVERKUSEN (RFA)	0-0	1-5
Linz ASK (AUT)-FC UTRECHT (HOL)	0-0	0-2
VLORË (ALB)-Partizan Belgrade (YOU)	2-0	1-2

SECOND TOUR

Toulouse-LEVERKUSEN	1-1	0-1
FC BARCELONE-Dynamo Moscou	2-0	0-0
INTER MILAN-Turku	0-1	2-0
Aue-VLORË	1-0	0-2
Étoile Rouge Belgrade-FC BRUGES	3-1	0-4
Spartak Moscou-WERDER BRÊME (ap)	4-1	2-6
Victoria Bucarest-DYNAMO TBILISSI	1-2	0-0
DORTMUND-Velez Mostar	2-0	1-2
GUIMARAES-Beveren (5-4 tab)	1-0	0-1
Chaves-HONVED BUDAPEST	1-2	1-3
FC Utrecht-VÉRONE	1-1	1-2
Milan AC-ESPANYOL	0-2	0-0
PANATHINAÏKOS-Juventus	1-0	2-3
Bröndby-SPORTUL BUCAREST (0-3 tab)	3-0	0-3
Aberdeen-FEYENOORD	2-1	0-1
Dundee United-VITKOVICE	1-2	1-1

HUITIÈMES DE FINALE

Dortmund-FC BRUGES	3-0	0-5
WERDER BRÊME-Dynamo Tbilissi	2-1	1-1
Guimaraes-VITKOVICE (5-4 tab)	2-0	0-2
Feyenoord-LEVERKUSEN	2-2	0-1
VÉRONE-Sportul Bucarest	3-1	1-0
Inter Milan-ESPANYOL	1-1	0-1
Honved Budapest-PANATHINAÏKOS	5-2	1-5
FC BARCELONE-Vlorë	4-1	0-1

QUARTS DE FINALE

LEVERKUSEN-FC Barcelone	0-0	1-0
Vérone-WERDER BRÊME	0-1	1-1
Panathinaïkos-FC BRUGES	2-2	0-1
ESPANYOL-Vitkovice	2-0	0-0

DEMI-FINALES

FC Bruges-ESPANYOL (ap)	2-0	0-3
LEVERKUSEN-Werder Brême	1-0	0-0

FINALE ALLER

4 mai 1988 à Barcelone (ESP), Sarria.

Espanyol - LEVERKUSEN : 3-0 (1-0).

42 000 spectateurs. Arbitre : M. Krchnak (TCH).

Buts : Losada (44e, 57e), Soler (49e).

ESPANYOL : N'Kono - Job Gallart, Miguel Angel - Urquiaga, Orejuela (Golobart, 65e), Inaki, Soler - Valverde, Losada, Pichi Alonso (Lauridsen, 70e). Entr. : Clemente.

LEVERKUSEN : Vollborn - A. Reinhardt, De Keyser, Rolff, Hinterberger - Cha Bum-kun (Götz, 18e), Buncol, Tita, Falkenmayer (K. Reinhardt, 75e) - Täuber, Waas. Entr. : Ribbeck.

FINALE RETOUR

18 mai 1988 à Leverkusen (ALL), Ulrich-Haberland Stadion.

LEVERKUSEN - Espanyol : 3-0 ap (0-0, 3-0), 3-2 tab.

22 000 spectateurs. Arbitre : M. Keizer (HOL).

Buts : Tita (57e), Götz (63e), Cha Bum-kun (80e).

Tirs au but : Pichi Alonso (réussi), Falkenmayer (manqué), Job (r), Rolff (r), Urquiaga (m), Waas (r), Zuniga (m), Täuber (r), Losada (m).

LEVERKUSEN : Vollborn - Seckler, A. Reinhardt, Rolff, K. Reinhardt - Schreier (Waas, 46e), Buncol, Falkenmayer - Cha Bum-kun, Götz, Tita (Täuber, 62e). Entr. : Ribbeck.

ESPANYOL : N'Kono - Miguel Angel, Gallart, Golobart (Zuniga, 73e), Urquiaga - Job, Orejuela (Zubillaga, 67e), Inaki, Soler - Pichi Alonso, Losada. Entr. : Clemente.

Meilleurs buteurs de la compétition : Brylle (Bruges), Saravakos (Panathinaïkos), 6 buts.

1988-89

C1 MILAN AC

PREMIER TOUR

FC PORTO (POR)-HJK Helsinki (FIN)	3-0	0-2
Dynamo Berlin (RDA)-BRÊME (RFA)	3-0	0-5
SPARTAK M. (URS)-Glentoran (ILN)	2-0	1-1
Sparta Prague (TCH)-STEAUA BUC. (ROU)	1-5	2-2
Rapid Vienne (AUT)-GALATASARAY (TUR)	2-1	0-2
Honved Budapest (HON)-CELTIC (ECO)	1-0	0-4
Hamrun (MLT)-NENTÖRI TIRANA (ALB)	2-1	0-2
FC BRUGES (BEL)-Bröndby (DAN)	1-0	1-2
Dundalk (IRL)-ÉTOILE ROUGE (YOU)	0-5	0-3
ZABRZE (POL)-Jeunesse Esch (LUX)	3-0	4-1
REAL MADRID (ESP)-Moss (NOR)	3-0	1-0
Valur Reykjavik (ISL)-**MONACO** (FRA)	1-0	0-2
Pezo. Larnaca (CHY)-IFK GÖTEBORG (SUE)	1-2	1-5
Levski Sofia (BUL)-MILAN AC (ITA)	0-2	2-5
Larissa (GRE)-XAMAX (SUI) (0-3 tab)	2-1	1-2

Exempt : PSV Eindhoven (HOL).

HUITIÈMES DE FINALE

Neuchâtel Xamax-GALATASARAY	3-0	0-5
MILAN AC-Étoile Rouge (4-2 tab)	1-1	*1-1

*rejoué après avoir été arrêté (57e) à cause du brouillard (l'Étoile Rouge menait 1-0).

PSV EINDHOVEN-FC Porto	5-0	0-2
Celtic Glasgow-WERDER BRÊME	0-1	0-0
Nentöri Tirana-IFK GÖTEBORG	0-3	0-1
FC Bruges-**MONACO**	1-0	1-6
Gornik Zabrze-REAL MADRID	*0-1	2-3

*à Chorzow.

STEAUA BUCAREST-Spartak Moscou	3-0	2-1

QUARTS DE FINALE

PSV Eindhoven-REAL MADRID (ap)	1-1	1-2
IFK Göteborg-STEAUA BUCAREST	1-0	1-5
Werder Brême-MILAN AC	0-0	0-1
Monaco-GALATASARAY	0-1	*1-1

*à Cologne.

DEMI-FINALES

STEAUA BUCAREST-Galatasaray	4-0	1-1
Real Madrid-MILAN AC	1-1	0-5

FINALE

24 mai 1989 à Barcelone (ESP), Nou Camp.

MILAN AC - Steaua : 4-0 (3-0).

100 000 spectateurs. Arbitre : M. Tritschler (RFA).

Buts : Gullit (18e, 39e), Van Basten (28e, 47e).

MILAN AC : G. Galli - Tassotti, F. Baresi, Costacurta (F. Galli, 74e), P. Maldini - Colombo, Rijkaard, Donadoni, Ancelotti - Gullit (Virdis, 59e), Van Basten. Entr. : Sacchi.

STEAUA BUCAREST : Lung - Petrescu, Bumbescu, Iovan, Ungureanu - Minea, Hagi, Stoica, Rotariu (Balint, 46e) - Lacatus, Piturca. Entr. : Iordanescu.

Meilleur buteur de la compétition : Van Basten (Milan AC), 10 buts.

C2 FC BARCELONE

Aloisio (à dr.) met en échec le Génois Roberto Mancini. Une coupe de plus pour le Barça.

TOUR PRÉLIMINAIRE

BÉKÉSCSABA (HON)-Bryne (NOR)	3-0	1-2

PREMIER TOUR

Metz (FRA)-ANDERLECHT (BEL)	1-3	0-2
MALINES (BEL)-Beggen (LUX)	5-0	3-1
DINAMO BUC. (ROU)-Kuusysi Lahti (FIN)	3-0	3-0
Derry City (IRL)*-CARDIFF CITY (GAL)	0-0	0-4

*Derry City, club d'Irlande du Nord, participe depuis 1985 au championnat de l'Eire.

C1 1988-89 MILAN AC : tout sourire, le capitaine Franco Baresi (assis au c.) trône au milieu de son équipe de folie, enfin sacrée. Le Milan remporte sa troisième C1.

C.Z. IÉNA (RDA)-Krems (AUT) 5-0 0-1
Inter Bratislava (TCH)-CSKA SOFIA (BUL) 2-3 0-5
Banja Luka (YOU)-KHARKOV (URS) 2-0 0-4
SAKARYASPOR (TUR)-Békéscaba 2-0 0-1
Grasshopper (SUI)-EINTRACHT FR. (RFA) 0-0 0-1
Norrköping (SUE)-SAMPDORIA (ITA) 2-1 *0-2
*à Crémone.
Floriana Valette (MLT)-DUNDEE U. (ECO) 0-0 0-1
Glenavon (ILN)-AARHUS (DAN) 1-4 1-3
Fram Reykjavik (ISL)-BARCELONE (ESP) 0-2 0-5
Vlorë (ALB)-LECH POZNAN (POL) 2-3 0-1
Omonia Nicosie (CHY)-PANATH. (GRE) 0-1 0-2
RODA JC (HOL)-Guimaraes (POR) 2-0 0-1

HUITIÈMES DE FINALE

FC BARCELONE-Lech Poznan (5-4 tab) 1-1 1-1
MALINES-Anderlecht 1-0 2-0
RODA JC KERKRADE-Kharkov 1-0 0-0
C.Z. Iéna-SAMPDORIA 1-1 1-3
EINTRACHT F.-Sakaryaspor 3-1 3-0
Cardiff City-AARHUS 1-2 0-4
CSKA SOFIA-Panathinaïkos 2-0 1-0
Dundee United-DINAMO BUCAREST 0-1 1-1

QUARTS DE FINALE

Dinamo Bucarest-SAMPDORIA 1-1 *0-0
*à Crémone.
Eintracht Francfort-MALINES 0-0 0-1
CSKA SOFIA-Roda JC (4-3 tab) 2-1 1-2
Aarhus-FC BARCELONE 0-1 0-0

DEMI-FINALES

FC BARCELONE-CSKA Sofia 4-2 2-1
Malines-SAMPDORIA GÊNES 2-1 0-3

FINALE

10 mai 1989 à Berne (SUI), Wankdorf Stadion.
FC BARCELONE - Sampdoria : 2-0 (1-0).
42 707 spectateurs. Arbitre : M. Courtney (ANG).
Buts : Julio Salinas (4e), Lopez Rekarte (80e).
FC BARCELONE : Zubizarreta - Luis Milla (Soler, 61e), Aloisio, Alexanco, Urbano - Amor, Eusebio, Roberto - Lineker, Julio Salinas, Beguiristain (Lopez Rekarte, 74e). Entr. : Cruyff.
SAMPDORIA : Pagliuca - Mannini (S. Pellegrini, 27e), Pari, L. Pellegrini (Bonomi, 54e), Salsano - Lanna, Victor, Cerezo, Dossena - Vialli, Mancini. Entr. : Boskov.

Meilleur buteur de la compétition :
Stoïchkov (CSKA Sofia), 7 buts.

C3 SSC NAPLES

Les arabesques de Diego Maradona font vaciller la puissante défense de Stuttgart.

PREMIER TOUR

Montpellier (FRA)-BENFICA (POR) 0-3 1-3
Dniepropetrovsk (URS)-BORDEAUX (FRA) 1-1 1-2
V. MOSTAR (YOU)-Apoel Nicosie (CHY) 1-0 5-2
PART. BELGRADE (YOU)-Slavia Sofia (BUL) 5-0 5-0
Z. Vilnius (URS)-AUSTRIA VIENNE (AUT) 2-0 2-5
Besiktas (TUR)-DYN. ZAGREB (YOU) 1-0 0-2
SERVETTE (SUI)-Sturm Graz (AUT) 1-0 0-0
Aarau (SUI)-LOKOMOTIV LEIPZIG (RDA) 0-3 0-4
Öster Växjö (SUE)-DUNAJSKA STR. (TCH) 2-0 0-6
MALMÖ FF (SUE)-Torpedo Moscou (URS) 2-0 1-2
Galati (ROU)-JUVENTUS (ITA) 1-0 0-5
STUTTGART (RFA)-Tatabanya (HON) 2-0 1-2
BAYERN (RFA)-Legia Varsovie (POL) 3-1 7-3
Leverkusen (RFA)-BELENENSES (POR) 0-1 0-1
SPORTING (POR)-Ajax (HOL) 4-2 2-1
GRONINGUE (HOL)-Atletico Madrid (ESP) 1-0 1-2
Molde (NOR)-WAREGEM (BEL) 0-0 1-5
Sliema (MLT)-VICTORIA BUCAREST (ROU) 0-2 1-6
Union Luxembourg (LUX)-FC LIÈGE (BEL) 1-7 0-4
AS ROME (ITA)-Nuremberg (RFA) 1-2 3-1
NAPLES (ITA)-PAOK Salonique (GRE) 1-0 1-1
INTER MILAN (ITA)-Brage (SUE) 2-1 2-1
IA Akranes (ISL)-UJPEST DOSZA (HON) 0-0 1-2
AEK Athènes (GRE)-BILBAO (ESP) 1-0 0-2
TURKU (FIN)-Linfield (ILN) 0-0 1-1
REAL SOCIEDAD (ESP)-Dukla Prague (TCH) 2-1 2-3
Saint Patrick (IRL)-HEARTS (ECO) 0-2 0-2
RANGERS (ECO)- Katowice (POL) 1-0 4-2
Aberdeen (ECO)-DRESDE (RDA) 0-0 0-2
Trakia Plovdiv (BUL)-DYN. MINSK (URS) 1-2 0-0
Antwerp (BEL)-FC COLOGNE (RFA) 2-4 1-2
FIRST VIENNA (AUT)-Ikast (DAN) 1-0 1-2

SECOND TOUR

Ujpest Dosza-BORDEAUX 0-1 0-1
BAYERN MUNICH-Dunajska Streda 3-1 2-0
Lokomotiv Leipzig-NAPLES 1-1 0-2
Dresde-WAREGEM 4-1 1-2
Dynamo Zagreb-STUTTGART 1-3 1-1
VELEZ MOSTAR-Belenenses (4-3 tab) 0-0 0-0
Partizan Belgrade-AS ROME 4-2 0-2
Dynamo Minsk-VICTORIA BUCAREST 2-1 0-1
Malmö FF-INTER MILAN 0-1 1-1
FC COLOGNE-Glasgow Rangers 2-0 1-1
Sporting-REAL SOCIEDAD 1-2 0-0
GRONINGUE-Servette Genève 2-0 1-1
JUVENTUS-Bilbao 5-1 2-3
HEARTS-Austria Vienne 0-0 1-0
FC LIÈGE-Benfica 2-1 1-1
First Vienna-TURKU 2-1 0-1

HUITIÈMES DE FINALE

Bordeaux-NAPLES 0-1 0-0
DRESDE-AS Rome 2-0 2-0
VICTORIA BUCAREST-Turku 1-0 2-3
Bayern Munich-INTER MILAN 0-2 3-1
Groningue-STUTTGART 1-3 0-2
REAL SOCIEDAD-FC Cologne 1-0 2-2
HEARTS OF MIDLOTHIAN-Velez Mostar 3-0 1-2
FC Liège-JUVENTUS 0-1 0-1

QUARTS DE FINALE

Hearts of Midlothian-BAYERN 1-0 0-2
Juventus-NAPLES (ap) 2-0 0-3
Victoria Bucarest-DRESDE 1-1 0-4
STUTTGART-Real-Sociedad (4-2 tab) 1-0 0-1

DEMI-FINALES

NAPLES-Bayern Munich 2-0 2-2
STUTTGART-Dresde 1-0 1-1

FINALE ALLER

3 mai 1989 à Naples (ITA), San Paolo.
SSC NAPLES - VfB Stuttgart : 2-1 (0-1).
85 000 spectateurs. Arbitre : M. Germanakos (GRE).
Buts : Gaudino (17e) pour Stuttgart ; Maradona (68e sp), Careca (87e) pour Naples.
NAPLES : Giuliani - Corradini (Crippa, 46e), Ferrara, Renica, Francini - Alemao, Fusi, De Napoli, Maradona - Careca, A. Carnevale. Entr. : Bianchi.
STUTTGART : Immel - Schäfer, N. Schmäler, Allgöwer, Schröder - Hartmann, Buchwald, Katanec, Gaudino, Sigurvinsson - Walter (Zietsch, 75e). Entr. : Haan.

FINALE RETOUR

17 mai 1989 à Stuttgart (ALL), Neckarstadion.
VfB Stuttgart - SSC NAPLES : 3-3 (1-2).
67 000 spectateurs. Arbitre : M. Sanchez Arminio (ESP).
Buts : Alemao (19e), Ferrara (40e), Careca (61e) pour le SSC Naples ; Klinsmann (29e), De Napoli (68e csc), O. Schmäler (90e) pour le Stuttgart.
STUTTGART : Immel - Schäfer, Hartmann, Allgöwer, Schröder - N. Schmäler, Katanec, Gaudino, Sigurvinsson, Hartmann - Klinsmann, Walter (O. Schmäler, 78e). Entr. : Haan.
NAPLES : Giuliani - Ferrara, Corradini, Renica, Francini - Alemao (Carannante, 31e), Fusi, De Napoli, Maradona - Careca (Bigliardi, 69e), A. Carnevale. Entr. : Bianchi.

Meilleurs buteurs de la saison :
Careca (Naples), Gutschow (Dresde), 6 buts.

1989-90

C1 MILAN AC

PREMIER TOUR

Dresde (RDA)-AEK ATHÈNES (GRE) 1-0 3-5
PSV EINDHOVEN (HOL)-Lucerne (SUI) 3-0 2-0
MILAN AC (ITA)-HJK Helsinki (FIN) 4-0 1-0
SPARTA PRAGUE (TCH)-Fenerbahçe (TUR) 3-1 2-1

C1 1989-90 MILAN AC : P. Maldini, Rijkaard, Ancelotti, Gullit, Van Basten, G. Galli ; Colombo, Costacurta, Baresi, Evani, Tassotti.

Chorzow (POL)-CSKA SOFIA (BUL) 1-1 1-5
FC TIROL (AUT)-Omonia Nicosie (CHY) 6-0 3-2
Glasgow Rangers (ECO)-BAYERN (RFA) 1-3 0-0
STEAUA BUC. (ROU)-Fram Reykjavik (ISL) 4-0 1-0
Rosenborg (NOR)-MALINES (BEL) 0-0 0-5
Derry (IRL)-BENFICA (POR) 1-2 0-4
HONVED BUD. (HON)-Novi Sad (YOU) 1-0 1-2
Sliema (MLT)-NËNTORI TIRANA (ALB) 1-0 0-5
MARSEILLE (FRA)-Bröndby (DAN) 3-0 1-1
Spora Lux. (LUX)-REAL MADRID (ESP) 0-3 0-6
MALMÖ FF (SUE)-Inter Milan (ITA) 1-0 1-1
Linfield (ILN)-DNIEPROPETROVSK (URS) 1-2 0-1

HUITIÈMES DE FINALE

MARSEILLE-AEK Athènes 2-0 1-1
DNIEPROPETROVSK-FC Tirol 2-0 2-2
BAYERN MUNICH-Nentöri Tirana 3-1 3-0
Honved Budapest-BENFICA 0-2 0-7
Malmö FF-MALINES 0-0 1-4
MILAN AC-Real Madrid 2-0 0-1
Sparta Prague-CSKA SOFIA 2-2 0-3
Steaua Bucarest-PSV EINDHOVEN 1-0 1-5

QUARTS DE FINALE

BAYERN MUNICH-PSV Eindhoven 2-1 1-0
Sredets Sofia-MARSEILLE 0-1 1-3
Malines-MILAN AC 0-0 0-2
BENFICA-Dniepropetrovsk 1-0 3-0

DEMI-FINALES

Marseille-BENFICA 2-1 0-1
MILAN AC-Bayern Munich (ap) 1-0 1-2

FINALE

23 mai 1990 à Vienne (AUT), Prater.
MILAN AC - Benfica : 1-0 (0-0).
58 000 spectateurs. Arbitre : M. Kohl (AUT).
But : Rijkaard (68e).
MILAN : G. Galli - Tassotti, F. Baresi, Costacurta, P. Maldini - Colombo (F. Galli, 90e), Rijkaard, Ancelotti (Massaro, 74e), Evani - Gullit, Van Basten. Entr. : Sacchi.
BENFICA : Silvino - José Carlos, Ricardo Gomes, Aldair, Samuel - Vitor Paneira (Vata, 78e), Hernani, Thern, Jaime Pacheco (César Brito, 59e), Valdo - M. Magnusson. Entr. : Eriksson.

Meilleurs buteurs de la compétition :
Papin (Marseille), Romario (PSV Eindhoven), 6 buts.

C2 SAMPDORIA GÊNES

Arnor Gudjohnsen (au c.), l'Islandais d'Anderlecht, se débat face aux Italiens mais la Sampdoria aura le dernier mot.

TOUR PRÉLIMINAIRE

Bourgas (BUL)-DYNAMO TIRANA (ALB) 3-1 0-4

PREMIER TOUR

PARTIZAN B. (YOU)-Celtic Glasgow (ECO) 2-1 4-5
TORPEDO MOSCOU (URS)-Cork City (IRL) 5-0 1-0
Belenenses (POR)-MONACO (FRA) 1-1 0-3
Besiktas (TUR)-DORTMUND (RFA) 0-1 1-2
BARCELONE (ESP)-Legia Varsovie (POL) 1-1 1-0
Slovan Brat. (TCH)-GRASSHOP. (SUI) (ap) 3-0 0-4
Brann Bergen (NOR)-SAMPDORIA (ITA) 0-2 0-1
Dynamo Tirana (ALB)-DIN. BUCAREST (ROU) 1-0 0-2
ADMIRA WAC. (AUT)-AEL Limassol (CHY) 3-0 0-1
PANATHINAÏKOS (GRE)-Swansea (GAL) 3-2 3-3
Union Lux. (LUX)-DJURGÅRDEN (SUE) 0-0 0-5
ANDERLECHT (BEL)-Ballymena (ILN) 6-0 4-0
GRONINGUE (HOL)-Ikast (DAN) 1-0 2-1
Valur Reykjavik (ISL)-DYN. BERLIN (RDA) 1-2 1-2
VALLADOLID (ESP)-Hamrun (MLT) 5-0 1-0
FERENCVAROS (HON)-Valkeakoski (FIN) 5-1 1-1

HUITIÈMES DE FINALE

MONACO-Dynamo Berlin (ap) 0-0 1-1
Torpedo Moscou-GRASSHOPPER 1-1 0-3
Panathinaïkos-DINAMO BUCAREST 0-2 1-6
ANDERLECHT-FC Barcelone (ap) 2-0 1-2
ADMIRA WACKER-Ferencvaros 1-0 1-0
Dortmund-SAMPDORIA GÊNES 1-1 0-2
Groningue-PARTIZAN BELGRADE 4-3 1-3
VALLADOLID-Djurgården 2-0 2-2

QUARTS DE FINALE

DINAMO BUC.-Partizan Belgrade 2-1 2-0
Valladolid-MONACO (1-3 tab) 0-0 0-0
ANDERLECHT-Admira Wacker 2-0 1-1
SAMPDORIA GÊNES-Grasshopper Zurich 2-0 2-1

DEMI-FINALES

ANDERLECHT-Dinamo Bucarest 1-0 1-0
Monaco-SAMPDORIA GÊNES 2-2 0-2

FINALE

9 mai 1990 à Göteborg (SUE), Nya Ullevi.
SAMPDORIA - Anderlecht : 2-0 ap (0-0).
20 103 spectateurs. Arbitre : M. Galler (SUI).
Buts : Vialli (105e, 108e).
SAMPDORIA : Pagliuca - Mannini, L. Pellegrini, Vierchowod, Carboni - Invernizzi (Lombardo, 55e), Pari, Katanec (Salsano, 92e), Dossena - Vialli, Mancini. Entr. : Boskov.
ANDERLECHT : De Wilde - Grun, Keshi, Marchoul, Kooiman - Musonda, Gudjohnsen, Jankovic (Oliveira, 116e), Vervoort - Degryse (Nilis, 104e), Vanderlinden. Entr. : De Mos.

Meilleur buteur de la compétition :
Vialli (Sampdoria), 7 buts.

C3 JUVENTUS TURIN

TOUR PRÉLIMINAIRE

AUXERRE (FRA)-Dynamo Zagreb (YOU) 0-1 3-1

PREMIER TOUR

Kuusysi Lahti (FIN)-PARIS-SG (FRA) 0-0 2-3
AUXERRE (FRA)-Fier (ALB) 5-0 3-0
SOCHAUX-Jeunesse Esch (LUX) 7-0 5-0
Rostock (RDA)-BANIK OSTRAVA (TCH) 2-3 0-4

La Juve de Rui Barros (à g.) remporte la finale 100 % italienne contre la Fiorentina.

KARL-M.-S. (RDA)-Boavista (POR)	(ap)	1-0	2-2
Rad Belgrade (YOU)-OLYMPIAKOS (GRE)		2-1	0-2
Z. VILNIUS (URS)-IFK Göteborg (SUE)		2-0	0-1
ZÉNITH LÉNINGRAD (URS)-Nästved (DAN)		3-1	0-0
DYNAMO KIEV (URS)-MTK Budapest (HON)		4-0	2-1
Galatasaray (TUR)-ÉTOILE ROUGE (YOU)		1-1	0-2
WETTINGEN (SUI)-Dundalk (IRL)		3-0	2-0
Örgryte (SUE)-HAMBOURG (RFA)		1-2	1-5
STUTTGART (RFA)-Feyenoord (HOL)		2-0	1-2
FC COLOGNE (RFA)-Plastika Nitra (TCH)		4-1	1-0
FC PORTO (POR)-Flacara Moreni (ROU)		2-0	2-1
Sporting (POR)-NAPLES (ITA)	(3-4 tab)	0-0	0-0
Gornik Zabrze (POL)-JUVENTUS (ITA)		0-1	2-4
Twente (HOL)-FC BRUGES (BEL)		0-0	1-4
Lilleström (NOR)-WERDER BRÊME (RFA)		1-3	0-2
Atalanta Bergame (ITA)-SPARTAK (URS)		0-0	0-2
IA Akranes (ISL)-FC LIÈGE (BEL)		0-2	1-4
Glentoran (ILN)-DUNDEE UNITED (ECO)		1-3	0-2
Iraklis Salonique (GRE)-SION (SUI)		1-0	0-2
ROVANIEMI (FIN)-Katowice (POL)		1-1	1-0
FC VALENCE (ESP)-Victoria Bucarest (ROU)		3-1	1-1
Atletico (ESP)-FIORENTINA (ITA)	(1-3 tab)	1-0	0-1
HIBERNIAN (ECO)-Videoton (HON)		1-0	3-0
Aberdeen (ECO)-RAPID VIENNE (AUT)		2-1	0-1
Apollon Limassol (CHY)-SARAGOSSE (ESP)		0-3	1-1
Levski Sofia (BUL)-ANTWERP (BEL)		0-0	3-4
AUSTRIA VIENNE (AUT)-Ajax (HOL)		1-0	3-0
FC La Valette (MLT)-FIRST VIENNA (AUT)		1-4	0-3

SECOND TOUR

Paris-SG-JUVENTUS		0-1	1-2
FIORENTINA-**Sochaux**		0-0	1-1
Rovaniemi-**AUXERRE**		0-5	0-3
ÉTOILE ROUGE-Zalgiris Vilnius		4-1	1-0
Zénith Léningrad-STUTTGART		0-1	0-5
DYNAMO KIEV-Ostrava		3-0	1-1
Wettingen-NAPLES		0-0	1-2
Sion-KARL-MARX-STADT		2-1	1-4
FC COLOGNE-Spartak Moscou		3-1	0-0
WERDER BRÊME-Austria Vienne		5-0	0-2
FC PORTO-FC Valence		3-1	2-3
Saragosse-HAMBOURG		1-0	0-2
Hibernian-FC LIÈGE	(ap)	0-0	0-1
FC Bruges-RAPID VIENNE		1-2	3-4
ANTWERP-Dundee United		4-0	2-3
First Vienna-OLYMPIAKOS		2-2	1-1

HUITIÈMES DE FINALE

Olympiakos-**AUXERRE**	1-1	0-0
Étoile Rouge Belgrade-FC COLOGNE	2-0	0-3
HAMBOURG-FC Porto	1-0	1-2
JUVENTUS-Karl-Marx-Stadt	2-1	1-0
Naples-WERDER BRÊME	2-3	1-5
FIORENTINA-Dynamo Kiev	1-0	0-0
ANTWERP-Stuttgart	1-0	1-1
Rapid Vienne-FC LIÈGE	1-0	1-3

QUARTS DE FINALE

FIORENTINA-**Auxerre**	1-0	1-0
Hambourg-JUVENTUS	0-2	2-1
FC COLOGNE-Antwerp	2-0	0-0
FC Liège-WERDER BRÊME	1-4	2-0

DEMI-FINALES

JUVENTUS-FC Cologne	3-2	0-0
Werder Brême-FIORENTINA	1-1	0-0

FINALE ALLER

2 mai 1990 à Turin (ITA), Stadio Comunale.

JUVENTUS - Fiorentina : 3-1 (1-1).

47 519 spectateurs. Arbitre : M. Soriano Aladren (ESP).

Buts : Galia (3e), Casiraghi (61e), De Agostini (76e) pour la Juventus ; Buso (11e) pour la Fiorentina.

JUVENTUS : Tacconi - Napoli, Brio (Alessio, 16e), D. Bonetti, De Agostini - Galia, Aleïnikov, Marocchi, Rui Barros - Schillaci, Casiraghi. Entr. : Zoff.

FIORENTINA : Landucci - Volpecina, Pin, Battistini, Dell'Oglio - Dunga (Malusci, 89e) - Kubik, Nappi, Di Chiara - Buso, R. Baggio. Entr. : Graziani.

FINALE RETOUR

16 mai 1990 à Avellino (ITA), Stadio Partenio.

Fiorentina - JUVENTUS TURIN : 0-0

30 999 spectateurs. Arbitre : M. Schmidhuber (RFA).

FIORENTINA : Landucci - Dell'Oglio, Pin, Battistini, Volpecina - Kubik, Di Chiara, Dunga, R. Baggio - Nappi (Zironelli, 70e), Buso. Entr. : Graziani.

JUVENTUS : Tacconi - Napoli, Bruno, Aleïnikov, De Agostini - Alessio, Galia, Marocchi, Rui Barros (Avallone, 70e) - Casiraghi (Rosa, 77e), Schillaci. Entr. : Zoff.

Meilleurs buteurs de la compétition : Götz (FC Cologne), Riedle (Werder Brême), 6 buts.

1990-91

C1 ÉTOILE ROUGE BELGRADE

PREMIER TOUR

NAPLES (ITA)-Ujpest Dosza (HON)		3-0	2-0
MARSEILLE (FRA)-Dynamo Tirana (ALB)		5-1	0-0
FC TIROL (AUT)-Kuusysi Lahti (FIN)		5-0	2-1
Apoel Nicosie (CHY)-BAYERN (RFA)		2-3	0-4
MALMÖ FF (SUE)-Besiktas (TUR)		3-2	2-2
ÉTOILE ROUGE (YOU)-Grasshopper (SUI)		1-1	4-1
Sparta Prague (TCH)-SPARTAK (URS)		0-2	0-2
Lillestrom (NOR)-FC BRUGES (BEL)		1-1	0-2
DIN. BUCAREST (ROU)-St Patrick's (IRL)		4-0	1-1
FC PORTO (POR)-Portadown (ILN)		5-0	8-1
Akureyri (ISL)-CSKA SOFIA (BUL)		1-0	0-3
Union Luxembourg (LUX)-DRESDE (RDA)		1-3	0-3
FC La Valette (MLT)-RANGERS (ECO)		0-4	0-6
OB Odense (DAN)-REAL MADRID (ESP)		1-4	0-6
LECH POZNAN (POL)-Panathinaïkos (GRE)		3-0	2-1

Exempt : Milan AC (ITA).

HUITIÈMES DE FINALE

DRESDE-Malmö FF	(5-4 tab)	1-1	1-1
REAL MADRID-FC Tirol		9-1	2-2
Naples-SPARTAK MOSCOU	(3-5 tab)	0-0	0-0
Lech Poznan-**MARSEILLE**		3-2	1-6
MILAN AC-FC Bruges		0-0	1-0
BAYERN MUNICH-CSKA Sofia		4-0	3-0
ÉTOILE ROUGE-Glasgow Rangers		3-0	1-1
Dinamo Bucarest-FC PORTO		0-0	0-4

QUARTS DE FINALE

Milan AC-**MARSEILLE**	1-1	*0-3

*sur tapis vert, à la suite du refus des Milanais de revenir sur le terrain après une panne de projecteur à la 88e (score initial : 1-0 pour Marseille).

SPARTAK MOSCOU-Real Madrid	0-0	3-1
ÉTOILE ROUGE BELGRADE-Dresde	3-0	*3-0

*sur tapis vert (match arrêté à la 78e, à 2-1 pour Belgrade).

BAYERN MUNICH-FC Porto	1-1	2-0

DEMI-FINALES

Bayern Munich-ÉTOILE ROUGE BELGRADE	1-2	2-2
Spartak Moscou-**MARSEILLE**	1-3	1-2

FINALE

29 mai 1991 à Bari (ITA), San Nicola.

ÉTOILE ROUGE-Marseille : 0-0 ap, 5-3 tab.

58 000 spectateurs. Arbitre : M. Lanese (ITA).

Tirs au but : Prosinecki (réussi), **Amoros** (manqué), Binic (r), **Casoni** (r), Belodedic (r), **Papin** (r), S. Mihajlovic (r), Mozer (r), Pancev (r).

ÉTOILE ROUGE : Stojanovic - Sabanadzovic, Jugovic, Belodedic, Najdoski, Marovic - Savicevic (Stosic, 84e), Prosinecki, Mihajlovic - Binic, Pancev. Entr. : Petrovic.

MARSEILLE : Olmeta - B. Boli, Mozer, **Casoni - Amoros, Fournier (Vercruysse**, 75e), **Germain, Di Méco** (Stojkovic, 111e) - Waddle, **Papin**, A. Pelé. Entr. : Goethals.

Meilleurs buteurs de la compétition : Pacult (FC Tirol), **Papin (Marseille)** 6 buts.

C2 MANCHESTER UNITED

Les tacles du Barcelonais José Maria Bakero n'empêcheront pas Mark Hughes (au c.) de s'imposer.

TOUR PRÉLIMINAIRE

Bray (IRL)-TRABZONSPOR (TUR)	1-1	0-2

PREMIER TOUR

MONTPELLIER (FRA)-PSV Eindhoven (HOL)		1-0	0-0
Trabzonspor-FC BARCELONE (ESP)		1-0	2-7
Kaiserslautern (RFA)-SAMPDORIA (ITA)		1-0	0-2
FRAM REYKJAVIK (ISL)-Djurgärden (SUE)		3-0	1-1
Glentoran (ILN)-STEAUA BUCAREST (ROU)		1-1	0-5
Sliven (BUL)-JUVENTUS (ITA)		0-2	1-6
MAN. UNITED (ANG)-Pecs MSC (HON)		2-0	1-0
OLYMPIAKOS (GRE)-Vlorë (ALB)		3-1	2-0
LEGIA VARSOVIE (POL)-Hesperange (LUX)		3-0	*3-0

*à Esch.

AMADORA (POR)-Xamax (SUI)	(4-3 tab)	1-1	1-1
Kuopio (FIN)-DYNAMO KIEV (URS)		2-2	0-4
Schwerin (RDA)-AUSTRIA VIENNE (AUT)		0-2	0-0
Stavanger (NOR)-FC LIÈGE (BEL)		0-2	0-3
WREXHAM (GAL)-Lyngby (DAN)		0-0	1-0
Salamina Famagouste (CHY)-ABERDEEN (ECO)		0-2	0-3
Sliema (MLT)-DUKLA PRAGUE (TCH)		1-2	0-2

HUITIÈMES DE FINALE

DYNAMO KIEV-Dukla Prague	1-0	2-2
Aberdeen-LEGIA VARSOVIE	0-0	0-1
FC LIÈGE-Amadora	2-0	0-1
MONTPELLIER-Steaua Bucarest	5-0	3-0
Olympiakos-SAMPDORIA GÊNES	0-1	1-3
MANCHESTER UNITED-Wrexham	3-0	2-0
Fram Reykjavik-FC BARCELONE	1-2	0-3
Austria Vienne-JUVENTUS	0-4	0-4

QUARTS DE FINALE

MANCHESTER UNITED-**Montpellier**	1-1	2-0
Dynamo Kiev-FC BARCELONE	2-3	1-1
FC Liège-JUVENTUS	1-3	0-3
LEGIA VARSOVIE-Sampdoria Gênes	1-0	2-2

DEMI-FINALES

Legia Varsovie-MANCHESTER UNITED	1-3	1-1
FC BARCELONE-Juventus	3-1	0-1

FINALE

15 mai 1991 à Rotterdam (HOL), De Kuip.

MAN. UNITED - FC Barcelone : 2-1 (0-0).

48 000 spectateurs. Arbitre : M. Karlsson (SUE).

Buts : M. Hughes (68e, 75e) pour Manchester United ; R. Koeman (79e) pour le FC Barcelone.

MANCHESTER UNITED : Sealey - Irwin, Bruce, Pallister, Blackmore - Phelan, Robson, Ince, McClair - M. Hughes, Sharpe. Entr. : Ferguson.

FC BARCELONE : Busquets - Nando (expulsé, 84e), Alexanco (Pinilla, 72e), R. Koeman, Ferrer - Eusebio, Bakero, M. Laudrup, Goicoechea - Julio Salinas, Beguiristain. Entr. : Cruyff.

Meilleur buteur de la compétition : R. Baggio (Juventus), 8 buts.

C3 INTER MILAN

Encore un derby transalpin. L'Intériste Battistini (au c.) prend le dessus sur le Romain Völler.

PREMIER TOUR

Glenavon (ILN)-**BORDEAUX** (FRA)		0-0	0-2
Roda JC (HOL)-**MONACO** (FRA)		1-3	1-3
MAGDEBOURG (RDA)-Rovaniemi (FIN)		0-0	1-0
ODESSA (URS)-Rosenborg (NOR)		3-1	1-2
TORPEDO MOSCOU (URS)-Gais (SUE)		4-1	1-1
Dniepropetrovsk (URS)-HEARTS (ECO)		1-1	1-3
FENERBAHÇE (TUR)-Guimaraes (POR)		3-0	3-2
Lausanne (SUI)-REAL SOCIEDAD (ESP)		3-2	0-1
Norrköping (SUE)-FC COLOGNE (RFA)		0-0	1-3
TIMISOARA (ROU)-Atletico Madrid (ESP)		2-0	0-1
LEVERKUSEN (RFA)-Twente (HOL)	(ap)	1-0	1-1
DORTMUND (RFA)-Karl-Marx-Stadt (RDA)		2-0	2-0
SPORTING (POR)-Malines (BEL)		1-0	2-2
Lubin (POL)-BOLOGNE (ITA)		0-1	0-1
KATOWICE (POL)-Turku (FIN)		3-0	1-0
Paola (MLT)-PARTIZAN BELGRADE (YOU)		0-3	0-2
Beggen (LUX)-INTER BRATISLAVA (TCH)		2-1	0-5
AS ROME (ITA)-Benfica (POR)		1-0	1-0
ATALANTA (ITA)-Dynamo Zagreb (YOU)		0-0	1-1
Hafnarfjördur (ISL)-DUNDEE UNITED (ECO)		1-3	2-2
MTK Budapest (HON)-LUCERNE (SUI)		1-1	1-2
Iraklis Salonique (GRE)-VALENCE (ESP)	(ap)	0-0	0-2
FC SÉV. (ESP)-PAOK Salonique (GRE)	(4-3 tab)	0-0	0-0
Derry (IRL)-VITESSE ARNHEM (HOL)		0-1	0-0
Vejle (DAN)-ADMIRA WACKER (AUT)		0-1	0-3
BRÖNDBY (DAN)-Eintracht Francfort (RFA)		5-0	1-4
Slavia Sofia (BUL)-OMONIA NICOSIE (CHY)		2-1	2-4
Antwerp (BEL)-FERENCVAROS (HON)	(ap)	0-0	1-3
ANDERLECHT (BEL)-Ploiesti (ROU)		2-0	2-0
Rapid Vienne (AUT)-INTER MILAN (ITA)		2-1	1-3
ASTON VILLA (ANG)-Ostrava (TCH)		3-1	2-1
Partizani Tirana (ALB)-U. CRAIOVA (ROU)		0-1	0-1

SECOND TOUR

Magdebourg-**BORDEAUX**	0-1	0-1
Odessa-**MONACO**	0-0	0-1
TORPEDO MOSCOU-FC Séville	3-1	1-2
Fenerbahçe-ATALANTA BERGAME	0-1	1-4
Lucerne-ADMIRA WACKER	0-1	1-1
Universitatea Craiova-DORTMUND	0-3	0-1
FC COLOGNE-Inter Bratislava	0-1	2-0

C1 1990-91 ÉTOILE ROUGE BELGRADE : Stojanovic, Mihajlovic, Prosinecki, Belodedic, Najdoski, Marovic ; Jugovic, Binic, Pancev, Savicevic, Sabanadzovic.

SPORTING-Timisoara	7-0	0-2
Katowice-LEVERKUSEN	1-2	0-4
VITESSE ARNHEM-Dundee United	1-0	4-0
FC Valence-AS ROME	1-1	1-2
Real Sociedad-PARTIZAN BELGRADE (3-4 tab)	1-0	0-1
Hearts of Midlothian-BOLOGNE	3-1	0-3
BRÖNDBY-Ferencvaros	3-0	1-0
Omonia Nicosie-ANDERLECHT	1-1	0-3
Aston Villa-INTER MILAN	2-0	0-3

HUITIÈMES DE FINALE

AS ROME-**Bordeaux**	5-0	2-0
TORPEDO MOSCOU-**Monaco**	2-1	2-1
FC Cologne-ATALANTA BERGAME	1-1	0-1
Vitesse Arnhem-SPORTING	0-2	1-2
INTER MILAN-Partizan Belgrade	3-0	1-1
BRÖNDBY-Leverkusen	3-0	0-0
ANDERLECHT-Dortmund	1-0	1-2
Admira Wacker-BOLOGNE (5-6 tab)	3-0	0-3

QUARTS DE FINALE

AS ROME-Anderlecht	3-0	3-2
Bologne-SPORTING	1-1	0-2
Atalanta Bergame-INTER MILAN	0-0	0-2
BRÖNDBY-Torpedo Moscou (4-2 tab)	1-0	0-1

DEMI-FINALES

Sporting-INTER MILAN	0-0	0-2
Bröndby-AS ROME	0-0	1-2

FINALE ALLER

8 mai 1991 à Milan (ITA), Giuseppe-Meazza.
INTER MILAN - AS Rome : 2-0 (0-0).
68 887 spectateurs. Arbitre : M. Spirin (URS).
Buts : Matthäus (55e sp), Berti (65e).
INTER : Zenga - Paganin (G. Baresi, 65e), Bergomi, Battistini, Ferri, Brehme - Berti, Bianchi, Matthäus - Klinsmann, Serena (Pizzi, 89e). Entr. : Trapattoni.
AS ROME : Cervone - Tempestilli, Berthold, Aldair (Carboni, 72e), Comi (Muzzi, 75e), Nela - Gerolin, Di Mauro, Giannini - Völler, Rizzitelli. Entr. : O. Bianchi.

FINALE RETOUR

22 mai 1991 à Rome (ITA), Stade Olympique.
AS Rome - INTER MILAN : 1-0 (0-0).
70 901 spectateurs. Arbitre : M. Quiniou (FRA).
But : Rizzitelli (80e).
AS ROME : Cervone - Tempestilli (Salsano, 57e), Berthold, Aldair, Nela - Gerolin, Desideri (Muzzi, 69e), Di Mauro, Giannini - Völler, Rizzitelli. Entr. : O. Bianchi.
INTER MILAN : Zenga - Paganin, Bergomi, Battistini, Ferri, Brehme - Berti, Bianchi, Matthäus, Pizzi (Mandorlini, 67e) - Klinsmann. Entr. : Trapattoni.

Meilleur buteur de la compétition :
Völler (AS Rome), 10 buts.

1991-92

C1 FC BARCELONE

C1 1991-92 **FC BARCELONE : Zubizarreta, Nando, Julio Salinas, R. Koeman, M. Laudrup, Stoïchkov, Eusebio ; Bakero, Ferrer, Guardiola, Juan Carlos.**

PREMIER TOUR

IFK GÖTEBORG (SUE)-Vlorë (ALB)	0-0	1-1
ARSENAL (ANG)-Austria Vienne (AUT)	6-1	0-1
Union Luxemb. (LUX)-**MARSEILLE** (FRA)	0-5	0-5
ANDERLECHT (BEL)-Grasshopper (SUI)	1-1	3-0
FC BARCELONE (ESP)-Rostock (RDA)	3-0	0-1
U. Craiova (ROU)-APO. LIMASSOL (CHY)	2-0	0-3
Besiktas (TUR)-PSV EINDHOVEN (HOL)	1-1	1-2
KAISERSLAUTERN (RFA)-Tarnovo (BUL)	2-0	1-1
HJK Helsinki (FIN)-DYNAMO KIEV (URS)	0-1	0-3
Hamrun (MLT)-BENFICA (POR)	0-6	0-4
SPA. PRAGUE (TCH)-Rangers (ECO) (ap)	1-0	1-2
BRÖNDBY (DAN)-Lubin (POL)	3-0	1-2
KISPEST HONVED (HON)-Dundalk (IRL)	1-1	2-0
ÉTOILE ROUGE (YOU)-Portadown (ILN)	4-0	4-0
SAMPDORIA (ITA)-Rosenborg (NOR)	5-0	2-1
Fram Reykjavik (ISL)-PANATH. (GRE)	2-2	0-0

HUITIÈMES DE FINALE

FC BARCELONE-Kaiserslautern	2-0	1-3
Marseille-SPARTA PRAGUE	3-2	1-2
PANATHINAÏKOS-IFK Göteborg	2-0	2-2
Kispest Honved-SAMPDORIA	2-1	1-3
PSV Eindhoven-ANDERLECHT	0-0	0-2
BENFICA-Arsenal (ap)	1-1	3-1
ÉTOILE ROUGE-Apollon Limassol	3-1	2-0
DYNAMO KIEV-Bröndby	1-1	1-0

PHASE DE POULES

GROUPE A

Anderlecht-Panathinaïkos	0-0	0-0
Sampdoria-Étoile Rouge Belgrade	2-0	3-1
Panathinaïkos-Sampdoria Gênes	0-0	1-1
Étoile Rouge Belgrade-Anderlecht	3-2	2-3
Anderlecht-Sampdoria Gênes	3-2	0-2
Panathinaïkos-Étoile Rouge Belgrade	0-2	0-1

Classement : 1. SAMPDORIA GÊNES, 8 pts ; **2.** Étoile Rouge Belgrade, 6 pts (9-10, -1) ; **3.** Anderlecht, 6 pts (8-9, -1) ; **4.** Panathinaïkos, 4 pts.

GROUPE B

FC Barcelone-Sparta Prague	3-2	0-1
Dynamo Kiev-Benfica	1-0	0-5
Benfica-FC Barcelone	0-0	1-2
Sparta Prague-Dynamo Kiev	2-1	0-1
Dynamo Kiev- FC Barcelone	0-2	0-3
Sparta Prague-Benfica	1-1	1-1

Classement : 1. FC BARCELONE, 9 pts ; **2.** Sparta Prague, 6 pts ; **3.** Benfica, 5 pts ; **4.** Dynamo Kiev, 4 pts.

FINALE

20 mai 1992 à Londres, Wembley.
BARCELONE - Sampdoria : 1-0 ap (0-0).
70 827 spectateurs. Arbitre : M. Schmidhuber (ALL).
But : R. Koeman (112e).
FC BARCELONE : Zubizarreta - Nando, R. Koeman, Ferrer, Juan Carlos - Bakero, M. Laudrup, Guardiola (Alesanco, 113e) - Eusebio, Julio Salinas (Goicoechea, 65e), Stoïchkov. Entr. : Cruyff.
SAMPDORIA : Pagliuca - Mannini, Lanna, Vierchowod, Pari - Lombardo, Cerezo, Katanec, I. Bonetti (Invernizzi, 74e) - Vialli (Buso, 101e), Mancini. Entr. : Boskov.

Meilleurs buteurs de la compétition :
Papin (Marseille), Youran (Dynamo Kiev), 7 buts.

C2 WERDER BRÊME

Sous le regard de Claude Puel (n°6), le Monégasque Emmanuel Petit est bousculé contre le Werder Brême. Les Allemands passent en force.

TOUR PRÉLIMINAIRE

Galway (IRL)-OB ODENSE (DAN)	0-3	0-4
Stockerau (AUT)-TOTTENHAM (ANG)	0-1	0-1

PREMIER TOUR

Swansea (GAL)-**MONACO** (FRA)	1-2	0-8
FC La Valette (MLT)-FC PORTO (POR)	0-3	0-1
Partizani Tirana (ALB)-FEYENOORD (HOL)	0-0	0-1
OB Odense-BANIK OSTRAVA (TCH)	0-2	1-2
Omonia Nicosie (CHY)-FC BRUGES (BEL)	0-2	0-2
Hajduk Split (YOU)-TOTTENHAM	1-0	0-2
Valur Reykjavik (ISL)-SION (SUI)	0-1	1-1
Athinaïkos (GRE)-MAN. UNITED (ANG) (ap)	0-0	0-2
Glenavon (ILN)-ILVES TAMPERE (FIN)	3-2	1-2
NORRKÖPING (SUE)-Jeunesse Esch (LUX)	4-0	2-1
CSKA Moscou (URS)-AS ROME (ITA)	1-2	1-0
Fyllingen Bergen (NOR)-ATLETICO (ESP)	0-1	2-7
KATOWICE (POL)-Motherwell (ECO)	2-0	1-3
Eisenhüttenstadt (RDA)-GALATA. (TUR)	1-2	0-3
Levski Sofia (BUL)-FERENCVAROS (HON)	2-3	1-4
Bacau (ROU)-WERDER BRÊME (RFA)	0-6	0-5

HUITIÈMES DE FINALE

Ilves Tampere-AS ROME	1-1	2-5
Norrköping-**MONACO**	1-2	0-1
ATLETICO MADRID-Manchester United	3-0	1-1
GALATASARAY-Banik Ostrava	0-1	2-1
TOTTENHAM-FC Porto	3-1	0-0
WERDER BRÊME-Ferencvaros	3-2	1-0
Sion-FEYENOORD (3-5 tab)	0-0	0-0
Katowice-FC BRUGES	0-1	0-3

QUARTS DE FINALE

AS Rome-**MONACO**	0-0	0-1
Atletico Madrid-FC BRUGES	3-2	1-2
FEYENOORD-Tottenham	1-0	0-0
WERDER BRÊME-Galatasaray	2-1	0-0

DEMI-FINALES

MONACO-Feyenoord	1-1	2-2
FC Bruges-WERDER BRÊME	1-0	0-2

FINALE

6 mai 1992 à Lisbonne (POR), Estadio da Luz.
WERDER BRÊME - AS Monaco : 2-0 (1-0).
15 000 spectateurs. Arbitre : M. D'Elia (ITA).
Buts : K. Allofs (41e), Rufer (54e).
BRÊME : Rollmann - Bockenfeld, Borowka, Bratseth, Wolter (Schaaf, 34e) - Eilts, Votava, Bode, Neubarth (Kohn, 75e) - Rufer, K. Allofs. Entr. : Rehhagel.
MONACO : **Ettori** - **Valéry** (**Y. Djorkaeff**, 62e), **Petit**, Mendy, **Sonor** - **Gnako**, Rui Barros, **Dib**, **G. Passi** - Fofana (**Clément**, 59e), Weah. Entr. : **Wenger**.

Meilleur buteur de la compétition :
Lipcsei (Ferencvaros), 6 buts.

C3 AJAX AMSTERDAM

La nouvelle génération de l'Ajax, autour de Frank De Boer (à l'ext. dr.), est sacrée à son tour.

PREMIER TOUR

LYON (FRA)-Öster Växjö (SUE)	1-0	1-1
Salgueiros (POR)-**CANNES** (FRA) (2-4 tab)	1-0	0-1
Ikast (DAN)-**AUXERRE** (FRA)	0-1	1-5
KR Reykjavik (ISL)-TORINO (ITA)	0-2	1-6
Oviedo (ESP)-GENOA (ITA)	1-0	1-3
AJAX (HOL)-Örebro SK (SUE)	3-0	1-0
Groningue (HOL)-ERFURT (RDA)	0-1	0-1
STUTTGART (RFA)-Pecs MSC (HON)	4-1	2-2
Slavia Sofia (BUL)-OSASUNA (ESP)	1-0	0-4
VAC (HON)-DYN. MOSCOU (URS)	1-0	1-4
EINTRACHT F. (RFA)-Spora Lux. (LUX)	6-1	5-0
LA GANTOISE (BEL)-Lausanne (SUI) (4-1 tab)	0-1	1-0
LIVERPOOL (ANG)-Kuusysi Lahti (FIN)	6-1	0-1
PAOK SALONIQUE (GRE)-Malines (BEL)	1-1	1-0
FC TIROL (AUT)-Tromsö (NOR)	2-1	1-1
A. Famagouste (CHY)-STEAUA BUC. (ROU) (ap)	1-2	2-2
GIJON (ESP)-Partizan Bel. (YOU) (3-2 tab)	2-0	0-2
Sporting (POR)-DINAMO BUC. (ROU) (ap)	1-0	0-2
Slovan Bratislava (TCH)-REAL (ESP)	1-2	1-1
Sturm Graz (AUT)-FC UTRECHT (HOL)	0-1	1-3
CELTIC GLASGOW (ECO)-Ekeren (BEL)	2-0	1-1
XAMAX (SUI)-Floriana La Valette (MLT)	2-0	0-0
HAMBOURG (RFA)-Gornik Zabrze (POL)	1-1	3-0
CSKA SOFIA (BUL)-Parme (ITA)	0-0	1-1
Halle (RDA)-TORPEDO MOSCOU (URS)	2-1	0-3
Bangor (ILN)-OLOMOUC (TCH)	0-3	0-3
Aberdeen (ECO)-B 1903 COPEN. (DAN)	0-1	0-2
Cork City (IRL)-BAYERN MUNICH (RFA)	1-1	0-2
Gradjanski* (YOU)-TRABZONSPOR (TUR)	2-3	1-1

*nom pris par le Dynamo Zagreb en 1991-92, avant de devenir le Croatia Zagreb.

Shkodër (ALB)-AEK ATHÈNES (GRE)	0-1	0-2
Mikkeli (FIN)-SPARTAK MOSCOU (URS)	0-2	1-3
BOAVISTA (POR)-Inter Milan (ITA)	2-1	0-0

SECOND TOUR

Auxerre-LIVERPOOL	2-0	0-3
Cannes-DYNAMO MOSCOU	0-1	1-1
Lyon-TRABZONSPOR	3-4	1-4
TORINO-Boavista	2-0	0-0
Spartak Moscou-AEK ATHÈNES	0-0	1-2
B 1903 COPENHAGUE-Bayern Munich	6-2	0-1
OLOMOUC-Torpedo Moscou	2-0	0-0
HAMBOURG-CSKA Sofia	2-0	4-1
NEUCHÂTEL XAMAX-Celtic Glasgow	5-1	0-1
FC Utrecht-REAL MADRID	1-3	0-1
GENOA-Dinamo Bucarest	3-1	2-2
Gijon-STEAUA BUCAREST	2-2	0-1
PAOK Salonique-FC TIROL	0-2	0-2
LA GANTOISE-Eintracht Francfort	0-0	1-0
OSASUNA-Stuttgart	0-0	3-2
Erfurt-AJAX	1-2	0-3

HUITIÈMES DE FINALE

Osasuna-AJAX	0-1	0-1
LA GANTOISE-Dynamo Moscou	2-0	0-0
FC Tirol-LIVERPOOL	0-2	0-4
Steaua Bucarest-GENOA	0-1	0-1
Neuchâtel Xamax-REAL MADRID	1-0	0-4
Hambourg-OLOMOUC	1-2	1-4
B 1903 COPENHAGUE-Trabzonspor	1-0	1-1
AEK Athènes-TORINO	2-2	0-1

QUARTS DE FINALE

B 1903 Copenhague-TORINO	0-2	0-1
Sigma Olomouc-REAL MADRID	1-1	0-1
GENOA-Liverpool	2-0	2-1
La Gantoise-AJAX	0-0	0-3

DEMI-FINALES

Genoa-AJAX	2-3	1-1
Real Madrid-TORINO	2-1	0-2

FINALE ALLER

29 avril 1992 à Turin (ITA), stadio delle Alpi.
Torino - AJAX AMSTERDAM : 2-2 (0-1).
65 377 spectateurs. Arbitre : M. Worral (ANG).
Buts : Casagrande (62e, 84e) pour le Torino ; Jonk (14e), Pettersson (75e sp) pour l'Ajax.
TORINO : Marchegiani - Bruno, Annoni, Cravero, Benedetti, Mussi - Venturin, Martin Vazquez, Scifo - Casagrande, Lentini. Entr. : Mondonico.
AJAX : Menzo - Silooy, Blind, Jonk, F. De Boer - Winter, Bergkamp, Kreek - Van't Schip, Pettersson, Roy. Entr. : Van Gaal.

FINALE RETOUR

13 mai 1992 à Amsterdam (HOL), stade Olympique.
AJAX AMSTERDAM - Torino : 0-0.
45 000 spectateurs. Arbitre : M. Petrovic (YOU).
AJAX : Menzo - Silooy, Blind, F. De Boer - Alflen, Winter, Jonk, Kreek - Van't Schip, Pettersson, Roy.

Entr. : Van Gaal.

TORINO : Marchegiani - Mussi, Benedetti, Cravero, Policano - Fusi, Venturin, Martin Vazquez, Scifo - Casagrande, Lentini. **Entr. :** Mondonico.

Meilleur buteur de la compétition :
Saunders (Liverpool), 9 buts.

1992-93

C1 OLYMPIQUE MARSEILLE

TOUR PRÉLIMINAIRE

FC Valette (MLT)-MACC. TEL-AVIV (ISR)	1-2	0-1
Klaksvik (FER)-SKONTO RIGA (LET)	1-3	0-3
Shelbourne (IRL)-SIMFÉROPOL (UKR)	0-0	1-2
LJUBLJANA (SLN)-Norma Tallinn (EST)	3-0	2-0

PREMIER TOUR

MILAN AC (ITA)-Ljubljana	4-0	3-0
Glentoran (ILN)-**MARSEILLE** (FRA)	0-5	0-3
PSV EINDHOVEN (HOL)-Z. Vilnius (LIT)	6-0	2-0
IFK GÖTEBORG (SUE)-Besiktas (TUR)	2-0	1-2
FC BARCELONE (ESP)-Stavanger (NOR)	1-0	0-0
Kuusysi Lahti (FIN)-DIN. BUC. (ROU) (ap)	1-0	0-2
LECH POZNAN (POL)-Skonto Riga	2-0	0-0
Stuttgart (ALL)-LEEDS (ANG) (app. 1-2)	3-0	*0-3

*sur tapis vert (score initial : 1-4), Stuttgart ayant aligné quatre étrangers.

AUSTRIA V. (AUT)-CSKA Sofia (BUL)	3-1	2-3
GLASGOW RANGERS (ECO)-Lyngby (DAN)	2-0	1-0
AEK ATHÈNES (GRE)-Apoel Nic. (CHY) (ap)	1-1	2-2
Union Luxembourg (LUX)-PORTO (POR)	1-4	0-5
Vik. Reykjavik (ISL)-CSKA MOSCOU (RUS)	0-1	2-4
S. BRATISLAVA (TCH)-Ferencvaros (HON)	4-1	0-0
SION (SUI)-Simféropol	4-1	3-1
Maccabi Tel-Aviv - FC BRUGES (BEL)	0-1	*0-3

*à Liège.

HUITIÈMES DE FINALE

FC BRUGES-Austria Vienne	2-0	1-3
IFK GÖTEBORG-Lech Poznan	1-0	3-0
Dinamo Bucarest-**MARSEILLE**	0-0	0-2
GLASGOW RANGERS-Leeds	2-1	2-1
Slovan Bratislava-MILAN AC	0-1	0-4
AEK Athènes-PSV EINDHOVEN	1-0	0-3
Sion-FC PORTO	2-2	0-4
CSKA MOSCOU-FC Barcelone	1-1	3-2

PHASE DE POULES

GROUPE A

FC Bruges-CSKA Moscou	1-0	2-1
Glasgow Rangers-**Marseille**	2-2	1-1
Marseille-FC Bruges	3-0	1-0
CSKA Moscou-Glasgow Rangers	0-1	0-0
FC Bruges-Glasgow Rangers	1-1	1-2
CSKA Moscou-**Marseille**	1-1	0-6

Classement : 1. **MARSEILLE**, 9 pts ; 2. Glasgow Rangers, 8 pts ; 3. FC Bruges, 5 pts ; 4. CSKA Moscou, 2 pts.

GROUPE B

Milan AC-IFK Göteborg	4-0	1-0
FC Porto-PSV Eindhoven	2-2	1-0
PSV Eindhoven-Milan AC	1-2	0-2
IFK Göteborg-FC Porto	1-0	0-2
PSV Eindhoven-IFK Göteborg	1-3	0-3
FC Porto-Milan AC	0-1	0-1

Classement : 1. MILAN AC, 12 pts ; 2. IFK Göteborg, 6 pts ; 3. FC Porto, 5 pts ; PSV Eindhoven, 1 pt.

FINALE

26 mai 1993 à Munich, stade Olympique.

MARSEILLE - Milan AC : 1-0 (1-0)

67 000 spectateurs. Arbitre : M. Röthlisberger (SUI).

But : **B. Boli** (44e).

MARSEILLE : **Barthez** - **Angloma** (**Durand**, 62e), **B. Boli**, **Desailly**, **Di Méco** - **Eydelie**, **Sauzée**, **Deschamps** - Boksic, Völler (**Thomas**, 79e), Pelé. **Entr. :** Goethals.

MILAN : Rossi - Tassotti, Costacurta, Baresi, P. Maldini - Donadoni (**Papin**, 58e), Rijkaard, Albertini, Lentini - Van Basten (Eranio, 86e), Massaro. **Entr. :** Capello.

Meilleur buteur de la compétition :
Romario (PSV Eindhoven), 7 buts.

C1 1992-93 **OLYMPIQUE MARSEILLE : Barthez, Sauzée, Desailly, Völler, B. Boli ; Angloma, Pelé, Deschamps, Boksic, Eydelie Di Méco.**

C2 PARME AC

Antonio Bennarivo (à dr.) résiste à Alexandre Czerniatynski (à g.) et Parme s'envole.

TOUR PRÉLIMINAIRE

BRANIK MARIBOR (SLN)-Hamrun (MLT)	4-0	1-2
Vaduz (LIE)-ODESSA (UKR)	0-5	1-7
BEGGEN (LUX)-Torshavn (FER)	1-0	1-1
Strömgodset (SUE)-PETAH TIKVA (ISR)	0-2	0-2

PREMIER TOUR

WERDER BRÊME (ALL)-Hanovre (ALL)	3-1	1-2
LIVERPOOL (ANG)-Apollon Limassol (CHY)	6-1	2-1
SPARTAK MOSCOU (RUS)-Beggen	0-0	5-1
AIK Stockholm (SUE)-AARHUS (DAN)	3-3	1-1
FEYENOORD (HOL)-Petah Tikva	1-0	1-2
OLYMPIAKOS (GRE)-Odessa	0-1	3-0
PARME (ITA)-Ujpest TE (HON)	1-0	1-1
TRABZONSPOR (TUR)-Turku (FIN)	2-0	2-2
Valur Reykjavik (ISL)-BOAVISTA (POR)	0-0	0-3
Miedz Legnica (POL)-**MONACO** (FRA)	0-1	0-0
Levski Sofia (BUL)-LUCERNE (SUI)	2-1	0-1
Cardiff City (GAL)-ADMIRA WACK. (AUT)	1-1	0-2
Branik Maribor-ATLETICO (ESP)	0-3	1-6
Airdrie (ECO)-SPARTA PRAGUE (TCH)	0-1	1-2
Bohemians Dublin (IRL)-STEAUA (ROU)	0-0	0-4
Glenavon (ILN)-ANTWERP (BEL) (1-3 tab)	1-1	1-1

HUITIÈMES DE FINALE

Monaco-OLYMPIAKOS	0-1	0-0
Trabzonspor-ATLETICO MADRID	0-2	0-0
Werder Brême-SPARTA PRAGUE	2-3	0-1
PARME-Boavista	0-0	2-0
Admira Wacker-ANTWERP (ap)	2-4	4-3
Lucerne-FEYENOORD	1-0	1-4
Aarhus-STEAUA BUCAREST	3-2	1-2
SPARTAK MOSCOU-Liverpool	4-2	2-0

QUARTS DE FINALE

ANTWERP-Steaua Bucarest	0-0	1-1
Sparta Prague-PARME	0-0	0-2
Feyenoord-SPARTAK MOSCOU	0-1	1-3
Olympiakos-ATLETICO MADRID	1-1	1-3

DEMI-FINALES

Spartak Moscou-ANTWERP	1-0	1-3
Atletico Madrid-PARME	1-2	1-0

FINALE

12 mai 1993 à Londres (ANG), Wembley.

PARME AC - Royal Antwerp : 3-1 (2-1)

37 393 spectateurs. Arbitre : M. Assenmacher (ALL).

Buts : Minotti (10e), Melli (30e), Cuoghi (83e) pour Parme ; Severeyns (13e) pour Antwerp.

PARME : Ballotta - Bennarivo, Di Chiara, Minotti, Apolloni - Grun, Zoratto (Pin, 25e), Osio (Pizzi, 65e) - Cuoghi, Melli, Brolin. **Entr. :** Scala.

ANTWERP : Stojanovic - Kiekens, Broeckaert, Taeymans, Smidts - Jakovljevic (Van Veirdeghem, 57e), Van Rethy, Severeyns, Segers (Moukrim, 85e) - Lehnhoff, Czerniatynski. **Entr. :** Meeuws.

Meilleurs buteurs de la compétition :
Czerniatynski (Antwerp), Piatnicki (Spartak Moscou), Rush (Liverpool), 5 buts.

C3 JUVENTUS TURIN

Andreas Möller, l'Allemand de la Juve (au c.), s'impose face à ses compatriotes de Dortmund.

PREMIER TOUR

PARIS-SG (FRA)-PAOK Salonique (GRE)	2-0	3-0*

*sur tapis vert (match arrêté à la 45e, à 2-0 pour Paris).

Caen (FRA)-SARAGOSSE (ESP)	3-2	0-2
Lokomotiv Plovdiv (BUL)-**AUXERRE** (FRA)	2-2	1-7
Hibernian (ECO)-ANDERLECHT (BEL)	2-2	1-1
FC Valence (ESP)-NAPLES (ITA)	1-5	0-1
VITESSE ARNHEM (HOL)-Derry City (IRL)	3-0	2-1
Neuchâtel Xamax (SUI)-FREM COPEN. (DAN)	2-2	1-4
Casino Salzbourg (AUT)-AJAX (HOL)	0-3	1-3
GUIMARAES (POR)-Real Sociedad (ESP)	3-0	0-2
SHEFFIELD WED. (ANG)-Spora Lux. (LUX)	8-1	2-1
MALINES (BEL)-Örebro (SUE)	2-1	0-0
VAC (HON)-Groningue (HOL)	1-0	1-1
Fram Reykjavik (ISL)-K'LAUTERN (ALL)	0-3	0-4
Man. U. (ANG)-TORPEDO (RUS) (3-4 tab)	0-0	0-0
FC Cologne (ALL)-CELTIC GLASGOW (ECO)	2-0	0-3
STANDARD (BEL)-Portadown (ILN)	5-0	0-0
FC COPENHAGUE (DAN)-MP (FIN)	5-0	5-1
Widzew Lodz (POL)-EINTRACHT F. (ALL)	2-2	0-9
Norrköping (SUE)-TORINO (ITA)	1-0	0-3
Slavia Prague (TCH)-HEARTS (ECO)	1-0	2-4
DYN. MOSCOU (RUS)-Rosenborg (NOR)	5-1	0-2
JUVENTUS (ITA)-Anor. Famagouste (CHY)	6-1	4-0
DYNAMO KIEV (UKR)-Rapid Vienne (AUT)	1-0	2-3
Electrop. Craiova (ROU)-PANATH. (GRE)	0-6	0-4
BENFICA (POR)-Izola (SLN)	3-0	5-0
Wacker Innsbruck (AUT)-AS ROME (ITA)	1-4	0-1
OLOMOUC (TCH)-Univ. Craiova (ROU)	1-0	2-1
GKS Katowice (POL)-GALATASARAY (TUR)	0-0	1-2
Floriana Valette (MLT)-DORTMUND (ALL)	0-1	2-7
Timisoara (ROU)-REAL MADRID (ESP)	1-1	0-4
FENERBAHÇE (TUR)-Botev Plovdiv (BUL)	3-1	2-2
GRASSHOPPER (SUI)-Sporting (POR) (ap)	1-2	3-1

SECOND TOUR

Naples-**PARIS-SG**	0-2	0-0
AUXERRE-FC Copenhague	5-0	2-0
Guimaraes-AJAX	0-3	1-2
K'LAUTERN-Sheffield Wednesday	3-1	2-2
Frem Copenhague-SARAGOSSE	0-1	1-5
DORTMUND-Celtic Glasgow	1-0	2-1
VITESSE ARNHEM-Malines	1-0	1-0
AS ROME-Grasshopper Zurich	3-0	3-4
Fenerbahçe-OLOMOUC	1-0	1-7
Eintracht Francfort-GALATASARAY	0-0	0-1
Torino-DYNAMO MOSCOU	1-2	0-0
BENFICA-Vac	5-1	1-0
ANDERLECHT-Dynamo Kiev	4-2	3-0
Panathinaïkos-JUVENTUS	0-1	0-0
Hearts of Midlothian-STANDARD	0-1	0-1
REAL MADRID-Torpedo Moscou	5-2	2-3

HUITIÈMES DE FINALE

PARIS-SG-Anderlecht	0-0	1-1
Standard Liège-**AUXERRE**	2-2	1-2
AJAX-Kaiserslautern	2-0	1-0
DORTMUND-Saragosse	3-1	1-2
Dynamo Moscou-BENFICA	2-2	0-2
AS ROME-Galatasaray	3-1	2-3
Vitesse Arnhem-REAL MADRID	0-1	0-1
Sigma Olomouc-JUVENTUS	1-2	0-5

QUARTS DE FINALE

Real Madrid-**PARIS-SG**	3-1	1-4
AUXERRE-Ajax	4-2	0-1
AS Rome-DORTMUND	1-0	0-2
Benfica-JUVENTUS	2-1	0-3

DEMI-FINALES

JUVENTUS-**Paris-SG**	2-1	1-0
DORTMUND-**Auxerre** (6-5 tab)	2-0	0-2

FINALE ALLER

5 mai 1993 à Dortmund (ALL), Westfalenstadion.

Dortmund - JUVENTUS : 1-3 (1-2).

37 000 spectateurs. Arbitre : M. Puhl (HON).

Buts : M. Rummenigge (2e) pour Dortmund ; D. Baggio (26e), R. Baggio (31e, 74e) pour la Juventus.

DORTMUND : Klos - Reinhardt, Schmidt, Grauer, Franck (Mill, 46e) - Reuter, Lusch, Zorc (Karl, 70e), M. Rummenigge - Chapuisat, Poschner. **Entr. :** Hitzfeld.

JUVENTUS : Peruzzi - Carrera, Julio Cesar, Kohler, De Marchi - Conte, D. Baggio, Marocchi, Möller (Galia, 88e) - Vialli, R. Baggio (Di Canio, 76e). **Entr. :** Trapattoni.

FINALE RETOUR

19 mai 1993 à Turin (ITA), Stadio Delle Alpi.

JUVENTUS - Dortmund : 3-0 (2-0).

62 781 spectateurs. Arbitre : M. Blankenstein (HOL).

Buts : D. Baggio (5e, 42e), Möller (64e).

JUVENTUS : Peruzzi - Torricelli (Di Canio, 66e), Kohler, Julio Cesar, Carrera, De Marchi - D. Baggio, Möller, Galia - Vialli (Ravanelli, 80e), R. Baggio. **Entr. :** Trapattoni.

DORTMUND : Klos - Schmidt, Zelic, Schulz, Reinhardt - Reuter (Lusch, 66e), Sippel, Karl, Poschner - M. Rummenigge (Franck, 43e), Mill. **Entr. :** Hitzfeld.

Meilleur buteur de la compétition :
Baticle (**Auxerre**), 8 buts.

1993-94

C1 MILAN AC

TOUR PRÉLIMINAIRE

HJK HELSINKI (FIN)-Norma Tallin (EST)	1-1	1-0
Toftir (FER)-CROATIA ZAGREB (CRO)	0-5	0-6
Cwmbran (GAL)-CORK CITY (IRL)	3-2	1-2
Panevezys (LIT)-FLORIANA VAL. (MLT)	0-1	0-1
Omonia Nicosie (CHY)-AARAU (SUI)	2-1	0-2
Beggen (LUX)-ROSENBORG (NOR)	0-2	0-1
SK. RIGA (LET)-Ljubljana (SLN) (11-10 tab)	0-1	1-0
Dynamo Tbilissi (GEO)-LINFIELD (ILN)	2-1	*0-3

*sur tapis vert (score initial : 1-1) à la suite d'une tentative de corruption, qui vaut deux ans de suspension à Tbilissi.

Kichinev (MOL)-BEITAR JÉRUSALEM (ISR)	1-1	0-2
Partizani Tirana (ALB)-IA AKRANES (ISL)	0-0	0-3

PREMIER TOUR

STEAUA BUC. (ROU)-Croatia Zagreb	1-2	3-2
Aarau-MILAN AC (ITA)	0-1	0-0
AIK Stockholm (SUE)-SPARTA PRA. (RTC)	1-0	0-2
IA Akranes-FEYENOORD (HOL)	1-0	0-3
GALATASARAY (TUR)-Cork City	2-1	1-0
HJK Helsinki-ANDERLECHT (BEL)	0-3	0-3
Dynamo Kiev (UKR)-BARCELONE (ESP)	3-1	1-4
Kispest Honved (HON)-MAN. U. (ANG)	2-3	1-2
LECH POZNAN (POL)-Beitar Jérusalem	3-0	4-2

C1 1993-94 MILAN AC : Sebastiano Rossi, Paolo Maldini, Filippo Galli, Marcel Desailly, Zvonimir Boban, Christian Panucci ; Mauro Tassotti, Roberto Donadoni, Demetrio Albertini, Dejan Savicevic, Daniele Massaro.

Linfield-FC COPENHAGUE (DAN) (ap)	3-0	0-4
***MONACO** (FRA)-AEK Athènes (GRE)	1-0	1-1

*Monaco, troisième du Championnat 1992-93, remplace Marseille, suspendu par l'UEFA à la suite de l'affaire VA-OM.

FC PORTO (POR)-Floriana Valette	2-0	0-0
Rangers (ECO)-LEVSKI SOFIA (BUL)	3-2	1-2
Rosenborg-AUSTRIA VIENNE (AUT)	3-1	1-4
Skonto Riga-SPARTAK MOSCOU (RUS)	0-5	0-4
WERDER (ALL)-Dynamo Minsk (BLR)	5-2	1-1

HUITIÈMES DE FINALE

FC Copenhague-MILAN AC	0-6	0-1
Levski Sofia-WERDER BRÊME	2-2	0-1
Lech Poznan-SPARTAK MOSCOU	1-5	1-2
Sparta Prague-ANDERLECHT	0-1	2-4
Manchester United-GALATASARAY	3-3	0-0
FC BARCELONE-Austria Vienne	3-0	2-1
FC PORTO-Feyenoord	1-0	0-0
MONACO-Steaua Bucarest	4-1	0-1

PHASE DE POULES

GROUPE A

Monaco-Spartak Moscou	4-1	0-0
Galatasaray-FC Barcelone	0-0	0-3
FC Barcelone-**Monaco**	2-0	1-0
Spartak Moscou-Galatasaray	0-0	2-1
Monaco-Galatasaray	3-0	2-0
Spartak Moscou-FC Barcelone	2-2	1-5

Classement : 1. FC BARCELONE, 10 pts ; **2. MONACO**, 7 pts ; **3.** Spartak Moscou, 5 pts ; **4.** Galatasaray, 2 pts.

GROUPE B

Anderlecht-Milan AC	0-0	0-0
FC Porto-Werder Brême	3-2	5-0
Milan AC-FC Porto	3-0	0-0
Werder Brême-Anderlecht	5-3	2-1
Milan AC-Werder Brême	2-1	1-1
Anderlecht-FC Porto	1-0	0-2

Classement : 1. MILAN AC, 8 pts ; **2.** FC PORTO, 7 pts ; **3.** Werder Brême, 5 pts ; **4.** Anderlecht, 4 pts.

DEMI-FINALES

(sur le terrain des premiers de chaque poule)

MILAN AC-**Monaco**	3-0
FC BARCELONE-FC Porto	3-0

FINALE

18 mai 1994 à Athènes, stade Olympique Spiridon-Louis.
MILAN AC - FC Barcelone : 4-0 (2-0)
76 000 spectateurs. Arbitre : M. Don (ANG).
Buts : Massaro (22e, 45e), Savicevic (47e), **Desailly** (58e).
MILAN AC : S. Rossi - Tassotti, F. Galli, P. Maldini (Nava, 83e), Panucci - Donadoni, **Desailly**, Albertini, Boban - Savicevic, Massaro. Entr. : Capello.
FC BARCELONE : Zubizarreta - Ferrer, Nadal, R. Koeman, Sergi (Quique Estebaranz, 72e) - Guardiola, Bakero, Amor - Stoïchkov, Romario, Beguiristain (Eusebio, 51e). Entr. : Cruyff.

Meilleurs buteurs de la compétition :
R. Koeman (Barcelone), Rufer (Werder Brême), 8 buts.

C2 ARSENAL

TOUR PRÉLIMINAIRE

VALUR REYK. (ISL)-Anjalankoski (FIN)	3-1	1-0
Sliema (MLT)-DEGERFORS (SUE)	1-3	0-3
LUGANO (SUI)-Neman Grodno (BLR)	5-0	1-2
Nikol Tallinn (EST)-LILLESTRÖM (NOR)	0-4	1-4
BALZERS (LIE)-Patosi (ALB)	3-1	0-0
Lvov (UKR)-SHELBOURNE (IRL)	1-0	1-3
Jelgava Riga (LET)-HAVNAR (FER)	0-1	0-3*

*sur tapis vert (match non disputé, l'équipe de Riga n'étant pas arrivée dans les délais).

Bangor (ILN)-APOEL NICOSIE (CHY)	1-1	1-2
Dudelange (LUX)-MACCABI HAÏFA (ISR)	0-1	1-6
FC KOSICE (SLQ)-Zalgiris Vilnius (LIT)	2-0	1-0
Celje (SLN)-ODENSE BK (DAN)	0-1	0-0

PREMIER TOUR

Apoel Nicosie-**PARIS-SG** (FRA)	0-1	0-2
Odense BK-ARSENAL (ANG)	1-2	1-1
PANATHINAÏKOS (GRE)-Shelbourne	3-0	2-1
REAL MADRID (ESP)-Lugano	3-0	3-1
CSKA SOFIA (BUL)-Balzers	8-0	3-1
FC Kosice-BESIKTAS (TUR)	2-1	0-2
Lilleström-TORINO (ITA)	0-2	2-1
Valur Reykjavik-ABERDEEN (ECO)	0-3	0-4
Torpedo Moscou (RUS)-MACCABI HAÏFA	1-0	1-3
Degerfors-PARME (ITA)	1-2	0-2
UNIVERSITATEA CRAIOVA (ROU)-Havnar	4-0	3-0
LEVERKUSEN (ALL)-Boby Brno (RTC)	2-0	3-0
BENFICA (POR)-Katowice (POL)	1-0	1-1
Hajduk Split (CRO)-AJAX (HOL)	1-0	0-6
STANDARD (BEL)-Cardiff City (GAL)	5-2	3-1
FC TIROL (AUT)-Ferencvaros (HON)	3-0	2-1

HUITIÈMES DE FINALE

PARIS-SG-Universitatea Craiova	4-0	2-0
Panathinaïkos-LEVERKUSEN	1-4	2-1
BENFICA-CSKA Sofia	3-1	3-1
AJAX-Besiktas	2-1	4-0
Maccabi Haïfa-PARME (1-3 tab)	0-1	1-0
ARSENAL-Standard Liège	3-0	7-0
TORINO-Aberdeen	3-2	2-1
FC Tirol-REAL MADRID	1-1	0-3

QUARTS DE FINALE

Real Madrid-**PARIS-SG**	0-1	1-1
BENFICA-Leverkusen	1-1	4-4
Torino-ARSENAL	0-0	0-1
Ajax-PARME	0-0	0-2

DEMI-FINALES

Paris-SG-ARSENAL	1-1	0-1
Benfica-PARME	2-1	0-1

Parme, comme les autres, ne conservera pas la C2, la faute à Arsenal et à Paul Merson (au c.).

FINALE

4 mai 1994 à Copenhague (SUE), Idraetspark.
ARSENAL - Parme AC : 1-0 (1-0).
33 765 spectateurs. Arbitre : M. Krondl (RTC).
But : Smith (20e).
ARSENAL : Seaman - Dixon, Bould, T. Adams, Winterburn - Davis, Morrow, Selley, Merson (McGoldrick, 87e) - Campbell, Smith. Entr. : Graham.
PARME : Bucci - Benarrivo, Sensini, Minotti, Apolloni, Di Chiara - Brolin, Pin (Melli, 71e), Crippa - Zola, Asprilla. Entr. : Scala.

Meilleurs buteurs de la compétition :
Andona (CSKA Sofia), Kirsten (Leverkusen), 5 buts.

C3 INTER MILAN

PREMIER TOUR

TENERIFE (ESP)-**Auxerre** (FRA)	2-2	1-0
Bohemians Dublin (IRL)-**BORDEAUX** (FRA)	0-1	0-5
Nantes (FRA)-FC VALENCE (ESP) (ap)	1-1	1-3
INTER (ITA)-Rapid Bucarest (ROU)	3-1	2-0
NORWICH (ANG)-Vitesse Arnhem (HOL)	3-0	0-0
Vac (HON)-APOL. LIMASSOL (CHY) (ap)	2-0	0-4
Twente (HOL)-BAYERN MUNICH (ALL)	3-4	0-3
BRÖNDBY (DAN)-Dundee Utd (ECO) (ap)	2-0	1-3
KUUSYSI LAHTI (FIN)-Waregem (BEL)	4-0	2-1
Bistrita (ROU)-BRANIK MARIBOR (SLN)	0-0	0-2
DORTMUND (ALL)-Vladikavkaz (RUS)	0-0	1-0
JUVENTUS (ITA)-Lokomotiv Moscou (RUS)	3-0	1-0
Öster Växjö (SUE)-KONGSVINGER (NOR)	1-3	1-4
Botev Plovdiv (BUL)-OLYMPIAKOS (GRE)	2-3	1-5
NORRKÖPING (SUÈ)-Malines (BEL) (ap)	0-1	1-1
KR REYKJAVIK (ISL)-MTK Budapest (HON)	1-2	0-0
TRABZONSPOR (TUR)-FC La Valette (MLT)	3-1	3-1
Dinamo Bucarest (ROU)-CAGLIARI (ITA)	3-2	0-2
KARLSRUHE (ALL)-PSV Eindhoven (HOL)	2-1	0-0
Crusaders (ILN)-SERVETTE (SUI)	0-0	0-4
Slavia Prague (RTC)-OFI CRÈTE (GRE)	1-1	0-1
Hearts of Mid. (ECO)-ATLETICO (ESP)	2-1	0-3
LAZIO (ITA)-Lokomotiv Plovdiv (BUL)	2-0	2-0
Union Luxembourg (LUX)-BOAVISTA (POR)	0-1	0-4
Dynamo Mos. (RUS)-EINTRACHT F. (ALL)	0-6	2-1
DNIEPROP. (UKR)-Admira Wacker (AUT)	1-0	3-2
Slovan Brat. (SLQ)-ASTON VILLA (ANG)	0-0	1-2
Aalborg (DAN)-LA COROGNE (ESP)	1-0	0-5
Kocaelispor (TUR)-SPORTING (POR)	0-0	0-2
Young Boys (SUI)-CELTIC (ECO) (ap)	0-0	0-1
ANTWERP (BEL)-Maritimo Funchal (POR)	2-0	2-2
AUSTRIA S. (AUT)-Dunajska Streda (SLQ)	2-0	2-0

SECOND TOUR

BORDEAUX-Servette Genève	2-1	1-0
INTER MILAN-Apollon Limassol	1-0	3-3
Bayern Munich-NORWICH	1-2	1-1
Kuusysi Lahti-BRÖNDBY	1-4	1-3
Branik Maribor-DORTMUND	0-0	1-2
Kongsvinger-JUVENTUS	1-1	0-2
TENERIFE-Olympiakos	2-1	3-4
MALINES-MTK Budapest	5-0	1-1
Trabzonspor-CAGLIARI	1-1	0-0
FC Valence-KARLSRUHE	3-1	0-7
Atletico Madrid-OFI CRETE	1-0	0-2
Lazio-BOAVISTA	1-0	0-2
EINTRACHT FRANCF.-Dniepropetrovsk	2-0	0-1
LA COROGNE-Aston Villa	1-1	1-0
Celtic-SPORTING	1-0	0-2
AUSTRIA SALZBOURG-Antwerp	1-0	1-0

HUITIÈMES DE FINALE

Bordeaux-KARLSRUHE	1-0	0-3
Norwich-INTER MILAN	0-1	0-1
Bröndby-DORTMUND	1-1	0-1
JUVENTUS-Tenerife	3-0	1-2
Malines-CAGLIARI	1-3	0-2
OFI Crète-BOAVISTA	1-4	0-2
EINTRACHT FRANCFORT-La Corogne	1-0	1-0
Sporting-AUSTRIA SALZBOURG (ap)	2-0	0-3

QUARTS DE FINALE

Dortmund-INTER MILAN	1-3	2-1
CAGLIARI-Juventus	1-0	2-1
Boavista-KARLSRUHE	1-1	0-1
AUSTRIA SALZB.-Eintracht Franc. (5-4 tab)	1-0	0-1

DEMI-FINALES

Cagliari-INTER MILAN	3-2	0-3
AUSTRIA SALZBOURG-Karlsruhe	0-0	1-1

FINALE ALLER

26 avril 1994 à Vienne (AUT), Ernst-Happel Stadion.
Austria Salzbourg - INTER : 0-1 (0-1).
50 000 spectateurs. Arbitre : M. Milton-Nielsen (DAN).
But : N. Berti (34e).
AUSTRIA SALZBOURG : Konrad - Lainer, Weber, Fürstaller - Winkhofer (Steiner, 60e), Artner, Marquinho, Aigner - Amerhauser (Muzek, 46e), Pfeifenberger, Stadler. Entr. : Baric et Kovacic.
INTER MILAN : Zenga - A. Paganin, Bergomi, Battistini, Orlando - Bianchi, Jonk, Manicone, Berti - Bergkamp (Dell'Anno, 89e), Sosa (Ferri, 75e). Entr. : Marini.

FINALE RETOUR

11 mai 1994 à Milan (ITA), Giuseppe-Meazza.
INTER - Austria Salzbourg : 1-0 (0-0).
80 326 spectateurs. Arbitre : M. McCluskey (ECO).
But : Jonk (63e).
INTER MILAN : Zenga - A. Paganin, Bergomi, Battistini, Fontolan (R. Ferri, 68e) - Jonk, Orlando, Manicone, Berti - Bergkamp (M. Paganin, 90e), Sosa. Entr. : Marini.
AUSTRIA SALZBOURG : Konrad - Lainer, Weber, Fürstaller - Winkhofer (Amerhauser, 67e), Feiersinger, Artner (Steiner, 73e), Marquinho, Aigner, Hütter - Jurcevic. Entr. : Baric et Kovacic.

Meilleurs buteurs de la compétition :
Bergkamp (Inter Milan), Schmitt (Karlsruhe), 8 buts.

1994-95

C1 AJAX AMSTERDAM

TOUR PRÉLIMINAIRE

PARIS-SG (FRA)-Vac Samsung (HON)	3-0	2-1
Legia Varsovie (POL)-HAJDUK (CRO)	0-1	0-4
STEAUA (ROU)-Servette Genève (SUI)	4-1	1-1
Sparta Prague (RTC)-IFK GÖTEB. (SUE)	1-0	0-2
AEK ATHÈNES (GRE)-Rangers (ECO)	2-0	1-0
Maccabi Haïfa (ISR)-CASINO SALZB. (AUT)	1-2	1-3
Silkeborg (DAN)-DYNAMO KIEV (UKR)	0-0	1-3
Beggen (LUX)-GALATASARAY (TUR)	1-5	*0-4

*à Izmir.

PHASE DE POULES

GROUPE A

Manchester United (ANG)-IFK Göteborg	4-2	1-3
FC Barcelone (ESP)-Galatasaray	2-1	1-2
Galatasaray-Manchester United	0-0	0-4
IFK Göteborg-FC Barcelone	2-1	1-1
IFK Göteborg-Galatasaray	1-0	1-0
Manchester United-FC Barcelone	2-2	0-4

Classement : 1. GÖTEBORG, 9 pts ; **2.** BARCELONE, 6 pts ; **3.** Manchester Utd, 6 pts ; **4.** Galatasaray, 3 pts.

GROUPE B

Dynamo Kiev-Spartak Moscou (RUS)	3-2	0-1
Paris-SG-Bayern Munich (ALL)	2-0	1-0
Bayern Munich-Dynamo Kiev	1-0	4-1
Spartak Moscou-**Paris-SG**	1-2	1-4
Spartak Moscou-Bayern Munich	1-1	2-2
Dynamo Kiev-**Paris-SG**	1-2	0-1

Classement : 1. PARIS-SG, 12 pts ; **2.** BAYERN MUNICH, 6 pts ; **3.** Spartak Moscou, 4 pts ; **4.** Dynamo Kiev, 2 pts.

GROUPE C

Hadjuk Split-Benfica (POR)	0-0	1-2
Anderlecht (BEL)-Steaua Bucarest	0-0	1-1
Benfica-Anderlecht	3-1	1-1
Steaua Bucarest-Hadjuk Split	0-1	4-1
Benfica-Steaua Bucarest	2-1	1-1
Hadjuk Split-Anderlecht	2-1	0-0

Classement : 1. BENFICA, 9 pts ; **2.** HAJDUK SPLIT, 6 pts ; **3.** Steaua Bucarest, 5 pts ; **4.** Anderlecht, 4 pts.

GROUPE D

Casino Salzbourg-AEK Athènes	0-0	3-1
Ajax (HOL)-Milan AC (ITA)	2-0	2-0
Milan AC-Casino Salzbourg	*3-0	1-0
AEK Athènes-Ajax	1-2	0-2
AEK Athènes-Milan AC	0-0	1-2
Casino Salzbourg-Ajax	0-0	1-1

Classement : 1. AJAX, 10 pts ; **2.** MILAN AC, 5 pts* ; **3.** Casino Salzbourg, 5 pts ; **4.** AEK Athènes, 2 pts.
*résultat homologué, mais Milan est pénalisé de deux points et son terrain suspendu deux matches à la suite d'un jet de bouteille sur le gardien de Salzbourg, Konrad.
Les clubs à égalité sont départagés par le goal-average particulier.

QUARTS DE FINALE

MILAN AC-Benfica	2-0	0-0
FC Barcelone-**PARIS-SG**	1-1	1-2
Hajduk Split-AJAX	0-0	0-3
BAYERN MUNICH-IFK Göteborg	0-0	2-2

DEMI-FINALES

Paris-SG-MILAN AC	0-1	0-2
Bayern Munich-AJAX	0-0	2-5

FINALE

24 mai 1995 à Vienne, Ernst-Happel.
AJAX - Milan AC : 1-0 (0-0)

C1 1994-95 AJAX AMSTERDAM : Edwin Van der Sar, Clarence Seedorf, Frank Rijkaard, George Finidi, Frank De Boer, Danny Blind ; Jari Litmanen, Michael Reiziger, Edgar Davids, Marc Overmars, Ronald De Boer.

49 700 spectateurs. Arbitre : M. Craciunescu (ROU). But : Kluivert (84e).
AJAX : Van der Sar - Reiziger, Blind, F. De Boer - Seedorf (Kanu, 53e), Rijkaard, Davids - Finidi, R. De Boer, Litmanen (Kluivert, 68e), Overmars. Entr. : Van Gaal.
MILAN AC : Rossi - Panucci, Costacurta, Baresi, Maldini - Donadoni, Desailly, Albertini, Boban (Lentini, 86e) - Massaro (Eranio, 90e), Simone. Entr. : Capello.

Meilleur buteur de la compétition :
Weah (**Paris-SG**), 7 buts.

C2 REAL SARAGOSSE

Parlour (à dr.) et Arsenal sont eux aussi victimes de la malédiction des tenants de la C2.

TOUR PRÉLIMINAIRE

Bangor (ILN)-PRESOV (SLQ)	0-1	0-4
Keflavik (ISL)-MACCABI TEL-AVIV (ISR)	1-2	1-4
FERENCVAROS (HON)-Dudelange (LUX)	6-1	6-1
Floriana Valette (MLT)-SLIGO (IRL)	2-2	0-1
BLAGOEVGRAD (BUL)-Schaan (LIE)	3-0	1-0
Nikol Tallinn (EST)-BRANIK MARIBOR (SLV)	1-4	0-10
Barry (GAL)-ZALGIRIS VILNIUS (LIT)	0-1	0-6
BODO GLIMT (NOR)-Olympia Riga (LET)	6-0	0-0
F. BOBRUISK (BLR)-SK Tirana (ALB)	4-1	0-3
Tiligul Tiraspol (MOL)-OM. NICOSIE (CHY)	0-1	1-3
ZIZKOV (RTC)-Norrköping (SUE)	1-0	3-3
Gotu Itrottarfelag (FER)-HJK HELS. (FIN)	0-5	0-2

PREMIER TOUR

Croatia Zagreb (CRO)-**AUXERRE** (FRA)	3-1	0-3
Maccabi Tel-Aviv-WERDER BRÊME (ALL)	0-0	0-2
FC PORTO (POR)-LKS Lodz (POL)	2-0	1-0
BRÖNDBY (DAN)-SK Tirana	3-0	1-0
CSKA Moscou (RUS)-FERENCV. (6-7 tab)	2-1	1-2
Sligo-FC BRUGES (BEL)	1-2	1-3
GRASSHOPPER (SUI)-Odessa (UKR)	3-0	0-1
Bistrita (ROU)-SARAGOSSE (ESP)	2-1	0-4
Zalgiris Vilnius-FEYENOORD (HOL)	1-1	1-2
Blagoevgrad-PANATHINAÏKOS (GRE)	0-2	1-6
BESIKTAS (TUR)-HJK Helsinki	2-0	1-1
Branik Maribor-AUSTRIA VIENNE (AUT)	1-1	0-3
BODO GLIMT-Sampdoria (ITA)	3-2	0-2
Dundee United (ECO)-PRESOV	3-2	1-3
CHELSEA (ANG)-Zizkov	4-2	0-0
Omonia Nicosie-ARSENAL (ANG)	1-3	0-3

HUITIÈMES DE FINALE

Besiktas-**AUXERRE**	2-2	0-2
FC PORTO-Ferencvaros	6-0	0-2
CHELSEA-Austria Vienne	0-0	1-1
FEYENOORD-Werder Brême	1-0	4-3
SAMPDORIA-Grasshopper Zurich	3-0	2-3
FC BRUGES-Panathinaïkos	1-0	0-0
Presov-SARAGOSSE	0-4	1-2
Bröndby-ARSENAL	1-2	2-2

QUARTS DE FINALE

ARSENAL-**Auxerre**	1-1	1-0
Feyenoord-SARAGOSSE	1-0	0-2
FC Bruges-CHELSEA	1-0	0-2
SAMPDORIA-FC Porto (5-3 tab)	0-1	1-0

DEMI-FINALES

ARSENAL-Sampdoria (3-2 tab)	3-2	2-3
SARAGOSSE-Chelsea	3-0	1-3

FINALE

10 mai 1995 à Paris (FRA), Parc des Princes.
SARAGOSSE - Arsenal : 2-1 ap (0-0, 1-1).
42 242 spectateurs. Arbitre : M. Ceccarini (ITA). Buts : Esnaider (68e), Nayim (119e) pour Saragosse ; Hartson (77e) pour Arsenal.
SARAGOSSE : Cedrun - Belsué, Aguado, Caceres, Solana - Nayim, Poyet, Aragon - Pardeza, Esnaider, Higuera (Garcia Sanjuan, 66e) (Geli, 114e). Entr. : Fernandez.
ARSENAL : Seaman - Dixon, Keown (Hillier, 46e), Adams, Linighan, Winterburn (Morrow, 47e) - Parlour, Schwarz, Merson - Wright, Hartson. Entr. : Graham.

Meilleur buteur de la compétition :
Wright (Arsenal), 9 buts.

C3 PARME AC

Le talent de Roberto Baggio (au c.) et de Ravanelli (à dr.) ne suffira pas face à Parme.

TOUR PRÉLIMINAIRE

SLAVIA PRAGUE (RTC)-Cork City (IRL)	2-0	4-0
MOTHERW. (ECO)-Havnar Boltfelag (FER)	3-0	4-1
FC COPENHAGUE (DAN)-Jazz Pori (FIN)	0-1	4-0
Portadown (ILN)-SLOVAN BRAT. (SLQ)	0-2	0-3
Bangor (GAL)-IA AKRANES (ISL)	1-2	0-2
Inter Brat. (SLQ)-ANJALANKOSKI (FIN)	0-3	1-0
ODENSE BK (DAN)-Flora Tallinn (EST)	3-0	3-0
LILLESTRÖM (NOR)-Chakh. Donetsk (UKR)	4-1	0-2
G. Itrottarfelag (FER)-TRELLEBORG (SUE)	0-1	2-3
ZABRZE (POL)-Shamrock (IRL)	7-0	1-0
Romar Mazeikiai (LIT)-AIK STOKH. (SUE)	0-2	0-2
Hafnarfjordur (ISL)-LINFIELD (ILN)	1-0	1-3
SKONTO RIGA (LET)-Aberdeen (ECO)	0-0	1-1
Inter Cardiff (GAL)-KATOWICE (POL)	0-2	0-6
Grevenmacher (LUX)-ROSENBORG (NOR)	1-2	0-6
AARAU (SUI)-Murska Sobota (SLN)	1-0	1-0
A. FAMAGOUSTE (CHY)-Shumen (BUL)	2-0	2-1
DYN. TBILISSI (GEO)-Univ. Craiova (ROU)	2-0	2-1
Vardar Skopje (MCD)-BEKECSABA (HON)	1-1	0-1
LJUBLJANA (SLN)-Levski Sofia (BUL)	3-2	2-1
FENERBAHÇE (TUR)-Turan (AZE)	5-0	2-0
FC La Valette (MLT)-RAPID BUC. (ROU)	2-6	1-1
HONVED BUD. (HON)-Z. Chisinau (MOL)	4-1	1-0
CSKA Sofia (BUL)-Ararat Erevan (ARM)	3-0	0-0
Dynamo Minsk (BLR)-PAOLA (MLT) (ap)	3-1	3-4
Teuta (ALB)-APOLLON LIMASSOL (CHY)	1-4	2-4
ARIS SALONIQUE (GRE)-Beer-Sheva (ISR)	3-1	2-1

PREMIER TOUR

Olympiakos (GRE)-**MARSEILLE** (FRA)	1-2	0-3
BORDEAUX (FRA)-Lilleström (NOR)	3-1	2-0
Volgograd (RUS)-**NANTES** (FRA)	3-2	0-3
CANNES (FRA)-Fenerbahçe (TUR)	4-0	5-1
Anorthosis Famagouste-BILBAO (ESP)	2-0	0-3
CSKA Sofia-JUVENTUS (ITA)	*0-3	1-5

*sur tapis vert, le CSKA (initialement vainqueur 3-2) ayant aligné un joueur non qualifié.

KATOWICE-Aris Salonique (4-3 tab)	1-0	0-1
Aarau-MARITIMO FUNCHAL (POR)	0-0	0-1
Rosenborg-LA COROGNE (ESP) (ap)	1-0	1-4
Apollon Limassol-SION (SUI) (ap)	1-3	3-2
Twente-HONVED BUDAPEST	1-4	3-1
Vitesse Arnhem (HOL)-PARME (ITA)	1-0	0-2
IA Akranes-KAISERSLAUTERN (ALL)	0-4	1-4
Antwerp (BEL)-NEWCASTLE (ANG)	0-5	2-5
Linfield-ODENSE BK	1-1	0-5
Inter M. (ITA)-ASTON V. (ANG) (3-4 tab)	1-0	0-1
Ljubljana-EINTRACHT FRANCFORT(ALL)	1-1	0-2
SERAING (BEL)-Dynamo Moscou (RUS)	3-4	1-0
AIK STOCKHOLM-Slavia Prague	0-0	2-2
Dynamo Minsk-LAZIO (ITA)	0-0	1-4
BOAVISTA (POR)-Anjalankoski	2-1	1-1
LEVERKUSEN (ALL)-PSV Eindhoven (HOL)	5-4	0-0
ADMIRA WACKER (AUT)-Zabrze	5-2	1-1
NAPLES (ITA)-Skonto Riga	2-0	1-0
SLOVAN BRATISLAVA.-FC Copenhague	1-0	1-1
TRABZON. (TUR)-Dinamo Bucarest (ROU)	2-1	3-3
REAL MADRID (ESP)-Sporting (POR)	1-0	1-2
RAPID BUCAREST-Charleroi (BEL)	2-0	1-2
Dynamo Tbilissi-FC TIROL (AUT)	1-0	1-5
DORTMUND (ALL)-Motherwell (ECO)	1-0	2-0
Blackburn (ANG)-TRELLEBORG	0-1	2-2
KAMYSHIN (RUS)-Bekescsaba	6-1	0-1

SECOND TOUR

SION-**Marseille**	2-0	1-3
KATOWICE-**Bordeaux**	1-0	1-1
NANTES-Kamyshin	2-0	2-1
ADMIRA WACKER-**Cannes**	1-1	4-2
Newcastle-BILBAO	3-2	0-1
Honved Budapest-LEVERKUSEN	0-2	0-5
Maritimo Funchal-JUVENTUS	0-1	1-2
AIK Stockholm-PARME	0-1	0-2
Kaiserslautern-ODENSE BK	1-1	0-0
DYNAMO MOSCOU-REAL MADRID	2-2	0-4
Rapid Bucarest-EINTRACHT FRANCFORT	2-1	0-5
TRABZONSPOR-Aston Villa	1-0	1-2
Trelleborg-LAZIO ROME	0-0	0-1
Slovan Bratislava-DORTMUND	2-1	0-3
FC Tirol-LA COROGNE	2-0	0-4
Boavista-NAPLES	1-1	1-2

HUITIÈMES DE FINALE

NANTES-Sion	4-0	2-2
Katowice-LEVERKUSEN	1-4	0-4
La Corogne-DORTMUND (ap)	1-0	1-3
Trabzonspor-LAZIO ROME	1-2	1-2
Admira Wacker-JUVENTUS	1-3	1-2
EINTRACHT FRANCFORT-Naples	1-0	1-0
ODENSE BK-Real Madrid	2-3	2-0
Bilbao-PARME	1-0	2-4

QUARTS DE FINALE

LEVERKUSEN-**Nantes**	5-1	0-0
Eintracht Francfort-JUVENTUS	1-1	0-3
Lazio Rome-DORTMUND	1-0	0-2
PARME-Odense BK	1-0	0-0

DEMI-FINALES

JUVENTUS-Dortmund	2-2	2-1
Leverkusen-PARME	1-2	0-3

FINALE ALLER

3 mai 1995 à Parme (ITA), Ennio-Tardini.
PARME AC - Juventus Turin : 1-0 (1-0).
22 062 spectateurs. Arbitre : M. Lopez Nieto (ESP). But : D. Baggio (5e).
PARME : Bucci - Benarrivo (Mussi, 54e), Apolloni, Minotti, Fernando Couto, Di Chiara - Sensini, Pin, D. Baggio - Zola (Fiore, 89e), Asprilla. Entr. : Scala.
JUVENTUS : Rampulla - Fusi (Del Piero, 72e), Tacchinardi, Carrera (Marocchi, 46e), Jarni - **Deschamps**, Paulo Sousa, Di Livio - Vialli, R. Baggio, Ravanelli. Entr. : Lippi.

FINALE RETOUR

17 mai 1995 à Milan (ITA), Giuseppe-Meazza.
Juventus Turin - PARME AC : 1-1 (1-0).
80 754 spectateurs. Arbitre : M. Van der Wijngaert (BEL). Buts : Vialli (35e) pour la Juventus ; D. Baggio (54e) pour Parme.
JUVENTUS : Peruzzi - Ferrara, Torricelli, Porrini, Jarni - Di Livio (Carrera, 82e), Paulo Sousa Marocchi (Del Piero, 75e) - Vialli, R. Baggio, Ravanelli. Entr. : Lippi.
PARME : Bucci - Benarrivo (Mussi, 46e), Minotti, Fernando Couto, A. Di Chiara (Castellini, 81e) - Crippa, D. Baggio, M. Susic, Fiore - Zola, Asprilla. Entr. : Scala.

Meilleur buteur de la compétition :
Kirsten (Leverkusen), 10 buts.

1995-96

C1 JUVENTUS TURIN

TOUR PRÉLIMINAIRE

Anderlecht (BEL)-FERENCVAROS (HON)	0-1	1-1
GRASSHOP. (SUI)-Maccabi Tel-Aviv (ISR)	1-1	1-0
Austria Salzbourg (AUT)-STEAUA (ROU)	0-0	0-1
PANATHINAÏKOS (GRE)-Hajduk Split (CRO)	0-0	1-1
LEGIA VARSOVIE (POL)-IFK Göteborg (SUE)	1-0	2-1
RANGERS (ECO)-Anor. Famagouste (CHY)	1-0	*0-0

*à Larnaca.

ROSENBORG (NOR)-Besiktas (TUR)	3-0	1-3
DYNAMO KIEV (UKR)-Aalborg (DAN)	1-0	3-1

PHASE DE POULES

GROUPE A

Dynamo Kiev-Panathinaïkos	*1-0	

*match annulé à la suite d'une tentative de corruption ; Aalborg remplace le Dynamo Kiev, exclu par l'UEFA.

Nantes (FRA)-FC Porto (POR)	0-0	2-2
Panathinaïkos-**Nantes**	3-1	0-0
FC Porto-Aalborg	2-0	2-2
Nantes-Aalborg	3-1	2-0
FC Porto-Panathinaïkos	0-1	0-0
Aalborg-Panathinaïkos	2-1	0-2

Classement : 1. PANATHINAÏKOS, 11 pts ; **2. NANTES**, 9 pts ; **3.** FC Porto, 7 pts ; **4.** Aalborg, 4 pts.

GROUPE B

Blackburn (ANG)-Spartak Moscou (RUS)	0-1	0-3
Legia Varsovie-Rosenborg	3-1	0-4
Spartak Moscou-Legia Varsovie	2-1	1-0
Rosenborg-Blackburn	2-1	1-4
Rosenborg -Spartak Moscou	2-4	1-4
Legia Varsovie-Blackburn	1-0	0-0

Classement : 1. SPARTAK MOSCOU, 18 pts ; **2.** LEGIA VARSOVIE, 7 pts ; **3.** Rosenborg, 6 pts ; **4.** Blackburn, 4 pts.

GROUPE C

Dortmund (ALL)-Juventus (ITA)	1-3	2-1
Steaua Bucarest-Rangers	1-0	1-1
Rangers-Dortmund	2-2	2-2
Juventus-Steaua Bucarest	3-0	0-0
Juventus-Rangers	4-1	4-0
Dortmund-Steaua Bucarest	1-0	0-0

Classement : 1. JUVENTUS, 13 pts ; **2.** DORTMUND, 9 pts ; **3.** Steaua Bucarest, 6 pts ; **4.** Rangers, 3 pts.

GROUPE D

Grasshopper Zurich-Ferencvaros	0-3	3-3
Ajax (HOL)-Real Madrid (ESP)	1-0	2-0
Real Madrid-Grasshopper Zurich	2-0	2-0
Ferencvaros-Ajax	1-5	0-4
Ajax-Grasshopper Zurich	3-0	0-0
Real Madrid-Ferencvaros	6-1	1-1

Classement : 1. AJAX, 16 pts ; **2.** REAL MADRID, 10 pts ; **3.** Ferencvaros, 5 pts ; **4.** Grasshopper Zurich, 2 pts.
Les clubs à égalité sont départagés par le goal-average particulier.

QUARTS DE FINALE

NANTES-Spartak Moscou	2-0	2-2
Legia Varsovie-PANATHINAÏKOS	0-0	0-3
Dortmund-AJAX	0-2	0-1
Real Madrid-JUVENTUS	1-0	0-2

DEMI-FINALES

JUVENTUS-**Nantes**	2-0	2-3
AJAX-Panathinaïkos	0-1	3-0

FINALE

22 mai 1996 à Rome, Stade Olympique.
Ajax - JUVENTUS : 1-1 ap (1-1, 1-1), 2-4 tab.

C1 1995-96 **JUVENTUS : Torricelli, Conte, Ferrara, Ravanelli, Peruzzi ; Paulo Sousa, Pessotto, Deschamps, Del Piero, Vialli, Vierchowod.**

67 000 spectateurs. Arbitre : M. Diaz Vega (ESP).
Buts : Ravanelli (13e) pour la Juventus ; Litmanen (41e) pour l'Ajax.
Tirs au but : Davids (manqué), Ferrara (réussi), Litmanen (r), Pessotto (r), Scholten (r), Padovano (r), Silooy (m), Jugovic (r).
AJAX : Van der Sar - Silooy, Blind, F. De Boer (Scholten, 69e) - Davids - R. De Boer (Wooter, 91e), Litmanen, Bogarde - Finidi, Kanu, Musampa (Kluivert, 46e). Entr. : Van Gaal.
JUVENTUS : Peruzzi - Torricelli, Ferrara, Vierchowod, Pessotto - Conte (Jugovic, 44e), Paulo Sousa (Di Livio, 57e), **Deschamps** - Ravanelli (Padovano, 77e), Vialli, Del Piero. Entr. : Lippi.

Meilleur buteur de la compétition :
Litmanen (Ajax), 9 buts.

C2 PARIS-SAINT-GERMAIN

Finaliste de l'épreuve avec Monaco quatre ans plus tôt, Youri Djorkaeff (au c.) décroche la C2 sous le maillot du Paris-SG.

TOUR PRÉLIMINAIRE
Grevenmacher (LUX)-KR REYKJAVIK (ISL) 3-2 0-2
Tiligul Tiraspol (MOL)-SION (SUI) 0-0 2-3
Vac (HON)-SILEKS KRATOVO (MCD) 1-1 1-3
Turku (FIN)-DÜRRES (ALB) 1-0 0-3
Vaduz (LIE)-KRALOVE (RTC) 0-5 1-9
APOEL NICOSIE (CHY)-Bakou (AZE) 3-0 0-0
Wrexham (GAL)-PLOIESTI (ROU) 0-0 0-1
FC La Valette (MAL)-INTER BRAT. (SLQ) 0-0 2-5
C. DONETSK (UKR)-Linfield(ILN) 4-1 1-0
ZALGIRIS VILNIUS (LIT)-Mura (SLN) 2-0 1-2
Katowice (POL)-EREVAN (ARM) (4-5 tab) 2-0 0-2
Obilic (YOU)-BATOUM (GEO) 0-1 2-2
Derry City (IRL)-LOKOMOTIV SOFIA (BUL) 1-0 0-2
MACCABI HAÏFA (ISR)-Klakksvikar (FER) 4-0 2-3
Dynamo 93 Minsk (BLR)-MOLDE (NOR) 1-1 1-2
LIEPAJA (LET)-Lantana Tallinn (EST) *3-0 0-0
*sur tapis vert, Lantana ayant aligné un joueur suspendu.

SEIZIÈMES DE FINALE
Molde-**PARIS-SG** (FRA) 2-3 0-3
KRALOVE-FC Copenhague (DAN) 5-0 2-2
Dürres-PARME (ITA) 0-2 0-2
Inter Bratislava-SARAGOSSE (ESP) 0-2 1-3
Batoum-CELTIC GLASGOW (ECO) 2-3 0-4
DYNAMO MOSCOU (RUS)-Ararat Erevan 3-1 1-0
Lokomotiv Sofia-HALMSTAD (SUE) 3-1 0-2
Liepaja-FEYENOORD (HOL) 0-7 0-6
FC BRUGES (BEL)-Chakhtior Donetsk 1-0 1-1
Zalgiris Vilnius-TRABZONSPOR (TUR) 2-2 0-1
Apoel Nicosie-LA COROGNE (ESP) 0-0 0-8
RAPID VIENNE (AUT)-Ploiesti 3-1 0-0
M'GLADBACH (ALL)-Sileks Kratovo 3-0 3-2
AEK ATHÈNES (GRE)-Sion 2-0 2-2
SPORTING (POR)-Maccabi Haïfa 4-0 0-0
KR Reykjavik-EVERTON (ANG) 2-3 1-3

HUITIÈMES DE FINALE
PARIS-SG-Celtic Glasgow 1-0 3-0
DYNAMO MOSCOU-Kralove (3-1 tab) 1-0 0-1
Trabzonspor-LA COROGNE 0-1 0-3
Everton-FEYENOORD 0-0 0-1
Halmstad-PARME 3-0 0-4
M'GLADBACH-AEK Athènes 4-1 1-0
Sporting-RAPID VIENNE (ap) 2-0 0-4
SARAGOSSE-FC Bruges 2-1 1-0

QUARTS DE FINALE
Parme-**PARIS-SG** 1-0 1-3
Dynamo Moscou-RAPID VIENNE 0-1 0-3
LA COROGNE-Saragosse 1-0 1-1
Mönchengladbach-FEYENOORD *2-2 0-1
*à Düsseldorf

DEMI-FINALES
Feyenoord-RAPID VIENNE 1-1 0-3
La Corogne-**PARIS-SG** 0-1 0-1

FINALE
8 mai 1996 à Bruxelles (BEL), Roi-Baudouin.
PARIS-SG - Rapid Vienne : 1-0 (1-0).
37 500 spectateurs. Arbitre : M. Pairetto (ITA).
But : **Ngotty** (29e).
PARIS-SG : Lama - A. Roche, Le Guen, Ngotty, L. Fournier (Llacer, 77e) - Colleter, Bravo, Guérin, Y. Djorkaeff - Loko, Rai (Dely Valdes, 11e). Entr. : **L. Fernandez**.
RAPID VIENNE : Konsel - Ivanov, Hatz, Schöttel, Guggi - Heraf, Marasek, Stöger, Kühbauer - Jancker, Stumpf (Barisic, 46e). Entr. : Dokupil.

Meilleur buteur de la compétition :
Jancker (Rapid Vienne), 6 buts.

C3 BAYERN MUNICH

Face au Bayern, le jeune Bordelais Zinédine Zidane (au c.) perd sa première finale européenne au terme d'un superbe parcours.

TOUR PRÉLIMINAIRE
Örebro (SUE)-BEGGEN (LUX) 0-0 *0-3
*sur tapis vert, Örebro ayant aligné quatre joueurs étrangers au lieu de trois (score initial 1-1).
Tampere PV (FIN)-STAVANGER (NOR) 0-4 1-3
Bangor (GAL)-WIDZEW LODZ (POL) 0-4 0-1
Shelbourne (IRL)-FC AKRANES (ISL) 0-3 0-3
GLENAVON (ILN)-Hafnarfjordur (ISL) 0-0 1-0
BRÖNDBY (DAN)-VI. Kaunas (LIT) 3-0 3-0
LILLESTRÖM (NOR)-Flora Tallinn (EST) 4-0 0-1
Motherwell (ECO)-ANJALANKOSKI (FIN) 1-3 2-0
Skonto Riga (LET)-BRA. MARIBOR (SLN) 1-0 0-2
Sturm Graz (AUT)-SLAVIA PRAGUE (RTC) 0-1 1-1
Jeunesse Esch (LUX)-LUGANO (SUI) 0-0 0-4
Crusaders (ILN)-SILKEBORG (DAN) 1-2 0-4
Afan Lido (GAL)-JELGAVA RIGA (LET) 1-2 0-0
RAITH (ECO)-Gotu Itrottarfelag (FER) 4-0 2-2
Slavia Sofia (BUL)-OLYMPIAKOS (GRE) 0-2 0-1
ZIM. CHISINAU (MOL)-H. Tel-Aviv (ISR) 2-0 0-0
SPARTA PRAGUE (RTC)-Galatasaray (TUR) 3-1 1-1
OMONIA NICOSIE (CHY)-Sliema (MLT) 3-0 2-1
FC Kosice (SLQ)-UJPEST TE (HON) 0-1 1-2
U. Craiova (ROU)-D.MINSK (BLR) (1-3 tab) 0-0 0-0
SLOVAN BRATISLAVA (SLQ)-Osijek (CRO) 4-0 *2-0
*à Zagreb
VARDAR SKOPJE (MCD)-Samtredia (GEO) 1-0 2-0
BOT. PLOVDIV (BUL)-Dyn. Tbilissi (GEO) 1-0 1-0
Apollon Athènes (GRE)-LJUBLJANA (SLN) 1-0 1-3
Étoile Rouge Belgrade (YOU)-XAMAX (SUI) 0-1 0-0
Hibernians Valette (MAL)-ODESSA (UKR) 2-5 0-2
FC Tirana (ALB)-BEER-SHEVA (ISR) 0-1 0-2
DIN. BUC. (ROU)-Levski Sofia (BUL) (ap) 0-1 1-1
Gandja (AZE)-AUSTRIA VIENNE (AUT) 0-4 1-5
LUBIN (POL)-Gumri (ARM) 0-0 1-0
FENERBAHÇE (TUR)-Partizani Tir. (ALB) *2-0 4-0
*à Izmir
Dundalk (IRL)-MALMÖ FF (SUE) 0-2 0-2
NB : les finales de la Coupe Intertoto ne font pas partie du tour préliminaire et sortent des statistiques. Les vainqueurs, **Bordeaux** et **Strasbourg** (FRA), sont qualifiés pour le 1er tour.

PREMIER TOUR
Monaco (FRA)-LEEDS (ANG) 0-3 1-0
STRASBOURG-Ujpest TE 3-0 2-0
LENS (FRA)-Beggen 6-0 7-0
Stavanger-**AUXERRE** (FRA) 1-1 0-1
Slovan Bratislava-K'LAUTERN (ALL) 2-1 0-3
ODESSA-Widzew Lodz (POL) (6-5 tab) 1-0 0-1
Fribourg (ALL)-SLAVIA PRAGUE 1-2 0-0
ZIMBRU CHISINAU-Jelgava Riga 1-0 2-1
Anjalankoski-PSV EINDHOVEN (HOL) *1-1 1-7
*à Lahti
VOLGOGRAD (RUS)-Man. United (ANG) 0-0 2-2
Levski Sofia-ALOST (BEL) 1-2 0-1
RAITH (ECO)-FC Akranes *3-1 0-1
*à Kirkaldy
Vladikavkaz (RUS)-LIVERPOOL (ANG) 1-2 0-0
Malmö FF-NOTTINGHAM FOREST (ANG) 2-1 0-1
Fenerbahçe-BETIS SÉVILLE (ESP) 1-2 0-2
Beer Sheva-FC BARCELONE (ESP) 0-7 0-5
BRÖNDBY (DAN)-Lilleström (NOR) 3-0 0-0
Sparta Prague (RTC)-SILKEBORG 0-1 2-1
BAYERN (ALL)-Lokomotiv Moscou (RUS) 0-1 5-0
Austria Vienne-DYNAMO MINSK 1-2 0-1
LUGANO-Inter Milan (ITA) 1-1 1-0
Neuchâtel Xamax-AS ROME (ITA) 1-1 0-4
LAZIO (ITA)-Omonia Nicosie 5-0 2-1
RODA JC (HOL)-Ljubljana 5-0 0-2
OLYMPIAKOS (GRE)-Branik Maribor 2-0 3-1
Lierse (BEL)-BENFICA (POR) 1-3 1-2
MILAN AC (ITA)-Lubin 4-0 4-1
GUIMARAES (POR)-Standard Liège (BEL) 3-1 0-0
FC SÉVILLE (ESP)-Botev Plovdiv 2-0 1-1
Farense (POR)-**LYON** (FRA) 0-1 0-1
Glenavon-WERDER BRÊME (ALL) *0-2 0-5
*à Lugarn
Vardar Skopje-**BORDEAUX** 0-2 1-1

SECOND TOUR
Odessa-**LENS** 0-0 0-4
Auxerre-NOTTINGHAM FOREST 0-1 0-0
BORDEAUX-Volgograd 2-1 1-0
LYON-Lazio Rome 2-1 2-0
Strasbourg-MILAN AC 0-1 1-2
Raith-BAYERN MUNICH *0-2 1-2
*à Edimbourg
SPARTA PRAGUE-Zimbru Chisinau 4-3 2-0
WERDER BRÊME-Dynamo Minsk 5-0 1-2
Leeds-PSV EINDHOVEN 3-5 0-3
BRÖNDBY-Liverpool 1-0 0-0
FC Séville-OLYMPIAKOS (ap) 1-0 1-2
AS ROME-Alost 4-0 0-0
Lugano-SLAVIA PRAGUE 1-2 0-1
FC BARCELONE-Guimaraes 3-0 4-0
BENFICA-Roda JC Kerkrade 1-0 2-2
Kaiserslautern-BETIS SÉVILLE 1-3 0-1

HUITIÈMES DE FINALE
SLAVIA PRAGUE-**Lens** (ap) 0-0 1-0
NOTTINGHAM FOREST-**Lyon** 1-0 0-0
BORDEAUX-Betis Séville 2-0 1-2
PSV EINDHOVEN-Werder Brême 2-1 0-0
BAYERN MUNICH-Benfica 4-1 3-1
Bröndby-AS ROME 2-1 1-3
FC Séville-FC BARCELONE 1-1 1-3
MILAN AC-Sparta Prague 2-0 0-0

QUARTS DE FINALE
Milan AC-**BORDEAUX** 2-0 0-3
FC BARCELONE-PSV Eindhoven (ap) 2-2 3-2
SLAVIA PRAGUE-AS Rome (ap) 2-0 1-3
BAYERN MUNICH-Nottingham Forest 2-1 5-1

DEMI-FINALES
Slavia Prague-**BORDEAUX** 0-1 0-1
BAYERN MUNICH-FC Barcelone 2-2 2-1

FINALE ALLER
Mercredi 1er mai 1996 à Munich (ALL), Olympiastadion.
BAYERN MUNICH - Bordeaux : 2-0 (1-0).
63 000 spectateurs. Arbitre : M. Muhmenthaler (SUI).
Buts : Helmer (34e), Scholl (60e).
BAYERN : Kahn - Babbel, Kreuzer, Matthäus (Frey, 53e), Helmer, Ziege - Hamann, Sforza, Scholl - **Papin** (Witeczek, 70e), Klinsmann. Entr. : Beckenbauer.
BORDEAUX : Huard - Grenet, Dogon, Friis-Hansen, **Lizarazu - Lucas, Croci, Dutuel**, Ri. Witschge - **Bancarel, Tholot (Anselin**, 89e). Entr. : Rohr.

FINALE RETOUR
Mercredi 15 mai 1996 à Bordeaux (FRA), parc Lescure.
Bordeaux - BAYERN MUNICH : 1-3 (0-0).
35 000 spectateurs. Arbitre : M. Zhuk (BLR).
Buts : Scholl (53e), Kostadinov (66e), Klinsmann (78e) pour le Bayern Munich ; **Dutuel** (76e) pour Bordeaux.
BORDEAUX : Huard - Bancarel, Dogon, Friis-Hansen, **Lizarazu (Anselin**, 28e) - **Croci (Dutuel**, 58e), **Lucas (Grenet**, 86e), Ri. Witschge, **Zidane - Tholot, Dugarry**. Entr. : Rohr.
BAYERN : Kahn - Babbel, Strunz, Matthäus, Helmer - Ziege, Frey (Zickler, 60e), Sforza, Scholl - Klinsmann, Kostadinov (Witeczek, 74e). Entr. : Beckenbauer.

Meilleur buteur de la compétition :
Klinsmann (Bayern Munich), 15 buts.

1996-97

C1 BORUSSIA DORTMUND

TOUR PRÉLIMINAIRE
Macc. Tel-Aviv (ISR)-FENERBAHÇE (TUR) 0-1 1-1
RANGERS (ECO)-Vladikavkaz (RUS) 3-1 7-2
Panathinaïkos (GRE)-ROSENB. (NOR) (ap)1-0 0-3
IFK GÖTEBORG (SUE)-Ferencvaros (HON) 3-0 1-1
WIDZEW LODZ (POL)-Bröndby (DAN) 2-1 2-3
GRASSHOPPER (SUI)-Spar. Prague (RTC) 5-0 1-0
FC Bruges (BEL)-STEAUA BUC. (ROU) 2-2 0-3
RAPID VIENNE (AUT)-Dynamo Kiev (UKR) 2-0 4-2
NB : les clubs éliminés sont réintégrés au premier tour de la Coupe de l'UEFA.

PHASE DE POULES
GROUPE A
Auxerre (FRA)-Ajax (HOL) 0-1 2-1
Grasshopper-Rangers 3-0 1-2
Rangers-**Auxerre** 1-2 1-2
Ajax-Grasshopper 0-1 1-0
Ajax-Rangers 4-1 1-0
Auxerre-Grasshopper 1-0 1-3
Classement : 1. AUXERRE, 12 pts ; **2.** AJAX, 12 pts ; **3.** Grasshopper Zurich, 9 pts; **4.** Glasgow Rangers, 3 pts.

GROUPE B
Atletico Madrid (ESP)-Steaua Bucarest 4-0 1-1
Dortmund (ALL)-Widzew Lodz 2-1 2-2
Widzew Lodz-Atletico Madrid 1-4 0-1
Steaua Bucarest-Dortmund 0-3 3-5
Steaua Bucarest -Widzew Lodz 1-0 0-2
Atletico Madrid-Dortmund 0-1 2-1
Classement : 1. ATLETICO, 13 pts ; **2.** DORTMUND, 13 pts ; **3.** Widzew Lodz, 4 pts ; **4.** Steaua Bucarest, 4 pts.

C1 1996-97 BORUSSIA DORTMUND : Chapuisat, Kohler, Heinrich, Sammer, Reuter, Lambert ; Paulo Sousa, Möller, Kree, Klos, Riedle.

GROUPE C

Rapid Vienne-Fenerbahçe 1-1 0-1
Juventus (ITA)-Manchester United (ANG) 1-0 1-0
Manchester United-Rapid Vienne 2-0 2-0
Fenerbahçe-Juventus 0-1 0-2
Fenerbahçe-Manchester United 0-2 1-0
Rapid Vienne-Juventus 1-1 0-5

Classement : 1. JUVENTUS, 16 pts ; **2.** MANCHESTER UNITED, 9 pts ; **3.** Fenerbahçe, 7 pts ; **4.** Rapid Vienne, 2 pts.

GROUPE D

IFK Göteborg-Rosenborg 2-3 0-1
Milan AC (ITA)-FC Porto (POR) 2-3 1-1
FC Porto-IFK Göteborg 2-1 2-0
Rosenborg-Milan AC 1-4 2-1
Rosenborg-FC Porto 0-1 0-3
IFK Göteborg-Milan AC 2-1 2-4

Classement : 1. FC PORTO, 16 pts ; **2.** ROSENBORG, 9 pts ; **3.** Milan AC, 7 pts ; **4.** IFK Göteborg, 3 pts.
Les clubs à égalité sont départagés par le goal-average particulier.

QUARTS DE FINALE

DORTMUND-**Auxerre** 3-1 1-0
MANCHESTER UNITED-FC Porto 4-0 0-0
AJAX-Atletico Madrid (ap) 1-1 3-2
Rosenborg-JUVENTUS 1-1 0-2

DEMI-FINALES

Ajax-JUVENTUS 1-2 1-4
DORTMUND-Manchester United 1-0 1-0

FINALE

28 mai 1997 à Munich, Olympiastadion.
DORTMUND - Juventus : 3-1 (2-0).
55 500 spectateurs. Arbitre : M. Puhl (HON).
Buts : Riedle (29e, 34e), Ricken (71e) pour Dortmund ; Del Piero (64e) pour la Juventus.
DORTMUND : Klos - Kohler, Sammer, Kree - Reuter, Lambert, Paulo Sousa, Möller (Zorc, 88e), Heinrich - Riedle (Herrlich, 67e), Chapuisat (Ricken, 70e). Entr. : Hitzfeld.
JUVENTUS : Peruzzi - Porrini (Del Piero, 46e), Ferrara, Montero, Iuliano - Di Livio, **Deschamps**, **Zidane**, Jugovic - Vieri (Amoruso, 73e), Boksic (Tacchinardi, 87e). Entr. : Lippi.

Meilleurs buteurs de la compétition :
Jardel (FC Porto) et Pantic (Atletico Madrid), 5 buts.

C2 FC BARCELONE

Luis Figo, Ronaldo et Fernando Couto (de g. à dr.) : la triomphante nouvelle vague catalane a emporté le tenant parisien.

TOUR PRÉLIMINAIRE

CHEMLON HUMENNE (SLQ)-Vlora (ALB) 1-0 2-0
SION (SUI)-Kareda Siauliai (LIT) 4-2 0-0
LJUBLJANA (SLN)-Levski S. (BUL) (4-3 tab) 1-0 0-1
ÉTOILE ROUGE (YOU)-Hearts (ECO) 0-0 1-1
Agdam (AZE)-ANJALANKOSKI (FIN) (ap) 0-1 1-1
Kotaik Abovian (ARM)-AEK LARNACA (CHY) 1-0 0-5
C. CHISINAU (MOL)- Hap. Rishon (ISR) 1-0 2-3
FC Valette (MAL)-BISTRITA (ROU) 1-2 1-2
Mozyr (BLR)- KR REYKJAVIK (ISL) 2-2 0-1
Shelbourne (IRL)-BRANN BERGEN (NOR) 1-3 1-2
Llansantfraid (GAL)-CHORZOW (POL) 1-1 0-5
HONVED BUDAPEST (HON)-Sloga (MCD) 1-0 1-0
VARAZDIN (CRO)-Union Luxemb. (LUX) 2-1 3-0
Univ. Riga (LET)-VADUZ (LIE) (2-4 tab) 1-1 1-1
Glentoran (ILN)-SPARTA PRAGUE (RTC) 1-2 0-8
BATOUM (GEO)-Havnar (FER) 6-0 3-0
Sadam Tallinn (EST)-VYNNITSA (UKR) 2-1 0-1

SEIZIÈMES DE FINALE

Vaduz-**PARIS-SG** (FRA) 0-4 0-3
NÎMES (FRA)-Honved Budapest 3-1 2-1
Sturm Graz (AUT)-SPARTA PRAGUE 2-2 1-1
Constructorul Chisinau-GALATASAR. (TUR) 0-1 0-4
Kaiserslautern (ALL)-ÉTOILE ROUGE (ap) 1-0 0-4
Anjalankoski-LIVERPOOL (ANG) 0-1 1-3
SION-Vynnitsa 2-0 4-0
Aarhus (DAN)-LJUBLJANA 1-1 0-0
Cercle Bruges (BEL)-BRANN BERGEN 3-2 0-4
LOKOMOTIV MOSCOU (RUS)-Varazdin 1-0 1-2
BENFICA (POR)-Chorzow 5-0 0-0
KR Reykjavik-AIK STOCKHOLM 0-1 1-1
FC BARCELONE (ESP)-AEK Larnaca 2-0 0-0
Bistrita-FIORENTINA (ITA) 1-1 0-1
AEK ATHÈNES (GRE)-Chemlon Humenné 1-0 2-1
Batoum-PSV EINDHOVEN (HOL) 1-1 0-3

HUITIÈMES DE FINALE

Galatasaray-**PARIS-SG** 4-2 0-4
Nîmes-AIK STOCKHOLM 1-3 1-0
Ljubljana-AEK ATHÈNES 0-2 0-4
BRANN BERGEN-PSV Eindhoven 2-1 2-2
Sion-LIVERPOOL 1-2 3-6
FIORENTINA-Sparta Prague 2-1 1-1
BARCELONE-Étoile Rouge Belgrade 3-1 1-1
BENFICA-Lokomotiv Moscou 1-0 3-2

QUARTS DE FINALE

PARIS-SG-AEK Athènes 0-0 3-0
Benfica-FIORENTINA 0-2 1-0
Brann Bergen-LIVERPOOL 1-1 0-3
FC BARCELONE-AIK Stockholm 3-1 1-1

DEMI-FINALES

PARIS-SG-Liverpool 3-0 0-2
FC BARCELONE-Fiorentina 1-1 2-0

FINALE

14 mai 1997 à Rotterdam (HOL), Feyenoordstadion.
FC BARCELONE - Paris-SG : 1-0 (1-0).
45 000 spectateurs. Arbitre : M. Merk (ALL).
But : Ronaldo (36e sp).
FC BARCELONE : Vitor Baia - Ferrer, Abelardo, Fernando Couto, Sergi - Guardiola, Popescu (Amor, 46e), Figo, De La Peña (Stoïchkov, 84e) - Luis Enrique (Pizzi, 88e), Ronaldo. Entr. : Bo. Robson.
PARIS-SG : Lama - Fournier (Algérino, 57e), **Ngotty, Le Guen, Domi - Leroy, Guérin** (Dely Valdes, 68e), Rai, **Cauet - Loko** (**Pouget**, 77e), Leonardo. Entr. : Ricardo.

Meilleur buteur de la compétition :
Fowler (Liverpool), 7 buts.

C3 SCHALKE 04

Encerclé par la défense allemande, Jocelyn Angloma (au c.) ne fera pas la différence pour l'Inter.

PREMIER TOUR PRÉLIMINAIRE

Zimbru Chisinau (MOL)-HAJDUK (CRO) 0-4 1-2
CROATIA ZAGREB (CRO)-KS Tirana (ALB) 4-0 6-2
Dürres (ALB)-FC KOSICE (SLQ) 1-4 1-2
St Patrick (IRL)-SLOV. BRATISLAVA (SLQ) 3-4 0-1
Boh. Dublin (IRL)-DYN. MINSK (BLR) 1-1 0-0
DYN. 93 MINSK (BLR)-Tili. Tiraspol (MOL) 3-1 1-1
DYN. TBILISSI (GEO)-Grevenmacher (LUX) 4-0 2-2
SLIEMA (MAL)-Zestafoni (GEO) 1-3 3-0
JÉRUSALEM (ISR)-Floriana Valette (MAL) 3-1 5-1
Maccabi Haïfa (ISR)-PARTIZAN (YOU) 0-1 1-3
Portadown (ILN)-NOVI SAD (YOU) 0-1 1-3
Becej (YOU)-MURA MURSKA (SLN) 0-0 0-2
Nova Gorica (SLN)-VARDAR SKOPJE (MCD) 0-1 1-2
IA AKRANES (ISL)-Sileks Kratovo (MCD) 2-0 0-1
LANT. TALLINN (EST)-Vestmannaeyja (ISL) 2-1 0-0
HAKA (FIN)-Flora Tallinn (EST) 2-2 1-0
Pyunik Erevan (ARM)-HJK HELSINKI (FIN) 3-1 2-5
JAZZ PORI (FIN)-GI Gotu (FER) 3-1 1-0
Sandoyar (FER)-APOEL NICOSIE (CHY) 1-5 2-4
A. FAMAGOUSTE (CHY)-Chirak Goumri (ARM) 4-0 2-2
Jeunesse Esch (LUX)-LEGIA VARS. (POL) 2-4 0-3
Bakou (AZE)-LOKOMOTIV SOFIA (BUL) 2-1 0-6
SLAVIA SOFIA (BUL)-I.G. Kaunas (LIT) 4-3 1-1
ZALGIRIS VILNIUS (LIT)-Crusaders (ILN) 2-0 1-2
Newtown (GAL)-SKONTO RIGA (LET) 1-4 0-3
BARRY TOWN (GAL)-Daugavpils (LET) 0-0 2-1
H. CRACOVIE (POL)-Khazri Buzovna (AZE) 9-0 2-2

SECOND TOUR PRÉLIMINAIRE

FC Kosice-CELTIC GLASGOW (ECO) 0-0 0-1
LEGIA VARSOVIE-Haka 3-0 1-1
RAPID BUCAREST (ROU)-Lokomotiv Sofia 1-0 1-0
Sliema-ODENSE BK (DAN) 0-2 1-7
Iraklis Salonique (GRE)-APOEL NICOSIE 0-1 1-2
Croatia Zagreb-SPARTAK MOSCOU (RUS) 3-1 0-2
Partizan Belgrade-NAT. BUCAREST (ROU) 0-0 0-1
DYNAMO TBILISSI-Molde (NOR) 2-1 0-0
LYNGBY (DAN)-Mura Murska 0-0 2-0
HALMSTAD (SUE)-Vardar Skopje 0-0 1-0
DYNAMO MOSCOU (RUS)-Jazz Pori 1-1 3-1
Zalgiris Vilnius (LIT)-ABERDEEN (ECO) 1-4 3-1
Vasas Budapest (HON)-BARRY (2-4 tab) 3-1 1-3
HELSINBORG (SUE)-Dynamo 93 Minsk 1-1 3-0
Hajduk Split-TORPEDO MOSCOU (RUS) 1-0 0-2
AARAU (SUI)-Lantana Tallinn 4-0 0-2
Dynamo Minsk-BESIKTAS (TUR) 2-1 0-2
HJK Helsinki-ODESSA (UKR) 2-2 0-2
CASINO GRAZ (AUT)-Novi Sad 2-0 5-1
Anorthosis Famagouste-XAMAX (SUI) 1-2 0-4
Olomouc (RTC)-HUTNIK CRACOVIE (POL) 1-0 1-3
IA Akranes-CSKA MOSCOU (RUS) 0-2 1-4
Slavia Sofia-FC TIROL (AUT) 1-1 1-4
Slovan Bratislava (SLQ)-TRABZON. (TUR) 2-1 1-4
Skonto Riga-MALMÖ FF (SUE) 0-3 1-1
Bétar Jérusalem-BODO GLIMT (NOR) 1-5 1-2

NB : les finales de la Coupe Intertoto ne font pas partie du second tour préliminaire et sortent donc des statistiques. Mais les trois vainqueurs, Karlsruhe (ALL), **Guingamp** (FRA) et Silkeborg (DAN), sont bien qualifiés pour le premier tour.

PREMIER TOUR

Guingamp (FRA)-INTER MILAN (ITA) 0-3 1-1
Lens (FRA)-LAZIO ROME (ITA) 0-1 1-1
FC Tirol-**METZ** (FRA) 0-0 0-1
Montpellier (FRA)-SPORTING (POR) 1-1 0-1
Hutnik Cracovie-**MONACO** (FRA) 0-1 1-3
BRÖNDBY (DAN)-Aarau 5-0 2-0
FERENCVAROS (HON)-Olympiakos (GRE) 3-1 2-2
CSKA Moscou-FEYENOORD (HOL) 0-1 1-1
ODENSE BK-Boavista (POR) 2-3 2-1
Apoel Nicosie-ESPANYOL (ESP) 2-2 0-1
NEWCASTLE (ANG)-Halmstad 4-0 1-2
ABERDEEN-Barry Town 3-1 3-3
Arsenal (ANG)-M'GLADBACH (ALL) 2-3 2-3
Celtic GLASGOW-HAMBOURG (ALL) 0-2 0-2
AS ROME (ITA)-DYNAMO MOSCOU (RUS) 3-0 3-1
Torpedo Moscou-DYNAMO TBILISSI 0-1 1-1
TENERIFE (ESP)-Maccabi Tel-Aviv (ISR) 3-2 1-1
Odessa-NATIONAL BUCAREST 0-0 0-2
Aston Villa (ANG)-HELSINGBORG 1-1 0-0
Malmö FF (SUE)-SLAVIA PRAGUE (RTC) 1-2 1-3
Bodo Glimt-TRABZONSPOR 1-2 1-3
FC BRUGES (BEL)-Lyngby 1-1 2-0
Ekeren (BEL)-CASINO GRAZ 3-1 0-2
Parme (ITA)-GUIMARAES (POR) 2-1 0-2
Dynamo Kiev (UKR)-NEUCHÂTEL XAMAX 0-0 1-2
Molenbeek (BEL)-BESIKTAS 0-0 0-3
Vladikavkaz (RUS)-ANDERLECHT (BEL) 2-1 0-4
SCHALKE 04 (ALL)-Roda JC (HOL) 3-0 2-2
FC VALENCE (ESP)-Bayern Munich (ALL) 3-0 0-1
Panathinaïkos (GRE)-LEGIA VARSOVIE 4-2 0-2
Rapid Bucarest-KARLSRUHE (ALL) 1-0 1-4
SPARTAK MOSCOU-Silkeborg (DAN) 3-2 2-1

SEIZIÈMES DE FINALE

METZ-Sporting 2-0 1-2
Mönchengladbach-**MONACO** 2-4 1-0
Dynamo Tbilissi-BOAVISTA 1-0 0-5
Legia Varsovie-BESIKTAS 1-1 1-2
Slavia Prague-FC VALENCE 0-1 0-0
Guimaraes-ANDERLECHT 1-1 0-0
KARLSRUHE-AS Rome 3-0 1-2
HELSINGBORG-Neuchâtel Xamax 2-0 1-1
ESPANYOL-Feyenoord 0-3 1-0
FC BRUGES-National Bucarest 2-0 1-1
INTER MILAN-Casino Graz (5-3 tab) 1-0 0-1
Aberdeen-BRÖNDBY 0-2 0-0
Ferencvaros-NEWCASTLE 3-2 0-4
SCHALKE 04-Trabzonspor 1-0 3-3
Lazio Rome-TENERIFE 1-0 3-5
HAMBOURG-Spartak Moscou 3-0 2-2

HUITIÈMES DE FINALE

MONACO-Hambourg 3-0 2-0
Metz-NEWCASTLE 1-1 0-2
FC Bruges-SCHALKE 04 2-1 0-2
INTER MILAN-Boavista 5-1 2-0
FC VALENCE-Besiktas 3-1 2-2
TENERIFE-Feyenoord 0-0 4-2
Helsingborg-ANDERLECHT 0-0 0-1
BRÖNDBY-Karlsruhe 1-3 5-0

QUARTS DE FINALE

Newcastle-**MONACO** 0-1 0-3
TENERIFE-Bröndby (ap) 0-1 2-0
SCHALKE 04-FC Valence 2-0 1-1
Anderlecht-INTER MILAN 1-1 1-2

DEMI-FINALES

INTER MILAN-**Monaco** 3-1 0-1
Tenerife-SCHALKE 04 (ap) 1-0 0-2

FINALE ALLER

7 mai 1997 à Gelsenkirchen (ALL), Parkstadion.
SCHALKE 04 - Inter Milan : 1-0 (0-0).
56 000 spectateurs. Arbitre : M. **Batta** (FRA).
But : Wilmots (69e).
SCHALKE 04 : Lehmann - De Kock, Thon, Linke - Eigenrauch, A. Müller, Nemec, Anderbrügge, Büskens (Max, 66e) - Latal, Wilmots. Entr. : Stevens.
INTER MILAN : Pagliuca - Bergomi, Paganin, Galante, Pistone - Zanetti, Fresi (Berti, 62e), Sforza, Winter - Zamorano, Ganz. Entr. : Hodgson.

FINALE RETOUR

21 mai 1997 à Milan (ITA), San Siro.
Inter - SCHALKE : 1-0 ap (0-0, 1-0), 1-4 tab.
84 000 spectateurs. Arbitre : M. Garcia Aranda (ESP).
But : Zamorano (84e).
Tirs au but : Anderbrügge (réussi), Zamorano (manqué), Thon (r), **Djorkaeff** (m), Max (r), Winter (m), Wilmots (r).
INTER MILAN : Pagliuca - Bergomi (**Angloma**, 74e), Paganin, Fresi (expulsé, 89e), Pistone - Zanetti (Berti, 120e), Ince, Sforza (Winter, 81e), **Y. Djorkaeff** - Zamorano, Ganz. Entr. : Hodgson.
SCHALKE 04 : Lehmann - De Kock, Thon, Linke - Latal (Held, 110e), Eigenrauch, Nemec, Müller (Anderbrügge, 97e), Büskens - Max, Wilmots. Entr. : Stevens.

Meilleur buteur de la saison :
Ganz (Inter Milan), 8 buts.

C1 1997-98 **REAL MADRID** : Illgner, Hierro, Seedorf, Redondo, Panucci, Morientes ; Karembeu, Mijatovic, Roberto Carlos, Raul, Sanchis.

1997-98

C1 REAL MADRID

PREMIER TOUR PRÉLIMINAIRE

N. Bakou (AZE)-WIDZEW LODZ (POL)	0-2	0-8
FC KOSICE (SLQ)-IA Akranes (ISL)	3-0	1-0
Piunik Erevan (GEO)-MTK BUD. (HON)	0-2	3-4
Derry City (IRL)-MARIBOR TEAT. (SLV)	0-2	0-1
SION (SUI)-Jeunesse Esch (LUX)	4-0	1-0
Construc. Chisinau (MOL)-MOZYR (BLR)	1-1	2-3
G. Itrottarfelag (FER)-RANGERS (ECO)	0-5	0-6
FC Valette (MLT)-SKONTO RIGA (LET)	1-0	0-2
DYNAMO KIEV (UKR)-Barry Town (GAL)	2-0	4-0
Partizan Belgrade (YOU)-CROATIA (CRO)	1-0	0-5
Lantana Tallinn (EST)-JAZZ PORI (FIN)	0-2	0-1
Crusaders (ILN)-DYNAMO TBILISSI (GEO)	1-3	1-5
Sileks Kratovo (MCD)-B. JÉRUSALEM (ISR)	1-0	0-3
STEAUA (ROU)-CSKA Sofia (BUL)	3-3	2-0
ANOR. FAMAGOUSTE (CHY)-Siauliai (LIT)	3-0	1-1

DEUXIÈME TOUR PRÉLIMINAIRE

Steaua Bucarest-**PARIS-SG** (FRA)	*3-0	0-5

*sur tapis vert, le Paris-SG ayant aligné un joueur suspendu (score initial : 3-2).

IFK GÖTEBORG (SUE)-Rangers	3-0	1-1
LEVERKUSEN (ALL)-Dynamo Tbilissi	6-1	0-1
B. Jérusalem-SPORTING (POR)	0-0	0-3
FEYENOORD (HOL)-Jazz Pori	6-2	2-1
Sion-GALATASARAY (TUR)	1-4	1-4
FC BARCELONE (ESP)-Skonto Riga	3-2	1-0
Widzew Lodz-PARME (ITA)	1-3	0-4
Bröndby (DAN)-DYNAMO KIEV (UKR)	2-4	1-0
OLYMPIAKOS (GRE)-Mozyr	5-0	2-2
FC KOSICE-Spartak Moscou (RUS)	2-1	0-0
Anorthosis Famagouste-LIERSE (BEL)	2-0	0-3
SV Salzbourg (AUT)-SPARTA PRA. (RTC)	0-0	0-3
MTK Budapest-ROSENBORG (NOR)	0-1	1-3
BESIKTAS (TUR)-Maribor Teatanic	0-0	3-1
NEWCASTLE (ANG)-Croatia Zagreb (ap)	2-1	2-2

NB : Les clubs éliminés sont réintégrés au 1er tour de la C3.

PHASE DE POULES

GROUPE A

Sparta Prague-Parme (ITA)	0-0	2-2
Galatasaray-Dortmund (ALL)	0-1	1-4
Dortmund-Sparta Prague	4-1	3-0
Parme-Galatasaray	2-0	1-1
Parme-Dortmund	1-0	0-2
Sparta Prague-Galatasaray	3-0	0-2

Classement : **1.** BORUSSIA DORTMUND, 15 pts ; **2.** Parme AC, 9 pts ; **3.** Sparta Prague, 5 pts ; **4.** Galatasaray, 4 pts.

GROUPE B

FC Kosice-Manchester United (ANG)	0-3	0-3
Juventus (ITA)-Feyenoord	5-1	0-2
Feyenoord-FC Kosice	2-0	1-0
Manchester United-Juventus	3-2	0-1
Manchester United-Feyenoord	2-1	3-1
FC Kosice-Juventus	0-1	2-3

Classement : **1.** MANCHESTER UNITED, 15 pts ; **2.** *JUVENTUS, 12 pts (+4) ; **3.** Feyenoord, 9 pts ; **4.** FC Kosice, 0 pt.

GROUPE C

PSV Eindhoven (HOL)-Dynamo Kiev (UKR)	1-3	1-1
Newcastle-FC Barcelone	3-2	0-1
FC Barcelone-PSV Eindhoven	2-2	2-2
Dynamo Kiev-Newcastle	2-2	0-2
Dynamo Kiev-FC Barcelone	3-0	4-0
PSV Eindhoven-Newcastle	1-0	2-0

Classement : **1.** DYNAMO KIEV, 11 pts ; **2.** PSV Eindhoven, 9 pts ; **3.** Newcastle, 7 pts ; **4.** FC Barcelone, 5 pts.

GROUPE D

Real Madrid (ESP)-Rosenborg (NOR)	4-1	0-2
Olympiakos-FC Porto	1-0	1-2
FC Porto-Real Madrid	0-2	0-4
Rosenborg-Olympiakos	5-1	2-2
Real Madrid-Olympiakos	5-1	0-0
Rosenborg-FC Porto	2-0	1-1

Classement : **1.** REAL MADRID, 13 pts ; **2.** Rosenborg, 11 pts ; **3.** Olympiakos, 5 pts ; **4.** FC Porto, 4 pts.

GROUPE E

Paris-SG-IFK Göteborg	3-0	1-0
Bayern (ALL)-Besiktas	2-0	2-0
IFK Göteborg-Bayern	1-3	1-0
Besiktas-**Paris-SG**	3-1	1-2
Bayern-**Paris-SG**	5-1	1-3
Besiktas-IFK Göteborg	1-0	1-2

Classement : **1.** BAYERN MUNICH, 12 pts ; **2.** **Paris-SG**, 12 pts (+1) ; **3.** Besiktas, 6 pts ; **4.** IFK Göteborg, 6 pts.

GROUPE F

Sporting-**Monaco** (FRA)	3-0	2-3
Leverkusen (ALL)-Lierse	1-0	2-0
Lierse-Sporting	1-1	1-2
Monaco-Leverkusen	4-0	2-2
Monaco-Lierse	5-1	1-0
Sporting-Leverkusen	0-2	1-4

Classement : **1.** **MONACO**, 13 pts **2.** *LEVERKUSEN, 13 pts ; **3.** Sporting, 7 pts ; **4.** Lierse, 1 pt.

Les clubs à égalité sont départagés par le goal-average particulier. *Leverkusen et Juventus qualifiés en tant que « meilleurs deuxièmes ».

QUARTS DE FINALE

MONACO-Manchester United	0-0	1-1
Leverkusen-REAL MADRID	1-1	0-3
JUVENTUS-Dynamo Kiev	0-0	4-1
Bayern Munich-DORTMUND	0-0	0-1

DEMI-FINALES

JUVENTUS-**Monaco**	4-1	2-3
REAL MADRID-Dortmund	2-0	0-0

FINALE

20 mai 1998 à Amsterdam, ArenA.

REAL MADRID - Juventus : 1-0 (0-0).

48 000 spectateurs. Arbitre : M. Krug (ALL).

But : Mijatovic (66e) pour le Real Madrid.

REAL MADRID : Illgner - Panucci, Sanchis, Hierro, Roberto Carlos - Karembeu, Redondo, Seedorf - Raul (Amavisca, 90e), Mijatovic (Suker, 89e), Morientes (Jaime, 81e). Entr. : Heynckes.

JUVENTUS : Peruzzi - Torricelli, Iuliano, Montero, Pessotto (Fonseca, 71e) - **Deschamps** (Conte, 78e), Di Livio (Tacchinardi, 46e), Davids, **Zidane** - Del Piero, Inzaghi. Entr. : Lippi.

Meilleur buteur de la compétition : Del Piero (Juventus), 10 buts.

C2 CHELSEA

Les tacles déterminés de Frank Leboeuf, le défenseur français de Chelsea (au c.) ont finalement raison des assauts de Stuttgart.

TOUR PRÉLIMINAIRE

Torshavn (FER)-APOEL NICOSIE (CHY)	1-1	0-6
Levski Sofia (BUL)-SLOVAN BRAT. (SLQ)	1-1	1-2
PRIMORJE (SLV)-US Luxembourg (LUX)	2-0	1-0
Sloga Skopje (MCD)-NK ZAGREB (CRO)	1-2	0-2
Sadam Tallinn (EST)-B. BOBRUISK (BLR)	1-1	1-4
Zalg. Vilnius (LIT)-BEER-SHEVA (ISR) (ap)	0-0	1-2
DAUGAVPILS (LET)-Kiapaz Ganja (AZE)	1-0	1-0
Batoum (GEO)-ARARAT EREVAN (ARM)	*0-3	2-0

*sur tapis vert (score initial : 4-2), Batoum ayant aligné un joueur non qualifié.

Hibernians Valette (MAL)-VESTMANN. (ISL)	0-1	0-3
Zimbru Chisinau (MOL)-C. DONETSK (UKR)	1-1	0-3
Helsinki JK (FIN)-ÉTOILE ROUGE (YOU)	1-0	0-3
Balzers (LIE)-BVSC BUDAPEST (HON)	1-3	0-2
KILMARNOCK (ECO)-Shelbourne (IRL)	2-1	1-1
Cwmbran (GAL)-NACIONAL BUC. (ROU)	2-5	0-7
Glenavon (IRL)-LEGIA VARSOVIE (POL)	1-1	0-4

SEIZIÈMES DE FINALE

NICE (FRA)-Kilmarnock	3-1	1-1
AIK Stockholm (SUE)-PRIMORJE	0-1	1-1
KOCAELISPOR (TUR)-Nacional Bucarest	2-0	1-0
Apoel Nicosie-STURM GRAZ (AUT)	0-1	0-3
Vestmannaeyjar-STUTTGART (ALL)	1-3	1-2
Boavista (POR)-CHAKH. DONETSK	2-3	1-1
EKEREN (BEL)-Étoile Rouge Belgrade	3-2	1-1
AEK ATHÈNES (GRE)-Daugavpils	5-0	4-2
SLAVIA PRAGUE (RTC)-Lucerne (SUI)	4-2	2-0
Beer-Sheva-RODA JC (HOL)	1-4	0-10
NK Zagreb-TROMSÖ (NOR)	3-2	2-4
FC COPENHAGUE (DAN)-Ararat Erevan	3-0	2-0
Belshina Bobruisk-LOK. MOSCOU (RUS)	1-2	0-3
CHELSEA (ANG)-Slovan Bratislava	2-0	2-0
BETIS SÉVILLE (ESP)-BVSC Budapest	2-0	2-0
VICENCE (ITA)-Legia Varsovie	2-0	1-1

HUITIÈMES DE FINALE

Nice-SLAVIA PRAGUE	2-2	1-1
LOKOMOTIV MOSCOU-Kocaelispor	2-1	0-0
Ekeren-STUTTGART	0-4	4-2
AEK ATHÈNES-Sturm Graz	2-0	0-1
Tromsö-CHELSEA	3-2	1-7
BETIS SÉVILLE-FC Copenhague	2-0	1-1
Chakhtior Donetsk-VICENCE	1-3	1-2
Primorje-RODA JC	0-2	0-4

QUARTS DE FINALE

Slavia Prague-STUTTGART	1-1	0-2
AEK Athènes-LOKOMOTIV MOSCOU	0-0	1-2
Betis Séville-CHELSEA	1-2	1-3
Roda JC-VICENCE	1-4	0-5

DEMI-FINALES

Vicence-CHELSEA	1-0	1-3
STUTTGART-Lokomotiv Moscou	2-1	1-0

FINALE

13 mai 1998 à Stockholm, Rasunda Stadion.

CHELSEA - VFB Stuttgart : 1-0 (0-0).

30 216 spectateurs. Arbitre : M. Braschi (ITA).

But : Zola (71e).

CHELSEA : De Goey - Clarke, **Leboeuf**, Duberry, Granville - Petrescu, Wise, Di Matteo, Poyet (Newton, 81e) - Vialli, T.A. Flo (Zola, 71e). Entr. : Vialli.

STUTTGART : Wohlfahrt - Schneider (Enderss, 55e), M. Yakin, Berthold - Haber (Ristic, 79e), Djordjevic, Soldo, Poschner, Hagner - Balakov, Bobic, Akpoborie. Entr. : Löw.

Meilleur buteur de la compétition : Luiso (Vicence), 8 buts.

C3 INTER MILAN

Après la C2 en blaugrana, la C3 en nerazurro. Nouveau maillot et nouvelle Coupe d'Europe pour Ronaldo (à g.), face à Negro et la Lazio.

PREMIER TOUR PRÉLIMINAIRE

Cablotel (GAL)-CELTIC GLASGOW (ECO)	0-3	0-5
Bohem. Dublin (IRL)-FERENCVAROS (HON)	0-1	0-5
Birkirkana (MLT)-TRNAVA (SLQ)	0-1	1-3
JABLONEC (RTC)-Karabakh (AZE)	5-0	3-0
NOVA GORICA (SLQ)-GALATI (ROU)	2-0	2-4
WODZISLAW (POL)-Prilep (MCD)	3-0	1-2
N. Sad (YOU)-STAVANGER (NOR) (4-5 tab)	0-2	2-0
DYNAMO MINSK (BLR)-Kolketi Poli (GEO)	1-0	1-2
PETAH-TIKVA (ISR)-Flora Tallinn (EST)	1-0	2-1
DNIEPR. (UKR)-FC Erevan (ARM)	6-1	2-0
Kaunas (LIT)-BOBY BRNO (RTC)	3-1	1-6
Anjalankoski (FIN)-APO. LIMASSOL (CHY)	1-1	0-3
UJPEST TE (HON)-Klaskvidar (FER)	6-0	3-2
Daugava (LIT)-VORSKLA POLTOVA (UKR)	1-3	1-2
GRASSHOPPER (SUI)-Coleraine (IRL)	3-0	7-1
BRANN BERGEN (NOR)-Burgas (BUL)	2-1	2-3
N. XAMAX (SUI)-Tiligul Tiraspol (MOL)	7-0	3-1
Grevenmacher (LUX)-HAJDUK (CRO)	1-4	0-2
FC REYKJAVIK (ISL)-Dinamo Buc. (ROU)	2-0	1-1
CE Principat (AND)-DUNDEE UTD (ECO)	0-8	0-9

SECOND TOUR PRÉLIMINAIRE

HAJDUK SPLIT-Malmö FF (SUE)	3-2	2-0
ANDERLECHT (BEL)-Vorskla Poltova	2-0	2-0
NEUCHÂTEL XAMAX-Stavanger	3-0	1-2
VOLGOGRAD (RUS)-Wodzislaw	2-0	4-3
TRABZONSPOR (TUR)-Dundee United	1-0	1-1
RAPID VIENNE (AUT)-Boby Brno	6-1	0-2
FC Tirol (AUT)-CELTIC GLASGOW	2-1	3-6
Helsingborgs (SUE)-FERENC. (3-4 tab)	0-1	1-0
Velje (DAN)-PETAH-TIKVA	0-0	0-1
GRASSHOPPER ZURICH-Brann Bergen	3-0	0-2
Nova Gorica-FC BRUGES (BEL)	3-5	0-3
PAOK SALONIQUE (GRE)-Trnava	5-3	1-0
FC Reykjavik-OFI CRÈTE (GRE)	0-0	1-3
Jablonec-ÖREBRÖ (SUE)	1-1	0-0
Apollon Limassol-MOUSCRON (BEL)	0-0	0-3
Dynamo Minsk-LILLESTRÖM (NOR)	0-2	0-1
Ujpest TE-AARHUS (DAN)	0-0	2-3
VLADIKAVKAZ (RUS)-Dniepropetrovsk	2-1	4-1

PREMIER TOUR

AARHUS-**Nantes** (FRA)	2-2	1-0
Mouscron-**METZ** (FRA)	0-2	1-4
BASTIA (FRA)-Benfica (POR)	1-0	0-0
LYON (FRA)-Bröndby (DAN)	4-1	3-2
STRASBOURG (FRA)-Rangers (ECO)	2-1	2-1
La Corogne (ESP)-**AUXERRE** (FRA)	1-2	0-0
Bordeaux (FRA)-ASTON VILLA (ANG) (ap)	0-0	0-1
SV Salzbourg (AUT)-ANDERLECHT	4-3	2-4
PAOK SALONIQUE-Arsenal (ANG)	1-0	1-1
Widzew Lodz (POL)-UDINESE (ITA)	1-0	0-3
Maribor Teatanic (SLN)-AJAX (HOL)	1-1	1-9
VALLADOLID (ESP)-Skonto Riga (LET)	2-0	0-1
MTK BUDAPEST (HON)-Vladikavkaz	3-0	1-1
SCHALKE 04 (ALL)-Hajduk Split	2-0	3-2
Sion (SUI)-SPARTAK MOSCOU (RUS)	0-1	*1-5

*match rejoué (score initial : 2-2), les buts n'ayant pas la taille réglementaire.

OFI CRÈTE (GRE)-Ferencvaros	3-0	1-2
Sampdoria (ITA)-BILBAO (ESP)	1-2	0-2
STEAUA BUC. (ROU)-Fenerbahçe (TUR)	0-0	2-1
VOLGOGRAD-Örebrö	2-0	4-1
Jazz Pori (FIN)-MUNICH 1860 (ALL)	0-1	1-6
Trabzonspor-BOCHUM (ALL)	2-1	3-5
CROATIA ZAGREB (CRO)-Grasshopper	4-4	5-0
Vitesse Arnhem (HOL)-BRAGA (POR)	2-1	0-2
RAPID VIENNE-Petah-Tikva	1-0	1-1
INTER MILAN (ITA)-Neuchâtel Xamax	2-0	2-0
Celtic-LIVERPOOL (ANG)	2-2	0-0
TWENTE (HOL)-Lilleström	0-1	2-1
Bétar Jérusalem (ISR)-FC BRUGES (BEL)	2-1	0-3

ATLETICO MADRID (ESP)-Leicester (ANG)	2-1	2-0
KARLSRUHE (ALL)-A. Famagouste (CHY)	2-1	1-1
Guimaraes (POR)-LAZIO ROME (ITA)	0-4	1-2
Mozyr (BLR)-DYNAMO TBILISSI (GEO)	1-1	0-1

SECOND TOUR

INTER MILAN-**Lyon**	1-2	3-1
AUXERRE-OFI Crète	3-1	2-3
STRASBOURG-Liverpool	3-0	0-2
STEAUA BUCAREST-**Bastia**	1-0	2-3
Metz-KARLSRUHE	0-2	1-1
BRAGA-Dynamo Tbilissi	4-0	1-0
Aarhus-TWENTE	1-1	0-0
MTK Budapest-CROATIA ZAGREB	1-0	0-2
SPARTAK MOSCOU-Valladolid	2-0	2-1
FC Bruges-BOCHUM	1-0	1-4
Volgograd-LAZIO ROME	0-0	0-3
AJAX-Udinese	1-0	1-2
SCHALKE 04-Anderlecht	1-0	2-1
Bilbao-ASTON VILLA	0-0	1-2
ATLETICO MADRID-PAOK Salonique	5-2	4-4
RAPID VIENNE-Munich 1860	3-0	1-2

HUITIÈMES DE FINALE

Strasbourg-INTER MILAN	2-0	0-3
Twente-**AUXERRE**	0-1	0-2
Rapid Vienne-LAZIO ROME	0-2	0-1
Braga-SCHALKE 04	0-0	0-2
Croatia Zagreb-ATLETICO MADRID	1-1	0-1
Steaua Bucarest-ASTON VILLA	2-1	0-2
AJAX-Bochum	4-2	2-2
Karlsruhe-SPARTAK MOSCOU	(ap) 0-0	0-1

QUARTS DE FINALE

LAZIO-**Auxerre**	1-0	2-2
Ajax-SPARTAK MOSCOU	1-3	0-1
INTER MILAN-Schalke 04	(ap) 1-0	1-1
ATLETICO MADRID-Aston Villa	1-0	1-2

DEMI-FINALES

Atletico Madrid-LAZIO ROME	0-1	0-0
INTER MILAN-Spartak Moscou	2-1	2-1

FINALE

6 mai 1998 à Paris (FRA), Parc des Princes.
INTER MILAN - Lazio Rome : 3-0 (1-0).
45 000 spectateurs. Arbitre : M. Lopez Nieto (ESP).
Buts : Zamorano (5e), Zanetti (60e), Ronaldo (71e).
INTER : Pagliuca - Colonnese, Fresi, West - Winter (**Cauet**, 69e), Zé Elias, Simeone, Zanetti - **Djorkaeff** (Moriero, 69e) - Ronaldo, Zamorano (Sartor, 74e). Entr. : Simoni.
LAZIO : Marchegiani - Grandoni (Gottardi, 55e), Nesta, Negro, Favalli - Fuser, Venturin (Almeyda, 49e), Nedved, Jugovic - Casiraghi, Mancini. Entr. : Eriksson.

Meilleur buteur de la compétition :
Guivarc'h (Auxerre), 7 buts.

1998-99

C1 MANCHESTER UNITED

C1 1998-99 MANCHESTER UNITED : Schmeichel, A. Cole, Yorke, Butt, Stam, Giggs ; Blomqvist, G. Neville, Beckham, Johnsen, Irwin.

PREMIER TOUR QUALIFICATIF

CELTIC (ECO)-Saint Patrick (IRL)	0-0	2-0
OBILIC (YOU)-Vestmannaeyia (ISL)	2-0	2-1
HJK HELSINKI (FIN)-FC Erevan (ARM)	2-0	3-0
LOVETCH (BUL)-Halmstad (SUE)	2-0	1-2
STEAUA (ROU)-Flora Tallinn (EST)	4-1	1-3
LKS LODZ (POL)-Giandza (AZE)	4-1	3-1
Siauliai (LIT)-MARIBOR TEATANIC (SLV)	0-3	0-1
DYNAMO TBILISSI (GEO)-Shkodër (ALB)	*3-0	1-3

*sur tapis vert, Shkodër (initialement battu 1-0) ayant fait entrer (83e) un joueur qui ne figurait pas sur la feuille de match.

FC Valette (MLT)-A. FAMAGOUSTE (CHY)	0-2	0-6
Zimbru Chisinau (MOL)-UJPEST TE (HON)	1-0	1-3
GRASSHOP. (SUI)-Jeunesse Esch (LUX)	6-0	2-0
DYNAMO KIEV (UKR)-Barry Town (GAL)	8-0	2-1
Sileks Kratovo (MCD)-FC BRUGES (BEL)	0-0	1-2
B. JÉRUSALEM (ISR)-Torshavn (FER)	4-1	0-1
Cliftonville (ILN)-FC KOSICE (SLQ)	1-5	0-8
SKONTO RIGA (LET)-Dynamo Minsk (BRL)	0-0	2-1

DEUXIÈME TOUR QUALIFICATIF

HJK HELSINKI-**Metz (FRA)**	1-0	1-1
MANCHESTER UNITED (ANG)-LKS Lodz	2-0	0-0
INTER MILAN (ITA)-Skonto Riga	4-0	3-1
BAYERN MUNICH (ALL)-Obilic	4-0	1-1
Dynamo Tbilissi-BILBAO (ESP)	2-1	0-1
BENFICA (POR)-B. Jérusalem (ISR)	6-0	2-4
Maribor Teatanic-EINDHOVEN (HOL)	(ap) 2-1	1-4
Celtic Glasgow (ECO)-CROATIA ZAG. (CRO)	1-0	0-3
ROSENBORG (NOR)-FC Bruges (BEL)	2-0	2-4
Lovetch-SPARTAK MOSCOU (RUS)	0-5	2-6
GALATASARAY (TUR)-Grasshopper (SUI)	2-1	3-2
DYN. KIEV (UKR)-Sparta (RTC)	(3-1 tab) 0-1	1-0
STURM GRAZ (AUT)-Ujpest TE (HON)	4-0	3-2
Steaua Bucarest-PANATHINAÏKOS (GRE)	2-2	3-6
OLYMPIAKOS (GRE)-A. Famagouste (CHY)	2-1	4-2
FC Kosice-BRÖNDBY (DAN)	0-2	1-0

NB : Les clubs éliminés sont réintégrés au 1er tour de la C3.

PHASE DE POULES

GROUPE A

FC Porto (POR)-Olympiakos	2-2	1-2
Croatia Zagreb-Ajax (HOL)	0-0	1-0
Olympiakos-Croatia Zagreb	2-0	1-1
Ajax-FC Porto	2-1	0-3
Olympiakos-Ajax	1-0	0-2
FC Porto-Croatia Zagreb	3-0	1-3

Classement : 1. OLYMPIAKOS, 11 pts ; **2.** Croatia Zagreb, 8 pts ; **3.** FC Porto, 7 pts ; **4.** Ajax, 7 pts.

GROUPE B

Bilbao (ESP)-Rosenborg	1-1	1-2
Juventus (ITA)-Galatasaray	2-2	1-1
Galatasaray-Bilbao	2-1	0-1
Rosenborg-Juventus	1-1	0-2
Rosenborg-Galatasaray	3-0	0-3
Bilbao-Juventus	0-0	1-1

Classement : 1. JUVENTUS, 8 pts (+2) ; **2.** Galatasaray, 8 pts (0) ; **3.** Rosenborg, 8 pts (-2) ; **4.** Bilbao, 6 pts.

GROUPE C

Real Madrid (ESP)-Inter Milan (ITA)	2-0	1-3
Sturm Graz-Spartak Moscou	0-2	0-0
Spartak Moscou-Real Madrid	2-1	1-2
Inter Milan-Sturm Graz	1-0	2-0
Inter Milan-Spartak Moscou	2-1	1-1
Real Madrid-Sturm Graz	6-1	5-1

Classement : 1. INTER MILAN, 13 pts ; **2.** *REAL MADRID, 12 pts ; **3.** Spartak Moscou, 8 pts ; **4.** Sturm Graz, 1 pt.

GROUPE D

Bröndby-Bayern Munich (ALL)	2-1	0-2
Manchester United-FC Barcelone (ESP)	3-3	3-3
FC Barcelone-Bröndby	2-0	2-0
Bayern Munich-Manchester United	2-2	1-1
Bayern Munich-FC Barcelone	1-0	2-1
Bröndby-Manchester United	2-6	0-5

Classement : 1. BAYERN, 11 pts ; **2.** *MANCHESTER UNITED, 10 pts ; **3.** FC Barcelone, 8 pts ; **4.** Bröndby, 3 pts.

GROUPE E

Lens (FRA)-Arsenal (ANG)	1-1	*1-0
Panathinaïkos-Dynamo Kiev	2-1	1-2
Arsenal-Panathinaïkos	*2-1	3-1
Dynamo Kiev-**Lens**	1-1	3-1
Arsenal-Dynamo Kiev	*1-1	1-3
Lens-Panathinaïkos	1-0	0-1

*à Wembley.

Classement : 1. DYNAMO KIEV, 11 pts ; **2.** Arsenal, 8 pts ; **3. Lens**, 8 pts ; **4.** Panathinaïkos, 6 pts.

GROUPE F

PSV Eindhoven (HOL)-HJK Helsinki	2-1	3-1
Kaiserslautern (ALL)-Benfica	1-0	1-2
HJK Helsinki-Kaiserslautern	0-0	2-5
Benfica-PSV Eindhoven	2-1	2-2
HJK Helsinki-Benfica	2-0	2-2
PSV Eindhoven-Kaiserslautern	1-2	1-3

Classement : 1. KAISERSLAUTERN, 13 pts ; **2.** Benfica, 8 pts ; **3.** PSV Eindhoven, 7 pts ; **4.** HJK Helsinki, 5 pts.

Les clubs à égalité sont départagés par le goal-average particulier.
*Real Madrid et Manchester United qualifiés en tant que « meilleurs deuxièmes ».

QUARTS DE FINALE

Real Madrid-DYNAMO KIEV	1-1	0-2
MANCHESTER UNITED-Inter Milan	2-0	1-1
JUVENTUS TURIN-Olympiakos	2-1	1-1
BAYERN MUNICH-Kaiserslautern	2-0	4-0

DEMI-FINALES

MANCHESTER UNITED-Juventus Turin	1-1	3-2
Dynamo Kiev-BAYERN MUNICH	3-3	0-1

FINALE

26 mai 1999 à Barcelone, Nou Camp.
MANCHESTER UNITED - Bayern : 2-1 (0-1).
90 000 spectateurs. Arbitre : M. Collina (ITA).
Buts : Basler (6e) pour le Bayern ; Sheringham (91e), Solskjaer (93e) pour Manchester.
MANCHESTER : Schmeichel - G. Neville, Stam, Johnsen, Irwin - Giggs, Beckham, Butt, Blomqvist (Sheringham, 67e) - Yorke, Cole (Solskjaer, 81e). Entr. : Ferguson.
BAYERN : Kahn - Linke, Matthäus (Fink, 80e), Kuffour, Babbel, Jeremies - Tarnat, Effenberg, Basler (Salihamidzic, 90e) - Jancker, Zickler (Scholl, 71e). Entr. : Hitzfeld.

Meilleurs buteurs de la compétition :
Chevtchenko (Kiev) et Yorke (Manchester Utd), 8 buts.

C2 LAZIO ROME

Les efforts du Majorquin Lauren (à g.) resteront vains. La Lazio s'adjuge l'ultime C2.

TOUR PRÉLIMINAIRE

VELENJE (SLV)-Construc. Chisinau (MOL)	2-0	0-0
Vaduz (LIE)-HELSINGBORG (SUE)	0-2	0-3
LAUSANNE (SUI)-Ararat Erevan (ARM)	5-1	2-1
Cork City (IRL)-CSKA KIEV (UKR)	2-1	0-2
Ekranas Pan. (LIT)-APO. LIMASSOL (CHY)	1-2	3-3
Apolonia Fier (ALB)-GENK (BEL)	1-5	0-4
Bangor (GAL)-VALKEAKOSKA (FIN)	0-2	0-1
LEVSKI (BUL)-Lokomotiv Vitebsk (BLR)	8-1	1-1
LIEPAJA (LET)-Keflavik (ISL)	4-2	0-1
Grevenmacher (LUX)-RAPID BUC. (ROU)	2-6	0-2
Lantana Tallinn (EST)-HEARTS (ECO)	0-1	0-5
AMICA WRONKI (POL)-Paola (MLT)	4-0	1-0
Gotu Itrottarfelag (FER)-MTK BUD. (HON)	1-3	0-7
Glentoran (ILN)-MACCABI HAÏFA (ISR)	0-1	1-2
Vardar Skopje (MCD)-TRNAVA (SLQ)	0-1	0-2
FC COPEN. (DAN)-Karabakh Agdam (AZE)	6-0	4-0
PARTIZAN BEL. (YOU)-Batoum (GEO)	2-0	0-1

SEIZIÈMES DE FINALE

Paris-SG (FRA)-MACCABI HAÏFA	1-1	2-3
Velenje-VARTEKS VARAZDIN (CRO)	0-1	0-1
PANIONIOS (GRE)-Valkeakoska	2-0	3-1
RIED (AUT)-MTK Budapest	2-0	1-0
Levski Sofia-FC COPENHAGUE	0-2	1-4
HEERENVEEN (HOL)-Wronki	3-1	1-0
Hearts of Midlothian-MAJORQUE (ESP)	0-1	1-1
CHELSEA (ANG)-Helsingborg	1-0	0-0
Duisbourg (ALL)-GENK	1-1	0-5
BESIKTAS (TUR)-Trnava	3-0	1-2
Rapid Bucarest-VALERENGEN (NOR)	2-2	0-0
APOL. LIMASSOL-Jablonec (RTC) (4-3 tab)	2-1	1-2
Newcastle (ANG)-PARTIZAN BELGRADE	2-1	0-1
LAZIO ROME (ITA)-Lausanne	1-1	2-2
Liepaja-BRAGA (POR)	0-0	0-4
CSKA Kiev-LOKOMOTIV MOSCOU (RUS)	0-2	1-3

HUITIÈMES DE FINALE

LAZIO ROME-Partizan Belgrade	0-0	3-2
VALERENGEN-Besiktas	1-0	3-3
Heerenveen-VARTEKS VARAZDIN	2-1	2-4
Genk-MAJORQUE	1-1	0-0
PANIONIOS-Apollon Limassol	3-2	1-0
Ried-MACCABI HAÏFA	2-1	1-4
LOKOMOTIV MOSCOU-Braga	3-1	0-1
CHELSEA-FC Copenhague	1-1	1-0

QUARTS DE FINALE

CHELSEA-Valerengen	3-0	3-2
LOKOMOTIV MOSCOU-Maccabi Haïfa	3-0	1-0
Varteks Varazdin-MAJORQUE	0-0	1-3
Panionios-LAZIO ROME	0-4	0-3

DEMI-FINALES

Chelsea-MAJORQUE	1-1	0-1
Lokomotiv Moscou-LAZIO ROME	1-1	0-0

FINALE

19 mai 1999 à Birmingham (ANG), Villa Park.
LAZIO ROME - Majorque : 2-1 (1-1).
33021 spectateurs. Arbitre : M. Benkö (AUT).
Buts : Vieri (7e), Nedved (81e) pour la Lazio ; Dani (9e) pour Majorque.
LAZIO : Marchegiani - Pancaro, Nesta, Mihajlovic, Favalli - D. Stankovic (Sergio Conceiçao, 56e), Mancini (Fernando Couto, 90e), Almeyda, Nedved (Lombardo, 83e) - Salas, Vieri. Entr. : Eriksson.
MAJORQUE : Roa - Olaizola, Marcelino, Siviero, Miquel Soler - Lauren, Engonga, Ibagaza, Stankovic - Dani, Biagini (Paunovic, 72e). Entr. : Cuper.

Meilleur buteur de la compétition :
Dzanatchia (Lokomotiv Moscou), 6 buts.

C3 PARME AC

Le Parmesan Lilian Thuram (à g.) remporte le duel des Bleus face à Robert Pires.

PREMIER TOUR QUALIFICATIF

EKEREN (BEL)-FC Sarajevo (BOS)	4-1	0-0
ARGES PITESTI (ROU)-Bakou (AZE)	5-1	2-0
Bel. Bobruisk (BLR)-CSKA SOFIA (BUL)	0-0	1-3
OMONIA NICOSIE (CHY)-Linfield (ILN)	5-1	3-5
CH. DONETSK (UKR)-Birkirkara (MLT)	2-1	4-0
Kolkheti (GEO)-ÉTOILE ROUGE (YOU)	0-4	0-7
INTER BRATISLAVA (SVQ)-SK Tirana (ALB)	2-0	2-0
Sa. Tallinn (EST)-POLONIA VARS. (POL)	0-2	1-3
Torshavn (FER)-VAASA (FIN)	2-0	0-4
Zeljez. Saraj. (BOS)-KILMARNOCK (ECO)	1-1	0-1
MURA SOBOTA (SLN)-Daugava Riga (LET)	6-1	2-1
IA Akranes (ISL)-ZALG. VILNIUS (LIT)	3-2	0-1
HAP. TEL-AVIV (ISR)-FinPa Helsinki (FIN)	3-1	3-1
Gumri (ARM)-MALMÖ FF (SUE)	0-2	0-5
Shelbourne (IRL)-RANGERS (ECO)	3-5	0-2
GALATI (ROU)-Jugomagmat (MCD)	3-0	1-1
Union Lux. (LUX)-IFK GÖTEBORG (SUE)	0-3	0-4

FERENCVAROS (HON)-Principat (AND) 6-0 8-1
Tiligul Tiraspol (MOL)-ANDERLECHT (BEL) 0-1 0-5
Newtown (GAL)-WISLA CRACOVIE (POL) 0-0 0-7

SECOND TOUR QUALIFICATIF

ÉTOILE ROUGE-Volgograd (RUS) 2-1 2-1
Ferencvaros-AEK ATHÈNES (GRE) 4-2 0-4
Ekeren-SERVETTE GENÈVE (SUI) 1-4 2-1
ARGES PITESTI-Istanbulspor (TUR) 2-0 2-4
Molde (NOR)-CSKA SOFIA 0-0 0-2
IFK Göteborg-FENERBAHÇE (TUR) 2-1 0-1
Mura Sobota-SILKEBORG (DAN) 0-0 0-2
RANGERS-PAOK Salonique (GRE) 2-0 0-0
SLAVIA PRAGUE (RTC)-Inter Bratislava 4-0 0-2
BRANN BERGEN (NOR)-Zalgiris Vilnius 1-0 0-0
WISLA CRACOVIE-Trabzonspor (TUR) 5-1 2-1
VEJLE (DAN)-Galati 3-0 3-0
Hapoël Tel-Aviv-STRÖM. (NOR) (2-5 tab) 1-0 0-1
Osijek (CRO)-ANDERLECHT 3-1 0-2
Omonia Nicosie-RAPID VIENNE (AUT) 3-1 0-2
Vaasa-GRAZ AK (AUT) 0-0 0-3
Polonia Varsovie-DYNAMO MOSCOU (RUS) 0-1 0-1
HAJDUK SPLIT (CRO)-Malmö FF 1-1 2-1
FC ZURICH (SUI)-Chakhtior Donetsk 4-0 2-3
SIGMA OLOMOUC (RTC)-Kilmarnock 2-0 2-0

TRENTE-DEUXIÈMES DE FINALE

LKS Lodz (POL)-**MONACO (FRA)** 1-3 0-0
ÉTOILE ROUGE-**Metz (FRA)** (4-3 tab) 2-1 1-2
Olomouc-**MARSEILLE (FRA)** 2-2 0-4
BORDEAUX (FRA)-Rapid Vienne 1-1 2-1
Blackburn (ANG)-**LYON (FRA)** 0-1 2-2
Sparta Prague (RTC)-REAL SOCIE. (ESP) 2-4 0-1
Fenerbahçe-PARME (ITA) 1-0 1-3
DYNAMO MOSCOU-Skonto Riga 2-2 3-2
Guimaraes (POR)-CELTIC GLASGOW (ECO) 1-2 1-2
STUTTGART (ALL)-Feyenoord (HOL) 1-3 3-0
Arges Pitesti-CELTA VIGO (ESP) 0-1 0-7
Silkeborg-AS ROME (ITA) 0-2 0-1
Litex Lovetch (BUL)-GRAZ AK 1-1 0-2
FIORENTINA (ITA)-Hajduk Split 2-1 0-0
ASTON VILLA (ANG)-Strömsgodset 3-2 3-0
Schalke 04 (ALL)-SLAVIA PRA. (3-5 tab) 1-0 0-1
Servette Genève-CSKA SOFIA 2-1 0-1
FC Kosice (SLQ)-LIVERPOOL (ANG) 0-3 0-5
Sporting (POR)-BOLOGNE (ITA) 0-2 1-2
Maribor Teatanic (SLN)-WISLA CRACOVIE 0-2 0-3
Vejle-BETIS SÉVILLE (ESP) 1-0 0-5
ATLETICO MADRID (ESP)-Obilic (YOU) 2-0 1-0
Bétar Jérusalem (ISR)-RANGERS 1-1 2-4
LEEDS (ANG)-M. Funchal (POR) (4-1 tab) 1-0 0-1
Udinese (ITA)-LEVERKUSEN (ALL) 1-1 0-1
Steaua Bucarest (ROU)-VALENCE (ESP) 3-4 0-3
FC ZURICH (SUI)-Anor. Famagouste (CHY) 4-0 3-2
Ujpest TE (HON)-FC BRUGES (BEL) 0-5 2-2
VITESSE ARNHEM (HOL)-AEK Athènes 3-0 3-3
WERDER BRÊME (ALL)-Brann Bergen 0-2 4-0
WILLEM II (HOL)-Dynamo Tbilissi (GEO) 3-0 3-0
Anderlecht-GRASSHOPPER (SUI) 0-2 0-0

SEIZIÈMES DE FINALE

Étoile Rouge Belgrade-**LYON** 1-2 2-3
Graz AK-**MONACO** 3-3 0-4
Werder Brême-**MARSEILLE** 1-1 2-3
Vitesse Arnhem-**BORDEAUX** 0-1 1-2
Wisla Cracovie-PARME 1-1 1-2
LIVERPOOL-Valence 0-0 2-2
Dynamo Moscou-REAL SOCIEDAD 2-3 0-3
Stuttgart-FC BRUGES 1-1 2-3
Willem II-BETIS SÉVILLE 1-1 0-3
GRASSHOPPER ZURICH-Fiorentina 0-2 *3-0
*sur tapis vert ; match (à Salerne) arrêté à la 45e, à 2-1 pour la Fiorentina, un arbitre ayant été blessé par un pétard.
CELTA VIGO-Aston Villa 0-1 3-1
Celtic Glasgow-FC ZURICH 1-1 2-4
BOLOGNE-Slavia Prague 2-1 2-0
Leverkusen-GLASGOW RANGERS 1-2 1-1
CSKA Sofia-ATLETICO MADRID 2-4 0-1
AS ROME-Leeds 1-0 0-0

HUITIÈMES DE FINALE

Grasshopper Zurich-**BORDEAUX** 3-3 0-0
LYON-FC Bruges 1-0 4-3
Monaco-MARSEILLE 2-2 0-1
FC Zurich-AS ROME 0-1 2-2
CELTA VIGO-Liverpool 3-1 1-0
Glasgow Rangers-PARME 1-1 1-3
Real Sociedad-ATLETICO MADRID (ap) 2-1 1-4
BOLOGNE-Betis Séville 4-1 0-1

QUARTS DE FINALE

MARSEILLE-Celta Vigo 2-1 0-0
BOLOGNE-**Lyon** 3-0 0-2
Bordeaux-PARME 2-1 0-6
ATLETICO MADRID-AS Rome 2-1 2-1

DEMI-FINALES

MARSEILLE-Bologne 0-0 1-1
Atletico Madrid-PARME 1-3 1-2

FINALE

12 mai 1999 à Moscou (RUS), Loujniki.
PARME AC - Marseille : 3-0 (2-0).
61 000 spectateurs. Arbitre : M. Dallas (ECO).
Buts : Crespo (26e), Vanoli (36e), Chiesa (55e).
PARME : Buffon - **Thuram**, Sensini, Cannavaro - Fuser, D. Baggio, Veron (Fiore, 77e), **Boghossian**, Vanoli - Crespo (Asprilla, 84e), Chiesa (Balbo, 72e). Entr. : Malesani.
MARSEILLE : Porato - Blondeau, Domoraud, L. Blanc, Issa, Edson (Camara, 46e) - **Brando, Bravo, Gourvennec, Pires - Maurice.** Entr. : **Courbis.**

Meilleur buteur de la saison :
Chiesa (Parme), 8 buts.

1999-2000

C1 REAL MADRID

PREMIER TOUR QUALIFICATIF

Sloga (MCD)-KAPAZ (AZE) 1-0 1-2
VESTMANNAEYJAR (ISL)-SK Tirana (CHY) 1-0 2-1
PARTIZAN (YOU)-Flora Tallinn (EST) 6-0 4-1
Barry Town (GAL)-FC VALETTE (MLT) 0-0 2-3
LOVETCH (BUL)-Glentoran (ILN) 3-0 2-0
Torshavn (FER)-VALKEAKOSKI (FIN) 1-1 0-6
Jeunesse Esch (LUX)-SKONTO RIGA (LET) 0-2 0-8
St Patrick (IRL)-ZIMBRU CHISINAU (MOL) 0-5 0-5
ZALGIRIS VILNIUS (LIT)-Tsement (ARM) 2-0 3-0

DEUXIÈME TOUR QUALIFICATIF

RAPID VIENNE (AUT)-FC La Valette 3-0 2-0
A. FAMAGOUSTE (CHY)-Slovan Bratisl. (SLQ) 2-1 1-1
PARTIZAN BELGRADE-Rijeka (CRO) 3-1 3-0
CSKA Moscou (RUS)-MOLDE (NOR) 2-0 0-4
Lovetch-WIDZEW LODZ (POL) (2-3 tab) 4-1 1-4
Valkeakoski (FIN)-RANGERS (ECO) 1-4 0-3
Dynamo Tbilissi (GEO)-ZIMBRU CHISINAU 2-1 0-2
Mogilev (BLR)-AIK STOCKHOLM (SUE) 0-1 0-2
Sloga (MCD)-BRÖNDBY (DAN) 0-1 0-1
Rapid BucarestT (ROU)-SKONTO RIGA 3-3 1-2
Besiktas (TUR)-HAPOËL HAÏFA (ISR) 1-1 0-0
DYNAMO KIEV (UKR)-Zalgiris Vilnius 2-0 1-0
Vestmannaeyjar-MTK BUDAPEST (HON) 0-2 1-3
MARIBOR TEATANIC (SLN)-Genk (BEL) 5-1 0-3

TROISIÈME TOUR QUALIFICATIF

Lyon (FRA)-MARIBOR TEATANIC 0-1 0-2
RANGERS (ECO)-Parme (ITA) 2-0 0-1
CHELSEA (ANG)-Skonto Riga 3-0 0-0
Rapid Vienne-GALATASARAY (TUR) 0-3 0-1
Aalborg (DAN)-DYNAMO KIEV (UKR) 1-2 2-2
FIORENTINA (ITA)-Widzew Lodz 3-1 2-0
MOLDE-Majorque (ESP) 0-0 1-1
CROATIA ZAGREB (CRO)-MTK Budapest 0-0 2-0
Zimbru Chisinau-EINDHOVEN (HOL) 0-0 0-2
Bröndby (DAN)-BOAVISTA (POR) (ap) 1-2 2-4
SPARTAK (RUS)-Partizan Belgrade 2-0 3-1

HERTHA BERLIN (ALL)-Anor. Famagouste 2-0 0-0
AEK Athènes (GRE)-AIK STOCKHOLM 0-0 0-1
Hapoël Haïfa-FC VALENCE (ESP) 0-2 0-2
FK Teplice (RTC)-DORTMUND (ALL) 0-1 0-1
STURM GRAZ (AUT)-Servette (SUI) 2-1 2-2
NB : Les clubs éliminés sont réintégrés au 1er tour de la C3.

PREMIÈRE PHASE

GROUPE A

Leverkusen (ALL)-Lazio Rome (ITA) 1-1 1-1
Dynamo Kiev-Maribor Teatanic 0-1 2-1
Lazio Rome-Dynamo Kiev 2-1 1-0
Maribor Teatanic-Leverkusen 0-2 0-0
Leverkusen-Dynamo Kiev 1-1 2-4
Lazio Rome-Maribor Teatanic 4-0 4-0
Classement : 1. LAZIO ROME, 14 pts ; **2.** DYNAMO KIEV, 7 pts (0, 8 bp) ; **3.** Bayer Leverkusen, 7 pts (0, 7 bp) ; **4.** Maribor Teatanic, 4 pts.

GROUPE B

AIK Stockholm-FC Barcelone (ESP) 1-2 0-5
Fiorentina-Arsenal (ANG) 0-0 1-0
Arsenal-AIK Stockholm 3-1 3-2
FC Barcelone-Fiorentina 4-2 3-3
AIK Stockholm-Fiorentina 0-0 0-3
FC Barcelone-Arsenal 1-1 4-2
Classement : 1. FC BARCELONE, 14 pts ; **2.** FIORENTINA, 9 pts ; **3.** Arsenal, 8 pts ; **4.** AIK Stockholm, 1 pt.

GROUPE C

Boavista-Rosenborg (NOR) 0-3 0-2
Feyenoord (HOL)-Dortmund 1-1 1-1
Dortmund-Boavista 3-1 0-1
Rosenborg-Feyenoord 2-2 0-1
Boavista-Feyenoord 1-1 1-1
Rosenborg-Dortmund 2-2 3-0
Classement : 1. ROSENBORG, 11 pts ; **2.** FEYENOORD, 8 pts ; **3.** Dortmund, 6 pts ; **4.** Boavista, 5 pts.

GROUPE D

Man. United (ANG)-Croatia Zagreb 0-0 2-1
Marseille (FRA)-Sturm Graz 2-0 2-3
Croatia Zagreb-**Marseille** 1-2 2-2
Sturm Graz-Manchester United 0-3 1-2
Croatia Zagreb-Sturm Graz 3-0 0-1
Manchester United-**Marseille** 2-1 0-1
Classement : 1. MANCHESTER UNITED, 13 pts ; **2. MARSEILLE**, 10 pts ; **3.** Sturm Graz, 6 ; **4.** Croatia Zagreb, 5 pts.

GROUPE E

Molde-FC Porto (POR) 0-1 1-3
Olympiakos (GRE)-Real Madrid (ESP) 3-3 0-3
FC Porto-Olympiakos 2-0 0-1
Real Madrid-Molde 4-1 1-0
Olympiakos-Molde 3-1 2-3
Real Madrid-FC Porto 3-1 1-2
Classement : 1. REAL MADRID, 13 pts ; **2.** PORTO, 12 pts ; **3.** Olympiakos, 7 pts ; **4.** Molde, 3 pts.

GROUPE F

Bayern Munich (ALL)-PSV Eindhoven 2-1 1-2
FC Valence (ESP)-Rangers 2-0 2-1
PSV Eindhoven-FC Valence 1-1 0-1
Rangers-Bayern Munich 1-1 0-1
Bayern Munich-FC Valence 1-1 1-1
PSV Eindhoven-Rangers 0-1 1-4
Classement : 1. FC VALENCE, 12 pts ; **2.** BAYERN MUNICH, 9 pts ; **3.** Glasgow Rangers, 7 pts ; **4.** PSV Eindhoven, 4 pts.

GROUPE G

Sparta Prague (RTC)-**Bordeaux (FRA)** 0-0 0-0
Willem II (HOL)-Spartak Moscou 1-3 1-1
Bordeaux-Willem II 3-2 0-0
Spartak Moscou-Sparta Prague 1-1 2-5
Bordeaux-Spartak Moscou 2-1 2-1
Sparta Prague-Willem II 4-0 4-3
Classement : 1. SPARTA PRAGUE, 12 pts ; **2. BORDEAUX**, 12 pts ; **3.** Spartak Moscou, 5 pts ; **4.** Willem II, 2 pts.

GROUPE H

Chelsea-Milan AC (ITA) 0-0 1-1
Galatasaray-Hertha Berlin 2-2 4-1
Hertha Berlin-Chelsea 2-1 0-2
Milan AC-Galatasaray 2-1 2-3
Chelsea-Galatasaray 1-0 5-0
Milan AC-Hertha Berlin 1-1 0-1
Classement : 1. CHELSEA, 11 pts ; **2.** HERTHA BERLIN, 8 pts ; **3.** Galatasaray, 7 pts ; **4.** Milan AC, 6 pts.
Les clubs à égalité sont départagés par le goal-average particulier. Les « troisièmes », Leverkusen, Arsenal, Dortmund, Sturm Graz, Olympiakos, Glasgow Rangers, Spartak Moscou et Galatasaray, sont « reversés » en C3 (3e tour).

DEUXIÈME PHASE

GROUPE A

Hertha Berlin-FC Barcelone 1-1 1-3
Sparta Prague-FC Porto 0-2 2-2
FC Barcelone-Sparta Prague 5-0 2-1
FC Porto-Hertha Berlin 1-0 1-0
FC Barcelone-FC Porto 4-2 2-0
Hertha Berlin-Sparta Prague 1-1 0-1
Classement : 1. FC BARCELONE, 16 pts ; **2.** FC PORTO, 10 pts ; **3.** Sparta Prague, 5 pts ; **4.** Hertha Berlin, 2 pts.

GROUPE B

Fiorentina-Manchester United 2-0 1-3
FC Valence-**Bordeaux** 3-0 4-1
Bordeaux-Fiorentina 0-0 3-3
Manchester United-FC Valence 3-0 0-0
Fiorentina-FC Valence 1-0 0-2
Manchester United-**Bordeaux** 2-0 2-1
Classement : 1. MANCHESTER UNITED, 13 pts ; **2.** FC VALENCE, 10 pts ; **3.** Fiorentina, 8 pts ; **4. Bordeaux**, 2 pts.

GROUPE C

Dynamo Kiev-Real Madrid 1-2 2-2
Rosenborg-Bayern Munich 1-1 1-2
Bayern Munich-Dynamo Kiev 2-1 0-2
Real Madrid-Rosenborg 3-1 1-0
Dynamo Kiev- Rosenborg 2-1 2-1
Real Madrid-Bayern Munich 2-4 1-4
Classement : 1. BAYERN, 13 pts ; **2.** REAL MADRID, 10 pts ; **3.** Dynamo Kiev, 10 pts ; **4.** Rosenborg, 1 pt.

GROUPE D

Chelsea-Feyenoord 3-1 3-1
Marseille-Lazio Rome 0-2 1-5
Feyenoord-**Marseille** 3-0 0-0
Lazio Rome-Chelsea 0-0 2-1
Lazio Rome-Feyenoord 1-2 0-0
Marseille-Chelsea 1-0 0-1
Classement : 1. LAZIO ROME, 11 pts ; **2.** CHELSEA, 10 pts ; **3.** Feyenoord, 8 pts ; **4. Marseille**, 4 pts.
Les clubs à égalité sont départagés par le goal-average particulier.

QUARTS DE FINALE

Chelsea-FC BARCELONE (ap) 3-1 1-5
FC VALENCE-Lazio Rome 5-2 0-1
FC Porto-BAYERN MUNICH 1-1 1-2
REAL MADRID-Manchester United 0-0 3-2

DEMI-FINALES

FC VALENCE-FC Barcelone 4-1 1-2
REAL MADRID-Bayern Munich 2-0 1-2

FINALE

24 mai 2000 à Saint-Denis (FRA), Stade de France.
REAL MADRID - FC Valence : 3-0 (1-0).
80 000 spectateurs. Arbitre : M. Braschi (ITA).
Buts : Morientes (39e), McManaman (67e), Raul (76e).
REAL MADRID : Casillas - Salgado (Hierro, 86e), Karanka, Helguera, Ivan Campo, Roberto Carlos - Redondo, McManaman - Raul, **Anelka** (Sanchis, 81e), Morientes (Savio, 73e). Entr. : Del Bosque.
VALENCE : Canizares - **Angloma**, Djukic, Pellegrino, Gerardo (Ilie, 70e) - Mendieta, Farinos, Gerard, Kily Gonzalez - Angulo, Claudio Lopez. Entr. : Cuper.

Meilleurs buteurs de la compétition :
Jardel (FC Porto), Raul (Real Madrid), 10 buts.

C1 1999-2000 REAL MADRID : Casillas, Ivan Campo, Redondo, Morientes, Anelka, Karanka ; Salgado, Roberto Carlos, Raul, McManaman, Helguera.

C3 GALATASARAY ISTANBUL

Face à Martin Keown (à g.), le virtuose Georghe Hagi, 35 ans, offre la C3 à Galatasaray.

TOUR PRÉLIMINAIRE

Klaksvik (FER)-GRAZ AK (AUT) 0-5 0-4
NOVA GORICA (SLN)-Inter Cardiff (GAL) 2-0 0-1
LINGBY (DAN)-Birkirkara (MLT) 7-0 0-0
ANDERLECHT (BEL)-Leiftur (ISL) 6-1 3-0
Belshina Bobruisk (BLR)-OMONIA N. (CHY) 1-5 0-3
STAVANGER (NOR)-Principat (AND) 7-0 11-0
FK Erevan (ARM)-HAPOËL TEL-AVIV (ISR) 0-2 1-2
Tulevik Vijandi (EST)-FC BRUGES (BEL) 0-3 0-2
Vaasa (FIN)-ST. JOHNSTONE (ECO) 1-1 0-2
Portadown (ILN)-CSKA SOFIA (BUL) 0-3 0-5
KRIVOÏ ROG (UKR)-Shamkir (AZE) 3-0 2-0
STEAUA BUCAREST (ROU)-Levadia (EST) 3-0 4-1
GRASSHOPPER (SUI)-Bray (IRL) 4-0 4-0
Liepaja (LET)-LECH POZNAN (POL) 3-2 1-3
Lantana Tallinn (EST)-KUTAISI (GEO) 0-5 2-4
Neftchi Bakou (AZE)-ÉTOILE ROUGE (YOU) 2-3 0-1
BODÖ GLIMT (NOR)-FC Vaduz (LIE) 1-0 2-1
IFK GÖTEBORG (SUE)-Cork City (IRL) 3-0 0-1
KR Rekjavik (ISL)-KILMARNOCK (ECO) 1-0 0-2
LOKOMOTIV TBILISSI (GEO)-Linfield (ILN) 1-0 1-1
Sherif Tiraspol (MOL)-OLOMOUC (RTC) 1-1 0-0
NOVI SAD (YOU)-Ujpest TE (HON) 4-0 1-1
Shkodër (ALB)-TRNAVA (SLQ) 1-1 0-2
Cwmbran (GAL)-CELTIC (ECO) 0-6 0-4
Apoel Nicosie (CHY)-LEVSKI SOFIA (BUL) 0-0 0-2
FERENCVAROS (HON)-FC Chisinau (MOL) 3-1 1-1
CH. DONETSK (UKR)-Sileks Kratovo (MCD) 3-1 1-2
Mondercange (LUX)-DINAMO BUCA. (ROU) 2-6 0-7
ANKARAGÜCÜ (TUR)-Torshavn (FER) 1-0 1-0
INTER BRATISLAVA (SLQ)-Ballsh (ALB) 3-1 2-0
FK Riga (LET)-HELSINGBORGS (SUE) 0-0 0-5
Vardar Skopje (MCD)-LEGIA VARS. (POL) 0-5 0-4
Sliema (MLT)-FC ZURICH (SUI) 0-3 0-1
HAJDUK SPLIT (CRO)-Dudelange (LUX) 5-0 1-1
MACCABI TEL-A. (ISR)-FBK Kaunas (LIT) 3-1 1-2
Borisov (BLR)-LOKOMOTIV MOSCOU (RUS) 1-7 0-5
HJK HELSINKI (FIN)-Shirak (ARM) 2-0 0-1
LJUBLJANA (SLN)-Kareda Siauliai (LIT) 1-1 2-2

PREMIER TOUR

HJK Helsinki-**LYON (FRA)** 0-1 1-5
Étoile Rouge Belgr.-**MONTPELLIER (FRA)** 0-1 2-2
Maccabi Tel-Aviv - **LENS (FRA)** 2-2 1-2
Ionikos (GRE)-**NANTES (FRA)** 1-3 0-1
MONACO (FRA)-St. Johnstone 3-0 3-3
ARIS (GRE)-Servette Genève (SUI) (ap) 1-1 2-1
INTER BRATISLAVA-Rapid Vienne (AUT) 1-0 2-1
Omonia Nicosie-JUVENTUS (ITA) 2-5 0-5
AJAX (HOL)-Bystrica (SLQ) 6-1 3-1
Partizan Belgrade-LEEDS (ANG) 1-3 0-1
Bodö Glimt-WERDER BRÊME (ALL) 0-5 1-1
HELSING.-Karpaty Lviv (UKR) (4-2 tab) 1-1 1-1
Lausanne (SUI)-CELTA VIGO (ESP) 3-2 0-4
Skonto Riga-WIDZEW LODZ (POL) 1-0 0-2
PARME (ITA)-Krivoï-Rog 3-2 3-0
WOLFSBURG (ALL)-Debrecen (HON) 2-0 1-2
FK TEPLICE (RTC)-Ferencvaros (HON) 3-1 1-1
TOTTENHAM (ANG)-Zimbru Chisinau 3-0 0-0
ATLETICO MADRID (ESP)-Ankaragücü 3-0 0-1
Beira Mar (POR)-VITESSE (HOL) 1-2 0-0
Kutaisi-AEK ATHÈNES (GRE) 0-1 1-6
WEST HAM (ANG)-Osijek (CRO) 3-0 3-1
Lokomotiv Tbilissi-PAOK SALON. (GRE) 0-7 0-2
AMICA WRONKI (POL)-Bröndby (DAN) 2-0 3-4
AS ROME (ITA)-Vitoria Setubal (POR) 7-0 0-1
ANDERLECHT (BEL)-Ljubljana 3-1 3-0
Lech Poznan-IFK GÖTEBORG 1-2 0-0
CELTIC GLASGOW-Hapoël Tel-Aviv 2-0 1-0
Olomouc-MAJORQUE (ESP) 1-3 0-0
AB Copenhague (DAN)-GRASSHOP. (SUI) 0-2 1-1
CSKA Sofia-NEWCASTLE (ANG) 0-2 2-2
BENFICA (POR)-Dinamo Bucarest 0-1 2-0
MTK BUDAPEST (HON)-Fenerbahçe (TUR) 0-0 2-0
STAVANGER-Sporting (POR) 3-0 0-1
GRAZ AK-Trnava (SLQ) 3-0 1-2
HAPOËL HAÏFA-FC Bruges (BEL) 3-1 2-4
Anorthosis Famagouste-LEGIA VAR. (POL) 1-0 0-2
Nova Gorica-PANATHINAÏKOS (GRE) 0-1 0-2
STEAUA BUCAREST-Linz ASK (AUT) 2-0 3-2
Saint-Pétersbourg-BOLOGNE (ITA) 0-3 2-2
RODA JC (HOL)-Chakhtior Donetsk 2-0 3-1
KAISERSLAUTERN (ALL)-Kilmarnock 3-0 2-0
Hajduk Split-LEVSKI SOFIA 0-0 0-3
Lyngby-LOKOMOTIV MOSCOU 1-2 0-3
Novi Sad-SLAVIA PRAGUE (RTC) 0-0 2-3
FC ZURICH-Lierse (BEL) 1-0 4-3
Stabaek (NOR)-LA COROGNE (ESP) 1-0 0-2
UDINESE (ITA)-Aalborg 1-0 2-1

DEUXIÈME TOUR

Levski Sofia-JUVENTUS 1-3 1-1
UDINESE-Legia Varsovie 1-0 1-1
PARME-Helsingborg 1-0 3-1
Anderlecht-BOLOGNE 2-1 0-3
IFK Göteborg-AS ROME 0-2 0-1
STEAUA BUCAREST-West Ham 2-0 0-0
MTK Budapest-AEK Athènes 2-1 0-1
LA COROGNE-**Montpellier** 3-1 2-0
LEEDS-Lokomotiv Moscou 4-1 3-0
Aris Salonique-CELTA VIGO 2-2 0-2
Hapoel Haïfa-AJAX 0-3 0-1
Inter Bratislava-**NANTES** 0-3 0-4
Roda JC-WOLFSBURG 0-0 0-1
FC Zurich-NEWCASTLE 1-2 1-3
Graz AK-PANATHINAÏKOS 2-1 0-1
ATLETICO MADRID-Amica Wronki 1-0 4-1
LENS-Vitesse Arnhem 4-1 1-1
WERDER BRÊME (ALL)-Stavanger 0-0 2-2
SLAVIA PRAGUE-Grasshopper Zurich 3-1 0-1
PAOK Salonique-BENFICA (1-4 tab) 1-2 2-1
Widzew Lodz-**MONACO** 1-1 0-2
Tottenham-KAISERSLAUTERN 1-0 0-2
Teplice-MAJORQUE 1-2 0-3
LYON-Celtic Glasgow 1-0 1-0

TROISIÈME TOUR

PARME-Graz AK (ap) 2-1 3-3
Lyon-WERDER BRÊME 3-0 0-4
LA COROGNE-Panathinaïkos 4-2 1-1
Bologne-GALATASARAY 1-1 1-2
UDINESE-Leverkusen 0-1 2-1
LENS-Kaiserslautern 1-2 4-1
SPARTAK MOSCOU-Leeds 2-1 0-1
Ajax-MAJORQUE 0-1 0-2
Glasgow-DORTMUND (1-5 tab) 2-0 0-2
AS ROME-Newcastle 1-0 0-0
AEK Athènes-MONACO 2-2 0-1
CELTA VIGO-Benfica 7-0 1-1
Olympiakos-JUVENTUS 1-3 2-1
Wolfsburg-ATLETICO MADRID 2-3 1-2
ARSENAL-**Nantes** 3-0 3-3
SLAVIA PRAGUE-Steaua Bucarest 4-1 1-1

HUITIÈMES DE FINALE

Parme-WERDER BRÊME 1-0 1-3
Juventus-CELTA VIGO 1-0 0-4
AS Rome-LEEDS 0-0 0-1
REAL MAJORQUE-**Monaco** 4-1 0-1
SLAVIA PRAGUE-Udinese 1-0 1-2
Dortmund-GALATASARAY 0-2 0-0
Atletico Madrid-**LENS** 2-2 2-4
ARSENAL-La Corogne 5-1 1-2

QUARTS DE FINALE

Majorque-GALATASARAY 1-4 1-2
ARSENAL-Werder Brême 2-0 4-2
Celta Vigo-**LENS** 0-0 1-2
LEEDS-Slavia Prague 3-0 1-2

DEMI-FINALES

ARSENAL-**Lens** 1-0 2-1
GALATASARAY-Leeds 2-0 2-2

FINALE

17 mai 2000 à Copenhague (DAN), Parken.
GALATASARAY - Arsenal : 0-0 ap, 4-1 tab.
38 990 spectateurs. Arbitre : M. Lopez Nieto (ESP).
Tirs au but : Ergün (réussi), Suker (manqué), Hakan Sükür (r), Parlour (r), Ümit (r), Vieira (m), G. Popescu (r).
GALATASARAY : Taffarel - Capone, G. Popescu, Bülent, Ümit - Okan (Hakan Unsal, 83e), Suat (Ahmet, 94e), Ergun, Hagi (expulsé, 93e) - Hakan Sükür, Arif (Hasan Sas, 94e). **Entr. :** Terim.
ARSENAL : Seaman - Dixon, Keown, Adams, Silvinho - Parlour, **Vieira**, **Petit**, Overmars (Suker, 114e), Bergkamp (Kanu, 74e), **Henry**. **Entr. : Wenger**.

Meilleur buteur de la compétition : Kovacevic (Juventus), 10 buts.

2000-01

C1 BAYERN MUNICH

C1 2000-01 BAYERN MUNICH : Sagnol, Salihamidzic, P. Andersson, Effenberg, Linke ; Hargreaves, Scholl, Kuffour, Kahn, Elber, Lizarazu.

PREMIER TOUR QUALIFICATIF

Klaksvik (FER)-ÉTOILE ROUGE (YOU) 0-3 0-2
Llansantffraid (GAL)-MAARDU (EST) 2-2 0-4
Sloga Skopje (MCD)-SHELBOURNE (IRL) 0-1 1-1
Bikirkara (MLT)-KR REYKJAVIK (ISL) 1-2 1-4
ZALGIRIS KAUNAS (LIT)-Brotnjo (BOS) 4-0 0-3
SK Tirana (ALB)-ZIMBRU CHISINAU (MOL) 2-3 2-3
Shirak (ARM)-BORISOV (BLR) 1-1 1-2
VALKEAKOSKI (FIN)-Linfield (ILN) 1-0 1-2
Skonto Riga (LET)-SHAMKIR (AZE) (ap) 2-1 1-4
Dudelange (LUX)-LEVSKI SOFIA (BUL) 0-4 0-2

DEUXIÈME TOUR QUALIFICATIF

Valkeakoski-INTER BRATISLA. (SLQ) (ap) 0-0 0-1
ÉTOILE ROUGE BELGRADE-Kutaisi (GEO) 4-0 0-2
HELSINGBORG (SUE)-Borisov 0-0 3-0
Dinamo Bucarest (ROU)-POLONIA (POL) 3-4 1-3
Shelbourne-ROSENBORG (NOR) 1-3 1-1
BESIKTAS (TUR)-Levski Sofia 1-0 1-1
STURM GRAZ (AUT)-Hapoël Tel-Aviv (ISR) 3-0 2-1
ZIMBRU CHISINAU-NK Maribor (SLN) 2-0 0-1
SLAVIA PRAGUE (RTC)-FC Shamkir 1-0 4-1
ANDERLECHT (BEL)-A. Famagouste (CHY) 4-2 0-0
CHAKHTIOR DONETSK (UKR)-Maardu 4-1 5-1
RANGERS (ECO)-Zalguiris Kaunas 4-1 0-0
BRÖNDBY (DAN)-KR Reykjavik 3-1 0-0
Hajduk Split (CRO)-DUNAFERR (HON) 0-2 2-2

TROISIÈME TOUR QUALIFICATIF

FC Tirol (AUT)-FC VALENCE (ESP) 0-0 1-4
Zimbru Chisinau-SPARTA PRAGUE (RTC) 0-1 0-1
Bröndby-HAMBOURG (ALL) 0-2 0-0
HELSINGBORG-Inter Milan (ITA) 1-0 0-0
BESIKTAS-Lokomotiv Moscou (RUS) 3-0 3-1
Inter Bratislava-**LYON (FRA)** 1-2 1-2
ANDERLECHT-FC Porto (POR) 1-0 0-0
Herfölge (DAN)-GLASGOW RANGERS 0-3 0-3
DYNAMO KIEV (UKR)-Étoile Rouge 0-0 1-1
STURM GRAZ-Feyenoord (HOL) 2-1 1-1
Dunaferr-ROSENBORG 2-2 1-2
Saint-Gall (SUI)-GALATASARAY (TUR) 1-2 2-2
MILAN AC (ITA)-Dynamo Zagreb (CRO) 3-1 3-0
CHAKHTIOR DONETSK-Slavia Prague (ap) 0-1 2-0
Polonia Varsovie-PANATHINAÏKOS (GRE) 2-2 1-2
LEEDS (ANG)-Munich 1860 (ALL) 2-1 1-0

NB : Les clubs éliminés sont réintégrés au 1er tour de la C3.

PREMIÈRE PHASE DE POULES

GROUPE A

Spartak Moscou (RUS)-Leverkusen (ALL) 2-0 0-1
Sporting (POR)-Real Madrid (ESP) 2-2 0-4
Leverkusen-Sporting 3-2 0-0
Real Madrid-Spartak Moscou 1-0 0-1
Leverkusen-Real Madrid 2-3 3-5
Spartak Moscou-Sporting 3-1 3-0

Classement : 1. REAL MADRID, 13 pts ; **2.** SPARTAK MOSCOU, 12 pts ; **3.** Leverkusen, 7 pts ; **4.** Sporting, 2 pts.

GROUPE B

Chakhtior Donetsk-Lazio Rome (ITA) 0-3 1-5
Sparta Prague-Arsenal (ANG) 0-1 2-4
Arsenal-Chakhtior Donetsk 3-2 0-3
Lazio Rome-Sparta Prague 3-0 1-0
Arsenal-Lazio Rome 2-0 1-1
Sparta Prague-Chakhtior Donetsk 3-2 1-2

Classement : 1. ARSENAL, 13 pts ; **2.** LAZIO ROME, 13 pts ; **3.** Chakhtior Donetsk, 6 pts ; **4.** Sparta Prague, 3 pts.

GROUPE C

Lyon-Heerenveen (HOL) 3-1 2-0
FC Valence-Olympiakos (GRE) 2-1 0-1
Heerenveen-FC Valence 0-1 1-1
Olympiakos-**Lyon** 2-1 0-1
Olympiakos-Heerenveen 2-0 0-1
FC Valence-**Lyon** 1-0 2-1

Classement : 1. FC VALENCE, 13 pts ; **2. LYON**, 9 pts ; **3.** Olympiakos, 9 pts ; **4.** Heerenveen, 4 pts.

GROUPE D

Galatasaray-**Monaco (FRA)** 3-2 2-4
Rangers-Sturm Graz 5-0 0-2
Monaco-Rangers 0-1 2-2
Sturm Graz-Galatasaray 3-0 2-2
Galatasaray-Rangers 3-2 0-0
Monaco-Sturm Graz 5-0 0-2

Classement : 1. STURM GRAZ, 10 pts ; **2.** GALATASARAY, 8 pts ; **3.** Glasgow Rangers, 8 pts ; **4. Monaco**, 7 pts.

GROUPE E

Hambourg-Juventus (ITA) 4-4 3-1
Panathinaïkos (GRE)-La Corogne (ESP) 1-1 0-1
La Corogne-Hambourg 2-1 1-1
Juventus-Panathinaïkos 2-1 1-3
Hambourg-Panathinaïkos 0-1 0-0
Juventus-La Corogne 0-0 1-1

Classement : 1. LA COROGNE, 10 pts ; **2.** PANATHINAÏKOS, 8 pts ; **3.** Hambourg, 6 pts ; **4.** Juventus, 6 pts.

GROUPE F

Helsingborg-Bayern Munich (ALL) 1-3 0-0
Rosenborg-**Paris-SG (FRA)** 3-1 2-7
Bayern Munich-Rosenborg 3-1 1-1
Paris-SG-Helsingborg 4-1 1-1
Paris-SG-Bayern Munich 1-0 0-2
Rosenborg-Helsingborg 6-1 0-2

Classement : 1. BAYERN MUNICH, 11 pts ; **2. PARIS-SG**, 10 pts ; **3.** Rosenborg, 7 pts ; **4.** Helsingborg, 5 pts.

GROUPE G

PSV Eindhoven (HOL)-Dynamo Kiev 2-1 1-0
Manchester United-Anderlecht (BEL) 5-1 1-2
Anderlecht-PSV Eindhoven 1-0 3-2
Dynamo Kiev-Manchester United 0-0 0-1
Dynamo Kiev-Anderlecht 4-0 2-4
PSV Eindhoven-Manchester United 3-1 1-3

Classement : 1. ANDERLECHT, 12 pts ; **2.** MANCHESTER UTD, 10 pts ; **3.** PSV Eindhoven, 9 pts ; **4.** Dynamo Kiev, 4 pts.

GROUPE H

FC Barcelone-Leeds 4-0 1-1
Milan AC-Besiktas 4-1 2-0
Besiktas-FC Barcelone 3-0 0-5
Leeds-Milan AC 1-0 1-1
FC Barcelone-Milan AC 0-2 3-3
Leeds-Besiktas 6-0 0-0

Classement : 1. MILAN AC, 11 pts ; **2.** LEEDS, 9 pts ; **3.** FC Barcelone, 8 pts ; **4.** Besiktas, 4 pts.

Les clubs à égalité sont départagés par le goal-average particulier. Les « troisièmes », Leverkusen, Chakhtior Donetsk, Olympiakos, Glasgow Rangers, Hambourg, Rosenborg, PSV Eindhoven et FC Barcelone, sont « reversés » en C3 (3e tour).

DEUXIÈME PHASE DE POULES

GROUPE A

Manchester United-Panathinaïkos 3-1 1-1
FC Valence-Sturm Graz 2-0 5-0
Panathinaïkos-FC Valence 0-0 1-2
Sturm Graz-Manchester United 0-2 0-3
Sturm Graz-Panathinaïkos 2-0 2-1
FC Valence-Manchester United 0-0 1-1

Classement : 1. FC VALENCE, 12 pts ; **2.** MANCHESTER UTD, 12 pts ; **3.** Sturm Graz, 6 pts ; **4.** Panathinaïkos, 2 pts.

GROUPE B

Milan AC-Galatasaray 2-2 0-2
Paris-SG-La Corogne 1-3 3-4
La Corogne-Milan AC 0-1 1-1

Galatasaray-**Paris-SG** 1-0 0-2
Galatasaray-La Corogne 1-0 0-2
Milan AC-**Paris-SG** 1-1 1-1
Classement : **1.** LA COROGNE, 10 pts ; **2.** GALATASARAY, 10 pts ; **3.** Milan AC, 7 pts ; **4. Paris-SG**, 5 pts.

GROUPE C
Bayern Munich-**Lyon** 1-0 0-3
Spartak Moscou-Arsenal 4-1 0-1
Arsenal-Bayern Munich 2-2 0-1
Lyon-Spartak Moscou 3-0 1-1
Bayern Munich-Spartak Moscou 1-0 3-0
Lyon-Arsenal 0-1 1-1
Classement : **1.** BAYERN MUNICH, 13 pts ; **2.** ARSENAL, 8 pts ; **3. Lyon**, 8 pts ; **4.** Spartak Moscou, 4 pts.

GROUPE D
Anderlecht-Lazio Rome 1-0 1-2
Leeds-Real Madrid 0-2 2-3
Lazio Rome-Leeds United 0-1 3-3
Real Madrid-Anderlecht 4-1 0-2
Leeds-Anderlecht 2-1 4-1
Real Madrid-Lazio Rome 3-2 2-2
Classement : **1.** REAL MADRID, 13 pts ; **2.** LEEDS, 10 pts ; **3.** Anderlecht, 6 pts ; **4.** Lazio Rome, 5 pts.
Les clubs à égalité sont départagés par le goal-average particulier.

QUARTS DE FINALE
Manchester United-BAYERN MUNICH 0-1 1-2
Galatasaray-REAL MADRID 3-2 0-3
LEEDS-La Corogne 3-0 0-2
Arsenal-FC VALENCE 2-1 0-1

DEMI-FINALES
Real Madrid-BAYERN MUNICH 0-1 1-2
Leeds-FC VALENCE 0-0 0-3

FINALE
le 23 mai 2001 à Milan, San Siro.
BAYERN - Valence : 1-1 (0-1, 1-1), 5-4 tab.
73 000 spectateurs. Arbitre : M. Jol (HOL).
Buts : Mendieta (3e sp) pour Valence ; Effenberg (50e sp) pour le Bayern Munich.
Tirs au but : Paulo Sergio (manqué), Mendieta (réussi), Salihamidzic (r), Carew (r), Zickler (r), Zahovic (m), P. Andersson (m), Carboni (m), Effenberg (r), Baraja (r), **Lizarazu** (r), Kily Gonzalez (r), Linke (r), Pellegrino (m).
BAYERN : Kahn - **Sagnol** (Jancker, 46e), Kuffour, P. Andersson, Linke, **Lizarazu** - Hargreaves - Salihamidzic, Scholl (Paulo Sergio, 108e), Effenberg - Elber (Zickler, 100e). Entr. : Hitzfeld.
VALENCE : Canizares - **Angloma**, Ayala (Djukic, 90e), Pellegrino, Carboni - Baraja - Mendieta, Kily Gonzalez - Aimar (Albelda, 46e) - Juan Sanchez (Zahovic, 66e), Carew. Entr. : Cuper.

Meilleur buteur de la compétition :
Raul (Real Madrid), 7 buts.

C3 LIVERPOOL

Robbie Fowler brandit la C3 à l'issue de l'une des plus incroyables finales de l'histoire.

TOUR PRÉLIMINAIRE
Universitatea Craiova (ROU)-PRILEP (MCD) 1-1 0-1
Folgore (SAN)-FC BÂLE (SUI) 1-5 0-7
Neftchi Bakou (AZE)-NOVA GORICA (SLN) 1-0 1-3
RAPID VIENNE (AUT)-Teuta Durrës (ALB) 2-0 4-0
FC BRUGES (BEL)-Flora Tallinn (EST) 4-1 2-0
Vestmannaëyar (ISL)-HEARTS (ECO) 0-2 0-3
AB COPENHAGUE (DAN)-Torshavn (FER) 8-0 1-0
Coleraine (ILN)-ÖRGRYTE (SUE) 1-2 0-1
Ararat Erevan (ARM)-FC KOSICE (SLQ) 2-3 1-1
NAPREDAK (YOU)-Viljanai (EST) 5-1 1-1
MTK BUDAP. (HON)-Jokerit Helsinki (FIN) 1-0 4-2
POLTAVA (UKR)-Rabotnicki Skopje (MCD) 2-0 2-0
IA Akranes (ISL)-LA GANTOISE (BEL) 0-3 2-3
Bangor (GAL)-HALMSTAD (SUE) 0-7 0-4
Ventspils (LET)-VASAS BUD. (HON) (ap) 2-1 1-3
Jeunesse Esch (LUX)-CELTIC (ECO) 0-4 0-7
DRNOVICE (RTC)-Buducnost (BOS) 3-0 1-0
Tomori (ALB)-APOEL NICOSIE (CHY) 2-3 0-2
RAPID BUCAREST (ROU)-Ashtarak (ARM) 3-0 0-1
Georgia Tbilissi (GEO)-JÉRUSALEM (ISR) 0-3 1-1
Omonia Nicosie (CHY)-BOURGAS (BUL) 0-0 1-2
Zeljeznicar (BOS)-WISLA CRAC. (POL) 0-0 1-3
Sherif Tiraspol (MOL)-LJUBLJANA (SLN) 0-0 0-3
Kapaz (AZE)-ANTALYASPOR (TUR) 0-2 0-5
Zalgiris Vilnius (LIT)-CHORZOW (POL) 2-1 0-6
Aberdeen (ECO)-BOHEMIANS (IRL) 1-2 0-1
Gotu (FER)-NORRKÖPING (SUE) 0-2 1-2
Liepaja (LET)-BRANN BERGEN (NOR) 1-1 0-1
Mozyr (BLR)-MACCABI HAÏFA (ISR) 1-1 0-0
SLOVAN BRAT. (SLQ)-Lok. Tblilissi (GEO) 2-0 2-0
Sliema (MLT)-PARTIZAN BELGRADE (YOU) 2-1 1-4
Constr. Chisinau (MOL)-CSKA SOFIA (BUL) 2-3 0-8
AIK STOCKHOLM (SUE)-Gomel (BLR) 1-0 2-0
HELSINKI JK (FIN)-Grevenmacher (LUX) 4-1 2-0
Glentoran (ILN)-LILLESTRÖM (NOR) 0-3 0-1
Panevezys (LIT)-LIERSE (BEL) 0-3 0-4
BOAVISTA (POR)-Barry Town (GAL) 2-0 3-0
Constelacio (AND)-RAYO VALLE. (ESP) 0-10 0-6
LAUSANNE (SUI)-Cork City (IRL) 1-0 1-0
RIJEKA (CRO)-FC La Valette (MLT) (ap) 3-2 4-5
AMICA WRONKI (POL)-FC Vaduz (LIE) 3-0 3-3

PREMIER TOUR
LOKOMOTIV MOSCOU (RUS)-Bourgas 4-2 0-0
Norrköping-LIBEREC (RTC) 2-2 1-2
Rapid Bucarest-LIVERPOOL (ANG) 0-1 0-0
FC Zurich (SUI)-GENK (BEL) 1-2 0-2
Ljubljana-ESPANYOL (ESP) 2-1 0-2
Poltava-BOAVISTA 1-2 1-2
Bröndby (DAN)-OSIJEK (CRO) 1-2 0-0
Chorzow-INTER MILAN (ITA) 0-3 1-4
Prilep-PARME (ITA) 0-2 0-4
LAUSANNE-Torpedo Moscou (RUS) 3-2 1-0
CELTA VIGO (ESP)-Rijeka (ap) 0-0 1-0
Leicester (ANG)-ÉTOILE ROUGE (YOU) 1-1 1-3
Zimbru Chisinau (MOL)-HERTHA B. (ALL) 1-2 0-2
Roda JC (HOL)-INTER BRAT. (SLQ) 0-2 1-2
Krivoï Rog (UKR)-**NANTES (FRA)** 0-1 0-5
PAOK SALONIQUE (GRE)-Bétar Jérusalem 3-1 3-3
SLAVIA PRAGUE (RTC)-AB Copenhague 3-0 2-0
RAPID VIENNE-Örgryte 3-0 1-1
La Gantoise-AJAX (HOL) 0-6 0-3
LILLESTRÖM-Dynamo Moscou (RUS) 3-1 1-2
FC Kosice-GRAZ AK (AUT) 2-3 0-0
CSKA Sofia-MTK BUDAPEST 1-2 1-0
ALAVES (ESP)-Gaziantepspor (TUR) 0-0 4-3
Antalyaspor-WERDER BRÊME (ALL) 2-0 0-6
FC TIROL (AUT)-Fiorentina (ITA) 3-1 2-2
FC BRUGES-Apel Nicosie 2-0 1-0
CSKA MOS. (RUS)-Viborg (DAN) (ap) 0-0 0-1
CELTIC GLASGOW-Helsinki JK (ap) 2-0 1-2
Gueugnon (FRA)-IRAKLIS SALONI. (GRE) 0-0 0-1
Chelsea (ANG)-SAINT-GALL (SUI) 1-0 0-2
Saragosse (ESP)-WISLA CRAC. (3-4 tab) 4-1 1-4
Bohemians-KAISERSLAUTERN (ALL) 1-3 1-0
Molde (NOR)-RAYO VALLECANO 0-1 1-1
Nova Gorica-AS ROME (ITA) 1-4 0-7
AIK Stockholm-HERFÖLGE (DAN) 0-1 1-1
STUTTGART (ALL)-Hearts of Midlothian 1-0 2-3
VITESSE ARNHEM (HOL)-Maccabi Haïfa 3-0 1-2
Vasas Budapest-AEK ATHÈNES (GRE) 2-2 0-2
Partizan Belgrade-FC PORTO (POR) 1-1 0-0
Vladikavkaz (RUS)-AMICA WRONKI 0-3 0-2
HALMSTAD-Benfica Lisbonne (POR) 2-1 2-2
Dunaferr (HON)-FEYENOORD (HOL) 0-1 1-3
Lierse-**BORDEAUX (FRA)** 0-0 1-5
Polonia Varsovie (POL)-UDINESE (ITA) 0-1 0-2
FC BÂLE-Brann Bergen 3-2 4-4
Drnovice-MUNICH 1860 (ALL) 0-0 0-1
Napredak (YOU)-OFI CRÈTE (GRE) 0-0 0-6
Slovan Bratislava-DYNAMO ZAGREB (CRO) 0-3 1-1

DEUXIÈME TOUR
NANTES-MTK Budapest 2-1 1-0
BORDEAUX-Celtic (ap) 1-1 2-1
HERTHA BERLIN-Amica Wronki 3-1 1-1
WERDER BRÊME-Genk 4-1 5-2
INTER MILAN-Vitesse Arnhem 0-0 1-1
Étoile Rouge-CELTA VIGO 1-0 3-5
OSIJEK-Rapid Vienne 2-1 2-0
OFI Crète-SLAVIA PRAGUE 2-2 1-4
AEK ATHÈNES-Herfölge 5-0 1-2
FC Bâle-FEYENOORD 1-2 0-1
Halmstad-MUNICH 1860 3-2 1-3
PARME-Dynamo Zagreb 2-0 0-1
ESPANYOL-Graz AK 4-0 0-1
LIVERPOOL-Slovan Liberec 1-0 3-2
LAUSANNE-Ajax 1-0 2-2
Wisla Cracovie-FC PORTO 0-0 0-3
FC Tirol-STUTTGART 1-0 1-3
RAYO VALLECANO-Viborg 1-0 1-2
Udinese-PAOK SALONIQUE (ap) 1-0 0-3
Boavista-AS ROME 0-1 1-1
LOKOMOTIV MOSCOU-Inter Bratislava 1-0 2-1
Iraklis Salonique-KAISERSLAUTERN 1-3 3-2
FC BRUGES-Saint-Gall 2-1 1-1
Lilleström-ALAVES 1-3 2-2

TROISIÈME TOUR
BORDEAUX-Werder Brême 4-1 0-0
NANTES-LAUSANNE 4-3 3-1
Glasgow Rangers (ECO)-KAISERSLAUTERN 1-0 0-3
Osijek-SLAVIA PRAGUE 2-0 1-5
Leverkusen (ALL)-AEK ATHÈNES 4-4 0-2
FC Bruges-FC BARCELONE (ESP) 0-2 1-1
Hertha Berlin-INTER MILAN 0-0 1-2
ALAVES-Rosenborg (NOR) 1-1 3-1
Feyenoord-STUTTGART 2-2 1-2
PARME-Munich 1860 2-2 2-0
Chakhtior Donetsk (UKR)-CELTA VIGO 0-0 0-1
PSV EINDHOVEN (HOL)-PAOK Salonique 3-0 1-0
AS ROME-Hambourg (ALL) 1-0 3-0
Olympiakos (GRE)-LIVERPOOL 2-2 0-2
Lokomotiv Moscou-RAYO VALLECANO 0-0 0-2
Espanyol-FC PORTO 0-2 0-0

HUITIÈMES DE FINALE
FC PORTO-**Nantes** 3-1 1-2
AS Rome-LIVERPOOL 0-2 1-0
AEK Athènes-FC BARCELONE 0-1 0-5
Stuttgart-CELTA VIGO 0-0 1-2
PSV EINDHOVEN-Parme 2-1 2-3
Slavia Prague-KAISERSLAUTERN 0-0 0-1
ALAVES-Inter Milan 3-3 2-0
RAYO VALLECANO-Bordeaux 4-1 2-1

QUARTS DE FINALE
KAISERSLAUTERN-PSV Eindhoven 1-0 1-0
FC BARCELONE-Celta Vigo 2-1 2-3
ALAVES-Rayo Vallecano 3-0 1-2
FC Porto-LIVERPOOL 0-0 0-2

DEMI-FINALES
FC Barcelone-LIVERPOOL 0-0 0-1
ALAVES-Kaiserslautern 5-1 4-1

FINALE
16 mai 2001 à Dortmund, Westfalenstadion.
LIVERPOOL - Alaves : 5-4 beo (3-1, 4-4).
52 000 spectateurs. Arbitre : M. **Veissière** (FRA).
Buts : Babbel (4e), Gerrard (16e), McAllister (40e sp), Fowler (73e), Geli (118e csc) pour Liverpool ; Ivan Alonso (27e), Javi Moreno (48e, 51e), Jordi Cruyff (89e) pour Alaves.
LIVERPOOL : Westerveld - Babbel, Henchoz (Smicer, 56e), Hyypiä, Carragher - Hamann, Gerrard, Murphy, McAllister - Heskey (Fowler, 65e), Owen (Berger, 79e). Entr. : **Houllier**.
ALAVES : Herrera - Contra, Geli, Eggen (Ivan Alonso, 23e), Karmona (expulsé, 117e), Tellez - Desio, Tomic, Jordi Cruyff, Astudillo (expulsé, 99e) - Javi Moreno (Pablo, 65e). Entr. : Mané.

Meilleurs buteurs de la compétition :
Nikolaïdis (AEK Athènes), Drulic (Étoile Rouge Belgrade), Kuzba (Lausanne) et Javi Moreno (Alaves), 6 buts.

2001-02

C1 REAL MADRID

PREMIER TOUR QUALIFICATIF
LEV. SOFIA (BUL)-Zeljeznicar Sara. (BOS) 4-0 0-0
Linfield (ILN)-KUTAISI (GEO) 0-0 0-1
KR Reykjavik (ISL)-SHKODËR (ALB) 2-1 0-1
SLOGA (MCD)-FBK Kaunas (LIT) 0-0 1-1
VB Vagur (FER)-MOZYR (BLR) 0-0 0-5
BOHEMIANS D. (IRL)-Maardu (EST) 3-0 0-0
BARRY TOWN (GAL)-Shamkir (AZE) 2-0 1-0
FC Valette (MLT)-VALKEAKOSKI (FIN) 0-0 0-5
Dudelange (LUX)-SKONTO RIGA (LET) 1-6 1-0
Araks (ARM)-SHERIFF TIRASPOL (MOL) 0-1 0-2

DEUXIÈME TOUR QUALIFICATIF
ANDERLECHT (BEL)-Sherif Tiraspol 4-0 2-1
CH. DONETSK (UKR)-FC Lugano (SUI) 3-0 1-2
Ferencvaros (HON)-HAJD. (CRO) (4-5 tab) 0-0 0-0
Bohemians Dublin-HALMSTAD (SUE) 1-2 0-2
Kutaisi-FC COPENHAGUE (DAN) 1-1 1-3
Omonia Nicosie (CHY)-ÉT. ROUGE (YOU) 1-1 1-2
LEVSKI SOFIA-Brann Bergen (NOR) 0-0 1-1
GALATASARAY (TUR)-Shkodër 2-0 4-1
FC PORTO (POR)-Barry Town 8-0 1-3
STEAUA BUCAREST (ROU)-Sloga 3-0 2-1
Skonto Riga-WISLA CRACOVIE (POL) 1-2 0-1
Mozyr-INTER BRATISLAVA (SLQ) 0-1 0-1
NK Maribor (SLN)-RANGERS (ECO) 0-3 1-3
VALKEAKOSKI-Maccabi Haïfa (ISR) 0-1 *3-0
*sur tapis vert, le Maccabi (initialement vainqueur 4-0) ayant aligné un joueur suspendu.

TROISIÈME TOUR QUALIFICATIF
Parme (ITA)-**LILLE** (FRA) 0-2 1-0
GALATASARAY-Levski Sofia 2-1 1-1
Étoile Rouge-LEVERKUSEN (ALL) 0-0 0-3
Ajax (HOL)-CELTIC GLASGOW (ECO) 1-3 1-0
Chakhtior Donetsk-DORTMUND (ALL) 0-2 1-3
Wisla Cracovie-FC BARCELONE (ESP) 3-4 0-1
Halmstads-ANDERLECHT 2-3 1-1
FC PORTO-Grasshopper Zurich (SUI) 2-2 3-2
Glasgow Rangers-FENERBAHÇE (TUR) 0-0 1-2
Inter Bratislava-ROSENBORG (NOR) 3-3 0-4
Slavia Prague (RTC)-PANATH. (GRE) 1-2 0-1
Steaua Bucarest (ROU)-DYN. KIEV (UKR) 2-4 1-1
FC Copenhague-LAZIO (ITA) 2-1 1-4
Valkeakoski-LIVERPOOL (ANG) 0-5 1-4
Hajduk Split-MAJORQUE (ESP) 1-0 0-2
LOK. MOSCOU (RUS)-FC Tirol (AUT) 3-1 *0-1
*match rejoué, le Lokomotiv (initialement vainqueur 1-0) ayant aligné un joueur suspendu.
NB : Les clubs éliminés sont réintégrés au 1er tour de la C3.

PREMIÈRE PHASE DE POULES
GROUPE A
Lokomotiv Moscou-Anderlecht 1-1 5-1
AS Rome (ITA)-Real Madrid (ESP) 1-2 1-1
Anderlecht-AS Rome 0-0 1-1
Real Madrid-Lokomotiv Moscou 4-0 0-2
Real Madrid-Anderlecht 4-1 2-0
AS Rome-Lokomotiv Moscou 2-1 1-0
Classement : **1.** REAL MADRID, 13 pts ; **2.** AS ROME, 9 pts ; **3.** Lokomotiv Moscou, 7 pts ; **4.** Anderlecht, 3 pts.

C1 2001-02 REAL MADRID : César, Hierro, Helguera, Solari, Figo, Zidane ; Makelele, Salgado, Roberto Carlos, Raul, Morientes.

GROUPE B
Dynamo Kiev-Dortmund 2-2 0-1
Liverpool-Boavista (POR) 1-1 1-1
Dortmund-Liverpool 0-0 0-2
Boavista-Dynamo Kiev 3-1 0-1
Boavista-Dortmund 2-1 1-2
Liverpool-Dynamo Kiev 1-0 2-1
Classement : 1. LIVERPOOL, 12 pts ; **2.** BOAVISTA, 3 pts ; **3.** Dortmund, 8 pts ; **4.** Dynamo Kiev, 4 pts.

GROUPE C
Schalke 04 (ALL)-Panathinaïkos 0-2 0-2
Majorque-Arsenal (ANG) 1-0 1-3
Panathinaïkos-Majorque 2-0 0-1
Arsenal-Schalke 04 3-2 1-3
Panathinaïkos-Arsenal 1-0 1-2
Schalke 04-Majorque 0-1 4-0
Classement : 1. PANATHINAÏKOS, 12 pts ; **2.** ARSENAL, 9 pts ; **3.** Majorque, 9 pts ; **4.** Schalke 04, 6 pts.

GROUPE D
Nantes (FRA)-PSV Eindhoven (HOL) 4-1 0-0
Galatasaray-Lazio Rome 1-0 0-1
Lazio Rome-**Nantes** 1-3 0-1
PSV Eindhoven-Galatasaray 3-1 0-2
PSV Eindhoven-Lazio Rome 1-0 1-2
Nantes-Galatasaray 0-1 0-0
Classement : 1. NANTES, 11 pts ; **2.** GALATASARAY, 10 pts ; **3.** PSV Eindhoven, 7 pts ; **4.** Lazio Rome, 6 pts.

GROUPE E
Rosenborg-FC Porto 1-2 0-1
Juventus (ITA)-Celtic Glasgow 3-2 3-4
Rosenborg-Juventus 1-1 0-1
Celtic Glasgow-FC Porto 1-0 0-3
Celtic Glasgow-Rosenborg 1-0 0-2
FC Porto-Juventus 0-0 1-3
Classement : 1. JUVENTUS, 11 pts ; **2.** FC PORTO, 10 pts ; **3.** Celtic Glasgow, 9 pts ; **4.** Rosenborg, 4 pts.

GROUPE F
Lyon (FRA)-Leverkusen 0-1 4-2
Fenerbahçe-FC Barcelone 0-3 0-1
Fenerbahçe-**Lyon** 0-1 1-3
Leverkusen-FC Barcelone 2-1 1-2
FC Barcelone-**Lyon** 2-0 3-2
Leverkusen-Fenerbahçe 2-1 2-1
Classement : 1. FC BARCELONE, 15 pts ; **2.** LEVERKUSEN, 12 pts ; **3. Lyon**, 9 pts ; **4.** Fenerbahçe, 0 pt.

GROUPE G
La Corogne (ESP)-Olympiakos (GRE) 2-2 1-1
Manchester United (ANG)-**Lille** 1-0 1-1
La Corogne-Manchester United 2-1 3-2
Lille-Olympiakos 3-1 1-2
Olympiakos-Manchester United 0-2 0-3
Lille-La Corogne 1-1 1-1
Classement : 1. LA COROGNE, 10 pts ; **2.** MANCHESTER UNITED, 10 pts ; **3. Lille**, 6 pts ; **4.** Olympiakos, 5 pts.

GROUPE H
Spartak Moscou (RUS)-Feyenoord (HOL) 2-2 1-2
Bayern (ALL)-Sparta Prague (RTC) 0-0 1-0
Spartak Moscou-Bayern Munich 1-3 1-5
Sparta Prague-Feyenoord 4-0 2-0
Feyenoord-Bayern Munich 2-2 1-3
Sparta Prague-Spartak Moscou 2-0 2-2
Classement : 1. BAYERN MUNICH, 14 pts ; **2.** SPARTA PRAGUE, 11 pts ; **3.** Feyenoord, 5 pts ; **4.** Spartak Moscou, 2 pts.
Les clubs à égalité sont départagés par le goal-average particulier. Les « troisièmes », Lokomotiv Moscou, Dortmund, Majorque, PSV Eindhoven, Celtic Glasgow, Lyon, Lille et Feyenoord sont « reversés » en C3 (3e tour).

DEUXIÈME PHASE DE POULES

GROUPE A
Bayern Munich-Manchester United 1-1 0-0
Boavista-**Nantes** 1-0 1-1
Manchester United-Boavista 3-0 3-0
Nantes-Bayern Munich 0-1 1-2
Boavista-Bayern Munich 0-0 0-1
Nantes-Manchester United 1-1 1-5
Classement : 1. MANCHESTER UNITED, 12 pts ; **2.** BAYERN MUNICH, 12 pts ; **3.** Boavista, 5 pts ; **4. Nantes**, 2 pts.

GROUPE B
Galatasaray-AS Rome 1-1 1-1
Liverpool-FC Barcelone 1-3 0-0
AS Rome-Liverpool 0-0 0-2
FC Barcelone-Galatasaray 2-2 1-0
Liverpool-Galatasaray 0-0 1-1
FC Barcelone-AS Rome 1-1 0-3
Classement : 1. FC BARCELONE, 9 pts ; **2.** LIVERPOOL, 7 pts ; **3.** AS Rome, 7 pts ; **4.** Galatasaray, 5 pts.

GROUPE C
Panathinaïkos-FC Porto 0-0 1-2
Sparta Prague-Real Madrid 2-3 0-3
FC Porto-Sparta Prague 0-1 0-2
Real Madrid-Panathinaïkos 3-0 2-2
Sparta Prague-Panathinaïkos 0-2 1-2
Real Madrid-FC Porto 1-0 2-1
Classement : 1. REAL MADRID, 16 pts ; **2.** PANATHINAÏKOS, 8 pts ; **3.** Sparta Prague, 6 pts ; **4.** FC Porto, 4 pts.

GROUPE D
La Corogne-Arsenal 2-0 2-0
Juventus-Leverkusen 4-0 1-3
Arsenal-Juventus 3-1 0-1
Leverkusen-La Corogne 3-0 3-1
Juventus-La Corogne 0-0 0-2
Leverkusen-Arsenal 1-1 1-4
Classement : 1. LEVERKUSEN, 10 pts ; **2.** LA COROGNE, 10 pts ; **3.** Arsenal, 7 pts ; **4.** Juventus, 7 pts.
Les clubs à égalité sont départagés par le goal-average particulier.

QUARTS DE FINALE
Panathinaïkos-FC BARCELONE 1-0 1-3
Bayern Munich-REAL MADRID 2-1 0-2
La Corogne-MANCHESTER UNITED 0-2 2-3
Liverpool-LEVERKUSEN 1-0 2-4

DEMI-FINALES
FC Barcelone-REAL MADRID 0-2 1-1
Manchester United-LEVERKUSEN 2-2 1-1

FINALE
15 mai 2002 à Glasgow (ECO), Hampden Park.
REAL MADRID - Leverkusen : 2-1 (2-1).
51 456 spectateurs. Arbitre : M. Meier (SUI).
Buts : Raul (8e), **Zidane** (45e) pour le Real Madrid ; Lucio (14e) pour Leverkusen.
REAL MADRID : César (Casillas, 68e) - Salgado, Hierro, Helguera, Roberto Carlos - Figo (McManaman, 61e), **Makelele** (Flavio Conceiçao, 73e), **Zidane**, Solari - Raul, Morientes. Entr. : Del Bosque.
LEVERKUSEN : Butt - Sebescen (Kirsten, 65e), Lucio (Babic, 90e), Zivkovic, Placente - Schneider, Ramelow, Bastürk, Ballack, Brdaric (Berbatov, 39e) - Neuville. Entr. : Toppmöller.

Meilleur buteur de la compétition : Van Nistelrooy (Manchester United), 10 buts.

C3 FEYENOORD ROTTERDAM

Patrick Paauwe (n° 17) s'oppose à l'immense Jan Koller (au c.). Dortmund ne passera pas.

TOUR PRÉLIMINAIRE
Cosmos (SAN)-RAPID VIENNE (AUT) 0-1 0-2
Bitola (MCD)-SAINT-GALL (SUI) 0-2 3-2
DINAMO B. (ROU)-Dynamo Tirana (ALB) 1-0 3-1
LJUBLJANA (SLN)-Shafa Bakou (AZE) 4-0 3-0
MIDTJYLLAND (DAN)-Glentoran (ILN) 1-1 4-0
Narva (EST)-ELFSBORG (SUE) 3-0 0-5
FC BRUGES (BEL)-IA Akranes (ISL) 4-0 6-1
OBILIC BELG. (YOU)-Itrottarfelag (FER) 4-0 1-1
BRASOV (ROU)-Mika Ashtarak (ARM) 5-1 2-0
STAVANGER (NOR)-NK Brotnjo (BOS) 1-0 1-1
CSCA KIEV (UKR)-Jokerit Helsinki (FIN) 2-0 2-0
Vardar Skopje (MCD)-STANDARD (BEL) 0-3 1-3
HJK HELSINKI (FIN)-Ventspils (LET) 2-1 1-0
Cwmbran (GAL)-SLOVAN BRAT. (SLQ) 0-4 0-1
MAR. FUNCHAL (POR)-FC Sarajevo (BOS) 1-0 1-0
FYLKIR REYKJ. (ISL)-Szczecin (POL) 2-1 1-1
DYNAMO ZA. (CRO)-Flora Tallinn (EST) 1-0 1-0
Glenavon (ILN)-KILMARNOCK (ECO) 0-1 0-1
SK Tirana (ALB)-APOL. LIMASSOL (CHY) 3-2 1-3
A. Erevan (ARM)-HAPOËL TEL-AVIV (ISR) 0-2 0-3
Ettelbruck (LUX)-LEGIA VARSOVIE (POL) 0-4 1-2
Zimbru Chisinau (MOL)-GAZIANTEP. (TUR) 0-0 1-4
Daugavpils (LET)-OSIJEK (CRO) 2-1 0-1
Neftchi Bakou (AZE)-NOVA GORICA (SLN) 0-0 0-1
HB Torshavn (FER)-GRAZ AK (AUT) 2-2 0-4
Klaipeda (LIT)-RAPID BUCAREST (ROU) 0-4 0-8
PUCHOV (SLQ)-Sliema (MLT) 3-0 1-2
Longford (IRL)-LOVETCH (BUL) 1-1 0-2
BRÖNDBY (DAN)-Shelbourne (IRL) 2-0 3-0
Sta-Coloma (AND)-PARTIZAN (YOU) 0-1 1-7
MACCABI T.-A. (ISR)-Zalgiris Vilnius (LIT) 6-0 1-0
Soligorsk (BLR)-CSKA SOFIA (BUL) 1-2 1-3
Anjalankoski (FIN)-HELSINGBORGS (SUE) 1-3 1-2
Dynamo Tbilissi (GEO)-BARYSAU (BLR) 2-1 0-4
DEBRECEN (HON)-Nistru Otaci (MOL) 3-0 0-1
POLONIA V. (POL)-Llansantffraid (GAL) 4-0 2-0
BIRKIRKARA (MLT)-Lok. Tbilissi (GEO) 0-0 1-1
AEK ATHÈNES (GRE)-Grevenmacher (LUX) 6-0 2-0
RUZOMBEROK (SLQ)-Bobruisk (BLR) 3-1 0-0
OLYM. NICOSIE (CHY)-Ferencvaros (HON) 2-2 4-2
FC Vaduz (LIE)-VARAZDIN (CRO) 3-3 1-6

PREMIER TOUR
BORDEAUX (FRA)-Debrecen 5-1 1-3
PARIS-SG (FRA)-Rapid Bucarest 0-0 *3-0
*sur tapis vert, à la suite d'une panne d'électricité qui a interrompu le match (117e) à 1-0 pour Paris.
TROYES (FRA)-Ruzomberok 6-1 0-1
STANDARD LIÈGE-**Strasbourg** (FRA) 2-0 2-2
PRIBRAM (RTC)-**Sedan** (FRA) 4-0 1-3
Inter Bratislava (SLQ)-LOVETCH (BUL) 1-0 0-3
INTER MILAN (ITA)-Brasov 3-0 3-0
SERVETTE (SUI)-Slavia Prague (RTC) 1-0 1-1
RODA JC (HOL)-Fylkir Reykjavik 3-0 3-1
CSCA KIEV-Étoile Rouge Belgrade (YOU) 3-2 0-0
Gençlerbirligi (TUR)-HALMSTAD (SUE) 1-1 0-1
AEK ATHÈNES-Hibernian (ECO) 2-0 2-3
Ljubljana-BRÖNDBY 2-4 0-0
FC UTRECHT (HOL)-Graz AK 3-0 3-3
LIBEREC (RTC)-Slovan Bratislava 2-0 0-1
FC COPENHAGUE (DAN)-Obilic Belgrade 2-0 2-2
CSKA SOFIA-Chakhtior Donetsk (UKR) 3-0 1-2
Barysau-MILAN AC (ITA) 0-2 0-4
Novorossiisk (RUS)-FC VALENCE (ESP) 0-1 0-5
ASTON VILLA (ANG)-Varazdin 2-3 1-0
PARME (ITA)-HJK Helsinki 1-0 2-0
Nova Gorica-OSIJEK 1-2 0-1
IPSWICH (ANG)-Torpedo Moscou (RUS) 1-1 2-1
Kilmarnock-STAVANGER 1-1 0-2
AJAX (HOL)-Apollon Limassol 2-0 3-0
SARAGOSSE (ESP)-Silkeborg (DAN) 3-0 2-1
Dinamo Bucarest-GRASSHOPPER (SUI) 1-3 1-3
LEGIA VARSOVIE-Elfsborg 4-1 6-1
Westerlo (BEL)-HERTHA BERLIN (ALL) 0-2 0-1
CHELSEA (ANG)-Levski Sofia (BUL) 3-0 2-0
FC Kärnten (AUT)-PAOK SALONI. (GRE) 0-0 0-4
DYNAMO MOSCOU (RUS)-Birkirkara 1-0 0-0
Dniepropetrovsk (UKR)-FIORENTINA (ITA) 0-0 1-2
SAINT-GALL-Steaua Bucarest (ROU) 2-1 1-1
HAPOËL TEL-AVIV-Gaziantepspor 1-0 1-1
Valkeakoski (FIN)-UNION 92 BERLIN (ALL) 1-1 0-3
Partizan Belgrade-RAPID VIENNE 1-0 1-5
CELTA VIGO (ESP)-Olomouc (RTC) 4-0 3-4
Midtjylland-SPORTING (POR) 0-3 2-3
Makhachkala (RUS)-RANGERS (ECO) * 0-1
*confrontation disputée sur un seul match, à Varsovie, à la suite du refus des Rangers de se déplacer à Makhachkala.
Hajduk Split (CRO)-W. CRACOVIE (POL) 2-2 0-1
Maritimo Funchal-LEEDS (ANG) 1-0 0-3
Olympiakos Nicosie-FC BRUGES 2-2 1-7
Grenland (NOR)-HELSINGBORG 2-2 1-1
Zizkov (RTC)-FC TIROL (AUT) 0-0 0-1
Dynamo Zagreb-MACCABI TEL-AVIV 2-2 1-1
Polonia Varsovie-TWENTE (HOL) 1-2 0-2
Puchov-FRIBOURG (ALL) 0-0 1-2

DEUXIÈME TOUR
RODA JC-Maccabi Tel-Aviv 4-1 1-2
Legia Varsovie-FC VALENCE 1-1 1-6
FRIBOURG- Saint-Gall 0-1 4-1
BORDEAUX-Standard Liège 2-0 2-0
FIORENTINA-FC Tirol 2-0 2-2
IPSWICH-Helsingborgs 0-0 3-1
PARIS-SG-Rapid Vienne 4-0 2-2
Union 92 Berlin-LOVETCH 0-2 0-0
FC COPENHAGUE-Ajax 0-0 1-0
INTER MILAN-Wisla Cracovie 2-0 0-1
PAOK SALONIQUE-Marila Pribram 6-1 2-2
GLASGOW RANGERS-Dynamo Moscou 3-1 4-1
Halmstads-SPORTING 0-1 1-6
Saragosse-SERVETTE GENÈVE 0-0 0-1
LEEDS-**Troyes** 4-2 2-3
CSCA Kiev-FC BRUGES 0-2 0-5
FC Utrecht-PARME 1-3 0-0
Osijek-AEK ATHÈNES 1-2 2-3
STAVANGER-Hertha Berlin 0-1 0-2
GRASSHOPPER ZURICH-FC Twente 4-1 2-4
Varazdin-BRÖNDBY 3-1 0-5
HAPOËL TEL-AVIV-Chelsea 2-0 1-1
Celta Vigo-LIBEREC 3-1 0-3
MILAN AC-CSKA Sofia 2-0 1-0

TROISIÈME TOUR
Bordeaux-RODA JC 1-0 0-2
FC Bruges-LYON (FRA) 4-1 0-3
RANGERS-**Paris-SG** (4-3 tab) 0-0 0-0
Fiorentina-**LILLE** (FRA) 0-1 0-2
PAOK Salonique-EINDHOVEN (HOL) 3-2 1-4
VALENCE-Celtic (ECO) (6-5 tab) 1-0 0-1
SERVETTE GENÈVE-Hertha Berlin 0-0 3-0
Ipswich-INTER MILAN 1-0 1-4
FEYENOORD (HOL)-Fribourg 1-0 2-2
AEK ATHÈNES-Lovetch 3-2 1-1
Grasshopper Zurich-LEEDS 1-2 2-2
PARME-Bröndby 1-1 3-0
LIBEREC-Majorque (ESP) 3-1 2-1
HAPOËL TEL-AVIV - Lok. Moscou (RUS) 2-1 1-0
FC Copenhague-DORTMUND (ALL) 0-1 0-1
MILAN AC-Sporting 2-0 1-1

HUITIÈMES DE FINALE
Lille-DORTMUND 1-1 0-0
Lyon-LIBEREC 1-1 1-4
Roda JC-MILAN AC (2-3 tab) 0-1 1-0
FC VALENCE-Servette Genève 3-0 2-2
PSV EINDHOVEN-Leeds 0-0 1-0
HAPOËL TEL-AVIV-Parme 0-0 2-1
INTER MILAN-AEK Athènes 3-1 2-2
Glasgow Rangers-FEYENOORD 1-1 2-3

QUARTS DE FINALE
Hapoël Tel-Aviv - MILAN AC 1-0 0-2
INTER MILAN-FC Valence 1-1 1-0
PSV Eindhoven-FEYENOORD (4-5 tab) 1-1 1-1
Liberec-DORTMUND 0-0 0-4

DEMI-FINALES
Inter Milan-FEYENOORD 0-1 2-2
DORTMUND-Milan AC 4-0 1-3

FINALE
8 mai 2002 à Rotterdam (HOL), De Kuip.
FEYENOORD - Dortmund : 3-2 (2-0).
48 500 spectateurs. Arbitre : M. Melo-Pereira (POR).
Buts : Van Hooijdonk (33e sp, 40e), Tomasson (50e) pour Feyenoord ; Amoroso (47e sp), Koller (58e) pour Dortmund.
FEYENOORD : Zoetebier - Gyan, Van Wonderen, Pauwe, Rzasa - Kalou (Elmander, 76e), Bosvelt, Tomasson, Ono (De Haan, 85e), Van Persie (Leonardo, 64e) - Van Hooijdonk. Entr. : Van Marwijk.
DORTMUND : Lehmann - Evanilson (Addo, 61e), Wörns, Kohler (expulsé, 30e), Dede - Ricken (Heinrich, 70e), Rosicky, Reuter - Ewerthon, Koller, Amoroso. Entr. : Sammer.

Meilleur buteur de la compétition : Van Hooijdonk (Feyenoord), 8 buts.

2002-03

C1 MILAN AC

PREMIER TOUR QUALIFICATIF
Tampere United (FIN)-PYU. EREVAN (ARM) 0-4 0-2
SKONTO RIGA (LET)-Barry Town (GAL) 5-0 1-0
Portadown (ILN)-BEL. BOBRUISK (BLR) 0-0 *2-3
*à Barysau
Dudelange (LUX)-VARDAR SKOPJE (MCD) *1-1 0-3
*à Luxembourg
FBK Kaunas (LIT)-DYN. TIRANA (ALB) 2-3 0-0
Flora Tallinn (EST)-APOEL NICOSIE (CHY) 0-0 0-1
ZELJEZNICAR (BOS)-IA Akranes (ISL) 3-0 1-0
HIBERNIANS VAL. (MLT)-Shelbourne (IRL) 2-2 1-0
KUTAISI (GEO)-Torshavn (FER) 5-2 1-0
SHERIFF TIRASPOL (MOL)-Astana (KAZ) 2-1 2-3

DEUXIÈME TOUR QUALIFICATIF
ZALAEGERSZEGI (HON)-NK Zagreb (CRO) *1-0 1-2
*à Budapest
FC BRUGES (BEL)-Dinamo Bucarest (ROU) 3-1 1-0
Zilina (SLQ)-FC BÂLE (SUI) 1-1 0-3
Skonto Riga-LEVSKI SOFIA (BUL) 0-0 0-2
DYNAMO KIEV (UKR)-Pyunik Erevan 4-0 2-2
BRÖNDBY (DAN)-Dynamo Tirana 1-0 4-0
NK Maribor (SLN)-APOEL NICOSIE 2-1 2-4
Vardar Skopje-LEGIA VARSOVIE (POL) 1-3 1-1
BOAVISTA (POR)-Hibernians Valette 4-0 3-3
MACCABI HAÏFA (ISR)-Belshyna Bobruisk * 4-0**1-0
*à Nicosie **à Barysau

C1 2002-03 MILAN AC : P. Maldini, Dida, Chevtchenko, Kaladze, Seedorf, Nesta ; F. Inzaghi, Gattuso, Pirlo, Costacurta, Rui Costa.

Lillestrôm (NOR)-ZELJEZNICAR SARAJ.	0-1	0-1
Hammarby (SUE)-PARTIZAN BELG. (YOU)	*1-1	0-4
*à Solna		
SPARTA PRAGUE (RTC)-Kutaisi	3-0	2-1
Sheriff Tiraspol-GRAZ AK (AUT)	1-4	0-2

TROISIÈME TOUR QUALIFICATIF

Sporting (POR)-INTER MILAN (ITA)	0-0	0-2
MILAN AC (ITA)-Liberec (RTC)	1-0	1-2
ROSENBORG (NOR)-Bröndby	1-0	3-2
Chak.Donetsk (UKR)-FC BRUGES (1-4 tab)	1-1	1-1
Apoel Nicosie-AEK ATHÈNES (GRE)	2-3	0-1
FC BARCELONE (ESP)-Legia Varsovie	3-0	1-0
Levski Sofia-DYNAMO KIEV	0-1	0-1
Zeljeznicar Sarajevo-NEWCASTLE (ANG)	0-1	0-4
Partizan Belgrade-BAYERN MUNICH (ALL)	0-3	1-3
GENK (BEL)-Sparta Prague	2-0	2-4
MACCABI HAÏFA-Sturm Graz (AUT)	*2-0	3-3
*à Sofia		
Celtic Glasgow (ECO)-FC BÂLE	3-1	0-2
FEYENOORD (HOL)-Fenerbahçe (TUR)	1-0	2-0
Zalaegerszegi-MAN. UNITED (ANG)	*1-0	0-5
*à Budapest		
Boavista-**AUXERRE** (FRA)	0-1	0-0
Graz AK-LOKOMOTIV MOSCOU (RUS)	0-2	3-3

NB : Les clubs éliminés sont réintégrés au 1er tour de la C3.

PREMIÈRE PHASE DE POULES

GROUPE A

Auxerre-PSV Eindhoven (HOL)	0-0	0-3
Arsenal (ANG)-Dortmund (ALL)	2-0	1-2
PSV Eindhoven-Arsenal	0-4	0-0
Dortmund-**Auxerre**	2-1	0-1
PSV Eindhoven-Dortmund	1-3	1-1
Auxerre-Arsenal	0-1	2-1

Classement : 1. ARSENAL, 10 pts ; **2.** DORTMUND, 10 pts ; **3. Auxerre**, 7 pts ; **4.** PSV Eindhoven, 6 pts.

GROUPE B

FC Valence (ESP)-Liverpool (ANG)	2-0	1-0
FC Bâle-Spartak Moscou (RUS)	2-0	2-0
Liverpool-FC Bâle	1-1	3-3
Spartak Moscou-FC Valence	0-3	0-3
Liverpool-Spartak Moscou	5-0	3-1
FC Valence-FC Bâle	6-2	2-2

Classement : 1. FC VALENCE, 16 pts ; **2.** FC BÂLE, 9 pts ; **3.** Liverpool, 8 pts ; **4.** Spartak Moscou, 0 pt.

GROUPE C

Genk-AEK Athènes	0-0	1-1
AS Rome (ITA)-Real Madrid (ESP)	0-3	1-0
AEK Athènes-AS Rome	0-0	1-1
Real Madrid-Genk	6-0	1-1
AEK Athènes-Real Madrid	3-3	2-2
Genk-AS Rome	0-1	0-0

Classement : 1. REAL MADRID, 9 pts ; **2.** AS ROME, 9 pts ; **3.** AEK Athènes, 6 pts ; **4.** Genk, 4 pts.

GROUPE D

Rosenborg-Inter Milan	2-2	0-3
Ajax (HOL)-**Lyon** (FRA)	2-1	2-0
Inter Milan-Ajax	1-0	2-1
Lyon-Rosenborg	5-0	1-1
Inter Milan-**Lyon**	1-2	3-3
Rosenborg-Ajax	0-0	1-1

Classement : 1. INTER MILAN, 11 pts ; **2.** AJAX, 8 pts ; **3. Lyon**, 8 pts ; **4.** Rosenborg, 4 pts.

GROUPE E

Feyenoord-Juventus (ITA)	1-1	0-2
Dynamo Kiev-Newcastle	2-0	1-2
Juventus-Dynamo Kiev	5-0	2-1
Newcastle-Feyenoord	0-1	3-2
Juventus Turin-Newcastle	2-0	0-1
Feyenoord-Dynamo Kiev	0-0	0-2

Classement : 1. JUVENTUS, 13 pts ; **2.** NEWCASTLE, 9 pts ; **3.** Dynamo Kiev, 7 pts ; **4.** Feyenoord, 5 pts.

GROUPE F

Manchester United-Maccabi Haïfa	5-2	*0-3
Olympiakos (GRE)-Leverkusen (ALL)	6-2	0-2
Maccabi Haïfa-Olympiakos	*3-0	3-3
Leverkusen-Manchester United	1-2	0-2
Maccabi Haïfa-Leverkusen	*0-2	1-2
Manchester United-Olympiakos	4-0	3-2

*le Maccabi Haïfa a disputé à Nicosie tous ses matches « à domicile ».

Classement : 1. MANCHESTER UNITED, 15 pts ; **2.** LEVERKUSEN, 9 pts ; **3.** Maccabi Haïfa, 7 pts ; **4.** Olympiakos, 4 pts.

GROUPE G

Bayern Munich-La Corogne	2-3	1-2
Milan AC-**Lens**	2-1	1-2
La Corogne-Milan AC	0-4	2-1
Lens-Bayern Munich	1-1	3-3
La Corogne-**Lens**	3-1	1-3
Bayern Munich-Milan AC	1-2	1-2

Classement : 1. MILAN AC, 12 pts ; **2.** LA COROGNE, 12 pts ; **3. Lens**, 8 pts ; **4.** Bayern Munich, 2 pts.

GROUPE H

Lokomotiv Moscou-Galatasaray (TUR)	0-2	2-1
FC Barcelone-FC Bruges	3-2	1-0
Galatasaray-FC Barcelone	0-2	1-3
FC Bruges-Lokomotiv Moscou	0-0	0-2
Galatasaray-FC Bruges	0-0	1-3
Lokomotiv Moscou-FC Barcelone	1-3	0-1

Classement : 1. FC BARCELONE, 18 pts ; **2.** LOKOMOTIV MOSCOU, 7 pts ; **3.** FC Bruges, 5 pts ; **4.** Galatasaray, 4 pts.

Les clubs à égalité sont départagés par le goal-average particulier. Les « troisièmes », **Auxerre**, Liverpool, AEK Athènes, **Lyon**, Dynamo Kiev, Maccabi Haïfa, **Lens**, et FC Bruges, sont « reversés » en C3 (3e tour).

DEUXIÈME PHASE DE POULES

GROUPE A

Leverkusen-FC Barcelone	1-2	0-2
Newcastle-Inter Milan	1-4	2-2
Inter Milan-Leverkusen	3-2	2-0
FC Barcelone-Newcastle	3-1	2-0
FC Barcelone-Inter Milan	3-0	0-0
Leverkusen-Newcastle	1-3	1-3

Classement : 1. FC BARCELONE, 16 pts ; **2.** INTER MILAN, 11 pts ; **3.** Newcastle, 7 pts ; **4.** Leverkusen, 0 pt.

GROUPE B

AS Rome-Arsenal	1-3	1-1
FC Valence-Ajax	1-1	1-1
Ajax-AS Rome	2-1	1-1
Arsenal-FC Valence	0-0	1-2
Arsenal-Ajax	1-1	0-0
AS Rome-FC Valence	0-1	3-0

Classement : 1. FC VALENCE, 9 pts ; **2.** AJAX, 8 pts ; **3.** Arsenal, 7 pts ; **4.** AS Rome, 5 pts.

GROUPE C

Milan AC-Real Madrid	1-0	1-3
Lokomotiv Moscou-Dortmund	1-2	0-3
Dortmund-Milan AC	0-1	1-0
Real Madrid-Lokomotiv Moscou	2-2	1-0
Real Madrid-Dortmund	2-1	1-1
Milan AC-Lokomotiv Moscou	1-0	1-0

Classement : 1. MILAN AC, 12 pts ; **2.** REAL MADRID, 11 pts ; **3.** Dortmund, 10 pts ; **4.** Lokomotiv Moscou, 1 pt.

GROUPE D

FC Bâle-Manchester United	1-3	1-1
La Corogne-Juventus	2-2	2-3
Juventus-FC Bâle	4-0	1-2
Manchester United-La Corogne	2-0	0-2
Manchester United-Juventus	2-1	3-0
FC Bâle-La Corogne	1-0	0-1

Classement : 1. MANCHESTER UNITED, 13 pts ; **2.** JUVENTUS, 7 pts ; **3.** FC Bâle, 7 pts ; **4.** La Corogne, 7 pts.
Les clubs à égalité sont départagés par le goal-average particulier.

QUARTS DE FINALE

REAL MADRID-Manchester United	3-1	3-4
INTER MILAN-FC Valence	1-0	1-2
Ajax-MILAN AC	0-0	2-3
JUVENTUS-FC Barcelone (ap)	1-1	2-1

DEMI-FINALES

Real Madrid-JUVENTUS TURIN	2-1	1-3
MILAN AC-Inter Milan	0-0	1-1

FINALE

28 mai 2003 à Manchester (ANG), Old Trafford.
MILAN AC - Juventus : 0-0, 3-2 tab.
63 215 spectateurs. Arbitre : M. Merk (ALL).
Tirs au but : Trezeguet (manqué), Serginho (réussi), Birindelli (r), Seedorf (m), Zalayeta (m), Kaladze (m), Montero (m), Nesta (r), Del Piero (r), Chevtchenko (r).
MILAN AC : Dida - Costacurta (Roque Junior, 66e), Nesta, P. Maldini, Kaladze - Gattuso, Pirlo (Serginho, 71e), Seedorf - Rui Costa (Ambrosini, 87e) - Chevtchenko, F. Inzagi. **Entr. :** Ancelotti.
JUVENTUS : Buffon - **Thuram**, Tudor (Birindelli, 42e), Ferrara, Montero - Zambrotta, Tacchinardi, Davids (Zalayeta, 65e), Camoranesi (Conte, 6e) - **Trezeguet**, Del Piero. **Entr. :** Lippi.

Meilleur buteur de la compétition :
Van Nistelrooy (Manchester United), 12 buts.

C3 FC PORTO

Les assauts de Chris Sutton, l'attaquant anglais du Celtic, butent sur Nuno Valente (à g.) et Pedro Emanuel (à dr.). Porto arrachera le morceau lors de la prolongation.

TOUR PRÉLIMINAIRE

LOVETCH (BUL)-Klaipeda (LIT)	5-0	3-1
Encamp (AND)-ZÉNITH ST-PÉTER. (RUS)	*0-5	0-8
*à Andorre-la-Vieille		
Atyrau (KAZ)-PUCHOV (SLQ)	0-0	0-2
Glentoran (ILN)-WISLA CRAC. (POL)	0-2	0-4
Prilep (MCD)-MIDTJYLLAND (DAN) (ap)	2-0	0-3
AJDOVSCINA (SLN)-Zvart. Erevan (ARM)	6-1	0-2
VENTSPILS (LET)-Lugano (SUI)	3-0	0-1
HAPOËL T.-A. (ISR)-Partizani Tirana (ALB)	*1-0	4-1
*à Sofia		
FERENCVAROS (HON)-Lemesos (CHY)	4-0	1-2
HAJDUK SPLIT (CRO)-Gōtu (FER)	3-0	*8-0
*à Torshavn		
Br. Bergen (NOR)-MARIJAMPOLE (LIT)	2-3	2-3
A. WRONKI (POL)-Llansantffraid (GAL)	5-0	*7-2
*à Newtown		
FC COPENH. (DAN)-Lok. Tbilissi (GEO)	3-1	4-1
Liepaja (LET)-FC KÄRNTEN (AUT)	0-2	2-4
Vaduz (LIE)-LIVINGSTON (ECO)	1-1	0-0
Sliema (MLT)-POLONIA VARSOVIE (POL)	1-3	0-2
A. FAMAGOU. (CHY)-Grevenmacher (LUX)	3-0	0-2
Levadia Tallinn (EST)-MACCABI T-A (ISR)	0-2	*0-2
*à Sofia		
LEIXOES (POR)-Belasica (MCD)	2-2	2-1
STABAEK (NOR)-Linfield (ILN)	4-0	1-1
Olomouc (RTC)-FK SARAJ. (BOS) (3-5 tab)	2-1	1-2
Z. CHISINAU (MOL)-IFK Göteborg (SUE)	3-1	2-2
Klaksvik (FER)-UJPEST TE (HON)	*2-2	0-1
*à Toftir		
Anjalankoski (FIN)-OB ODENSE (DAN)	1-0	0-2
Dynamo Minsk (BLR)-CSKA SOFIA (BUL)	1-4	0-1
DYN. TBILISSI (GEO)- TVMK Tallinn (EST)	4-1	1-0
Spartak Erevan (ARM)-SERVETTE (SUI)	0-2	0-3
Shamrock (IRL)-DJURGÅRDEN (SUE)	1-3	*0-2
*à Stockholm		
VARAZDIN (CRO)-Dundalk (IRL)	5-0	*4-0
*à Dublin		
HOMEL (BLR)-HJK Helsinki (FIN)	*1-0	4-0
*à Mozyr		
ABERDEEN (ECO)-Nistru Otaci (MOL)	1-0	*0-0
*à Chisinau		
AIK STOCK. (SUE)-Vestmannaeyjar (ISL)	2-0	3-1
RAPID BUCAREST (ROU)-Nova Gorica (SLN)	2-0	3-1
Domagnano (SAN)-ZIZKOV (RTC)	0-2	0-3
Almaty (KAZ)-ÉTOILE ROUGE (YOU)	0-2	0-3
ZAPORIZHZHYA (UKR)-Birkirkara (MLT)	*3-0	0-0
*à Dniepropetrovsk		
Bangor (GAL)-SMEDEREVO (YOU)	*1-0	0-2
*à Wrexham		
Koba Senec (SLQ)-SIROKI BRIJEG (BOS)	*1-2	0-3
*à Bratislava		
SK Tirana (ALB)-NATIONAL BUC. (ROU)	0-1	2-2
Beggen (LUX)-IPSWICH (ANG)	0-1	1-8
Fylkir Reykjavik (ISL)-MOUSCRON (BEL)	1-1	1-3

PREMIER TOUR

PARIS-SG (FRA)-Ujpest TE	3-0	1-0
SPORTING (POR)-Partizan Bel. (YOU) (ap)	1-3	3-3
LEGIA VARSOVIE (POL)-FC Utrecht (HOL)	4-1	*3-1
*interrompu pendant 38 minutes (incidents dans les tribunes)		
Zimbru Chisinau-BETIS SÉVILLE (ESP)	0-2	1-2
BESIKTAS (TUR)-FK Sarajevo	2-2	5-0
CSKA Moscou (RUS)-PARME (ITA)	*1-1	2-3
*à Ramenskoï		
LEVSKI SOFIA (BUL)-Bröndby (DAN)	4-1	1-1
ANDERLECHT (BEL)-Stabaek	0-1	*2-1
*à Oslo		
NATIONAL BUC. (ROU)-Heerenveen (HOL)	3-0	0-2
LAZIO ROME (ITA)-Xanthi (GRE)	4-0	0-0
Aberdeen-HERTHA BERLIN (ALL)	0-0	0-1
IPSWICH-Smederevo	1-1	1-0
Maccabi Tel-Aviv-BOAVISTA (POR)	*1-0	1-4
*à Sofia		
AIK Stockholm-FENERBAHÇE (TUR)	3-3	1-3
SPARTA PRAGUE (RTC)-Siroki Brijeg	3-0	1-0
AUSTRIA V. (AUT)-Chakh. Donetsk (UKR)	5-1	0-1
DENIZLISPOR (TUR)-**Lorient** (FRA)	2-0	1-3
Chelsea (ANG)-STAVANGER (NOR)	2-1	2-4
FC Kärnten-HAPOËL TEL-AVIV	0-4	*1-0
*à Sofia		
STUTTGART (ALL)-Ventspils	4-1	*4-1
*à Riga		
DYNAMO ZAG. (CRO)-Zalaegerszegi (HON)	6-0	*3-1
*à Györ		
FC Copenhague (DAN)-DJÜRGARDEN	0-0	*1-3
*à Stockholm		
ZIZKOV-Glasgow Rangers (ECO) (ap)	2-0	1-3
VITESSE ARNHEM (HOL)-Rapid Bucarest	1-1	1-0
LEEDS (ANG)-Zaporizhzhya	1-0	*1-1
*à Dniepropetrovsk		
Servette Genève-AMICA WRONKI	2-3	2-1
STURM GRAZ (AUT)-Livingston	5-2	3-4
FERENCVAROS-Kocaelispor (TUR)	4-0	1-0
Zeljeznicar Sarajevo (BOS)-MALAGA (ESP)	0-0	0-1
BORDEAUX (FRA)-Puchov	6-0	*4-1
*à Zilina		
LIBEREC (RTC)-Dynamo Tbilissi	3-2	1-0
Leixoes-PAOK SALONIQUE (GRE)	2-1	1-4
Lovetch-PANATHINAÏKOS (GRE) (ap)	0-1	1-2
ÉTOILE ROUGE-Chievo Vérone (ITA)	0-0	2-0
Hajduk Split (CRO)-FULHAM (ANG)	0-1	2-2
Ajdovscina-WISLA CRACOVIE	0-2	1-6
APOEL NICOSIE (CHY)-Graz AK (AUT)	2-0	1-1
CELTA VIGO (ESP)-OB Odense	2-0	1-1
Metalurh Donetsk (UKR)-WERDER (ALL)	2-2	0-8
CELTIC (ECO)-Marijampole	8-1	*2-0
*à Kaunas		
FC PORTO (POR)-Polonia Varsovie	6-0	*0-2
*à Plock		
Homel-SCHALKE 04 (ALL)	*1-4	0-4
*à Minsk		
GRASSHOP. (SUI)-Zénith St-Pétersbourg	3-1	1-2
Ankaragücü (TUR)-ALAVES (ESP)	1-2	0-3
Iraklis Salonique (GRE)-A. FAMAGOUSTE	4-2	*1-3
*à Nicosie		
MIDTJYLLAND (DAN)-Varazdin	*1-0	1-1
*à Silkeborg		
BLACKBURN (ANG)-CSKA Sofia	1-1	3-3
Mouscron-SLAVIA PRAGUE (RTC)	2-2	1-5

DEUXIÈME TOUR

Fenerbahçe-PANATHINAÏKOS	1-1	1-4
MALAGA-Amica Wronki	2-1	2-1
LAZIO ROME-Étoile Rouge Belgrade	1-0	1-1
Ipswich-LIBEREC (2-4 tab)	1-0	0-1
Ferencvaros-STUTTGART	0-0	0-2
BOAVISTA-Anorthosis Famagouste	2-1	1-0
Dynamo Zagreb-FULHAM	0-3	1-2
Parme-WISLA CRACOVIE (ap)	2-1	1-4
ANDERLECHT-Midtjylland *à Silkeborg	3-1	*3-0
Partizan Belgrade-SLAVIA PRAGUE (ap)	3-1	1-5
Apoel Nicosie-HERTHA BERLIN	0-1	0-4
Alaves-BESIKTAS	1-1	0-1
Legia Varsovie-SCHALKE 04	2-3	0-0
STURM GRAZ-Levski Sofia (8-7 tab)	1-0	0-1
PAOK SALONIQUE-Grasshopper Zurich	2-1	1-1
Djurgärden-**BORDEAUX** *à Stockholm	*0-1	1-2
Zizkov-BETIS SÉVILLE	0-1	0-3
LEEDS (ANG)-Hapoël Tel-Aviv (ISR) *à Florence	1-0	*4-1
Austria Vienne-FC PORTO	0-1	0-2
Sparta Prague-DENIZLISPOR	1-0	0-2
National Bucarest-**PARIS-SG** (FRA)	0-2	0-1
CELTIC GLASGOW-Blackburn	1-0	2-0
VITESSE ARNHEM-Werder Brême	2-1	3-3
CELTA VIGO-Stavanger	3-0	1-1

TROISIÈME TOUR

WISLA CRACOVIE-Schalke 04	1-1	4-1
Sturm Graz-LAZIO ROME	1-3	1-0
Betis Séville-**AUXERRE** (FRA)	1-0	0-2
BESIKTAS-Dynamo Kiev (UKR)	3-1	0-0
Paris-SG-BOAVISTA	2-1	0-1
FC Bruges (BEL)-STUTTGART	1-2	0-1
Vitesse Arnhem-LIVERPOOL (ANG)	0-1	0-1
Liberec-PANATHINAÏKOS	2-2	0-1
DENIZLISPOR-**Lyon** (FRA)	0-0	1-0
Bordeaux-ANDERLECHT	0-2	2-2
MALAGA-Leeds	0-0	2-1
PAOK Salonique-SLAVIA PRAGUE	1-0	0-4
HERTHA BERLIN-Fulham	2-1	0-0
AEK ATHÈNES (GRE)-Maccabi Haïfa (ISR) *à Nicosie	4-0	*4-1
FC PORTO-**Lens** (FRA)	3-0	0-1
CELTIC GLASGOW-Celta Vigo	1-0	1-2

HUITIÈMES DE FINALE

Slavia Prague-BESIKTAS	1-0	2-4
Hertha Berlin-BOAVISTA	3-2	0-1
MALAGA-AEK Athènes	0-0	1-0
LAZIO ROME-Wisla Cracovie	3-3	2-1
PANATHINAÏKOS-Anderlecht	3-0	0-2
CELTIC GLASGOW-Stuttgart	3-1	2-3
FC PORTO-Denizlispor	6-1	2-2
Auxerre-LIVERPOOL	0-1	0-2

QUARTS DE FINALE

Malaga-BOAVISTA (1-4 tab)	1-0	0-1
LAZIO ROME-Besiktas	1-0	2-1
FC PORTO-Panathinaïkos (ap)	0-1	2-0
CELTIC GLASGOW-Liverpool	1-1	2-0

DEMI-FINALES

CELTIC GLASGOW-Boavista	1-1	1-0
FC PORTO-Lazio Rome	4-1	0-0

FINALE

21 mai 2003 à Séville, Olimpico.

FC PORTO - Celtic : 3-2 ap (1-0, 2-2).

52 972 spectateurs. Arbitre : M. Michel (SLQ).

Buts : Derlei (45e + 1, 115e), Alenitchev (54e) pour le FC Porto ; Larsson (47e, 67e) pour le Celtic.

FC PORTO : Vitor Baia - Paulo Ferreira, Ricardo Carvalho, Jorge Costa (Pedro Emanuel, 71e), Nuno Valente (expulsé, 120e + 2) - Maniche, Da Costa (Ricardo Costa, 9e), Alenitchev - Deco - Capucho (Marco Ferreira, 98e), Derlei. Entr. : Mourinho.

CELTIC : Douglas - Mjällby, **Baldé** (expulsé, 95e) Valgaeren (Laursen, 64e) - Thompson, Petrov (Maloney, 105e), Lambert (McNamara, 76e), Lennon, **Agathe** - Sutton - Larsson. Entr. : O'Neill.

Meilleurs buteurs de la saison :

Larsson (Celtic Glasgow), Derlei (FC Porto), 11 buts.

2003-04

C1 FC PORTO

PREMIER TOUR QUALIFICATIF

PYU. EREVAN (ARM)-KR Reykjavik (ISL)	1-0	1-1
SH. TIRASPOL (MOL)-Flora Tallinn (EST)	1-0	1-1
Torshavn (FER)-FBK KAUNAS (LIT)	0-1	1-4
Barysau (BLR)-BOHEMIANS D. (IRL)	1-0	0-3
VAR. SKOPJE (MCD)-Barry Town (GAL)	3-0	1-2
Grevenmacher (LUX)-TREBINJE (BOS) *à Luxembourg	*0-0	0-2
Glentoran (ILN)-HJK HELSINKI (FIN) *à Vantaa	0-0	*0-1
SLIEMA (MLT)-Skonto Riga (LET) *à Corradino	*2-0	1-3
OMONIA NICOSIE (CHY)-Pavlodar (KAZ)	0-0	2-1
Dyn. Tbilissi (GEO)-SK TIR. (ALB) (2-4 tab)	3-0	0-3

DEUXIÈME TOUR QUALIFICATIF

MTK HUNGARIA (HON)-HJK Helsinki *à Vantaa	3-1	*0-1
Pyunik Erevan-CSKA SOFIA (BUL)	0-2	0-1
FBK Kaunas-CELTIC GLASGOW (ECO)	0-4	0-1
Trebinje-SLAVIA PRAGUE (RTC)	1-2	0-2
Sheriff Tiraspol-CHAKH. DONETSK (UKR)	0-0	0-2
ZILINA (SLQ)-Maccabi Tel-Aviv (ISR) *à Budapest	1-0	*1-1
Bohemians Dublin-ROSENBORG (NOR)	0-1	0-4
NK Maribor (SLN)-DYN. ZAGREB (CRO)	1-1	1-2
CSKA Moscou (RUS)-VARDAR SKOPJE	1-2	1-1
Rapid Bucarest (ROU)-ANDERLECHT (BEL)	0-0	2-3
PARTIZAN BELG. (SEM)-Djurgäden (SUE) *à Solna	1-1	*2-2
WISLA CRAC. (POL)-Omonia Nicosie	5-2	2-2
FC COPENHAGUE (DAN)-Sliema *à Corradino	4-1	*6-0
SK Tirana-GRAZ AK (AUT)	1-5	1-2

TROISIÈME TOUR QUALIFICATIF

Vardar Skopje-SPARTA PRAGUE (RTC)	2-3	2-2
MTK Hungaria-CELTIC GLASGOW	0-4	0-1
RANGERS (ECO)-FC Copenhague	1-1	2-1
Austria Vienne (AUT)-**MARSEILLE** (FRA)	0-1	0-0
BRUGES (BEL)-Dortmund (ALL) (4-2 tab)	2-1	1-2
Chakhtior Donetsk-LOK. MOSCOU (RUS)	1-0	1-3
LAZIO ROME (ITA)-Benfica (POR) *à Porto	3-1	*1-0
DYNAMO KIEV (UKR)-Dynamo Zagreb	3-1	2-0
Rosenborg-LA COROGNE (ESP)	0-0	0-1
Grasshopper (SUI)-AEK ATHÈNES (GRE)	1-0	1-3
Zilina-CHELSEA (ANG)	0-2	0-3
CELTA VIGO (ESP)-Slavia Prague	3-0	0-2
PARTIZAN-Newcastle (ANG) (4-3 tab)	0-1	1-0
GALATASARAY (TUR)-CSKA Sofia	3-0	3-0
ANDERLECHT-Wisla Cracovie	3-1	1-0
Graz AK-AJAX (HOL) (ap)	1-1	1-2

NB : Les clubs éliminés sont réintégrés au 1er tour de la C3.

PHASE DE POULES

GROUPE A

Lyon (FRA)-Anderlecht	1-0	0-1
Bayern Munich (ALL)-Celtic Glasgow	2-1	0-0
Celtic Glasgow-**Lyon**	2-0	2-3
Anderlecht-Bayern Munich	1-1	0-1
Anderlecht-Celtic Glasgow	1-0	1-3
Lyon-Bayern Munich	1-1	2-1

Classement : 1. LYON, 10 pts ; **2.** BAYERN MUNICH, 9 pts ; **3.** Celtic Glasgow, 7 pts ; **4.** Anderlecht, 7 pts.

GROUPE B

Dynamo Kiev-Lokomotiv Moscou	2-0	2-3
Arsenal (ANG)-Inter Milan (ITA)	0-3	5-1
Inter Milan-Dynamo Kiev	2-1	1-1
Lokomotiv Moscou-Arsenal	0-0	0-2
Lokomotiv Moscou-Inter Milan	3-0	1-1
Dynamo Kiev-Arsenal	2-1	0-1

Classement : 1. ARSENAL, 10 pts ; **2.** LOKOMOTIV MOSCOU, 8 pts ; **3.** Inter Milan, 8 pts ; **4.** Dynamo Kiev, 7 pts.

GROUPE C

AEK Athènes-La Corogne	1-1	0-3
PSV Eindhoven (HOL)-**Monaco** (FRA)	1-2	1-1
Monaco-AEK Athènes	4-0	0-0
La Corogne-PSV Eindhoven	2-0	2-3
La Corogne-**Monaco**	1-0	3-8
AEK Athènes-PSV Eindhoven	0-1	0-2

Classement : 1. MONACO, 11 pts ; **2.** LA COROGNE, 10 pts ; **3.** PSV Eindhoven, 10 pts ; **4.** AEK Athènes, 2 pts.

GROUPE D

Juventus (ITA)-Galatasaray *à Dortmund	2-1	*0-2
Real Sociedad (ESP)-Olympiakos (GRE)	1-0	2-2
Olympiakos-Juventus	1-2	0-7
Galatasaray-Real Sociedad	1-2	1-1
Galatasaray-Olympiakos	1-0	0-3
Juventus-Real Sociedad	4-2	0-0

Classement : 1. JUVENTUS, 13 pts ; **2.** REAL SOCIEDAD, 9 pts ; **3.** Galatasaray, 7 pts ; **4.** Olympiakos, 4 pts.

GROUPE E

Glasgow Rangers-Stuttgart (ALL)	2-1	0-1
Man. United (ANG)-Panathinaïkos (GRE)	5-0	1-0
Panathinaïkos-Glasgow Rangers	1-1	3-1
Stuttgart-Manchester United	2-1	0-2
Stuttgart-Panathinaïkos	2-0	3-1
Glasgow Rangers-Manchester United	0-1	0-3

Classement : 1. MANCHESTER UTD, 15 pts ; **2.** STUTTGART, 12 pts ; **3.** Panathinaïkos, 4 pts ; **4.** Rangers, 4 pts.

GROUPE F

Real Madrid (ESP)-**Marseille**	4-2	2-1
Partizan Belgrade-FC Porto (POR)	1-1	1-2
FC Porto-Real Madrid	1-3	1-1
Marseille-Partizan Belgrade	3-0	1-1
Marseille-FC Porto	2-3	0-1
Real Madrid-Partizan Belgrade	1-0	0-0

Classement : 1. REAL MADRID, 14 pts ; **2.** FC PORTO, 11 pts ; **3. Marseille**, 4 pts ; **4.** Partizan Belgrade, 3 pts.

GROUPE G

Sparta Prague-Chelsea	0-1	0-0
Besiktas (TUR)-Lazio Rome	0-2	1-1
Lazio Rome-Sparta Prague	2-2	0-1
Chelsea-Besiktas *à Gelsenkirchen	0-2	*2-0
Chelsea-Lazio Rome	2-1	4-0
Sparta Prague-Besiktas	2-1	0-1

Classement : 1. CHELSEA, 13 pts ; **2.** SPARTA PRAGUE, 8 pts ; **3.** Besiktas, 7 pts ; **4.** Lazio Rome, 5 pts.

GROUPE H

Milan AC (ITA)-Ajax	1-0	1-0
FC Bruges-Celta Vigo	1-1	1-1
Celta Vigo-Milan AC	0-0	2-1
Ajax-FC Bruges	2-0	1-2
Ajax-Celta Vigo	1-0	2-3
Milan AC-FC Bruges	0-1	1-0

Classement : 1. MILAN AC, 10 pts ; **2.** CELTA VIGO, 9 pts ; **3.** FC Bruges, 8 pts ; **4.** Ajax, 6 pts.

Les clubs à égalité sont départagés par le goal-average particulier. Les « troisièmes », Celtic Glasgow, Inter Milan, PSV Eindhoven, Galatasaray, Panathinaïkos, **Marseille**, Besiktas et FC Bruges, sont « reversés » en C3 (3e tour).

HUITIÈMES DE FINALE

Stuttgart-CHELSEA	0-1	0-0
FC PORTO-Manchester United	2-1	1-1
Real Sociedad-**LYON**	0-1	0-1
Celta Vigo-ARSENAL	2-3	0-2
Bayern Munich-REAL MADRID	1-1	0-1
Sparta Prague-MILAN AC	0-0	1-4
LA COROGNE-Juventus	1-0	1-0
Lokomotiv Moscou-**MONACO**	2-1	0-1

QUARTS DE FINALE

FC PORTO-**Lyon**	2-0	2-2
Real Madrid-**MONACO**	4-2	1-3
CHELSEA-Arsenal	1-1	2-1
Milan AC-LA COROGNE	4-1	0-4

DEMI-FINALES

MONACO-Chelsea	3-1	2-2
FC PORTO-La Corogne	0-0	1-0

FINALE

26 mai 2004 à Gelsenkirchen (ALL), Arena auf Schalke.

FC PORTO - AS Monaco : 3-0 (1-0).

53 053 spectateurs. Arbitre : M. Nielsen (DAN).

Buts : Carlos Alberto (39e), Deco (71e), Alenitchev (75e).

FC PORTO : Vitor Baia - Paulo Ferreira, Jorge Costa, Ricardo Carvalho, Nuno Valente - Pedro Mendes, Da Costa, Deco (Pedro Emanuel, 85e), Maniche - Carlos Alberto (Alenitchev, 60e), Derlei (McCarthy, 79e). Entr. : Mourinho.

MONACO : Roma - Ibarra, **J. Rodriguez**, **Givet** (**Squillaci**, 72e), **Evra** - **É. Cissé** (Nonda, 64e), Bernardi, Zikos, **Rothen** - **Giuly** (Prso, 23e), Morientes. Entr. : **Deschamps**.

Meilleur buteur de la compétition :

Morientes (**Monaco**), 9 buts.

C1 2003-04 FC PORTO : Le gardien Vitor Baia (assis au c.) et Dimitri Alenitchev (à dr.), auteur du troisième but, serrent bien fort la coupe devant leurs partenaires.

C3 FC VALENCE

Curro Torres (à g.) s'effondre face au Marseillais Didier Drogba. Mais Valence se relèvera.

TOUR PRÉLIMINAIRE

AIK STOCK. (SUE)-Fylkir Reykjavik (ISL)	1-0	0-0
Shkodër (ALB)-DUNDEE FC (ECO)	0-2	0-4
Levadia Maardu (EST)-VARAZDIN (CRO) *à Tallinn	*1-3	2-3
ESBJERG (DAN)-Santa Coloma (AND) *à Andorre-la-Vieille	5-0	*4-1
ZELJEZNICAR (BOS)-A. Famagouste (CHY)	1-0	3-1
HAPOËL T-A (ISR)-Banants Erevan (ARM) *à Rotterdam	*1-1	2-1
BRÖNDBY (DAN)-Dynamo Minsk (BLR)	3-0	2-0
MALMÖ FF (SUE)-Portadown (ILN)	4-0	2-0
DINAMO BUCARREST (ROU)-Liepaja (LET)	5-2	1-1
FC La Valette (MLT)-N. XAMAX (SUI)	0-2	0-2
KÄRNTEN (AUT)-Grindavik (ISL)	2-1	1-1
ZIZKOV (RTC)-Astana (KAZ)	3-0	3-1
FK Sarajevo (BOS)-SMEDEROVO (SEM)	1-1	0-3
APOEL NICOSIE (CHY)-Derry City (IRL)	2-1	3-0
Lovetch (BUL)-ZIMBRU CHISINAU (MOL) *à Tiraspol	0-0	*0-2
Hrodna (BLR)-STEAUA BUCAREST (ROU) *à Minsk	*1-1	0-0
Ettelbruck (LUX)-INGRAD (CRO)	1-2	0-7
MAN. CITY (ANG)-Llansantffraid (GAL) *à Cardiff	5-0	*2-0
MOLDE (NOR)-Klaksvik (FER) *à Toftir	2-0	*4-0
OB ODENSE (DAN)-TVMK Tallinn (EST)	1-1	3-0
VENTSPILS (LET)-Plock (POL)	1-1	2-2
ANJALANKOSKI (FIN)-Young Boys (SUI) *à Bâle	3-2	*2-2
Vaduz (LIE)-DNIEPROPETROVSK (UKR)	0-1	0-1
Coleraine (ILN)-LEIRIA (POR) *à Marinha Grande	2-1	*0-5
GROCLIN (POL)-Klaipeda (LIT)	2-0	4-1
Dynamo Tirana (ALB)-LOKEREN (BEL)	0-4	1-3
Cwmbran (GAL)-MACCABI HAÏFA (ISR) *à Izmir	0-3	*0-3

CELJE (SLN)-Belasica (MCD) 7-2 5-0
CEMENT. SKOPJE (MCD)-Katowice (POL) 0-0 1-1
PUCHOV (SLQ)-Sioni Bolnisi (GEO) 3-0 3-0
ÉTOILE ROUGE (SEM)-Nistru Otaci (MOL) 5-0 *3-2
*à Chisinau
Panevezys (LIT)-DEBRECEN (HON) (ap) 1-1 1-2
Birkirkara (MLT)-FERENCVAROS (HON) 0-5 0-1
Valkeakoski (FIN)-HAJDUK SPLIT (CRO) 2-1 0-1
TORP. MOSCOU (RUS)-Domagnano (SAN) 5-0 4-0
Atyrau (KAZ)-LEVSKI SOFIA (BUL) 1-4 0-2
LJUBLJANA (SLN)-Shelbourne (IRL) 1-0 3-2
LENS (FRA)-Kutaisi (GEO) 3-0 2-0
NORDSJAELLAND (DAN)-Shirak (ARM) 4-0 2-0
PETRZALKA (SLQ)-Dudelange (LUX) 1-0 1-0
Runavik (FER)-LYN OSLO (NOR) *1-3 0-6
*à Töftir

PREMIER TOUR

AIK Stockholm-FC VALENCE (ESP) 0-1 0-1
DIN. BUCAREST-Chakhtior Donetsk (UKR) 2-0 3-2
MACCABI HAÏFA-Celje *2-1 2-2
*à Izmir
CSKA Sofia (BUL)-TORPEDO (2-3 tab) 1-1 1-1
Dundee FC-PÉROUSE (ITA) 1-2 0-1
Cementarnica Skopje-**LENS** 0-1 0-5
NEWCASTLE (ANG)-Breda (HOL) 5-0 1-0
La Louvière (BEL)-BENFICA (POR) *1-1 **0-1
*à Charleroi **à Porto
PANIONIOS (GRE)-Nordsjaelland 2-1 1-0
HEARTS (ECO)-Zeljeznicar Sarajevo 2-0 0-0
AUSTRIA SALZBOURG (AUT)-Udinese (ITA) *0-1 2-1
*à Linz
GENÇLERBIRLIGI (TUR)-Blackburn (ANG) 3-1 1-1
Puchov-FC BARCELONE (ESP) *1-1 0-8
*à Trnava
DYN. ZAGREB (CRO)-MTK Budapest (HON) 3-1 0-0
Hapoël Ramat-Gan (ISR)-LEVSKI SOFIA *0-1 0-4
*à Dunajska Streda
Kaiserslautern (ALL)-TEPLICE (RTC) 1-2 0-1
Smederovo-SLAVIA PRAGUE (RTC) 1-2 1-2
VILLARREAL (ESP)-Trabzonspor (TUR) 0-0 3-2
Grasshopper Zurich (SUI)-HAJDUK S. 1-1 0-0
Hertha Berlin (ALL)-GROCLIN 0-0 0-1
Ljubljana-LIVERPOOL (ANG) 1-1 0-3
VÄLERENGA (NOR)-Graz AK (AUT) 0-0 1-1
Zimbru Chisinau-ARIS SALONIQUE (GRE) 1-1 1-2
Ferencvaros-FC COP. (DAN) (2-3 tab) 1-1 1-1
Varazdin-DEBRECEN 1-3 2-3
Hambourg (ALL)-DNIEPROPETROVSK 2-1 0-3
BORDEAUX (FRA)-Petrzalka 2-1 1-1
AS ROME (ITA)-Vardar Skopje (MCD) 4-0 1-1
MANCHESTER CITY-Lokeren 3-2 1-0
SPARTAK MOSCOU (RUS)-Esbjerg 2-0 *1-1
*à Aarhus
WISLA CRACOVIE (POL)-Nimègue (HOL) 2-1 2-1
Leiria-MOLDE *1-0 1-3
*à Marinha Grande
Austria Vienne (AUT)-DORTMUND (ALL) 1-2 0-1
AUXERRE (FRA)-Neuchâtel Xamax 1-0 1-0
Ventspils-ROSENBORG (NOR) *1-4 0-6
*à Liepaja
GAZIANTEPSPOR (TUR)-Hapoël Tel-Aviv 1-0 *0-0
*à Rotterdam
OB Odense-ÉTOILE ROUGE BELGRADE 2-2 3-4
SPORTING (POR)-Malmö FF 2-0 1-0
FC UTRECHT (HOL)-Zilina (SLQ) 2-0 4-0
Metalurh Donetsk (UKR)-PARME (ITA) 1-1 0-3
Anjalankoski-**SOCHAUX** (FRA) 0-1 0-2
Ingrad-SCHALKE 04 (ALL) 0-0 0-1
Apoel Nicosie-MAJORQUE (ESP) 1-2 2-4
Southampton (ANG)-STEAUA BUCAREST 1-1 0-1
FEYENOORD (HOL)-Kärnten 2-1 1-0
PAOK SALONIQUE (GRE)-Lyn Oslo 0-1 3-0
Malatyaspor (TUR)-FC BÂLE (SUI) (ap) 0-2 2-1
BRÖNDBY-Zizkov 1-0 1-0

DEUXIÈME TOUR

Dynamo Zagreb-DNIEPROPETROVSK 0-2 1-1
Dortmund-**SOCHAUX** 2-2 0-4
Manchester City-GROCLIN 1-1 0-0
Panionios-FC BARCELONE 0-3 0-2
BENFICA-Molde 3-1 2-0
Slavia Prague-LEVSKI SOFIA 2-2 0-0
ROSENBORG-Étoile Rouge Belgrade 0-0 1-0
FC VALENCE-Maccabi Haïfa 0-0 *4-0
*à Rotterdam
SPARTAK MOSCOU-Dinamo Bucarest 4-0 1-3
GAZIANTEPSPOR-**Lens** 3-0 3-1
Schalke 04-BRÖNDBY (1-3 tab) 2-1 1-2
PÉROUSE-Aris Salonique 2-0 1-1
FC Utrecht-**AUXERRE** 0-0 0-4
Steaua Bucarest-LIVERPOOL 1-1 0-1
VÄLERENGA-Wisla Cracovie (4-3 tab) 0-0 0-0

PAOK Salonique-DEBRECEN 1-1 0-0
FC Copenhague-MAJORQUE 1-2 1-1
Austria Salzbourg-PARME *0-4 0-5
*à Linz
FC Bâle-NEWCASTLE 2-3 0-1
AS ROME-Hajduk Split 1-0 1-1
GENÇLERBIRLIGI-Sporting 1-1 3-0
VILLARREAL-Torpedo Moscou 2-0 0-1
Feyenoord-TEPLICE 0-2 1-1
BORDEAUX-Hearts of Midlothian 0-1 2-0

TROISIÈME TOUR

Bröndby-FC BARCELONE 0-1 1-2
Parme-GENÇLERBIRLIGI 0-1 0-3
BENFICA-Rosenborg 1-0 1-2
MARSEILLE (FRA)-Dniepropetrovsk 1-0 0-0
CELTIC GLASGOW (ECO)-Teplice 3-0 0-1
Pérouse-PSV EINDHOVEN (HOL) 0-0 1-3
Groclin-**BORDEAUX** 0-1 1-4
FC VALENCE-Besiktas (TUR) 3-2 2-0
Galatasaray (TUR)-VILLARREAL 2-2 0-3
FC BRUGES (BEL)-Debrecen 1-0 0-0
Sochaux-INTER MILAN (ITA) 2-2 0-0
LIVERPOOL-Levski Sofia 2-0 4-2
Spartak Moscou-MAJORQUE 0-3 1-0
Gaziantepspor-AS ROME 1-0 0-2
AUXERRE-Panathinaïkos (GRE) 0-0 1-0
Välerenga-NEWCASTLE 1-1 1-3

HUITIÈMES DE FINALE

CELTIC GLASGOW-FC Barcelone 1-0 0-0
Gençlerbirligi-FC VALENCE (ap) 1-0 0-2
BORDEAUX-FC Bruges 3-1 1-0
NEWCASTLE-Majorque 4-1 3-0
Auxerre-PSV EINDHOVEN 1-1 0-3
Benfica-INTER MILAN 0-0 3-4
Liverpool-**MARSEILLE** 1-1 1-2
VILLARREAL-AS Rome 2-0 1-2

QUARTS DE FINALE

Bordeaux-FC VALENCE 1-2 1-2
MARSEILLE-Inter Milan 1-0 1-0
Celtic Glasgow-VILLARREAL 1-1 0-2
PSV Eindhoven-NEWCASTLE 1-1 1-2

DEMI-FINALES

Newcastle-**MARSEILLE** 0-0 0-2
Villarreal-FC VALENCE 0-0 0-1

FINALE

19 mai 2004 à Göteborg (SUE), Nea Ullevi.
FC VALENCE - Marseille : 2-0 (1-0).
43 000 spectateurs. Arbitre : M. Collina (ITA).
Buts : Vicente (45e + 3 sp), Mista (58e).
VALENCE : Canizares - Curro Torres, Ayala, Marchena (Pellegrino, 86e), Carboni - Rufete (Aimar, 64e), Baraja, Albelda, Vicente - Angulo (Sissoko, 83e), Mista. Entr. : Benitez.
MARSEILLE : **Barthez** (expulsé, 45e) - Beye, Hemdani, Meïté - D. Ferreira, **Flamini** (**Batlles**, 71e), Sy. N'Diaye (Celestini, 86e), **Dos Santos** - **Marlet**, **Meriem** (**Gavanon**, 45e + 1) - Drogba. Entr. : **Anigo**.

Meilleurs buteurs de la compétition : Drogba (**Marseille**), Shearer (Newcastle), Kezman (PSV Eindhoven), Anderson (Villarreal), 6 buts.

2004-05

C1 LIVERPOOL

C1 2004-05 LIVERPOOL : D. Traoré, Xabi Alonso, Hyypiä, Dudek, Carragher, Kewell ; Finnan, Baros, Luis Garcia, Gerrard, Riise.

PREMIER TOUR QUALIFICATIF

KR Reykjavik (ISL)-SHELBOURNE (IRL) 2-2 0-0
SKONTO RIGA (LET)-Rhyl (GAL) 4-0 *3-1
*à Wrexham
Flora Tallinn (EST)-NOVA GORICA (SLN) 2-4 1-3
Linfield (ILN)-HJK HELSINKI (FIN) 0-1 0-1
Prilep (MCD)-PYUNIK EREVAN (ARM) 1-3 1-1
S. TIRASPOL (MOL)-Jeunesse Esch (LUX) 2-0 0-1
GEO. TBILISSI (GEO)-Torshavn (FER) 5-0 0-3
Sliema (MLT)-FBK KAUNAS (LIT) 0-2 1-4
Siroki Brijeg (BOS)-NEFTCHI BAKOU (AZE) 2-1 0-1
Homel (BLR)-SK TIRANA (ALB) 0-2 1-0

DEUXIÈME TOUR QUALIFICATIF

Pyunik Erevan-CHAKH. DONETSK (UKR) 1-3 0-1
Apoel Nicosie (CHY)-SPARTA PRAG. (RTC) 2-2 1-2
ROSENBORG (NOR)-Sheriff Tiraspol 2-1 2-0
Young Boys (SUI)-ÉTOILE ROUGE (SEM) *2-2 0-3
*à Zurich
ND GORICA-FC Copenhague (DAN) 1-2 5-0
Neftchi Bakou-CSKA MOSCOU (RUS) 0-0 0-2
Zilina (SLQ)-DINAMO BUCAREST (ROU) 0-1 0-1
HJK Helsinki-MACCABI TEL-AVIV (ISR) 0-0 0-1
Skonto Riga-TRABZONSPOR (TUR) 1-1 0-3
FC BRUGES (BEL)-Lok. Plovdiv (BUL) 2-0 4-0
SK Tirana-FERENCVAROS (HON) 2-3 1-0
Hajduk Split (CRO)-SHELBOURNE 3-2 0-2
DJURGÄRDEN (SUE)-FBK Kaunas 0-0 2-0
Georgia Tbilissi-WISLA CRACOVIE (POL) 2-8 0-3

TROISIÈME TOUR QUALIFICATIF

Graz AK (AUT)-LIVERPOOL (ANG) 0-2 1-0
JUVENTUS (ITA)-Djurgärden 2-2 4-1
Ferencvaros-SPARTA PRAGUE (ap) 1-0 0-2
ROSENBORG-Maccabi Haïfa (ISR) (ap) 2-1 3-2
LEVERKUSEN (ALL)-Ostrava (RTC) 5-0 1-2
CSKA MOSCOU-Glasgow Rangers (ECO) 2-1 1-1
CHAKHTIOR DONETSK-FC Bruges 4-1 2-2
DYNAMO KIEV (UKR)-Trabzonspor 1-2 2-0
Étoile Rouge Belgrade-EINDHOVEN (HOL) 3-2 0-5
Dinamo Bucarest-MAN. UNITED (ANG) 1-2 0-3
FC Bâle (SUI)-INTER MILAN (ITA) 1-1 1-4
Benfica (POR)-ANDERLECHT (BEL) 1-0 0-3
Shelbourne-LA COROGNE (ESP) 0-0 0-3
Nova Gorica-**MONACO** (FRA) 0-3 0-6
Wisla Cracovie-REAL MADRID (ESP) 0-2 1-3
PAOK Salonique (GRE)-MACCABI T.-A. *0-3 0-1
*sur tapis vert, le PAOK Salonique (initialement battu 2-1) ayant aligné un joueur suspendu.
NB : Les clubs éliminés sont réintégrés au 1er tour de la C3.

PHASE DE POULES

GROUPE A

Liverpool-**Monaco** 2-0 0-1
La Corogne-Olympiakos (GRE) 0-0 0-1
Monaco-La Corogne 2-0 5-0
Olympiakos-Liverpool 1-0 1-3
Liverpool-La Corogne 0-0 1-0
Monaco-Olympiakos 2-1 0-1
Classement : 1. MONACO, 12 pts ; **2.** LIVERPOOL, 10 pts ; **3.** Olympiakos, 10 pts ; **4.** La Corogne, 2 pts.

GROUPE B

Leverkusen (ALL)-Real Madrid 3-0 1-1
AS Rome (ITA)-Dynamo Kiev *0-3 0-2
*sur tapis vert, le match ayant été arrêté à la mi-temps à la suite de la blessure de l'arbitre par un objet lancé des tribunes.
Dynamo Kiev-Leverkusen 4-2 0-3
Real Madrid-AS Rome 4-2 3-0
Real Madrid-Dynamo Kiev 1-0 2-2
Leverkusen-AS Rome 3-1 1-1
Classement : 1. LEVERKUSEN, 11 pts ; **2.** REAL MADRID, 11 pts ; **3.** Dynamo Kiev, 10 pts ; **4.** AS Roma, 1 pt.

GROUPE C

Ajax-Juventus 0-1 0-1
Maccabi Tel-Aviv-Bayern Munich 0-1 1-5
Bayern Munich-Ajax 4-0 2-2
Juventus-Maccabi Tel-Aviv 1-0 1-1
Juventus-Bayern Munich 1-0 1-0
Ajax-Maccabi Tel-Aviv 3-0 1-2
Classement : 1. JUVENTUS, 16 pts ; **2.** BAYERN MUNICH, 10 pts ; **3.** Ajax, 4 pts ; **4.** Maccabi Tel-Aviv, 4 pts.

GROUPE D

Fenerbahçe (TUR)-Sparta Prague 1-0 1-0
Lyon (FRA)-Manchester United 2-2 1-2
Manchester United-Fenerbahçe 6-2 0-3
Sparta Prague-**Lyon** 1-2 0-5
Sparta Prague-Manchester United 0-0 1-4
Fenerbahçe-**Lyon** 1-3 2-4
Classement : 1. LYON, 13 pts ; **2.** MANCHESTER UNITED, 11 pts ; **3.** Fenerbahçe, 9 pts ; **4.** Sparta Prague, 1 pt.

GROUPE E

Panathinaïkos (GRE)-Rosenborg 2-1 2-2
Arsenal (ANG)-PSV Eindhoven (HOL) 1-0 1-1
PSV Eindhoven-Panathinaïkos 1-0 1-4
Rosenborg-Arsenal 1-1 1-5
Rosenborg-PSV Eindhoven 1-2 0-1
Panathinaïkos-Arsenal 2-2 1-1
Classement : 1. ARSENAL, 10 pts ; **2.** PSV EINDHOVEN, 10 pts ; **3.** Panathinaïkos, 9 pts ; **4.** Rosenborg, 2 pts.

GROUPE F

Celtic-FC Barcelone 1-3 1-1
Chakhtior Donetsk-Milan AC 0-1 0-4
FC Barcelone-Chakhtior Donetsk 3-0 0-2
Milan AC-Celtic 3-1 0-0
Milan AC-FC Barcelone 1-0 1-2
Chakhtior Donetsk-Celtic 3-0 0-1
Classement : 1. MILAN AC, 13 pts ; **2.** FC BARCELONE, 10 pts ; **3.** Chakhtior Donetsk, 6 pts ; **4.** Celtic, 5 pts.

GROUPE G

FC Valence (ESP)-Anderlecht 2-0 2-1
Inter Milan-Werder Brême (ALL) 2-0 1-1
Werder Brême-FC Valence 2-1 2-0
Anderlecht-Inter Milan 1-3 0-3
Anderlecht-Werder Brême 1-2 1-5
FC Valence-Inter Milan 1-5 0-0
Classement : 1. INTER MILAN, 14 pts ; **2.** WERDER BRÊME, 13 pts ; **3.** FC Valence, 7 pts ; **4.** Anderlecht, 0 pt.

GROUPE H

Paris-SG-Chelsea 0-3 0-0
FC Porto-CSKA Moscou 0-0 1-0
CSKA Moscou-**Paris-SG** 2-0 3-1
Chelsea-FC Porto 3-1 1-2
Chelsea-CSKA Moscou 2-0 1-0
Paris-SG-FC Porto 2-0 0-0
Classement : 1. CHELSEA, 13 pts ; **2.** FC PORTO, 8 pts ; **3.** CSKA Moscou, 7 pts ; **4. Paris-SG**, 5 pts.
Les clubs à égalité sont départagés par le goal-average particulier.
Les « troisièmes », Olympiakos, Dynamo Kiev, Ajax, Panathinaïkos, Fenerbahçe, Chakhtior Donetsk, Valence et CSKA Moscou, sont « reversés » en C3 (16e de finale).

HUITIÈMES DE FINALE

Real Madrid-JUVENTUS (ap) 1-0 0-2
FC Porto-INTER MILAN 1-1 1-3
FC Barcelone-CHELSEA 2-1 2-4
Werder Brême-**LYON** 0-3 2-7
LIVERPOOL-Leverkusen 3-1 3-1
PSV EINDHOVEN-**Monaco** 1-0 2-0
Manchester United-MILAN AC 0-1 0-1
BAYERN MUNICH-Arsenal 3-1 0-1

QUARTS DE FINALE

MILAN AC-Inter Milan 2-0 *3-0
*sur tapis vert, le match ayant été arrêté à la 74e minute (à 1-0 pour le Milan AC) à la suite de jets de fumigènes par des supporters de l'Inter.
Lyon-PSV EINDHOVEN (2-4 tab) 1-1 1-1
CHELSEA-Bayern Munich 4-2 2-3
LIVERPOOL-Juventus 2-1 0-0

DEMI-FINALES

MILAN AC-PSV Eindhoven 2-0 1-3
Chelsea-LIVERPOOL 0-0 0-1

FINALE

25 mai 2005 à Istanbul (TUR), stade Olympique Atatürk.
Milan AC - LIVERPOOL : 3-3 (3-0, 3-3), 2-3 tab.

80 000 spectateurs. Arbitre : M. Mejuto Gonzalez (ESP). **Buts :** Maldini (1re), Crespo (39e, 43e) pour le Milan AC ; Gerrard (54e), Smicer (56e), Xabi Alonso (60e) pour Liverpool.
Tirs au but : Serginho (manqué), Hamann (réussi), Pirlo (m.), D. Cissé (r.), Tomasson (r.), Riise (m.), Kakà (r.), Smicer (r.), Chevtchenko (m.).
MILAN : Dida - Cafu, Nesta, Stam, Maldini - Seedorf (Serginho, 86e), Pirlo, Kakà, Gattuso (Rui Costa, 112e) - Chevtchenko, Crespo (Tomasson, 86e). **Entr. :** Ancelotti.
LIVERPOOL : Dudek - Finnan (Hamann, 46e), Carragher, Hyypiä, D. Traoré - Luis Garcia, Xabi Alonso, Gerrard, Kewell (Smicer, 23e), Riise - Baros (**D. Cissé**, 85e). **Entr. :** Benitez.

Meilleur buteur de la compétition :
Van Nistelrooy (Manchester United), 8 buts.

C3 CSKA MOSCOU

L'engagement du Russe Vassili Berezoutski (à g.) aura finalement raison de Sa Pinto.

PREMIER TOUR QUALIFICATIF

LEVADIA TALLINN (EST)-Bohemians (IRL)	0-0	3-1
Haverfordwest (GAL)-HAFNARFJÖR. (ISL)	*0-1	1-3
*à Cardiff		
VÄXJÖ (SUE)-Llansantffraid (GAL)	2-0	*2-1
*à Wrexham		
Portadown (ILN)-ZALGIRIS VILNIUS (LIT)	2-2	0-2
Toftir (FER)-VENTSPILS (LET)	0-3	0-8
VALKEAKOSKI (FIN)-Ettelbruck (LUX)	2-1	3-1
PANEVEZYS (LET)-Dudelange (LUX)	1-0	2-1
FC VADUZ (LIE)-Longford Town (IRL)	1-0	3-2
Torshavn (FER)-LIEPAJAS (LET)	1-3	1-8
GLENTORAN (ILN)-Vantaa (FIN)	2-2	2-1
IA AKRANES (ISL)-TVMK Tallinn (EST)	4-2	2-1
Sileks Kratovo (MCD)-NK MARIBOR (SLN)	0-1	1-1
Marsaxlokk (MLT)-PRIMORJE (SLN)	0-1	0-2
Chiesanuova (SAN)-ZELJEZNICAR (BOS)	1-5	0-4
GALATI (ROU)-Dynamo Tirana (ALB)	*4-0	4-1
*à Constanza		
Santa Coloma (AND)-MODRICA (BOS)	0-1	0-3
OMONIA NIC. (CHY)-Sloga Skopje (MCD)	4-0	4-1
PARTIZANI TIRANA (ALB)-Birkirkara (MLT)	4-2	1-2
MARIUPOL (UKR)-Banants Erevan (ARM)	2-0	2-0
FC TBILISSI (GEO)-Shamkir (AZE)	1-0	4-1
Barysau (BLR)-DYNAMO TBILISSI (GEO)	2-3	0-1
Shirak (ARM)-FC TIRASPOL (MOL)	1-2	0-2
NISTRU OTACI (MOL)-Salihorsk (BLR)	1-1	2-1
Ashtarak (ARM)-HON. BUDAPEST (HON)	0-1	1-1
BISTRICA (SLQ)-Agdam (AZE)	3-0	1-0

DEUXIÈME TOUR QUALIFICATIF

Glentoran-ELFSBORG (SUE)	0-1	1-2
BEVEREN (BEL)-FC Vaduz	3-1	2-1
GRENLAND (NOR)-Panevezys	3-1	1-2
VENTSPILS-Bröndby (DAN)	0-0	1-1
HAMMARBY (SUE)-IA Akranes	2-0	2-1
STABÆK (NOR)-Valkeakoski	3-1	3-1
BODÖ GLIMT (NOR)-Lev. Tallinn (7-6 tab)	2-1	1-2
HAFNARFJÖRDUR-Dunfermline (ECO)	2-2	2-1
Zalguiris Vilnius-AALBORG (DAN)	1-3	0-0
Öster Växjö-LIEPAJAS	2-2	1-1
GENÇLERBIRLIGI (TUR)-Rijeka (CRO)	1-0	1-2
LEVSKI SOFIA (BUL)-Modrica	5-0	3-0
BNEI SAKHNIN (ISR)-Partizani Tirana	3-0	3-1
Zeleznik Belgrade (SEM)-STEAUA (ROU)	2-4	2-1
Banatski Dvor (SEM)-NK MARIBOR	1-2	1-0
Zeljeznicar Sarajevo-LOVETCH (BUL)	1-2	0-7
DYNAMO ZAGREB (CRO)-Primorje (SLN)	4-0	0-2
Omonia Nicosie (CHY)-CSKA S. (BUL) (ap)	1-1	1-3
Galati-PARTIZAN BELGRADE (SEM)	0-0	0-1
AEK Larnaca (CHY)-PETAH-TIKVA (ISR)	3-0	0-4
GROZNY (RUS)-Lech Poznan (POL)	*1-0	1-0
*à Moscou		
Slavia Prague (RTC)-DYNAMO TBILISSI	3-1	0-2
RAPID VIENNE (AUT)-Kazan (RUS)	0-2	3-0
Mariupol-AUSTRIA VIENNE (AUT)	0-0	0-3
BISTRICA-Wil (SUI)	3-1	1-1
Nistru Otaci-OLOMOUC (RTC)	1-2	0-4
Petrzalka (SLQ)-DNIEPROP. (UKR)	0-3	1-1
Pasching (AUT)-ZÉNITH ST-PET. (RUS)	3-1	0-2
UJPESTTE (HON)-Servette Genève (SUI)	3-1	2-0
METAL. DONETSK (UKR)-FC Tiraspol	3-0	2-1
FC Tbilissi-LEGIA VARSOVIE (POL)	0-1	0-6
A. WRONKI (POL)-Honved Bud. (5-4 tab)	1-0	0-1

PREMIER TOUR

GRAZ AK (AUT)-Lovetch	5-0	0-1
Metalurh Donetsk-LAZIO ROME (ITA)	0-3	0-3
Bodö Glimt-BESIKTAS (TUR)	1-1	0-1
Shelbourne (IRL)-**LILLE** (FRA)	2-2	0-2
HEARTS OF MID. (ECO)-Braga (POR)	3-1	2-2
AUSTRIA VIENNE-Legia Varsovie	1-0	3-1
Bistrica-BENFICA (POR)	0-3	0-2
PARTIZAN-Dinamo Bucarest (ROU)	3-1	0-0
PARME (ITA)-NK Maribor	3-2	0-0
SARAGOSSE (ESP)-Olomouc	1-0	3-2
SPORTING (POR)-Rapid Vienne	2-0	0-0
NEWCASTLE (ANG)-Bnei Sakhnin	2-0	5-1
STEAUA BUCAREST-CSKA Sofia	2-1	2-2
Wisla Cracovie (POL)-DYN. TBILISSI	4-3	1-2
FC UTRECHT (HOL)-Djurgärden (SUE)	4-0	0-3
Millwall (ANG)-FERENCVAROS (HON)	1-1	1-3
SCHALKE 04 (ALL)-Liepajas	5-1	4-0
Maccabi Haïfa (ISR)-DNIEPROPETROVSK	1-0	0-2
Grozny-FC BÂLE (SUI)	*1-1	0-2
*à Moscou		
Grenland-FEYENOORD (HOL)	0-1	1-4
Aalborg-**AUXERRE** (FRA)	1-1	0-2
FC SÉVILLE (ESP)-Nac. Funchal (POR)	2-0	2-1
Nova Gorica (SLN)-AEK ATHÈNES (GRE)	1-1	0-1
STANDARD LIÈGE (BEL)-Bochum (ALL)	0-0	1-1
ZÉNIT ST-PETERSBG.-Étoile Rouge (SEM)	4-0	2-1
Trabzonspor (TUR)-BILBAO (ESP)	3-2	0-2
Ujpest TE-STUTTGART (ALL)	1-3	0-4
PANIONIOS (GRE)-Udinese (ITA)	3-1	0-1
Levski Sofia-BEVEREN	1-1	0-1
Petah-Tikva-HEERENVEEN (HOL)	(*)	0-5
*aller annulé en raison de problèmes aériens à Tel-Aviv. Confrontation jouée sur un seul match, à Heerenveen, sans la règle des buts à l'extérieur.		
DYNAMO ZAGREB-Elfsborg	2-0	0-0
Hafnarfjördur-AIX-LA-CHAPELLE (ALL)	1-5	*0-0
*à Cologne		
MIDDLESB. (ANG)-Banik Ostrava (RTC)	3-0	1-1
FC BRUGES (BEL)-**Châteauroux** (FRA)	4-0	2-1
PAOK Salonique (GRE)-AZ Alkmaar (HOL)	2-3	1-2
Ventspils-AMICA WRONKI	1-1	0-1
SOCHAUX (FRA)-Stabaek	4-0	5-0
AIGALEO ATHÈNES (GRE)-Gençlerbirligi	1-0	1-1
M. Funchal (POR)-RANG. (ECO) (2-4 tab)	1-0	0-1
Hammarby-VILLARREAL (ESP)	1-2	0-3

PHASE DE POULES

GROUPE A

Feyenoord-Hearts of Midlothian	3-0
Schalke 04-FC Bâle	1-1
Ferencvaros-Feyenoord	1-1
Hearts of Midlothian-Schalke 04	0-1
Schalke 04-Ferencvaros	2-0
FC Bâle-Hearts of Midlothian	1-2
Ferencvaros-FC Bâle	1-2
Feyenoord-Schalke 04	2-1
Hearts of Midlothian-Ferencvaros	0-1
FC Bâle-Feyenoord	1-0

Classement : 1. FEYENOORD, 7 pts ; **2.** SCHALKE 04, 7 pts ; **3.** FC BÂLE, 7 pts ; **4.** Ferencvaros, 4 pts ; **5.** Hearts, 3 pts.

GROUPE B

Steaua Bucarest-Standard Liège	2-0
Bilbao-Parme	2-0
Parme-Steaua Bucarest	1-0
Besiktas-Bilbao	3-1
Steaua Bucarest-Besiktas	2-1
Standard Liège-Parme	2-1
Besiktas-Standard Liège	1-1
Bilbao-Steaua Bucarest	1-0
Parme-Besiktas	3-2
Standard Liège-Bilbao	1-7

Classement : 1. BILBAO, 9 pts ; **2.** STEAUA, 6 pts ; **3.** PARME, 6 pts ; **4.** Besiktas, 4 pts ; **5.** Standard Liège, 4 pts.

GROUPE C

Dniepropetrovsk-FC Bruges	3-2
Saragosse-FC Utrecht	2-0
FC Utrecht-Dniepropetrovsk	1-2
Austria Vienne-Saragosse	1-0
Dniepropetrovsk-Austria Vienne	1-0
FC Bruges-FC Utrecht	1-0
Austria Vienne-FC Bruges	1-1
Saragosse-Dniepropetrovsk	2-1
FC Utrecht-Austria Vienne	1-2
FC Bruges-Saragosse	1-1

Classement : 1. DNIEPROPETROVSK, 9 pts ; **2.** SARAGOSSE, 7 pts ; **3.** AUSTRIA VIENNE, 7 pts ; **4.** FC Bruges, 5 pts ; **5.** FC Utrecht, 0 pt.

GROUPE D

Dynamo Tbilissi-**Sochaux**	0-2
Panionios-Newcastle	0-1
Newcastle-Dynamo Tbilissi	2-0
Sporting-Panionios	4-1
Dynamo Tbilissi-Sporting	0-4
Sochaux-Newcastle	0-4
Sporting-**Sochaux**	0-1
Panionios-Dynamo Tbilissi	5-2
Newcastle-Sporting	1-1
Sochaux-Panionios	1-0

Classement : 1. NEWCASTLE, 10 pts ; **2. SOCHAUX**, 9 pts ; **3.** SPORTING, 7 pts ; **4.** Panionios, 3 pts ; **5.** Tbilissi, 0 pt.

GROUPE E

Lazio Rome-Villarreal	1-1
Aigaleo Athènes-Middlesbrough	0-1
Middlesbrough-Lazio Rome	2-0
Partizan Belgrade-Aigaleo Athènes	4-0
Lazio Rome-Partizan Belgrade	2-2
Villarreal-Middlesbrough	2-0
Partizan Belgrade-Villarreal	1-1
Aigaleo Athènes-Lazio Rome	2-2
Middlesbrough-Partizan Belgrade	3-0
Villarreal-Aigaleo Athènes	4-0

Classement : 1. MIDDLESBROUGH, 9 pts ; **2.** VILLARREAL, 8 pts ; **3.** PARTIZAN, 5 pts ; **4.** Lazio , 3 pts ; **5.** Aigaleo, 1 pt.

GROUPE F

Amica Wronki-Rangers Glasgow	0-5
Auxerre-Graz AK	0-0
Graz AK-Amica Wronki	3-1
AZ Alkmaar-**Auxerre**	2-0
Amica Wronki-AZ Alkmaar	1-3
Rangers Glasgow-Graz AK	3-0
AZ Alkmaar-Glasgow Rangers Glasgow	1-0
Auxerre-Amica Wronki	5-1
Graz AK-AZ Alkmaar	2-0
Rangers Glasgow-**Auxerre**	0-2

Classement : 1. AZ ALKMAAR, 9 pts ; **2. AUXERRE**, 7 pts ; **3.** GRAZ AK, 7 pts ; **4.** Rangers, 6 pts ; **5.** Wronki, 0 pt.

GROUPE G

Benfica-Heerenveen	4-2
Beveren-Stuttgart	1-5
Stuttgart-Benfica	3-0
Dynamo Zagreb-Beveren	6-1
Benfica-Dynamo Zagreb	2-0
Heerenveen-Stuttgart	1-0
Dynamo Zagreb-Heerenveen	2-2
Beveren-Benfica	0-3
Stuttgart-Dynamo Zagreb	2-1
Heerenveen-Beveren	1-0

Classement : 1. STUTTGART, 9 pts ; **2.** BENFICA, 9 pts ; **3.** HEERENVEEN, 7 pts ; **4.** Zagreb, 4 pts ; **5.** Beveren, 0 pt.

GROUPE H

Zénith Saint-Pétersbourg-AEK Athènes	5-1
Aix-la-Chapelle-**Lille**	1-0
Lille-Zénith Saint-Pétersbourg	2-1
FC Séville-Aix-la-Chapelle	2-0
Zénith Saint-Pétersbourg-FC Séville	1-1
AEK Athènes-**Lille**	1-2
FC Séville-AEK Athènes	3-2
Aix-la-Chapelle-Zénith Saint-Pétersbourg	2-2
Lille-FC Séville	1-0
AEK Athènes-Aix-la-Chapelle	0-2

Classement : 1. LILLE, 9 pts ; **2.** FC SÉVILLE, 7 pts ; **3.** AIX-LA-CHAPELLE, 7 pts ; **4.** Zénith, 5 pts ; **5.** AEK Athènes, 0 pt.

SEIZIÈMES DE FINALE

Graz AK-MIDDLESBROUGH	2-2	1-2
Heerenveen-NEWCASTLE	1-2	1-2
FC Bâle-**LILLE**	0-0	0-2
PARME-Stuttgart (ap)	0-0	2-0
SPORTING-Feyenoord	2-1	2-1
Aix-la-Chapelle-AZ ALKMAAR	0-0	1-2
AUSTRIA VIENNE-Bilbao	0-0	2-1
PARTIZAN BELGRADE-Dniepropetrovsk	2-2	1-0
Valence (ESP)-STEAUA BUC. (3-4 tab)	2-0	0-2
Ajax (HOL)-**AUXERRE**	1-0	1-3
CSKA MOSCOU (RUS)-Benfica	2-0	1-1
Fenerbahçe (TUR)-SARAGOSSE	0-1	1-2
Panathinaïkos (GRE)-FC SÉVILLE	1-0	0-2
CHAKHTIOR DONETSK (UKR)-Schalke 04	1-1	1-0
OLYMPIAKOS (GRE)-**Sochaux**	1-0	1-0
Dynamo Kiev (UKR)-VILLARREAL	0-0	0-2

HUITIÈMES DE FINALE

Middlesbrough-SPORTING	2-3	0-1
Lille-AUXERRE	0-1	0-0
FC Séville-PARME	0-0	0-1
Steaua Bucarest-VILLARREAL	0-0	0-2
Olympiakos-NEWCASTLE	1-3	0-4
Chakhtior Donetsk-AZ ALKMAAR	1-3	1-2
Partizan Belgrade-CSKA MOSCOU	1-1	0-2
AUSTRIA VIENNE-Saragosse	1-1	2-2

QUARTS DE FINALE

Austria Vienne-PARME	1-1	0-0
CSKA MOSCOU-**Auxerre**	4-0	0-2
Newcastle-SPORTING	1-0	1-4
Villarreal-AZ ALKMAAR	1-2	1-1

DEMI-FINALES

Parme-CSKA MOSCOU	0-0	0-3
SPORTING PORTUGAL-AZ Alkmaar (ap)	2-1	2-3

FINALE

18 mai 2005 à Lisbonne (POR), José-Alvalade.
Sporting - CSKA MOSCOU : 1-3 (1-0).
50 000 spectateurs. Arbitre : M. Poll (ANG).
Buts : Rogerio (28e) pour le Sporting ; A. Berezoutski (57e), Jirkov (65e), Vagner Love (75e) pour le CSKA.
SPORTING PORTUGAL : Ricardo - Miguel Garcia, Enarkarhire, Beto, Tello - Rogerio (Douala, 80e), Rochemback, Moutinho (Hugo Viana, 87e), Pedro Barbosa - Sa Pinto (Niculae, 72e), Liedson. **Entr. :** Peseiro.
CSKA MOSCOU : Akinfeïev - A. Berezoutski, Ignachevitch, V. Berezoutski - Odiah, Rahimic, Carvalho (Semberas, 82e), Aldonine (Goussev, 86e), Jirkov - Olic (Krajic, 67e), Vagner Love. **Entr. :** Gazzaïev.

Meilleur buteur de la compétition :
Shearer (Newcastle), 11 buts.

ABRÉVIATIONS UTILISÉES

ALB Albanie
ALL Allemagne (à partir de 1990)
AND Andorre
ANG Angleterre
ARM Arménie (à partir de 1991)
AUT Autriche
AZE Azerbaïdjan (à partir de 1991)
BEL Belgique
BLR Bélarus (à partir de 1991)
BOS Bosnie-Herzégovine (à partir de 1992)
BUL Bulgarie
CHY Chypre
CRO Croatie (à partir de 1991)
DAN Danemark
ECO Écosse
ESP Espagne
EST Estonie (à partir de 1990)
FER Îles Féroé
FIN Finlande
FRA France
GAL Pays de Galles
GEO Géorgie (à partir de 1991)
GRE Grèce
HOL Pays-Bas
HON Hongrie
IRL Eire
ILN Irlande du Nord
ISL Islande
ISR Israël
ITA Italie
KAZ Kazakhstan (à partir de 1991)
LET Lettonie (à partir de 1990)
LIE Liechtenstein
LIT Lituanie (à partir de 1990)
LUX Luxembourg
MCD Macédoine (à partir de 1992)
MLT Malte
MOL Moldavie (à partir de 1993)
NOR Norvège
POL Pologne
POR Portugal
RDA Allemagne de l'Est (jusqu'en 1990)
RFA Allemagne de l'Ouest (jusqu'en 1990)
ROU Roumanie
RTC République tchèque (à partir de 1993)
RUS Russie
SAN Saint-Marin
SAR Sarre (jusqu'en 1956)
SEM Serbie-et-Montenegro (à partir de 2003)
SLN Slovénie (à partir de 1991)
SLQ Slovaquie (à partir de 1993)
SUE Suède
SUI Suisse
TCH Tchécoslovaquie (jusqu'en 1993)
TUR Turquie
UKR Ukraine (à partir de 1991)
URS URSS (jusqu'en 1991)
YOU Yougoslavie (jusqu'en 2003)

app. match d'appui
ap après prolongation
tab aux tirs au but
tas tirage au sort
beo but en or
csc but contre son camp
sp sur penalty
m tir au but manqué
r tir au but réussi
pts points
sél. sélection

1955-2005 Classements et records européens

(Chiffres arrêtés au 30 mai 2005)

JOUEURS / ENTRAÎNEURS

VAINQUEURS DES TROIS COUPES D'EUROPE

JOUEURS

Sergio BRIO (ITA), défenseur :
1 C1, 1 C2, 1 C3 (Juventus)
Fabio CUDICINI (ITA), gardien :
1 C1, 1 C2 (Milan) ; **1 C3** (Roma)
Gaetano SCIREA* (ITA), défenseur :
1 C1, 1 C2, 1 C3 (Juventus)
Stefano TACCONI (ITA), attaquant :
1 C1, 1 C2, 1 C3 (Juventus)
Marco TARDELLI (ITA), milieu :
1 C1, 1 C2, 1 C3 (Juventus)
Gianluca VIALLI (ITA), attaquant :
1 C1, 1 C3 (Juventus) ; **2 C2** (Sampdoria et Chelsea)
Manuel VITOR BAIA (POR), gardien :
1 C1, 1 C3 (Porto) ; **1 C2** (Barcelone)

ENTRAÎNEUR

Giovanni TRAPATTONI* (ITA) :
1 C1, 1 C2, 2 C3 (Juventus) ; **1 C3** (Inter)

*ont également remporté la Coupe Intercontinentale et la Supercoupe d'Europe.

LES PLUS TITRÉS

	JOUEUR	PAYS	Nbre	Répartition	Première	Dernière
1.	GENTO Francisco	ESP	6	6 C1	1956	1966
2.	DI STEFANO Alfredo	ESP	5	5 C1	1956	1960
	ZARRAGA Jose Maria	ESP	5	5 C1	1956	1960
	NEAL Phil	ANG	5	4 C1, 1 C3	1976	1984
	KENNEDY Ray	ANG	5	3 C1, 2 C3	1970	1981
	HAAN Arie	HOL	5	3 C1, 2 C2	1971	1978
	CLEMENCE Ray	ANG	5	3 C1, 2 C3	1973	1981
8.	RIAL Hector	ESP	4	4 C1	1956	1959
	MARQUITOS	ESP	4	4 C1	1956	1960
	MALDINI Paolo	ITA	4	4 C1	1989	2003
	MAIER Sepp	RFA	4	3 C1, 1 C2	1967	1976
	MÜLLER Gerd	RFA	4	3 C1, 1 C2	1967	1976
	BECKENBAUER Franz	RFA	4	3 C1, 1 C2	1967	1976
	ROTH Franz	RFA	4	3 C1, 1 C2	1967	1976
	NEESKENS Johan	HOL	4	3 C1, 1 C2	1971	1979
	RIJKAARD Frank	HOL	4	3 C1, 1 C2	1987	1995
	SUAREZ Luis	ESP	4	2 C1, 2 C3	1958	1965
	RIVERA Gianni	ITA	4	2 C1, 2 C2	1963	1973
	HEIGHWAY Steve	IRL	4	2 C1, 2 C3	1973	1978
	HUGHES Emlyn	ANG	4	2 C1, 2 C3	1973	1978
	SANCHIS (II) Manuel	ESP	4	2 C1, 2 C3	1985	2000
	VIALLI Gianluca	ITA	4	1 C1, 2 C2, 1 C3	1990	1998
	RIBELLES Enrique	ESP	4	4 C3	1958	1963

	ENTRAÎNEUR	PAYS	Nbre	Répartition	Première	Dernière
1.	TRAPATTONI Giovanni	ITA	5	1 C1, 1 C2, 3 C3	1977	1993
2.	ROCCO Nereo	ITA	4	2 C1, 2 C2	1963	1973
3.	PAISLEY Bob	ANG	4	3 C1, 1 C3	1976	1981

LES PLUS CAPÉS EN COUPES D'EUROPE

	Matches	JOUEUR	PAYS	Première	Dernière
1.	137	MALDINI Paolo	ITA	1985-86	2004-05
2.	127	DE BOER Frank	HOL	1989-90	2003-04
3.	117	BERGOMI Giuseppe	ITA	1980-81	1998-99
4.	115	KAHN Oliver	ALL	1993-94	2004-05
5.	114	FIGO Luis	POR	1991-92	2004-05
6.	111	REUTER Stefan	ALL	1988-89	2003-04
7.	106	DE WILDE Filip	BEL	1983-84	2002-03
8.	104	COCU Phillip	HOL	1992-93	2004-05
	104	CLEMENCE Ray	ANG	1969-70	1984-85
	104	KLOS Stefan	ALL	1992-93	2004-05
	104	ZIDANE Zinédine	FRA	1991-92	2004-05
12.	103	PREUD'HOMME Michel	BEL	1977-78	1998-99
13.	101	NEDVED Pavel	RTC	1992-93	2004-05
	101	HIERRO Fernando	ESP	1989-90	2002-03
	101	COSTACURTA Al.	ITA	1988-89	2004-05
16.	100	MATTHÄUS Lothar	ALL	1979-80	1999-00
17.	99	SANCHIS (II) Manuel	ESP	1983-84	2000-01
	99	BÜLENT Korkmaz	TUR	1988-89	2003-04
19.	98	BECKHAM David	ANG	1994-95	2004-05
20.	97	RAUL Gonzalez Blanco	ESP	1994-95	2004-05
	97	NEVILLE Gary	ANG	1992-93	2004-05
22.	96	GIGGS Ryan	GAL	1991-92	2004-05
	96	CARBONI Amedeo	ITA	1988-89	2004-05
24.	95	GENTO Francisco	ESP	1955-56	1970-71
	95	DAVIDS Edgar	HOL	1991-92	2004-05
	95	THURAM Lilian	FRA	1991-92	2004-05

Francisco Gento (à dr.) pose fièrement devant ses six C1, remportées en 1956, 57, 58, 59, 60 et 66, qui font de lui le joueur le plus titré du cinquantenaire.

MEILLEURS BUTEURS EN COUPES D'EUROPE

	Buts	Matches	JOUEUR	PAYS	Première	Dernière
1.	66	74	MÜLLER Gerd	RFA	1966-67	1977-78
2.	57	76	EUSEBIO	POR	1961-62	1974-75
3.	51	64	HEYNCKES Jupp	RFA	1967-68	1977-78
4.	50	97	RAUL Gonzalez Blanco	ESP	1994-95	2004-05
5.	49	64	DI STEFANO Alfredo	ESP	1955-56	1965-66
6.	47	87	SANTILLANA Carlos	ESP	1971-72	1987-88
7.	45	54	VAN NISTELROOY Ruud	HOL	1998-99	2004-05
8.	45	81	LARSSON Henrik	SUE	1994-95	2004-05
9.	45	82	CHEVTCHENKO Andreï	UKR	1994-95	2004-05
10.	44	91	HENRY Thierry	FRA	1995-96	2004-05
11.	43	69	SIMONSEN Allan	DAN	1972-73	1985-86
12.	41	69	INZAGHI Filippo	ITA	1995-96	2004-05
13.	40	75	KIRSTEN Ulf	ALL	1984-85	2001-02
14.	40	88	KLUIVERT Patrick	HOL	1994-95	2004-05
15.	39	69	BENE Ferenc	HON	1961-62	1977-78
16.	39	77	ALTOBELLI Alessandro	ITA	1977-78	1988-89
17.	39	91	RUMMENIGGE Karl-Heinz	RFA	1974-75	1988-89
18.	38	52	MÜLLER Dieter	RFA	1973-74	1984-85
19.	38	57	PAPIN Jean-Pierre	FRA	1985-86	1997-98
20.	38	58	FILIPOVIC Zoran	YOU	1970-71	1985-86
21.	37	62	RENSENBRINK Robby	HOL	1966-67	1979-80
22.	37	83	NILIS Luc	BEL	1986-87	1999-00
23.	37	93	DEL PIERO Alessandro	ITA	1993-94	2004-05
24.	36	41	PUSKAS Ferenc	HON	1956-57	1966-67
25.	36	87	CRUYFF Johan	HOL	1966-67	1983-84

CLUBS

Le Real (ici Di Stefano en finale 1956) truste les records.

CLUBS VAINQUEURS DES TROIS COUPES D'EUROPE

Juventus Turin (ITA), triplé en 1985 :
2 C1, 1 C2, 3 C3
Ajax Amsterdam (HOL), en 1992 :
4 C1, 1 C2, 1 C3
FC Barcelone (ESP), en 1992 :
1 C1, 4 C2, 3 C3
Bayern Munich (ALL), en 1996 :
3 C1, 1 C2, 1 C3

CLUB LE PLUS TITRÉ EN EUROPE

Real Madrid, 11 victoires (9 C1 2 C3)

CLUB LE PLUS ASSIDU

FC Barcelone, 50 participations

CLUB LE PLUS CAPÉ

FC Barcelone, 381 matches
(Real Madrid, 378)

CLUB LE PLUS TITRÉ EN C1

Real Madrid, 9 victoires (1956, 1957, 1958, 1959, 1960, 1966, 1998, 2000, 2002)

CLUB LE PLUS TITRÉ EN C2

FC Barcelone, 4 victoires (1979, 1982, 1989 et 1997)

CLUBS LES PLUS TITRÉS EN C3

FC Barcelone (1958, 1960, 1966), **Inter Milan** (1991, 1994, 1998), et **FC Valence** (1962, 1963, 2004)
3 victoires

CLUB AYANT GAGNÉ LE PLUS DE MATCHES

Real Madrid, 215 victoires (Barcelone, 207)

CLUB AYANT FAIT LE PLUS DE MATCHES NULS

FC Barcelone, 84 nuls (Bayern et Inter 73)

CLUB AYANT PERDU LE PLUS DE MATCHES

Real Madrid, 96 défaites (Anderlecht, 93)

CLUB LE PLUS PROLIFIQUE

Real Madrid, 794 buts marqués (Barcelone, 750)

CLUB LE PLUS PERMÉABLE

FC Barcelone, 413 buts encaissés (Real Madrid, 412)

CLUB AYANT LA PLUS GRANDE DIFFÉRENCE DE BUTS NÉGATIVE

Jeunesse Esch (LUX), **- 162** (La Valette, MLT, - 157)

LES 50 MEILLEURS CLUBS EUROPÉENS

C1 C2 C3

	Club	Pays	Pts*	Part.	J.	G.	N.	P.	Bp.	Bc.	Diff.
1.	Real Madrid	ESP	712	48	378	215	67	96	794	412	382
2.	FC Barcelone	ESP	705	50	381	207	84	90	750	413	337
3.	Juventus	ITA	656	44	346	196	68	82	621	314	307
4.	Bayern Munich	ALL	568	37	304	165	73	66	582	309	273
5.	Inter Milan	ITA	505	43	293	144	73	76	463	269	194
6.	Milan AC	ITA	503	35	273	147	62	64	457	238	219
7.	Anderlecht	BEL	477	45	288	141	54	93	497	366	131
8.	Liverpool	ANG	453	33	238	133	54	51	433	193	240
9.	Ajax Amsterdam	HOL	451	43	253	135	46	72	449	235	214
10.	Benfica	POR	445	46	263	127	64	72	464	277	187
11.	Manchester	ANG	408	28	222	116	60	46	423	225	198
12.	FC Porto	POR	401	44	251	116	53	82	370	270	100
13.	Glasg. Rangers	ECO	387	49	248	112	51	85	397	312	85
14.	Étoile Rouge	SEM	380	46	235	111	47	77	435	302	133
15.	FC Valence	ESP	374	30	212	107	53	52	362	227	135
16.	Celtic Glasgow	ECO	372	44	221	111	39	71	379	223	156
17.	Dynamo Kiev	UKR	370	37	224	107	49	68	344	236	108
18.	Feyenoord	HOL	346	37	208	98	52	58	358	238	120
19	Atletico Madrid	ESP	334	33	184	101	31	52	317	201	116
20.	PSV Eindhoven	HOL	328	39	218	92	52	74	355	246	109
21.	AS Rome	ITA	308	28	190	88	44	58	277	187	90
22.	FC Bruges	BEL	307	39	195	91	34	70	326	251	75
23.	Spartak Moscou	RUS	307	32	188	90	37	61	297	233	64
24.	Sporting CP	POR	303	46	202	86	45	71	333	258	75
25.	FC Cologne	ALL	288	27	167	86	30	51	319	199	120
26.	Dortmund	ALL	267	23	157	79	30	48	248	178	70
27.	Ferencvaros	HON	265	37	172	77	34	61	298	236	62
28.	Hambourg SV	ALL	263	24	149	79	26	44	286	179	107
29.	Leeds United	ANG	261	18	148	75	36	37	247	132	115
30.	Sparta Prague	RTC	258	34	180	74	36	70	271	244	27
31.	Arsenal	ANG	255	21	154	72	39	43	257	162	95
32.	M'Gladbach	ALL	251	18	125	75	26	24	283	139	144
33.	Galatasaray	TUR	251	35	186	68	47	71	238	272	-34
34.	Rapid Vienne	AUT	249	41	181	71	36	74	274	248	26
35.	Panathinaïkos	GRE	245	41	189	66	47	76	233	249	-16
36.	CSKA Sofia	BUL	235	43	168	68	31	69	261	243	18
37.	Steaua Bucarest	ROU	235	37	169	63	46	60	234	231	3
38.	Bordeaux	FRA	230	25	138	67	29	42	193	162	31
39.	Dynamo Zagreb	CRO	224	38	162	61	41	60	243	195	48
40.	Standard Liège	BEL	223	26	136	66	25	45	227	173	54
41.	Hajduk Split	CRO	216	31	140	63	27	50	212	161	51
42.	VfB Stuttgart	ALL	209	21	122	61	26	35	219	136	83
43.	Parme AC	ITA	209	16	111	61	26	24	166	91	75
44.	Olympiakos	GRE	208	42	159	59	31	69	198	248	-50
45.	AS Monaco	FRA	205	24	135	57	34	44	220	161	59
46.	Chelsea	ANG	203	14	109	59	26	24	192	99	93
47.	IFK Göteborg	SUE	200	24	128	58	26	44	203	162	41
48.	Tottenham	ANG	196	13	99	59	19	21	219	89	130
49.	Grasshopper	SUI	195	35	146	56	27	63	246	218	28
50.	Lyon	FRA	194	23	120	58	20	42	196	168	28
856.	CE Principat	AND	0	3	6	0	0	6	1	49	-48

* En comptant 3 points pour une victoire et 1 point par match nul.

LES « MAUDITS » DE LA C2

Jamais aucun vainqueur de la Coupe des vainqueurs de Coupes n'a réussi à conserver son titre. Parmi les 38 premiers lauréats de cette épreuve, 8 ont pourtant réussi à se qualifier pour la finale suivante. Mais tous ont été battus ! Voici la liste de ces champions sortants victimes de la malédiction de la C2 :

FIORENTINA (ITA), battu en 1962 par l'Atletico Madrid (ESP).
ATLETICO MADRID (ESP), battu en 1963 par Tottenham (ANG).
MILAN AC (ITA), battu en 1974 par Magdebourg (RDA).
ANDERLECHT (BEL), battu en 1977 par Hambourg (RFA).
AJAX (HOL), battu en 1988 par le FC Malines (BEL).
PARME (ITA), battu en 1994 par Arsenal (ANG).
ARSENAL (ANG), battu en 1995 par Saragosse (ESP).
PARIS-SG (FRA), battu en 1997 par le FC Barcelone (ESP).

LES « LUCKY LOSERS » DE LA C2

La Coupe des vainqueurs de Coupes accueillait aussi des « finalistes de Coupes ». Ces équipes battues en finale de leur Coupe nationale étaient repêchées en C2 parce qu'elles avaient eu la chance de perdre contre le vainqueur de leur Championnat, auteur donc du « doublé », et qui disputaient prioritairement la C1. Voici la liste des cinq « perdants chanceux » qui ont remporté la C2 !

VAINQUEUR C2	ANNÉE	VAINQUEUR COUPE NATIONALE
FIORENTINA (ITA)	**1961**	Juventus en 1960
RANGERS (ECO)	**1972**	Celtic en 1971
ANDERLECHT (BEL)	**1978**	FC Bruges en 1977
DYN. TBILISSI (URS)*	**1981**	Chakhtior Donetsk en 1980
BARCELONE (ESP)	**1997**	Atletico Madrid en 1996

*la finale de la Coupe d'URSS étant disputée après la date limite d'inscription, et les deux finalistes étant également éligibles en C3, ils ont été arbitrairement répartis entre les deux Coupes.

LES 50 MEILLEURS CLUBS EN C1

C1

Club	Pays	Pts*	Part.	J.	G.	N.	P.	Bp.	Bc.	Diff.
1. Real Madrid	ESP	546	35	283	166	48	69	626	313	313
2. Bayern Munich	ALL	370	22	198	107	49	42	372	195	177
3. Milan AC	ITA	320	20	170	94	38	38	306	148	158
4. Juventus	ITA	305	23	175	88	41	46	290	175	115
5. Manchester Utd	ANG	302	16	160	88	38	34	320	164	156
6. FC Barcelone	ESP	278	15	148	82	32	34	282	166	116
7. Benfica	POR	257	26	153	74	35	44	293	166	127
8. Dynamo Kiev	UKR	257	23	160	75	32	53	236	177	59
9. Ajax Amsterdam	HOL	249	23	143	72	33	38	230	135	95
10. Liverpool	ANG	221	15	114	65	26	23	214	94	120
11. FC Porto	POR	212	20	137	60	32	45	202	149	53
12. Anderlecht	BEL	201	23	142	57	30	55	210	217	-7
13. Celtic Glasgow	ECO	187	20	108	56	19	33	182	109	73
14. Glasgow Rangers	ECO	184	24	125	53	25	47	197	175	22
15. Inter Milan	ITA	177	12	99	49	30	20	150	90	60
16. Étoile Rouge	SEM	174	20	100	52	18	30	208	130	78
17. Galatasaray	TUR	168	18	123	46	30	47	159	172	-13
18. PSV Eindhoven	HOL	167	19	119	46	29	44	177	141	36
19. Sparta Prague	RTC	157	19	114	44	25	45	153	159	-6
20. Panathinaïkos	GRE	147	20	117	37	36	44	137	149	-12
21. Dortmund	ALL	131	10	77	38	17	22	128	89	39
22. Rosenborg	NOR	131	17	104	36	23	45	148	175	-27
23. CSKA Sofia	BUL	130	24	94	38	16	40	134	141	-7
24. Feyenoord	HOL	122	14	79	33	23	23	139	94	45
25. Steaua Bucarest	ROU	120	17	83	33	21	29	125	116	9
26. Arsenal	ANG	119	9	78	33	20	25	118	91	27
27. Spartak Moscou	RUS	115	13	86	32	19	35	131	124	7
28. Valence CF	ESP	114	5	64	32	18	14	94	55	39
29. IFK Göteborg	SUE	111	14	78	33	12	33	126	114	12
30. FC Bruges	BEL	102	14	69	29	15	25	99	85	14
31. Marseille	FRA	98	8	58	28	14	16	102	62	40
32. AS Monaco	FRA	97	10	68	28	13	27	119	84	35
33. Olympiakos	GRE	93	19	82	25	18	39	96	134	-38
34. La Corogne	ESP	92	5	62	25	17	20	78	79	-1
35. Rapid Vienne	AUT	90	13	61	28	6	27	102	87	15
36. Leverkusen	ALL	85	6	63	24	13	26	101	101	0
37. Atletico Madrid	ESP	84	6	47	25	9	13	80	47	33
38. Dinamo Bucarest	ROU	81	17	64	24	9	31	94	102	-8
39. Lyon	FRA	78	6	48	23	9	16	82	56	26
40. Austria Vienne	AUT	78	17	61	22	12	27	89	93	-4
41. Chelsea	ANG	76	3	42	22	10	10	67	37	30
42. Dukla Prague	RTC	76	10	45	22	10	13	75	58	17
43. Leeds United	ANG	72	4	40	22	6	12	76	41	35
44. Standard Liège	BEL	72	8	40	23	3	14	72	47	25
45. Partizan Belgrade	SEM	70	12	55	20	10	25	86	83	3
46. Lazio Rome	ITA	66	4	42	19	9	14	67	48	19
47. Gornik Zabrze	POL	66	12	43	20	6	17	69	65	4
48. Hajduk Split	CRO	64	9	38	18	10	10	58	39	19
49. Paris-SG	FRA	64	5	40	19	7	14	63	52	11
50. Saint-Étienne	FRA	64	10	41	19	7	15	50	44	6
394. Avenir Beggen	LUX	0	6	12	0	0	12	1	56	-55

* En comptant 3 points pour une victoire et 1 point par match nul.

LES 30 MEILLEURS CLUBS EN C2

C2

Club	Pays	Pts*	Part.	J.	G.	N.	P.	Bp.	Bc.	Diff.
1. FC Barcelone	ESP	168	13	85	50	18	17	178	87	91
2. Atletico Madrid	ESP	127	9	62	38	13	11	118	57	61
3. Glasg. Rangers	ECO	92	10	54	27	11	16	100	62	38
4. Anderlecht	BEL	90	7	44	29	3	12	86	34	52
5. Chelsea	ANG	79	5	39	23	10	6	81	28	53
6. Paris-SG	FRA	78	6	38	24	6	8	66	27	39
7. Benfica	POR	75	7	42	21	12	9	67	34	33
8. Rapid Vienne	AUT	74	10	52	19	17	16	87	73	14
9. Aberdeen	ECO	71	8	39	22	5	12	79	37	42
10. Bayern Munich	ALL	71	5	39	19	14	6	67	36	31
11. FC Porto	POR	70	8	41	21	7	13	58	44	14
12. Hambourg SV	ALL	67	5	34	20	7	7	81	39	42
13. Celtic Glasgow	ECO	67	8	38	21	4	13	75	37	38
14. Dynamo Kiev	UKR	66	4	30	20	6	4	72	27	45
15. Real Saragosse	ESP	66	5	37	20	6	11	64	38	26
16. Tottenham	ANG	65	6	33	20	5	8	65	34	31
17. Feyenoord	HOL	64	5	36	18	10	8	57	34	23
18. Sampdoria	ITA	64	5	36	19	7	10	54	33	21
19. Sporting CP	POR	63	8	40	18	9	13	82	49	33
20. Dynamo Moscou	RUS	62	5	35	18	8	9	51	31	20
21. Standard Liège	BEL	62	6	36	19	5	12	68	49	19
22. Cardiff City	GAL	62	14	49	16	14	19	67	61	6
23. Milan AC	ITA	61	4	30	17	10	3	47	20	27
24. Real Madrid	ESP	57	4	31	16	9	6	57	24	33
25. Manchester Utd	ANG	57	5	31	16	9	6	55	35	20
26. FC Magdebourg	RDA	57	7	36	15	12	9	57	41	16
27. Juventus Turin	ITA	56	4	27	17	5	5	53	19	34
28. Ajax	HOL	56	5	28	18	2	8	53	22	31
29. Arsenal	ANG	55	3	27	15	10	2	48	20	28
30. Fiorentina	ITA	55	5	28	17	4	7	52	27	25
500. Differdange	LUX	0	3	6	0	0	6	2	28	-26

* En comptant 3 points pour une victoire et 1 point par match nul.

LES 30 MEILLEURS CLUBS EN C3

C3

Club	Pays	Pts*	Part.	J.	G.	N.	P.	Bp.	Bc.	Diff.
1. Inter Milan	ITA	308	29	182	89	41	52	291	170	121
2. Juventus Turin	ITA	295	17	144	91	22	31	278	120	158
3. FC Barcelone	ESP	259	22	148	75	34	39	290	160	130
4. FC Cologne	ALL	236	21	136	72	20	44	262	161	101
5. FC Valence	ESP	225	22	129	65	30	34	229	152	77
6. AS Rome	ITA	216	18	122	65	21	36	203	118	85
7. Sporting CP	POR	194	26	118	56	26	36	193	133	60
8. Anderlecht	BEL	186	15	102	55	21	26	201	115	86
9. Liverpool	ANG	179	13	95	52	23	20	162	70	92
10. Leeds United	ANG	171	13	99	48	27	24	158	88	70
11. Bordeaux	FRA	171	19	100	52	15	33	150	122	28
12. VfB Stuttgart	ALL	168	16	96	49	21	26	181	104	77
13. M'Gladbach	ALL	165	10	78	50	15	13	172	85	87
14. Ferencvaros	HON	163	19	101	48	19	34	175	119	56
15. Feyenoord	HOL	160	18	93	47	19	27	162	110	52
16. Étoile Rouge	SEM	160	20	101	47	19	35	163	129	34
17. Spartak Moscou	RUS	158	16	84	48	14	22	135	92	43
18. FC Bruges	BEL	157	19	98	47	16	35	186	133	53
19. Ajax Amsterdam	HOL	146	15	82	45	11	26	166	78	88
20. Dynamo Zagreb	CRO	144	21	97	39	27	31	163	113	50
21. Parme AC	ITA	142	10	75	41	19	15	121	66	55
22. Athletic Bilbao	ESP	139	16	86	42	13	31	123	103	20
23. Newcastle	ANG	137	9	70	41	14	15	131	64	67
24. Hambourg SV	ALL	135	14	80	41	12	27	141	100	41
25. Dundee United	ECO	133	18	84	37	22	25	137	87	50
26. Bayern Munich	ALL	127	10	67	39	10	18	143	78	65
27. Kaiserslautern	ALL	127	13	78	40	7	31	144	98	46
28. Real Saragosse	ESP	127	12	70	39	10	21	132	95	37
29. Grasshopper	SUI	126	19	84	37	15	32	152	123	29
30. Eintr. Francfort	ALL	124	13	74	37	13	24	142	81	61
736. US Luxembourg	LUX	0	6	12	0	0	12	2	54	-52

* En comptant 3 points pour une victoire et 1 point par match nul.

PAYS

Pays les plus titrés en Europe
1. **Angleterre,** 28 victoires (10 C1, 8 C2, 10 C3)
2. **Italie,** 27 victoires (10 C1, 7 C2, 10 C3)
3. **Espagne,** 26 victoires (10 C1, 7 C2, 9 C3)

Pays les plus titrés en C1
Angleterre, Espagne et Italie, 10 victoires

Pays le plus titré en C2
Angleterre, 8 victoires

Pays les plus titrés en C3
Angleterre et Italie, 10 victoires

Pays ayant perdu le plus de finales en Europe
Italie, 26 défaites

Pays ayant perdu le plus de finales en C1
Italie, 14 défaites

Pays ayant perdu le plus de finales en C2
Espagne, 7 défaites

Pays ayant perdu le plus de finales en C3
Italie, 8 défaites

NOMBRE DE REPRÉSENTANTS EN COUPES D'EUROPE

	Pays	Nb clubs	Période
1.	**France**	35	1955-2005
2.	Angleterre	32	1956-2005
	Danemark	32	1955-2005
4.	Pologne	29	1955-2005
5.	Belgique	27	1955-2005
6.	RF Allemagne	26	1955-1992
	Roumanie	26	1956-2005
8.	Espagne	25	1955-2005
9.	Finlande	24	1958-2005
	Norvège	24	1960-2005
11.	Yougoslavie (Rép. So.)	23	1955-1992
12.	Pays-Bas	22	1955-2005
	Tchécoslovaquie	22	1956-1993
13.	Allemagne (réunifiée)	21	1992-2005
	Eire	21	1957-2005
	Hongrie	21	1955-2005
	Portugal	21	1955-2005
	Turquie	21	1956-2005
18.	Bulgarie	20	1956-2005
	Italie	20	1955-2005
	Suède	20	1955-2005
21.	Galles	18	1961-2005
22.	Autriche	17	1955-2005
	Écosse	17	1955-2005
	Luxembourg	17	1956-2005
	URSS	17	1965-1992
26.	RD Allemagne	16	1957-1992
	Grèce	16	1959-2005
	Suisse	16	1955-2005
29.	Albanie	13	1962-2005
	Chypre	13	1963-2005
	Irlande du Nord	13	1957-2005
	Islande	13	1964-2005
	République tchèque	13	1993-2005
	Russie	13	1992-2005
	Slovaquie	13	1993-2005
	Ukraine	13	1992-2005
37.	Bélarus	12	1993-2005
38.	Arménie	11	1994-2005
	Estonie	11	1992-2005
	Israël	11	1992-2005
	Malte	11	1961-2005
	Yougoslavie / Serbie-Mont.	11	1995-2005
43.	Géorgie	10	1993-2005
44.	Azerbaïdjan	9	1994-2005
	Lettonie	9	1992-2005
	Lituanie	9	1992-2005
47.	Macédoine	8	1994-2005
	Slovénie	8	1992-2005
49.	Bosnie-Herzégovine	7	1998-2005
	Iles Féroé	7	1992-2005
51.	Croatie	6	1993-2005
	Moldavie	6	1993-2005
53.	Andorre	4	1997-2005
	Kazakhstan	4	2002-2005
	Saint-Marin	4	2000-2005
56.	Liechtenstein	3	1992-2005
57.	Sarre	1	1955-1956

LE COEFFICIENT UEFA

Mode de calcul.- Les points obtenus par les équipes qui défendent une fédération sont additionnés. Le total est divisé par le nombre de clubs de ladite fédération ayant pris part à l'une des 3 compétitions européennes (hors Coupe Intertoto). Le résultat est le coefficient annuel final relatif à cette fédération. Les coefficients sont arrondis au millième inférieur. Le coefficient pris en compte par l'UEFA est celui des cinq dernières saisons cumulées. En cas d'égalité, le coefficient de la saison la plus récente prime.

Barème.- Une victoire vaut 2 points (1 point en tour préliminaire) ; un match nul vaut 1 point (0,5 point en tour préliminaire) ; une défaite vaut 0 point. En cas de tirs aux buts, on compte match nul.
La Ligue des champions attribue des points supplémentaires : un point pour les équipes qui s'y qualifient ; un point pour les quart-finalistes ; un point pour les demi-finalistes ; un point pour les finalistes.

Utilisation.- Le coefficient des fédérations permet d'attribuer le nombre de places de chaque pays pour les Coupes d'Europe. Pour désigner les têtes de série, on prend en compte le coefficient des clubs, qui est composé du coefficient propre à chaque club et de la moitié du coefficient de sa fédération.

Classement UEFA au 30 mai 2005

	Pays	Coeff. UEFA
1.	Espagne	73,717
2.	Angleterre	63,224
3.	Italie	61,186
4.	**France**	49,469
5.	Allemagne	48,989
6.	Portugal	44,666
7.	Pays-Bas	39,831
8.	Grèce	35,498
9.	Belgique	31,75
10.	Écosse	31,75
11.	Turquie	29,916
12.	Rép. tchèque	27,95
13.	Russie	25,666
14.	Autriche	24,875
15.	Ukraine	24,85
16.	Israël	21,874
17.	Serbie-Montenegro	21,249
18.	Pologne	21
19.	Suisse	20,875
20.	Norvège	20,2
21.	Bulgarie	18,54
22.	Croatie	18,125
23.	Danemark	17,2
24.	Hongrie	16,331
25.	Roumanie	15,457
26.	Suède	15,383
27.	Slovaquie	11,665
28.	Slovénie	9,665
29.	Chypre	8,165
30.	Bosnie-Herzégovine	7,165
31.	Lettonie	6,664
32.	Finlande	6,54
33.	Moldavie	6,332
34.	Géorgie	6,165
35.	Lituanie	5,332
36.	Islande	4,832
37.	Macédoine	4,497
38.	Eire	4,164
39.	Bélarus	4,082
40.	Liechtenstein	4
41.	Arménie	2,998
42.	Malte	2,998
43.	Albanie	2,665
44.	Estonie	2,498
45.	Irlande du Nord	2,165
46.	Pays de Galles	1,832
47.	Luxembourg	1,665
48.	Azerbaïdjan	1,332
49.	Îles Féroé	0,999
50.	Kazakhstan	0,666
51.	Andorre	0
	Saint-Marin	0

PALMARÈS

COUPE INTERCONTINENTALE*

1960	**Real Madrid**	**ESP**
1961	Penarol Montevideo	URU
1962	Santos FC	BRE
1963	Santos FC	BRE
1964	**Inter Milan**	**ITA**
1965	**Inter Milan**	**ITA**
1966	Penarol Montevideo	URU
1967	Racing Club	ARG
1968	Estudiantes La Plata	ARG
1969	**Milan AC**	**ITA**
1970	**Feyenoord**	**HOL**
1971	Nacional Montevideo	URU
1972	**Ajax Amsterdam**	**HOL**
1973	Independiente	ARG
1974	**Atletico Madrid**	**ESP**
1975	*non disputée*	
1976	**Bayern Munich**	**RFA**
1977	Boca Juniors	ARG
1978	*non disputée*	
1979	Olimpia Asuncion	PAR
1980	Nacional Montevideo	URU
1981	Flamengo	BRE
1982	Penarol Montevideo	URU
1983	Gremio Porto Alegre	BRE
1984	Independiente	ARG
1985	**Juventus Turin**	**ITA**
1986	River Plate	ARG
1987	**FC Porto**	**POR**
1988	Nacional Montevideo	URU
1989	**Milan AC**	**ITA**
1990	**Milan AC**	**ITA**
1991	**Étoile Rouge**	**YOU**
1992	Sao Paulo FC	BRE
1993	Sao Paulo FC	BRE
1994	Velez Sarsfield	ARG
1995	**Ajax Amsterdam**	**HOL**
1996	**Juventus Turin**	**ITA**
1997	**Borussia Dortmund**	**ALL**
1998	**Real Madrid**	**ESP**
1999	**Manchester United**	**ANG**
2000	Boca Juniors	ARG
2001	**Bayern Munich**	**ALL**
2002	**Real Madrid**	**ESP**
2003	Boca Juniors	ARG
2004	**FC Porto**	**POR**

* Compétition annuelle opposant, sur un match, le champion d'Europe (vainqueur de la C1) au champion d'Amérique du Sud (vainqueur de la Coupe Libertadores). Les clubs européens sont en gras.

SUPERCOUPE D'EUROPE*

1972	**Ajax Amsterdam**	**HOL**
1973	**Ajax Amsterdam**	**HOL**
1974	*non disputée*	
1975	Dynamo Kiev	URS
1976	Anderlecht	BEL
1977	**Liverpool**	**ANG**
1978	**Anderlecht**	**BEL**
1979	**Nottingham Forest**	**ANG**
1980	FC Valence	ESP
1981	*non disputée*	
1982	**Aston Villa**	**ANG**
1983	Aberdeen	ECO
1984	Juventus Turin	ITA
1985	*non disputée*	
1986	**Steaua Bucarest**	**ROU**
1987	**FC Porto**	**POR**
1988	FC Malines	BEL
1989	**Milan AC**	**ITA**
1990	**Milan AC**	**ITA**
1991	Manchester United	ANG
1992	**FC Barcelone**	**ESP**
1993	Parme AC	ITA
1994	**Milan AC**	**ITA**
1995	**Ajax Amsterdam**	**HOL**
1996	**Juventus Turin**	**ITA**
1997	FC Barcelone	ESP
1998	Chelsea	ANG
1999	Lazio Rome	ITA
2000	Galatasaray	TUR
2001	Liverpool	ANG
2002	**Real Madrid**	**ESP**
2003	Milan AC	ITA
2004	FC Valence	ESP

* Compétition annuelle opposant le vainqueur de la C1 à celui de la C2 (ou de la C3, depuis 2000). Les clubs issus de la C1 sont en gras.

2005...2055

« Le demi-siècle qui commence »

PAR JACQUES FERRAN

Dans cette Ligue des champions et sa lourde enveloppe, je ne reconnais plus notre Coupe d'Europe ! Si, après un demi-siècle d'existence, c'est le cri de déconvenue que l'évolution de l'épreuve européenne m'inspire, qu'en serait-il dans les cinquante années à venir, en admettant que je sois encore là pour la contempler ?

De quelles intentions et de quel matériau sera pavé le chemin qu'elle va suivre ? Va-t-elle persister à changer de costume tous les deux ou trois ans ? Est-elle menacée par son propre développement ? Ou bien, en devenant le centre du monde, ne risque-t-elle pas de bouleverser tout le paysage de notre football ?

Nous avons certes reconnu, dans un bilan succinct de ce premier demi-siècle de C1 *(lire page 195),* que la formule à laquelle, après un long remue-ménage, elle était parvenue, semblait bénéficier d'un consensus assez large. Chacun semble, à ce jour, dire amen à la participation d'une à trois ou quatre équipes par pays, ainsi qu'au mariage réussi entre le système de poules du commencement et les rencontres par K.-O. de la fin. Si les hommes étaient sages, ils resteraient fidèles à un règlement qui permet à la Ligue des champions de conserver son immense prestige sans peser outre mesure sur le reste du calendrier.

Le danger d'engorgement du calendrier

Ce qui, néanmoins, risque de menacer cet équilibre instable entre compétitions concurrentes, c'est la volonté affichée par chacune d'elles de grandir indéfiniment. On vient de voir les grands pays se complaire dans un Championnat à vingt clubs, tout en superposant une Coupe de la Ligue à leur Coupe *open* ; l'UEFA multiplier les dates et les participants de ses deux compétitions phares ; tandis que la FIFA, non contente d'organiser une Coupe du monde de plus en plus envahissante, programme une Coupe des Confédérations et une Coupe du monde des clubs qui ne s'imposent guère. C'est ainsi que chaque institution – Fédération, Ligue, UEFA, FIFA – ne voyant midi qu'à sa porte et obéissant au même démon de la surenchère, c'est un véritable danger d'engorgement que court le football européen. Une plaisante illustration de mai 2005 a montré l'AJ Auxerre, pour réussir sa finale de Coupe, en train d'aller chercher en jet privé un de ses attaquants à Tripoli, tandis que l'autre était expédié à moto vers l'aéroport, sitôt le match achevé.

Scénario catastrophe

Si la Coupe d'Europe n'est évidemment pas seule coupable de ces excès, elle y contribue suffisamment pour qu'un scénario catastrophe, affectant l'ensemble du football, ne soit pas inconcevable.

Supposons que les principaux clubs européens, animés par le redoutable « G 14 », s'obstinent dans leurs exigences financières et leurs envies d'émancipation et posent à l'UEFA d'autres ultimatums. Cette dernière n'aura le choix qu'entre accéder à ces nouvelles revendications et alourdir encore une compétition que sa démesure rendra de plus en plus encombrante, ou refuser d'autres aménagements et pousser les grands clubs à organiser eux-mêmes, à la manière du basket, leur compétition. Celle-ci – appelons-la « Foot Euroligue » –, soutenue par les plus importantes chaînes de télévision et par des sponsors haut de gamme, pourrait rapidement briller d'un tel éclat et générer des profits tels qu'ils assureraient sa complète indépendance.

Mais comment pareille création, vivant comme la NBA américaine en vase clos et bénéficiant de

2005 ... 2055

tous les feux de la renommée, ne rendrait-elle pas obsolète tout notre régime actuel et ne mettrait-elle pas en péril pêle-mêle la prééminence des fédérations, l'intérêt des compétitions nationales, le brassage entre professionnels et amateurs, la participation des petites nations aux compétitions d'envergure et même le principe des sélections nationales et le rôle majeur joué par la Coupe d'Europe des nations et la Coupe du monde ?

De cette américanisation et de cette libéralisation possibles du sport de haut niveau et de sa totale soumission aux règles de la rentabilité, il est aisé d'ailleurs de reconnaître les signes avant-coureurs dans la perte d'autorité des fédérations, dans le déclin de la Coupe de France, dans la distance prise par plusieurs footballeurs de renom à l'égard de la sélection et par l'accession massive, à la propriété de clubs majeurs, d'affairistes de haut vol, accourus d'Asie ou d'Amérique, dont on peut tenir pour évident qu'ils ne reculeront devant aucun projet, pourvu qu'il soit gros de bénéfices.

Qui est au-dessus de l'argent ?

Pour s'opposer à cette crise capitale que beaucoup tiennent déjà pour inéluctable, à qui pense-t-on pouvoir recourir ? Aux fédérations ? Elles ne disposent plus d'aucun pouvoir réel. Aux ligues professionnelles ? La française semble y prétendre lorsqu'elle réclame que l'ensemble des clubs européens soient assujettis à un strict contrôle de leur gestion. Mais comment imaginer que ces groupements puissent s'opposer à l'ambition de leurs membres les plus puissants ? L'UEFA, alors ? Tutrice légale de l'enfant Coupe d'Europe, elle ne s'en est pas jusqu'ici trop mal tirée. Mais l'imminente période de remaniement qu'elle va traverser est inquiétante. Car non seulement l'UEFA risque d'être tiraillée entre des ambitions et des doctrines contradictoires (la rivalité Platini-Beckenbauer, par exemple) et diminuée par la lourdeur souvent médiocre de son exécutif, mais elle court le danger récurrent de se heurter à la fois à une FIFA jalouse de ses prérogatives et souvent maladroitement autoritaire, et à une Union Européenne dont la Commission n'a jusqu'ici mis en évidence que l'aspect commercial et réglementaire du sport professionnel.

Besoin d'hommes de foi

Si bien que, lorsque la crise sera patente et le football coupé en deux, sommé de se soumettre au régime pur et dur de l'argent roi, je ne crois pas que les pouvoirs sportifs, vulnérables, divisés, et trop dépendants eux-mêmes du profit, auront la capacité de réflexion et d'action indispensable. À moins que le Comité international olympique (CIO) soit susceptible d'entreprendre une démarche globale assez généreuse et approfondie pour rendre à l'ensemble du sport sa signification véritable, son authenticité et son unité.

Sinon qui ? Les pouvoirs publics bien sûr. À condition qu'ils s'éveillent subitement à l'importance qu'il convient d'accorder au phénomène sportif. Et, puisqu'il s'agit de l'Europe, que l'Europe elle-même s'entende là-dessus. Il faudrait pour cela, ainsi que de récents événements l'ont démontré, qu'elle change de cap et qu'elle consente à prendre le parti d'un sport européen bâti, comme la culture, sur des valeurs spécifiques et échappant par conséquent aux seules lois du marché.

C'est donc d'une réflexion approfondie sur la vraie nature du sport et de l'intervention énergique d'hommes de foi que notre Coupe d'Europe aura, dans le demi-siècle à venir, besoin, pour continuer à resplendir sans tout embraser sur son passage. ■

CRÉDITS PHOTOGRAPHIQUES :

AFP 346 (haut) ; **Bongarts** 354 (bas) ; **Patrick Boutroux / *L'Équipe*** 134 (haut, bas), 138 (gauche), 159, 160, 169 (haut), 170 (haut droite), 218 (haut), 230 (bas), 231 (haut), 238-239, 263 (bas gauche), 266 (haut), 278 (bas droite), 291 (haut droite), 367 (haut gauche), 368 (droite) ; **Philippe Caron / *L'Équipe*** 116, 117 (bas), 124-125, 126, 127 (bas), 240 (haut), 296 (haut) ; **Denys Clément / *L'Équipe*** 117 (haut), 204 (haut), 237 (bas) 276 (milieu) ; **Dalban / *L'Équipe*** 229 (haut gauche) ; **Alain de Martignac / *L'Équipe*** 150, 151 (haut droite, bas), 161, 165 (bas), 166-167, 169 (bas), 170 (haut gauche, bas), 175, 176, 205 (haut), 211 (bas), 217 (haut), 233 (bas droite), 234 (bas), 241 (bas), 248 (haut), 257 (milieu), 258 (haut), 268 (bas gauche), 279 (haut centre), 286-287, 297 (bas gauche), 298-299, 300 (milieu), 301, 329 (bas), 366 (bas), 367 (droite, bas), 368 (gauche), 369 (milieu, droite) ; **Michel Deschamps / *L'Équipe*** 165 (haut), 248 (bas), 263 (haut), 283 ; **Desprez / *L'Équipe*** 241 (haut) ; **DR** 12, 26-27, 41 (bas), 200 (gauche, droite), 201, 326 (milieu), 336 (haut droite), 341, 343 (haut droite), 344, 346 (milieu), 348 (gauche) ; **EMPICS** 128, 198, 202 (bas), 338 (gauche), 343 (bas gauche, bas droite), 356 (haut) ; **Bruno Fablet / *L'Équipe*** 140, 151 (haut gauche), 215 (bas), 217 (bas), 218-219 (haut), 244-245, 249 (droite), 264 (bas), 265 (bas), 276 (bas droite), 277, 279-280 (haut), 280 (haut gauche), 281 (haut droite), 295 (haut droite), 300 (haut, bas), 323 (haut), 328 (milieu) ; **Farabolafoto** 339 (bas), 340 (haut) ; **Jean-Louis Fel / *L'Équipe*** 183 (bas), 188 (haut droite), 190 (bas), 217 (haut), 218 (bas), 268 (haut, milieu bas), 270 (haut, bas droite), 271, 282, 327 (bas) ; **Didier Fèvre / *L'Équipe*** 130, 156-157, 158, 177 (haut), 183 (haut droite), 192 (haut droite), 206 (haut), 247 (bas), 250, 290-291, 257 (bas), 274-275, 279 (bas droite), 281 (bas), 293 (droite), 294-295 (bas), 297 (bas droite), 327 (haut), 331 (haut), 366 (milieu), 370 (gauche), 374 (bas), 376 ; **Marc Francotte / *L'Équipe*** 173 (haut), 218 (milieu) ; **Imago** 208 (haut), 209 (bas), 343 (haut gauche), 347 (haut, milieu), 348 (droite), 350 (haut), 352 (gauche), 357 (droite), 359 (bas gauche) ; **Roger Krieger / *L'Équipe*** 222 (haut gauche, bas) ; **Pierre Lablatinière / *L'Équipe*** 146-147, 172, 207 (bas), 328 (bas) ; **Laget / Presse Sports** 33 (haut) ; **Pierre Lahalle / *L'Équipe*** 186, 187 (haut, bas centre), 270 (bas gauche), 280 (milieu), 375 (droite) ; **Alain Landrain / *L'Équipe*** 155, 232 (bas), 242, 280 (bas droite) ; ***La Nouvelle République*** 326 (haut) ; **André Lecoq / *L'Équipe*** 119 (haut), 123, 129, 138-139, 141 (haut), 145, 147 (haut), 153, 210, 231 (haut droite), 232 (haut), 253 (bas), 254-255, 256-57, 262 (haut), 264 (haut), 265 (haut droite), 278-279 (en haut), 297 (haut), 326 (bas), 361 (milieu), 362 (haut), 364 (haut), 365 (haut) ; **Robert Legros** 240 (bas) ; **Leech / Presse Sports** 184 (haut) ; ***L'Équipe*** 8-9, 10-11, 15, 16, 18-19, 20, 22-23, 24-25, 28-29, 30-31, 32, 33 (bas), 34-35, 36-37, 41 (haut), 42-43, 44-45, 46-47, 48-49, 50-51, 52-53, 54-55, 56-57, 58-59, 60-61, 62-63, 64-65, 68-69, 70, 76-77, 78-79, 80, 81 (haut et droite), 82-83, 84-85, 86-87, 88-89, 90-91, 92-93, 94-95, 96-97, 98-99, 100-101, 102-103, 104-105, 106-107, 108-109, 112 (droite), 114-115, 196-197, 199, 200 (milieu), 204 (bas), 207 (haut), 212, 215 (haut), 216, 220-221, 222 (gauche), 224 (bas), 227 (haut), 228-229, 236, 237, 245 (bas), 246-247, 258-259, 260-261, 275, 276 (haut, gauche bas), 284-285, 286 (haut gauche, bas), 288-289, 302-303, 304-305, 306-307, 308-309, 310-311, 312-313, 314-315, 316-317, 318-319, 320-321, 322, 325, 329 (haut), 330, 331 (milieu), 336 (haut gauche, bas), 337, 338 (bas), 342 (haut), 346 (bas), 348 (milieu), 350 (bas), 352 (haut, bas), 353, 354 (haut), 356 (bas), 357 (bas), 358, 359 (haut, milieu), 360, 361 (haut gauche), 362 (milieu, bas), 363, 364 (bas), 365 (milieu, bas), 378, 379 ; **Lhospice / *L'Équipe*** 243 ; **Nicolas Luttiau / *L'Équipe*** 144 (haut), 165 (milieu), 173 (bas), 174 (haut), 187 (bas droite), 214-215, 226-227, 232-233 (haut, milieu bas), 234 (haut), 235, 266 (bas), 278 (bas gauche), 279 (haut droite), 287, 324, 368 (milieu) ; **Stéphane Mantey / *L'Équipe*** 188 (milieu), 269 (bas droite), 375 (bas) ; **Richard Martin / *L'Équipe*** 162-163, 178-79, 180-181, 190 (haut), 248-249 (bas) 249 (haut), 251, 331 (bas), 372 (droite), 373 ; **Franck Nataf / *L'Équipe*** 190 (milieu), 209 (haut), 323 (bas), 377 ; **Mirrorpix** 203 ; **Panoramic** 185 (bas), 272-273, 339 (haut), 349 (haut), 351 (bas) ; **Bernard Papon / *L'Équipe*** 174 (haut droite, bas), 177 (bas), 183 (haut gauche), 184 (bas), 205 (bas), 267 (haut, milieu), 370 (droite), 372 (gauche), 374 (haut) ; **Jean-Claude Pichon / *L'Équipe*** 118-119 (haut, bas), 120-121, 122, 131, 132-133, 135, 136-137, 141 (bas), 142-143, 144 (bas), 147 (bas), 148-149, 152, 154, 164, 211 (haut), 222 (droite), 223 (haut), 224, 230 (haut), 252-253, 253 (haut), 254-255, 256-57, 262 (bas), 263 (bas droite), 265 (haut gauche), 267 (bas), 292-293, 361 (bas, droite) ; **Pics / Presse Sports** 81 (bas), 345 (bas), 369 (gauche), 371 ; **Popperfoto / Presse Sports** 38-39, 40, 71, 72-73, 74-75, 100 (gauche), 110-111, 112 (haut, bas), 202 (haut), 208 (bas), 339 (milieu, 340 (droite), 342 (bas), 345 (haut, milieu), 349 (bas), 351 (haut), 355, 359 (bas droite), 366 (haut) ; **Jérome Prévost / *L'Équipe*** 168, 171, 182, 187 (bas gauche), 189, 191, 192 (gauche, bas), 193, 328 (haut) ; **Christian Rochard / *L'Équipe*** 127 (haut) ; **Pascal Rondeau / *L'Équipe*** 188 (haut gauche) ; **Studio Buzzi** 185 (haut) ; **Witters / Presse Sports** 66-67, 206 (bas).

COUVERTURE **Photo *L'Équipe* ;** QUATRIÈME DE COUVERTURE **Photos *L'Équipe*** (Di Stefano, Eusebio, Cruyff, Beckenbauer), **Popperfoto** (Keegan), **Jean-Claude Pichon** (Van Basten), **André Lecoq** (Deschamps), **Richard Martin** (Zidane), **Jérome Prévost** (Maldini, Gerrard).

Directeur général et directeur de la publication
Christophe Chenut
Directeur général adjoint en charge des filiales et du développement
Xavier Spender
Directeur des rédactions de L'Équipe
Claude Droussent

50 ans de Coupes d'Europe de football
Au sein du groupe *L'Équipe*,
cet ouvrage a mobilisé de nombreux collaborateurs :

DÉPARTEMENT ÉDITIONS
Responsable éditorial
Gérard Ejnès
Réalisation, coordination du livre
Pierre-Marie Descamps
Avec
Yann Hildwein, Serge Laget, Gérard Schaller
Direction artistique
Jacques Hennaux
Maquettistes
Yannick Le Bourg avec Bertrand Lacanal
Assistant
Matthieu Néel
Iconographie
Gilles Montgermont, Christian Naitslimane

SERVICE PHOTOS DE *L'ÉQUIPE*
Sous la direction de
Jacques Deydier
avec
Pascal Rondeau (chef de service), Frédéric Mons, Patrick Boutroux, Alain de Martignac, Michel Deschamps, Bruno Fablet, Jean-Louis Fel, Didier Fèvre, Pierre Lahalle, Pierre Lablatinière, Nicolas Luttiau, Richard Martin, Bernard Papon, Jean-Marc Pochat, Jérôme Prévost
et
Marc Francotte, Mao, Stéphane Mantey, Franck Nataf (pigistes)

DESK PHOTOS
Dominique Danne, François Gille et Ingrid Buzelin *(chefs de service)* : Stéphane Cabaret, Grégoire Dubreuil, Philippe Evain, Virginie Hadri, Philippe Le Men, Clara Martin, François Samson, Christian Vail, Anne-Laure Vallet-Beaudouin, Alain Vignotte, Cyril Vuilly

SERVICE DOCUMENTATION DE *L'ÉQUIPE*
Danièle Coussot *(chef de service)*, Thierry Dengerma *(adjoint)*, Dominique Bartholomé, Maurice Broquet, Alain Hasse, Rodolphe Meunier

STATISTIQUES
Stéphane Bitton

LES SERVICES PHOTOGRAVURE ET CORRECTION DE *L'ÉQUIPE*
Sous la direction de
Bruno Jeanjean

SERVICE FABRICATION :
Sous la direction de
Lionel Planquart
avec
Guy Jouno, Patrick Pastor et Valérie Yarji

Cet ouvrage a été réalisé sous la responsabilité exécutive du service développement de L'Équipe*, sous la direction de*
Vincent Laudet
avec
Caroline Moncel *(coordinatrice du département Éditions)*
Sandrine Matichard *(marketing-communication)*
Isabelle Calais *(chargée d'organisation)*
Grégoire Capy
Jean-Marie Scharch *(en charge des droits à l'étranger)*

L'Équipe 2005.
ISBN : 2-95196059-x
Diffusion : Calmann-Lévy
Distribution : Hachette
Dépôt légal : septembre 2005

Éditeur
SNC *L'ÉQUIPE*
4, rue Rouget-de-Lisle
92793 Issy-les-Moulineaux

Cet ouvrage a été imprimé sur du papier technosatin 130 g fourni par le Groupe Marchi, distribué par Agence Fargeas.
Achevé d'imprimer
en septembre 2005
Imprimerie :
De Agostini, Novara, Italia
Photogravure :
L'Équipe